RÚSSIA CONTRA NAPOLEÃO

RÚSSIA CONTRA NAPOLEÃO

A batalha pela Europa, de 1807 a 1814

Dominic Lieven

Tradução de Fabiana de Carvalho

Amarilys

Título original em inglês: *Russia against Napoleon*
Copyright © Dominic Lieven, 2009

Amarilys é um selo editorial Manole.

Editor-gestor: Walter Luiz Coutinho
Editor: Enrico Giglio
Produção editorial: Luiz Pereira, Marcia Men
Capa: Axel Sande, Gabinete de Artes
Editoração eletrônica: Oika Serviços Editoriais
Revisão técnica: César Machado
  Historiador pós-graduado em História Militar pela
  Universidade Federal do Rio de Janeiro

Dados Internacionais de Catalogação na Publicação (CIP)
(Câmara Brasileira do Livro, SP, Brasil)

Lieven, Dominic
  Rússia contra Napoleão : a batalha pela Europa, de 1807 a 1814 / Dominic Lieven ; tradução de Fabiana de Carvalho ; revisão técnica de César Machado. -- Barueri, SP : Amarilys, 2014.

  Título original: Russia against Napoleon : the battle for Europe, 1807 to 1814.
  Bibliografia.
  ISBN 978-85-204-3265-5

  1. Guerras napoleônicas, 1800-1815 - Campanhas - Rússia I. Machado, César. II. Título.

14-02297   CDD-940.27

Índices para catálogo sistemático:
1. Guerras napoleônicas : 1800-1815 : Campanhas
  940.27

Todos os direitos reservados.
Nenhuma parte deste livro poderá ser reproduzida, por qualquer processo, sem a permissão expressa dos editores.
É proibida a reprodução por xerox.

A Editora Manole é filiada à ABDR – Associação Brasileira de Direitos Reprográficos.

1ª edição – 2014

Editora Manole Ltda.
Avenida Ceci, 672 – Tamboré
06460-120 – Barueri – SP – Brasil
Tel. (11) 4196-6000 – Fax (11) 4196-6021
www.manole.com.br | www.amarilyseditora.com.br | info@amarilyseditora.com.br

Impresso no Brasil | *Printed in Brazil*

Este livro contempla as regras do Acordo Ortográfico da Língua Portuguesa de 1990.

Para minha destemida esposa Mikiko, e em memória dos Regimentos do Exército Imperial russo, que lutaram, sofreram e triunfaram na grande guerra de 1812-1814.

SUMÁRIO

Lista de ilustrações ix
Lista de mapas xiii
Agradecimentos xv
Nota sobre o texto xviii

1. Introdução 1
2. A Rússia como uma grande potência 17
3. A aliança franco-russa 58
4. Preparando-se para a guerra 99
5. A retirada 134
6. Borodino e a queda de Moscou 169
7. O *front* doméstico em 1812 209
8. O avanço de Moscou 235
9. 1813: A campanha de primavera 279
10. Reconstruindo o Exército 322
11. O destino da Europa em xeque 349
12. A Batalha de Leipzig 417
13. A invasão da França 450
14. A queda de Napoleão 483
15. Conclusão 509

Apêndice 1: O Exército russo em junho de 1812 517
*Apêndice 2: Corpos do Exército russo no início
   da campanha de outono de 1813* 527
Notas 533
Bibliografia 591
Leituras recomendadas 599
Índice remissivo 601

ILUSTRAÇÕES

Página 1
Alexandre I

Página 2
Mikhail Barclay de Tolly
Mikhail Kutuzov
Levin von Bennigsen
Peter von Wittgenstein

Página 3
Petr Rumiantsev
Karl von Nesselrode
Aleksandr Chernishev
Christoph von Lieven

Página 4
Mikhail Speranski
Aleksei Arakcheev
Dmitri Gurev
Fedor Rostopchin

Página 5
Petr Bagration
Mikhail Miloradovich
Matvei Platov
Eugen de Württemberg

Página 6
Petr Volkonski
Aleksei Ermolov
Karl von Toll
Johann von Diebitsch

Página 7
Alexandre de Langeron
Fabian von der Osten-Sacken
Ilarion Vasilchikov
Johann von Lieven

Página 8
Aleksei Gorchakov
Dmitri Lobanov-Rostóvski
Georg Kankrin
Andrei Kologrivov

Página 9
Soldado do Regimento das Guardas Preobrajenski
Soldado do Regimento das Guardas Finlândia

Página 10
Soldado do Regimento de Infantaria de Riazan
Tenente da Brigada de Artilharia de campo – bateria pesada

Página 11
Soldado do Regimento Couraceiro Ekaterinoslav
Tenente do Regimento de Dragões

Página 12
Soldado do Regimento Hussardo Sumi
Soldado do Regimento Lanceiro Lituânia

Página 13
Napoleão concede a *Légion d'honneur* ao granadeiro Lazarev, em Tilsit

Página 14
Borodino: o Reduto Raévski após a batalha

Página 15
Primavera de 1813: cossacos em Hamburgo

Página 16
Fère-Champenoise: o Regimento de Guardas Cossacos ataca a Infantaria francesa

Créditos
Página 1: Quadro de George Dawe: Bridgeman Art Library/Getty Images
Página 3: Cristoph von Lieven: British Library
Página 4: Aleksei Arakcheev: British Library
Página 7: Alexandre de Langeron e Fabian von der Osten-Sacken: British Library
Página 8: Andrei Kologrivov: British Library
Página 14: Desenho de Albrecht Adam: AKG Images
Página 15: V. Bezotosny
Página 16: Don Cossack Life Guard Club/Courbevoie

MAPAS

1. A campanha de 1812 .... xx-xxi
2. A campanha de outono de 1813 .... xxii-xxiii
3. A Europa em maio de 1812 .... xiv-xv
4. A região de Smolensk xxvi
5. O campo de batalha de Borodino xxvii
6. A travessia do Berezina xxviii
7. A campanha da primavera de 1813 xxix
8. A batalha de Bautzen xxx
9. A batalha de Katzbach xxxi
10. Agosto de 1813: A campanha de Dresden xxxii
11. A Batalha de Kulm xxxiii
12. A campanha de Leipzig xxxiv
13. A Batalha de Leipzig xxxv
14. O nordeste da França xxxvi
15. A região de Paris xxxvii

AGRADECIMENTOS

Tantas pessoas e instituições me ajudaram a pesquisar e escrever este livro que em circunstâncias normais seria difícil saber por onde começar meus agradecimentos. Mas a ajuda de uma instituição em particular, o Leverhulme Trust, foi tão fundamental que, sem dúvida, deve ser mencionada primeiro. Em 2006, fui agraciado com uma Bolsa de Especialização em Pesquisa Leverhulme,[*] o que me deixou livre para trabalhar em meu livro durante os dois anos seguintes e também financiou a maior parte de minha pesquisa nos arquivos russos. Devo muitíssimo a esse generoso auxílio. Os professores Paul Bushkovitch, William Fuller e Geoffrey Hosking apoiaram meu requerimento à bolsa e a eles também devo muitos agradecimentos.

No verão de 2006, a British Academy me concedeu uma bolsa de estudos de dois meses que me permitiu trabalhar na Biblioteca Eslava em Helsinki. Durante esse período tive a oportunidade de ler todas as histórias regimentais das unidades russas que participaram das Guerras Napoleônicas. Também li, ou ao menos copiei, todos os artigos de jornais russos pertinentes à minha pesquisa anteriores a 1917. Para qualquer historiador da Rússia imperial, a Biblioteca de Helsinki é um patrimônio inigualável, tornado ainda melhor pelo auxílio amistoso e eficiente de sua equipe, comandada por Irina Lukka. Além de Irina, devo profunda gratidão também a Ulla Tillander, que tanto ajudou a organizar minha expedição e torná-la prazerosa. Richard Stites e a comunidade de historiadores que trabalha na Biblioteca também foram bastante generosos comigo.

Parte do material sobre as Guerras Napoleônicas do Arquivo Militar Histórico do Estado Russo (RGVIA, na sigla em inglês) foi microfilmada pouco antes de eu começar minha pesquisa. Trata-se do Fond 846, o chamado *Voenno-uchenyi*

---

[*] A Bolsa de Especialização em Pesquisa (Major Research Fellowship) do Leverhulme Trust permite que, durante três anos, o pesquisador se dedique integralmente à pesquisa. (N.T.)

Arkhiv (VUA). Como qualquer um que consulte minhas referências irá perceber, ele contém informações inestimáveis ao meu livro. O bibliotecário da Biblioteca LSE (BLPES), Jean Sykes, e o principal especialista russo da Biblioteca, Graham Camfield, obtiveram essa coleção imensamente valiosa e me deixaram para sempre em dívida com eles.

Ainda assim, as principais fontes para meu livro tiveram de vir dos itens do RGVIA em Moscou, com exceção do VUA. Além destes, foram consultados os documentos dos recrutamentos em tempos de guerra (Fond I), a maior parte do material relacionado ao fornecimento de alimentação, equipamento e armas aos exércitos de campo (Fond 103), os documentos do Exército Reserva (Fond 125), e os imensamente úteis registros pessoais dos regimentos russos (Fond 489). Graças a Tatiana Iurevna Burmistrova e à equipe do RGVIA, pude ter acesso a todos os materiais de que precisei durante minhas seis viagens de pesquisa a Moscou.

Porém, jamais teria sido capaz de fazer isso sem a ajuda de Vasili Kashirin. Minha pesquisa foi complicada por necessidades familiares e pelo fato de, durante parte desse período, o arquivo ter sido fechado para reformas, às vezes com um mínimo de antecedência. Sem o auxílio de Vasili para encontrar materiais e se assegurar de que eu os recebesse este livro teria saído muito mais fraco. Mais do que qualquer outra pessoa, ele fez uma contribuição enorme ao meu trabalho. Um número enorme de arquivistas também merece agradecimentos especiais, principalmente Aleksandr Kapitonov. O professor Apollon Dadivson e sua esposa Liudmilla gentilmente me receberam em Moscou diversas vezes e lidaram com meu mau humor quando algo saía errado no arquivo.

Tenho uma grande dívida com os amigos que me levaram aos campos de batalha. Viktor Bezotosnyi me mostrou o campo em Maloiaroslavets e foi ainda uma constante fonte de conselhos, informações e amizade. Paul Simmons e Vasili Kashirin passaram um dia memorável comigo em Borodino. Dominic Herbestreit e Christian Pilz levaram-me até os arredores dos campos de batalha de Leipizig e também me conduziram até Kulm, hoje parte da República Tcheca. Ainda mais heroica foi minha irmã, a professora Elena Lieven, que dirigiu pelos recônditos rurais da Polônia para me levar ao campo de batalha de Katzbach. Nossa expedição foi enormemente auxiliada por Alexandra Porada, que nos ajudou a negociar o acesso à região.

Minha agente, Natasha Fairweather, foi uma aliada essencial, assim como meus editores, Simon Winder e Wendy Wolf, bem como Alice Dawson e Richard Duguid da Penguin. Elizabeth Stratford foi uma revisora excepcionalmente eficiente. Quis escrever este livro desde minha infância, mas foram eles que me encorajaram a fazê-lo. No entanto, acho que o estímulo inicial para fazê-lo a tempo para o bicentenário em 2012 veio do meu colega, o professor James Hughes.

Entre outros na London School of Economics que me ajudaram enormemente, Sue Starkey se destaca. Ela lidou com minha habitual histeria quando confrontado por computadores, fotocopiadoras e outros desafios tecnológicos. Os colegas dela no Escritório Geral do Departamento de Governo (Jill Stuart, Cerys Jones, Madeleine Bothe, Hiszah Tariq) também me ajudaram e acalmaram. Minha colega, a professora Janet Hartley, muito gentilmente leu as primeiras provas e sugeriu alterações. O mesmo fizeram nossos alunos, Conor Riffle e Megan Tulac. Em meus primeiros 24 anos na LSE me mantive o mais distante possível da administração da escola. Porém, enquanto trabalhava neste livro, tornei-me chefe de departamento e, mais tarde, membro do conselho administrativo da LSE. Isso me permitiu compreender a maneira inteligente, eficiente e bem humorada com que a escola era comandada por (*sir*) Howard Davies, seu diretor. (Lorde) Tony Grabiner, presidente do Conselho de Governantes, mostrou não apenas sabedoria, mas grande altruísmo, devotando uma imensa quantidade de tempo a serviços não remunerados à escola, em um grau que poucos membros da comunidade acadêmica fazem ideia.

Devo agradecer também ao professor Patrick O'Brien por seus conselhos sobre questões de guerra, finanças e economia, e a Alexis de Tiesenhausen por sua ajuda e conselhos em relação às ilustrações.

Durante os primeiros dezoito meses de minha pesquisa, abasteci-me principalmente do excelente conteúdo da British Library e devo muito à ajuda de sua equipe. Após acrescentar a Biblioteca de Londres no meio de minha pesquisa, descobri o quanto ela é uma fonte esplêndida para estudiosos em geral e, particularmente, historiadores da Rússia imperial.

Publiquei um artigo esboçando o tema e objetivo deste livro no periódico *Krikta*, na primavera de 2006, e gostaria de agradecer a seus editores e aos leitores do trabalho por suas úteis críticas e conselhos.

Minha família – Mikiko, Aleka, Max e Tolly – sofreu durante a pesquisa e a escrita do livro, mas me ajudou a seguir em frente.

NOTA SOBRE O TEXTO

No período coberto por este livro, a Rússia seguia o calendário juliano, que no século XIX estava doze dias atrás do calendário gregoriano utilizado na maior parte do resto da Europa. Os eventos descritos neste livro ocorreram parcialmente na Rússia e parcialmente no exterior. Para evitar confusão, usei o calendário gregoriano – ou seja, o europeu – ao longo do texto. Documentos estão citados nas notas em suas formas originais; quando têm datas do calendário juliano, aparecem seguidas pelas letras OS (*Old Style* – Estilo Antigo) entre parênteses.

Usei uma versão modificada do sistema da Biblioteca do Congresso para traduzir palavras do russo. Para evitar a fúria de leitores anglófilos, não incluí símbolos cirílicos, acentos ou sinais de ênfase em nomes de pessoas e lugares. Um ponto a observar é que o *e* russo é geralmente pronunciado *ie*. Às vezes, no entanto, o *e* é acentuado e enfatizado, aparecendo em russo como *ë*. Neste caso ele é geralmente pronunciado como *io*, embora após algumas consoantes seja expresso apenas como *o*. Entre algumas palavras encontradas com frequência neste livro, por exemplo, estão Petr (Peter) que é pronunciada "Piotr"; Potemkin, que é pronunciada "Patiomkin" e o Regimento das Guardas Semenóvski, que é pronunciado "Semionóvski". O sobrenome de Aleksandr Chernishev, que figura de forma importante nesta história, soa para nós como Chernishoff. Pouquíssimos sobrenomes russos terminam como um adjetivo com as letras *-ii*, mas em deferência ao hábito inglês eu uso a letra *–y*.[†] Por isso o leitor irá se deparar, por exemplo, com Petr Volkonski, que serviu como chefe do Estado-Maior de Alexandre, e não Volkonskii, a forma mais correta gramaticalmente.

[†] Esta edição adotou o modo de transliteração mais comumente observado na literatura russa em português, daí a troca do "y" pelo "i", sem duplicação. (N.E.)

Quando confrontado por sobrenomes de origem não russa tentei – nem sempre de forma bem sucedida – traduzi-los para sua versão original em latim. Meu próprio nome, desta forma, surge intacto como Lieven em vez do desvalorizado e reduzido Liven. Em relação a nomes cristãos eu também transliterei a partir do russo, mas mantive versões de uso geral para nomes alemães, franceses e outros europeus. Portanto, o chefe do Estado-Maior de Alexandre é chamado de Petr Volkonski, mas o general von der Pahlen é traduzido para Peter, em respeito às suas origens germano-bálticas. Nenhum sistema é perfeito quanto a isso, no mínimo porque membros da elite russa dessa época às vezes grafavam seus próprios nomes de forma bastante variada de acordo com seu humor e a língua na qual estivessem escrevendo.

Quando uma versão do nome de uma cidade é de uso comum, eu a usei. Portanto é Moscou, em vez de Moskva, a cidade incendiada neste livro. Mas outras cidades no Império russo são nomeadas na versão russa, a não ser que uma versão alemã ou polonesa seja mais familiar ao leitor ocidental. Cidades no Império Austro-húngaro e na Alemanha são geralmente nomeadas de acordo com sua versão alemã. Isso se dá para simplificar a vida dos leitores e não confundi-los em seus esforços para acompanhar os movimentos de exércitos em textos e mapas, embora quando existam dúvidas, versões alternativas dos nomes dos lugares sejam fornecidas entre parênteses.

Os nomes dos regimentos russos também ofereceram desafios. A questão principal se resume a usar ou não a versão adjetivada (ou seja, terminando em -*skii*) como no idioma russo. Eu prefiro Regimento Moscou – para tomar um exemplo – do que Regimento Moskovskii, mas abro algumas exceções para as Guardas. Os regimentos de infantaria mais antigos das Guardas, por exemplo, receberam seus nomes de acordo com vilas obscuras fora de Moscou. Faz muito mais sentido chamá-los por sua forma adjetivada tradicional: em outras palavras, Guardas Preobrajenski, em vez de Preobrajenskoe. Quando era possível surgir confusão, a variação alternativa do nome do regimento está inserida entre parênteses: logo, Guardas Lituânia (Litóvski). Também aceitei a tradição ao usar a costumeira versão francesa – *Chevaliers Gardes* – em vez de o Kavalergardski russo para este regimento e para me referir aos Guardas Cossacos.

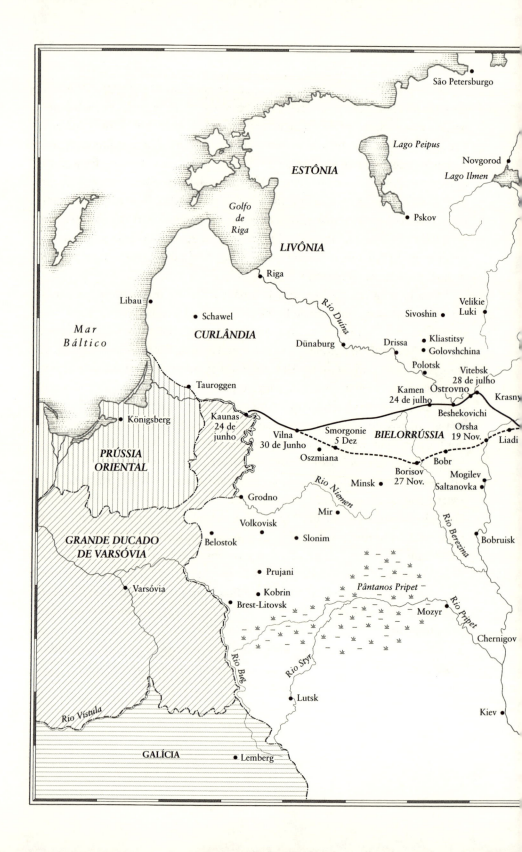

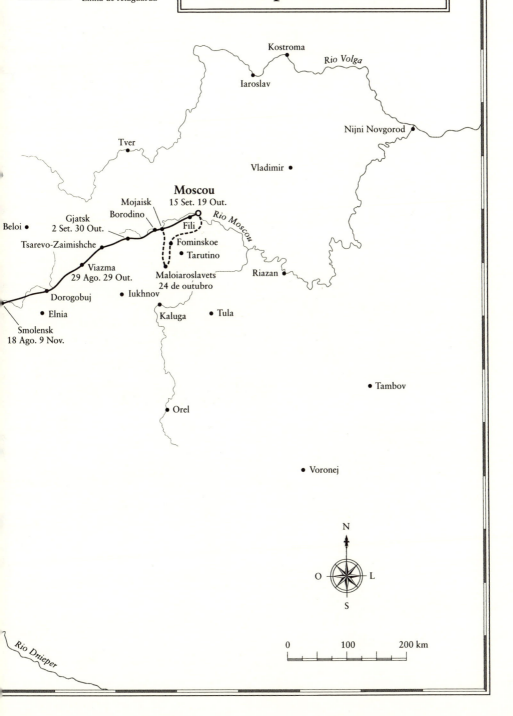

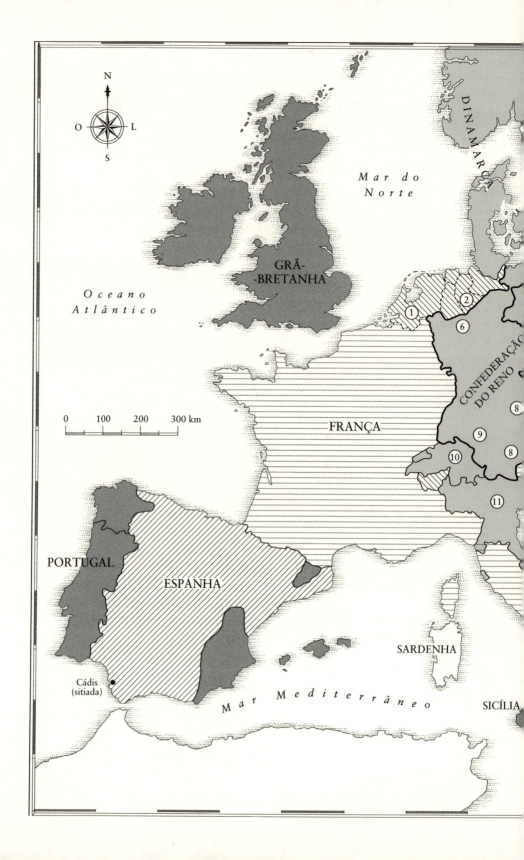

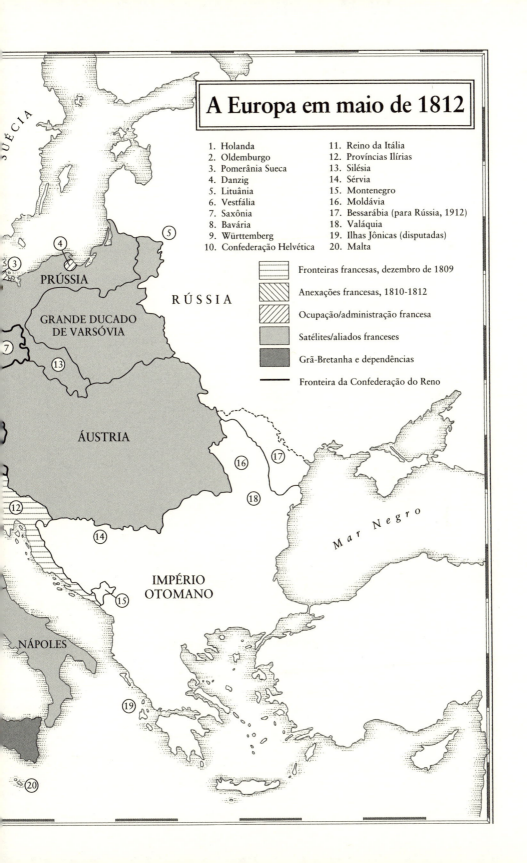

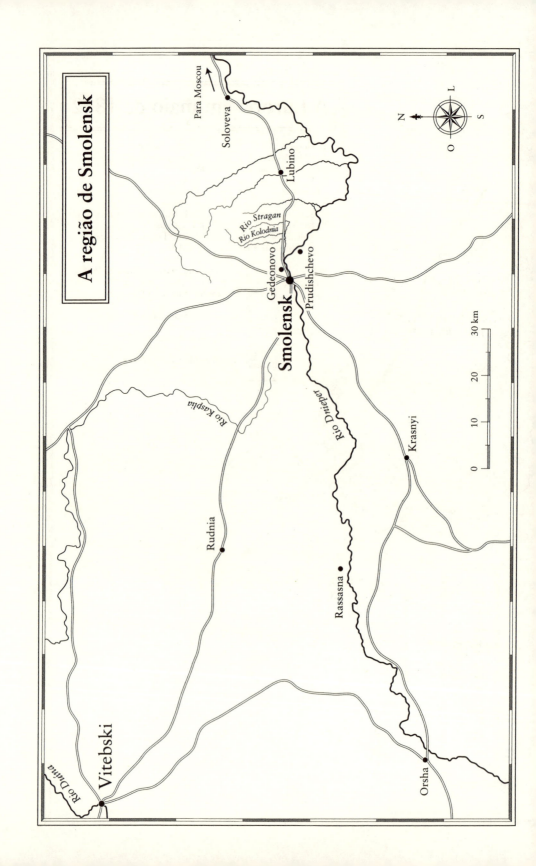

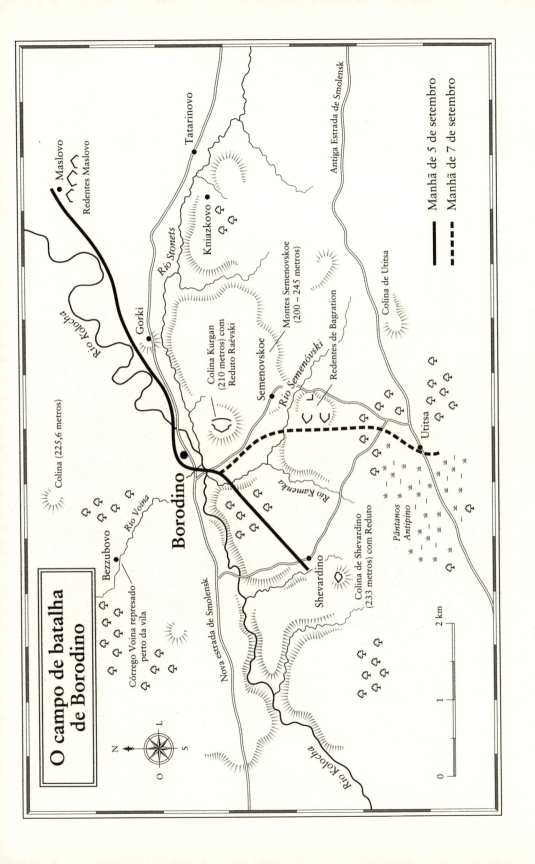

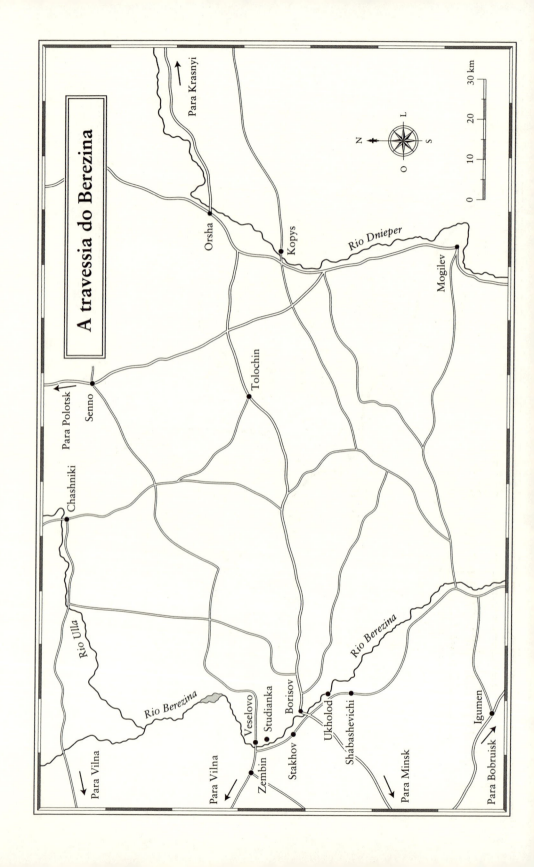

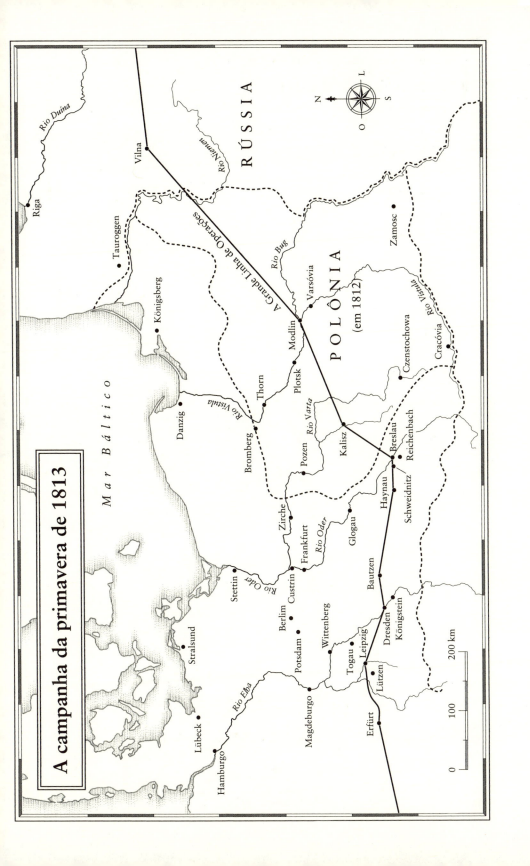

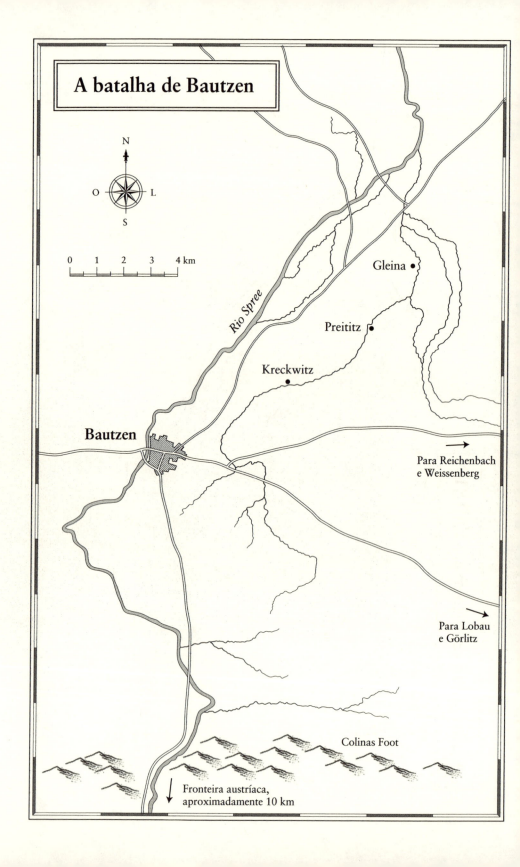

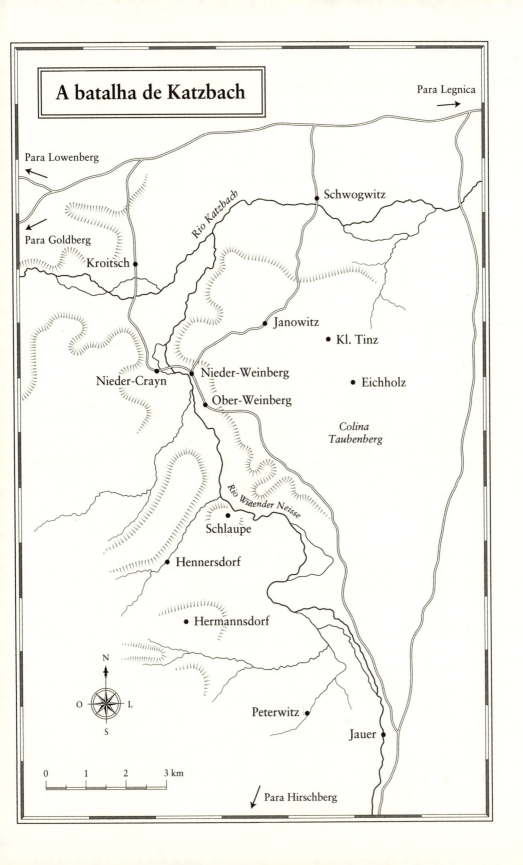

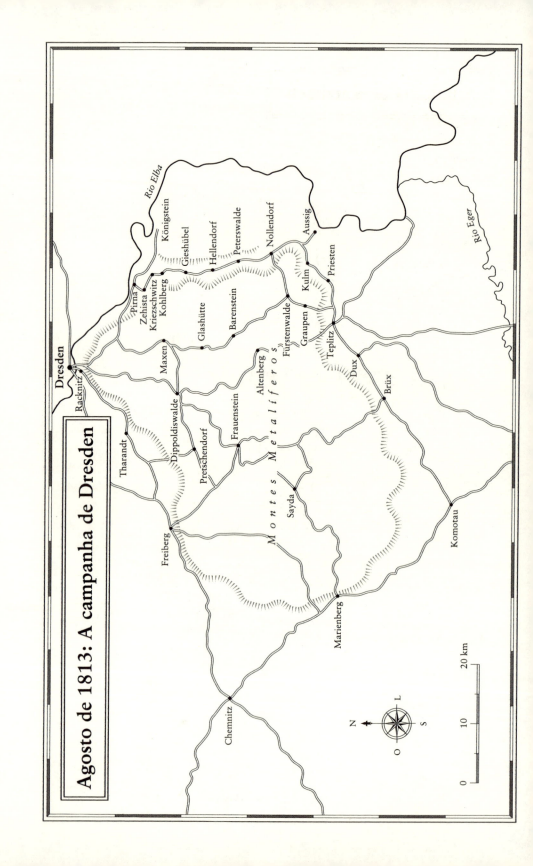

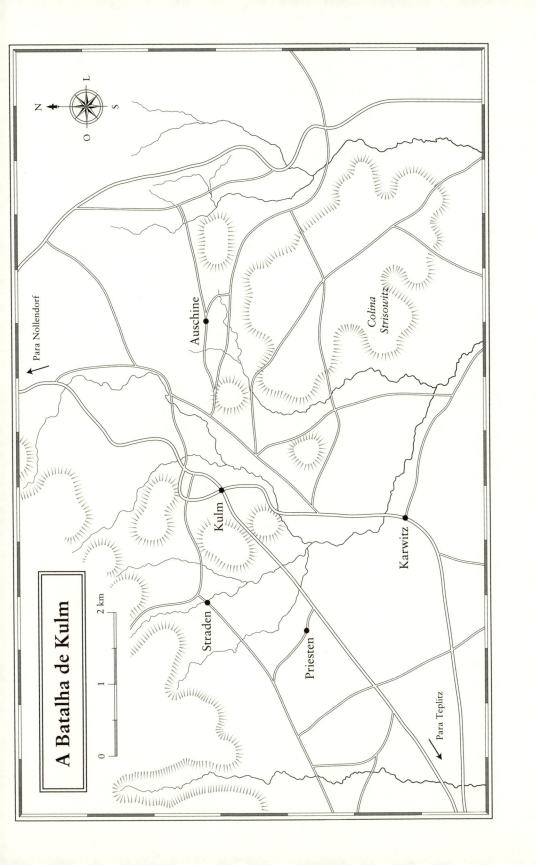

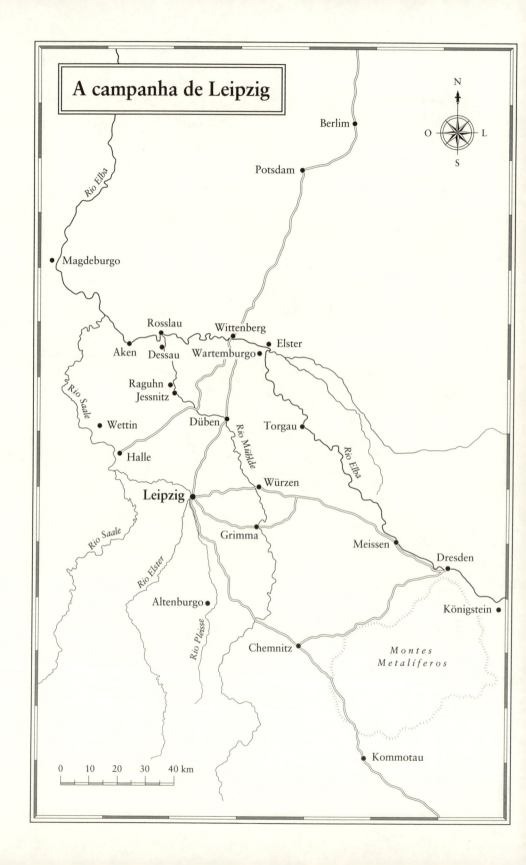

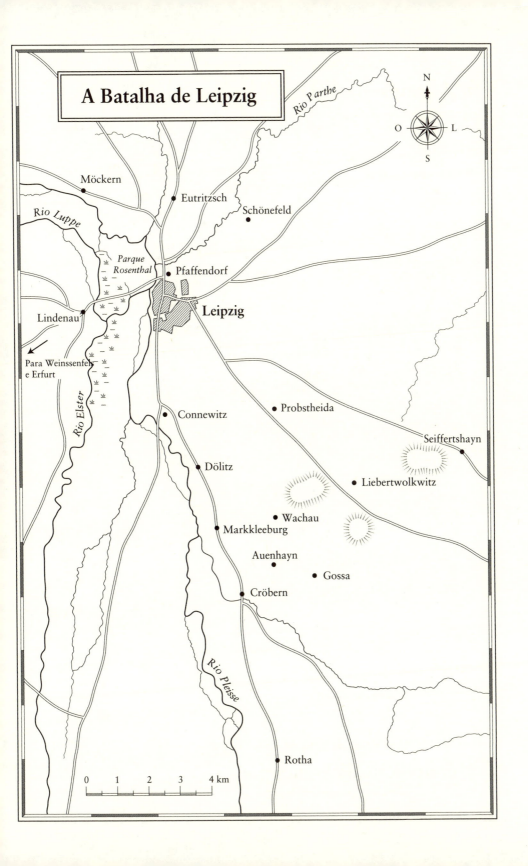

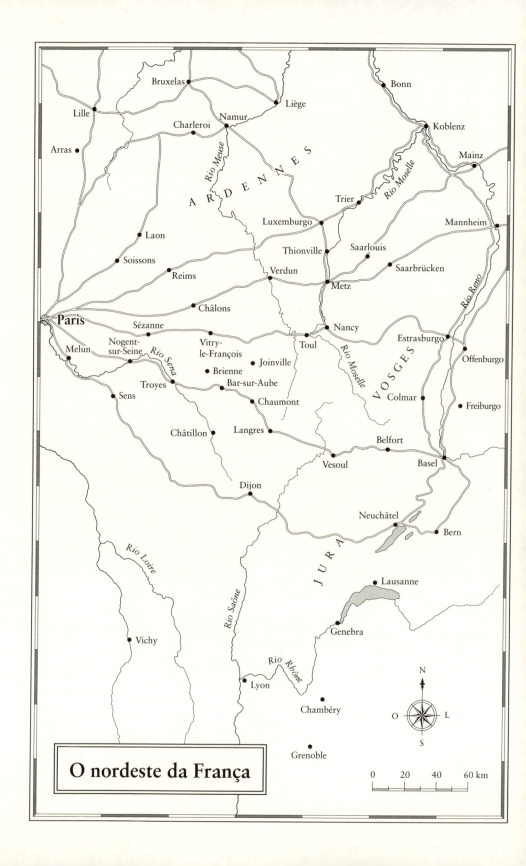

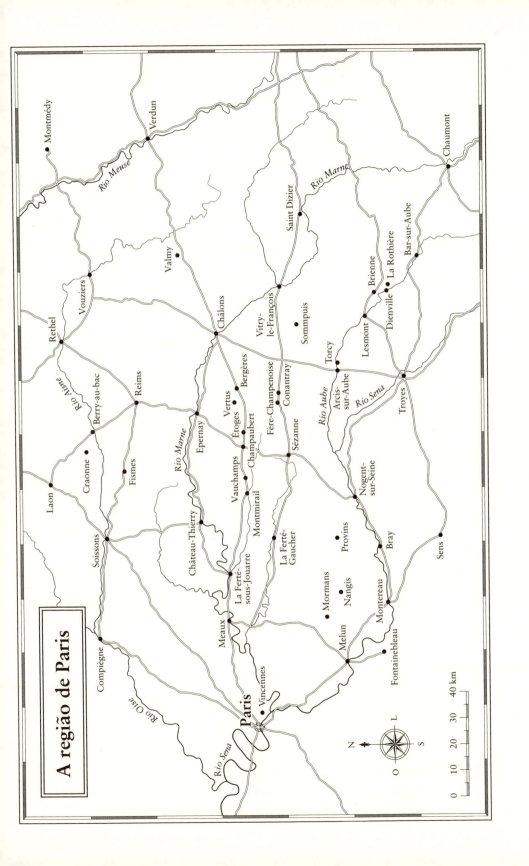

I
Introdução

A derrota de Napoleão para a Rússia é uma das passagens mais dramáticas da história europeia. Ela é feita de muitas reviravoltas. Não apenas em 1812, mas também durante boa parte de 1813, o desenlace permaneceu bastante incerto, com a maioria das chances aparentemente a favor de Napoleão. A história pessoal dele nesses anos é um conto de húbris e nêmesis.* Há um rico elenco de apoio repleto de personalidades fascinantes que dão vida à história e com o qual é quase sempre muito fácil simpatizar. O relato contém duas das maiores batalhas da história europeia, Leipzig e Borodino, e muitos outros episódios de grande fascínio para os historiadores militares. Ele também revela muito sobre a sociedade, a cultura e a política europeias da época. Sob o ponto de vista russo, a história tem aquele elemento crucial: um final feliz. O primeiro Grande Exército de Napoleão (a chamada *Grande Armée*) foi destruído na Rússia em 1812. O segundo foi derrotado nos campos de batalha da Alemanha em 1813. Na mais longa campanha na história europeia, o Exército russo perseguiu as tropas francesas por todo o caminho de Moscou a Paris, e liderou a coalizão vitoriosa que entrou na capital inimiga em 31 de março de 1814.

Há muito tempo eu queria contar essa história. Até certo ponto, esse é o mero objetivo deste livro. Mas eu sou um historiador à moda antiga, que gosta que suas histórias sejam verdadeiras, ou que pelo menos sejam tão próximas da verdade quanto um estudo honesto, fundamentado e meticuloso das evidências disponíveis pode ser. Há muitos anos, cheguei à conclusão de que a história con-

---

* Na mitologia grega, o conceito de *Húbris* pode ser definido como uma espécie de arrogância desmedida, atitude que ofendia os deuses e era punida por *Nêmesis*, deusa da vingança, a fim de lembrar aos homens sua condição de simples mortais. (N.E.)

tada nos Estados Unidos e na Europa Ocidental estava bem longe da verdade. Ouvir uma história irreal sendo contada várias vezes me incomodava. Portanto, outro objetivo deste livro é contar a história de como e por que a Rússia derrotou Napoleão de uma maneira que me parece ser mais fiel aos fatos.[1]

Não causa surpresa que, em geral, os eventos ocorridos entre 1812 e 1814 apareçam distorcidos em livros britânicos, franceses e americanos. Obras populares a respeito da Era Napoleônica seguem um padrão bastante definido. Na Grã-Bretanha, por exemplo, as estantes gemem sob o peso de obras sobre Nelson e Trafalgar, ou Wellington e Waterloo. Essas são as narrativas heroicas e os ícones da identidade nacional britânica. Napoleão e seu exército também conservaram seu fascínio para o público de língua inglesa – bem como para o de língua francesa. Em todo caso, não se pode esperar que a maioria dos autores leia muitos idiomas ou consulte arquivos em diversos países. Eles esperam obter suas informações a partir da pesquisa de especialistas. No que diz respeito ao papel da Rússia na derrota de Napoleão, essa pesquisa e esses especialistas não existem. Nenhum professor ocidental jamais escreveu um livro sobre o esforço de guerra da Rússia contra Napoleão. O modo mais eficiente de não ser aceito em qualquer universidade britânica, muito menos americana, é dizer que você gostaria de estudar a história de reis, guerras e diplomacia.[2]

Em muitas áreas da história militar, a lacuna deixada pelas universidades é preenchida pelas academias militares. Há livros excelentes sobre a Era Napoleônica escritos por especialistas militares (em boa parte dos casos, oficiais da ativa), embora poucos explorem o papel da Rússia de maneira aprofundada.[3] Uma explicação para isso é o fato de os arquivos militares só terem sido disponibilizados a pesquisadores estrangeiros a partir de 1991. Uma razão ainda mais importante, no entanto, tem sido a crença de que os Exércitos francês e prussiano da Era Napoleônica são objetos de estudo muito mais interessantes por conta de suas características mais modernas. No caso francês, além das lições atemporais a serem aprendidas com o gênio militar de Napoleão, o Exército também foi visto como pioneiro na arte da guerra com o emprego de divisões e corpos.[†] No caso prussiano, temos Clausewitz, tido como o mais importante pensador sobre a guerra moderna. Além disso, acredita-se que a Prússia tenha criado dois outros elementos-chave para a modernização militar da época: o primeiro Estado-Maior Geral moderno e um eficiente e motivado exército formado por recrutamento em massa.

[†] O Exército francês foi pioneiro em reunir numa mesma unidade de comando – a divisão – elementos da infantaria, cavalaria e artilharia, e a agrupar duas ou mais dessas divisões num único Corpo. (N.E.)

Por outro lado, o estudo de um exército como o russo, inequivocamente característico do Antigo Regime, não parecia justificar o esforço para aprender a língua russa e para obter informações dos arquivos oficiais. O resultado é que o lado russo da história é ignorado ou mal interpretado, com historiadores enxergando em grande medida a Rússia através do prisma de fontes de língua francesa ou alemã.

No que diz respeito às fontes francesas,[4] há perigos óbvios em se interpretar qualquer exército ou campanha essencialmente através dos olhos inimigos. É claro que oficiais franceses geralmente redigiam seus relatórios ou memórias com o propósito de obter promoções, inflar o ego, alcançar a glória ou justificar seus atos. Ninguém que observe os uniformes da época pode esperar muita modéstia ou discrição dos homens que os vestiram. Pelo contrário, a autopromoção agressiva e arrogante era comum tanto nos exércitos de Napoleão como nos de seus inimigos. Se os franceses eram mais arrogantes que a maioria, eles tinham alguma razão de ser, já que, em muitos aspectos, seu exército foi o melhor da Europa até 1812. Ao enfrentar os russos, o habitual senso de superioridade francês podia chegar a um desprezo quase colonial pelos "bárbaros irracionais" das zonas fronteiriças da Europa. O próprio Napoleão deu o tom ao encontrar poucas palavras de elogio a quaisquer tropas russas que não fossem os cossacos. Isso, até certo ponto, talvez refletisse uma variação francesa do tema do exotismo e do orientalismo. Colocar a culpa da derrota nos cossacos ou no clima tinha sua utilidade. Uma vez que o Exército francês não tinha cossacos e que o clima fora uma ação "injusta" de Deus, nenhum oficial francês precisaria temer, ao invocar essas fontes de desastre, colocar à prova sua própria virilidade superior ou habilidade profissional. O modo como a literatura de língua inglesa simplesmente repete os relatos franceses de forma acrítica perturba qualquer um que tenha pesquisado as fontes russas ou mesmo caminhado sobre os campos de batalha em questão.

As fontes de língua alemã são muito menos tendenciosas. Entre 1812 e 1814, os alemães lutaram tanto a favor como contra a Rússia. Os alemães que lutaram com a Rússia em 1812 eram grupos étnicos súditos do czar ou oficiais que haviam deixado seus próprios exércitos para lutar contra Napoleão. Aliás, existem alguns relatos autobiográficos em alemão que dizem muito a respeito do Exército e do esforço de guerra russo em 1812. Por exemplo, de todas as memórias de generais russos, provavelmente as melhores são aquelas do príncipe Eugen de Württemberg, escritas em alemão.[5] Ainda assim, elas são muito pouco consultadas por autores de língua inglesa. O mesmo acontece com uma porção de outros relatos valiosos naquele idioma, a maior parte escrita por homens que eram súditos de Alexandre.[6] Sem dúvida, a fonte mais citada é Clausewitz, por causa de sua fama e também porque sua crônica da campanha de 1812 foi traduzida para o inglês.[7]

A história de Clausewitz é extremamente interessante e útil, porém, é preciso lembrar do contexto em que ela foi escrita. Sob Frederico, o Grande, o Exército prussiano havia sido considerado o melhor da Europa. Oficiais estrangeiros o estudavam como um modelo. Mas, em 1806, ele não foi apenas derrotado, mas humilhado, com retaguardas e guarnições às vezes se desarticulando e se rendendo frente a forças inimigas muito menores. Quando Frederico Guilherme III aliou-se a Napoleão, em 1812, a humilhação só aumentou, especialmente entre aqueles oficiais mais patriotas que, como Clausewitz, renunciaram a seus cargos e se colocaram a serviço da Rússia. O Exército russo de 1812, xenófobo e movido por facções, era um lugar profundamente frustrante para um oficial estrangeiro como Clausewitz, que não falava russo e tinha dificuldades inevitáveis em entender o Exército e a sociedade aos quais havia aderido. Ao ler Clausewitz, eu às vezes traço paralelos com um oficial de inteligência das Forças Francesas Livres em Londres entre 1940 e 1944. Tal oficial poderia ter feito um relato fascinante, corrigindo as versões oficiais do esforço de guerra britânico, mas dificilmente compreenderíamos o conflito com clareza por meio de seu ponto de vista apenas.[8]

Estudos da campanha de 1812 em inglês concentram-se principalmente nos erros de Napoleão, nos problemas que a geografia e o clima da Rússia causaram aos franceses e no horror, mas também no claro heroísmo, do Exército de Napoleão durante a retirada de Moscou. O ano de 1813 é marcado pelos autores alemães celebrando o ressurgimento da Prússia e o triunfo do patriotismo alemão. Alguns historiadores do Estado-Maior Geral prussiano, sobretudo Rudolf von Friedrich, são excelentes.[9] Mas é claro que a maioria das memórias e muitas das histórias apresentam uma visão prussiana dos eventos, que acabou influenciando autores britânicos e americanos. O mesmo acontece com a visão oficial austríaca da história, só escrita após 1914, na qual alguns volumes têm um tom nitidamente antirrusso.[10] O ponto de vista russo dos eventos ganha, se isso é possível, ainda menos atenção ou simpatia no que diz respeito à campanha de 1814. Historiadores militares costumam se entusiasmar com a capacidade revigorada de Napoleão após sua decepcionante atuação em 1813. Historiadores de diplomacia e relações internacionais, por outro lado, focam em Metternich e Castlereagh como os criadores de um sistema europeu estável e ordenado. Algumas vezes, essa literatura carrega consigo um sentimento de Guerra Fria, celebrando a aliança de estadistas britânicos e alemães para proteger a Europa contra uma ameaça de hegemonia russa.[11]

É claro que o viés nacionalista na escrita da história existe em todos os países, e especialmente quando se trata de escrever sobre guerra. A guerra costuma ser a melhor fonte de mitos heroicos nacionalistas.[12] As Guerras Napoleônicas ocorreram na aurora do nacionalismo europeu moderno; foi exatamente nessa época que muitas das ideias por trás do nacionalismo moderno foram expressas pela primeira vez. Logo na sequência, a Revolução Industrial daria lugar a cidades, alfabetização em massa e todos os outros aspectos da sociedade moderna que ajudaram o nacionalismo a prosperar. A versão tradicional diz, por exemplo, que os britânicos tomaram Waterloo por si mesmos, e foi apenas bem recentemente que a decisiva contribuição prussiana para a vitória foi reconhecida na literatura de língua inglesa.[13] Nesse contexto, não é nenhuma surpresa que os prussianos tenham deixado a Rússia de lado em suas interpretações de 1813 ou que historiadores franceses da época tenham glorificado as façanhas de Napoleão e seu exército, sem prestar muita atenção no que os relatos inimigos e historiadores estrangeiros tinham a dizer.

Um aspecto crucial das Guerras Napoleônicas atraiu muito pouca atenção de historiadores de todas as nacionalidades. Trata-se da logística ou, em outras palavras, do equipamento e da alimentação dos exércitos. Oficiais comissariados‡ tinham pouco *status* em qualquer um dos exércitos e sociedades rivais. Seus esforços ganharam pouco reconhecimento de historiadores, o que é lamentável, porque o papel deles foi muitas vezes crucial. Napoleão arruinou suas tropas em 1812 em grande parte por causa de falhas logísticas. Por outro lado, um dos triunfos essenciais do esforço de guerra russo foi seu sucesso em alimentar e abastecer mais de meio milhão de soldados fora das fronteiras da Rússia entre 1813 e 1814. A forma como isso foi feito em um continente europeu que, naquela época, tinha apenas duas cidades com populações acima de 500 mil é uma parte essencial deste livro. O contraste com a Guerra dos Sete Anos (1756-1763), quando a logística ajudou a desmantelar o esforço militar russo, é muito importante.[14]

De muitas maneiras, o maior herói do esforço de guerra russo entre 1812 e 1814 não foi um ser humano, mas o cavalo. Até certo ponto, isso se aplicava a todas as guerras em solo europeu naquela época. O cavalo preenchia as funções atualmente exercidas por tanques, caminhões, aviões e artilharia motorizada. Ele era, em outras palavras, arma de choque, instrumento de perseguição, reconhecimento, transporte e poder de fogo móvel. O cavalo foi um fator crucial – talvez até o mais decisivo – na derrota que a Rússia infligiu a Napoleão.

‡ Responsáveis pelas requisições necessárias ao suprimento das tropas, atuando geralmente na retaguarda, sem participar dos combates. (N.E.)

A enorme superioridade da cavalaria leve russa desempenhou um papel fundamental em negar alimento ou descanso ao Exército de Napoleão na retirada de Moscou e, desse modo, em sua destruição. Em 1812, Napoleão não apenas perdeu quase todos os seus homens, mas praticamente todos os cavalos com os quais havia invadido a Rússia. Em 1813, ele aproveitou uma oportunidade de repor os homens, mas encontrar novos cavalos mostrou-se algo muito mais difícil e, no final das contas, um desastroso problema. Acima de tudo, foi a falta de uma boa cavalaria que impediu Napoleão de ganhar decisivamente a campanha da primavera de 1813 e o persuadiu a concordar com o fatídico armistício de dois meses no verão, que tanto contribuiu para sua derrota definitiva. A ofensiva aliada final em 1814, que levou à queda de Paris e à derrubada de Napoleão, foi desencadeada pela interceptação, pela cavalaria leve russa, de despachos franceses secretos, revelando todos os planos do imperador e a vulnerabilidade da capital. Foi uma conclusão adequada para dois anos de guerra nos quais a cavalaria leve russa havia sido, desde o início, muito superior e, a partir de setembro de 1812, totalmente dominante. Essa superioridade não fora ato de Deus ou da natureza. Os historiadores precisam estudar a criação de cavalos na Rússia e como ela foi mobilizada pelo governo entre 1812 e 1814. Também é fundamental uma compreensão de como os russos gerenciaram, preservaram e reforçaram seus regimentos de cavalaria durante essas campanhas. Esse é outro tema fundamental deste livro.[15]

Naturalmente, as pessoas em geral e historiadores nacionalistas em particular se interessam mais pelos gestos heroicos dos soldados em campo de batalha que pelo modo como os estômagos deles eram forrados ou os cavalos deles eram mantidos saudáveis. Isso é verdade tanto na Rússia como em qualquer outro lugar. Assim como outras grandes potências, a Rússia minou a Era Napoleônica com mitos nacionais. O mito czarista oficial de 1812 era de que o povo russo havia se unido ao redor do trono e sob a liderança da nobreza para destruir o invasor do solo sagrado do país. Havia tanta verdade nesse mito russo quanto no seu equivalente prussiano-alemão, que dizia que a nação prussiana havia pegado em armas em 1813 para libertar a Alemanha depois do apelo de Frederico Guilherme III "Ao meu povo".

Um dos fatores reais pelos quais a Rússia derrotou Napoleão foi o fato de muitos jovens oficiais capacitados terem sido promovidos por mérito a postos essenciais durante a guerra. Entre os líderes russos, Aleksandr Chernishev e Johann von Diebitsch tornaram-se tenentes-generais aos 28 anos, e Mikhail Vorontsov, aos trinta. Eles foram apenas a ponta do *iceberg*. O conde Karl von Nesselrode tinha apenas 28 anos quando assumiu o controle da espionagem russa em Paris, em 1808. Na sequência, ele serviu como conselheiro-chefe de diplomacia de Alexandre entre 1813 e 1814. Em geral, mesmo os líderes mais velhos não eram tão velhos assim: Petr Mikhailovich Volkonski, que atuou como chefe do Estado-Maior de Alexandre, tinha somente 38 anos quando a guerra acabou. Esses homens dominariam o Exército e o governo russos por muitas décadas subsequentes. Os relatos oficiais da guerra por Dmitri Buturlin e Aleksandr Mikhailovski-Danilevski foram muito cuidadosos em não ofender essas figuras importantes. Há paralelos britânicos. O duque de Wellington viveu por quase quatro décadas após Waterloo e estava em uma posição que tornava quase canônica a sua visão pessoal da batalha na Grã-Bretanha.[16]

Havia, no entanto, diferenças importantes entre Wellington e os líderes russos. Embora o duque tenha tido muitos inimigos políticos nos anos 1820 e 1830, na época em que morreu, ele era um ícone nacional. O mesmo esteve bem longe de acontecer com os generais russos que viveram tanto quanto ele. Assim que Alexandre I morreu, em 1825, um grupo de oficiais, os chamados Dezembristas, tentou derrubar a monarquia absolutista e instalar um regime constitucional, ou mesmo uma república. Entre eles estavam oficiais como Mikhail Orlov e o príncipe Sergei Volkonski, que haviam se destacado nas guerras. O golpe foi esmagado. Heróis de guerra fundamentais como Aleksandr Chernishev, Alexander Benckendorff e Petr Volkonski tiveram um importante papel nessa supressão e, posteriormente, serviram como ministros sob o comando de Nicolau I até a metade do século XIX.

A revolta Dezembrista e sua supressão foram o começo de uma divisão excepcionalmente amarga entre a direita e a esquerda na Rússia, que culminou na revolução de 1917. O ódio violento entre os dois campos ajudou a envenenar e distorcer a memórias dos anos 1812-1814. No Palácio de Inverno em São Petersburgo, há uma incrível galeria de retratos de quase todos os generais desse período. Como um estudante formado na União Soviética nos anos 1970, tive certa vez uma feroz discussão com uma jovem que estava furiosa pelo fato de que, entre aqueles retratos, havia um de Alexander Benckendorff, que mais tarde serviu como chefe da polícia de segurança de Nicolau I. Minhas tentativas de argumentar que Benckendorff era um herói de guerra não chegaram a lugar algum. Quando eu o chamei de um líder *partisan*, que é exatamente o que ele foi durante grande parte dos anos 1812-1814, ela abandonou o local com desgosto. A jovem estudante não era nem um pouco pró-comunista, mas um produto da *intelligentsia* liberal radical de Moscou. Para ela, heróis de 1812 em geral e *partisans* em particular foram "amigos do povo" e, portanto, por definição, membros honorários de seu campo político e tradição radicais.

Quando se apropriou do mito de 1812 e fez dele uma parte integrante do patriotismo soviético, o regime comunista, até certo ponto, gravou essas ideias em pedra. A realidade histórica do esforço de guerra russo tinha que ser assustadoramente distorcida para se adequar à ideologia oficial da Era Stalinista. Alexandre I tinha que ser marginalizado e transformado em vilão, e o contexto internacional das guerras, distorcido; Kutuzov foi elevado ao nível de Napoleão ou ainda além, enquanto se fazia vistas grossas a suas origens aristocratas e conexões com a corte (bem como as do príncipe Petr Bagration); a importância da resistência em massa contra Napoleão deveria ser exagerada e a eventual resistência à aristocracia e aos funcionários do governo, de alguma forma, interpretada como elementos constitutivos na guerra do povo tanto contra a tirania doméstica como contra os franceses. Normas oficiais desse tipo, de certa forma, interferiram no ensino russo sobre a Era Napoleônica durante algum tempo e marcaram a maneira como muitos russos comuns das gerações mais antigas entendem o período entre 1812 e 1814. Entretanto, historiadores russos contemporâneos têm, felizmente, escapado dos mitos stalinistas sobre a Era Napoleônica.[17]

Ainda assim, apesar de todas essas distorções grosseiras, a interpretação oficial soviética sobre as Guerras Napoleônicas permaneceu, de muitas formas, fiel ao espírito de Lev Tolstói, sem dúvida o mais importante criador de mitos do século XIX no que se refere a seu impacto na compreensão interna (e internacional) do papel desempenhado pela Rússia na Era Napoleônica.[§] Tolstói descreve o patriotismo russo elementar como unido em defesa do solo nacional. Ele descreve Kutuzov como a personificação do patriotismo e da sabedoria russos, contrastando-o com a idiotice dos chamados especialistas militares profissionais, a quem enxerga como alemães e pedantes. Sua concepção de história, em qualquer caso, deixa pouco espaço para a liderança habilidosa ou mesmo para a tentativa de direcionar os eventos de modo racional. Em vez disso, ele celebra a força moral, a coragem e o patriotismo dos russos comuns. Talvez o mais importante aqui seja o fato de Tolstói ter encerrado seu romance *Guerra e paz* em dezembro de 1812, com a guerra apenas na metade e os maiores desafios ainda por vir. O longo, amargo, mas finalmente triunfante caminho que levou o Exército russo de Vilna em dezembro de 1812 a Paris, em março de 1814, não tem espaço em sua obra, além de ter sido inteiramente marginalizado no cânone patriótico soviético e na memória russa popular contemporânea. Para cada publicação

---

§ Lev Tolstói (1828-1910) é o autor de *Guerra e paz*, considerado sua obra-prima. O romance traça um panorama da sociedade russa durante as campanhas napoleônicas, por meio da trajetória de duas famílias aristocratas. (N.E.)

em russo sobre o período de 1813 a 1814, há provavelmente mais de cem sobre 1812. A tentativa mais recente de se escrever uma grande história sobre o período de 1812 a 1814, ao mesmo tempo popular e erudita, dedica 490 páginas a 1812 e 50 para as campanhas mais longas e complicadas dos dois anos seguintes.[18]

A interpretação russa popular ou "tolstoiana" das guerras se encaixa bem aos relatos estrangeiros que diminuem o papel do Exército e do governo russos na vitória sobre Napoleão. O próprio Napoleão costumava culpar muito a geografia, o clima e o acaso; isso o absolvia da responsabilidade sobre a catástrofe. Historiadores geralmente acrescentam a essa equação os erros de cálculo e as tolices do líder francês, mas muitos deles se dão por satisfeitos em acompanhar a conclusão implícita de Tolstói de que a liderança russa teve pouco controle sobre os eventos e que a "estratégia" russa era uma combinação de improviso e acaso. Além disso, inevitavelmente, a falta de interesse russo em 1813 e 1814 deixou o campo livre para historiadores de outras nações, que ficaram felizes em contar a história desses anos com o papel da Rússia marginalizado.

É claro que não é difícil de entender por que os russos acharam mais fácil se identificar com uma guerra disputada em solo nacional em defesa de Moscou e sob o comando de um general chamado Kutuzov. Era mais difícil se entusiasmar com campanhas travadas na Alemanha e na França sob o comando de generais chamados Wittgenstein e Barclay de Tolly na defesa de um verdadeiro, mas de certa forma metafísico, conceito de segurança russa baseado em ideias sobre o equilíbrio de forças europeu. Em 1912, conforme o centenário das guerras se aproximava, houve um grande interesse, do qual resultou muitas novas publicações. Nessa época, entretanto, a Rússia estava às vésperas de uma guerra exatamente contra os mesmos Hohenzollern e Habsburgo¶ a quem havia se aliado em 1813. Obviamente, esse não era o melhor dos momentos para celebrar a solidariedade russo-germânica. Entre 1813 e 1814, os dois mais brilhantes oficiais dos quadros russos eram Karl von Toll, um germano-báltico, e Johann von Diebitsch, o filho de um oficial prussiano que havia se transferido para o serviço russo. Quase dois terços das tropas na mais bem-sucedida força aliada – o chamado Exército de Silésia, do marechal de campo Blücher – eram de fato russos, mas dois comandantes de tropas russas de Blücher eram Alexandre de Langeron e Fabian von der Osten-Sacken. A essa altura, também Nikolai Rumiantsev e

---

¶ A Dinastia dos Hohenzollern governou a Prússia desde o século XVII e, posteriormente, o Império Alemão após a unificação em 1871. Seu domínio durou até o fim da 1ª Guerra Mundial. Já os Habsburgo, uma das mais importantes dinastias europeias, governaram boa parte da Europa desde o século XV, incluindo a Áustria, na época de Napoleão, e o Império Austro-Húngaro, desde sua criação em 1867 até sua derrota e dissolução no fim da 1ª Guerra Mundial. (N.E.)

Alexander Kurakin haviam sido marginalizados e não existia nenhum russo étnico entre os principais assessores de Alexandre para política externa. Enquanto isso, o próprio imperador dava a muitos russos, mesmo naquela época, a sensação de que via a Rússia como ultrapassada e indigna de seus ideais, e de que estava disposto a sacrificar os interesses russos em nome da segurança europeia ou mesmo para ganhar aplausos para si na elegante Europa.

Na raiz de todas essas questões está o contraste, muito familiar aos historiadores, entre a Rússia como Império e a Rússia como nação e povo.[19] Em 1814, os britânicos, franceses e alemães eram, ou estavam em processo de se tornar, nações. Os mitos nacionalistas gerados nas Guerras Napoleônicas serviam a essa realidade e a esse esforço. A Rússia em 1814 era um Império dinástico, aristocrata e multiétnico. Seu núcleo era composto pelo território, pelo povo e pela nobreza russos, mas esses ainda não constituíam uma nação e jamais poderiam fazê-lo por completo enquanto existisse um Império dinástico. O Império russo ganhou a guerra ocorrida entre 1812 e 1814, mas os mitos que permaneceram na memória russa foram, acima de tudo, etnonacionais. Essa é a principal razão pela qual – unicamente e em total contraste aos alemães, franceses e britânicos – os mitos nacionais derivados das Guerras Napoleônicas subestimam enormemente as conquistas russas daquele período.[20]

Um objetivo essencial deste livro é ir além dos mitos russos, alcançando a realidade do esforço de guerra russo entre 1812 e 1814. Estou, acima de tudo, interessado em estabelecer como e por que a Rússia superou o enorme desafio apresentado por Napoleão naqueles anos.

Há também outras razões para questionar aspectos da mitologia russa sobre a Era Napoleônica. Uma delas é uma reflexão sobre Impérios e nações. Tanto em geral como no caso russo específico, parece-me um erro tomar a tradição imperial como algo necessariamente prejudicial e o conceito de nação como a personificação inequívoca da virtude. Isso não é, em sentido algum, uma justificativa para a formação de um novo Império no mundo atual. Mas o Império, em sua época – ao contrário de várias nações –, muitas vezes era relativamente tolerante, pluralista e, às vezes, até mesmo benevolente em sua atitude para com as muitas comunidades que estavam sob sua proteção. Isso também se aplicava ao tratamento dispensado pelo Império russo à maioria dos não russos na maior parte do tempo. Era certamente um dos pontos fortes do Império no tempo de Alexandre I o fato de ele estar disposto e apto a empregar e confiar na lealdade de tantas elites não russas. Mais especificamente, parece um erro enxergar a política externa de Alexandre como "imperial" em vez de favorável aos interesses da Rússia, seja lá como for que se entenda "Rússia". Antes de 1812, Napoleão havia demonstrado muito claramente por que o seu domínio sobre a Europa era uma grande ameaça à segurança e aos interesses econômicos russos. Em 1813, Alexandre estava inteiramente certo em aproveitar a oportunidade de expulsar os franceses da Alemanha e restaurar os fundamentos de um equilíbrio de forças europeu. A decisão seguinte de levar o Exército russo além do Reno e destituir Napoleão é mais discutível. Na minha opinião, no entanto, Alexandre estava mais uma vez correto ao acreditar que interessava à Rússia, acima de tudo, paz e estabilidade na Europa, e que a sobrevivência de Napoleão poderia inviabilizar tanto uma coisa como a outra. A Era Napoleônica é um exemplo clássico do quão interdependentes são as seguranças russa e europeia. Foi também uma época em que a Rússia contribuiu bastante para a restauração da paz e da estabilidade na Europa.

Os russos, portanto, têm todos os motivos para se orgulhar do que seu Estado e Exército conquistaram entre 1812 e 1814. Ironicamente, a obsessão tradicional de historiadores russos por operações militares em 1812, à custa dos dois anos posteriores, não ajuda em nada a reputação do Exército russo. Mais do que na maioria das outras atividades, existe uma enorme diferença entre o treino teórico para a guerra e realmente vivê-la na prática. Entre 1813 e 1814, o exército havia aprendido com a experiência. A essa altura, muitos dos generais eram de primeira linha e os quadros atuavam muito melhor do que no início da campanha de 1812. No campo de batalha, entre 1813 e 1814, reservas eram utilizadas com muito mais frequência e cavalaria, infantaria e artilharia eram coordenadas com muito mais eficiência do que haviam sido anteriormente. Dada a enorme distância entre as operações militares e as bases do Exército, os reforços e suprimentos dos exércitos de campo eram gerenciados com notável habilidade. Disciplina, orgulho regimental, lealdade aos companheiros e lealdades religiosa e monarquista pré-modernas motivavam os soldados comuns do Exército do imperador, estivessem eles lutando em solo russo ou fora dele. Para qualquer um que tenha lido relatos das batalhas de – para citar três exemplos – Kulm, Leipzig e Craonne, a ideia de que a motivação do Exército ou o espírito de luta tenha declinado após 1812 parece muito estranha.

Uma última razão fundamental para não se esquecer de 1813 e 1814 é que a história de 1812 não faz sentido sem esse período posterior. Alexandre e seu ministro de Guerra, Mikhail Barclay de Tolly, se programaram antes de 1812 para uma guerra que duraria, no mínimo, dois anos e provavelmente mais. Eles traçaram suas estratégias parcialmente baseados nas excelentes informações sobre as intenções de Napoleão e sobre as forças e vulnerabilidades não apenas de seu Exército, mas também de seu regime. Desde o início, o plano era enfraquecer

Napoleão com uma campanha defensiva na Rússia, e então perseguir e combater o inimigo além da fronteira, levantando uma insurreição europeia contra ele. Existe ampla evidência desse pensamento em documentos militares, diplomáticos e de inteligência russos. Toda a forma com que os recursos materiais e humanos da Rússia foram mobilizados faz sentido apenas no contexto de uma guerra longa. Uma razão-chave pela qual a Rússia derrotou Napoleão foi que todos os seus principais líderes pensaram à frente dele. Em 1812, eles planejaram e então impuseram a ele, com sucesso, uma campanha prolongada, sabendo muito bem que esse era precisamente o tipo de guerra para o qual ele estava menos preparado. Entre 1813 e 1814, a diplomacia e a estratégia militar de Alexandre combinadas contribuíram para isolar Napoleão, inicialmente na Europa, e depois até mesmo das elites francesas. É claro que Napoleão desempenhou um enorme papel em sua própria derrocada, e a capacidade de autodestruição de seu inimigo sempre foi parte do cálculo de Alexandre. A política russa naqueles anos foi concebida com inteligência e executada com propósito consistente. Foi, de fato, algo muito distante da mitologia tolstoiana.

A parte central deste livro é um estudo sobre diplomacia, estratégias globais e operações militares ou, em outras palavras, um estudo sobre a política do poder. As políticas militar e diplomática estiveram muito interligadas naqueles anos e precisam ser estudadas lado a lado. Isso é especialmente verdade no que diz respeito à relação russo-austríaca, que foi a mais sensível, mas também foi provavelmente o aspecto mais importante da política externa russa entre 1813 e 1814.

Do verão de 1810 até a invasão de Napoleão, embora em princípio a diplomacia fosse central, a política russa era bastante afetada por considerações militares. A informação excepcionalmente valiosa obtida pela inteligência russa em Paris convenceu Alexandre I de que Napoleão tinha a intenção de atacar a Rússia e influenciou imensamente a diplomacia e o planejamento estratégico russos. A decisão do imperador russo de adotar uma estratégia militar defensiva descartou qualquer possibilidade de que suas tentativas de garantir uma aliança com a Prússia obtivessem sucesso. Nas campanhas de 1812 e do outono de 1813, a diplomacia teve pouca importância e operações militares foram decisivas. O mesmo não aconteceu nas campanhas da primavera de 1813 e 1814, nas quais considerações diplomáticas e políticas influenciaram e, às vezes, até mesmo determinaram estratégias militares. Na campanha da primavera de 1813, isso quase resultou em desastre. Alexandre I definia a estratégia global e a diplomacia russas e, muitas vezes, tinha uma grande influência nas operações militares. Sua visão, personalidade e seu *modus operandi* eram de importância crucial. Sem ele, o exército russo provavelmente não teria perseguido Napoleão até o interior da

Alemanha em 1813 e, certamente, jamais teria alcançado Paris. Então, este livro é verdadeiramente um estudo sobre reis e batalhas.

Uma política de poder requer a existência de poder e é influenciada pelo quanto de poder um Estado tem e que formas ele assume. Este livro analisa as fontes do poder russo no reinado de Alexandre. Isso, é claro, envolve o Exército imperial e, em particular, sua estrutura de comando, táticas, "doutrina" e efetivos. Envolve também indústria militar, finanças públicas, indústria de cavalos e mão-de-obra. As forças e vulnerabilidades russas nessas áreas ajudam a explicar como o Império lutou na guerra e por que ele triunfou. Como sempre acontece, o regime político e o contexto social exerceram forte influência na mobilização e no uso dos recursos do Império. A base da ordem política e social russa era a servidão, enquanto o Exército imperial era uma força profissional, a qual os soldados pertenciam como servos separados do reino e serviam durante 25 anos de suas vidas. Como foi possível a uma sociedade e um exército assim enfrentar e superar o desafio de Napoleão? O corpo de oficiais russos, e em particular suas alas mais experientes, faziam parte da elite do Império, ela mesma ainda predominantemente aristocrata. Exército, aristocracia e governo formavam um emaranhado de redes de família e patronato. É muitas vezes impossível entender como o exército funcionava a não ser que se leve tudo isso em consideração.

O mesmo acontece em relação aos valores e à cultura dos generais e oficiais do Exército imperial. Honra, demonstrações públicas de coragem e lealdade ao regimento e aos colegas oficiais eram imensamente importantes, assim como fazer jus ao próprio *status* e posição. O campo de batalha, como o duelo, permitia que a honra fosse publicamente exibida e defendida. Em alguns aspectos, o "campo de honra" – em outras palavras, o campo de batalha – foi também o antecessor das competições esportivas atuais. "Vencer" significava conquistar o território de alguém e capturar troféus como canhões e valores. Esses valores de guerreiros masculinos parecem não apenas arcaicos, mas, às vezes, também infantis; entretanto, eles significavam muito, porque afetavam a moral e mantinham os oficiais inabaláveis frente à morte e mutilação. Um problema central na campanha de 1812 foi que esses valores atravessavam a ordem estratégica russa de retirada.[21]

Embora o historiador possa escrever com certa segurança sobre os valores e as motivações dos oficiais, entender a mentalidade dos soldados rasos é muito mais difícil. Entre 1812 e 1814, mais de 1,5 milhão de homens serviram como soldados rasos ou suboficiais no exército e na milícia; desses, apenas dois deixaram relatos escritos.[22] Esses podem ser ampliados por algumas poucas recordações orais gravadas décadas mais tarde e por registros pessoais de muitos regimentos preservados nos arquivos. Muitas vezes, porém, somos forçados a interpretar os valores dos soldados por meio de suas ações e do que seus oficiais disseram sobre eles. Isso tem perigos óbvios, mas um livro que simplesmente deixasse de lado a coragem, a resistência e a lealdade dos soldados russos perante terríveis privações e, algumas vezes, o tratamento brutal dispensado por seus superiores estaria ignorando um dos elementos mais vitais, mas ao mesmo tempo mais enigmáticos, das guerras.

A Rússia é a maior lacuna na compreensão ocidental contemporânea da Era Napoleônica. O objetivo deste livro é preencher essa lacuna. E uma compreensão mais fundamentada e realista do poder e da política russa pode até mesmo mudar a visão geral sobre aquele período. Até então, a Rússia era menos poderosa que a Grã-Bretanha. Seu alcance mundial era muito menor. Entretanto, diferentemente da Áustria e da Prússia, os interesses e perspectivas russos não eram estreitamente continentais. Para uma parcela significativa da elite dominante, as Guerras Napoleônicas eram, de certa forma, uma distração e uma atividade secundária. Eles viam como o interesse principal da Rússia a expansão ao sul, contra os otomanos e os persas. Esses homens raramente enxergavam a França em si como o principal ou inevitável inimigo da Rússia. A maioria deles acreditava que o Império Napoleônico era um fenômeno transitório, nascido de circunstâncias excepcionais e do gênio de Napoleão. O mais impressionante membro desse grupo era o conde Nikolai Rumiantsev, que foi, na prática, o ministro de Relações Exteriores da Rússia desde o final de 1807 até a invasão do país por Napoleão. Na sua visão, o maior desafio de longo prazo para a Rússia era o crescente domínio financeiro, comercial e industrial mundial da Grã-Bretanha, e seu monopólio no poder marítimo. Esse ponto de vista acabou anulado por Alexandre I. Acima de tudo, ele foi minado por Napoleão, que forçou o governo russo a transformar a luta contra a França em sua prioridade. Mas a perspectiva de Rumiantsev teve certo impacto na política russa em 1812, porque ela era compartilhada, em parte, por Mikhail Kutuzov. Ela também oferece uma visão interessante de algumas das realidades ocultas da Era Napoleônica.

As Guerras Napoleônicas entre 1800 e 1815 foram uma luta global, não apenas europeia.[23] Isso pode parecer estranho, já que a esmagadora maioria das batalhas nesses anos aconteceu na Europa. Nesse sentido, as Guerras Napoleônicas foram mais europeias e menos globais até do que as Guerras Revolucionárias dos anos 1790. Elas foram muito menos globais que a Guerra dos Sete Anos ou a Guerra da Independência dos Estados Unidos, nas quais muitos dos combates mais importantes aconteceram no hemisfério ocidental e na Ásia. No entanto, as Guerras Napoleônicas de fato ficaram amplamente confinadas à Europa, porque os ingleses estavam próximos de ganhar sua guerra de cem anos contra a França pela supremacia mundial. O fato mais básico sobre as Guerras Napoleônicas é que o poder marítimo britânico aprisionou o imperialismo francês dentro da Europa. Por muitas razões, era muito mais difícil criar qualquer espécie de Império na Europa do que no além-mar. Como vários observadores russos compreenderam, foi na época das revoluções e no período napoleônico que a Grã-Bretanha consolidou seu imensamente poderoso Império mundial, tanto territorial quanto comercial. Vista de certo ângulo, a tentativa de Napoleão de criar um Império europeu foi apenas um último e heroico esforço para equilibrar o imperialismo britânico e evitar a derrota da França no conflito centenário com a Grã-Bretanha. As probabilidades estavam extremamente contra Napoleão, embora, em 1812, ele tenha chegado muito perto da vitória.

Na verdade, é possível estudar as Guerras Napoleônicas em diferentes níveis. Em um extremo, temos o ponto de vista "divino", que observa os eventos sob todos os aspectos e em longo prazo. Ele se interessa pelo impacto geopolítico nas mudanças de ideologia e valores culturais europeus após 1789, e em padrões mundiais de comércio e finanças. No outro extremo, temos o que se pode chamar de o ponto de vista "do verme". Isso inclui a percepção do dia a dia das pessoas comuns dessa época e, ainda, detalhes importantes como os tipos de gatilhos e cartuchos que contribuíram para a falta de confiança da mosquetaria russa. Aqui também encontramos, por exemplo, discussões sobre os eventos da tarde de 21 de maio de 1813, quando os erros do marechal Michel Ney roubaram de Napoleão uma vitória decisiva na Batalha de Bautzen e, provavelmente, negaram-lhe assim a chance de decidir a campanha de 1813 e manter a Áustria fora da guerra. Entre os níveis "divino" e "do verme", encontram-se os outros assuntos normalmente discutidos por historiadores. Neste livro, por exemplo, eles incluem as táticas da infantaria russa, a indústria de armamentos russa, ou as percepções russas sobre a Áustria e os Bálcãs. Aqui, todos esses níveis são abordados, uma vez que são igualmente relevantes para entender como e por que a Rússia derrotou Napoleão.

A abordagem básica do livro é cronológica. Começo com as negociações em Tilsit, em 1807, e termino com a entrada do exército russo em Paris, em 1814. Uma razão para fazer isso é que qualquer outra abordagem arruinaria a "história". Nem mesmo um acadêmico tem o direito de fazer isso a uma das melhores passagens da história europeia. Mas outro motivo para usar narrativa e cronologia é que este é, geralmente, o método mais fiel para explicar o que aconteceu naqueles anos. No campo de batalha, uma oportunidade de vitória que existia às duas horas da tarde muitas vezes havia desaparecido às quatro. Sorte, equívocos de interpretação e confusões influíram em muito do que aconteceu. Decisões tinham consequências que reverberavam pelos dias e semanas seguintes. Entretanto, em vários pontos deste livro, eu pauso a narrativa para explicar o cenário. No Capítulo 7, por exemplo, faço um desvio da narrativa da campanha de 1812 para explicar o que estava acontecendo no crucial *front* doméstico russo.

Em seguida, o Capítulo 2 apresenta ao leitor dois dos "heróis" do livro, nomeadamente o Exército imperial e o imperador Alexandre I. São fornecidas informações essenciais sobre o sistema político russo, os meandros do poder russo e a natureza das relações internacionais na Era Napoleônica. Por fim, são abordadas as negociações em Tilsit em 1807 e procura-se explicar o pensamento russo na conferência e as bases do "acordo" franco-russo para comandar a Europa e colocar suas relações sobre uma base pacífica de longo prazo. O Capítulo 3 é uma narrativa das relações franco-russas de Tilsit até a invasão da Rússia por Napoleão, em junho de 1812. Ele é essencialmente, mas não exclusivamente, sobre diplomacia. Um elemento essencial desse capítulo é a discussão das operações de inteligência russas, sobretudo em Paris, e de seu impacto. E seu desfecho se dá com uma tentativa de colocar as relações franco-russas em um contexto global mais amplo. É esse capítulo que mais obviamente combina todos os níveis de explicação, de Deus ao verme. O Capítulo 4 analisa de que modo o Exército russo se preparou e se planejou para a guerra entre 1807 e 1812.

Seguem então quatro capítulos sobre 1812 e quatro sobre 1813. Seis desses oito capítulos são essencialmente narrativas das campanhas. Em todos esses seis, entretanto, eu dedico bastante atenção à forma como os exércitos eram alimentados e abastecidos. Isso sempre é importante, e, em alguns momentos, em 1812 e 1813, foi decisivo. Os capítulos sobre 1812 e o outono de 1813 têm conteúdo predominantemente militar. Uma vez que essas campanhas começaram, a diplomacia assumiu um papel secundário. Nos primeiros oito meses de 1813, pelo contrário, a estratégia russa foi amplamente determinada pela necessidade de trazer a Prússia e a Áustria para a guerra a fim de atingir os objetivos de Alexandre. A diplomacia, portanto, desempenha um grande papel no Capítulo 9, sobre a campanha da primavera de 1813. Dois desses oito capítulos são dedicados ao *front* doméstico russo e a como os recursos russos foram mobilizados em 1812 e 1813. Sem isso, é impossível entender o esforço de guerra ou a vitória russa. Os Capítulos 13 e 14 cobrem a campanha de 1814. Eles também formam uma narrativa, ainda que mais intrincada, por causa da necessidade de entrelaçar operações militares, diplomacia, logística e até mesmo a política interna francesa, já que os quatro elementos estavam profundamente interligados e são essenciais para se entender a política e, afinal, a vitória russas.

2

A Rússia como uma grande potência

Para o Estado russo, o século XVIII havia sido um tempo de vitórias. Antes do reinado de Pedro, o Grande (1689-1725), as elites europeias viam os russos como bárbaros, estrangeiros e pouco importantes. Como os otomanos, eles eram considerados intrusos na Europa, mas, diferentemente deles, não ganhavam sequer o invejoso respeito nascido do medo. Na época da morte de Pedro, no entanto, as atitudes começaram a mudar. A Rússia havia esmagado a Suécia na Grande Guerra do Norte (1700-1721) e a superado como o mais poderoso Estado no norte da Europa. Na Guerra dos Sete Anos (1756-1763), a Rússia provocou um impacto ainda maior nas mentes europeias. Seus exércitos ocuparam o leste da Prússia, derrotaram as forças de Frederico II em diversas ocasiões e chegaram até mesmo a ocupar Berlim por um breve período. Apenas a morte da imperatriz Elizabeth, em 1761, e a dramática reviravolta da política russa por seu sucessor, Pedro III, salvaram a Prússia da destruição.[1]

Na sequência, veio o reinado de Catarina II (1762-1796), durante o qual o território, o poder e o *status* internacional da Rússia cresceram enormemente. A maior parte da nação polonesa, assim como imensos territórios ao sul e ao leste do que hoje chamamos de Ucrânia, mas que na época era conhecida apenas como "Nova Rússia", foram anexados. Tendo se tornado a potência líder do Báltico sob o comando de Pedro, a Rússia agora dominava também o Mar Negro e suas frotas seguiam até o Mediterrâneo. As férteis pastagens ucranianas conquistadas por Catarina começaram a ser preenchidas por colonos. À medida que a economia da Nova Rússia crescia, parecia quase não haver limites para a futura potência russa. Catarina e seu mais famoso amante, Grigori Potemkin, contemplavam a ideia de restaurar o Império Bizantino e colocar o neto dela, o grão-duque Constantino, em seu trono. O plano era ambicioso e fantástico, mas assim também fora não apenas a vida de Catarina como também toda a grandiosa ascensão da Rússia no século XVIII.²

Um efeito desses triunfos foi acostumar as elites russas à vitória e alimentar seu orgulho, confiança e arrogância. Bem ou mal, isso teve um impacto na maneira como a Rússia lutou entre 1812 e 1814. Também foi inevitável que as vitórias impulsionassem a legitimidade da dinastia Romanov e o sistema autocrático de governo. A Rússia era uma forte defensora dos princípios constitucionais na Suécia e na Polônia, porque sabia que a fraqueza das monarquias sueca e polonesa debilitaria esses vizinhos e rivais. As espetaculares vitórias sobre os otomanos entre 1768 e 1792 também se devem muito à inabilidade de sultões fracos em controlar facções da corte e sátrapas* provincianos. Tanto os czares russos quanto os sultões otomanos encaravam o desafio de forças militares ultrapassadas que bloqueavam a criação de um exército moderno, em estilo europeu. Esses regimentos – os *strel'tsi* (mosqueteiros) na Rússia e os janízaros no Império otomano – eram ainda mais perigosos porque haviam sido implantados nas capitais e eram ligados aos grupos conservadores religiosos e políticos que se opunham às reformas necessárias. Pedro, o Grande, destruiu os *strel'tsi* nos anos 1690. Somente nos anos 1820 um sultão otomano foi poderoso e resoluto o bastante para destruir os janízaros. A essa altura, o Estado czarista havia, há muito tempo, ultrapassado os otomanos em termos de poder.³

As bases desse poder eram a aliança política entre a monarquia Romanov, a aristocracia dona de terras e a pequena nobreza. Nesse sentido, a Rússia era similar às outras quatro grandes potências europeias (Grã-Bretanha, França, Áustria e Prússia), todas elas apoiadas em uma aliança similar entre a Coroa e as elites latifundiárias. Em cada caso, essa aliança tinha seus traços específicos. Na Grã-Bretanha, por exemplo, o poder monárquico não era absoluto e a aristocracia era a parceira principal em uma coalizão que incluía as elites financeira e comercial.⁴

Embora todas as grandes potências continentais fossem, em teoria, monarquias absolutas, ninguém duvidava que o poder do imperador russo fosse mais completo que o de seus colegas na França, na Áustria ou mesmo na Prússia. Ele podia criar leis e taxas sem o consentimento popular, e nenhuma lei protegia nem mesmo os súditos mais aristocratas de seus caprichos arbitrários. Em contrapartida, especialmente na França e na Áustria, assembleias aristocratas e instituições judiciais herdadas do feudalismo medieval inibiam o poder monárquico, assim como o *ethos* das elites sociais, incluindo às vezes os próprios monarcas e seus

---

* Governadores de antigas províncias persas. (N.T.)

parentes. Outros fatores também ampliavam o poder da autocracia russa. Por exemplo, na Europa protestante, as enormes terras sob o domínio da Igreja católica haviam sido confiscadas durante a Reforma e, em sua maioria, caído nas mãos da aristocracia. Na Europa católica do século XVIII, a maioria dessas terras ainda pertencia à Igreja. Na Rússia, porém, a monarquia havia confiscado a vasta fortuna da Igreja ortodoxa nos anos 1760 e mantido a maior parte para si. Essa era a principal razão pela qual, nos anos 1790, mais de 40% de toda a população de servos "pertencia" não a proprietários de terra particulares, mas à Coroa.[5]

O imenso e arbitrário poder da autocracia era uma realidade cotidiana na política e no governo russos. As políticas do autocrata e a habilidade com que ele ou ela controlava tanto a máquina do governo como a elite aristocrata eram de importância fundamental. Mas um monarca russo era, ao mesmo tempo, todo-poderoso e, em alguns aspectos, fortemente limitado. Mesmo a Rússia europeia era muito maior que qualquer outra potência. Sua população não ultrapassou a da França até os anos 1750 e, para os padrões europeus, permanecia amplamente dispersa no reinado de Alexandre I. O transporte terrestre era primitivo e, na primavera e no outono, os caminhos desmanchavam-se de modo intransponível, tornando-se lama. O setor burocrático do Estado era pequeno, corrupto e incompetente. Em 1763, a Rússia tinha poucos oficiais de Estado a mais do que a Prússia, embora a segunda tivesse um centésimo do tamanho da primeira na Europa. Um monarca prussiano podia recrutar burocratas treinados em direito e administração nas muitas universidades alemãs que, em alguns casos, existiam desde os tempos medievais. Quando Alexandre I chegou ao trono, em 1801, a Rússia tinha apenas uma universidade, fundada em Moscou em 1755. Após a reforma do governo provinciano, em 1775, a administração estatal no campo começou a ser ampliada, mas na grande maioria dos casos, os novos funcionários eram selecionados entre a pequena nobreza latifundiária local, e, muitas vezes, escolhidos por ela. Com muita frequência, esses homens haviam servido como oficiais do exército por alguns anos antes de retornar às províncias para se casar e herdar pequenas propriedades. Assim, a extensão da administração local aprofundava a dependência mútua da monarquia e da aristocracia rural.

Por um lado, os Romanov não podiam se virar sem os donos de terras, chamados por Paulo I de coletores de impostos e agentes de recrutamento involuntários do Estado nas vilas. O Estado tampouco poderia sobreviver sem o serviço dos nobres em sua burocracia e, acima de tudo, como oficiais de seu exército. Pelo outro lado, a pequena nobreza também precisava muito do Estado. O emprego como burocrata ou oficial militar era uma essencial fonte de renda extra. O Estado também garantia segurança aos donos de terras contra rebeldia e insurreição de camponeses. Em 1773, uma revolta de cossacos e camponeses liderada por Emelian Pugachev espalhou-se por uma enorme região nos Urais e do Baixo Volga. Foram necessários vários meses de campanha com milhares de integrantes de tropas regulares para suprimir a rebelião, que custou a vida de centenas de nobres e deixou uma cicatriz profunda na consciência das elites. Para um reduzido, mas, ainda assim, significativo número de membros da pequena nobreza, o exército e mesmo a burocracia ofereciam um caminho por meio do qual eles poderiam ascender à elite aristocrata e, consequentemente, acumular riquezas. As constantes guerras do século XVIII garantiram muitas oportunidades de autoafirmação aos jovens nobres.

Além dos Romanov, o maior beneficiário da crescente riqueza da Rússia no século XVIII foi o pequeno grupo de famílias que, então, dominava corte, governo e exército e formava a elite aristocrática. Algumas dessas famílias eram mais antigas que os Romanov, outras eram de origem bem mais recente, mas no reinado de Alexandre I elas formaram uma única elite aristocrática, unida pela riqueza e por uma rede de casamentos. Riqueza, *status* social e posições no governo concediam enorme poder a elas. Essas redes de clientelismo estendiam-se através do governo e das forças armadas russas. Os próprios Romanov vieram desse meio social. Seu *status* imperial subsequentemente os elevou bem acima da mera aristocracia. Estavam determinados a preservar sua autonomia e nunca se deixar aprisionar por qualquer "panelinha" aristocrática. Ainda assim, como quaisquer outros monarcas europeus, eles enxergavam esses magnatas aristocratas como seus parceiros e aliados naturais, como baluartes da ordem natural e da hierarquia de uma sociedade bem administrada.

A aristocracia usava uma série de artimanhas para preservar seu poder. No século XVIII, seus filhos eram alistados, ainda na infância, nos Regimentos da Guardas. Quando chegavam à faixa dos vinte anos, esses filhos da elite usavam seus anos de "experiência" e seu *status* privilegiado nas Guardas para pular para postos de coronel nas linhas dos regimentos. Paulo I – o filho de Catarina, a Grande –, que reinou de 1796 a 1801, acabou com esse truque, mas inúmeros aristocratas em altos postos entre 1812 e 1814 haviam se beneficiado dele. Ainda mais significativo era o uso feito pela aristocracia das posições na corte. Embora fossem principalmente honoríficas, essas posições permitiam que os jovens valetes (*Kammerjunker*)† e camareiros-mor (*Kammerherr*) se transferissem para altos cargos no governo de classificação supostamente equivalente.

---

† Na Idade Média, o nome era dado ao cortesão encarregado de cuidar da câmara ou quarto de seu senhor. Posteriormente, em algumas monarquias, foi transformado em um título de nobreza. (N.T.)

No contexto da Europa do século XVIII, não havia nada de espetacular nisso. Jovens aristocratas britânicos compravam suas rápidas ascensões na hierarquia militar, sentavam-se no Parlamento graças aos bolsões políticos‡ de seus pais e, algumas vezes, herdavam títulos de nobreza em tenra idade. Diferentemente dos ingleses, os aristocratas russos não controlavam o governo por meio de seu domínio sobre o Parlamento. Porém, um monarca que fizesse mal à política ou incomodasse profundamente a elite de São Petersburgo podia ser derrubado ou assassinado. Paulo I certa vez ressaltou que não existiam *Grands Seigneurs* na Rússia, exceto os homens que estivessem conversando com o imperador, e, mesmo assim, o *status* deles durava apenas enquanto o imperador se dignasse a continuar a conversa. Paulo I estava parcialmente correto: os magnatas russos de fato eram mais subservientes e menos autônomos que seus equivalentes em Londres ou Viena. Porém, o monarca estava também parcialmente equivocado e pagou por seu engano com a vida, em 1801, quando foi assassinado por membros da aristocracia indignados com seu comportamento arbitrário, liderados pelo governador-geral de São Petersburgo, o conde Peter von der Pahlen.

A aristocracia russa e a pequena nobreza constituíam o núcleo da elite dominante do Império e seu corpo de oficiais. Mas os Romanov dominavam um Império multiétnico. Aliavam-se às aristocracias imperiais não russas – as mais bem-sucedidas detinham a posse de terras alemãs nas províncias bálticas –, e as atraíam para sua corte e serviço. Em uma estimativa conservadora, 7% de todos os generais russos em 1812 eram nobres germano-bálticos. Os bálticos deviam seu sucesso em parte ao fato de que, graças à Igreja luterana e ao Iluminismo do século XVIII no norte da Europa, eles eram muito mais cultos que os nobres russos provincianos em geral.[6]

Na época, não havia nada de estranho em um Império ser controlado por elites diversas e estrangeiras. Em seu auge, a elite dominante otomana era composta por escravos cristãos convertidos. Os Impérios Qing e Mogol eram comandados por elites originadas além das fronteiras da China ou do subcontinente. Por esses padrões, o Império dos Romanov era bastante russo. Mesmo para os padrões europeus, o Estado russo não era um caso à parte. Muitos dos principais soldados e estadistas do Império austríaco vieram de fora dos territórios dos Habsburgo. Nenhum dos três maiores heróis da Prússia entre 1812 e 1814 – Blücher, Scharnhorst ou Gneisenau – nasceu um súdito prussiano ou começou sua carreira no Exército prussiano.

---

‡ *Pocket borough*, no original em inglês. Zonas eleitorais controladas por patronos que influenciavam diretamente na escolha dos parlamentares. (N.T.)

É verdade que havia provavelmente mais estrangeiros no Exército russo do que na Áustria ou na Prússia. Imigrantes europeus também se destacavam de forma mais acentuada em São Petersburgo do que em Berlim ou Viena. No século XVIII, muitos soldados e oficiais europeus entraram para o serviço russo em busca de melhores salários e perspectiva de carreira. No reinado de Alexandre, uniram-se a eles refugiados da Revolução Francesa ou de Napoleão. Acima de tudo, imigrantes europeus preenchiam a lacuna criada pelo lento desenvolvimento da educação profissional ou de uma classe média profissional na Rússia. Os médicos eram um desses grupos. Mesmo em 1812, mal havia 800 médicos no Exército russo, muitos deles de origem alemã. Engenheiros militares também estavam em falta. No século XVIII, engenheiros russos eram os caçulas da artilharia e ficavam sob sua jurisdição. Embora eles tivessem ganhado sua independência no reinado de Alexandre, ainda existiam pouquíssimos oficiais engenheiros treinados para preencher uma gama tão ampla de tarefas e a Rússia continuava em busca de especialistas estrangeiros que pudesse atrair para atuar a seu serviço. Na véspera de 1812, os dois engenheiros militares mais experientes eram o holandês Peter van Suchtelen e o alemão Karl Oppermann.[7]

Um berço ainda mais importante de estrangeiros era o departamento do Quartel-Mestre-General, que fornecia ao exército oficiais de Estado-Maior Geral. Quase um a cada cinco oficiais de Estado-Maior "russos" na Batalha de Borodino não era sequer súdito do czar. Menos da metade tinha sobrenome eslavo. O Estado-Maior Geral era parcialmente derivado da seção de cartografia, um departamento muito especializado e que requeria um alto nível de habilidade matemática. Isso garantia que ele fosse repleto de estrangeiros e não russos. À medida que os exércitos cresceram em tamanho e complexidade na Era Napoleônica, o papel dos Estados-Maiores tornou-se crucial. Para muitos russos, isso tornou ainda mais irritante o fato de uma proporção tão grande de seus oficiais de Estado-Maior ter nomes estrangeiros. Além disso, a invasão de Napoleão à Rússia em 1812 disparou uma onda de xenofobia que algumas vezes tinha como alvo "estrangeiros" no Exército russo, sem fazer muita distinção entre estrangeiros genuínos e súditos do czar que não eram etnicamente russos. No entanto, sem seus oficiais não russos, o Império nunca poderia ter triunfado entre 1812 e 1814. Além disso, a maioria desses homens era totalmente leal ao Estado russo, e suas famílias costumavam estar, na época, assimiladas à sociedade russa. Esses engenheiros e oficiais de Estado-Maior estrangeiros ajudaram ainda a treinar novas gerações de oficiais russos para ocupar seus postos.[8]

Para o Estado czarista, como para todas as outras grandes potências, o grande desafio da Era Napoleônica era mobilizar recursos para a guerra. Havia quatro elementos-chave que poderiam ser descritos como as bases do poder russo:[9] povo, cavalos, indústria militar e finanças. A menos que as limitações e os pontos fortes básicos de cada um desses quatro elementos sejam compreendidos, não é possível entender como a Rússia lutou essas guerras ou por que as venceu.

O potencial humano era o recurso mais óbvio do Estado. Na ocasião da morte de Catarina II, em 1797, a população do Império russo era de mais ou menos 40 milhões. Isso comparado aos 29 milhões de súditos franceses às vésperas da Revolução e, talvez, 22 milhões de habitantes das terras dos Habsburgo naquela época. A população prussiana era de apenas 10,7 milhões, mesmo em 1806. A do Reino Unido ficava em algum ponto entre a da Prússia e a das potências continentais maiores. Sua população, incluindo os irlandeses, era de aproximadamente 15 milhões em 1815, embora o potencial humano da Índia estivesse começando a se tornar um importante fator no poder mundial britânico. Portanto, pelos padrões europeus, a população da Rússia era grande, mas ainda não era vastamente superior à dos seus rivais do Antigo Regime, e era muito menor do que os recursos humanos controlados por Napoleão. Em 1812, o Império francês, isto é, todos os territórios comandados diretamente por Paris, tinha uma população de 43,7 milhões. Mas Napoleão era também rei da Itália, que tinha uma população de 6,5 milhões, e protetor§ dos 14 milhões de habitantes da Confederação do Reno. Alguns outros territórios também estavam sob o seu comando: mais notavelmente, do ponto de vista russo, o ducado de Varsóvia, cuja população de 3,8 milhões contribuiu desproporcionalmente ao seu esforço de guerra entre 1812 e 1814. Uma simples listagem desses números diz algo sobre o desafio enfrentado pela Rússia nesses anos.[10]

Do ponto de vista do Estado, a principal vantagem em mobilizar a população russa residia no fato de ela ser não apenas numerosa, mas também barata. Um soldado no Exército de Wellington dificilmente teria uma vida de príncipe, mas seu salário anual era onze vezes maior que seu equivalente russo, mesmo que este último fosse pago em copeques¶ de prata. Na realidade, era bem mais provável que o soldado russo em 1812 fosse pago com dinheiro de papel, desvalorizado, valendo um quarto do estampado em sua cédula. Comparações entre preços e rendimentos são sempre problemáticas, porque muitas vezes não fica claro se os rublos russos citados são de prata ou papel, e, de toda forma, o custo de

---

§ Entre 25 de julho de 1806 e 19 de outubro de 1813, Napoleão acumulou o título adicional de *Protecteur de la Confédération du Rhin*, uma região ao leste do Reno que incluía grande parte da atual Alemanha, com exceção da Prússia. (N.T.)

¶ Um copeque equivalia a um centésimo de rublo, a moeda russa. (N.T.)

vida na Rússia era muito diferente do de outros países, especialmente do da Grã-Bretanha. Uma comparação mais realista é o fato de que, mesmo em tempos de paz, um soldado britânico recebia não apenas pão, mas também arroz, carne, ervilhas e queijo. Um soldado russo não ganhava nada além de farinha e sêmola, embora em épocas de guerra isso fosse complementado com carne e vodca. Os soldados cozinhavam sua sêmola em um mingau, que era sua dieta básica.[11]

Às vezes, um regimento russo também não recebia uniformes e botas, mas sim tecido e couro, com os quais tinha de fazer suas próprias roupas e calçados. Fornecia-se também pólvora, chumbo e papel para que os regimentos produzissem seus próprios cartuchos. Não era apenas a mão de obra dos soldados que era usada de graça pelo Estado. Uma pequena minoria de recrutas não era enviada ao exército, mas para as minas. Um dado ainda mais importante: quando Pedro, o Grande, estabeleceu pela primeira vez as ferrarias que eram a base da indústria bélica russa, ele determinou que vilas inteiras trabalhassem nelas de forma vitalícia. O mesmo foi feito com algumas das fábricas de tecido construídas para vestir seu exército. Esse trabalho obrigatório era ainda mais barato porque as famílias dos trabalhadores mantinham suas fazendas, e esperava-se que elas se alimentassem do que era produzido nelas.[12]

Considerando-se que todos os Exércitos europeus eram constituídos de profissionais de longa carreira, o sistema militar russo rivalizava de forma excelente com os demais. O sistema de recrutamento anual permitia ao Exército russo ser o maior e mais barato da Europa sem impor uma pressão insuportável sobre a população. No entanto, mudanças começaram a acontecer entre 1793 e 1815, primeiro na França e depois na Prússia – o que levantou dúvidas sobre a viabilidade do modelo russo a longo prazo. A Revolução Francesa começou a recrutar "classes" inteiras de jovens na expectativa de que, uma vez que a guerra chegasse ao fim, eles voltariam à vida civil como cidadãos da nova república. Em 1798, o regime revolucionário transformou-se em permanente pela chamada Lei *Jourdain*, que estabeleceu como regra seis anos de serviço. Um Estado que recrutava um grupo etário inteiro por um período limitado poderia colocar nas fileiras mais homens do que a Rússia. Na época, ele teria ainda uma reserva treinada de homens relativamente jovens que haviam completado seu serviço militar. Se a Rússia tentasse copiar esse sistema, seu exército deixaria de ser uma propriedade separada do reino e toda a natureza do estado e da sociedade czarista precisaria mudar. Um exército cidadão era pouco compatível com uma sociedade baseada na servidão. O exército se tornaria menos confiável como uma força para suprimir rebeliões internas. Ao término de um conflito, nobres donos de terra enfrentariam a perspectiva de retorno de uma horda de jovens que (se as leis existentes fossem mantidas) não seriam mais servos e que teriam sido treinados no uso de armas.[13]

Na verdade, a ameaça napoleônica surgiu e se dissipou rápido demais para que suas implicações se materializarem por completo. Expedientes temporários foram suficientes para superar a emergência. Em 1807, e novamente entre 1812 e 1814, o regime armou uma grande milícia apenas para hostilidades, apesar de alguns de seus próprios líderes temerem que a medida seria inútil em termos militares e poderia se transformar em uma perigosa ameaça à ordem social. Quando a ideia de uma milícia foi debatida pela primeira vez, no inverno de 1806-1807, o príncipe I. V. Lopukhin, um dos altos conselheiros de Alexandre, alertou-o de que "no momento, na Rússia, o enfraquecimento dos laços de subordinação aos donos de terras é mais perigoso que a invasão estrangeira". O imperador estava disposto a assumir o risco e seu julgamento provou ser correto. A mobilização de potencial humano russo, por meio de um grande crescimento no Exército regular e da convocação da milícia, foi suficiente para derrotar Napoleão sem exigir mudanças fundamentais na ordem política russa.[14]

Dentre os recursos militares, logo atrás apenas dos homens em importância vinham os cavalos, dos quais a Rússia era mais bem suprida que qualquer outro país no mundo. Imensos rebanhos habitavam a Sibéria e as estepes do sul da Rússia. Esses cavalos eram fortes, rápidos e excepcionalmente resistentes, além de muito baratos. Um historiador da indústria equina russa chama esses cavalos de "uma imensa e incansável reserva". O mais próximo que a cavalaria russa chegava desses cavalos puros de estepe era em seus regimentos irregulares cossacos, basquires e calmuques. O cavalo Don Cossaco era feio, pequeno, veloz e muito fácil de conduzir. Ele conseguia viajar longas distâncias em climas atrozes e sobre terrenos difíceis durante dias sem descanso e com um mínimo de forragem, de uma forma impossível para a cavalaria comum. Em casa, o cavalo cossaco estava sempre solto para pastar. No inverno, ele cavava um pequeno buraco com seus cascos dianteiros para expor raízes e matos escondidos sob o gelo e a neve. Os cossacos traziam seus próprios cavalos quando entravam para o exército, embora entre 1812 e 1814 o governo tenha pago a eles pelos animais perdidos em campanha. Soberbos como escoltas e capazes de encontrar seu caminho em meio a qualquer terreno, mesmo no escuro, os cossacos também poupavam a cavalaria leve regular da Rússia de muitas das tarefas que exauriam seus equivalentes em outros exércitos: mas os regimentos de hussardos russos, lanceiros e caçadores montados também tinham seus próprios cavalos fortes, resistentes, baratos e rápidos, com uma saudável mistura de sangue das estepes.[15]

Tradicionalmente, os cavalos médios (dragões) e pesados (couraceiros) representavam um problema muito maior. Na verdade, às vésperas da Guerra dos Sete Anos, a Rússia não tinha regimentos de couraceiros viáveis, e mesmo seus dragões estavam em péssima forma.** Em 1812, entretanto, muito havia mudado, sobretudo graças à enorme expansão da indústria russa de cavalos reprodutores nas últimas décadas do século XVIII. Existiam 250 criadouros particulares de reprodutores em 1800, quase todos criados nos quarenta anos anteriores. Eles forneciam alguns dos cavalos para os dragões e a maioria para os couraceiros. Oficiais britânicos que serviram ao lado dos russos entre 1812 e 1814 concordavam que a cavalaria pesada era, nas palavras de Sir Charles Stewart, "sem dúvida muito boa". Sir Robert Wilson escreveu sobre a cavalaria pesada russa: "os cavalos são incomparáveis por sua combinação de tamanho, força, atividade e resistência; embora sejam formados com a estrutura dos cavalos britânicos de carroça, eles têm sangue suficiente para serem brutos, mas, ao mesmo tempo, são muito dóceis ao treino, e recebem o mais alto nível de adestramento".[16]

Se havia um problema em relação ao couraceiro russo era, talvez, o fato de ser muito caro, ao menos na visão de Alexandre I. Mesmo oficialmente, esses animais da cavalaria pesada custavam duas vezes e meia o valor de uma montaria hussarda, e os cavalos dos Guardas couraceiros – isto é, os regimentos de *Chevaliers Gardes* e dos Guardas a cavalo – custavam muito mais. Sua alimentação e manutenção eram mais caras que as dos cavalos da cavalaria leve e, como é comum com grandes montarias, eles tinham menos resistência e força. Como vinham de criadouros, também eram muito mais difíceis de serem substituídos. Talvez por esses motivos, entre 1813 e 1814 os couraceiros russos eram frequentemente mantidos na reserva e viam pouca ação. Alexandre ficou furioso quando, em certa ocasião, um general austríaco os usou para funções de posto avançado e permitiu que eles enfrentassem riscos desnecessários.[17]

Em geral, a indústria militar russa podia dispor de fontes domésticas para suas matérias-primas, com algumas exceções importantes. Uma grande quantidade de salitre precisava ser importada, assim como muito chumbo, o que se tornou uma vulnerabilidade cara e perigosa entre 1807 e 1812, quando o Bloqueio

---

** A cavalaria dos exércitos europeus no século XIX pode ser dividida, grosso modo, em três tipos básicos: pesada (couraceiros, utilizada como forças de choque), média (dragões, que geralmente deslocavam-se a cavalo, mas combatiam desmontados), e leve ou ligeira (hussardos, lanceiros, cossacos, entre outros, utilizada para reconhecimento, escolta, escaramuças e para bloquear a retirada da infantaria). Os cossacos, por exemplo, fustigaram duramente a retaguarda das forças francesas durante a retirada de Moscou. (N.R.)

Continental†† limitou o comércio exterior russo. A lã para os uniformes do exército também era um problema, porque a Rússia só produzia quatro quintos da quantia necessária. Também não existiam fábricas de lã suficientes para atender à demanda militar quando o exército se expandiu após 1807. As verdadeiras matérias-primas cruciais, no entanto, eram ferro, cobre e madeira, e estes a Rússia tinha em abundância. No início do reinado de Alexandre I, a Rússia ainda era a líder mundial na produção de ferro e, em cobre, perdia apenas para a Grã-Bretanha. Pedro, o Grande, havia criado as primeiras grandes ferrarias russas para explorar as enormes fontes de minério de ferro e madeira na região dos Urais, nos limites entre a Europa e a Sibéria. Embora a tecnologia metalúrgica russa estivesse começando a ficar bem atrás da britânica, ela ainda era mais do que adequada para cobrir as necessidades militares entre 1807 e 1814. A região dos Urais era distante dos principais centros fabricantes de armas em São Petersburgo e na cidade de Tula, a 194 quilômetros ao sul de Moscou, mas eficientes hidrovias ligavam as três áreas. Ainda assim, qualquer arma ou munição produzida pelo trabalho nos Urais não chegaria aos exércitos dispostos nas fronteiras a oeste da Rússia em menos de um ano.[18]

A produção de armas dividia-se em duas categorias principais: artilharia e armas de fogo portáteis. A maioria dos canhões de ferro russos era produzida na fábrica imperial de artilharia em Petrozavodsk, uma cidade pequena na província de Olonets, a nordeste de São Petersburgo. Eles eram, acima de tudo, projetados para fortalezas e para o treinamento de cercos. A maior parte da artilharia de campo veio do arsenal de São Petersburgo: ele produziu 1.255 novas armas entre 1803 e 1818. A tecnologia de produção era moderna em ambas as fábricas. No arsenal de São Petersburgo foi introduzido em 1811 um gerador a vapor que alimentava todos os tornos e máquinas de perfuração. Uma quantidade menor de armas foi produzida e consertada nos grandes depósitos e oficinas em Briansk, uma cidade perto da fronteira entre Rússia e Bielorrússia. As armas e carretas russas estavam acima dos melhores padrões internacionais depois que as reformas da artilharia feitas por Aleksei Arakcheev terminaram, em 1805. O número de tipos de arma foi reduzido, o equipamento foi padronizado e tornado mais leve, e um cuidadoso planejamento foi feito em relação à combinação entre armas e equipamentos e as tarefas táticas que eles deveriam cumprir. O único potencial ponto fraco estava nos obuses russos, que não podiam ser elevados no mesmo nível do modelo francês e, portanto, nem sempre

---

†† Proibição imposta por Napoleão aos portos da Europa Continental, impedindo-os de receber navios do Reino Unido e Irlanda. (N.T.)

conseguiam alcançar seus alvos quando utilizados em duelos com seus rivais franceses. Por outro lado, graças à leveza de suas carretas e à qualidade de seus cavalos, a artilharia montada russa era a mais móvel e versátil nos campos de batalha entre 1812 e 1814.[19]

A situação em relação às armas de fogo portáteis era muito menos satisfatória. Mosquetes eram produzidos em três lugares: as fábricas Ijevsk, na província de Viatka, perto dos Urais, responderam por cerca de 10% de todas as armas de fogo fabricadas no período de 1812 a 1814; produziu-se bem menos nas fábricas de Sestroretsk, a 35 quilômetros de São Petersburgo, embora esta cidade tenha desempenhado um papel maior no reparo de armas já existentes; a cidade de Tula era, portanto, de longe a mais importante fonte de mosquetes entre 1812 e 1814.[20]

A fábrica estatal de armas de Tula havia sido fundada por Pedro, o Grande, em 1712, mas a produção dividia-se entre ela e oficinas particulares. Em 1812, embora a fábrica estatal produzisse a maioria dos novos mosquetes, seis empresários particulares também forneciam um grande suprimento. No entanto, esses empresários não tinham suas próprias fábricas. Eles atendiam aos pedidos do Estado, em parte, a partir de suas pequenas oficinas, mas, principalmente, contratando os serviços de um grande número de mestres-artesãos e artífices que trabalhavam em suas próprias casas. O Ministério da Guerra reclamava que isso desperdiçava tempo, transporte e combustível. A própria fábrica estatal era, em grande parte, uma reunião de oficinas menores com produção muitas vezes manual. A força de trabalho era dividida em cinco setores, cada um responsável por um aspecto da produção (canos das armas, suportes de madeira, mecanismos de disparo, armas brancas, todas as outras partes de mosquetes). Produzir os canos era a parte mais complicada da operação e causava a maioria dos atrasos, em parte porque faltava mão de obra especializada.

Os maiores problemas, tanto na fábrica como nas oficinas particulares, eram tecnologia ultrapassada e equipamentos inadequados. Máquinas a vapor foram introduzidas apenas no final das Guerras Napoleônicas. E, de qualquer forma, elas se mostraram um fracasso, em parte porque precisavam de madeira como combustível, algo extremamente caro na região de Tula. A água fornecia a fonte tradicional de energia e máquinas muito mais eficientes foram introduzidas em 1813, o que reduziu bastante o consumo de água e permitiu que a produção dependente de energia continuasse ao longo da semana. No entanto, mesmo depois da chegada desse maquinário, a escassez de água significava que todo o suprimento de energia era interrompido por algumas semanas na primavera. Também em 1813, foram introduzidas as brocas a motor para perfurar os canos de mosquetes: antes disso, todo esse trabalho era feito manualmente por 500 homens, o que significava um sério gargalo na produção. Uma testemunha russa que havia visitado oficinas semelhantes na Inglaterra notou que cada estágio da produção de lá possuía suas próprias ferramentas apropriadas. Em Tula, pelo contrário, muitas ferramentas específicas, principalmente martelos e brocas, não estavam à disposição; na verdade, era quase impossível adquirir boas ferramentas de aço. Os artesãos russos, às vezes, contavam com pouco mais do que plainas e cinzéis.[21]

Considerando-se os problemas que enfrentava, a indústria russa de armas operou milagres na Era Napoleônica. Apesar da enorme expansão das forças armadas nesses anos e da forte perda de armas entre 1812 e 1814, a grande maioria dos soldados russos recebia armas de fogo e a maior parte delas era feita em Tula. Esses mosquetes custavam um quarto de seus equivalentes ingleses. Por outro lado, sem os 101 mil mosquetes importados da Grã-Bretanha entre 1812 e 1813, teria sido impossível armar as unidades de reserva que reforçaram o exército de campo em 1813. Além disso, os problemas no maquinário russo e a enorme pressão por velocidade e quantidade tornaram inevitável que alguns desses mosquetes tivessem baixa qualidade. Uma fonte britânica, por exemplo, foi bastante crítica em relação à qualidade dos mosquetes de Tula em 1808. Em contrapartida, um teste francês dos mecanismos de disparo de mosquetes concluiu que os modelos russos eram mais confiáveis que os franceses, embora muito menos que os britânicos e os austríacos. A questão básica é que todos os mosquetes europeus dessa época eram armas imperfeitas e nada confiáveis. Os russos eram, sem dúvida, piores do que os britânicos e, provavelmente, piores que os outros grandes exércitos de modo geral. Além disso, apesar dos heroicos níveis de produção entre 1812 e 1814, a indústria russa de armas jamais conseguiria fornecer novos modelos de mosquetes para garantir que todos os soldados em um batalhão tivessem um mesmo tipo e calibre de arma de fogo, embora, mais uma vez, a Rússia tenha sido um exemplo extremo de um problema comum a todos os exércitos continentais.[22]

Talvez a qualidade de suas armas de fogo tenha realmente exercido alguma influência na tática russa. Um general russo teria que ser muito otimista para acreditar que homens com essas armas poderiam se igualar à infantaria de Wellington, ficando dispostos em duas fileiras e repelindo o avanço de colunas com sua mosquetaria.[23] As deficiências dos mosquetes russos foram, provavelmente, um motivo adicional para a infantaria lutar em formações densas, apoiada pela maior proporção de artilharia por soldados de infantaria de todos os exércitos europeus. No entanto, embora as deficiências do mosquete russo possam ter influenciado a forma como o exército combateu, elas certamente não minaram sua viabilidade no campo de batalha. A Era Napoleônica ainda estava muito longe da Guerra da Crimeia, época em que a Revolução Industrial estava começando a transformar os armamentos, e a superioridade dos mosquetes raiados britânicos e franceses sobre os dos russos sem estrias impôs severas dificuldades à infantaria russa.

O quarto e último elemento no poder russo era o fiscal – em outras palavras, a receita. Ser uma grande potência na Europa do século XVIII era muito caro e os custos aumentavam a cada guerra. Despesas militares podiam causar crises não apenas fiscais, mas também políticas dentro de um Estado. O mais famoso exemplo disso foi o colapso do regime Bourbon na França, em 1789, levado à falência como resultado dos custos da intervenção na Guerra de Independência dos Estados Unidos. Crises financeiras também enfraqueciam outras grandes potências. No meio da Guerra dos Sete Anos, por exemplo, uma delas forçou os Habsburgo a reduzir substancialmente o tamanho de seu Exército.

O impacto das finanças nas políticas diplomáticas e militares continuou na Era Napoleônica. Entre 1805 e 1806, a política prussiana foi minada pela falta de fundos para manter o exército mobilizado, o que o fez deixar de ser uma ameaça constante a Napoleão. Do mesmo modo, em 1809, a Áustria teve de encarar a escolha entre combater Napoleão imediatamente ou reduzir o tamanho de seu exército, já que o Estado não tinha como bancar o nível das despesas militares da época. Os austríacos escolheram lutar, foram derrotados, e então ficaram atravancados com uma indenização de guerra que enfraqueceu seu potencial militar para os anos seguintes. Uma indenização ainda mais esmagadora foi imposta à Prússia em 1807. Em 1789, o patamar de dívidas da Rússia era mais alto que o da Áustria ou da Prússia. Inevitavelmente, as guerras do período de 1798 a 1814 aumentaram os débitos. Mas ao contrário dos austríacos ou prussianos, em 1807, a Rússia não teve de pagar uma indenização após ser derrotada por Napoleão. Se ela tivesse perdido em 1812, entretanto, a história teria sido bem diferente.

Mesmo sem os encargos de uma indenização de guerra, a Rússia sofreu uma crise financeira entre 1807 e 1814. Desde a primeira guerra de Catarina II contra os otomanos (1768-1774), as despesas regularmente excediam a receita. O Estado, a princípio, cobria parte do déficit com empréstimos de banqueiros holandeses. Mas, no final do século XVIII, isso não era mais possível: os pagamentos de juros haviam se tornado um sério fardo para o tesouro. De qualquer forma, a Holanda havia sido invadida pela França e seu mercado financeiro estava fechado às potências estrangeiras. Mesmo antes de 1800, a maior parte do déficit fora coberta com a impressão de cédulas de rublo. Em 1796, a cédula de rublo valia apenas dois terços de seu equivalente em prata. A guerra constante após 1805 levou as despesas às alturas. A única forma de cobrir os custos era imprimir mais e mais cédulas de rublo. Em 1812, o dinheiro de papel valia mais ou menos um quarto de seu valor "real" (ou seja, de seu equivalente em prata). A inflação causou uma forte elevação nos gastos do Estado, sobretudo em relação aos armamentos militares, equipamentos e mantimentos. Aumentar a receita rápido o bastante para igualar os custos era impossível. Enquanto isso, o Ministério das Finanças vivia em constante temor de descontrole inflacionário e completo colapso de confiança no papel-moeda. Mesmo sem esse temor, a dependência da depreciação do dinheiro em papel trazia sérios riscos para a capacidade dos exércitos russos de operarem no estrangeiro. Parte da comida e do equipamento tinha de ser comprada no teatro de operações, sobretudo quando elas aconteciam no território de um dos aliados, mas nenhum estrangeiro aceitaria de bom grado cédulas de rublo em troca de mercadorias e serviços.[24]

À época da morte de Catarina II, em 1796, a receita anual russa atingia 73 milhões de rublos, ou 11,7 milhões de libras; se incluídos os custos de arrecadação, o valor cai para 8,93 milhões de libras, ou ainda menos, se a desvalorização das cédulas de rublo for levada em conta. As receitas austríacas e prussianas eram de ordem similar: em 1800, por exemplo, o produto interno bruto prussiano foi de 8,65 milhões de libras; em 1788, o produto interno bruto austríaco foi de 8,75 milhões de libras. Mesmo em 1789, em profunda crise financeira, a receita real francesa de 475 milhões de francos, ou 19 milhões de libras, era muito maior. Mais uma vez, a Grã-Bretanha encontrava-se em outro patamar: os novos impostos introduzidos entre 1797 e 1799 aumentaram sua renda anual de 23 milhões de libras para 35 milhões de libras.[25]

Se, ainda assim, a Rússia permanecia uma grande potência formidável, era porque comparações brutas das receitas na Europa têm muitas falhas. Além disso, como vimos neste capítulo, o custo de todas as forças militares essenciais era muito mais baixo na Rússia do que, por exemplo, na Grã-Bretanha. Mesmo em tempos de paz, o Estado mal pagava por alguns serviços e mercadorias. Ele conseguiu até mesmo impingir aos camponeses parte dos custos de alimentação da maior parte do exército, que ficava aquartelado nas vilas boa parte do ano. Em 1812, esse princípio foi levado ao extremo, com um imenso recolhimento de tributos e a solicitação de doações ainda maiores. Uma razão vital para o êxito da Rússia no século XVIII a um custo limitado foi o fato de ela ter lutado quase todas as suas guerras em territórios inimigos e, consideravelmente, à custa estrangeira. Isso aconteceu também no período entre 1813 e 1814.[26]

Entre 1812 e 1814, o Império russo derrotou Napoleão por um triz e estirando próximo ao ponto de rompimento quase todos os tendões de seu poder.

Ainda assim, sozinha, a Rússia jamais teria destruído o Império de Napoleão. Para isso, uma grande aliança europeia fez-se necessária. Criar, sustentar e, até certo ponto, liderar essa grandiosa aliança foi a maior realização de Alexandre I. Porém, muitos obstáculos surgiram em seu caminho. Entender sua origem e a forma como foram superados requer algum conhecimento de como as relações internacionais se davam naquela época.[27]

Na segunda metade do século XVIII, a Europa tinha cinco grandes potências. Nesse grupo de cinco, a Grã-Bretanha e a França eram inimigas inveteradas, assim como a Áustria e a Prússia. A Rússia era a única sem um grande rival e isso funcionava imensamente a seu favor. A grosso modo, a Rússia apoiava a Grã-Bretanha em seu conflito com a França. Sobretudo, isso acontecia porque a França era aliada tradicional dos suecos, poloneses e otomanos – rivais e vizinhos diretos da Rússia. A Grã-Bretanha também era, de longe, o maior mercado para as exportações russas. Ainda assim, a relação entre os dois países, às vezes, era tensa. Como os outros europeus, os russos ressentiam-se do arbitrário tratado britânico de comércio neutro em época de guerra e lideraram uma coalizão de potências bálticas para defender os direitos neutros durante a Guerra de Independência dos Estados Unidos, quando a força marítima britânica estava em seu ponto mais fraco. Entre 1787 e 1791, a crise doméstica da França parecia ter minado seu poder e, desse modo, permitiu que a diplomacia britânica tivesse mais espaço para manobra. Nesse exato momento, o Exército russo estava esmagando os otomanos e avançando profundamente nos Bálcãs. Os primeiros lances do "Grande Jogo" entre Grã-Bretanha e Rússia pela dominação da Ásia na era vitoriana surgiram aí. William Pitt, o primeiro-ministro britânico, assumiu o papel de salvador da Turquia contra a Rússia e tentou, sem sucesso, forçar Catarina II a desistir de algumas de suas conquistas. Logo em seguida, a expansão francesa empurrou esses assuntos para escanteio e eles permaneceram às margens da diplomacia europeia por uma geração. No entanto, a atuação de Pitt nunca foi esquecida em São Petersburgo.[28]

Ainda mais útil para a Rússia era a rivalidade austro-prussiana. A lição aprendida tantos pelos Habsburgo como pelos Hohenzollern na Guerra dos Sete Anos foi que sua segurança e quiçá uma futura expansão dependiam da boa vontade russa. Catarina II conduziu um sagaz leilão pelo apoio russo. Na década de 1770, ela chegara à correta conclusão de que a Rússia teria mais a ganhar expandindo-se ao sul, contra os otomanos. Para tal política, a Áustria era mais útil que a Prússia. A imperatriz então permitiu graciosamente que Viena vencesse o leilão por sua preferência. Os austríacos pagaram um alto preço por isso. Em 1788, eles se viram envolvidos em uma guerra dispendiosa contra os otomanos que servia aos interesses russos, e não aos seus.

Na Era Napoleônica, muitas das questões que levariam a Áustria a entrar em guerra contra a Rússia em 1914 já causavam atrito entre os dois Impérios. Acima de tudo, havia o temor austríaco em relação ao poder russo, cada vez maior. Nos anos 1790, por exemplo, a Rússia não apenas dominava todo o Mar Negro, mas também tinha uma poderosa esquadra operando no Adriático, ou, em outras palavras, no quintal dos Habsburgo. Durante as três guerras da Rússia contra os otomanos, entre 1768 e 1812, seus exércitos ocuparam a atual Romênia. A anexação russa desse território era uma possibilidade muito real e uma enorme ameaça aos interesses austríacos. O poder russo e as vitórias da Rússia sobre seus soberanos otomanos garantiram à Rússia muitos partidários entre a população cristã dos Bálcãs. Além disso, esses cristãos eram ortodoxos, assim como os russos. Entre 1804 e 1812, os sérvios estavam rebelados contra seus líderes otomanos e buscaram o apoio da Rússia. De uma forma bastante familiar para os historiadores da política externa russa anterior a 1914, os diplomatas russos oscilavam entre o desejo de ter os sérvios como súditos fiéis e o temor de que as ambições sérvias arrastassem a Rússia para conflitos desastrosos com os Habsburgo. Ainda pior, sob uma perspectiva austríaca: a Rússia tinha um número crescente de simpatizantes entre os próprios súditos Habsburgo ortodoxos, milhares dos quais emigraram para as estepes do sul da Rússia e Ucrânia na segunda metade do século XVIII.[29]

Inicialmente, a Revolução Francesa e a subsequente expansão francesa eram de menor interesse para a Rússia do que para qualquer outra potência europeia. Catarina não gostou da revolução e prendeu uma porção de russos dissidentes. Ela esmagou o "jacobinismo" na Polônia, usando isso como uma boa desculpa para destruir os últimos vestígios do Estado polonês. No entanto, nenhuma pessoa sensata poderia temer uma revolução ao estilo francês na Rússia. Não havia um "Terceiro Estado" russo. Na medida em que existia, a classe média profissional era principalmente de origem estrangeira e estava empregada pelo Estado. Mercadores e artesãos russos ainda eram, com poucas exceções, extremamente tradicionais, ortodoxos e monarquistas em suas mentalidades e lealdades. A opinião pública bem informada, ainda quase um monopólio dos nobres, via a monarquia como a força mais culta na Rússia e se via nela para modernizar e europeizar o Império. Na terra de Pugachev, qualquer ideia de uma revolução em massa era um anátema para todo russo educado ou proprietário de terras.[30]

Em relação à expansão territorial francesa, a Rússia também pôde, a princípio, manter uma posição despreocupada. A França estava na outra ponta da

Europa. Ela teria que atravessar uma boa distância antes que interesses da Rússia fossem ameaçados. Por outro lado, qualquer avanço logo carregaria as tropas francesas para dentro da Renânia e da Bélgica, esbarrando dessa forma em interesses essenciais dos Habsburgo e dos ingleses. Com a Grã-Bretanha, França, Áustria e, talvez, até a Prússia enredadas no outro extremo da Europa, a Rússia não precisava temer por sua segurança e podia perseguir com confiança seus interesses, mais importantes, na Polônia.[31]

No final dos anos 1790, a Rússia não podia mais se dar ao luxo de ficar tão tranquila. De fato, a anexação francesa da Renânia, Suíça, Holanda e de partes da Itália contribuiu para um preocupante crescimento do poder francês. Com os olhos franceses mirando o leste do Mediterrâneo e até o Egito otomano, Paulo I tinha certa razão em se unir à Segunda Coalizão. A maneira como ele fez isso mostrou, no entanto, que ele enxergava a Rússia como coadjuvante em uma guerra cujos combatentes da linha de frente eram Áustria e Grã-Bretanha. Além disso, depois de um ano com as tropas russas em ação, Paulo tinha brigado com seus aliados. No último ano de seu reinado, ele havia revertido sua posição completamente. A Rússia retirou-se da coalizão, baniu todo o comércio com a Grã-Bretanha, liderou uma nova liga para garantir os direitos marítimos dos países neutros e até enviou uma força cossaca para uma extravagante expedição na Índia. Quando Paulo foi assassinado, em março de 1801, a Rússia, para todos os efeitos, intenções e propósitos, havia se aliado à França em sua guerra contra a Grã-Bretanha.

O novo imperador, Alexandre I, imediatamente restaurou boas relações com a Grã-Bretanha, mas sua prioridade era se livrar de confusões internacionais e se dedicar às reformas internas. Somente em 1804, as relações russo-francesas voltaram a caminhar rumo à guerra. A principal razão para isso foi que as preocupações geopolíticas que haviam levado a Rússia a tomar parte da Segunda Coalizão haviam reaparecido, mas de forma mais nítida. A França era agora consideravelmente mais poderosa do que em 1798. Sob a pressão francesa, o Sacro Império Romano-Germânico estava sendo desmantelado e a Alemanha estava sendo reorganizada, sem considerar os interesses russos. Ao se autoproclamar rei da Itália, em 1804, Napoleão não apenas reafirmava sua dominação da península, ele também estava estabelecendo poderosas bases para a expansão francesa em direção ao leste do Mediterrâneo, aos Bálcãs e à Constantinopla. A essas preocupações fundamentais, somou-se um elemento de indignação moral com o sequestro e posterior assassinato, por Napoleão, do duque d'Enghien, um membro menor da família real francesa que ele havia retirado do território do sogro de Alexandre. Muitos emigrantes franceses monarquistas viviam em São

Petersburgo e a aristocracia russa viu na morte de Enghien uma confirmação de que Napoleão era o autêntico herdeiro do terror jacobino. O próprio Alexandre era muito menos legitimista‡‡ que esses líderes de São Petersburgo, mas o tratamento de Napoleão a Enghien não foi, sem dúvida, o único exemplo do desprezo do líder francês por normas e tratados internacionais.[32]

Todos esses fatores levaram a Rússia à guerra em 1805. Nessa ocasião, o compromisso russo era mais sincero do que havia sido em 1798. Ainda assim, Alexandre continuava enxergando a Áustria, a Grã-Bretanha e a Prússia como as antagonistas da linha de frente, a quem a Rússia estava oferecendo ajuda desinteressada, mesmo que seus próprios interesses vitais não estivessem diretamente comprometidos. A contrariedade pela Prússia não estar disposta a cumprir seu dever o levou a planejar forçar Berlim a se unir à coalizão. Embora mantivesse um olhar claro sobre os interesses russos, Alexandre também cultivava princípios grandiosos para sustentar a paz e a segurança europeias. Um filho do Iluminismo, ele gostava de falar e ver a si mesmo nesses termos. Mas suas tendências às vezes wilsonianas§§ de proclamar grandes princípios de ordem internacional estavam também enraizadas no senso americano de que um país com o poder e a segurança geopolítica da Rússia podia se dar ao luxo de ficar no topo de uma montanha, acima da multidão de países comuns, e ditar regras para o bem comum.[33]

A guerra de 1805 a 1807 foi um desastre para a Rússia. Em vez de esperar a chegada dos russos de Mikhail Kutuzov, parte do Exército austríaco avançou para dentro da Baviera no começo da campanha de 1805, e foi isolada e obrigada a se render. Kutuzov livrou seu exército de uma potencial armadilha e retirou-se com grande habilidade para o leste, em direção a Morávia. As tropas russas comportaram-se com a disciplina e a calma de sempre e mantiveram os franceses afastados em uma série de árduas ações de retaguarda. A mais notável delas foi a batalha em Schongraben, em 16 de novembro de 1805, imortalizada por Lev Tolstói em *Guerra e paz*. Nessa ação, os russos foram comandados pelo impetuoso e carismático príncipe Petr Bagration. No início de dezembro, a campanha parecia estar pendendo para o lado dos aliados. As linhas de comunicação de Napoleão estavam muito prejudicadas e a Prússia parecia estar prestes a se unir aos austríacos e russos. Mas Alexandre I ignorou os conselhos de Kutuzov e lançou o exército aliado em um ataque que levou à catastrófica Batalha de Austerlitz,

---

‡‡ Ficaram conhecidos como legitimistas os monarquistas franceses que acreditavam que o rei de França e Navarra deveria ser escolhido de acordo com a aplicação da Lei Sálica. (N.T.)

§§ O conceito de wilsonianismo vem da formulação dos Quatorze Pontos, um conjunto de proposições criado pelo ex-presidente dos Estados Unidos, Woodrow Wilson, por meio do qual ele julgava ser possível alcançar a paz mundial. (N.T.)

em 2 de dezembro. Como resultado, a Áustria declarou paz e os russos recuaram através de suas fronteiras.³⁴

Por quase um ano depois disso, seguiu-se um estranho intervalo no qual russos e franceses nem fizeram as pazes e nem lutaram entre si. Esse período acabou quando estourou a guerra entre Napoleão e a Prússia, em outubro de 1806. Na década anterior, os prussianos haviam tentado proteger sua segurança e expandir seu território, mantendo-se neutros e oscilando entre a França e seus inimigos. No outono de 1805, porém, as implicações da hegemonia francesa na Alemanha estavam empurrando a Prússia em direção aos aliados. Mas Berlim foi omissa por tempo demais e a vitória de Napoleão em Austerlitz deixou a Prússia à sua mercê. Nos meses seguintes, eles aprenderam o humilhante preço de sua submissão. No outono de 1806, a Prússia foi à guerra para retomar sua posição como uma grande nação orgulhosa e independente. Entretanto, em vez de tentar segurar a linha do rio Elba e esperar pela ajuda russa, o Exército prussiano avançou e foi destruído na Batalha de Jena-Auerstadt, em 14 de outubro de 1806.³⁵

Nos oito meses remanescentes de guerra, os russos se viram combatendo Napoleão quase sozinhos na Polônia e no leste da Prússia, já que apenas pouco do Exército prussiano havia sobrevivido. Nesses meses, o Exército russo lutou bem e infligiu duras perdas aos franceses, especialmente na prolongada Batalha de Eylau, em fevereiro de 1807. O comandante deles era o general Levin von Bennigsen, um inteligente estrategista e tático habilidoso, que havia deixado sua Hanover natal como um jovem oficial e se transferido para o serviço russo. No entanto, as probabilidades estavam sempre pesadamente contra os russos. Napoleão agora controlava a maior parte da Europa ocidental, além da Alemanha e da Polônia. Uma coalizão que obtivesse seus recursos apenas da Rússia e das pequenas províncias do leste da Prússia estava fadada à derrota. De qualquer forma, os russos não haviam esperado ou se preparado para travar por conta própria uma luta de vida ou morte contra Napoleão. Os recursos do Império nem de longe estavam completamente mobilizados.

Milhares de integrantes das tropas russas adoeceram ou desertaram por falta de comida no inverno de 1806 a 1807. O Comissariado russo era notoriamente lento e corrupto. Bennigsen era melhor em tática do que em logística: ele depositou muita fé nos empreiteiros prussianos e falhou na organização de transporte, comunicação e bases de abastecimento em sua retaguarda. Para sermos justos com ele, no entanto, os russos haviam sido mergulhados, sem aviso, em uma campanha de inverno. A Lituânia e a Bielorrússia – isto é, as regiões imediatamente atrás de seu Exército – eram muito mais pobres e escassamente povoadas que o grande núcleo do Império russo ou as ricas províncias agrícolas do sul da Rússia e da Ucrânia, quanto mais da Alemanha, Boêmia ou França. Colheitas ruins eram frequentes e tornavam duplamente difícil a tarefa de adquirir alimento para homens e cavalos. Transportar comida e forragem da Rússia para a região era difícil e caro, por causa das comunicações primitivas. Além disso, havia o problema da moeda. Na Rússia em si, as cédulas de rublo eram quase universalmente aceitas, mas nas fronteiras a oeste do Império, elas eram totalmente recusadas ou aceitas apenas sob pesados descontos em relação ao rublo de prata. Isso tornava o custo de manter um exército na região extremamente caro.[36]

Política e geografia foram as razões mais importantes para o triunfo de Napoleão entre 1805 e 1807. As três grandes potências do leste não haviam se unido contra ele: a Prússia era neutra em 1805, a Áustria, em 1806. Na verdade, em nenhum momento os principais exércitos de sequer duas das potências do leste se uniram no campo de batalha contra Napoleão. Quando as tropas russas chegaram ao teatro de operações, os exércitos de seus aliados já haviam sido derrotados. Até certo ponto, isso se deveu às insensatas estratégias austríacas e prussianas, mas a geografia ajudou na derrota dos aliados. Em 1805, era possível concentrar os exércitos franceses logística e financeiramente em uma região da Bolonha e usá-la como uma base a partir da qual o Exército inteiro podia ser lançado sobre os austríacos. Entretanto, pelos mesmos motivos que aconselhavam esta tática, era inconcebível concentrar o Exército russo em qualquer lugar perto das fronteiras austríacas ou prussianas durante semanas, muito menos meses a fio. Mesmo que essa possibilidade existisse, provavelmente teria feito pouca diferença. A distância do Canal da Mancha até a fronteira bávaro-austríaca era muito menor do que até as fronteiras russas. Além disso, os franceses podiam marchar por países férteis, em muitas estradas excelentes, fazendo requisições pelo caminho para cobrir suas necessidades. Um exército que tentasse se mover nessa velocidade e nesse sentido nas fronteiras russo--austríacas teria se desmantelado e morrido de fome. Os austríacos e russos manejaram a movimentação das tropas de Kutuzov com bastante eficiência em 1805; ainda assim, em parte por causa de Mack,¶¶ eles chegaram tarde demais.[37]

Em 1806, o dilema geográfico dos aliados era muito pior, porque Napoleão agora tinha uma corrente de bases e aliados no oeste e no sul da Alemanha. Suas tropas estavam muito mais próximas de Berlim e da zona central prussiana que as russas. Talvez os prussianos pudessem ter retido Napoleão no Elba tempo suficiente para os russos chegarem, mas isso é incerto. Caso contrário, os herdeiros de Frederico II dificilmente estariam dispostos a evitar a batalha decisiva,

---

¶¶ Karl Mack von Leiberich, general austríaco derrotado por Napoleão em Ulm, em 1805. (N.T.)

abandonar quase toda a Prússia e retirar-se para o Oder para esperar a libertação pela Rússia. A lição básica do período entre 1805 e 1807 foi que não apenas as três monarquias do leste tinham que se unir, mas que o Exército russo precisava já estar posicionado na Europa Central quando as operações militares começassem. Isso finalmente aconteceu em 1813, mas sob circunstâncias excepcionais, que ninguém poderia ter previsto.

Política e geografia foram uma fonte maior de desastre entre 1805 e 1807 do que qualquer falha do Exército russo. Mesmo em 1805, o Exército era formidável em muitos aspectos. Acima de tudo, isso se devia à coragem, à resistência e à lealdade quase lendárias dos soldados rasos. A solidariedade étnica contribuiu para a força do Exército. A maioria dos soldados era russa, embora uma significativa minoria fosse de bielorrussos e ucranianos. Os ucranianos eram particularmente comuns na cavalaria, o que fazia bastante sentido, já que era muito mais provável que qualquer ucraniano tivesse familiaridade com cavalos do que um camponês do norte ou centro da Rússia. Nessa época, porém, eram classe e religião que importavam acima de tudo. O que contava, portanto, é que esses homens eram camponeses e ortodoxos. Em qualquer caso, em termos etnolinguísticos, russos, ucranianos e bielorrussos eram talvez mais próximos do que soldados de um regimento francês originários da Bretanha, da Lorena e Aquitânia.[38]

Mais importantes na criação da solidariedade foram as condições do serviço militar. Historiadores militares ressaltam que o que geralmente importa nas guerras não são grandes ligações ao país e à ideologia, mas a lealdade que une os soldados aos seus companheiros e às suas unidades. No exército de Alexandre I, essa lealdade existia no mais alto nível. Na década anterior a 1812, a média de idade dos recrutas estava abaixo dos 22 anos,[39] e soldados serviam por 25 anos. Considerando-se as altas taxas de mortalidade, mesmo em tempos de paz, para muitos soldados essa era uma sentença perpétua. Poucos recrutas eram alfabetizados, então, eles não podiam manter contato com seus lares por meio de cartas. Os registros pessoais regimentais mostram que a maior parte dos suboficiais nunca deu baixa. A maior parte dos soldados não voltava às suas vilas, mesmo depois de se aposentar do Exército. Os pais estavam mortos havia muito tempo e os irmãos poderiam não receber muito bem uma boca extra para alimentar. Nas propriedades privadas em especial, o alistamento era, às vezes, usado como uma forma de a comunidade se livrar de jovens agitados e, com frequência, era conduzido injustamente. Nem o dono da terra ou a comunidade da vila aceitava o retorno de um homem de meia idade, possivelmente incapaz para o trabalho na agricultura e talvez alimentando um ressentimento contra aqueles que o haviam despachado como um recruta. O nobre dono de terras podia proibir um soldado da reserva de voltar à sua vila.[40]

Enquanto isso, uma vez que o recruta se adaptasse à vida militar, o regimento podia se transformar em um novo lar. Os novos colegas de farda se tornavam uma espécie de família substituta. Se um homem morria, seus pertences ficavam com seus camaradas. Cada companhia tinha sua própria "caixinha" (*artel*), onde cada parte do pagamento de um soldado, metade de seus ganhos externos e a maioria do dinheiro ganho como recompensa por bons serviços eram investidos. Especialmente nas Guardas, os fundos dos *artels* regimentais podiam chegar a milhares de rublos. Esse dinheiro era usado para comprar os "luxos" dos soldados, para complementar sua dieta de pão e mingau, e para economizar para comprar comida, chaleiras, transporte e outros itens diversos. Idealmente, um soldado serviria no mesmo regimento toda sua vida, e muitos de fato o faziam. No entanto, mesmo quando homens eram movidos para novos regimentos, eles costumavam ser transferidos com toda sua companhia, de modo que muitas lealdades e solidariedades coletivas se mantinham.[41]

O príncipe Eugen de Württemberg, primo direto do imperador Alexandre, comandou inicialmente uma brigada russa, em seguida uma divisão e finalmente um corpo entre 1807 e 1814. Ele admirava seus soldados e tinha reputação não apenas pela corajosa liderança, mas também por "se misturar" com eles e esquecer de sua dignidade real. Suas memórias são provavelmente as mais úteis escritas por qualquer general russo na Era Napoleônica. Ele se lembra de que:

> O jovem recruta é normalmente paciente e muito disposto a aprender, e ele aceita seu destino inevitável mais facilmente do que acontece com as pessoas de outros países que são recrutadas de modo compulsório... Com o tempo, o regimento se torna seu novo lar e, para entender o apego que essa nova casa pode inspirar num soldado russo, você precisa testemunhar com seus próprios olhos. Não é de admirar, portanto, que, armado de tais sentimentos, o soldado russo lute tão bem.[42]

Alexandre I entendia o poder da solidariedade regimental e tentava preservá-la garantindo, tanto quanto fosse possível, a permanência dos oficiais dentro de um único regimento até que alcançassem uma posição sênior. Às vezes, essa era uma batalha perdida, uma vez que oficiais podiam ter fortes motivações pessoais para se transferir. Parentes gostavam de servir juntos. Um irmão mais velho ou um tio no regimento podia garantir importante proteção. Especialmente em tempos de guerra, às vezes era preciso, para o bem do serviço, transferir oficiais para preencher vagas em outros regimentos. O mesmo ocorreu com a grande expansão do Exército no reinado de Alexandre. Dezessete novos regimentos foram criados apenas entre 1801 e 1807: oficiais experientes precisavam ser encontrados para eles. Nessas circunstâncias, é surpreendente que mais da metade de todos os oficiais entre os postos de alferes*** e capitão tenha servido em um único regimento, assim como um grande número de majores. Particularmente nos regimentos mais antigos, como Granadeiros, os regimentos de Infantaria de Briansk ou Kursk, ou os Dragões de Pskov, a quantidade de oficiais acima do posto de major que passou a vida toda nos regimentos foi extremamente alta. Como esperado, os Guardas de Preobrajenski, o regimento mais antigo do Exército russo, foi o caso extremo, com quase todos os oficiais passando suas carreiras inteiras no regimento. Some-se a isso o fato de que a esmagadora maioria dos oficiais russos era solteira e a força de seu comprometimento com seus regimentos se torna evidente.[43]

Todavia, os maiores baluartes da lealdade e tradição regimental eram os oficiais não comissionados. Nos regimentos recém-formados no reinado de Alexandre, os suboficiais mais experientes chegavam quando ele era criado e serviam ali pelo resto de suas carreiras. Antigos regimentos tinham um forte quadro de suboficiais que haviam servido na unidade por vinte anos ou mais. Em uma porção de casos extremos, como a Infantaria de Briansk e os Dragões de Narva, cada um dos sargentos-majores, sargentos e cabos havia passado toda a sua vida militar no regimento. No Exército russo, havia geralmente uma distinção clara entre os sargentos-majores (*fel'dvebeli* na Infantaria e *vakhmistri* na Cavalaria) e os dez vezes mais numerosos sargentos e cabos (*unterofitseri*). Os sargentos e cabos eram, em sua maioria, camponeses. Eles ganhavam seu *status* de suboficiais como veteranos que haviam se mostrado confiáveis, sóbrios e habilidosos em tempos de paz, e corajosos no campo de batalha. Como o corpo de alistados como um todo, a grande maioria deles era analfabeta.

Os sargentos-majores, por outro lado, eram em quase todos os casos alfabetizados, embora particularmente em tempos de guerra alguns sargentos analfabetos que tivessem demonstrado coragem e liderança pudessem ser promovidos a sargento-major. Muitos foram os filhos de sacerdotes, mas, acima de tudo, de diáconos e outros membros do baixo clero, requisitados para ajudar nos serviços religiosos ortodoxos. A maioria dos filhos dos clérigos era alfabetizada e a igreja jamais poderia oferecer empregos para todos eles, que preenchiam uma lacuna no exército como suboficiais. Mas a maior fonte de sargentos-majores eram os filhos de soldados, considerados membros hereditários do patrimônio militar.

*** Antigo posto militar, equivalente ao atual de segundo-tenente. (N.T.)

O Estado construía escolas especiais para esses meninos: em 1800, quase 17 mil deles frequentavam essas instituições. Só em 1805, 1.893 filhos de soldados entraram para o exército. A educação oferecida por essas escolas era rudimentar e a disciplina, brutal, mas esses colégios treinaram muitos tocadores de tambor e outros músicos para o exército, assim como alguns secretários regimentais. Acima de tudo, porém, eles produziam suboficiais alfabetizados, imbuídos de disciplina e valores militares desde muito jovens. Como convinha ao suboficial mais experiente do regimento mais antigo do Exército russo, o sargento-major regimental dos Preobrajenski em 1807, Fedor Karneev, era o militar profissional modelo: um filho de soldado com 24 anos de serviço no regimento, uma ficha imaculada e uma cruz militar por coragem em ação.[44]

Embora, em 1805, os elementos fundamentais do Exército russo fossem muito fortes, havia vulnerabilidades importantes em suas táticas e em seu treinamento. Com a exceção de sua cavalaria leve, isso tornava o seu conjunto inferior ao francês. A razão principal para isso era que o Exército francês havia estado em combate quase constante com as forças de outras grandes potências entre 1792 e 1805. Com a exceção das campanhas italiana e suíça de 1799 a 1800, das quais apenas uma relativamente pequena minoria de regimentos participou, o Exército russo carecia de qualquer experiência de guerra comparável. Na falta disso, elementos de parada militar dominavam o treinamento, atingindo às vezes níveis absurdos de pedantismo e obsessão. Em parte como resultado, a mosquetaria russa era inferior à francesa, assim como as habilidades das tropas em escaramuças.††† O uso pelos russos de ataques em massa com baionetas para enfrentar esses combates era caro e ineficiente. Entre 1805 e 1806, as baterias da artilharia russa eram frequentemente mal protegidas contra o poder de fogo dos combatentes inimigos.[45]

Os mais graves problemas do Exército diziam respeito à coordenação acima do nível do regimento. Em 1805, não havia unidades permanentes de tamanho maior que o regimental. Em Austerlitz, colunas russas e austríacas arregimentadas de última hora se movimentavam com muito menos eficiência que as divisões permanentes francesas. Em 1806, os russos criaram suas próprias divisões, mas a coordenação no campo de batalha continuou sendo um ponto fraco. A cavalaria russa seria duramente pressionada a emular as cargas‡‡‡ gigantescas de

---

††† Combates contra (ou entre) unidades menores, geralmente denominadas "batedoras", encarregadas de missões de reconhecimento, patrulha, escolta ou proteção à retaguarda de um exército em retirada. (N.R.)

‡‡‡ Manobra militar na qual a cavalaria avança em velocidade sobre os inimigos no campo de batalha. (N.T.)

Murat em Eylau. A artilharia russa certamente não poderia atingir a impressionante concentração e mobilidade das baterias de Senarmont em Friedland.

Mais importante, porém, eram as deficiências do alto comando do Exército, que incluía os generais mais experientes e, acima de tudo, os comandantes-em-chefe. Nesse nível, os russos estavam destinados a serem inferiores aos franceses. Ninguém podia se comparar a um monarca que também era um gênio militar. Embora a atuação militar russa fosse dificultada pela rivalidade entre seus generais, os marechais franceses não se comportavam melhor na ausência de Napoleão. Quando Alexandre tomou o comando efetivo de Kutuzov antes de Austerlitz, o resultado foi um desastre. Duramente castigado, Alexandre se manteve distante do campo de batalha entre 1806 e 1807. Isso resolveu um problema, mas criou outro: na ausência do monarca, o líder principal precisava ser uma figura que pudesse exigir obediência tanto por sua reputação quanto por ser inequivocamente superior a todos os outros generais. No final de 1806, entretanto, todos os grandes líderes das guerras de Catarina estavam mortos. Mikhail Kutuzov era o melhor do grupo remanescente, mas estava desprestigiado com o czar desde Austerlitz. Alexandre então nomeou o marechal de campo Mikhail Kamenski para comandar o exército, graças a sua longa carreira, experiência e ficha militar relativamente boa. Quando chegou ao exército, o comportamento confuso e até senil de Kamenski rapidamente deixou seus subordinados horrorizados. Como um jovem general, o conde Johann von Lieven perguntou, às vésperas das primeiras batalhas sérias contra os franceses: "É esse lunático que vai nos comandar contra Napoleão?".[46]

Kamenski logo abandonou o exército e foi para a retaguarda. Ele recebeu de Alexandre a ordem de se retirar para sua propriedade, onde pouco depois foi assassinado por seus camponeses. Na ausência de Kamenski, o mais jovem de seus dois comandantes de corpo, Levin von Bennigsen, assumiu de certa forma o controle do Exército, e consolidou sua posição exagerando, em seus relatos ao monarca, o sucesso dos russos em ações de retaguarda em Golimin e Pultusk. Os aliados de Bennigsen em São Petersbusrgo sussurraram nos ouvidos de Alexandre sua habilidade e suas conquistas. O imperador respondeu deixando de lado o papel de Bennigsen no assassinato de seu pai, nomeando-o comandante-em-chefe e cobrindo-o de condecorações e recompensas financeiras. É preciso reconhecer: Bennigsen certamente era o substituto mais competente disponível para Kamenski, e alguém precisava assumir o controle da situação rapidamente. Ele também agiu de maneira elogiável ao livrar o Exército da perigosa posição na qual este se encontrava no início da campanha. Isso não impediu que se criasse um ninho de intrigas entre os generais superiores. O outro comandante de corpo, Friedrich von Buxhoewden, detestava Bennigsen, recusou-se a colaborar com ele e o desafiou para um duelo. O próprio Alexandre enviou o general Otto von Knorring para ficar de olho em seu comandante-em-chefe.

Uma disputa particularmente amarga despontou, no começo da campanha da primavera de 1807, entre Bennigsen e seu comandante divisonal mais antigo, o tenente-general barão Fabian von der Osten-Sacken, outro germano-báltico. A batalha entre os dois homens merece um momento de atenção, não apenas porque foi sintomática de um problema maior e mais duradouro nos escalões superiores do exército, mas também porque os indivíduos envolvidos desempenhariam papéis vitais nos anos de 1812 a 1814.

Como muitos dos comandantes russos mais experientes, Osten-Sacken era duro, invejoso, teimoso, ambicioso e orgulhoso. Encantador e espirituoso na sociedade, ele podia ser um homem bem diferente no trato com os oficiais e homens sob seu comando. Sua personalidade era provavelmente afetada por um senso de injustiça e amargor que não o abandonou até que ele alcançasse a glória e o respeito universal, entre 1813 e 1814. Em 1740, seu pai, Wilhelm, havia sido o ajudante de campo do marechal de campo Münnich, a figura principal no Exército e governo da imperatriz Anna. Caso o regime de Anna e seu sobrinho Ivan VI tivessem sobrevivido, Wilhelm teria feito uma carreira gloriosa. Seu filho Fabian teria sido alistado nas Guardas praticamente ao nascer e, aos vinte e poucos anos, seria um coronel e um ajudante de campo imperial. Em vez disso, Ivan VI foi derrubado, Münnich foi exilado e Wilhelm von der Osten-Sacken, banido para um regimento de guarnição, onde passou o restante de sua longa carreira sem qualquer outra promoção. Seu filho Fabian teve uma infância de pobreza e abriu seu caminho na carreira militar da forma mais difícil, nas fileiras da infantaria de linha, com cada passo vencido pela coragem e pelo trabalho árduo. O progresso começou quando ele foi promovido ao posto de alferes, o primeiro na carreira de oficial, por bravura em ação contra os turcos em 1769.[47]

Osten-Sacken odiava Bennigsen. Seus diários do período entre 1806 e 1807 são uma lista de reclamações contra um comandante que ele julgava ter administrado mal o serviço médico e o Comissariado do Exército, falhado em agarrar as oportunidades de vitória em Eylau e — talvez o mais grave — ter se negado, algumas vezes, a consultar seu segundo no comando, nomeadamente o próprio Osten-Sacken, sobre como conduzir a campanha. No início da campanha de 1807, Bennigsen planejava surpreender e emboscar as tropas isoladas do marechal Ney com movimentos coordenados de diferentes direções das divisões russas. Osten-Sacken se movimentou devagar e Ney escapou. Bennigsen acusou Osten-Sacken de sabotar deliberadamente seus planos, com a intenção de desacreditá-lo e assumir o Exército. Osten-Sacken afirmou que as ordens eram contraditórias. O inquérito inicial não deu em nada: como era de se prever, Bennigsen e Osten-Sacken foram apoiados por suas redes de "amigos". O processo então se arrastou por meses e apenas em 1808 resultou em uma corte marcial contra Osten-Sacken.[48]

A essa altura, a guerra já tinha acabado havia muito tempo. Em 14 de junho de 1807, Napoleão derrotou o Exército russo na Batalha de Friedland e o empurrou de volta para a fronteira do Império. Friedland foi uma derrota séria: estimativas iniciais russas sugeriam que eles haviam sofrido até 20 mil baixas. Ainda assim, não foi um desastre como Austerlitz, muito menos na escala de Jena-Auerstadt. A maior parte do Exército russo retornou em segurança e em relativo bom estado pelo rio Neman. Com o rio entre eles e Napoleão, os regimentos russos rapidamente reconquistaram sua disciplina, ordem e bravura habituais. Duas divisões novas, sob o comando dos príncipes Dmitri Lobanov-Rostóvski e Andrei Gorchakov, haviam acabado de chegar da Rússia para dar reforço a eles. Duzentos mil militares tinham sido convocados na Rússia e seriam usados para preencher as fileiras do Exército. Novos regimentos regulares estavam sendo criados, e novos recrutamentos eram a prova de que os recursos humanos da Rússia estavam longe da exaustão. Naquele momento, Napoleão não havia sequer cruzado a fronteira russa. Ele ainda tinha um longo caminho a percorrer antes de conseguir ameaçar os centros dos poderes militar, político e econômico russos nas regiões de Moscou e São Petersburgo. Se a Rússia precisasse continuar a guerra depois de Friedland, não havia dúvidas de que ela seria capaz disso.

Ainda assim, existiam excelentes razões para que os russos buscassem a paz. O tesouro estava falido, os arsenais do Exército e o comércio estavam vazios e levaria um longo tempo para treinar e armar oficiais e equipar os novos recrutas. Dezenas de milhares de soldados e muitos generais haviam sido perdidos em razão de ferimentos e doenças nos seis meses anteriores. Alexandre já não tinha nenhuma fé em Bennigsen, mas não via outro general adequado para substituí-lo. Desse modo, se a guerra continuasse, a Rússia, na prática, estaria lutando sozinha. O poder militar prussiano havia sido destruído e os britânicos não apenas não tinham quaisquer tropas no continente, como também não estavam dispostos a conceder nenhum subsídio ou mesmo empréstimos à Rússia. Enquanto isso, Londres ainda parecia capaz de enviar expedições militares para conquistar o Cabo e partes da América espanhola. A essa altura, Napoleão controlava a maior parte da Europa Ocidental e Central e poderia mobilizar enormes recursos para uma guerra contra a Rússia. Sem dúvida, ele levaria meses para montar uma invasão ao centro da Rússia, mas essa não era uma grande preocupação para os conselheiros de Alexandre. O que os preocupava imensamente era que Napoleão estava agora posicionado nas fronteiras das províncias — a maior parte delas hoje compõe a Ucrânia e a Bielorrússia —, que a Rússia havia adquirido após a Polônia ter sido dividida na geração anterior. Donos de terras e oficiais poloneses ainda dominavam essa região. Havia todos os motivos para temer que, se Napoleão invadisse as fronteiras ao oeste do Império, os poloneses se levantariam em seu apoio.[49] Depois de ouvir as notícias sobre Friedland, Alexandre concordou com o pedido de Bennigsen por um armistício e enviou o tenente-general príncipe Dmitri Lobanov-Rostóvski para conduzir as negociações do armistício com os franceses. As instruções do imperador para Lobanov diziam que "ele próprio não deveria propor negociações de paz, mas, se os franceses fossem os primeiros a expressar um desejo de encerrar a guerra, então ele deveria responder que o imperador Alexandre também desejava a paz".[50]

De certa forma, Lobanov era uma estranha escolha para o que era uma missão quase diplomática. Ele não tinha experiência como diplomata e não parecia, nem se comportava, como um. Pelo contrário, era um homem bastante brusco, impaciente e levemente desajeitado, nem de longe a pessoa ideal para atenuar mal entendidos por meio de bajulação e polidez. De estatura mediana, com certo traço oriental em seus olhos, a postura de Lobanov não melhorou nem um pouco pelo fato de ele ter sido duas vezes ferido seriamente durante a Guerra Russo-Otomana de 1788 a 1792, sendo uma delas na cabeça. No entanto, o fato de ser um soldado corajoso talvez lhe garantisse algum respeito perante os generais franceses com quem iria negociar. Lobanov também tinha outras vantagens. Tendo recém-chegado da Rússia com sua divisão, ele era completamente independente de Bennigsen e dos outros generais nas frações do Exército subordinadas a ele. Lobanov também era leal e fidedigno. Diferentemente do que acontecia com alguns outros oficiais mais experientes, era possível confiar nele para cumprir as ordens de Alexandre ao pé da letra.[51]

Lobanov logo descobriu que Napoleão queria não apenas a paz, mas também uma aliança com a Rússia. Do lado russo, as detalhadas negociações tanto pela paz quanto por um tratado de aliança foram conduzidas por Lobanov e pelo príncipe Aleksandr Kurakin. Em junho de 1807, Kurakin era o mais experiente estadista e diplomata dos quadros de Alexandre. Durante um período no reinado de Paulo I, ele havia dado as cartas na política externa russa. No momento, ele estava se preparando para partir para seu novo posto como embaixador em Viena. Kurakin era obcecado pelas minúcias do protocolo, pelo *status* e pelas aparências. Ele podia ser pedante, mas era mais inteligente, perspicaz e muito mais esperto do que seus críticos admitiam. Pertencia àquele setor da elite dominante que sempre vira a competição anglo-francesa pelo domínio mundial como a principal causa das guerras que haviam assolado a Europa desde 1793. Kurakin acreditava que, se possível, a Rússia deveria se manter neutra nesse conflito, usando a rivalidade anglo-francesa para expandir os interesses russos. Embora, depois de Austerlitz, ele tenha começado a enxergar a França napoleônica como uma ameaça à segurança russa, acreditava que a melhor forma de proteger a Rússia agora era chegar a um acordo com Napoleão e dividir a Europa em esferas de interesse francês e russo.[52]

Lobanov e Kurakin eram primos de primeiro grau. Ambos vinham de antigas famílias aristocráticas. Em 1800, enquanto os Kurakin eram ricos, o ramo de Dmitri dos Lobanov-Rostóvski era relativamente pobre. Acima de tudo, isso acontecia porque os Kurakin haviam ocupado posições de destaque no governo por todo o século XVIII, em uma época em que o poder político geralmente trazia altas recompensas financeiras. Suas alianças matrimoniais os colocaram bem no coração da aristocracia russa. Os Kurakin também tinham apenas um ou, na maioria das vezes, dois filhos em cada geração, então a riqueza da família não era dissipada. Em contraste, fazia muito tempo que um príncipe Lobanov não ocupava um papel militar ou político importante e o rico bisavô de Dmitri Lobanov, ao que parece, teria gerado 29 filhos em três casamentos. Quando, em *Guerra e paz*, Tolstói precisou de uma família fictícia para encarnar o mundo da corte e da alta sociedade de São Petersburgo, ele a chamou de os Kuragin, embora os verdadeiros Kurakin fossem muito mais interessantes e complexos que a paródia de Tolstói do cínico cortesão aristocrático, príncipe Vasili Kuragin, e seu desagradável bando de filhos mimados. Como o personagem fictício de Tolstói, o príncipe Boris Drubetskói, Dmitri Lobanov foi criado e educado na família de seus primos ricos, nesse caso, os Kurakin.[53]

Embora Kurakin e Lobanov discutissem detalhes com Talleyrand e o marechal Berthier, o verdadeiro líder da negociação na Rússia era Alexandre I, que passava horas em conversas particulares com Napoleão. O primeiro encontro dos dois monarcas foi o famoso encontro em uma balsa cerimonial, que aconteceu no meio do rio Neman em 25 de junho de 1807. O rio era a linha divisória entre os dois exércitos, com os russos na margem leste e os franceses, na oeste.

Dos seis homens — todos generais — que acompanharam Alexandre em seu encontro com Napoleão, o mais experiente era seu irmão mais novo e herdeiro, o grão-duque Constantino. O imperador tinha a sorte de parecer com sua alta e bela mãe, em vez de com seu pai baixo, feio e de nariz arrebitado. Constantino não tivera tanta sorte, e se parecia com o pai não apenas na aparência, mas também na personalidade. Ambos eram obcecados com as minúcias do exercício militar correto e dos uniformes. Mais importante, os dois eram muito irritáveis e inconstantes, oscilando humores e ideias de forma confusa. Acima de tudo, ambos eram sujeitos a terríveis mudanças de humor, nas quais ameaças e insultos eram despejados em qualquer um que tivesse o azar de estar por perto para ser o alvo de sua ira. Os dois eram, na verdade, capazes de grande generosidade e bondade, mas para aristocratas orgulhosos, extremamente sensíveis à desonra pública, os insultos de Paulo haviam sido intoleráveis, assim como suas políticas caprichosas ou seus golpes em suas carreiras.

Entre 1807 e 1814, Constantino não era apenas o herdeiro do trono, mas o único homem adulto na família Romanov, além de Alexandre. Na Rússia daquela época, era impensável derrubar a monarquia ou substituir a família Romanov por outros candidatos ao trono. Lembranças da anarquia de duzentos anos antes – o chamado Tempo de Dificuldades§§§ –, quando a extinção da dinastia dominante havia levado a guerra civil, invasão estrangeira e desintegração do Estado, transformaram essas ideias em tabu. Mas, não importava o quanto os aristocratas russos pudessem estar frustrados com Alexandre, poucos sonhariam em colocar Constantino no trono em seu lugar. De qualquer forma, a bem da verdade, o grão-duque reverenciava o irmão e era muito improvável que oferecesse apoio a qualquer conspiração. Se isso fortalecia a posição do imperador em casa, o fato de Constantino estar tão próximo do trono devia preocupar os estadistas estrangeiros. Tanto o pai como o avô de Constantino, Pedro III, haviam sido notórios por suas repentinas e dramáticas mudanças na política externa. A natureza inerentemente imprevisível da política externa sob uma autocracia já era motivo suficiente para se preocupar em confiar na Rússia, mesmo sem uma figura como Constantino à espreita.[54]

O mais jovem general na comitiva de Alexandre era o major-general conde Christoph von Lieven. Calmo, diplomático, simples e trabalhador, Lieven ocupava o aparentemente modesto cargo de coordenador do secretariado militar pessoal do imperador. Na realidade, essa era uma posição de grande poder. Paulo I tinha introduzido na Rússia o sistema prussiano de administração militar, no qual o monarca atuava como seu próprio comandante-em-chefe e comandava o exército por meio de seu general adjunto, que a princípio não era mais do que um secretário de luxo. O verdadeiro ministro da Guerra ficava em Berlim, raramente se encontrava com o rei, e garantia que o Exército tivesse botas adequadas. Mesmo na Prússia, o general adjunto do rei inevitavelmente acumulava

---

§§§ Período entre a morte do último membro da dinastia Rurikid, o czar Feodor Ivanovic, em 1598, e o estabelecimento da dinastia Romanov, em 1613. (N.T.)

grande poder. Na Rússia, nem Paulo nem Alexandre eram páreos para Frederico em termos de conhecimentos profundos em assuntos militares. Isso necessariamente ampliava o papel de seu general adjunto, Lieven, a quem um historiador corretamente chamou de "principal ministro imperial para assuntos militares".⁵⁵

Embora as origens medievais de sua família fossem da Livônia, em vez de alemãs, pode-se definir Lieven mais corretamente como um membro da aristocracia germano-báltica. Porém, assim como acontecia com muitos experientes generais e oficiais germano-bálticos, a identidade de Lieven era mista, mas suas lealdades eram inequívocas. Ser alemão, acima de tudo, significava que ele era um luterano convicto, com toda aquela ênfase religiosa no dever, trabalho duro e obediência. Nascido em Kiev, onde seu pai era o governador militar, ele foi educado em São Petersburgo e passou toda a vida adulta como embaixador na corte imperial. Previsivelmente, suas duas línguas favoritas eram o francês – a língua franca da alta sociedade internacional – e o russo, o idioma do Exército. Suas lealdades políticas eram inteiramente russas, mas em uma extensão ainda maior do que a maioria dos bálticos, isso significava uma forte lealdade pessoal a Alexandre I e à família Romanov.⁵⁶

Esse elo pessoal devia-se em parte ao fato de que Christoph Lieven foi um oficial do Regimento das Guardas de Semenóvski, do qual Alexandre havia sido coronel-em-chefe desde a adolescência. Fundado por Pedro, o Grande, em 1683, juntamente com seu regimento irmão, o Preobrajenski, o Semenóvski forneceu muitos dos assessores mais próximos de Alexandre, incluindo o ex--vice de Lieven, o príncipe Petr Mikhailovich Volkonski. Em um sistema de governo construído sobre muitas redes e "famílias", os Semenóvski eram um dos séquitos pessoais do imperador. Era esse regimento que guardava o palácio na noite da queda de Paulo I.

No entanto, a vida e as lealdades de Lieven eram determinadas, acima de tudo, pelo fato de que sua mãe era a amiga mais próxima da imperatriz viúva Maria Feodorovna, a mãe de Alexandre; ela era sua principal dama de companhia e a tutora das crianças imperiais, que permaneceram afeiçoadas a Charlotte Lieven durante suas vidas adultas. Uma de suas antigas alunas, a grã-duquesa Anna – mais tarde rainha da Holanda – escreveu: "Não seria seu privilégio exclusivo repreender a família, já que isso não é concedido nem por decreto nem por título hereditário?". Elos de tamanha força com a família imperial eram literalmente de ouro. Choviam títulos, propriedades e proteção sobre Charlotte e seus filhos. O irmão mais velho de Christoph era um general que mais tarde serviu como ministro da Educação. Seu irmão mais novo, Johann, havia se destacado em 1807 e sido ferido na Batalha de Eylau. O romance de Lev Tolstói tem início com a recepção de Anna Scherer, confidente dedicada da imperatriz viúva Maria Feodorovna. Na vida real, o equivalente mais próximo de Anna Scherer era Charlotte Lieven.[57]

Alexandre e Napoleão conversaram a sós por quase duas horas durante seu primeiro encontro, em 25 de junho. Ambos eram especialistas em bajulação e sedução, e um estava interessado em ganhar a simpatia e a boa vontade do outro. Sem dúvida, circularam muitas ideias às quais nenhum dos monarcas iria prontamente se comprometer por escrito, muito menos sagrar em um tratado. Na literatura mais antiga, tanto russa quanto francesa, é às vezes dito que Alexandre foi "atropelado" por Napoleão e isso, em parte, explica os termos dos tratados franco-russos. É preciso muito cuidado ao avaliar a admiração de Alexandre por Napoleão com tanta rapidez, em especial quando ele estava falando com diplomatas franceses. As instruções secretas que ele deu a Kurakin e Lobanov após manter uma série de discussões com o imperador francês foram baseadas em uma compreensão friamente realista dos interesses, fraquezas e forças tanto da Rússia como de Napoleão.[58]

No final, Alexandre conseguiu grande parte do que queria nos tratados firmados em Tilsit. Acima de tudo, ele conquistou uma paz que iria além de uma trégua temporária, sem pagar o habitual preço de concessões territoriais do lado vencido e uma indenização de guerra.[59] Além disso, sua preocupação primordial era salvar a Prússia, por um senso de lealdade ao rei e à rainha prussianos, e porque a Rússia queria a Prússia como uma aliada contra novas expansões francesas ao leste. Para atingir esse objetivo, Alexandre teria que pagar um alto preço. Os franceses agora ocupavam a Prússia inteira e não havia chance de o Exército russo recuperá-la. Napoleão preferiria repartir a Prússia, deixando os seus territórios ao leste — predominantemente poloneses — para Alexandre e distribuindo o resto entre seus súditos alemães.

A sobrevivência da Prússia foi, portanto, uma vitória da diplomacia russa, embora uma vitória equivocada. A Prússia perdeu metade de seu território e população. Suas províncias polonesas se tornaram um pequeno novo Estado, o chamado ducado de Varsóvia. Seu governante seria o rei da Saxônia, cujos ancestrais haviam sido reis da Polônia durante a maior parte do século XVIII. O novo ducado seria totalmente obediente a Napoleão e era potencialmente um grande perigo para a Rússia, tanto como uma base para uma futura invasão através da fronteira oeste do Império quanto como uma fonte de esperança para os poloneses que sonhavam com a restauração do reinado polonês em todos os seus antigos territórios. Forçada a reduzir seu exército e pagar uma enorme indenização de guerra, a recém-mutilada Prússia era muito vulnerável ao poder de Napoleão para agir como uma barreira defensiva para a Rússia, como ficou claro entre 1811 e 1812. Ainda assim, a insistência de Alexandre em preservar a Prússia provaria ser extremamente importante em 1813, quando os prussianos desempenharam um papel essencial na queda de Napoleão.

O principal preço pago pela Rússia pela sobrevivência da Prússia foi concordar em se unir à guerra de Napoleão contra os britânicos. Acima de tudo, isso significou aderir ao Bloqueio Continental de Napoleão e, portanto, à exclusão de navios e mercadorias britânicas dos portos russos. Pelos termos do Tratado de Tilsit, os russos também eram obrigados a impor o Bloqueio Continental aos suecos, se necessário por meio de guerra. Em junho de 1807, Alexandre estava furioso pelo fracasso britânico em apoiar o esforço de guerra russo, mas certamente não queria entrar em conflito com Londres e entendia o dano que isso causaria à economia e às finanças do Estado. Ele acreditava, porém, que nesse momento a Rússia não tinha espaço para manobrar entre Grã-Bretanha e França, e que submeter os interesses econômicos russos à preocupação primordial de Napoleão – em outras palavras, o bloqueio ao comércio britânico – era a única forma de garantir uma paz aceitável. O imperador se confortava com a esperança de que se o comércio britânico fosse excluído do continente e os termos de Napoleão fossem moderados, então Londres provavelmente faria a paz. Um acordo de paz que assinalasse tanto a expansão britânica fora da Europa quanto os avanços franceses no continente iria, certamente, servir com perfeição aos interesses da Rússia. Alexandre podia encontrar um conforto mais realista no fato de que os tratados de Tilsit não vinculariam a Rússia a ações militares contra a Grã-Bretanha e que uma guerra bem-sucedida contra a Suécia poderia permitir a anexação da Finlândia e, desse modo, tornar São Petersburgo muito mais segura contra qualquer futuro ataque sueco.[60]

O único setor onde Alexandre pode ter feito uma concessão desnecessária a Napoleão foi no das relações russas com o Império otomano. Encorajados pela França, os otomanos estavam em guerra com a Rússia desde 1806, esperando usar a derrota da Rússia em Austerlitz para retomar algumas das províncias perdidas nas três décadas anteriores. Nos tratados de Tilsit, a França comprometeu-se a fazer a mediação entre a Rússia e os otomanos, e a apoiar sua nova aliada caso os turcos se mostrassem intransigentes. Alexandre esperava que Napoleão aceitasse o predomínio russo no Império otomano para equilibrar a dominação francesa do leste e do centro da Europa. Na verdade, apesar de todo o grandioso discurso de Napoleão sobre a colaboração russo-francesa no oriente e sobre o fim iminente do Império otomano, sua política básica foi bloquear a expansão russa. Sem dúvida, ele teria seguido essa política silenciosamente, não importando o que dissesse o Tratado de Tilsit. Dar a ele o papel de mediador apenas permitiu que ele tivesse mais oportunidades de alcançar seu objetivo.[61]

Para facilitar a negociação, Alexandre e seus conselheiros se mudaram para Tilsit, na margem oeste do rio Neman, onde Napoleão mantinha sua base. Os dois monarcas passavam muitas horas juntos, entregando-se a conversas cujos assuntos iam bem além de negociações de tratados e inspeções das tropas de Napoleão. Metade de Tilsit foi entregue aos russos e o 1º Batalhão das Guardas de Preobrajenski foi até lá para proteger seu imperador. No entanto, todos os olhares estavam sobre o Exército francês. Uma chance de observar os homens que haviam conquistado a Europa e ouvir um dos maiores generais da história explicando os segredos de seu sucesso era algo que não podia ser perdido, especialmente por um monarca tão interessado em assuntos militares quanto Alexandre. Em todo caso, era adequado aos propósitos do imperador desempenhar o papel de discípulo atencioso e, dessa forma, agradar Napoleão. Mas o monarca francês também deveria ter dispensado uma atenção mais cuidadosa às Preobrajenski, porque sua queda viria a ocorrer, em grande parte, por conta da ação dos regimentos veteranos do Exército russo.

Na maioria dos aspectos, a Guarda Preobrajenski era típica do Exército russo, ou, talvez, para ser mais verdadeiro, era a perfeita personificação do que um regimento russo deveria ser. Logicamente, seus oficiais e suboficiais veteranos eram muito comprometidos com seu famoso regimento. Como todos os outros regimentos russos, a Guarda Preobrajenski era, em muitos aspectos, um pequeno mundo à parte. Os soldados se desdobravam como alfaiates, sapateiros e construtores. Além disso, um regimento russo tinha armeiros, ferreiros, marceneiros, carpinteiros, consertadores de carroça, ferradores e outros artesãos em tempo integral em suas fileiras. Médicos eram uma nova adição: as Preobrajenski tinham quatro, algo muito raro. Bem mais tradicionais e encontrados em todos os regimentos russos eram os padres e outros clérigos menores. Missas ortodoxas completas eram celebradas aos domingos e nos principais dias santos. Os padres se dirigiam às tropas, pregando o dever do serviço leal ao czar como protetor da fé ortodoxa e da comunidade. O tratamento apropriado a prisioneiros inimigos e civis era outro tema comum. Nas batalhas, alguns padres eram vistos até na linha de fogo. Seu lugar comum era junto aos médicos, confortando os feridos e – ainda mais importante – celebrando os serviços apropriados de enterro dos mortos.[62]

Menos típicos do exército como um todo eram os oficiais da Guarda Preobrajenski. Embora a maior parte dos oficiais russos fosse nobre, 6% eram filhos de trabalhadores, camponeses ou, com mais frequência, de soldados. Em todo o caso, a maioria dos nobres russos se virava com pequenos rendimentos e o mesmo acontecia com a maior parte dos oficiais. Em 1812, no máximo um quarto deles tinha propriedades ou era herdeiro delas, e a maioria dessas propriedades era pequena. Era muito raro existir um oficial em um regimento de linha cuja família tivesse mais do que cem "almas" (servos homens). Na Rússia de Alexandre, quase não havia educação gratuita de qualquer tipo. Oficiais de artilharia eram geralmente educados em corpos de cadetes (como escolas militares criadas para treinar garotos para serem oficiais) e a maioria tinha não apenas o conhecimento matemático essencial, mas também de línguas estrangeiras. Entretanto, a maior parte da infantaria e mesmo oficiais da cavalaria de linha lia e escrevia russo, podia ter noções de aritmética, mas seu nível de instrução parava por aí.[63]

Os oficiais da Guarda Preobrajenski eram bem diferentes. Embora os registros pessoais subestimassem a riqueza dos oficiais, neles já se mostrava que dois terços dos oficiais do regimento vinham de famílias com cem "almas" ou mais. Mais de um quarto tinha mais de mil "almas" e o comandante do 1º Batalhão, o conde Mikhail Vorontsov, era herdeiro de 24 mil. Com a riqueza, vinham educação e cultura. A grande maioria dos oficiais falava duas ou mais línguas e quase metade falava três ou mais. Os diários e memórias dos oficiais da Guarda falam de literatura, história e filosofia. Sua educação, na maior parte dos casos, fazia deles consumados cavalheiros e interlocutores interessantes, em vez de oficiais profissionais em qualquer sentido mais restrito. Eles eram membros da elite aristocrática russa e europeia que fora nutrida com literatura francesa e história romana.[64]

O relacionamento entre Alexandre e seus oficiais da Guarda era estranhamente ambivalente. Por um lado, o imperador tinha um enorme orgulho de seus guardas e sentia-se em casa entre oficiais cultos e aristocratas. Mas, de uma forma curiosa, os oficiais dos regimentos aristocráticos da Guarda formavam uma espécie de república no coração da monarquia russa. Um oficial lembrou que "em serviço, a subordinação rigorosa existia, mas fora dele todos os oficiais eram iguais". Se isso foi um exagero, ainda é verdade que as relações entre os oficiais de idades e patentes bastante diferentes eram surpreendentemente informais. Contribuía para isso o fato de que muitas das famílias desses homens tinham parentescos ou se conheciam havia gerações. Para o monarca, essa república de oficiais da Guarda podia ser uma fonte de preocupação. Quando "estranhos" eram designados para controlar as unidades das Guardas, enrijecendo a disciplina e tratando os oficiais rudemente, eles estavam sujeitos a enfrentar o equivalente a greves. Por trás da mente de um imperador, também devia espreitar a lembrança dos muitos golpes armados pelas Guardas no século XVIII, o último deles realizado apenas seis anos antes de Tilsit. De fato, a última grande tentativa de golpe por oficiais da Guarda ocorreria em 1825, imediatamente após a morte de Alexandre. Seu objetivo era substituir o absolutismo por uma monarquia constitucional ou mesmo uma república.[65]

Em 9 de julho, depois da ratificação dos tratados de Tilsit, os dois imperadores foram saudados em uma parada dos guardas franceses e russos. Após o desfile, em um gesto dramático que encerrou de modo adequado as duas semanas de representação entre os monarcas, Napoleão pediu a Alexandre permissão para agraciar com a Legião de Honra o mais bravo soldado nas Guardas Preobrajenski. O comandante do regimento, Mikhail Kozlóvski, ficou completamente surpreso por esse ato populista de Napoleão e simplesmente convocou o mais prestativo integrante do batalhão, o granadeiro Aleksei Lazarev. O aturdido Lazarev, filho de um soldado, de repente se viu abraçado por Napoleão, um oficial da Legião de Honra e beneficiário de uma pensão de 1.200 francos por ano.

Mas a Rússia de Alexandre em geral e a Guarda Preobrajenski, em especial, não eram as que mais combinavam com tais exemplos dramáticos da "mobilidade social" ao estilo francês. Dois anos mais tarde, Lazarev foi expulso do regimento por desrespeito a um sargento-major. Em 1819, de volta ao Batalhão dos Veteranos das Preobrajenski como alferes, ele foi preso por atacar dois civis. Talvez Lazarev tivesse apenas uma personalidade difícil. Mas filhos de soldados que ascendiam dentro dos corpos de oficiais às vezes enfrentavam preconceito e dificuldades para se adaptar à sua nova posição. Mesmo em regimentos de linha, muitos deles foram demitidos ou repreendidos após a guerra, com seus registros pessoais mencionando bebedeiras, incompetência e outras falhas. Se oficiais alçados das fileiras enfrentavam dificuldades nos regimentos de linha, Lazarev pode bem ter achado até mesmo a vida como um semiaposentado alferes dos Preobrajenski um grande fardo. Ele cometeu suicídio antes que seu caso fosse julgado.[66]

Após os tratados serem ratificados e as paradas terminarem, Alexandre deixou Tilsit e voltou para São Petersburgo. Ele não revelou seus pensamentos íntimos sobre os últimos acontecimentos para ninguém. O quanto de esperança ou confiança ele depositava em sua nova relação com a França é impossível dizer. Sem dúvida, ele acreditava que, acontecesse o que fosse a seguir nas relações russo-francesas, ao menos ele havia ganhado tempo para seu Império e o resgatado de uma situação de grande perigo. Talvez a mais verdadeira pista para seus pensamentos seja o comentário que ele teria feito ao rei e à rainha prussianos sobre Napoleão: "Ele vai quebrar seu próprio pescoço. Apesar de toda a minha atuação e meu comportamento exterior, sou amigo de vocês e espero provar isso por meio de minhas ações".[67]

Nem contemporâneos e nem historiadores achavam Alexandre um homem fácil de compreender. Como um excelente ator, que atuava por trás de uma cortina de charme e bajulação, ele permanecia misterioso, impenetrável, desconfiado e esquivo. Para muitos que o estudaram, tanto em vida como posteriormente, ele parecia ser um poço de contradições. Por um lado, era um defensor de princípios liberais e iluministas, mas, por outro, fazia muito pouco para melhorar o sistema autoritário que havia herdado, ou o mundo de servos e senhores no qual ele se apoiava. Quando falava sobre reformas liberais, soava como sua avó, Catarina II, mas agia como o pai, Paulo I, em sua obsessiva preocupação quanto ao correto exercício e a aparência de seus soldados nas paradas. Em assuntos externos, ele apresentava elaborados esquemas pela paz e ordem internacional, e simultaneamente seguia uma política de *realpolitik*. Tudo isso convenceu alguns críticos de que ele era simplesmente confuso e hipócrita.[68]

É verdade que o imperador combinava vários interesses e entusiasmos diferentes, herdados de sua avó e de seu pai. Ele também atuava para uma plateia europeia, como Catarina havia feito, procurando descrever a si mesmo como um europeu e monarca verdadeiramente iluminista. Educado por seu tutor suíço sob as ideias de uma Europa iluminista e então forçado a atuar dentro do contexto russo, a certo ponto Alexandre acreditava que a Rússia não era digna dele. Um efeito colateral disso era uma tendência a confiar mais em conselheiros militares estrangeiros do que em seus próprios generais. Havia algo na natureza de Alexandre que fazia com que ele quisesse seduzir e ganhar a simpatia de todas as pessoas que conhecia. Embora isso se aplicasse mais às mulheres, ele usava sedução, sensibilidade e charme sobre os homens também. Alexandre era sensível e muito nervoso. Ele evitava confrontos, não gostava de magoar os sentimentos alheios e agia por métodos indiretos para obter o que queria. Esses elementos de sua personalidade tinham uma grande influência no modo como ele comandava seu governo e seu exército. Na política externa, às vezes ele recebia informações e agia por meio de canais privados desconhecidos por seu ministro do Exterior e seus embaixadores. No Exército, ele usava ligações particulares com subordinados como uma forma de vigiar seus generais no comando. A sensibilidade excessiva, até mesmo um elemento de covardia moral, o impediu de cortar da estrutura militar de comando diversos generais supérfluos. Ele também tinha uma grande tendência a evitar responsabilidades evidentes sobre decisões difíceis, atuando pelas costas de seus generais para obter o que queria, e se distanciando deles caso fracassos acontecessem.

A personalidade de Alexandre foi de importância fundamental para determinar como a Rússia enfrentaria a ameaça de Napoleão entre 1807 e 1814. Ainda assim, suas ações, e mesmo suas ideias, são incompreensíveis a não ser que se entenda o contexto e as restrições sob as quais um monarca russo atuava. Não apenas o pai de Alexandre, mas também seu avô, Pedro III, haviam sido depostos e assassinados. O mesmo acontecera com o monarca masculino anterior, Ivan VI. Desde seus primeiros dias, Alexandre havia sido cercado por facções e intrigas políticas e da corte. Como imperador, ele era a suprema fonte de honra, riqueza e *status*. A maioria das pessoas com quem ele falava queria usá-lo para favorecer seus próprios interesses ou políticas. Elas agiam em redes de clientelismo que lhe escondiam a verdade e tentavam reduzir sua independência. Essas redes se espalhavam pela corte, governo e exército, que ainda eram, basicamente, uma única comunidade. Controlar os homens arrogantes, ambiciosos e invejosos que integravam essas redes era, muitas vezes, desgastante. Mas o imperador tinha que os controlar se quisesse sobreviver e para que o exército e a burocracia funcionassem efetivamente. Considerando esse meio social de São Petersburgo, era perdoável que um imperador fosse, em alto grau, desconfiado, evasivo e hipócrita. Ao longo dos anos, uma cética angústia a respeito da natureza humana estava fadada a se desenvolver. Como um de seus confidentes uma vez ressaltou, "em sua posição, um anjo teria desenvolvido uma personalidade desconfiada".[69]

Durante esses anos, o mais astuto observador estrangeiro em São Petersburgo era Joseph de Maistre, o emissário do rei da Sardenha, cujos territórios continentais haviam sido anexados por Napoleão. Ele comentou que era "da natureza da personalidade de Alexandre e de seu sistema de comando que os altos oficiais atuassem apenas em sua própria esfera limitada. Ele alegremente e sem repugnância emprega ao mesmo tempo dois inimigos mortais, sem permitir que um engula o outro". Com esse método, as chances de conspiração eram reduzidas. Em geral, mais diretamente, o imperador tinha melhores chances de saber o que de fato estava acontecendo por trás da aparência sempre respeitosa e obediente de seus ministros. O pulso de ferro estava sempre presente e às vezes era usado. Mas, em geral, Alexandre preferia métodos mais sutis. Até certo ponto, o segredo tornou-se um hábito adquirido, quase um fim em si. No entanto, para fazer justiça a Alexandre, era não apenas mais seguro, mas também mais eficiente para o monarca agir por manipulação, sedução e suborno. Também era simplesmente natural que um monarca às vezes buscasse conselheiros que não fizessem parte das redes de São Petersburgo, mas fossem inteiramente dependentes dele mesmo. Estrangeiros eram uma fonte óbvia para esse tipo de conselho.[70]

Quando Alexandre examinava as redes administrativas de São Petersburgo, ele via uma Rússia imensa, administrada por uma burocracia governamental lamentavelmente inadequada. No interior, onde mais de 90% de seus súditos viviam, ordem pública, taxação e recrutamento dependiam inteiramente da cooperação dos donos de terras. Alexandre não gostava da servidão, mas ele não podia destruir as bases sobre as quais seu sistema de governo inteiro estava apoiado e, menos ainda, fazê-lo quando confrontava a necessidade de mobilizar todos os recursos de seu Império contra Napoleão. E, em todo caso, considerando o nível de desenvolvimento do governo e da sociedade russos na época, não seria mais provável que o enfraquecimento do poder dos proprietários de terras levasse à anarquia que ao progresso? Pode-se dizer, porém, que ele começou a desgastar o regime de servidão ao tornar mais fácil a emancipação voluntária e, acima de tudo, ao quebrar a política de seus antecessores de "doar" centenas de camponeses do Estado para proprietários privados.[71]

Há muitas razões para acreditar que, a princípio, Alexandre favorecia as instituições representativas, mas a realidade russa era um poderoso desestímulo a uma reforma constitucional. Ao se levar em conta a fraqueza da administração do Estado e o poder das redes de clientelismo de São Petersburgo, o imperador ia querer realmente fortalecer essas redes dando a elas um parlamento, por meio do qual elas exerceriam influência extra nas leis, impostos e governo? Qualquer instituição representativa na Rússia seria dominada por donos de servos: nenhum outro grupo conseguiria remotamente equiparar sua riqueza, educação ou *status*. Tais instituições não tornariam mais difícil modernizar a Rússia e abolir a servidão? Não fazia mais sentido aperfeiçoar a burocracia, para que ela pudesse trazer uma reforma esclarecida a uma sociedade conservadora? Ainda menos pode-se responsabilizar o imperador por sua condução nos assuntos externos. Ao desejar uma ordem internacional mais pacífica e cooperativa, enquanto perseguia os interesses de seu próprio país, ele não era mais hipócrita que os líderes aliados após as duas guerras mundiais do século XX.[72]

Embora, em retrospecto, seja possível usar esses argumentos a favor de Alexandre, na época, ele era amplamente visto como bem intencionado, mas feminino e fraco. Em 1812, isso contava muito. O ministro do Exterior austríaco, conde Metternich, falava pela maioria dos diplomatas estrangeiros e por muitos membros da elite russa quando escreveu "não conto com qualquer pingo de firmeza do imperador Alexandre", conforme os franceses adentravam cada vez mais profundamente na Rússia e por fim chegaram a Moscou. A própria estratégia de Napoleão não faz muito sentido, a não ser que levemos esses cálculos em consideração. Mas, na verdade, a coragem de Alexandre não o abandonou em 1812. Ela também foi suficiente para superar os enormes riscos e dificuldades de invadir a Europa Central em 1813, construir uma coalizão internacional, e liderá-la até Paris.[73]

Em setembro de 1810, quando as relações franco-russas começaram a decair em direção à guerra, o embaixador francês em São Petersburgo tentou alertar seu governo de que Alexandre era muito mais forte do que parecia.

> As pessoas acreditam que ele seja fraco, mas elas estão erradas. Sem dúvida, ele pode suportar muitos transtornos e esconder seu descontentamento, mas isso acontece porque ele tem diante de si um objetivo final, que é a paz na Europa, e deseja alcançá-lo sem uma crise violenta. Mas sua personalidade amena tem seus limites, e ele não vai além deles: esses limites são fortes como aço e não serão abandonados. Sua personalidade é, por natureza, bem-intencionada, sincera e leal, e seus sentimentos e princípios são elevados, mas abaixo de tudo isso existe uma dissimulação real adquirida e uma persistência obstinada que nada consegue derrotar.[74]

3

A aliança franco-russa

Após ratificar os tratados de paz e a aliança com a França, Alexandre deixou Tilsit e viajou de volta a São Petersburgo, onde chegou em 16 de julho de 1807. No dia anterior a cidade assistira a uma salva de 21 tiros e a uma cerimônia na catedral Kazan para celebrar a paz. Celebrações semelhantes ocorreram em Moscou, onde o bispo Augustin enalteceu os eventos dizendo à sua congregação que Napoleão havia ficado tão impressionado pela coragem das tropas russas que concluíra ser conveniente ter a Rússia como aliada. A Igreja Ortodoxa de fato devia explicações, já que, sob ordens do governo, havia passado vários meses usando o púlpito para denunciar Napoleão como um anticristo. Aparentemente, a história que então circulava por muitas vilas russas era de que o czar encontrara Napoleão no meio de um rio, tentando lavar seus pecados.[1]

Naquele momento, Alexandre podia ignorar a perplexidade de seus súditos camponeses em relação à súbita amizade com o antigo anticristo. Não podia, porém, ficar tão indiferente quanto à opinião da aristocracia de Moscou e São Petersburgo, e dos generais e oficiais das Guardas, que representavam um elemento-chave nessa elite. No outono de 1807, o conde Nikolai Rumiantsev assumiu o Ministério das Relações Exteriores. Na sequência, ele declarou ao embaixador francês, o marquês de Caulaincourt, que:

> o imperador Napoleão e, de modo geral, todos os franceses enganam-se em relação a este país. Eles não o conhecem bem e acreditam que seu imperador governa como um déspota, cujo simples decreto tem o poder de mudar a opinião pública ou de, pelo menos, determinar todas as decisões... (isso) está errado. Apesar de toda a bondade e gentileza de caráter pelas quais ele é famoso, o imperador Alexandre talvez imponha sua visão sobre a opinião pública mais do que qualquer monarca anterior.

A imperatriz Catarina, que foi, sem dúvida, a mais autoritária das mulheres e a mais absoluta soberana que já reinou, o fez muito menos do que ele. Disso você pode ter certeza. Nem ela se viu em circunstâncias tão difíceis quanto as que ele agora enfrenta. Ela entendia tão bem este país que reinava sobre a opinião pública. Ela própria me disse uma vez que manobrava cuidadosamente até o espírito de oposição de algumas velhas senhoras.[2]

Na verdade, Rumiantsev pregava para alguém já convertido, e o embaixador francês em São Petersburgo mantinha um olhar bastante atento sobre a opinião pública. Acreditava-se amplamente que os golpes que derrubaram o pai e o avô de Alexandre haviam sido motivados, em parte, por oposição às suas políticas externas, embora o próprio Caulaincourt enfatizasse o modo como esses monarcas contrariaram os interesses pessoais de membros-chave da aristocracia de São Petersburgo. Em seus despachos ele relatou a Napoleão que as lembranças do imperador Paulo e a aversão ao grão-duque Constantino eram uma garantia contra uma eventual tentativa de deposição de Alexandre I. Quando o monarca russo viajou até Erfurt para se encontrar com Napoleão, em setembro de 1808, Caulaincourt observou que, sendo o fidedigno Dmitri Lobanov-Rostóvski o governador militar de São Petersburgo, e o leal Fedor Uvarov o comandante das Guardas, era improvável que algum inconveniente acontecesse na ausência do imperador. Subsequentemente, porém, o embaixador ressaltou que o suporte a círculos nacionalistas russos provido pela irmã do imperador, a grã-duquesa Catarina, representava uma potencial ameaça ao trono. Com exceção de alguns raros momentos, acima de tudo em 1809, Caulaincourt costumava enfatizar que, embora poucos russos desejassem a guerra, o apoio de Alexandre e Rumiantsev à aliança francesa os havia transformado em figuras isoladas e impopulares em São Petersburgo.[3]

Até certo ponto, a hostilidade à França era decorrente de um sentimento de orgulho ferido. A Rússia do século XVIII vencera suas guerras, portanto, Austerlitz e Friedland significavam um choque humilhante. É desnecessário dizer que tal humilhação pública era ainda mais difícil de ser tolerada por parte dos orgulhosos aristocratas, para quem a extrema preocupação com a honra e a reputação pessoais fora cultivada desde a infância. O príncipe Serge Volkonski lembra que ele e seus jovens companheiros oficiais do Regimento das *Chevaliers Gardes* ardiam pelo desejo de vingar Austerlitz, e que aliviavam suas frustrações quebrando as janelas da embaixada francesa e fugindo antes que alguém pudesse apanhá-los.[4]

Também não era muito diferente a percepção entre os oficiais mais experientes do Exército. O primeiro embaixador de Alexandre em Paris depois de Tilsit foi o tenente-general conde Petr Tolstói, um homem de franqueza heroica:

ele, na verdade, não era um diplomata, mas um general de luta, que ansiava em se livrar da embaixada de Paris, onde, em sua opinião, estava perdendo tempo em uma missão tola. Repetidas vezes, Tolstói declarou aos seus superiores em São Petersburgo que Napoleão (a quem ele ironicamente continuava a chamar de Bonaparte) pretendia dominar toda a Europa, e que "quer fazer de nós uma potência asiática, empurrando-nos de volta para nossas antigas fronteiras". Repelido e humilhado pela arrogância e a vaidade francesas, Tolstói chegou perto de duelar com Michel Ney, depois de o embaixador ter tecido elogios ao Exército russo em um tom que contrariou o gosto dos franceses em geral, e de ter argumentado que a vitória da França em 1807 fora produto da sorte e de números esmagadoramente favoráveis.[5]

Tais sentimentos eram compartilhados por membros da família de Alexandre. Mesmo enquanto o imperador estava negociando em Tilsit, sua irmã, a grã-duquesa Catarina, escreveu a ele que Napoleão era "uma mistura de astúcia, ambição pessoal e falsidade" e que a simples permissão de acompanhar o monarca russo deveria ser para ele motivo de grande honra. Ela acrescentou: "eu gostaria de vê-la [a Rússia] respeitada de fato, não apenas em palavras, sabendo que ela certamente tem os meios e o direito de sê-lo". A mãe de Catarina, a imperatriz viúva Maria, tornou-se o centro da oposição da aristocracia russa à aliança francesa. A maior parte da alta sociedade de São Petersburgo fechou suas portas a Caulaincourt no momento de sua chegada, e algumas dessas portas continuaram fechadas durante toda a sua permanência, apesar da contrariedade de Alexandre. Muitos emigrantes monarquistas franceses viviam em São Petersburgo ou serviam no Exército russo. Seus modos, sua educação e seu estilo atraíam grande simpatia entre a alta sociedade de São Petersburgo e contribuíam para a hostilidade dessa sociedade em relação a Napoleão. Um dos personagens mais proeminentes entre os emigrantes foi o duque de Richelieu, que se tornou governador-geral da Nova Rússia (o sul da Ucrânia), mas que voltou à França após a Restauração para servir a Luiz XVIII como primeiro-ministro. Também tiveram grande destaque o marquês de Traversay, que serviu como ministro da Marinha a partir de 1811, e os dois filhos do conde de Saint-Priest, embaixador da França para o Império Otomano antes de 1789. O mais famoso foi Joseph de Maistre, que ao lado de Edmundo Burke foi o mais famoso pensador político da Contra-Revolução europeia, e que serviu como emissário do exilado rei da Sardenha a São Petersburgo durante esses anos.[6]

No entanto, o apoio "legitimista" dos salões de São Petersburgo não era apenas fruto do esnobismo e da nostalgia pela França do Antigo Regime. Esse apoio também estava enraizado no sentimento de que as ações de Napoleão eram uma ameaça aos princípios religiosos e históricos sob os quais o próprio Estado e a sociedade russos se apoiavam, assim como a qualquer sistema estável de relações internacionais dentro da Europa. O barão Grigori Stroganov, por exemplo, tinha sido embaixador na corte espanhola por muitos anos. Quando Alexandre ordenou que ele continuasse exercendo o mesmo cargo na corte de Joseph Bonaparte, Stroganov se recusou e escreveu ao imperador relatando que a deposição dos Bourbons por Napoleão violara "os mais sagrados direitos", mais precisamente aqueles mesmos direitos nos quais se baseava o poder do próprio Alexandre. Ao sequestrar e depor seus próprios aliados espanhóis, Napoleão também violara da forma mais cruel "a santidade e a boa-fé dos tratados". Se Stroganov continuasse a representar a Rússia em Madri ele se sentiria pessoalmente desonrado perante o povo espanhol, e completou dizendo: "de todos os sacrifícios que estou pronto a enfrentar em nome da glória de Vossa Majestade Imperial e a seu serviço, este que diz respeito a minha honra é o único que não estou em posição de oferecer".[7]

Além desses sentimentos, havia uma forte tendência à anglofilia na sociedade de São Petersburgo. A Grã-Bretanha era vista não apenas como muito poderosa, mas também como o mais livre dos estados europeus. Ao contrário de outros países, as liberdades britânicas pareciam, de fato, ampliar seu poder, permitindo ao Estado sustentar um alto nível de dívidas a um custo bastante gerenciável. A riqueza, os direitos e os valores arraigados de sua aristocracia eram considerados a chave tanto para a liberdade quanto para o poder da Grã-Bretanha, e eram comparados favoravelmente com o despotismo burocrático de Napoleão. Se os membros das famílias Vorontsov e Stroganov se destacavam como os mais proeminentes anglófilos aristocráticos, também alguns dos amigos mais próximos de Alexandre, de sua própria geração, pertenciam a esse grupo.

Aliado a isso, Adam Smith era amplamente lido e a economia britânica era muito admirada por muitos dos que tinham papel decisivo na formação das políticas econômicas e financeiras russas. Nikolai Mordvinov, por exemplo, o estadista mais velho na política econômica russa, foi um grande discípulo de Smith e Ricardo. Dmitri Gurev, o ministro das finanças, considerava o sistema britânico de finanças públicas "uma das mais extraordinárias invenções do conhecimento humano". Toda essa admiração não se limitava, de forma alguma, ao campo da mera teoria. Esses homens acreditavam que os interesses russos estavam intimamente alinhados aos interesses britânicos. A Grã-Bretanha não era apenas o principal mercado, mas também o principal transportador das exportações russas. No período de 1808 a 1812, a adesão da Rússia ao bloqueio econômico de Napoleão contra a Grã-Bretanha foi motivo de enorme preocupação para Mordvinov, uma vez que poderia representar a perda permanente desses mercados de exportação. Em sua opinião, relações comerciais mutuamente lucrativas com a Grã-Bretanha não eram, de forma alguma, incompatíveis com a proteção seletiva às incipientes indústrias russas. Enquanto isso, nesse mesmo período, não só tais anglófilos, mas quase todos os diplomatas mais experientes da Rússia concordavam que a campanha de Napoleão para dominar o continente representava a principal ameaça aos interesses russos, e que a Grã-Bretanha representava uma aliada natural para fazer frente a essa ameaça. Se, ao contrário de Petr Tolstói, eles não bombardeavam São Petersburgo com suas opiniões, isso se devia ao fato de desejarem manter seus empregos e muitas vezes demonstrarem simpatia com o ponto de vista do próprio Alexandre, segundo o qual seria de interesse da Rússia adiar o inevitável conflito com a França pelo maior tempo possível.[8]

Os registros do general Levin von Bennigsen, o comandante-em-chefe em 1807, expõem o cerne do pensamento geopolítico russo nessa época. Como a maioria dos membros da elite dominante, Bennigsen apoiava a paz em 1807, mas desaprovava a aliança com a França. Ele também não escondia sua opinião de que, embora o poder naval britânico fosse às vezes empregado de formas que feriam o orgulho russo, a dominação francesa da Europa continental era uma ameaça muito maior aos principais interesses nacionais. Em especial, Napoleão tinha poder para restabelecer um Estado Polonês de 15 milhões de pessoas nas fronteiras da Rússia, o que constituiria imensa ameaça à segurança do país. Bennigsen também acreditava que se Napoleão conseguisse sufocar o comércio exterior da Rússia, a economia do país não seria mais capaz de sustentar suas forças armadas, tampouco a cultura europeia de suas elites. O país retornaria à sua condição pré-Petrina,* ou seja, semiasiática.

Na visão de Bennigsen, a posição mundial da Grã-Bretanha era tão forte que dificilmente Napoleão conseguiria rompê-la, mesmo se toda a Europa continental se unisse em torno desse objetivo. Um fator determinante do poder britânico em nível global era seu domínio sobre a Índia, que Bennigsen considerava inexpugnável. Ele argumentava que os britânicos haviam criado em seu território asiático um sistema militar de estilo europeu, custeado pelos contribuintes locais. Esse exército, "formado sob os mesmos princípios de nossos regimentos europeus, comandado por oficiais ingleses e excelentemente armado, manobra com a precisão de nossos granadeiros". No passado, tropas asiáticas de cavalaria haviam invadido a fronteira noroeste da Índia e conquistado o subcontinente, mas

---

*   Referência ao período do reinado de Pedro, o Grande, que governou o Império Russo entre 1682 e 1725. (N.T.)

não lograram triunfar contra a infantaria e a artilharia anglo-indianas. Ao mesmo tempo, nenhum exército europeu rival poderia alcançar o subcontinente porque os britânicos dominavam as rotas marinhas, e as dificuldades logísticas envolvidas no transporte de um exército do estilo europeu através da antiga Pérsia ou do Afeganistão eram insuperáveis. Tendo ele próprio participado de uma campanha no norte da Pérsia, Bennigsen falava com autoridade em relação a essa questão. A conclusão a que ele chegou a partir de suas análises foi que, para a Rússia, a associação com a França contra a Grã-Bretanha significava um suicídio. Em primeiro lugar porque uma vitória francesa frente a Grã-Bretanha era terminantemente contrária aos interesses russos; em segundo, porque as finanças russas e a economia se desintegrariam muito antes que qualquer guerra econômica com a Grã-Bretanha pudesse ser bem-sucedida.[9]

Dentro dos círculos de São Petersburgo, a aliança com Napoleão sempre foi mais combatida do que defendida. Ainda assim, existia espaço para apoio. Qualquer oficial sensato, preocupado com os assuntos internos do Império, sabia que a Rússia enfrentava muitos problemas domésticos e que seus recursos eram insuficientes para resolvê-los. Sob esse ponto de vista, guerras e políticas externas altamente dispendiosas representavam um desastre. No período de 1808 a 1812, a figura central nos assuntos internos russos era Mikhail Speranski, a quem Tolstói – ainda um mero aristocrata provinciano quando escreveu o romance – caricaturou injustamente em Guerra e paz. Speranski contava com pouca chance de ocupar cargos mais elevados do governo russo. Filho de um humilde sacerdote, devia seu encaminhamento à principal academia eclesiástica da Rússia, em São Petersburgo, à seu excepcional talento. Dali, a carreira mais óbvia para ele teria sido a de bispo e administrador-chefe na Igreja Ortodoxa. Ele foi arrancado dessa vida pelo irmão de Aleksandr Kurakin, que fez de Speranski seu secretário particular e depois o transferiu para a burocracia estatal para ajudá-lo nas tarefas oficiais.

A grande inteligência de Speranski, seu talento como redator de leis e memorandos e sua espantosa ética no trabalho garantiram-lhe inicialmente a admiração de uma série de oficiais do alto escalão, e depois a do próprio Alexandre. Embora não se possa duvidar do entusiasmo de Alexandre por Speranski, o imperador também percebeu que um conselheiro-chefe sem conexões na aristocracia de São Petersburgo não representava uma ameaça e poderia ser facilmente atirado aos lobos em caso de necessidade. Entre 1808 e 1812 Speranski foi, de fato, o principal conselheiro do imperador para os assuntos financeiros, a reestruturação do governo central e as questões relativas à recém-adquirida Finlândia. De 1809 a 1812, quando Alexandre passou a comandar a diplomacia e a espionagem russas pelas costas de Rumiantsev, ele usou Speranski como seu canal de comunicações ultrassecretas. Alexandre também discutia secretamente com Speranski planos para uma reforma radical na sociedade e no governo da Rússia, reforma que se refletiria tanto na emancipação dos servos quanto na introdução de assembleias eleitas em níveis central e regional.

Qualquer indivíduo com esse grau de favoritismo imperial teria atraído montes de ciúmes e críticas por parte da sociedade de São Petersburgo. O fato de Speranski ser um novo-rico e de não ter tempo ou habilidade para criar conexões úteis tornava-o ainda mais vulnerável. Circulavam rumores sobre seus planos para emancipação dos camponeses. Algumas das reformas por ele projetadas no sentido de melhorar a eficiência administrativa contrariavam os interesses de membros da aristocracia. Na opinião de grande parte da nobreza, Speranski não passava de um "jacobino" e de um fiel seguidor daquele herdeiro da Revolução, Napoleão Bonaparte. Havia pouca verdade nisso. Speranski admirava algumas das reformas administrativas e judiciárias de Napoleão, mas seus planos para instituições representativas estavam mais próximos dos modelos ingleses do que do despotismo burocrático napoleônico. Além disso, embora ele acalentasse a ideia de poder usufruir de liberdade para continuar com a reforma doméstica sem ser perturbado por complicações externas, não tinha ilusões de que Napoleão deixaria a Rússia em paz para fazê-lo.[10]

Outro personagem de perfil mais "bonapartista" era o ministro da Marinha, almirante Pavel Chichagov. Em relação a Speranski, o almirante era um tipo bem mais familiar no governo dos tempos de Alexandre. Embora fosse de uma família comum da pequena nobreza, Chichagov era bem educado e filho de um proeminente almirante. O embaixador francês reconhecia nele um dos mais fortes entusiastas da aliança franco-russa, e muitos russos compartilhavam dessa crença. Em setembro de 1807, por exemplo, o almirante escreveu a Alexandre denunciando a tirania marítima britânica e saudando o gênio de Napoleão. Com apenas 40 anos, ainda relativamente jovem para ocupar um posto de ministro, o almirante era um homem inteligente e enérgico, com uma mente jovial. Havia quem conferisse à sua conversa maior poder do que às suas ações, mas não apenas Caulaincourt como também Joseph de Maistre consideravam Chichagov uma das figuras mais inteligentes e interessantes de São Petersburgo. Entre os defeitos do almirante destacava-se uma tendência a se deixar levar pela própria sagacidade e a ir longe demais nas conversas. Como a maioria dos nobres russos, ele também se ofendia muito rapidamente caso considerasse que seu orgulho havia sido afrontado. Essa característica fazia com que fosse às vezes um mau subordinado e um comandante autoritário. Pior que isso, Chichagov costumava desdenhar do atraso russo e tendia a comparar seu próprio país desfavoravelmente em relação a outros, acima de tudo à França napoleônica. Uma demonstração flagrante de seu desdém, durante uma longa estada em Paris, deixou diplomatas russos bastante descontentes. Eles o mantiveram sob atenta vigilância, temendo que pudesse deixar escapar segredos nacionais. Alexandre, na verdade, compartilhava muitas das opiniões de Chichagov, admirava-o e perdoava seus repentes. Entretanto, em 1812 havia em São Petersburgo muitos punhais há muito afiados esperando para serem cravados nas costas de Chichagov.[11]

Todavia, para que a aliança franco-russa pudesse sobreviver, era essencial que Napoleão cultivasse em São Petersburgo um grupo que Caulaincourt denominava "Velhos Russos", e a quem se podia realisticamente chamar de isolacionistas. Quase todos eram de etnia russa, geralmente das gerações mais antigas, e não viam razões para que a Rússia se envolvesse em assuntos europeus por causa da (como diziam os boatos) paixão de Alexandre pela rainha Louise da Prússia ou de suas fantasias de paz e fraternidade universais. Algumas vezes, o desejo de impedir o entrelaçamento diplomático e militar na Europa vinha acompanhado de uma aversão aos modos e valores afrancesados que invadiam a sociedade russa e "subvertiam" suas tradições. Muitos desses isolacionistas aristocráticos eram, porém, homens de refinada cultura, que conversavam fluentemente tanto em francês como em russo. Muitas vezes, eles alimentavam também uma agressiva agenda estratégica própria – viam a expansão ao sul, contra os otomanos, como o verdadeiro interesse nacional e objetivo da Rússia, enxergando no passado das vitoriosas guerras de Catarina II um modelo para a futura grande estratégia russa. Os isolacionistas também lembravam que os grandes líderes da expansão russa ao sul, sob Catarina – os marechais de campo Petr Rumiantsev, Grigori Potemkin e Alexander Suvorov – eram todos russos étnicos, ao contrário de muitos dos homens que comandavam os exércitos de Alexandre na Era Napoleônica.

Havia paralelos entre as ideias defendidas por esses isolacionistas russos e os debates britânicos do século XVIII sobre estratégias grandiosas. Muitos políticos ingleses exigiam uma política verdadeiramente "nacional" de expansão colonial e marítima, e condenavam o envolvimento na Europa Continental como mera concessão à dinastia de Hanover. Opiniões que na Grã-Bretanha podiam ser espalhadas aos quatro ventos, na Rússia podiam ser apenas sussurradas. Os Romanov tampouco eram tão obviamente estrangeiros como os da Casa de Hanover. Mas quando a linha masculina da dinastia se extinguiu em 1730, a sucessão coube a uma filha de Pedro, o Grande, que havia se casado na suntuosa Casa de Holstein. A deferência de Pedro III e seu filho Paulo I ao "Grande Frederico" e seu Exército prussiano sugeriam a alguns Velhos Russos que um elemento nitidamente alemão e maligno havia invadido a corrente sanguínea dos Romanov. Em agosto de 1809, tomado por completa desilusão em relação à política externa de Alexandre, o marechal de campo príncipe Prozoróvski escreveu ao príncipe Serge Golitsin, um colega aristocrata pertencente ao grupo dos "Velhos Russos" e veterano das guerras de Catarina, que se Napoleão continuasse a enganar e enfraquecer a Rússia, não haveria outra alternativa que não os Prozoróvski e os Golitsin manterem seus bens, de uma forma ou outra, e a "Casa de Holstein" deixar de se sentar no trono russo.[12]

As semelhanças entre os debates russos e britânicos sobre estratégia refletiam uma realidade geopolítica básica comum. A Grã-Bretanha e a Rússia eram grandes potências na periferia europeia. Para ambos os países era mais lucrativo empregar suas forças fora da Europa, onde os lucros eram mais fáceis e outros rivais europeus achavam quase impossível intervir. Conquistar e defender posições no coração da Europa custava muito mais caro. Em 1800, porém, se tanto a Grã-Bretanha quanto a Rússia podiam se beneficiar de suas posições periféricas, a Grã-Bretanha levava maior vantagem. Em termos de segurança no núcleo territorial dos dois Impérios, os mares representavam uma barreira melhor do que as planícies da Polônia ou da Bielorrússia. Até certo ponto, o que a Polônia era para a Rússia, a Irlanda era para os ingleses – ou seja, um vulnerável território fronteiriço habitado por inimigos religiosos de longa data. Tendo confiscado as propriedades de quase toda a elite nativa, no entanto, os ingleses se sentiam confiantes de que a entrada na Grã-Bretanha pela porta dos fundos, através da Irlanda, estava protegida, a não ser que o país fosse invadido por um enorme Exército francês. O poder da Marinha Real levava a crer que não seria esse o caso. Nenhum estadista russo podia sentir tal segurança em relação à Polônia.[13]

Os britânicos também estavam muito mais bem situados no que dizia respeito às novas conquistas na periferia. À medida que a expansão russa em direção ao sul a levava para dentro da faixa da Constantinopla e conduzia sua frota para o leste do Mediterrâneo, ela estava entrando em uma região considerada vital por outras grandes potências, que podiam intervir efetivamente para bloquear o avanço russo. Além disso, embora a expansão ao sul rendesse à Rússia ganhos de importância significativa na "Ucrânia" e nas margens do Mar Negro, esses ganhos não podiam ser comparados com o enorme avanço do poderio britânico entre 1793 e 1815. Com a eliminação quase completa das armadas francesa, espanhola e holandesa, os britânicos podiam controlar grande parte do comércio da América do Sul, assim como eliminar seus principais rivais na Índia, passar a usar as exportações indianas para entrar no mercado chinês e consolidar seu domínio em bases navais que se estendiam pelo globo e ampliavam enormemente o controle que detinham sobre o comércio internacional. A realidade geopolítica que tomava corpo na Era Napoleônica apontava na direção de uma futura predominância mundial da Grã-Bretanha, considerando-se principalmente que os primeiros sinais da Revolução Industrial britânica já se faziam perceber. Esse fato, é claro, causava mal-estar em certas mentes russas. Por outro lado, a voz corrente em termos de geopolítica era de que tanto a segurança russa quanto a britânica estariam em grande perigo se qualquer outra potência viesse a dominar a Europa Continental.[14]

O mais proeminente representante dos "Velhos Russos" entre 1807 e 1812 foi o conde Nikolai Rumiantsev, ministro das Relações Exteriores nesse período. Na época anterior a Pedro, o Grande, a família Rumiantsev pertencia à pequena nobreza, uma posição bem inferior ao status dos príncipes Volkonski, Lobanov ou Golitsin. No entanto, o avô de Nikolai, Aleksandr Rumiantsev, desde a infância, desfrutara de grande proximidade com o monarca Pedro, tendo morrido na condição de general de alta patente, conde e rico. Pedro garantiu que Aleksandr Rumiantsev se casasse no núcleo da velha aristocracia moscovita. Por conta disso, seu neto Nikolai pôde usufruir de conexões formidáveis: ele era, por exemplo, primo em primeiro grau de Aleksandr Kurakin.

No entanto, um parente influente de fato foi o pai de Nikolai, o grande herói do reinado de Catarina, o marechal de campo conde Petr Rumiantsev. Como o ministro das Relações Exteriores declarou certa vez a Caulaincourt, "apenas a esperança de alcançar um grande benefício para seu país poderia inspirar o filho do marechal de campo Rumiantsev" a permanecer no serviço público. A profunda consciência acerca de sua linhagem fazia de Nikolai Rumiantsev um patriota extremamente orgulhoso e determinado, para quem a Rússia não deveria ficar atrás de nenhum outro país. Um aspecto de seu patriotismo era o enorme interesse por velhos manuscritos e outros objetos russos. Ele não apenas financiava a coleção, a publicação e a exibição desses tesouros, como também participava entusiasticamente de expedições por toda a Rússia com o objetivo de encontrá-los. Muitas das grandes coleções antigas existentes nas livrarias e museus contemporâneos do país, tanto russas como eslavas, devem suas origens a esse homem notável, que acabou legando seus tesouros ao público.[15]

Na juventude de Rumiantsev, a Rússia não apenas marchara ao sul sob o comando de seu pai, como também fora a principal produtora de ferro da Europa. No entanto, em 1807 sua posição econômica relativa estava se deteriorando, como bem sabia Rumiantsev. Durante seu mandato como ministro das Relações Exteriores, a Rússia estabeleceu relações diplomáticas com os Estados Unidos. O primeiro enviado americano ao território russo foi John Quincy Adams, filho de um presidente americano e ele mesmo um futuro ocupante do cargo nos anos 1820. Rumiantsev uma vez confidenciou a Adams que "não deveria ser motivo de orgulho para um grande Império que seus principais produtos de exportação fossem cânhamo, sebo, cera de abelha e ferro". O interesse de Rumiantsev por assuntos econômicos era decorrente, em parte, de sua condição de rico proprietário de terras, em grande medida ciente do impacto dos novos métodos de agricultura na Europa Ocidental. Além disso, ele administrara os canais e vias fluviais do Império por muitos anos, e tinha servido como ministro do Comércio desde 1802. Essa era uma trajetória profissional singular no caso de um ministro das Relações Exteriores russo.[16]

Para Rumiantsev, Napoleão tinha, em certo sentido, uma importância secundária e, por outro lado, representava uma oportunidade. O que de fato o preocupava era o crescente domínio britânico sobre a economia mundial. O ministro das Relações Exteriores acolheu com satisfação o bloqueio econômico de Napoleão à Grã-Bretanha: "Seria melhor que todo o comércio do mundo deixasse de existir durante dez anos do que abandoná-lo para sempre sob o controle da Inglaterra". De acordo com o que declarou a Adams, a Rússia não seguiria o caminho da Índia. Como ministro do Comércio, ele introduziu novas leis para garantir que estrangeiros não controlassem o comércio doméstico ou a produção russa. Enquanto isso, o controle britânico sobre o comércio russo no exterior prenunciava "uma dominação semelhante à que eles impuseram à Índia" e isso "não podia ser tolerado". Rumiantsev encarava os Estados Unidos não só como um veículo alternativo para disseminação do comércio russo, mas também como um potencial obstáculo para a dominação britânica sobre a economia mundial. Ele buscava constantemente novos mercados para os produtos russos nas Américas e na China.[17]

No entanto, Rumiantsev enfrentava uma tarefa árdua. Admitindo-se que a limitação imposta por Napoleão ao comércio europeu involuntariamente oferecesse proteção à incipiente indústria russa, como a de produção de açúcar, estariam já a sociedade e a economia do país em posição de se beneficiar disso? Sem dúvida, Caulaincourt apoiava as ideias de Rumiantsev, mas até ele acreditava que a inexistência de uma classe média e de um número significativo de operários capacitados iria restringir de forma expressiva o potencial econômico russo. Além disso, a Revolução Industrial dependia em grande medida do casamento entre carvão e ferro, mas a distância entre as enormes jazidas da Rússia só poderia ser transposta com a chegada das ferrovias. Em termos mais imediatos e políticos, Rumiantsev se desesperou com o Bloqueio Continental de Napoleão, o bloqueio pan-europeu ao comércio britânico com o qual o imperador esperava colocar seu arqui-inimigo de joelhos. Na opinião de Rumiantsev, ele estava na verdade prejudicando os concorrentes da Grã-Bretanha e entregando o comércio mundial aos britânicos em uma bandeja.[18]

Também em termos políticos o sucesso da estratégia de Rumiantsev estava nas mãos de Napoleão. O isolacionismo só seria uma estratégia viável se Napoleão deixasse de ameaçar a segurança russa. Acima de tudo, na opinião do ministro, isso significava não encorajar os poloneses. Qualquer estado polonês restaurado estaria sujeito a ter suas fronteiras pré-partição restabelecidas, privando a Rússia desta forma de grande parte da Ucrânia e da Bielorrússia. Ele afirmou a Caulaincourt que, embora tivesse investido na aliança francesa todo seu capital político, ele seria "a primeira pessoa a recomendar ao imperador que sacrificasse tudo antes de consentir com o restabelecimento da Polônia ou concordar com qualquer arranjo que, mesmo indiretamente, leve à sua restauração ou possa sugerir qualquer ideia nesse sentido".[19]

Se o próprio Alexandre, ao deixar Tilsit, realmente alimentava ilusões a respeito da aliança francesa, elas logo se dissiparam. A primeira disputa envolveu a Moldávia e a Valáquia, províncias otomanas ocupadas pelo Exército russo durante a guerra que corria. Os russos desejavam anexá-las para compensar os custos da guerra iniciada pelos otomanos em 1806. Possivelmente, a chegada de Nikolai Rumiantsev ao cargo de ministro das Relações Exteriores aumentara o apetite dos russos pela expansão às custas da Turquia. Uma vez que essa posse não estava registrada no Tratado de Tilsit, os franceses exigiram uma compensação que equilibrasse os ganhos russos. Alexandre acreditava que, nas negociações em Tilsit, Napoleão o havia encorajado a anexar essas províncias, e portanto ficou muito surpreso com a exigência. O que realmente o chocava, no entanto, era o fato de a França ter exigido a Silésia como compensação. Não apenas a Silésia era muito mais valiosa que as duas províncias turcas, como também a mais rica das províncias remanescentes da Prússia. Eliminá-la seria uma desonra para Alexandre perante Frederico Guilherme, além de significar a redução da Prússia ao status de um pequeno principado, incapaz de defender as fronteiras ocidentais da Rússia. Ademais, a Silésia estava situada entre a Saxônia e o grande ducado de Varsóvia, cujo soberano era o rei saxão. A monarquia saxo-polonesa era o principal posto de liderança e protetorado de Napoleão no leste europeu. Se (como era provável) Napoleão anexasse a Silésia, com sua grande população polonesa, à monarquia saxo-polonesa, então os temores russos a respeito de um renascimento da ameaça polonesa aumentariam enormemente.

O início das negociações franco-russas sobre o Império Otomano como um todo tornou secundária a disputa em relação aos "principados" otomanos.

Essas negociações revelaram tanto o grande apetite de Rumiantsev pelo território otomano quanto a total falta de vontade francesa em conceder à Rússia a posse da Constantinopla e o acesso ao Mediterrâneo. As discussões foram superadas pelas crises decorrentes dos esforços franceses e russos para a implementação dos termos do Tratado de Tilsit, os quais estabeleciam a imposição do Bloqueio Continental no resto da Europa. A cota russa nessa missão era impor o Bloqueio Continental aos suecos, o que conseguiram (ao menos no papel) como resultado de uma vitória sobre a Suécia na guerra de 1808-1809. Sob o ponto de vista russo, a principal justificativa para essa dispendiosa guerra era que ela levaria à anexação da Finlândia, tornando assim São Petersburgo muito mais segura em relação a um eventual ataque sueco. O tratado de paz foi assinado em Friedrichsham em setembro de 1809: Alexandre demonstrou sua satisfação promovendo Rumiantsev a chanceler (a mais alta posição na administração civil russa) e garantindo aos finlandeses um generoso grau de autonomia.

Enquanto isso a tentativa francesa de impor o Bloqueio Continental na Península Ibérica fora um desastre total. O governo português e a família real fugiram para o Brasil, escoltados pela Marinha britânica. Agora completamente dependentes da boa vontade dos ingleses, eles foram obrigados a abrir todo o Império Português para o comércio britânico. Muito piores mostraram-se os resultados da deposição dos Bourbons espanhóis por Napoleão e a tentativa deste de conquistar a Espanha. Tal fato expôs Alexandre e Rumiantsev a uma avalanche de críticas da sociedade de São Petersburgo em relação ao apoio dado a Napoleão. E abriu os portos não apenas da Espanha, mas de todo o Império Espanhol ao comércio britânico, criando, desta forma, um buraco ainda maior no Bloqueio Continental. A insurreição espanhola também teve o efeito de convencer a Áustria de que essa poderia ser a última oportunidade de atacar enquanto Napoleão estava envolvido em outros conflitos e as finanças austríacas ainda podiam sustentar um exército digno de uma grande potência.

Alexandre explicara a Frederico Guilherme seu apoio ao Bloqueio Continental argumentando que tinha "razões para crer que esse será um meio de apressar a paz geral da qual a Europa necessita com tanta urgência. Enquanto a guerra entre França e Inglaterra continuar, não haverá tranquilidade para os outros estados do continente". Desde o início, alguns de seus conselheiros o alertaram de que mesmo a pressão franco-russa combinada não conseguiria trazer a Grã-Bretanha para a mesa de negociações. Agora o próprio Alexandre era forçado a admitir que a política de Napoleão tornara ainda mais distante a paz da qual a Rússia precisava. A desastrada agressão à Espanha garantira "vantagens imensas" à Grã-Bretanha e incentivara a Áustria a ampliar seu poderio militar, o que poderia desencadear uma guerra ainda maior no continente.[20]

Foi em meio a essa ameaçadora situação internacional que Alexandre viajou a Erfurt, no centro da Alemanha, em setembro de 1808, para o tão aguardado prosseguimento das conversações de Tilsit. Entre grandes festividades e uma sucessão de demonstrações públicas de estima mútua, percebia-se que a relação entre os dois monarcas esfriara bastante desde o ano anterior. Até certo ponto isso simplesmente refletia o fato de que a posição relativa da Rússia havia melhorado, de modo que havia mais espaço para barganhas e menos necessidade de deferência ilimitada a Napoleão. Havia muito tempo a Rússia já se recuperara da derrota em Friedland. Os exércitos franceses não estavam mais ameaçadoramente posicionados em suas fronteiras. Em vez disso, eles lutavam na Espanha ou aguardavam a possibilidade de uma nova guerra com a Áustria. A França precisava da Rússia e por isso abandonou sua oposição à anexação russa da Moldávia e da Valáquia. Em troca, Alexandre prometeu apoiar Napoleão no caso de um ataque austríaco, o que não representava qualquer verdadeira concessão dos russos, já que isso estava implícito no Tratado de Tilsit.

Muito mais interessantes que as negociações e os acordos pouco importantes em Erfurt foram as cartas trocadas entre Alexandre e sua família em relação ao encontro com Napoleão, porque elas revelam muito de seus pensamentos mais íntimos. Uma semana antes da partida do imperador, sua mãe havia lhe enviado uma longa carta, na qual implorava que ele não fosse. Face o sequestro da família real espanhola por Napoleão, a imperatriz Maria se inquietava pela segurança do filho em uma cidade estrangeira guarnecida por tropas francesas e controlada por um homem desprovido de quaisquer escrúpulos ou limites. Embora admitisse que a paz havia sido uma necessidade em Tilsit, ela entendia bem os perigosos resultados decorrentes da aliança com a França. Napoleão manipulara a Rússia para que ela travasse uma guerra cara e imoral contra a Suécia, enquanto impedia a paz com os otomanos e até mesmo tentava se intrometer nas relações russo-persas. Ainda piores foram as consequências domésticas da desastrosa ruptura com a Grã-Bretanha e da adesão ao Bloqueio Continental. O comércio entrara em colapso e os preços dos artigos de primeira necessidade haviam disparado, reduzindo à metade o valor real dos salários e forçando oficiais a roubar para alimentar suas famílias. O declínio das receitas do Estado associado à desmoralização e à corrupção de oficiais do governo anunciavam uma crise. Entretanto, as dificuldades de Napoleão na Espanha e o rearmamento da Áustria ofereciam à Rússia uma chance de se unir aos inimigos da França e acabar com o domínio desta sobre a Europa. A essa altura, argumentava a imperatriz, uma peregrinação para visitar Napoleão e consolidar a aliança franco-russa seria muito desastrosa para o prestígio de Alexandre e para os interesses da Rússia.[21]

Os argumentos de Maria não eram novidade. Muitos dos diplomatas de Alexandre poderiam ter chamado atenção para os mesmos aspectos, e essa fora de fato a posição assumida pelo conde Tolstói em seus despachos de Paris. No entanto, Alexandre ignorava a opinião de seus oficiais muito mais facilmente do que a de sua mãe. Embora muitas vezes se revoltasse com Maria, ele era, no fundo, não apenas um filho leal e educado, mas também muito dedicado. Assim, antes de partir para Erfur, deixou para ela uma longa carta, escrita do próprio punho, na qual justificava suas políticas.

Alexandre começou dizendo que, em uma questão de tamanha importância, deveriam prevalecer os interesses e o bem-estar da Rússia, para os quais todos os seus cuidados estavam voltados. Seria "criminoso" ele se permitir sofrer influência por parte da ignorante, rasa e inconstante opinião pública. Em vez disso, devia consultar sua consciência e sua razão, encarando os fatos de frente e não deixando espaço para falsas esperanças ou emoções. A realidade crua no momento era o imenso poder da França, uma potência mais poderosa e mais bem posicionada que até mesmo a Rússia e a Áustria juntas. Se mesmo a França republicana, nos anos 1790, enfraquecida pelo desgoverno e pela guerra civil, teve condições de derrotar toda a Europa, o que dizer agora do Império Francês liderado por um soberano autocrático que, além de gênio militar, era sustentado por um exército de veteranos endurecidos por quinze anos de guerra? Seria ilusão pensar que uns poucos contratempos na Espanha pudessem abalar seriamente um poder dessa magnitude.

No momento a salvação da Rússia consistia em evitar conflito com Napoleão, para o que seria estritamente necessário fazê-lo acreditar que a Rússia compartilhava de seus interesses. "Todos os nossos esforços precisam ser devotados a isso para que possamos respirar livremente por algum tempo. Durante esse precioso tempo, fortaleceremos nossos recursos e nossas forças. Mas devemos fazê-lo em completo silêncio, sem tornar públicos nossos armamentos e nossas preparações e nos abstendo de fazer declarações em público contra esse homem, em quem não confiamos". Ausentar-se de um encontro com Napoleão que havia sido planejado por tanto tempo levantaria suspeitas e poderia se provar fatal em momento de tal tensão internacional. Se a Áustria começasse uma guerra agora, ela estaria sendo cega em relação a seus próprios interesses e fraquezas. Tudo precisava ser feito para salvar a Áustria dessa insensatez e para preservar seus recursos até que chegasse o momento em que eles pudessem ser usados para o bem geral. Mas esse momento ainda não chegara e, se expedição a Erfurt resultasse em "impedir uma catástrofe tão deplorável" quanto a derrota e a destruição da Áustria, ela pagaria com juros todos os aspectos desagradáveis de um encontro com Napoleão.[22]

Há boas razões para se acreditar que nessa carta para sua mãe Alexandre estivesse falando sinceramente. Sabendo, entretanto, da aversão dela por Napoleão, era possível que ele estivesse exagerando sua antipatia e desconfiança em relação ao monarca francês. Alexandre não tinha tal motivo para fingir quando escreveu para sua irmã Catarina, que era provavelmente a pessoa em quem ele mais confiava no mundo. Depois de deixar Erfurt, despedindo-se de Napoleão com afagos hipócritas, ele escreveu a ela dizendo: "Bonaparte pensa que eu não passo de um idiota. Ri melhor quem ri por último! Deposito toda minha confiança em Deus".[23]

Durante os seis meses seguintes ao encontro em Erfurt, o principal objetivo da política externa russa foi evitar uma guerra franco-austríaca. Alexandre e Rumiantsev estavam convencidos de que, se a guerra acontecesse, as esperanças austríacas de ajuda efetiva proveniente de levantes em territórios alemães ou britânicos se provariam falsas. O Exército Habsburgo certamente seria derrotado e a Áustria, destruída ou enfraquecida a um nível tal, que seria forçada a se tornar um satélite francês. Restaria então a Rússia como única grande potência independente a se opor à dominação de todo o continente europeu por Napoleão. O imperador manteve seu compromisso com a aliança francesa, vendo nela a única forma de ganhar tempo para a Rússia. Se São Petersburgo se aliasse abertamente à Áustria, não apenas Napoleão destruiria o Exército Habsburgo antes que a ajuda russa pudesse chegar, mas ele também voltaria todas as suas forças contra uma Rússia que ainda não tinha condições de enfrentar uma batalha de vida ou morte.

Alexandre negou-se a atender as demandas de Napoleão pela realização de ações conjuntas de advertência em Viena, em parte por não querer afrontar os austríacos e também em razão do receio de que um apoio russo mais expressivo pudesse até mesmo instigar o próprio Napoleão a começar uma guerra destinada a eliminar a monarquia Habsburgo ou simplesmente pilhar o tesouro da Áustria para bancar a manutenção de seu inflado exército. Ainda assim, ele advertiu os austríacos de que se eles atacassem Napoleão as obrigações da Rússia sob o Tratado de Tilsit a forçariam a lutar ao lado da França. Por outro lado, uma vez que acreditava que o armamentismo austríaco só poderia ser explicado pelo medo de uma agressão francesa, Alexandre prometeu que, se a Áustria se desfizesse de parte de seu arsenal bélico, a Rússia declararia publicamente seu compromisso de ajudá-los no caso de um ataque francês. Até o início da guerra, em 10 de abril de 1809, Alexandre achava quase impossível acreditar que a Áustria fosse assumir o risco suicida de atacar Napoleão. Quando isso de fato aconteceu, o imperador culpou o governo Habsburgo de se deixar levar pela opinião pública e por suas próprias emoções.[24]

O ataque austríaco a Napoleão não deixou alternativas a Alexandre a não ser declarar guerra. Se ele fracassasse em cumprir as obrigações claramente acordadas, a aliança franco-russa estaria rompida e as duas nações provavelmente estariam em guerra em questão de semanas. Embora fosse, em teoria, um inimigo da Áustria, o principal objetivo de guerra da Rússia era enfraquecer o Império Austríaco o mínimo possível. A última coisa que interessava à Rússia era prejudicar o Exército da Áustria, já que a sobrevivência deste representava a maior garantia contra os esmagadores termos de paz impostos por Napoleão sobre os Habsburgos. Além disso, os russos se opunham fortemente a qualquer anexação de território ao ducado de Varsóvia e, portanto, o Exército russo que invadiu a Galícia-Lodoméria dedicou muitos de seus esforços a evitar as forças dos Habsburgos e a impedir o avanço do Exército do ducado polonês, que era supostamente seu aliado. Obviamente, não era possível esconder essas táticas, em especial depois que a interceptação de correspondência russa pelos poloneses tornou claras suas intenções. Napoleão ficou furioso e deixou de acreditar na utilidade da aliança com a Rússia. Como esperado, a guerra terminou com a derrota da Áustria. No tratado de paz de Schönbrunn, assinado em outubro de 1809, Napoleão se vingou de Alexandre entregando aos poloneses uma enorme fatia da Galícia.

A guerra entre Áustria e França foi o começo do fim da aliança franco-russa, mas dois acontecimentos no inverno de 1809-1810 ocultaram esse fato por um tempo. Napoleão concordou que seu embaixador na Rússia, Armand de Caulaincourt, deveria rascunhar uma convenção franco-russa que acalmaria os temores russos sobre uma possível restauração da Polônia. Mais ou menos na mesma época ele se divorciou de sua esposa, a imperatriz Josephine, e pediu a mão da irmã de Alexandre. Boatos de que Napoleão estava em busca de uma grã-duquesa russa circulavam havia algum tempo. Em março de 1808 uma preocupada imperatriz Maria havia pedido ao embaixador em Paris para descobrir se isso representava um perigo real. Na época o alvo mais óbvio teria sido a grã-duquesa Catarina. O casamento dessa jovem voluntariosa e mal-humorada com Napoleão teria sido interessante e explosivo. Mas, apesar de toda sua ambição, Catarina não podia suportar a ideia de se casar com o bandido da Córsega. Talvez para evitar qualquer possibilidade de tal evento, em 1809 ela se casou com um primo distante, o príncipe George de Oldenburg. Isso fazia da grã-duquesa

Anna a única noiva russa possível, ela que havia acabado de completar 16 anos quando a proposta de Napoleão chegou.[25]

O pedido de Napoleão pela mão de Anna foi muito mal recebido por Alexandre. Ele não queria casar sua irmã com um Bonaparte, mas também não tinha intenções de insultar o imperador francês com uma recusa. Paulo I havia decretado em testamento que a decisão a respeito do casamento de suas filhas deveria caber à mãe e, em certo sentido, essa era uma excelente desculpa para Alexandre poder se esquivar do assunto. No entanto, ao alegar incapacidade de impor sua vontade sobre uma mulher, ele acabou confirmando todas as suspeitas de Napoleão sobre sua fraqueza. Alexandre temia que essa questão desencadeasse uma crise de fúria da imperatriz mas, na verdade, mãe e filho mantinham a mesma postura sobre o assunto e esse era apenas um sinal do crescente alinhamento entre os dois em matéria de política. Obviamente Maria ficou horrorizada com a ideia do casamento, mas entendeu os perigos de contrariar Napoleão. Ela escreveu à filha Catarina, contando que Alexandre lhe confidenciara que a fronteira ocidental da Rússia estava vulnerável e não possuía fortalezas para cobrir as prováveis rotas de invasão: "O Imperador me disse que se Deus lhe concedesse cinco anos de paz, ele teria então dez fortalezas, além das finanças em ordem". A imperatriz não questionava a obrigação da família imperial de se sacrificar pelo bem do estado, mas ela não podia suportar a ideia de perder sua filha, ainda uma criança, para Napoleão. Tal repulsa era alimentada pelo fato de duas de suas filhas mais velhas terem se casado jovens e morrido no parto. Enfim, a grã-duquesa Catarina propôs um acordo: Napoleão não seria recusado abertamente. Apenas diria-se a ele que, tendo perdido duas filhas, a imperatriz estava determinada a não permitir o casamento da filha mais jovem antes dos 18 anos.[26]

Quando Napoleão tomou conhecimento da semirrecusa russa, em fevereiro de 1810, ele já havia há muito tempo optado pela segunda alternativa, ou seja, o casamento com a filha do imperador austríaco, a arquiduquesa Marie-Louise. Alexandre conteve seu ressentimento por Napoleão ter negociado simultaneamente com as duas cortes e seu profundo temor de que um casamento austríaco contribuísse para a ruptura da aliança franco-russa e para o isolamento da Rússia. Quase ao mesmo tempo ele se surpreendeu ao saber que Napoleão havia se recusado a ratificar a convenção que barrava a restauração da Polônia. Napoleão garantiu aos russos que não tinha intenção de restaurar um reino polonês, mas não podia assinar uma convenção que obrigasse a França a impedir qualquer outro, incluindo os próprios poloneses, de fazê-lo. Até certo ponto a discussão sobre a formulação da convenção era sem sentido: ninguém podia prender Napoleão a qualquer acordo que ele tivesse assinado e seu histórico de fidelidade a tratados não era confiável. De certo modo, porém, isso tornou ainda mais suspeita aos olhos russos sua recusa em sequer fingir atender às aspirações da Rússia em relação à Polônia. A partir desse momento as relações franco-russas entraram em um profundo declínio, que continuou até o início da guerra, em junho de 1812. Não foi coincidência o fato de, no começo de março de 1810, o novo ministro da Guerra, Mikhail Barclay de Tolly, ter baseado seu primeiro memorando em medidas para a defesa da fronteira ocidental da Rússia contra um ataque francês.[27]

Enquanto isso, o Bloqueio Continental estava começando a causar grandes dificuldades à Rússia. Alexandre sempre reconhecera que a adesão russa ao bloqueio econômico de Napoleão à Grã-Bretanha era "a base da aliança" com a França. Restaurar relações com os britânicos seria violar o cerne do Tratado de Tilsit e tornar inevitável a guerra contra Napoleão. Por essa razão ele se absteve de fazê-lo até que as tropas francesas realmente cruzaram sua fronteira, em junho de 1812. Em 1810, porém, era claro que alguma coisa precisava ser feita para reduzir os danos que estavam sendo causados à Rússia pelo Bloqueio Continental.[28]

O maior problema de todos estava no valor decadente do rublo, que em 1811 era praticamente a única moeda em uso na região central do Império Russo. Em junho de 1804 a cédula de rublo valia mais de três quartos de seu equivalente em prata; em junho de 1811 ela estava cotada a menos de um quarto. Isso era decorrente de duas razões principais. Em primeiro lugar, a única forma pela qual o estado poderia pagar as enormes despesas militares entre 1805 e 1810 era imprimindo mais e mais cédulas. Em segundo, o Bloqueio Continental, somado a incertezas econômicas e políticas gerais, causara um colapso na confiança dos comerciantes. Até mesmo o rublo de prata perdeu um quinto de seu valor em relação à libra esterlina no período entre 1807 e 1812. O valor do rublo nas bolsas estrangeiras despencou. Isso teve um dramático efeito no custo do sustento dos exércitos russos que lutavam em Finlândia, Moldávia, Cáucaso e Polônia: Caulaincourt calculou que a campanha contra os suecos estava custando a Alexandre o equivalente a quinze francos franceses de prata por cabeça ao dia, comentando que "a guerra sueca está arruinando a Rússia". Em 1809 a arrecadação do estado equivalia a menos da metade dos gastos e a crise era iminente. O valor real da arrecadação do governo com impostos representava 73% do que havia sido cinco anos antes. Em uma época em que a Rússia precisava se preparar para uma guerra contra o Império de Napoleão, essa situação indicava uma catástrofe em potencial.[29]

O governo reagiu à crise de várias formas. Fez uma ostensiva declaração, prometendo que os títulos em rublo seriam considerados dívida do Estado, que faria o resgate no futuro. Proibiu-se a impressão de dinheiro. Os gastos desnecessários seriam cortados e os impostos, aumentados. Acima de tudo, a importação de todos os itens de luxo, assim como os supérfluos, estava banida completamente ou sofreria pesada taxação. Enquanto isso, os navios neutros que atracassem nos portos russos e carregasssem as exportações russas receberiam incentivo e proteção. Os impostos de emergência renderam pouco dinheiro e quando a guerra estourou outra vez, em 1812, a promessa em relação à impressão de cédulas teve de ser esquecida. Mas o banimento das importações e o encorajamento à navegação neutra tiveram repercussão real e imediata no comércio e nas finanças do país.

Entretanto, o efeito dessas medidas também foi sentido por Napoleão. Ele queixou-se – sem razão, a bem da verdade – de que as restrições atingiam a exportação de produtos franceses. Com mais propriedade, ele apontou o fato de os navios neutros estarem sendo usados como um disfarce para o comércio com a Grã-Bretanha. Uma vez que nessa época ele mesmo tentava anexar grande parte do norte da Alemanha a fim de reforçar o controle sobre o comércio, as políticas russa e francesa eram, de fato, diametralmente opostas. Alexandre, porém, recusou-se a atender aos protestos franceses. Ele justificou que a necessidade forçara essas mudanças e que era sua prerrogativa, como governante soberano, determinar tarifas e regras de comércio, desde que estas não infringissem as obrigações estabelecidas em tratados.

Não só uma terrível crise financeira, como também o orgulho russo estavam envolvidos nessa relutância. Tanto o imperador quanto Rumiantsev poderiam ter aceitado um compromisso se não tivessem chegado à correta conclusão de que o Bloqueio Continental fora transformado, de uma medida de guerra econômica contra a Grã-Bretanha, para uma política através da qual a França sugava o sangue do resto da Europa para impulsionar seu próprio comércio e lucros. Ao mesmo tempo em que Napoleão exigia a virtual eliminação do comércio externo russo, ele emitia um número cada vez maior de licenças para mercadores franceses negociarem com a Grã-Bretanha. Para espezinhar os russos, navios franceses munidos dessas licenças até tentavam ocasionalmente vender produtos ingleses na Rússia. Como Caulaincourt afirmou a Napoleão, dificilmente poderia se esperar que os russos aceitassem os custos da guerra econômica da França com a Grã-Bretanha, quando a própria França, dia após dia, esquivava-se deles. Os efeitos do Bloqueio Continental vinham sendo denunciados havia tempos, por muitos estadistas russos. No início de 1812, o próprio Rumiantsev, em declaração feita a John Quincy Adams, admitiu que a política de Napoleão carecia de qualquer honestidade ou coerência. Disse ele: "o sistema de licenças está baseado em falsidade e imoralidade".[30]

A essa altura, no entanto, pontos específicos de desacordo entre França e Rússia já haviam ficado em segundo plano há tempos. O problema crucial agora passava a ser os claros indícios de que Napoleão planejava uma invasão em massa ao Império do czar. No começo de janeiro de 1812, o ministro da Guerra francês gabava-se de que o Exército de Napoleão nunca estivera tão bem equipado, treinado e provido de recursos para uma guerra vindoura: "Estamos realizando preparativos há mais de quinze meses". Condizente com o nível geral de segurança na França antes de 1812, a bazófia foi feita ao alcance do ouvido de um informante russo. Na verdade, os russos estavam excepcionalmente bem informados sobre as intenções e preparativos franceses. Já no verão de 1810 muitos oficiais jovens e bastante competentes haviam sido enviados como adidos em missões russas espalhadas pelas cortes dos principados alemães. O trabalho deles era coletar informações. Dentro da Alemanha a principal fonte de inteligência era a missão russa em Berlim, comandada por Christoph Lieven desde janeiro de 1810. A maior parte das unidades de Napoleão que se preparavam para invadir a Rússia ou cruzou a Prússia, ou foi implantada dentro dela. Já que os prussianos odiavam os franceses, não era difícil obter informação abundante sobre todas essas unidades e seus movimentos.[31]

Porém, as fontes mais importantes eram sem dúvida os representantes diplomáticos e militares em Paris. Petr Tolstói foi chamado novamente em outubro de 1808 e substituído por Aleksandr Kurakin como embaixador junto a Napoleão. Em 1810, no entanto, Kurakin foi deixado à margem dos acontecimentos não apenas por Napoleão, mas também por Alexandre e Rumiantsev. Isso ocorreu, em parte, devido ao fato de o embaixador, que já sofria de gota, ter ficado seriamente queimado em um incêndio na embaixada austríaca, no início de 1810, durante um grande baile em celebração ao casamento de Napoleão com a arquiduquesa Marie-Louise. Mas também havia o agravante de Kurakin estar ofuscado por dois diplomatas russos em Paris, mais jovens e excepcionalmente capazes.

Um desses homens era o conde Karl von Nesselrode, que servia como chefe adjunto da missão, primeiro sob o comando de Tolstói e depois, de Kurakin. Nesselrode mantinha, na verdade, contatos secretos diretamente com Alexandre por meio de Mikhail Speranski. O outro era Aleksandr Chernishev, não um diplomata, mas um oficial das *Chevaliers Gardes*, um ajudante de ordens de Alexandre I e antigo pajem do imperador. Quando foi nomeado pela primeira vez chefe adjunto da missão em Paris, Nesselrode tinha 27 anos. Na época em que Chernishev foi enviado por Alexandre com mensagens pessoais para Napoleão, ele tinha apenas 22. Graças, em parte, à brilhante atuação que tiveram durante esses anos decisivos em Paris, ambos construíram carreiras notáveis. No final, Nesselrode seria ministro das Relações Exteriores, e Chernishev, ministro da Guerra por décadas.

Em certos aspectos, os dois jovens eram muito diferentes. Karl Nesselrode vinha de uma família aristocrática da Renânia. A carreira de seu pai a serviço do Eleitor Palatino[†] acabou de forma dramática quando o eleitor se opôs à paixão de sua esposa pelo jovem conde Wilhelm. Depois de servir os reis da França e da Prússia, Wilhelm von Nesselrode trabalhou como chefe adjunto da missão russa em Portugal, onde seu filho Karl nasceu e recebeu o batismo anglicano na igreja da legação britânica em Lisboa. Karl Nasselrode só foi conhecer a Rússia de fato no final da adolescência, mas seu subsequente casamento com a filha do ministro das finanças, Dmitri Gurev, fortaleceu sua posição na sociedade de São Petersburgo. Nesselrode era um homem calmo, diplomático e, às vezes, até mesmo modesto. Isso levava alguns observadores a não perceber sua sutileza, determinação e grande inteligência.

Já Aleksandr Chernishev nunca poderia ser chamado de modesto. Pelo contrário, ele era um gênio da autopromoção. Chernishev vinha da aristocracia russa; Aleksandr Lanskói, seu tio, fora um dos amantes de Catarina II. Aleksandr Chernishev chamou a atenção de Alexandre pela primeira vez em 1801, em um baile oferecido pelo príncipe Kurakin para celebrar a coroação do czar. A pose, sagacidade e confiança do menino de 15 anos impressionaram o imperador de imediato, resultando na seleção de Chernishev para ser um pajem imperial. Esse seria um começo perfeito para a carreira de um homem bonito e elegante que brilhava na sociedade e sempre amou ser o centro das atenções. Chernishev certa vez descreveu um colega oficial como sendo "cheio daquela nobre ambição que obriga qualquer indivíduo acometido por ela a tornar-se conhecido". Esta descrição certamente servia também como um autorretrato. Mas havia muito mais em Chernishev que mera ambição e brilho: ele era um homem de destacada inteligência, coragem e resolução. Embora fosse um excelente soldado, assim como o eram outros inteligentes oficiais aristocratas de sua época, sua visão se estendia para muito além do estreito mundo militar. Assim como Nesselrode, que às vezes discutia a grande estratégia em seus relatórios, Chernishev também estava profundamente ciente do contexto político das Guerras Napoleônicas.[32]

Juntos, os dois jovens comandavam a espionagem russa em Paris. O fato de possuírem opiniões semelhantes em relação às intenções francesas e de terem se tornado grandes amigos foi sem dúvida de grande ajuda. De modo geral, a maioria das fontes de Nesselrode era diplomática e as de Chernishev, militares,

---

†   Um dos príncipes que podiam eleger o Imperador do Sacro Império Romano-Germânico, dissolvido em 1806. (N.T.)

mas nem todas. Nesselrode, por exemplo, conseguiu um relatório sobre os recursos militares do ducado de Varsóvia. Ele gastava grandes somas de dinheiro comprando documentos secretos, chegando a pagar 3 e até 4 mil francos por alguns memorandos. Tudo indica que os fornecedores desses materiais tenham sido o então ministro da Polícia francês, Joseph Fouché, e o antigo ministro das Relações Exteriores, Charles-Maurice de Talleyrand; se existiam outros intermediários, e como exatamente os pagamentos eram combinados e os documentos, adquiridos, são assuntos que Nesselrode – muito sensatamente – não detalhou em seus relatórios.

As informações que ele comprava ou conseguia cobriam temas dos mais variados. Um relatório, por exemplo, tratava das excentricidades de Napoleão, seus hábitos alimentares e sua crescente falta de memória durante um período no Palácio de Rambouillet. Considerando-se o ponto ao qual a sobrevivência do Império e o destino da Europa dependiam da vida e saúde de Napoleão, tais relatos eram muito relevantes. Nesselrode implorou a Speranski para que apenas ele e o imperador vissem ou falassem sobre esse material. Tais detalhes do comportamento de Napoleão eram tão particulares que qualquer vazamento resultaria na revelação da fonte. Nesselrode fez um pedido semelhante por sigilo total em relação a outro memorando que detalhava operações de inteligência nas fronteiras ocidentais da Rússia e apontava muitos nomes. Ele acrescentou que sua fonte para esse documento era extremamente valiosa e poderia fornecer outros materiais da mesma importância se fosse mantida incógnita. O ponto essencial era que a contrainteligência russa deveria observar os indivíduos mencionados, mas armar suas prisões de uma forma que protegesse as fontes a qualquer custo.[33]

De todos os documentos comprados por Nesselrode, o mais importante provavelmente foi um memorando ultrassecreto sobre a futura política francesa, apresentado a Napoleão pelo ministro das Relações Exteriores, Champagny, a pedido do imperador, em 16 de março de 1810 – ou seja, precisamente no momento crucial em que o plano de se casar com uma princesa russa havia falhado, que Napoleão se recusara a ratificar a convenção sobre a Polônia e que Barclay de Tolly elaborava seu primeiro relatório sobre a defesa da fronteira ocidental da Rússia. Champagny escreveu que a geopolítica e o comércio faziam da Grã--Bretanha uma aliada natural da Rússia e que uma reaproximação entre as duas potências era previsível. A França deveria retornar à sua política tradicional de fortalecimento da Turquia, Polônia e Suécia. Ela deveria, por exemplo, se assegurar de que os turcos fossem mantidos a postos como aliados para uma futura guerra com a Rússia. De fato, agentes franceses já estavam trabalhando discretamente com os otomanos nesse sentido.

Em relação à Polônia, a proposta mais modesta de Champagny era ampliar o poder do rei da Saxônia, que também era o grã-duque de Varsóvia, dando a ele a Silésia. Um segundo cenário, que Champagny chamou de "mais grandioso e decisivo e talvez mais digno do gênio de Vossa Majestade", previa a restauração completa da Polônia depois de uma vitória em guerra contra a Rússia. Isso implicaria forçar a fronteira russa para trás do rio Dnieper, jogando o leste da Áustria contra a Rússia e compensando-a na Ilíria pelas terras que ela teria de ceder ao novo reino polonês. De qualquer forma, a Prússia deveria ser destruída, já que era um posto avançado da influência russa na Europa. Em questão de semanas, o memorando estava na mesa de Alexandre. Naquelas circunstâncias, esse documento era praticamente dinamite.[34]

Aleksandr Chernishev também tinha diversos agentes fixos a seu serviço. Um deles trabalhava no conselho de Estado, próximo ao núcleo do governo de Napoleão, outro estava na administração militar, e um terceiro servia em um departamento crucial do Ministério da Guerra. Provavelmente existiram outros, ao menos ocasionalmente. Os documentos publicados fornecem mais detalhes sobre o conteúdo dos relatórios recebidos por Chernishev que a maioria dos memorandos comprados por Nesselrode. Há de tudo ali, desde memorandos sobre a situação política interna e a posição francesa na Espanha, até informações detalhadas sobre a redistribuição da artilharia para batalhões de infantaria, a organização do transporte e dos serviços de retaguarda para futuras campanhas e relatórios sobre novas armas e equipamentos.

Alguns desses documentos falavam explicitamente sobre a guerra iminente contra a Rússia. Chernishev relatou que Napoleão estava rapidamente ampliando sua cavalaria, o que provava "o quanto ele teme a superioridade de nossa cavalaria". Carroções especiais – maiores e mais resistentes que os modelos anteriores – estavam sendo construídos para suportar as condições climáticas russas. Chernishev chegou a se disfarçar para entrar em uma das oficinas onde eles estavam sendo construídos e desenhou esboços. Segundo uma de suas fontes, Napoleão pretendia aplicar o golpe decisivo com a coluna central de seu exército, que avançaria sobre Vilna com o próprio imperador no comando. Ele esperava conseguir recrutar um grande número de soldados poloneses na fronteiras do oeste da Rússia. O oficial no núcleo do Ministério da Guerra era provavelmente o agente mais valioso de Chernishev; e, apesar de já haver trabalhado antes para os russos, seu potencial era agora explorado ao máximo. Todo mês, aquele ministério imprimia um livro secreto relacionando os números, movimentos e disposição de todos os regimentos do exército. A cada edição, uma cópia era entregue a Chernishev, que a transcrevia durante a noite. Os russos podiam seguir a redistribuição do Exército de Napoleão ao leste nos mínimos detalhes. Pensando na vasta escala e no custo dessa redistribuição, ninguém acreditava que fosse possível evitar a guerra, como o próprio Chernishev ressaltou.[35]

Tanto Chernishev como Nesselrode eram muito mais que meros compradores de memorandos secretos. Eles circulavam pela sociedade de Paris, recolhendo uma imensa quantidade de informações. Algumas eram fornecidas por franceses críticos ao regime de Napoleão. Chernishev, em especial, era aceito no seio da família do próprio Napoleão e em seu círculo de amigos mais próximos. O rei Frederico Guilherme escreveu a Alexandre que diplomatas prussianos haviam relatado que "as relações (de Chernishev) com tantas pessoas garantem a ele meios e oportunidades que mais ninguém possui". Graças à sua inteligência e sofisticação política, Nesselrode e Chernishev conseguiam avaliar a enorme quantidade de informação que recebiam e resumi-la nas apreciações muito perspicazes que enviavam a São Petersburgo. Os dois, por exemplo, ficavam aflitos em demover Alexandre de qualquer ilusão de que Napoleão não conseguiria ou não se disporia a atacar a Rússia enquanto durasse sua guerra com a Espanha. Eles ressaltaram os enormes recursos controlados pelo francês, mas também as implicações de seus problemas domésticos caso desse início à campanha na Rússia. Ambos relataram que, quanto mais tempo se arrastasse uma eventual guerra e quanto mais o Exército francês fosse atraído para o interior da Rússia, mais desesperadora seria a situação de Napoleão.[36]

O último relatório de Paris que Chernishev entregou a Barclay de Tolly dá uma amostra geral de suas opiniões e métodos, bem como da confiança aristocrática com a qual esse jovem coronel escrevia a um ministro com idade e posição muito mais elevadas que as dele. Ele afirma: "eu converso frequentemente com oficiais que são de grande mérito e reconhecimento, e que não têm estima pelo líder do governo francês. Tenho perguntado a eles qual estratégia seria mais apropriada para a guerra iminente, considerando o local das operações, e a força e o caráter de nosso adversário". Foi opinião unânime desses franceses que Napoleão esperava grandes batalhas e vitórias rápidas, de modo que os russos deveriam evitar dar o que ele queria e, em vez disso, apenas perturbá-lo com forças de batalha mais leves. Os oficiais franceses disseram que "o sistema que deveríamos seguir nesta guerra é aquele cujo os melhores exemplos são Fabius‡ e, mesmo, lorde Wellington.§ É bem verdade que nossa tarefa será mais difícil, já que o palco de operações vai ser, em sua maior parte, em campo aberto". Em parte por esse motivo, era crucial ter grandes forças de reserva mantidas bem na retaguarda a fim de impedir que a guerra fosse perdida em razão de uma única batalha. Mas se os russos conseguissem "sustentar essa guerra por três campanhas, então a vitória será certamente nossa, mesmo que não tenhamos vitórias grandiosas, e a Europa vai ser libertada de seu opressor". Chernishev acrescentou que compartilhava dessa opinião. A Rússia precisava mobilizar todos os seus recursos, religião e patriotismo inclusos, para sustentar uma guerra longa. "O objetivo e as esperanças de Napoleão são no sentido de concentrar força suficiente para aplicar golpes esmagadores e decidir a questão em uma única campanha. Ele sente fortemente que não pode permanecer longe de Paris por mais de um ano, e que estaria perdido se essa guerra durasse dois ou três anos".[37]

A partir do verão de 1810, ficou claro para Alexandre e a maioria de seus principais conselheiros que a guerra não apenas era inevitável, como também chegaria em breve. Na melhor das hipóteses seu início poderia ser adiado em aproximadamente um ano. Nessas circunstâncias, o ponto essencial era se preparar de modo eficaz para a guerra iminente. Esses preparativos aconteceram em três esferas distintas: havia os planos e providências puramente militares (que serão discutidos no próximo capítulo); os esforços diplomáticos para garantir que a Rússia combatesse Napoleão com o máximo de amigos e o mínimo de inimigos possível; e, por último, mas não menos importante, o governo precisava criar o maior grau possível de unidade interna e consenso para que a Rússia pudesse sobreviver ao imenso choque da invasão de Napoleão. Embora fossem, a princípio, distintas, essas três esferas estavam na verdade sobrepostas. Por exemplo, saber se a Prússia lutaria como amiga ou inimiga da Rússia dependia enormemente da estratégia militar – ofensiva ou defensiva – a ser adotada por Alexandre.

Inevitavelmente, à medida que a guerra se aproximava, a influência do Exército e, acima de tudo, de Mikhail Barclay de Tolly, crescia. O ministro da guerra invadiu a esfera diplomática, por exemplo, insistindo na necessidade de encerrar a guerra com os otomanos imediatamente. Ele também ressaltou a importância

---

‡ Quintus Fabius Maximus, general romano que, ciente da superioridade cartaginesa na Primeira Guerra Púnica, no século III a.C., evitou uma batalha decisiva contra Aníbal, limitando-se a manter suas tropas próximas ao exército invasor, travando uma guerra de desgaste. (N.R.)

§ Famoso general britânico que nessa ocasião já havia enfrentado e derrotado tropas napoleônicas em Portugal entre os anos de 1808 e 1810. (N.R.)

crucial de levantar o moral e o orgulho patriótico da população. Em uma importante carta para Alexandre, no começo de fevereiro de 1812, Barclay dizia que, além dos preparativos estritamente militares,

> "precisamos tentar elevar o moral e o espírito da própria população russa e despertar seu comprometimento com uma guerra de cujo resultado vão depender a salvação e a existência da Rússia. Atrevo-me a acrescentar aqui que durante os últimos vinte anos temos feito todo o possível para suprimir tudo o que é verdadeiramente nacional, mas uma grande pátria que muda seus costumes e valores da noite para o dia irá entrar em declínio rapidamente, a não ser que o governo interrompa esse processo e tome medidas para a ressurreição da nação. E há algo que possa ajudar mais nesse processo do que o amor a seu soberano e a sua pátria, um sentimento de orgulho ao pensar que se é russo de corpo e alma? Esses sentimentos só podem vir à tona se o governo tomar a frente nesta questão".[38]

Mikhail Barclay de Tolly não era, obviamente, um russo étnico. Sua família, de origem escocesa, havia se estabelecido nas províncias bálticas na metade do século XVII. Para a maioria dos russos, ele era apenas mais um alemão báltico, o que o tornou alvo de selvagens ataques e libelos vindos de muitos russos durante a campanha de 1812. Mas o conselho de Barclay a Alexandre em fevereiro de 1812 soava exatamente igual ao que os nacionalistas "Velhos Russos" e "isolacionistas" vinham dizendo havia muitos anos. As mais conhecidas figuras públicas do grupo dos "Velhos Russos" eram o almirante Aleksandr Shishkov em São Petersburgo e o conde Fedor Rostopchin em Moscou. Nikolai Karamzin, o principal historiador da Rússia, e Serge Glinka, o editor de um diário patriótico, eram amigos de Rostopchin. Karamzin era um erudito e um "intelectual público" sem ambições políticas pessoais. Aleksandr Shishkov, embora fosse um almirante, desde 1797 não servia em um navio e se comportava muito mais como um professor do que como um oficial militar. Gentil e generoso em suas relações pessoais, ele se transformava em um tigre quando defendia a causa à qual dedicou a maior parte de sua vida: preservar a pureza nacional da língua russa e suas raízes eslavas da corrupção provocada pelas palavras e conceitos importados do Ocidente.

O conde Fedor Rostopchin compartilhava o compromisso de Karamzin e Shishkov com a preservação da cultura e dos valores russos em relação a influências estrangeiras. Todas as histórias de ficção que Rostopchin publicou entre 1807 e 1812 tiveram esse objetivo e causaram grande impacto. Seu herói fictício, Sila Bogatirov, era um escudeiro sério que defendia os valores tradicionais russos e era completamente desconfiado de todos os estrangeiros. Em sua opinião, tutores franceses estavam corrompendo a juventude russa, enquanto o Estado russo era manipulado pelos ingleses e enganado pelos franceses para sacrificar sua gente e seu tesouro pelos interesses deles. Diferente de Karamzin e Shishkov, Rostopchin era extremamente ambicioso, e um político até o último fio de cabelo. Apesar de ter sido um dos favoritos de Paulo I, ele estava fora da corte desde a morte de Paulo. Alexandre não confiava nos nacionalistas russos, não gostava das ideias deles e, particularmente, não gostava de Rostopchin. O conde era, de fato, um homem impiedoso e desagradável. Embora um grande nacionalista, ele não tinha nem um pouco da generosidade ou dos sentimentos ternos de Karamzin ou Glinka em relação ao russo comum. Pelo contrário, na visão de Rostopchin "a plebe" nunca poderia ser digna de confiança, devendo ser comandada por meio de repressão e manipulação.

Rostopchin era um interlocutor mordaz e divertido. E podia não ter limites no que falava. Dizem que ele comentou certa vez que Austerlitz fora uma vingança de Deus sobre Alexandre pela participação dele na derrubada de seu pai. O imperador levava seus princípios muito a sério e não via com bons olhos comentários dissimulados à sua custa. O assassinato de seu pai e seu próprio papel no desastre de Austerlitz eram as memórias mais amargas de sua vida. Mas Alexandre também era um político refinado; ele sabia que precisava usar mesmo os homens de quem não gostava, especialmente em um momento de crise suprema como o da iminente guerra com Napoleão. Por mais que não apreciasse Rostopchin e desconfiasse de suas ideias, Alexandre sabia que o conde era um administrador eficiente e resoluto, além de um político talentoso. Acima de tudo, ele era um ótimo propagandista, absolutamente leal ao regime e detentor de um controle sobre as emoções das massas, cujo comportamento teria importância crucial no caso de uma guerra em solo russo. Em 1810, Rostopchin recebeu um elevado cargo na corte, embora fosse encorajado a não aparecer muito. Em caso de necessidade, ele estaria à disposição.[39]

A pessoa que reaproximou Alexandre e Rostopchin foi a grã-duquesa Catarina. Depois de seu casamento, o marido de Catarina foi nomeado governador-geral de três províncias centrais russas em 1809. Ele e sua esposa fixaram residência em Tver, a pouca distância de Moscou. O salão de Catarina em Tver atraía muitos visitantes inteligentes e ambiciosos, como Rostopchin e Karamzin. A reputação dela como membro mais "russo" da família imperial era bem conhecida. Foi Catarina quem encarregou Nikolai Karamzin de escrever suas "Memórias da Rússia Antiga e Moderna", que seriam a expressão mais influente e famosa do pensamento "Velho Russo". A influência das "Memórias" não teve qualquer impacto na opinião pública.

A obra foi concebida apenas para os olhos de Alexandre, e jamais poderia ter sido publicada naquela época, em razão de seu agudo tom crítico sobre as políticas do governo. Com exceção de um círculo muito restrito, as "Memórias" permaneceram desconhecidas do público geral por várias décadas. Karamzin as entregou para Catarina em fevereiro de 1811. No mês seguinte, quando Alexandre esteve em Tver com sua irmã, ela convocou Karamzin para se encontrar com o imperador, ler para ele passagens do texto e discutir suas ideias com o monarca.

Karamzin criticava duramente a política externa russa no reinado de Alexandre. Em sua opinião, o Império havia sido arrastado a disputas que não eram de sua alçada e frequentemente perdera o foco sobre seus próprios interesses. Os astutos ingleses estavam sempre atentos à possibilidade de conseguir que outros países carregassem o maior peso em sua luta ancestral contra a França. Quanto aos franceses e austríacos, qualquer um dos dois Impérios que dominasse os assuntos europeus ridicularizaria a Rússia e a chamaria de "um país asiático". Além de refletir essas arraigadas inseguranças russas, Karamzin também fez muitas críticas específicas. No inverno de 1806-1807, havia duas opções: o exército de Bennigsen deveria ter sido massivamente reforçado, ou a Rússia deveria ter feito a paz com Napoleão. O tratado de paz atual, assinado em Tilsit, era um desastre. O interesse primordial da Rússia era que a Polônia jamais fosse ressuscitada. Permitir a criação do ducado de Varsóvia havia sido um erro enorme. Para evitá-lo, sem dúvida a Silésia deveria ter sido deixada para Napoleão e a Prússia, abandonada. Isso seria lamentável, mas em assuntos externos é preciso consultar apenas seus próprios interesses. A aliança com a França era essencialmente falha.

> "Devemos ludibriar Napoleão? Fatos são fatos. Ele sabe que intimamente nós o odiamos, porque o tememos; ele pôde observar nosso entusiasmo mais do que questionável na última guerra austríaca. Nossa ambivalência não foi um erro novo, mas uma inevitável consequência da posição na qual fomos colocados pela paz de Tilsit. É fácil manter uma promessa de apoiar seu inimigo natural e ampliar o poder dele?"[40]

A análise da política doméstica de Alexandre era ainda mais crítica. Alexandre mantinha Catarina informada sobre suas discussões com Speranski e ela havia repassado parte disso a Karamzin. O núcleo de suas "Memórias" era uma defesa da autocracia como o único tipo de governo que poderia evitar que o Império Russo se desintegrasse e garantir um progresso ordenado. Para Karamzin, no entanto, autocracia não significava despotismo. O autocrata deveria governar em harmonia com a aristocracia e a pequena nobreza, como Catarina II havia feito. Estado e sociedade não deveriam ser separados, com o primeiro simplesmente ditando ordens ao segundo. Karamzin admitia que Paulo realmente agira como déspota, mas, após seu afastamento, Alexandre deveria ter retornado aos princípios sobre os quais o reinado de Catarina se apoiara. Em vez disso, ele havia permitido a introdução de modelos burocráticos estrangeiros que, se desenvolvidos, transformariam a Rússia em uma versão do despotismo burocrático napoleônico. Aristocratas enraizados na hierarquia social russa estavam sendo substituídos no governo por burocratas medíocres que não participavam da sociedade. Além disso, se os camponeses fossem emancipados haveria a anarquia, pois a burocracia era fraca demais para administrar a zona rural.[41]

Os argumentos de Karamzin faziam muito sentido. Catarina II havia governado em harmonia com a "nação política", ou seja, com as elites. Nas décadas seguintes fora criada uma monarquia burocrática sem fortes raízes na sociedade, mesmo entre as elites tradicionais. Esse foi um fator importante em relação ao isolamento e queda definitiva do regime imperial. Por outro lado, considerando que as críticas de Karamzin se concentravam diretamente em Speranski, elas eram, em sua maioria, injustas. A Rússia era muito mal governada. Uma burocracia muito maior e mais profissional precisava ser desenvolvida para que ela pudesse prosperar. A sociedade não podia controlar o crescimento da máquina burocrática por métodos antiquados como a transferência de aristocratas de suas posições na corte para altos cargos no governo. Apenas o estado de direito e as instituições representativas poderiam atingir esse objetivo, e Speranski – talvez sem o conhecimento de Karamzin – estava planejando introduzi-los.

Mesmo que ele soubesse dos planos de Speranski, Karamzin provavelmente ainda teria sido contrário a eles. Dado o nível cultural da pequena nobreza provinciana, ele poderia muito bem considerar prematura a criação de assembleias representativas. Ele alegaria que a véspera de uma grande guerra com Napoleão era um momento insano para lançar a Rússia ao caos de uma reforma constitucional de base. Ao contrário da maioria dos oponentes de Speranski, Karamzin não era, de forma alguma, motivado por inimizade pessoal ou ambição. Ainda assim, ele provavelmente diria a Alexandre que a maior parte dos nobres russos considerava Speranski um jacobino, um seguidor de Napoleão e um traidor, uma situação muito perigosa às vésperas de uma guerra na qual a unidade nacional seria crucial, e em que o esforço de guerra dependeria muito do comprometimento voluntário da aristocracia e da pequena nobreza russas.

Na verdade o imperador era um político competente o bastante para entender isso por si mesmo. Em março de 1812, Speranski foi demitido e exilado. Nas semanas anteriores ao início da guerra, Alexandre estava sobrecarregado e sob grande pressão. Ele também odiava confrontações como o longo encontro privado com Speranski, que resultara na demissão do conselheiro. O imperador ainda se sentia ultrajado pelos relatos que circulavam por São Petersburgo sobre comentários sarcásticos que Speranski teria feito a respeito da indecisão do monarca. O resultado foi um imperial ataque histérico, culminando na ameaça de atirar em Speranski. Considerando que Alexandre às vezes gostava de histrionismo e que nessa ocasião a plateia era um estúpido e profundamente impressionado professor alemão, podemos tomar essa histeria como a atuação de um brilhante ator permitindo-se extravasar. Apesar disso, os atos de Alexandre posteriores à queda de Speranski traem a racionalidade fria de um político. Speranski foi substituído por Aleksandr Shishkov, que, no mês seguinte, foi nomeado secretário imperial e elaborou efusivos apelos patrióticos ao povo russo durante os anos da guerra. Em maio, Fedor Rostopchin foi nomeado governador militar de Moscou com a tarefa de administrar e manter o moral na cidade. Moscou viria a ser não apenas a principal base do Exército, mas também peça fundamental para a manutenção do entusiasmo público pela guerra no restante do Império.

Em relação aos preparativos diplomáticos para a guerra, Alexandre não fez muito esforço para voltar às boas graças da Grã-Bretanha. Isso refletia em parte seu desejo de adiar o início de guerra pelo maior tempo possível, negando qualquer justificativa legítima para que Napoleão invadisse a Rússia. Ele também sabia que assim que a guerra começasse, a Grã-Bretanha daria seu apoio à Rússia entusiasticamente, o que tornava a preparação desnecessária. De qualquer modo, não havia muita ajuda direta que a Grã-Bretanha pudesse oferecer para uma guerra travada em solo russo, embora os 100 mil mosquetes fornecidos por ela no inverno de 1812-1813 tenham sido muito úteis. Em termos de ajuda indireta, porém, os britânicos estavam fazendo na Espanha muito mais do que jamais haviam conseguido antes de 1808. A atuação de Wellington e suas tropas não apenas transformou percepções sobre o Exército britânico e seus comandantes; em 1810, ela também mostrou como retiradas estratégicas, táticas de terra devastada e fortificações de campo podiam exaurir e finalmente destruir um Exército francês numericamente superior. Em 1812, a grande vitória de Wellington em Salamanca elevou a moral de todos os inimigos de Napoleão e garantiu que dezenas de milhares de tropas francesas permanecessem retidas na Península Ibérica.

A questão fundamental antes de 1812, entretanto, era qual seria o caminho escolhido por Áustria e Prússia; nisso, a diplomacia russa enfrentou um desafio bastante árduo. É verdade que Rumiantsev, e provavelmente também Alexandre, não ajudavam nas discussões com sua obstinada determinação de manter os territórios da Moldávia e da Valáquia. Figuras influentes em Viena viam a Rússia como uma ameaça maior que a própria França, uma vez que o Império de Napoleão poderia muito bem se provar efêmero, enquanto a Rússia seria eternamente uma ameaça. A Áustria, assim sendo, provavelmente teria se aliado a Napoleão não importando as ações da Rússia.

Francisco II estava envergonhado por ter de admitir a existência da convenção militar franco-austríaca dirigida contra a Rússia, e mais ainda porque os termos dessa convenção haviam sido descobertos pela espionagem russa em Paris. Mas ele disse ao chefe adjunto da missão russa, conde Stackelberg, que ele fora forçado a entrar nessa convenção pela "estrita necessidade" de preservar o Império Austríaco; a mesma necessidade, acrescentou Francisco, que o levara a sacrificar sua filha a Napoleão. A questão básica era que a Áustria tomara, em 1810, uma decisão similar à da Rússia em Tilsit. Confrontar Napoleão era muito perigoso. Outra derrota acarretaria o fim dos Habsburgos e de seu Império. Colocando-se ao lado de Napoleão, a Áustria preservava sua existência à espera de tempos melhores. Se o Império Francês sobrevivesse, o mesmo aconteceria com a Áustria, servindo como seu principal protetorado – mas se ocorresse o contrário e o Império de Napoleão se desintegrasse, então a Áustria, tendo recuperado sua força, estaria bem posicionada para recolher vários cacos do Império caído. A diferença principal entre a Rússia de 1809 e a Áustria de 1812 era que os Habsburgos estavam em uma posição muito mais fraca e vulnerável. Por esta razão, seu esforço de guerra em apoio a Napoleão era muito mais sério que a campanha russa contra a Áustria em 1809. Ainda assim, os dois Impérios secretamente mantiveram relações diplomáticas ao longo de 1812, e os austríacos cumpriram a promessa feita às vésperas do início da guerra, no sentido de nunca ampliar seus corpos auxiliares acima dos 30 mil homens e de nunca movimentar suas tropas para a Rússia através do ducado de Varsóvia, mantendo neutralizada a fronteira russo-austríaca na Galícia.[42]

A situação prussiana era ainda mais clara. O rei Frederico Guilherme odiava e temia Napoleão. Em circunstâncias normais, ele teria preferido, sem dúvida, aliar-se à Rússia. Mas as circunstâncias não eram normais. A Prússia estava cercada por tropas francesas que poderiam devastar o país muito antes que qualquer ajuda russa conseguisse chegar, atravessando o rio Neman. Na opinião do rei, a única maneira pela qual seu país poderia se aliar à Rússia seria com o Exército russo se antecipando a Napoleão, surpreendendo-o com uma invasão ao ducado de Varsóvia. Para que isso funcionasse, seria preciso apoio da Áustria e consentimento polonês. Com essa finalidade, Frederico Guilherme instou Alexandre a apoiar o restabelecimento de um reino polonês independente, sob um monarca polonês.[43]

Os russos poderiam muito bem ter concedido se tivessem sido derrotados por Napoleão, mas era improvável que eles o fizessem antes mesmo da guerra começar. O imperador estava, de fato, discutindo a restauração da Polônia com seu velho amigo e conselheiro-chefe para assuntos poloneses, o príncipe Adam Czartoriski. Possivelmente, se suas sondagens junto aos poloneses tivessem encontrado uma resposta favorável, ele teria cogitado um ataque preventivo para ocupar o ducado de Varsóvia e ganhar o apoio prussiano, mas, nos arquivos diplomáticos e militares russos, não há evidências de planos para uma ofensiva em 1810 ou 1811. De todo modo, Alexandre estava convencido de que, para garantir a segurança da nação e ganhar a opinião pública russa, uma nova Polônia independente deveria ter o imperador russo como seu rei. Em 1811-1812, essa ideia não podia competir nos corações poloneses com a esperança de uma Polônia restaurada, dentro de suas antigas fronteiras e garantida pelo conquistador supremo, Napoleão. A união das coroas russa e polonesa também era inaceitável para os austríacos.[44]

No verão de 1811, Alexandre se decidira por uma estratégia defensiva. Ele deixou isso claro tanto para os austríacos como para os prussianos, excluindo assim qualquer esperança de que algum dos dois países se unisse a ele contra Napoleão. Em agosto de 1811, o imperador disse ao ministro austríaco, o conde de Saint-Julien, que, embora entendesse os argumentos militares teóricos em prol de uma estratégia ofensiva, apenas uma estratégia defensiva fazia sentido nas circunstâncias em que se encontravam. Se atacado, ele recuaria para o interior de seu Império, transformando a área abandonada em um deserto. Ainda que isso fosse trágico para a população civil, ele não tinha outra alternativa. Alexandre estava escalonando as bases de suprimento e as novas forças de reserva para que seu Exército de Campo pudesse recuar. Os franceses se veriam lutando longe de suas bases e ainda mais longe de suas casas: "Apenas estando preparado para manter a guerra por dez anos, se necessário, pode-se exaurir as tropas dele [Napoleão] e esgotar seus recursos". Saint-Julien relatou tudo isso a Viena, mas acrescentou que duvidava que Alexandre conseguisse manter a calma e seguir tal estratégia quando a invasão realmente ocorresse.[45]

Para Frederico Guilherme, Alexandre foi ainda mais explícito. Em maio de 1811 ele escreveu ao rei:

"Temos que adotar a estratégia com maior probabilidade de ser bem-sucedida. Parece-me que essa estratégia deve ser a de evitar cuidadosamente grandes batalhas e organizar linhas operacionais bem longas para sustentar uma retirada que vai terminar em campos fortificados, onde obras da natureza e da engenharia ampliarão nossas forças, de modo a equipará-las à habilidade do inimigo. Este sistema é o que trouxe a vitória a Wellington: desgastar os exércitos franceses, e é o método que também resolvi seguir".

Alexandre sugeriu a Frederico Guilherme que construísse seus próprios campos fortificados, alguns dos quais se localizariam no litoral, onde poderiam ser abastecidos pela Marinha britânica. Essa possibilidade, obviamente, não agradou a Frederico Guilherme, cujo país seria primeiro abandonado pelos russos, depois disputado e então devastado como território inimigo pelos franceses. Em sua última carta a Alexandre antes do início da guerra, Frederico Guilherme explicou que ele não via alternativa a não ser sucumbir à pressão de Napoleão e se unir à aliança francesa. "Fiel à sua estratégia de não tomar a ofensiva, Vossa Majestade me privou de qualquer esperança de assistência imediata ou real e me colocou em uma situação em que a destruição da Prússia teria sido a primeira fase de uma guerra contra a Rússia".[46]

Embora tenha fracassado em relação à Áustria e à Prússia, a diplomacia russa atingiu seus outros objetivos principais: terminar a guerra contra a Turquia e neutralizar qualquer ameaça da Suécia.

Os otomanos haviam declarado guerra à Rússia em 1806, logo após Austerlitz. Essa pareceu uma boa oportunidade para reconquistar alguns dos territórios e outras concessões que o Império havia sido forçado a fazer à Rússia nos quarenta anos anteriores. Em vez disso, os russos logo invadiram os principados de Moldávia e Valáquia, transformando a aquisição desses territórios em seu principal objetivo de guerra. Sem dúvida impressionado pelas conquistas de seu pai, Rumiantsev em especial teimava em conquistar essas províncias e era muito otimista em relação à facilidade com que os turcos as cederiam. À medida que a guerra com Napoleão se aproximava e a maioria dos diplomatas e generais russos desejavam eliminar a questão secundária dos Bálcãs, a teimosia de Rumiantsev lhe trouxe muitos inimigos, embora na verdade não haja muita evidência de que Alexandre estivesse mais disposto a ceder do que seu ministro das Relações Exteriores.

Uma das razões da obstinação turca foi a insistência, primeiro dos britânicos e depois dos franceses, de que resistissem às exigências russas. Como em 1810 os turcos estavam bem cientes de que uma guerra entre Napoleão e Rússia era iminente, eles tinham todos os motivos para aguentar firme e esperar até que os russos ficassem desesperados para estancar suas perdas e reorientar suas tropas para o norte, contra os franceses.

Havia também razões militares pelas quais a guerra se arrastava. No campo de batalha, o Exército otomano não tinha nenhuma chance. Para vencer batalhas nessa época, era necessária uma infantaria treinada para executar voleios rápidos e que se movesse em formação através do campo de batalha. As tropas precisavam ter a habilidade de mudar de coluna para linha ou quadrado de acordo com as circunstâncias, e deviam fazer isso com rapidez e eficiência. A infantaria tinha de ser apoiada por artilharia móvel e por uma cavalaria treinada para cargas e recuos em enormes formações, de modo a explorar qualquer hesitação do inimigo. Embora tudo isso soe simples, executar esses movimentos em meio aos terrores do campo de batalha não era nada fácil. Para atingir esse nível um exército precisava de bom treinamento e um forte núcleo de veteranos, além de oficiais e suboficiais experientes. Por trás desse exército, eram necessários um estado e uma sociedade capazes de fornecer oficiais confiáveis e de desembolsar as altas somas necessárias para custear homens, armas, comida e equipamento. Os principais exércitos europeus haviam conseguido isso, assim como os britânicos na Índia. Os otomanos não o conseguiram por muitos motivos, dos quais o mais importante era provavelmente a falta dos recursos financeiros adequados. Nos anos 1770, seus recrutas destreinados e indisciplinados dificilmente poderiam enfrentar os russos em campo aberto.

Numa guerra de cerco, contudo, os otomanos permaneciam formidáveis. Napoleão descobriu isso na campanha egípcia. Tendo facilmente dispersado exércitos muçulmanos, ele parou subitamente perante a fortaleza de Acre. Os Bálcãs eram o principal cenário estratégico dos otomanos. Ali, as fortalezas eram muito melhores do que a de Acre. Elas eram defendidas, frequentemente de casa a casa, não apenas habilmente mas também com grande tenacidade. Talvez a única comparação digna dessas batalhas nas Guerras Napoleônicas seja o cerco a Saragoça, cidade que a França finalmente tomou após muita resistência e um imenso banho de sangue. O relevo dos Bálcãs ajuda a explicar a prevalência da guerra de cerco nesse palco de operações. Diferentemente da Europa Ocidental, ali havia poucas estradas boas e baixa densidade populacional. Uma boa fortaleza podia bloquear a única rota viável para a invasão de um distrito. Os otomanos também eram especialistas em devastar os campos, realizar incursões ofensivas e armar emboscadas. Um exército que se posicionasse para sitiar uma fortaleza otomana teria suas colunas de suprimento atacadas e seus grupos responsáveis por conseguir comida forçados a se dispersar por grandes distâncias. Entre 1806 e 1812, os russos enfrentaram todos esses problemas. Pressionados por Alexandre para encerrar a guerra, os comandantes russos às vezes tentavam tomadas prematuras de fortalezas e sofriam pesadas perdas. Em Rushchuk, no ano de 1810, por exemplo, oito mil homens de uma força que mal tinha 20 mil foram perdidos em uma tentativa mal-sucedida de invadir a cidade.[47]

Finalmente, no inverno de 1811-1812, o astuto novo comandante-em-chefe russo, Mikhail Kutuzov, impediu a passagem do principal exército otomano quando este tentava uma manobra contra ele, forçando-o a se render. Ao fazer isso, ele deu uma de suas maiores contribuições à campanha de 1812 antes mesmo dela começar. Com seu principal exército perdido, seu tesouro vazio e a Constantinopla assolada por intrigas, o sultão concordou com a paz, que foi assinada em junho de 1812. A paz veio tarde demais para permitir que o Exército do Danúbio fosse redirecionado para o norte de modo a enfrentar a invasão de Napoleão, mas ainda a tempo das tropas atingirem a Bielorrússia no outono e se tornarem uma enorme ameaça às linhas de comunicação de Napoleão e a seu exército em retirada.

Ao norte, no outro extremo da linha russa, o perigo óbvio era que, com o ascendente poder da França, a Suécia voltasse a seu tradicional papel de protetorado francês. Quando o marechal Jean-Baptiste Bernadotte foi eleito herdeiro do trono sueco em agosto de 1810, esse perigo aparentemente se confirmara. Não apenas marechal de Napoleão, mas também cunhado de Joseph Bonaparte, Bernadotte parecia, à primeira vista, inclinado a prestar fidelidade aos franceses. No entanto, ele havia acumulado muitos ressentimentos contra Napoleão e logo tratou de assegurar a Alexandre suas intenções pacíficas em relação à Rússia. O fato de Aleksandr Chernishev ter estabelecido um relacionamento próximo com Bernadotte, antes que qualquer questão do trono sueco surgisse, ajudou bastante. Foi graças a isso que ele pôde agir como um intermediário confiável entre o marechal e Alexandre, tanto em Paris, imediatamente após sua eleição, como em uma importante missão desempenhada por Chernishev em Estocolmo no inverno de 1810. Mesmo antes da seleção final de Bernadotte como príncipe da coroa, Chernishev pôde tranquilizar São Petersburgo declarando que conhecia bem o marechal, que Bernadotte estava bem disposto em relação à Rússia e que ele certamente não admirava Napoleão.[48]

Embora fatores pessoais tivessem certa importância, foi um frio calculismo que guiou as ações de Bernadotte como governador *de facto* da Suécia. Ele percebeu que, caso se unisse a Napoleão e derrotasse a Rússia, isso levaria a Europa e a Suécia à "submissão cega às ordens de Tulherias".¶ A melhor forma de garantir a independência sueca seria por meio da vitória russa e ele ainda acreditava nas chances de Alexandre, considerando "os imensos recursos desse soberano e os meios que ele possui para oferecer uma resistência bem calculada". Além disso, mesmo que a Suécia conseguisse retomar a Finlândia da Rússia, esse não seria o final da história. A Rússia estaria sempre presente, seria sempre mais forte que a Suécia, e sempre tentaria reconquistar a Finlândia para aumentar a

---

¶ Referência ao Palácio de Tulherias, residência oficial do então imperador Napoleão. (N.T.)

segurança de São Petersburgo. Assim, era muito melhor buscar compensação pela perda da Finlândia tomando a Noruega da Dinamarca.

A posição britânica também deve ter sido um fator crucial nos planos de Bernadotte. Se Napoleão atacasse a Rússia, esta e a Grã-Bretanha se tornariam aliadas. Uma vez que o comércio estrangeiro essencial da Suécia dependia totalmente da boa vontade britânica, aliar-se a Napoleão contra a Rússia poderia significar a ruína. Por outro lado, nem Londres nem São Petersburgo iriam se importar muito se a Suécia despojasse a coroa dinamarquesa, fiel aliada de Napoleão, de seus territórios noruegueses. Sob essas ponderações a aliança russo-sueca foi assinada em abril de 1812. Ela gerou alguns problemas subsequentes ao garantir a Bernadotte corpos auxiliares russos para ajudá-lo a derrotar os dinamarqueses, e ao impor a essa tarefa prioridade em relação a um desembarque conjunto sobre a retaguarda de Napoleão na Alemanha. Na primavera de 1812, no entanto, o que importava aos russos era que eles não precisariam proteger a Finlândia ou São Petersburgo de uma invasão sueca.[49]

Qualquer visão geral dos anos entre Tilsit e a invasão da Rússia por Napoleão provavelmente vai chegar à conclusão de que o colapso da aliança russo-francesa e o declínio da relação entre os dois países, culminando na guerra, eram previsíveis. Napoleão tinha como objetivo um Império na Europa – ou, pelo menos, um grau de dominação que impossibilitasse a existência de grandes potências não sujeitas às ordens francesas. Nessa época, o Império Russo era muito poderoso e suas elites, orgulhosas demais para aceitar a dominação francesa sem lutar. Os acontecimentos de 1812 foram o resultado disso.

Até certo ponto, a grande dificuldade em compreender esse período é que Napoleão "tropeçava em direção ao Império". Em outras palavras, ele nem sempre tinha prioridades definidas ou fins que justificassem os meios, e muitas vezes usava táticas de ameaça e intimidação que prejudicavam sua própria causa. Na famosa expressão do historiador americano Paul Schroeder, Napoleão jamais poderia ver uma jugular sem atacá-la. Para completar, sua visão econômica era geralmente grosseira e seu conhecimento sobre assuntos navais, bastante limitado. Embora verdadeiro, isso não constituía toda a verdade.[50]

O Império Napoleônico era sobretudo o resultado de um repentino crescimento do poder francês trazido pela Revolução de 1789. Esse poder ampliado pegou a todos de surpresa. A expansão francesa deveu-se, em parte, ao anseio do Exército pela pilhagem e ao desejo do governo de que outros países pagassem pelos custos desse Exército. A personalidade de Napoleão também era um fator importante. Mas a estratégia francesa deve ser avaliada dentro do contexto das políticas das outras grandes potências e, principalmente, da centenária luta contra a Grã-Bretanha. Após 1793, a superioridade naval britânica como que confinou o imperialismo francês ao continente europeu. Os enormes ganhos dos britânicos fora da Europa desde 1793 e seu poder econômico em permanente crescimento significavam que, a não ser que Napoleão criasse algum tipo de Império Francês dentro da Europa, a luta contra a Grã-Bretanha estaria perdida. É bem verdade que Napoleão minou sua própria causa por não haver elaborado um plano coerente e viável para a criação e manutenção desse Império. Por outro lado, todo o episódio napoleônico foi tão breve que essa falha não é de todo surpreendente.[51]

Os maiores rivais de Napoleão, os Impérios Britânico e Russo, não eram democracias que amassem a paz, satisfeitas em ficar em casa e cuidar de seus jardins. Eles próprios eram Impérios expansionistas e predatórios. Muitas das críticas dirigidas ao Império de Napoleão poderiam ser aplicadas também à expansão britânica na Índia nessa época, incluindo, por exemplo, a repatriação da riqueza indiana para a Grã-Bretanha pelos governantes da administração inglesa do subcontinente, além do impacto causado na produção manufatureira indiana incorporada ao Império Britânico nos termos estabelecidos por Londres. Entre 1793 e 1815, o principal mecanismo de expansão territorial britânica na Índia era um exército ao estilo europeu – formidável, mas muito caro –, o que tornava necessária a conquista de novos territórios para justificar sua existência e pagar suas despesas (cobertas, em parte, por meio de pilhagem). Especialmente sob o domínio de Richard Wellesley, a expansão territorial britânica foi perseguida com uma obsessão napoleônica, parcialmente justificada como meio de preservar a posição da Grã-Bretanha na Índia contra a ameaça francesa.[52]

A questão básica é que era muito mais difícil criar um Império na Europa do que além-mar. A ideologia era um fator relevante. Dentro da Europa, a Revolução Francesa havia exaltado conceitos de nacionalidade e soberania popular que, em princípio, eram a antítese dos Impérios. As experiências econômica e militar das Guerras Napoleônicas não ajudaram em nada a legitimar a ideia de um Império na Europa para os europeus. Ao mesmo tempo, a opinião europeia de forma geral estava se tornando mais inclinada a aceitar a ideia da missão civilizatória e da inerente superioridade cultural da Europa sobre o resto do mundo. Os franceses, com alguma justiça, enxergavam a si mesmos como os líderes da civilização europeia. A periferia oriental do continente, em especial, parecia-lhes semicivilizada. No entanto, mesmo eles dificilmente teriam aplicado aos europeus a percepção de "perversidade e depravação dos nativos da Índia em geral", como chegou a dizer um experiente oficial britânico. E muitos europeus não teriam acreditado neles, caso tivessem feito isso.[53]

Um fator mais imediato e importante era o fato de que os britânicos na Índia eram uma espécie de herdeiros dos mogóis. O jugo de um Império não era exatamente uma novidade na Índia, e a maior parte dos regimes derrubados pelos britânicos não era muito antiga, nem profundamente enraizada em suas regiões. Na Europa, apesar de algumas reclamações posteriores por parte de criadores de mitos nacionalistas, Napoleão também não enfrentava "nações", ao menos não no pleno sentido moderno da palavra. Porém, muitos dos regimes que ele desafiou estavam profundamente arraigados nas comunidades sob seus domínios. Governantes e governados estavam unidos por história e mitos ancestrais, religiões compartilhadas e elevadas culturas nos seus próprios idiomas.[54]

Acima de tudo, a geopolítica da Europa era diferente. Os comentários do general Levin von Bennigsen vão ao cerne da invulnerabilidade geopolítica britânica na Índia. Um pretenso imperador europeu teria de encarar uma tarefa muito mais difícil. Qualquer tentativa de dominar o continente faria cair sobre sua cabeça uma coalizão de grandes potências com um interesse comum de preservar sua independência, todas elas com máquinas militares aperfeiçoadas por gerações de guerras na vanguarda da tecnologia e organização. Mesmo que, como fez Napoleão, o pretenso imperador conseguisse conquistar o núcleo do continente, ele ainda precisaria enfrentar duas formidáveis concentrações periféricas de poder: Grã-Bretanha e Rússia. Para piorar as coisas, a conquista dessas periferias exigiria que o conquistador mobilizasse, ao mesmo tempo, dois diferentes tipos de poder. No caso britânico, o poder marítimo; no russo, um poder logístico-militar capaz de penetrar o território e se sustentar ao longo de todo o caminho até os Urais. Esse desafio – enfrentado posteriormente pelos alemães no século XX – era muito difícil.

Há geralmente três estágios na criação de Impérios, embora esses estágios muitas vezes se sobreponham. Primeiro vem a conquista do Império e a eliminação de ameaças estrangeiras. Esta é geralmente uma questão de poder militar, astúcia diplomática e contexto geopolítico. Para sobreviver, no entanto, um Império precisa de instituições, caso contrário ele se desintegra com a morte do conquistador e de seu carisma. Estabelecer essas instituições é o segundo estágio na criação de um Império, que é geralmente mais difícil que o primeiro, principalmente quando enormes conquistas ocorreram em um curto período. O terceiro estágio requer a consolidação da lealdade e da identidade imperiais nas populações súditas e, principalmente, no mundo pré-moderno, em suas elites.[55]

Napoleão fez grandes progressos no primeiro estágio da construção do Império, deu alguns passos em direção à criação de instituições imperiais, mas ainda estava longe de legitimar seu poder. Para lhe fazer justiça, ele encarava uma tarefa desanimadora. Mil anos depois da morte de Carlos Magno, era tarde demais para sonhar com a restauração de um Império Europeu. Trezentos anos após a impressão da Bíblia traduzida, a imposição do francês como uma língua imperial pan-europeia era inimaginável. Um projeto imperial que se apoiasse sobre uma ideologia universalista e totalitária poderia ter feito algum progresso temporário no sentido de estabelecer um Império na Europa. Mas Napoleão não era, de forma alguma, um governante totalitário, tampouco seu Império era impulsionado por uma ideologia. Pelo contrário, ele sufocara a Revolução Francesa e fizera seu máximo para banir a ideologia da vida política francesa. Mesmo a erradicação das elites locais na Europa conquistada ia muito além dos desejos ou do poder de Napoleão. Em 1812 seu Império ainda era muito dependente de seu carisma pessoal.[56]

Muitos estadistas europeus compreendiam isso e agiam de acordo. Às vésperas de sua partida para as Américas, em 1809, o conde Theodor von der Pahlen, o primeiro embaixador russo nos Estados Unidos, escreveu que

> apesar dos triunfos da França e de sua atual dominação, em menos de cinquenta anos nada restará a ela, a não ser a glória vazia de ter derrubado e oprimido a Europa. Não terão sido conquistados, a partir disso, benefícios reais para a nação francesa, que se encontrará exaurida de homens e tesouros, uma vez que não mais poderá tirá-los de seus vizinhos. A imensa influência atual da França depende completamente da existência de um único indivíduo. Seus grandes talentos, sua espantosa energia e sua personalidade impetuosa jamais permitirão que ele coloque limites em sua ambição, de modo que não importa que ele morra hoje ou em trinta anos, ele não deixará as questões mais consolidadas do que se encontram atualmente.

Ao mesmo tempo, acrescentou Pahlen, enquanto uma nova Guerra dos Trinta Anos na Europa continuasse, o poder das Américas cresceria enormemente. Das potências europeias, apenas os ingleses estariam em posição de obter alguma vantagem disso.[57]

O que está implícito nesse comentário é que, aos olhos da história, os triunfos e desastres da Era Napoleônica pareceriam a proverbial fábula cheia de som e fúria, não contada por um idiota (esperamos), mas também sem muito significado. Há alguma verdade nisso. Alguns aspectos da saga napoleônica eram mais espetaculares do que significantes. Ainda assim, seria errado desprezar os medos e esforços dos estadistas da Europa nesses anos.

Como todos os líderes políticos, os governantes da Rússia precisavam enfrentar as pressões das realidades contemporâneas. Eles não podiam viver da esperança de um futuro distante. Os russos podiam muito bem compartilhar das perspectivas de longo prazo de Theodor Pahlen e acreditar que, se conseguissem ganhar tempo e adiar o conflito com Napoleão, talvez esse conflito nem ocorresse. O próprio imperador podia morrer ou perder seu ímpeto. No final das contas, esse era o raciocínio por trás da manutenção dos espiões de Nesselrode assiduamente relatando se Napoleão ainda estava se alimentando bem ao café da manhã. A não ser que a sorte interviesse, porém, os líderes da Rússia na metade dos anos 1810 tinham que confrontar a realidade de que Napoleão estava se preparando para invadir o Império deles. Sem dúvida, se eles cedessem às suas exigências, a guerra poderia ser evitada por algum tempo. Mas assinar a versão vigente do Bloqueio Continental seria minar as bases financeiras e econômicas da posição da Rússia como uma potência independente. Por definição, isso abriria espaço para Napoleão estabelecer um poderoso protetorado polonês que isolaria a Rússia do restante da Europa.

As chances de Napoleão estabelecer um Império duradouro na Europa podem ter sido pequenas, mas isso estava longe de ser evidente em 1812. Seu regime certamente poderia estabelecer profundas raízes no oeste do Reno e no norte da Itália. Também estava perfeitamente ao seu alcance implementar a estratégia estabelecida no memorando de Champagny de 1810, que a espionagem russa havia adquirido para Alexandre. Em 1812, havia todas as razões para se temer que Napoleão fosse derrotar o Exército russo e impor a paz sobre Alexandre I. Isso teria resultado na criação de um poderoso reino satélite polonês, com suas próprias ambições na Ucrânia e Bielorrússia. A Áustria poderia facilmente se tornar um protetorado fiel a Napoleão depois de 1812, como veio a se tornar braço direito da Prússia após 1866. Com suas ambições voltadas para os Bálcas e contra a Rússia, ela teria sido uma auxiliar muito útil ao Império Francês contra qualquer ameaça do leste. Na Alemanha, com apenas uma assinatura, Napoleão poderia ter abolido a Prússia e compensado o rei da Saxônia pela perda de sua imensa e teórica soberania sobre a Polônia. Enquanto isso, a combinação do poder francês e das lealdades regionais teria mantido a Confederação do Reno (Rheinbund) sob o controle de Paris por ao menos uma geração. A Rússia estaria sob permanente ameaça e à mercê de uma Europa assim organizada. Para completar, as consequências de uma derrota poderiam ainda envolver uma esmagadora indenização e entre os sacrifícios que um vitorioso Napoleão pediria, talvez se incluísse o envolvimento da Rússia em sua contínua guerra contra os britânicos. Em 1812, o Estado russo tinha muito pelo que lutar.[58]

4
Preparando-se para a guerra

Em 25 de janeiro de 1808, o general Aleksei Arakcheev foi nomeado ministro da Guerra. Joseph de Maistre comentou que "contra a nomeação de Arakcheev estavam *apenas* duas imperatrizes, o conde Lieven, o general Uvarov, todos os ajudantes de campo imperiais, os Tolstói – resumindo, todos que têm peso aqui". Além disso, ao indicar Arakcheev, o imperador quebrou sua própria regra primordial de governo, que era nunca garantir autoridade exclusiva sobre um setor-chave a qualquer conselheiro. Anteriormente, o ministro da Guerra respondia ao poderoso chefe da Chancelaria Militar do imperador. A condição de Arakcheev para se tornar ministro foi ter autoridade exclusiva sobre o exército e, consequentemente, enfraquecimento da chancelaria. Christoph von Lieven foi realocado para uma carreira diplomática. Seu vice, o príncipe Petr Mikhailovich Volkonski, já havia sido enviado a Paris para estudar o sistema do Estado-Maior francês. Na opinião de Joseph de Maistre, o enviado da Sardenha em Petersburgo, Alexandre havia agido dessa forma por causa da "terrível desordem" no comissariado e departamentos de aprovisionamento revelada entre 1806 e 1807. Somado a isso, o sentimento de oposição dentro da elite de São Petersburgo exigia uma "mão de ferro" absolutamente leal no comando do Exército.[1]

Na época de sua nomeação, Arakcheev tinha 38 anos. Sua altura era acima da média, era corcunda e seu pescoço era longo; um de seus muitos inimigos na aristocracia de São Petersburgo lembrou que ele parecia um enorme macaco em um uniforme. Sua compleição morena, grandes orelhas de abano e bochechas fundas completavam essa impressão. Talvez sua imagem melhorasse se ele, de vez em quando, sorrisse ou fizesse piadas, mas isso era raro. Em vez disso, lançava um olhar frio, sombrio e sarcástico sobre quase todos que encontrava. Em meio à extravagante sociedade de São Petersburgo e às festividades reluzentes da corte imperial, ele era uma figura estranha. Acordando todas as manhãs às quatro horas, primeiramente resolvia seus assuntos e negócios pessoais; só depois, às seis, descia para tratar dos assuntos do Estado. Às vezes jogava cartas a dinheiro com seus poucos amigos, mas nunca ia ao teatro ou a bailes, e comia e bebia com muita moderação.

De certa forma, o comportamento austero de Arakcheev refletia suas origens. Como a maioria dos filhos das famílias comuns da pequena nobreza, o jovem Arakcheev foi educado inicialmente pelo sacristão da vila da pequena propriedade de seu pai. O pai dele tinha apenas vinte servos e teve que apertar o cinto para pagar pelo acesso do filho a um corpo de cadetes, ainda que a entrada de Arakcheev tenha sido subsidiada. Uma mãe muito severa, austera e resoluta formou o caráter e despertou a ambição de seu filho mais velho. Começando bem atrasado em relação a muitos de seus colegas, Arakcheev rapidamente deixou sua marca no Segundo Corpo de Cadetes por causa de sua notável inteligência, sua espantosa capacidade de trabalho, sua ambição e sua rígida disciplina e obediência às ordens. Essas qualidades garantiram-lhe uma sucessão de padrinhos, o último dos quais seria o grão-duque e posteriormente imperador Paulo.[2]

Arakcheev era o subordinado ideal de Paulo. Obedecia cegamente aos seus superiores, era muito eficiente, meticuloso a ponto de ser pedante, e de rigor implacável no tratamento aos subordinados desobedientes, independentemente da origem social ou das conexões aristocráticas deles. O próprio Arakcheev nunca pertenceu a nenhuma facção de São Petersburgo, permanecendo totalmente dependente do apoio e da proteção do monarca. Claro, isso era também uma ideia reconfortante para um autocrata russo. Embora ele tenha aprendido francês e alemão em seu treinamento no corpo de cadetes, não possuía nenhum dos interesses culturais ou intelectuais ou a graciosa habilidade de conversação da elite de São Petersburgo. Fascinado por matemática e tecnologia, Arakcheev tinha uma mente inteiramente prática. Em jargão moderno, ele era um solucionador de problemas e um executor. Para um imperador tentando governar a Rússia por meio de uma burocracia claramente sobrecarregada, mal paga e corrupta, homens como Arakcheev mostravam ser um trunfo precioso. Joseph de Maistre escreveu: "Eu o considero mau, muito mau até... Mas é provavelmente verdade que no momento apenas um homem assim possa restaurar a ordem".[3]

Arakcheev era um oficial de artilharia por formação e tinha sido inspetor-geral da artilharia russa desde 1803. Ao menos em retrospecto, mesmo seus inimigos geralmente reconheciam seu sucesso nessa posição. Em 1800, a artilharia russa possuía armas e equipamentos de má qualidade, uma administração corrupta, doutrinas confusas e comboios desorganizados (geralmente a cargo de civis). Graças, acima de tudo, a Arakcheev, em 1813 ela havia superado quase todos esses problemas e era superior às suas equivalentes austríaca e prussiana. Na época em que se tornou ministro, Arakcheev já havia transformado as armas e os equipamentos, aprimorado imensamente a qualidade e o tratamento dos cavalos e militarizado os condutores e comboios de munição. Ele estudou atentamente relatórios das campanhas de 1805 a 1807 para entender o que tornou a artilharia eficaz no campo de batalha napoleônico. Embora as reformas essenciais da artilharia russa já tivessem ocorrido antes de 1807, uma série de melhorias nas armas e munições foi introduzida enquanto Arakcheev era ministro.[4]

Como ministro, Arakcheev também incentivou a criação do *Artilleriskii zhurnal* [Jornal da Artilharia] para que um inteligente debate público pudesse contribuir para a modernização da artilharia russa e a educação de seus oficiais. Ele introduziu rígidos exames para oficiais que desejavam entrar para a artilharia das Guardas e depois usou as Guardas como um campo de treinamento e modelo para todos os oficiais de artilharia. Ele escolhia sessenta cadetes por ano e frequentemente subsidiava o treinamento destes com as baterias das Guardas, além de trazer oficiais e atiradores da artilharia de linha para passarem curtos períodos com as Guardas a fim de aprender as melhores técnicas. Às vésperas de 1812, o general Neithardt von Gneisenau, o reformista militar prussiano, submeteu um memorando a Alexandre I no qual fazia diversas críticas ao Exército russo. Mesmo Gneisenau admitia, porém, que "a artilharia russa está em condições magníficas... em nenhum outro lugar da Europa alguém pode achar parelhas de cavalos assim".[5]

Quando foi nomeado ministro da Guerra, Arakcheev mandou avisar no Ministério que apareceria para trabalhar às 4 horas da manhã seguinte e que esperava que todos os oficiais estivessem lá, devidamente uniformizados para encontrá-lo. Essa atitude indicou o tom de seu trabalho nos dois anos seguintes. Obediência severa aos regulamentos era o lema. Todas as comunicações com o imperador tinham que passar pelo ministro. Oficiais de comando deviam anotar todas as falhas de seus subordinados nos registros de serviço destes. Regras rígidas foram estabelecidas em relação ao fornecimento de uniformes e equipamentos ao Exército, dentro do prazo e na forma correta: retardatários eram ameaçados com multas e demissão. Arakcheev se orgulhava do fato de que os arsenais estavam vazios quando ele se tornou ministro e, em dois anos, todos os novos recrutas estavam armados e havia ainda 162 mil mosquetes extras na reserva. Alguns gargalos que restringiam a produção de armas na fábrica de Tula também estavam sendo superados. O ministro insistia que os funcionários deveriam fazer os pagamentos de acordo com os orçamentos acordados, não mais simplesmente distribuir o dinheiro fornecido pelo Ministério das Finanças, sempre que ele estivesse disponível, para qualquer necessidade que parecesse mais urgente, como acontecia antes.[6]

O novo modelo de mosquete introduzido por Arakcheev era mais leve e menos desajeitado que os antecessores. Ele acreditava que, com o tempo, este poderia se tornar a arma de fogo padrão para todos os regimentos de infantaria. Uma lição clara do conflito de 1805 a 1807 foi que a mosquetaria russa era muito inferior à francesa. A nova arma deveria ajudar nisso, mas, Arakcheev também emitiu repetidas ordens para que as tropas fossem treinadas para mirar e atirar com precisão. Ele também produziu um livreto bastante útil sobre componentes, manutenção e limpeza das armas. Enquanto isso, medidas enérgicas estavam sendo tomadas para impulsionar a produção de pólvora e de tecido para uniformes. Na época em que deixou o cargo, em 1810, Arakcheev podia afirmar que a demanda futura de uniformes militares podia agora ser suprida pela produção russa sem a necessidade da emergencial proibição de vendas ao mercado civil, que ele foi forçado a introduzir quando se tornou ministro.[7]

A gestão de Arakcheev certamente melhorou a situação da artilharia. Seu sucessor, o general Mikhail Barclay de Tolly, também era extremamente rígido quando se tratava de falhas na administração militar. Logo após sua nomeação, no entanto, ele notou que o comissariado vinha sendo comandado com excepcional eficiência e estava "na melhor forma possível". Suprimentos e uniformes começavam a fluir para os depósitos. Às vésperas da aposentadoria de Arakcheev como ministro, o embaixador francês apontou que "nunca antes houvera esse nível de ordem na administração militar, acima de tudo na artilharia e nos departamentos de provisões. Em geral, a administração militar está em excelentes condições".[8]

Embora não fosse culpa de Arakcheev, havia ainda muitos problemas. Na verdade, a indústria têxtil russa continuava muito pressionada para atender às necessidades militares. Novas fábricas e fazendas de ovelhas não podiam ser criadas da noite para o dia, e o governo, falido, encontrava-se em má posição para providenciar subsídios que promovessem seu desenvolvimento. Arakcheev havia "solucionado" em partes as deficiências ao ampliar o tempo de uso dos uniformes existentes. Além disso, a demanda havia sido reduzida com a exigência de que a administração das províncias vestisse todos os novos recrutas com os chamados "uniformes de recrutas", que teriam que durar todo o primeiro ano deles no exército. Geralmente cinzas e sempre feitos de "tecido camponês" inferior, esses uniformes eram mal acabados e menos duráveis do que as túnicas verde-escuras de lã da infantaria regular. O ministro da Guerra lutou para garantir uniformes para um exército que, no período de 1809 a 1812, estava em pleno crescimento. Não havia chance de acumular grandes reservas para os tempos de guerra, embora Alexandre tentasse encorajar isso. Quando a guerra chegou, em 1812, o comissariado tinha uniformes e equipamentos de reposição para apenas um quarto do exército de campo existente. Os chamados "uniformes de recrutas" rapidamente se desmanchavam quando usados por soldados em campanha.[9]

Problemas similares afetavam as armas de fogo russas. O novo mosquete era um aperfeiçoamento, mas a precisão do tiro ainda era afetada pela espessura variável do papel nos cartuchos russos. Para acomodar esses cartuchos, os calibres tinham que ser maiores que os inicialmente previstos. Embora o novo modelo de mosquete fosse bem projetado, a mão de obra russa e o maquinário não tinham capacidade para produção em massa de partes intercambiáveis de alta qualidade.[10] Alguns cartuchos trepidavam no cano. Além disso, o chumbo estava em falta e era muito caro durante esses anos na Rússia. Parte era importada da Grã-Bretanha em segredo e a um alto custo. Como resultado, a infantaria russa tinha em média seis rodadas de munição de verdade por ano para praticar tiro e precisava se contentar com balas de argila. Soldados regulares britânicos de infantaria recebiam trinta, a infantaria leve, cinquenta. Talvez o mais importante: os esforços para ampliar substancialmente a produção de mosquetes falharam, acima de tudo, por falta de mão de obra especializada. Mais do que qualquer outra coisa, isso foi o que sabotou as tentativas de impulsionar a produção nas novas fábricas de armas perto de Ijevsk, nos Urais, que Arakcheev criou em 1807. Atrair mão de obra especializada estrangeira para a fronteira da Sibéria era algo difícil e caro. Enquanto isso, trabalho e maquinário inadequados, somados à falta de água para alimentar as máquinas, enfraqueceram enormemente os esforços para ampliar a produção em Tula nos anos pré-guerra. Embora o Ministério tenha se esforçado para introduzir maquinário a vapor apropriado em Tula, quando a guerra começou a Rússia tinha uma reserva perigosamente pequena de mosquetes para armar novas unidades e repor as perdas nas já existentes.[11]

Provavelmente a mudança mais radical introduzida durante os dois anos de Arakcheev como ministro esteja relacionada ao tratamento dado aos recrutas. Sob o sistema que ele herdou, novos recrutas eram entregues diretamente aos seus regimentos, onde recebiam todo o treinamento militar. Isso era particularmente difícil em tempo de guerra, mas, mesmo em circunstâncias normais, o choque da imersão repentina em seus regimentos podia ser grande demais para os recrutas camponeses, resultando em altas taxas de doença e mortalidade. Para evitar isso, um novo sistema de Depósitos de Recrutas da Reserva foi estabelecido em outubro de 1808. Os homens receberiam seu treinamento militar inicial nesses depósitos durante nove meses. O ritmo do treinamento era bem mais lento, a disciplina, relativamente branda e os instrutores se dedicavam inteiramente a essa tarefa, sem ter de se sujeitar às outras pressões do serviço regimental. Com isso, Arakcheev esperava ajudar a aliviar o inevitável estresse psicológico quando – como ele colocou – um camponês fosse arrancado da vida na vila à qual estava acostumado e submetido à uma organização social e à disciplina totalmente diferentes do Exército.[12]

Em janeiro de 1810, uma importante nova instituição foi criada no centro do governo russo. O novo Conselho de Estado era uma invenção de Speranski. Foi planejado para debater e aconselhar o imperador a respeito de toda legislação e orçamentos e para inspecionar os Ministérios. Mikhail Speranski via o Conselho de Estado como o primeiro passo para a completa transformação do governo central. Isso nunca aconteceu, mas grandes mudanças na estrutura e responsabilidades dos Ministérios também estavam em curso nesses anos. Nessas circunstâncias, era difícil prever quais instituições teriam maior poder. Alexandre ofereceu a Arakcheev a escolha de permanecer no Ministério da Guerra ou se tornar presidente do comitê militar do novo Conselho de Estado. Arakcheev escolheu o segundo, alegando que preferia supervisionar a ser supervisionado. Uma vez que o novo ministro da Guerra, Barclay de Tolly, era mais novo que Arakcheev e, até certo ponto, devia a ele sua promoção, talvez Arakcheev acreditasse que ele manteria certo grau de controle indireto sobre o Ministério. Na verdade, porém, Barclay logo mostrou que era dono de si e rapidamente se tornou o principal conselheiro militar de Alexandre, ganhando, assim, a inimizade de Arakcheev, que era intensamente ciumento em relação a qualquer um que rivalizasse com ele na preferência do imperador.[13]

Embora sua família fosse originária da Escócia, Barclay era na realidade um membro da classe média profissional alemã. Seus ancestrais haviam se estabelecido nas províncias bálticas, mas o próprio Barclay tinha sido criado por parentes na comunidade alemã de São Petersburgo. Os valores luteranos dominantes de sua casa na infância eram obediência, respeito, consciência e trabalho duro. Ele reforçou esses valores e seu próprio lugar dentro da comunidade alemã na Rússia ao se casar com uma prima, como normalmente acontecia nessa época. Aos quinze anos, entrou para o serviço militar russo como suboficial, sendo promovido à patente de oficial dois anos depois. Mais bem educado do que um oficial comum oriundo da pequena nobreza russa, ele ascendeu lentamente por mérito próprio. Levou 21 anos para subir de alferes a major-general. Sua habilidade e coragem na campanha da Prússia Oriental, em 1806, garantiram-lhe uma promoção a tenente-general, chamaram a atenção de Alexandre e garantiram um papel fundamental na subsequente guerra com a Suécia. Instigado por Arakcheev,

Barclay invadiu o sul da Suécia a partir da Finlândia, através do gelo do Golfo de Bótnia, em março de 1809, contribuindo muito para encerrar a resistência sueca. Um grato monarca promoveu Barclay a *General Full** e fez dele comandante-em--chefe e governador geral da Finlândia.[14]

Alto, forte, com um porte ereto e presença marcante, o novo comandante do exército parecia ideal para o cargo. Seu leve coxear e o braço direito rígido, ambos resultados de ferimentos, contribuíam para sua distinção. Mas, no invejoso mundo de São Petersburgo, a rápida promoção de Barclay a *General Full* e ministro garantiu a ele muitos inimigos. Por temperamento, passado e experiência, ele não se adaptava a alta sociedade e a corte imperial de São Petersburgo, ambientes que um ministro ignorava por sua conta e risco. Na corte, ele era respeitoso, mas desajeitado, grosseiro e inseguro. O sincero, orgulhoso e sensível Barclay sabia que não tinha cultura, sagacidade ou educação amplas o suficiente para ganhar respeito nesse mundo. A aristocracia de São Petersburgo, da qual muitos membros ocupavam altos postos militares, menosprezava-o por ser um alemão solene, chato e novo-rico. Barclay não fazia amigos com facilidade, embora os homens que serviram próximo a ele viessem, com o tempo, a admirá-lo muito. Como todos os generais e ministros russos mais experientes, ele adquiriu seus próprios protegidos no curso de sua carreira, muitos dos quais alemães. Isso não ajudava em sua popularidade. Não importando o que Barclay fizesse, no entanto, críticas eram inevitáveis nesse mundo invejoso e maligno: quando ele posteriormente indicou Ivan Sabaneev para ser seu chefe de Estado-Maior, foi criticado por favorecer um velho colega regimental em detrimento de outros oficiais de Estado-Maior, mais capazes (que, nesse caso, eram alemães bálticos).[15]

Barclay de Tolly tinha todas as virtudes de Arakcheev sem nenhum de seus defeitos. Ele era um administrador eficiente, incorruptível, esforçado e meticuloso, mas nunca era pedante. Também podia ser bastante duro, até mesmo impiedoso, quando necessário: dados os hábitos do comissariado russo, isso era essencial. Ao contrário de Arakcheev, porém, Barclay nunca cedia à crueldade, rudeza ou vingança gratuitas. Ele era um administrador mais eficiente e um disciplinador mais duro do que Bennigsen, em cujo exército a fome, a indisciplina e o banditismo haviam se tornado epidêmicos durante os anos de 1806 e 1807. Como ministro e comandante-em-chefe, Barclay fez todo o possível

---

* A expressão original "full general" se refere ao fato de o militar ter atingido o último posto do generalato, conseguindo "completar" a cota de estrelas nos galões de seu uniforme. No caso russo, estes postos eram, em ordem crescente, major-general, tenente-general e general. (N.T.)

para encerrar os maus-tratos às tropas por parte de seus oficiais. Suas circulares condenavam os oficiais que usavam o medo como um meio para treinar e incutir disciplina dentro de suas tropas: "O soldado russo tem todas as mais altas virtudes militares: ele é bravo, zeloso, obediente, devotado e não é teimoso; consequentemente, existem maneiras apropriadas, sem o emprego da crueldade, para treiná-lo e manter a disciplina".[16]

Dado o talento do imperador para a manipulação, é bem possível que Alexandre tenha instigado Arakcheev a abandonar seu cargo ministerial para se unir ao Conselho de Estado em janeiro de 1810. Em 1808, foi preciso um ministro da Guerra que restaurasse a ordem na administração militar, se necessário por meio do terror. Não existia nenhum candidato melhor para a tarefa que Arakcheev. Em 1810, no entanto, os requisitos para o trabalho haviam mudado. Um administrador eficiente e que trabalhasse duro ainda era necessário, mas não suficiente. Com o conflito contra Napoleão crescendo no horizonte, o exército precisava de um comandante que pudesse preparar e planejar para a guerra. Arakcheev nunca servira em campo e tinha pouca competência para discutir estratégia ou planejamento de guerra. Barclay de Tolly, por outro lado, era um soldado de linha de frente com uma impressionante folha de serviços prestados em tempo de guerra. Se Barclay não possuía a ousadia ou a imaginação de um grande comandante-em-chefe, ele ainda assim tinha uma sólida compreensão de táticas e uma visão rápida para localizar as possibilidades e os perigos de um campo de batalha. Mais importante, ele tinha não apenas uma visão estratégica realista, mas também o patriotismo, a resolução e a coragem moral para manter essa estratégia em face de muitos obstáculos e críticas ferozes. Em um grau que era raro, Barclay colocaria o "bem do serviço" acima de interesses e vinganças pessoais. Em 1812, a Rússia deveria muito a ele por essas qualidades.

Nos dois anos e meio entre sua nomeação como ministro e a invasão de Napoleão, Barclay foi imensamente ativo. No campo legislativo, a nova regulamentação nos exércitos de campo foi de grande importância. Ela era extremamente detalhada, ocupando impressionantes e inéditas 121 páginas de colunas duplas no conjunto de leis. Conhecida como o "livro amarelo" por causa da cor de sua capa, a regulamentação englobava todos os departamentos, funções e oficiais fundamentais do exército de campo, e determinava seus poderes e responsabilidades. E ia muito além, servindo como um manual para os oficiais sobre como eles deveriam cumprir suas tarefas.[17]

É claro que existiam alguns erros em uma peça de legislação tão vasta e complicada. A dupla subordinação dos chefes de Estado-Maior, tanto a seu próprio general quanto ao chefe do Estado-Maior do nível seguinte de comando, causava problemas. Analistas prussianos afirmavam que seu próprio modelo, no qual todos os departamentos tinham acesso aos generais comandantes somente por meio de seus chefes de Estado-Maior, reduzia as disputas interdepartamentais e liberava os comandantes-em-chefe de preocupações com trivialidades. A divisão da responsabilidade sobre os hospitais entre o comissariado (suprimentos e administração) e o departamento médico (médicos e paramédicos) causou muita ineficiência entre 1812 e 1814. Inevitavelmente, também, as regras às vezes tinham que ser adaptadas às realidades dos tempos de guerra. Por exemplo, a lei previa uma situação na qual um comandante-em-chefe russo controlasse um exército russo atuando na ausência do imperador e em solo estrangeiro. Na verdade, entre 1812 e 1814 isso nunca aconteceu: o exército ou estava lutando em solo russo ou atuando no exterior na presença de Alexandre, embora muitas vezes sob o comando de generais estrangeiros.

Nada disso importava muito, no entanto. Pela primeira vez, foram delimitadas regras claras sobre como um exército deveria ser comandado em tempos de guerra. A maioria dos princípios estabelecidos por Barclay funcionou bem no período de 1812 a 1814. Quando era necessário, essas regras podiam ser facilmente alteradas para se adequar às condições do local. Seis semanas depois que a regulamentação do exército foi lançada, no início de 1812, ficou claro que a futura guerra seria travada inicialmente em território russo. Em relação à alimentação e ao abastecimento do exército, uma emenda foi publicada de imediato, estabelecendo que a lei fosse aplicada em qualquer província russa que o imperador decretasse em estado de guerra. Nessas províncias, todos os oficiais estariam, portanto, subordinados ao intendente-geral do exército, que tinha o direito de requisitar comida, forragem e transporte à vontade em troca de recibos. A regulamentação, portanto, vai longe o suficiente para mostrar como o Tesouro Russo sustentou a campanha de 1812 a um custo tão pequeno, ao menos no curto prazo de emergência de guerra. As linhas claras de comando e responsabilidade que ela estabelecia também criaram as bases para a colaboração geralmente boa entre o exército e os governadores das províncias em 1812.[18]

Outra legislação crucial pré-guerra foi a que transformou a organização da segurança dentro da Rússia. De certa forma, a nova lei sobre segurança interna, lançada em julho de 1811, era uma consequência dos esforços para retirar efetivos da retaguarda e obter o máximo número de soldados nas fileiras dos exércitos de campo. Acima de tudo, isso significava selecionar homens capazes para o serviço em campo nos chamados regimentos de guarnição distribuídos de forma bastante desigual ao longo das cidades e fortalezas do Império. Treze regimentos recém--formados com aproximadamente 40 mil homens treinados foram acrescentados ao exército de campo dessa forma, sem um recrutamento adicional. Os soldados liberados das unidades de guarnição eram, em sua maioria, muito bons. Não se podia dizer o mesmo de muitos dos oficiais, uma vez que a designação para um regimento de guarnição (exceto nas fortalezas fundamentais de linha de frente da costa báltica) implicava que um oficial ou era fisicamente incapaz para o serviço na linha de frente ou tinha um histórico ruim.[19]

Cerca de dezessete mil homens dos regimentos de guarnição foram julgados inadequados para o serviço em campo. Eles formariam o núcleo das novas forças de segurança interna, com meio batalhão (em outras palavras, duas companhias) posicionado em cada uma das capitais provincianas do Império. Eles se uniram às pequenas unidades de segurança interna que já existiam nas províncias e às mais numerosas, mas menos móveis, companhias de veteranos (*inválidos*) que muitas vezes eram postadas nas cidades provincianas menores. Todas essas unidades estavam agora integradas a um único comando, que cobria toda a Rússia europeia. Poderia parecer lógico subordinar as tropas de segurança interna a Aleksandr Balashev que, como ministro da Polícia, tinha a responsabilidade de preservar a ordem dentro da Rússia. Mas Alexandre não confiava no poder crescente do seu chefe de polícia e não estava disposto a acrescentar as forças de segurança interna ao domínio dele. Por causa disso, fez das tropas de segurança interna uma organização separada, comandada por seu próprio ajudante de ordens geral, o conde Evgraf Komaróvski, que se reportava diretamente ao monarca.[20]

As forças de segurança interna protegiam os prédios públicos e ajudavam a reforçar vereditos judiciais e a manter a ordem pública, embora, em caso de distúrbios generalizados, precisassem de reforços do Exército regular. Entre 1812 e 1814, o que realmente importava, porém, era que eles eram responsáveis por guardar os prisioneiros de guerra e, acima de tudo, por reunir recrutas e acompanhá-los aos campos onde as reservas do exército estavam sendo formadas. Como era de se esperar, muitos dos oficiais das forças de segurança interna que comandavam esses grupos de acompanhamento eram de má qualidade. O príncipe Dmitri Lobanov-Rostóvski, que comandou o Exército Reserva entre 1813 e 1814, reclamava deles constantemente e, sem dúvida, muitos recrutas sofriam em suas mãos. Do ponto de vista do esforço de guerra russo, no entanto, as novas forças de segurança interna eram uma verdadeira bênção. Antes de 1811, os regimentos haviam sido obrigados a enviar oficiais e homens de volta às províncias para reunir e acompanhar os novos recrutas. Mesmo na época de paz isso tinha sido um grande desperdício. Entre 1812 e 1814, com um exército expandido enormemente e atuando longe do interior do Império, o desvio do esforço teria sido debilitante.[21]

É relativamente fácil avaliar o impacto da nova legislação sobre o exército de campo e as forças de segurança interna. Chegar a conclusões objetivas sobre o resultado dos esforços de Barclay para aperfeiçoar o treinamento militar, no entanto, é mais difícil. A centenas, às vezes até mesmo milhares de quilômetros de São Petersburgo, o efeito das mais inteligentes e bem intencionadas circulares podia ser silenciado. É verdade que, entre 1808 e 1812, brilhantes jovens oficiais de linha foram destacados para os campos de treinamento das Guardas, fora de São Petersburgo, e depois se esperava que eles levassem as lições que aprenderam sobre táticas de volta aos seus regimentos e ensinassem seus soldados. A maioria dos generais que comandava divisões nesses anos também se esforçou ao máximo para garantir o treinamento efetivo de seus soldados. Entretanto, durante a maior parte do ano, uma divisão de cavalaria, ou mesmo de infantaria, ficava dispersa por uma grande área. Portanto, dependia muito dos oficiais comandantes dos regimentos.[22] Alguns comandantes eram brutos e pedantes. Eles raramente eram punidos por sua brutalidade, e apenas se isso fosse visto como uma ameaça à eficácia do exército. O comando do Regimento de Infantaria de Kexholm, por exemplo, foi realmente levado à corte marcial e dispensado do serviço em 1810, por maltratar os soldados em uma escala que quase causou um motim.[23]

No entanto, a maioria dos comandantes não era bruta e alguns eram mesmo excelentes. O conde Mikhail Vorontsov, por exemplo, era o chefe do Regimento de Infantaria de Narva nessa época. Ele concordava com Barclay ao condenar o uso de surras para treinar e disciplinar soldados russos. Vorontsov uma vez comentou que a disciplina era muito melhor no Regimento de Narva, onde esses espancamentos eram proibidos, do que no vizinho 6º *Jaegers*,[†] cujo comandante, o coronel Glebov, achava que as tropas russas só podiam ser controladas pelo uso da vara. Como outros comandantes regimentais, Vorontsov emitia instruções aos seus oficiais detalhando como eles deveriam lutar no campo de batalha. Petr Bagration viu essas instruções como um modelo e as repassou a todo o seu exército.

Vorontsov enfatizava o exemplo que os oficiais precisavam ser. Em alguns regimentos, afirmava ele, oficiais eram rígidos e exigentes em período de paz, mas fracos e irresolutos em tempos de guerra: "Não há nada pior que esses oficiais". Fazer bonito em paradas era inútil. Eram as batalhas que importavam.

[†] Em diversos países, as unidades de infantaria (e cavalaria) leve eram chamadas de "Caçadores". Era assim também na Rússia, onde os regimentos de infantaria leve eram conhecidos como *"Jaegers"* (caçadores). (N.R.)

Oficiais que ganhassem o respeito dos homens em tempos de paz por comportamento decente seriam capazes de transformar esse respeito em bom resultado no campo de batalha. Liderança era tudo. Nenhum oficial que levantasse sequer um sopro de dúvida sobre sua coragem seria tolerado no Regimento de Narva. Quando o regimento estivesse avançando, os comandantes da companhia deveriam marchar à frente de seus homens para dar o exemplo. Mas um oficial tinha que combinar coragem com calma e bom julgamento. Quando o inimigo fugisse diante do ataque do regimento – o que era esperado, porque "os russos sempre foram e sempre serão muito mais corajosos" –, os oficiais teriam que se concentrar e reunir seus homens. Apenas um destacamento da terceira fileira deveria ser enviado à perseguição. Quando o oficial estivesse no comando de escaramuçadores, teria que tentar ocultá-los se o terreno permitisse, mas ele mesmo deveria se movimentar incessantemente na linha de combate para encorajar seus soldados e ficar atento a perigos inesperados.

Sob fogo de artilharia, o regimento teria que se manter de pé. Qualquer retração seria rapidamente notada pelo inimigo e aumentaria a confiança dele. Se houvesse uma cobertura melhor nas proximidades imediatas, então seria permitido se mover para lá, mas o regimento não deveria recuar sob quaisquer circunstâncias. Antes de uma batalha começar, cada soldado deveria ter duas pederneiras‡ de reserva e sessenta cartuchos, todos em condições adequadas. Nenhum soldado ileso poderia acompanhar camaradas feridos à estação de atendimento na retaguarda. Se o regimento estivesse atacando um inimigo abrigado em uma vila ou terreno acidentado, a chave para o sucesso seria ir à carga com a baioneta, já que os defensores teriam todas as vantagens em uma luta com armas de fogo. Ao atirar no inimigo, os homens teriam que tomar cuidado com a mira, lembrar o que haviam aprendido sobre cálculo de distância e não sair atirando acima da cabeça de seu alvo. Entre 1806 e 1807, regimentos haviam sido lançados à desordem devido a gritos de pânico afirmando que o inimigo estava atacando seu flanco ou retaguarda. Qualquer repetição de tal comportamento deveria ser punida severamente. Oficiais que vissem inimigos tentando flanquear o regimento tinham que reportar isso calmamente ao coronel e lembrar que uma unidade bem treinada, como o Regimento de Narva, não teria dificuldade em se reposicionar para seu flanco ou retaguarda. Finalmente, os oficiais tinham que encorajar seus homens observando seus feitos, chamando a atenção para eles e os recomendando para promoção – caso fosse apropriado,

---

‡   Pedaço de pedra usado nos fechos de pistolas antigas que, ao receber uma batida, produzia o fogo que acendia a pólvora. (N.T.)

até mesmo à patente de oficial. "O corpo de oficiais sempre ganha ao aceitar um homem verdadeiramente bravo, não importa qual seja sua origem".[24]

Outro comandante extraordinário era Dmitri Neveróvski, que foi nomeado para o excelente Regimento Granadeiro Pavlóvski em novembro de 1807. Neveróvski era o tipo de general que o Exército russo amava. Sua origem era típica dos membros do Corpo de Oficiais. O pai dele possuía trinta servos e era um funcionário provinciano de médio escalão, eleito por seus colegas nobres. Com nada menos que catorze filhos para criar, a vida em casa era espartana. Embora Neveróvski viesse de Poltava, na atual Ucrânia, em 1812 ele era visto (realisticamente, nesse caso) como russo. Como muitos habitantes da Ucrânia, ele era um ótimo cavaleiro. Na verdade, tinha uma educação melhor do que a média da nobreza provinciana, sabendo latim e matemática e sendo capaz de ler e escrever em russo. Possivelmente isso aconteceu porque ele era amigo de um membro da alta nobreza local, o conde Petr Zavadóvski, que gostava do pai de Neveróvski e levou o filho para dentro de sua própria casa, ajudando-o nos primeiros estágios de sua carreira. Ainda assim, o jovem Neveróvski desfrutou da firme, livre e aventureira juventude de um nobre provinciano. Sua voz alta, seu comportamento honrado e sua confiança inspiravam respeito em sua liderança. Assim como seu tamanho. Com quase dois metros de altura, ele era mais alto que a maioria de seus granadeiros.

Acima de tudo, Neveróvski era honesto, direto, generoso e acolhedor. Ele também era muito corajoso. Essas eram as qualidades lendárias de um comandante de um regimento russo. Neveróvski prestava muita atenção na alimentação e na saúde de seus soldados. Quando assumiu o regimento, ele encontrou um alto índice de deserção em duas das companhias. Como muitos outros oficiais mais experientes, acreditava que, se soldados russos desertavam, isso geralmente significava que seus oficiais eram incompetentes, cruéis ou corruptos. Os comandantes de ambas as companhias foram rapidamente expulsos do regimento. Enquanto isso, ele criou uma escola regimental para treinar suboficiais e ensiná-los a ler e a escrever. Acima de tudo, enfatizou bastante o treinamento de pontaria dos homens, supervisionando pessoalmente a manutenção dos mosquetes e participando da prática de tiro ao lado de seus homens.[25]

Se boa pontaria era importante para a infantaria de linha, como os Pavlóvski, ela era ainda mais para a infantaria leve (na Rússia chamada *Jaegers*), cujas funções eram as escaramuças e abater oficiais inimigos e artilheiros com fogo preciso. Aqui, porém, é preciso ser um pouco cauteloso. A história da infantaria leve na Era Napoleônica adquiriu certo grau de mitologia e um colorido ideológico. Dada a natureza das armas disponíveis na época, apenas formações cerradas e maciças de infantaria poderiam distribuir o poder de fogo e o choque que trouxeram a vitória no campo de batalha napoleônico. E nem todo *chasseur*§ era um cidadão em armas, amante da liberdade. A infantaria leve já existia antes dos exércitos revolucionários francês e americano. Entre 1812 e 1814, talvez a melhor infantaria leve da Europa tenha sido a dos veteranos soldados profissionais da Divisão Leve de Wellington, que estiveram tão longe de ser cidadãos em armas quanto é possível imaginar.[26]

O general George Cathcart servira com o exército russo e estava bem posicionado para fazer comparações internas. Os comentários dele sobre os *Jaegers* do Exército russo são equilibrados e realistas. Cathcart acreditava que, no que dizia respeito à infantaria leve,

> inteligência individual é o principal requisito; e os franceses são, sem dúvida, por natureza, a mais inteligente infantaria leve do mundo... os russos, como os britânicos, têm melhores tropas de posição do que qualquer outra nação; mas é difícil ser excelente em tudo, e a sua estabilidade nas fileiras, o que no final é o grande objetivo desejado, assim como seus hábitos domésticos anteriores, as tornam naturalmente menos aptas para os propósitos da infantaria leve do que as tropas de nações menos estáveis: ainda assim, ambos os corpos especias que servem regularmente nesse ramo específico, mostraram ser capazes, com o devido treinamento, de se equiparar a quaisquer homens que possam se opor a eles.[27]

Os regimentos *Jaeger* russos existiam desde a Guerra dos Sete Anos. Em 1786, havia quase 30 mil *Jaegers* no Exército russo. Mikhail Kutuzov comandou regimentos *Jaeger* e, na verdade, escreveu o regulamento geral do serviço *Jaeger*. As regulamentações de 1789 para o treinamento deles enfatizavam a necessidade de boa pontaria, mobilidade, astúcia e habilidoso uso do terreno para esconderijo. O *Jaeger* tinha, por exemplo, que aprender a recarregar deitado e a atirar detrás de obstáculos e dobras no solo. Ele precisava enganar seu inimigo fingindo estar morto ou colocando sua barretina¶ como alvo. Os *Jaegers* ficaram associados a Grigori Potemkin e às guerras russas contra os otomanos. Potemkin introduziu uniformes confortáveis e práticos para se adequar ao clima e à natureza das operações nas estepes meridionais e nos Bálcãs. O regulamento *Jaeger* dizia aos homens para não perder tempo polindo seus mosquetes.

---

§ "Caçador", em francês. Membro da tropa de *Jaegers*. (N.R.)
¶ Nome dado a vários tipos de chapéu, quepe ou boina militares. (N.T.)

Nada disso tornou os *Jaegers* queridos de Paulo I, que reduziu o número da infantaria leve em dois terços. Embora seja preciso cautela quanto aos ataques da historiografia nacionalista russa ao pedantismo alemão, nesse caso os historiadores russos tinham razão ao acreditar que a obsessão de Paulo com complicadas evoluções nas paradas prejudicavam o Exército russo em geral, e seus *Jaegers* em particular. George Cathcart estava indubitavelmente correto também ao acreditar que a servidão não era a experiência perfeita para um homem da infantaria leve. O mesmo se podia dizer sobre a disciplina à qual o novo recruta era submetido para transformar o camponês em um soldado. Depois de 1807, a necessidade de expandir e treinar novamente os *Jaegers* foi amplamente reconhecida no alto-comando do exército. Tanto Mikhail Barclay de Tolly quanto Petr Bagration, por exemplo, haviam sido comandantes de regimentos *Jaeger*. Alguns oficiais experientes, entretanto, achavam difícil acreditar que camponeses russos pudessem compor uma boa infantaria leve. Isso poderia servir facilmente como desculpa para o fracasso deles mesmos em treinar os homens com inteligência. Como Gneisenau apontou na primavera de 1812, o treinamento dos *Jaegers* russos era frequentemente muito rígido, complicado e formalista.[28]

Ainda assim, não se deve exagerar os fracassos dos regimentos *Jaeger* russos. No geral, eles atuaram bem nas ações de retaguarda durante as retiradas de Moscou e Borodino. A questão essencial é que, em 1812, o Exército russo tinha mais de cinquenta regimentos *Jaeger*, o que em princípio significava bem mais de 100 mil homens. Diferenças de qualidade entre os regimentos eram inevitáveis. Catorze regimentos de infantaria de linha foram reclassificados como infantaria leve em outubro de 1810, e era esperado que inicialmente eles fossem fracos nas escaramuças, já que todas as fontes concordam que no Exército russo as verdadeiras unidades *Jaeger* eram muito melhores atuando independentemente do que a infantaria de linha. Por outro lado, esses regimentos *Jaeger* que haviam lutado na Finlândia, no Cáucaso ou contra os otomanos entre 1807 e 1812 eram provavelmente os melhores.[29]

No serviço ativo, havia muitos alvos e nenhuma restrição quanto ao uso de munição real. O historiador do 2º *Jaeger* escreve que a campanha nas florestas finlandesas foi um treinamento excelente para a infantaria leve em pontaria, uso do terreno e guerra de pequena escala. O general Langeron lembra que o 12º e o 22º *Jaegers* estavam entre os melhores atiradores do seu Corpo, já que eles tinham anos de experiência lutando contra exímios atiradores circassianos no Cáucaso. De acordo com o historiador do 10º *Jaeger*, o mesmo acontecia com as campanhas otomanas, durante as quais o regimento, às vezes, era obrigado a cobrir mais de 130 quilômetros em cinco dias enquanto travava uma "pequena guerra" de escaramuças e emboscadas nos sopés dos Bálcãs. Grupos de ataque otomanos muitas vezes tinham armas melhores e melhor pontaria que os *Jaegers* russos, ao menos até que eles, mais tarde, aprendessem com a experiência.[30]

A diferença de qualidade entre os regimentos *Jaeger* russos em 1812 costumava ser evidente para seus inimigos. Os primeiros escaramuçadores russos encontrados pelo Exército saxão após invadir a Rússia foram as inexperientes tropas do Corpo do general Oertel. Um oficial saxão registrou que "o Exército russo ainda não era o que se tornou em 1813... Eles não entendiam como combater em ordem aberta".** Algumas semanas depois, os saxões tiveram um grande choque quando encontraram pela primeira vez os *Jaegers* veteranos do Exército do Danúbio, recém-chegados de muitas campanhas nos Bálcãs. Esses homens eram "os excelentes *Jaegers* russos do Corpo de Sacken. Eram tão habilidosos em seus movimentos quanto precisos em seus tiros, e nos causaram grandes danos com suas armas muito superiores e que eram eficazes no dobro de nosso alcance".[31]

Como treinar a infantaria leve e usá-la era um dos temas debatidos no *Voennyi zhurnal* [Jornal Militar], publicado entre 1810 e 1812 sob a edição do inteligentíssimo coronel P. A. Rakhmanov. O jornal foi criado para encorajar oficiais a pensar sobre sua profissão. Alguns de seus artigos eram traduções de "clássicos" estrangeiros. Eles apresentavam aos oficiais russos as ideias de pensadores estrangeiros essenciais como Antoine-Henry de Jomini, Friedrich Wilhelm von Bülow e Henry Lloyd. Outras partes tratavam de história militar ou eram anedotas sobre guerras russas recentes. No entanto, muitos dos artigos se relacionavam a assuntos fundamentais da atualidade e eram escritos, muitas vezes de forma anônima, por oficiais em serviço. É claro que o jornal não podia debater abertamente aspectos de uma futura guerra com a França, mas era fácil ler nas entrelinhas de alguns de seus artigos questões como o papel das fortificações e as vantagens relativas da guerra ofensiva e defensiva. A publicação também discutia questões como o posicionamento apropriado da artilharia no campo de batalha, o papel dos Estados-Maiores e quais valores e habilidades a educação militar deveria buscar incutir no corpo de oficiais. A lista de assinantes do jornal era impressionante. Alguns comandantes regimentais compravam muitas cópias dele para seus oficiais, mas também havia muitas assinaturas individuais, sobretudo do que poderia ser descrito como a emergente *intelligentsia* militar.[32]

O núcleo dessa *intelligentsia* era o Estado-Maior Geral, que cresceu em tamanho e qualidade durante esses anos. Na verdade, é possível dizer que foi entre

---

** Combate fora das formações tradicionais das unidades de infantaria da época, de forma mais dispersa, aproveitando a cobertura de casas, árvores e desníveis do terreno para se abrigar. (N.T.)

1807 e 1812 que um verdadeiro Estado-Maior Geral russo surgiu pela primeira vez. A necessidade de uma instituição como aquela era muito evidente desde o desastre ocorrido entre 1805 e 1807. O Exército russo partiu para a guerra em 1805 guiado por poucos oficiais de Estado-Maior, que eram despreparados para a tarefa. O oficial chefe do Estado-Maior russo de Kutuzov era um ótimo hidrógrafo de origem alemã, que praticamente não tinha experiência alguma em operações de guerra. Em todos os aspectos, o major-general Gerhardt era, na verdade, um típico oficial de Estado-Maior da época, dos quais os melhores eram cartógrafos, engenheiros, até mesmo astrônomos, mas muito raramente soldados no sentido completo da palavra. Mesmo os poucos oficiais de Estado-Maior que tinham experiência militar haviam geralmente servido apenas contra os otomanos. Lutar contra os turcos na plana estepe do sul não era uma preparação para as inúmeras tarefas essenciais dos oficiais de Estado-Maior que enfrentaram Napoleão de 1805 a 1814, inclusive a escolha de campos de batalha vantajosos nos quais as tropas russas podiam conter a mobilidade tática, a artilharia concentrada e a capacidade combativa do melhor exército da Europa.[33]

Os dois oficiais russos de Estado-Maior mais bem informados na comitiva de Kutuzov eram o príncipe Petr Mikhailovich Volkonski e Karl von Toll. Eles aprenderam as lições de 1805 e foram figuras essenciais na criação de um Estado-Maior Geral eficaz nos anos seguintes. Volkonski era um homem pequeno e atarracado que, como oficial das Guardas Semenóvski, conhecia Alexandre desde sua adolescência. Ainda assim, ele mantinha certa reverência ao monarca, a quem era absolutamente leal e cujas decisões jamais questionou. Bondoso, diplomático e modesto, Volkonski era muito bem educado e excepcionalmente dedicado, além de um eficiente administrador que chegava com rapidez à raiz dos problemas. Sua calma, seus bons modos e sua paciência fizeram dele um útil diplomata em quartéis-generais aliados entre 1813 e 1814, quando disputas entre egos rivais e perspectivas nacionais ameaçavam sair do controle. Não se pode dizer que Volkonski tivesse uma inteligência impressionante, muito menos que fosse um grande estrategista, mas ele escolhia subordinados de primeira classe – acima de todos Karl von Toll e Johann von Diebitsch – e tinha o bom-senso de confiar nas opiniões deles e apoiá-los. Sem o trabalho duro, as habilidades políticas e as conexões de Volkonski, o Estado-Maior Geral russo estaria numa posição muito mais frágil e seria menos eficiente entre 1812 e 1814. Contudo, apesar de seus esforços, quando a guerra começou, em 1812, ainda existiam poucos oficiais de Estado-Maior e muitos eram jovens e inexperientes.[34]

Ao voltar de Paris, onde havia estudado o Estado-Maior francês, Volkonski estabeleceu uma boa relação de trabalho com Barclay de Tolly – que se manteve durante todo o período. Nos dois anos que precederam a invasão de Napoleão, ele teve o Estado-Maior Geral russo aos seus pés. Agindo como assistente de Volkonski, Toll produziu um manual para guiar oficiais de Estado-Maior, definindo suas principais responsabilidades como sendo todas as questões ligadas ao desdobramento do Exército, aos movimentos e à escolha dos campos de batalha. Enquanto isso, A. I. Khatov comandava a educação do crescente número de jovens cadetes brilhantes que se tornariam oficiais auxiliares de Estado-Maior, e o próprio Volkonski atraía alguns oficiais bastante capazes para se transferir para o Estado-Maior Geral, dos quais Diebitsch, outro oficial das Semenóvski, foi posteriormente o mais famoso. Trazer para o Estado-Maior uma série de oficiais que tinham experiência militar na linha de frente e alguns jovens aristocratas russos ajudou a reduzir a diferença e a suspeita entre o inexperiente Estado-Maior Geral e os generais no comando de corpos e divisões; o mesmo fez a experiência de guerra obtida pelos oficiais de Estado-Maior entre 1805 e 1812.

Ainda assim, a desconfiança permanecia. Um momento crucial veio em 1810, quando Alexandre decretou que dali em diante todas os cargos nos Estados-Maiores dos quartéis-generais deveriam ser reservados a oficiais treinados no Estado-Maior Geral. Tradicionalmente, os generais comandantes tinham conduzido seus quartéis-generais por intermédio de um general encarregado e um grupo de ajudantes de ordens, muitos dos quais eram parentes, amigos ou apadrinhados. De uma forma típica do Exército e da burocracia russos, os quartéis-generais pareciam uma extensa rede familiar. Agora, o profissionalismo estava ameaçando perturbar e cavar seu espaço intrometendo-se nesse arranjo confortável e tradicional. Os generais comandantes podem ter achado o princípio difícil de engolir. Eles também podem ter questionado se os oficiais de Estado-Maior desconhecidos, jovens e muitas vezes não russos impostos a eles seriam realmente competentes em uma guerra real, tão diferente da organização de marchas e elaboração de mapas.

Além disso, uma grande vantagem dos amigos e apadrinhados que haviam tradicionalmente integrado os quartéis-generais é que eles eram leais a seu líder. Alguém poderia ter certeza disso em relação aos desconhecidos oficiais de Estado-Maior escolhidos com base em termos profissionais supostamente impessoais? Em seu manual para oficiais de Estado-Maior, Toll havia enfatizado a lealdade ao general comandante como sendo de suprema importância. Isso não impedia Alexandre de dizer aos chefes dos Estados-Maiores dos exércitos tanto de Barclay quanto de Bagration que escrevessem diretamente a ele sobre todos os assuntos de interesse em seus comandos. Não surpreendentemente, levou algum tempo até que as estruturas russas de comando se estabelecessem entre 1812 e 1813. O historiador do Estado-Maior Geral sugere que, se o 3º Exército de Tormasov se organizou mais rapidamente do que o 1º de Barclay ou o 2º de Bagration, isso aconteceu porque o próprio Tormasov e todos os seus principais oficiais de Estado-Maior vinham da velha rede do marechal de campo príncipe Repnin.[35]

Como esse detalhe demonstra, se em alguns aspectos o Exército russo havia sido renovado entre 1807 e 1812, em outros os velhos hábitos e problemas permaneciam. No geral, o Exército russo em junho de 1812 não era apenas maior, mas também melhor que aquele que havia enfrentado Napoleão em 1805. Além das reformas específicas promovidas entre 1807 e 1812, o Exército se beneficiou por ter muito mais experiência no estilo de guerra europeu do que sete anos antes. Em nenhum lugar isso era mais verdadeiro que nas Guardas. Paulo I começara a transformação delas de ornamentos da corte imperial para uma elite guerreira, mas quando os regimentos das Guardas estiveram na campanha de 1805, sua experiência de guerra era mínima. Nas Preobrajenski, por exemplo, nenhum oficial abaixo da patente de coronel, nenhum sargento-major e pouquíssimos sargentos haviam entrado alguma vez em ação.[36] Batizadas nas batalhas entre 1805 e 1807 e reforçadas nos anos seguintes por veteranos saídos dos regimentos de linha, as Guardas estavam agora muito mais próximas de serem uma força de combate de elite reserva, cujo emprego poderia decidir o destino de uma batalha. Ainda assim, as forças e fraquezas mais fundamentais do exército permaneceram intactas desde 1805. A favor estavam os números e a qualidade da cavalaria leve e as imensas coragem, disciplina e resistência da infantaria. Do outro lado da balança, apareciam os problemas no alto-comando. Acima de tudo, isso significava rivalidades entre os generais e a dificuldade em encontrar um comandante supremo competente e que impusesse autoridade.

Quando se chega aos detalhes, o posicionamento das forças russas para enfrentar a ameaça da invasão inevitavelmente se torna complicado. Por essa razão, é útil pensar nas forças russas como divididas, em princípio, em três linhas de defesa.

A linha de frente compreendia as Guardas, os Granadeiros e a maioria do exército de linha. Inicialmente, ela era dividida entre o 1º Exército de Barclay de Tolly e o 2º de Bagration. Quando São Petersburgo soube da aliança franco-austríaca, um 3º Exército foi formado em maio de 1812, sob o comando do general Aleksandr Tormasov, para defender as rotas de invasão para o norte da Ucrânia. Esses três exércitos juntos, inclusive seus regimentos cossacos, somavam 242 mil homens, o que era apenas metade da primeira leva das forças de invasão de Napoleão. Se eles fossem destruídos, a guerra estaria acabada. Sem seus quadros, seria impossível reconstruir um exército capaz de ameaçar Napoleão durante o curso da guerra.

Já que, em princípio, dizia-se que o Exército russo tinha um efetivo de quase 600 mil homens em junho de 1812, o fato de só ter conseguido colocar menos da metade desse número na linha de frente contra Napoleão parece surpreendente. Em certo ponto, isso apenas reflete a lacuna, comum no Exército russo de então, entre os homens em seu rol e os soldados verdadeiramente presentes nas fileiras. Sempre havia muitos homens que estavam doentes ou engajados em uma série de deveres, ou até mesmo mortos, mas que ainda não haviam sido retirados das listas. Somado a isso, no entanto, muitas tropas estavam dispostas em outras frentes. Isso incluía os 42 mil homens no Cáucaso, muitos dos quais comprometidos com a guerra em andamento contra os persas. Mais importantes eram os 31 mil homens na Finlândia, os 17.500 na Crimeia e sul da Ucrânia e os quase 60 mil soldados do Exército do Danúbio, que haviam acabado de se tornar disponíveis após o tratado de paz firmado com os otomanos. Essas tropas eram não apenas numerosas, mas também compostas de veteranos calejados de batalhas. No verão de 1812, eles estavam longe demais para se unir ao combate; no entanto, se a guerra pudesse ser prolongada, o impacto deles poderia ser decisivo.[37]

A segunda linha de defesa era formada por unidades de reserva. Parte dessa força era formada por batalhões de infantaria e esquadrões de cavalaria da reserva dos regimentos de linha. Nessa época, os regimentos de infantaria eram compostos de três batalhões, cada um, em princípio, com a força de 750 homens. Em caso de guerra, o primeiro e o terceiro batalhões partiriam em campanha, enquanto o segundo batalhão seria designado como "reserva" e permaneceria na retaguarda. Regimentos de couraceiros e dragões eram formados por cinco esquadrões, um deles deixado para trás como reserva. Dois dos dez esquadrões dos regimentos de cavalaria leve eram chamados de "reserva" e deixados na retaguarda. As funções dessas unidades de reserva eram preencher os regimentos na linha de frente, guardar os depósitos regimentais, treinar recrutas e, no caso da cavalaria, reunir e domar remontas.[††38]

Infelizmente, as coisas eram um pouco mais complicadas do que essa representação simples sugere. As Guardas, como acontecia com frequência, eram uma exceção à regra. Seus regimentos de infantaria partiram para a guerra com a força total: três batalhões.[39] Além disso, todos os batalhões de infantaria russa – Guardas, de linha ou leve – eram compostos de quatro companhias. A companhia de elite entre elas era chamada de Granadeiros, e as outras três, geralmente de "Mosqueteiros". Embora os segundos batalhões da infantaria

---

†† Cavalos para uma unidade militar, inclusive para substituir os que foram perdidos nas batalhas. (N.T.)

de linha ficassem na reserva, eles destacavam suas companhias de Granadeiros para o serviço na linha de frente. Essas companhias eram agrupadas nos denominados batalhões, brigadas ou divisões de Granadeiros "Combinados". O 1º e o 2º Exércitos tinham, em suas fileiras, duas dessas divisões e ambas lutaram em Borodino.

Em 1812, houve uma intensa discussão entre os sucessivos governadores de Riga (Dmitri Lobanov-Rostóvski e Magnus von Essen) e os comandantes do Exército sobre a qualidade dos batalhões da reserva que formavam a guarnição de Riga. Não apenas os governadores, mas também o general Karl Oppermann, experiente engenheiro militar russo, reclamavam que os batalhões da reserva eram, por natureza, muito inferiores em força, e geralmente mal treinados. Alexandre negava isso, argumentando que os bons regimentos tinham bons batalhões reserva, e vice-versa. Observando-se o bom senso, Lobanov, Essen e Oppermann estariam, ao menos em parte, com a razão. Ao levar seu regimento para a guerra, qualquer coronel sensato tentaria encaminhar os elementos mais fracos para um batalhão reserva designado para serviço na retaguarda. Por definição, um batalhão que perdesse sua companhia granadeira de elite decairia tanto em qualidade quanto em tamanho. Ainda assim, Alexandre também estava correto ao insistir que muitos dos batalhões reserva que serviram sob o comando de Bagration ou se uniram ao 1º Corpo do conde Peter Wittgenstein lutaram muito bem em 1812.[40]

A outra metade da "segunda linha" russa era composta de batalhões formados a partir dos Depósitos de Recrutas da Reserva inicialmente criados por Arakcheev em 1808 para facilitar a transição dos camponeses ao serviço militar. Em 1811, com a guerra se aproximando, decidiu-se constituir batalhões reserva com os recrutas que tinham quase terminado seu treinamento na chamada "primeira linha" dos depósitos. Esses eram chamados oficialmente de quartos batalhões de seus respectivos regimentos. Seus quadros eram compostos de oficiais, suboficiais e veteranos vindos de seus regimentos de origem para treinar os recrutas nos depósitos. Os quartos batalhões eram então agrupados em divisões e brigadas de reserva. Em março de 1812, surgiram propostas para unir todas as unidades de reserva da "segunda linha" em três exércitos de reserva. Quando necessário, esses exércitos de reserva seriam capazes de reforçar Barclay, Bagration e Tormasov. No caso de os exércitos da linha de frente serem derrotados ou forçados a recuar, eles poderiam recuar com a cobertura dessas formações de retaguarda.[41]

Esse plano nunca foi executado e, na realidade, os exércitos de reserva não chegaram a existir em 1812. Uma razão para isso foi que Napoleão avançou mais rapidamente do que o previsto, e as unidades de reserva russas foram forçadas a levantar acampamento antes que pudessem formar tais exércitos. Mais importante:

muitos batalhões reserva tiveram que ser remanejados em 1812 para fortalecer a linha de frente de defesa. Em maio de 1812, quando o 3º Exército de Tormasov foi criado como uma reação à nova ameaça da Áustria, ele incluiu muitos (segundos) batalhões da reserva. Os batalhões reserva também constituíam a maior parte da forte guarnição de Riga – 18.500 homens –, assim como as forças menores designadas para guarnecer as fortalezas de Bobruisk, Kiev e Dünaburg. Quando Dünaburg foi abandonada, sua guarnição se uniu ao corpo de Wittgenstein na defesa das cercanias de São Petersburgo.

Enquanto isso, dos 87 quartos batalhões dos Depósitos de Recrutas, doze se uniram à guarnição de Riga e seis lutaram sob o comando de Wittgenstein, mas o restante foi incorporado, em março, ao 1º e ao 2º Exércitos em retirada. O general Mikhail Miloradovich se uniu às forças de Kutuzov às vésperas da batalha de Borodino com a maior parte do grupo de batalhões remanescentes, cerca de 13.500 homens. Os quartos batalhões foram todos dissolvidos e seus homens, distribuídos para preencher as fileiras dos regimentos de Kutuzov. Isso fazia muito sentido. Os recrutas nos quartos batalhões nunca haviam visto os regimentos aos quais pertenciam e tinham pouca noção de identidade regimental. Além disso, em uma batalha não se podia confiar em batalhões lotados de homens que nunca haviam estado em ação, mas esses homens tinham todo o treinamento militar básico e seriam um acréscimo seguro e valioso quando distribuídos entre as unidades veteranas de Kutuzov. Somado a isso, essa política permitia que os oficiais e suboficiais dos quartos batalhões fossem destacados para instruir as hordas de novos recrutas mobilizadas pelas imposições da guerra.[42]

A terceira linha de defesa era, em princípio, todo potencial humano fisicamente apto do Império. Durante a guerra, mais de um milhão de homens seriam mobilizados nas Forças Armadas, além das centenas de milhares de soldados já nas fileiras quando a guerra começou. No entanto, pouquíssimos dentre eles viram serviço ativo em 1812, e pode parecer estranho que, com tais recursos à disposição, Alexandre tenha se permitido tardar a mobilizar seu potencial humano e ser, por isso, amplamente superado numericamente por Napoleão no início da guerra.

Existe uma série de explicações plausíveis. A dimensão total da força de invasão de Napoleão só se tornou aparente no começo de 1812. Alexandre também pretendia não fazer nenhuma provocação ostensiva a Napoleão, ampliando o tamanho do Exército russo. Provavelmente, ainda mais importantes eram as questões dos quadros e finanças. Não fazia sentido mobilizar hordas de recrutas para ter de alimentá-las à custa do governo sem contar com oficiais e suboficiais para treiná-las e liderá-las. O governo fez tudo que podia para criar quadros militares efetivos entre 1807 e 1812.

Os regimentos foram instruídos a treinar suboficiais iniciantes. Três dos chamados Batalhões de Treinamento Granadeiro foram criados para treinar jovens soldados que apresentassem potencial para se tornarem sargentos-majores e sargentos-quartéis-mestres. Uma série de incentivos foi oferecida aos oficiais em potencial. Por exemplo, as viúvas dos oficiais mortos em ação receberiam seus salários integrais como pensões. Acima de tudo, o Ministério da Guerra criou o chamado Regimento Nobre, que oferecia gratuitamente cursos intensivos de treinamento de oficiais e era ligado ao 2º Corpo de Cadetes. Entre 1807 e o fim de 1812, mais de três mil jovens haviam passado por esse regimento e sido comissionados, a maioria deles entrando na infantaria de linha. Ainda assim, tanto antes quanto durante a guerra, encontrar oficiais e suboficiais confiáveis era sempre mais problemático que atrair recrutas.[43]

As ações e as palavras de Alexandre no período próximo ao da invasão de Napoleão fornecem algumas pistas sobre seu pensamento. Ele disse a um oficial finlandês em agosto de 1812 que a única forma de unir a sociedade russa no apoio aos imensos sacrifícios necessários para derrotar o inimigo francês era fazer com que Napoleão fosse visto como o agressor e invasor do território russo. Lutando em solo russo, o imperador claramente sentia que podia recorrer às contribuições "voluntárias" para o fortalecimento militar de uma maneira que não seria possível se ele mesmo tivesse começado a guerra ou lutasse no exterior, como todas as outras guerras do século anterior. Ele já havia começado a apelar para essas contribuições às vésperas da invasão de Napoleão. Existia, portanto, uma lógica política e financeira para um governo falido em atrasar uma mobilização em grande escala até que a guerra estivesse à vista e ele pudesse tirar contribuições da sociedade. Essa política continuou sendo seguida ao longo de 1812.[44]

O planejamento para a guerra começou no início de 1810. Em março daquele ano, Barclay de Tolly submeteu a Alexandre um memorando intitulado "A Defesa das Fronteiras Ocidentais da Rússia". O documento é crucial tanto pelo que declara como pelo que omite. A maioria das ideias ali expostas fundamentou todo o planejamento subsequente de Barclay e Alexandre, que eram de fato as únicas duas pessoas que realmente importavam quando se tratava de decidir como lutar a guerra.

Barclay enfatizou que, de todas as fronteiras da Rússia, a ocidental era a mais vulnerável. Ela era enormemente longa e mal defendida pela natureza e pelo homem. Ao contrário da maioria das fronteiras da Rússia, não existira ameaça na fronteira ocidental desde a derrota de Carlos XII em Poltava, no século anterior. Isso explicava sua ausência de fortificações. O ministro argumentou que, se os territórios anexados da Polônia desde 1772 fossem invadidos por um inimigo cujas forças fossem numericamente muito superiores às do Exército russo, seria impossível defendê-los. A rede de fortalezas que, sozinha, tornaria possível guardar essa região custaria uma fortuna e levaria pelo menos 25 anos para ser construída. Nessas circunstâncias, o Exército russo tinha que realizar uma retirada atravessando toda a Bielorrússia e a Lituânia. Ele deveria comer, remover ou destruir toda a comida e forragem disponíveis na região, não deixando nada ao inimigo.

A prioridade máxima era estabelecer uma forte linha defensiva ao longo dos rios Dvina e Dníeper, onde os russos deveriam tomar sua posição. Uma série de fortalezas e campos fortificados precisava ser construída para fortalecer essa linha. Barclay acreditava que era "mais provável" que a principal investida do inimigo fosse para sudeste na direção de Kiev, embora um avanço para nordeste através da Curlândia e da Livônia também fosse possível. Em ambos os casos, ao enfrentar esse avanço, o Exército russo tentaria retardá-lo recuando e combatendo, sem, porém, arriscar uma grande batalha. Enquanto a parte ameaçada do Exército russo recuava até seu campo fortificado, a outra extremidade da linha procuraria avançar na retaguarda do inimigo. Barclay acrescentou que "não se pode esperar que o inimigo ouse avançar no centro" – em outras palavras, na direção de Minsk e Smolensk –, mas, se ele o fizesse, então o pequeno "Exército Reserva" posicionado ali provocaria o inimigo a avançar e os dois principais exércitos russos atacariam seus flancos e retaguarda.

Das 23 divisões existentes na Rússia, Barclay afirmou que oito poderiam permanecer na Finlândia, no Cáucaso e na fronteira otomana para defender essas regiões. Isso presumia a construção de fortalezas na Finlândia, a paz com os otomanos e nenhuma invasão austríaca da Valáquia e Moldávia. Mesmo com esse cenário otimista, apenas quinze divisões – 200 mil homens – estariam disponíveis para a fronteira ocidental. Sete dessas divisões deveriam ser posicionadas ao sul, ou seja, à esquerda da linha russa. Elas bloqueariam um avanço inimigo sobre Kiev. Quatro divisões seriam concentradas à direita na Curlândia. No enorme intervalo entre esses dois exércitos, o Exército Reserva de apenas quatro divisões seria colocado entre Vilna e Minsk.

Por alguma razão, Barclay não disse nada sobre o que aconteceria se a linha de defesa ao longo de Dvina e Dníeper fosse rompida, nem arriscou garantir que 200 mil homens seriam suficientes. Com poucas semanas em seu novo cargo, talvez ele sentisse que arriscara o suficiente ao defender o abandono de toda a Bielorrússia e a Lituânia em sua primeira discussão de estratégia com o monarca.[45]

Por dois anos, após Barclay ter escrito esse memorando, generais russos discutiram sobre adotar uma estratégia defensiva ou ofensiva em face da ameaça de Napoleão. Considerando que a estratégia defensiva sugerida de início por Barclay em março de 1810 foi aquela finalmente adotada e que no final se mostrou bem-sucedida, parece evidente que essa era a opção correta. Na verdade, isso estava longe de parecer claro na época. Várias propostas inteligentes para uma estratégia ofensiva foram apresentadas por generais importantes. Um ponto a destacar é que, durante grande parte do período entre março de 1810 e abril de 1812, tanto Barclay de Tolly quanto Aleksandr Chernishev defenderam pelo menos uma ofensiva inicial limitada na Prússia e no ducado de Varsóvia. O principal defensor de uma estratégia puramente defensiva era o tenente-general Karl von Pfühl, um antigo e experiente oficial de Estado-Maior prussiano, aceito no serviço russo em dezembro de 1806. O principal assistente de Pfühl era o tenente-coronel Ludwig von Wolzogen, que foi responsável por escolher a posição do famoso campo fortificado em Drissa na qual a estratégia defensiva de Pfühl se apoiava. Mas em outubro de 1811 até mesmo Wolzogen afirmava que uma estratégia ofensiva fazia mais sentido.[46]

As razões para isso eram parcialmente políticas. Estava claro para todos que, a não ser que o Exército russo avançasse no início da guerra, não havia chance de manter a Prússia como uma aliada. Por todo o inverno de 1811-1812, essa questão pesou na balança. Uma convenção russo-prussiana garantindo uma ofensiva russa chegou a ser assinada, mas nunca foi ratificada pelo lado prussiano. Outro aspecto político vital era a competição para assegurar a lealdade polonesa. Como Bennigsen argumentou em fevereiro de 1811, uma ofensiva russa ao ducado de Varsóvia iria entravar o desejo de Napoleão de mobilizar apoio polonês na fronteira ocidental da Rússia. Se o efeito moral de uma ofensiva russa fosse combinado a concessões políticas aos poloneses, grandes contingentes do Exército polonês poderiam lutar pelo lado russo.[47]

Também havia razões militares poderosas para uma ofensiva. Invadir o ducado de Varsóvia significava que seria o solo polonês, em vez do russo, a sofrer as consequências da guerra. Ainda mais importante: caso Napoleão invadisse a Rússia, o ducado de Varsóvia e a Prússia Oriental seriam suas principais bases. Enormes reservas teriam que ser acumuladas com bastante antecedência para sustentar o exército invasor. Enquanto esse exército percorresse seu caminho através da Europa para se posicionar na fronteira russa, seus depósitos e suas fontes de comida e forragem no ducado estariam vulneráveis a um ataque preventivo russo. Para um invasor sensato, o período de campanha na Rússia era curto. Seria loucura invadir antes do começo de junho, quando haveria grama suficiente nos campos para alimentar os cavalos. Isso garantia menos de cinco meses antes que a neve começasse a cair, em novembro. No mínimo, um ataque preventivo russo atrasaria os planos de Napoleão para uma ofensiva e ganharia um ano adicional para os preparativos defensivos russos.

Acima de tudo, generais russos apoiavam uma ofensiva porque eles entendiam quão arriscada e difícil seria uma estratégia puramente defensiva. A fronteira ocidental era imensamente longa. Se a Rússia ainda estivesse em guerra com os turcos, tropas francesas ou austríacas poderiam invadir a Bessarábia e ameaçar toda a posição russa na costa norte do Mar Negro, ao mesmo tempo em que o exército principal de Napoleão prendia a maioria das forças russas na Bielorrússia e na Lituânia. Na primavera de 1812, a paz com os otomanos e a promessa austríaca de não invadir a Rússia a partir da Galícia ao menos encerraram essas preocupações.

Além disso, apenas a fronteira com a Prússia Oriental e o ducado de Varsóvia já representava um território extenso demais. Os russos tinham que defender as cercanias de São Petersburgo e Moscou. A última podia ser ameaçada diretamente via Smolensk no oeste ou por Kaluga no sudoeste. A defesa de Kiev e da Ucrânia também era de alta prioridade. Desse modo, as tropas russas seriam esticadas em linhas muito estreitas. As comunicações através da vasta região dos pântanos de Pripet eram extremamente ruins. No sul, o Exército russo que defendia a Ucrânia ficaria por conta própria. Estaria ao alcance de Napoleão bloquear as duas principais rotas através dos pântanos e direcionar a maioria de seu exército contra uma metade ou outra da linha defensiva russa.

Era da natureza de uma estratégia defensiva dar ao inimigo a iniciativa. Junto com a geografia da fronteira ocidental, isso daria a Napoleão toda a chance de atravessar as forças russas, mantê-las separadas e derrotá-las totalmente. Movimentando-se através do centro das tropas russas, ele teria então a vantagem de estar entre elas e usar linhas interiores. Bagration, Petr Mikhailovich Volkonski e o tio do imperador, o duque Alexander de Württemberg, destacaram esse perigo nos primeiros meses de 1812.[48]

Para piorar a situação, nas fronteiras empobrecidas era muito difícil manter grandes exércitos concentrados e parados por semanas a fio, exceto nas semanas imediatamente posteriores às colheitas. As taxas de doença também disparavam quando o exército estava concentrado. Além disso, a maneira mais eficaz de consumir os suprimentos de comida da região e negá-los aos franceses era aquartelar o Exército russo ao longo de uma grande faixa da área e usá-lo para requisitar suprimentos no lugar de impostos. Foi declarado estado de guerra nas províncias da fronteira no fim de abril, o que ajudou com essa requisição, mas quartéis-generais do exército estavam relutantes em concentrar suas forças muito cedo e em demasia. De qualquer forma, quando Napoleão deixou Paris, as fontes da inteligência russa parcialmente se extinguiram. O próprio Napoleão estava esperando por uma ofensiva russa e não traçou planos finais para uma invasão até muito mais tarde. Ele então fez o máximo para ocultar o lugar onde pretendia fazer sua principal investida. Somente após o final de maio de 1812 os russos começaram a ter uma noção clara de onde o principal ataque inimigo provavelmente aconteceria.[49]

Em seu memorando de março de 1810, Barclay havia dito que as fronteiras ocidentais russas eram fracamente defendidas pelo homem ou pela natureza. Muitos outros oficiais ampliaram esse tema em relatórios escritos entre essa época e junho de 1812. Os engenheiros militares russos estavam terrivelmente sobrecarregados nesses anos. Entre 1807 e 1811, o pequeno Corpo de engenheiros estava posicionado nas fortalezas portuárias bálticas contra possíveis ataques britânicos, no Cáucaso, e tentando reforçar as fortificações tomadas dos otomanos nos Bálcãs. A partir de março de 1810, eles também foram sobrecarregados com a imensa tarefa de fortificar as fronteiras ocidentais a uma velocidade vertiginosa. Como foi destacado em diversos memorandos, fortalezas contornadas por Napoleão seriam uma grande ameaça à sua frágil comunicação, o que retardaria seu avanço. Ainda mais importante, um exército em retirada que não possuísse fortalezas em sua retaguarda não tinha onde guardar seus suprimentos e sua bagagem e estaria, portanto, sempre obcecado com a necessidade de protegê-los. Nessa situação, um exército tenderia a recuar rapidamente, já que apenas a distância garantiria segurança.[50]

Mas fortalezas, embora necessárias, não eram facilmente construídas a partir do zero em dois anos. Em seu flanco sul, os russos foram bem-sucedidos em organizar as defesas de Kiev para um cerco e construíram uma sólida fortaleza em Bobruisk. Em seu flanco norte, Riga foi fortificada, embora o comandante do Corpo de engenheiros, o general Oppermann, tivesse dúvidas se ela poderia resistir muito tempo contra um cerco mais intenso, a não ser que sua guarnição fosse bastante grande. Uma vez que a nova fortaleza de Dünaburg, no Dvina, estivesse completa, Oppermann queria transferir todos os suprimentos e estoques de Riga para lá, já que ele temia que a queda desta para os franceses ameaçasse a logística dos principais exércitos russos.

Infelizmente, porém, Dünaburg não pôde ser concluída até o verão de 1812. Isso significava que todo o setor central da linha de defesa russa estava aberto. Como Bennigsen apontou, esse setor dava acesso aos territórios centrais do Império Russo, incluindo as prováveis bases de suprimentos do Exército em Moscou e Smolensk. Para piorar a situação, esse enorme setor central não tinha defesas naturais significativas. Wolzogen obedecera às ordens para escolher uma posição defensiva no rio Dvina e escolhera o local para um campo fortificado em Drissa. Ainda assim, ele alertou para o fato de que os dois terços acima no

Dvina eram rasos e fáceis de transpor no verão. Além disso, a maioria dos pontos na margem oeste era mais alta que na leste, o que colocava os defensores em uma séria desvantagem. Barclay recebeu o mesmo aviso de uma voz com mais autoridade – mais precisamente, o general Oppermann –, que disse a ele que o rio Dvina não podia ser defendido de um avanço inimigo sério, "não importando quão boa uma posição específica possa ser". A razão para isso era que "no verão o rio é atravessado facilmente, as áreas próximas às margens são abertas em quase todos os lugares e facilmente transponíveis, e qualquer posição nas margens do rio ou próxima delas pode ser flanqueada".[51]

Entre Riga, na costa báltica, e Bobruisk, no extremo sul, a única posição defensiva de alguma importância em junho de 1812 era o campo fortificado em Drissa, seguindo rio acima no Dvina em direção a Vitebsk, cuja construção começara na primavera de 1812. Conselheiro extraoficial de Alexandre, o general Pfühl transformou o campo em Drissa na chave para seu plano de defesa do território central do Império. Quando as forças de Napoleão se aproximassem de Drissa, Pfühl esperava que elas estivessem exaustas e reduzidas após cruzar as devastadas Bielorrússia e Lituânia. Se elas tentassem tomar o campo fortificado no qual o grosso do 1º Exército havia se refugiado, estariam em grande desvantagem tática. Se tentassem se movimentar para além de Drissa, o 1º Exército poderia atacar seu flanco. Enquanto isso, as forças de Bagration e Platov atacariam em profundidade a retaguarda de Napoleão.

Em princípio, o plano de Pfühl tinha muito em comum com as propostas de Barclay em março de 1810. Havia a mesma confiança na retirada estratégica e na devastação do território abandonado; em campos fortificados como um meio de fortalecer o exército defensor quando ele finalmente surgisse à distância e no papel de outras forças russas para atacar os flancos e retaguarda de Napoleão. Pfühl havia simplesmente transposto o conceito de Barclay de dois flancos, no qual Barclay enxergara a maior ameaça ao centro da linha russa, e que agora parecia o mais provável alvo do principal golpe de Napoleão. Mas os campos fortificados de Barclay dependeriam do apoio das fortalezas, Riga ao norte e Bobruisk ao sul. Sem Dünaburg, Drissa deveria permanecer sozinha. Além disso, em 1810 Barclay não previa que a Rússia seria invadida por um exército de aproximadamente meio milhão de homens.

Mesmo em 1812, Pfühl talvez não estivesse totalmente ciente do tamanho da força de invasão de Napoleão. O acesso ao material da inteligência russa era restrito a um círculo muito pequeno. Em março de 1812, Alexandre, Barclay e seu verdadeiro oficial-chefe da inteligência, Petr Chuikevich, sabiam que mesmo a primeira leva do exército de Napoleão teria 450 mil homens. Uma força desse tamanho poderia tanto cobrir quanto flanquear Drissa facilmente, e bloquear qualquer ataque de Bagration e Matvei Platov sem dificuldade. Se o 1º Exército se refugiasse em Drissa, ele poderia ser cercado e capturado tão facilmente quanto foram as tropas de Mack em Ulsa, no começo da campanha de 1805.

Ainda assim, o plano de Alexandre para a campanha de 1812, ao menos superficialmente, girava em torno do campo fortificado de Drissa. O Exército russo faria uma retirada estratégica até Drissa no início da guerra e tentaria então segurar os franceses na linha do rio Dvina. Talvez Alexandre tivesse uma crença genuína no plano de Pfühl. Ele sempre tendia a dar mais valor às opiniões de soldados estrangeiros do que às dos seus próprios generais, em cujas habilidades ele geralmente não confiava muito. Além disso, as previsões "científicas" de Pfühl sobre o momento preciso em que os suprimentos de Napoleão terminariam podem ter agradado ao gosto de Alexandre por ideias abstratas e organizadas. Sem dúvida, o imperador acreditava que o plano de Pfühl era baseado no mesmo conceito das propostas anteriores de Barclay. Ele também deve ter se lembrado que, entre 1806 e 1807, Bennigsen mantivera à distância, por seis meses, um inimigo com o dobro do seu efetivo. Entretanto, convém manter algum ceticismo. Alexandre não queria que Napoleão penetrasse no núcleo do território russo, embora temesse que ele pudesse fazer isso. Qualquer admissão aberta de que Napoleão poderia alcançar a Grande Rússia em sua campanha inicial, quanto mais a circulação de planos baseados em uma ideia dessas, teria destruído o crédito do imperador. Se a ideia fosse parar Napoleão antes da fronteira da Grande Rússia, o plano de Pfühl parecia ser o único disponível na ocasião. Se ele falhasse, Alexandre sabia que Pfühl seria o bode expiatório perfeito. Um estrangeiro sem proteção, ele também era odiado pelos generais russos como a epítome de um oficial de Estado-Maior alemão pedante que não sabia nada sobre guerra.[52]

Embora Alexandre possa ter mantido a fé no plano de Pfühl mesmo em junho de 1812, é muito difícil acreditar que o experiente Barclay tenha permitido que isso afetasse seriamente seu pensamento sobre como a guerra deveria ser conduzida, considerando o conselho que ele recebera do engenheiro-chefe do Exército. Do ponto de vista de Barclay, porém, o campo em Drissa não fazia mal algum. Ele não absorvia quase nada de seus recursos, já que era construído com mão de obra local. Também era um ponto de parada útil na retirada do exército e quase incomparável como lugar onde depósitos poderiam ser montados para o Exército em retirada sob algum tipo de proteção. De qualquer forma, as decisões finais sobre a estratégia russa eram do imperador, não de Barclay. Mas o melhor guia para o pensamento de Barclay no período imediatamente anterior à guerra é fornecido por um memorando escrito por Chuikevich em abril de 1812. Ele não diz nada sobre campos fortificados em geral ou o campo em Drissa, especificamente.

A análise de Chuikevich era próxima das ideias expressas anteriormente por Aleksandr Chernishev. Ele argumentava que todo o sistema de guerra de Napoleão dependia de grandes batalhas e vitórias rápidas. Para os russos, a chave para a vitória era "planejar e perseguir uma guerra exatamente contrária àquela que o inimigo quer". Eles deviam recuar, atacar as comunicações inimigas com sua cavalaria leve muito superior e exaurir as forças de Napoleão. "Precisamos evitar grandes batalhas até que tenhamos retornado às nossas bases de abastecimento." Em guerras anteriores, quando frustrado, Napoleão cometera erros graves, mas seus inimigos não os haviam explorado. A Rússia não podia perder essa oportunidade. Sua cavalaria podia se mostrar letal na perseguição a um inimigo derrotado. Determinação para não negociar e continuar a guerra até a vitória era vital, mas também o era a cautela; Fabius, o general romano cuja recusa em lutar tinha frustrado Aníbal, devia servir de exemplo, assim como a política de retirada estratégica de Wellington na península. "Por mais contrária que essa estratégia baseada na cautela seja ao espírito do povo russo, devemos lembrar que não temos unidades reserva formadas por trás de nossa linha de frente e a completa destruição do 1º e do 2º Exércitos poderia ter consequências fatídicas para a pátria. A perda de algumas províncias não deve nos assustar, porque a sobrevivência do Estado depende da sobrevivência de seu Exército." Chuikevich também defendia diversas formas pelas quais a Europa poderia ser incitada a se rebelar na retaguarda de Napoleão. Embora irreais, elas servem como um útil lembrete de que, para ele, Barclay e Alexandre, a campanha de 1812 na Rússia era simplesmente o primeiro ato em uma longa guerra planejada para destruir a dominação de Napoleão sobre a Europa.[53]

O memorando de Chuikevich não entrava em detalhes. Ele não dizia nada específico sobre onde o avanço de Napoleão poderia ser detido. Ao contrário de Pfühl, Chuikevich era um soldado prático, que entendia as incertezas da guerra. Mas ninguém que lesse o memorando poderia ficar confiante de que o avanço de Napoleão seria interrompido dentro das fronteiras ocidentais. O perigo de a guerra se espalhar pelo território central russo era óbvio. E, de fato, Barclay e Alexandre sempre tiveram em vista essa possibilidade. Qualquer líder russo sabia como Carlos XII havia marchado profundamente até o interior do Império e sido destruído por Pedro, o Grande. Os paralelos eram bem claros. Exatamente às vésperas da invasão de Napoleão, o conde Rostopchin escreveu a Alexandre que "se circunstâncias infelizes nos forçarem a decidir pelo recuo perante um inimigo vitorioso, mesmo nesse caso o imperador russo será ameaçador em

Moscou, aterrorizante em Kazan e invencível em Tobolsk". Enquanto se recuperava de seus ferimentos em 1807, o próprio Barclay falara longamente sobre a necessidade de derrotar Napoleão atraindo-o para as profundezas da Rússia e infligindo a ele uma nova Poltava.‡‡ Antes de 1812, Alexandre e sua irmã Catarina conversaram em particular sobre a possibilidade de Napoleão tomar Moscou e São Petersburgo no caso de uma guerra. No início de 1812, o imperador tomou em segredo providências para evacuar sua amante e seu filho para o Volga caso isso se mostrasse necessário.[54]

Tudo isso estava muito distante de ser um plano concreto para atrair Napoleão para o interior russo ou se preparar para a destruição dele ali. Na verdade, nenhum desses planos ou preparativos existia. O que era sensato. O irmão de Barclay era um coronel no Estado-Maior Geral: ele escreveu em 1811 que não havia sentido em fazer planos para operações militares além dos primeiros estágios de qualquer guerra, tão grandes eram as incertezas envolvidas em qualquer campanha. Esse era duplamente o caso em 1812, já que a estratégia defensiva russa havia deixado a iniciativa nas mãos de Napoleão. Se ele cruzasse o Dvina, poderia se dirigir a Moscou. Por outro lado, poderia também ir a São Petersburgo ou mesmo mudar a investida principal da guerra rumo ao sul na direção da Ucrânia, como seus conselheiros poloneses o instavam. Num cenário ainda mais provável, Napoleão poderia encerrar sua campanha com a conquista da Bielorrússia e dedicar suas energias à restauração do reino polonês e à organização de uma base de abastecimento para uma campanha em direção ao território central russo em 1813. Antes de a guerra começar, Napoleão disse a Metternich, o ministro para Assuntos Exteriores austríaco, que isso era o que ele pretendia fazer, e ao menos um experiente oficial dos Estado-Maior Geral russo acreditava que, se Napoleão tivesse mantido essa ideia, as consequências para a Rússia teriam sido desastrosas.[55]

Para a liderança russa, como seus súditos reagiriam a uma invasão francesa era uma questão de imensa importância e incerteza. Isso dizia respeito principalmente aos poloneses, já que eles dominavam a região que a estratégia russa pretendia entregar aos invasores. Antes de a guerra começar, houve um considerável debate entre os generais e estadistas russos sobre como os poloneses responderiam à invasão francesa. Considera-se que muitos dos grandes proprietários de terra preferiam um governo russo porque desaprovavam a abolição da servidão no

---

‡‡ Referência à Batalha de Poltava, na Grande Guerra do Norte (1700-21). Essa batalha é considerada a vitória decisiva de Pedro, o Grande, sobre o rei sueco Carlos XII e marca o início do declínio da Suécia como a maior potência do Leste Europeu, papel que passaria a ser ocupado pela Rússia. (N.T.)

ducado de Varsóvia e temiam outras medidas radicais. Quanto aos camponeses da região, eles poderiam se envolver em ataques anarquistas à propriedade e à ordem, mas a liderança russa estava confiante de que não entendiam nem se preocupavam com ideias nacionalistas ou jacobinas. O grande perigo era o grosso da pequena nobreza polonesa. A maior parte dos generais russos concordava que, se Napoleão invadisse a Rússia e proclamasse a restauração da Polônia, a maioria dos poloneses educados na Lituânia e na Bielorrússia iria apoiá-lo, em parte por entusiasmo nacionalista e em parte porque acreditariam que ele venceria. É claro que isso reforçava a relutância dos generais em retirar-se das fronteiras, por medo de que Napoleão as transformasse em uma base fértil para operações subsequentes contra o território central russo. Alexandre e Barclay não podiam negar essa possibilidade, mas eles acreditavam que os números esmagadores de Napoleão não deixavam uma alternativa à sua estratégia. Sabiam que a restauração do reino da Polônia não podia ser feita da noite para o dia. Eles apostaram que o temperamento de Napoleão, assim como a natureza de seu regime e sistema militar, tornariam improvável uma estratégia de paciência prolongada.[56]

Em relação aos súditos russos do imperador, boa parte do mais importante "eleitorado" era o Exército em si. Para qualquer exército, manter a disciplina e o moral durante uma longa retirada é extremamente difícil. O Exército da Prússia se desintegrou após Jena-Auerstad e o Exército francês não se saiu melhor durante a retirada de Moscou em 1812 e de Leipzig no outono de 1813. A disciplina britânica entrou em colapso durante a retirada de Sir John Moore para La Coruña em 1808 e novamente durante a retirada de Burgos para Portugal em 1812. Como um historiador da Guerra Peninsular comenta, "retiradas não eram o forte do Exército inglês". Embora a disciplina do Exército russo fosse célebre, uma retirada não apenas através de toda a Bielorrússia e Lituânia, mas também para as profundezas da própria Rússia, iria testar ao limite o moral e a ordem dentro dos regimentos. Ao enfatizar o impacto da retirada no moral de suas tropas pouco antes da guerra, o príncipe Bagration tinha que disfarçar sua própria opinião, porque a simples ideia de recuar diante do inimigo era um anátema para ele. Ainda assim, seus temores não eram de forma alguma infundados.[57]

É uma unanimidade entre historiadores militares que exércitos apenas podem atuar nas guerras de acordo com sua "doutrina militar", que é elaborada nos anos pré-guerra. No início do século XIX, a doutrina militar formalizada no sentido moderno não existia em lugar nenhum. Isso teria que esperar por escolas de guerra e toda a parafernália da educação e treinamento militar moderno. Em um sentido informal, no entanto, o Exército russo tinha, sim, uma "doutrina" em 1812 e ela era totalmente comprometida com estratégias e táticas ofensivas. Desde os primeiros instantes em seu regimento, o jovem oficial era encorajado a ser ousado, destemido, confiante e agressivo. Esperava-se que todo tenente acreditasse que um russo equivalia a cinco franceses. O orgulho masculino estava em xeque no "jogo" para capturar troféus, como bandeiras, e expulsar o inimigo do campo de batalha. Muitos generais russos também tinham essa mentalidade em 1812. Recuar perante o inimigo era quase tão chocante quanto falhar ao defender a sua honra em um duelo, quando desafiado. Além disso, no século anterior, o exército conhecera apenas a vitória. Seus grandes triunfos contra Frederico II e os otomanos haviam sido conquistados na ofensiva e em solo inimigo. Os maiores generais russos do século XVIII, Aleksandr Suvorov e Petr Rumiantsev, enfatizavam a velocidade, a agressividade, a surpresa e o choque. Um exército criado com essas ideias e tradições estava destinado a resmungar se forçado a recuar centenas de quilômetros território russo adentro com base em cálculos de logística e números feitos por oficiais de Estado-Maior "alemães".[58]

Também era difícil prever como a população civil responderia se Napoleão entrasse nas províncias da Grande Rússia. Afinal, o exército de uma grande potência deveria proteger a propriedade de seus compatriotas, não recuar centenas de quilômetros sem uma batalha e abrir o centro do país para a devastação. Acima de tudo, as elites tinham que se preocupar em como seus servos reagiriam a Napoleão, especialmente se ele lançasse promessas de emancipação. Em documentos militares pré-guerra, há muito pouco sobre esse assunto. Um interessante (embora único) documento do Ministério da Guerra chegou a aventar o espectro de distúrbios dos camponeses russos, afirmando que a experiência da rebelião de Pugachev[§§] mostrara que servos domésticos e camponeses trabalhando em fábricas eram os elementos menos confiáveis.[59]

Inevitavelmente, tais medos cresciam à medida que Napoleão se aproximava da fronteira russa em julho de 1812. O secretário particular da imperatriz Elizabeth, esposa de Alexandre, Nikolai Longinov, escreveu em julho que, "embora esteja convencido de que nosso povo não aceitaria o presente da liberdade de um monstro como esse, é impossível não ficar preocupado". Em dezembro de 1812, passado o perigo, John Quincy Adams escreveu que entre a elite de São Petersburgo havia um grande alívio porque "os camponeses não demonstraram a menor

---

[§§] A Rebelião Pugachev (ou Rebelião dos Cossacos) foi uma grande revolta camponesa ocorrida na Rússia. Em 1774, os Cossacos dos Urais, liderados por Yemelya Pugachev, reuniram os camponeses em uma rebelião contra o comando da czarina Catarina II e criaram um governo alternativo, que decretou o fim da servidão. Pugachev foi executado em 10 de janeiro de 1775, em Moscou. (N.T.)

disposição em se aproveitar da situação para obter sua liberdade... Vejo que isso é o que mais toca os sentimentos de todos os russos com os quais conversei sobre o assunto. Esse era o ponto sobre o qual eles tinham o maior medo, e do qual eles estão mais satisfeitos em ver o perigo afastado". A influência desses temores no planejamento pré-guerra ou em operações de guerra, porém, não deve ser exagerada. Os salões de São Petersburgo podiam tremer com a palavra "Pugachev", mas o medo de insurreição dos camponeses mal aparece na correspondência de Alexandre, Barclay ou Kutuzov.⁶⁰

No início de abril de 1812, enquanto se esforçavam para preparar seus exércitos para resistir à invasão, os generais russos tinham preocupações mais urgentes do que uma rebelião de servos. Nessa época, Barclay ainda esperava montar um ataque preventivo no ducado de Varsóvia e na Prússia Oriental, embora ele soubesse que, a essa altura, isso poderia ser apenas uma ação rápida e de danos limitados. Ele aguardava com impaciência a chegada do imperador ao quartel-general e a permissão para lançar o ataque. Na verdade, porém, Alexandre se atrasou e a permissão nunca veio. O imperador sempre preferiu esperar o ataque e adotar uma estratégia defensiva. Sua determinação em seguir essa linha foi confirmada pela notícia da aliança franco-austríaca. Se um exército russo avançasse rumo ao ducado de Varsóvia, a Áustria poderia ser impelida por esse tratado a mobilizar todas as suas forças militares e empurrar, a partir da Galícia, a retaguarda das tropas russas que avançavam.⁶¹

Com todas as chances de um ataque preventivo perdidas e agora também com o Exército austríaco a ser levado em conta, os russos foram forçados a reposicionar suas tropas rapidamente. Como Petr Mikhailovich escreveu em 11 de maio, naquele momento mais de 800 quilômetros separavam os quartéis-generais dos corpos auxiliares de Barclay, à direita, em Schawel do quartel-general de Bagration em Lutsk. Os exércitos estavam posicionados para um avanço sobre o ducado de Varsóvia. Acima de tudo, estavam bem situados para alimentar a si próprios com recursos locais, mas estavam muito mal distribuídos para resistir a uma invasão. Volkonski admitiu que um ataque preventivo teria sido a melhor opção, mas isso já não era mais possível, mesmo em termos militares, porque Napoleão, a essa altura, tinha reunido suas provisões em fortalezas e 220 mil tropas inimigas já estavam se posicionando ao longo da fronteira. Um novo "3º" exército foi criado sob o comando de Aleksandr Tormasov para guardar os acessos à Ucrânia. Bagration destacaria parte do 2º Exército para reforçar Tormasov e levaria o resto de seus comandados para o norte, para se unir a Barclay. Volkonski calculou que seriam necessários quinze dias de marcha ininterrupta para que os homens de Bagration alcançassem suas novas posições. Mesmo assim, o 1º e o 2º Exércitos ainda cobririam uma frente de quase 200 quilômetros.[62]

Em 6 de junho, o exército de Bagration, agora realmente não maior do que um grande corpo, foi posicionado ao redor de Prujany. Os russos estavam evacuando dinheiro, comida, transporte e arquivos da região da fronteira. Eles também estavam tentando "evacuar" funcionários poloneses locais que seriam de grande utilidade para o inimigo. Tendo alcançado Prujany, Bagration logo recebeu a ordem de se movimentar ainda mais para o norte, uma vez que a inteligência russa agora acreditava, corretamente, que a principal ofensiva de Napoleão seria mais ao norte do que se pensava antes, a partir da Prússia Oriental e através do centro da região ocupada pelo 1º Exército, na direção de Vilna. Essa ordem foi despachada em 18 de junho, apenas seis dias antes de Napoleão cruzar a fronteira.[63]

Bagration estava ficando nitidamente descontente. Seu exército se afastava cada vez mais dos homens de Tormasov. Ele escreveu a Barclay que Volínia (oeste da Ucrânia) era um alvo suculento para os franceses, já que ela continha grandes reservas de comida e cavalos, e seus nobres poloneses certamente iriam colaborar com Napoleão se tivessem chance. Com o 2º e o 3º Exércitos agora fora do alcance de apoio mútuo, a rota para as províncias mais ricas da Ucrânia estava se abrindo. Enquanto isso, em uma tentativa de se aproximar do 1º Exército, sua força já bastante reduzida estava esticada ao longo de uma frente de mais de 100 quilômetros. Nem era possível executar suas ordens de destruir ou levar embora todos os suprimentos locais de comida. A maioria das carroças locais haviam sido requisitadas pelo exército, e, se ele conduzisse todos os cavalos e gado do lugar para a retaguarda, eles acabariam com os pastos dos quais os cavalos de seu próprio exército dependiam.[64]

Em todas essas reclamações havia, sem dúvida, um elemento de má vontade. Bagration detestava a ideia de retirada sem luta e apelou a Alexandre, em 18 de junho, para ser autorizado a lançar um ataque preventivo. Em uma carta enérgica, ele estabeleceu todas as desvantagens de uma retirada. Para fazer justiça a Bagration, o fato de Alexandre não ter revelado as estimativas da inteligência russa sobre o tamanho das forças de Napoleão não ajudava sua compreensão da realidade. Bagration sequer tinha uma imagem geral clara do posicionamento de Napoleão no outro lado da fronteira. Antes que ele pudesse receber uma resposta do imperador, Napoleão já cruzara a fronteira em 24 de junho e a guerra tinha começado.[65]

5

A retirada

Em março de 1812, Mikhail Barclay de Tolly foi nomeado para o comando do 1º Exército, cuja base ficava em Vilna, a maior cidade da Lituânia. Embora mantivesse o título de ministro da Guerra, Barclay cedeu o comando da rotina do Ministério ao príncipe Aleksei Gorchakov, que permaneceu em São Petersburgo quando Barclay e muitos dos outros oficiais mais capacitados deixaram a capital com destino às bases do exército.

O 1º Exército tinha cerca de 136 mil homens. Isso o tornava maior que o 2º Exército do príncipe Bagration (aproximadamente 57 mil homens) e o 3º Exército do general Tormasov (cerca de 48 mil) juntos.[1] Combinados, esses três exércitos protegiam a fronteira ocidental da Rússia contra a invasão de Napoleão. Barclay não era, de forma alguma, o comandante supremo das três forças. Na verdade, ele estava abaixo tanto de Bagration quanto de Tormasov, o que contava muito na elite extremamente preocupada com hierarquia da Rússia imperial. O único comandante supremo era o próprio Alexandre, que chegou a Vilna em abril.

O contingente do 1º Exército era composto de cinco corpos de infantaria que, em junho de 1812, estavam dispostos ao longo da fronteira da Prússia Oriental e da fronteira norte do ducado de Varsóvia. Cada um desses corpos continha duas divisões de infantaria, que, por sua vez, eram constituídas por três brigadas. Duas dessas brigadas eram formadas a partir dos regimentos de linha e uma, dos *Jaegers*. Como vimos, um regimento de infantaria russo ia para a campanha com seus primeiro e terceiro batalhões, que lutavam lado a lado. Uma brigada de infantaria, por sua vez, continha em geral dois regimentos de quatro batalhões. Com força máxima no início de uma guerra, isso deveria, em princípio, corresponder a quase três mil homens. Uma divisão de infantaria russa deveria, consequentemente, ter seis mil da infantaria de linha e três mil da infantaria leve, embora, em razão das baixas por doenças e dos muitos homens ausentes nos destacamentos, nenhuma formação atingisse realmente esses números. Uma divisão russa também continha geralmente três baterias de artilharia com doze canhões. Duas dessas baterias eram designadas como "leves" e a maioria de seus canhões era de seis libras. A outra era uma bateria pesada, com canhões de doze libras. Tanto a bateria pesada quanto a leve incluíam uma seção de obuseiros, projetados para atirar em ângulos altos.

Um pequeno número dos regimentos de cossacos e de cavalaria leve regular integrava os corpos de infantaria. A maior parte da cavalaria leve, no entanto, organizava-se em formações montadas distintas. De forma confusa, eram chamados de "Corpos de Cavalaria Reserva", embora na verdade não fossem nem reservas e nem corpos. Os três assim chamados "Corpos de Cavalaria Reserva" do 1º Exército tinham cerca de três mil homens cada um, e continham de quatro a seis regimentos de dragões, hussardos e lanceiros, além de uma bateria de artilharia a cavalo. Fedor Uvarov comandava o primeiro desses corpos de cavalaria. O 2º Corpo de Cavalaria era liderado pelo barão Friedrich von Korff e o 3º, pelo major-general conde Peter von der Pahlen, filho e homônimo do homem que havia liderado a conspiração que derrubou e assassinou o pai de Alexandre I em 1801. Sua ascendência não parece ter prejudicado muito a carreira do Pahlen mais jovem, que provaria ser um comandante de cavalaria excepcionalmente capaz no período entre 1812 e 1814.

As verdadeiras reservas do 1º Exército ficavam atrás da linha de frente, nas cercanias de Vilna. Elas eram o 5º Corpo do grão-duque Constantino, composto de dezenove batalhões de infantaria das Guardas e sete batalhões de granadeiros. A ele estavam incorporados os quatro regimentos de cavalaria pesada da 1ª Divisão Couraceira, que incluíam as *Chevaliers Gardes* e os Guardas a Cavalo. O grão-duque Constantino também comandava cinco baterias de artilharia que, com a adição de três baterias pesadas, formava o total da reserva do exército.[2]

Com pouquíssimas exceções, os homens e cavalos do 1º Exército estavam em excelente forma quando a guerra começou, em junho de 1812. Eles haviam sido bem alimentados e alojados por muitas semanas, ao contrário dos já famintos e exaustos homens do exército de Napoleão, que tinham marchado pela Europa e achado cada vez mais difícil se alimentar à medida que se amontoavam em suas limitadas bases nas regiões das fronteiras prussiana e polonesa. Como era de se imaginar, os principais problemas no Exército russo não estavam relacionados aos soldados e seus regimentos, mas aos Estados-Maiores e ao alto-comando.

O primeiro chefe do Estado-Maior de Barclay era o tenente-general Aleksandr Lavrov. Seu primeiro quartel-mestre geral* era o major-general Semen Mukhin. A inadequação deles para posições superiores foi rapidamente revelada assim que a guerra começou. Mukhin durou dezessete dias na campanha; Lavrov, apenas nove. Ele foi substituído pelo tenente-general marquês Philippe Paulucci, que estava à toa na comitiva de Alexandre e foi oferecido pelo imperador a Barclay na base do "é pegar ou largar". Paulucci já havia servido nos Exércitos piemontês, austríaco e francês. Ele foi mais um em uma série de nomes incorporados pelo serviço russo como resultado das campanhas russas no Adriático e no Mediterrâneo entre 1798 e 1807. Paulucci descreveu a si mesmo em uma carta a Alexandre como possuindo uma personalidade "vívida e impetuosa" que não deveria ser refreada, já que ele transbordava em zelo pela causa do imperador. Certamente Paulucci tinha um egoísmo muito vívido e o mau hábito de insinuar que qualquer um que discordasse dele era um idiota ou um traidor. Apesar de toda inteligência e energia de Paulucci, a Rússia já estava bem servida de generais com esse temperamento, não precisava dos serviços de um *enfant terrible* piemontês. Barclay não confiava nem na competência, nem na lealdade dele e o colocou de imediato em uma posição secundária. Paulucci rapidamente renunciou. No início de julho, o coronel Karl von Toll se tornou o quartel-mestre geral interino do 1º Exército. Paulucci foi substituído como chefe do Estado-Maior pelo major-general Aleksei Ermolov. Agora os homens corretos estavam em seus postos: tanto Toll quanto Ermolov eram soldados formidáveis, que desempenhariam papéis cruciais nas campanhas de 1812 a 1814.[3]

Embora a família de Karl von Toll fosse, em última instância, de origem holandesa, ela tinha se estabelecido havia muito tempo na Estônia e se tornado parte da pequena nobreza alemã báltica. Os pais de Toll eram alemães, e ele mesmo permaneceu luterano por toda a vida. Em 1814, casou-se com uma nobre alemã báltica. Embora isso pareça fazer dele um completo báltico, a realidade era um pouco mais complicada. Durante a adolescência, Toll frequentou um corpo de cadetes em São Petersburgo. O diretor da escola naquela época era o futuro marechal de campo Mikhail Kutuzov, que sempre encarou Toll não apenas como um brilhante oficial mas também quase como um filho adotivo. Ao deixar o corpo de cadetes, Toll serviu durante toda a sua carreira na seção do quartel-mestre da comitiva do imperador, ou, em outras palavras, no Estado-Maior Geral. Ali seu grande padrinho viria a ser o príncipe Petr Mikhailovich Volkonski. Um oficial cujos dois protetores-chave fossem membros da liderança

---

* Responsável pelo abastecimento e administração do Exército. (N.T.)

da aristocracia russa provavelmente seria, por definição, visto como um russo honorário. De acordo com um contemporâneo, Toll era muito cuidadoso ao se retratar nesses termos, falando russo sempre que possível, embora isso não o impedisse de usar sua posição para encontrar empregos para seus parentes alemães. Fazendo isso, ele seguia o costume universal da época, que não via esse comportamento como nepotismo, mas sim como uma louvável lealdade à família e aos amigos – a não ser, claro, se acontecesse de o protetor ser um alemão e o emprego aquele que alguém tivesse desejado para si.

Um cínico poderia imaginar que, com protetores tão poderosos quanto Kutuzov e Volkonski, seria impossível Karl von Toll fracassar, mas pensar assim não seria justo. Ele conquistou a proteção deles por sua inteligência, eficiência e esforço, bem como por sua lealdade. Seu principal problema era a personalidade orgulhosa, impaciente e passional. Esse temperamento era notório e ele achava muito difícil tolerar oposição ou críticas, inclusive as vindas de superiores. Em várias ocasiões ao longo de 1812, ele quase arruinou sua carreira. Após uma séria discussão em agosto com o igualmente explosivo Bagration, Toll foi rebaixado, apenas para ser salvo pela chegada de seu velho protetor Kutuzov como comandante-em-chefe. Embora Toll pudesse ser irritante como colega, e ainda mais como subordinado, ele não era mesquinho ou vingativo. Ele era profundamente comprometido com o Exército e a vitória da Rússia sobre Napoleão. Suas explosões de fúria e impaciência eram geralmente motivadas não por ambições pessoais ou mesquinharia, mas contra qualquer coisa que ele visse como um impedimento para a execução eficiente da guerra.[4]

Como quartel-mestre geral do 1º Exército, Toll tinha como superior imediato Aleksei Ermolov. Um comandante de linha de frente extremamente corajoso e inspirador, Ermolov não tinha a atenção meticulosa aos detalhes e o cuidadoso registro de todas as ordens por escrito, como os oficiais de Estado-Maior treinados. Em alguns momentos durante 1812, isso causou problemas. Treinado como um oficial de artilharia, Ermolov atuara com brilhantismo na campanha da Prússia Oriental de 1807. Junto a uma série de outros jovens artilheiros – dos quais o conde Aleksandr Kutaisov, o príncipe Lev Iashvili e Ivan Sukhojanet eram os mais famosos –, ele fizera muito para recuperar a reputação da artilharia russa depois da humilhação que ela havia sofrido em Austerlitz. Mais tarde, porém, Ermolov contribuiu para aprofundar as rachaduras faccionais no corpo de oficiais de artilharia. Segundo seu grande admirador e ex-ajudante de campo Paul Grabbe, Ermolov não apenas detestava Arakcheev e Lev Iashvili com uma especial virulência, como também contaminou todos ao seu redor com sentimentos igualmente radicais, o que certamente não ajudava nem a gestão eficiente da artilharia nem as carreiras dos próprios seguidores de Ermolov.⁵

Aleksei Ermolov não era apenas um artilheiro muito competente e profissional, mas também um comandante excepcionalmente inteligente e resoluto. Acima de tudo, ele tinha grande carisma. Sua aparência ajudava: um homem grande com uma cabeça enorme, ombros largos e uma vasta cabeleira, ele impressionou um jovem oficial no primeiro contato como um "verdadeiro Hércules". As primeiras impressões eram reforçadas pela maneira amigável e informal com que tratava seus subordinados. Ermolov era um mestre das ações e frases de efeito. Quando sua égua pariu, às vésperas da campanha de 1812, ele cozinhou a cria e alimentou seus jovens oficiais, como um aviso sobre o que eles teriam que encarar durante a campanha que se aproximava. Com a possível exceção de Kutuzov, nenhum outro general superior russo cativou tanto a imaginação dos oficiais mais jovens da época ou no mito nacionalista subsequente.⁶

Ermolov devia seu charme não apenas ao seu carisma, mas também às suas opiniões. Vindo de uma família rica da pequena nobreza provinciana e bem educado em Moscou, ele nunca esteve associado a São Petersburgo ou à corte imperial. Compartilhava da convicção da maioria dos de sua classe de que soldados russos eram mais bem comandados por cavalheiros e que as promoções nas fileiras eram, na melhor das hipóteses, uma indesejável necessidade dos tempos de guerra. No tempo de Ermolov, porém, os alemães eram rivais muito mais sérios dos nobres russos do que plebeus promovidos das fileiras, e Ermolov era famoso por suas piadas à custa deles. Isso fazia dele um companheiro desconfortável para Barclay de Tolly e um feroz inimigo dos ajudantes de campo alemães de Barclay. Dois desses últimos, Ludwig von Wolzogen e Vladimir von Löwenstern, escreveram memórias nas quais retratam as cruéis intrigas de Ermolov contra eles.⁷

Ermolov estava no centro da oposição à estratégia de Barclay em julho e agosto de 1812. Alexandre havia pedido aos chefes dos Estados-Maiores tanto de Bagration quanto de Barclay para escreverem diretamente a ele. Embora no início Bagration ficasse bastante desconfiado do que seu chefe de Estado-Maior causaria, na verdade as cartas de Emmanuel de Saint-Priest ao imperador apoiavam fortemente seu comandante. Ermolov, pelo contrário, usava essa linha direta com Alexandre para minar Barclay. Para fazer justiça, ele agia dessa maneira movido por uma genuína – e equivocada – convicção, compartilhada por quase todos os generais mais experientes, de que a estratégia de Barclay estava pondo em risco o Exército e o Estado.⁸

Embora a curto prazo Alexandre usasse Ermolov e valorizasse seu talento militar, é muito pouco provável que alguma vez tenha confiado nele. Em uma ocasião ele se referiu a Ermolov como "negro como o diabo, mas armado de tantas habilidades quanto". Com seu carisma, suas credenciais de patriotismo russo e seus muitos admiradores no Corpo de Oficiais, Ermolov era o foco perfeito para o sentimento da pequena nobreza contra a corte. Em 30 de julho de 1812, quando a indignação contra Barclay atingiu seu ápice, Ermolov escreveu a Bagration que os comandantes do Exército precisavam prestar contas de seus atos não apenas ao imperador, mas também à pátria russa. Para um autocrata Romanov, essa era uma linguagem muito perigosa. Não por mera coincidência, quando jovens oficiais russos tentaram derrubar a monarquia absoluta, em dezembro de 1825, suspeitava-se amplamente que Aleksei Ermolov fosse uma fonte de inspiração e até mesmo uma possível liderança futura.[9]

Uma presença mais discreta, mas também formidável, no quartel-general era o intendente-geral do 1º Exército, Georg Kankrin. Com 38 anos quando a guerra começou, Kankrin era natural da pequena cidade de Hanau, em Hesse. Seu pai havia sido atraído para a Rússia em parte pelo alto salário oferecido por suas habilidades como especialista em tecnologia e mineração, e em parte porque sua língua afiada havia arruinado suas perspectivas na Alemanha. Após uma juventude alemã que incluiu estudos universitários de primeira linha e a escrita de um romance, o jovem Georg Kankrin achou muito difícil se adaptar à vida na Rússia. Ele hibernou por alguns anos, pobre demais para comprar tabaco e forçado a remendar suas próprias botas para economizar dinheiro. Por fim, seus escritos sobre administração militar chamaram a atenção de Barclay de Tolly e garantiram a ele uma posição importante no departamento de abastecimento do Ministério da Guerra, onde foi muito bem-sucedido. Como resultado, Barclay levou Kankrin com ele quando foi nomeado para comandar o 1º Exército. Durante os dois anos seguintes, Kankrin superou o imenso desafio de alimentar e equipar os exércitos da Rússia enquanto eles marchavam, primeiro cruzando o Império, e depois através da Alemanha e da França. Ele se mostrou extremamente eficiente e esforçado, além de honesto e inteligente. Graças à força de suas conquistas entre 1812 e 1814, ele posteriormente serviu por 21 anos como ministro das Finanças.[10]

Entre 26 de abril, quando chegou a Vilna, e 19 de julho, quando partiu para Moscou, Alexandre conviveu com Barclay de Tolly perto da base do 1º Exército. Esse curioso duunvirato executou a estratégia e, até certo ponto, as táticas russas. De algumas formas, Barclay se beneficiou disso. Ele e o imperador compartilhavam a visão de que a retirada estratégica era essencial, mas não podia ser defendida muito abertamente por medo de minar o moral e alienar a opinião pública. Acreditavam que os russos, tanto dentro quanto fora do Exército, haviam se acostumado às vitórias fáceis sobre oponentes inferiores e eram irrealistas sobre o que significava enfrentar o imenso poder de Napoleão. Por intermédio de Alexandre, Barclay podia exercitar um grau de controle sobre Tormasov e Bagration. Já que estava estacionado com o 1º Exército, o imperador naturalmente tendia a enxergar as operações da perspectiva deste. Além disso, embora Alexandre não tivesse uma grande admiração por nenhum de seus principais generais, ele confiava na percepção estratégica e no talento militar de Barclay muito mais do que nos de Tormasov e de Bagration. É quase certo que Bagration tenha sido amante da irmã de Alexandre, a grã-duquesa Catarina. A ela, o imperador escreveu em 1812 que Bagration era totalmente desprovido de qualquer habilidade ou mesmo compreensão no que dizia respeito a estratégia.[11]

Se a presença de Alexandre permitia a Barclay alguma influência sobre o 2º e o 3º Exércitos, o preço que ele pagava era a interferência do imperador nos assuntos de seu próprio 1º Exército. Os comandantes dos corpos enviavam relatórios duplicados a Alexandre e Barclay. No início da campanha, às vezes, eles recebiam ordens dos dois homens também. Oito dias depois de a guerra começar, o tenente-general Karl Baggohufvudt, o imenso e jovial comandante do 2º Corpo, escreveu a Barclay: "acabo de receber suas ordens de 18 de junho: considerando que elas estão em contradição com as ordens de Sua Majestade, o que devemos fazer?". Em 30 de junho Barclay escreveu ao imperador que não era capaz de dar instruções ao conde Peter Wittgenstein, que comandava o 1º Corpo no vulnerável flanco direito do exército, "porque não sei qual desdobramento Vossa Majestade Imperial pretende para o futuro". Quando o tenente-general conde Shuvalov, comandante do 4º Corpo, repentinamente ficou doente, Alexandre o substituiu em 1º de julho pelo conde Aleksandr Ostermann-Tolstói, afirmando que não havia tempo para consultar Barclay sobre essa nomeação.[12]

Esse grau de confusão era obviamente perigoso, e Alexandre, mais tarde, passou a se abster de minar o controle de Barclay sobre seus subordinados. O fato de que, tanto o imperador, quanto Barclay, concordavam com um recuo inicial para o Campo de Drissa também ajudou a reduzir os mal-entendidos. Ainda assim, as tensões permaneceram, principalmente porque Alexandre fora acompanhado até Vilna por um bando de experientes generais subempregados, membros da corte e parentes que tentavam impor, ao imperador e a Barclay, suas próprias ideias sobre o melhor modo de combater Napoleão.

Dentre esse grupo, o sujeito mais competente, mas provavelmente também o mais destrutivo a longo prazo, era Levin von Bennigsen. Desde Tilsit, Bennigsen havia vivido aposentado e desprestigiado em sua propriedade em Zakrent, bem próximo a Vilna. Quando Alexandre chegou a Vilna, em abril de 1812, ele convidou o general para se reintegrar à sua comitiva. De certa forma, trazer Bennigsen de volta ao serviço ativo fazia sentido e fazia parte da política de Alexandre de mobilizar todos os recursos e todos os talentos nessa época de extrema emergência.

Bennigsen era, sem dúvida, um soldado talentoso. Aos olhos de alguns analistas ele era, de fato, o mais hábil tático entre os generais russos mais antigos. Por outro lado, ele era um intriguista por natureza e um homem cheio de orgulho e ambição. Ele mesmo confessou em suas memórias ter "ambição e um certo orgulho que não podem, na verdade não deveriam, jamais estar ausentes em um soldado". E também admitiu que esse orgulho fazia com que ele "sentisse repugnância ao pensamento de servir em uma posição subalterna tendo uma vez sido comandante-em-chefe contra Napoleão". Bennigsen não se esquecia que Barclay já havia sido um mero major-general em seu exército. Também gostava muito de lembrar às pessoas que de 1806 a 1807 tinha conseguido manter sua posição durante seis meses contra Napoleão, embora estivesse superado numericamente em uma proporção de dois por um. Nos primeiros estágios da campanha, Bennigsen era simplesmente um aborrecimento menor. Com o tempo, porém, ele contribuiria bastante para os conflitos e invejas que corroeram o alto-comando russo.[13]

Quando chegou a Vilna, na noite de 24 de junho, a notícia de que a Guarda avançada de Napoleão havia cruzado a fronteira russa naquele dia, Alexandre estava em um baile na casa de campo de Bennigsen em Zakrent. O teto do salão de baile temporário erguido para a ocasião havia ruído e os convidados dançavam sob as estrelas. O imperador não ficou surpreso pelo momento da invasão ou pelo local que Napoleão escolhera para cruzar o rio Neman e entrar no Império Russo. A inteligência russa e os desertores franceses haviam dado amplos alertas sobre o ataque nos dois dias anteriores. A inteligência russa também tinha uma noção acurada dos números do inimigo. Alexandre e Barclay haviam concordado, muito tempo antes, sobre a necessidade de uma retirada estratégica ao campo em Drissa em face dessa esmagadora força inimiga. As ordens foram dadas de imediato aos comandantes russos para executar esse movimento planejado. Manifestos já haviam sido impressos antecipadamente para preparar tanto o Exército quanto os súditos de Alexandre para a futura batalha.

Nas duas semanas entre a invasão francesa e a chegada do 1º Exército a Drissa, a maioria das unidades de Barclay recuou em boa ordem e sem perdas significativas. Sob a perspectiva do alto-comando, as coisas correram quase todas de acordo com o planejado. Como sempre acontece na guerra, as coisas não pareciam tão em ordem e bem administradas aos oficiais e homens nos níveis mais baixos. Embora a maioria dos estoques tenha sido levada ou queimada, inevitavelmente alguns caíram em mãos inimigas, embora não fossem nem de longe suficientes para satisfazer a enorme demanda dos cavalos e homens de Napoleão. A tentativa de Barclay de requisitar carroças locais para os "paióis móveis de alimento" foi atrasada pela má vontade dos funcionários locais – em geral, poloneses – e muitas dessas carroças foram perdidas para Napoleão.[14]

Para tropas que haviam ficado em quartéis por semanas, a repentina necessidade de marchas forçadas podia ser um enorme choque. No início, mesmo as Guardas, que tinham que marchar muito menos, sofreram. Em 30 de junho, o capitão Pavel Pushchin, das Semenóvski, escreveu em seu diário que eles tinham levantado acampamento e marchado por onze horas sob chuva torrencial. Como resultado, quarenta homens do regimento caíram doentes e um morreu. Seguiram-se outras marchas, tão longas quanto esta, entre tempestades intermitentes e calor extremo. Para grande indignação de Pushchin, três soldados poloneses de sua companhia desertaram. Nos regimentos de lanceiros, compostos principalmente por recrutas poloneses, os índices de deserção eram muito maiores. O ponto básico, no entanto, é que, em comparação às devastadoras perdas de homens e cavalos nas linhas de Napoleão durante esses dias, as perdas no lado russo eram arranhões.[15]

Das unidades de Barclay, as que estavam em maior risco nessas duas primeiras semanas ficavam em seu flanco esquerdo, onde corriam o perigo de ser isoladas do resto do 1º Exército pelo avanço de Napoleão. O único grande erro cometido pelo alto-comando russo nos primeiros dias da guerra foi o fracasso do 4º Corpo em notificar com rapidez sua Guarda avançada posicionada próximo ao rio Neman de que os franceses haviam cruzado o rio ao norte deles. Como resultado, os 4 mil homens comandados pelo major-general Ivan Dorokhov por muito pouco não foram esmagados e foram capazes de escapar marchando em direção sul para se unir ao 2º Exército de Bagration.

O destacamento de Dorokhov era composto de um regimento hussardo, dois cossacos e dois *jaegers*, incluindo o excelente 1º *Jaegers*. Um oficial desse regimento, major Mikhail Petrov, escreveu em suas memórias que o 1º *Jaegers* só escapou à custa de dias e noites ininterruptas de marchas forçadas que mataram alguns homens e deixaram outros quase inconscientes de exaustão. Petrov lembrou que os oficiais desmontavam, empilhavam os equipamentos dos homens em seus cavalos e ajudavam a carregar os mosquetes de seus soldados. Pela primeira, mas definitivamente não pela última vez nas campanhas de 1812 a 1814, a infantaria leve russa demonstrou resistência fenomenal se mantendo com a cavalaria leve e a artilharia montada que serviam avançadas e na retaguarda.[16]

O 6º Corpo do tenente-general Dmitri Dokhturov era muito maior do que o destacamento de Dorokhov e, portanto, tinha menos probabilidade de ser esmagado. Ainda assim, Dokhturov se saiu bem não apenas ao evitar cair nas garras de Napoleão, mas também cortando através do Exército Francês que avançava e reunindo-se ao 1º Exército antes de Drissa. Entre os oficiais de Dokhturov estava o jovem Nikolai Mitarévski, um tenente artilheiro na 12ª Bateria Leve. Ele lembrou que, às vésperas da guerra, nunca tinha ocorrido a nenhum dos oficiais que eles iriam recuar. Todos esperavam avançar ao velho e honrado estilo para encontrar o inimigo e, quando isso não aconteceu, logo se espalharam boatos sobre a irrefreável força do Exército de Napoleão.

A bateria de Mitarévski havia sido postada bem longe, no interior russo, e levou algum tempo para os soldados e oficiais aprenderem como sobreviver em campanha. De início, eles passaram fome quando suas carroças de transporte desapareciam por algum tempo, mas rapidamente aprenderam a carregar comida suficiente para os homens e cavalos pendurando-a em suas armas e carretas de munições. Embora os cavalos tivessem que comer grama durante parte da retirada de duas semanas, esse foi um sacrifício pequeno, já que eles começaram a campanha em boas condições e a bateria estava equipada com foices para aparar a grama longa. A maioria da população tinha fugido para dentro das florestas, mas o 6º Corpo teve pouca dificuldade em encontrar comida suficiente para requisitar ou para garantir que nada fosse deixado para os franceses.

Embora fossem abundantes os rumores de que o inimigo estava próximo, o mais perto que a bateria de Mitarévski chegou da ação foi quando um grande rebanho de gado em uma floresta foi confundido com a cavalaria francesa. O pior ataque inimigo à coluna veio de verdade quando os poloneses capturaram dois padres regimentais que ficaram para trás, amarraram suas barbas juntas, deram a eles um emético[†] e os devolveram aos soldados furiosos de Dokhturov, para quem a ortodoxia e a desconfiança em relação aos poloneses eram bastante representativas da identidade russa. O 6º Corpo escapou dos franceses em parte à custa de marcha pesada. Somado a isso, porém, ele foi protegido e pastoreado de forma magistral pela cavalaria de Peter von der Pahlen.[17]

Em uma retirada desse tipo, uma cavalaria forte era essencial. Barclay estava enfraquecido pelo fato de o avanço de Napoleão ter isolado o destacamento independente de cossacos do general Matvei Platov do 1º Exército, forçando-o a

---

† Substância capaz de induzir o vômito. (N.T.)

se movimentar para o sul para se unir a Bagration. A força de Platov era composta de nove regimentos cossacos, dos quais apenas dois não eram da região do Don. Ela também incluía quatro regimentos "nativos" de cavalaria irregular, dos quais dois eram tártaros crimeios, um era calmuco e o outro, basquir.

Ninguém precisava temer pela segurança dos regimentos de Platov. O exército completo de Napoleão podia ter perseguido esses cossacos o ano todo sem a menor chance de apanhá-los, mas a perda temporária de quase toda a sua cavalaria irregular pôs os regimentos regulares da cavalaria de Barclay sob algumas restrições. Fedor Uvarov reportou que, na ausência dos cossacos, ele fora forçado a usar a linha regular e mesmo regimentos de cavalaria das Guardas para serviços de posto avançado. Isso não apenas exauriu seus cavalos, mas também os envolveu com frequência em tarefas para as quais não haviam sido treinados. Um resultado disso foi que Uvarov não podia fustigar o inimigo ou capturar uma quantidade próxima do número normal de prisioneiros, que eram uma importante fonte de informação sobre o tamanho e os movimentos do inimigo.[18]

Mesmo sem os cossacos, no entanto, a cavalaria russa geralmente saía vencedora em suas escaramuças com os franceses, que tiveram pouco sucesso em impedir ou atrapalhar os homens de Barclay em sua planejada retirada para Drissa. O alto-comando russo tinha ainda outros motivos para ficar satisfeito. Napoleão ansiara por uma batalha decisiva nos primeiros dias da guerra. Sua estratégia primordial não era a conquista de território, mas a destruição do Exército Russo. Ele acreditava corretamente que, se pudesse aniquilar os exércitos de Barclay e Bagration em uma segunda Austerlitz, então Alexandre não teria muita opção a não ser aceitar a paz nos termos franceses. Os russos haviam encorajado suas esperanças de uma batalha decisiva prematura ao "converter" um agente francês essencial na Lituânia e passar por intermédio dele informações erradas de que pretendiam lutar por Vilna. Caulaincourt lembra que "Napoleão ficou impressionado por eles cederem Vilna sem sacrifício e tomarem essa decisão a tempo para escapar. Foi realmente uma desilusão para ele ter que desistir da esperança de uma grande batalha ante Vilna".[19]

O alto-comando russo também descobriu rapidamente que o exército de Napoleão estava pagando um preço considerável pela determinação dele em pressionar o inimigo e forçá-lo a lutar. Muitos dos homens de Napoleão e, mais importante, seus cavalos, tinham sido mal alimentados nas semanas anteriores à invasão. Em qualquer circunstância, seu imenso exército, concentrado ansiosamente para uma batalha decisiva inicial, teria achado impossível se alimentar de modo adequado na empobrecida Lituânia. Acelerar a marcha em uma tentativa de forçar Barclay a lutar sobre terreno consumido e destruído pelos russos tornou as coisas piores. Chuvas torrenciais completavam o retrato do sofrimento. Depois de apenas duas semanas de campanha, Napoleão escreveu ao seu ministro da Guerra em Paris que não havia sentido em tentar criar novos regimentos de cavalaria, já que todos os cavalos disponíveis na França e na Alemanha mal bastariam para remontar a cavalaria existente e compensar as enormes perdas que ela já tinha sofrido na Rússia. Desertores e prisioneiros de guerra informaram os russos sobre a fome e as doenças nas fileiras francesas e, acima de tudo, sobre a devastadora perda de cavalos. O mesmo fizeram os oficiais de inteligência militar que haviam sido enviados em missões supostamente diplomáticas aos quartéis-generais franceses sob a bandeira da trégua.[20]

A mais famosa dessas missões foi a visita do general Balashev ao quartel-general de Napoleão imediatamente após o início da guerra, levando uma carta de Alexandre ao imperador francês. Balashev deixou Vilna em 26 de junho, pouco antes da evacuação da cidade pelos russos, e se viu de volta a ela quatro dias mais tarde, agora ocupada pelos franceses. Em 31 de junho, ele encontrou Napoleão exatamente na mesma sala onde Alexandre lhe havia passado instruções apenas cinco dias antes. Parte do propósito dessa missão era colocar os franceses claramente como agressores perante a opinião pública europeia, ao mostrar o comprometimento de Alexandre com a paz, apesar da violência de Napoleão. Menos sabido é que Balashev estava acompanhado por um jovem oficial de inteligência, Mikhail Orlov, que manteve seus olhos e ouvidos abertos durante os dias que passou atrás das linhas francesas. Quando Orlov retornou ao quartel-general russo, Alexandre passou uma hora a sós com ele e se viu tão satisfeito com as informações que recebeu sobre os movimentos e perdas inimigas que promoveu Orlov e o transformou em seu ajudante-de-campo imediatamente. Poucos tenentes, para dizer o mínimo, podiam esperar tamanha atenção de seu soberano, o que ilustra a importância que Alexandre deu às informações conseguidas por Orlov.[21]

Paul Grabbe, ex-adido militar russo em Munique, foi enviado em uma missão similar, ostensivamente em resposta a uma indagação do marechal Berthier sobre o paradeiro do general Lauriston, o embaixador de Napoleão junto à Alexandre. Indo bem atrás das linhas de frente francesas, Grabbe foi capaz de confirmar o "descuido" e a "desordem" que reinavam na cavalaria, reportando que os cavalos "exaustos" estavam sendo deixados sem nenhum cuidado. Juntando o que viu e o que soube através de conversas, ele também pôde informar Barclay de que os franceses não tinham a intenção de atacar o campo de Drissa e estavam, na verdade, avançando bem mais ao sul.[22]

A informação levantada por Grabbe confirmou todas as dúvidas de Barclay sobre o valor estratégico do campo em Drissa. Já em 7 de julho ele escrevera a Alexandre que o Exército estava recuando em direção a Drissa em velocidade excessiva e desnecessária, o que tinha um efeito ruim sobre o moral das tropas e levava-os a crer que a situação fosse muito mais perigosa do que realmente era. Dois dias depois, quando as primeiras unidades do exército de Barclay estavam chegando ao campo, ele escreveu ao imperador que a informação de Grabbe trazia clara evidência de que as principais forças de Napoleão estavam avançando bem ao sul de Drissa, separando o 1º e o 2º Exércitos e empurrando-os para o interior da Rússia: "Parece claro para mim que o inimigo não tentará nenhum ataque contra nós no campo em Drissa e teremos que ir ao encontro dele".[23]

Quando Alexandre e seus principais generais chegaram a Drissa, a inutilidade do campo rapidamente se tornou evidente. Se o 1º Exército permanecesse ali, Napoleão poderia voltar quase todo o seu exército contra Bagration, talvez aniquilando-o e certamente o conduzindo muito para sul, bem distante do principal teatro de operações. O portão de entrada para Moscou estaria então completamente aberto, com o 1º Exército longe no noroeste. Ainda pior, o próprio Napoleão podia se movimentar para o norte até a retaguarda de Drissa, cortando as comunicações russas, cercando o campo e virtualmente encerrando a guerra ao forçar a rendição do 1º Exército.

Além desses perigos estratégicos, o campo também mostrou ter várias fraquezas táticas. Acima de tudo, ele podia ser cercado com facilidade ou mesmo tomado pela retaguarda. Alexandre, Barclay e mesmo Pfühl estavam vendo Drissa pela primeira vez. Até mesmo Wolzogen, que escolhera o local, tinha passado somente 36 horas em Drissa. Como o corpo de engenharia logo demonstrou, nenhum de seus oficiais havia tomado qualquer parte na escolha do campo ou no planejamento e construção de suas fortificações. Eles haviam estado sobrecarregados demais tentando aprontar as fortalezas de Riga, Dünaburg, Bobruisk e Kiev para a guerra.[24]

Em face de uma tempestade de objeções de quase todos seus principais conselheiros militares, Alexandre concordou que o exército precisava abandonar Drissa e recuar para o leste para alcançar Vitebsk antes de Napoleão. Não há registro dos pensamentos mais íntimos do imperador quando tomou essa decisão. Quaisquer que tenham sido suas dúvidas sobre o campo, ele certamente estava muito insatisfeito pelo fato de toda a linha de defesa ao longo do rio Dvina estar sendo abandonada três semanas após o início da guerra, o que ameaçava todos os esforços para organizar exércitos de reserva ou uma segunda linha de defesa na retaguarda em tempo hábil.[25]

Em 17 de julho, o 1º Exército abandonou Drissa e recuou em direção a Vitebsk, esperando alcançar a cidade antes de Napoleão. Dois dias depois, Alexandre partiu para Moscou. O imperador fora instado a tomar essa medida em uma carta conjunta assinada por três de seus mais experientes conselheiros, Aleksei Arakcheev, Aleksander Balashev e Aleksander Shishkov. Acima de tudo, eles argumentavam que a presença de Alexandre nas duas capitais era essencial para inspirar a sociedade russa e mobilizar todos os seus recursos para a guerra. Antes de deixar o exército, o imperador conversou com Barclay durante uma hora. Suas últimas palavras para seu comandante antes de partir foram ouvidas por Vladimir Löwenster, ajudante-de-campo de Barclay: "Eu confio meu Exército a você. Não esqueça de que é o único Exército que tenho. Tenha esse pensamento sempre em mente". Dois dias antes, Alexandre tinha escrito de forma similar a Bagration:

> Não esqueça que ainda somos rivalizados por números superiores em todos os pontos e, por essa razão, precisamos ser cautelosos e não nos privarmos dos meios para executar uma campanha eficaz arriscando tudo em um dia só. Nosso objetivo todo deve ser direcionado a ganhar tempo e retardar a guerra o máximo de tempo possível. Apenas dessa forma podemos ter a chance de derrotar um inimigo tão forte, que mobilizou recursos militares de toda a Europa.[26]

Bagration precisava muito mais de tal conselho do que Barclay. Seu sistema de guerra é bem resumido em uma série de suas cartas e circulares do verão de 1812. "Os russos não devem fugir", ele escreveu; "estamos nos tornando piores do que os prussianos." Ele instava seus oficiais "a instilar em nossos soldados que as tropas inimigas não eram nada além de escória retirada de cada canto da terra, enquanto nós somos russos e cristãos fiéis (*edinovernye*). Eles não sabem lutar com bravura e, sobretudo, temem nossas baionetas. Então devemos atacá-los". Por certo, essa era uma propaganda destinada a elevar o moral, mas mesmo em particular, Bagration enfatizava a agressão, a superioridade moral e o espírito ofensivo. No início da guerra ele instou Alexandre a permitir que ele lançasse seu exército em um ataque diversionário contra Varsóvia, que, sob o ponto de vista de Bagration, seria a forma mais efetiva de afastar as tropas francesas do 1º Exército. Ele admitiu que, no final, forças inimigas superiores se concentrariam contra ele e forçariam sua rendição, e planejou se mover então ao sul para se unir ao 3º Exército de Tormasov e defender as proximidades de Volínia.[27]

De modo sensato, Alexandre recusou essa proposta, que teria dado a Napoleão uma oportunidade de ouro para cercar e destruir o 2º Exército e que, mesmo no cenário mais otimista, teria resultado no afastamento da força de Bagration muito para o sul, longe do teatro decisivo. Em vez disso, o imperador impôs sua própria estratégia a Bagration: enquanto o 1º Exército recuava perante números superiores, o 2º Exército e os Cossacos de Platov deveriam assediar os flancos e a retaguarda de Napoleão.

Ao forçar essa estratégia, Alexandre estava se atendo aos princípios básicos que haviam guiado o pensamento de Barclay no começo de 1810 e que, no fim, trariam a vitória em 1812. Qualquer exército russo que fosse ameaçado pelo corpo principal de Napoleão deveria recuar e recusar a batalha, enquanto os outros exércitos russos tinham que atacar nos sempre crescentes flancos e retaguardas inimigos. Mas essa estratégia só foi compreendida por completo no outono de 1812, quando os exércitos de Napoleão estavam bastante esgotados e seus imensamente longos flancos se encontravam vulneráveis aos exércitos russos vindos da Finlândia e dos Bálcãs. Lançar Bagration ao flanco do corpo principal de Napoleão em junho de 1812 era uma receita para o desastre quase tão certa quanto permitir que ele montasse um ataque ao ducado de Varsóvia.

O bom-senso acabou prevalecendo e Bagration recebeu a ordem de recuar e tentar se unir ao 1º Exército. A essa altura, porém, tempo precioso havia sido desperdiçado e as colunas avançadas de Davout estavam cruzando a rota de Bagration para chegar a Barclay. Nessas primeiras semanas da guerra, o 1º Exército de Barclay executou uma retirada planejada, e, para a maioria das unidades, segura, para Drissa. Em contraste, os movimentos do 2º Exército de Bagration tiveram que ser improvisados e foram mais perigosos. Pelas seis semanas seguintes, o objetivo principal dos russos foi unir seus dois principais exércitos. A meta prioritária de Napoleão era impedi-los de fazer isso, forçar Bagration a ir em direção ao sul e, se possível, esmagar o 2º Exército entre o corpo de Davout ao norte e as forças de Jérôme Bonaparte avançando do oeste.

No final, os russos venceram essa competição. As tropas de Jérôme, a maioria de vestfalianos,[‡] ficaram retidas bem atrás do primeiro escalão de Napoleão, em parte na esperança de que Bagration avançasse para atacá-los e caísse em uma armadilha. Mesmo depois de Bagration desperdiçar vários dias antes de recuar, Jérôme ainda tinha muito a percorrer caso quisesse pegá-lo. As tropas russas eram, em geral, superiores e muito mais rápidas na marcha que os vestfalianos de Jérôme. Eles estavam marchando em direção aos seus próprios depósitos de

---

[‡] Nativos da região da Vestfália, na Alemanha. (N.T.)

suprimentos e sobre campos ainda intactos. Os soldados de Jérôme, ao contrário, estavam se afastando de seus suprimentos e entrando em uma região que os russos já haviam arrasado.

Além disso, Jérôme enfrentava a formidável cavalaria da retaguarda de Bagration. Quando o avanço de Napoleão forçou Platov a escapar para o sudeste, ele se uniu ao 2º Exército. Em três dias sucessivos, entre 8 e 10 de julho, perto da vila de Mir, Platov emboscou e pôs em fuga a cavalaria de Jérôme que avançava. A maior vitória veio no último dia, quando seis regimentos de lanceiros poloneses foram destruídos por uma combinação dos cossacos de Platov e da cavalaria regular do major-general Ilarion Vasilchikov. Essa foi a primeira vez na guerra em que os franceses encontraram a plena força das cavalarias leves regular e irregular russas combinadas. Foi também a primeira vez que se depararam com Vasilchikov, um dos melhores generais da cavalaria leve russa. A superioridade da cavalaria leve russa, estabelecida no início da campanha de 1812, se tornaria cada vez mais evidente ao longo dos dois anos seguintes da guerra. A vitória russa em Mir garantiu que a guarda avançada de Jérôme mantivesse uma distância segura atrás de Bagration dali por diante.

As tropas de Davout se mostraram um obstáculo mais duro. Elas bloquearam as tentativas de Bagration em abrir caminho até o 1º Exército via Minsk, forçando-o a fazer um grande desvio para o sudeste. Em Saltanovka, em 23 de julho, os homens de Davout detiveram outra tentativa de Bagration em se unir a Barclay, desta vez através de Mogilev. Apenas em 3 de agosto, tendo cruzado o Dnieper, o 2º Exército finalmente conseguiu se unir ao 1º perto de Smolensk. Durante todo o mês de julho, tanto Barclay quanto Bagration haviam tentado reunir seus dois exércitos. Cada um culpava o outro por seus fracassos. Em retrospecto, no entanto, é possível ver não apenas que o fracasso na reunião não foi culpa de nenhum dos generais, mas que ele também contribuiu para a vantagem russa.

Isso aconteceu em parte porque a tentativa de eliminar Bagration esgotou o Exército de Napoleão muito mais do que os russos em retirada. Mesmo na época em que Davout alcançou Mogilev, a decisão de acelerar adiante para apanhar Bagration através de um interior devastado havia custado a ele 30 mil dos 100 mil homens com os quais tinha atravessado o Neman. Depois de Mogilev, ele desistiu de sua tentativa de perseguir o 2º Exército por medo de destruir suas tropas. Além disso, o fato de os exércitos russos estarem divididos oferecia a Barclay um motivo perfeito para recuar e não se arriscar a enfrentar Napoleão em uma batalha campal. Se os dois exércitos tivessem se unido e o carismático e bastante popular Bagration tivesse recebido a chance de liderar o chamado à batalha, isso teria sido muito mais difícil. Se os dois exércitos russos tivessem combatido Napoleão no início de julho, a superioridade francesa seria maior que dois para um. No começo de agosto, essa proporção estava próxima de três para dois. Nesse sentido, a estratégia planejada por Barclay e Alexandre para exaurir Napoleão se mostrou um triunfante sucesso, mas houve um elemento de sorte em sua habilidade em manter essa estratégia por tanto tempo.

Após abandonar Drissa e se despedir de Alexandre, Barclay de Tolly estava na verdade planejando manter uma posição na frente de Vitebsk. Isso seria, em parte, para manter o moral de suas tropas. Quando o exército alcançou Drissa, os soldados haviam recebido uma bombástica proclamação prometendo que o tempo de retirada estava acabado e que a coragem russa iria enterrar Napoleão e o exército dele nas margens do Dvina. Quando, alguns dias depois, o recuo recomeçou, as reclamações foram inevitáveis. Ivan Radojitski, um jovem oficial artilheiro no 4º Corpo, ouviu entre seus atiradores sobre a "inaudita" retirada das tropas russas e o abandono de imensas faixas do Império sem luta. "Obviamente o vilão (ou seja, Napoleão) deve ser muito forte: veja só quanto estamos entregando a ele de graça, quase toda a velha Polônia".[28]

O principal motivo para Barclay arriscar uma batalha em Vitebsk, no entanto, era distrair Napoleão e permitir que Bagration avançasse através de Mogilev para se unir ao 1º Exército. As tropas de Barclay chegaram a Vitebsk em 23 de julho. Para ganhar tempo até que recuperassem seu fôlego e Bagration chegasse, ele destacou o 4º Corpo do Conde Aleksandr Ostermann-Tolstói para a principal estrada que levava a Vitebsk pelo oeste, para retardar o avanço das colunas de Napoleão. Em 25 de julho, em Ostrovno, a cerca de 20 quilômetros de Vitebsk, aconteceu o primeiro grande choque entre as forças de Napoleão e o 1º Exército.

Aleksandr Ostermann-Tolstói era extremamente rico e tinha algumas das excentricidades dignas de um magnata russo dessa era. Apesar de seu nome, ele era um tipo puramente russo: acrescentar o prefixo "Ostermann" ao seu próprio orgulhoso sobrenome Tolstói tinha sido uma concessão de má vontade aos ricos tios solteiros que lhe haviam deixado suas grandes fortunas. Ostermann-Tolstói era um homem bonito, com rosto fino e nariz adunco. Ele parecia o romântico herói pensativo. Em sua propriedade na província de Kaluga, Tolstói vivia com um urso de estimação enfeitado com roupas fantásticas. Mais modesto quando estava em campanha, ele ainda assim gostava, quando possível, de ser acompanhado por sua águia de estimação e seu corvo branco. De certo modo, Ostermann--Tolstói era um homem admirável. Ele era um grande patriota, que tinha odiado o que vira como a humilhação russa em Tilsit. Bem-educado, fluente em francês e alemão e amante da literatura russa, era enorme e inspiradoramente bravo, mesmo para os altos padrões do Exército Russo. Também era cuidadoso com a alimentação, a saúde e o bem-estar de seus homens. Compartilhava o amor deles por trigo sarraceno e era fisicamente tão forte quanto o mais forte de seus granadeiros veteranos. Ostermann-Tolstói era, de fato, um inspirador coronel de regimento e comandante aceitável de divisão, desde que operasse sob as vistas de generais mais experientes, mas não era um homem em quem se poderia confiar seguramente com uma grande força destacada.[29]

O 4º Corpo lutou na Batalha de Ostrovno de uma forma que refletia bem a personalidade de Ostermann-Tolstói, embora, para sermos justos, ela também refletisse a inexperiência de muitas de suas unidades e a ansiedade dos soldados russos em finalmente se bater com o inimigo. Barclay enviou seu ajudante de ordens, Vladimir Löwenstern, para ficar de olho em Ostermann-Tolstói. Posteriormente, Löwenstern lembrou que o comandante mostrou coragem excepcional, mas também expôs sua tropa a perdas desnecessárias. O mesmo ponto foi assinalado por Gavril Meshetich, um jovem oficial de artilharia que servia na 2ª Bateria Pesada do 4º Corpo.

De acordo com Meshetich, Ostermann-Tolstói falhou em tomar as precauções apropriadas, apesar de ter sido alertado para o fato de os franceses estarem próximos. Como resultado, sua guarda avançada foi emboscada e perdeu seis canhões. Depois disso, ele não usou a cobertura disponível em nenhum dos lados da estrada principal para proteger sua infantaria do fogo da artilharia inimiga. Também tentou forçar o recuo de escaramuçadores inimigos com um ataque em massa de baionetas, uma tática muito usada pelos russos em 1805 e que, em geral, se mostrava cara e ineficiente. No entanto, não se pode culpar Ostermann-Tolstói pelo pequeno fiasco que aconteceu em seu flanco esquerdo quando o Regimento dos Dragões Ingermanland estava postado em uma floresta para vigiar os franceses. Tendo enfim a chance de enfrentar o inimigo, os dragões russos saíram enfurecidos da floresta, despedaçaram a cavalaria inimiga mais próxima e foram então esmagados pelos franceses que estavam em número superior, perdendo 30% de seus homens. Uma consequência dessas perdas foi que o regimento foi mantido fora da linha de frente e relegado ao serviço de polícia militar durante a maior parte do resto de 1812. Para preencher as vagas dos oficiais perdidos em Ostrovno, cinco suboficiais não nobres foram promovidos, um dos primeiros exemplos de algo que se tornaria uma ocorrência comum entre 1812 e 1814.[30]

Porém, seria errado enfatizar apenas os fracassos russos em Ostrovno. O 4º Corpo cumpriu sua tarefa ao atrasar os franceses e infligir pesadas perdas, apesar de enfrentar números cada vez maiores. Embora não muito competente,

Ostermann-Tolstói era um comandante inspirador. Ostrovno foi a primeira batalha do jovem Ivan Radojitski, bem como da maioria dos soldados do 4º Corpo. Ele lembrava cenas de crescente desolação e potencial pânico à medida que a pressão inimiga aumentava e homens eram eviscerados e dilacerados pelas balas dos canhões franceses. Em meio aos disparos, Ostermann-Tolstói permanecia imóvel em seu cavalo, cheirando seu rapé. Aos mensageiros da desgraça que pediam permissão para recuar ou alertavam para o fato de que mais e mais armas russas estavam sendo inutilizadas, Ostermann-Tolstói respondia com seu próprio exemplo de calma e com ordens para "ficar e morrer". Radojitski comentou que "essa inabalável força de nosso comandante em um momento em que todos ao redor dele estavam sendo derrubados era verdadeiramente parte do caráter de um russo enfurecido pelos sofrimentos sendo infligidos ao seu país. Olhando para ele, nós nos fortalecíamos e íamos ao nosso posto para morrer".[31]

Naquela tarde, o 4º Corpo recuou sete quilômetros em direção a Kakuviachino, onde a responsabilidade de retardar os franceses foi entregue ao tenente-general Petr Konovnitsin, comandante da 3ª Divisão de Infantaria. Konovnitsin era tão corajoso quanto Ostermann-Tolstói, mas um comandante de retaguarda muito mais competente. Seus homens mantiveram os franceses à distância pela maior parte do 26 de julho. Naquela noite, porém, o ajudante-de-campo de Bagration, o príncipe Aleksandr Menshikov, chegou ao quartel-general de Barclay com uma notícia que mudou a situação. Em Saltanovka, em 23 de julho, Davout havia bloqueado as tentativas de Bagration de marchar rumo ao norte via Mogilev para se unir a Barclay. Como consequência, o 2º Exército estava sendo forçado a marchar ainda mais ao leste, e não havia chance de qualquer união entre os dois exércitos russos no futuro imediato.

Mesmo após receber essa notícia, Barclay ainda queria lutar em Vitebsk, mas foi dissuadido por Ermolov e pelos outros generais superiores. Como Barclay mais tarde reconheceu, o conselho de Ermolov estava correto. A posição em Vitebsk tinha suas fraquezas e os russos teriam sido superados numericamente em uma proporção maior que dois para um. Além disso, mesmo que eles tivessem repelido os ataques de Napoleão por um dia, isso não teria utilidade. Na verdade, iria apenas ampliar a distância entre o 1º e o 2º Exércitos e permitir que Napoleão passasse entre eles e tomasse Smolensk. Portanto, foram emitidas ordens ao 1º Exército para recuar. No entanto, com o exército inteiro de Napoleão posicionado sob o nariz dos russos, escapar ileso não seria uma tarefa fácil.[32]

A retirada do 1º Exército começou às quatro da tarde de 27 de julho. Durante todo aquele dia, a retaguarda russa comandada por Peter Pahlen manteve os franceses afastados, manobrando com habilidade e calmamente cedendo espaço quando necessário, realizando uma série de perfeitos contra-ataques para deter qualquer tentativa de pressão muito forte. Barclay de Tolly não era nem um pouco dado a elogiar em excesso seus subordinados, mas em seus relatórios a Alexandre, ele destacou o grande desempenho de Pahlen ao desengajar o 1º Exército de Napoleão e cobrir seus rastros durante a retirada de Vitebsk para Smolensk. Fontes francesas tendem a argumentar que Napoleão perdeu uma grande oportunidade, em 27 de julho, ao dar como certo que os russos ficariam e lutariam no dia seguinte, e não pressionando Pahlen duramente. Naquela noite, os cossacos mantiveram todas as fogueiras queimando nos acampamentos russos, o que convenceu os franceses que Barclay ainda estava em posição e esperando a batalha. Quando acordaram na manhã seguinte e descobriram que os russos haviam partido, houve grande desânimo, ampliado pelo fato de que Pahlen tinha coberto os rastros de Barclay com tamanha habilidade que durante um tempo Napoleão não teve ideia sobre qual direção seu inimigo havia tomado.[33]

O duque de Fezensac, que estava servindo como ajudante-de-campo do marechal Berthier, lembra em suas memórias que os oficiais franceses mais inteligentes e experientes começaram a se sentir desconfortáveis em Vitebsk: "Eles estavam chocados pela admirável ordem com a qual o Exército Russo havia feito sua retirada, sempre coberto por seus numerosos cossacos, e sem abandonar um único canhão, carroça ou homem doente". O conde de Segur estava na comitiva de Napoleão e lembra-se de uma inspeção no campo de Barclay no dia seguinte à partida dos russos: "Nada deixado para trás, nenhuma arma, nem um único objeto de valor; sem traços, nada, em resumo, nessa repentina marcha noturna, que poderia demonstrar, além dos limites do campo, a rota que os russos haviam tomado; parecia existir mais ordem na derrota deles do que em nossa vitória!".[34]

Após deixar Vitebsk, o exército de Barclay rumou a Smolensk. Inicialmente havia temores de que os franceses poderiam chegar lá antes e o destacamento de cavalaria de Guardas e *Jaegers* de Preradovich cobriu 80 quilômetros em 38 horas para antecipar-se a eles. Na verdade, isso era uma espécie de alarme falso, já que as tropas de Napoleão estavam exaustas e precisavam descansar. Em 2 de agosto, Barclay e Bagration se encontraram em Smolensk e os dois principais exércitos russos foram finalmente reunidos.

Ambos os generais fizeram o máximo para deixar antigas desavenças para trás e agir de modo unido. Barclay foi encontrar Bagration fora de seu quartel-general em uniforme completo, chapéu na mão. Ele levou Bagration para circular pelos regimentos do 1º Exército, mostrando-o aos soldados e fazendo uma grande demonstração da união e amizade dos dois comandantes. Enquanto isso, Bagration concedeu o comando-geral a Barclay. Considerando que era um pouco mais antigo, vinha da antiga família real da Georgia e tinha se casado no coração da aristocracia russa, pelos padrões da época isso significava um grande autossacrifício, mas união e subordinação sempre foram condicionais. No final, como Barclay compreendeu, Bagration só seguiria seus planos, se ele assim decidisse fazê-lo.

Na verdade, apesar da boa vontade de ambos os lados, a união não poderia durar. O feroz georgiano e o frio e cerebral "alemão" tinham personalidades simplesmente diferentes demais, e o resultado direto disso eram visões opostas sobre a estratégia a ser adotada. Bagration, apoiado por quase todos os principais generais, era favorável a uma ofensiva imediata e decisiva. Sem contar todas as razões militares que os inspiravam a apoiar essa estratégia, fica claro, a partir das memórias de muitos oficiais, que, uma vez que chegou a Smolensk, o Exército se tornou plenamente consciente de que estava agora defendendo o solo nacional russo.

Luka Simanski, por exemplo, era um tenente nas Guardas Izmailóvski. Nas primeiras semanas da guerra, seu diário mostra pouca emoção e é muito mais um registro de conversas cotidianas, prazeres e frustrações menores. Apenas quando Simanski chega à cidade russa de Smolensk, vê o ícone milagroso da Virgem Maria e escreve sobre sua graça salvadora em outros tempos de emergência nacional é que fortes emoções emergem. Para Ivan Paskevich, o comandante da 26ª Divisão no exército de Bagration, a natureza, mais do que qualquer coisa feita pelo homem, garantiu o primeiro grande lembrete de que isso era uma guerra "nacional": "agora estávamos lutando na velha Rússia, como cada bétula disposta ao lado da estrada nos lembrava".[35]

De muitas formas, a mais convincente justificativa da linha de Bagration foi definida em uma carta de Ermolov a Alexandre. Ele afirmava que os exércitos achariam difícil permanecer unidos e estáticos em Smolensk por muito tempo. Uma vez que nunca havia sido previsto que eles se concentrariam ali, poucos suprimentos tinham sido reunidos e eles sofreriam para se alimentar. Smolensk, de qualquer forma, não era uma posição defensiva forte. A mais leve ameaça às comunicações do Exército com Moscou forçaria um recuo ainda maior. Agora era hora de atacar, enquanto o Exército de Napoleão estava disperso. A inatividade do inimigo devia ser causada por fraqueza, depois de ter formado tantos destacamentos para afastar as ameaças de Wittgenstein e Tormasov, nos flancos ao norte e ao sul.

Alexandre I

Os Comandantes

Mikhail Barclay de Tolly

Mikhail Kutuzov

Levin von Bennigsen

Peter von Wittgenstein

Diplomacia e Inteligência

Petr Rumiantsev

Karl von Nesselrode

Aleksandr Chernishev

Christoph von Lieven

Os Estadistas

Mikhail Speranski

Aleksei Arakcheev

Dmitri Gurev

Fedor Rostopchin

Heróis de 1812

Petr Bagration

Mikhail Miloradovich

Matvei Platov

Eugen of Württemberg

Quartéis-generais

Petr Volkonski

Aleksei Ermolov

Karl von Toll

Johann von Diebitsch

Exército da Silésia

Alexandre de Langeron

Fabian von der Osten-Sacken

Ilarion Vasilchikov

Johann von Lieven

Retaguarda

Aleksei Gorchakov

Dmitri Lobanov-Rostóvski

Georg Kankrin

Andrei Kologrivov

Ermolov declarou que o maior obstáculo para uma ofensiva era Barclay: "O comandante-em-chefe... tanto quanto possível vai evitar uma grande batalha e não vai concordar com uma, a não ser que ela seja absoluta e inevitavelmente necessária". A essa altura, Alexandre sabia, de muitas fontes, o quanto a estratégia de Barclay era impopular entre os generais e os soldados. Um especialista em evitar responsabilidade por políticas impopulares, o imperador não pode ter ficado satisfeito ao ler o comentário de Ermolov de que Barclay "não escondeu de mim a opinião de Vossa Majestade sobre esse assunto".[36]

Na verdade, na época em que os dois exércitos se uniram em Smolensk, a posição de Alexandre havia mudado de forma radical e ele mesmo estava pressionando Barclay para avançar contra Napoleão. Provavelmente o imperador foi sincero ao afirmar que nunca havia esperado que a retirada chegasse a Smolensk antes de arriscar uma batalha, mas ele também podia estar ciente dos riscos políticos se Barclay continuasse a recuar sem lutar. Em 9 de agosto, ele escreveu ao comandante-em-chefe: "Eu agora espero que, com a ajuda do Ser Supremo, você seja capaz de assumir a ofensiva e desta forma conter a invasão de nossas províncias. Coloquei a segurança da Rússia em suas mãos, general, e gosto de acreditar que você irá justificar toda a minha confiança em você". Dois dias mais tarde, Alexandre repetiu sua chamada para um ataque, acrescentando sem nenhum senso de ironia que "você está livre para agir sem nenhum impedimento ou interferência". Sob grande pressão para atacar, vinda de seus próprios generais e de Bagration, Barclay não estava em posição para ignorar também seu mestre. De qualquer forma, ele era prisioneiro de sua própria promessa anterior feita a Alexandre, de que atacaria uma vez que os exércitos se unissem.[37]

Barclay foi, portanto, forçado a concordar que o Exército seguisse adiante com a ofensiva – mas fica claro, tanto por suas palavras, quanto por suas ações, que ele tinha fortes dúvidas sobre a sabedoria dessa política. Em parte, isso refletia seu medo de que Napoleão aproveitasse a oportunidade para cercar os flancos dos russos avançando e isolá-los de suas comunicações com a retaguarda em Moscou. A cavalaria russa tinha perdido contato com as forças de Napoleão e Barclay avançaria sem uma ideia clara de onde o inimigo estava concentrado, nem conhecimento definido sobre seus números. Além disso, Barclay tinha algumas preocupações sobre a qualidade do próprio Exército russo quando comparado ao seu inimigo.

Ele escreveu a Alexandre que "o simples soldado do Exército de Vossa Majestade Imperial é, sem dúvida, o melhor no mundo", mas que isso não era verdadeiro em relação aos oficiais. Em particular, os oficiais subalternos eram geralmente muito jovens e inexperientes. Isso era um pouco injusto, já que qualquer crítica aos subalternos do Exército precisava ser qualificada por reconhecimento à enorme coragem deles, sua lealdade aos colegas e regimentos e sua impaciência para entrar em ação contra os franceses. As dúvidas sobre o alto-comando do Exército russo tinham bases muito mais sólidas. Barclay não teria sido humano se não tivesse experimentado também alguns temores em enfrentar o maior comandante daquela era.[38]

Além disso, uma coisa era assumir uma forte posição defensiva e convidar Napoleão a atacar, como Bennigsen fizera com sucesso em Eylau e o arqui-duque Charles em Aspen, e como Wellington faria em Waterloo. Outra, bem diferente, era tentar superar Napoleão e derrotá-lo na ofensiva. Enquanto Napoleão estivesse pessoalmente presente, era provável que sua autoridade sobre seus comandantes, a força de sua reputação e seus excepcionais instintos militares dariam aos franceses a vitória em uma guerra assim. Os movimentos de suas tropas seriam mais bem coordenados, as oportunidades, notadas com mais rapidez e qualquer vantagem mais impiedosamente explorada. Se isso era certo em todos os casos, essa certeza era dobrada nas presentes circunstâncias, quando os russos eram muito inferiores numericamente e atuavam com dois exércitos independentes cujos comandantes tinham percepções e instintos bastante diferentes.

Acima de tudo, Barclay permanecia fiel à estratégia com a qual ele e Alexandre haviam concordado antes de a guerra começar. Era muito mais fácil expressar isso honestamente àqueles que estavam de fora do que aos seus, cada vez mais hostis e frustrados, generais. Em 11 de agosto ele escreveu ao almirante Chichagov, cujo Exército do Danúbio estava marchando rumo norte em direção à retaguarda de Napoleão: "o desejo do inimigo é encerrar essa guerra com batalhas decisivas e nós, ao contrário, temos que evitar tais batalhas porque não temos nenhum tipo de exército na reserva que possa nos sustentar numa eventual derrota. Portanto, nosso principal objetivo deve ser ganhar o máximo de tempo possível, o que vai permitir que nossas milícias e as tropas que estão sendo formadas no interior sejam organizadas e aprontadas". Até que isso acontecesse, o 1º e o 2º Exércitos não podiam assumir quaisquer riscos que pudessem levá-los à destruição.

Posteriormente, Barclay iria justificar sua estratégia em termos bastante similares a Kutuzov, afirmando que ele buscara evitar batalhas decisivas porque, se o 1º e o 2º Exércitos fossem destruídos, ainda não existia força alguma na retaguarda para continuar a guerra. Em vez disso, ele tinha tentado, com considerável sucesso, "conter o rápido avanço do inimigo apenas por confrontos limitados, nos quais suas forças foram enfraquecidas mais e mais a cada dia". Como escreveu a Alexandre no fim de agosto, "se eu tivesse sido guiado por uma ambição tola e cega, Vossa Majestade Imperial teria, talvez, recebido muitos despachos contando sobre as batalhas disputadas, mas o inimigo estaria nos muros de Moscou, sem que fosse possível encontrar quaisquer forças para resistir a ele".[39]

Como a história oficial russa da guerra mais tarde reconheceria, embora Barclay fosse quase uma minoria solitária na época, na verdade ele estava certo e seus oponentes, errados. Entre outras coisas, eles subestimaram enormemente o poder das forças de Napoleão e exageraram na extensão na qual elas estavam dispersas. Mas a "ofensiva" de Barclay, paralisada por suas dúvidas, apenas o ridicularizou na época. Até mesmo seu fiel ajudante-de-campo, Vladimir Löwenstern, escreveu que "foi a primeira vez em que não fiquei totalmente satisfeito com sua atuação".[40]

Conforme acordado com Bagration no conselho de guerra no dia anterior, em 7 de agosto Barclay avançou ao norte do rio Dnieper em direção a Rudnia e Vitebsk, mas ele fez isso sob a condição de que, de início, não iria mais do que três marchas além de Smolensk. Nenhuma ofensiva séria seria possível com tamanho equívoco e incerteza. Quando Barclay foi informado, na noite de 8 de agosto, que uma grande força inimiga fora descoberta ao seu norte, em Poreche, ele imediatamente acreditou que esse era o movimento de cerco ao flanco que havia temido. Como resultado, mudou o traçado de sua marcha para o norte para combater essa ameaça, apenas para descobrir que a "grande força inimiga" não passava de um produto da imaginação de seus batedores. Bagration reclamou que "não deveríamos permitir que simples boatos alterassem operações". Soldados e oficiais resmungavam enquanto a incerteza reinava e as tropas marchavam e contra-marchavam.[41]

Movendo-se à frente de Barclay pela estrada para Rudnia, Platov descobriu uma grande força da cavalaria francesa perto da vila de Molevo-Bolota, capturando o quartel-general do general Sebastiani e boa parte de sua correspondência nesse processo. Quando esses documentos pareceram mostrar que os franceses haviam sido avisados sobre a ofensiva, uma onda de xenofobia e uma mania de espionagem se espalharam pelo Exército russo. Diversos oficiais nos quartéis-generais que não eram russos étnicos, incluindo mesmo alguns oficiais como Löwenstern, que eram súditos do imperador, foram escoltados para a retaguarda sob suspeita de traição. Bagration escreveu a Arakcheev: "Eu simplesmente não consigo trabalhar com o ministro (ou seja, Barclay). Pelo amor de Deus, envie-me para qualquer lugar, mesmo para comandar um regimento na Moldávia ou no Cáucaso, mas eu simplesmente não consigo suportar isso aqui. Todo o quartel-general está lotado de alemães, então é impossível para um russo viver aqui".[42]

Enquanto os russos hesitavam e discutiam, Napoleão atacou. Ele concentrou seu exército perto de Rasasna, no sul do rio Dnieper, e em 14 de agosto marchou para Smolensk via Krasnyi. A única força russa em seu caminho eram os 7.200 homens comandados por Dmitri Neveróvski, cujo núcleo eram os regimentos de sua própria 27ª Divisão. Esses regimentos haviam sido formados pouco antes da guerra, a maioria com novos recrutas e soldados dos regimentos de guarnição dissolvidos. Tendo tempo e treinamento eficiente, a maioria dos recrutas e soldados de guarnição poderia dar origem a boas tropas. O grande problema era encontrar bons oficiais para treiná-los e liderá-los. A princípio, a maior parte dos oficiais foi retirada de antigos regimentos de guarnição, mas eles rapidamente se mostraram inúteis. No Regimento Odessa, por exemplo, após poucas semanas, apenas um dos 22 oficiais de guarnição iniciais foi considerado apto para o serviço na linha de frente. Às vezes, eram necessárias medidas desesperadas para encontrar oficiais. Dmitri Dushenkovich, por exemplo, foi comissionado como alferes no recém-formado Regimento Simbirsk com apenas quinze anos de idade, depois de um curso intensivo como cadete no Regimento Nobre.[43]

A força Neveróvski era apoiada por dois experientes regimentos de infantaria de linha e incluía um regimento de dragões, alguns cossacos e catorze canhões. Ainda assim, ela deve ter sido uma presa fácil para a guarda avançada inimiga, muito maior e comandada pelo marechal Murat, que enfrentou em 14 de agosto. Neveróvski perdeu alguns canhões e possivelmente cerca de 1.400 homens, mas o grosso de sua força escapou, apesar ter havido entre trinta e quarenta ataques da cavalaria de Murat. O secretário de Napoleão, o barão Fain, disse o seguinte sobre o caso em Krasnyi:

> nossa cavalaria corre à frente, ataca os russos em mais de quarenta cargas consecutivas: muitas vezes nossos esquadrões penetram no quadrado...§ mas a própria inexperiência dos camponeses russos que compõem esse corpo dá a eles uma força de inércia que substitui a resistência. O impulso dos cavaleiros é amortecido nesse aglomerado que se forma, pressiona um contra o outro, e fecha todas as suas brechas. Ao final, o mais brilhante talento é exaurido ao atacar uma massa compacta que desgastamos, mas não conseguimos quebrar.[44]

Lutando no que, para grande parte deles, parecia ser a periferia semisselvagem da Europa, muitos franceses deixaram descrições da campanha de 1812 que têm um traço de arrogância cultural mais típico das descrições europeias de

---

§ Tipo de formação militar em uma batalha. (N.T.)

guerra colonial. Previsivelmente, as descrições russas da batalha em Krasnyi são bastante diferentes do relato de Fain.

Dmitri Dushenkovich experimentou sua primeira batalha antes de seu 16º aniversário. Ele escreveu em suas memórias:

> Qualquer um que tenha passado pela experiência de uma primeira batalha quente, perigosa e barulhenta pode imaginar os sentimentos de um soldado de minha idade. Tudo pareceu incompreensível para mim. Sentia que estava vivo, via tudo o que estava acontecendo ao meu redor, mas simplesmente não conseguia entender como aquele caos horroroso e indescritível iria terminar. Até hoje ainda posso me lembrar vividamente de Neveróvski rondando o quadrado, toda vez que a cavalaria se aproximava, com sua espada desembainhada e repetindo em uma voz que parecia exalar confiança em suas tropas: "Companheiros! Lembrem o que aprenderam em Moscou. Sigam suas ordens e nenhuma cavalaria irá derrotá-los. Não se apressem com seus voleios. Atirem diretamente no inimigo e ninguém se atreva a começar a atirar antes da minha ordem".[45]

Depois de recuarem por mais de 20 quilômetros sob intensa pressão, os homens de Neveróvski foram auxiliados pela 26ª Divisão do major-general Ivan Paskevich, que Bagration havia apressado para resgatá-los. Paskevich escreveu que "naquele dia nossa infantaria se cobriu de glória". Ele também reconheceu a excelente liderança de Neveróvski, mas destacou, porém, que, se Murat tivesse demonstrado a mínima competência profissional, os russos jamais teriam escapado. Era verdade que a dupla linha de árvores de ambos os lados da rota pela qual Neveróvski recuara tinha impedido os ataques franceses. Não havia desculpa, porém, para o completo fracasso em coordenar os ataques da cavalaria e usar sua esmagadora superioridade numérica para retardar a marcha russa. Era também uma tática elementar que a cavalaria atacando uma infantaria disciplinada no quadrado precisava da ajuda da artilharia a cavalo. "Para vergonha dos franceses, é preciso notar que, embora tenham trazido mais de 19 mil integrantes de cavalaria e uma divisão completa de infantaria, eles empregaram apenas uma bateria de artilharia." Se essa omissão ocorreu por pura incompetência ou se Murat queria toda a glória para seus cavaleiros, Paskevich não sabia dizer.[46]

Talvez Paskevich tenha sido um tanto injusto. Fontes francesas afirmaram que sua artilharia tinha sido parada por uma ponte quebrada, e a luta em Krasnyi em si nem foi muito importante. O destino dos sete mil homens de Neveróvski não decidiria a campanha de um jeito ou de outro. A ação de Neveróvski nem mesmo retardou seriamente o avanço francês, mas o que aconteceu em Krasnyi se mostraria sintomático. Durante o mês de agosto de 1812, em Smolensk e nos arredores, Napoleão teria uma série de oportunidades de enfraquecer seriamente o Exército russo e de até mesmo decidir a campanha. Essas chances foram desperdiçadas por conta de falhas na execução de seus planos, principalmente por culpa seus principais generais.

Quando soube dos apuros de Neveróvski e da ameaça a Smolensk, Bagration ordenou que o corpo de Nikolai Raévski (que incluía a divisão de Paskevich) voltasse imediatamente à cidade. No fim da tarde de 15 de agosto, quando o exército de Napoleão se aproximou de Smolensk, Raévski e Neveróvski estavam plantados atrás de seus muros. Mesmo unidas, no entanto, as forças deles provavelmente somavam apenas 15 mil homens, e, se Napoleão tivesse pressionado forte a partir da madrugada de 16 de agosto, Smolensk poderia muito bem ter caído. Em vez disso, ele se atrasou ao longo do dia, permitindo que tanto o exército de Bagration quanto o de Barclay chegassem.

Naquela noite, o 1º Exército assumiu a responsabilidade pela defesa de Smolensk, com o 2º Exército saindo para defender a esquerda russa e a estrada para Moscou de qualquer movimento de flanqueamento francês. Na manhã de 17 de agosto, 30 mil homens do exército de Barclay foram postados nos subúrbios e atrás dos muros de Smolensk. Se Napoleão tivesse escolhido desalojá-los, a um custo baixo, estaria ao seu alcance fazer isso com um movimento de flanco, já que era numericamente bastante superior aos russos, havia muitos trechos rasos através do Dnieper e qualquer ameaça séria às suas comunicações com Moscou teria forçado Barclay a abandonar a cidade. Em vez disso, ele optou por um ataque frontal, sofrendo pesadas perdas no processo.

Desde 1812, os historiadores ficam intrigados com a razão pela qual Napoleão agiu dessa forma. A explicação mais plausível é que ele não queria desalojar os russos, mas sim destruir o exército deles em uma batalha pela cidade. Talvez ele acreditasse que, se desse a eles a chance de lutar por Smolensk, eles não ousariam simplesmente abandonar de modo tão ostensivo uma cidade russa. Se foi isso, o cálculo de Napoleão se mostrou errado, porque, em 17 de agosto, depois de um dia de luta feroz, Barclay mais uma vez ordenou que seu exército recuasse. É válido lembrar, no entanto, que Barclay fez isso contra a forte e total oposição de Bagration e de todos os principais generais do 1º Exército. Ele enfrentou acusações furiosas de incompetência e mesmo de traição. Previsivelmente, o grão--duque Constantino foi a voz mais alta e mais histérica, gritando perto dos soldados e oficiais subalternos que "não é sangue russo que corre naqueles que nos comandam". Barclay de Tolly também sabia que sua decisão de recuar enfureceria

Alexandre e provavelmente arruinaria sua posição com o imperador. Foram necessários grande resolução, altruísmo e coragem moral para que Barclay agisse da maneira que agiu. Talvez Napoleão não possa ser culpado por não prever isso.[47]

A oposição dos generais russos ao abandono de Smolensk foi ainda maior porque eles a tinham defendido com sucesso contra grandes adversidades e com pesadas perdas ao longo do dia 17 de agosto. Na batalha por Smolensk, 11 mil russos morreram ou ficaram feridos. Ainda assim, em nenhum lugar os franceses tinham atravessado os muros e entrado na cidade. Embora as defesas de Smolensk fossem medievais, elas, às vezes, garantiam boa cobertura para a artilharia e os escaramuçadores russos. Em alguns casos, também, colunas de ataque francesas podiam ser atingidas por baterias russas atirando do outro lado do rio Dnieper.

A infantaria russa lutou com grande coragem e inabalável determinação. Ivan Liprandi era um experiente oficial de Estado-Maior no 6º Corpo de Dmitri Dokhturov. Seus relatos sobre a campanha de 1812 estão entre os mais reflexivos e precisos do lado russo. Ele lembrou que, em Smolensk, era difícil para os oficiais impedirem seus homens de lançar inúteis contra-ataques contra os franceses a cada oportunidade. Inúmeros eram os voluntários para tarefas perigosas. Muitos soldados se recusavam a ir para a retaguarda para terem seus ferimentos tratados. A visão da cidade em chamas e os miseráveis remanescentes da população civil eram um incentivo adicional para lutar até a morte. Assim como era o sentimento, absorvido desde nascença, de que Smolensk era a cidadela dos tempos antigos da Rússia Ortodoxa contra a invasão do ocidente "latino". Em séculos anteriores, a cidade havia sido, em muitas ocasiões, um prêmio disputado entre os russos e os poloneses. Um oficial recordou que, embora os soldados ocasionalmente fizessem prisioneiros franceses, em 17 de agosto eles sempre matavam os poloneses.[48]

As tropas russas na cidade tinham sido comandadas por Dmitri Dokhturov e, na noite de 18 de agosto, ele, com muita má vontade, obedeceu à ordem de Barclay de evacuar Smolensk e recuar aos subúrbios do norte da cidade, do outro lado do rio Dnieper. Naquele dia, Barclay concedeu aos seus exaustos soldados um descanso. Na noite de 18 para 19 de agosto, ele ordenou que se retirassem em direção à estrada principal que levava de volta ao coração da Grande Rússia, e finalmente a Moscou, através de Soloveva e Dorogobuj.

Os estágios iniciais dessa retirada apresentaram sérias dificuldades. Depois de sair de Smolensk, a estrada principal para Moscou passava ao longo da margem leste do Dnieper, dando visão total e fácil alcance de artilharia a partir da margem oeste. O rio também era facilmente transponível em vários trechos durante o verão. Barclay não queria que sua coluna em retirada, espalhada por quilômetros como estaria, oferecesse uma oportunidade perfeita para que os franceses a atacassem durante a marcha. Ele então decidiu movimentar seus homens na noite de 18 para 19 de agosto por estradas secundárias que os conduziriam até a principal estrada para Moscou, a uma distância segura de Smolensk e dos franceses. O 1º Exército seria dividido em duas partes. Dmitri Dokhturov conduziria a menor parte pelo caminho mais longo, que demoraria uma noite e um dia antes de finalmente chegar à estrada de Moscou, não longe de Soloveva. Essa parte da operação transcorreu sem nenhum problema, mas isso significou que, quando o desastre cortejou a outra metade do 1º Exército em 19 de agosto, Dokhturov estava distante e impossibilitado de ajudar.

A outra coluna, comandada pelo tenente-general Nikolai Tuchkov, pegaria um desvio menor, saindo na estrada de Moscou mais próximo de Smolensk e a oeste da vila de Lubino. A história, que já é confusa, fica ainda pior quando se descobre que a Guarda avançada da coluna de Tuchkov era comandada por seu irmão mais novo, o major-general Pavel Tuchkov. O Tuchkov mais jovem recebeu a tarefa de liderar a marcha descendo as estradas secundárias até Lubino e a estrada de Moscou, onde ele deveria se unir ao Corpo do tenente-geral príncipe Andrei Gorchakov, do 2º Exército de Bagration. Fora combinado que Gorchakov e o 2º Exército protegeriam a estrada de Moscou até que a coluna do 1º Exército saísse em segurança das vielas e da estrada principal próximo a Lubino.

Tudo deu errado, em parte por causa da má coordenação entre o 1º e o 2º Exércitos, e em parte por causa da dificuldade de usar estreitas estradas rurais durante a noite. Em princípio, deveria ter sido feito o reconhecimento antecipado dessas rotas por oficiais de Estado-Maior, que então seriam capazes de guiar as colunas até seus destinos corretos. A movimentação do Exército era responsabilidade desses oficiais. Qualquer movimento noturno de grandes massas de homens requer preparativos muito cautelosos, especialmente se tropas cansadas deverão marchar por florestas e estradinhas rurais. O historiador do Estado-Maior Geral afirma, de forma plausível, que simplesmente faltavam oficiais de Estado-Maior disponíveis para realizar todas as tarefas necessárias na sequência imediata da evacuação de Smolensk. Alguns tinham sido enviados na frente para procurar bases para a noite seguinte e outros haviam sido despachados para encontrar possíveis campos de batalha na estrada para Moscou onde o exército pudesse tomar posição. As memórias dos oficiais de Estado-Maior tornam evidente que seus quadros estavam seriamente sobrecarregados na primeira metade da campanha de 1812. Trabalhos de grande responsabilidade eram às vezes delegados a oficiais iniciantes e inexperientes. Esse era, sem dúvida, o preço inevitável da formação de um Corpo do Estado-Maior Geral com tamanha velocidade nos poucos anos anteriores à guerra.[49]

Sejam quais forem as causas, o resultado foi confusão. Apenas um terço da coluna de Nikolai Tuchkov – composta principalmente de seu próprio 3º Corpo – partiu na hora certa e tomou a rota correta. Mesmo eles enfrentaram muitos obstáculos ao tentar transportar artilharia e centenas de cavalos pelas estradinhas e sobre pontes projetadas para suportar carroças de camponeses. O próximo a se movimentar foi o 4º Corpo de Ostermann-Tolstói, mas seus integrantes começaram atrasados, perderam a pista dos homens de Tchukov e depois se perderam completamente, separando-se em grupos e vagando durante a noite por várias estradinhas rurais.

Isso lançou em confusão o terço final da coluna, o 2º Corpo de Karl Baggohufvudt. Os últimos integrantes do 2º Corpo, comandados pelo príncipe Eugen de Württemberg, só conseguiram partir bem depois do programado, à uma da manhã de 19 de agosto. Como o 2º Corpo estava seguindo Ostermann-Tolstói, eles inevitavelmente se perderam também e vagaram em círculos. Aproximadamente às seis da manhã de 19 de agosto, o príncipe Eugen e seus homens se viram perto da vila de Gedeonovo, a menos de dois quilômetros dos subúrbios de Smolensk e totalmente visíveis às tropas do marechal Ney, cujas bandas eles podiam ouvir tocando alvorada para tirar os homens de suas barracas.

O desastre se aproximava. O Corpo de Ney era muito mais numeroso que os três regimentos de infantaria e o punhado de cavalaria e canhões que Eugen comandava. A maior parte restante do 4º e do 2º Corpos ainda estava vagando pelas florestas e seria posta em fuga e isolada da estrada de Moscou se Ney avançasse e empurrasse Eugen lateralmente. Felizmente, o próprio Barclay apareceu – completamente por acaso – no momento da crise e começou a tomar providências para bloquear qualquer avanço de Ney.

O comandante-em-chefe não deve ter ficado muito satisfeito ao saber que o destino de seu exército estava nas mãos de seu, de longe, mais jovem e menos experiente comandante de divisão. Eugen, de 24 anos de idade, devia sua patente ao fato de ser o sobrinho favorito da imperatriz Maria e primo em primeiro grau de Alexandre. Barclay não gostava de amadores aristocratas e suspeitava dos parentes e amigos de Eugen na corte. Sem dúvida, o decente mas muito solene Barclay via o alegre príncipe, cujos passatempos incluíam escrever peças e óperas, como um terrível diletante. Entretanto, Eugen se mostraria um dos melhores generais de Rússia nos anos de 1812 e 1814. Ele havia recebido uma educação militar completa, tinha visto um pouco da guerra em 1807 e contra os turcos, e provaria ser um corajoso, resoluto e inteligente comandante nas campanhas de 1812 a 1814. A batalha fora de Smolensk, em 19 de julho, seria seu primeiro teste verdadeiro, e ele passou por ele muito bem.

Felizmente para Eugen, Ney ficou tão surpreso ao ver os russos quanto eles ao vê-lo, e demorou três horas para iniciar seu ataque. Eugen lembrava que grande parte das tropas francesas nunca saiu de seu acampamento. Durante essas três horas, Eugen conseguiu postar seus três regimentos em boas posições atrás de parapeitos e arbustos na floresta. A infantaria de linha russa nem sempre atuava bem no papel de infantaria leve, mas, na manhã de 19 de agosto, os homens dos regimentos Tobolsk, Wilmanstrand e Belo-Ozero lutaram como heróis, repelindo repetidos ataques franceses por tempo suficiente para que reforços corressem pela floresta ao ouvir o som dos canhões. Quando Barclay finalmente ordenou uma retirada, Eugen foi capaz de reunir uma retaguarda que segurou os franceses enquanto o 2º e o 4º Corpos eram conduzidos pelas florestas até a estrada de Moscou.[50]

Infelizmente, porém, a confusão na estrada de Moscou quase permitiu que os franceses chegassem primeiro a Lubino, bloqueando as passagens para fora da floresta e comprometendo tudo que Eugen e seus homens haviam conquistado. Barclay havia acabado de fazer os preparativos que pôde para lidar com a emergência enfrentada por Eugen, quando foi informado de que o 2º Exército havia recuado em direção ao leste ao longo da estrada de Moscou sem esperar pelo 1º Exército, deixando os cruzamentos vitais próximos a Lubino abertos para os franceses tomarem. Friedrich von Schubert estava sozinho com Barclay quando a mensagem foi entregue e lembrou que o comandante-em-chefe, normalmente tão controlado e calmo nas crises, disse em voz alta: "Tudo está perdido". Barclay pode ser perdoado por sua temporária perda de compostura, porque esse foi um dos momentos mais perigosos para os russos na campanha de 1812.[51]

A situação foi parcialmente salva por Pavel Tuchkov. Após uma longa e exaustiva marcha noturna através das florestas, ele chegou à estrada de Moscou perto de Lubino por volta de oito da manhã. Tuchkov ficou assombrado ao não encontrar ninguém do 2º Exército, com exceção de alguns cossacos. Embora suas ordens fossem para virar ao leste no alto da estrada e seguir para Soloveva, isso presumia que o Corpo de Gorchakov estaria na estrada para bloquear qualquer avanço francês e garantir ao resto do 1º Exército uma retirada segura. Para piorar a situação, os cossacos relataram que o Corpo de Vestfalianos de Junot estava se preparando para cruzar os trechos rasos do Dnieper em Prudishchevo, o que permitiria que eles avançassem até a estrada a partir do sul contra uma oposição mínima.

Pavel Tuchkov manteve a frieza e demonstrou elogiável iniciativa. Ignorando suas ordens, ele voltou seus três mil homens à direita, em vez da esquerda na estrada de Moscou, e assumiu uma boa posição defensiva tão a oeste de Lubino quanto foi possível, atrás do rio Kolodniia. Ali seus homens se mantiveram contra uma crescente pressão francesa durante cinco horas, reforçados por dois admiráveis regimentos granadeiros enviados às pressas ao seu auxílio por seu irmão mais velho. No meio da tarde, Pavel Tuchkov recuou para uma nova posição atrás do rio Stragan, que era a última posição defensiva possível para manter abertas as rotas de saída do exército das florestas até a estrada de Moscou. Lutas ferozes continuaram até a noite, mas Tchukov resistiu, apoiado por um crescente fluxo de reforços organizado por Aleksei Ermolov.

Assim como em Krasnyi, os generais russos haviam mantido sua frieza e a infantaria russa tinha mostrado grande estabilidade e coragem em emergências. Ao contrário de Krasnyi, a cavalaria e a artilharia também tinham contribuído para a vitória. Em especial, a cavalaria do conde Vasili Orlov-Denisov havia protegido o vulnerável flanco esquerdo de Tuchkov contra a forte pressão da cavalaria e da infantaria francesas, usando o terreno com grande habilidade e escolhendo o momento de seus contra-ataques com perfeição.

Ainda assim, nenhuma habilidade ou coragem russa poderia ter salvo Tuchkov se os franceses usassem com inteligência todas as suas tropas disponíveis. Tendo cruzado o Dnieper no trecho raso perto de Prudishchevo, o Corpo do general Junot permaneceu imóvel atrás do flanco esquerdo e da retaguarda russos durante a maior parte do dia, com Tuchkov à sua mercê. Mais tarde, fontes francesas atribuíram o fracasso à incipiente doença mental de Junot, mas isso também deixou claro que a reputação do Exército Francês em explorar rápida e decisivamente as oportunidades no campo de batalha só se aplicava quando Napoleão estava presente. Mas o imperador não tinha motivos para esperar uma batalha séria em 19 de agosto e havia permanecido em Smolensk. Sua ausência salvou os russos do desastre, como os comandantes bem compreenderam. Aleksei Ermolov escreveu a Alexandre que "nós deveríamos ter perecido". Barclay disse a Bennigsen que uma chance em cem havia salvo o 1º Exército.[52]

À medida que os exércitos russos recuavam ao leste, a iniciativa ficava com Napoleão. Ele podia persegui-los ou encerrar sua campanha em Smolensk, buscando transformar a Lituânia e a Bielorrússia em uma base formidável da qual lançaria um segundo e decisivo ataque em 1813. Tanto na época quanto posteriormente houve muita discussão sobre as relativas vantagens e desvantagens dessas duas opções.

A favor de parar em Smolensk estavam os perigos de estender as comunicações francesas ainda mais ao longe, a leste. Não apenas as linhas de comunicação já eram muito longas, como na metade de agosto elas também estavam enfrentando uma crescente ameaça em ambos os flancos, especialmente no sul, onde o formidável Exército do Danúbio do almirante Chichagov se aproximava do teatro de operações. Além disso, dois meses de guerra não só reduziram demais os números franceses mas também enfraqueceram seriamente a disciplina e o moral dos soldados. Com doentes, desertores e saqueadores espalhados pela Lituânia e Bielorrússia aos milhares, não faria mais sentido alguém consolidar sua base, restaurar a ordem de seu exército e não arriscar ainda mais pressão em sua frágil disciplina?

Também existiam fortes razões políticas para parar em Smolensk. Tendo elites satisfeitas e administração eficiente, Lituânia e Bielorrússia poderiam se tornar aliadas essenciais em uma guerra contra a Rússia. Os líderes russos sempre temeram que, abandonando as províncias ocidentais, permitiriam que Napoleão consolidasse seu poder ali e mobilizasse recursos poloneses contra eles. Uma das previsões sobre as quais Napoleão havia baseado sua invasão fora que as elites russas nunca lutariam até a morte para preservar as províncias polonesas de seu Império. Se eles conquistassem e organizassem essas províncias, quanto os russos estariam dispostos a suportar na esperança de consegui--las de volta?

Para Napoleão, 1812 era uma guerra de gabinete, disputada por propósitos políticos estritamente limitados. No máximo, ele teria anexado a Lituânia e parte da Bielorrússia e Ucrânia, forçado a Rússia a voltar ao Bloqueio Continental, e – provavelmente – coagido os russos a ajudá-lo a desafiar o poder britânico na Ásia. Tendo experimentado os problemas de fazer uma campanha na Rússia, ele poderia ficar satisfeito com menos, mesmo em caso de vitória. Já enredado em uma guerra nacional na Espanha, a última coisa que queria era começar outra na Rússia. Desde o início, haviam fortes sinais de que Alexandre e seus generais estavam tentando incitar uma guerra nacional contra ele. À medida que ele se aproximava de Smolensk, esses sinais se tornaram mais agourentos. Quanto mais ele penetrava na Grande Rússia, mais provável se tornava uma guerra nacional.

Napoleão era um homem de ordem que havia encerrado a Revolução Francesa e se casado com a filha do imperador Habsburgo. Ele não tinha nenhum desejo de lançar uma revolução de servos na Rússia, mas a ameaça podia ser uma útil alavanca política, cuja eficácia era muito maior com o Exército Francês postado ameaçadoramente nas fronteiras da Grande Rússia do que se ele de fato invadisse a região central russa. Com suas igrejas profanadas, suas mulheres estupradas e suas fazendas destruídas, era improvável que os camponeses russos ouvissem as promessas francesas.

Todos esses pontos eram totalmente compreensíveis na época. A eles seria possível acrescentar outros com a sabedoria do conhecimento posterior. A restauração de um poderoso Estado polonês era crucial para a sobrevivência da hegemonia francesa na Europa. Uma Polônia restaurada seria uma aliada muito mais confiável para a França do que as monarquias Habsburgo, Romanov ou Hohenzollern jamais seriam. Também estava ao alcance de Napoleão tornar a restauração da Polônia totalmente aceitável para a Áustria, restituindo as províncias ilírias que ele tinha anexado dela em 1809. Voltando ainda mais longe nos acontecimentos e observando os últimos três séculos da história russa, é verdadeiro dizer que, enquanto simples ataques militares na Rússia tendem a sucumbir à imensa escala e aos recursos do país, o Império Russo havia sido vulnerável a uma combinação de pressões militares e políticas. Isso se mostrou verdade tanto na Primeira Guerra Mundial quanto na Guerra Fria, as quais a Rússia perdeu, em grande parte, por causa da revolta de não russos, mas também dos próprios russos contra o preço do Império e a natureza dos regimes necessários para mantê-lo. No início do século XIX, a pressão militar, combinada à exploração das fraquezas políticas do Império Romanov, poderia ter funcionado quando voltada para objetivos de guerra estritamente limitados.

Mesmo deixando de lado o fato de que Napoleão não podia prever o futuro, existiam fortes argumentos contra a parada em Smolensk. Napoleão não estava nada inclinado a passar mais do que uma temporada de campanha longe de Paris. Como vimos, Chernishev havia ressaltado isso antes de 1812, e associado este fato à natureza do regime bonapartista e aos desafios que ele enfrentava. Após destacar uma série desses desafios (a economia, o Papa, a Espanha, as elites), o principal especialista francês contemporâneo sobre Napoleão conclui que "Chernishev estava certo quando relatou ao seu governo que Napoleão assumiria um grande risco doméstico se a guerra contra a Rússia fosse prolongada". Se essa avaliação pode ser feita agora em uma retrospectiva realizada com calma, quão maior o sentimento de insegurança de Napoleão deve ter sido em 1812? Ele havia visto a enorme instabilidade da política francesa nos anos de 1790. Ele entendia quanto a lealdade das elites francesas a ele era condicional. Ele sabia quanto seu trono devia à vitória e à sorte.[53]

Ele também sabia que consolidar uma base segura na fronteira ocidental seria difícil. Lituânia e Bielorrússia tinham dificuldades em alimentar exércitos mesmo durante tempos de paz, e especialmente no inverno e na primavera.

O 1º Exército russo era bem menor que as forças de Napoleão e não tinha passado o inverno na fronteira ocidental entre 1811 e 1812 com seu efetivo completo. Ainda assim, tinha sido forçado a se aquartelar ao longo de uma imensa área para garantir suprimentos adequados. Isso era especialmente verdadeiro com a cavalaria. Os cinco regimentos do 2º Corpo de Cavalaria do barão Korff tinham sido aquartelados por todo o caminho da fronteira prussiana até a Ucrânia central para poder alimentar seus cavalos.[54]

A situação dificilmente seria melhor no inverno de 1812, após um ano no qual a região havia sido pilhada por dois exércitos. A cavalaria leve russa era superior à francesa, mesmo no começo do verão de 1812. Porém, como Napoleão tinha descoberto em 1806 e 1807, os cossacos revelavam seu verdadeiro potencial no inverno, quando conseguiam atuar em condições que destruíam a cavalaria leve regular. Com todo o potencial humano das regiões cossacas sendo agora mobilizado pelos russos, os franceses enfrentariam imensas dificuldades para assegurar sua base ou alimentar seus cavalos, e mesmo seus homens, no inverno de 1812.

Claro, se Napoleão tivesse parado em Smolensk, seu exército inteiro não teria sido destruído, como aconteceu depois de sua malfeita invasão ao coração da Rússia, mas a destruição do exército de Napoleão não foi de forma alguma inevitável apenas porque ele avançou de Smolensk. Outros fatores – e erros – intervieram.

Em agosto de 1812, Napoleão preferiu não ficar parado em Smolensk com um Exército russo não derrotado ainda no campo. Sua estratégia tinha sido baseada na correta crença de que, se ele pudesse destruir o 1º e o 2º Exércitos, a Rússia perderia qualquer esperança de vitória final. Tinha perseguido os russos o caminho todo até Smolensk seguindo essa estratégia, mas eles o haviam frustrado. Uma previsão política feita por Napoleão estava certa: os russos não poderiam entregar Moscou sem lutar. Moscou estava a duas semanas de marcha de Smolensk. Uma vez que ele tinha ido tão longe perseguindo uma batalha, pareceria tolo desistir agora com o prêmio tão perto de suas mãos. Atuando na rica região de Moscou, no meio da estação da colheita, ele não teria sérios problemas para alimentar seus homens e cavalos, desde que eles se mantivessem em movimento. Sem dúvida, o avanço era uma aposta, mas Napoleão era um grande jogador. Ele também estava certo em acreditar que parar em Smolensk, em agosto de 1812, não seria, de forma alguma, uma aposta segura. Ele decidiu, então, avançar em direção a Moscou.

6
Borodino e a queda de Moscou

À medida que o corpo principal do exército de Napoleão avançava em direção ao centro da Rússia na segunda metade de agosto de 1812, a situação em seus flancos norte e sul começou a virar contra os franceses. Em parte, isso refletia a enorme área na qual as forças de Napoleão estavam agora sendo forçadas a atuar. No norte, o marechal MacDonald, descendente de um emigrante jacobita escocês, havia recebido a missão de proteger o flanco esquerdo de Napoleão, liquidar Courland e capturar Riga. No sul, os austríacos e saxões estavam enfrentando o 3º Exército do general Aleksandr Tormasov na fronteira da Ucrânia. Mais de mil quilômetros separavam essas forças. A distância entre a ponta de lança de Napoleão depois de Smolensk e suas bases na Prússia Oriental e na Polônia era ainda maior. Inevitavelmente, quando a distância e as doenças começaram a cobrar seu preço, suas forças começaram a se desgastar. Napoleão não podia ser forte em todos os lugares.

O 10º Corpo do marechal MacDonald era composto por 32.500 homens. Quase dois terços deles eram prussianos e lutaram bravamente nas primeiras etapas da campanha. Seu comandante, o tenente-general von Grärwert, enfatizava a necessidade de restaurar o orgulho militar prussiano e reconquistar o respeito dos franceses pelo Exército de Frederico, o Grande. Em 19 de julho de 1812, perto da principal propriedade da família Pahlen em Gross Eckau, os russos tentaram, infrutiferamente, frustrar o avanço dos prussianos. Apenas um mês após o início da guerra, os prussianos já estavam nas cercanias de Riga, uma enorme base de suprimentos russa, a maior cidade nas províncias bálticas e a chave para o rio Dvina.

Riga não era uma fortaleza poderosa. Singularmente, os custos de sua manutenção não eram bancados pelo Estado russo, mas pelo governo municipal.

Desde que a cidade fora seriamente ameaçada pela última vez, um século antes, suas defesas haviam sido deixadas em estado de deterioração. Apenas em junho de 1810 o Estado voltou a assumir a responsabilidade pelas fortificações da cidade. Durante os dois anos seguintes, muito foi feito para preparar Riga para um cerco, mas a maioria de suas deficiências permaneceu. Muitas das principais fortificações estavam obsoletas. A cidadela era intensamente ocupada e cercada por áreas residenciais. Os subúrbios de Riga também tinham crescido bastante durante o século XVIII, estendendo-se sobre o que antes era terreno aberto em frente aos muros externos da cidade.

A guarnição de Riga, com 19 mil homens, era comandada pelo tenente-general Magnus von Essen. A maioria desses homens vinha de batalhões reserva e muitos eram mal treinados. Doenças eram frequentes na guarnição mesmo antes do cerco começar. Imediatamente após ouvir que Napoleão tinha cruzado o Neman, Essen declarou que Riga estava em estado de sítio: cada família recebeu a ordem de estocar suprimentos de comida para quatro meses e qualquer civil que deixasse a cidade era obrigado a deixar para trás dois membros sadios de sua criadagem para ajudar a defender a cidade. Na quarta semana de julho, quando o inimigo se aproximou de Riga, Essen ordenou que os subúrbios do oeste e do sul fossem totalmente queimados para dar à guarnição um campo livre de fogo além dos muros. Mais de 750 construções foram destruídas, a um custo estimado de 17 milhões de rublos. Ainda assim, era consenso geral que Riga não poderia ter esperanças de resistir por mais de dois meses a um cerco intenso.

Se Napoleão tivesse parado em Vitebsk ou Smolensk e despachado parte de seu exército principal para ajudar MacDonald, Riga certamente teria caído. Sem ajuda adicional, no entanto, o comandante francês não tinha meios para tomar a cidade. Teria sido necessária uma linha de bloqueio completa que se estendesse ao redor de Riga por mais de 50 quilômetros, em ambos os lados do rio Dvina. Somente os 32 mil homens de MacDonald jamais poderiam compor tal linha. Além disso, canhoneiras russas controlavam o rio e a Marinha britânica dominava o Mar Báltico, atacando as comunicações de MacDonald ao longo da costa. A artilharia de cerco francesa, inicialmente enviada a Dünaburg, finalmente se aproximou de Riga, mas no momento em que ela poderia ser utilizada para um cerco mais intenso, o equilíbrio de forças no flanco norte de Napoleão estava começando a pender para os russos.

Acima de tudo, isso acontecia por conta da intervenção do Exército Russo na Finlândia. Na última semana de agosto, Alexandre viajou a Åbo, na Finlândia, para encontrar o príncipe da Coroa sueca Jean-Baptiste Bernadotte. Os dois líderes confirmaram sua aliança, assim como planos para colaboração militar futura no norte da Alemanha e Dinamarca. De importância mais imediata foi o fato de Bernadotte ter dispensado Alexandre da promessa de usar tropas russas na Finlândia para um desembarque conjunto russo-sueco na Dinamarca em 1812, e insistindo que, em vez disso, ele as enviasse para Riga. Como resultado, a Marinha russa transportou a massa de 21 mil integrantes do Corpo finlandês para as províncias bálticas. Comandados pelo conde Fabian von Steinhel, estas eram, em sua maioria, tropas aguerridas. Na segunda metade de setembro, sua chegada em Riga prometia encerrar o impasse no *front* norte.[1]

Embora Riga fosse a principal preocupação do marechal MacDonald, ele também era obrigado a ficar de olho em Dünaburg e Polotsk. Essa era a região na qual o 1º Corpo russo do tenente-general conde Peter von Wittgenstein estava atuando. Quando o exército de Barclay abandonou o acampamento em Drissa e seguiu para Vitebsk, o corpo de Wittgenstein foi destacado para bloquear as estradas que levavam ao noroeste para Pskov, Novgorod e, finalmente, São Petersburgo. O principal oponente de Wittgenstein era o marechal Oudinot, cujas ordens eram avançar sobre o rio Dvina e conduzir os russos de volta a Pskov. Em princípio, essa tarefa estava dentro do alcance de Oudinot, cujo corpo tinha mais de 40 mil integrantes quando entrou em território russo. Wittgenstein, em contraste, tinha apenas 23 mil homens no 1º Corpo e, embora suas forças fossem apoiadas por dois outros destacamentos pequenos, ele também era responsável por conter qualquer tentativa de avanço da divisão da ala direita de MacDonald para Dünaburg.[2]

Na verdade, porém, Oudinot provaria ser um completo fracasso como comandante de uma força independente, deixando-se ser dominado e intimidado por Wittgenstein. A cavalaria leve russa atacava constantemente sobre o Dvina, interrompendo as comunicações e o abastecimento franceses. Quando Oudinot avançou sobre o exército de Wittgenstein no final de julho, ele se deixou ser surpreendido e posto em fuga pelos russos, em três dias de batalha em Kliastitsy e Golovshchina entre 30 de julho e 1 de agosto. Uma razão para sua derrota foi o fracasso em concentrar todas suas forças no campo de batalha. De acordo com os relatos russos, ele tinha mais de oito mil homens nas cercanias de Kliastitsy que nunca participaram da ação.

Somado a isso, as tropas russas lutaram excepcionalmente bem. O núcleo do pequeno exército de Wittgenstein tinha experiência recente por lutar nas florestas da Finlândia durante a guerra entre 1808 e 1809. Não apenas os *Jaegers* de Wittgenstein, mas também alguns membros de sua infantaria se mostraram muito hábeis em escaramuças no terreno similar do noroeste da Rússia.

Talvez tenha sido o exemplo deles que inspirou os muitos batalhões de reserva e novos regimentos formados a partir de tropas de guarnição nas divisões de Wittgenstein a atuar muito melhor do que se esperava desde o início da campanha. Wittgenstein imediatamente assumiu a ofensiva, venceu batalhas e impôs sua vontade sobre o inimigo; como resultado, o moral de seus soldados era alto e ninguém criticava sua origem alemã.[3]

Provavelmente ajudava Wittgenstein o fato de que, ao contrário de Barclay de Tolly, ele vinha de uma família aristocrata, embora bastante empobrecida. Nascido na Rússia e filho de um general do serviço russo, ele se movimentava com muito mais segurança nos círculos aristocratas do que era o caso do desajeitado Barclay. Peter Wittgenstein era um cavalariano e uma espécie de *beau sabreur*.* Além de um ótimo cavaleiro, forte, generoso e sempre cortês, os valores de Wittgenstein eram os mesmos da aristocracia militar russa. Ele também era pessoalmente modesto e amável, bem como muito generoso em reconhecer e relatar as conquistas de seus subordinados. Combinadas a uma sequência de vitórias, essas qualidades garantiam que uma grande harmonia reinasse no quartel-general de Wittgenstein em 1812.[4]

Somada à essa harmonia estava o talento profissional. O chefe de Estado-Maior de Wittgenstein era Friedrich d'Auvray, um oficial de origem francesa, inteligente, leal e com excelente formação militar, que nasceu em Dresden e começou sua carreira militar no Exército Polonês. O comandante da artilharia do 1º Corpo era o príncipe georgiano Lev Iashvili. Seu adjunto era Ivan Sukhozanet, de 24 anos, filho de um oficial polonês. Ambos haviam atuado bem na campanha da Prússia Oriental entre 1806 e 1807.[5]

O melhor do grupo, no entanto, era o quartel-mestre geral do Corpo de Wittgenstein, o coronel Johann von Diebitsch, de 27 anos. Ele era filho de um experiente oficial de Estado-Maior prussiano que havia se transferido para o serviço russo em 1798. O jovem Diebitsch tinha iniciado seu serviço militar no Regimento das Guardas Semenóvski, de onde Petr Mikhailovich Volkonski — outro antigo oficial Semenóvski — o havia retirado para o Estado-Maior Geral. Baixinho, feio e com olhos saltados, a aparência de Diebitsch assustara tanto o coronel das Semenóvski que ele havia tentado manter o jovem oficial longe do serviço na corte e do campo de parada. Diebitsch era conhecido por seus muitos amigos como "o samovar",† porque quando se irritava, ele fervia, derramando

---

* Do francês *beau* (belo) *sabreur* (esgrimista), é uma expressão aplicada a um aventureiro ou lutador impetuoso que impressiona pela beleza ou charme. (N.T.)

† Utensílio culinário russo usado para servir chá ou outras bebidas quentes. (N.T.)

as palavras de forma quase incompreensível. Mesmo com todas as suas esquisitices, Diebitsch foi provavelmente o mais capaz dos oficiais de Estado-Maior no Exército russo entre 1812 e 1814. Ele também mostrou energia, iniciativa e discernimento nas ocasiões em que foi convocado para comandar destacamentos. Além de ambicioso e determinado, Diebitsch também era muito leal ao Exército e à causa que servia. Em 1814, com apenas 28 anos, ele era tenente-general, tendo disparado à frente de seus antigos colegas nas Semenóvski. Ainda assim, em benefício dele e dos demais, ele continuou se dando bem com seus velhos camaradas.[6]

Após Kliastitsy, Oudinot queixou-se a Napoleão que havia enfrentado um número muito maior de russos. Entre 1812 e 1814, o imperador exasperava seus subordinados ao subestimar o tamanho das forças inimigas que eles iriam enfrentar. Nesta ocasião, porém, sua resposta ácida a Oudinot foi precisa e justificada:

> Você não está perseguindo Wittgenstein... e você está dando a esse general a liberdade de atacar o duque de Tarento [ou seja, MacDonald] ou cruzar o Dvina para atacar nossa retaguarda. Você tem noções muito exageradas da força de Wittgenstein: ele tem apenas duas ou no máximo três divisões de linha, seis batalhões de reserva sob o comando do príncipe Repnin e alguma milícia que não merece ser contada. Você não deve se permitir ser enganado tão facilmente. Os russos estão anunciando em todos os lugares que conquistaram uma grande vitória sobre você.[7]

Apesar dessa crítica, Napoleão reforçou Oudinot com toda a infantaria e artilharia do 6º Corpo (Bávaro) de Gouvion Saint-Cyr. Marchando junto ao primeiro escalão de Napoleão, o 6º Corpo tinha 25 mil homens quando cruzou o Neman, mas contava somente com 13 mil quando se uniu a Oudinot em Polotsk, apenas cinco semanas depois. É verdade que a cavalaria bávara tinha sido destacada para acompanhar o corpo principal de Napoleão, mas a maioria das perdas se dava por conta de doenças, dispersão e deserção. Durante esse período, os bávaros não haviam disparado um único tiro.

Embora Wittgenstein soubesse que, com a chegada do Corpo de Saint-Cyr, ele seria enormemente superado em número, estava determinado a manter a iniciativa e impor sua vontade sobre o inimigo. Com esse objetivo em mente, ele atacou as forças conjuntas de Oudinot e Saint-Cyr em Polotsk, em 17 de agosto. Infelizmente para Wittgenstein, embora no primeiro dia de batalha ele tenha sido bem-sucedido em empurrar os franceses de volta à cidade de Polotsk, o próprio Oudinot foi ferido e o comando passou para o muito mais competente Saint-Cyr. No dia seguinte, o novo comandante francês reuniu grande parte de sua artilharia e duas novas divisões de infantaria para um contra-ataque ao centro russo. Como num passe de mágica, bastante comum nas descrições das batalhas nessa época, Saint-Cyr dizia que seu exército estava em número substancialmente inferior. Ele escreveu em suas memórias que um quarto da força francesa de 31 mil homens estava ausente, "à cata de suprimentos", enquanto Wittgenstein tinha mais de 30 mil soldados à disposição. Na verdade, como Wittgenstein relatou a Alexandre, batalhas constantes, combinadas à necessidade de manter a atenção sobre MacDonald, fizeram com que sua força de ataque disponível estivesse reduzida a pouco mais de 18 mil homens.[8]

A surpresa, aliada a números esmagadores, obrigou os russos a recuar, mas eles fizeram isso com grande segurança e coragem. O Regimento Estônia, por exemplo, tinha sido formado em 1811 por soldados de unidades de guarnição. A batalha de Polotsk foi sua primeira ação importante. Como parte da 14ª Divisão do major-general Gothard Helfreich, os homens do Regimento Estônia se posicionaram bem no caminho do contra-ataque francês. Apesar disso e de perder catorze oficiais e mais de quatrocentos homens, o Regimento Estônia resistiu a repetidos ataques inimigos durante o 18 de agosto, escaramuçou eficientemente nas florestas e finalmente conquistou seu caminho em direção à segurança. O oficial comandante do regimento, coronel Karl Ulrikhin, foi ferido duas vezes e, em consequência, foi forçado a se aposentar do Exército, mas ele ficou com seus homens durante a retirada, liderando uma série de contra-ataques para manter o inimigo a uma distância segura. Quarenta e três homens do Regimento Estônia ganharam medalhas militares por sua atuação em 18 de julho e o próprio regimento foi condecorado com uma insígnia para registrar suas façanhas.[9]

Alguém pode talvez considerar que o relato histórico regimental sobre a coragem de seus próprios soldados tenha certo exagero, mas, neste caso, a história russa é corroborada pelo próprio Saint-Cyr, que escreveu:

> os russos demonstraram nessa batalha uma coragem contínua e uma ousadia individual das quais se encontram poucos equivalentes em exércitos de outras nações. Surpresos, divididos, com seus batalhões tanto isolados quanto atacados (porque tínhamos penetrado em suas linhas), eles ainda assim não se desconcertaram e continuaram a lutar enquanto recuavam, o que fizeram muito lentamente, com enfrentamentos em todas as direções, demonstrando uma coragem e uma estabilidade que são, repito, próprias dos soldados desta nação. Eles realizaram prodígios valorosos, mas não podiam derrotar o ataque simultâneo de quatro divisões concentradas e ordenadas.[10]

Tecnicamente, a batalha de Polotsk foi uma derrota para Wittgenstein, mas na verdade ela o ajudou a conquistar seu objetivo estratégico, que era enfraquecer e impressionar o inimigo de tal modo que ele evitasse avançar pelas estradas que iam até Pskov, Novgorod e São Petersburgo. Após a batalha, Wittgenstein recuou aproximadamente 40 quilômetros até uma posição fortificada perto de Sivoshin, onde os franceses o deixaram em paz pelos dois meses seguintes. Durante esse tempo, o impasse reinou no noroeste, com a guerra degenerando em ataques e numa disputa entre os dois exércitos para se alimentar e recompor suas forças. Até certo ponto, o que aconteceu na sequência foi precisamente o que Pfühl havia planejado em Drissa. Enfraquecido pelo avanço através da fronteira oeste, Saint-Cyr não tinha efetivos, seja para atacar Wittgenstein atrás de suas trincheiras ou para passar por seu flanco. Preso a uma posição estática em um campo pobre e devastado, o Exército Francês vinha sendo dissolvido pela doença e pela fome.

Enquanto isso, o Corpo de Wittgenstein era abundantemente abastecido pela administração russa e pela população em sua retaguarda, o que neste caso significava a província de Pskov. Como Wittgenstein reconhecia com sua habitual generosidade, o verdadeiro herói ali era o governador de Pskov, o príncipe Petr Shakhovskói. Na metade de agosto, Wittgenstein escreveu a Alexandre que "desde o primeiro momento em que o 1º Corpo se manteve no rio Dvina, ele recebeu todos os seus mantimentos da província de Pskov. Graças aos incansáveis esforços, à eficiência e à atenção do governador, príncipe Shakhovskói, esses alimentos foram distribuídos o tempo todo com excelente eficiência, tanto que as tropas receberam tudo de que precisaram e não sofreram a menor carência de coisa alguma". Shakhovskói mobilizou centenas de carroças de sua província para transportar comida para Wittgenstein. Os esforços do governador continuaram ao longo da campanha de 1812, ao final da qual foi reconhecido que a contribuição voluntária aos esforços de guerra vindas apenas da província de Pskov tinha chegado a 14 milhões de rublos. Essa contribuição de apenas uma província (entre mais de cinquenta) somava um terço do orçamento total do ministério da guerra para alimentar o exército inteiro em 1811.[11]

Em setembro, Napoleão estava enfrentando perigo crescente em seu flanco norte, à medida que os homens de Steinhel se aproximavam de Riga e os famintos e exaustos Corpos de Oudinot e Saint-Cyr se dissolviam perante Wittgenstein. Enquanto isso, um perigo ainda maior estava surgindo no sul, onde o Exército do Danúbio, do almirante Chichagov, estava prestes a se unir ao 3º Exército de Tormasov perto de Lutsk, no nordeste da Ucrânia.

Nas primeiras semanas de sua campanha, Napoleão havia subestimado o tamanho do exército de Tormasov. Embora os 45 mil homens de Tormasov tivessem de ser amplamente dispersos para proteger a fronteira norte da Ucrânia, ainda assim eles superavam, em muito, os 19 mil saxões do Corpo do general Reynier, a quem inicialmente coube a tarefa de proteger o flanco sul de Napoleão. Instado por Alexandre e Bagration, Tormasov avançou em direção ao norte e, em 27 de julho, destruiu um destacamento saxão em Kobrin, fazendo mais de dois mil prisioneiros. Tormasov era mais um administrador militar e diplomata do que um agressivo comandante de campo. Após Kobrin, ele foi muito criticado por não conseguir impor vantagem e destruir o resto do Corpo de Reynier. Napoleão ganhou tempo para enviar o príncipe Schwarzenberg para o sul com todo o corpo austríaco a fim de resgatar Reynier. Perante números esmagadores, Tormasov foi obrigado a retroceder para uma posição defensiva fortificada no rio Styr.

Embora isso parecesse na época uma decepcionante sequência à vitória em Kobrin, na verdade, Tormasov tinha atingido seu principal objetivo. Era prematuro pensar, em julho de 1812, que um ou outro dos exércitos de flanco russos pudesse penetrar profundamente a retaguarda do exército de Napoleão. Enquanto isso, porém, a vitória em Kobrin tinha não apenas aumentado o moral russo, mas também atraído 30 mil integrantes de tropas austríacas para fora do principal teatro de operações e bem para o sul.

Enquanto a fronteira russo-austríaca permanecesse neutralizada e seu flanco esquerdo estivesse, portanto, seguro, Tormasov podia manter sua posição atrás da forte correnteza do rio Styr sem dificuldade. A margem sul do rio, onde os russos estavam, era florestada e mais alta que a margem norte. Os russos podiam esconder suas próprias forças e ver exatamente o que seus inimigos estavam fazendo. Com a fértil Volínia atrás deles, tinham mais facilidade para se alimentar do que seus inimigos. A situação dos austríacos e saxões estava muito melhor que a dos Corpos de Oudinot e Saint-Cyr no árido noroeste russo. Ainda assim, eles sofriam com a fome e com ataques da cavalaria leve do 3º Exército. Enquanto isso, os homens de Tormasov desfrutavam de um bom descanso.[12]

O impasse no rio Styr só podia ser encerrado com a chegada do Exército do Danúbio de Chichagov. Embora, em quaisquer circunstâncias, Chichagov tivesse que deixar parte de seu exército para trás para proteger a fronteira otomana, potencialmente ele tinha condições de levar mais de 50 mil soldados em direção ao norte para se juntar a Tormasov. Esses soldados resistentes e aguerridos estavam entre os melhores do Exército russo.[13]

O exército de Chichagov não podia se mover para o norte até que fosse selada a paz com os turcos. O tratado de paz foi assinado em 28 de maio por

Kutuzov, antes de Chichagov chegar para assumir o comando do Exército do Danúbio. Sete semanas de nervosismo se passaram até que Alexandre recebesse a notícia de que o sultão finalmente havia ratificado o tratado. Durante esse período, temendo que os otomanos se recusassem a assinar, Chichagov lançou um plano para avançar sobre Constantinopla, incitar insurreição entre os súditos cristãos do sultão e ressuscitar um grande Império Bizantino-eslavo. Esses planos eram duplamente perigosos: era difícil controlar um vice-rei tão distante de São Petersburgo e o próprio Alexandre poderia se deixar levar por sonhos grandiosos. Felizmente, no final, os otomanos ratificaram o tratado e a sanidade voltou ao planejamento russo.[14]

Depois de saber que os turcos haviam ratificado a paz, Alexandre escreveu a Chichagov: "Vamos adiar nossos projetos em relação à Porta[‡] e empregar todas nossas forças contra o grande inimigo por quem somos confrontados". Pensamentos sobre Constantinopla iriam apenas distrair Chichagov do "verdadeiro centro da ação – que é a retaguarda de Napoleão". Ainda assim, esses pensamentos estavam sendo adiados, não abandonados: "Uma vez que nossa guerra contra Napoleão corra bem, podemos retornar a seu plano contra os turcos imediatamente, e então proclamar ou o império dos eslavos ou o dos gregos. Mas nos ocuparmos com isso num momento em que já enfrentamos tais dificuldades e um inimigo tão numeroso, me parece arriscado e imprudente". Alexandre sabia que isso trazia o risco de afastar os *protegidos* da Rússia nos Bálcãs, mas, naquelas circunstâncias, eles deveriam ser avisados de que a sobrevivência da Rússia tinha que ser a prioridade máxima para todos os eslavos: "Você pode dizer a eles secretamente que tudo isso é apenas temporário, e que assim que terminarmos com Napoleão, retomaremos nossos passos e iremos então criar o Império Eslavo". Enquanto isso, a sede de Chichagov por glória era amenizada pela promessa do comando supremo sobre os exércitos dele e de Tormasov.[15]

Durante a primavera e o início do verão de 1812, todos os planos de usar o exército de Chichagov foram bastante afetados pelo medo e pela incerteza sobre o papel que a Áustria desempenharia na guerra. Como já vimos, foi a notícia do tratado franco-austríaco que encerrou os pensamentos russos sobre um ataque preventivo ao ducado de Varsóvia. Exatamente na mesma carta de 19 de abril, na qual informava Barclay sobre a aliança franco-austríaca e dizia a ele que isso

---

‡ Sublime Porta ou simplesmente Porta era a designação dada ao governo do Império Otomano no período entre 1718 e 1922. O termo vem do turco Bab-i Ali, que significa grande portão ou portão principal, e se referia ao portão de entrada do palácio da corte imperial. (N.T.)

excluía uma ofensiva russa, o imperador também traçava seus planos para neutralizar a ameaça austríaca:

> Temos que adotar um grande plano capaz de paralisar os esforços dos austríacos contra nós. Temos que dar assistência às nações eslavas e lançá-las contra os austríacos, enquanto tentamos ligá-los aos elementos descontentes na Hungria. Precisamos de um homem inteligente (*un homme de tête*) para comandar essa importante operação e escolhi o almirante Chichagov, que apoia esse plano entusiasticamente. A habilidade e a energia dele me dão esperança de que ele será bem-sucedido nessa tarefa crucial. Estou preparando todas as instruções necessárias para ele.[16]

Essas instruções foram emitidas em 21 de abril. Elas começaram por alertar Chichagov que "o comportamento traiçoeiro da Áustria, que se aliou à França, força a Rússia a empregar todos os meios possíveis para derrotar os nocivos planos dessas duas potências". Chichagov devia usar seu exército para incitar e apoiar uma massiva insurreição eslava nos Bálcãs que iria ameaçar a Áustria, minar sua força e também destruir a posição de Napoleão no Adriático. Acreditando que a revolta poderia abrir caminho até a Ilíria e a Dalmácia, Alexandre instruiu Chichagov a se unir aos poderes naval e financeiro britânicos no Adriático para apoiar e subsidiar a insurreição em lugares tão distantes quanto o Tirol e a Suíça. Encorajar a revolta na retaguarda de Napoleão foi uma parte essencial da grande estratégia de Alexandre entre 1812 e 1814. Isso terminaria por garantir importantes êxitos ao mobilizar uma oposição a Napoleão na Alemanha e na própria França. O plano para uma grande insurreição eslava foi um dos primeiros, mais espetaculares e menos realistas elementos dessa grande estratégia.[17]

Esse plano era, em grande medida, o resultado do pânico e da raiva ao saberem da aliança franco-austríaca, mas ele também refletia os pontos de vista profundamente arraigados de Nikolai Rumiantsev. Mesmo com Napoleão se aproximando de Smolensk, os olhos de Rumiantsev permaneciam voltados para o sul e os espólios que a Rússia podia obter do decadente Império Otomano. Ele escreveu a Alexandre em 17 de julho: "sempre acreditei que o Gabinete Britânico considera que seu interesse reside no enfraquecimento de nosso Império: junto com o Gabinete de Viena, ele deseja que, em razão das grandes ameaças a seus próprios territórios, Vossa Majestade permita escapar de suas mãos as enormes vantagens que a guerra da Turquia lhe oferece". Em relação à Áustria: "acredito que os interesses de Vossa Majestade requeiram que nenhuma piedade seja demonstrada à corte de Viena. Apenas maximizando as dificuldades deles o senhor será capaz de levá-los a uma paz em separado com Vossa Majestade, e isso não será obtido imediatamente". Como parte dessa grande estratégia, Alexandre precisava apelar aos eslavos, enfatizando que "o mesmíssimo imperador Napoleão que subjugou os alemães agora se propõe a escravizar os povos eslavos. Com essa finalidade, ele promove uma guerra sem justificativa contra Vossa Majestade, para impedir que dê proteção a eles (os eslavos) e porque a Providência fez do senhor o soberano desta grande nação de eslavos, da qual todas as outras tribos são meras ramificações (*souches*)". Alexandre tinha que enfatizar em sua proclamação que Chichagov estava avançando em direção ao Adriático através das terras eslavas meridionais para garantir a liderança russa em sua luta pela liberdade.[18]

Felizmente para a Rússia, os planos de Rumiantsev foram abortados. O adido militar russo em Viena, Theodor Tuyll van Serooskerken, escreveu a Barclay que, em razão dos números esmagadores de Napoleão, seria loucura desviar tantas tropas e tanto dinheiro para uma empreitada periférica e arriscada. Acima de tudo, no entanto, foi o medo das reações austríacas que condenou os planos de Chichagov. Conversas privadas entre diplomatas russos e austríacos revelaram que a contribuição de Viena à guerra seria estritamente limitada, a não ser que a Rússia provocasse uma ação adicional. Em nenhuma circunstância o Corpo de Schwarzenberg seria ampliado acima dos 30 mil homens e a fronteira russo--austríaca seria neutralizada. Posteriormente, Schwarzenberg manteve essa promessa ao se movimentar em sentido norte para dentro do ducado de Varsóvia e cruzar a Rússia sobre a fronteira polonesa. Em julho, Alexandre estava cada vez mais convencido de que a Áustria manteria sua palavra, o que tornou o planejado avanço de Chichagov ao Adriático não apenas desnecessário, mas também muito perigoso politicamente.[19]

No final de julho, todas as complicações políticas haviam sido superadas e o Exército do Danúbio estava em marcha para se unir a Tormasov. Os homens de Chichagov levariam 52 dias para cobrir a distância entre Bucareste e o rio Styr. Apenas depois que o Exército do Danúbio começasse a se unir aos homens de Tormasov, em 14 de setembro, um movimento decisivo contra as comunicações de Napoleão poderia ter início.[20]

Naquele mesmo dia, a guarda avançada de Napoleão entrou em Moscou. Em retrospecto, o fato de a ameaça de Chichagov ter tomado tempo para emergir foi totalmente favorável à Rússia. Isso encorajou Napoleão a lançar-se ainda mais profundamente dentro da Rússia. No entanto, não foi assim que a enorme maioria dos generais russos enxergou as coisas na época. À medida que recuavam de Smolensk em direção a Moscou, a maior parte deles ficou ainda mais desesperada para proteger a antiga capital russa.

Excepcionalmente, embora Barclay pretendesse defender Moscou se pudesse, ele deixou claro a seu ajudante de campo que essa não era sua prioridade: "Ele consideraria Moscou exatamente como qualquer outro lugar no mapa do Império e não faria nenhum movimento pelo bem dessa cidade além daquele que faria por qualquer outra, porque era necessário salvar o Império e a Europa, e não proteger cidades e províncias". Inevitavelmente, a opinião de Barclay se espalhou e contribuiu para a impopularidade de um "alemão" que estava disposto a sacrificar o coração da Rússia pelo bem da Europa. Embora, a certo ponto, a racionalidade militar fria e honesta de Barclay fosse admirável, é possível entender a exasperação de Alexandre, cuja difícil tarefa era controlar o moral e a política no *front* doméstico. Como ele uma vez escreveu a Barclay, a longa retirada estava destinada a ser impopular, mas era preciso evitar fazer, ou dizer, coisas que pudessem aumentar o clamor público.[21]

Nos dezenove dias entre a evacuação de Smolensk e a batalha de Borodino, a popularidade de Barclay atingiu seu ponto mais baixo entre as tropas. Os soldados tinham ouvido que enterrariam Napoleão no rio Dvina e então lutariam até a morte, primeiro por Vitebsk e depois por Smolensk. Cada promessa havia sido quebrada e a odiada retirada continuava. Depois de Smolensk, o mesmo padrão continuou, com os soldados primeiro recebendo ordens para cavar fortificações em um campo de batalha escolhido e então recuando novamente quando Barclay ou Bagration considerava a posição inadequada. Eles apelidaram seu comandante-em-chefe de "Nada Além de Papo-furado" (*Boltai i Tol'ko*), um trocadilho com o nome Barclay de Tolly. O historiador das *Chevaliers Gardes* escreveu que Barclay compreendeu mal a natureza do soldado russo, que teria aceitado a verdade nua e crua, mas resmungava por promessas quebradas. O comentário é provavelmente verdadeiro, mas esconde o fato de que Kutuzov posteriormente falou e agiu de uma forma muito similar a Barclay.[22]

Junto com os resmungos veio um declínio na disciplina em algumas unidades. Por insistência de Alexandre, Barclay ordenou a execução de alguns saqueadores em Smolensk. De acordo com Nikolai Konshin, um jovem oficial artilheiro, um desses chamados "saqueadores" era um ordenança completamente inocente de sua bateria, que havia sido enviado para encontrar um pouco de nata para os oficiais. A amargura contra Barclay aumentou nas fileiras mas, apesar das execuções, os saques continuaram, com Kutuzov escrevendo a Alexandre que a polícia militar apanhara quase dois mil retardatários alguns dias após sua chegada para assumir o comando do Exército. Mas talvez seja necessário encarar os comentários do novo comandante-em-chefe com certo exagero, já que ele tinha um interesse óbvio em retratar seu novo comando sob uma ótica ruim ao prestar contas ao imperador. Alguns dias mais tarde, ele escreveu para sua esposa que o moral das tropas era excelente.[23]

Na verdade, algum nível de desordem era inevitável entre soldados que tinham recuado tanto e recebido ordens para destruir toda comida e todo abrigo pelo caminho, para evitar que eles servissem aos franceses. Uma vez estimulado, o hábito da destruição é difícil de conter. A visão de cidades russas queimando e miseráveis refugiados civis também tinha seu impacto sobre o moral. Na maioria dos outros exércitos em uma situação similar, a deterioração da disciplina teria sido pior. Como o general Langeron escreveu em suas memórias, de forma imodesta, "um exército que durante uma retirada de 1.200 verstas§ do Neman a Moscou sustenta duas grandes batalhas e não perde uma única arma ou caixa de munições, nem mesmo uma carroça ou homem ferido, não é um exército do qual se possa desdenhar". Talvez o ponto mais importante seja que os soldados ansiassem pela batalha. Uma vez surgida a oportunidade de descontar sua raiva e frustração sobre os franceses, a maioria dos problemas de moral e disciplina desapareceria.[24]

Nas linhas do Exército Russo em retirada estava o tenente-coronel Karl von Clausewitz, que se tornaria o mais famoso pensador militar do século XIX. Um apaixonado patriota prussiano, ele não conseguia engolir a aliança de seu rei com Napoleão e havia renunciado a seu cargo para se unir ao Exército russo. Incapaz de falar russo, à deriva entre as batalhas dentro do alto comando russo e, às vezes, envolto em uma atmosfera de xenofobia e suspeita, ele teve essas semanas como uma experiência de grande provação pessoal. Talvez essa seja uma razão pela qual ele não é nada generoso em seus comentários sobre a retirada russa:

> Como, com exceção da parada em Smolensk, a retirada de Vitebsk a Moscou foi na verdade um movimento ininterrupto, e a partir de Smolensk o ponto de direção foi sempre razoavelmente direto à retaguarda, toda a retirada foi uma operação muito simples... Quando um exército sempre abre caminho e recua continuamente em uma linha direta, é muito difícil para o perseguidor contraflanquear ou pressioná-lo para fora de seu curso: nesse exemplo, também, as estradas são poucas e as ravinas, raras; o cenário da guerra, portanto, dotado de poucas combinações geográficas... em uma retirada, essa simplicidade poupa amplamente as forças de homens e cavalos. Aqui não houve encontros longamente planejados, nada de para lá e para cá, nada de longos circuitos, nada de alarmes; em resumo, pouco ou nenhum gasto de habilidade tática e dispêndio de força.[25]

---

§ Medida russa equivalente a 1.067 metros. (N.T.)

O outro grande pensador militar da época, barão Antoine-Henri de Jomini, também participou da campanha de 1812, em seu caso, do lado francês. Ele foi muito mais capaz de reconhecer a realização russa. Escreveu que "retiradas são certamente as mais difíceis operações em uma guerra". Acima de tudo, elas colocam uma tremenda tensão sobre a disciplina e o moral das tropas. Na opinião dele, o Exército russo era muito superior a qualquer outro na Europa quando se tratava de administrar tais retiradas. "A firmeza que ele tem demonstrado em todas as retiradas se deve em iguais níveis ao caráter nacional, aos instintos naturais dos soldados e às excelentes instituições disciplinares." Certamente, os russos tinham desfrutado de uma série de vantagens, como a grande superioridade de sua cavalaria leve e o fato de que os dois principais comandantes franceses, os marechais Murat e Davout, odiavam um ao outro. Ainda assim, a ordenada retirada dos russos "foi absolutamente louvável, não apenas pelo talento demonstrado pelos generais que conduziram suas primeiras etapas, mas também pela admirável firmeza e marcialidade das tropas que a executaram".[26]

Como é de se esperar, as lembranças dos generais russos que lutaram nas retaguardas concordam mais com Jomini do que com Clausewitz. Eugen de Württemberg criticou Clausewitz por preconceito e mau julgamento em relação ao Exército russo. Ele comentou: "nossa retirada foi um dos melhores exemplos de ordem e disciplina militar. Não deixamos para trás, para o inimigo, retardatários, estoques e carroças: as tropas não estavam cansadas por marchas forçadas e as muito bem conduzidas retaguardas (especialmente sob Konovnitsin) tiveram apenas pequenos combates e geralmente ações vitoriosas". Os comandantes escolheram boas posições para cansar e atrasar o inimigo, forçando-o a trazer mais artilharia para a frente e posicionar sua infantaria. Eles só recuavam quando o inimigo havia avançado com grande força, infligindo baixas enquanto o faziam. "Em geral, as retiradas eram realizadas com a artilharia a cavalo recuando em escalão, coberta por numerosa cavalaria em campo aberto e por infantaria leve em terreno acidentado... qualquer tentativa de se movimentar ao redor da posição seria percebida rápida e infalivelmente pelos cossacos".[27]

Durante essas semanas, a guarda avançada francesa foi conduzida geralmente por Joachim Murat, o rei de Nápoles. O comandante da retaguarda russa era Petr Konovnitsin. Um oficial russo lembra:

como um total contraste ao elegante traje de Murat, havia o modesto general, cavalgando em um humilde cavalinho... à frente das fileiras russas. Ele vestia um simples casaco cinza, bastante gasto, e preso com certo desleixo por um cachecol. Por baixo do chapéu do uniforme, era possível avistar sua touca de dormir. Seu semblante era calmo, e sua idade, um pouco além da maturidade, sugeria um homem frio. Mas sob essa aparência de frieza existia muito calor e vida. Havia uma grande coragem por baixo do casaco cinza. Sob a touca vivia uma mente sensível, enérgica e eficiente.[28]

Petr Konovnitsin era um dos mais interessantes generais superiores russos em 1812. Modesto e generoso, ele era menos egoísta e preocupado com a fama e a recompensa do que muitos de seus colegas. Extremamente corajoso, mas também muito religioso, na batalha ele estava sempre no meio da ação. O mesmo acontecia em festas, onde ele tocava mal o violino, mas com grande entusiasmo. Ainda assim, Konovnitsin era acima de tudo um homem calmo, que em momentos de estresse dava baforadas em seu cachimbo, invocava a ajuda da Virgem Maria e raramente perdia a paciência. Ele controlava subordinados rebeldes mais pela ironia do que pela raiva.

Konovnitsin também ganhou o respeito de seus subordinados pelas habilidades profissionais. Como um comandante de retaguarda, ele sabia exatamente como usar sua cavalaria, infantaria e artilharia em conjunto e para o melhor resultado. Escolher posições para atrair as colunas francesas que avançavam sob fogo cruzado, era um truque. Tentar garantir que seus próprios acampamentos noturnos estivessem perto de água fresca e que o inimigo fosse forçado a passar sede, era outro. No intenso calor de agosto de 1812, a água se tornou uma questão importante. Milhares de homens e cavalos marchando por estradas não pavimentadas levantavam uma vasta nuvem de poeira. Com rostos enegrecidos pelo pó, gargantas ressequidas e olhos semicerrados, os homens nas fileiras tropeçavam adiante, dia após dia. Nessas circunstâncias, qual lado teria melhor acesso à água importava enormemente.[29]

Em 29 de agosto, em Tsarevo-Zaimishche, o Exército recebeu seu novo comandante-em-chefe, Mikhail Kutuzov. O jovem tenente Radojitski lembrou que o moral se elevou:

> O momento de alegria foi indescritível: o nome desse comandante produziu um renascimento universal do moral entre os soldados... imediatamente eles inventaram uma cantiga: "Kutuzov veio para vencer os franceses"... os veteranos lembraram de suas campanhas na época de Catarina, seus muitos feitos passados, tais como a batalha perto de Krems e a recente destruição do Exército Turco no Danúbio: para muitos homens, isso ainda era uma memória recente. Eles também se lembraram de seu milagroso ferimento de bala de mosquete, que atravessou os dois lados de sua têmpora. Dizia-se que o próprio Napoleão há muito tempo chamava Kutuzov

de velha raposa e que Suvorov tinha dito que "Kutuzov... jamais pode ser enganado". Tais histórias correndo de boca em boca fortaleceram ainda mais a esperança dos soldados em seu novo comandante, um homem com nome, coração e mente russos, de uma conhecida família aristocrata e famoso por muitas conquistas.[30]

Desde que o 1º e o 2º Exércitos haviam se unido antes de Smolensk, os russos tinham uma terrível necessidade de um comandante supremo. A falta desse comandante resultara em confusão e quase em catástrofe quando as tropas russas se retiraram da cidade. No entanto, Alexandre havia decidido nomear um comandante-em-chefe geral antes mesmo de saber dos eventos em Smolensk. Havia muito poucos possíveis candidatos. O supremo comandante tinha que ser, sem dúvida, mais experiente que todos os seus generais subordinados, caso contrário, alguns iriam renunciar indignados e outros iriam fazer corpo mole para obedecer a seus comandos. Com Napoleão avançando em direção a Moscou e o sentimento nacional russo ultrajado, também era essencial que o novo comandante fosse um russo. Claro, ele também precisava ser um soldado de sagacidade e experiência suficientes para encarar o maior general da época. Embora uma série de candidatos tenha sido inicialmente discutida pelos seis próceres a quem Alexandre havia delegado a seleção inicial, na realidade – como o imperador reconhecia –, havia pouca opção além de Kutuzov.[31]

Não era segredo entre as elites russas que Alexandre não tinha Kutuzov em alta conta. O capitão Pavel Pushchin, dos Semenóvski, escreveu em seu diário que o novo supremo tinha sido "convocado ao comando do exército de campo pela vontade do povo, quase contra os desejos do soberano". O próprio Alexandre escreveu a sua irmã que não tivera alternativa a Kutuzov. Barclay havia atuado mal em Smolensk e perdera todo o seu crédito no exército e em São Petersburgo. Kutuzov era a escolha mais declarada das nobrezas de São Petersburgo e Moscou, sendo que ambas o haviam escolhido para comandar suas milícias. O imperador comentou que, dos vários candidatos, em sua opinião, nenhum se adequava ao comando, "eu não poderia ter feito outra coisa... a não ser fixar minha escolha nele, a quem um esmagador apoio foi expresso". Em outra carta à irmã, ele acrescentou que "a escolha recaiu sobre Kutuzov por ele ser mais experiente que todo o resto, o que permite que Bennigsen sirva sob seu comando, já que eles também são bons amigos". Alexandre não disse, mas provavelmente acreditava que, nas circunstâncias de 1812, seria perigoso ignorar os desejos da sociedade: além disso, se o desastre recaísse sobre o Exército, seria inclusive conveniente que seu comandante fosse conhecido por ser uma escolha mais da opinião pública do que do monarca.[32]

Mikhail Kutuzov se tornou um ícone patriótico russo depois de 1812, graças em parte a Lev Tolstói. A historiografia stalinista, então, o elevou ao nível de gênio militar, superior a Napoleão. É evidente que tudo isso é absurdo, mas é importante não ir automaticamente na direção contrária e ignorar os talentos de Kutuzov. O novo comandante-em-chefe era um líder carismático que sabia como conquistar a confiança e afeição de seus homens. Ele era um esperto e perspicaz político e negociador, mas também era um soldado habilidoso, corajoso e experiente. Sua emboscada e destruição do principal exército otomano no inverno de 1811 a 1812 havia superado os esforços anteriores dos comandantes russos entre 1806 e 1811. Em 1805, ele tinha desenredado o Exército russo com habilidade e compostura da posição muito perigosa na qual ele havia sido colocado pela capitulação austríaca em Ulm. Se Alexandre tivesse ouvido seu conselho antes de Austerlitz, a catástrofe teria sido evitada e a campanha de 1805 poderia ter terminado em vitória.[33]

O grande problema com Kutuzov era sua idade. Em 1812, ele tinha 65 anos e sua vida havia sido tudo, menos tranquila. Embora ainda conseguisse montar, ele preferia sua carruagem. Não havia chances de ele cavalgar por um campo de batalha e atuar como seu próprio solucionador de problemas imediatos no estilo de um Wellington. A campanha de 1812 implicava enormes tensões, físicas e mentais, e, às vezes, a energia de Kutuzov era duvidosa. Nessas ocasiões, ele parecia ter a aversão de um velho ao risco e a grandes esforços. Com o tempo, também ficou claro que Kutuzov não compartilhava da opinião de Alexandre sobre a grande estratégia da Rússia e a liberação da Europa. Isso não foi problema na primeira metade da campanha de 1812, mas se tornou importante durante a retirada de Napoleão de Moscou.

Embora a nomeação de Kutuzov fosse realmente uma grande melhoria, ela não resolvia todos os problemas na estrutura de comando russa, e, de fato, criava alguns novos. Barclay de Tolly reagiu lealmente à nomeação de Kutuzov e entendeu sua necessidade, mas as enormes críticas às quais tinha sido sujeito o tornaram muito sensível as desfeitas de seu novo comandante, e elas não demoraram a surgir, principalmente a partir do novo chefe do Estado-Maior, Levin von Bennigsen. Enquanto isso, embora a substituição de Barclay por Kutuzov fosse uma grande concessão ao sentimento russo, ela não parecia de forma alguma satisfazer os líderes do "partido russo" nos quartéis-generais, Petr Bagration e Aleksei Ermolov. Talvez o próprio Bagration sonhasse com o comando supremo, embora isso seja difícil de acreditar, considerando que ele sabia o quanto seu prestígio com Alexandre era pequeno. Certamente, nenhum general considerava muito grande a capacidade de Kutuzov. Quanto ao novo comandante-em-chefe, ele respeitava Bagration como um comandante de campo de batalha. Assim como Barclay, ele apreciava o talento de Ermolov, mas tinha dúvidas justificadas sobre a lealdade dele.[34]

No entanto, os problemas eram tanto estruturais quanto pessoais. Teria sido racional para o novo comandante-em-chefe suprimir o 1º e o 2º exércitos e subordinar suas sete corporações de infantaria e quatro de cavalaria diretamente a si mesmo e a seu chefe de Estado-Maior, Bennigsen. Fazer isso, no entanto, teria significado rebaixamento público e humilhação para Barclay, Bagration e seus Estados-Maiores. Isso era contrário ao *modus vivendi* da elite czarista. Isso também teria exigido a concordância do imperador, já que ele havia nomeado os dois generais e criado seus exércitos. Entretanto, a sobrevivência de ambos os exércitos criou uma estrutura de comando pesada e tornou inevitável o conflito entre o Estado-Maior do supremo comandante e os de Barclay e Bagration. Em especial, Barclay logo descobriu que o quartel-general geral estava cooptando alguns de seus oficiais de Estado-Maior e dando ordens diretas a algumas de suas unidades.

Também nesse caso, estruturas e personalidades se entrelaçavam. O novo chefe de Estado-Maior, Bennigsen, tinha sido convencido a aceitar o trabalho com dificuldade e apenas após Kutuzov enfatizar o desejo do imperador para que ele fizesse isso. Em estilo tradicional, Alexandre pode ter tido a intenção de usar Bennigsen para ficar de olho em Kutuzov. Ele, sem dúvidas, tinha mais confiança na capacidade de Bennigsen, assim como em sua energia. Para ser justo com Alexandre, Kutuzov e Bennigsen haviam sido grandes amigos por muitos anos até 1812; logo, o imperador não tinha como prever que eles se tornariam inimigos mortais no curso daquele ano. Kutuzov sempre suspeitava de qualquer subordinado que pudesse querer roubar suas láureas. Bennigsen, por outro lado, era intensamente orgulhoso e estava firmemente convencido de que era um general muito mais competente que Kutuzov, e mais ainda que Barclay. À moda antiga, sentindo-se meio isolado, Kutuzov cada vez mais se inclinava aos conselhos e ao apoio de Karl von Toll, seu antigo *protégé*. Para Bennigsen, era intolerável que o conselho de qualquer um fosse preferido ao do chefe do Estado-Maior, mas ser deixado de lado, em favor de um simples coronel presunçoso, era motivo de fúria.[35]

Desde que o Exército evacuara Smolensk, um reforço de oficiais de Estado-Maior havia sido enviado de volta à estrada para Moscou para encontrar boas posições nas quais as tropas pudessem combater Napoleão. Era impensável para quase todos os oficiais superiores entregar a antiga capital russa sem lutar. Clausewitz descreve bem as dificuldades que os oficiais de Estado-Maior enfrentaram:

A Rússia é muito pobre em posições. Onde prevalecem os grandes pântanos (ou seja, na maior parte da Bielorrússia), o país é tão florestado que fica difícil encontrar espaço para tropas com um número considerável de integrantes. Onde as florestas são menos densas, como entre Smolensk e Moscou, o solo é plano – sem montanhas com cumes elevados –, sem quaisquer vales profundos; os campos não são cercados portanto, facilmente transponíveis em qualquer lugar; as vilas são de madeira, e mal adaptadas para defesa. A isso deve-se acrescentar que, mesmo em um país cuja perspectiva é tão desimpedida, pequenas faixas de floresta constantemente se interpõem. Há, portanto, poucas opções de posicionamento. Se um comandante deseja então lutar sem perda de tempo, como foi o caso de Kutuzov, era evidente que ele deve postar-se com o que pode conseguir.[36]

O que Kutuzov tinha era uma posição perto da vila de Borodino, a 124 quilômetros de Moscou. Para os oficiais de Estado-Maior russos que viram inicialmente essa localização a partir de uma via principal – a chamada Nova Estrada de Smolensk – as primeiras impressões foram muito boas. Tropas posicionadas em qualquer lado da via teriam seu flanco direito protegido pelo rio Moskva e sua frente guardada pelas margens íngremes do rio Kolocha. Os problemas eram bem maiores quando se olhava atentamente para o flanco esquerdo dessa posição, ao sul da estrada principal. Inicialmente, o Exército Russo foi posicionado em uma linha que ia de Maslovo, ao norte da estrada, cruzava Borodino na própria estrada e descia a colina em Shevardino, no flanco esquerdo. O centro da posição poderia ser fortalecido pelo monte logo ao sudeste de Borodino, que se tornou o famoso Reduto Raévski. Enquanto isso, a esquerda podia ser ancorada em Shevardino, que Bagration começou a fortificar.

Uma inspeção mais atenta logo revelou a Bagration que a posição à esquerda, designada a seu exército, era muito vulnerável. Uma ravina em sua retaguarda impedia as comunicações. Mais importante, outra estrada – a chamada Velha Estrada de Smolensk – cortava diretamente por trás de sua linha a partir do oeste, unindo-se à via principal em direção à retaguarda da posição russa. Um inimigo que descesse essa estrada poderia facilmente destruir o flanco de Bagration e bloquear a linha de recuo do exército até Moscou. Confrontado por esse perigo, o exército de Bagration começou a se retirar para uma nova posição que abandonava Shevardino e voltava-se bruscamente ao sul de Borodino, em uma linha reta até a vila de Utitsa, na Velha Estrada de Smolensk. Em 5 de setembro, as tropas de Bagration em Shevardino enfrentaram violentos ataques franceses para cobrir o reposicionamento dessa nova linha, perdendo entre cinco e seis mil homens e infligindo talvez um número pouco menor de baixas ao inimigo.[37]

A nova linha era certamente mais segura, porque bloqueava a Velha Estrada de Smolensk. Para fazer isso, no entanto, havia sido obrigada a abandonar sua posição fortificada em Shevardino e, em vez disso, se esticar ao longo de um terreno entre Borodino e Utitsa que não ajudava em nada as tropas que o estivessem defendendo. Fora isso, voltando-se bruscamente para o sul perto de Borodino e do Reduto Raévski, a linha russa ficava agora em uma espécie de saliente, com todas as tropas entre Borodino e à esquerda da linha de Bagration para além da vila de Semenovskoe vulneráveis ao fogo cruzado da artilharia francesa.

Durante a batalha de Borodino em 7 de setembro, a grande maioria do Exército Russo ficou amontoada nesse pequeno saliente. Isso incluía cinco dos sete Corpos de infantaria russas, que sozinhos somavam mais de 70 mil homens. Além disso, havia mais de 10 mil integrantes da cavalaria no "saliente". Até mesmo os outros dois Corpos de infantaria russos – o 2º de Baggohufvudt e o 3º de Tuchkov – destacaram metade de seus homens para defender essa área. O posicionamento russo não foi só numa frente muito estreita, mas também extremamente denso. As divisões de infantaria eram estabelecidas em três linhas. Na frente, ficavam os *Jaegers*. Atrás deles vinham duas linhas de infantaria, dispostas nas chamadas "Colunas de Batalhão". Essas colunas tinham a largura de uma companhia com quatro de profundidade. Não muito longe da retaguarda das divisões de infantaria ficava a cavalaria, com as unidades reserva do exército dispostas atrás dela, mas ainda ao alcance da artilharia pesada de Napoleão, para quem as seis, ou mesmo às vezes sete linhas de tropas russas proporcionavam um ótimo alvo.[38]

Para explicar o que tudo isso significa, talvez seja útil fazer comparações com a paisagem de Waterloo. Napoleão levou 246 canhões a Waterloo, alguns dos quais tiveram que ser dispostos bem no começo da batalha, à sua direita, contra os prussianos. A chamada "Grande Bateria" que atacou vigorosamente as formações da infantaria de Wellington na tarde de 18 de junho de 1815 era composta por 80 canhões. A artilharia de Napoleão ficou frente a frente com o exército de Wellington. Quase toda a luta foi confinada a uma linha que percorria aproximadamente 3.500 metros ao leste a partir do castelo de Hougoumont, na qual Wellington posicionou seus 73 mil homens. Waterloo foi talvez o mais densamente ocupado dos grandes campos de batalha das Guerras Napoleônicas – com a exceção de Borodino. O comandante britânico abrigou parcialmente seus homens atrás de um declive reverso, embora ele também tenha sido ajudado pelo fato de a lama reduzir o número de ricochetes e, consequentemente, o poder letal das armas de Napoleão.[39]

Em Borodino, Napoleão posicionou 587 canhões. A maioria deles mirava as tropas russas que defendiam a linha desde o norte do Reduto Raévski até as três fortificações de campo que os homens de Bagration construíram além de Semenovskoe, e que tinham entrado para a história como as *flèches* de Bagration – terraplanagens em formato de lança, abertas para a retaguarda, cujos parapeitos de terra que se desmanchavam ofereciam pouca cobertura aos defensores. Quando as *flèches* caíram, a linha russa dobrou-se ao sul ainda mais bruscamente ao redor da própria Semenovskoe. A distância entre o Reduto Raévski e Semenovskoe era de apenas 1.700 metros. As *flèches* ficavam algumas centenas de metros atrás da vila. Mais de 90 mil tropas russas ficaram amontoadas nessa área. No relatório de Barclay após a batalha, fica claro que suas linhas dentro do saliente não estavam apenas sendo alvo de fogo cruzado. Baterias francesas próximas a Borodino também estavam no flanco das linhas russas e eram capazes de infligir enormes baixas ao atirar diretamente ao longo delas.[40]

É verdade que Wellington era mais habilidoso do que os generais russos e prussianos no uso de declives reversos e outros obstáculos naturais para proteger suas tropas, mas, em várias ocasiões, Barclay ordenou que seus generais mantivessem seus homens sob cobertura, apenas para ouvir que isso não seria possível. Quando se caminha ao redor da posição mantida pelo Exército russo nesse ainda intacto campo de batalha, é fácil confirmar o que diziam os generais. Contrariando a tradição, alguns comandantes russos também diziam a seus homens para se deitarem a fim de evitar o bombardeio, embora nem todas as unidades obedecessem. Os russos podem ser justificadamente criticados por condensar demais suas tropas e não manter pelo menos suas reservas e parte de sua cavalaria além do alcance dos canhões de Napoleão. Por outro lado, o solo de pedras duríssimas não os ajudava quando se tratava de ricochetes. Vilas russas, construídas com madeira, também não colaboravam com os defensores: eram uma verdadeira ameaça ao arder em chamas. Por essa razão, os russos destruíram a vila de Semenovskoe antes de a batalha começar. O contraste com a enorme ajuda que as construções de pedra em Hougoumont e La Haye Sainte deram a Wellington é evidente.[41]

O denso posicionamento russo foi planejado para forçar Napoleão a lutar uma batalha de atrito. O campo de batalha limitado daria às unidades dele pouco espaço para manobrar ou explorar sucessos táticos. Ele iria, no sentido mais literal, limitar o próprio gênio de Napoleão. O preço a ser pago, como os comandantes russos sabiam, eram baixas muito elevadas. Além disso, se expor a uma batalha de atrito comprometia qualquer chance de uma vitória russa expressiva. Com Napoleão presente em campo e seu exército mais bem treinado e consideravelmente superior em número, tal vitória era, de toda forma, improvável. De muitas maneiras, portanto, a batalha de Borodino foi um microcosmo da campanha de 1812 como um todo, durante a qual o alto comando russo havia forçado Napoleão a lutar o tipo de guerra que menos lhe favorecia.

A história havia habituado as tropas russas a lutar em terrenos que davam a elas poucas vantagens naturais. Por tradição, portanto, elas eram mais inclinadas do que a maioria dos exércitos europeus a construir fortificações de campo para fortalecer uma posição. Elas fizeram isso em Borodino, mas apenas com limitado sucesso. As fortificações mais fortes e construídas de forma mais profissional estavam no extremo norte da linha russa, além da vila de Gorki. Nenhuma luta aconteceu nessa região, então as fortificações foram amplamente desperdiçadas. As duas fortificações que desempenharam um papel realmente significativo na batalha foram as muito mais fracas *flèches* de Bagration e o Reduto Raévski. Embora o reduto, em especial, fosse um elemento essencial na linha de defesa russa, é preciso ser muito cauteloso em aceitar as descrições francesas dessas fortificações supostamente formidáveis na aparência.[42]

Nem as *flèches*, nem o Reduto Raévski foram construídos por oficiais engenheiros. Todo o pequeno quadro de engenheiros do Exército foi designado para outras tarefas, assim como a maioria das companhias de pioneiros,¶ que, de qualquer forma, no início tinham apenas 500 integrantes. Os membros da milícia de Moscou, que executaram a maior parte da obra no Reduto Raévski, não tinham a menor ideia de como construir fortificações e foram barrados pelo solo pedregoso e pela falta de apetrechos. A situação piorou com uma discussão entre Toll e Bennigsen sobre a melhor forma de construir fortificações no monte. Karl Oppermann, o engenheiro mais antigo e com maior autoridade no exército, dedicou a maior parte de sua atenção às fortalezas em 1812 e ainda não tinha se reunido ao exército principal a tempo para a batalha. Além de tudo, ainda houve demora para encontrar pás e picaretas para os membros da milícia. O trabalho, portanto, começou no final da tarde de 6 de setembro e continuou noite adentro. O alferes Dementi Bogdanov e seu pequeno comando de pioneiros só chegaram para ajudar na construção do reduto pouco antes da meia-noite. Ele estava longe de estar pronto quando a batalha começou, na manhã de 7 de setembro.[43]

¶ Pioneiros (ou sapadores) – unidades especializadas, cujos integrantes eram geralmente escolhidos em função de sua força física – serviam incorporados aos regimentos de infantaria e, às vezes, de cavalaria a fim de facilitar o movimento destas unidades, demolindo portões, muros e cercas; trabalhavam também na preparação defensiva do terreno, cavando trincheiras e construindo fortificações; são os precursores das unidades de engenharia militar modernas. (N.T.)

Como resultado, segundo a história oficial do Corpo de Engenharia Militar, havia todo tipo de erro elementar até mesmo no reduto, quanto mais nas *flèches*. O monte no qual o Reduto Raévski foi construído era, de qualquer forma, pequeno e baixo. No final, dezoito canhões com um batalhão de infantaria como força de cobertura era tudo o que podia ser comprimido naquela posição. Quando se caminha sobre o monte, parece incrível que os russos tenham conseguido colocar ali mesmo essa quantidade de homens. A encosta até a frente do reduto era bem suave e a encosta em sua retaguarda era apenas um pouco menos. Os milicianos tinham dado seu melhor para compensar essas fraquezas, mas com sucesso limitado. Um problema era que "a contraescarpa era muito mais baixa que a escarpa, e a vala em frente ao reduto era completamente inadequada". Claro, os milicianos não tinham a menor ideia de como usar barreiras de feixes,** gabiões†† e outros elementos da arte dos pioneiros. Por falta de tempo, só foram preparadas posições para dez canhões. Uma consequência disso foi que a artilharia dentro do reduto não podia cobrir parte dos pontos de aproximação. A área em frente ao reduto era varrida pelo fogo das baterias russas do 1º Exército no norte e do 2º Exército do sul, mas quase todos esses canhões estavam dispostos a céu aberto e sujeitos ao devastador fogo de contrabateria inimigo. Tudo isso, somado ao intenso bombardeio de artilharia sofrido em 7 de setembro, ajuda a explicar como o reduto pôde ser finalmente invadido pela cavalaria.[44]

O oficial que inicialmente supervisionou a construção do Reduto Raévski foi o tenente Ivan Liprandi, o quartel-mestre mais antigo do 6º Corpo de Dmitri Dokhturov. O fato de um mero tenente ser o segundo oficial de Estado-Maior mais antigo em um Corpo nos diz algo sobre a escassez desses oficiais superiores. O fato de ele estar fazendo um trabalho que cabia, na verdade, a um engenheiro militar se devia não apenas à falta desses profissionais, mas também ao fato de os engenheiros do 1º Exército terem recebido a incumbência de construir as fortificações muito mais formidáveis do flanco direito do Exército ao norte de Gorki. Enquanto tanto esforço era dedicado ao fortalecimento do flanco norte em 4, 5 e 6 de setembro, praticamente nada foi feito até a véspera da batalha no Reduto Raévski. Isso é um grande indício das prioridades do alto comando russo e de onde ele esperava que as lutas mais importantes aconteceriam.[45]

** Montadas com feixes de madeira, eram usadas para reforçar estruturas geralmente construídas em barro. (N.T.)
†† Sistema defensivo composto por uma espécie de cestos cheios de terra e pedras, que eram usados como proteção contra balas e para amortecer o impacto das explosões. Em geral, eram leves, de modo que pudessem ser transportados com facilidade. (N.T.)

Ainda mais surpreendente foi o posicionamento inicial do Exército russo por Kutuzov. Dos cinco Corpos de infantaria colocados na linha de frente, dois — o 2º de Baggohufvudt e o 4º de Ostermann-Tolstói — foram posicionados ao norte de Gorki, assim como um corpo da cavalaria regular e os cossacos de Platov. O 6º Corpo de Dokhturov ficou do lado oposto a Borodino e entre a vila de Gorki e o Reduto Raévski. Toda a linha sul, do reduto até as *flèches,* foi preenchida pelos dois Corpos do 2º Exército de Bagration: o 7º Corpo de Nikolai Raévski ficou perto do reduto e o 8º Corpo de Mikhail Borozdin manteve o lado esquerdo da linha, dentro e além da vila de Semenovskoe. Os dois Corpos remanescentes do 1º Exército, o 3º de Nikolai Tuchkov e o 5º Corpo (Guardas) formavam o total da reserva. Assim, a disposição do Exército, bem como suas fortificações, refletia a preocupação primordial de Kutuzov com seu flanco direito e a nova estrada de Smolensk, que era sua linha de comunicação e suprimentos até sua base em Moscou.

Nos dois dias anteriores à batalha, muitos dos mais experientes generais de Kutuzov destacaram a vulnerabilidade do flanco esquerdo russo. O ataque de Napoleão a Shevardino parecia pressagiar um ataque a esse setor da linha de Kutuzov. Mesmo oficiais subalternos estavam cientes da probabilidade de o inimigo atacar ao sul. Kutuzov fez algumas mudanças para conter esse perigo. Acima de tudo, ele tirou o corpo de Nikolai Tuchkov da reserva e colocou-o na velha estrada de Smolensk para bloquear qualquer tentativa de flanquear a esquerda russa. Contudo, apesar de apelos de Barclay de Tolly, entre outros, ele insistiu em manter os Corpos de Baggohufvudt e Ostermann em seu flanco direito, além de Gorki.[46]

Uma explicação maldosa pode atribuir essa decisão a pura teimosia, pela qual o principal conselheiro de Kutuzov, Karl von Toll, era famoso. Dadas as rivalidades dentro do alto comando, mudar a disposição do Exército seguindo o conselho de generais rivais poderia soar como humilhação. Mais provavelmente, Kutuzov e Toll não estavam dispostos a enfraquecer a proteção da linha vital de comunicação até estarem absolutamente convencidos de que Napoleão não pretendia atacar ali. O preço das táticas defensivas é que as tropas devem ser posicionadas com base em suposições e temores sobre onde o inimigo vai atacar. Considerando a reputação de Napoleão para surpreender e ousar, isso podia resultar em muitas unidades sendo desperdiçadas longe do campo de batalha. Mais uma vez, uma comparação com Waterloo pode ser útil. Profundamente preocupado com o que se provou uma ameaça inexistente às suas comunicações com o mar, Wellington manteve 17 mil homens sob o comando do príncipe Frederick da Holanda inativos em Hal, a muitos quilômetros do campo de batalha. Pelo menos, os 23 mil homens de Ostermann e Baggohufvudt se juntaram à batalha de Borodino, embora perigosamente tarde.

Ainda assim, o mau posicionamento do 2º e do 4º Corpos teve sérias consequências. Em sua ausência, Kutuzov foi obrigado a mandar a maior parte da suposta reserva do exército para a linha de frente, no início de 7 de setembro, contrariando toda a prática normal e para grande indignação de Barclay. O fato das Guardas terem sido movimentadas, sem que Barclay fosse sequer informado, mostra a confusão e as divisões na estrutura de comando russa. No final, os dois Corpos da ala direita realmente atuaram como uma reserva substituta, mas foram necessários apelos desesperados de Bagration para movimentar os homens de Baggohufvudt e duas horas para que eles chegassem à ameaçada ala sul do exército. O 4º Corpo de Ostermann demorou ainda mais para se movimentar. Quando todos esses reforços chegaram ao local, o 2º Exército de Bagration, inferior em número, já havia sofrido perdas enormes.[47]

Discussões sobre quantos homens exatamente cada lado levou a Borodino estendem-se desde 1812. Isso se deve, em parte, a um esforço infantil de historiadores em ampliar as proezas de seus respectivos lados provando que eles estavam em número menor. Os russos certamente tinham mais homens, mas apenas se contarmos os 31 mil milicianos de Moscou e Smolensk que estavam, na maior parte, armados de lanças e machados e não tinham treinamento militar. A milícia não era totalmente inútil, porque ela cumpria tarefas auxiliares, tais como recolher os feridos e agir como polícia militar, mas essas unidades de milícia não podiam tomar parte na luta e, de fato, não tomavam. Se desconsiderarmos as milícias por completo, Napoleão provavelmente tinha uma leve superioridade numérica: talvez 130 mil de seus soldados tenham enfrentado algo abaixo de 125 mil russos. Certamente Napoleão tinha vantagem se forem descontados os 8.600 cossacos no Exército Russo. Embora muito mais úteis do que a milícia, a maioria das unidades de cossacos não podia enfrentar a cavalaria regular, muito menos a infantaria, em um campo de batalha.[48]

Em relação à qualidade das unidades regulares dos dois exércitos, mesmo os homens que haviam começado a campanha como recrutas já podiam ser vistos quase como tropas experimentadas. Os mais fracos já tinham há muito tempo caído das fileiras durante as dez semanas de esgotantes marchas e batalhas. A única exceção a isso eram os 13.500 homens dos *"quartos batalhões"* (ou seja, do Depósito de Recrutas) comandados pelo general Mikhail Miloradovich, que se uniu a Kutuzov uma semana antes da batalha e foi disperso entre os regimentos dos 1º e 2º exércitos. Esses homens haviam sido treinados adequadamente, mas, como era comum no Exército em tempos de paz, a prática de tiro havia sido limitada pela escassez de chumbo e nenhum deles havia disparado um tiro de verdade antes. Por outro lado, as unidades de elite de ambos os exércitos estavam fortemente presentes. No caso russo, isso significava os regimentos de Guardas e Granadeiros. No de Napoleão, isso incluía as Guardas, o 1º Corpo de Davout e muitos excelentes regimentos de cavalaria pesada alemães e franceses.[49]

A forma com que os dois exércitos se prepararam para a batalha refletia suas naturezas bastante diferentes, mas ambos estavam altamente motivados e ansiosos para lutar, após semanas de marchas frustrantes. À medida que a batalha decisiva, adiada tantas vezes e por tantas semanas, se aproximava, os dois lados sabiam que estavam lutando por algo muito valioso.

Kutuzov ordenou que a famosa imagem da Mãe de Deus de Smolensk, que havia sido retirada da cidade, fosse transportada para a linha de seu exército. Segur lembra que a procissão religiosa era visível das bases de Napoleão: eles podiam ver como "Kutuzov, cercado de todo tipo de pompa religiosa e militar, assumiu seu posto no meio dela. Ele tinha feito seus papas e arcebispos vestirem aquelas esplêndidas e majestosas insígnias herdadas dos gregos. Eles marchavam à frente dele, carregando os venerados símbolos de sua religião". Kutuzov era um mestre em falar a seus soldados usando termos que eles entendiam, mas após assistir Smolensk e muitas outras cidades russas queimando, eles pouco precisavam de seus apelos para defender até o fim sua terra natal e sua fé.[50]

Por outro lado, o Exército francês de 1812 era inteiramente secular, tendo preservado muitas das normas republicanas dos anos de 1790. Além disso, a força que lutou em Borodino incluía dezenas de milhares de poloneses, alemães e italianos. Portanto, as ordens do dia de Napoleão, lidas às tropas por seus comandantes, não diziam nada sobre religião ou patriotismo. Elas apelavam ao orgulho e à confiança que deveriam derivar de suas vitórias passadas e invocavam a glória que eles poderiam obter aos olhos da posteridade tendo triunfado em uma batalha "sob os muros de Moscou". De modo mais prosaico, mas muito objetivo, elas enfatizavam a necessidade da vitória: "ela vai dar a vocês abundância, bons quartéis de inverno e um rápido retorno à sua terra natal".[51]

No final da tarde de 6 de setembro, enquanto Napoleão analisava a posição russa nas proximidades de Borodino, o marechal Davout se aproximou dele com uma proposta para abandonar os planos de um ataque frontal ao exército de Bagration e, em vez disso, autorizar um movimento de flanqueamento com 40 mil homens seus e do Corpo de Poniatowski na velha estrada de Smolensk, a fim de envolver e empurrar o flanco esquerdo russo. Em princípio, isso era uma boa ideia. Napoleão precisava de uma vitória decisiva e provavelmente existiam dúvidas se isso poderia ser alcançado com um ataque frontal. A resistência e a teimosia das tropas russas eram lendárias. Um movimento de flanco poderia provocar uma batalha de manobra, em vez de atrito, que só poderia funcionar a favor de Napoleão.

Ainda assim, o imperador estava certo ao rejeitar a sugestão de Davout. Considerando a qualidade da cavalaria leve, era improvável que os russos fossem surpreendidos por um movimento de flanqueamento, mas de qualquer forma, uma ameaça a seu flanco poderia simplesmente inspirar Kutuzov a fugir, algo de que Napoleão teria horror depois de persegui-lo por tanto tempo. Reposicionar o Corpo de Davout para tal movimento, àquela altura, iria requerer movimentos de ampla escala na escuridão, em meio a florestas na direita francesa – uma receita para o caos. Além disso, a estratégia russa de desgastar o Exército de Napoleão agora dava frutos. Mais no início da campanha, ele poderia facilmente ter dispensado 40 mil homens para tal movimento, mas, naquele momento, sua margem de risco e erro era muito mais apertada.[52]

Logo após a primeira luz do dia 7 de setembro, a batalha de Borodino começou. Por volta das seis da manhã, o Regimento russo das Guardas *Jaeger* foi empurrado para fora da vila de Borodino e para o outro lado do rio Kolocha, com pesadas baixas. Os franceses atacaram encobertos por uma névoa e em números esmagadores. Ou o regimento não deveria ter sido deixado um lugar tão exposto e isolado, ou ele falhou em tomar as precauções adequadas. Barclay acreditava que a primeira opção era a verdadeira e tinha pressionado Kutuzov pela retirada dos *Jaegers*, mas a maledicência no Exército culpou os comandantes do regimento pela derrota. As unidades francesas que haviam tomado Borodino perseguiram as Guardas *Jaeger* ao longo do rio Kolocha e foram então emboscadas e conduzidas de volta com grandes baixas; por isso, em termos táticos, a batalha foi um empate. Seu significado mais amplo foi que ela permitiu à artilharia francesa, que martelava o Reduto Raévski, ser trazida para a frente e conseguir excelentes posições para disparar direto ao longo das linhas russas. Esse golpe inicial contra o extremo norte da linha russa também pode ter finalmente convencido Kutuzov de que Napoleão poderia atacar sua ala direita. Se isso aconteceu, só pode ter aumentado sua hesitação em enviar Ostermann e Baggohufvudt para o sul.[53]

Logo após o ataque em Borodino, o golpe muito maior às *flèches* de Bagration começou. Embora, no início, ele tenha sido realizado pelos homens de Davout, rapidamente o marechal Ney também lançou seu Corpo na batalha. Fontes russas afirmam que, no final da luta, 400 canhões inimigos apoiaram o avanço às *flèches*. Isso soa exagerado, mas não há dúvidas de que as três divisões do 8º Corpo de Borozdin, a única infantaria russa inicialmente disposta nessa área, eram enormemente superadas em número e estavam sujeitas a imenso bombardeio. As três *flèches* – com suas paredes de madeira que logo foram estraçalhadas pelo bombardeio francês – eram mantidas pela 2ª Divisão Combinada de Granadeiros do conde Mikhail Vorontsov, que foi aniquilada ao longo da luta e posteriormente debandou. O próprio Vorontsov ficou seriamente ferido. O mesmo aconteceu com a maioria dos outros generais do 2º Exército, que demonstrou impressionante coragem e autossacrifício. Em um prazo de três horas, Petr Bagration, seu chefe de Estado-Maior Emmanuel de Saint-Priest e Mikhail Borozdin estavam fora de ação.[54]

Os Exércitos francês e russo usavam basicamente táticas similares. Ataques eram montados atrás de uma nuvem de escaramuçadores e com forte apoio de artilharia, mas a massa da infantaria era disposta em colunas. Como Jomini ressaltava em seus escritos teóricos, se a força de ataque fosse suficientemente numerosa e determinada, era improvável que fosse detida pela mosquetaria da infantaria inimiga, ela mesma disposta em coluna. Tendo quebrado a linha de frente, no entanto, o atacante estaria então bastante vulnerável a um contra-ataque imediato por forças inimigas novas, ainda intocadas pela luta e já dispostas para um contra-ataque em colunas de batalhão. Se ambos os lados estivessem igualmente motivados, um ataque seguiria o contra-ataque e o pêndulo iria oscilar entre os dois lados até que o primeiro a exaurir suas reservas fosse derrotado e se retirasse. Grandes esforços foram gastos por historiadores russos para descobrir quantas vezes ondas da infantaria francesa atacaram as *flèches*, mas isso é quase impossível saber e nem é tão importante. Apesar de toda sua imensa coragem, os russos, numericamente em desvantagem, foram finalmente forçados a se retirar sobre o riacho de Semenóvski e se reposicionar dos dois lados da vila de Semenovskoe.[55]

Ao longo da feroz batalha pelas *flèches*, Bagration atraiu reforços, tanto em sua direita, quanto na esquerda. À direita, isso significou que parte da infantaria do 7º Corpo de Nikolai Raévski, posicionados bem à esquerda do Reduto Raévski, fossem reorganizados ao sul, em direção a Semenovskoe. Enquanto isso, na extrema esquerda da linha russa, Nikolai Tuchkov foi obrigado a enviar uma de suas duas divisões de infantaria sob o comando de Petr Konovitsyn para ajudar Bagration. Como consequência, Tuchkov foi fortemente pressionado quando o Corpo polonês do príncipe Poniatowski começou seus avanços seguindo a velha estrada de Smolensk em direção à vila de Utitsa. Felizmente para os russos, Poniatowski tinha sido obrigado a fazer um grande desvio para evitar se perder nas florestas, o que sugere que tipo de destino teria esperado pela força muito maior de Davout, se ele tivesse tentado seu proposto ataque de flanco. Quando Poniatowski realmente avançou, seus 10 mil homens forçaram Tuchkov, em menor número, a retornar a uma posição mais forte ancorado por uma colina ao leste de Utitsa.

Pelo resto do dia, uma luta feroz, mas em última análise, não decisiva, continuou ao redor de Utitsa e da Velha Estrada de Smolensk. Os poloneses tiveram o reforço da maior parte do Corpo dos vestfalianos de Junot. Por outro lado, o 2º Corpo de Karl Baggohufvudt chegou para resgatar Tuchkov. Ao mesmo tempo, na floresta de Utitsa, entre a Velha Estrada Smolensk e o campo aberto onde as *flèches* tinham sido construídas, os regimentos *Jaeger* do príncipe Ivan Shakhovskoi entraram em uma tremenda luta, retendo uma força inimiga maior e, nas palavras de um historiador alemão, mostrando "não apenas sua corajosa resistência, mas também uma habilidade que a infantaria leve russa não demonstrava sempre e em qualquer lugar".[56]

Assim que Baggohufvudt chegou, a batalha no extremo norte russo se tornou uma espécie de atividade secundária. Considerando o relativo equilíbrio de forças na área, era muito pouco provável que Poniatowski fosse bem-sucedido em forçar sua passagem na Velha Estrada Smolensk para dentro da retaguarda russa. Muito mais perigosa era a situação ao redor do Reduto Raévski. Se os franceses rompessem por ali, eles partiriam a linha russa em duas. Eles também estariam a uma distância fácil para atacar a nova estrada de Smolensk, a linha-chave de comunicação de Kutuzov com a retaguarda.

Por mais de duas horas após a queda de Borodino, a artilharia e os escaramuçadores inimigos despejaram fogo sobre os defensores do Reduto Raévski, mas nenhum ataque em massa foi feito pela infantaria de Eugene de Beauharnais, que comandava a ala esquerda do Exército de Napoleão. Quando a ordem para o ataque finalmente chegou, seu peso foi grande demais para os defensores do reduto, que foram expulsos do monte. Um problema para os russos era que sua artilharia no reduto estava ficando sem munição. Além disso, as colunas que avançavam eram ocultas pelas densas nuvens de fumaça que pairavam sobre o reduto ainda no ar matinal. O pânico foi a resposta quando a infantaria francesa repentinamente emergiu da fumaça e surgiu como um enxame sobre o reduto. Os momentos precisos de vários episódios durante a batalha de Borodino são muito difíceis de estabelecer. A única certeza em relação ao ataque ao reduto é que ele aconteceu pouco depois de Petr Bagration ser ferido e depois de parte do Corpo de Nikolai Raévski ter deixado a área do reduto para ir em seu auxílio.[57]

Ao ouvir a notícia de que Bagration era uma baixa, Kutuzov enviou Aleksei Ermolov ao 2º Exército para ajudar seus comandantes restantes e trazer um relato da situação. Junto com Ermolov foi o major-general conde Aleksandr Kutaisov, o comandante geral da artilharia. Kutaisov era um talentoso jovem artilheiro, apaixonadamente comprometido com sua profissão. Ele também era bem-apessoado, amável, charmoso e culto, o que ajudava a fazer dele uma das figuras mais populares no exército. Havia certa ironia nisso, já que seu avô, o primeiro conde Kutaisov, era um universalmente odiado e pouco letrado antigo prisioneiro de guerra turco, a quem Paulo I transformou em seu confidente íntimo e conde, em parte para irritar a aristocracia russa.[58]

Enquanto Ermolov e Kutaisov passavam pelo Reduto Raévski em seu caminho até o 2º Exército, eles viram as tropas russas nas redondezas em plena luta. Era crucial para os russos contra-atacar imediatamente, antes que o inimigo pudesse consolidar seu controle no reduto.

Aleksei Ermolov era exatamente o homem certo para tal emergência. Ele assumiu de imediato o controle das tropas que restavam em seus arredores e as conduziu em um bem-sucedido contra-ataque. Quando os homens de Ermolov – a maioria do Regimento Ufa do 6º Corpo de Dokhturov – conquistaram seu caminho de volta ao reduto, eles encontraram outras unidades do 6º Corpo, lideradas pelo ajudante de campo de Barclay, Vladimir Löwenstern, tomando a posição do outro lado da colina. Ao mesmo tempo, Ivan Paskevich havia reagrupado os remanescentes de sua própria 26ª Divisão e avançado em apoio a Löwenstern e Ermolov à esquerda do reduto. O contra-ataque russo deu certo porque os oficiais russos no local agiram imediata e resolutamente – por iniciativa própria, sem esperar por ordens. Além disso, a divisão do general Morand, que havia encabeçado o ataque, tinha avançado além das outras divisões de Eugène de Beauharnais e estava isolada.[59]

Para os russos, a mais importante baixa do contra-ataque foi Aleksandr Kutaisov, morto na retomada do reduto. Seu corpo jamais foi encontrado. Sem dúvida, o chefe da artilharia do Exército não deveria ter arriscado sua vida dessa maneira. A morte de Kutaisov foi mais tarde usada para explicar os erros na forma como a artilharia russa foi manejada durante a batalha. De fato, as explicações estavam corretas. Os russos tinham 624 canhões no campo de batalha e, em especial, tinham canhões de doze libras muito mais pesados que os dos franceses. Ainda assim, eles dispararam apenas o mesmo número de vezes. Os problemas aconteceram com o reabastecimento das baterias. Muito pior foi o fato de, embora baterias individuais lutarem com grande habilidade e coragem, os russos terem fracassado em concentrar seu fogo de artilharia. Em áreas-chave do campo de batalha, as baterias russas eram vastamente superadas em quantidade e sufocadas pelo fogo inimigo. Depois que elas eram destruídas, ou obrigadas a serem recolhidas, as novas baterias trazidas da reserva sozinhas ou aos pares frequentemente tinham o mesmo destino. De acordo com Ivan Liprandi, essa falha teve pouco a ver com a morte de Kutaisov. Na sua opinião, os russos sempre fracassaram em concentrar sua artilharia em 1812, embora em 1813 eles tenham às vezes aprendido sua lição e se saído melhor.[60]

Em circunstâncias normais, o recuo da divisão de Morand deveria ser seguido por um renovado ataque do resto do Corpo de Eugène. Na verdade, porém, horas se passaram antes do grande ataque seguinte, que foi lançado após as três da tarde. O atraso se mostrou crucial. Mais da metade da 26ª Divisão de Paskevich foi perdida e Barclay enviou sua divisão para a retaguarda para descansar e se reorganizar. Ele podia fazer isso porque, neste ínterim, todo o 4º Corpo de Aleksandr Ostermann-Tolstói havia chegado e podia ser usado para preencher a lacuna entre o Reduto Raévski e as tropas russas envolvidas na violenta batalha ao redor da vila de Semenovskoe. A "calmaria" envolvendo o reduto era bastante relativa. Os homens de Ostermann-Tolstói estavam sujeitos a uma devastadora barragem de artilharia, mas o ataque de infantaria em larga escala, que poderia ter sido lançado sobre as enfraquecidas defesas russas perto do reduto no final da manhã, nunca aconteceu.[61]

A razão desse atraso é que Eugène foi distraído por um ataque repentino da cavalaria russa que veio do norte e ameaçou sua retaguarda. O ataque foi iniciado por Matvei Platov, cujo Corpo cossaco estava na extrema direita da linha russa. No início da manhã de 7 de setembro, suas patrulhas relataram que não havia tropas francesas à sua frente e que era possível para a cavalaria cruzar o rio Kolocha e abrir caminho em direção ao sul atrás das linhas francesas. Como resultado, não apenas os cossacos de Platov, mas também o 1º Corpo de Cavalaria de Fedor Uvarov receberam a ordem de acossar Eugène. Na verdade, era pouco provável que alguns milhares de cavalarianos, sem o apoio de infantaria e com apenas duas baterias de artilharia a cavalo conseguissem muita coisa. Os cossacos de Platov atacaram o trem de bagagens de Eugène, enquanto os regulares de Uvarov fizeram uma série de ataques não muito determinados à sua infantaria. Na época, Kutuzov enxergou o ataque como um fracasso e ficou aborrecido pela atuação medíocre de Uvarov. Apenas muito mais tarde os russos vieram a entender que diferença o ataque havia feito.

Enquanto isso, durante o final da manhã e início da tarde, lutas violentas continuaram dentro e ao redor da vila de Semenovskoe, em direção à esquerda russa. Na vila e à sua direita, estavam os remanescentes do 2º Exército de Bagration e a pequena brigada de Granadeiros do príncipe Grigori Cantacuzene, que tinha vindo da reserva para ajudá-los. À esquerda da vila estavam a divisão de infantaria de Petr Konovnitsin e três regimentos da Guarda, os Izmailóvski, as Guardas Lituânia (Litóvski) e o Regimento da Finlândia. Um pouco atrás da infantaria estavam os seis regimentos de dragões e hussardos do 4º Corpo de Cavalaria de Karl Siever, mas ao final do dia, a maior parte da cavalaria pesada russa também tinha se envolvido na batalha próxima a Semenovskoe.

Toda a infantaria russa nos arredores de Semenovskoe estava sujeita a repetidos ataques e devastador fogo de artilharia. As baixas eram imensas. As Guardas estavam na pior posição, já que não havia cobertura à esquerda da vila. Pelo contrário, a área onde eles estavam era dominada pela outra margem do córrego Semenóvski, sobre a qual Davout e Ney tinham avançado e posicionado muitas baterias. O alcance era tão curto que, em alguns momentos, as armas francesas estavam disparando metralha‡‡ nas linhas das Guardas russas. Estas últimas estavam sob repetidos ataques de uma massa da cavalaria francesa, e por isso eram forçadas a permanecer em *quadrados*, o mais atraente dos alvos para a artilharia. Assim como em Waterloo, os ataques da cavalaria inimiga tornaram-se um bem-vindo alívio ao fogo da artilharia. As Guardas também tiveram que dispor muitos escaramuçadores contra a infantaria francesa, que tentava romper sua esquerda a partir da floresta. Ainda assim, os três regimentos se mantiveram firmes perante todas essas ameaças. Eles mantiveram a cavalaria e a infantaria francesas a distância, e sua firmeza foi a rocha ao redor da qual a defesa russa se uniu.

No total, as Guardas Izmailóvski e Lituânia sofreram mais de 1.600 baixas. No Regimento Lituânia, por exemplo, todos os majores e coronéis foram mortos ou feridos, alguns deles permanecendo nas fileiras apesar dos múltiplos ferimentos. As baixas também foram muito pesadas nas baterias de artilharia das Guardas que avançaram em apoio aos regimentos e foram sufocadas pelas armas francesas em maior número. Entre essas baixas, por exemplo, estava o alferes Avram Norov, de 17 anos, que perdeu uma perna em Borodino, mas, ainda assim, construiu mais tarde uma brilhante carreira, terminando como ministro da educação. O comandante de sua bateria "não conseguia controlar a tristeza ao ver Norov, que era um bom rapaz e um jovem bonito – na verdade apenas um menino – desfigurado para o resto da vida. Mas Norov respondeu com seu habitual leve gaguejar, 'Bem, irmão, mas não há nada a fazer! Deus é misericordioso, eu vou me recuperar e então voltarei à batalha de muletas'". Kutuzov relatou a Alexandre que os regimentos das Guardas "nesta batalha se cobriram de glória sob os olhos de todo o Exército". De fato, Borodino foi a etapa das Guerras Napoleônicas em

---

‡‡ Tipo de munição usado para armas de curto alcance (*"canister"*, em inglês), consistindo em um fino invólucro de metal, contendo em seu interior um grande número de balas, pedaços de aço ou mesmo pedras, que se espalham após o disparo, causando grandes danos nas fileiras da infantaria. (N.T.)

que as Guardas russas atingiram a maioridade como tropas de elite sempre confiáveis, cuja participação podia alterar o destino de uma batalha.[62]

No final das contas, os russos foram obrigados a abandonar Semenovskoe e recuar algumas centenas de metros ao leste, mas mantiveram sua disciplina, continuando a apresentar uma frente firme ao inimigo. A cavalaria francesa atacava os quadrados, mas não conseguia rompê-los. Quando tentaram sair pela retaguarda da linha russa, eles descobriram que tinham pouco espaço para manobrar e foram contra-atacados pelos couraceiros russos e pela 4ª Cavalaria de Siever, ambos mais do que competentes. No final da tarde, era claro que as forças de Davout e Ney estavam acabadas. Se Napoleão quisesse atravessar a linha russa além de Semenovskoe, ele teria que enviar novas tropas. Tudo que restava eram suas Guardas. Uma das divisões de infantaria das Guardas tinha sido deixada para trás em Gagarin, mas as outras duas estavam disponíveis e tinham cerca de 10 mil integrantes. Ney e Davout pediram a Napoleão por sua liberação.

Desde setembro de 1812, tem-se debatido sobre a possibilidade da recusa do imperador em comprometer sua reserva ter lhe custado uma vitória decisiva em Borodino e, consequentemente, suas chances de vencer a campanha de 1812.

Não há uma resposta precisa quanto a isso. Os próprios russos discordam sobre o provável resultado, caso Napoleão tivesse mandado suas Guardas avançarem. O melhor dos historiadores russos do século XIX, o general Bogdanovich, acreditava que ele teria assegurado uma vitória decisiva e, por consequência, prejudicado seriamente o moral russo. Por outro lado, Eugen de Württemberg escreveu que a introdução das Guardas teria transformado uma batalha quase empatada em uma inequívoca vitória francesa, mas que o exército de Kutuzov ainda teria escapado pela nova estrada de Smolensk e que o resultado estratégico final da batalha, portanto, não teria sido alterado.[63]

Meu próprio palpite é de que Eugen provavelmente estava certo. Do lado russo, os seis batalhões das Guardas Preobrajenski e Semenóvski ainda estavam na reserva e, juntos, tinham sofrido apenas 300 baixas causadas pelo fogo da artilharia. A 2ª Brigada de Infantaria das Guardas já havia mostrado o poder de resistência dos regimentos das Guardas e a 1ª Brigada das Guardas dificilmente faria pior. Assim como em Semenovskoe, outras unidades teriam se formado ao redor das Guardas. A divisão de Ivan Paskevich, por exemplo, tinha sido enviada para a retaguarda para se reagrupar e era bastante capaz de renovar na luta em caso de emergência, assim como uma série de baterias de artilharia também retiradas da linha de frente para descansar e repor sua munição. Uma combinação de teimosia russa, bosques e campos devastados por trás das linhas russas, e da distância até a principal via de acesso, significava que os russos provavelmente seriam capazes de atrasar o avanço francês por tempo suficiente para permitir que o exército escapasse. Em determinado momento, Kutuzov também poderia trazer quatro regimentos *Jaeger* intactos e algumas baterias de artilharia que estavam além de Borodino para formar uma retaguarda. Barclay ainda acreditava que seu exército podia lutar bastante e estava esperando que a batalha fosse renovada no dia seguinte.[64]

Obviamente, toda essa discussão é teórica, já que Napoleão se recusou a arriscar suas Guardas. A fumaça e a poeira levantadas pela batalha tornaram impossível enxergar o que estava acontecendo por trás das linhas russas. Os russos haviam lutado com imensa persistência, que não mostrava sinal algum de abatimento. O comandante das Guardas, marechal Bessières, que Napoleão havia mandado para espionar o terreno, relatou que a resistência russa ainda era forte. Com a possibilidade de outra batalha antes de Moscou e considerando a insegurança de sua posição nas profundezas da Rússia Central, não causa surpresa que Napoleão quisesse manter sua última reserva estratégica. O fato de as Guardas ainda estarem intactas realmente se mostraria uma grande vantagem durante a retirada de Moscou.[65]

Dada a recusa do imperador em comprometer suas Guardas na batalha em Semenovskoe, sua última chance de vitória seria o segundo ataque de Eugène de Beauharnais ao Reduto Raévski, que foi lançado não muito depois das três horas. A essa altura, o reduto era quase uma ruína. Ele era defendido pela 24ª Divisão do 6º Corpo de Petr Likhachev, com o apoio do 4º Corpo de Ostermann-Tolstói à esquerda. O ataque foi encabeçado pela cavalaria pesada, o que era um método não ortodoxo de tomar uma fortaleza de campo. A luta corpo a corpo no espaço limitado do reduto foi impiedosa. Homens mortos e feridos eram empilhados aos montes. O próprio Likhachev foi capturado, mas a maioria dos defensores russos foi massacrada, embora alguns dos canhões tenham sido recolhidos a tempo. Apenas nessa ocasião, os 20 mil homens restantes da infantaria de Eugène vieram a consolidar seu domínio sobre o reduto.[66]

Barclay de Tolly havia estado no meio dos combates o dia todo, calmamente reformulando e realocando seus regimentos para atender uma emergência após a outra. Vestindo uniforme completo e usando todas as suas condecorações, ele parecia estar – e de fato estava – cortejando a morte. A maioria de seus ajudantes estava morta ou ferida. O exemplo que ele mostrou de coragem, frieza e competência em momentos de extrema pressão e perigo garantiu a ele renovado respeito. Agora, mais uma vez, mas pela última em 7 de setembro, ele reuniu suas infantaria e artilharia, aproximadamente um quilômetro ao leste, em uma boa posição defensiva em solo elevado, e apoiou-se em sua cavalaria para impedir o inimigo de explorar a captura do reduto. A cavalaria do próprio Napoleão havia sofrido pesadas baixas no ataque ao Reduto Raévski. Seus cavalos também estavam em estado muito pior do que os dos seus oponentes russos. Por outro lado, a cavalaria regular de Napoleão superava numericamente os russos, por uma ampla margem. Barclay foi obrigado a comprometer até sua última reserva, as *Chevaliers Gardes* e as Guardas a Cavalo, mas essas tropas de elite empurraram de volta a cavalaria inimiga e mantiveram suas linhas. Quando Napoleão se recusou mais uma vez a comprometer suas Guardas para explorar a queda do reduto, a batalha de Borodino foi encerrada.

Naquela noite, o tenente Luka Simanski, das Guardas Izmailóvski, registrou os eventos do dia em seu diário. A imagem da Mãe de Deus de Smolensk foi colocada um pouco atrás do acampamento Izmailóvski e, antes de carregar seus mosquetes, o regimento havia se voltado para rezar para ela. Em suas posições perto de Semenovskoe, o regimento foi inundado por balas de canhões e metralha. Em comparação, os ataques da cavalaria inimiga eram tranquilos. Nenhuma artilharia russa parecia estar em qualquer lugar à vista. Todos os oficiais superiores das Izmailóvski caíram. Um capitão do Estado-Maior comandou o batalhão e um simples alferes, seus escaramuçadores. Por algum milagre, o próprio Simanski permaneceu ileso. Quando seu ordenança o viu regressando intacto do combate, chorou de alegria. Simanski terminou seu registro escrevendo: "pensei em minha família e no fato de eu ter permanecido calmo e não ter movido um pé além de meu posto; em como eu havia animado meus homens e como eu tinha rezado e dado graças a Deus a cada bala de canhão que passava por mim. O Todo-poderoso ouviu minha prece e me poupou. Rezo a Deus que, em Sua misericórdia, ele também salve a agonizante Rússia, que já foi punida suficientemente por seus pecados".[67]

Kutuzov havia passado o dia em seu posto de comando na ala direita, perto da vila de Gorki. Ele tinha posicionado seus corpos antes da batalha e teve alguma influência no que diz respeito à liberação das reservas no 7 de setembro. No geral, porém, ele deixou Barclay e Bagration conduzirem a luta. Quando Bagration foi ferido, ele mandou Dmitri Dokhturov para substituí-lo, mas ele mesmo nunca tirou os pés da colina de Gorki. Isso faz muito sentido. Barclay, Bagration e Dokhturov eram totalmente competentes para comandar uma batalha defensiva desse tipo, na qual nenhuma grande manobra era tentada pelos russos. Eles também eram muito mais jovens e tinham mais mobilidade que Kutuzov. Acima de tudo, ele era insubstituível. Se Kutuzov tivesse sido morto, o moral e a coesão do Exército teriam ruído. Nenhum outro comandante chegava remotamente perto do mesmo nível de confiança e obediência. Como Ivan

Radojitski afirmou, "apenas o marechal de campo príncipe Kutuzov, um verdadeiro filho da Rússia, amamentado em seu seio, poderia ter abandonado sem lutar a antiga capital do Império".[68]

Imediatamente após os combates, abandonar Moscou parecia estar longe dos pensamentos de Kutuzov. Pelo contrário, ele disse a seus subordinados que pretendia atacar no dia seguinte. Apenas as notícias de que Napoleão não tinha comprometido suas Guardas e de que as perdas russas foram enormes o convenceram a mudar de ideia. No total, as estimativas russas mais recentes sugerem que eles perderam entre 45 e 50 mil homens em Shevardino e Borodino, contra talvez 35 mil baixas francesas. Em especial, o 2º Exército de Bagration havia sido quase destruído. Mesmo algumas semanas mais tarde, depois de retardatários voltarem às fileiras, calcula-se que o 2º Exército tenha perdido mais de 16 mil homens no 7 de setembro, e isso além dos 5 mil perdidos em Shevardino dois dias antes. De tão sérias, as baixas entre os oficiais superiores do Exército haviam sido paralisantes.[69]

Por esse motivo, Kutuzov ordenou uma retirada. Quase pela única vez durante a campanha, a retaguarda russa teve um desempenho fraco. A culpa recaiu sobre seu comandante, Matvei Platov, e foi encarada pelos oficiais regulares como uma confirmação de sua antiga teoria de que generais cossacos não eram competentes para comandar infantaria ou artilharia. O problema básico foi que a retaguarda de Platov não impôs atrasos aos franceses para mantê-los a uma distância suficientemente respeitável do corpo principal do Exército Russo em retirada, como Konovnitsin já tinha feito com grande habilidade. Como consequência, as tropas já exaustas não tiveram o descanso que precisavam. A partida precipitada do exército de Mojaisk significou milhares de feridos deixados para trás, em um nítido contraste ao que havia acontecido anteriormente durante a retirada. Quando Kutuzov reforçou a retaguarda e substituiu Platov por Mikhail Miloradovich, a situação melhorou bastante, mas o episódio alimentou tensões crescentes entre os líderes regulares e cossacos.[70]

A questão fundamental, no entanto, era que os russos estavam ficando sem espaço. Seis dias após a batalha de Borodino, o exército de Kutuzov estava nos arredores de Moscou. A grande pergunta agora era se iriam lutar ou não pela cidade. Kutuzov teria mais dificuldade para abandonar Moscou do que Barclay tivera em Smolensk. Ambos os generais eram patriotas que haviam arriscado suas vidas em muitos campos de batalha, mas a Rússia pela qual eles lutavam não era mais a mesma. Barclay tinha grande lealdade e admiração pelo soldado russo, mas ele era um protestante báltico criado em São Petersburgo. Para ele, a Rússia significava, acima de tudo, o imperador, o Exército e o Estado. Por razões, tanto de sentimento, quanto de interesse, esses itens eram também grande parte da Rússia de Kutuzov, mas não toda ela. Para qualquer outro membro da velha aristocracia russa que não havia perdido suas raízes, existia também uma outra Rússia, uma terra ortodoxa que já existia antes dos Romanov e do Império e cuja capital era Moscou.

As últimas palavras de Kutuzov a Alexandre, quando saiu de São Petersburgo para assumir o comando geral, foram de que ele preferia perecer a abandonar Moscou. Pouco depois de chegar ao quartel-general, ele escreveu a Rostchopin, o governador geral de Moscou, que "a questão permanece aberta sobre o que é mais importante — perder o exército ou perder Moscou. Na minha opinião, a perda de Moscou implica na perda da própria Rússia". Porém, quando o conselho de guerra se reuniu em Fili, em 13 de setembro, Kutuzov entendeu que na verdade essa não era mais a questão. Se ele ficasse e lutasse, havia uma grande chance de que tanto o exército quanto a capital fossem perdidos. Sem dúvida, o comandante-em-chefe já tinha tomado sua decisão de abandonar a cidade antes do encontro do conselho, às quatro horas daquela tarde. Mas um passo tão importante não poderia ser dado sem consultar seus principais generais. Acima de tudo, Kutuzov estava ansioso para dividir um pouco da responsabilidade sobre uma decisão que estava destinada a causar imensa raiva e condenação.[71]

Os grandes protagonistas do conselho de guerra eram Bennigsen e Barclay. O primeiro tinha escolhido o terreno no qual o Exército estava se preparando para lutar fora de Moscou. Seu costumeiro orgulho, por si só, já o impedia de admitir que cometera um erro. Considerando sua correspondência posterior com Alexandre, também ficava claro que ele estava ansioso para empurrar a responsabilidade pela perda da cidade para Kutuzov e Barclay. No conselho de guerra, Barclay estabeleceu as razões pelas quais o Exército russo certamente seria derrotado se ficasse na defensiva nessa posição. Não apenas eles seriam amplamente superados em número, como também sua posição estava dividida por ravinas, o que tornaria muito difícil coordenar a resistência. Uma batalha perdida resultaria em uma retirada às pressas através de Moscou, o que poderia facilmente resultar na desintegração do Exército. A única possibilidade era atacar o Exército de Napoleão, mas a enorme perda de oficiais em Borodino tornaria uma batalha de manobra imensamente arriscada. Toll e Ermolov compartilhavam da opinião de Barclay, embora Ermolov não tivesse a coragem moral de falar e assumir a responsabilidade perante seus superiores. Barclay, ao contrário, demonstrou não apenas coragem moral, mas também grande generosidade de espírito ao falar decisivamente e, desta forma, dividir o ônus da responsabilidade com um homem que o substituíra no comando.[72]

Restava a difícil tarefa de conduzir um exército exausto e, de certa forma desmoralizado, com toda sua bagagem e alguns de seus feridos, pelas ruas de uma grande cidade. Com o inimigo em seus calcanhares, isso podia ser uma empreitada extremamente perigosa. As coisas eram ainda piores pelo fato de terem dado muito tarde, à população civil, a notícia de que Moscou deveria ser abandonada. Enquanto o Exército atravessava Moscou em 14 de setembro, um êxodo maciço de civis ainda estava em andamento. Um oficial de Estado-Maior descreveu a cena como "não a passagem de um exército, mas a realocação de tribos inteiras de um canto do planeta para outro". Barclay, como de costume, trabalhou incansavelmente para impor alguma ordem nesse caos. Oficiais foram posicionados nos principais cruzamentos para direcionar as tropas. A cavalaria circulava pelas laterais das colunas para impedir deserção e pilhagem. O próprio Barclay supervisionou os preparativos.[73]

O verdadeiro herói dessa ocasião, no entanto, foi Miloradovich, que estava agora comandando a retaguarda russa. Seu equivalente na guarda de avanço francesa era geralmente Joachim Murat, e os dois homens tinham muito em comum. Ambos os generais eram artistas que adoravam roupas suntuosas e grandes gestos. Chamar algum deles de intelectual seria um exagero, mas Miloradovich era não apenas honrado e generoso, mas também surpreendentemente modesto e perspicaz. Ele certamente compreendeu a essência do perigo daquele momento e, com alguma bravura, enviou seu ajudante de campo até Murat para sugerir uma trégua de um dia para que os russos pudessem partir, deixando a cidade intacta. No caso desse pedido ser recusado, Miloradovich ameaçava lutar nas ruas e transformar Moscou em ruínas. Ainda mais do que a maioria dos generais franceses, Murat ansiava por quartéis confortáveis, paz e regresso ao lar. Talvez encantado pelas ilusões do próprio Napoleão, ele via a queda de Moscou como um prelúdio à paz. Tudo isso fez com que ele se dispusesse não apenas a aceitar a oferta de Miloradovich para uma trégua, mas também com que posteriormente a estendesse por mais doze horas. Como resultado da atrevida iniciativa de Miloradovich, o Exército russo saiu de Moscou quase ileso.[74]

Em princípio, Kutuzov poderia ter se retirado de Moscou para várias direções. Se tivesse se voltado ao noroeste, por exemplo, poderia ter bloqueado a estrada para Tver e São Petersburgo, cuja população certamente faria um tumulto perante a notícia da queda de Moscou. Na verdade, ele recuou a sudoeste, descendo a estrada para Riazan. Esta era a saída mais segura de Moscou, considerando-se um inimigo que estava entrando na cidade pelo oeste. Em 17 de setembro, porém, após cruzar o rio Moskva em Borovsk, Kutuzov virou bruscamente para o oeste. Marchando rapidamente, ele cruzou as estradas para

Kashira e Tula antes de virar em direção ao sul, descendo a velha estrada de Kaluga, que conduzia para fora de Moscou e para o sudeste.

Enquanto isso, em 15 de setembro, Napoleão entrou em Moscou e estabeleceu seu quartel-general no Kremlin. Naquele mesmo dia, incêndios começaram em muitas partes da cidade. Moscou queimou por seis dias. Três quartos de suas construções foram destruídas. No total, durante o verão e outono de 1812, 270 milhões de rublos de propriedade particular foram destruídos na cidade e província de Moscou, uma soma astronômica para aquela época. A maioria da população civil já tinha fugido, mas aqueles que ficaram foram expulsos de suas casas, destituídos e, às vezes, mortos. Dos mais de 30 mil soldados feridos que haviam estado em Moscou, apenas seis mil não foram evacuados a tempo graças, acima de tudo, aos esforços de James Wylie, o eficiente chefe do serviço médico do Exército. Mas muitos daqueles que ficaram para trás morreram nos incêndios. Quando os russos recapturaram Moscou, eles encontraram e queimaram 12 mil corpos.[75]

Mesmo antes de o fogo começar, os russos também tinham sido obrigados a abandonar grandes estoques de materiais militares na cidade, incluindo mais de 70 mil mosquetes, embora metade deles estivesse precisando de conserto. Moscou tinha sido a base de retaguarda para o exército de Kutuzov e, quando veio a notícia de que a cidade deveria ser abandonada, era muito difícil evacuar todos os estoques militares. Encontrar carroças suficientes em cima da hora era impossível, então a maioria das armas, equipamentos e outros artigos militares foi evacuada em 23 barcaças. As três primeiras escaparam, mas a quarta, sobrecarregada pelo departamento de artilharia, ficou presa no rio Moskva e bloqueou a passagem das dezenove restantes. Essas barcaças carregavam quase 5 milhões de rublos em armas, roupas e equipamentos, e tudo teve que ser queimado para não cair nas mãos de Napoleão.[76]

Quem ou o que começou os incêndios sempre foi algo muito discutido. A única certeza é de que nem Alexandre e nem Napoleão deram a ordem para queimar a cidade. Rostopchin disse, antes da queda da cidade, que os franceses conquistariam apenas suas cinzas. Ele evacuou os dois mil homens da brigada de incêndio de Moscou e todo o seu equipamento. Destacamentos cossacos do exército de Kutuzov incendiaram pelo menos um dos bairros da cidade, seguindo uma política de terra arrasada de destruir todas as casas, que os russos tinham mantido desde que Napoleão ultrapassou Smolensk e invadiu o coração da Rússia. Kutuzov também ordenou que os diversos estoques militares remanescentes deveriam ser incendiados. Embora o descuido francês e a pilhagem possam ter contribuído para a destruição da cidade, sem dúvida os russos foram os maiores responsáveis pelo que aconteceu. O que importava naquele momento, no entanto, era a ideia de que a culpa devia ser de Napoleão e que a destruição da cidade era um enorme sacrifício ao patriotismo russo e à liberação da Europa.[77]

Talvez o fogo tenha ajudado a distrair a atenção dos franceses em relação à marcha do flanco de Kutuzov de Riazan para a estrada de Kaluga. Em circunstâncias normais, isso teria sido um empreendimento arriscado, já que colocava as colunas russas atravessando bem na frente do exército de Napoleão em Moscou. Porém, a combinação da exaustão francesa e do talento da retaguarda cossaca fez mesmo com que levasse algum tempo até que Napoleão percebesse que seu inimigo não estava mais a caminho de Riazan.

Uma vez instalado em seu acampamento perto de Tarutino, na Velha Estrada de Kaluga, Kutuzov estava em uma posição forte. Ele podia proteger suas armas e estoques em Briansk e, acima de tudo, as cruciais fábricas de armas em Tula. Com a notícia da queda de Moscou, muitos artesãos nas fábricas de armas de Tula fugiram de volta para suas vilas de origem. O major-general Voronov, comandante do trabalho de armas em Tula, relatou que, se fosse forçado a evacuar a cidade, seriam necessários seis meses até que a produção pudesse ser retomada, o que teria sido um desastre para o esforço de guerra russo. O marechal de campo foi capaz de assegurar a ele que Tula agora estava protegida pelo Exército russo e fora de perigo imediato.[78]

Em Tarutino, Kutuzov estava excelentemente posicionado para enviar grupos de ataque para acossar as longas linhas francesas de comunicação que se estendiam desde o oeste de Moscou por todo o caminho de volta a Smolensk. Ele também estava em um ponto melhor para se comunicar com Tormasov e Chichagov. Considerando que seus suprimentos de comida e reforços chegavam, em sua maioria, através de Kaluga vindo das férteis e populosas províncias do sul, seu novo posicionamento lhe dava a oportunidade para alimentar seus homens e cavalos e recuperar suas forças. Para entender como essa circulação de suprimentos era levada a cabo, porém, temos que nos desviar das operações militares por um momento e olhar para a mobilização do *front* doméstico da Rússia.

7

O *front* doméstico em 1812

O plano de Napoleão havia sido empreender uma limitada guerra "de gabinete" contra Alexandre I. O imperador francês podia até cogitar riscar a Prússia do mapa, mas ele sabia que não estava a seu alcance – nem era de seu interesse – destruir o Império Russo. Em vez disso, esperava enfraquecer a Rússia, forçá-la a voltar ao Bloqueio Continental e fazer com que ela aceitasse a dominação francesa da Europa. Longe de derrubar Alexandre ou atirar a sociedade russa à revolução e ao caos, Napoleão buscou o czar para acordar termos de paz e então aplicá-los na sociedade russa. Em parte por esse motivo, ele ressaltou seu respeito pessoal por Alexandre durante a campanha de 1812 e deixou clara sua opinião de que os verdadeiros iniciadores da guerra eram a Grã-Bretanha e suas marionetes na elite de São Petersburgo.

Alexandre e seus conselheiros entendiam bem os objetivos e táticas de Napoleão. Desta forma, assim como de todas as outras, eles procuraram impor a ele o tipo de guerra que ele menos queria lutar. Em termos políticos, isso significava uma guerra nacional de estilo espanhol até a morte, na qual o imperador recusaria todas as negociações e buscaria mobilizar a sociedade russa a apoiar o esforço de guerra com apelos aos sentimentos patrióticos, religiosos e xenófobos. Em seu memorando de abril de 1812, Petr Chuikevich reforçava que as principais forças russas tinham que incluir "a firmeza de seu monarca e a lealdade a ele por parte de seu povo, que precisa ser armado e inspirado, como na Espanha, com a ajuda do clero". Além disso, em uma guerra nacional travada no solo do país, a sociedade russa iria voluntariamente providenciar os recursos e fazer os sacrifícios que a vitória sobre o imenso Império de Napoleão iria exigir.[1]

A melhor fonte das opiniões do próprio Alexandre sobre o contexto político doméstico da guerra é o registro de uma longa conversa que ele teve em Helsingfors (Helsinki) em agosto de 1812, quando estava a caminho de seu encontro com Bernadotte. O imperador afirmou que, no século anterior, todas as guerras da Rússia haviam sido travadas no exterior e parecia, para a maioria dos russos, algo bem remoto de seus próprios interesses e preocupações imediatos. Os senhores de terras tinham se ressentido com o governo pelo recrutamento de seus camponeses e todos os contratempos resultaram em implacáveis críticas ao governo e a seus comandantes militares.

> Nas atuais circunstâncias, era necessário convencer o povo de que o governo não buscava a guerra e que estava se armando apenas para defender o Estado. Era de essencial importância atrair o interesse do povo para a guerra, travando-a pela primeira vez em mais de cem anos no território de sua terra natal (*rodina*). Essa era a única forma de tornar essa uma guerra verdadeiramente popular e unir a sociedade ao redor do governo, por sua vontade própria e convicção, e pela causa de sua própria defesa.

Alexandre acrescentou que a sólida diposição demonstrada pela sociedade russa desde a invasão de Napoleão mostrava que seu cálculo estava correto. Ele afirmou ainda que, no que dependesse dele, jamais aceitaria a paz enquanto um único soldado inimigo permanecesse em solo russo, mesmo se isso significasse permanecer firme na linha do rio Volga após ser derrotado na batalha e perder São Petersburgo e Moscou. O oficial finlandês com quem Alexandre conversou recorda em suas memórias que a inteligência, clareza e resolução com as quais o imperador falava eram impressionantes e inspiradoras.[2]

A partir do momento em que Napoleão cruzou a fronteira, Alexandre proclamou o caráter nacional da guerra. Depois que a linha de defesa do rio Duína foi rompida e os franceses se aproximaram de Smolensk e das fronteiras da Grande Rússia, esse chamado foi redobrado. No início de agosto, Barclay de Tolly escreveu ao governador de Smolensk, o barão Casimir von Asch, que ele sabia que a leal população da província se levantaria para defender "a Santa Fé e as fronteiras da pátria", e que no final a Rússia triunfaria sobre os "pérfidos" franceses, como havia feito no passado com os tártaros.

> Em nome da Pátria, convoque a população de todas as regiões próximas ao inimigo para pegar em armas e atacar unidades inimigas isoladas, onde quer que elas sejam vistas. Além disso, eu mesmo lancei um pedido especial a todos os russos em áreas ocupadas pelos franceses para garantir que nem um único soldado possa

se esconder de nossa vingança pelos insultos cometidos contra nossa religião e nossa pátria, e quando o Exército deles for derrotado por nossas tropas, então o inimigo em fuga deve, em todos os lugares, enfrentar a ruína e a morte nas mãos da população.³

Quando Alexandre deixou o Exército em 19 de julho e partiu para Moscou para mobilizar o *front* doméstico para a guerra, sua prioridade imediata era criar uma milícia como uma segunda linha de defesa contra os invasores. Aleksandr Shishkov rascunhou o manifesto imperial, apelando para o apoio de todos os estados do reino para a nova milícia. O manifesto remetia ao chamado Tempo de Dificuldades, exatamente duzentos anos antes, quando a sociedade russa havia se erguido contra a tentativa de colocar um príncipe polonês no trono e encerrara um período de impotência e humilhação russa ao eleger o primeiro czar Romanov e reconstruir um Estado forte.

O inimigo cruzou nossas fronteiras e continua carregando suas armas para dentro da Rússia, buscando abalar as fundações desta grande potência pelo seu poder e sua sedução... com dissimulação em seu coração e lisonja em sua língua, ele nos traz correntes e grilhões eternos... nós agora apelamos a todos os nossos leais súditos, em todos os estados e condições, tanto espirituais quanto temporais, a se levantar conosco em uma posição unida e universal contra os esquemas e esforços do inimigo.

Depois de se dirigir à nobreza – "em todas as ocasiões os salvadores da pátria" – e ao clero, o manifesto se voltou ao povo russo. "Bravos descendentes de corajosos eslavos! Vocês sempre quebraram os dentes dos leões e tigres que tentaram atacar vocês. Unam-se todos: com a Cruz em seus corações e armas em suas mãos, nenhuma força humana irá derrotá-los."⁴

Na era soviética, os historiadores russos tinham a forte convicção de que as "massas patriotas" foram a chave da resistência contra a invasão de Napoleão. De longe, a maior contribuição das "massas" – que nessa época de fato eram os camponeses – ao esforço de guerra foi seu serviço nas Forças Armadas e na milícia. De 1812 a 1814, cerca de um milhão de homens foram recrutados, mais de dois terços deles no Exército regular. Nenhum camponês se voluntariava para o Exército. Em primeiro lugar, seria necessário um grau sagrado de patriotismo para se voluntariar a um serviço de 25 anos com perspectivas mínimas de promoção a suboficial sênior, quanto mais ao corpo de oficiais. De qualquer forma, não era permitido aos camponeses se voluntariar. Seus corpos pertenciam ao Estado e aos senhores de terras, não a eles mesmos.

Os camponeses também não tinham permissão para se voluntariar para a milícia. Esta era formada apenas por servos de propriedades privadas, não do campesinato de propriedade do Estado. A decisão sobre quais camponeses deveriam ser designados para servir cabia inteiramente ao senhor das terras. Em princípio, o serviço na milícia era uma perspectiva menos terrível que o serviço no Exército regular, porque o imperador havia prometido que os milicianos seriam liberados ao final da guerra. A promessa teve que ser renovada em várias ocasiões e os milicianos tinham permissão para manter suas barbas e vestir roupas camponesas no dia a dia, a fim de ressaltar que eles não eram soldados. Afinal, todos ainda tinham fresco na memória o fato de que, no final da guerra entre 1806 e 1807, a grande maioria dos milicianos fora transferida para o Exército regular.

Em março de 1813, John Quincy Adams soube por seu senhorio que ninguém da milícia de São Petersburgo voltaria algum dia para casa. Muitos já haviam morrido. "O resto foi, ou será, incorporado aos regimentos (ou seja, ao Exército regular). Nenhum deles jamais voltará". Na verdade, isso era pessimista demais. Alexandre manteve sua promessa, a milícia foi desmontada e os homens, enviados para casa ao final da guerra. No entanto, as perdas haviam sido imensas, acima de tudo por causa de doenças, exaustão e, para muitos camponeses, pelo puro choque do serviço militar em tempo de guerra. Dos mais de 13 mil homens mobilizados para a milícia Tver em 1812, por exemplo, apenas 4.200 voltaram para casa em 1814, e isso não foi de forma alguma uma situação excepcional.[5]

Na Era Soviética, dava-se grande destaque também à chamada "guerra dos *partisans*" de 1812. Os *partisans* da Era Napoleônica eram retratados como os ancestrais do movimento *partisan* por trás das linhas alemãs entre 1941 e 1945 e heróis essenciais de uma "guerra do povo". Por conta disso, o incauto leitor ocidental tem a impressão de que algo semelhante ao *maquis** francês teve um papel importante ao perturbar as comunicações de Napoleão em 1812. Na verdade, isso é interpretar erroneamente o significado da palavra *"partisan"* na Era Napoleônica. As unidades *partisans* russas que golpearam profundamente a retaguarda francesa em 1812 eram comandadas por oficiais do Exército regular. Os núcleos dessas unidades eram geralmente esquadrões de cavalaria leve regular, destacados dos exércitos russos principais. Ao redor deles, eram agrupados regimentos cossacos. Às vezes, civis armados se uniam a esses destacamentos, mas o papel mais importante da população civil era providenciar guias locais e informações sobre os

---

* Organização da resistência francesa que, durante a 2ª Guerra Mundial entre 1943 e 1945, levou a cabo um combate de guerrilhas contra a ocupação alemã. (N.T.)

movimentos e localização dos franceses. Ataques *partisans* começaram antes mesmo de Napoleão avançar além de Smolensk e continuariam entre 1813 e 1814. Em termos estratégicos, os mais importantes ataques *partisans* ocorreram no início de 1813. Comandados mais celebremente por Aleksandr Chernishev, eles penetraram no interior da Prússia e desempenharam um importante papel na vinda da Prússia para o campo russo.[6]

Uma "guerra do povo" muito mais genuína foi travada pelo campesinato das províncias próximas à linha de avanço de Napoleão em 1812. Quando o Exército francês ocupou Moscou, ele foi obrigado a enviar grupos de forrageamento ainda maiores para garantir comida e, acima de tudo, forragem para os cavalos. A resistência que esses grupos encontravam nas vilas era um grande aborrecimento para Napoleão e o atingiram a tal ponto que, se ele tentasse permanecer em Moscou durante o inverno, seu exército ficaria sem cavalos e, por consequência, imobilizado quando a campanha de 1813 começasse. Grande parte dessa resistência camponesa não foi completamente espontânea. Os comandantes nobres das milícias e funcionários locais organizavam barreiras de "guardas domésticas" para repelir grupos de forrageamento franceses e saqueadores. Mas, em muitos casos, os camponeses organizavam a resistência por conta própria.

Há diversos registros de emboscadas de camponeses aos grupos de forrageamento, e algumas delas transformaram-se em batalhas que duraram vários dias. No começo de novembro de 1812, Kutuzov relatou a Alexandre que, na maioria dos casos, os camponeses das províncias de Kaluga e Moscou tinham rejeitado todas as ofertas dos franceses, escondido suas famílias e filhos nas florestas e defendido suas vilas contra os grupos de forrageamento. "Muitas vezes, até as mulheres" haviam ajudado a emboscar e destruir o inimigo. Não há por que duvidar dos relatos de que os camponeses russos ficaram enfurecidos pela forma como os franceses transformavam igrejas em estábulos, depósitos e dormitórios. Ainda mais óbvio é o patriotismo elementar de pequena escala envolvido em alguém defender sua casa e sua família de saqueadores estrangeiros.[7]

Em relação à ação espontânea do campesinato, no entanto, a questão mais importante não foi o que eles fizeram, mas o que deixaram de fazer. Os apelos do governo à população, com suas referências à dissimulação e sedução do inimigo, refletem as preocupações da elite sobre uma potencial insurreição dos camponeses. Mas, na verdade, isso não aconteceu. Em parte, porque Napoleão não tentou lançar uma guerra camponesa contra a servidão. Até o Exército francês alcançar Smolensk, isso teria sido impensável porque na Lituânia e na maior parte da Bielorrússia os proprietários de terras eram poloneses e, portanto, potenciais aliados de Napoleão. De Smolensk adiante, os franceses poderiam ter tentado incitar a insurreição, mas eles ficaram na Grande Rússia por apenas dois meses e, de qualquer forma, a estratégia de Napoleão era derrotar o Exército russo e então acordar os termos de paz com Alexandre. Quando ele percebeu que o imperador russo não iria negociar, era tarde demais para adotar uma estratégia alternativa. Seja como for, embora um chamado ao campesinato para abandonar a servidão pudesse muito bem ter ampliado o caos na região de Moscou, o comportamento do Exército de Napoleão tornou inimaginável que os camponeses russos fossem confiar nele ou buscar nele uma liderança. No território central russo não havia potenciais líderes nativos alternativos ou formadores de uma revolução social.

Por outro lado, mesmo sem o incentivo de Napoleão, existiu uma boa dose de anarquia na região de Moscou no outono de 1812. Houve três vezes mais distúrbios de camponeses do que na média de um ano pré-guerra, e a maioria deles aconteceu nas áreas próximas de operações militares, onde a autoridade do Exército tinha sido enfraquecida. Os efeitos do abalo na autoridade eram evidentes a todos. Uma semana após a queda de Moscou, o príncipe Dmitri Volkonski registrou em seu diário que tinha sido insultado por um suboficial bêbado em uma estalagem, o que não era de forma alguma uma experiência normal para um tenente-general russo. Ele acrescentou: "o povo está pronto para distúrbios, presumindo que todas as autoridades fugiram perante o inimigo". Em alguns casos, esses "distúrbios" eram sérios, embora sempre muito localizados, e exigiam o destacamento de pequenas unidades regulares do Exército de campo.[8]

Os piores distúrbios camponeses ocorreram na província de Vitebsk e em seus arredores – área de operação do 1º Corpo de Peter Wittgenstein. Diversos senhores de terra foram assassinados ou atacados no verão e outono de 1812, às vezes por multidões de 300 camponeses ou mais. Em uma famosa ocasião, uma tropa de quarenta dragões foi posta em fuga pelos desordeiros, dois dragões foram mortos, doze feitos prisioneiros e seu oficial, espancado. As autoridades civis não conseguiam lidar com problemas desse nível e pediram a ajuda de Wittgenstein. No início ele recusou, afirmando que tinha muito poucos cavaleiros e apenas um regimento de cossacos. Estes precisavam se concentrar na contraofensiva de outono para retirar os franceses de Polotsk. Wittgenstein acrescentou que os distúrbios tinham sido causados pela incursão francesa na região e que rapidamente cessariam uma vez que o inimigo fosse expulso, o que de fato aconteceu logo depois.[9]

Com o tempo, porém, Wittgenstein foi capaz, por exemplo, de posicionar um esquadrão de basquires em uma propriedade especialmente problemática. Isso destaca uma questão: em algumas regiões próximas da guerra, a autoridade chegou a cambalear, embora nunca tenha entrado em colapso em qualquer grande área não ocupada pelos franceses. Mas o Império Russo era enorme e o governo podia retirar recursos de regiões não afetadas pela crise. Em 21 de novembro, por exemplo, Alexandre escreveu ao ministro da Guerra, o príncipe Aleksei Gorchakov, contando que havia nada menos de 29 regimentos de cavalaria irregular, vinte deles basquires vindos dos Urais e da Sibéria ocidental. Eles podiam ter um uso limitado contra os franceses, mas eram mais do que suficientes para intimidar os camponeses de Vitebsk.[10]

Para o governo, a lealdade do campesinato estava proximamente ligada à questão da ordem nas cidades, e especialmente em Moscou. Apenas um terço da população da cidade era de moradores em tempo integral, com profundas raízes urbanas. Os nobres e suas hordas de servos domésticos migravam para suas propriedades no final da primavera e voltavam quando o inverno se aproximava. Além disso, muitos trabalhadores e artesãos camponeses trabalhavam uma parte de suas vidas na cidade, mas mantinham ligações com suas vilas. Os servos domésticos, concentrados em grande número e com os ouvidos abertos às intrigas de seus mestres, eram alvo de especial preocupação para as autoridades. Calma e ordem em Moscou eram da responsabilidade de Fedor Rostopchin. No Império, como um todo, elas eram responsabilidade do ministro da Polícia, Aleksandr Balashev. Rostopchin empregava todos os seus artifícios para distrair e pacificar as massas de Moscou, mas suas cartas a Balashev sugerem confiança na ordem pública e na lealdade das massas no final da primavera e início do verão de 1812. Foi apenas no final, depois que as autoridades tinham evacuado a cidade, e durante a ocupação francesa, que a anarquia realmente tomou conta de Moscou. Servos saquearam as casas de seus mestres, mulheres respeitáveis aderiram à prostituição para sobreviver e a desordem geral se ampliou porque as prisões foram esvaziadas e os prisioneiros vagavam pelas ruas em busca de lucro fácil. Assim como no campo, porém, isso era anarquia pura e simples, sem nenhuma liderança ou ideologia para alimentar uma revolução social.[11]

O governo não tinha motivos para temer pela lealdade das elites urbanas. Os comerciantes russos eram em geral profundamente conservadores e ortodoxos em suas mentalidades, e contribuíam generosamente com o esforço de guerra. Moscou foi um exemplo disso. Quando Alexandre visitou a cidade no final de julho para pedir apoio à milícia, os comerciantes da cidade imediatamente ofereceram 2,5 milhões de rublos, sem contar as contribuições anteriores ao esforço de guerra. Preocupação menor ainda oferecia a igreja, principal aliada ideológica do governo na mobilização da resistência das massas ao invasor. Na guerra de 1806 e 1807, a Igreja Ortodoxa tinha lançado um anátema contra Napoleão que causou certo constrangimento após Tilsit. Agora, porém, o clero podia denunciar o Anticristo com todo entusiasmo. Em 27 de julho, o Concílio lançou um inflamado manifesto, alertando que a mesma tribo do mal que trouxera a ira de Deus sobre a raça humana ao derrubar seu legítimo rei e a Igreja estava agora ameaçando diretamente a Rússia. Era, portanto, dever de todo padre inspirar união, obediência e coragem entre a população em defesa da religião ortodoxa, do monarca e da pátria.[12]

Considerando a natureza da sociedade e do governo russos nessa época, era inevitável o apoio da nobreza, que era o mais crucial para o esforço de guerra. Os nobres controlavam a maioria dos recursos dos quais o Estado precisava para sua guerra e muitas vezes não tinha como pagar os excedentes de: comida, forragem, cavalos e mão de obra. A nobreza teria de fornecer a maioria dos oficiais para a milícia e para o enormemente expandido Exército. Mesmo em tempos de paz, a Coroa dependia da nobreza para ajudá-la a governar a Rússia. Abaixo do nível da capital provinciana, magistrados nobres eleitos, capitães de polícia e funcionários da corte eram os alicerces da administração. Durante as guerras, seus postos se tornavam ainda mais essenciais e muito mais penosos. Uma de suas tradicionais tarefas básicas era administrar o sistema de recrutamento. Entre 1812 e 1814, eles tiveram que lidar com dez vezes mais recrutas do que o normal. Os nobres também precisaram se voluntariar a novas tarefas. Colunas de transporte de comida, forragem e equipamento tinham de ser escoltadas dos confins do interior da Rússia até os exércitos, assim como milhares de cavalos. Os extremamente sobrecarregados oficiais das tropas de segurança interna precisavam de nobres voluntários para assumir algumas das demandas de acompanhar grupos de novos recrutas até o exército e prisioneiros de guerra para longe dele.

É verdade que nessa emergência a Coroa tinha o direito de exigir a ajuda dos nobres. Cem anos antes, no reinado de Pedro, o Grande, nobres do sexo masculino eram obrigados a servir como oficiais por tanto tempo quanto sua saúde permitisse. Após a morte de Pedro, o serviço compulsório foi primeiro reduzido em duração e depois, em 1762, abolido. Posteriormente, Catarina II confirmou a liberação dos nobres do serviço compulsório ao Estado, mas o decreto que ela emitiu para a nobreza abria uma exceção para emergências.

> Já que o título e a dignidade do *status* de nobre desde os tempos antigos, agora e no futuro são adquiridos por serviço e trabalho útil ao Império e ao trono, e já que a existência da nobreza russa depende da segurança da Pátria e do trono: por essas razões, a qualquer momento, quando a autocracia russa precisar e requisitar à nobreza que sirva pelo bem comum, então todo nobre é obrigado, à primeira convocação do poder autocrático, a não poupar seu trabalho e nem mesmo sua vida a serviço do Estado.[13]

Embora ninguém pudesse negar que a situação atual fosse precisamente o tipo de emergência prevista por Catarina II, seu neto, com seu usual tato, "convidou" a nobreza a contribuir com o esforço de guerra e expressou sua convicção de que o patriotismo nobre responderia ao seu chamado com entusiasmo. Mas os governadores das províncias muitas vezes se referiam a esses "pedidos" como ordens do imperador. Quando se tratava de dividir a responsabilidade financeira, garantindo suprimentos para o Exército ou encontrando oficiais para as milícias, os magistrados da nobreza também presumiam que todos os nobres tinham a obrigação de servir ao Estado nessa época de crise. Embora geralmente chamassem primeiro por voluntários, eles não tinham dúvidas sobre seu direito de designar nobres para a milícia quando fosse necessário. Muitos nobres se voluntariaram para o Exército ou a milícia por patriotismo ou por iniciativa própria. Outros responderam lealmente ao chamado dos magistrados nobres. Mas também há muitos exemplos de nobres que fugiram do serviço. Confrontados pela evasão, governadores provincianos e magistrados nobres insistiam e esbravejavam, mas na realidade faziam muito pouco para punir os evadidos. Provavelmente, a única reação eficiente teria sido a prisão, confisco de propriedade ou mesmo execução, mas nada disso parece ter sido sequer usado como ameaça.[14]

Isso revela algo fundamental sobre a Rússia de Alexandre I. Em certos aspectos, o regime de Alexandre era formidável e devastador nas exigências que impunha sobre as massas russas, especialmente em tempos de guerra. Mas essa não era a Rússia de Pedro, O Grande, muito menos a de Stálin. Não era possível controlar as elites através do terror. Os nobres não podiam se opor publicamente às políticas de Alexandre, mas eles podiam fazer corpo mole e subverter a execução da política: a sabotagem deles às tentativas de aumentar os impostos das propriedades nobres nos meses anteriores à guerra ilustra essa faceta de seu poder. O sentimento da nobreza, portanto, tinha de ser levado em consideração e as elites precisavam ser cortejadas, assim como coagidas. De fato, perante a invasão de Hitler, até mesmo o regime de Stálin percebeu que o terror não era suficiente e que o patriotismo russo precisava ser mobilizado. Alexandre não precisava ser lembrado disso, menos ainda da necessidade de alcançar a harmonia com a nobreza para estabilizar o *front* doméstico e assegurar seu comprometimento com a guerra. No final de agosto, ele disse a uma das damas de companhia de sua esposa que, enquanto os russos permanecessem comprometidos com a vitória e "enquanto o moral não ruir, tudo irá bem".[15]

O diário do major-general príncipe Vasili Viazemski ilustra por que Alexandre precisava se preocupar com o "moral" nobre. Os Viazemskis eram uma antiga família principesca, mas apenas poucos deles ainda eram ricos e proeminentes no reinado de Alexandre I. Vasili Viazemski possuía menos de cem servos e definitivamente não estava nesse grupo. Sua carreira havia sido conduzida longe de São Petersburgo e das Guardas, em regimentos *jaeger* comuns. Embora bem educado, suas preocupações e opiniões eram aquelas da nobreza provinciana mediana. Quando a guerra começou, Viazemski estava comandando uma brigada de *jaegers* no 3º Exército de Tormasov, vigiando as cercanias da Ucrânia.

Como quase todos os seus colegas, Viazemski estava perplexo e consternado pela retirada do Exército russo ante a invasão de Napoleão. No início de setembro, quando chegou a notícia de que Napoleão estava se aproximando do centro da Rússia, a perplexidade se transformou em raiva.

> O meu coração estremece pela condição da Rússia. Não é por acaso que existem intrigas nos exércitos. Eles estão cheios de estrangeiros e comandados por novos-ricos. Quem é o conselheiro do imperador na corte? Conde Arakcheev. Quando ele lutou em uma guerra alguma vez? Que vitória o tornou famoso? Como ele já contribuiu algum dia com sua pátria? E é ele quem está perto do imperador nesse momento crítico. Todo o Exército e todo o povo condenam a retirada de nossos exércitos de Vilna para Smolensk. Ou todo o Exército e o povo inteiro são idiotas ou a pessoa que deu as ordens para essa retirada é um idiota.

Na visão de Viazemski, suas perspectivas pessoais e as de seu país eram interligadas e sombrias. A Rússia encarava a derrota e a perda de sua glória. Ela seria reduzida em tamanho e população, o que por consequência tornaria suas longas e fracas fronteiras ainda mais difíceis de defender. Um novo sistema de administração seria necessário e seria a fonte de muita confusão. "A religião foi enfraquecida pelo Iluminismo e o que, portanto, será deixado para nós em termos de controle das nossas massas ingovernáveis, tempestuosas e famintas?". Com novas exigências agora sendo impostas às propriedades nobres para apoiar as milícias, "minha própria posição será realmente boa. Um em cada dez homens é levado como recruta de minha propriedade e eu tenho que alimentar as pessoas que eles deixam para trás: não tenho um copeque, tenho muitas dívidas, não tenho nada para sustentar meus filhos e nenhum futuro seguro em minha carreira".[16]

No verão de 1812, Alexandre temia que a moral das elites russas pudesse desmoronar, e elas, por sua vez, tinham dúvidas sobre a estratégia dele e a força de seu comprometimento com a vitória. Ainda assim, a aliança entre Coroa e nobreza seguia firme. Isso foi imensamente importante para o abastecimento do Exército durante a campanha de 1812.

Às vésperas da guerra, Alexandre apelou à sociedade russa por ajuda para garantir comida e transporte para o Exército. Como resposta, os nobres e comerciantes de Moscou doaram um milhão de rublos em um dia. Na distante Saratov, às margens do Volga, o governador, Aleksei Panchulidzev, recebeu o apelo de Alexandre e uma "solicitação" do ministro da Polícia para que Saratov contribuísse com dois mil bois e mil carroças para ajudar no transporte do Exército, e um rebanho adicional de mil cabeças para sua alimentação. Os nobres e os estabelecimentos da província concordaram, mas acrescentaram 500 cabeças de gado à lista, por iniciativa própria. Eles calcularam que, em Saratov, uma carroça com dois bois custaria 230 rublos, dos quais a carroça em si representava apenas 50. Gado de corte custaria 65 rublos por cabeça. Somado a isso, no entanto, 270 funcionários teriam que ser contratados por seis meses para conseguir as carroças e animais para o Exército. Seu pagamento era de 30 rublos ao mês, o que somava no total 48.600 rublos. Mesmo antes de a guerra começar, portanto, Saratov já tinha dedicado mais de 400 mil rublos para a manutenção das tropas.[17]

Durante a campanha de 1812, os exércitos de campo consumiram extremamente pouco em comida. As despesas totais dos exércitos de campo russos foram de apenas 19 milhões de rublos em 1812, a maior parte destinada aos salários das tropas. No estágio inicial da campanha, o Exército era, em parte, alimentado pelos depósitos estabelecidos nas fronteiras oeste nos dois anos anteriores. Haviam sido estocadas comida e forragem suficientes para alimentar um exército de 200 mil homens e seus cavalos por seis meses. Esses preparativos, porém, foram apenas parcialmente bem-sucedidos, já que existiam pouquíssimos pequenos armazéns (*etappen*) nos intervalos ao longo das estradas pelas quais o Exército se retirou. De qualquer forma, os depósitos foram frequentemente posicionados para apoiar um avanço russo ao ducado de Varsóvia. Uma fonte soviética sugere que mais de quarenta por cento da comida estocada nos depósitos foi perdida para os franceses ou, com muito mais frequência, queimada, embora o intendente geral, Georg Kankrin, sempre tenha negado isso.[18]

Desde o início da campanha, a comida era requisitada pela intendência do Exército ou mesmo simplesmente tomada da população civil pelos regimentos em troca de recibos. Isso fazia bastante sentido. Qualquer alimento não pego pelos russos seria tomado pelos franceses. O sistema de entregar recibos tinha a intenção de garantir que a requisição fosse conduzida de forma organizada e não se tornasse simples pilhagem. Ele também foi projetado para que o governo pudesse compensar a população depois pela comida fornecida. O governo russo realmente fez isso, estabelecendo comissões especiais após a guerra para coletar os recibos e descontá-los de futuros impostos. De certa forma, portanto, quando funcionava adequadamente, o sistema de requerer e emitir recibos era uma espécie de empréstimo forçado, que permitia ao Estado adiar as despesas de guerra até que suas finanças retornassem à ordem nos tempos de paz.[19]

O modo como as tropas russas se alimentariam quando estivessem em campanha foi determinado em detalhes numa nova lei a respeito dos exércitos de campo, emitida no início de 1812. O princípio básico era de que o Exército deveria requisitar toda a comida que precisasse da população local. Essa nova lei havia sido criada para cobrir os exércitos russos operando no exterior; no entanto, dois meses depois, no final de março de 1812, o escopo dessa lei foi estendido também para campanhas dentro da Rússia. Províncias que estivessem sob estado declarado de guerra estariam sob a autoridade do comandante em chefe do Exército e de seu intendente geral, a quem todos os funcionários civis eram subordinados. Como se pode esperar de uma lei planejada para administração de território conquistado, os poderes dados às autoridades militares eram vastos. A lei suplementar apenas previa regiões da fronteira entrando em seu escopo, mas, em setembro de 1812, uma trilha de províncias que chegava de Kaluga ao sul de Moscou havia sido declarada em estado de guerra. Nessas províncias, muito do trabalho de alimentar o Exército, cuidar de seus doentes e mesmo arrecadar roupas de inverno para a próxima campanha foi despejado sobre os ombros dos governadores provincianos.[20]

Os intendentes do Exército, os governadores provincianos e a nobreza asseguraram que as tropas russas raramente passassem fome na primeira metade da campanha de 1812. Isso não era muito difícil no próspero interior do Império Russo durante a época de safra (e logo depois dela). Contribuirá para isso uma rede de depósitos existente no campo russo como uma garantia contra o fracasso na safra e a penúria. Em diversas ocasiões, os nobres concordaram em alimentar os exércitos a partir desses estoques, que eles depois iriam repor com seu próprio dinheiro. Contribuições voluntárias de comida, forragem, cavalos, transporte, equipamento e roupas eram muito numerosas. Como era de se esperar, as maiores doações vinham das províncias próximas, que sentiam a ameaça do inimigo e podiam transportar suprimentos para o Exército com mais facilidade. Provavelmente nenhuma outra província se comparou à contribuição de Pskov ao Corpo de Wittgenstein, mas Smolensk e Moscou não ficaram muito atrás, e o governador de Kaluga, Pavel Kaverin, mostrou-se imensamente eficiente e esforçado em canalizar suprimentos para o exército de Kutuzov no campo em Tarutino. Um historiador contemporâneo bastante moderado calcula as contribuições voluntárias da sociedade russa à guerra em 1812 em 100 milhões de rublos, a maioria realizada pelos nobres. Estimativas exatas, porém, são muito difíceis, já que muito dessa contribuição veio em bens e produtos.[21]

Ao mesmo tempo que estavam ajudando a alimentar o Exército, os governadores provincianos e nobres também estavam recebendo solicitações para ajudar com a criação de novas unidades militares que formariam uma segunda linha de defesa por trás dos exércitos de Barclay e Bagration. O primeiro pedido de auxílio foi feito por Alexandre em Vilna, no começo de junho – em outras palavras, antes de Napoleão ter cruzado a fronteira russa.

Parte dessa nova reserva militar seriam os recrutas então reunidos nos dez chamados depósitos de recrutas da "segunda linha". O major-general Andreas Kleinmichel tinha a tarefa de formar seis novos regimentos – um pouco menos de 14 mil homens – com esses recrutas. Com Napoleão agora avançando pela Bielorrússia, Kleinmichel recebeu a ordem de concentrar e treinar seus seis regimentos bem na retaguarda, na região entre Tver e Moscou. Ele recebeu um excelente quadro de oficiais e tropas veteranas para ajudá-lo em sua missão. Foram incluídos todos os instrutores dos depósitos de recrutas da segunda linha e todos os oficiais e suboficiais deixados para trás para evacuar os armazéns e fechar os 24 depósitos da primeira linha. Além disso, Kleinmichel recebeu dois batalhões do regimento de guarnição de Moscou e dois ótimos batalhões de fuzileiros navais de São Petersburgo. Com o tempo, Kleinmichel tinha oficiais suficientes para poder despachar alguns deles para ajudar o príncipe Dmitri Lobanov-Rostóvski, que lutava para formar doze novos regimentos nas províncias centrais russas.[22]

As ordens de Alexandre para criar esses doze regimentos foram elaboradas em 25 de maio em Vilna. A grande novidade era que esses regimentos deveriam ser criados e pagos com o empenho da sociedade provinciana. O Estado iria fornecer recrutas e mosquetes, mas era esperado que os nobres que haviam anteriormente servido ao Exército deixassem a aposentadoria e ocupassem todas as vagas de oficiais. Os nobres de uma província deveriam pagar pelos uniformes, equipamentos e comida de seus regimentos. As empresas da cidade deveriam arcar com o seu transporte. Os doze regimentos seriam formados em seis províncias: Kostroma, Vladimir e Iaroslavl ao norte e Riazan, Tambov e Voronej ao sul. Cada uma dessas seis províncias deveria equipar e gerir um regimento. Nove outras províncias dividiriam a responsabilidade pela formação dos outros seis regimentos.[23]

Como sempre, ao receber ordens desse tipo, a primeira reação dos governadores era discutir o assunto com o magistrado da nobreza de sua província. Os magistrados nobres distritais eram convocados para as capitais provincianas para organizar a execução do novo decreto. Considerando o tamanho das províncias russas, raramente era possível preparar o essencial encontro do governador com os magistrados distritais em menos de oito dias. Tanto os nobres quanto as empresas das cidades imediatamente aceitaram a tarefa dada pelo monarca. Alexandre havia sugerido que as três províncias sulistas — Riazan, Tambov e Voronej — coordenassem seus esforços para formar seus regimentos. Seus governadores calcularam que iria custar 188 mil rublos alimentar, vestir e equipar cada regimento e mais 28 mil rublos para construir seus carroções de transporte. Mas os preços variavam bastante entre as regiões da Rússia. Os magistrados nobres de Kostroma acreditavam que, na província deles, seria preciso 290 mil rublos. Os magistrados concordaram em dividir a soma necessária igualmente entre todos os donos de servos da província.[24]

Levantar o dinheiro era relativamente simples. Adquirir os uniformes, equipamento e carroções era muito mais complicado. Os governadores e magistrados nobres tinham pouca experiência em formar regimentos, e essas semanas de terrível emergência, à medida que Napoleão avançava Rússia adentro, não eram a época mais fácil para aprender. Todas as províncias concordaram que a maior parte do equipamento e dos materiais teria que vir de Moscou. Já que um único regimento necessitava, por exemplo, de 2.900 metros de tecido verde escuro e quase 4.500 pares de botas, um grande esquema de transporte precisava ser organizado. As três províncias sulistas optaram por ter os uniformes fabricados em Moscou porque não tinham trabalhadores competentes em número suficiente para fazerem elas mesmas o trabalho dentro do prazo. O resultado foi que, por exemplo, 1.620 uniformes do regimento Riazan nunca deixaram Moscou e foram destruídos no incêndio. As províncias do norte, no entanto, não eram puramente agrícolas e o governador Nikolai Pasinkov estava convencido de que os alfaiates de Kostroma poderiam lidar eles mesmos com a tarefa.[25]

Todas as províncias empacaram perante a necessidade de construir carroções de munição e provisões nos modelos fornecidos pelo Exército, embora em Kostroma o governador Pasinkov tivesse dito aos artesãos locais para construir uma versão aproximada do modelo. Muito mais comum era o lamento do governador de Penza, nos confins da região agrícola ao sudeste de Moscou: "Apesar de todo meu desejo e zelo em ajudar com a construção propriamente dita dos carroções de munição e provisões, é totalmente impossível que eu o faça, porque carecemos completamente de artesãos que possam fazer tal trabalho". Pouco tempo depois, os governadores ficaram aliviados ao saber que precisavam apenas providenciar o dinheiro para os carroções, que seriam construídos em Moscou sob a supervisão do comandante da cidade, tenente-general Hesse. Infelizmente, porém, Alexandre e Balashev tinham se esquecido de alertar Hesse, que reagiu com perplexidade aos entusiasmados agradecimentos dos governadores por sua ajuda. Foi para evitar futuras confusões como essa que, em 29 de junho, Alexandre fez de Aleksei Arakcheev seu assistente-chefe para administração militar. Arakcheev nunca teve muita influência em estratégias ou operações, mas pelo resto da guerra ele seria um eficiente mestre em todos os assuntos relacionados a mobilização, treinamento e equipamento das forças reserva e de milícia da Rússia.[26]

Os desesperados esforços necessários para formar os novos regimentos dizem muito sobre a vida provinciana sob o reinado de Alexandre. Em Riazan, os comerciantes locais tentaram cobrar somas exorbitantes para alimentar os regimentos que se formavam ao redor da cidade. Talvez porque teriam que pagar por metade dessa comida de qualquer forma, a nobreza se ofereceu para providenciá-la de graça. Como de costume, o rico e patriota magistrado provincial, major-general aposentado Lev Izmailov, voluntariamente tomou a iniciativa de arcar com grande parte desse ônus. Mais difícil era a ajuda médica para os novos regimentos. Parecia haver apenas dois médicos disponíveis em Riazan em 1812. Um deles, o jovem dr. Gernet, se comportou heroicamente, acrescentando o atendimento aos doentes dos regimentos a seu trabalho habitual, voluntariando-se para acompanhar os homens quando eles estivessem em campanha, e até mesmo pagando alguns remédios de seu próprio bolso. O dr. Moltianski, por outro lado, fez todo o possível para evitar ajudar os soldados, mesmo quando eles estavam em Riazan, e se recusou terminantemente a acompanhá-los em campanha. No final, o governador Bukharin o obrigou a ir sob a ameaça de exilá-lo da província e, com isso, destruir sua carreira.[27]

A tarefa mais difícil de todas era encontrar oficiais suficientes para os novos regimentos. Alexandre claramente superestimara a boa vontade dos nobres em retornar ao serviço e falhou em oferecer incentivos suficientes para que eles fizessem isso. O governador da província de Voronej relatou a Lobanov no início de julho que, mesmo tendo convocado uma assembleia de emergência com os nobres da província, nenhum dos presentes havia se voluntariado para retornar ao serviço militar. Em Riazan, "a quantidade de homens querendo se tornar oficiais era muito pequena, mesmo entre a bastante numerosa nobreza da província". Voltar ao serviço militar contradizia o padrão básico de vida dos nobres russos, pelo qual jovens serviam por alguns anos como oficiais solteiros e depois se retiravam para as províncias para casar, administrar suas propriedades ou assumir cargos eletivos na administração local. Com o tempo, o número de voluntários cresceu, e pode ter ajudado o fato de que o imperador agora permitisse que ex-oficiais retornassem às patentes para as quais tinham sido promovidos na aposentadoria, em vez da última que tiveram quando estavam em seus regimentos. Em alguns casos, no entanto, a extrema pobreza parece ter sido o principal motivo para nobres voltarem ao serviço militar.[28]

Lobanov não fez nenhum bem a si mesmo ao interpretar o decreto de Alexandre de forma tipicamente implicante e enraivecida. Entre os governadores, o príncipe Aleksei Dolgorukov de Simbirsk parece ter sido o mais entusiasta em tentar mobilizar voluntários para voltar ao serviço militar. No meio de agosto, ele havia mandado 42 pretensos oficiais para se unir aos regimentos de Lobanov. Por reconhecimento do próprio Dolgorukov, um desses homens, o subtenente aposentado Ianchévski, era um caso à parte, já que em certo momento havia sido repreendido por embriaguez. O governador escreveu a Lobanov avisando que submeteria o caso de Ianchévski à sua decisão, uma vez que o homem foi muito insistente e queria se redimir no campo de batalha. Lobanov, porém, acreditava em cumprir as ordens imperiais até a última vírgula, e imediatamente lançou uma reprimenda oficial contra Dolgorukov, porque o decreto do imperador convidando ex-oficiais a retornar ao serviço militar exigia que eles tivessem bons registros.[29]

Mesmo no meio de setembro, os regimentos de Lobanov tinham menos da metade de seu conjunto completo de oficiais, e dos 285 homens designados aos regimentos, apenas 204 eram nobres voltando ao serviço. A maioria dos restantes vinha de uma fonte completamente questionável, as tropas de segurança interna. A necessidade urgente dos 227 oficiais extras enviados por Andreas Kleinmichel era evidente. Por outro lado, Lobanov havia recebido doze excelentes oficiais do Corpo de Cadetes de São Petersburgo, assim como um batalhão quase completo de suboficiais treinados de uma das unidades de formação de granadeiros. Também haviam lhe prometido oficiais, suboficiais e os melhores veteranos solteiros das unidades que patrulhavam as fronteiras no sudoeste da Sibéria, que já tinham partido em uma longa jornada para se unir a seu comando.[30]

A batalha de Lobanov com o príncipe Dolgorukov não foi, de maneira alguma, a única briga que agitou a formação dos doze regimentos. Um dos dois assistentes de Lobanov, o major-general Rusanov, ficou tão enfurecido com o comportamento de seu chefe que o denunciou diretamente ao imperador, para grande ira de Arakcheev. Também havia conflitos entre os oficiais militares que supervisionavam a formação dos regimentos e os magistrados provincianos, já que os oficiais estavam interessados apenas em aprontar as unidades o mais rápido possível, enquanto os magistrados também estavam preocupados com os preços dos uniformes e equipamentos, pelos quais eles teriam que pagar. Apesar de todas as discussões e dificuldades, os novos regimentos se revelaram um sucesso. Seis deles, junto com três dos regimentos de Kleinmichel, reforçaram o exército de Kutuzov enquanto ele estava no campo em Tarutino. O marechal de campo relatou a Alexandre que, apesar do "muito curto" tempo disponível para treiná-los, "eles foram extremamente bem formados e a maioria dos homens atirava bem".³¹

Independentemente da qualidade das tropas de Lobanov e Kleinmichel, 40 mil homens de reforço eram muito pouco para virar a guerra a favor da Rússia. Mesmo enquanto os dois generais estavam se debatendo para formar seus dezoito regimentos, Alexandre ordenou um novo recrutamento em massa – o 83º – planejado para obter bem mais que 150 mil conscritos. No entanto, levaria meses para reunir e treinar esses homens. Para providenciar uma segunda linha de defesa nesse ínterim, Alexandre apelou aos seus nobres para mobilizar e gerir uma milícia temporária de guerra com seus servos. Na verdade, com as tropas francesas já ameaçando sua província, a nobreza de Smolensk já tinha começado a organizar a "guarda doméstica" antes do pedido do imperador. Mas o impulso para mobilizar a milícia foi realmente lançado quando Alexandre viajou a Moscou no final de julho. Lá, ele encontrou uma forte resposta patriota ao seu apelo por parte da nobreza local. Em 30 de julho foi lançado um manifesto, convocando a mobilização de uma milícia em dezesseis províncias.³²

No total, cerca de 230 mil homens serviram nas milícias. Quase todos eles eram servos particulares, assim como seus oficiais eram, na grande maioria, nobres da própria província da milícia. Nenhum camponês do Estado ou da Coroa se uniu às milícias. Isso fazia bastante sentido. Era vital não drenar a fonte de recrutas para o exército regular, uma vez que ele sempre seria o núcleo do poder militar russo e a chave para a vitória. Além disso, encontrar oficiais em número suficiente para a milícia seria, sem dúvida, bem difícil. Os nobres podiam sentir uma espécie de obrigação em servir as forças de milícia voluntariadas e formadas pelas assembleias de nobres de suas próprias províncias, embora muitos, na verdade, fizessem todo o possível para evitar essa obrigação. Encontrar homens adequados para servir como oficiais entre os camponeses do Estado e da Coroa seria impossível.³³

O miliciano devia manter suas roupas civis. Ele precisava de uma capa (*kaftan*) que deveria ser volumosa o suficiente para que ele pudesse vestir um casaco de pele por baixo. Seus dois pares de botas também tinham que ser largos o bastante para acomodar pés envoltos em meias e polainas contra o frio do inverno. Ele também precisaria de duas camisas russas com colarinhos oblíquos, alguns lenços e perneiras,† e de um boné que pudesse ser amarrado abaixo da barba para manter a cabeça aquecida no inverno.³⁴

---

† Peça de vestimenta, eventualmente de couro, enrolada firmemente ao redor da perna desde o tornozelo até o joelho, usada para proteger a região abaixo dos joelhos. (N.T.)

Tanto os milicianos camponeses quanto o Estado gostaram dessa combinação. Para o miliciano, isso implicava o reconhecimento de que ele não era um soldado e que voltaria para casa no fim da guerra. Enquanto isso, o Estado ficava livre da obrigação de abastecer os milicianos com uniformes, o que, nas circunstâncias atuais, ele era totalmente incapaz de fazer. Como o ministro do Interior relatou no meio de julho, já havia um déficit de 340 mil metros de tecido nas encomendas de uniformes militares existentes. Era totalmente inconcebível satisfazer o requisito adicional, previsto para o tempo de guerra, de 2,4 milhões de metros. Não apenas existiam pouquíssimas fábricas, escreveu o ministro, mas a Rússia carecia até de ovelhas para fornecer essa quantidade de lã. Realmente, fora as Guardas, os homens de Dmitri Lobanov-Rostóvski foram os últimos recrutas russos entre 1812 e 1814 a serem abastecidos com os tradicionais uniformes verde-escuros da infantaria russa. Todos os conscritos seguintes tiveram dificuldades com a "roupa de recruta" cinza, de má qualidade, feita do inferior "tecido camponês" e inadequada aos rigores de uma campanha.[35]

A nova milícia estava dividida em três distritos. As oito províncias do primeiro distrito estavam, em princípio, comprometidas com a defesa de Moscou. As duas províncias (São Petersburgo e Novgorod) que compunham o segundo distrito receberam a tarefa de defender a capital do imperador. Ambos os distritos deveriam se mobilizar imediatamente. O terceiro distrito de seis províncias não seria mobilizado até o final da colheita e, mesmo depois disso, em etapas. O comandante do terceiro distrito era o tenente-general conde Petr Tolstói, ex-embaixador em Paris. Tolstói estava muito mais feliz combatendo Napoleão do que o cortejando. Como ele explicou, se alguém lhe desse artilharia suficiente para cobrir seus ataques, ele lançaria suas colunas de milícia armadas com lanças contra o inimigo em uma versão russa do próprio *levée en masse* francês de 1793.[36]

A milícia mais eficiente em 1812 foi, de longe, a dos regimentos formados por São Petersburgo e Novgorod. Com Wittgenstein mantendo os franceses afastados, eles tiveram um pouco de tempo para treinar antes de entrar em ação. A guarnição da capital forneceu oficiais e suboficiais com longa experiência em treinar recrutas. Com o arsenal de São Petersburgo ao seu serviço, todos esses milicianos receberam mosquetes. Após cinco dias e noites de treino, Alexandre I revistou a milícia de São Petersburgo na presença do embaixador britânico, Lord Cathcart. Observando os novos recrutas executarem seus exercícios básicos com notável habilidade, o embaixador comentou com Alexandre que "esses homens brotaram da terra". Na campanha do outono de 1812, as milícias de São Petersburgo e Novgorod lutariam ao lado dos regulares de Wittgenstein em diversas batalhas, atuando melhor do que qualquer um poderia esperar.[37]

As operações da milícia do segundo distrito em 1812 foram excepcionais. Ao contrário de seus equivalentes prussianos – os Landwehr –, entre 1813 e 1815, a milícia russa nunca foi integrada a brigadas e divisões como unidades do exército regular. Na maioria dos casos, ela permaneceu um corpo auxiliar em vez de uma parte do exército de campo. No começo do outono de 1812, a maior parte dos milicianos foi empregada para formar cordões humanos e bloquear estradas para impedir os grupos de forrageamento e saqueadores de saírem da área ao redor de Moscou. Quando Napoleão recuou, algumas unidades de milícia foram usadas para policiar território reconquistado e ajudar com a restauração da ordem, administração e comunicações. Outros escoltaram prisioneiros de guerra. Em 1813, a maior parte da milícia foi usada para bloquear Danzig, Dresden e uma série de outras fortalezas na retaguarda aliada com grandes guarnições inimigas de tropas regulares. Nenhuma dessas tarefas era particularmente heroica ou romântica, embora custasse um alto número de vidas. Ainda assim, o papel da milícia era muito importante, porque liberava dezenas de milhares de soldados regulares russos para o serviço no campo.[38]

Um problema crucial para a milícia em 1812 era a falta de armas de fogo. No final de julho, a Rússia estava enfrentando uma severa escassez de mosquetes. A essa altura, quase 350 mil dos 371 mil mosquetes estocados nos dezoito meses anteriores à guerra tinham sido distribuídos. A produção corrente de mosquetes dependia quase inteiramente de fabricantes do Estado ou particulares em Tula. Entre maio e dezembro de 1812, Tula produziu 127 mil mosquetes, em uma média de pouco menos de 16 mil por mês. Após a queda de Moscou, porém, muitos artesãos fugiram de Tula para suas vilas de origem, o que afetou seriamente a produção por muitas semanas e enfureceu Alexandre. Subsequentemente, muitos esforços tiveram de ser empregados à fabricação de pistolas para as reservas da cavalaria e, por um tempo, a principal fonte de mosquetes russos foram os 101 mil importados da Grã-Bretanha e os milhares capturados dos franceses. Corretamente, Kutuzov priorizou o armamento dos novos recrutas destinados ao exército de campo. A milícia ficou no final da fila por armas de fogo. As sobras que ela recebia eram geralmente de péssima qualidade e a maioria dos milicianos, em dezembro de 1812, ainda estava armada com lanças.[39]

Tudo isso foi uma grande decepção para Kutuzov. Quando nomeado comandante em chefe, uma de suas primeiras preocupações foi saber que forças reserva estavam por trás dos exércitos no campo. A resposta foi desencorajadora. O último resquício restante do que havia inicialmente sido visto como uma segunda linha de defesa eram os batalhões de Miloradovich, a maioria dos quais se unira a Kutuzov antes de Borodino. Tudo o que restava agora eram os regimentos de Lobanov e

Kleinmichel, e a milícia. Mesmo que Lobanov conseguisse chegar a tempo para defender Moscou, Alexandre havia proibido Kutuzov de usar os regimentos dele. Na opinião do imperador, os homens não tinham treinamento suficiente e, mais importante, era essencial manter um quadro ao redor do qual a horda de novos recrutas pudesse ser transformada em um exército eficiente. Parte das milícias de Moscou e Smolensk realmente chegou a tempo para defender a capital. Depois de Borodino, Kutuzov incorporou alguns deles aos seus regimentos para compensar suas enormes perdas. No entanto, com tantos homens destreinados e, às vezes, até mesmo desarmados nas fileiras, não é de se espantar que ele e Barclay tenham rejeitado a ideia de arriscar uma batalha nos arredores de Moscou.[40]

Como resultado, a cidade foi perdida. Graças a Miloradovich e Barclay, o Exército não se desintegrou enquanto se retirava por meio de Moscou, mas nos dias seguintes isso esteve mais perto de acontecer do que em qualquer ocasião anterior. Pela primeira vez, Kutuzov não foi recebido com saudações enquanto passava por seus regimentos em marcha. À exaustão e às enormes perdas somavam-se agora a vergonha e o desespero por abandonar Moscou sem lutar. Como sempre, havia uma linha muito tênue entre as requisições oficiais e o roubo, puro e simples. A disciplina foi prejudicada e muitos soldados começaram a pilhar os campos. Os cossacos assumiram a liderança nisso, mas eles não foram, de modo algum, os únicos. Um improvisado mercado para a pilhagem – oficialmente tirada dos franceses – foi estabelecido próximo ao campo de Tarutino.[41]

Mesmo alguns oficiais subalternos se uniram à pilhagem. A maioria sentia uma profunda melancolia e um senso de traição com o abandono de Moscou. O tenente Radojitski lembrou que "pessoas supersticiosas, incapazes de compreender o que estava acontecendo perante seus olhos, pensavam que a queda de Moscou significava o colapso da Rússia, o triunfo do Anticristo e, logo por vir, um terrível julgamento e o fim do mundo". Longe dali, com o exército de Tormasov, um desesperado major-general príncipe Viazemski perguntava a Deus por que ele havia permitido que Moscou caísse: "Isso é para punir uma nação que tanto te ama!". Mas, para Viazemski, não faltavam vilões mundanos a quem culpar pelo desastre. Eles incluíam "permitir que estrangeiros criem raízes, o Iluminismo... Arakcheev e Kleinmichel e os degenerados da corte". Se isso chegou bem perto de culpar o imperador, a grã-duquesa Catarina foi ainda mais explícita em suas cartas ao irmão. Ela disse que ele era amplamente culpado pela má condução da guerra e por desonrar a Rússia ao abandonar Moscou sem lutar.[42]

Embora o desespero fosse virulento, ele também foi breve. Em alguns dias, os ânimos já estavam mudando. Um oficial de Estado-Maior escreveu que a visão de Moscou em chamas, embora inicialmente contribuísse para a tristeza, logo se transformou em raiva: "No lugar do desânimo vieram a coragem e uma sede de vingança: naquela época ninguém duvidava de que os franceses houvessem deliberadamente ateado fogo a ela". Começou a se espalhar uma visão de que nem tudo estava perdido e que, como o jovem tenente Aleksandr Chicherin das Semenóvski definiu, os bárbaros que tinham invadido seu país teriam de pagar por sua "impertinência". Barclay de Tolly contribuiu para a mudança de humor visitando cada unidade em seu exército para explicar por que os russos agora tinham a vantagem e venceriam a campanha. O tenente Meshetich lembrava como Barclay explicou aos homens de sua bateria que ele agira de acordo com um plano e que "a longa retirada negara qualquer sucesso ao inimigo e terminaria por levá-lo à ruína, já que ele tinha caído em uma armadilha que havia sido preparada para ele e que causaria sua destruição".[43]

Em Tarutino, o Exército retomou alguns elementos de sua vida normal. Kutuzov insistiu que os serviços religiosos deveriam ser compulsórios todos os domingos e dias festivos, e deu o exemplo ao comparecer ele mesmo a todos. A outra grande instituição da vida russa, a casa de banho, também ajudou quando regimentos se dedicaram à construção de *ban'ias* para eles mesmos. O feroz código disciplinar do Exército também foi bastante útil naquele momento. Em 21 de outubro, por exemplo, Kutuzov confirmou uma sentença de morte da corte marcial para o alferes Tishckenko, que havia transformado seu pelotão de *jaegers* em um bando de ladrões, que roubavam e mesmo matavam a população local. A sentença de morte de onze de seus *jaegers* foi reduzida para ter de passar três vezes por um "corredor polonês"[‡] composto por mil homens.[44]

Talvez a mudança de ânimos se devesse, sobretudo, ao fato de que, após meses de movimento e exaustão, o Exército teve enfim algumas semanas de descanso no campo em Tarutino. A posição e as fortificações no campo não eram especialmente fortes, mas o Exército francês tinha esgotado suas forças e deixou os russos em paz. Logo após a colheita na fértil Rússia central, o Exército podia permanecer sedentário por algumas semanas sem passar fome. Abundantes provisões vinham através de Kaluga das ricas províncias agrícolas do sul. Os reforços também estavam chegando. O tenente Chicherin, das Semenóvski, chegou a Tarutino encharcado até os ossos, sem um tostão e nenhuma muda de roupa, já que havia perdido toda sua bagagem em Moscou. Mas sua família veio salvá-lo, trazendo para ele, entre outras coisas, uma barraca tão suntuosa que foi

---

‡ No original, *"running the gauntlet"*. Trata-se de uma antiga forma de punição, na qual o indivíduo deveria correr entre duas fileiras de homens enquanto era espancado por eles, às vezes com varas ou bastões. Em português, a expressão "corredor polonês" que define essa prática faz alusão à região de Danzig que, entre a 1ª e 2ª Guerras Mundiais, foi entregue à Polônia, ficando assim entre duas regiões alemãs.

temporariamente emprestada para o próprio Kutuzov. Ele recordou que o clima era perfeito e os oficiais se dedicavam às conversas, música e leitura – todas desfrutadas com o sabor especial de um acampamento em tempo de guerra. Apenas uma questão os perturbava verdadeiramente: o medo de que seu imperador pudesse firmar a paz com os franceses. Um dos oficiais comentou que, se isso acontecesse, ele iria emigrar e combater Napoleão na Espanha.[45]

A decisão sobre guerra ou paz ficava com o imperador em São Petersburgo. Por todas as razões, não havia nenhum motivo para esperar que o imperador fizesse a paz. Frederico Guilherme III tinha lutado após a queda de Berlim e Francisco II havia se recusado a declarar paz após as duas quedas de Viena em 1805 e 1809, ainda que, neste último caso, os austríacos estivessem lutando sem aliados. Moscou não era sequer a verdadeira capital de Alexandre. Além disso, fazer a paz após a queda de Moscou, desafiando a oposição da elite, seria colocar sua vida e seu trono em risco, como o imperador sabia muito bem. Por trás de muitas das preocupações de 1812, porém, estava o fato de que nem Alexandre nem as elites russas confiavam totalmente um no outro para manter a calma e reafirmar seu compromisso com a vitória em meio às grandes pressões da invasão de Napoleão.[46]

Após deixar o Exército em 19 de julho, Alexandre havia feito uma breve parada em Smolensk para consultar seu governador provinciano e generais, antes de seguir para Moscou. Ele chegou à cidade tarde da noite em 23 de julho. O dia seguinte proporcionou um dos momentos mais marcantes de 1812, tendo sido imortalizado por Lev Tolstói. Às nove da manhã de um dia ensolarado, quando Alexandre surgiu nos "Degraus Vermelhos" do lado de fora de seu palácio do Kremlin, para percorrer o caminho até a catedral Uspenski, ele foi saudado por uma imensa multidão, tão compacta que seus generais-adjuntos tiveram de fazer um grande esforço para abrir um caminho até a igreja. Um desses generais, Evgraf Komaróvski, escreveu: "Nunca vi tanto entusiasmo popular como naquele momento". O imperador foi saudado com o badalar dos sinos de todas as igrejas do Kremlin e ondas e ondas de aplausos da multidão. As pessoas comuns se adiantavam para tocá-lo e imploravam que ele as guiasse contra o inimigo. Essa era a união entre o czar e o povo, o mito do núcleo político da Rússia imperial, em sua forma mais completa e perfeita. Para quase todos os russos comuns o monarca era o foco supremo de toda a sua lealdade e uma parte vital de sua identidade, nesse momento de ameaça e incerteza ainda mais intensamente do que em tempos normais.[47]

No dia seguinte, Alexandre se encontrou com os nobres e comerciantes de Moscou, que o saudaram com promessas de apoio maciço em homens e dinheiro para a nova milícia. O imperador ficou comovido, posteriormente comentando que se sentiu indigno de comandar um povo como aquele. Encantado pela realização de Rostopchin em mobilizar essa vasta demonstração de lealdade e apoio, Alexandre o beijou nas duas bochechas em sua partida. Aleksei Arakcheev parabenizou Rostopchin por esse sinal incomparável de aprovação imperial. "Eu, que tenho servido a ele desde o dia em que começou seu reinado, nunca recebi isso." Aleksandr Balashev, o ministro da Polícia, entreouviu esse comentário e depois murmurou a Rostopchin: "Você pode ter certeza de que Arakcheev jamais vai perdoar ou esquecer esse beijo." Em meio a todo o entusiasmo patriótico, a vida política continuava de outras formas também. Quando Alexandre estava indo embora, Rostopchin pediu a ele instruções sobre a política futura, mas o imperador respondeu que tinha plena confiança em seu governador geral, que deveria agir de acordo com as circunstâncias e seu próprio julgamento. No meio do caos da guerra isso era razoável, mas significou que, no final, Rostopchin ficara com toda a responsabilidade sobre o incêndio que destruiu a cidade.[48]

Exceto por uma breve expedição à Finlândia para encontrar Bernadotte, Alexandre passou o resto do verão e outono em São Petersburgo. Quando voltou da Finlândia em 3 de setembro, encontrou esperando por ele Sir Robert Wilson, um oficial britânico que havia sido agregado ao Exército russo entre 1806 e 1807 e que tinha acabado de chegar a São Petersburgo vindo do quartel-general de Barclay de Tolly. Wilson falou sobre as divergências entre seus generais e a oposição deles a Barclay, o que não foi nenhuma surpresa para o imperador. Muito mais chocante era o pedido de seus generais para que ele se livrasse de Rumiantsev ou, como Wilson colocou: se seus generais "estivessem seguros de que Sua Majestade não mais iria atribuir sua confiança a conselheiros, em cujas políticas eles não confiavam, eles dariam testemunho de sua fidelidade por meio de esforços e sacrifícios que acrescentariam esplendor à Coroa, e segurança ao trono sob qualquer adversidade".[49]

Deixando de lado a bela retórica, essa era uma exigência de seus generais para imporem sua vontade sobre o monarca. Certamente, tornava-se ainda menos palatável a Alexandre ser informado disso por um agente de um poder estrangeiro. Wilson lembrou que "durante essa exposição, a cor ocasionalmente sumia e voltava às bochechas do imperador". Alexandre levou algum tempo para retomar sua compostura, embora tenha lidado com a demanda de Wilson com habilidade e paciência. Chamando Wilson de "embaixador dos rebeldes", ele reagiu calmamente ao pedido de seus generais, dizendo que conhecia e confiava nesses oficiais: "Não temo nenhum plano não declarado contra minha autoridade por parte deles".[50]

Alexandre insistiu, no entanto, que seus generais estavam errados em acreditar que Rumiantsev tenha alguma vez aconselhado submissão a Napoleão. Ele não poderia jogar fora um servidor leal "sem motivo", especialmente quando declarava ter "um grande respeito por ele, já que é quase o único que nunca em sua vida me pediu nada para si mesmo, enquanto todos os outros sempre têm buscado honras, riqueza ou algum objetivo pessoal para si e os de suas ligações". Acima de tudo, havia um princípio fundamental envolvido. O imperador não podia ser visto cedendo a tal pressão, que abriria um perigoso precedente. Ao mesmo tempo, no entanto, Wilson deveria "levar de volta ao Exército promessas de minha determinação em continuar a guerra contra Napoleão enquanto um único francês estiver armado deste lado da fronteira. Não abandonarei meus compromissos, não importa o que aconteça. Suportarei o pior. Estou pronto para remover minha família para o interior e me submeter a todos os sacrifícios; mas não devo abrir mão do direito de escolher meus próprios ministros".[51]

Durante o verão, Alexandre morou em um palácio pequeno — pouco maior que uma vila na verdade — em Kamennyi Ostrov, uma pequena ilha em uma das ramificações do rio Neva, nos subúrbios ao norte de São Petersburgo. Não havia guardas à vista e Alexandre vivia com grande simplicidade. Foi ali que ele soube da notícia da queda de Moscou, muito mais chocante por causa das afirmações anteriores de Kutuzov sobre ter retido os franceses em Borodino. A dama de companhia de sua esposa, Roxandra Stourdja, relatou alguns boatos que circulavam por São Petersburgo. Protestos dos plebeus eram temidos e amplamente esperados. "A nobreza culpava Alexandre em voz alta pelos infortúnios do Estado, e era raro alguém tentar defendê-lo ou justificá-lo numa conversa." O aniversário da coroação do imperador era em 27 de setembro. Dessa vez, Alexandre se curvou aos temores de seus conselheiros por sua segurança e dirigiu-se à catedral de Kazan em uma carruagem, em vez de montado a cavalo, como de costume. Quando o grupo imperial subiu as escadas para entrar na catedral, foi recebido com um silêncio absoluto. Roxandra Stourdja não era impressionável, mas relatou que o som do eco de cada passo fez seus joelhos tremerem.[52]

Uma carta tola de sua irmã Catarina, atacando sua atuação, fez com que Alexandre perdesse o controle, com sua resposta ilustrando o quanto seus sentimentos estavam tensos naquele momento crítico. Depois de apontar a Catarina que dificilmente fazia sentido criticá-lo, tanto por enfraquecer seus generais com sua presença junto ao Exército, quanto por não assumir o comando e salvar Moscou, ele escreveu que, se suas habilidades não eram suficientes para o papel ao qual ele havia sido destinado, isso não era sua culpa. Nem a má qualidade de tantos de seus auxiliares militares e civis.

Com o apoio tão ruim que tenho, carecendo de recursos adequados em todas as áreas, e guiando uma maquinaria tão vasta em uma época de terrível crise e contra um oponente infernal, que combina a mais terrível maldade com o mais transcendente talento, e que é ajudado por todo o poder da Europa e por um grupo de talentosos auxiliares que têm sido lapidados por vinte anos de guerra e revolução – seja justa, é de se espantar que eu tenha tido reveses?

Mas a ferroada final da carta de Alexandre veio nas últimas linhas, em que ele escreveu que havia sido alertado de que agentes inimigos iriam tentar voltar até mesmo sua família contra ele, com a própria Catarina como sua primeira opção. Mesmo sendo muito segura de si, a grã-duquesa abalou-se com essa resposta, e Alexandre por fim abrandaria o tom: "se você me acha muito suscetível, comece por se colocar na cruel posição em que eu estou".[53]

Em uma época em que suas próprias relações de sangue estavam se mostrando mais que inúteis, Alexandre teve o apoio leal de sua esposa, a bela e sensível imperatriz Elizabeth. Ela permaneceu calma e confiante durante essas semanas, escrevendo a sua mãe que "na verdade, estamos preparados para tudo, exceto negociações. Quanto mais Napoleão avança, menos ele deveria acreditar que alguma paz seja possível. Essa é a visão unânime do imperador e de todas as classes da população... cada passo que ele avança nessa imensa Rússia o leva para mais perto do abismo. Vamos ver como ele lida com o inverno". Ela acrescentou que a paz seria o começo da destruição da Rússia, mas felizmente isso era impossível: "O imperador nem sequer concebe a ideia e mesmo que ele quisesse fazer isso, não teria como".[54]

Se Alexandre encontrava conforto em sua esposa e em caminhadas pelos bosques de Kamennyi Ostrov, seu principal consolo ainda era a religião. O imperador fora criado na corte de Catarina II, em uma mistura de racionalismo iluminista e hedonismo aristocrata. O clero ortodoxo que o educou em sua religião deixou poucas marcas. Mas o lado sensível e idealista de sua personalidade cada vez mais o inclinou no sentido de buscar respostas aos problemas da vida no cristianismo. Ele andava, na verdade, lendo a Bíblia desde algum tempo antes da invasão de Napoleão, mas entre as tremendas tensões de 1812 seu sentimento religioso se tornou muito mais forte. Alexandre lia a Bíblia todos os dias, sublinhando com um lápis as partes que achava mais relevantes. Ao velho amigo e colega convertido à crença cristã, o príncipe Aleksandr Golitsyn, ele até mesmo escreveu, no início de julho de 1812, que "em momentos como esses em que nos encontramos, acredito que mesmo a pessoa mais endurecida sente um retorno em direção ao seu Criador... eu me entrego a esse sentimento, que é tão habitual para mim e faço isso com um entusiasmo, um abandono, muito maior do que no passado! Encontro ali meu único consolo, meu único apoio. É esse sentimento sozinho que me sustenta".⁵⁵

Foi nesse estado de espírito que Alexandre ouviu a notícia da perda de Moscou e da posterior destruição da cidade pelo incêndio. Quando o mensageiro do próprio Kutuzov, o coronel Alexandre Michaud de Beauretour, chegou com a notícia, o imperador estava bem preparado para encontrá-lo e mandou uma mensagem firme de volta ao seu Exército. Em meio à grande emoção de ambas as partes, Alexandre e Michaud se tranquilizaram em relação aos pontos que mais os preocupavam. Michaud jurou ao imperador que o abandono de Moscou não havia enfraquecido o moral do Exército ou o seu total comprometimento com a vitória. Michaud, e por meio dele o Exército, receberam em troca a promessa que queriam ouvir. Longe de minar a confiança ou vontade do imperador, a perda de Moscou havia fortalecido sua determinação em conquistar a vitória total. Alexandre encerrou a conversa com as seguintes palavras:

> "Farei uso de cada último recurso de meu Império; ele possui ainda mais do que meus inimigos pensam. Mas, mesmo se a Divina Providência decretar que minha dinastia deve parar de reinar sobre o trono de meus ancestrais, então depois de ter exaurido todos os meios em meu poder, irei deixar crescer minha barba até aqui" [ele apontou sua mão para o peito] "e partirei e comerei batatas com o último de meus camponeses em vez de assinar uma paz que envergonharia minha pátria e essa querida nação cujos sacrifícios por mim, eu sei apreciar... Napoleão ou eu, eu ou ele, nós dois não podemos governar ao mesmo tempo; eu aprendi a compreendê-lo e ele não irá me enganar."⁵⁶

Esse era um ótimo teatro com palavras de luta, que nas circunstâncias eram exatamente o necessário. Mas não há motivos para duvidar da sinceridade ou do comprometimento de Alexandre quando ele as pronunciou. Elas conjuravam a ruína da estratégia de Napoleão e apontavam para a destruição de seu Exército.

8

O avanço de Moscou

Mesmo enquanto Kutuzov se preparava para combater Napoleão em Borodino, Alexandre I estava elaborando um plano para uma contraofensiva que poderia expulsar os franceses da Rússia e destruir a *Grande Armée*. O relatório inicial de Kutuzov ao imperador sobre a batalha de Borodino dissera que "apesar de suas forças superiores, em nenhum lugar o inimigo ganhou sequer uma jarda* de terreno". Imediatamente após receber esse informe, Alexandre enviou Aleksandr Chernishev ao quartel-general do marechal de campo com planos detalhados para uma contraofensiva coordenada com todos os exércitos russos. Alexandre escreveu a Kutuzov dizendo esperar que o talento do marechal de campo e a coragem de suas tropas em Borodino tivessem agora colocado um ponto final ao avanço francês no território russo. Ele também encorajava Kutuzov a discutir todos os detalhes da operação com Chernishev, que estava totalmente informado sobre os objetivos de Alexandre e em quem ele tinha plena confiança. O imperador foi cuidadoso ao dizer que cabia ao comandante em chefe aceitar ou não o plano ou fazer propostas alternativas por conta própria, mas nenhum general russo estava disposto a desprezar abertamente os desejos do monarca.[1]

A essência do plano de Alexandre era que os exércitos russos no norte (Wittgenstein e Steinhel) e no sul (Chichagov) deveriam avançar de forma simultânea e profunda na retaguarda francesa na Bielorrússia. Eles deveriam derrotar e afugentar as forças que protegiam as comunicações de Napoleão. No caso de Chichagov, seriam os austríacos do príncipe Schwarzenberg e os saxões do general Reynier que deveriam ser empurrados de volta ao ducado de Varsóvia.

---

* Unidade métrica equivalente a aproximadamente 0,9144 metro. (N.T.)

Alexandre escreveu a Kutuzov: "como você verá nesse plano, é proposto que as principais operações sejam conduzidas pelo exército do almirante Chichagov", que receberia o reforço tanto do 3º Exército de Tormasov quanto de um pequeno Corpo comandado pelo tenente-general Friedrich Oertel, que na época vigiava a base de suprimentos em Mozyr.

Ainda assim, o papel de Peter Wittgenstein também era essencial. Ajudado pelo conde Steinhel, ele deveria avançar em direção ao sul, tomar Polotsk e empurrar as tropas derrotadas de Oudinot e Saint-Cyr rumo noroeste, Lituânia adentro, e distante da retaguarda de Napoleão na Bielorrússia. Como resultado, as forças unidas de Chichagov e Wittgenstein controlariam toda a região através da qual o principal exército de Napoleão teria que recuar, com as forças de Kutuzov em seu encalço. O inimigo já estava "exausto", tendo sido atraído profundamente para o interior da Rússia e sofrido pesadas perdas. Ele agora enfrentava perdas ainda mais pesadas e uma retirada muito difícil. Se o plano fosse executado da forma correta, "nem mesmo a menor parte do principal exército inimigo (...) pode escapar sobre nossas fronteiras sem derrota e, em ultima instância, total aniquilação".[2]

A figura principal por trás do plano era o próprio Alexandre, embora sem dúvida ele o discutisse com o jovem coronel Chernishev e outras figuras militares mais experientes em sua comitiva, incluindo Petr Mikhailovich Volkonski. Até certo ponto, esse novo plano herdava alguns aspectos do pensamento pré-guerra sobre operações militares. Atraído para dentro da Rússia e então bloqueado pelo principal exército russo, Napoleão seria derrotado por outras tropas russas que pressionariam bastante os flancos e a retaguarda dos franceses. Em linhas gerais, o plano de Alexandre fazia sentido e era a melhor forma de empregar as forças russas nesse teatro de operações e explorar os erros de Napoleão.

Porém, o plano do imperador não deixava de ser muito ambicioso. Esperava-se que vários exércitos, de início a centenas de quilômetros de distância uns dos outros, coordenassem suas operações e chegassem simultaneamente à Bielorrússia central. A comunicação entre esses exércitos seria difícil. Era preciso acrescentar à lama, à neve e ao frio que obstruíam todos os movimentos no outono e inverno russos, o fato de que Wittgenstein e Chichagov estavam separados por uma faixa de terra na qual não menos que cinco Corpos inimigos completos e vários destacamentos menores estavam em operação. No exato momento em que Alexandre enviava Chernishev até Kutuzov, um reforço adicional de 36 mil franceses comandados pelo marechal Victor estava entrando na Bielorrússia vindo do oeste. Eles alcançaram Minsk em 15 de setembro e Smolensk doze dias depois.

O plano de Alexandre presumia que seus exércitos iriam derrotar todas essas forças inimigas e conduzi-las para fora da Bielorrússia, embora, na época em que ele concebeu esse plano, os russos ainda não fossem numericamente superiores ao inimigo. Avançando para dentro da Bielorrússia no meio do inverno, as colunas russas certamente sofreriam pesadas perdas por doenças e exaustão. Alexandre instruiu Wittgenstein e Chichagov a fortificar os desfiladeiros e obstáculos através dos quais o exército de Napoleão teria de recuar, mas teriam eles tempo ou mão de obra para fazer isso? Como o próprio imperador reconhecia, o inimigo poderia se dirigir a Minsk ou Vilna e tinha à sua escolha pelo menos três estradas pelas quais poderia escapar. No caso, Alexandre teve sucesso em dois terços de seu plano, o que, naquelas circunstâncias, era mais do que se podia esperar. Porém, na segunda metade de novembro, à medida que Napoleão se aproximava do rio Berezina, vislumbrou-se a possibilidade de o plano ser inteiramente bem-sucedido e resultar na total destruição do Exército francês e mesmo na captura do próprio Napoleão. Como isso não aconteceu, os relatos russos sobre a campanha de outono sempre tenderam a combinar o triunfo perante a derrocada francesa ao lamento de que ele não tenha sido ainda mais completo.

O próprio Chernishev teve de fazer um grande desvio para o leste de Moscou antes de enfim alcançar a base de Kutuzov no sul da cidade em 20 de setembro. Ali, ele teve conversas com Kutuzov e Bennigsen, que demonstraram seu conhecimento profundo sobre as ideias de Alexandre e preencheram muitas das lacunas nas propostas escritas pelo imperador. Em 22 de setembro, Chernishev relatou a Alexandre que ele havia demonstrado o tato necessário para persuadir o comandante em chefe das ideias do imperador e que tanto Kutuzov quanto Bennigsen endossavam calorosamente o plano. Ele acrescentou que a queda de Moscou não havia mudado significativamente "a má situação do inimigo", e que Napoleão não seria capaz de se sustentar na região de Moscou por muito tempo. Havia todas as probabilidades de destruí-lo, "desde que as pessoas aqui não cometam novamente erros graves antes de nossos exércitos terem se unido na retaguarda".[3]

Logo em seguida, Chernishev partiu para o quartel-general de Chichagov no noroeste da Ucrânia para informar ao almirante o plano de Alexandre. No outono e inverno de 1812, o jovem e arrojado coronel ampliaria as láureas que havia conquistado em Paris e justificaria completamente a confiança de Alexandre. Na metade de outubro, ele comandou um grande grupo de ataque *partisan* com sete esquadrões de cavalaria leve regular, três regimentos cossacos e uma unidade calmuque ao interior do ducado de Varsóvia, destruindo depósitos, interrompendo o recrutamento e forçando Schwarzenberg a desviar grande parte da cavalaria austríaca de volta ao ducado para persegui-lo. Posteriormente, Chernishev conduziu um regimento cossaco diretamente através da retaguarda francesa e o uniu a Wittgenstein, trazendo a este último a primeira noção clara dos movimentos e intenções de Chichagov. Por uma feliz coincidência, durante essa jornada, Chernishev libertou Ferdinand Wintzingerode e seu ajudante de campo, o capitão Lev Narishkin, que haviam sido capturados em Moscou e estavam a caminho da França. Considerando que Wintzingerode era um dos generais prediletos de Alexandre, e que Narishkin era o filho da amante do imperador, essa foi uma grande tacada para Chernishev. Wittgenstein elogiou os feitos de Chernishev em tom inflamado e Alexandre promoveu seu ajudante de campo, de 26 anos, à patente de major-general.[4]

Enquanto Chernishev estava levando os planos de Alexandre para uma contraofensiva, primeiro para Kutuzov e depois para Chichagov, uma cruel "guerra do povo", que fazia lembrar os eventos na Espanha, havia se espalhado pela região de Moscou. Eugen de Württemberg escreveu que os camponeses russos, em geral tão amistosos, hospitaleiros e pacientes, tinham se transformado em "verdadeiros tigres" pelas depredações dos grupos de forrageamento e saqueadores franceses. Sir Robert Wilson lembra que os soldados inimigos que caíam nas mãos dos camponeses sofriam "todo tipo de tortura já imaginado". As narrativas de tortura, mutilação e enterro de vivos poderiam ser atribuídas ao preconceito estrangeiro, não fossem elas confirmadas também por muitas fontes russas. Em termos militares, o principal significado dessa "guerra do povo" era que ela tornava ainda mais difícil para os franceses o forrageamento. Nessa época, qualquer exército grande e estático tinha problemas para alimentar os cavalos. A cavalaria de Napoleão sofrera bastante em Borodino, mas foram as semanas gastas em Moscou, com suprimentos cada vez menores de forragem, que destruíram a maioria de seus regimentos montados e devastaram seus cavalos de artilharia. Expedições de forrageamento tinham que percorrer distâncias cada vez maiores e com mais e mais escoltas. Ainda assim, elas muitas vezes retornavam de mãos vazias, tendo perdido homens em emboscadas e exaurindo seus cavalos sem recompensa.[5]

No clássico estilo de guerra de guerrilha, os camponeses e as unidades de *partisans* armados ajudavam uns aos outros. Os comandantes *partisans* frequentemente distribuíam armas ao campesinato e iam ao seu auxílio quando grandes grupos de requisição inimigos eram avistados. Os camponeses, por sua vez, garantiam informação, guias locais e mão de obra extra que permitiam à cavalaria rastrear e emboscar destacamentos inimigos e evitar a captura por forças superiores.

Unidades *partisans* agiam ao longo de todas as estradas que saíam de Moscou. Já na metade de outubro eles se dispunham a enfrentar destacamentos inimigos bastante grandes. Em 20 de outubro, por exemplo, os *partisans* de Denis Davydov atacaram uma coluna de transporte inimiga perto de Viazma que era escoltada por nada menos que três regimentos, capturando a maioria das carroças e quinhentos homens. Durante as semanas que Napoleão passou em Moscou, suas comunicações com Smolensk e Paris foram atrapalhadas, mas nunca cortadas. No entanto, se ele tivesse optado por ficar na cidade durante o inverno, o resultado teria sido bem diferente.[6]

Denis Davydov foi um dos primeiros *partisans*, tendo convencido um hesitante Kutuzov a destacá-lo, às vésperas de Borodino, com um pequeno bando de cavalaria e cossacos para atacar as comunicações inimigas. O sucesso de Davydov nas semanas seguintes garantiu-lhe reforços e ajudou a legitimar todo o conceito de guerra *partisan*, que era algo novo para os generais russos. Karl von Toll, em especial, recomendou esse novo tipo de guerra para Kutuzov e o comandante em chefe logo compreendeu seu potencial. Davydov capturava ou destruía colunas de suprimentos inimigas, rastreava destacamentos enviados para buscar comida, libertava centenas de prisioneiros de guerra russos e reunia informações úteis. Ele também punia traidores e colaboradores, a quem descreve como uma minoria muito pequena. As armas de Denis Davydov eram velocidade, surpresa, ousadia e excelentes fontes locais de informação. Seus bandos atacavam de surpresa, dispersavam-se em seguida e então se reagrupavam secretamente para mais ataques.

Denis Davydov não foi apenas um dos mais bem-sucedidos *partisans*, mas também o mais famoso e romântico. Célebre poeta, ele foi imortalizado por seu amigo Aleksandr Pushkin da seguinte forma: "Poeta hussardo, você cantou sobre acampamentos / Sobre a licença de imprudentes orgias / Sobre o temerário charme da batalha / E sobre os cachos de seu bigode". Bem depois de sua morte, Davydov se tornou ainda mais famoso do que nunca como a figura em quem Tolstói baseou seu personagem Denisov, o charmoso e generoso hussardo que perde seu coração para Natasha Rostov e em cujo bando de *partisans* o irmão dela, Petia, perde a vida no outono de 1812.[7]

O mais notório comandante *partisan* foi o capitão Alexander Figner, que liderou uma bateria de artilharia na batalha de Borodino. A queda de Moscou deixou Figner mergulhado na tristeza e determinado a se vingar dos franceses pela humilhação de seu país. O segundo no comando da bateria o descreveu como "bem-apessoado, de estatura média: ele era um verdadeiro filho do norte, forte, de rosto redondo, pálido e com cabelos castanho-claros. Seus grandes e brilhantes olhos eram cheios de vida e ele tinha uma voz poderosa. Figner era eloquente, sensato, incansável em suas iniciativas e dotado de uma impetuosa imaginação. Ele desprezava o perigo, nunca perdeu a cabeça e era totalmente destemido". Figner, que falava fluentemente alemão, francês, italiano e várias outras línguas estrangeiras, era também um excelente ator. Em diversas ocasiões, ele foi a campos inimigos em Moscou e suas cercanias para reunir informações, fingindo com facilidade ser um oficial do exército multinacional de Napoleão.[8]

Como muitos comandantes de guerrilha ao longo da História, no entanto, havia um lado sombrio no brilhante, astuto e implacável Figner. Em setembro e outubro de 1812, mesmo Denis Davydov não estava às vezes disposto a fazer prisioneiros, já que estes significavam uma restrição aos pequenos e ágeis bandos *partisans*.[9] Alexander Figner, porém, subvertia até essa prática. Um colega oficial lembra que sua "diversão favorita e mais frequente era primeiro conquistar a confiança e alegria de oficiais capturados com sua conversa tranquilizadora, e então repentinamente atirar neles com sua pistola e assistir à sua agonia antes de eles morrerem. Ele fazia isso bem longe do exército, que apenas ouvia rumores sinistros, que eram desacreditados ou esquecidos entre as pressões das operações militares". Em meio às terríveis crueldades e emoções extremas do outono de 1812, os oficiais superiores às vezes estavam dispostos a fechar os olhos para o lado mais sórdido da guerra *partisan*. Em 1813, no entanto, com a guerra não mais em solo russo, poucos oficiais ainda alimentavam um grande ódio por seu inimigo. Quando Figner se afogou no rio Elba tentando escapar dos franceses, poucos de seus colegas oficiais derramaram alguma lágrima.[10]

As muitas unidades *partisans* atuando ao redor de Moscou sobrepunham-se com destacamentos maiores vigiando as principais estradas que levavam para fora da cidade. Alguns desses destacamentos também empreendiam guerra *partisan*. Seu papel principal, no entanto, era defender as províncias próximas de Moscou de ataques de grupos inimigos e garantir alertas antecipados, se Napoleão fizesse alguma grande movimentação para fora da cidade. Desses destacamentos, o mais importante era comandado pelo major-general barão Ferdinand von Wintzingerode, cuja tarefa era observar a estrada principal que levava ao Tver e, consequentemente, a São Petersburgo. A maioria das tropas de Wintzingerode era de cossacos e da milícia, mas alguns membros da cavalaria regular se separaram do exército de Kutuzov durante a retirada de Moscou e escaparam da cidade para o norte, se unindo aos seus homens. Desses reforços, os melhores eram os excelentes soldados do Regimento Cossaco da Guarda.

Ferdinand von Wintzingerode poderia ser mais bem descrito como um antibonapartista convicto. Seu pai havia sido ajudante de campo do duque de Brunswick, de todas as dinastias alemãs, o mais famoso por seu resoluto ódio a Napoleão. O próprio Wintzingerode se transferiu diversas vezes entre os Exércitos russo e austríaco, dependendo de qual serviço oferecesse a melhor oportunidade de combater os franceses. Logicamente, tendo lutado com os austríacos em 1809, ele voltou ao Exército russo no início de 1812. Em 1812, ele era um dos vários refugiados políticos a quem o ódio a Napoleão tinha levado à costa russa. Se as circunstâncias fossem ligeiramente diferentes, ele teria facilmente servido ao lado de muitos de seus compatriotas na Legião Alemã do rei na Espanha, sob o comando de Wellington.

Fumante de cachimbo, o mordaz e impetuoso Wintzingerode era um amigo fiel e um patrono leal. Seu excelente cozinheiro francês e sua queda pelo whist[†] eram muito apreciadas por seu Estado-Maior, assim como sua decência e senso de justiça. No outono de 1812, por exemplo, ele ficou ultrajado quando o mordomo de uma das propriedades de Aleksandr Balashev, o ministro da Polícia, tentou usar o cargo de seu mestre para fugir das requisições do Exército. Wintzingerode imediatamente lançou uma requisição dupla sobre Balashev e ignorou as reclamações de Aleksei Arakcheev, que era adepto de truques similares em relação às suas propriedades em Novgorod. O problema, porém, era que Wintzingerode era um homem decente, mas um general ruim. Quando os franceses estavam prestes a evacuar Moscou, Wintzingerode estragou uma tentativa de negociar com eles e foi capturado. Napoleão tinha inicialmente a intenção de fuzilá-lo como traidor, mas foi dissuadido por seus horrorizados generais. Kutuzov corretamente chamou a captura de Wintzingerode de um ato de descuido quase inverossímil. Embora Alexandre ficasse radiante com o resgate de Wintzingerode por Chernishev, o esforço de guerra russo teria se beneficiado mais se ele tivesse ficado sentado num cativeiro francês entre 1813 e 1814, em vez de comandando exércitos russos.[11]

O mais competente dos subordinados de Wintzingerode era o coronel Alexander von Benckendorff, de 31 anos. Entre 1812 e 1814, Benckendorff teve uma "boa guerra" e isso foi a base para uma brilhante carreira subsequente. O jovem Benckendorff começou a vida com muitas vantagens. Sua mãe era amiga próxima da imperatriz Maria, a quem ela acompanhou até a Rússia como dama de companhia, depois que a jovem princesa Württemberg se casou com o grão--duque Paulo. Juliana Benckendorff morreu nos braços de Maria Feodorovna em 1797, legando à imperatriz os cuidados de seus filhos pequenos. Alexander, por consequência, se tornou um membro do círculo mais próximo de Maria.

[†] Jogo de cartas parecido com o *bridge*, jogado por quatro pessoas. (N.T.)

Sua irmã Dorothea se casou com Christoph Lieven, que era um protegido especial da imperatriz Maria, mas também próximo de Alexandre I e uma fonte de apadrinhamento por si mesmo.

A imperatriz Maria mandou Alexander von Benckendorff para uma excelente escola, mas durante um tempo pareceu que seu investimento havia sido em vão. O jovem bonito, charmoso e hedonista não se mostrou nem um bom acadêmico, nem um oficial especialmente virtuoso. Como Chernishev e Nesselrode, ele serviu na missão russa em Paris, nos anos após Tilsit. Sua maior façanha em Paris, no entanto, foi se apaixonar por uma famosa atriz francesa *femme fatale*, antiga amante de Napoleão, a quem contrabandeou para a Rússia com ele, após deixar a vida diplomática sob suspeita. Ele posteriormente se redimiu ao abandonar sua atriz e se voluntariar para lutar contra os turcos, após o que Maria saldou suas dívidas. Mas foram a coragem e o talento que demonstrou em 1812 que realmente reconquistaram o apreço por ele.[12]

Como um dos ajudantes de campo de Alexandre I, Benckendorff começou a guerra cumprindo uma série de importantes e perigosas missões para o quartel-general de Bagration. Servindo sob o comando de Wintzingerode no outono de 1812, ele era responsável por proteger uma estrada fundamental e o território ao seu redor de incursões francesas, e por lançar ataques contra a principal linha de comunicações inimiga na estrada que ia de Moscou a Smolensk. Em suas memórias, Benckendorff lembra que uma de suas tarefas mais difíceis era resgatar prisioneiros franceses das garras dos camponeses, na qual ele nem sempre era bem-sucedido. Algumas das crueldades perpetradas contra os infelizes prisioneiros de guerra faziam com que ele pensasse estar vivendo "em meio a uma desolação tal que parecia testemunhar o abandono de Deus e o domínio da terra pelo diabo". Ele acrescenta, porém, que os camponeses tinham toda a razão em estar enfurecidos com o comportamento francês e que o povo demonstrava, ainda, grande lealdade à sua religião, a seu país e ao imperador. Nesse contexto, as ordens para desarmar camponeses e punir desordens que a certa altura ele recebeu de São Petersburgo eram sem sentido, como ele reportou a Alexandre I. Benckendorff disse ao imperador que dificilmente poderia desarmar homens a quem ele mesmo havia entregado armas. Nem poderia ele chamar de traidoras, pessoas "que estavam sacrificando suas vidas pela defesa de suas igrejas, sua independência, e por suas esposas e lares. Em vez disso, a palavra traidor servia para aqueles que, em um momento tão sagrado para a Rússia, ousavam contar falsas histórias sobre os mais puros e zelosos defensores do país".[13]

Napoleão entrara em Moscou em 15 de setembro, e deixou a cidade em 19 de outubro. Durante esse período, o equilíbrio de forças dos exércitos rivais se alterou e teve impacto decisivo na campanha do outono. Enquanto esteve em Moscou, Napoleão obteve reforços substanciais em sua infantaria, o que elevou seus efetivos gerais novamente para mais de 100 mil e preencheu a maioria das lacunas deixadas por Borodino. Algumas dessas unidades de infantaria eram de ótima qualidade. Elas incluíam, por exemplo, a 1ª Divisão de Guardas, que não havia estado presente em Borodino. Por definição, uma infantaria que havia marchado todo o caminho desde a Europa central e oeste até Moscou era relativamente forte. O núcleo do exército de Napoleão eram suas Guardas. Bem poucas dessas excelentes tropas tinham entrado em ação desde o início da campanha, como Kutuzov sabia.

A infantaria russa era mais fraca que a de Napoleão, tanto em números quanto em qualidade. Em 5 de outubro, Kutuzov tinha 63 mil soldados e oficiais nas fileiras de seus regimentos de infantaria. Desses, 15 mil eram milicianos de Moscou e 7.500 eram novos recrutas. Além disso, quase 11 mil homens das novas unidades de Lobanov-Rostóvski estavam com o exército de Kutuzov, mas ainda não tinham sido atribuídos aos seus regimentos. Esses homens eram muito mais bem armados e treinados que a milícia, mas nenhum deles tinha estado em ação. O comandante em chefe russo tinha bons motivos para evitar batalhas campais com Napoleão, nas quais a infantaria era sempre a protagonista. Em especial, ele estava certo em se preocupar com a habilidade de seus regimentos em executar manobras complicadas. Se tivesse que lutar com Napoleão, seria inteligente fazer isso em uma posição defensiva forte. O Exército russo tradicionalmente lutava com uma proporção maior de artilharia para infantaria do que qualquer outro país da Europa. Considerando a inexperiência de sua infantaria, era improvável que Kutuzov quebrasse essa tradição. Seu exército, portanto, lançou-se na campanha de outono com um vasto comboio de 620 canhões, que logo seria muito mais numeroso que a artilharia de Napoleão, o que teria consequências inevitáveis em relação à sua velocidade, capacidade de manobra e abastecimento.[14]

Em relação à cavalaria, a situação era totalmente oposta. Napoleão tinha muito poucos cavaleiros e, ainda mais importante, muito menos cavalos em boas condições. Mesmo antes de ele deixar Moscou, parte de sua cavalaria estava desmontada. Durante essas seis semanas, a cavalaria regular de Kutuzov tinha recebido apenas 150 novos recrutas e nenhum reforço da milícia. Isso fazia muito sentido, já que bons cavaleiros não podiam ser treinados com pressa. Mas muitos cavalos novos tinham chegado para seus 10 mil cavalarianos regulares, frequentemente doados pela nobreza das províncias vizinhas.[15]

Acima de tudo, o exército de Kutuzov tinha sido reforçado por 26 regimentos de cossacos da região do Don, um total de 15 mil novos membros de cavalaria irregular. A mobilização total das reservas de cossacos do Don foi um grande sucesso, e por ela o *ataman*‡ cossaco, Matvei Platov, foi transformado em conde. Algumas vezes, esses novos regimentos cossacos são descritos como milícia, mas isso é um equívoco. Milicianos russos comuns em 1812 não tinham experiência militar prévia. No entanto, todos os robustos cossacos tinham servido ao Exército e deviam levar suas próprias armas se fossem convocados novamente para o serviço. Os 26 novos regimentos cossacos estavam, portanto, bem armados e lotados de veteranos. Em circunstâncias normais, essa quantidade imensa de cavalaria irregular poderia ter sido excessiva, mas, nas condições da campanha do outono e inverno de 1812, seu impacto seria devastador. Ainda em abril de 1812, o memorando do coronel Chuikevich havia destacado o dano que a cavalaria russa causaria a um inimigo em retirada. Kutuzov era astuto e experiente em campanhas. Ele sabia que sua cavalaria confinaria o inimigo à estrada pela qual ele estivesse se retirando, o forçaria a marchar em grande velocidade e negaria a ele qualquer chance de forrageamento longe de sua coluna. Não era preciso muita imaginação para entender o que isso implicaria, para qualquer exército que estivesse marchando inverno russo adentro. Kutuzov, portanto, permitiu que seus cossacos, a fome, o clima e a indisciplina francesa fizessem o trabalho por ele. Com razão, ele não tinha pressa em mandar sua infantaria para a batalha.[16]

Obviamente, Napoleão cometeu um erro mortal ao permanecer por quase seis semanas em Moscou enquanto sua cavalaria definhava, reforços chegavam aos montes para Kutuzov e o inverno se aproximava. Mesmo que tivesse descansado suas tropas em Moscou por quinze dias, ele ainda conseguiria retornar em segurança a Smolensk bem antes das primeiras neves ou da chegada dos regimentos cossacos do Don até Kutuzov. Em vez disso, ele ficou em suspenso, aguardando a resposta de Alexandre sobre suas sugestões de paz. Talvez a única coisa que se possa dizer em defesa de Napoleão é que a maioria dos estadistas europeus, e muitos na elite russa, compartilhavam algumas de suas dúvidas sobre a força de vontade de Alexandre. Inevitavelmente, porém, as próprias sondagens de paz de Napoleão alimentaram a confiança dos russos, e deram a eles toda chance de encorajá-lo a ficar em Moscou enquanto esperava por alguma resposta de Alexandre. Mas o ponto central foi que Napoleão fracassou em destruir o Exército russo e cometeu um erro crasso ao calcular o efeito da

---

‡ Como era chamado o líder de determinada comunidade cossaca (no caso de Platov, a da região do Don), que exercia, em tempo de guerra, o comando militar dos seus regimentos. (N.T.)

queda de Moscou sobre Alexandre e as elites russas. Tendo cometido esse engano, ele era teimoso demais para ouvir conselhos inteligentes, reduzir suas perdas e se retirar a tempo.

Posteriormente, Kutuzov teria uma conversa reveladora com um oficial superior do comissariado francês capturado, o visconde de Puybusque. Puybusque escreveu que o comandante russo havia lhe perguntado "por que tipo de cegueira tinha ele [Napoleão] falhado em divisar uma armadilha que era tão visível para o mundo inteiro? Em especial, o marechal de campo estava atônito pela facilidade com a qual todos os ardis empregados para mantê-lo em Moscou tinham funcionado e com sua absurda desfaçatez em oferecer paz quando ele não possuía mais condições de guerrear". Os russos tinham ficado extremamente felizes em encorajar as esperanças do enviado de Napoleão, o general Lauriston, de que Alexandre responderia aos assédios de Napoleão nesse sentido ou a crença, ainda mais tola, depositada numa possível deslealdade dos cossacos. "Claro", acrescentou Kutuzov, "que fizemos todo o possível para prolongar as conversações. Na política, se alguém lhe oferece uma vantagem, você não a rejeita".[17]

Na metade de outubro, até Napoleão reconheceu que tinha sido enganado por Alexandre e que precisava recuar. Mas sua partida de Moscou foi de fato acelerada por um ataque do exército de Kutuzov ao destacamento do marechal Murat, que estava vigiando o acampamento russo em Tarutino. Se a decisão dependesse apenas de Kutuzov, o ataque dificilmente teria sido ordenado. Ele estava feliz que Napoleão ficasse em Moscou pelo maior tempo possível. Além disso, como disse a Miloradovich, "ainda não estamos prontos para movimentos e manobras complicados". Mas o comandante em chefe estava sendo pressionado por Alexandre para assumir a ofensiva e liberar Moscou. Os generais de Kutuzov também estavam sedentos por ação, com Bennigsen sublinhando a necessidade de infligir um ataque pesado a Napoleão antes da chegada dos reforços do marechal Victor de Smolensk. Acima de tudo, o reconhecimento russo mostrou que o Corpo do marechal Murat era vulnerável. Murat estava em grande desvantagem numérica e poderia ser esmagado bem antes que reforços pudessem chegar. Especialmente em seu flanco leste, seu acampamento podia ser facilmente tomado por um ataque surpresa partindo da floresta nos arredores. Os postos avançados e as patrulhas franceses eram frouxos, o que tornava a ideia de um ataque surpresa ainda mais atraente.[18]

O plano inicial era atacar cedo na manhã de 17 de outubro. As ordens de Kutuzov seriam repassadas às tropas através de Aleksei Ermolov, como chefe de Estado-Maior dos agora combinados 1º e 2º Exércitos. Na noite de 16 de outubro, porém, Ermolov fora a um jantar no quartel-general de um colega general e não foi localizado, então o ataque teve que ser adiado. As memórias de Ermolov silenciam sobre esse assunto e essa não é, de forma alguma, a única ocasião em que elas devem ser lidas com um olhar crítico. Possivelmente, Ermolov se mostrou não cooperativo porque acreditava que o ataque era ideia de Bennigsen e não traria nenhum crédito pessoal para ele, mas talvez isso seja severo demais. Kutuzov ficou mais furioso com o erro de 16 de outubro do que em qualquer outro momento durante a campanha.[19]

A confusão que aconteceu na noite de 16 de outubro refletia o desacerto na estrutura de comando do Exército. Kutuzov a essa altura desconfiava profundamente de seu chefe de Estado-Maior, Levin von Bennigsen, mas ainda não tinha como se livrar dele. Em vez disso, ele trouxe Petr Konovnitsyn para seu quartel-general, oficialmente como general assistente, mas na realidade como um substituto para Bennigsen. Como era inevitável, isso causou ainda mais inimizade entre Kutuzov e seu chefe de Estado-Maior. Além disso, apesar de todas suas virtudes como comandante de linha de frente, Konovnitsyn não tinha o treinamento ou a aptidão para o trabalho de Estado-Maior.

No meio de outubro, Kutuzov e Bennigsen tinham sido bem-sucedidos em humilhar Barclay de Tolly o bastante para fazer com que ele renunciasse.[20] Logicamente, a essa altura, toda a base dos 1º e 2º Exércitos combinados deveria ter sido desmontada e as ordens, passadas diretamente de Kutuzov para os comandantes dos Corpos. No entanto, uma vez que a estrutura geral do Exército havia sido decretada pelo imperador, apenas ele poderia autorizar essa mudança. Enquanto isso, Ermolov se ressentia tanto pelo fato de Konovnitsin ter sido inserido na cadeia de comando quanto pela ineficiência deste, que lhe trazia um aborrecimento adicional. O alto comando do Exército era, desse modo, um labirinto de jurisdições sobrepostas envenenadas por rivalidades pessoais entre seus oficiais superiores. Nikolai Raévski, o comandante do 6º Corpo, escreveu na época que ele se mantinha o mais distante possível do quartel-general, já que aquilo era um ninho de víboras, cheio de intriga, inveja, egoísmo e calúnia.[21]

Adiado por um dia, o ataque aconteceu logo cedo na manhã de 18 de outubro. O plano era que a cavalaria do conde Vasili Orlov-Denisov atacasse saindo da floresta à direita da linha russa, destruísse o flanco esquerdo de Murat e irrompesse em sua retaguarda. Em sua esquerda, Orlov-Denisov seria apoiado por uma coluna de dois Corpos, comandados pelo general Baggohufvudt. Junto a Baggohufvudt avançaria outra coluna, composta pelo 4º Corpo de Aleksandr Ostermann-Tolstói. Uma vez que essas colunas tivessem atacado, os dois Corpos comandados por Mikhail Miloradovich se movimentariam em seu auxílio a partir do extremo oeste (ou seja, da esquerda) da linha russa. Atrás de Miloradovich ficavam as Guardas e couraceiros em reserva. O principal problema com esse plano era que ele colocava todas essas colunas marchando através da floresta, à noite, a fim de assumir suas posições para um ataque ao amanhecer. Além disso, para causar surpresa, as colunas não podiam fazer barulho e tinham de atacar à primeira luz do dia. A responsabilidade geral pelo planejamento e execução da movimentação do Exército ficava com Karl von Toll e o Estado-Maior do quartel-mestre geral.[22]

A coluna de Orlov-Denisov percorreu o caminho até seu ponto de partida sem problemas. Considerando que muitos de seus homens eram cossacos, era de se esperar a habilidade deles em encontrar a trilha. As colunas de infantaria de Baggohufvudt e Ostermann-Tolstói não foram tão bem-sucedidas. Quando a alvorada chegou, não havia nem sinal da coluna de Ostermann e apenas parte das tropas de Baggohufvudt estava no lugar. Quando Karl von Toll chegou ao local e encontrou as colunas em desordem, ele explodiu em uma de suas crises de raiva, com Baggohufvudt e o comandante divisional mais próximo, Eugen de Württemberg, como seus alvos. Karl Baggohufvudt ficou tão enfurecido com os insultos, não apenas a ele, mas também ao primo em primeiro grau do imperador, que renunciou seu comando e partiu para o 4º *Jaegers*, do qual era patrono, jurando morrer em sua liderança.

Embora as colunas nas proximidades ainda não estivessem em suas posições, Orlov-Denisov não podia atrasar seu ataque por medo de ser avistado quando a luz do dia surgisse e os franceses finalmente acordassem. Assim, ele lançou seus cossacos contra o flanco leste do inimigo, que se desintegrou e fugiu em todas as direções. À esquerda de Orlov-Denisov, a situação não foi tão boa para os russos. Irrompendo da floresta com apenas dois regimentos *jaeger* no local, Baggohufvudt foi imediatamente morto por uma bala de canhão. Embora os franceses tenham, de início, sido lançados à confusão pelo ataque, Murat os reagrupou e eles mostraram sua habitual coragem e espírito de luta no campo de batalha. Eugen de Württemberg e Toll reorganizaram suas tropas para um ataque renovado e mais coordenado, que ao final empurrou o inimigo para trás. Mais atrás, na floresta, estava Bennigsen, a quem Kutuzov havia devolvido o comando geral da operação. Ele também estava fazendo seu melhor para impor ordem e coordenação às brigadas de infantaria que avançavam, mas seus esforços atravessavam os de Eugen. Enquanto isso, a confusão confirmava as dúvidas de Kutuzov sobre a habilidade de seu exército em manobrar. Ele se recusou a permitir até que o Corpo de Miloradovich e, menos ainda as Guardas, atacassem, apesar do fato de que os franceses estavam em número muito menor e seriam quase certamente arrasados.[23]

Talvez o ponto mais extraordinário em todo esse caos seja o fato de que os russos realmente venceram a batalha de Tarutino. Murat foi expulso do campo de batalha com uma perda de três mil homens e muitos canhões, bandeiras e outros espólios. Isso foi de pouco consolo para a maioria dos generais russos, e acima de tudo para Bennigsen e Toll, que tinham regido a operação. Considerando o descuido de Murat e os números russos, o ataque surpresa deveria ter destruído muito de seu destacamento. Bennigsen enxergou a recusa de Kutuzov em envolver as tropas de Miloradovich como sabotagem deliberada, nascida da inveja que o marechal de campo teria de qualquer rival que pudesse roubar sua glória. Embora a batalha de Tarutino tenha espalhado o veneno nos quartéis-generais, seu impacto entre os oficiais subalternos e os soldados foi exatamente o oposto. Eles se alegraram pelo fato de que, pela primeira vez em 1812, o exército principal havia atacado e derrotado o inimigo. Kutuzov assegurou-se de que todos os troféus capturados em 18 de outubro fossem expostos para que seus homens vissem. Ele organizou um *Te Deum* para celebrar a vitória, que foi relatado em tom eufórico para Alexandre. Apesar de suas limitações táticas, Kutuzov era um mestre quando se tratava de relações públicas e do moral de suas tropas.[24]

Napoleão soube da notícia da derrota de Murat enquanto inspecionava tropas próximo ao Kremlin. O imperador sempre foi extremamente sensível a qualquer coisa que refletisse em seu próprio prestígio e na reputação vitoriosa de seu exército. Agora, não apenas ele estaria se retirando de Moscou, mas estaria fazendo isso após uma derrota. No dia seguinte, 19 de outubro, ele deixou a cidade com o corpo principal de seu exército, deixando uma retaguarda substancial para trás para completar a evacuação e destruir o Kremlin. Durante o mês de outubro, ele havia contemplado uma série de possíveis movimentos após a saída de Moscou. O mais conservador seria recuar usando o caminho pelo qual tinha vindo, rumo a Smolensk. Essa era a forma mais rápida de voltar às suas bases de suprimentos em Smolensk, Minsk e Vilna, seguindo pela melhor estrada da Rússia, o que era um ponto importante, considerando a vasta e variada "bagagem" que ele estava arrastando atrás de si. Mas a área ao longo da estrada tinha sido devastada e seu exército encontraria pouca comida ou alojamento.[25]

A alternativa óbvia era seguir para Kaluga, a principal base de suprimentos de Kutuzov, a uma semana de marcha a sudeste de Moscou. Napoleão contemplou até voltar-se para o grande centro de armamentos em Tula, uma marcha adicional de pelo menos três dias a sudeste. Capturar Tula iria prejudicar seriamente todo o esforço de guerra russo. Tomar Kaluga poderia render alguns suprimentos para Napoleão e iria interromper qualquer perseguição russa subsequente a seu exército. Isso também disfarçaria de modo convincente o fato de que os franceses estavam recuando. A partir de Kaluga, Napoleão poderia voltar à estrada relativamente boa que passava por Iukhnov a caminho de Smolensk e da Bielorrússia.

Com novembro e o inverno a apenas duas semanas de distância, Napoleão não podia arcar com desvios e atrasos. Havia limites rigorosos de quanta comida ele podia trazer consigo de Moscou. Como sempre, o maior problema era a volumosa forragem para os cavalos. A cada dia extra de marcha, a fome, o inverno e a desintegração ficavam mais próximos. Ele poderia, sim, alimentar e alojar seu exército com mais facilidade ao longo da estrada Kaluga-Smolensk do que da via principal Moscou-Smolensk, mas não tanta. Para sobreviver, seu exército precisaria forragear bem longe da estrada e a superioridade incontestável da cavalaria leve russa tornaria isso impossível. O Exército francês provavelmente jamais igualaria a disciplina firme das retaguardas russas. Além disso, no final de outubro de 1812, o estado dos cavalos de Napoleão indicava que suas retaguardas sofreriam a falta de dois componentes essenciais: cavaleiros suficientes e artilharia de rápida movimentação. Enquanto enfrentassem a cavalaria leve e a artilharia a cavalo russas em números esmagadores, não havia chance de os franceses manterem uma retirada estável e metódica. A velocidade era a única opção e retiradas rápidas facilmente se transformavam em desordem.

A questão básica era que, na metade de outubro, Napoleão não tinha opções seguras. A não ser que ele fosse muito sortudo ou que os russos cometessem erros terríveis, seu exército iria sofrer grandes perdas durante sua retirada. A chave para minimizar essas perdas seria a disciplina. Se os homens abandonassem suas unidades e desobedecessem aos seus oficiais, o desastre seria inevitável. Cada migalha de comida em Moscou precisava ser recolhida e um sistema de distribuição justo, estabelecido a partir da hierarquia de comando. Isso não apenas garantiria que todos teriam sua parte, mas também seria um método vital para manter o controle e a disciplina. Bagagem supérflua, civis e pilhagens deviam ser reduzidos ao mínimo. Precauções elementares – como ferrar os cavalos contra o gelo do inverno – precisavam ser tomadas a tempo.

Listar o que precisava ser feito já seria quase uma descrição de tudo o que não aconteceu. O incêndio de Moscou encorajara todos os piores instintos de pilhagem do Exército, mas sempre, desde a primeira grande campanha de Napoleão na Itália, entre 1796 e 1797, suas tropas haviam pilhado em grande escala onde quer que fossem. Segur comenta que o Exército deixando Moscou "parecia uma horda de tártaros após uma invasão bem-sucedida", mas o imperador não podia "privar seus soldados desse fruto de tanto trabalho". Enquanto carroças ficavam abarrotadas de frutos de saque, alguns suprimentos de comida foram queimados antes da saída de Moscou. Em muitas unidades, encontrar o suficiente para se alimentar com rapidez se transformou numa questão de cada um por si, com Fezensac comentando que o sistema de distribuição era desigual e caótico. Caulaincourt é ainda mais severo em relação ao fracasso quase total, embora inteiramente evitável, em providenciar ferraduras de inverno, o que, em sua opinião, matou muitos cavalos, até mais do que a fome. O comentário de Sir Robert Wilson de que "nunca houve uma retirada tão miseravelmente conduzida" poderia parecer a visão tendenciosa de um inimigo, se não fosse confirmada por Caulaincourt: "O hábito da vitória nos custou ainda mais caro na retirada. O glorioso hábito de sempre marchar adiante fez de nós verdadeiros colegiais quando se tratou de recuar. Nunca uma retirada foi tão mal organizada".[26]

Napoleão marchou para fora de Moscou em 19 de outubro descendo a Velha Estrada de Kaluga que levava até a base de Kutuzov em Tarutino. Mais ou menos na metade do caminho para Tarutino, ele virou para o oeste, seguindo as estradas laterais que o conduziram até a Nova Estrada de Kaluga, próximo a Fominskoe. O objetivo de Napoleão era chegar antes de Kutuzov à estrada para Kaluga, e seus movimentos eram protegidos pela guarda avançada de Murat. A presença de tropas inimigas perto de Fominskoe foi rapidamente descoberta pelos russos e Kutuzov enviou o 6º Corpo de Dmitri Dokhturov para atacá-las. Bem a tempo, na noite de 22 de outubro, *partisans* russos alertaram Dokhturov que a força inimiga em Fominskoe não era um destacamento isolado, mas o exército principal de Napoleão, incluindo as Guardas e o próprio imperador. Munido dessa informação, Kutuzov foi capaz tanto de impedir o que teria sido um ataque desastroso a forças inimigas esmagadoramente superiores como de mandar Dokhturov às pressas para o sul para bloquear a Nova Estrada de Kaluga na cidadezinha de Maloiaroslavets, desse modo, negando a Napoleão a chance de tomar Kaluga. O próprio Kutuzov marchou através dos campos de Tarutino a Maloiaroslavets para apoiar Dokhturov.[27]

A guarda avançada de Napoleão na Nova Estrada de Kaluga era o Corpo amplamente italiano, comandado por seu enteado, Eugène de Beauharnais. As primeiras unidades desse Corpo cruzaram o rio Luja na noite de 23 de outubro e entraram em Maloiaroslavets, uma cidade com 1.600 habitantes, pelo norte. Na madrugada do dia seguinte, os primeiros regimentos do Corpo de Dokhturov chegaram do sul e expulsaram o inimigo da maior parte da cidade.

Durante todo aquele dia, a batalha ia e vinha nas ruas de Maloiaroslavets, à medida que um ataque sucedia outro. Cerca de 32 mil integrantes das tropas russas lutavam contra 24 mil italianos. Se os homens de Eugène não tivessem conseguido se entrincheirar atrás dos fortes muros do monastério de São Nicholas

Chernoostrov, no centro da cidade, é possível que os russos os tivessem expulsado de Maloiaroslavets para o outro lado do rio. Os russos tinham a vantagem de atacar na descida, em direção ao vale do rio. Os italianos de Eugène lutaram com imensa coragem e orgulho. O mesmo fizeram os regimentos russos, com suas fileiras repletas de novos recrutas e milicianos. Na linha de frente dos ataques de Dokhturov estava, por exemplo, o 6º regimento *Jaeger*. Essa era uma ótima unidade cujo inspirador patrono, o príncipe Petr Bagration, tinha liderado a campanha italiana de Suvorov em 1799 e muitas ações de retaguarda em 1805. Em Maloiaroslavets, no entanto, sessenta por cento de seus homens eram novos recrutas ou milicianos.

Ao final do dia, a cidade de Maloiaroslavets, com a maioria de suas construções em madeira, havia sido totalmente incendiada. Com ela, queimaram centenas de soldados russos e italianos, que não tinham conseguido se arrastar para longe das chamas. As ruas estreitas da cidade eram uma visão apavorante, com corpos dilacerados, em montes de sangue e carne, pela infantaria e pelos canhões que haviam aberto caminho pelas encostas íngremes do vale. Em termos táticos, a batalha foi mais ou menos um empate. As tropas de Napoleão mantiveram a cidade em si, enquanto os russos encerraram o dia instalados em uma forte posição ao sul da cidade, bloqueando a estrada para Kaluga. As baixas foram aproximadamente iguais também, com ambos os lados perdendo cerca de sete mil homens.[28]

Para a ira da maioria de seus generais, Mikhail Kutuzov decidiu no dia seguinte retornar a Kaluga. Ele posteriormente afirmou que tinha feito isso porque o Corpo polonês do príncipe Poniatowski estava avançando através da pequena cidade de Medyn à sua esquerda e ameaçando suas comunicações com Kaluga. Ao mesmo tempo, após hesitar por dois dias, o próprio Napoleão decidiu recuar pela estrada que atravessa Boróvski até a via principal Moscou-Smolensk em Mojaisk. Ele tomou essa decisão, apesar do fato de a retirada de Kutuzov significar que ele poderia ter marchado ao longo da estrada que saía pelo oeste de Maloiaroslavets, através de Medyn e dali para Iukhnov e Smolensk. Talvez ele acreditasse que seria mais rápido e seguro marchar pela via principal do que confiar seu exército e sua bagagem a estradas rurais desconhecidas, infestadas por enxames de cossacos e com o exército de Kutuzov pairando ameaçadoramente nas proximidades. Qualquer que tenha sido o raciocínio por trás desse movimento, a tentativa de marchar em Kaluga se mostrara um desastre. O exército tinha comido nove dias de seu suprimento de alimentos e ficado nove dias mais perto do inverno sem conquistar nada ou sair da região de Moscou, no rumo de volta à sua base em Smolensk.[29]

Com a retirada francesa de Maloiaroslavets, o segundo estágio da campanha de outono havia começado. Kutuzov estava satisfeito em exaurir o inimigo com seus cossacos, confiando que a natureza e a indisciplina francesa fariam seu trabalho. Certamente, ele nutria um saudável respeito pela coragem e pelo entusiasmo francês no campo de batalha. Apesar dos apelos, até mesmo de Konovnitsin e Toll, seus mais devotados subordinados, ele não estava disposto a comprometer sua infantaria em batalhas campais, ao menos não até que o inimigo estivesse mais enfraquecido.

Além dos bons motivos militares para essa estratégia, a política certamente tinha o seu papel. Atormentado pelas reclamações de Sir Robert Wilson sobre sua retirada após a batalha de Maloiaroslavets, Kutuzov retrucou:

> Eu não me importo com suas objeções. Prefiro dar a meu inimigo uma *"pont d'or"*,§ como você diz, a receber um *"coup de collier"*:¶ além disso, direi novamente, como já lhe disse antes, que não estou de forma alguma seguro de que a destruição total do imperador Napoleão e de seu exército seria de tamanho benefício para o mundo; sua sucessão não caberia à Rússia ou qualquer outra potência continental, mas àquela que comanda o mar, e cujo domínio seria então intolerável.[30]

Kutuzov não era pessoalmente próximo a Nikolai Rumiantsev, mas suas opiniões sobre política externa e interesses russos até certo ponto coincidiam, como era de se esperar de aristocratas russos criados no reinado de Catarina II e profundamente envolvidos em sua expansão ao sul contra os otomanos. Assim como Rumiantsev, ele não era um admirador da Inglaterra, tendo comentado certa vez com Bennigsen que não se importaria se os ingleses afundassem até o fundo do mar. O quanto essas opiniões influenciaram a estratégia de Kutuzov no outono e inverno de 1812 é difícil dizer. O marechal de campo era um político astuto e escorregadio, que raramente expunha seus pensamentos mais íntimos a qualquer um. Ele certamente demoraria a admitir a qualquer russo que sua estratégia era movida por motivos políticos, já que isso seria vagar por uma esfera que pertencia ao imperador e não a qualquer comandante militar. Provavelmente, a conclusão mais segura é que as opiniões políticas de Kutuzov foram uma razão

---

§ Literalmente, "ponte dourada". Referência à frase "construa para seus inimigos uma ponte dourada", do general chinês Sun Tzu. De acordo com este conceito, se alguém deseja que uma outra pessoa tome determinada decisão de seu interesse, não deve sugeri-la diretamente, mas sim demonstrar que todas as outras opções são inviáveis. (N.T.)

¶ Expressão francesa que indica um esforço intenso e desmedido, análogo ao de um cavalo atado a um cabresto (*collier*). (N.T.)

adicional para não arriscar seu exército em uma tentativa de capturar Napoleão ou aniquilar seu exército.[31]

Alexandre foi mantido ciente da indisposição de Kutuzov em confrontar o inimigo em retirada, sobretudo por Wilson. O imperador havia encorajado o inglês a lhe escrever, empregando esse estrangeiro como uma fonte adicional, "desassociada", de informação sobre seus generais, enquanto secretamente interceptava e decifrava a correspondência de Wilson com o governo britânico para ter certeza de que o "agente" britânico não estava lhe escondendo nada. Wilson foi um, entre uma série de pessoas, que implorou ao imperador para voltar ao quartel-general e assumir ele mesmo o comando. Outro oficial que fez isso foi o coronel Michaud de Beauretour, que chegou a São Petersburgo em 27 de outubro com a notícia da vitória sobre Murat em Tarutino.[32]

Alexandre respondeu a Michaud que:

> todos os seres humanos são ambiciosos por fama (*chestoliubivye*) e eu admito abertamente que não sou menos ambicioso que outros. Se ouvisse apenas esse sentimento, então eu entraria em sua carruagem e partiria para o exército. Considerando a posição desfavorável para a qual atraímos o inimigo, o excelente espírito de nosso exército, os inesgotáveis recursos do Império, as grandes forças reserva que preparei, e as ordens enviadas por mim ao Exército da Moldávia (ou seja, o exército de Chichagov) – estou muito confiante de que não nos pode ser negada a vitória e que tudo que nos resta, como dizem, é colocar os louros. Sei que, se eu estivesse com o exército, então eu receberia toda a glória e tomaria meu lugar na história. Mas quando penso no quanto sou inexperiente em questões militares comparado ao nosso inimigo e que, apesar de toda minha boa vontade, poderia cometer um erro que custaria o precioso sangue dos meus filhos, então, apesar da minha ambição pela fama, estou muito pronto a sacrificar minha glória pelo bem do Exército.[33]

Até certo ponto, como de hábito, isso era Alexandre fazendo pose. Outros fatores também foram importantes em sua decisão de permanecer longe do quartel-general e deixar Kutuzov no comando. A enorme popularidade do marechal de campo, à medida que a realidade da vitória era assimilada pela consciência dos russos, era uma dessas razões. Mas há bons motivos para acreditar na falta de confiança de Alexandre em suas próprias habilidades militares, uma falta de confiança que tinha assombrado esse homem sensível e orgulhoso desde a humilhação de Austerlitz. Embora o imperador tivesse mais fé na habilidade de Bennigsen e compartilhasse suas opiniões sobre estratégia, ele ainda assim permitiu que Kutuzov removesse o chefe de Estado-Maior do quartel-general, reconhecendo que, nas circunstâncias presentes, ele não tinha alternativa a não ser depositar sua confiança em seu comandante em chefe, e que não tinha interesse em permitir que o alto comando do exército fosse enfraquecido por ódios pessoais.[34]

A retirada de Kutuzov, após Maloiaroslavets, tinha deixado seu Corpo principal três dias de marcha atrás do inimigo enquanto este se dirigia a Mojaisk e à estrada Moscou-Smolensk. Aleksei Ermolov relatou em 28 de outubro que Napoleão estava recuando a uma velocidade tamanha que era impossível para as tropas regulares russas acompanharem, sem elas mesmas ficarem exaustas. Outros relatos confirmam isso, enquanto acrescentam que essa velocidade estava destruindo o exército francês. Dois dias depois, Matvei Platov, no comando dos cossacos que enxameavam ao redor da coluna inimiga, escreveu que "o exército inimigo está fugindo como nenhum outro exército se retirou na história. Ele está abandonando sua bagagem, seus doentes e feridos. Ele deixa para trás sinais terríveis de sua passagem: a cada passo se vê os agonizantes ou mortos". Platov acrescentou que os cossacos estavam impedindo o inimigo de forragear e as tropas de Napoleão estavam ficando com muito pouca comida e forragem. E nem poderia a retaguarda inimiga se manter, por qualquer período de tempo, contra a cavalaria leve que se movia ao redor de seus flancos e o fogo concentrado da artilharia a cavalo russa.[35]

Em 29 de outubro, o quartel-general de Napoleão estava em Gjatsk, de volta à estrada principal, a 230 quilômetros de Smolensk. Após reingressar na estrada Moscou-Smolensk em Mojaisk, seu exército passou pelo campo de batalha de Borodino e o monastério Kolotskoe, que havia sido transformado em um hospital. Muitas centenas de homens feridos ainda permaneciam no local, que deveria ter sido evacuado bem antes da chegada do exército. Em vez disso, Napoleão agora tentava carregá-los nas carroças de seu comboio de bagagem, com muitos dos condutores aproveitando a primeira oportunidade para jogá-los nas valas às margens da estrada.[36]

O campo de batalha em si era uma visão terrível. Nenhum dos corpos havia sido enterrado. Dezenas de milhares de cadáveres estavam nos campos ou em grandes montes ao redor da bateria Raévski e em outros pontos onde a luta havia sido mais violenta.

> Por 52 dias, eles tinham sido vítimas dos elementos e do clima inconstante. Poucos ainda tinham uma aparência humana. Bem antes das geadas chegarem, as larvas e a putrefação tinham deixado suas marcas. Outros inimigos também tinham aparecido. Bandos de lobos vinham de cada canto da província de Smolensk. Aves de rapina tinham voado dos campos próximos. Muitas vezes, as feras da floresta e aquelas do

ar disputavam o direito de dilacerar os corpos. As aves arrancavam os olhos, os lobos limpavam as carnes dos ossos.[37]

Quando o exército de Napoleão voltou-se para Smolensk ao longo da via, as forças russas mais próximas ainda eram os cossacos de Matvei Platov. Suas ordens eram acossar o inimigo dia e noite, concedendo a eles pouco sono e nenhuma chance de forragear. Em 1 de novembro, a guarda avançada de Miloradovich, do exército de Kutuzov, também estava se aproximando. Ela era composta por dois corpos de infantaria e 3.500 integrantes da cavalaria regular. O corpo principal de Kutuzov ainda estava um pouco longe, no caminho para o sul, marchando ao longo de estradas de campo paralelas à via principal. Essa linha de marcha deixava clara a intenção de Kutuzov de não travar uma batalha direta com Napoleão. Suprimentos de comida também eram um incentivo para se manter bem afastado da via principal e marchar através de distritos não atingidos pela guerra.

Uma vez que o exército de Kutuzov começou a perseguir Napoleão, problemas de abastecimento foram inevitáveis. O exército estava se afastando de suas bases e entrando em uma zona empobrecida pela guerra. Mesmo na província de Smolensk, ainda mais na Bielorrússia e Lituânia, havia poucas probabilidades de encontrar comida. Era mais provável que o exército fosse obrigado a se alimentar do que trazia em suas próprias carroças. Eram necessárias 850 delas para carregar alimentação e forragem de um dia para um exército de 120 mil homens e 40 mil cavalos. Se sustentar por um longo período, portanto, iria exigir muitos milhares de carroças. Mesmo que elas pudessem ser encontradas, isso não resolveria necessariamente o problema. Os cavalos e condutores do comboio de abastecimento tinham que se alimentar também. Em um círculo vicioso bastante familiar aos generais pré-modernos, o comboio de abastecimento do exército podia acabar consumindo toda a comida que estivesse tentando entregar. Quanto mais tempo ele marchasse, maiores as chances disso acontecer. Movimentar milhares de carroças ao longo de estradas vicinais no outono russo estava fadado a ser um processo muito lento, especialmente se estivessem viajando na retaguarda de um imenso comboio de artilharia. Essas realidades explicam, em grande parte, o dilema de Kutuzov no outono e inverno de 1812.[38]

Quando a campanha começou, os homens carregaram porções para três dias, e mais sete dias de "biscoitos" — em outras palavras, o pão preto seco que era a dieta básica dos regimentos russos em marcha — estavam nas carroças regimentais. Isso era o exigido pelas normas e Kutuzov insistiu que elas fossem plenamente cumpridas. Grandes suprimentos extras estavam nos comboios da retaguarda das colunas em marcha. Em 17 de outubro, o oficial chefe de abastecimento do exército relatou que ele tinha biscoito suficiente para alimentar 120 mil homens por vinte dias – ou seja, até 6 de novembro – e 20 mil quartos** de aveia para os cavalos.[39]

Bem antes do início da campanha de outono, Kutuzov tinha tentado criar um amplo entreposto móvel para apoiar o avanço do exército. Em 27 de setembro, ordens haviam sido expedidas a doze governadores provincianos para formar entrepostos móveis e enviá-los ao exército imediatamente, enfatizando que "velocidade extrema" era crucial. Cada entreposto deveria ser constituído por 408 carroças de dois cavalos carregadas com iguais porções de biscoito e sêmola para os soldados e aveia para seus cavalos. A nobreza provinciana deveria providenciar a maior parte da comida e das carroças, assim como os "inspetores" que iriam organizar e liderar os entrepostos. Os governadores passaram pelo inevitável processo de convocar os magistrados nobres. Como um deles reportou ao quartel-general, "sem a total cooperação dos magistrados da nobreza, nada de efetivo pode ser feito".[40]

Com raras exceções, os magistrados fizeram todo o possível e os nobres cederam voluntariamente a comida e o transporte necessários, mas os inimigos eram o tempo e a distância. Napoleão precisaria ter ficado em Moscou por no mínimo mais um mês para que entrepostos móveis de lugares tão longe quanto Penza, Simbirsk e Saratov conseguissem chegar a tempo para a campanha de outono. Na verdade, no entanto, a campanha de outono começou antes mesmo que os entrepostos móveis das províncias mais próximas pudessem chegar. A primeira metade do entreposto móvel de Riazan, por exemplo, partiu em 29 de outubro; o primeiro escalão do entreposto móvel de Tambov, em 7 de novembro. Mesmo esses entrepostos móveis tinham uma longa jornada até chegar onde o exército estava. Além disso, eles logo se viram marchando em seu rastro, atrás de seu vasto comboio de artilharia e através de regiões consumidas pelos homens e cavalos que já haviam passado por ali. Logo o comboio de abastecimento começou a consumir sua própria comida para evitar que seus homens e cavalos passassem fome. Presa na retaguarda, com o comboio de abastecimento, estava também grande parte das roupas de inverno que Kutuzov tinha ordenado que os governadores das províncias proximas requisitassem para o exército.[41]

Em princípio, os entrepostos móveis deveriam ter sido conduzidos através de rotas de marcha que cruzariam o avanço das colunas de Kutuzov. Ele realmente mandou que o intendente-geral dos 1º e 2º Exércitos combinados, Vasili Lanskói, enviasse todos os suprimentos de Tula para a linha de marcha do

---

** Unidade de medida de grãos. Um quarto de quintal (*hundredweight* ou 100 libras), equivalendo cada quarto a 25 libras, ou seja 11,34 kg. Neste caso, havia quase 230 toneladas de aveia. (N.T.)

exército através dos distritos sulistas da província de Smolensk. Se Barclay de Tolly e Georg Kankrin tivessem sido os organizadores das operações de abastecimento, em vez de Kutuzov, Konovnitsyn e Lanskói, talvez os preparativos pudessem ter sido mais eficientes, mas a tarefa era difícil. Até a última semana de outubro, ninguém tinha como saber por qual rota Napoleão iria se retirar ou se Kutuzov iria persegui-lo. Entrepostos móveis direcionados erroneamente poderiam cair em mãos inimigas. Uma vez que a campanha começou, os exércitos nunca pararam de se movimentar. Aliado às distâncias envolvidas, às comunicações pré-modernas e à total inexperiência dos nobres inspetores que conduziam os entrepostos móveis, isso tornava a coordenação entre os movimentos do exército e os da coluna de abastecimento muito difícil.[42]

Em 5 de novembro, Kutuzov admitiu que "a rápida movimentação do exército na perseguição ao inimigo em fuga significa que o transporte com comida para as tropas está ficando para trás e, consequentemente, o exército está começando a sofrer uma escassez de mantimentos". Como resultado, ele emitiu ordens detalhadas sobre onde e quanto requisitar da população local, ameaçando qualquer um que se recusasse a cooperar com cortes marciais de campo. O problema, porém, era que, à medida que o exército se aproximava de Smolensk, na metade de novembro, ele estava entrando em uma região devastada pela guerra e previamente ocupada pelo inimigo, onde parte da população fugira para as florestas, muitas fazendas tinham sido destruídas e não existia administração local amistosa para ajudar a arrecadar suprimentos. Quando eles alcançaram a área ao redor da cidade de Smolensk, muitos dos soldados de Kutuzov começaram a passar fome pela primeira vez na campanha.[43]

O único grande choque entre as tropas regulares russas e o exército de Napoleão em retirada aconteceu em Viazma, em 3 de novembro. Os vários Corpos do exército de Napoleão que se retiravam pela estrada de Smolensk estavam em linhas de mais de 50 quilômetros. Miloradovich tentou então cortar a retaguarda francesa, comandada pelo marechal Davout. A tentativa falhou, principalmente porque Miloradovich estava restrito pelas ordens cautelosas de Kutuzov e o marechal de campo se recusou a mover-se em seu auxílio com o Corpo principal do exército. Os Corpos de Eugène de Beauharnais, Poniatowski e Ney estavam perto o suficiente para ajudar Davout, e juntos eles eram bem superiores numericamente à força de Miloradovich. Portanto, a maior parte do corpo de Davout escapou, mas como o dia terminou com os russos irrompendo em Viazma e expulsando os inimigos do campo de batalha, os soldados russos se viram como claramente vitoriosos, o que foi bom para seu moral.

A Batalha de Viazma demonstrou que ainda havia disposição de sobra em muitas tropas de Napoleão, mas também revelou a crescente fraqueza de seu exército. Pela primeira vez em 1812, um choque entre as infantarias de Kutuzov e Napoleão resultou em perdas muito mais pesadas para os franceses do que para os russos. A bateria do tenente Ivan Radojitski fazia parte da força de Miloradovich e lutou em Viazma. Ele escreveu que "nossa superioridade era clara: o inimigo quase não tinha cavalaria e, contrastando com ocasiões anteriores, sua artilharia era fraca e ineficiente... regozijamo-nos em nossa gloriosa vitória, e, além disso, vimos nossa superioridade sobre o terrível inimigo". Eugen de Württemberg escreveu que, em qualquer momento após a batalha de Viazma, um ataque determinado de todo o Exército russo teria destruído a força de Napoleão. Mas Kutuzov preferiu deixar a tarefa para o inverno, que deu seus primeiros sinais três dias depois da batalha.[44]

Subsequentemente, o próprio Napoleão e alguns de seus admiradores ficaram muito inclinados a culpar o inverno extraordinariamente frio pela destruição de seu exército. Isso é um grande absurdo. Apenas em dezembro, depois que a maior parte do Exército francês já havia perecido, o inverno se tornou extraordinária e ferozmente frio. Outubro havia sido excepcionalmente morno, talvez passando a Napoleão uma falsa sensação de segurança. Como acontece às vezes na Rússia, o inverno chegou de súbito. Em 6 de novembro, os homens de Napoleão estavam marchando através de neve pesada. Todas as fontes russas dizem, porém, que novembro de 1812 foi frio, mas raramente excepcional, para essa época do ano. O principal "trote" aplicado pelo clima em Napoleão nesse mês foi, na verdade, o período de tempo mais brando na segunda metade de novembro, que derreteu o gelo do rio Berezina e consequentemente criou um enorme obstáculo à sua retirada. A questão básica, no entanto, é que os novembros russos são frios, especialmente para homens exaustos que dormem ao relento, sem sequer uma barraca, com roupas muito inadequadas e pouca comida.[45]

A bateria de Ivan Radojitski perseguiu o inimigo descendo a via principal de Smolensk, de Viazma a Dorogobuj. Ele escreveu que uma massa de prisioneiros foi tomada e conduzida sob escolta cossaca, mas ainda havia muito poucos oficiais entre eles. Homens mortos e agonizantes enchiam as estradas em grande quantidade. Para as tropas russas, a visão de soldados franceses comendo carne de cavalo frequentemente meio crua era profundamente repugnante. Radojitski se lembra de uma cena especialmente terrível de um soldado francês morto, congelado no exato momento em que tentava arrancar o fígado de um cavalo caído. Os soldados russos não amavam seu inimigo, mas ainda assim a pena muitas vezes se tornava o sentimento dominante em meio a cenas tão medonhas. As coisas não eram fáceis para os próprios russos também, muito menos para seus cavalos. Radojitski escreve que não havia forragem, sua bateria havia consumido seu suprimento de aveia e animais exaustos estavam sobrevivendo à base de qualquer farelo de palha que pudesse ser encontrado. Seus soldados, ao menos, tinham jaquetas de pele e botas de feltro, que tinham sido distribuídas para sua bateria no campo em Tarutino antes de a campanha começar, mas não tinham nada para comer, exceto biscoito e um mingau muito ralo. Um crescente número de homens doentes e exaustos abandonava as fileiras e, quando deixaram a estrada e se uniram ao corpo principal de Kutuzov, em 11 de novembro, pouquíssimas companhias de infantaria tinham mais de oitenta homens. Ainda assim, encorajados pela vitória, o moral delas era excelente.[46]

O próprio Napoleão chegou a Smolensk em 9 de novembro e partiu cinco dias depois. Para os soldados em retirada da estrada, a cidade era uma esperança de calor, comida e segurança. Em circunstâncias diferentes, ela poderia ter sido exatamente isso. Seus depósitos continham comida abundante e até recentemente o Corpo descansado do marechal Victor, com 30 mil integrantes, estivera locado ali. O avanço de Peter Wittgenstein, porém, havia forçado Victor a marchar ao auxílio de Saint-Cyr e Oudinot, deixando a cidade com uma débil guarnição, fraca demais para proteger os depósitos de comida ou impor ordem sobre a horda de soldados desesperados que chegavam de Moscou. Mesmo um dia antes da chegada do corpo principal da *Grande Armée,* um oficial superior do comissariado em Smolensk estava prevendo um desastre. Saqueadores já tentavam invadir os depósitos e ele quase não tinha tropas para contê-los. Posteriormente, ele escreveu que os "regimentos" que entravam na cidade pareciam condenados ou loucos e tinham perdido todos os traços de disciplina. As Guardas levaram muito mais do que sua cota, enquanto aqueles Corpos que chegaram por último receberam uma insignificância. Em meio ao caos, comida que poderia ter durado uma semana foi devorada em um dia. Depósitos de comida e bebida foram invadidos e pilhados, com seus guardas sobrepujados e muitas vezes desertando em massa.[47]

A guarda avançada de Napoleão deixou Smolensk em 12 de novembro e começou a recuar no sentido oeste. O objetivo imediato de seu exército era cruzar o rio Dnieper em Orsha.

A falta de cavalaria do imperador tornava o reconhecimento impossível, o que significava que ele não tinha ideia do paradeiro de Kutuzov. Na verdade, a demora de Napoleão em Smolensk, embora essencial, havia permitido que o principal exército russo recuperasse o atraso e se deslocasse ao redor da cidade para o sul. Em 12 de novembro, estava ao alcance de Kutuzov colocar todo seu exército atravessado na estrada para Orsha e forçar Napoleão e lutar para abrir caminho de volta ao Dnieper. A maioria dos generais russos esperava que Kutuzov fizesse isso. Entre eles, Karl von Toll, que mais tarde disse que, se Kutuzov tivesse agido dessa forma, a grande maioria do exército inimigo teria sido destruída, embora, sem dúvidas, o próprio Napoleão e uma escolta selecionada teriam escapado sorrateiramente.[48]

Kutuzov, no entanto, permaneceu fiel ao seu sistema de oferecer a Napoleão uma "ponte dourada". Ele se recusou a empenhar a massa de seu exército em uma batalha, e certamente não o faria até ter certeza de que Napoleão e suas Guardas estavam seguramente fora do caminho. A última coisa que ele queria era arruinar o núcleo do Exército russo em uma luta de vida ou morte que as Guardas Francesas certamente empreenderiam para salvar seu imperador e a si mesmas. A cautela de Kutuzov inevitavelmente afetou seus subordinados. Vladimir Löwenstern lembra como o barão Korff, o comandante de grande parte da cavalaria do exército principal, citou as palavras de Kutuzov sobre uma "ponte dourada" como a razão para não permitir que suas tropas se envolvessem muito de perto com os franceses. Miloradovich foi mais direto. Seu subordinado, Eugen de Württemberg, ficou furioso ao receber a ordem de deixar o inimigo passar, como também tinha sido ordenado uma vez antes em Viazma. Miloradovich respondeu que "o marechal de campo nos proibiu de nos envolvermos em uma batalha". Ele acrescentou: "A opinião do velho é esta: se incitarmos o inimigo ao desespero, isso vai nos custar sangue inutilmente; mas se deixarmos que ele fuja e dermos a ele uma escolta decente, ele vai destruir a si mesmo dentro de poucos dias. Você sabe: as pessoas não podem viver só de ar, a neve não dá um acampamento muito aconchegante e sem cavalos ele não pode movimentar sua comida, munições ou canhões".[49]

A estratégia de Kutuzov é a chave para entender o que aconteceu na chamada batalha de Krasnyi, entre 15 e 18 de novembro. Na realidade, isso foi menos uma batalha e mais uma sucessão descoordenada de embates à medida que os Corpos de Napoleão passavam um após o outro ao redor dos russos, no mesmo lugar onde o destacamento de Neveróvski detivera Murat três meses antes. Napoleão retirou seus Corpos de Smolensk em intervalos de um dia, o que poderia ter tido graves consequências se Kutuzov tivesse feito um esforço substancial para interceptar a retirada. Em vez disso, o comandante em chefe russo assistiu alegremente às Guardas Francesas e aos remanescentes dos corpos polonês e vestfaliano passarem por ele seguindo a estrada de Smolensk para Orsha. Na noite de 15 de novembro, eles alcançaram a vila de Krasnyi. Foram seguidos pelos Corpos de Beauharnais e Davout: qualquer ideia que Kutuzov pudesse ter tido de intervir para bloquear sua retirada acabou quando Napoleão ameaçou retornar com parte de sua Guarda para o resgate deles. Eugène e Davout, portanto, escaparam, embora só após a perda de hordas de homens e quase toda a bagagem e os canhões restantes enquanto lutavam estrada abaixo e através do campo, sob o fogo da infantaria e dos canhões de Miloradovich, e acossados por sua cavalaria. A maioria dos oficiais superiores e de Estado-Maior sobreviveu, mas depois de Krasnyi, os Corpos de Eugène e Davout não existiam mais como unidades de combate.

Restava apenas a retaguarda de Michel Ney, que Napoleão foi obrigado a abandonar à sua própria sorte. Ney evacuou Smolensk em 17 de novembro com aproximadamente 15 mil homens, dos quais quase metade ainda estava nas fileiras e pronta para lutar. Mas agora, o Corpo de Miloradovich estava posicionado atravessado a oeste da estrada. Depois que, em 18 de novembro, uma série de esforços desesperados para atravessar as linhas russas falhou, o Corpo de Ney se desfez, com a esmagadora maioria de seus homens sendo morta ou capturada. Graças à corajosa e inspiradora liderança de Ney, um núcleo resistente de 800 homens escapou dos russos se embrenhando na floresta, cruzando o rio Dnieper e se reunindo com Napoleão em Orsha em 20 de novembro.[50]

Uma vez que o exército de Napoleão ultrapassou Kutuzov e cruzou o rio Dnieper em Orsha, o exército principal russo deixou de desempenhar um papel de luta ativo na campanha de 1812. Mesmo que Kutuzov desejasse alcançar Napoleão, não havia possibilidade de ele equiparar a velocidade da retirada francesa sem destruir seu exército. O velho marechal de campo estava muito feliz com essa situação. Ele via a "batalha" de Krasnyi como um triunfo e uma justificação de sua estratégia. Bem mais de 20 mil prisioneiros e 200 canhões haviam caído nas mãos russas, e 10 mil integrantes de tropas inimigas tinham sido mortos, tudo a um custo mínimo de vidas de seus próprios soldados. O capitão Pushchin das Semenóvskis lembrava que, quando Kutuzov visitou o regimento para contar os resultados da batalha, "seu rosto brilhava de felicidade". Pushchin acrescentava que, após ouvir o relato de Kutuzov sobre canhões, estandartes e prisioneiros tomados, "a alegria geral era incomensurável e nós até choramos um pouco de felicidade. Uma imensa saudação ecoou e comoveu nosso velho general".[51]

Muitos comandantes russos, por outro lado, estavam profundamente insatisfeitos com os resultados da batalha, entre eles o príncipe Eugen de Württemberg. Ele recorda ter encontrado Kutuzov pela primeira vez, desde o campo de Tarutino, em uma pequena vila entre Krasnyi e Orsha. O comandante em chefe sabia da infelicidade de Eugen e tentou justificar sua estratégia, dizendo: "Você não percebe que as circunstâncias, por si só, irão conquistar mais que nossas tropas. E nós mesmos não devemos chegar às nossas fronteiras como mendigos emaciados".[52]

A preocupação de Kutuzov com suas tropas se justificava. Embora na primeira metade da campanha o corpo principal tenha sofrido menos do que a Guarda avaçada de Miloradovich, no meio de novembro ele também estava sob grande tensão. Forçados a se movimentar e carregando sua bagagem e artilharia por estradas rurais com neve alta, os homens estavam ficando exaustos. Muitos deles não tinham roupas de inverno adequadas, já que os comboios de algumas províncias com casacos de pele e botas de feltro só chegaram quando o exército alcançou Vilna. O abastecimento de comida estava enfrentando uma emergência, com os entrepostos móveis muito na retaguarda e requisições se tornando mais e mais difíceis, à medida que eles avançavam através da província de Smolensk. Seu próximo destino, a Bielorrússia, cenário de luta e pilhagem por seis meses, dificilmente se mostraria mais fácil nesse aspecto. O pior de tudo era o serviço médico, que quase havia entrado em colapso sob a pressão da movimentação constante e do enorme número de doentes e feridos. Os médicos e funcionários do serviço médico do Exército estavam distribuídos ao longo da linha de marcha, tentando desesperadamente criar hospitais temporários e obter remédios em um deserto, onde não existia nenhuma autoridade civil para ajudá-los e a maioria dos prédios que poderiam servir como hospitais estava em ruínas.[53]

Também pode ser possível que, quando Kutuzov falou com Eugen, ele estivesse pensando além das necessidades materiais imediatas de seu exército. Ele não acreditava que os interesses russos se limitassem a simplesmente derrotar o Império Francês. A Grã-Bretanha e a Áustria eram, no mínimo, rivais tão "naturais" quanto a França. Além disso, mesmo que os russos capturassem o próprio Napoleão, o que era improvável, mas possível, isso não seria garantia de paz e estabilidade na Europa. Não era necessário ser um vidente para perceber que, se o domínio francês entrasse em colapso, os outros estados europeus entrariam em uma disputa acirrada para herdar os espólios. Por outro lado, não era fácil prever que tipo de regime substituiria Napoleão na França. Dos prisioneiros franceses, Kutuzov ouvira sobre a tentativa de golpe do general Malet, que tinha como objetivo substituir os Bonaparte por uma república. Se a experiência dos anos 1790 fosse levada em consideração, uma república francesa podia ser muitas coisas, menos pacífica ou estável. Em um mundo bastante incerto, o único ponto claro era que a defesa dos interesses russos estava a cargo de seu Exército, cuja sobrevivência era responsabilidade de Kutuzov.[54]

No início de novembro, outro fator também estava se tornando importante para Kutuzov. Ele sempre soubera que, de acordo com o plano de Alexandre, o exército do almirante Chichagov deveria estar se dirigindo a Minsk e ao rio Berezina para bloquear a retirada de Napoleão. Porém, um velho soldado como Kutuzov também sabia que planos grandiosos, que pareciam brilhantes no papel, tinham uma tendência a dar errado quando confrontados com a realidade da guerra. Era disso que Clausewitz falava quando, em sua grande obra *Da guerra*, escreveu a respeito do "atrito", e isso nunca foi tão pertinente quanto no inverno de 1812. Ao longo de outubro e nos primeiros dias de novembro, Kutuzov não tinha a menor ideia dos movimentos de Chichagov, mas estava frustrado por sua aparente lentidão. No dia exato em que Napoleão deixou Smolensk, no entanto, o comandante em chefe recebeu uma carta de Chichagov, escrita em Prujani doze dias antes. Essa carta detalhava o quanto havia sido bem-sucedido o avanço recente de Chichagov e afirmava que o almirante esperava estar em Minsk em 19 de novembro. Um ponto essencial sobre Minsk era que ali estava o principal depósito de alimentos de Napoleão na Bielorrússia. Outro, era que ela ficava a apenas 75 quilômetros de Borisov e da vital ponte sobre a qual o exército de Napoleão tentaria cruzar o rio Berezina.⁵⁵

Kutuzov respondeu: "recebi seu relato de 20 de outubro (1 de novembro NS)†† com imensa satisfação. A partir dele, vejo que você espera estar em Minsk por volta de 7 de novembro (19 de novembro NS). Esse seu avanço terá consequências decisivas nas presentes circunstâncias". Kutuzov escreveu a Wittgenstein que, em 19 de novembro, Chichagov deveria estar a apenas 75 quilômetros de Berezina com uma tropa de 45 mil homens. Na sequência, ele escreveu a Chichagov que "mesmo que o general Wittgenstein esteja imobilizado por Victor ou Saint-Cyr e não possa ajudá-lo a derrotar o inimigo, você deve ser forte o bastante, junto com as forças do tenente-general Oertel e do major-general Luders, para destruir o exército do inimigo em fuga, que quase não tem artilharia ou cavalaria, e está sendo pressionado em sua retaguarda por mim". Para Aleksei Ermolov, a quem Kutuzov nomeou para comandar sua guarda avançada, Kutuzov foi – assim é relatado – mais direto. "Veja, irmão Aleksei Petrovich, não se deixe levar pelo entusiasmo e tome conta dos nossos regimentos de Guardas. Fizemos nossa parte e agora é a vez de Chichagov."⁵⁶

---

†† Indicação da data segundo o calendário gregoriano, pois na Rússia esse calendário só foi adotado tardiamente, em 1918, após a Revolução de outubro (que, pelo calendário gregoriano, teria ocorrido em novembro). Todas as datas apontadas na obra, exceto as que aparecem nas citações literais de personagens russos, seguem o calendário gregoriano. (N.T.)

Até certo ponto, a atitude de Kutuzov é um perfeito exemplo do egoísmo e falta de lealdade coletiva que persistia no alto comando russo. O comandante em chefe sabia que Chichagov figurava muito mais alto na estima de Alexandre do que ele mesmo e se ressentia pelo fato de o almirante ter sido enviado para substituí-lo como comandante em chefe do Exército do Danúbio. Por outro lado, algum desconto deve ser dado por conta da exaustão tanto do velho, e a essa altura claramente decrépito, Kutuzov, quanto de seu exército. Clausewitz comenta que

"nós devemos considerar a escala das operações. Em novembro e dezembro, no gelo e na neve da Rússia, após uma campanha árdua, seja por estradas vicinais pouco batidas ou pela estrada principal extremamente devastada, sob grandes dificuldades de subsistência... Vamos refletir sobre o inverno em toda sua inospitalidade, em forças arruinadas, físicas e morais, um exército conduzido de acampamento em acampamento, sofrendo de privação, dizimado pela doença, seu caminho salpicado de mortos, agonizantes e corpos exaustos – (o leitor) vai compreender com que dificuldade cada movimento era cumprido, e como nada além dos mais fortes impulsos poderia superar a inércia da massa."[57]

Nada disso servia de grande consolo para Pavel Chichagov, sobre quem Kutuzov havia descarregado as altas expectativas do imperador de destruir o Exército francês e até mesmo capturar Napoleão. A campanha do almirante tinha começado bem. Embora ele tenha precisado deixar guarnições substanciais para trás, para vigiar os otomanos, os homens que marcharam para o norte com ele eram veteranos de diversas campanhas e compunham ótimas tropas. Em 19 de setembro, eles se uniram ao exército de Tormasov no rio Steyr.

Os regimentos de Tormasov continham um número pouco menor de veteranos do que os de Chichagov, mas eles tinham obtido experiência em 1812, enquanto sofriam muito menos baixas do que os exércitos de Bagration e Barclay. Em setembro de 1812, não havia novos recrutas, menos ainda milicianos, em nenhum dos dois exércitos. Em 29 de setembro, Aleksandr Chernishev chegou às suas bases, com as ordens para Chichagov assumir o comando de ambos os exércitos, e para Tormasov se unir a Kutuzov. Ele também levava consigo o plano de Alexandre, que determinava que Chichagov empurrasse os Corpos austríacos e saxões no sentido oeste, para dentro do ducado de Varsóvia e que ele mesmo então avançasse para Minsk e para o rio Berezina para bloquear a retirada de Napoleão.

Após se unir a Tormasov, Chichagov tinha inicialmente 60 mil homens disponíveis para a campanha, porém, se o plano de Alexandre fosse corretamente executado, ele seria acompanhado na Bielorrússia pelos 15 mil soldados do general

Oertel, então em Mozyr, e por 3.500 homens comandados pelo major-general Luders, que haviam combatido os otomanos na Sérvia durante a recente guerra. Quando Chichagov avançou no final de setembro, os Corpos austríacos e saxões recuaram rumo oeste, para dentro do ducado de Varsóvia. Com seu quartel-general em Brest, Chichagov então passou duas semanas reunindo suprimentos para seu avanço em direção a Minsk e ao Berezina. Considerando que ele estaria marchando 500 quilômetros em uma zona devastada pela guerra, isso fazia muito sentido, embora sua demora causasse alguns protestos. Mas o atraso significava que Chichagov só poderia chegar ao Berezina pouco antes de Napoleão. Ele não teria tempo para se familiarizar com o terreno que deveria defender. Não seria possível cumprir as instruções de Alexandre para fortalecer os pontos de estrangulamento‡‡ e desfiladeiros através dos quais o exército de Napoleão poderia passar.

Na última semana de outubro, Chichagov partiu para a Bielorrússia, deixando quase metade de seu exército – 27 mil homens sob o comando de Fabian von der Osten-Sacken – para repelir Schwarzenberg e Reynier. Considerando que, juntos, os austríacos e saxões somavam mais de 38 mil homens e estavam esperando reforços, isso era pedir muito a Sacken. Na verdade, porém, o general russo cumpriu sua missão com perfeição, embora reclamasse – nesse caso, com razão – de que as conquistas de seu exército haviam sido esquecidas, já que ele não podia esperar por brilhantes vitórias contra um inimigo tão superior e porque, de qualquer forma, todos os olhares russos estavam voltados para o destino de Napoleão e seu exército.

Quando Schwarzenberg partiu em perseguição a Chichagov, cumprindo instruções de Napoleão, o ataque surpresa de Sacken aos saxões de Reynier o obrigou a voltar para ajudá-los. Posteriormente, Sacken foi bem-sucedido em escapar das tentativas de Schwarzenberg de pegá-lo, retendo os austríacos e saxões pelo resto da campanha. Sacken preservou seu próprio pequeno exército, entre uma confusão de manobras e ações de retaguarda, e proporcionou alguns dos melhores e mais vigorosos regimentos para a campanha de 1813. Ao atrair Schwarzenberg e Reynier para bem longe de Minsk e do Berezina, ele possibilitou que Chichagov avançasse até o centro da Bielorrússia e ameaçasse a sobrevivência de Napoleão e seu exército.[58]

---

‡‡ Na estratégia militar, um ponto de estrangulamento – como um vale, uma ponte ou um estreito – pode significar uma oportunidade para que forças, mesmo em menor número, consigam superar ou retardar seu inimigo, já que este não tem espaço suficiente para desdobrar todas as suas forças. (N.T.)

Chichagov se movimentava com rapidez. Sua guarda avançada era comandada por outro emigrante francês, o conde Charles de Lambert, que havia se unido ao Exército russo em 1793. A força de Lambert compreendia 8 mil homens, a maioria de cavalaria. Seus quatro regimentos *jaeger* eram comandados pelo príncipe Vasili Viazemski, cujo diário, como vimos, exalava aquela desconfiança pelos estrangeiros e novos-ricos que estavam destruindo a Rússia. A maior incerteza para os comandantes russos era o paradeiro do Corpo liderado pelo marechal Victor. Vasili Viazemski, um dos pessimistas por natureza, estava convencido de que o avanço russo não poderia dar certo, já que o inimigo tinha pelo menos a mesma quantidade de homens que Chichagov no centro da Bielorrússia. Na verdade, Napoleão tinha ordenado que Victor enviasse uma de suas divisões para reforçar a guarnição de Minsk, mas, quando a ordem chegou, todo o Corpo de Victor já havia se movido para o norte, a fim de deter Wittgenstein. Com Victor desviado para o norte e os austríacos e saxões distantes ao oeste, a defesa contra as aproximações pelo sul da Bielorrússia foi deixada com o general Jan Dombrowski e não mais que 6 mil soldados em condições de combate.

Dombrowski não teria como deter Lambert, mas ele poderia muito bem fazê-lo desacelerar. Em vez disso, ele e outros de seus generais poloneses cometeram uma série de erros cruciais. A força enviada para proteger o principal cruzamento sobre o rio Neman se deixou cercar e foi capturada ao sul do rio, permitindo que a ponte caísse intacta nas mãos de Lambert – bem como os imensos depósitos de comida e forragem em Minsk, que tinham sido projetados para sustentar a *Grande Armée* por um mês. De Minsk, Lambert correu para Borisov e a vital ponte sobre o rio Berezina. No que talvez tenha sido a conquista mais impressionante da infantaria leve russa em 1812, os quatro regimentos *jaeger* de Viazemski cobriram os últimos 55 quilômetros até Borisov em 24 horas, e então atacaram as fortificações que protegiam a ponte durante a madrugada de 21 de novembro, antes que as tropas com 5.500 inimigos nas redondezas de Borizov pudessem se concentrar para defender o cruzamento do rio. Pelo menos metade dos 3.200 *jaegers* de Lambert foi morta ou ferida, incluindo Vasili Viazemski. Após a guerra, uma galeria foi construída no Palácio de Inverno, na qual foram pendurados retratos de todos os generais da Rússia entre 1812 e 1814. Viazemski foi um dos poucos nomes faltando. Sem dúvida, ele teria considerado esse o último truque aplicado pelos cortesãos de São Petersburgo, na morte, assim como na vida, a um general do "Exército Esquecido" de Chichagov, destituído de "protetores".[59]

A captura da ponte por Lambert em Borisov foi para os russos o ponto alto da campanha de 1812. As esperanças se elevaram, e o sonho de Alexandre de capturar Napoleão no Berezina parecia capaz de se tornar realidade. Em um ato do qual ele mais tarde se arrependeria, Chichagov lançou a seguinte proclamação às suas tropas:

> O exército de Napoleão está em fuga. A pessoa que é a causa de todas as misérias da Europa está em suas fileiras. Estamos do outro lado de sua linha de retirada. Pode facilmente ser que o Todo Poderoso fique satisfeito em encerrar sua punição à raça humana entregando-o para nós. Por essa razão, quero que as características desse homem sejam conhecidas por todos: ele tem baixa estatura, é atarracado, pálido, tem um pescoço curto e grosso, uma cabeça grande e cabelos pretos. Para evitar qualquer incerteza, capturem e entreguem a mim todos os prisioneiros baixinhos. Eu não digo nada sobre recompensas por esse prisioneiro em especial. A bem conhecida generosidade de nosso monarca as garante.[60]

Bem no momento em que as esperanças russas estavam no ápice, as perspectivas de Chichagov começaram a se desfazer. A estimativa de Kutuzov era de que o almirante poderia trazer 45 mil homens a Berezina, mas isso dependia do tenente-general Oertel, que comandava a guarnição em Mozyr, obedecer às suas ordens para marchar seus 15 mil homens até Borisov. Oertel, no entanto, era um administrador organizado e meticuloso, cuja maior parte da carreira havia sido passada como chefe da polícia, inicialmente em Moscou e depois em São Petersburgo. Treinar os recrutas que formavam parte da guarnição de Mozyr e vigiar a vizinhança contra os insurgentes poloneses estava dentro de sua competência, mas sua imaginação fraquejava ao pensamento de abandonar suas responsabilidades locais e marchar contra Napoleão. Oertel encontrou todas as desculpas possíveis para protelar sua partida, citando pontes quebradas, os perigos de uma rebelião local caso ele partisse, a necessidade de proteger seus estoques e até mesmo peste bovina. Quando Chichagov conseguiu substituí-lo, era tarde demais para levar suas tropas até o Berezina. Como o almirante relatou a Alexandre, isso o deixou com apenas 32 mil homens. Metade desses soldados era da cavalaria, que seria pouco útil na defesa do cruzamento de um rio ou para lutar nas florestas e pântanos da margem oeste do Berezina.[61]

Se Chichagov quisesse deter Napoleão, portanto, ele precisaria de ajuda, e sua fonte mais provável era Peter Wittgenstein. Antes da campanha de outono, o Corpo de Wittgenstein tinha sido ampliado para uma força de 40 mil homens, embora 9 mil deles fossem milicianos. Marchando para o sul a partir de Riga, para se unir a Wittgenstein, estavam também 10 mil regulares sob o comando do conde Steinhel. Juntos, entre 16 e 18 de outubro, Wittgenstein e Steinhel derrotaram o marechal Saint-Cyr e recapturaram a cidade de Polotsk e sua ponte sobre o rio Dvina. A vitória foi resultado muito mais da superioridade numérica e da coragem dos soldados russos do que de uma liderança talentosa. Steinhel e Wittgenstein estavam avançando em lados opostos do Dvina e a coordenação era ruim. Se Wittgenstein tivesse o material para construir uma ponte, poderia ter cruzado o Dvina por trás do flanco direito de Saint-Cyr, empurrando-o para o oeste, ou seja, para longe da linha de retirada de Napoleão. Esse era o objetivo estabelecido no planejamento de Alexandre para a campanha de outono. Em vez disso, no entanto, o comandante russo foi obrigado a adotar um ataque direto mais simples e custoso em Polotsk.

Ainda assim, a vitória em Polotsk trouxe resultados importantes. O general Wrede, que comandava as tropas bávaras de Saint-Cyr, recuou mesmo para o oeste na direção da Lituânia e de fato excluiu seus homens de qualquer outra participação na guerra, embora Wittgenstein nunca pudesse ter certeza de que Wrede não ressurgiria em algum ponto, para pôr em perigo seu flanco direito. Em seu relato da batalha a Alexandre, Wittgenstein afirmou com razão que ele havia enfraquecido os Corpos de Oudinot e Saint-Cyr ao ponto de eles não serem mais capazes de manter uma resistência séria, a não ser que tivessem reforços. O marechal Victor tinha sido, portanto, forçado a abandonar Smolensk e marchar com seu corpo inteiro em seu auxílio, em alta velocidade. Wittgenstein tinha todos os motivos para se orgulhar de sua conquista. Três Corpos franceses, cada um deles, inicialmente tão forte quanto o seu, tinham a essa altura sido afastados do principal teatro de operações no centro da Bielorrússia, graças a seus esforços.[62]

Wittgenstein avançou para o sul a partir de Polotsk e derrotou os marechais Saint-Cyr e Victor na batalha de Chashniki no rio Ulla em 31 de outubro. De acordo com Saint-Cyr, os russos deviam sua vitória à artilharia superior e ao fracasso do marechal Victor em concentrar boa parte do seu Corpo no campo de batalha. Como sempre, na ausência de Napoleão, seus marechais lutavam uns contra os outros e a volta de Oudinot da convalescença não ajudou em nada a melhorar a liderança coordenada do pequeno exército que enfrentava Wittgenstein. Um enfurecido Napoleão deu então a Victor ordens categóricas para atacar Wittgenstein e empurrá-lo de volta sobre o rio Dvina e para longe da linha de retirada da *Grande Armée*, da qual ele estava ficando perigosamente próximo. Victor atacou em direção a Smoliany, ainda mais ao leste no Ulla, entre 13 e 14 de novembro, mas fracassou em expulsar os homens de Wittgenstein de sua posição, apesar de uma luta implacável.[63]

Durante as primeiras três semanas de novembro de 1812, Wittgenstein estava satisfeito em manter a linha do rio Ulla e repelir qualquer ataque francês. O príncipe Petr Shakhovskoi, governador de Pskov, mobilizou centenas de carroças e formou seis entrepostos móveis para garantir suprimentos para os homens de Wittgenstein. Graças a ele, os russos estavam muito mais bem alimentados que seus inimigos. Eles também estavam bem mais aquecidos, já que em setembro o Corpo de Wittgenstein recebera das províncias em sua retaguarda 30 mil casacos de pele. A cada dia que eles permaneciam parados, a força relativa dos dois exércitos pendia a favor de Wittgenstein. Embora estando apenas a um dia e meio de marcha da principal via Orsha-Borisov, Wittgenstein não fez qualquer tentativa de avançar ainda mais sobre as linhas de comunicação de Napoleão. Sua precaução era justificada. Na primeira metade de novembro, ele não tinha informações nem sobre a posição das outras forças russas nem sobre o estado do exército de Napoleão. Não apenas Wittgenstein, mas também o imperador e Kutuzov temiam pela segurança de seu Corpo, caso ele se visse sob um ataque conjunto de Napoleão e Victor, sem Chichagov ou Kutuzov nas redondezas para ajudar. Apenas quando Victor recuou, em 22 de novembro, Wittgenstein avançou atrás dele. Ele estaria, portanto, em posição para interferir na travessia francesa do Berezina, mas, ao contrário de Chichagov, não diretamente em seu caminho.[64]

Mesmo assim, ele ainda estaria muito mais próximo do que o exército principal de Kutuzov. Depois da "batalha" de Krasnyi, a maior preocupação de Kutuzov era descansar e alimentar suas tropas. Por esse motivo, ele marchou para o sudeste a partir de Krasnyi até a pequena cidade de Kopys, o cruzamento seguinte sobre o rio Dnieper ao sul de Orsha. Lá ele descansou seu Corpo principal e conseguiu requisitar uma quantidade expressiva de comida dos distritos vizinhos ao sul. Ele também estacionou muitas de suas baterias, já que obviamente não era mais necessário arrastar pelo caminho todos aqueles canhões. Kutuzov enviou à frente uma guarda avançada, com dois Corpos de infantaria e um de cavalaria, sob o comando de Miloradovich, mas a não ser que Chichagov conseguisse bloquear Napoleão no Berezina por quatro dias ou mais, não havia chance dos homens de Miloradovich chegarem a tempo para disputar a travessia. Enquanto se esforçavam através do Dnieper e para dentro da Bielorrússia, as tropas de Miloradovich sofreram bastante. O historiador do 5º Regimento *Jaeger* escreveu que "a partir de Kopys não encontramos civis em lugar nenhum: as vilas estavam vazias, não existiam nem mesmo os notórios gatos e cães. Os celeiros e depósitos também estavam vazios: não havia grãos, sêmola, nem mesmo um fiapo de palha".[65]

À frente de Miloradovich estavam os cossacos de Platov e a chamada "coluna voadora" de Aleksei Ermolov, composta por dois regimentos couraceiros e três de infantaria de linha, alguns cossacos e os dois regimentos de infantaria leve das Guardas, ou seja, as Guardas *Jaeger* e Finlândia. A coluna voadora partiu para Orsha em 19 de novembro, mas foi atrasada em um dia e meio porque Napoleão tinha queimado a ponte sobre o Dnieper. Os cossacos de Ermolov atravessaram o rio nadando, mas os pesados cavalos de sua cavalaria tiveram de ser amarrados a balsas para fazer a travessia. Apenas a exaustão da cavalaria leve regular podia explicar o uso de couraceiros russos nesse papel. Toda a bagagem teve que ser deixada para trás na margem leste do Dnieper. Kutuzov ordenou que Ermolov não exaurisse seus homens e esperasse por Miloradovich em Tolochin, antes de se adiantar em perseguição a Napoleão. Mas Ermolov sabia que a velocidade era essencial se quisesse parar Napoleão no Berezina, e ignorou as duas ordens.[66]

Graças a esforços heroicos, Ermolov chegou a Borisov em 27 de novembro, exatamente no dia em que Napoleão e suas Guardas tinham cruzado o Berezina, 18 quilômetros ao norte, perto da vila de Studianka. As tropas russas pagaram um alto preço por essa velocidade. Os cossacos podiam geralmente forragear fora da estrada e conseguir algo para comer, e a artilharia carregava algumas provisões de emergência, mas a vida para a infantaria era muito dura. As Guardas *Jaeger* tinham dormido com um teto sobre suas cabeças por apenas uma noite no mês anterior. Em sua marcha de uma semana do Dnieper ao Berezina, eles receberam um pouco de biscoito apenas duas vezes. Em todo acampamento, os homens cavavam por batatas. Elas eram difíceis de encontrar e, em meio à pressa e exaustão eram, muitas vezes, comidas cruas.[67]

Quanto às Guardas Finlândia, seus soldados tinham um pouco de sêmola em suas mochilas, mas suas chaleiras estavam com a bagagem regimental e a sêmola crua não era comestível. Os homens sobreviviam cortando cascas das árvores e transformando-as em panelas improvisadas. Após colocar a sêmola dentro da casca e aquecer essa mistura sobre uma fogueira crepitante feita com madeira úmida, os integrantes da Guarda devoravam a "refeição" completa, com casca e tudo. Sua recompensa por todos esses esforços foi chegar ao Berezina tarde demais, com um dia de atraso. Na manhã seguinte, os dois regimentos das Guardas cruzaram o rio e foram colocados na reserva atrás do exército de Chichagov, que estava combatendo Napoleão nas florestas próximas à vila de Bril. Eles passaram os dois dias seguintes com neve até os joelhos e sem nenhuma comida. Previsivelmente, homens caíram doentes aos montes. Ainda assim, a moral das tropas permanecia alta. Esses membros da Guarda eram ótimos soldados, e seus espíritos estavam animados pelo fato de estarem avançando e claramente ganhando a guerra. O próprio Ermolov era um líder inspirador no campo de batalha, o homem certo para arrancar a última gota de esforço dos soldados russos em uma emergência.[68]

Quando se aproximou pela primeira vez de Borisov, em 22 de novembro, Chichagov passou seu quartel-general e toda sua bagagem através do rio e para dentro da cidade, que ficava na margem leste do Berezina. O conde Lambert havia sido ferido na captura da ponte, então Chichagov nomeou o conde Paul von der Pahlen para substituí-lo. No dia seguinte, Pahlen foi enviado adiante na estrada principal. Com o corpo principal de Napoleão agora se unindo a Oudinot e Victor e dirigindo-se a Borisov, esse era um movimento perigoso. Nem Chichagov nem Pahlen demonstraram a cautela apropriada. Os homens de Pahlen foram sobrepujados pela guarda avançada de Napoleão e fugiram de volta para Borisov. Chichagov e seu Estado-Maior levantaram acampamento e rapidamente atravessaram de volta o Berezina, deixando grande parte da bagagem do exército para trás. Posteriormente, esse fracasso, apesar de não muito significativo, foi usado pelos inimigos de Chichagov para prejudicá-lo. Embora grande parte da guarda avançada de Pahlen tenha sido isolada, quase toda ela conseguiu voltar através do Berezina encontrando vaus.§§ Quatro dias depois, Borisov e a maior parte da bagagem de Chichagov foram recapturados por Wittgenstein. E, sobretudo, os russos conseguiram queimar a crucial ponte em Borisov, então o rio ainda era um obstáculo para Napoleão.

De volta à margem oeste do Berezina, Chichagov enfrentou um difícil dilema. Era impossível coordenar operações até mesmo com Wittgenstein do outro lado do rio, quanto mais com Kutuzov, que ainda estava muito distante, perto do Dnieper. A defesa da linha do Berezina estava, portanto, apenas nas mãos do almirante. Chichagov tinha, no máximo, 32 mil homens, dos quais só metade era de infantaria. Se ele pudesse ter certeza de que Napoleão estava seguindo sentido noroeste até Vilna, tudo o que Chichagov precisaria fazer era cobrir os 20 quilômetros entre Borisov e o vau em Veselogo, do lado oposto à vila de Zembin. O problema era que Napoleão podia cruzar o rio ao sul de Borisov e seguir para o oeste, para Minsk, ou mesmo marchar através de Igumen para Bobruisk, bem ao sul. Essas possibilidades ampliavam enormemente o front do rio que Chichagov tinha que cobrir, para 100 quilômetros ou mais. Napoleão fingiu que estava se preparando para ir a Minsk, construindo uma ponte em Ukholod, a 12 quilômetros ao sul de Borisov. Na verdade, porém, ele atravessou em Studianka, a 18 quilômetros ao norte de Borisov, e se dirigiu a Vilna.[69]

Como muitas vezes acontece na guerra, em meio a todas as tensões e informações conflitantes, Chichagov acreditou na evidência que mais combinava com suas próprias suposições e temores. A maior preocupação do almirante era de

---

§§ Trecho de um rio pouco profundo, que pode ser transposto a pé ou a cavalo. (N.T.)

que Napoleão estivesse rumando para Minsk, para reconquistar o imenso depósito de lá, do qual o próprio exército de Chichagov dependia agora. Em Minsk, ele poderia se unir a Schwarzenberg, que Chichagov acreditava estar avançando em direção ao Berezina sobre a retaguarda das forças russas. Para sermos justos com Chichagov, a maioria dos outros comandantes russos de alta patente acreditava que Napoleão iria se dirigir a Minsk ou Bobruisk, e que esse seria o movimento mais perigoso sob o ponto de vista russo. Em 22 de novembro, por exemplo, Kutuzov havia escrito a Chichagov, alertando-o que, se Napoleão não conseguisse cruzar o Berezina, ele poderia muito bem ir para o sul. Clausewitz, agora no quartel-general de Wittgenstein, lembra que "todos os homens estavam convencidos da ideia de que o inimigo tomaria a direção de Bobruisk".[70]

Talvez a evidência mais marcante venha das memórias de Ermolov. Quando ele finalmente chegou ao quartel-general de Chichagov, em 29 de novembro, o almirante ainda estava tentando enviar os cossacos de Platov para contornar o flanco de Napoleão e invadir sua retaguarda de modo a destruir as pontes e elevados que cruzavam os pântanos em Zembin e abriam o caminho para Vilna. Ermolov respondeu que isso era insensato: "Se Napoleão achasse impossível passar por Zembin, sua única possibilidade seria cercar a estrada até Minsk, onde ele encontraria abundantes depósitos de todos os tipos (que abasteciam nosso próprio exército e outras forças) e seria capaz de descansar seu exército, tendo atraído reforços da Lituânia e restaurado a ordem ali". Se o altamente inteligente Ermolov, que tinha sido testemunha ocular da desintegração do exército de Napoleão durante o mês anterior, pensava dessa maneira, então não é de se surpreender que Wittgenstein e Chichagov também pensassem.[71]

Enganado por Napoleão, Chichagov direcionou a maior parte de seu exército ao sul, para Shabashevichi, em 25 de novembro, para cobrir a estrada até Minsk. Ele deixou o conde Langeron com uma fraca divisão de infantaria em Borisov, mas ordenou que o major-general Chaplitz abandonasse sua posição do outro lado de Studianka e trouxesse seu destacamento para se unir a Langeron. Quando Chaplitz recebeu essas ordens, seus exploradores já tinham fornecido a ele claras indicações de que Napoleão estava preparando pontes para uma travessia em Studianka. Ainda assim, perante as categóricas ordens de Chichagov e Langeron, ele marchou para o sul, para alegria dos observadores franceses do outro lado do rio. Ele também fracassou em destruir as pontes e elevados espalhados pelos pântanos próximos a Zembin. O estreito desfiladeiro de Zembin era, na verdade, a melhor posição defensiva disponível para qualquer força russa que estivesse tentando deter a saída de Napoleão para Vilna. Se as pontes e elevados tivessem sido destruídos, uma única divisão em Zembin poderia ter segurado o Exército francês inteiro. Mesmo se Chaplitz tivesse destruído os elevados e pontes e depois partido, reconstruí-los teria atrasado a fuga de Napoleão em pelo menos um dia.[72]

Na manhã de 26 de novembro, a cavalaria francesa nadou através do Berezina em Studianka e 400 integrantes da infantaria leve cruzaram em balsas. Teve início a construção de duas pontes. Na margem oposta, Napoleão foi confrontado por uma insignificante força de dois regimentos *jaeger*, uma pequena cavalaria e uma bateria de artilharia a cavalo posicionadas perto da vila de Bril. O comandante da bateria era o capitão Ivan Arnoldi, um dos melhores jovens oficiais de artilharia do Exército russo, que tivera uma excelente atuação na guerra entre 1806 e 1807 e se aposentaria como general. Em suas memórias, Arnoldi diz que, mesmo que as forças russas diante de Studianka fossem muito mais fortes, não poderiam ter impedido Napoleão de cruzar o rio. A margem leste era mais alta que a oeste, o que tornava possível posicionar todas as baterias de Napoleão em uma posição dominante. A margem oeste, pelo contrário, era baixa, muito pantanosa e florestada: era impossível colocar ali mais do que alguns poucos canhões que alcançassem o rio e as pontes.[73]

Por outro lado, se milhares de membros da infantaria russa estivessem presentes, eles talvez fossem capazes de manter Napoleão imobilizado na cabeça de ponte¶¶ e longe da estrada de Borisov a Zembin, e eles certamente poderiam ter bloqueado o desfiladeiro em Zembin. A minúscula força russa presente em 26 de novembro não tinha chance de fazer nenhuma das duas coisas. Comandados pelo marechal Oudinot, os franceses forçaram sua saída da cabeça de ponte e então viraram ao sul descendo a estrada em direção à vila de Stakhov. Quando Chaplitz retornou com todo seu destacamento, ele foi superado numericamente. Chichagov e o núcleo de seu exército não alcançaram a região até a noite de 27 de novembro e só entraram em ação no dia seguinte. A essa altura, porém, todos, menos a retaguarda de Napoleão, já tinham cruzado o Berezina. Embora ocorressem violentas batalhas perto de Stakhov entre 26 e 28 de novembro, nunca houve qualquer possibilidade de as forças russas romperem a linha inimiga e recuperarem o controle da estrada para Zembin. Napoleão tinha mais infantaria que os russos na margem oeste, o terreno favorecia a defensiva e suas tropas lutaram com a coragem desesperada que sua arriscada situação exigia.[74]

Ao mesmo tempo, aconteceram lutas renhidas na margem leste do Berezina quando as tropas de Peter Wittgenstein entraram em ação contra a retaguarda

---

¶¶ Em termos militares, posição ocupada por uma força em território inimigo, do outro lado de um rio ou do mar. (N.T.)

do marechal Victor. Wittgenstein demonstrou pouca iniciativa nesses dias cruciais, embora suas tropas estivessem muito menos exaustas do que os homens de Kutuzov. Era difícil reconhecer o general ousado dos meses de verão. Talvez Wittgenstein estivesse desmotivado por estar sob o comando de Chichagov, ou tenha ficado cauteloso pelo fato de Napoleão estar presente em pessoa. Ele seguiu Victor pela estrada de Borisov, afirmando – talvez de forma correta – que as trilhas no campo que conduziam diretamente à retaguarda de Napoleão em Studianka eram intransponíveis. Tendo chegado a Borisov em 27 de novembro, Wittgenstein então virou ao norte em direção a Studianka para interromper a travessia de Napoleão pelo Berezina. Mais por sorte do que por bom planejamento, esse movimento isolou o general Partouneaux, cuja divisão foi obrigada a se render. Sete mil homens foram colocados em cativeiro, embora metade a essa altura fosse de retardatários, em vez de soldados combatentes. Durante todo o dia 28 de novembro, Wittgenstein lutou contra o restante do Corpo de Victor, que estava formando uma retaguarda ao redor da cabeça de ponte em Studianka, mas ele só engajou 14 mil de seus homens na ação. Embora a artilharia russa tenha causado danos terríveis às hordas que tentavam atravessar o rio, os russos não puderam romper a retaguarda inimiga – numericamente inferior, mas corajosa – que os reteve pelo dia todo e depois escapou com segurança pelas pontes.[75]

Eles deixaram para trás uma imagem de desolação. Ermolov se lembrava da cena na margem leste do Berezina após o final da batalha:

> Perto das pontes, que estavam parcialmente destruídas, canhões e carroções de transporte tinham caído no rio. Multidões de pessoas, incluindo muitas mulheres, crianças e bebês, tinham afundado no rio coberto de gelo. Ninguém podia escapar do terrível congelamento. Ninguém poderia jamais testemunhar uma visão mais terrível. As pessoas que encerraram suas misérias morrendo ali mesmo eram as sortudas. Aquelas que permaneceram vivas as invejavam. Muito menos afortunadas, elas tinham preservado suas vidas apenas para morrer depois com o frio cruel, em terrível sofrimento... o rio estava coberto com gelo que era transparente como vidro: havia muitos cadáveres visíveis através dele ao longo de toda extensão do rio. O inimigo tinha abandonado enormes quantidades de canhões e carroças. Os tesouros da saqueada Moscou também não conseguiram atravessar o rio.[76]

Até certo ponto, a travessia do Berezina foi um desastre para Napoleão. Ele tinha perdido algo entre 25 e 40 mil homens, e quase toda sua artilharia e bagagem. Mesmo sua Velha Guarda estava agora reduzida a 2 mil homens. Suas últimas tropas viáveis, comandadas pelos marechais Victor e Oudinot, agora mal eram capazes de outra ação. Se Napoleão tivesse mantido a ponte em Borisov ou se o Berezina estivesse firmemente congelado, a grande maioria dessas baixas teria sido evitada.

Ainda assim, em 29 de novembro, ele tinha todos os motivos para estar satisfeito. Numericamente superado, cercado e confrontado com a ameaça de destruição total, ele tinha escapado. Acima de tudo, isso se devia à esplêndida coragem de suas tropas remanescentes e à firmeza de seus comandantes. Também é verdade que, mesmo no Berezina, Napoleão tivera algumas vantagens. Suas forças estavam concentradas, elas estavam no meio dos russos e foram lideradas de maneira consistente. Tanto a natureza quanto as falhas humanas dificultaram a coordenação entre os exércitos russos. Quando analisados os pontos de vista e ações individuais dos comandantes russos, quase sempre é possível enxergar alguma lógica para seu comportamento, e se compadecer de seus dilemas. Ainda assim, vistos como um todo, os erros de cálculo, a falta de determinação e o egoísmo da elite dos generais russos haviam permitido que uma parte do exército de Napoleão maior que o esperado pudesse escapar.

Para muitos russos, e acima de tudo para Alexandre, a principal causa de insatisfação foi o próprio Napoleão ter escapado. Esse sentimento, embora natural, era inapropriado. Sempre esteve ao alcance de Napoleão subir a margem leste do Berezina e então cortar caminho pelo campo em direção a Vilna. Em Studianka, ele ainda tinha uma cavalaria bem montada, mais que suficiente para lhe garantir uma forte escolta. Em seu percurso até Vilna, ele teria que ser muito azarado para encontrar um destacamento cossaco grande e determinado o suficiente para desafiar tal escolta.

Muito menos provável e mais desagradável foi a fuga de milhares de tropas de Napoleão. À primeira vista, isso pode não parecer uma questão séria. Pois, mais da metade dos homens que escapou na batalha sobre o Berezina morreu ou foi feita prisioneira em meio ao temível frio das três semanas seguintes. Menos de 20 mil homens sobreviveram para servir novamente nos exércitos de Napoleão. Mas, apenas das Guardas e dos Corpos de Davout, Ney e Eugene, 2.500 oficiais cruzaram de volta a fronteira russa. Entre eles estavam alguns dos principais comandantes e muitos de seus oficiais de Estado-Maior. Se eles tivessem sido capturados no Berezina, teria sido muito difícil para Napoleão reconstruir uma nova *Grande Armée* a tempo para defender a Alemanha na primavera de 1813. Os enormes sacrifícios russos na campanha do ano seguinte poderiam ter sido, dessa forma, evitados. Além disso, se o exército de Napoleão tivesse sido capturado no Berezina, os russos poderiam ter ido para quartéis de inverno, sem as pesadas perdas decorrentes da perseguição ao inimigo através da Lituânia em dezembro de 1812.⁷⁷

Após o drama no Berezina, as últimas semanas da campanha de 1812 foram um anticlímax, embora essa seja uma palavra fraca para descrever os dezessete dias de imenso sofrimento. Tudo que os apologistas franceses dizem a respeito do clima em dezembro de 1812 é verdade. Mesmo para os padrões de um dezembro russo, esse foi excepcionalmente frio, o que causou a desintegração final da maioria das unidades francesas. Em 5 de dezembro, o próprio Napoleão deixou o exército e foi para Paris, deixando Murat no comando. Naquele momento, nada ou ninguém poderia ter reunido o exército francês ao leste da fronteira russa e Napoleão estava certo em partir. Em 11 de dezembro, Vilna caiu perante os russos. Três dias depois os cossacos de Matvei Platov capturaram Kovno. Michel Ney conduziu sua indômita retaguarda de volta através do rio Neman e a campanha de 1812 foi encerrada.

Durante essas semanas, o Exército russo também sofreu severamente. Em 19 de dezembro, Kutuzov relatou a Alexandre que as perdas do exército tinham sido tão grandes que ele era obrigado a escondê-las, não apenas do inimigo, mas até mesmo de seus próprios oficiais. Dos 97 mil homens que Kutuzov havia comandado em Tarutino antes do início da campanha, 48 mil – ou seja, quase metade – estavam no hospital. Apenas 42 mil soldados ainda estavam nas fileiras. A situação dos exércitos de Chichagov e Wittgenstein era melhor, mas não era boa. O almirante tinha 17 mil homens nas fileiras, mais 7 mil extras que tinham finalmente chegado do Corpo de Oertel. Peter Wittgenstein ainda comandava 35 mil homens, o que refletia o fato de que seus homens haviam sido mais bem alimentados e vestidos que o resto do exército e também tinham marchado muito menos. Mas a maioria dos regimentos russos agora estava faminta e exausta, com seus uniformes em farrapos e vestindo qualquer tecido que pudesse encontrar para isolar o frio. Um jovem oficial de Estado-Maior se descreveu vestindo um sobretudo de soldado, com mangas chamuscadas por fogueiras de acampamento, botas cujas solas estavam se soltando, proteção para a cabeça que misturava um boné de soldado e um capuz civil de lã, e uma túnica sem botões, mas presa por um talim*** francês.⁷⁸

À medida que caminhavam para dentro da congelante, estéril e devastada Lituânia, o frio e a fome atingiam mais pesadamente as tropas de Kutuzov. Assim como outro inimigo: o tifo. A doença era frequente entre os prisioneiros de guerra que a Rússia estava capturando aos montes, e se espalhou com rapidez.

*** Cinturão usado para guardar a espada. (N.T.)

"Seus sintomas característicos eram: exaustão, perda de apetite, náusea, fraqueza total do sistema muscular, suadouro e uma sede insaciável." Contra a doença, os médicos regimentais usaram quinino, cânfora e eméticos, enquanto seus medicamentos duraram. Como o intendente-geral, Georg Kankrin, mais tarde admitiu, porém, de todos os serviços de apoio garantidos pelo comissariado russo, o auxílio médico era o mais fraco. Isso era devido, de certa forma, à nova e confusa administração dos hospitais, e mais ainda à escassez de médicos treinados e administradores hospitalares. Enquanto o Exército estava atuando nas províncias da Grande Rússia, ele podia entregar os cuidados de seus doentes e feridos aos governadores, mas quando ele entrou nos distritos bielorrussos e lituanos antes ocupados por Napoleão, não existia instituição civil alguma. Muitos médicos e funcionários do serviço de saúde russos caíram eles mesmos doentes. Os demais estavam espalhados ao longo da linha de avanço do exército, tentando desesperadamente estabelecer hospitais no meio do nada.[79]

Kankrin escreveu que seus oficiais,

> vivos apenas por acaso, eram obrigados quase todos os dias a estabelecer hospitais em áreas arruinadas, em meio ao frio extremo e quase desprovidos de qualquer ajuda. Havia uma escassez completa de médicos experientes. Aceitávamos qualquer um que caísse em nossas mãos, gratos por sermos capazes de encontrar alguns médicos para essa tarefa. O homem escolhido recebia os regulamentos, algum dinheiro, ordens abertas à administração local requerendo que lhe dessem assistência, e uma pequena equipe. Essa era toda a ajuda que alguém tinha para montar um hospital, sempre que possível, junto com algum biscoito e sêmola, um pouco de gado de corte e algumas bebidas.

Ainda assim, escreveu Kankrin, a maioria dos homens no hospital se recuperava e retornava ao Exército, "o que por um lado mostra a resistência dos soldados russos, mas também demonstra que eles recebiam algum cuidado".[80]

Em 13 de dezembro, Kutuzov reportou a Alexandre que, a menos que seu exército tivesse um descanso, ele poderia se desfazer inteiramente e teria de ser reconstruído do zero. Qualquer comandante teria pavor dessa possibilidade, mas um general russo tinha ainda mais razões que a maioria para proteger o quadro profissional e veterano, ao redor do qual o Exército era construído. Homens com educação e disposição para servir como oficiais não eram tão abundantes. Elementos altamente competentes que podiam servir na engenharia, artilharia ou nos Estados-Maiores eram ainda mais raros. Acima de tudo, o Exército do imperador não era a nação em armas. Sua força se apoiava na grande lealdade de seus veteranos a seus camaradas e regimentos. Destruindo esses homens e essas lealdades, o Exército se tornaria pior do que uma simples milícia. A força interior que fez esse exército tão formidável e resiliente seria enfraquecida. No inverno de 1812, isso chegou perto demais de acontecer para o gosto de Kutuzov. Na verdade, o núcleo do Exército sobreviveu, subsequentemente um grande número de veteranos voltou do hospital, e ao redor desse quadro um ótimo novo exército foi reconstruído em 1813. Mas foi apenas no verão de 1813 que ele se recuperou das terríveis tensões da campanha de 1812 e reconquistou seu potencial completo.[81]

9

1813: A campanha de primavera

Alexandre I chegou a Vilna em 22 de dezembro de 1812. Desta vez, levou consigo uma comitiva menor que o bando de cortesões entediados e briguentos que havia causado grande aborrecimento nas primeiras semanas da campanha de 1812. Três homens a quem ele convocou para Vilna seriam seus assistentes mais próximos pelo resto da guerra: o príncipe Petr Mikhailovich Volkonski se tornou o braço direito de Alexandre em termos de operações militares; Aleksei Arakcheev permaneceu no comando de todas as questões relacionadas à mobilização do *front* doméstico, da milícia e do abastecimento de reforços para o exército de campo e Karl Nesselrode se tornou o principal conselheiro diplomático de Alexandre. Na realidade, ainda que não oficialmente, Nesselrode atuou como um vice-ministro de relações exteriores. O verdadeiro ministro era o próprio Alexandre. O imperador intervinha com frequência nos assuntos militares, mas não tinha confiança para assumir o comando ele mesmo ou desempenhar o papel principal nas operações militares. No que dizia respeito à diplomacia, no entanto, Alexandre estava inconfundivelmente no comando e, em 1813 como um todo, exibiu habilidade e eficiência notáveis.

Embora Nikolai Rumiantsev permanecesse designado como ministro de relações exteriores, ele estava completamente excluído da elaboração da política externa. Alexandre afirmava que o deixara em São Petersburgo para preservar sua saúde. Era verdade que Rumiantsev tinha sofrido um pequeno derrame enquanto estava em campanha com Alexandre em 1812. Mas, em 1813, essa era apenas uma boa desculpa para o imperador escapar de seu ministro de relações exteriores. A última coisa que Alexandre queria era um ministro de relações exteriores "Velho Russo" à sua espreita, desacreditado por todos os então aliados da Rússia e crítico da política do imperador. Na opinião de Rumiantsev, a cruzada de Alexandre contra Napoleão era equivocada. Como ele disse a John Quincy Adams, Napoleão não era, de forma alguma, o único problema nas relações exteriores russas. Ao se concentrar tão exclusivamente na derrota de Napoleão, Alexandre estava rebaixando a política russa em relação ao Império Otomano e à Pérsia, e até mesmo permitindo que interesses históricos fossem sacrificados por um desejo de atender aos austríacos e aos britânicos. Ocasionalmente, Rumiantsev até censurava Alexandre, em termos mal disfarçados, por esquecer o orgulhoso legado de seus antepassados.

O ministro das relações exteriores também temia a anarquia como resultado dos esforços que estavam sendo feitos para incitar a massa contra Napoleão, especialmente na Alemanha. Nas palavras de Rumiantsev, isso era, "em essência, um retorno do jacobinismo. Napoleão poderia ser considerado o Dom Quixote da monarquia. Ele havia, deposto diversos monarcas, é claro, mas não tinha nada contra a monarquia. Ao criar-se uma comoção para torná-lo o único objeto da hostilidade, e ao incitar a população a agir para sua captura, haveria uma base estabelecida para muitas futuras e formidáveis desordens". Alexandre podia se permitir ignorar Rumiantsev, distante e isolado, mas quando, dois meses depois, Metternich chamou a atenção para precisamente os mesmos pontos, ele foi obrigado a prestar muito mais atenção.[1]

Decoração e fogos de artifício saudaram a chegada de Alexandre a Vilna. O dia seguinte era seu aniversário e Kutuzov promoveu um grande baile em sua homenagem. Estandartes franceses capturados foram atirados aos pés de Alexandre no salão de baile. Mais celebrações e paradas se seguiram. O custo das extravagâncias em Vilna se tornou exorbitante. Mesmo o tenente Chicherin, um aristocrático oficial das Guardas, não pôde se dar ao luxo de ter um novo uniforme confeccionado com o galão de ouro adequado. O brilho e as congratulações não conseguiam esconder, nem mesmo do imperador, o terrível sofrimento em Vilna na época. Quarenta mil corpos congelados jaziam na cidade e em seus subúrbios esperando pelo degelo da primavera, quando poderiam ser incinerados ou enterrados. Espantalhos famintos e tomados pelo tifo vagavam pelas ruas, entrando em colapso e morrendo nas portas dos cidadãos de Vilna. A artilharia das Guardas era usada para transportar os cadáveres para os muros e montes congelados de corpos que aguardavam providências do lado de fora da cidade. Um terço dos próprios soldados envolvidos no transporte adoeceu com tifo. O pior de tudo eram as cenas nos hospitais. Alexandre visitou hospitais franceses, mas não havia muito que os sobrecarregados serviços médicos russos pudessem fazer para ajudar. O imperador lembrava-se de uma visita noturna: "Uma única lamparina iluminava a sala de arcos altos, na qual haviam empilhado montes de corpos tão altos quanto as paredes. Não posso expressar o horror que senti quando, em meio a esses corpos inanimados, eu repentinamente vi seres vivos".[2]

Superficialmente, a relação entre o grato imperador e seu dedicado comandante-em-chefe era harmoniosa. Alexandre outorgou a Kutuzov a Grande Cruz da Ordem de São George, a mais rara e valorizada das honrarias que um monarca russo podia conceder. Porém, o imperador estava na verdade insatisfeito com a perseguição de Kutuzov a Napoleão e determinado a reivindicar o controle sobre as operações militares. Petr Konovnitsin, o chefe do Estado-Maior do Exército, afastou-se em uma prolongada licença por doença. Em seu lugar, Alexandre nomeou Petr Volkonski. Kutuzov continuaria a comandar e exercer o papel principal no planejamento estratégico, mas faria isso sob o olhar atento do imperador e de seu general de maior confiança. Em termos de eficiência administrativa, a chegada de Volkonski foi um grande benefício. Tanto Kutuzov quanto Konovnitsin eram administradores preguiçosos e ineficientes. Documentos de extrema importância eram deixados esquecidos e sem assinatura por dias. Serge Maévski, um oficial de Estado-Maior no quartel-general de Kutuzov, comentou que:

> pareceu-me que o marechal de campo [Kutuzov] ficou extremamente infeliz em relação a essa nomeação, porque agora a testemunha do czar podia transmitir um retrato fiel do marechal de campo. Além disso, ele trabalhava conosco quando tinha vontade, mas era obrigado a trabalhar com Volkonski, mesmo quando não queria. Volkonski trabalhava duro e cansava o velho homem com numerosas discussões de problemas. É verdade que nossas atividades se estendiam junto. Isso não é surpreendente: em um único dia Volkonski decidia assuntos que, antes dele, haviam ficado empilhados por meses.[3]

Kutuzov tinha determinado que suas tropas exaustas deveriam descansar um pouco, antes de embarcar em uma nova campanha através das fronteiras da Rússia. O imperador estava relutante em atender a esse conselho. Em sua visão, nenhum momento deveria ser perdido naquele período crucial em que Napoleão estava em seu ponto mais fraco, a revolta contra seu Império estava borbulhando na Europa e o prestígio russo estava extremamente alto. O Exército deveria avançar para dentro da Alemanha, para controlar o máximo de território possível e encorajar a Prússia e a Áustria a se unirem à causa russa. Pouco antes de deixar São Petersburgo, Alexandre dissera a uma das damas de companhia de sua esposa que a única paz verdadeira e duradoura seria aquela assinada em Paris. Ao chegar a Vilna, ele disse aos seus generais reunidos que suas vitórias não liberariam apenas a Rússia, mas a Europa.[4]

Kutuzov não via essa perspectiva com bons olhos. O velho e cansado comandante sentia que cumprira seu dever ao liberar a Rússia. Liberar a Europa não era um problema russo. Kutuzov não era o único a pensar assim. Quantos oficiais compartilhavam sua opinião ninguém pode dizer: o Exército não realizava pesquisas e, ao menos superficialmente, a palavra do imperador era lei. Mas, especialmente no final da campanha de primavera, quando a exaustão cresceu e a sorte se voltou contra os aliados, analistas estrangeiros comentaram a falta de entusiasmo pela guerra nos quartéis-generais e entre muitos dos generais russos. Isso era menos evidente em nível regimental, onde oficiais e homens estavam unidos em uma cultura de disciplina, coragem e lealdade mútua. Uma vez que o armistício de verão permitiu que o Exército descansasse, e com a sorte voltando a ser novamente favorável aos aliados no outono, passou-se a se ouvir muito menos sobre derrotismo e exaustão entre os generais. Mas o espírito da campanha de 1813 para os oficiais russos sempre foi bastante diferente daquele da de 1812, em defesa de sua pátria.[5]

Até certo ponto, essa era agora uma campanha como tantas no passado: por glória pessoal, honra e promoção. A presença do imperador com o Exército significava que choviam recompensas sobre os oficiais que se destacavam, um grande incentivo em uma sociedade na qual patente, medalhas e benevolência imperial contavam tanto. Nas memórias dos oficiais sobre 1813 e 1814, às vezes se tem a sensação também de que eles eram "turistas militares" enquanto atravessavam um território estrangeiro exótico após o outro, acumulando aventuras e impressões. Seduzir primeiro as mulheres polonesas, depois as alemãs e finalmente as francesas foi um alegre elemento nesse turismo para alguns dos oficiais, especialmente os jovens aristocratas das Guardas. De certo modo, essa afirmação de masculinidade, habilidade tática e espírito de conquista dos oficiais parecia tão importante quanto derrotar Napoleão no campo de batalha.[6]

O almirante Shishkov era velho e virtuoso demais para tais aventuras. Ele era também um ferrenho conservador isolacionista. Pouco depois de retornar a Vilna com Alexandre, ele perguntou a Kutuzov por que a Rússia estava avançando Europa adentro. Os dois homens concordavam que, após a devastação que sofrera em 1812, Napoleão dificilmente atacaria a Rússia outra vez e, "sentado em sua Paris, que mal ele pode nos fazer?". Quando questionado por Shishkov sobre por que ele não usava todo seu prestígio junto a Alexandre para forçar esse ponto de vista, Kutuzov respondeu que ele já havia tentado, porém: "em primeiro lugar, ele enxerga as coisas de uma perspectiva diferente, cuja validade eu não posso rejeitar por completo, e, em segundo lugar, digo a você, franca e honestamente, quando não pode negar meus argumentos, ele então me abraça e me beija. A essa altura, eu começo a chorar e concordo com ele". O próprio Shishkov sugeria que a Rússia deveria, no máximo, agir como Paulo I fizera entre 1798 e 1799, enviando tropas auxiliares para ajudar os austríacos, mas deixando os principais esforços para a liberação da Europa sobre os próprios alemães, apoiados pelos financiadores britânicos. Posteriormente, Kutuzov assumiria essa ideia, encorajando Karl von Toll a apresentar um plano no final de janeiro de 1813, através do qual a principal responsabilidade sobre a guerra poderia ser transmitida aos austríacos, britânicos e prussianos, enquanto a Rússia, "por serem suas províncias natais tão distantes, irá parar de desempenhar o principal papel militar nessa guerra e se tornará a auxiliar de uma Europa mobilizada em sua totalidade contra a tirania francesa".[7]

Alexandre rejeitou os argumentos de Shishkov e Toll a favor de um comprometimento russo limitado, e tinha razão ao fazer isso: na primavera de 1813, apenas a participação total da Rússia na guerra na Alemanha poderia inspirar a Prússia e a Áustria a aderirem, ou garantir alguma esperança realista de vitória, mesmo que elas o fizessem. O imperador também tinha razão ao duvidar da opinião de Shishkov e Kutuzov de que Napoleão não era mais uma ameaça séria para a segurança russa. Considerando a personalidade e o histórico de Napoleão, era otimista imaginar que ele simplesmente aceitaria uma derrota devastadora nas mãos dos russos, sem buscar vingança. Mesmo deixando considerações pessoais de lado, Napoleão acreditava que a legitimidade de sua dinastia demandava vitória e glória militar. Além disso, como a guerra da França com a Grã-Bretanha continuava, o mesmo acontecia com a lógica geopolítica que tinha levado Napoleão a confrontar a Rússia em 1812. Livrar-se da última grande potência continental independente e consolidar o domínio francês na Europa, enquanto o próprio Napoleão ainda era um líder ativo e inspirador, permanecia uma estratégia verossímil. Possivelmente, sua experiência em 1812 poderia convencer Napoleão a deixar a Rússia em paz. Mas era mais provável, no entanto, que ela tivesse lhe ensinado a atacar o país de forma mais inteligente, fazendo uso completo do fator polonês e das fraquezas políticas e financeiras da Rússia. Claro que todas as previsões sobre o que Napoleão poderia fazer no futuro eram incertas. O que estava fora de questão era que seu Império era muito mais forte que o da Rússia. Em tempos de paz, não seria possível sustentar por muito tempo o nível de despesas militares que a segurança contra Napoleão exigiria. Também por essa razão, fazia bastante sentido tentar encerrar a ameaça napoleônica agora, enquanto ele estava enfraquecido, enquanto os recursos da Rússia estavam mobilizados e enquanto havia uma forte chance de arrastar a Áustria e a Prússia para a luta.

A melhor fonte sobre a política de Alexandre nessa época é fornecida por um memorando apresentado a ele por Karl Nesselrode, seu principal conselheiro diplomático, no início de fevereiro de 1813. Com muito tato, o memorando começava repetindo as palavras do próprio imperador ao seu autor. Alexandre havia dito que seu objetivo primordial era criar uma paz duradoura na Europa que fosse à prova do poder e da ambição de Napoleão.

> A forma mais completa pela qual esse objetivo poderia ser alcançado seria, indubitavelmente, empurrar a França de volta para dentro de suas fronteiras naturais; que todos os territórios não situados entre o Reno, o Escalda, os Pireneus e os Alpes deixassem de ser partes integrantes do Império Francês ou seus dependentes. Isso, logicamente, é o máximo que poderíamos querer, mas não poderia ser alcançado sem a cooperação da Áustria e da Prússia.

Nesselrode admitia que nem mesmo a participação prussiana na guerra era certa naquele momento, e que a Áustria potencialmente continuaria aliada a Napoleão. Se a Prússia se unisse à Rússia, mas a Áustria fosse hostil, o máximo que os aliados poderiam conseguir seria manter a linha do Elba e transformá-la em fronteira permanente da Prússia. Nesselrode estava confiante de que a Prússia se aliaria à Rússia em breve, mas, mesmo que ela não o fizesse, agora havia todos os motivos para a Rússia avançar e ocupar o ducado de Varsóvia, que era não apenas vital para sua segurança, mas sem dúvida uma peça básica em qualquer futura negociação de paz.[8]

O memorando de Nesselrode ilustrava o quanto a natureza da guerra da Rússia havia mudado. Quando a campanha de 1812 começou, a diplomacia teve importância secundária durante o resto daquele ano. Na campanha da primavera de 1813 ocorreu o inverso: os objetivos da Rússia não podiam ser alcançados apenas por meios militares. O sucesso exigia que se trouxesse a Áustria e a Prússia, e isso, por sua vez, só poderia ser conseguido com uma combinação de políticas diplomáticas e militares. Como era típico de Nesselrode, o tom de seu memorando era friamente realista. Não havia, por exemplo, menções a perseguir Napoleão até Paris ou derrubar seu regime. Tais metas pareceriam completamente irrealizáveis em fevereiro de 1813 e teriam distanciado até mesmo os prussianos, quanto mais os austríacos.

Realista era também a compreensão de Nesselrode sobre o poder. Alguns dos conselheiros de Alexandre sonhavam em instigar uma revolta europeia – e especialmente alemã – contra a tirania napoleônica. O líder desse grupo era o barão Heinrich von Stein, antigo ministro-chefe prussiano que tinha se unido à comitiva de Alexandre em 1812. O memorando de Nesselrode, pelo contrário, nada dizia a respeito de revoltas populares ou opinião pública. Para ele, eram Estados e governos que contavam. No geral, os eventos entre 1813 e 1814 confirmaram isso. Embora grande parte da opinião pública na Confederação do Reno tenha se voltado contra Napoleão, os príncipes ficaram com ele e a grande maioria de seus soldados lutou lealmente ao seu lado até muito próximo do fim. Em 1813, Napoleão não foi derrotado por rebeliões ou movimentos nacionalistas, mas porque Rússia, Prússia e Áustria lutaram juntas pela primeira vez e porque, ao contrário do que ocorreu em 1805 e 1806, os exércitos russos já estavam na Europa central quando a campanha começou.

Mas Nesselrode argumentou que apenas Estados e governos realmente interessavam em relações internacionais, em parte por acreditar fortemente que esse deveria ser o caso. Como Metternich, a quem ele admirava, Nesselrode ansiava por estabilidade entre as infindáveis turbulências das eras revolucionária e napoleônica. Os dois homens temiam que qualquer forma de política autônoma "vinda de baixo" – fosse comandada por demagogos jacobinos ou por generais prussianos patriotas – afundasse a Europa em um caos ainda maior. Ironicamente, no entanto, no inverno de 1812-1813, seria um general prussiano, agindo sem a sanção de seu rei, o responsável pelo início do processo que culminaria na aliança russo-prussiana contra Napoleão, alcançando assim, o primeiro grande triunfo diplomático de Nesselrode e Alexandre em 1813.

O tenente-general Hans David von Yorck, comandante do Corpo prussiano no flanco esquerdo das forças de Napoleão, era um homem muito difícil, mesmo em comparação com os experientes generais russos da época. Arrogante, irritadiço e exageradamente crítico, ele era um pesadelo como subordinado. O outro comandante do Corpo prussiano no leste, o tenente-general Friedrich Wilhelm von Bülow, contou aos russos que as ações de Yorck na verdade nasceram menos do patriotismo do que da inimizade pessoal com seu comandante francês, o marechal MacDonald.[9]

Isso era injusto, porque não havia razão para duvidar do comprometimento de Yorck com a restauração da independência, do orgulho e *status* prussianos. Em novembro e dezembro de 1812, o governador geral de Riga, o marquês Philippe Paulucci, tentou atrair Yorck para o lado russo apelando para esses temas. O fato de Yorck ter respondido às suas cartas elevou as esperanças de Paulucci. Inicialmente, ele atribuiu a cautela do general prussiano à necessidade de Yorck de buscar orientação de seu rei. Ao final de dezembro, porém, Paulucci estava começando a temer que Yorck estivesse apenas ganhando tempo. O colapso da *Grande Armée* tinha deixado as forças de Napoleão no sul da Letônia isoladas.

As ordens para sua retirada chegaram muito tarde. Paulucci começou a temer que Yorck estivesse simplesmente enganando os russos para conseguir voltar à Prússia com suas tropas completas. Um tom de ameaça foi adicionado aos comunicados de Paulucci a Yorck em 22 de dezembro.[10]

As ameaças russas só se tornaram significativas, porém, quando a guarda avançada de Wittgenstein, sob o comando do major-general Johann von Diebitsch, cruzou a linha de retirada de Yorck perto de Kotliniani. Mesmo assim, Yorck poderia, se quisesse, ter aberto seu caminho através a fraca força de Diebitsch. A ideia de derramar sangue prussiano e russo em favor da enfraquecida causa de Napoleão deve ter sido um impedimento para Yorck. Mais importante, a presença de Diebitsch deu a Yorck a desculpa de que ele precisava para fingir que sua ação tinha sido forçada. Ele se sentou com Diebitsch para discutir as condições de um acordo, tendo como base a oferta feita por Paulucci para a neutralização da tropa prussiana. Sem dúvida, as negociações foram ajudadas pelo fato de o próprio Diebitsch ser alemão e filho de um ex-oficial prussiano.

Em 30 de dezembro de 1812, Yorck e Diebitsch assinaram a chamada convenção de Tauroggen. O Corpo prussiano foi declarado neutro e abriu caminho para as operações russas. Se o rei da Prússia anulasse o acordo, as tropas prussianas poderiam se retirar atrás das linhas francesas, mas não voltariam a pegar em armas contra a Rússia durante dois meses.[11] Em termos militares, a convenção resultou na queda imediata da Prússia Oriental e de todos os outros territórios prussianos ao leste do rio Vístula perante os russos. O número de soldados presentes de fato no Corpo de Yorck, em dezembro de 1812, mal chegava aos 20 mil, mas as enormes perdas sofridas pelas principais forças francesas e russas significavam que esse número de homens prontos para o combate poderia fazer uma diferença substancial no inverno de 1812-1813. Se o Corpo de Yorck tivesse ficado com MacDonald e resistido ao avanço russo, teria sido difícil para as tropas exaustas e sobrecarregadas de Wittgenstein abrir caminho passando por eles até a Prússia Oriental. Quando Murat soube da traição de Yorck, no entanto, ele rapidamente se retirou para trás do Vístula, deixando a bem guarnecida fortaleza portuária de Danzig como o único posto avançado francês remanescente nas terras do leste da Prússia.[12]

As atividades para mobilização de todos os recursos da Prússia Oriental para a guerra começaram de imediato. Um governador-geral russo teria que pisar em muitos calos, como Paulucci fez em um nível verdadeiramente grosseiro na Memel ocupada pelos russos, absolvendo funcionários locais de seu juramento ao rei e falando sobre uma possível anexação russa.[13] Por isso, Alexandre nomeou o barão von Stein, que tinha sido seu principal conselheiro sobre assuntos alemães desde junho de 1812. Os russos precisavam mobilizar os recursos da Prússia Oriental imediatamente, mas eles também tinham que evitar afugentar os prussianos fazendo requisições de modo desordenado ou parecendo cobiçar o território deles. Quando as forças russas começaram a cruzar a fronteira prussiana, Kutuzov lançou uma proclamação de que o único objetivo de Alexandre ao avançar através da fronteira russa era "paz e independência" para todas as nações europeias, as quais convidava a se unirem a ele na tarefa da libertação. E acrescentou: "Este convite é direcionado primeiramente, e acima de tudo, à Prússia. O imperador pretende encerrar os infortúnios que a acorrentam, dar testemunho à amizade que ainda mantém pelo rei e restaurar à monarquia de Frederico seu território e prestígio".[14]

Alimentar os russos que avançavam não era um problema grande demais porque eles não eram muito numerosos, não precisavam se concentrar para lutar e a população e os funcionários locais na Prússia Oriental odiavam os franceses ainda mais do que em qualquer outro lugar do país, saudando as forças russas como um exército de libertação.[15] Kutuzov exigiu um excelente comportamento de suas tropas perante os civis e, apesar de sua exaustão, os soldados russos responderam bem e mantiveram sua disciplina.[16]

Muito mais delicada politicamente foi a decisão de convocar os Estados provincianos sem o consentimento do rei, e alistar 33 mil homens para o Exército e a milícia. Felizmente, enquanto isso estava em curso, Stein recebeu uma mensagem codificada do chanceler prussiano, o príncipe Karl August von Hardenberg, que havia discretamente atravessado as linhas francesas. Ela transmitia o apoio de Frederico Guilherme e anunciava que um tratado de aliança com a Rússia logo seria assinado. Esse foi o passo essencial. Apesar de todo o entusiasmo dos Estados da Prússia Oriental, a província tinha menos de um milhão de habitantes. Para ter alguma chance de derrotar Napoleão, os recursos do reino inteiro precisavam ser mobilizados. Apenas Frederico Guilherme poderia fazer isso.[17]

O rei recebeu a notícia da convenção de Tauroggen em 2 de janeiro de 1813, enquanto fazia sua caminhada vespertina em seu jardim em Potsdam. Frederico Guilherme detestava Napoleão e temia que o imperador francês quisesse desmembrar a Prússia. Ele gostava de Alexandre e o admirava, e desconfiava muito menos das ambições russas do que das de Napoleão. Por outro lado, Frederico Guilherme era um grande pessimista: como Stein colocou, "falta a ele confiança tanto em si mesmo quanto em seu povo. Ele acredita que a Rússia vá arrastá-lo para o abismo". O rei também simplesmente odiava ter que tomar decisões. Sua inclinação natural era pedir conselhos e vacilar. Em especial, ele se opunha completamente à ideia de mais guerras. Isso se devia em parte à sua honorável preocupação com o bem-estar de seu povo, mas também refletia sua própria experiência inteiramente desastrosa de derrota e frustração nas guerras que ocorreram entre 1792 e 1794 e entre 1806 e 1807.[18]

Para fazer justiça ao rei, ele tinha bons motivos para ficar nervoso e confuso em janeiro de 1813. Quando soube de Tauroggen, os exércitos russos ainda estavam a centenas de quilômetros de distância, na Polônia e Lituânia. Guarnições francesas, por sua vez, estavam espalhadas pela Prússia, incluindo uma grande tropa em Berlim. Isso ditava que a primeira reação pública de Frederico Guilherme deveria ser anular a convenção e enviar mensagens a Napoleão reafirmando sua lealdade. O rei tirou vantagem do pedido de Napoleão para contribuir com mais tropas para a *Grande Armée* convocando recrutas extras e expandindo seu exército. Em 22 de janeiro, ele mesmo, sua família e os regimentos das Guardas fugiram de Potsdam e Berlim para a capital silesiana, Breslau. Ao fazer isso, ele conquistou independência dos franceses e se assegurou contra sequestro. Como Breslau ficava bem no caminho dos exércitos russos que avançavam pela Polônia, o rei podia lançar a desculpa quase plausível de que estava preparando a defesa da Silésia.

Idealmente, Frederico Guilherme teria preferido uma aliança com a Áustria para garantir a Alemanha como uma zona neutra e impedir que os franceses e russos lutassem em seu território. Uma aliança austro-prussiana também poderia tentar mediar um acordo de paz continental que restauraria a Viena e Berlim muito do território que elas haviam perdido entre 1805 e 1809. Com esse objetivo em mente, o conselheiro militar de confiança do rei, coronel Karl Friedrich von dem Knesebeck, foi enviado a Viena. Ele chegou em 12 de janeiro e permaneceu por nada menos do que dezoito dias.

Até certo ponto, a missão de Knesebeck foi um fracasso. Os austríacos deixaram claro que não poderiam abandonar a aliança francesa da noite para o dia e tentar impor a mediação entre os lados em conflito de imediato. A honra do imperador e o completo estado de despreparo de seus exércitos demandavam um período maior de afastamento da aliança com Paris. A questão básica era que os austríacos tinham muito mais tempo para manobrar que os prussianos: as tropas russas não estavam cruzando a fronteira austríaca e nem os generais austríacos estavam ameaçando desobediência, a não ser que seu soberano alterasse sua política externa.

Por outro lado, porém, a missão de Knesebeck foi de grande utilidade. Tanto Metternich quanto Francisco II prometeram categoricamente que rejeitariam as tentativas de Napoleão de comprar o apoio austríaco contra a Prússia com a oferta da Silésia. Eles enfatizaram que, pelo contrário, as duas grandes potências germânicas deveriam ser restauradas às suas dimensões anteriores a 1805 para que pudessem se sustentar contra a França e a Rússia, assegurando desta forma a independência da Europa central e o equilíbrio geral do poder europeu. Longe de se opor à aliança russo-prussiana, os austríacos insinuaram que aquela parecia a melhor opção para a Prússia nas circunstâncias. Enquanto isso, uma vez pronta, Viena colocaria em prática suas próprias ideias para a paz. Knesebeck concluiu de maneira otimista, e de certa forma isso esteve no núcleo da estratégia russo--prussiana na primavera e no verão de 1813, que "mais cedo ou mais tarde a Áustria irá guerrear com a França, porque os termos de paz que ela quer alcançar através da mediação são impossíveis de se obter sem guerra".[19]

Após se reportar a Frederico Guilherme em Breslau, Knesebeck foi enviado ao quartel-general de Alexandre. Antes de se comprometer com a Rússia, o rei da Prússia precisava se reassegurar de uma série de questões. Mais basicamente, os russos tinham que se empenhar em um avanço que liberaria todo o território prussiano e permitiria a mobilização de seus recursos. A menos que isso fosse alcançado, seria inútil e suicida para Frederico Guilherme lutar ao lado da Rússia, já que a vitória seria impossível e a Prússia se tornaria o alvo inevitável da ira de Napoleão. O rei também buscava a confirmação de que a Rússia iria garantir o território prussiano e seu *status* como uma grande potência.

Inevitavelmente, essas complicadas manobras diplomáticas tomaram tempo e, no inverno de 1812-1813, tempo era essencial. Até certo ponto, a campanha da primavera de 1813 era uma corrida entre Napoleão e seus inimigos para ver quem poderia mobilizar reforços e levá-los ao teatro de operações alemão com mais rapidez. Nessa competição, Napoleão tinha todas as vantagens. Ele chegou de volta a Paris em 18 de dezembro de 1812 e começou imediatamente a formar uma nova *Grande Armée*. Mesmo a mobilização do potencial humano da Prússia Oriental não pôde começar antes do início de fevereiro de 1813, e seria preciso ainda mais um mês até que Berlim e o centro do reino prussiano caíssem perante os aliados. A situação russa era, claro, diferente. Lá, o alistamento de novos recrutas já estava em curso desde o final do outono, porém o imenso tamanho da Rússia significava que ela levaria muito mais tempo que a França para concentrar os recrutas nos "depósitos" e áreas de treinamento. Mesmo após serem reunidos em seus campos de treinamento no interior russo, eles ainda enfrentavam marchas de 2 mil quilômetros ou mais para alcançar os campos de batalha saxões e silesianos. Nunca houve qualquer dúvida de que Napoleão iria vencer a corrida para conseguir reforços para os exércitos de campo. As únicas questões eram o quão ampla seria sua dianteira e se Napoleão seria capaz de usá-la para conquistar uma vitória decisiva.

A diplomacia de Frederico Guilherme também atrasou as operações militares russas. Até que o rei se aliasse à Rússia, os 40 mil homens dos Corpos de Yorck e Bülow não poderiam entrar em ação contra os franceses. Em sua ausência, em janeiro de 1813, as forças russas no teatro norte eram fracas demais para avançar em direção ao território central prussiano. As duas principais concentrações russas eram o Corpo de Wittgenstein na Prússia Oriental e o núcleo bastante reduzido do exército de Chichagov perto de Thorn e Bromberg, no noroeste da Polônia. Essas duas forças russas haviam sido muito enfraquecidas por meses de campanha ininterrupta. Além disso, muitos de seus integrantes tinham que ser destacados para sitiar ou bloquear fortalezas francesas. No caso de Wittgenstein, isso significava acima de tudo Danzig, para onde ele teve que enviar 13 mil bons soldados sob o comando do tenente-general von Loewis. Como os homens de Loewis eram muito inferiores numericamente às guarnições francesas e tinham que repelir uma série de incursões, isso não significava muita coisa, mas, sem Loewis, Wittgenstein tinha apenas 25 mil soldados à sua disposição.

Enquanto isso, em 4 de fevereiro, Mikhail Barclay de Tolly ressurgiu para substituir Chichagov como comandante do exército que sitiava Thorn. Quase toda a tropa de Barclay estava comprometida com o cerco, já que Thorn era uma fortaleza importante que dominava uma passagem-chave do Vístula e bloqueava toda a utilização do rio para o transporte de suprimentos. Os únicos homens que Barclay poderia dispor para um avanço, em curto prazo, eram os 5 mil integrantes do destacamento de Mikhail Vorontsov. Napoleão muitas vezes foi condenado por ter deixado tantas boas tropas para trás como guarnições para as fortalezas polonesas e prussianas, e, mais tarde em 1813, quando essas fortalezas foram bloqueadas pela milícia e pelos recrutas russos, esse erro se tornou evidente. Em janeiro e fevereiro de 1813, no entanto, a questão não era tão óbvia. O destacamento de tantas tropas russas de linha de frente para observar as fortalezas francesas oferecia ao novo comandante francês no leste, Eugène de Beauharnais, uma oportunidade para bloquear o avanço russo ao território central prussiano.

Em 22 de janeiro de 1813, Aleksandr Chernishev escreveu a Kutuzov sugerindo a formação de três "destacamentos volantes", que fariam incursões em profundidade dentro da retaguarda francesa até o rio Oder e além. Esses grupos de ataque "terão tanto um impacto no indeciso gabinete em Berlim quanto cobrirão o exército principal em suas bases, já que este, após sua gloriosa porém difícil campanha, terá absoluta necessidade de algum descanso tendo alcançado o Vístula". Chernishev disse a Kutuzov que o reconhecimento do terreno mostrara que muitas rotas até o Oder e Berlim estavam abertas. As perdas francesas, especialmente na cavalaria, tinham sido enormes e as guarnições nas retaguardas delas eram pequenas demais e muito imóveis para lidar com os incursores russos. Ele acrescentou que "toda a informação que recebi" afirmava que apenas quando as tropas russas alcançarem o Oder "a Prússia será forçada a se declarar decisivamente ao nosso lado". Não se podia perder tempo: os franceses precisavam ser acossados enquanto ainda estavam abalados e aturdidos; não se podia dar a eles a chance de recuperar seus sentidos, nem de se reforçar e se reorganizar.[20]

Kutuzov e Wittgenstein aceitaram a sugestão de Chernishev e três "colunas volantes" foram despachadas. A coluna mais ao norte era comandada pelo coronel Friedrich von Tettenborn, um ex-oficial austríaco e patriota alemão que sonhava em levantar a população do noroeste da Alemanha contra Napoleão. Pouco depois de Tettenborn ter cruzado o Oder ao norte de Küstrin, um segundo grupo incursor, sob o comando de Alexander Benckendorff, atravessou ao sul daquela cidade. Ambos então executaram uma série de ataques às unidades francesas e suprimentos na região de Berlim. Enquanto isso, o próprio ChernIshev começava suas ações mais ao leste, na retaguarda do quartel-general de Eugène em Posen, na esperança de causar caos suficiente para que o vice-rei abandonasse esse local essencial e retrocedesse até o Oder. Juntos, os três grupos incursores somavam menos de 6 mil homens. A maioria era de cossacos, mas também havia esquadrões de cavalaria regular, já que, na opinião de Chernishev, "não importa o quanto as unidades cossacas sejam boas, elas atuam com muito mais confiança se veem cavalaria regular em sua retaguarda". Nenhum dos três grupos tinha infantaria e apenas o de Chernishev tinha artilharia a cavalo, embora mesmo nesse caso ela se resumisse a apenas dois canhões.[21]

Os russos foram bastante favorecidos pelo número pequeno, pela má qualidade e pelo baixo moral da cavalaria inimiga. Eles destruíam qualquer cavaleiro inimigo que encontrassem. Chernishev aniquilou 2 mil lanceiros lituanos perto de Zirche, no rio Varta, atrás de Posen, desorientando e atacando simultaneamente pela frente e pela retaguarda. Poucos dias depois, Wittgenstein relatou a Kutuzov que Benckendorff, atuando ao longo da estrada de Frankfurt, no Oder, até Berlim, tinha emboscado e "destruído quase até a última unidade da cavalaria inimiga, que mesmo sem isso era muito fraca". A cavalaria russa causou confusão ao longo das linhas francesas de comunicação, atacando grupos de infantaria e recrutas, destruindo suprimentos e interceptando correspondência. Inevitavelmente, isso aumentou o medo e a desordem já existentes entre os comandantes franceses. A extraordinária mobilidade dos cavaleiros russos significava que seus números eram consideravelmente exagerados. Como capturaram muitos mensageiros, os russos, por outro lado, estavam muito bem informados sobre o posicionamento, números, moral e planos dos franceses.[22]

Eugène decidiu recuar e defender a linha do rio Oder, uma decisão pela qual ele foi castigado por Napoleão na época e por uma série de historiadores posteriormente.[23] Eles estavam corretos em sugerir que não fazia sentido enfileirar tropas ao longo da linha do Oder, especialmente em um momento em que a muito superior cavalaria russa podia impedir, de maneira tão eficaz, a comunicação e cooperação entre elas. Eugène acreditava que o gelo nos rios estava agora derretendo, o que tornaria o Oder defensável. Porém, de fato, mesmo Chernishev, bem informado sobre onde o gelo permanecia mais forte, quase não conseguiu atravessar o Oder a tempo. Ele comentou que o gelo estava muito fino e a operação foi extremamente arriscada, mas o moral de suas tropas nessa época estava tão alto que eles estavam convencidos de que podiam realizar maravilhas.[24]

Uma vez que os três grupos incursores estavam do outro lado do rio, eles acossaram a guarnição do marechal Pierre Augereau em Berlim incessantemente, a certo momento chegando a invadir o centro da cidade. A essa altura, os russos tinham capturado tantos mensageiros que as intenções do inimigo eram um livro aberto para eles. Wittgenstein foi informado de que os franceses abandonariam Berlim e recuariam para trás do Elba no momento em que qualquer corpo da infantaria russa se aproximasse. Munido dessa informação, Wittgenstein rapidamente adiantou sua guarda avançada – com apenas 5 mil homens –, sob o comando do príncipe Repnin-Volkonski. Benckendorff reconstruiu uma ponte sobre o Oder para os homens de Repnin, e as forças russas entraram em Berlim em 4 de março sob uma tremenda recepção. Wittgenstein relatou a Kutuzov, de forma triunfante naquele mesmo dia: "os estandartes gloriosos de Vossa Majestade Imperial estão tremulando sobre Berlim".[25]

A liberação de Berlim e a retirada dos franceses para trás do Elba foram muito importantes. A recaptura da capital elevou o moral e os recursos de toda a Prússia podiam agora ser mobilizados para a causa aliada. Grandes forças francesas estavam sendo reunidas por Napoleão e, se Eugène tivesse sido capaz de resistir por apenas mais algumas semanas, a campanha de 1813 teria começado no Oder, dentro do alcance da rebelde Polônia e das fortalezas de Napoleão no Vístula. Isso, por si só, teria reduzido as chances de uma intervenção austríaca. Em vez disso, a campanha começou bem a oeste do Elba, dando aos aliados várias semanas preciosas nas quais os recursos russos poderiam se aproximar e a Áustria juntar-se para a batalha.

Diversos fatores explicam a retirada francesa. Entre eles, não deve ser esquecida a extraordinária atuação da cavalaria leve russa e dos cossacos. Em seu diário,

Chernishev comentou que, em guerras anteriores, unidades *"partisans"* tinham incursionado por trás das linhas inimigas para capturar carregamentos de suprimentos e fazer prisioneiros para reunir informações. Elas também atacavam pequenas unidades inimigas. Ele acrescentou que na campanha de 1813 seus próprios *partisans* fizeram muito mais do que isso. Durante períodos consideráveis, eles haviam cortado as linhas operacionais do inimigo e interrompido toda movimentação e comunicação. Operando, às vezes, centenas de quilômetros à frente das principais forças russas, eles tinham criado uma completa névoa ao redor dos comandantes inimigos e, em alguns casos, realmente forçado mudanças fundamentais nos planos inimigos. Com a modéstia típica, Chernishev concluiu que o comandante de um "destacamento volante" precisava de grande energia, presença de espírito, prudência e habilidade para compreender as situações com rapidez. Chernishev tinha uma tendência à autopropaganda e autopromoção dignas de Nelson. Para lhe fazer justiça, também tinha ousadia, habilidade tática, perspicácia estratégica e capacidade de liderança equivalentes às de Nelson.[26]

Apenas cinco dias antes da queda de Berlim, Frederico Guilherme afinal sepultou suas dúvidas e consentiu no tratado de aliança com a Rússia. Um oficial do Estado-Maior de Kutuzov escreveu que "as notícias que frequentemente recebíamos sobre os sucessos de nossas guardas avançadas, que já estavam se aproximando do Elba, tiveram grande peso em nossas negociações com eles (os prussianos)". Ainda assim, as negociações foram difíceis quase até o fim. A principal razão para isso era o desacordo sobre o destino da Polônia. A Prússia tinha sido a principal beneficiária das Partições da Polônia. Ela queria de volta as terras polonesas, cuja concessão Napoleão forçara em Tilsit, e argumentava que sem esse território a Prússia não possuiria a força ou a segurança essencial de uma grande potência. Por outro lado, os eventos de 1812 tinham confirmado ainda mais a crença de Alexandre de que a única forma de ajustar as exigências de nacionalidade polonesa e segurança russa era reunir o maior número possível de poloneses em um reino autônomo, no qual o governante seria também o monarca russo. Em um momento em que a Rússia dispendia enormes quantidades de sangue e dinheiro para restaurar grandes territórios à Áustria e à Prússia, e em que a Inglaterra fizera uma limpeza nos impérios coloniais francês e holandês, o imperador, sem dúvida, também sentia que seu Império deveria ter alguma recompensa por seus esforços.[27]

O barão von Stein ajudou a diminuir as dificuldades viajando à Breslau para convencer Frederico Guilherme. O próprio Stein não gostava dos planos de Alexandre para a Polônia, julgando-os perigosos para a estabilidade interna russa e uma ameaça à segurança austríaca e prussiana. Ele também se perguntava se os poloneses, "com seus servos e seus judeus", eram capazes de se autogovernar. Mas Stein sabia que, nesse assunto, Alexandre estava irredutível e ajudou a intermediar um acordo russo-prussiano.

A Rússia garantiria todas as possessões prussianas existentes e asseguraria que a Prússia Oriental e a Silésia seriam conectadas por uma substancial e estrategicamente defensável faixa de território tirada do ducado de Varsóvia. Outra promessa russa foi de que comprometeriam toda sua força na guerra na Alemanha e não fariam a paz até que a Prússia fosse restaurada ao mesmo nível de poder, território e população que possuía antes de 1806. O Artigo I das cláusulas secretas do Tratado de Kalisz prometia que a Prússia seria totalmente compensada no norte da Alemanha por qualquer território polonês que ela perdesse para a Rússia no leste. Diferentemente de Napoleão, os russos não podiam subornar os prussianos com território hanoveriano, já que esse pertencia ao seu aliado, o rei britânico. A única provável fonte de compensação era, portanto, a Saxônia, cujo enfraquecimento ou desmembramento seria malvisto em Viena. Dessa forma, o Tratado de Kalisz permaneceu em parte estritamente secreto, armazenando problemas para o futuro.

Naquele momento, porém, ele era uma base satisfatória para a cooperação russo-prussiana. O maior impulso do tratado foi seu compromisso em restaurar a Prússia como uma grande potência, acima de tudo, para que ela pudesse reprimir a França, mas também, talvez, para equilibrar o poder austríaco na Alemanha. Nessa questão muito importante os russos estavam tão comprometidos quanto os prussianos. Além disso, embora o preâmbulo do tratado contivesse sua cota de hipocrisia, seu chamado à "tranquilidade e bem-estar de povos exaustos por tantos distúrbios e sacrifícios" era genuíno e sincero. Acrescente-se a isso a amizade que existia entre Alexandre e Frederico Guilherme e estão dados os ingredientes para um laço forte e duradouro entre os dois Estados. De fato, de uma forma ou de outra, a aliança russo-prussiana de 1813 iria sobreviver até os anos 1890, formando um dos elementos mais estáveis e duradouros na diplomacia europeia.[28]

O Artigo VII do tratado obrigava tanto a Prússia quanto a Rússia a considerar como total prioridade trazer a Áustria para sua aliança. Essa prioridade iria dominar não apenas a diplomacia, mas mesmo, até certo ponto, a estratégia militar nos três meses seguintes. A Áustria, porém, pretendia se fazer de difícil, e com um bom motivo. Os austríacos acreditavam que haviam suportado a maior parcela da luta contra os franceses desde 1793, tinham se decepcionado com prussianos e russos em diversas ocasiões e sentiam que não tinham seu valor reconhecido pelos britânicos. Desta vez, eles explorariam toda a potencial influência de sua posição e não seriam pressionados a nada.

Diversas derrotas alimentaram o pessimismo e a aversão ao risco entre alguns austríacos, acima de tudo em Francisco II, de quem, em última instância, todas as decisões sobre guerra e paz dependiam. A desconfiança da Rússia era profunda, temiam o poder e a imprevisibilidade russos, exacerbados pelo fato de que os austríacos tinham interceptado parte da correspondência de Alexandre com o príncipe Adam Czartoriski, seu principal confidente sobre assuntos poloneses, e estavam cientes da essência de seus planos para a Polônia. Os apelos russos e prussianos ao nacionalismo alemão, na ocasião pedindo a derrubada dos príncipes que apoiaram Napoleão, enfureceram os austríacos, em parte por medo do caos e em parte porque afastavam da Confederação do Reno monarcas a quem Viena estava tentando cortejar. O barão von Stein, principal conselheiro de Alexandre sobre assuntos alemães, era um pesadelo austríaco em especial.

A partir de março de 1813, no entanto, Alexandre cedeu cada vez mais aos desejos austríacos nessa questão, impedindo declarações inflamadas de seus generais e concedendo à Áustria a liderança em todos os assuntos relativos à Baviera, Württemberg e ao sul da Alemanha. Mais importante, a grande maioria da elite política e militar austríaca ressentia profundamente a maneira pela qual Napoleão tinha reduzido a Áustria ao *status* de uma potência de segunda classe, anexando seu território e retirando sua influência sobre a Alemanha e a Itália. Havendo uma boa oportunidade para reverter esse processo e restaurar um genuíno equilíbrio de poder europeu, a maioria dos membros da elite austríaca aceitaria a chance, por meios pacíficos, se possível, mas correndo os riscos inerentes à guerra, se necessário. O ministro austríaco das relações exteriores, conde Klemens von Metternich, compartilhava desse ponto de vista predominante.[29]

Em janeiro de 1813, a prioridade imediata de Metternich era libertar a Áustria da aliança francesa e assumir o papel de mediador neutro, sem provocar Napoleão mais do que o necessário ao fazê-lo. Uma intenção dessa política era remover o Corpo de Schwarzenberg da *Grande Armée* e trazê-lo de volta em segurança através da fronteira austríaca. Outra era planejar termos de paz com base no que a Áustria poderia mediar. O objetivo da Áustria era um sistema europeu em que a Rússia e a França equilibrassem uma à outra, com a Áustria e a Prússia restauradas às suas forças anteriores e capazes de garantir a independência da Alemanha. Os austríacos também queriam e precisavam profundamente de uma paz longa e estável.[30]

Para ter alguma chance de sucesso em sua mediação, Metternich percebeu que a Áustria precisaria reconstruir seu exército para que pudesse ameaçar uma intervenção decisiva na guerra. O problema nisso era que as despesas militares haviam sido cortadas brutalmente após a derrota de 1809 e a falência do Estado em 1811. Muitos batalhões de infantaria eram meros esqueletos; cavalos e equipamentos eram muito escassos; a maioria das fábricas de armas havia sido fechada. O Ministério das Finanças promoveu uma teimosa resistência às despesas militares em 1813, com o dinheiro sendo desembolsado muito lentamente, mesmo após orçamentos terem sido aprovados. Além disso, fábricas de armas e uniformes não poderiam ser recriadas da noite para o dia e nenhum fabricante sensato daria crédito ao governo austríaco. Metternich também calculou mal quanto tempo tinha à sua disposição. No início de fevereiro, ele estava convencido de que Napoleão não poderia ter um grande exército em campo antes do final de junho. Em 30 de maio, confessou o seu espanto com "a velocidade incrível com que Napoleão tinha reconstruído um exército". Apesar de toda sua grande habilidade diplomática, a velocidade e a violência da guerra napoleônica eram estranhas a Metternich, e podiam facilmente contrariar todos os seus cálculos. Assim como a Prússia em 1805, a Áustria, em 1813, arrastou as negociações com os dois lados em guerra, antes de finalmente comprometer-se com os aliados. À época, a política prussiana havia sido totalmente frustrada pelo desastre em Austerlitz, e o mesmo chegou perto de acontecer com os austríacos em maio de 1813.[31]

Em meio a todas as tensões e incertezas das relações russo-austríacas na primavera e no verão de 1813, foi de enorme ajuda que Nesselrode estivesse em frequente e secreta correspondência com Friedrich von Gentz, um dos principais intelectuais da contrarrevolução em Viena e o confidente mais próximo de Metternich. Gentz estava excepcionalmente bem informado sobre os pensamentos do próprio Metternich e sobre as opiniões e os conflitos dentro dos círculos governantes da Áustria. Nesselrode conhecia Gentz há anos e, com razão, confiava no seu profundo compromisso com a causa aliada. Gentz poderia colocar palavras favoráveis aos aliados no ouvido de Metternich. Mais importante, ele poderia explicar a Nesselrode as severas restrições dentro das quais o Ministério de Relações Exteriores estava operando, algemado como estava, não apenas pela cautela de Francisco II e alguns de seus conselheiros, mas também pelas dificuldades profundas e genuínas que o rearmamento austríaco enfrentava.[32]

Em comparação com a diplomacia tortuosa conduzida por Metternich no primeiro semestre de 1813, os movimentos das tropas de observação de Schwarzenberg são relativamente fáceis de entender. Em janeiro de 1813, os homens de Schwarzenberg estavam diretamente no caminho de um avanço russo através de Varsóvia e da Polônia central. Como foi o caso com o Corpo de Yorck na outra extremidade da linha de Napoleão, os 25 mil integrantes relativamente novos da tropa austríaca teriam sido um grande obstáculo para o exército sobrecarregado de Kutuzov, se tivessem optado por barrar seu caminho. Mas os austríacos não tinham interesse em defender o ducado de Varsóvia e, na verdade, saudaram o avanço russo para a Europa central como um meio de enfraquecer e equilibrar o poder de Napoleão. Eles também não tinham qualquer desejo de ver suas melhores tropas sacrificadas em batalhas com as forças russas.

Ignorando as ordens francesas para cobrir Varsóvia e a retirada no oeste, Schwarzenberg, por instruções de seu governo, concluiu um acordo secreto com os russos para recuar para o sudoeste, em direção a Cracóvia e à Galícia austríaca. Uma farsa foi elaborada e mantida com os russos, para que Viena pudesse alegar que a retirada de suas tropas havia sido exigida pelos movimentos de flanco do inimigo. Agora, a única grande força que permanecia cobrindo o centro da Polônia era o Corpo saxão do general Reynier. Este foi surpreendido e derrotado pela Guarda avançada de Kutuzov em Kalisz no dia 13 de fevereiro de 1813. O resultado da retirada austríaca para sudoeste foi a queda de todo o ducado de Varsóvia nas mãos dos russos até o final de fevereiro, com a exceção de um punhado de fortalezas francesas e uma pequena faixa de terra ao redor de Cracóvia.[33]

Na primeira semana de março, com Berlim e toda a Prússia liberadas, e com as tropas de Miloradovich e Wintzengerode, do exército de Kutuzov, posicionadas na fronteira polonesa com a Silésia prussiana, a primeira fase da campanha de primavera de 1813 havia acabado. Pelo resto do mês, a maior a parte do Exército russo ficou em quartéis, descansando após a campanha de inverno, tentando alimentar a si e aos seus cavalos, e deixar seus uniformes, mosquetes e equipamentos mais ou menos em ordem. Kutuzov emitiu instruções detalhadas para os oficiais comandantes sobre como utilizar esse período de descanso, e eles fizeram seu melhor para cumpri-las. Enquanto estavam aquartelados perto de Kalisz, por exemplo, o Regimento das Guardas Lituânia (Litóvski) treinava todas as manhãs. Todos os seus mosquetes foram consertados por hábeis artesãos particulares, sob o olhar atento de suboficiais do regimento. Suas carroças danificadas também foram reparadas. Um suprimento de quinze dias de farinha foi assado em forma de pão e biscoito para futuras emergências. O regimento não poderia reabastecer sua munição, porque as peças de artilharia ainda estavam presas ao longo da linha de comunicação do Exército, mas cada companhia construiu uma casa de banho russa para si. O material para uniformes novos chegou e alfaiatarias foram imediatamente criadas para transformá-lo em fardas.[34]

Embora o Regimento de Guardas Lituânia tivesse desfrutado de um descanso nessas semanas, ele quase não recebeu reforços. Isso aconteceu em quase todas as unidades nos exércitos de Kutuzov e Wittgenstein. As novas forças de reserva, que haviam se formado na Rússia durante o inverno, tinham sido convocadas para o *front*, mas não chegariam até, no mínimo, o final de maio. Um punhado de homens retornou às fileiras vindo do hospital ou de serviços destacados, mas eles simplesmente preencheram as lacunas deixadas pelos homens que adoeciam ou eram despachados para tarefas essenciais aos regimentos. Em Kalisz, a Guarda Lituânia tinha 38 oficiais e 810 homens nas fileiras, mas as Guardas eram, geralmente, muito mais fortes que a massa do Exército. O Regimento Kexholm, por exemplo, foi reduzido a apenas 408 homens em meados de março.[35]

Como era típico no Corpo de Osten-Sacken operando no sudoeste da Polônia, o Regimento Iaroslavl, da 10ª Divisão de Infantaria de Johann Lieven, era muito mais forte que a maioria das unidades do exército de Kutuzov. Porém, na metade de março, mesmo ela tinha cinco oficiais e 170 homens no hospital, e catorze oficiais e 129 homens destacados em tarefas. Essas últimas incluíam guardar a bagagem regimental, ajudar a formação de reservas, escoltar prisioneiros de guerra, coletar uniformes e equipamentos vindos da retaguarda e supervisionar o recolhimento e envio de convalescentes dos hospitais. Esses destacamentos sempre exigiam um número desproporcional de oficiais e eram a consequência inevitável de uma campanha de um ano, que agora resultava em linhas de comunicação que remontavam a centenas de quilômetros. Mas isso significou que, quando a segunda fase da campanha começou, em abril, e as forças russas avançaram para encontrar o exército principal de Napoleão, elas o fizeram em uma condição completamente reduzida, até mesmo esquelética em alguns casos.[36]

Embora grande parte do Exército russo estivesse descansando em março de 1813, suas forças leves estavam ganhando novas láureas. Entre suas novas façanhas esteve uma vitória brilhante perto de Lüneburg, em 2 de abril, onde as "colunas volantes" russas de Chernishev e Dornberg se uniram para aniquilar uma divisão francesa sob o comando do general Morand.

A façanha mais espetacular das forças leves entre março e abril foi, no entanto, a captura de Hamburgo e Lübeck por Tettenborn, em meio a uma insurreição popular contra os franceses. Nessa região, cuja prosperidade dependia do comércio exterior, o Bloqueio Continental e o Império de Napoleão eram profundamente odiados. A chegada da cavalaria e dos cossacos de Tettenborn foi recebida com êxtase pela população. Já em 31 de janeiro, Tettenborn tinha escrito para Alexandre para dizer que o governo francês era detestado no noroeste da Alemanha e "estou firmemente convencido de que poderíamos criar com rapidez um enorme exército lá". Agora suas previsões pareciam estar se tornando realidade e seus relatórios para Wittgenstein borbulhavam de excitação e entusiasmo. Em 21 de março, por exemplo, ele relatou que esperava ser capaz de formar uma grande força de infantaria com voluntários locais. Dois dias mais tarde, ele acrescentou que a formação de unidades voluntárias estava progredindo "com sucesso espantoso".[37]

Com o tempo, realidades desagradáveis começaram a enfraquecer o entusiasmo desse patriota alemão. Os bons burgueses de Hamburgo não eram, como ele esperava, o equivalente alemão da população espanhola de Zaragoza, dispostos a ver suas casas destruídas sobre suas cabeças e a lutar nas ruínas contra as tentativas francesas de tomar sua cidade. Após o entusiasmo inicial, o voluntariado caiu drasticamente. Muito inferiores numericamente a Napoleão na Saxônia, os quartéis-generais aliados não podiam dispor de forças regulares russas ou prussianas para ajudar Tettenborn. A última esperança de salvar Hamburgo da contraofensiva do marechal Davout estava com o Corpo sueco de Bernadotte, cujas primeiras unidades começaram a desembarcar em Stralsund a partir de 18 de março. No entanto, quando Bernadotte se recusou a ir resgatar Hamburgo, a causa da cidade estava perdida e Tettenborn evacuou seu grande prêmio em 30 de maio.

As circunstâncias nas quais Hamburgo caiu foram o primeiro ato na "Lenda Negra" criada por nacionalistas alemães contra Bernadotte. Muitos outros atos se seguiram em 1813. Dizia-se contra ele que ele não tinha a intenção de uma luta séria contra os franceses, já que queria conquistar sua simpatia e substituir Napoleão no trono da França. Mais realisticamente, Bernadotte foi acusado de não se importar em nada com a causa aliada e de preservar suas tropas suecas para a única guerra que importava para ele, que era a conquista da Noruega aos dinamarqueses. A última acusação tinha alguma força e Bernadotte, que enfureceu tanto os nacionalistas franceses quanto os alemães, tradicionalmente tinha uma péssima reputação. Mas, mesmo um de seus maiores críticos, *Sir* Charles Stewart, que era o enviado britânico à Prússia, escreveu em suas memórias que Bernadotte estava correto em não enviar forças suecas a Hamburgo.[38]

O próprio Bernadotte explicou seus atos aos enviados de Alexandre, os generais Peter van Suchtelen e Charles-André Pozzo di Borgo. Ele afirmou que metade de suas tropas e grande parte de sua bagagem não haviam chegado, em razão dos ventos contrários, quando veio o chamado de Hamburgo. Seus homens, em desvantagem numérica, teriam enfrentado Davout à sua frente com as forças hostis da Dinamarca em sua retaguarda. Reconhecendo a gravidade da perda de Hamburgo, Bernadotte argumentou que:

> apesar de todas as desgraças que essa perda pode trazer, a derrota do Exército sueco seria mil vezes pior, e, nesse caso, Hamburgo seria certamente ocupada e os dinamarqueses se reuniriam com os franceses. Em vez disso, estou concentrando minhas

forças, organizando minhas tropas e recebendo reforços da Suécia todos os dias – e, assim, eu estou fazendo os franceses sentirem minha presença e vou impedi-los de atravessar o Elba, a menos que eles façam isso com uma força grande demais.[39]

Apesar de uma grande decepção para os patriotas alemães, a operação de Hamburgo, na verdade, continuou a ser um grande sucesso sob o ponto de vista dos quartéis-generais aliados. À custa de um relativo punhado de cossacos e cavalaria, o melhor marechal de Napoleão, Davout, e cerca de 40 mil tropas francesas estavam ocupados no que era um ponto isolado estratégico, em um momento em que sua presença nos campos de batalha saxões poderia ter feito uma diferença decisiva. Além disso, o caos incentivado no noroeste da Alemanha por Tettenborn, Chernishev e outros líderes *"partisans"* interrompeu totalmente as feiras de cavalos, que tradicionalmente aconteciam na região nessa época. Para os franceses, esse era um problema sério. A maior dor de cabeça enfrentada por Napoleão enquanto ele se esforçava para recriar a *Grande Armée* foi a escassez de cavalaria; 175 mil cavalos haviam sido perdidos na Rússia e isso provou ser um problema mais grave que o material humano perdido. Em 1813, "a França estava tão pobre em cavalos" (de acordo com um especialista francês do século XIX) que, mesmo requisitando cavalos particulares para a cavalaria e outras medidas de emergência, "poderiam fornecer apenas 29 mil e nem mesmo eles estavam em condições de entrar em serviço militar imediatamente". Napoleão havia perdido os garanhões poloneses e os do norte alemão, e suas tentativas de comprar animais dos austríacos foram rejeitadas. A ruína das feiras de cavalo no noroeste da Alemanha foi um golpe adicional, o que atrasou ainda mais a montagem e o treinamento da cavalaria francesa. Muitos milhares de cavaleiros franceses ficaram sem cavalos na campanha da primavera de 1813, e a falta de cavalaria prejudicou muito seriamente as operações de Napoleão.[40]

Fora a cavalaria, no entanto, os esforços de Napoleão para reconstruir rapidamente seus exércitos no inverno de 1812-1813 foram um sucesso retumbante. A natureza desta nova *Grande Armée*, às vezes, é mal interpretada. Ao contrário da lenda, ela não foi, de forma alguma, apenas uma *mélange** dos 25 mil homens que haviam se arrastado de volta através do Neman em dezembro de 1812 e de uma horda de "Marie Louises" – em outras palavras, recrutas jovens das classes de 1813 e 1814. Ainda em janeiro de 1813, algumas tropas descansadas estavam disponíveis para reforçar os remanescentes de Eugène da antiga *Grande Armée*: esses eram, principalmente, os 27 mil homens das Divisões de Grenier e Lagrange,

---

* Mistura ou mescla, em francês. (N.T.)

que nunca foram empenhados na campanha russa. Além disso, haviam as já citadas guarnições francesas na Prússia, que amedrontaram Frederico Guilherme no inverno de 1812-1813.

Exércitos em campanha normalmente deixam para trás alguns de seus quadros, nos depósitos ou ao longo das linhas de comunicação, a partir dos quais seus regimentos podem, se necessário, ser reconstituídos. Por exemplo, as Guardas de Napoleão, em teoria, contavam 56 mil homens às vésperas da campanha de 1812. As unidades da Guarda que entraram na Rússia eram compostas, nominalmente, por 38 mil homens, e tinham 27 mil efetivamente presentes nas fileiras quando cruzaram o Neman. Os regimentos da Jovem Guarda que invadiram a Rússia foram praticamente eliminados, mas dois batalhões da Jovem Guarda tinham permanecido em Paris em 1812, e mais dois na Alemanha. Ao redor deles e dos quatro regimentos completos da Jovem Guarda na Espanha, uma formidável nova força poderia ser criada.[41]

Dentro da França, havia os batalhões reserva dos regimentos que serviam na Espanha e nas áreas mais distantes do Império. Em seu estudo sobre a *Grande Armée* de 1813, Camille Rousset os menciona, mas não especifica quantos homens eles forneceram. A história da campanha do Estado-Maior Geral prussiano estima que talvez fossem 10 mil. Fontes francesas e prussianas também diferem em relação à quantidade de homens retirados da Espanha. O menor número é 20 mil, mas todas as fontes concordam que os homens trazidos da Espanha eram a elite das tropas lá posicionadas. Além disso, havia 12 mil bons soldados da artilharia naval estacionados nos portos da França e agora incorporados à nova *Grande Armée*. Mesmo a primeira leva de recrutas, os 75 mil das chamadas coortes,[†] já estavam armados e sendo preparados durante nove meses até o início de 1813. Foi em torno desses quadros, relativamente grandes, que os verdadeiros "Marie Louises" foram formados. A esses jovens não costumava faltar coragem nem lealdade: o seu grande problema era a resistência, quando confrontados pelas demandas exaustivas da campanha napoleônica. No entanto, quando se concentrou perto do rio Main, o novo exército de Napoleão exibia uma força impressionante. De início, seus mais de 200 mil homens enfrentaram quase 110 mil soldados aliados. Se os russos e prussianos tinham consideravelmente mais veteranos, os franceses tinham Napoleão para nivelar esse equilíbrio.[42]

Enquanto Napoleão estava mobilizando e concentrando seus novos exércitos, Kutuzov estava no quartel-general em Kalisz, contemplando opções estratégicas

---

† Nome inspirado nas unidades táticas da infantaria romana, que contavam com, aproximadamente, 500 homens. Em geral, dez coortes formavam uma legião. (N.T.)

concorrentes. Imediatamente após a assinatura da aliança russo-prussiana, em 28 de fevereiro, o tenente-general Gerhard von Scharnhorst chegou ao quartel-general russo em Kalisz para coordenar o planejamento para a próxima campanha. Não havia dúvidas, no entanto, de que a Rússia era o principal parceiro na aliança ou de que caberia a Kutuzov, marechal de campo e comandante-em-chefe, a palavra decisiva na estratégia. Tanto na época quanto posteriormente, Kutuzov foi criticado a partir de dois pontos de vista diametralmente opostos.

Uma escola de pensamento argumentava que as forças aliadas deveriam ter avançado de forma decisiva através da Alemanha em março e no início de abril de 1813. Alguns dos generais prussianos e alguns historiadores alemães posteriores têm a primazia aqui, mas Wittgenstein também estava ansioso para perseguir o vice-rei Eugène sobre o Elba. Tanto aqueles que, como Wittgenstein, desejavam atacar Eugène em Magdeburgo, quanto aqueles que queriam atacar mais ao sul, a fim de interromper a planejada ofensiva de Napoleão, acreditavam que isso permitiria aos aliados mobilizar um poderoso apoio dos povos alemães e, talvez, dos príncipes alemães. A escola de pensamento oposta, quase exclusivamente russa, por vezes culpava Kutuzov por ter avançado até tão longe de sua base na Rússia, e se opunha a qualquer plano para atravessar o Elba em direção ao interior da Saxônia até que os reforços russos chegassem.[43]

Em uma carta importante escrita a seu primo, o almirante Loggin Golenishchev--Kutuzov, o comandante-em-chefe explicou por que os russos tinham sido forçados a avançar tão profundamente na Alemanha.

> Nosso movimento para longe de nossas fronteiras, consequentemente, de nossos recursos, pode parecer imprudente, especialmente ao se calcular a distância do Neman ao Elba e, em seguida, do Elba até o Reno. Grandes forças inimigas podem chegar até nós antes que possamos ser reforçados por reservas vindas da Rússia... Mas, se você analisar as circunstâncias de nossas atividades mais detalhadamente, então verá que estamos operando além do Elba apenas com forças leves, das quais (dada a qualidade de nossas forças leves) nenhuma será perdida. Foi necessário ocupar Berlim, e tendo tomado Berlim, como se poderia abandonar a Saxônia? Não só por causa dos seus recursos abundantes, mas também porque ela interdita as comunicações do inimigo com a Polônia. Mecklemburgo e as cidades hanseáticas[‡] se somam aos nossos recursos. Concordo que nossa remoção para longe de nossas fronteiras também nos afasta de nossos reforços, mas se tivéssemos permanecido atrás do Vístula

---

‡ Neste caso, Hamburgo, Bremen e Lübeck, que haviam sido anexadas pela França em dezembro de 1810. (N.T.)

teríamos então que travar uma guerra como em 1807. Não teria havido nenhuma aliança com a Prússia e toda a Alemanha, incluindo a Áustria, com o seu povo e todos os seus recursos, teriam servido a Napoleão.[44]

A resposta de Kutuzov para aqueles que pediam um rápido avanço em toda a Alemanha está contida nas muitas cartas que ele escreveu para seus generais subordinados, Wintzingerode e Wittgenstein. O comandante-em-chefe admitiu as vantagens em ocupar o máximo possível da Alemanha, a fim de mobilizar os seus recursos, levantar o moral alemão e antecipar-se aos planos de Napoleão. Mas quanto mais os aliados avançassem, mais fracas se tornariam suas forças, e mais vulneráveis ficariam a um contra-ataque devastador do exército muito maior que Napoleão estava construindo no sudoeste da Alemanha. A derrota teria mais do que consequências meramente militares: "Vocês devem entender que qualquer revés será um grande golpe para o prestígio da Rússia na Alemanha".[45]

Aleksandr Mikhailóvski-Danilévski, que estava servindo, na época, no Estado-Maior de Kutuzov, lembrou de que havia uma tensão constante entre o quartel-general e Wittgenstein, entre março e abril de 1813. Kutuzov tentava chamar a atenção de seu subordinado para o sul, onde o exército principal de Napoleão estava se concentrando, e em especial para a linha de Erfurt, através de Leipzig, até Dresden, ao longo da qual se esperava que o inimigo avançasse. Wittgenstein, ao contrário, estava acima de tudo preocupado em proteger o território central de Berlim e da Prússia, que seu corpo tinha liberado, e sobre cujas fronteiras, em março de 1813, estava posicionado. Kutuzov e seu chefe de gabinete, Petr Volkonski, estavam extremamente preocupados porque, a menos que Wittgenstein avançasse pelo sudoeste para a Saxônia, havia todas as chances de o avanço de Napoleão criar uma brecha entre ele e as principais forças aliadas e, dessa forma, permitir que o inimigo isolasse e esmagasse primeiro um exército aliado e depois o outro.[46]

Naquelas circunstâncias, Kutuzov e Volkonski estavam basicamente corretos. Considerando sua grave escassez de tropas, os aliados tinham que concentrar suas forças na área de Dresden-Leipzig, a fim de impedir que Napoleão fosse para o leste ao longo da fronteira austríaca com a Polônia. Mas as preocupações de Wittgenstein e de seu chefe de Estado-Maior d'Auvray sobre a defesa de Berlim e Brandenburgo também eram legítimas e compartilhadas pela maioria dos principais comandantes da Prússia. Se Napoleão reconquistasse essas áreas, a mobilização prussiana de homens e *matériel* sofreria um grande revés. O problema básico dos aliados na primavera de 1813 era que eles precisavam defender tanto o território central da Prússia, ao redor de Berlim, quanto o sul da Saxônia.

Infelizmente, eles não dispunham de recursos para fazer isso. A tensão causada pelas prioridades estratégicas conflitantes e pelo material humano inadequado para defendê-las continuou durante toda a campanha de primavera.

Clausewitz fornece uma visão realista sobre a situação dos aliados que justifica, em grande parte, a estratégia finalmente acordada por Kutuzov e Scharnhorst, e ratificada pelos monarcas russo e prussiano. Em sua visão, o desejo de Wittgenstein de atacar Eugène em Magdeburgo não fazia sentido: o vice-rei iria simplesmente se retirar, quando fosse confrontado por números superiores, e atrairia os aliados para longe da linha operacional crucial de Leipzig-Dresden, da qual suas conexões com a Áustria e com os suprimentos e reforços russos na Polônia dependiam. Criar um ataque preventivo na Turíngia, como alguns generais prussianos estavam pedindo, também não fazia sentido. As tropas aliadas em avanço enfrentariam números muito superiores perto das bases de Napoleão em abril.

Infelizmente, porém, também era difícil que a estratégia puramente defensiva, baseada na defesa do Elba que alguns russos sugeriam, fosse funcionar, considerando a superioridade numérica de Napoleão e o fato de que ele ocupava quase todos os pontos fortificados de travessia sobre o rio. Por estar sobre o Elba, em vez de mais a oeste, os aliados iriam apenas presentear Napoleão com o tempo extra de que eles mesmos tanto precisavam para convencer os austríacos e trazer os reforços russos. Embora Clausewitz, portanto, aprovasse a estratégia aliada de avançar sobre o Elba e tentar atrasar Napoleão, oferecendo-lhe batalha perto de Leipzig, ele estava ciente das chances aliadas nessa batalha, considerando a vantagem numérica francesa. A surpresa, somada à superioridade das tropas aliadas veteranas e de sua cavalaria, dava a eles alguma esperança de vitória, mas não mais do que isso.[47]

Em 16 de março de 1813, o Corpo prussiano de Blücher cruzou a fronteira da Silésia para dentro da Saxônia. No dia seguinte, a Prússia declarou guerra à França. Blücher foi seguido pela Guarda avançada do exército de Kutuzov, comandada por Wintzingerode, que estava subordinado ao comando do general prussiano. Dresden, capital da Saxônia, caiu diante de Wintzingerode em 27 de março. Em seguida, as tropas russas e prussianas se espalharam pela Saxônia em direção a Leipzig. Além das razões estratégicas para ocupar o oeste da Saxônia, a logística também entrou em jogo. A Silésia e Lausitz (o leste da Saxônia) eram, em grande parte, áreas industriais que mesmo em circunstâncias normais dependiam de grãos importados da Polônia. Essas províncias poderiam sustentar as tropas que as atravessassem, mas uma longa permanência dos exércitos aliados no leste do Elba mostrava-se difícil e dificultaria as tentativas de mobilizar recursos na Silésia para o esforço de guerra prussiano.

O sempre agressivo Blücher sonhava em se dirigir à Turíngia e à Francônia para atacar o exército principal de Napoleão antes que ele estivesse pronto. Ele sabia que não podia fazer isso por conta própria, mas suas tentativas de convencer Wittgenstein a se unir à ofensiva foram inúteis. Na verdade, até mesmo Blücher começou a ter suas dúvidas sobre a inteligência desse movimento. Como todos os líderes aliados, Blücher tinha os olhos sobre a Áustria, e em particular sobre Francisco II. O ano de 1805 também estava marcado a fogo na memória dos prussianos – naquela ocasião, a provável intervenção da Prússia na guerra fora arruinada pelo ataque prematuro dos aliados em Austerlitz. Blücher comentou com Wittgenstein que todos estavam alertando-o quanto a uma possível repetição da história e que talvez, dado o momento, fosse melhor adiar a decisão pelo maior tempo possível.[48]

Enquanto isso, Kutuzov e o corpo principal de seu exército permaneceram em Kalisz, para grande aborrecimento dos prussianos. O marechal de campo não via motivo para perturbar o descanso de seus homens. Tendo ocupado a Saxônia, ele não tinha nenhum desejo de avançar ainda mais, e relatórios de sua inteligência em março concluíram acertadamente que Napoleão ainda não estava pronto para atacá-lo. Em 2 de abril, Frederico Guilherme chegou a Kalisz e inspecionou as tropas russas. As Guardas, todas com uniformes novos, pareciam esplêndidas, mas o rei ficou consternado pelo pequeno tamanho das forças russas. Os prussianos estavam começando a perceber quanto custara aos russos a campanha do ano anterior e quão grande seria o esforço que a Prússia precisaria fazer em prol da vitória. Cinco dias após o desfile, Alexandre, Kutuzov e as Guardas finalmente partiram para a Saxônia.

No caminho, a bateria da artilharia das Guardas russas do capitão Jirkevich experimentou outra inspeção bastante diferente feita por Frederico Guilherme, ao passar por Legnica. A notícia de que o rei estava na cidade e queria cumprimentar as tropas russas só chegou a Jirkevich em cima da hora. Os preparativos do comandante russo estavam em pleno caos quando o modesto Frederico Guilherme apareceu repentinamente nos insignificantes degraus da primeira casinha pela qual eles passaram ao entrar na cidade. Uma saraivada de comandos colocou a coluna em alguma espécie de ordem de desfile na rua estreita, mas a excitação também despertou a variada mistura de patos, gansos e galinhas empilhados sobre os caixotes de armas, que acrescentaram a sua própria cacofonia à música militar. Atrás das carroças de armas e caixotões seguia um rebanho de ovelhas, bezerros e vacas. Eles ampliaram a confusão não apenas por seus gritos, mas também pela tentativa de alinhar-se em sua própria versão de desfile. O constrangimento de Jirkevich foi aumentado pelo fato de que esses animais tinham sido "adquiridos" na própria província prussiana da Silésia, mas Frederico Guilherme apenas sorriu e disse ao comandante russo que era bom ver as tropas parecendo tão bem e alegres. O rei podia ser rabugento, frio e rude, mas no fundo era um homem decente e bem-intencionado. Ele também falava e lia russo, ainda que de modo imperfeito, e gostava dos russos. Foi uma sorte para Jirkevich que as trapalhadas de seus homens tenham acontecido na frente de Frederico Guilherme, em vez de Alexandre ou do grão-duque Constantino. O último teria formado uma opinião bastante negativa sobre a informalidade das Guardas durante um desfile diante de um soberano aliado.[49]

Para as tropas russas, a marcha através da Silésia e da Saxônia era uma espécie de piquenique. O clima era excelente e, especialmente na Silésia, os soldados russos eram saudados em todos os lugares como aliados e libertadores. Embora, em geral, fossem tratados de forma correta pelos poloneses, esses últimos raramente tinham a confiança dos oficiais russos. Grande parte da Polônia era pobre, mesmo nas melhores épocas, e não melhorou com a passagem dos exércitos entre 1812 e 1813. A Silésia, ao contrário, era rica, e a Saxônia, mais ainda. Os oficiais russos se maravilharam com a riqueza, as casas e o estilo de vida dos fazendeiros camponeses saxões. As jovens alemãs loiras e de seios fartos eram uma alegria para os olhos, apesar da "vodca" alemã parecer miseravelmente rala e fraca. Enquanto isso, à medida que se aproximavam do Elba, eles podiam ver à sua esquerda as românticas encostas arborizadas das montanhas que dividiam a Saxônia da Boêmia dos Habsburgos.[50]

Em 24 de abril, Alexandre e as Guardas russas entraram em Dresden, onde foram passar a Páscoa russa. Para a esmagadora maioria dos soldados russos, tanto em Dresden quanto em outros lugares na Saxônia, os ritos de Páscoa foram uma experiência emocionante e edificante. Serge Volkonski, irmão do príncipe Repnin-Volkonski e cunhado de Petr Mikhailovich Volkonski, falava francês e era um cultíssimo oficial das *Chevaliers Gardes*. Ainda assim, ele se recorda da impressão que teve ao ver os sacerdotes saírem da igreja para cumprimentar os regimentos reunidos com a exclamação pascal "Cristo ressuscitou": " a oração... querida ao coração de todos os cristãos e para nós russos ainda mais fortemente sentida, porque as nossas preces são tanto religiosas quanto nacionalistas. Por conta de ambos os sentimentos, para todos os russos presentes esse foi um momento de exaltação". No entanto, o tempo para as orações e piqueniques estava chegando ao fim. No mesmo dia em que Alexandre entrou em Dresden, Napoleão avançou seu quartel-general de Mainz para Erfurt em preparação para seu avanço na Saxônia.[51]

Ao mesmo tempo, a doença obrigara Kutuzov a se afastar no caminho para Dresden. O velho marechal de campo morreu em Bunzlau em 28 de abril. A morte de Kutuzov não teve impacto sobre a estratégia aliada, que se manteve empenhada em deter o avanço de Napoleão através da Saxônia. Alexandre nomeou Wittgenstein como o novo comandante-em-chefe. De muitas maneiras, ele era o candidato mais adequado. Nenhum outro general havia conquistado tantas vitórias em 1812 e sua reputação fora reforçada pela campanha vitoriosa para libertar a Prússia em 1813. Wittgenstein falava alemão e francês e poderia, portanto, se comunicar facilmente com os aliados da Rússia. Além disso, sua preocupação com a defesa de Berlim e do território central da Prússia o tornou querido entre os prussianos e permitiu que ele demonstrasse empatia com suas preocupações. Um problema com a nomeação de Wittgenstein é que Miloradovich, Tormasov e Barclay tinham mais tempo de carreira que ele. Barclay seguia ausente do exército principal desde o cerco de Thorn, mas os outros dois generais ofenderam-se profundamente. Tormasov partiu para a Rússia e não fez muita falta. Miloradovich permaneceu e foi acalmado por mensagens diárias de incentivo e benevolência de Alexandre.

Nada disso importaria muito se Wittgenstein tivesse contabilizado uma vitória sobre Napoleão, mas o fracasso na batalha de Lützen aumentou a animosidade. Já inclinado a intervir em operações militares, Alexandre tornou-se ainda mais propenso a fazer isso à medida que se acumulavam as críticas ao novo comandante-em-chefe. Infelizmente, essas críticas eram muitas vezes justificadas. Como comandante-em-chefe, Wittgenstein estava além de sua capacidade. Corajoso, ousado, generoso e até cavalheiresco, foi um comandante de corpo inspirador, mas não conseguia dominar os requisitos muito mais complexos do quartel-general do Exército, onde a autoridade não poderia ser sempre exercida no modo cara a cara e se fazia necessário um meticuloso trabalho de administração e de Estado-Maior para manter uma grande força operacional. De acordo com Mikhailóvski-Danilévski, o quartel-general de Wittgenstein era caótico, com pouca disciplina ou mesmo segurança militar básica imposta aos muitos bajuladores que o infestavam.[52]

Nos últimos dias de abril, à medida que Napoleão avançava de Erfurt para Leipzig, os aliados se posicionavam bem ao sul de sua linha de marcha, perto da cidade de Lützen. Eles tinham que, ou tentar emboscar Napoleão, ou recuar rapidamente para que ele não pudesse alcançar Dresden antes deles, e cortar a sua retirada ao longo do Elba. A escolha não foi difícil, já que recuar sem uma batalha no primeiro encontro com Napoleão prejudicaria o moral das tropas e o prestígio dos aliados na Alemanha e na Áustria. Um ataque surpresa que pegasse o inimigo em marcha poderia derrotá-lo, ou ao menos retardar seu avanço.

O plano aliado foi concebido por Diebitsch. Ele pretendia apanhar uma parte do exército inimigo enquanto ele estivesse em plena marcha e destruí-lo antes que o resto das tropas de Napoleão pudessem vir em seu auxílio. O consenso é de que o plano era bom, mas sua execução foi muito falha, o que não foi nenhuma surpresa. Wittgenstein trouxe consigo seu próprio quadro de Estado-Maior. Quase todas as posições de comando no quartel-general mudaram na véspera da batalha. Para dar apenas um exemplo: Ermolov foi substituído como chefe de artilharia pelo príncipe Iashvili, que já havia liderado a artilharia do Corpo de Wittgenstein. Ermolov já não estava em uma posição favorável, por causa de seu fracasso em abastecer sua artilharia com suprimentos de munição em velocidade suficiente, mas a transferência repentina de responsabilidade para Iashvili resultou no novo chefe de artilharia não sabendo sequer o paradeiro de toda a munição que estava à mão. Uma confusão ainda maior ocorreu, porque essa era a primeira vez que grandes forças russas e prussianas lutavam lado a lado.

O plano de Diebitsch incluía colunas se movendo à noite para assumir, às seis da manhã de 2 de maio, posições de ataque. Previsivelmente, o caos reinou, colunas trombaram umas nas outras e mesmo a primeira linha aliada não estava disposta em seu lugar até cinco horas depois. Não ajudou a situação o fato de que os planos muitas vezes chegavam muito tarde e eram bem detalhados, mas nem sempre precisos. Até certo ponto, no entanto, o atraso pode ter favorecido os aliados. Durante as cinco horas que se passaram, Napoleão e o grosso de seu exército estavam marchando para longe do campo de batalha e para Leipzig, convencidos de que nenhuma batalha aconteceria naquele dia. Além disso, tivesse a batalha de Lützen começado ao amanhecer, Napoleão teria tido um dia de verão completo para concentrar todas as suas forças no campo de batalha, com resultados possivelmente desastrosos para os aliados em desvantagem numérica.

O alvo inicial dos aliados era o isolado Corpo de Ney, posicionado perto dos povoados de Grossgörschen e Starsiedel. Wittgenstein foi ajudado pelo fato de que Ney dispersara as cinco divisões de seu Corpo e não tomara as devidas precauções. O ataque inicial dos prussianos de Blücher pegou o inimigo de surpresa. No entanto, o alto comando aliado se viu igualmente surpreso pelo fato de o Corpo de Marmont estar posicionado no apoio de Ney e pela natureza do terreno no qual a batalha foi travada. Isso sugere que, apesar de sua superioridade em cavalaria, o trabalho de reconhecimento dos aliados não era perfeito. George Cathcart, o filho do embaixador britânico na Rússia, estava no quartel-general de Wittgenstein. Ele comentou que, por causa do terreno ondulante e cultivado, era impossível avistar do quartel-general aliado o que havia além da primeira elevação onde o inimigo estava posicionado. O ataque inicial prussiano em Grossgörschen foi bem-sucedido, "mas Grossgörschen é apenas uma em um conjunto de aldeias, quase contíguas, intercaladas com reservatórios, represas para moinhos, jardins etc., que propiciam fortes posições de resistência". As aldeias no campo de batalha eram de "casas de pedra com vielas estreitas de paralelepípedos e jardins com paredes de pedra".[53]

Pela primeira vez, as tropas aliadas encontraram uma diferença fundamental entre os campos de batalha saxões e russos. Nestes últimos, as aldeias de madeira não ofereciam nenhuma ajuda para os defensores. As sólidas paredes de pedra e prédios saxões eram um caso muito diferente e, às vezes, podiam ser transformados em pequenas fortalezas. As tropas de Ney eram inexperientes mas corajosas e, como é da natureza de soldados assim, tiraram forças do fato de serem capazes, em parte, de lutar posicionados atrás de fortificações de pedra. A infantaria prussiana também mostrou uma coragem extraordinária, instigada por oficiais desesperados para apagar a vergonha de Jena.§ O resultado foi uma batalha feroz que oscilou de um lado para outro à medida que aldeias eram perdidas e depois recuperadas pelas novas e bem ordenadas reservas, cujos rápidos contra-ataques pegavam o inimigo antes que ele tivesse recuperado o fôlego e se organizado para defender suas conquistas recentes. A maior parte da luta foi deixada a cargo da infantaria prussiana, com os russos entrando na batalha para apoiá-los somente durante a tarde. A partir desse momento, o Corpo de Eugen de Württemberg em especial esteve fortemente engajado e sofreu muitas baixas, primeiro ao recapturar as aldeias e, posteriormente, contendo a crescente ameaça ao flanco direito dos aliados.

Nessa batalha o essencial foi, no entanto, que os homens de Ney e Marmont simplesmente resistiram aos ataques aliados por tempo suficiente até que, primeiro o próprio Napoleão, e depois outros Corpos chegassem ao campo de batalha. Um planejamento e reconhecimento falhos fizeram com que o Corpo de Miloradovich permanecesse inativo a apenas poucos quilômetros da batalha. No entanto, mesmo que os homens de Miloradovich estivessem presentes, isso não teria alterado o resultado. Considerando os números muito superiores da infantaria francesa e a habilidade de Napoleão em usá-la, uma vez que o Exército francês estivesse todo concentrado no campo de batalha, a vitória era certa. Ao final da tarde, com MacDonald ameaçando contornar à direita dos aliados e

---

§ Jena (ou Iena) é uma cidade onde, em 1806, travou-se uma batalha decisiva entre os soldados de Napoleão e os do imperador Frederico Guilherme III, da Prússia, que saiu derrotada. (N.E.)

Bertrand à esquerda, Wittgenstein estava sendo forçado a comprometer suas reservas num momento em que Napoleão logo teria muitas tropas frescas à disposição.

Clausewitz argumentou que a batalha de Lützen foi mais um empate do que uma derrota aliada. No final do dia, os aliados ainda estavam no campo de batalha e tinham causado mais baixas do que sofrido. Sua retirada não foi forçada pela derrota, mas pela presença de números inimigos esmagadores. De acordo com Clausewitz, se não tivessem lutado em Lützen, essa inferioridade numérica teria forçado os aliados a recuar de qualquer maneira, sem sequer retardar o avanço francês no grau conquistado pela batalha de Lützen. Há alguma razão nessa argumentação, mas é também um pouco tendenciosa. É verdade que Lützen não foi uma derrota grave, mas poderia muito bem ter sido, se houvesse apenas mais duas horas de luz do dia.[54]

Após a batalha, os aliados fizeram uma retirada através da Saxônia, tornando a cruzar o Elba e alcançando Bautzen, no leste da Saxônia, em 12 de maio. Na maior parte do caminho, Miloradovich comandou a retaguarda, e o fez com grande habilidade. Isso permitiu que o resto do exército pudesse voltar de forma calma e sem pressa. Em Bautzen, os aliados desfrutaram de quase uma semana de descanso, antes que as tropas de Napoleão os alcançassem totalmente. Até então, os russos não possuíam um equivalente na Europa em termos de ações de retaguarda e retiradas. Teria sido necessária uma cavalaria muito melhor do que qualquer coisa que Napoleão possuía em 1813 para abalá-los. Como resultado de Lützen, no entanto, o rei da Saxônia, que havia ficado indeciso por dois meses, voltou para o lado de Napoleão. A guarnição saxônica de Torgau, o último cruzamento fortificado do Elba que não estava nas mãos dos franceses, recebeu a ordem para abrir seus portões a Napoleão. Seu comandante, o tenente-general von Thielemann, adiou o ato pelo máximo de tempo possível e depois fugiu com seu chefe de Estado-Maior para o campo aliado. A incerteza sobre a Saxônia se unir aos aliados havia limitado o esforço de guerra em abril. Quando a posição do rei Frederico Augusto tornou-se clara, já era tarde demais para os aliados explorarem o reino, cuja abundância de recursos sustentaria o esforço de guerra de Napoleão pelos seis meses seguintes.[55]

A narrativa das operações militares entre abril e maio de 1813, porém, conta, no máximo, apenas metade da história. Intensas negociações diplomáticas estavam acontecendo simultaneamente entre os austríacos e os os lados em disputa. Isso teve um grande impacto sobre a estratégia russa. Em uma carta a Bernadotte, Alexandre afirmou que todas as batalhas que ocorreram na Saxônia em abril e maio tinham sido travadas a fim de atrasar Napoleão e ganhar tempo para a Áustria intervir, como havia prometido fazer repetidas vezes. Precisamente no momento em que Napoleão começou seu avanço na Saxônia, os austríacos haviam lançado sua própria ofensiva diplomática. Tendo declarado a ambos os lados a intenção de mediação da Áustria, Metternich enviou o conde Bubna a Napoleão e o conde Philipp Stadion ao quartel-general aliado, para descobrir os termos que os lados em guerra estavam dispostos a oferecer. Enquanto isso, a Áustria construiu seu exército na Boêmia para adicionar a ameaça de intervenção militar como um incentivo ao acordo.[56]

A essa altura, a Áustria estava fortemente inclinada em direção aos aliados. Três meses de negociações com a França e a Rússia tinham mostrado, sem dúvidas, que Napoleão continuava a ser o inimigo dos principais objetivos austríacos, que eram recuperar seus territórios perdidos e restabelecer algum tipo de equilíbrio de poder na Europa. Sobre essas questões mais fundamentais, os russos e prussianos davam genuíno apoio à posição austríaca. Se Viena realmente queria acabar com o domínio da França na Europa, isso só poderia ser feito em aliança com São Petersburgo e Berlim, e provavelmente só pela guerra. Mas era possível que a mera ameaça de intervenção austríaca do lado dos aliados induzisse Napoleão a fazer concessões suficientes para satisfazer Viena. Alguns austríacos esperavam por isso, e os russos e prussianos o temiam. Em torno dessa questão central giraram as negociações diplomáticas entre a Áustria, a França e os aliados, no final da primavera e no verão de 1813.

Em 29 de abril, três dias antes da batalha de Lützen, Metternich enviou duas cartas importantes para o barão Lebzeltern, seu representante no quartel-general aliado. O ministro austríaco das relações exteriores observou uma contínua desconfiança aliada sobre Viena, e partiu para explicar por que os anos de crise financeira desde 1809 tinham retardado tanto os preparativos militares. Metternich escreveu que as recentes declarações austríacas a Napoleão deveriam deixá-lo sem nenhuma dúvida sobre a posição de Viena. Quando Stadion chegasse ao quartel aliado, ele explicaria os termos de paz que Viena estava apresentando a Napoleão e deixaria os russos e prussianos confiantes quanto à firme intenção da Áustria de atuar a favor deles, assim que seu exército estivesse pronto. Em sua primeira carta, o ministro austríaco das relações exteriores escreveu que "em 24 de maio teremos mais de 60 mil homens nos distritos da fronteira boêmia; no total teremos dois exércitos de campo mobilizados, com algo entre 125 mil e 130 mil homens, e uma reserva de pelo menos 50 mil". Em sua segunda carta, buscando amenizar os temores de que o avanço aliado na Saxônia fosse muito arriscado, ele acrescentou que:

se Napoleão vencer uma batalha será inútil, porque certamente os Exércitos austríacos não lhe permitirão buscar seu sucesso: se ele perder, o seu destino está decidido... o imperador deseja, no entanto, que suas majestades russa e prussiana não tenham qualquer dúvida sobre a intervenção do nosso Exército boêmio, que, repito, vai parar qualquer avanço que os Exércitos franceses possam tentar contra os aliados no caso de vitória; sob nenhuma circunstância isso deveria preocupá-los.[57]

As instruções de Stadion foram emitidas em 7 de maio. Elas afirmavam que mesmo as condições mínimas que a Áustria iria oferecer a Napoleão incluíam o retorno da maioria dos territórios austríacos e prussianos perdidos, a extinção do ducado de Varsóvia e de todo o território francês na Alemanha ao leste do Reno, e a abolição ou, pelo menos, a modificação da Confederação do Reno. A Áustria se comprometeu a descobrir, antes do final de maio, se Napoleão aceitaria esses termos e ouviria a voz da moderação. Metternich argumentou que as exigências austríacas tinham sido deliberadamente mantidas moderadas, porque o país buscava uma paz europeia duradoura, que só poderia ser construída com o consentimento de todas as grandes potências. Stadion teve que tranquilizar os monarcas aliados de que a posição da Áustria não seria alterada nem por vitórias de Napoleão, nem por suas derrotas no campo de batalha. Ele tinha que descobrir termos aliados para a paz, mas também criar a base para a cooperação militar, no caso de a mediação armada austríaca não conseguir influenciar Napoleão.[58]

Philipp Stadion chegou ao quartel-general aliado às nove da manhã em 13 de maio, onze dias depois da batalha de Lützen e uma semana antes da batalha de Bautzen. Ele encontrou-se com Nesselrode duas vezes naquele dia. Em um relatório para Alexandre, escrito no dia de sua chegada, Nesselrode resumiu a posição austríaca, como explicada por Stadion: Viena insistiria na restauração dos territórios perdidos por ela em 1805 e 1809 e apoiaria qualquer restauração de território prussiano estipulado no tratado de aliança russo-prussiano. Também exigiria a extinção do ducado de Varsóvia, de todo o território francês ao leste do Reno e da Confederação do Reno em si. Se Napoleão não aceitasse essas condições até 1º de junho, a Áustria entraria na guerra, independentemente do que tivesse acontecido no campo de batalha, entre o envio da mensagem e o final do prazo. Stadion acordaria com os aliados os princípios de um plano de operações militares conjuntas. Nesselrode tinha razão ao comentar que as condições estabelecidas "sem dúvida, nunca serão aceitas pela França". Ele acrescentou que "o conde Stadion promete formalmente, em nome de sua corte, que nenhuma resposta evasiva ou demorada de Napoleão irá retê-la [a Áustria] para além do final desse período, para executar o plano de operações que tiver sido acordado entre ela e as cortes aliadas".[59]

Nesselrode era um diplomata muito calmo e experiente. É inconcebível que ele tenha interpretado mal Stadion, de forma deliberada ou não, numa questão tão crucial. O próprio Stadion era um ex-ministro austríaco de relações exteriores. Apesar de todo seu ódio por Napoleão e pelo Império Francês na Alemanha, ele jamais teria enganado os russos de propósito. Fazer isso teria sido extremamente arriscado, tanto em termos militares quanto em seu impacto sobre as relações austro-russas. Talvez Stadion tenha permitido que interpretação de seu relato fosse tomada de um entusiasmo excessivo, embora seja impossível saber o que de fato foi conversado entre ele e Metternich antes de sua partida para o quartel-general aliado. No entanto, seja lá de quem tenha sido a culpa, não há dúvida de que o que Stadion disse a Nesselrode não representava o verdadeiro estado das negociações em Viena.

Em primeiro lugar, não estava certo, de forma alguma, que Francisco II assumiria a linha intransigente sugerida por Stadion, no caso de Napoleão rejeitar qualquer ponto das condições austríacas, buscando retardar ou obter vitórias sobre os aliados no campo de batalha. Além disso, quando Nesselrode, três semanas depois, pôde finalmente conhecer o marechal de campo Schwarzenberg e o general Radétski, os dois principais oficiais do Exército da Boêmia, eles asseguraram que nunca tinha sido concebível para o Exército austríaco cruzar a fronteira da Boêmia antes de 20 de junho. A perplexidade e a desconfiança russas foram inevitáveis. Stadion falava mesmo por Metternich? Quais eram as verdadeiras opiniões do escorregadio ministro de relações exteriores, e será que ele falava por Francisco II? Será que qualquer estadista austríaco entendia, que dirá controlava, o que o Exército estava fazendo para se preparar para a guerra?[60]

Garantias categóricas de apoio por parte dos austríacos foram uma poderosa razão adicional para os aliados arriscarem outra batalha contra Napoleão, interrompendo sua retirada em Bautzen. No entanto, embora existissem excelentes razões para tentar ganhar tempo e atrasar Napoleão, a decisão foi muito arriscada. Na batalha de Bautzen, entre 20 e 21 de maio, os aliados conseguiriam reunir apenas 96 mil homens: Napoleão teve o dobro desse número até o final da batalha e sua superioridade foi ainda maior no que se refere à infantaria, que seria decisiva no campo de batalha. No mapa, o terreno em Bautzen parecia favorecer uma defesa firme. Quando chegaram ao local, como de hábito, as tropas russas começaram imediatamente a cavar trincheiras e fortificações. Embora os pontos fortes individuais fossem formidáveis, a posição era dividida em uma série de setores por riachos e ravinas. Seria muito difícil coordenar a defesa ou movimentar as reservas de um setor para outro. Acima de tudo, a posição aliada também era muito extensa para uma força tão relativamente pequena. Os russos tinham quatro vezes menos homens por quilômetro do que tinham em Borodino.

O conde Langeron chegou a Bautzen com o destacamento de Barclay de Tolly apenas quatro dias antes da batalha. Após a queda de Thorn eles tinham marchado rapidamente para resgatar o exército principal. Na batalha de Bautzen, o Corpo de Langeron, sob o comando geral de Barclay, ficou no flanco direito da linha dos aliados, contra a qual o golpe decisivo de Napoleão – como se viu – seria dirigido, sob o comando do marechal Ney. Em suas memórias, Langeron comentou que o terreno oferecia muitas vantagens para seus defensores, mas eram necessários 25 mil homens para dominá-lo; ele tinha apenas 8 mil. O Corpo de Eugen de Württemberg estava no flanco esquerdo aliado. Como Langeron, ele reconheceu que a decisão de ficar em Bautzen havia sido tomada, acima de tudo, por razões políticas. Em sua opinião, "considerando o tamanho de nossa desvantagem numérica e dada a posição muito estendida que estávamos mantendo, não podíamos esperar a vitória na batalha, mas apenas infligir perdas ao inimigo e realizar uma retirada ordenada, protegida por nossa numerosa cavalaria".[61]

Lutando contra o principal general da época, em desvantagem de dois para um, o perigo era que eles fossem postos em fuga. E outra derrota como a de Friedland, que dirá uma Austerlitz, provavelmente teria destruído essa coalizão aliada, como acontecera com tantas antes dela. Uma vitória igual a Friedland esteve realmente ao alcance de Napoleão em 21 de maio, e provavelmente teria ocorrido, não fossem os erros do marechal Ney.

O plano de Napoleão era simples e potencialmente devastador. Em 20 de maio, os seus ataques limitados e dissimulações prenderiam o principal corpo aliado ao longo da linha defensiva, que ia do sopé das montanhas da Boêmia, à sua esquerda, aos montes Kreckwitz, à sua direita. Esses ataques continuariam em 21 de maio. Considerando os números franceses, era fácil tornar esses ataques muito convincentes e até mesmo obrigar os aliados a comprometer parte de sua reserva para detê-los. Mas o golpe decisivo seria dado em 21 de maio pelos Corpos de Ney e Lauriston sobre Barclay na extrema direita da posição aliada, perto de Gleina. Em números esmagadoramente superiores, eles iriam passar por Barclay e pela retaguarda aliada, cortando as únicas estradas que permitiriam aos aliados fazer uma retirada ordenada no sentido leste para Reichenbach e Görlitz, e ameaçando empurrar o inimigo em um alvoroço desordenado em direção ao sul, sobre a fronteira austríaca. Esse plano era totalmente viável – na verdade, ele até se beneficiava da obsessão de Alexandre com a ideia de que a ameaça principal viria por sua esquerda, com a tentativa de Napoleão de afastar os aliados da fronteira da Boêmia e, assim, destruir as chances de operações coordenadas com os austríacos. Wittgenstein, por sua vez, entendia corretamente que o principal perigo viria no norte. A essa altura, no entanto, Alexandre tinha perdido a confiança em Wittgenstein e estava quase agindo como se fosse ele mesmo o comandante-em-chefe. Além disso, em nada ajudou o fato de Wittgenstein ter dito ao imperador que Barclay comandava 15 mil homens, quando na realidade ele tinha apenas metade desse número.[62]

Em 20 de maio, a batalha ocorreu de acordo com o plano de Napoleão. Um combate feroz foi travado no extremo norte do *front* aliado, até os montes Kreckwitz, e Alexandre comprometeu parte de suas reservas para repelir o que ele enxergava como a ameaça francesa à sua esquerda. Enquanto isso, os homens de Barclay foram incomodados apenas por uns poucos escaramuçadores. Na manhã seguinte, a batalha foi renovada a partir do sopé da Boêmia até Kreckwitz, mas Ney e Lauriston também entraram na luta.

A batalha na extrema direita começou cerca de nove horas da manhã. Barclay rapidamente percebeu que não havia esperança de deter os números esmagadores com os quais era confrontado. Tudo que ele podia esperar era lutar por uma ação de atraso nos montes próximos a Gleina e proteger as principais linhas de retirada pelo maior tempo possível. Langeron comentou que, especialmente, seus 28º e 32º regimentos *jaeger* mostraram habilidade e heroísmo naquela manhã, retardando os franceses até o último minuto e permitindo que a artilharia russa escapasse após infligir pesadas baixas. O próprio Barclay avançou entre seus *jaegers*, inspirando-os por sua plácida coragem diante do perigo extremo. Apesar de toda a frieza dos russos, e do alívio temporário conquistado por um contra-ataque dos prussianos de Kleist, a situação tornou-se cada vez mais desesperada com a pressão de Ney se acumulando e parte do Corpo de Lauriston ameaçando envolver o flanco direito de Barclay. Quando a vila de Preititz finalmente foi perdida para os franceses, às três da tarde, teria sido fácil para Lauriston avançar para cortar a linha vital de retirada aliada no caminho para Weissenburg.

Em vez disso, providencialmente, Ney deixou-se levar demais pela feroz batalha que ocorria à sua direita no monte Kreckwitz, onde Blücher estava resistindo a um ataque de Soult, cujas forças incluíam o Corpo de Bertrand e as Guardas de Napoleão. Em vez de investir no sudeste em direção à linha de retirada aliada, não só Ney dirigiu seus próprios homens a sudoeste contra Blücher, como também ordenou que Lauriston o ajudasse. Confrontado por esses números esmagadores, o velho Blücher, ainda discursando aos seus homens para lutar como os espartanos nas Termópilas, foi convencido, muito a contragosto e no momento certo, a recuar pelo caminho que os homens de Barclay ainda estavam mantendo aberto. As Guardas russas e a cavalaria pesada foram requisitadas para cobrir a retirada.

Os aliados na direita e no centro moveram-se seguindo a estrada para Reichenbach e Weissenburg, os na esquerda seguiram pela estrada paralela através de Löbau para Hochkirch. Essa retirada foi essencialmente uma marcha de flanco, atravessando diante de forças inimigas muito mais numerosas, após dois dias de batalha desgastante. Langeron comenta que "ela foi realizada, no entanto, com toda ordem e sem sofrer a menor perda, assim como todas as outras retiradas que esse admirável Exército russo fez durante a guerra, graças à sua perfeita disciplina, obediência e à coragem inata dos oficiais e soldados russos". Sem dúvida, Langeron era uma testemunha tendenciosa, mas o barão von Odeleben, um oficial saxão no Estado-Maior de Napoleão, observou a retaguarda russa em 21 de maio e registrou que "os russos se retiraram com a maior ordem possível" e "sua retirada pode ser considerada como uma *chef d'oeuvre*¶ da tática... embora as linhas dos aliados estivessem, por assim dizer, emaranhadas no centro, os franceses não poderiam ter sucesso, seja em isolar uma parte de seu exército ou em capturar sua artilharia".[63]

Para Napoleão, o resultado de Bautzen foi uma grande decepção. Em vez de uma vitória decisiva, ele tinha apenas empurrado os aliados para trás, ao longo de sua linha de retirada, e isso depois de perder 25 mil homens, contra as 10.850 baixas russas e prussianas. Sua perseguição aos aliados em retirada também não lhe trouxe satisfação. No dia seguinte a Bautzen, em 22 de maio, os franceses alcançaram a retaguarda russa em Reichenbach. O recuo dela foi bloqueado por um engarrafamento nas ruas da cidade, mas isso não perturbava seus comandantes, Miloradovich e Eugen de Württemberg. Mais uma vez, Odeleben estava observando:

> As disposições feitas para a defesa do monte em questão conferem a mais alta honraria ao comandante da retaguarda russa. A estrada para Reichenbach, que sai do lado oposto do morro, torna-se a saída da cidade. O general russo aproveitou a posição até o último instante, e suas tropas não se retiraram até que os franceses vieram em números tão fortes que a resistência se tornou totalmente impossível. Imediatamente depois, ele foi visto defendendo outro monte entre Reichenbach e Markersdorf, onde outra vez deteve a marcha dos franceses.[64]

¶   Obra-prima, em francês. (N.T.)

Essa era a "retirada em escalão" de Eugen em ação, e o progresso em passo de lesma que ela impôs sobre os franceses enfureceu Napoleão e o levou a tamanha impaciência raivosa que ele mesmo assumiu o comando da guarda avançada. Naquela noite, a retaguarda russa tomou mais uma posição defensiva atrás da aldeia de Markersdorf. Quando Napoleão atravessou a aldeia, o primeiro tiro da artilharia russa feriu mortalmente o seu marechal da corte e amigo próximo, Geraud Duroc. Quatro dias depois, em Hainau, a cavalaria prussiana emboscou e derrotou uma incauta guarda avançada francesa, sob o comando do general Maison. Em geral, essas façanhas das retaguardas aliadas davam aos seus colegas tempo para fazer uma retirada em ordem, mas nos últimos dez dias da campanha da primavera de 1813 elas realmente conseguiram muito mais do que isso. O que Napoleão viu dos aliados foi uma cavalaria inimiga muito superior e imperturbáveis retaguardas russas, como aquelas a quem ele perseguira durante todo o caminho até Moscou no ano anterior, sem alcançar nada. Ele teria que ser menos que humano para não estremecer ao renovar o mesmo jogo, com a cavalaria muito inferior que possuía em maio de 1813. O que a retaguarda aliada escondia totalmente dele eram as desavenças profundas e a potencial confusão que afetavam o quartel-general aliado naquele momento.

A discórdia, acima de tudo, vinha do fato de que os aliados estavam enfrentando dilemas estratégicos muito difíceis. Se a intervenção austríaca era de fato iminente, a prioridade, provavelmente, deveria ser abraçar a fronteira da Silésia com a Boêmia e se preparar para se unir às forças invasoras dos Habsburgos. No entanto, se a ajuda austríaca fosse adiada, ou falhasse por completo, tal movimento poderia ser fatal. O Exército russo-prussiano poderia facilmente se ver flanqueado a partir do leste e preso contra uma fronteira neutra por Napoleão. Tentar permanecer perto da fronteira da Silésia com a Boêmia, no mínimo, tornaria difícil alimentar o Exército por qualquer período de tempo e arriscaria suas comunicações com a Polônia, de onde seus suprimentos e reforços estavam vindo.

Isso era um anátema para Barclay de Tolly, que substituiu Wittgenstein como comandante-em-chefe, em 29 de maio. Meses de campanha, somados à administração inepta de Wittgenstein, tinham reduzido o Exército russo a uma imensa confusão com corpos, divisões e até mesmo regimentos desordenados e mutilados por destacamentos e designações especiais. Wittgenstein nem sabia onde todas as suas unidades estavam, e muito menos quantos estavam nelas. Ao final de maio, os homens também estavam começando a passar fome. A solução de Barclay para esses problemas foi recuar através do Oder para dentro da Polônia, a fim de reorganizar o seu exército. Ele prometeu que essa reorganização seria concluída dentro de seis semanas. Ao recuar para suas próprias bases de abastecimento, o problema russo de alimentar o Exército e restaurar sua estrutura poderia ser rapidamente resolvido. Além disso, dezenas de milhares de reforços estavam naquele momento chegando ao teatro de operações. Esses incluíam as formidáveis Divisões de Fabian Osten-Sacken, mais repletas de veteranos do que qualquer corpo que não fosse a Guarda; a excelente 27ª Divisão de Dmitri Neveróvski; a cavalaria de Peter Pahlen; e dezenas de milhares de reservas formadas na Rússia durante o inverno de 1812-1813. Milhares de homens que voltavam do hospital também estavam prestes a chegar e precisariam de espaço suficiente para ser colocados de volta em seus regimentos.

Se a solução de Barclay fazia sentido nos estritos termos militares russos, ela era, no entanto, uma dinamite política. Para os prussianos, significaria o abandono da Silésia, o que permitiria a Napoleão destacar uma série de Corpos para reconquistar Berlim e Brandemburgo. Ela também iria, provavelmente, condenar a intervenção austríaca, por certo no curto prazo, e talvez para sempre. Em 31 de maio, após a notícia de Bautzen chegar a Viena, o enviado hanoveriano escreveu que

> os medos do imperador (Francisco II) acerca de uma invasão francesa crescem a cada dia. Talvez eles sejam aumentados pela ansiedade causada pelo medo de que o imperador russo abandone a causa. As pessoas chegam a ponto de temer que, se os aliados forem empurrados de volta ao Vístula, em poucos meses Bonaparte será reforçado pela classe de 1814, e irá apenas deixar uma tropa de observação de 100 mil homens contra os aliados, caindo sobre a Áustria com o resto de suas forças. Para evitar esse infortúnio, as pessoas estão dizendo que a Áustria deve agir rapidamente para obter as negociações de paz em andamento.

Apesar de todas as belas palavras de Metternich sobre a política austríaca não ser afetada por acontecimentos militares, Stadion estava apavorado com o impacto que a retirada do exército aliado para a Polônia teria sobre o comportamento austríaco. E ele estava inteiramente correto em se sentir assim.[65]

Alexandre inicialmente cedeu aos prussianos e à necessidade de abraçar a fronteira da Boêmia e manter contato próximo com os austríacos. O Exército recebeu ordens para virar para o sul, fora da linha de retirada para a Polônia, e assumir posição perto de Schweidnitz e da antiga posição fortificada em Bunzelwitz, onde Frederico II havia desafiado os austríacos na Guerra dos Sete Anos. Sob conselhos prussianos, Alexandre acreditava que, se necessário, os aliados poderiam lutar ali contra Napoleão em terreno favorável. Na chegada, no entanto, rapidamente se tornou claro que as autoridades locais não tinham feito nada para executar as ordens de Frederico Guilherme para reconstruir as velhas defesas, e que o único terreno favorável nas vizinhanças não poderia ser mantido por uma força de 100 mil homens. O Landwehr silésio, que deveria estar presente em peso para reforçar o Exército, não estava à vista. Além disso, as dificuldades na alimentação das tropas logo se tornaram agudas.[66]

A razão básica para isso era, como já vimos, que a Alta Silésia dependia da Polônia para o abastecimento de alimentos, mesmo em tempo de paz, e não poderia repentinamente acomodar todo o exército aliado, estando concentrada com o inimigo prestes a chegar. Apesar de Kutuzov, ainda em abril, ter implorado a Stein para criar armazéns no leste da Saxônia, nada fora feito: essa foi apenas uma parte da falha geral de Stein em mobilizar com eficiência recursos saxões, enquanto os aliados ocupassem o reino. Barclay, em parte, culpou Wittgenstein, enfaticamente observando em uma carta a ele que "quando pela primeira vez assumi o comando supremo dos exércitos, olhando para a questão do abastecimento, tornou-se claro para mim que nenhuma medida preparatória havia sido tomada para garantir alimento. Enquanto as tropas estavam no ducado de Varsóvia e na Saxônia, eles foram alimentados em princípio exclusivamente por requisição na região onde estavam estacionados, ou através da qual estavam marchando, e a requisição durava apenas enquanto eles estivessem lá. Quase nenhuma reserva de suprimentos foi criada em qualquer lugar na retaguarda para o Exército". Era inevitável, também, que o intendente-geral, Georg Kankrin, fosse alvo de críticas quando o Exército começou a passar fome. Em 4 de junho, ele respondeu lamuriosamente para Barclay, afirmando que os prussianos não estavam fornecendo quase nada, e que em território prussiano ele não podia requisitar alimentos ou "exercer qualquer autoridade e ninguém me perguntou sobre a possibilidade de alimentar as tropas quando a rota para Schweidnitz foi escolhida".[67]

Com o Exército ficando faminto e o prazo para a intervenção austríaca visivelmente diminuindo, uma conferência russo-prussiana em 2 de junho apoiou uma retirada em direção ao rio Oder. Petr Volkonski já tinha ordenado que o Tesouro do Exército fosse escoltado de volta para Kalicz e que preparações fossem feitas para destruir as pontes sobre o Oder, uma vez que o Exército tivesse passado. Enquanto isso, os líderes da Prússia estavam em alvoroço, à medida que sua campanha para libertar o seu país atingia seu nadir.

O general l'Estoq, feroz governador militar de Berlim, informou ao chanceler Hardenberg, em 30 de maio, que os franceses estavam se dirigindo aos cruzamentos do Oder, "a fim de seguir para a Polônia e iniciar uma insurreição lá.

O inconcebível nível de tolerância demonstrado em Varsóvia preparou o terreno para isso bastante bem". A tentativa de transformar a Silésia em uma nova Espanha e lançar uma insurreição civil contra os franceses invasores havia se mostrado um fracasso decepcionante. Se tivesse se mobilizado contra os franceses, l'Estoq acreditava que a Landsturm (ou seja, a "guarda doméstica") poderia ter absorvido os esforços de milhares de soldados inimigos. Na verdade, ela não tinha feito nada. Ele comentou que "a nobreza da Silésia não queria nenhuma relação com a Landsturm, o que facilmente explica por que tais terríveis desvios do dever e obediência aconteciam", acrescentando que o comandante da Landsturm "deve ser acusado de traidor da pátria e deve imediatamente ser fuzilado". Enquanto isso, na conferência de 2 de junho, Blücher e Yorck argumentaram que, se os russos recuassem sobre o Oder, o Exército prussiano deveria se separar deles a fim de defender o que restava do território prussiano.[68]

Nessa semana de crise suprema, enquanto toda sua estratégia ameaçava desmoronar, Alexandre mostrou notável liderança. Em meio às evasivas austríacas, à histeria da Prússia e às queixas de seus próprios generais, ele permaneceu admiravelmente calmo, sensato e otimista sobre a vitória final. Como em setembro de 1812, sua corajosa tranquilidade foi, em parte, sustentada pela fé na vontade e misericórdia de Deus. No final de abril, ele tinha tirado um dia de folga da guerra para fazer uma visita surpresa à comunidade dos irmãos morávios em Herrnhut, onde permaneceu em uma conversa profunda com os irmãos por duas horas, sem escolta. Seu ânimo também havia sido elevado pelos serviços de Páscoa em Dresden, após os quais ele escreveu para Aleksandr Golitsyn que "seria difícil para mim expressar-lhe a emoção que senti ao pensar sobre tudo o que aconteceu durante o ano passado e para onde a Divina Providência nos levou".[69]

Milagrosamente, o otimismo de Alexandre seria recompensado, já que Napoleão se curvou aos apelos austríacos e concordou com um armistício, que duraria até 20 de julho e seria acompanhado de negociações de paz. Se tivesse essa opção, a manobra inicial de Napoleão teria sido tentar entrar em negociações diretamente com os russos. Foi somente quando Alexandre rejeitou essa abordagem que Napoleão aceitou a mediação da Áustria e mandou seus enviados assinarem o armistício em 4 de junho. Posteriormente, ele escreveria que essa foi uma das piores decisões da sua vida.

As razões que Napoleão apresentou na época de sua decisão foram a necessidade de preparar sua cavalaria e tomar providências contra a possível intervenção austríaca. Ele poderia ter acrescentado outras boas razões também. Suas tropas estavam esgotadas, as listas de enfermos aumentavam de forma alarmante e, sem dúvida, cresceriam ainda mais caso ele mergulhasse em direção à Polônia.

À medida que suas comunicações se estendiam, o mesmo acontecia com sua vulnerabilidade aos grupos incursores aliados. Na verdade, na véspera do armistício, uma grande força sob o comando de Aleksandr Chernishev e Mikhail Vorontsov estava a ponto de cercar Leipzig na retaguarda de Napoleão, com sua guarnição e suas vastas provisões. Essa era uma lembrança da necessidade de criar bases seguras e fortificadas para sua futura campanha. No entanto, por mais que todas essas razões fossem boas, elas não superavam as enormes vantagens que Napoleão teria obtido seguindo para a Polônia, dividindo os russos e prussianos e aterrorizando os austríacos, afastando-os da intervenção. A autocrítica posterior de Napoleão estava correta. Com toda a probabilidade, se tivesse continuado a campanha da primavera de 1813 por apenas mais algumas semanas, ele poderia ter garantido uma paz muito favorável.

Barclay mal acreditava em sua sorte. Ele tinha pedido seis semanas para restaurar o seu exército e Napoleão tinha dado isso a ele, sem a necessidade de arriscar uma ruptura com os prussianos ou os austríacos, ou até mesmo de reorganizar seus corpos no meio das operações militares. Quando Langeron ouviu a notícia do armistício, ele foi "para o quartel-general de Barclay, e ele me recebeu com uma grande gargalhada: essa explosão de felicidade não era de forma alguma normal para Barclay. Ele sempre foi frio, sério e austero no humor e em seu jeito. Nós dois rimos juntos à custa de Napoleão. Barclay, todos os generais e nossos monarcas estavam bêbados de alegria e eles tinham razão de estar assim".[70]

10

Reconstruindo o Exército

Durante a trégua do verão de 1813, o Exército russo foi transformado. Quando a campanha de outono começou, ele não estava apenas descansado, bem alimentado e reorganizado, mas também muito maior do que tinha sido em maio. Para entender como isso aconteceu, somos obrigados a refazer um pouco nossos passos e olhar para os acontecimentos por trás das linhas de frente. Em parte, isso significa entender o complicado processo de criar, treinar e equipar as centenas de milhares de recrutas que reforçaram os exércitos de campo de 1812 a 1814. Só a movimentação dessas forças do coração da Rússia até os campos de batalha alemães já era um desafio. No outono de 1812, a principal área de formação dos exércitos de reserva estava na província de Níjni Novgorod, a aproximadamente 1.840 quilômetros da fronteira da Rússia com o ducado de Varsóvia. O Ministério da Guerra calculava serem necessárias 15 semanas de marcha para percorrer essa distância.[1]

Uma vez na Polônia e na Alemanha, os exércitos russos tinham de ser alimentados e abastecidos enquanto operavam a uma distância enorme de suas bases domésticas. Uma maneira de colocar isso em perspectiva é lembrar de que mais de meio milhão de soldados russos serviram fora das fronteiras do Império entre 1813 e 1814, e isso em uma Europa onde apenas duas cidades tinham populações de mais de 500 mil pessoas. É igualmente útil recordar a experiência da Rússia na Guerra dos Sete Anos (1756 a 1763), quando os exércitos russos atuaram nas mesmas regiões alemãs de 1813. Seus esforços foram crucialmente enfraquecidos pela necessidade de recuar centenas de quilômetros para o leste a cada outono, porque eles não podiam se abastecer em solo prussiano. Para os russos em 1813 e 1814, derrotar Napoleão foi apenas metade do problema. Levar grandes exércitos ao campo de batalha, em condições de lutar contra ele, foi um grande desafio e uma façanha.[2]

Seguindo a lei sobre os exércitos de campo de Barclay de Tolly, datada de janeiro de 1812, enquanto tropas russas avançavam para o oeste, uma rede de estradas militares se espalhava pela Europa central e oriental. Ela começava dentro do Império Russo e se estendia até as linhas de frente. Por essas estradas viajava a grande maioria dos reforços, munições e outros suprimentos que mantinham o Exército russo forte e em campo. Em intervalos regulares ao longo dessas estradas, depósitos de alimentos e hospitais foram criados e nomearam-se comandantes de cidades. Esses comandantes tinham à sua disposição destacamentos de até cem membros da cavalaria basquir e calmuque, que, se devidamente supervisionados, eram formidáveis policiais militares. O trabalho do comandante era se certificar de que as estradas e as pontes estavam em bom estado de conservação, e os hospitais e depósitos devidamente abastecidos e administrados. Ele registrava a chegada e saída de todas as unidades em seu trecho de estrada, relatando todos os movimentos para o quartel-general a cada dez dias. As estradas militares tornavam muito mais fácil garantir que as tropas a caminho da linha de frente fossem devidamente vigiadas, alimentadas e cuidadas. O sistema também era um desestímulo à deserção ou aos saques.[3]

A lei do Exército de janeiro de 1812 também estabelecia com alguns detalhes como os soldados russos deveriam ser abastecidos e alimentados quando estivessem servindo no exterior. Uma nítida distinção era feita entre operações no território dos aliados, onde todos esses assuntos eram regulados por tratados firmados entre os Estados envolvidos, e campanhas em solo inimigo. A lei não fazia qualquer concessão aos neutros: o território deles deveria ser tratado da mesma maneira que o de inimigos. Em território hostil ou neutro, o Exército deveria se abastecer em campo por requisição. Sua manutenção no dia a dia não deveria ser responsabilidade do Tesouro russo. A requisição deveria ser feita de forma ordenada, no entanto, a fim de preservar a disciplina das tropas e proteger a população e a economia locais. Sempre que possível, isso deveria ser feito por meio da administração local, com supervisão de funcionários da intendência do Exército. O ajudante-geral do exército de campo seria o governador-geral *ex officio*[*] de todos os territórios ocupados, e todos os funcionários eram obrigados a obedecer às suas ordens, sob a ameaça de penalidades severas por desobediência. Recibos seriam dados por todos os alimentos e materiais requisitados, a fim de impedir a desordem e permitir que as autoridades locais

---

[*] Termo derivado do latim que significa "por direito de ofício". (N.T.)

compensassem os encargos reembolsando os detentores desses recibos a partir de suas receitas fiscais.[4]

No primeiro semestre de 1813 os exércitos russos atuaram, acima de tudo, na Prússia e na Polônia. Bem antes da aliança com Frederico Guilherme ser assinada, Alexandre tinha concordado em pagar pela comida requisitada na Prússia. Um quinto do valor deveria ser pago de imediato em cédulas de rublos russos, o resto posteriormente, em troca de recibos. O incentivador dessa política foi Stein, que argumentava a favor dela por motivos políticos e porque não fazia sentido arruinar a população de um futuro aliado, cuja totalidade dos escassos recursos em breve seria necessária para o esforço de guerra. Essa concessão aos prussianos nunca se repetiu quando as tropas russas estavam fazendo campanha nos territórios saxão e francês.[5]

Imediatamente após o tratado da aliança russo-prussiana ser assinado, os dois governos chegaram a um acordo sobre a manutenção das forças russas atuando no território prussiano. Comissários prussianos anexados aos Corpos russos requisitariam os alimentos necessários em troca de recibos. Os comissários, então, providenciariam que os alimentos fossem fornecidos pelo comércio ou que as tropas fossem alojadas pela população. Os termos de reembolso para a manutenção geral das forças russas em solo prussiano eram generosos. Os preços dos alimentos foram calculados com uma média de seis meses em todo o território da Prússia, não com as taxas altamente inflacionadas dos distritos nos quais o grosso das tropas estava realmente atuando. Três oitavos dos custos seriam cobertos pelo transporte de grãos da Rússia para os portos prussianos, o que os russos pretendiam fazer de qualquer maneira para o seu próprio exército. Outros três oitavos estariam em recibos, reembolsáveis após o fim da guerra. Os dois últimos oitavos deveriam ser pagos em cédulas de rublos. Foi completamente evitada qualquer exigência para que os russos cedessem prata e moedas de ouro, que eram escassas.[6]

A situação no ducado de Varsóvia era muito diferente, porque este era um território inimigo conquistado. Alimentos poloneses foram essenciais para o esforço de guerra russo em 1813. Sem eles, o Exército russo não poderia ter permanecido em campo no verão e no outono do mesmo ano. O fato de toda essa comida requisitada ser gratuita também foi vital para o Tesouro russo. Embora seja impossível determinar com precisão, a contribuição do ducado de Varsóvia à alimentação e ao abastecimento dos exércitos russos de campo e reserva, que ficaram alojados em território polonês a partir da primavera de 1813, somou dezenas de milhões de rublos.[7]

No entanto, a política russa na Polônia era ambivalente. Por um lado, os poloneses tinham de ser explorados para o esforço de guerra russo poder se sustentar. Por outro, o imperador estava ansioso para ganhar a lealdade dos poloneses, a quem ele desejava transformar em seus futuros súditos. A proclamação de Kutuzov, que estabeleceu o governo polonês provisório em março de 1813, assegurava que "todas as classes deveriam sentir que Sua Majestade Imperial se importa com elas e com isso, e também através da abolição do serviço militar obrigatório, iriam experimentar o quanto era grande a diferença entre seu governo paternal e o antigo, que tinha sido obrigado a saquear a fim de satisfazer a insaciável sede de conquista de mestres que chamavam a si próprios de aliados". Com a promessa de pagamento total, plena proteção para pessoas e propriedades e punição rigorosa para qualquer mau comportamento das tropas, a esmagadora maioria dos funcionários poloneses no ducado de Varsóvia permaneceu em seus postos de trabalho. Esse foi um grande benefício para os russos, que jamais poderiam ter encontrado quadros para comandar a Polônia eles mesmos. Isso significava, no entanto, que a maioria dos funcionários na Polônia só requisitaria energicamente para os russos se suas próprias vidas e carreiras estivessem claramente em jogo.[8]

O novo governo provisório era comandado por dois russos: seu sub-chefe era o velho amigo de Alexandre, Nikolai Novosiltsev, um operador político astuto e diplomático, cuja nomeação mostrou o quanto era uma alta prioridade para o imperador conquistar os poloneses. O chefe do governo, que era também o governador-geral do ducado, era Vasili Lanskói, antigo intendente-geral do exército de Kutuzov, agora substituído por Georg Kankrin. A nomeação de Lanskói evidenciou a prioridade ainda maior do uso da Polônia para alimentar o Exército russo, embora a maioria dos generais logo tenha começado a acreditar que ele havia "virado nativo" e estava servindo aos poloneses e não aos interesses russos. Para os russos, no entanto, o grande problema não estava em Varsóvia, mas em nível provincial. Apesar do que era dito nas regras do Exército, era impossível para a sobrecarregada Intendência do Exército dispor de funcionários para supervisionar a administração provincial polonesa. O Exército tampouco poderia ceder oficiais da linha de frente. Kutuzov tinha apelado para Alexandre para que ele enviasse então funcionários do interior russo, e isso é o que foi feito. Mas a quantidade e a qualidade desses funcionários estavam bem abaixo do necessário.[9]

No geral, de janeiro até meados de maio de 1813, a alimentação das tropas correu bem e provocou poucos conflitos. Isso foi especialmente verdadeiro na Prússia e em assentamentos prussianos no ducado de Varsóvia, onde a população detestava Napoleão e via as tropas russas como libertadoras. E mesmo em áreas polonesas, em geral foi tudo razoavelmente bem, apesar de a Guarda avançada de Kutuzov, que se movimentava através do centro do ducado de Varsóvia, ter sobrevivido com biscoitos pela maior parte de janeiro, só recebendo suas rações de guerra de carne e vodca no início de fevereiro. Os poloneses sem dúvida sofreram, mas não tanto quanto a população civil em áreas conquistadas por Napoleão ou, na Guerra dos Sete Anos, por Frederico, o Grande. Os russos não impuseram a conscrição, tampouco uma indenização de guerra. Seus líderes tentaram, com algum sucesso, manter a disciplina e proteger a população civil. Por exemplo, em 18 de fevereiro de 1813, Kankrin publicou instruções para a alimentação das tropas russas pelo comércio polonês ou pelos domicílios nos quais elas estivessem alojadas. Depois de definir as porções adequadas para as tropas, o que para os soldados que atuavam no exterior incluía carnes e bebidas alcoólicas três vezes por semana, ele encorajou a população local a relatar quaisquer exigências excessivas ou mau comportamento dos soldados. Considerando a exaustão dos homens e a maneira pela qual a desconfiança tradicional dos poloneses havia sido alimentada pelos acontecimentos de 1812, as tropas regulares parecem ter se comportado muito bem. Em 23 de março, escrevendo de Kalisz, Kutuzov disse à esposa que "o comportamento de nossos soldados surpreende a todos aqui e o moral demonstrado pelas tropas surpreende até a mim".[10]

Durante seis semanas, a partir da metade de maio de 1813, no entanto, o Exército enfrentou uma crise em relação ao abastecimento de alimentos. Barclay explicou as razões para essa crise em um importante memorando para Alexandre. Ele afirmou que os problemas do Exército eram consequência de um ano de campanha indo e vindo através de uma área enorme, de forma sem precedentes na história. A desordem era inevitável. "O Exército avançou muito além dos suprimentos preparados na Rússia e não resta quase nenhuma reserva de alimentos em suas unidades." De acordo com os termos da convenção, o governo prussiano deveria alimentar as tropas russas quando elas estivessem em solo prussiano. Na Silésia, no entanto, em maio de 1813, os prussianos não tinham o suficiente em seus armazéns para alimentar nem mesmo suas próprias tropas. A situação poderia ter melhorado um pouco caso se estivesse preparado para comprar suprimentos com prata, mas o Tesouro do Exército estava quase vazio. Ele tinha recebido, até aquela altura de 1813, menos de um quarto do dinheiro devido pelo Ministério das Finanças. Em longo prazo, no entanto, a resposta para as necessidades do Exército não foi o uso de limitados fundos russos para compra de alimentos, mas sim um eficaz esforço de guerra por parte do ducado de Varsóvia. Os principais objetivos do memorando de Barclay eram fazer Alexandre forçar

Dmitri Gurev, o ministro das Finanças, a liberar fundos imediatamente e forçar Vasili Lanskói, o governador-geral de Varsóvia, a cumprir o plano do Exército para uma enorme requisição no ducado. Barclay concluiu afirmando que, a menos que Alexandre fizesse isso, "não posso garantir que não vamos enfrentar consequências catastróficas, que terão um impacto fatal sobre nossos soldados e nas operações militares".[11]

Em seu relato, Barclay disse a Alexandre que a única coisa que salvara os soldados da fome no início de junho fora a chegada providencial do entreposto móvel do antigo Exército do Danúbio, de Chichagov. A grande quantidade de biscoitos que ele carregava manteve as tropas por algumas semanas. Inicialmente reunidas em Podólia e Volhynia no verão de 1812, as 2.340 carroças sobreviventes desse entreposto tinham lutado para avançar através da neve e da lama por mil quilômetros ou mais, apesar do fato de que carroças de camponeses pesadamente carregadas deveriam ser capazes de operar em distâncias de apenas 150 quilômetros. Muitas delas tinham sido construídas às pressas com madeira verde. A maioria era de construção leve e todas eram rentes ao chão, com rodas pequenas. Na lama do outono e da primavera, era quase impossível para os cavalos puxá-las. Em comparação com as carroças austríacas, observou o comandante do entreposto posteriormente, as civis russas em seu entreposto carregavam menos mercadorias, eram mais frágeis e exigiam mais cavalos.

O estado das coisas não melhorava pelo fato de que, no início, muitas dessas carroças eram puxadas por bois. Considerando seu apetite voraz, era impossível para um comboio puxado por bois se movimentar no inverno. Em janeiro e fevereiro de 1813, portanto, o entreposto móvel havia chegado a um impasse e seus bois tinham sido transformados em rações. Por incentivo de Kutuzov, o entreposto móvel foi colocado em curso quando a primavera chegou, tendo seus bois sido substituídos por cavalos requisitados; mas sua aparência *Heath Robinson*[†] era acentuada pelo fato de a maioria dos cavalos ter de puxar as carroças com peças projetadas inicialmente para bois. Muitos dos condutores nunca haviam precisado lidar com cavalos anteriormente, não haviam sido pagos desde a partida e eram, em alguns casos, sujeitos de quem seus senhores estavam tentando se livrar. Nessas circunstâncias, foi um milagre o entreposto ter chegado.[12]

---

† William Heath Robinson foi um cartunista e ilustrador inglês, famoso por desenhar máquinas bizarras. No Reino Unido, a expressão "Heath Robinson" é usada em situações nas quais é sugerido o uso de engenhocas complexas para situações que podem ser solucionadas de forma simples. (N.T.)

A chegada do entreposto móvel garantiu tempo suficiente para que os prussianos colocassem seu sistema de abastecimento dos russos em ordem novamente. Uma vez que ficou claro que o armistício duraria semanas, foi possível dispersar o exército em alojamentos. Os comandantes da cavalaria russa sempre estiveram extremamente preocupados com a alimentação adequada de seus cavalos: agora seus regimentos poderiam ser realocados em áreas bem afastadas do *front*, onde a aveia era abundante. Enquanto isso, as autoridades prussianas tinham sido prestativas na organização de um acordo entre Kankrin e fornecedores prussianos particulares, que ofereceram 55 mil rações diárias de farinha e pão, em parte por crédito e em parte por cédulas de rublo. Em um teatro de operações, o primeiro item em falta sempre eram carroças. A chegada, na metade de julho, de 4 mil carroças do entreposto móvel do exército principal foi, portanto, um grande trunfo. Kankrin dividiu algumas das carroças dos entrepostos móveis em escalões, para trazer suprimentos da Polônia por etapas. Outras foram utilizadas para buscar alimentos comprados ou fornecidos pelos prussianos, cujo transporte fora anteriormente impossível.[13]

No momento em que o entreposto do exército principal chegou, Alexandre já havia respondido de forma eficaz ao pedido de Barclay por dinheiro. Ele requisitou de imediato para o quartel-general do exército quase 2,5 milhões de cédulas de rublo dos fundos do Ministério das Finanças mantidos na Alemanha[14] e ordenou que Gurev remetesse o restante prontamente, comentando que ele próprio era testemunha das necessidades urgentes do exército. Diante de um comando imperial direto, Gurev escreveu a Barclay em 13 de julho que já havia enviado a ele 4,8 milhões em prata e 4 milhões em cédulas de rublo, e que mais estava a caminho.[15]

Do ponto de vista do quartel-general, o atraso de Gurev no envio de dinheiro já acordado no orçamento militar era indefensável. Inevitavelmente, o ministro das Finanças via as coisas de maneira diferente. Mesmo antes da invasão de Napoleão, os déficits orçamentais só podiam ser cobertos pela impressão de cédulas e o temor de um colapso financeiro era constante. Como resultado da guerra, as despesas dispararam e as receitas encolheram. Quase 25% das receitas previstas não tinham chegado em 1812. No primeiro trimestre de 1813, a situação piorou: apenas 54% das receitas esperadas tinham chegado ao final de abril. Gurev culpava "o choque sentido por todo o Estado, em 1812, quando, além dos impostos normais, tanto os tradicionais como os recém-criados naquele ano, a população foi castigada pela mobilização da milícia, por recrutamentos, por exigências militares, taxas e contribuições: em uma estimativa muito conservadora, tudo isso somava mais de 200 milhões de rublos". Diante de um grande déficit no horizonte, tudo o que Gurev podia fazer era reduzir as despesas sempre que possível e preencher a lacuna com a impressão adicional de cédulas de dinheiro. Em abril de 1813 ele previu que, se a guerra durasse até o final de 1814 e seu financiamento continuasse como estava naquele momento, então "não existirão meios para nos salvar da destruição final do nosso sistema financeiro".[16]

Embora Gurev temesse a hiperinflação na Rússia, ele tendia a acreditar que a enorme quantidade de atividade econômica, ligada à reparação dos danos causados pela invasão de Napoleão, iria enxugar a maior parte das cédulas recém-emitidas. O mesmo faria o crescente comércio externo russo quando o Bloqueio Continental fosse destruído de uma vez por todas. A verdadeira fonte de pânico do ministro das Finanças era a grande quantidade de papel-moeda russo que o exército de campo estava gastando no exterior. Nenhum estrangeiro gostaria de depender desse dinheiro, tampouco particulares o usariam no pagamento de bens e serviços fornecidos por outros alemães. Portanto, era provável que toda a soma fosse remetida de volta à Rússia para troca, com terríveis consequências para a taxa do rublo em relação às moedas estrangeiras.

Gurev advertiu que, se a taxa de câmbio do rublo de papel entrasse em colapso, o financiamento do exército de campo se tornaria impossível. Para evitar isso, ele foi adiando a remissão de fundos para os quartéis-generais do Exército e fez com que a comissão de ministros concordasse com uma série de propostas, incluindo a de que oficiais e soldados no exterior recebessem apenas a metade de seus pagamentos, com o restante a ser dado a eles no retorno à Rússia. O argumento de Gurev, em parte verdadeiro, era de que oficiais e soldados servindo no exterior, em grande medida, viviam da terra e não precisavam de muito dinheiro. No entanto, se tivesse sido implementada, o impacto dessa política sobre o moral das tropas poderia ser facilmente imaginado: o Exército já era muito mal pago pelos padrões europeus e estava lutando uma campanha desgastante em território estrangeiro, por uma causa que mesmo muitos dos oficiais não entendiam.[17]

Face às ordens categóricas do imperador, Gurev teria liberado verbas para o Exército em quaisquer circunstâncias, mas ele também foi bastante incentivado nesse sentido pela notícia da iminência de um grande subsídio britânico, do qual ele tinha perdido as esperanças. Em 1812, Alexandre não tinha pedido um subsídio britânico. Isso foi, em parte, uma questão de orgulho. Além disso, lutando em seu próprio território, ele poderia financiar a guerra sem grande dificuldade. Talvez por essa razão, foi realmente muitos meses após as relações diplomáticas com a Grã-Bretanha serem restauradas que Alexandre encontrou a ocasião para nomear um embaixador em Londres. Uma vez que os exércitos russos avançaram para além das fronteiras do Império, no entanto, o assunto tornou-se urgente e o imperador nomeou Christoph Lieven, enviando-o para Londres em janeiro de 1813 com uma mensagem para o governo britânico: "Nas atuais circunstâncias, cada envio de tropas ao exterior está se tornando muito caro para mim. Isso exige a emissão de moeda metálica, o que enfraquece totalmente nossa taxa de câmbio. Pode-se gerar um efeito sério sobre nossas finanças e, em última análise, insustentável, já que as receitas do Estado estão fadadas a diminuir consideravelmente neste ano como resultado da devastação completa de algumas províncias". Lieven recebeu a ordem, tanto de pedir um subsídio, como de apresentar ao governo britânico um esquema de "nota promissória federal". Essa nota teria juros e seria reembolsável imediatamente após a guerra. Ela seria garantida pelos governos britânico, russo e prussiano, e usada para pagar parte do esforço de guerra russo e prussiano. O esquema tinha sido concebido em São Petersburgo, com a ajuda, entre outros, não apenas de Stein, mas do financista britânico *Sir* Francis d'Ivernois.[18]

Dada a resistência britânica aos subsídios em 1806 e 1807, Alexandre deve ter esperado duras negociações em Londres. Na verdade, Lieven descobriu que os britânicos estavam dispostos a oferecer à Rússia 1,33 milhão de libras em subsídios e que outros 3,3 milhões de libras viriam como sua cota no esquema de promissórias federais. No contexto dos pagamentos e subsídios gerais britânicos no exterior, essas quantias eram relativamente modestas. A guerra na Península tinha custado aos britânicos 11 milhões de libras em 1811 e todos os subsídios representaram menos de 8% do custo das forças armadas da própria Grã-Bretanha. Quando calculado em cédulas de rublos, no entanto, 4,6 milhões de libras era uma soma poderosa que, em princípio, deveria cobrir quase todas as despesas russas projetadas para a campanha na Alemanha nos sete meses restantes de 1813. Certamente, o dinheiro demorou a chegar, o câmbio e descontos o afetaram e algumas previsões sobre as despesas se revelaram otimistas, mas o subsídio britânico serviu de alguma forma para acalmar as preocupações de Gurev, ao menos por um tempo.[19]

Se as ordens de Alexandre para Gurev foram categóricas, suas instruções para Vasili Lanskói, o governador-geral de Varsóvia, foram decididamente brutais. Em 12 de junho, Kankrin tinha estabelecido a exigência do Exército ao ducado de 3 mil toneladas de farinha, 400 toneladas de cereais, 250 mil litros de vodca, 330 toneladas de carne e mil cabeças de gado, além de uma enorme quantidade de aveia para os cavalos. Barclay escreveu a Lanskói no dia seguinte que "todos os suprimentos vindos das províncias do ducado de Varsóvia devem ser arrecadados imediatamente porque somente eles podem garantir o abastecimento do Exército... a menor lentidão ou déficit pode levar as tropas a sofrer gravemente de fome, arruinando o Exército e sua capacidade de conduzir operações militares". Quando Lanskói alegou a pobreza do ducado e os alimentos já requisitados pelo Exército, ele recebeu uma das mais ferozes cartas escritas pelo imperador durante todo o curso de 1812 a 1814. Dizendo ao seu governador-geral que o destino do Exército, da guerra e da Europa dependia dessa requisição, Alexandre avisou que ele iria assumir responsabilidade pessoal por qualquer falha na cobrança do valor total e na entrega ao Exército dentro do prazo, assim como pelas carroças polonesas civis requisitadas.[20]

Depois de receber a ordem de Alexandre, é claro que Lanskói cedeu totalmente, dizendo às autoridades locais que "desculpas de qualquer tipo não serão aceitas vindas de ninguém", mas Barclay continuou sem se convencer de que a administração provincial polonesa iria realizar a requisição de forma rápida e precisa. Por isso, enviou dois comissários especiais para vigiá-los, armados com todos os poderes previstos na lei do exército de campo, quando se tratava de lidar com obstrução por funcionários em território conquistado. Ele deu a esses comissários uma carta aberta determinando todos os funcionários "a executar as ordens referentes à requisição e ao envio de suprimentos ao pé da letra e sem qualquer desvio: qualquer lentidão, erros ou, pior ainda, desobediência... sem falta resultarão em uma corte marcial, conforme os regulamentos do Exército para cortes marciais de campo, sob uma acusação de traição". Enquanto isso, ordens foram enviadas ao general Dokhturov, o oficial comandante do ducado, para que ele usasse suas tropas para impor a arrecadação. A milícia ucraniana montada, em alguns casos de pouca utilidade contra os franceses, foi formidável quando se tratou de requisitar carroças de camponeses poloneses para o transporte de suprimentos.[21]

Imediatamente após a assinatura do armistício, Barclay se dedicou ao trabalho de reorganizar, reequipar e treinar suas tropas. Para essa tarefa, ele era o líder perfeito. Em 10 de junho, emitiu uma ordem do dia aos soldados e seus oficiais comandantes. Disse às tropas que elas não tinham sido derrotadas, e que não tinham perdido nem um canhão sequer e nenhum prisioneiro de guerra, que não estivesse ferido, ao inimigo. O armistício não significava a paz, mas a chance de concentrar as forças russa e aliada e fazer os preparativos necessários para uma nova e vitoriosa campanha. Os comandantes foram instruídos que "seu dever durante o período de armistício será dedicar todos os seus esforços para assegurar que armas, equipamentos e afins estejam em ordem; manter a saúde dos soldados; preservar a estrita ordem e disciplina; treinar os soldados inexperientes em habilidades militares; em uma palavra, para trazer cada unidade a um estado de prontidão perfeito para alcançar novas vitórias".[22]

Durante a trégua de dois meses, as medidas tomadas anteriormente para repor os uniformes das tropas deram frutos. Em 16 de julho, Kankrin informou que havia chegado lona suficiente para calças de verão e botas para todo o exército. Em março, Alexandre autorizara o gasto de 3,5 milhões de rublos para pagar casacos e túnicas novas para a maioria das unidades da linha. Estes foram fornecidos por empresas privadas em Königsberg e chegaram durante o armistício. Inicialmente, esperava-se que o custo seria maior, mas Barclay de Tolly encontrou e requisitou, em fevereiro, um grande estoque de um tecido excelente em Posen, em princípio destinado ao exército de Napoleão. Ele atendeu as necessidades não só dos Corpos do próprio Barclay, mas também das Guardas. E, melhor ainda, tudo foi pago pelo contribuinte polonês.[23]

Enquanto isso, imediatamente após o armistício ser assinado, e como uma prioridade urgente, Barclay ordenou uma revisão em todos os mosquetes para tentar reduzir o número de armas e calibres diferentes nos batalhões. O capitão Radojitski foi um dos oficiais de artilharia encarregados desse trabalho. Ele escreveu em suas memórias que verificou 30 mil armas de fogo em dez dias e chegou à conclusão de que o principal problema era que os homens que voltavam do hospital estavam recebendo simplesmente a primeira arma que estivesse disponível, antes de serem enviados para seus regimentos. Ele também afirmou que muitos soldados nos regimentos de infantaria de linha tinham mosquetes velhos e inúteis, mas isso era verdadeiro apenas em algumas divisões. Graças aos esforços de Radojitski e seus companheiros, mosquetes foram trocados entre os batalhões para garantir uma uniformidade muito maior e, assim, mais eficiência no fornecimento de munição.[24]

Nenhum desses esforços de Barclay teria somado muito, se ele não tivesse se dedicado de imediato a resolver a confusão administrativa legada, ao menos em parte, por Wittgenstein. Afinal, era difícil alimentar ou reequipar os homens se o quartel-general não soubesse onde as unidades estavam, ou quantos soldados estavam realmente em suas fileiras. Passar ordens seguindo a hierarquia militar era impossível se divisões estivessem separadas de seus corpos corretos, ou regimentos de suas brigadas e divisões. Outro pré-requisito para qualquer tipo de ordem no Exército era reunir destacamentos aos seus regimentos de origem e se livrar de unidades de composição temporária. Era tempo também de reunir os encolhidos batalhões reserva (ou seja, o segundo) ao resto de seus regimentos. Imediatamente após a trégua ser acordada, Barclay foi lutar por essas questões. Dentro de uma semana ele havia emitido novas tabelas listando as brigadas, divisões e corpos a que pertencia cada regimento, e mostrando onde todas essas unidades seriam posicionadas e alojadas. Ele obteve cerca de 95% de sucesso ao reimpor uma estrutura clara e lógica sobre seu exército até o final de junho. Enquanto existissem unidades *"partisan"* que combinassem uma maioria de cossacos com esquadrões destacados de cavalaria regular, o sucesso total seria impossível.²⁵

Restava uma tarefa vital: integrar ao exército de campo as dezenas de milhares de reforços que chegaram durante o armistício. Alguns desses homens estavam retornando de hospitais ou de destacamentos. Como veteranos, eles eram particularmente valiosos. A maioria dos recém-chegados, porém, fazia parte dos 200 mil integrantes das unidades de reserva formadas na Rússia, durante o inverno de 1812 a 1813, com novos recrutas. Para cada regimento em campanha, um batalhão de reserva de mil homens, divididos em quatro companhias, foi criado dentro da Rússia. Quando esses novos batalhões estivessem prontos, o plano de Alexandre era de que algumas de suas companhias fossem despachadas para reforçar os exércitos em campo, mas um quadro suficiente permaneceria atrás para treinar a próxima leva de recrutas. Isso recuperaria a força total do batalhão e permitiria, em tempo, que ainda mais reforços fossem enviados para se juntar aos exércitos de campo. Arranjos semelhantes seriam feitos para a artilharia e cavalaria. No caso desta última, para cada regimento em campanha, dois esquadrões de reserva, cada um com 201 homens, seriam formados dentro do Império.²⁶

Ao todo, mais de 650 mil homens foram recrutados para o Exército entre 1812 e 1814. A grande maioria deles foi apanhada nos três recrutamentos gerais entre agosto de 1812 e agosto de 1813 (83º, 84º e 85º alistamentos), que abrangeram quase todas as províncias do Império. Além disso, no entanto, uma série de pequenos recrutamentos teve como alvo províncias específicas. Como as propriedades nobres carregavam o peso do recrutamento para a milícia, esses recrutamentos tinham como alvo, sobretudo, os 40% de camponeses que viviam nas terras estatais. As autoridades perceberam que, a menos que os requisitos existentes fossem afrouxados, eles não conseguiriam atingir a cota de recrutas. Assim, o limite de idade para novos recrutas foi elevado para 40 anos, a altura mínima foi reduzida para pouco mais de um metro e meio, e os homens com pequenos defeitos físicos foram aceitos. A enorme procura de recrutas fez com que homens mais velhos e casados fossem recrutados em grande número. Mesmo que sobrevivessem à guerra, eles enfrentariam décadas de serviço em tempos de paz. Dezenas de milhares de mulheres nunca veriam seus maridos novamente, mas não tinham o direito de voltar a casar, e muitas famílias recém-formadas perderam seus principais provedores.²⁷

O regulamento de 1810 para camponeses do Estado exigia que os registros de recrutamento fossem mantidos, o que garantiria que as obrigações fossem igualmente repartidas entre as famílias e que o ônus da conscrição caísse sobre famílias grandes com muitos homens adultos, em vez de sobre famílias pequenas, que seriam arruinadas.[28] Em 1812, conselhos de recrutamento foram ordenados pelo Ministério da Guerra para verificar esses registros e, pelo menos na província de Riazan – sobre a qual as fontes são excepcionalmente completas –, os registros foram de fato apresentados juntamente com os conscritos para mostrar que o devido processo tinha sido observado.[29]

Pamfil Nazarov era um camponês do Estado recrutado para o Exército em setembro de 1812. Suas memórias são uma perspectiva única sobre o recrutamento visto de baixo. Em nenhum lugar em suas memórias Nazarov sugere que seu recrutamento foi injusto. Com base no registro anterior de recrutamento de sua família e no número de homens adultos que dela faziam parte, os Nazarov estavam na fila para fornecer um recruta. Como foi sempre o caso, o governo comunitário camponês tinha como alvos famílias, não indivíduos. Era a própria família que decidia quem enviar para o Exército. Nessa época, a maioria das famílias camponesas era extensa, incluindo vários irmãos casados e seus filhos. Era notório que o chefe da família geralmente enviava seus sobrinhos e até irmãos para o Exército, em vez de seus próprios filhos. Mas, na família Nazarov, estava claro que Pamfil era a única escolha possível. Ambos os seus irmãos mais velhos se casaram: um teve filhos, o outro era fraco. Seu irmão mais novo ainda era menor de idade.

Já Pamfil era um rapaz forte, solteiro, de 20 anos. Nenhum de seus familiares queria perdê-lo: uma atmosfera de angústia perdurou por dias, com Pamfil, e especialmente sua mãe, por vezes, vencidos pelas lágrimas. Em setembro de 1812, Napoleão estava marchando para o interior da Rússia. A própria província de Pamfil, Tver, estava ameaçada e Moscou caiu em meio à sua convocação para o Exército. No entanto, Pamfil continuava intocado por qualquer sentimento de patriotismo ou consciência do contexto político mais amplo. Ao contrário, ele estava tomado de medo e de uma angústia paralisante com a perspectiva de ser arrancado de seu mundo habitual de família e aldeia, e arrastado para a vida estranha e brutal de um soldado. Uma resignada força moral e, no caso de Pamfil, orações e obediência à vontade de Deus, eram seus únicos apoios, como aconteceu com a maioria esmagadora dos conscritos camponeses nesses anos.

Pamfil foi acompanhado por seus irmãos e avô ao conselho de recrutamento na cidade de Tver. O governador da província de Tver presidia *ex officio* o conselho, e ele mesmo inspecionou Pamfil brevemente. A inspeção médica não foi muito mais completa. Uma vez que Pamfil afirmou estar bem de saúde, ela se resumiu a uma observação de seus dentes e uma rápida inspeção de seu corpo. Seguiram-se então imediatamente os dois grandes rituais de posse do recruta russo: logo acima da testa de Pamfil seu cabelo foi raspado e ele fez o juramento militar. Dentro de poucos dias os recrutas foram enviados a São Petersburgo: dada a necessidade de rapidez, eles viajaram de carroça. Uma vez atribuído a seu regimento, Pamfil Nazarov experimentou alguns dos outros aspectos típicos do rito de passagem dos jovens recrutas. O choque de ser atirado tão repentinamente em um mundo estranho e duro o deixou muito doente: durante sua febre de duas semanas, seu dinheiro e suas roupas foram roubados. Um soco no rosto vindo de um suboficial a quem Pamfil se recusou a fazer um favor ilegal também foi típico, assim como foi uma bengalada quando ele se confundiu em sua primeira prática de tiro com pólvora e chumbo.

No entanto, nem tudo na vida militar de Pamfil Nazarov foi puro sofrimento e frustração. O grão-duque Constantino inspecionou pessoalmente os novos recrutas e atribuiu-lhes aos seus regimentos em São Petersburgo. Com 1,60 m, Pamfil era muito baixo para as Preobrajenski ou Semenóvski, mas Constantino o designou para a infantaria ligeira das Guardas, o que significava neste caso o Regimento Finlândia. Como um integrante das Guardas, Pamfil tinha um salário melhor e um uniforme de verdade, em vez do uniforme de má qualidade dos recrutas destinado à maior parte dos alistados em 1812 e 1813. O serviço nas Guardas não era nenhum piquenique: a Guarda Finlândia sofreu pesadas baixas tanto em Borodino quanto em Leipzig. Ainda assim, os Regimentos das Guardas eram em geral mantidos na reserva: nelas, o serviço durante a campanha não era a carnificina semanal experimentada por alguns regimentos da infantaria de linha. Apesar de ferido em Leipzig, Pamfil Nazarov estava de volta às fileiras na queda de Paris, e ele e seus colegas se orgulharam de sua conquista. Ao contrário da maioria dos homens recrutados em 1812, ele veria sua família novamente: como um integrante confiável e exemplar das Guardas, ele recebeu três permissões de ir para casa nos onze anos seguintes à guerra. Ainda mais incomum foi que Pamfil aprendeu a ler e escrever enquanto servia no Regimento Finlândia. Quando se aposentou, após 23 anos de serviço nas Guardas, tornou-se monge e foi um dos dois únicos cabos no Exército russo da época a escrever suas memórias.[30]

Desde que os recrutas cumprissem as exigências de altura e os requisitos médicos, nas propriedades privadas o governo deixava que os próprios donos das terras decidissem qual de seus servos enviariam ao Exército. Camponeses mais ricos, e certamente a maioria de seus vizinhos medianos, prefeririam colocar o fardo do serviço militar obrigatório sobre os moradores mais pobres, que pagavam a menor parte da carga de impostos coletivos da aldeia. O senhor das terras podia compartilhar da visão da comunidade camponesa de que o recrutamento deveria ser usado para livrar a aldeia de famílias marginais ou "não lucrativas". Por outro lado, alguns proprietários aristocráticos tentaram defender procedimentos justos de recrutamento para proteger as famílias camponesas vulneráveis. O sucesso disso dependia muito dos administradores de suas propriedades, porque aristocratas ricos possuíam muitas delas e, de qualquer forma, na maioria das vezes, eles mesmos se encontravam em São Petersburgo, Moscou ou em serviço. O sucesso podia também depender da natureza da sociedade camponesa em uma determinada propriedade. Em especial, nas propriedades mais mercantis e menos puramente agrícolas, podia ser difícil para um distante senhor de terras controlar os camponeses mais ricos.

A propriedade de mais de 70 mil hectares de Baki, na província de Kostroma, era uma das dez de Charlotta Lieven.[31] Centenas de quilômetros ao norte de Moscou, Baki não era lugar para a agricultura. Os 4 mil, ou mais, camponeses que viviam na propriedade eram autossuficientes em relação à alimentação, mas a riqueza da propriedade era derivada de suas enormes florestas. Os camponeses mais ricos eram na realidade comerciantes: eles possuíam barcaças nas quais enviavam os produtos das florestas até o Volga, às vezes seguindo todo o caminho até Astracã, nas costas do mar Cáspio. Um dos mais ricos camponeses do Baki, Vasili Voronin, tinha muitas barcaças e empregava dezenas de camponeses. O funcionário da administração comunitária camponesa, Petr Ponomarev, era seu genro. Como o único camponês verdadeiramente alfabetizado na propriedade, Ponomarev era um intermediário muito poderoso entre os dois mundos da administração da propriedade e do campesinato. De 1800 a 1813, Voronin usou seu poder para garantir, por exemplo, que o recrutamento nunca tocasse sua família, seus protegidos ou os homens que trabalhavam para ele. O administrador da propriedade, Ivan Oberuchev, aceitava o poder dos Voronin. Talvez houvesse um elemento de corrupção ali. Talvez Oberuchev só quisesse uma vida tranquila. Talvez ele argumentasse que estava defendendo os interesses de seus patrões ao reconhecer as realidades do poder na propriedade.[32]

As instruções de Charlotta Lieven tinham sido de que toda a comunidade camponesa, em sua assembleia, deveria determinar quais famílias eram elegíveis para o serviço militar obrigatório e essas famílias deveriam, então, fazer sorteios para decidir a ordem em que seus membros seriam convocados. Ela também ordenou que as famílias menores fossem poupadas. Em 1812 e 1813, esses princípios foram ignorados. Muitos chefes de família foram alvos de recrutamento, com consequências trágicas para as esposas e filhos deixados para trás, porque uma família sem um homem adulto perdia seu direito à terra. Em Staroust, uma das muitas aldeias da propriedade, seis homens foram recrutados e dois deles eram os únicos homens adultos na casa. Igualmente ruim foi o caso dos irmãos Feofanov, dos quais dois dos três foram recrutados em 1812. Enquanto isso a família Makarov, os dirigentes da aldeia, com sete homens elegíveis, não apenas não forneceu recrutas de 1812 a 1814, mas nunca tinha feito isso nos 50 anos de registros de recrutamento existentes na propriedade.[33]

Em 1813, Charlotta Lieven demitiu o gerente da propriedade e substituiu-o por Ivan Kremenetski, que já havia trabalhado como secretário particular de Barclay de Tolly no Ministério da Guerra. Uma investigação posterior de Kremenetski revelou que cinquenta famílias na propriedade não tinham apresentado recrutas nas mais de três décadas em que os registros existiam. Kostroma era parte do terceiro distrito de milícias: ao contrário dos dois primeiros distritos, apenas uma parte de sua milícia foi incorporada. Posteriormente, o governo exigiu de Baki quarenta novos recrutas para o Exército, a fim de equilibrar a carga de serviço militar obrigatório em todo o país sobre os camponeses privados e estatais.

Charlotta von Lieven ordenou que os certificados de isenção – cada um custando 2 mil rublos– deveriam ser comprados no lugar de todos os quarenta recrutas e que as famílias que não tinham fornecido recrutas no passado deveriam pagar por eles. Dezessete famílias camponesas contribuíram com 2 mil rublos cada uma, o que era aproximadamente o salário anual de um major-general russo. Isso diz muito sobre a confusa realidade da sociedade russa em uma época em que dezessete camponeses analfabetos das florestas de Kostroma podiam pagar somas tão expressivas sem ir à ruína. Embora a curto prazo alguma justiça tenha prevalecido, a longo prazo as táticas de Kremenetski uniram os camponeses ricos contra ele e fizeram a propriedade se tornar inadministrável e falir. Houve provavelmente uma moral a ser tirada dessa história. O imperador não conseguia governar a Rússia no início do século XIX sem o apoio da nobreza. Provavelmente Baki, um microcosmo do Império, não poderia ser governado, ou pelo menos efetivamente explorado, sem a cooperação de seus camponeses ricos.[34]

O imperador e Arakcheev sabiam muito bem da necessidade urgente de obter reforços para os exércitos de campo. Pressionado pelo ministro da Guerra, ele mesmo sob a pressão do imperador, o governador de Novgorod respondeu no início de março de 1813 que estava cumprindo o recrutamento com grande rigor, mas que em sua província algumas aldeias estavam a bem mais de 700 quilômetros da capital provinciana e que nessa época do ano as "estradas" eram um mar de lama.[35] Nenhuma desculpa salvou o governador da província de Tambov, sendo ele demitido em dezembro de 1812 pela lentidão e incompetência na gestão do recrutamento obrigatório.

Os próprios governadores exerciam pressão sobre seus subordinados, e, principalmente, sobre as tropas de segurança interna para completarem os recrutamentos o mais rápido possível. Essas tropas costumavam ser ruins e extremamente sobrecarregadas. Nas províncias afetadas pela invasão de Napoleão, a segurança interna era uma questão importante, com os camponeses, às vezes, ameaçando "motins" e saqueadores vagando pelas vilas e florestas. Muitos homens estavam fora escoltando prisioneiros de guerra, enquanto alguns dos melhores oficiais tinham sido destacados para servir nos regimentos de Lobanov--Rostóvski. Acima disso, as forças de segurança interna eram obrigadas a escoltar quantidades muito maiores de recrutas para as suas áreas de treinamento, que geralmente ficavam a centenas de quilômetros das suas províncias de origem. O Batalhão de Segurança Interna de Riga chegou à cidade de Wenden, na província de Livônia, em 2 de fevereiro de 1813 para ajudar com o novo recrutamento. Em sua chegada, ele era composto por 25 oficiais e 585 soldados: no momento em que partiu, tinha destacado tantos grupos para escolta e outras tarefas que estava reduzido a nove oficiais e 195 soldados. Suas tropas estavam tão exaustas e frustradas pelas varreduras através do campo para pegar recrutas em fuga que às vezes apreendiam qualquer homem que encontrassem à beira da estrada para completar sua cota de recrutas.[36]

A burocracia e os magistrados nobres levavam a tarefa de implantar o recrutamento às últimas consequências, mas o mandatório esforço coletivo para a guerra já era, em muitos aspectos, a *raison d'être* da administração czarista. O sistema estava enfrentando o desafio para o qual havia sido projetado. Encontrar oficiais suficientes para o Exército expandido era muitas vezes mais difícil, em parte porque o conjunto de candidatos leais e educados não era enorme, mas, acima de tudo, porque os potenciais oficiais raramente podiam ser coagidos para o Exército. De 1812 a 1814, generais em campo reclamaram mais vezes sobre a falta de oficiais do que de soldados.

Entre 1812 e 1814, a maior fonte de novos oficiais foram os suboficiais nobres, normalmente chamados de subalferes nos regimentos de infantaria e *junkers* nos de cavalaria.[37] Eles eram o equivalente aos aspirantes da marinha britânica, em outras palavras, oficiais cadetes, que estavam aprendendo o trabalho antes de serem comissionados. A grande maioria dos oficiais da infantaria e da cavalaria nos tempos de paz recebeu suas patentes dessa forma. O Exército russo, portanto, foi à guerra em junho de 1812 com um grande número de jovens cadetes prontos para preencher postos vagos por baixas ou pela expansão do Exército. Eles eram quase sempre a primeira escolha quando surgiam vagas. Nas Guardas *Jaegers*, por exemplo, 31 jovens foram comissionados como alferes de 1812 a 1814 e, destes, dezoito haviam servido como suboficiais nobres no regimento antes da guerra. Todos os dezoito, exceto um, foram comissionados em 1812. Posteriormente, o regimento teve que recorrer a outras fontes para ter seus novos oficiais. Esse era um padrão normal em todo o Exército.[38]

O segundo maior grupo de novos oficiais era o de suboficiais que não eram filhos de nobres ou de oficiais.[39] A maior parte desses homens foi comissionada nos regimentos nos quais haviam servido como suboficiais em tempo de paz, embora fosse comum que suboficiais das Guardas fossem transferidos para os regimentos de linha. Os dois principais requisitos para a promoção eram coragem e liderança em ação, além de alfabetização. Alguns suboficiais haviam sido comissionados no século XVIII e na primeira década do reinado de Alexandre, mas as necessidades dos tempos de guerra aumentaram enormemente a quantidade de promoções entre 1812 e 1814. O momento-chave chegou no início de novembro de 1812, quando, diante de uma imensa falta de oficiais, Alexandre ordenou a seus comandantes "promover à patente de oficial na infantaria, cavalaria e artilharia tantos *junkers* e suboficiais quanto for possível, independentemente de eles serem nobres, desde que mereçam isso por seu serviço, seu comportamento, por suas excelentes qualidades e sua coragem".[40]

Uma vez esgotada a busca por oficiais em potencial em seus próprios regimentos, o Exército se viu forçado a procurar em outro lugar. Uma das principais fontes eram os cadetes do chamado Regimento Nobre, a versão mais barata e rápida de um corpo de cadetes, que havia sido a principal nova iniciativa do Ministério da Guerra nos anos pré-guerra para encontrar oficiais adicionais para um exército em expansão. De 1808 a 1811, o Regimento havia fornecido 1.683 cadetes para o Exército. Em 1812, ele formou ainda mais 1.139, apesar de muitos desses jovens oficiais só chegarem às suas unidades no início de 1813. Com tantos cadetes se formando, e muitos dos instrutores do Regimento Nobre convocados para conduzir unidades de reserva no final de 1812, seguiu-se um intervalo, mas um novo afluxo de jovens para o Regimento começou no inverno entre 1812 e 1813 e muitos se graduaram em 1814. Até então, no entanto, antigos cadetes eram superados em número pelos jovens funcionários públicos que estavam se transferindo para o Exército, às vezes sob pressão de seus chefes. Alguns desses homens haviam servido ao Exército antes de entrar no serviço público, assim como a maioria dos muitos oficiais da milícia que se transferiram para regimentos regulares em 1813 e 1814.[41]

No inverno e início da primavera entre 1812 e 1813, novas formações reserva foram concentradas e treinadas em quatro centros principais. São Petersburgo e Iaroslavl, no noroeste da Rússia, preparavam reforços para as Guardas, os granadeiros e os Corpos de Wittgenstein. Os 77 mil reforços da infantaria e os 18.800 da cavalaria para o Corpo principal de Kutuzov foram concentrados perto de Níjni Novgorod, 440 quilômetros ao leste de Moscou. Andreas Kleinmichel e Dmitri Lobanov-Rostóvski tinham sido responsáveis por formar os regimentos criados sob as ordens de Alexandre imediatamente após a invasão de Napoleão. Agora, o imperador os nomeara para comandar as novas formações reserva em Iaroslavl e Níjni Novgorod, respectivamente. Mais de sete semanas após as ordens serem enviadas a Kleinmichel, Alexandre instruiu o tenente-general Peter von Essen a treinar 48 mil reforços para o exército de Chichagov. O quartel-general de Essen era a cidade-fortaleza de Bobruisk, na Bielorrússia, a 150 quilômetros ao sudeste de Minsk. Faltavam tantos oficiais para treinar e comandar seus recrutas que grandes atrasos ocorreram. No final, seus batalhões chegaram ao teatro de operações três meses após os outros reforços – apenas a tempo para a batalha de Leipzig. Se atrasos semelhantes tivessem acontecido com o resto da reserva, o Exército russo teria desempenhado um papel muito menor na campanha de outono e Napoleão poderia ter derrotado os aliados entre agosto e setembro de 1813.[42]

No final do outono e no inverno de 1812, Dmitri Lobanov-Rostóvski esforçou-se para iniciar a formação de seus batalhões, em meio ao caos que se seguiu à rendição de Moscou. Alexandre e Kutuzov, a centenas de quilômetros de distância e com Napoleão entre eles, estavam enviando ordens contraditórias. Ele tinha perdido o contato com muitos dos oficiais e até mesmo com os generais que supostamente deveriam estar ajudando-o a treinar os novos batalhões. Os equipamentos também foram uma grande dor de cabeça. A destruição dos depósitos comissariados em Moscou tornou impensável fornecer uniformes apropriados, carroças ou as chaleiras de cobre que os homens usavam para cozinhar, sendo este último item um problema especial para os recrutas inexperientes, não acostumados a surrupiar coisas para si mesmos.[43]

No inverno de 1812, mosquetes também estavam em falta na Rússia. A produção em Tula fora interrompida, os mosquetes britânicos importados demoraram a chegar, e mesmo eles não cobriam totalmente a demanda. No início de novembro, Alexandre ordenou que Lobanov-Rostóvski fornecesse apenas 776 fuzis para cada batalhão reserva de mil integrantes que ele estava formando. Considerando a alta taxa de abandono por doença e exaustão entre os novos recrutas, os 224 homens restantes deveriam obter mosquetes de colegas que foram deixados para trás na longa marcha para se unir ao exército no campo. Embora, talvez, realista e necessária, essa política não deve ter ajudado o moral dos novos recrutas.[44]

Dadas as imensas dificuldades enfrentadas por Lobanov, era inevitável que o Ministério da Guerra fosse fortemente criticado pela lentidão em alimentar e equipar suas tropas. Naquelas circunstâncias, porém, Aleksei Gorchakov e seus subordinados atuaram razoavelmente bem no inverno de 1812-1813: o alto comissariado e os oficiais de abastecimento do Ministério foram pessoalmente até Níjni Novgorod para ajudar Lobanov. O trabalho deles se tornou ainda mais difícil quando as tropas de Lobanov partiram em dezembro na longa marcha de Níjni à sua nova área de acantonamento em Belitsa, na Bielorrússia, a bem mais de mil quilômetros de distância. A movimentação fazia todo o sentido. Com o teatro de operações se deslocando para a Alemanha, as reservas precisavam ser concentradas nas fronteiras ocidentais. Tendo lutado para conseguir armas e equipamentos para Níjni, no entanto, o Ministério da Guerra tinha agora que redirecioná-las no meio do inverno e através de um campo revirado de cabeça para baixo pela guerra.[45]

Organizar a marcha de dezenas de milhares de soldados inexperientes também não era fácil. Enquanto estava atolado nos preparativos minuciosos que precisavam de sua atenção, Lobanov-Rostóvski repentinamente recebeu ordens urgentes para desviar parte de suas forças para reprimir um motim na milícia Penza, "em nome de Sua Majestade Imperial, o Soberano", "sem a menor perda do tempo" e com "extrema severidade". Os amotinados foram reprimidos sem dificuldade, mas o tom das instruções do conde Saltikov refletia o medo agudo do governo central de que uma horda de camponeses e milicianos cossacos armados pudesse desencadear o caos em uma região que Pugachev havia percorrido 40 anos antes.[46]

Lobanov-Rostóvski relatou a Alexandre sua chegada a Belitsa em 1º de fevereiro de 1813. Foi nesse ponto que seus piores problemas começaram. A área de acantonamento de suas tropas abrangia três províncias: Chernigov no norte, Mogilev no sul e Minsk no sudeste. Atualmente, essas áreas correspondem ao centro-norte da Ucrânia e sudeste da Bielorrússia, a região de Chernobyl. Essa era uma área pobre em 1812, muito mais pobre e menos densamente povoada do que o centro da Grande Rússia. Estabelecer repentinamente uma cidade de 80 mil homens nessa região no meio do inverno era um grande desafio. Eram necessários esforços imensos em relação a alojamento, alimentação e treinamento das tropas e prestação de serviços médicos.[47]

No entanto, esses arranjos mal estavam definidos quando Lobanov recebeu duas novas ordens de Alexandre em 1º de março. Elas exalavam a crueldade impaciente que era a marca registrada de Aleksei Arakcheev, assistente do imperador para todos os assuntos relacionados à reserva e mobilização da retaguarda.

A primeira leva de reforços deveria ser despachada imediatamente para o exército de campo. Lobanov iria em pessoa inspecionar todas as unidades que partiriam, para garantir que elas estavam totalmente equipadas e abastecidas. Ele iria então se mover com o restante de suas tropas centenas de quilômetros para o noroeste de Belostok, na fronteira russo-polonesa. O imperador tinha decidido criar um exército reserva unido, que seria posicionado na área de Belostok e se encarregaria do treinamento e do envio de todos os futuros reforços para os exércitos em campo. Mesmo no início, esse exército reserva deveria ter uma força de mais de 200 mil integrantes. Lobanov foi nomeado seu comandante e recebeu ordens para apresentar planos para a implantação do novo exército reserva imediatamente.[48]

Lobanov não estava exagerando quando respondeu a Alexandre, em 1 de março, que ele temia que suas forças físicas não pudessem sustentar tais encargos. O mês seguinte certamente deve ter sido um dos mais estressantes de sua vida. Dentro de uma semana, ele tinha apresentado a Alexandre um plano para a organização e o aquartelamento do novo exército reserva. Imediatamente após receber, em 1º de março, ordens de Alexandre para enviar os reforços de uma só vez, Lobanov respondeu o seguinte: "Vossa Majestade pode fazer comigo o que quiser e eu assumo os riscos", mas advertiu que era totalmente impossível executar esse comando. Ele, no entanto, prometeu fazer todo o possível para acelerar a partida das tropas e mostrou-se digno de sua palavra. Na metade de março, ele havia enviado 37.484 reforços ao exército de campo.[49]

Mas não foi apenas Lobanov que sofreu por causa da necessidade urgente de reforços para o exército de campo. Dos 37 mil homens, 2.350 haviam morrido no momento em que os reforços chegaram a Varsóvia, e outros 9.593 ficaram para trás ao longo do caminho por causa de doenças ou exaustão. Reforços enviados de São Petersburgo e Iaroslavl sofreram perdas semelhantes. Lobanov mais tarde atribuiu a maior parte dessas baixas à exaustão: muitos desses homens – quase todos novos recrutas – haviam marchado 3 mil quilômetros, ou mais, nos últimos meses, através da neve e da lama, e, mais recentemente, de uma zona de guerra devastada e assolada pelo tifo. Com o tempo, a maioria dos 9 mil homens deixados para trás iria se recuperar e voltar aos seus batalhões. No entanto, a escala das perdas testemunha as imensas dificuldades que a Rússia enfrentou para conseguir reforços para o teatro de operações nesses meses críticos.[50]

Apesar de todas as dificuldades superadas por Lobanov e seus colegas, foi Andrei Kologrivov, general encarregado de formar a maior parte das reservas de cavalaria do Exército, que enfrentou o maior desafio entre 1812 e 1813. O trabalho a ser feito por ele era considerável. Treinar cavalarianos era muito mais complicado do que transformar recrutas em uma infantaria eficaz. Tendo boa matéria-prima e quadros de treinamento eficientes, soldados de infantaria aceitáveis poderiam estar prontos em três meses. A cavalaria levaria pelo menos o triplo de tempo. O recruta da cavalaria precisava do mesmo treinamento inicial que um soldado de infantaria. Os recrutas camponeses tinham de se manter eretos, diferenciar sua direita da esquerda e saber marchar em cadência. Em resumo, eles tinham de se tornar soldados. O recruta da cavalaria precisava dominar tanto armas brancas quanto armas de fogo. Em meio à corrida para treinar recrutas em tempo de guerra, nos regimentos couraceiros e dragões, a tarefa de escaramuçar podia inicialmente ser deixada para os veteranos. Mas um cavalariano leve que não soubesse nada sobre escaramuças, armas de fogo e tarefas de posto avançado era um perigo para seus companheiros.[51]

O maior desafio vinha quando o recruta camponês encontrava pela primeira vez seu cavalo. Ao contrário dos cossacos, que eram criados na sela, poucos camponeses conduziam cavalos, embora tenha ajudado Kologrivov o fato de a maioria de seus primeiros 20 mil recrutas ter vindo das províncias do sul de Orel, Voronej, Tambov e Kiev, onde cavalos e, em alguns distritos, garanhões eram numerosos. Os cavalos da cavalaria leve russa e dos dragões, extraídos dos rebanhos da estepe, eram animais arredios. O breve, porém intenso, treinamento desses cavalos muitas vezes fazia com que eles fossem, de início, difíceis de controlar. A vida do recruta também não era facilitada pela necessidade, em tempo de guerra, de aceitar mais éguas do que seria o caso em outras circunstâncias. Isso não contribuía para a ordem em um esquadrão de cavalaria repleto de garanhões. Apesar desses problemas, o recruta da cavalaria tinha de dominar seu cavalo rapidamente. Ele devia primeiro aprender a conduzir por conta própria e, em seguida, na formação, a realizar manobras cada vez mais complicadas em velocidades cada vez maiores. Também era essencial que ele aprendesse a dar água, alimentos e assistência para seu cavalo da forma correta; caso contrário, um regimento de cavalaria rapidamente se desintegraria no meio das tensões de uma campanha.[52]

Entre 1813 e 1814, a cavalaria russa obteve seus cavalos de diversas fontes. O exército de campo requisitou ou mesmo, ocasionalmente, comprou alguns cavalos nos países por onde marchou: seu melhor golpe foi pegar parte dos garanhões do rei da Saxônia. Na primavera de 1813, no entanto, Alexandre ordenou que os animais da cavalaria não deveriam mais ser adquiridos no exterior, já que eles eram muito mais baratos na Rússia. Todos os cavaleiros do exército de campo, cujos cavalos foram perdidos, seriam enviados de volta para Kologrivov para receber novas montarias e ajudar na formação de esquadrões de reserva.[53]

Um pequeno número dos cavalos adquiridos na Rússia eram garanhões do próprio Estado, tanto no inverno de 1812-1813 quanto posteriormente. Estes eram ótimos animais, mas a maioria era reservada para os couraceiros e dragões das Guardas.[54] Um número muito maior de cavalos foi comprado pelos oficiais de remonta dos regimentos, o que, em tempos de paz, era o procedimento padrão. Sozinhos, no entanto, os oficiais de remonta nunca poderiam ter satisfeito a demanda, muito ampliada em tempos de guerra. Além disso, o preço dos cavalos disparou.[55] Em setembro de 1812, Alexandre mandou o chefe das tropas de segurança interna, Evgraf Komaróvski, requisitar cavalos em vez de recrutas nas províncias de Volínia e Podólia. Ele garantiu mais de 10 mil cavalos – suficientes para cinquenta esquadrões de cavalaria completos – nas duas províncias. Como resultado, o sistema foi estendido para todo o Império, com Komaróvski no comando. Com o tempo, ele enviou ao general Kologrivov mais 37.810 cavalos. Além disso, a partir do inverno de 1812-1813, os governadores compraram 14.185 cavalos para a cavalaria de Kologrivov. Esses números imensos ilustram a abundância de cavalos na Rússia, especialmente levando-se em conta que não está incluída aí a grande quantidade de animais adquirida para a artilharia do Exército e comboios de carga.[56]

Além de adquirir novos cavalos, o Exército fez grandes esforços para preservar aqueles que já possuía. Em dezembro de 1812, Kutuzov ordenou aos comandantes de cavalaria "remover todos os cavalos doentes, feridos ou muito magros da cavalaria e deixá-los na província de Chernigov, assim que as comunicações com ela forem reabertas".[57] Essa política de repouso e reabilitação de cavalos em depósitos estabelecidos por trás das linhas continuaria até que o Exército chegasse a Paris em 1814. É impossível dizer a porcentagem de cavalos destacados nesta primeira leva, mas certamente foi considerável. A 2ª Divisão Couraceira, sozinha, despachou 164 cavalos de um total de bem menos de mil e não há razão para imaginar que esse número tenha sido atípico.[58]

No início do verão de 1813, o tenente Durova, um jovem oficial lanceiro, retornou ao dever após licença médica. Durova foi um oficial singular, pois na verdade era mulher e serviu durante muitos anos preservando seu segredo. Como todos os convalescentes que retornavam ao serviço militar ativo da Rússia, Durova foi designada para o exército reserva, uma política que ajudou muito a reabastecer suas fileiras com veteranos. Ela foi enviada ao entreposto de cavalaria, que agora tinha avançado para Slonim, encarregada, junto com outros três oficiais, "de engordar os cavalos exaustos, feridos e emaciados de todos os regimentos ulanos."‡ Ela acrescenta que "a minha parte incluía 150 cavalos e

---

‡ Cavaleiros armados essencialmente de lança, cuja origem remonta a cavaleiros tártaros do século XVII. Em alguns exércitos europeus receberam a denominação de lanceiros, e em outros, como no Exército russo, mantiveram a denominação original. (N.T.)

quarenta ulanos para cuidar deles", o que é um lembrete do quanto era trabalhoso o cuidado dos cavalos da cavalaria. Ela relatou sua rotina de todas as manhãs, após o café:

> Eu vou inspecionar meu rebanho em seu lugar nos estábulos. Por seus saltos alegres e vivos eu vejo que meus ulanos (...) não estão roubando e vendendo a aveia, mas dando-a a todos esses bons e obedientes animais. Eu vejo os seus corpos, antes distorcidos pela magreza, sendo preenchidos e recuperando sua antiga beleza; os seus pelos estão se tornando lisos e brilhantes, seus olhos reluzem, e suas orelhas, que estavam prontas a tombar, agora começam a se agitar rapidamente e apontar para a frente.[59]

Além dos cavalos, Kologrivov precisava, acima de tudo, de quadros treinados. No inverno de 1812, regimentos da cavalaria do exército de campo tinham um grande número de esquadrões abaixo de sua capacidade, em geral com um número desproporcional de oficiais e suboficiais. Por sugestão de Alexandre, na maioria dos regimentos de cavalaria Kutuzov criou três, dois ou, se necessário, somente um esquadrão de força completa para o serviço no campo. Os quadros de oficiais, suboficiais e veteranos remanescentes foi enviado para ajudar Kologrivov a formar as reservas de cavalaria. Na campanha da primavera de 1813, por exemplo, o Regimento dos Dragões de Smolensk empregou dois esquadrões com o exército de campo. Esses agora contavam com 13 oficiais e 332 das demais graduações. Enquanto isso, 18 oficiais e 89 outros soldados foram enviados para Slonim para se unir a Kologrivov.[60] O relatório detalhado sobre o exército reserva que Lobanov apresentou no final da guerra, repleto de estatísticas, mostra que a cavalaria do exército reserva tinha muito mais soldados veteranos e uma proporção muito maior de oficiais e suboficiais do que a infantaria. Considerando a realidade do treinamento e do serviço da cavalaria, isso era essencial.[61]

A generosa provisão de cavalos, oficiais e veteranos ajuda em parte a explicar o sucesso de Kologrivov na formação das reservas de cavalaria, mas de modo algum é seu único motivo. De acordo com o poeta Aleksandr Griboedov, seu ajudante de campo, Kologrivov não organizou apenas hospitais para cavalos, ferreiros e outros auxiliares óbvios para um depósito de cavalaria, mas também selecionou recrutas com talentos importantes, treinou outros e criou oficinas para a fabricação de equipamentos para cavalos, selas e uniformes, dessa forma não apenas poupando ao Estado uma grande quantidade de dinheiro, mas também se libertando da dependência excessiva do comissariado do Ministério da Guerra.[62]

Entre março e setembro de 1813, Kologrivov enviou 106 esquadrões ao exército de campo. Em novembro de 1813, enviou outros 63 e tinha quase a mesma quantidade pronta para despachar. Dmitri Lobanov-Rostóvski gastou muito de seu tempo inspecionando as unidades do exército reserva, antes que partissem para o exército de campo. Seus comentários sobre a cavalaria sempre foram elogiosos em todos os aspectos. Ele geralmente ficava satisfeito com suas reservas de infantaria e artilharia também, mas os cavalos da artilharia eram uma causa frequente de queixa, assim como o equipamento da infantaria. Embora ele achasse que a maioria de sua infantaria partia bem treinada, havia exceções. Em dezembro de 1813, por exemplo, ele comentou que as reservas que agora partiam para reforçar o Corpo de Wittgenstein eram jovens demais e precisavam de mais tempo para se preparar para o combate.[63]

Talvez os avaliadores mais justos fossem estrangeiros, porém, sobretudo, porque eles estavam inclinados a fazer comparações com conhecimento. Em 8 de junho de 1813, *Sir* Robert Wilson assistiu a Alexandre inspecionando as reservas das Guardas e dos granadeiros que tinham acabado de chegar de São Petersburgo e Iaroslavl. Consciente de que elas haviam passado os últimos três meses em marcha, ele foi surpreendido por sua aparência:

> Esses membros da infantaria (...) e seus equipamentos pareciam que não tinham se movido mais do que dos acampamentos para a exibição durante esse tempo. Os cavalos e os homens da cavalaria traziam a mesma aparência de frescor. Na Rússia, os homens e animais certamente contam com o mais surpreendente material para limpar a poeira. Se batalhões ingleses marchassem um décimo do caminho eles ficariam mancos por semanas e dificilmente teriam mantido alguns de seus equipamentos originais. Os nossos cavalos teriam todos sucumbido, e suas costas estariam feridas demais até para o transporte das selas.[64]

O coronel Rudolph von Friedrich era o chefe da seção histórica do quartel-general geral prussiano. Ele não tinha dúvidas de que as reservas russas que chegaram durante o armistício eram muito superiores à maioria dos reforços prussianos e austríacos que se uniram aos seus exércitos de campo naquela época. O russo era "um excelente soldado, é claro que sem qualquer intelecto, mas corajoso, obediente e pouco exigente. Suas armas, roupas e equipamentos eram muito bons e em geral eles eram bem treinados". Acima de tudo, esses soldados que tinham sobrevivido a meses de marchas exaustivas eram extremamente fortes e resistentes. Quanto à cavalaria, eles eram "em geral excelentemente montados, bem treinados e impecavelmente uniformizados e equipados". A única crítica de Friederich aos reforços russos era a de que "apenas os regimentos *jaeger* haviam sido ensinados a escaramuçar".[65]

Em relação ao treinamento, ajudava o fato de que a maioria das reservas havia chegado a acampamentos do Exército até o final de junho. A maioria das unidades reserva foi dissolvida e distribuída entre batalhões e esquadrões do Exército. O clima em julho estava bom e os regimentos do exército de campo possuíam o tempo livre e os veteranos para ajudar a completar o treinamento da reserva, incluindo uma intensiva prática de tiro. Friedrich von Schubert era o chefe de Estado-Maior da cavalaria do barão Korff no Corpo de Exército de Langeron. Em suas memórias, ele escreveu que

> os esquadrões de reserva, os novos recrutas e remontas chegaram aos regimentos da Rússia, e o treinamento e os exercícios dos homens e dos cavalos duraram desde a manhã até a noite: foi um trabalho muito excitante, acelerado, mas alegre ... o mesmo aconteceu na infantaria e na artilharia... Nossos esforços valeram a pena porque, no fim do armistício, o Exército russo estava em melhores condições do que no início da guerra: com força completa, bem equipado, saudável, cheio de coragem e entusiasmo para a batalha, e com uma massa de generais experientes e testados, oficiais e soldados em números que nunca tinha possuído.[66]

Os reforços russos que se movimentaram para o oeste na primavera e no verão completaram não apenas o exército de campo, mas também a reserva estratégica aliada, em outras palavras, o chamado Exército da Polônia, que Alexandre ordenou que o general Bennigsen formasse no início de junho.[67] As quatro divisões de infantaria de Bennigsen estavam bloqueando as fortalezas de Modlin e Zamosc na primavera. Algumas de suas unidades também tinham desempenhado um papel na segurança interna na Polônia. Em determinado ponto, sua força combinada era inferior a 8 mil homens. Ao final do armistício, entretanto, apenas essas quatro divisões tinham uma força de 27 mil homens. Em setembro, o exército de Bennigsen, que incluía o Corpo de milícia do conde Petr Tolstói, avançou através da Silésia para se unir ao exército de campo.[68]

Mas o exército de Bennigsen não poderia simplesmente partir para a Saxônia, descobrindo as guarnições francesas sitiadas em Modlin e Zamosc e deixando o ducado de Varsóvia desprovido de tropas. Quando a campanha começou no outono, Napoleão estava firme na Silésia, a uma curta distância da fronteira polonesa. Muitos poloneses aguardavam a chegada dele com impaciência. Se ele avançasse através da Silésia, suas fortalezas em Danzig, Modlin e Zamosc se tornariam muito importantes. Assim, quando Alexandre ordenou a Bennigsen que avançasse, ele instruiu o exército reserva de Dmitri Lobanov-Rostóvski a se deslocar através do ducado de Varsóvia e assumir seu papel bloqueando Modlin e Zamosc, observando Varsóvia e Lublin e mantendo submissa a população polonesa. Ao mesmo tempo, Lobanov continuaria com o treinamento e preparo de suas tropas para enviar mais reforços para o exército de campo.[69]

Nos últimos meses da guerra, o exército reserva desempenhou um papel crucial e bem-sucedido na estratégia de Alexandre. Ao posicionar os homens de Lobanov sobre o ducado de Varsóvia, o imperador havia liberado o exército de Bennigsen para fazer o que provou ser uma importante contribuição para a campanha de outono de 1813. O bloqueio do exército reserva a Modlin e Zamosc levou à queda de ambas as fortalezas no inverno de 1813. Durante todo esse período, reforços do exército reserva continuaram a fluir para o exército de campo na Alemanha e na França. No final da guerra, reforçado por tropas liberadas pela queda de Danzig e pela primeira leva de recrutas do 85º alistamento, o exército reserva estava com uma força sem precedentes, com mais de 7 mil oficiais e 325 mil subordinados. Como sempre, as forças no papel não refletiam com precisão os números realmente presentes em suas fileiras. Além disso, muitos dos soldados não estavam ainda totalmente treinados e armados, e quase um quarto estava doente. No entanto, se a luta com Napoleão tivesse continuado, não teria havido nenhuma dúvida da capacidade da Rússia de impor seu peso no campo de batalha. Também quanto a isso, em um momento em que outras potências poderiam contestar o direito de Alexandre sobre a Polônia, não apenas ele tinha um formidável exército em campo para impedi-los, como também podia colocar uma nova força de mais de um quarto de milhão de homens posicionada na região que estava reivindicando.[70]

II

O destino da Europa em xeque

O armistício entre Napoleão e os aliados foi acordado em 4 de junho. Inicialmente, estabeleceu-se que ele continuaria até 20 de julho. Posteriormente, e por insistência da Áustria, os aliados aceitaram, muito a contragosto, prorrogá-lo até 10 de agosto. Durante o armistício, uma conferência de paz foi aberta em Praga, com a Áustria mediando os dois lados. Antes de a conferência ser convocada, a Áustria havia secretamente se comprometido a aderir à causa aliada, a menos que Napoleão concordasse com suas quatro condições mínimas para a paz em 10 de agosto. Como ele não o fez, a Áustria declarou guerra e teve início a campanha do outono de 1813. Quando essa campanha começou, a diplomacia assumiu uma posição bastante secundária por três meses. Russos, prussianos e austríacos estavam de acordo sobre a necessidade de retirar Napoleão da Alemanha e empurrá-lo de volta para o outro lado do Reno, e também concordavam que isso só poderia ser alcançado por meios militares. Se Napoleão tivesse vencido as batalhas iniciais, seria possível que rachaduras fossem reabertas entre os aliados, e a Áustria retomasse as negociações com Napoleão. Na verdade, a diplomacia concentrou-se principalmente em consolidar a aliança entre as quatro grandes potências que lutavam contra Napoleão e atrair os Estados alemães menores para o seu lado. Ao contrário do que houve na primavera de 1813, todos os momentos decisivos da campanha de outono ocorreram no campo de batalha.

Na véspera do armistício, Alexandre enviou Nesselrode a Viena para esclarecer mal-entendidos e insistir que os austríacos tomassem uma posição mais firme contra Napoleão. No caminho, ele encontrou Francisco II e Metternich; este último tinha decidido que, neste momento de crise suprema, era essencial para ele mesmo e para seu soberano estarem mais perto dos acontecimentos. Negociações cara a cara podiam muito bem reduzir a desconfiança e os mal-entendidos entre os aliados e a Áustria, além de certamente evitar os atrasos criados pelo vai e vem de mensageiros de Viena. Pelas dez semanas seguintes, a alta diplomacia europeia esteve concentrada na pequena área entre a base de Napoleão em Dresden, a base aliada em Reichenbach, no sudoeste da Silésia, o grande castelo de Gitschin e Ratiborsitz, onde aconteceram muitos encontros privados entre os líderes aliados, e a capital boêmia, Praga, onde foi realizada a conferência de paz.

Nesselrode teve uma série de discussões com Metternich, Francisco II e os líderes militares austríacos, Schwarzenberg e Radétski, entre 3 e 7 de junho. Ambos os generais eram entusiastas da entrada na guerra, por isso as explicações dos problemas enfrentados nos preparativos do exército dos Habsburgos eram carregadas de convicção. Nesselrode confiava e compartilhava a visão de Metternich, a quem conhecia há muitos anos, e trouxe de volta ao quartel-general aliado um memorando definindo as opiniões austríacas sobre condições de paz. Depois de suas conversas com todos os líderes austríacos, ele saiu convencido de que Francisco II era de fato o principal obstáculo para a união da Áustria aos aliados, mas que sua oposição não era, de forma alguma, insuperável. Porém, não havia a menor chance de levar o monarca austríaco à guerra sem que Napoleão tivesse recebido a oferta e rejeitado termos muito moderados e mínimos de paz.

Esses termos se resumiam a quatro pontos. O ducado de Varsóvia deveria ser repartido entre os russos, os austríacos e os prussianos; a Prússia deveria receber de volta Danzig e Napoleão deveria evacuar todas as fortalezas na Prússia e no território polonês; a Ilíria deveria ser devolvida à Áustria; Hamburgo e Lübeck deveriam recuperar sua independência imediatamente e, no devido tempo, o mesmo deveria ocorrer com outras cidades ocupadas pelos franceses no Mar do Norte e no litoral báltico. Na véspera do retorno de Nesselrode ao quartel-general aliado em Reichenbach, Metternich escreveu ao ansioso Philipp Stadion que ele tivera boas conversas com o diplomata russo e que ambos compreendiam e apreciavam os interesses e posições de seus dois países. "Nesselrode nos é muito favorável e partirá muito feliz. Acredito que eu posso prometer-lhe totalmente isso. Sua missão foi realmente benéfica."[1]

Após o retorno de Nesselrode a Reichenbach, uma série de reuniões entre os líderes russos e prussianos discutiu sua resposta ao memorando de Metternich e os termos de paz que seriam satisfatórios para os aliados. O ponto fundamental era que russos e prussianos estavam presos. Eles precisavam demais da ajuda austríaca. Como Nesselrode lembrou a Christoph Lieven, "eventos recentes nos mostraram claramente os recursos que Napoleão ainda possui". Apenas a intervenção austríaca poderia pender a balança a favor dos aliados. Considerando "a aversão extrema que o imperador Francisco mostra pela guerra", os aliados não tinham outra opção senão aceitar a estratégia de Metternich de apresentar termos bastante moderados a Napoleão e confortar-se com a ideia de que, "por mais inadequado que pareça para nós, é muito improvável que o inimigo vá aceitar as condições austríacas, dado o que sabemos sobre o caráter de Napoleão". Mas é claro que havia o risco de Napoleão surpreender os aliados, aceitando os termos austríacos. Como Metternich posteriormente escreveu a Stadion, "ninguém pode ser um juiz confiável" de como Napoleão reagiria quando afinal acordasse para a ameaça iminente de intervenção austríaca, "dado o caráter peculiar do homem de quem, em última instância, depende a paz".[2]

O problema russo era que Alexandre e Nesselrode estavam convencidos de que os termos mínimos austríacos eram totalmente inadequados para garantir uma paz duradoura. O pensamento russo se concentrava nos riscos muitíssimo elevados, desconsiderando as questões menores. Alexandre e Nesselrode se preocupavam exclusivamente em alcançar uma paz estável que garantisse a segurança russa. Eles se concentraram quase que inteiramente sobre a questão alemã, que viam como o principal interesse russo. Como a opinião dos dois foi exposta não apenas em comunicações com outras potências, mas também em memorandos internos secretos, não há razão para duvidar da sinceridade de suas opiniões.

Tanto Alexandre quanto Nesselrode estavam convencidos de que, se Napoleão continuasse a controlar a maior parte da Alemanha, não poderia haver um verdadeiro equilíbrio de poder europeu e nenhuma segurança para a Prússia, a Áustria ou a Rússia. Eles acreditavam que se a Áustria apenas recuperasse a Ilíria ela ainda estaria à mercê de Napoleão. Ela precisava, no mínimo, reconquistar o Tirol, a fortaleza de Mântua e uma fronteira estrategicamente defensável no norte da Itália ao longo do rio Mincio. No entanto, os russos deixaram que os austríacos se preocupassem com sua própria salvação e se concentraram em defender a segurança prussiana, o que era compreensível. As quatro condições austríacas teriam deixado Napoleão como mestre da Confederação do Reno, com seu irmão Jérôme ainda no trono do reino de Vestfália. Ele também deteria quase toda a extensão do rio Elba, incluindo todas as suas principais travessias fortificadas. Nessas circunstâncias,

> qualquer esperança para a independência de qualquer parte da Alemanha estaria perdida para sempre. A Prússia estaria constantemente exposta a ataques, que poderiam vir a qualquer momento e contra os quais só poderia oferecer uma defesa fraca, e o imperador Napoleão poderia quase à vontade tornar-se senhor da costa do Báltico, de modo que qualquer esperança de segurança do comércio seria inteiramente ilusória.[3]

Nesselrode escreveu a Metternich que, se a paz fosse concluída com base nos quatro pontos austríacos, ela seria apenas uma trégua, o que daria tempo suficiente a Napoleão para restaurar seus exércitos e, em seguida, restabelecer seu domínio inconteste da Europa. A condição *sine qua non* para qualquer paz verdadeira era que a Prússia e a Áustria tinham de ser fortes o suficiente para se equivaler a França. Quanto mais fortes elas fossem, menos provável seria que Napoleão desafiasse o acordo de paz. Nesselrode enfatizou as circunstâncias excepcionalmente favoráveis do momento. Pela primeira vez desde 1793 os exércitos das três monarquias orientais estavam potencialmente unidos e concentrados para a batalha no mesmo cenário. Eles eram superiores a Napoleão em número, entusiasmo e organização. "Seria difícil, talvez até impossível, recriar um conjunto semelhante de circunstâncias se as atuais não levarem a um resultado que, depois de tantos esforços e sacrifícios, não erga barreiras poderosas contra a França". Se a paz fosse feita nos termos da Áustria, a história se repetiria. Depois de um breve período, Napoleão mais uma vez confrontaria a Áustria e a Prússia, que estariam fracas e exaustas demais para resistir com sucesso. Tal como no passado, a questão seria resolvida antes que os exércitos distantes da Rússia pudessem vir para ajudar seus aliados.[4]

O Tratado de Reichenbach entre Áustria, Rússia e Prússia, assinado em 27 de junho, definiu as quatro condições mínimas dos austríacos e garantiu que, a menos que Napoleão as aceitasse até a expiração do armistício, em 20 de julho, a Áustria entraria em guerra. Os aliados deixaram claro para Metternich, no entanto, que, embora fossem negociar nesses termos, eles só assinariam uma paz se ela incluísse outros termos que encerrariam o domínio de Napoleão sobre a Alemanha e garantiriam a segurança prussiana. As relações entre a Áustria e os aliados chegaram ao seu ponto mais baixo quando Metternich retornou das discussões com Napoleão em Dresden e impôs uma extensão do armistício até 10 de agosto. Algumas das denúncias mais ruidosas sobre essa extensão vieram do barão Stein. Em seu caso, a visão aliada de que os termos de paz austríacos eram inadequados era reforçada pelo severo desacordo com Metternich sobre os objetivos finais da guerra. Stein queria uma confederação alemã renascida e mais unida, com uma constituição garantindo direitos civis e políticos. Ele apelava para o sentimento nacionalista alemão para alcançar esse objetivo. Desde abril de 1813, no entanto, a influência de Stein sobre Alexandre estava em declínio, já que a Alemanha não se revoltou contra Napoleão e a necessidade aliada de uma assistência austríaca tornou-se mais urgente. Agora ele tentava contra-atacar, alegando que Metternich estava enganando os aliados e que, com meio milhão de russos, prussianos e suecos prontos para entrar em campo contra os 360 mil integrantes das tropas inimigas, a ajuda da Áustria era, de qualquer forma, provavelmente desnecessária. Anteriormente, ele havia apoiado Nesselrode porque este compartilhava a opinião de Stein de que a Rússia deveria comprometer-se totalmente à libertação da Alemanha do jugo de Napoleão. Agora, no entanto, ele chamava Nesselrode de fantoche de Metternich, um fracote bem-intencionado, mas vazio.[5]

Na realidade, Nesselrode estava certo e Stein, errado. Os aliados não poderiam ter expulsado Napoleão da Alemanha sem a ajuda da Áustria. No exato momento em que Stein estava escrevendo essas denúncias, Metternich agia silenciosamente para direcionar a Áustria aos aliados. Com as negociações de paz agora iminentes, Metternich escreveu a Francisco II que era essencial que ele e o imperador estivessem em completo acordo quanto à política futura. As negociações de paz poderiam ter três resultados. Os dois lados poderiam chegar a um acordo, caso no qual a Áustria se alegraria. Metternich não precisava explicitar a Francisco o quanto esse resultado era improvável, uma vez que os austríacos estavam bem cientes da distância entre os lados opostos, no que dizia respeito a termos de paz aceitáveis. Uma segunda possibilidade, um pouco mais provável, era de que Napoleão aceitasse os termos mínimos austríacos e os aliados os rejeitassem. Metternich escreveu que a Áustria não poderia determinar com antecedência o que fazer nesse caso, já que até certo ponto isso dependeria de contextos e circunstâncias. Sob nenhuma circunstância ela poderia se aliar à França, no entanto, e a derrota ou a dissolução da coalizão aliada seria uma grande ameaça à segurança austríaca. A neutralidade armada poderia ser uma opção de curto prazo, mas ela seria muito difícil de sustentar por um longo período e a única alternativa seria a de se unir aos aliados.

O memorando de Metternich se concentrava, no entanto, na terceira e mais provável possibilidade: Napoleão rejeitaria os termos da Áustria. Nesse caso, o conselho inequívoco de Metternich era de que a Áustria tinha de declarar guerra. Ele concluiu sua exposição com duas perguntas:

> Posso contar com a firmeza de Sua Majestade, no caso de Napoleão não aceitar as condições da Áustria para a paz? Sua Majestade está resolutamente determinada, nesse caso, a confiar uma causa justa à decisão nas armas — tanto as da Áustria, quanto as de todo o resto da Europa unida?.[6]

Francisco respondeu que qualquer homem decente devia desejar a paz estável e duradoura e que isso era ainda mais verdadeiro para um soberano como ele próprio, que carregava a responsabilidade pelo bem-estar de "seus bons súditos" e as "belas terras" deles. Nenhuma ganância por território ou outras vantagens poderiam justificar a guerra. Mas ele confiava no julgamento de Metternich: "Em grande parte, eu tenho de agradecer a você pela excelente situação política atual de minha monarquia". Portanto, ele concordou com as conclusões do seu ministro das relações exteriores. No caso de Napoleão aceitar os termos da Áustria e os aliados os rejeitarem, ele iria aguardar o conselho de Metternich. Se Napoleão rejeitasse os termos austríacos, então a monarquia declararia guerra à França.[7]

No final, portanto, tudo dependia de Napoleão e ele jogava de acordo com os aliados. Os representantes franceses na conferência de paz de Praga chegaram atrasados e sem poderes para negociar os termos. Nada poderia ter feito mais para confirmar as suspeitas austríacas de que Napoleão estava apenas ganhando tempo e não tinha nenhum interesse na paz. Apenas dois dias antes de o armistício expirar Napoleão fez um movimento diplomático importante. Em 8 de agosto, Caulaincourt, um dos dois delegados franceses à conferência de paz, visitou os aposentos de Metternich para perguntar qual o preço exigido para a Áustria permanecer neutra ou se unir ao lado francês. Foi somente um dia após o fim do armistício que os franceses deram a Metternich uma resposta para as quatro condições mínimas de paz estabelecidas pela Áustria. Napoleão concordava em abandonar os poloneses e entregar grande parte da Ilíria para a Áustria. Ele não fazia nenhuma concessão no que dizia respeito aos portos do norte da Alemanha, rejeitava a anexação prussiana de Danzig e exigia uma compensação para o rei da Saxônia a fim de compensar o fato de ele ter perdido sua posição como duque de Varsóvia. Essas condições nunca teriam satisfeito Metternich. Além do mais, a essa altura, já teria sido tarde demais de qualquer forma. A Áustria havia fechado a conferência de paz e agora declarava guerra à França.

Desde agosto de 1813, a maioria dos historiadores, inclusive franceses, condena a inépcia de Napoleão em usar a diplomacia para dividir os aliados e manter a Áustria neutra. Mesmo as inadequadas concessões apresentadas a Metternich em 11 de agosto poderiam ter causado um impacto sobre Francisco II se fossem apresentadas como um primeiro passo, logo no início da conferência de paz. Havia espaço para explorar as diferenças nos objetivos de guerra austríacos e russo-prussianos, assim como em relação aos territórios alemães e poloneses. Se a conferência de paz pudesse ser estendida para incluir a Grã-Bretanha, as chances de Napoleão semear a discórdia melhorariam ainda mais. Todas as potências continentais se ressentiam do fato de que, enquanto seus territórios tinham sido ocupados e devastados, o Reino Unido havia permanecido inviolado e tornava-se aparentemente cada vez mais rico. Elas esperavam conseguir concessões territoriais de Napoleão na Europa em troca da disposição britânica para devolver colônias francesas.

No entanto, mesmo que Napoleão tenha cometido um erro ao não usar a diplomacia com mais habilidade para explorar potenciais divisões entre seus inimigos, é possível entender seu ponto de vista no verão de 1813. Recusar a explorar seriamente os termos de paz era uma tolice muito menos óbvia do que sua concordância inicial com o armistício. O monarca francês temia que, uma vez que ele começasse a fazer concessões, os aliados elevariam suas demandas. Ele estava certo: os russos e os prussianos pretendiam fazer exatamente isso. As concessões que ele estava sendo instado a fazer no norte da Alemanha poderiam ser aceitáveis no contexto de uma paz geral que incluiria o retorno de colônias francesas, mas dificilmente se poderia esperar que Napoleão concedesse esses territórios em uma paz continental e, assim, se visse descoberto quando tivesse de negociar mais tarde com os britânicos.

Uma questão fundamental era a base de todas essas negociações de paz. Os aliados, e certamente a Áustria, queriam restaurar algo que se aproximava de um equilíbrio de poder na Europa continental. Napoleão estava comprometido com o Império ou, pelo menos, uma hegemonia francesa. Seus defensores podem plausivelmente afirmar que, a menos que ele preservasse alguma versão do domínio francês no continente, teria perdido sua guerra com a Grã-Bretanha e com o vasto e poderoso Império marítimo que ela havia criado. O problema básico de Napoleão era que, embora as potências continentais se ressentissem da versão britânica de Império, a versão francesa era uma ameaça muito mais direta a seus interesses. Não havia diplomacia inteligente que pudesse alterar isso. A única maneira pela qual Napoleão poderia fazer com que as potências continentais aceitassem o seu Império seria recriar o terror do poder militar francês, algo que o desastre de 1812 havia enfraquecido. Essa não era uma tarefa impossível em agosto de 1813. Napoleão tinha boas razões para acreditar que podia derrotar os russos, os prussianos e os austríacos, porque as chances estavam muito equilibradas. Essas condições aumentavam o drama da campanha do outono de 1813.

Em termos numéricos, as forças de Napoleão eram inferiores às dos aliados, mas nem tanto. As histórias oficiais russa e prussiana colocam os números militares da Alemanha no início da campanha de outono em pouco mais de meio milhão. O próprio Napoleão reconhecia que, no início de agosto, ele poderia colocar 400 mil homens no campo, sem contar o Corpo de Davout em Hamburgo, que seria depois capaz de retirar 28 mil homens de tarefas de guarnição para uma ofensiva contra Berlim. Em 6 de agosto, seu chefe do Estado-Maior registrou 418 mil homens em suas fileiras. Os números exatos disponíveis para a ação no campo de batalha são impossíveis de calcular para ambos os lados: grosso modo, no entanto, nos dois primeiros meses de campanha Napoleão poderia colocar pouco mais de quatro homens no campo para cada cinco aliados. Era uma sorte para os aliados que 57 mil soldados franceses estivessem enfrentando Wellington nos Pirineus e outro pequeno Corpo, sob o comando do marechal Suchet, ainda estivesse tentando manter a Catalunha.[8]

Depois de dois meses, a vantagem penderia levemente para os aliados. Os únicos reforços que Napoleão poderia esperar vinham do pequeno Corpo de Augereau, que estava se organizando na Baviera. Era perigoso movimentar Augereau adiante, já que isso tornaria mais fácil para a Baviera mudar de lado, como o que acontecera em outubro. Até certo ponto, os russos enfrentavam um dilema semelhante no ducado de Varsóvia, onde o Exército da Polônia de Bennigsen era tanto uma reserva estratégica quanto uma força de ocupação. No caso russo, no entanto, foi possível movimentar o exército reserva de Lobanov-Rostóvski até o ducado a fim de substituir os 60 mil soldados de Bennigsen quando estes partiram para a Saxônia. Um fluxo constante de recrutas austríacos também se juntou ao exército de Schwarzenberg em setembro e outubro. Além disso, uma vez que se começasse a olhar para além da campanha de 1813, ficava claro que a Áustria e a Rússia tinham reservas inexploradas de potencial humano maiores do que as de Napoleão, especialmente se ele fosse forçado a contar apenas com a própria população da França.

A melhor chance de Napoleão derrotar os aliados, portanto, viria nos dois primeiros meses da campanha de outono. É improvável que o imperador francês tenha se importado com isso. Afinal, a maioria de suas grandes vitórias havia sido conquistada em menos tempo. Porém, naquelas ocasiões ele contava com soldados melhores do que aqueles sob seu comando em agosto de 1813. E o mais importante, a cavalaria de Napoleão permanecia muito inferior a dos aliados. Sua ala montada havia melhorado bastante durante o armistício, principalmente em termos numéricos. Alguns bons regimentos de cavalaria chegaram depois, vindos da Espanha, e a cavalaria das Guardas era especialmente competente, assim como a dos poloneses e a de alguns dos regimentos alemães. Entretanto, a maior parte da cavalaria francesa ainda era bem inferior às reservas russas formadas por Kologrivov, sem falar dos cavaleiros russos veteranos. Além disso, todas as fontes concordam que a cavalaria era o ponto forte do Exército austríaco. A situação em relação à artilharia era oposta. O equipamento francês era muito mais simples de operar do que as armas e as carretas de munição austríacas. A artilharia prussiana era tão deficiente que os russos tiveram de acrescentar algumas de suas próprias baterias a uma série de divisões prussianas, a fim de lhes dar poder de fogo suficiente. A história do Estado-Maior

Geral prussiano concluiu que os oficiais de artilharia francesa eram, em geral, mais hábeis do que seus equivalentes nas forças aliadas. A principal vantagem dos aliados na artilharia era numérica. Se pudessem concentrar seus três exércitos de campo e o Exército da Polônia de Bennigsen em um único campo de batalha, o peso de seu poder de fogo seria esmagador.[9]

A infantaria, tanto aliada quanto napoleônica, era composta principalmente por recrutas, muitos dos quais nunca haviam entrado em ação antes de agosto de 1813. Os recrutas franceses eram mais jovens do que seus colegas aliados. Por outro lado, muitos deles haviam experimentado a campanha de primavera – não se podia dizer o mesmo dos austríacos, nem da *landwehr* prussiana. As reservas russas também estavam entrando em ação pela primeira vez, mas pelo menos tinham desfrutado de muito tempo para treinar e eram, em geral, muito fortes e resistentes. Acima de tudo, no entanto, a infantaria russa continha mais veteranos do que a sua correspondente francesa. Isso abarcava não apenas os homens que haviam servido durante as campanhas de primavera de 1812 e 1813, mas também muitos milhares de veteranos que retornaram aos seus regimentos durante o armistício, vindos de hospitais e missões destacadas. Sem nenhuma surpresa, as Guardas continham um número excepcionalmente grande de veteranos. Os regimentos das Guardas não entrara em ação na campanha de primavera de 1813, e muitos deles haviam recebido tropas veteranas dos regimentos de linha. Durante o armistício, por exemplo, o Regimento Belostok forneceu duzentos veteranos do exército de Osten-Sacken para as Guardas Lituânia (Litóvski) e o Regimento Iaroslavl perdeu 94 para as Guardas Izmailóvski.[10]

A escolha do Corpo de Sacken para fornecer quadros para a Guarda não foi um acidente: seus regimentos ofereciam um grande número de veteranos. Um olhar mais atento às suas unidades dá uma boa noção da combinação bastante diversificada da infantaria russa na campanha de outono.

Sacken comandava duas divisões de infantaria, a 27ª de Dmitri Neveróvski e a 10ª de Johann von Lieven. Já mencionamos os homens de Neveróvski na campanha de 1812. Seus regimentos foram todos recém-criados pouco antes do início da guerra, compostos principalmente de soldados em regimentos de guarnição. Em 1812, eles haviam atuado de modo esplêndido. Quando Alexandre encontrou Neveróvski pela primeira vez em 1813, ele lhe disse: "Sua divisão lutou gloriosamente e eu nunca vou esquecer o serviço dela ou o seu". A glória teve um preço muito alto. Quando o Regimento de Odessa deixou Vilna, em dezembro de 1812, por exemplo, tinha apenas quatro oficiais, 11 suboficiais e 119 homens em suas fileiras, tendo sofrido mais de 1.500 baixas na campanha de 1812. A 27ª Divisão fora tão destruída que foi deixada para trás, na Lituânia, para se recuperar na primavera de 1813, reunindo-se com o exército apenas durante o armistício. Neveróvski conseguiu novos uniformes e equipamentos para os seus homens enquanto eles estavam na retaguarda, mas encontrar reforços se mostrou muito mais difícil. A experiência do Regimento de Odessa era típica de toda a divisão. A esmagadora maioria dos doentes e feridos do regimento estava em hospitais na Rússia e na Bielorrússia. Aqueles que se recuperavam eram enviados para se unir ao exército reserva de Lobanov. Finalmente, o Regimento de Odessa recebeu a sua parte da companhia reserva de Lobanov, mas na véspera da campanha de outono ainda continha apenas 21 oficiais, 31 suboficiais e 544 soldados. Cerca de metade desses últimos eram novos recrutas.[11]

A 10ª Divisão de Lieven era muito diferente. Seus regimentos foram retirados do Exército da Moldávia de Chichagov. Todos eles estiveram na campanha nos Bálcãs antes de 1812. Alguns tinham ficado na reserva, guardando fortalezas e fronteiras em 1812 e no primeiro semestre de 1813. Nenhum deles experimentara nada parecido com as terríveis baixas sofridas pelos regimentos do exército principal em Borodino, durante a perseguição de Napoleão de Moscou para o Berezina, e em Lützen e Bautzen. Em 1 de junho de 1813, os três regimentos de infantaria da Divisão de Lieven dos quais se têm registros (os regimentos Iaroslavl, Kursk e Belostok) tinham 120 oficiais, 253 suboficiais e 3.179 soldados presentes em suas fileiras. A esmagadora maioria desses soldados era de veteranos, muitos dos quais haviam lutado nas guerras de Paulo e de Catarina II. Durante todo o ano de 1812, por exemplo, o Regimento Belostok só recebeu cinquenta novos recrutas. Certamente, tanto o Regimento Belostok como o Iaroslavl perderam homens para as Guardas no verão de 1813, mas não o suficiente para prejudicar seriamente a sua qualidade. Mesmo em tempo de guerra, as Guardas parecem ter escolhido soldados em parte por causa de sua aparência, embora, sem dúvida, eles evitassem qualquer pessoa com um histórico ruim. Dos 94 homens escolhidos pela Guarda Izmailóvski do Regimento de Iaroslavl, por exemplo, apenas 39 eram da elite de granadeiros e atiradores.[12]

Acima de tudo, as Guardas não tomaram nenhum dos suboficiais de Lieven e foi em torno desse corpo de oficiais veteranos que regimentos de combate formidáveis foram construídos e preservados. No Regimento de Kursk, os 23 sargentos-majores (*fel'dvebeli*) e sargentos-quartel-mestres (*kaptenarmusi*) nas fileiras haviam servido em média dezesseis anos no exército e quase treze no regimento. Os 25 suboficiais mais antigos (*unterofitsery*) haviam estado no regimento por uma média de dezoito anos. O Regimento Belostok só havia sido criado em 1807, mas todos, com exceção de um, dos seus doze sargentos-majores tinham estado em suas fileiras desde então. O sargento-major do regimento, Boris Vasilev, de 33 anos, era filho de um soldado. Ele se uniu ao Regimento de Guarnição Kronstadt como tocador de tambor com apenas 13 anos e se tornou um sargento-major da companhia dez anos depois. Juntamente com muitos outros homens do Regimento de Kronstadt, Vasilev foi transferido para o recém-criado Regimento Belostok em 1807. Ele ganhou uma Medalha Militar quatro anos depois, no cerco de Rushchuk, nos Bálcãs. Ainda muito jovem, mas já bastante experiente, ele era um administrador alfabetizado, competente em tempo de paz, mas também um soldado com um ótimo histórico de combate: na medida em que se pode julgar, a partir dos fatos descobertos em seu registro oficial, ele sintetizou tudo o que um comandante de regimento poderia desejar de seu principal sargento-major.

Além de seus suboficiais veteranos, o Regimento Belostok também tinha um número surpreendentemente grande de oficiais vindos das classes baixas, sendo praticamente todos filhos de soldados, e todos eles se tornaram oficiais bem antes do começo da campanha de 1812. Esses homens também eram veteranos calejados. O tenente Nikolai Shevyrev, por exemplo, tinha servido por quinze anos em um regimento de guarnição antes de se tornar um sargento-major, e se juntou ao Regimento Belostok quando ele estava se formando e logo após ter sido promovido a patente de oficial. Homens como Vasilev e Shevyrev eram adversários dignos dos alistados promovidos que lotavam as fileiras de oficiais subalternos e suboficiais do exército de Napoleão em 1812. Em agosto de 1813, no entanto, havia muito poucas unidades francesas na Alemanha capazes de igualar os quadros veteranos dos Regimentos Kursk e Belostok.[13]

Embora seu exército fosse inferior aos aliados tanto em números quanto em qualidade, em outros aspectos Napoleão tinha vantagens importantes. Como ele mesmo apontou ao conde Bubna, o enviado de Metternich, linhas de interior combinadas a uma clara cadeia de comando e sua própria liderança indiscutível eram por si próprias muito valiosas. Quando confrontado por uma coalizão composta de grandes potências equivalentes, com interesses diversos, e com exércitos implantados em um semicírculo enorme que se estendia de Berlim ao norte até a Silésia ao leste e a Boêmia ao sul, essas vantagens deveriam ser decisivas. Em suas memórias, Eugen Württemberg escreveu que, em agosto de 1813, ele tinha sido otimista em relação à vitória aliada, mas tendo descoberto após a guerra o quão desunida e conflituosa a liderança aliada tinha sido, entretanto, ele estava agora muito surpreso com o sucesso final aliado.[14]

O comandante-em-chefe aliado era o marechal de campo austríaco, príncipe Karl von Schwarzenberg. Antes de 1813, Schwarzenberg tinha demonstrado ser um embaixador hábil e um comandante de divisão competente e corajoso. Seu histórico no comando de unidades maiores, porém, havia sido menos impressionante. Nada em sua personalidade ou carreira sugeria que ele fosse páreo para Napoleão como comandante de um enorme exército. Schwarzenberg era um homem paciente, gentil, bom e honrado. Ele acreditava na causa aliada e servia a ela com abnegação e com o melhor de sua capacidade. Um *grand seigneur*, ele tinha os modos e a falta de ambição pessoal adequados a seu *status*. Assim como Eisenhower, ele podia absorver e neutralizar os conflitos entre as muitas personalidades ambiciosas e agressivas sobre as quais exercia comando. Naturalmente, o aristocrático Schwarzenberg era fluente em francês, a língua do alto-comando aliado. Como comandante-em-chefe, no entanto, ele era prejudicado pela sua falta de confiança em sua própria capacidade militar, seu temor a Napoleão e a imensa dificuldade em comandar um exército de coalizão de grandes potências equiparáveis, das quais dois soberanos insistiam em viajar com Schwarzenberg e não confiavam em suas decisões. Embora frequentemente achasse muito difícil lidar com Alexandre, Schwarzenberg gostava dele. Ele repetia o consenso de que o monarca russo era "bom, mas fraco". Frederico Guilherme III, ao contrário, era "uma pessoa rude, grosseira e insensível, a quem eu detesto tanto quanto eu valorizo os pobres e valentes prussianos".[15]

Apesar de todas as suas inadequações, Schwarzenberg era o melhor homem disponível para o cargo de comandante-em-chefe. O comandante supremo tinha de ser um austríaco, não um russo. Isso refletia a dependência dos aliados à Áustria em agosto de 1813, assim como o fato de o maior exército aliado estar posicionado em território austríaco. Mesmo que os austríacos estivessem dispostos – o que estava longe de ser o caso –, o próprio Alexandre nunca teria aceitado a tarefa. Se ele quisesse ser o supremo comandante militar, a posição seria sua se a reivindicasse após a morte de Kutuzov, em abril de 1813. Na época, alguns de seus generais insistiram com ele para que assumisse pessoalmente o comando, mas Alexandre carecia demais de confiança em suas habilidades militares para concordar. Em vez disso, ele preferia operar pelas costas do atual comandante-em-chefe, para grande desconforto deste.

O imperador tratava Schwarzenberg com mais respeito do que ele demonstrara por Wittgenstein. No início da campanha de outono, por exemplo, é possível encontrá-lo dizendo a Wittgenstein para obedecer às ordens de Schwarzenberg, quando elas entravam em conflito com as do próprio Alexandre. Em muito pouco tempo, no entanto, a confiança no comandante supremo começou a desaparecer, e os velhos hábitos, em certa medida, retornaram. Schwarzenberg rapidamente aprendeu que a única maneira de garantir que os comandantes russos realmente executassem suas ordens era consultar com antecedência o representante do imperador no quartel-general aliado, Karl von Toll, e para quaisquer questões importantes, obter aprovação do próprio Alexandre. Inevitavelmente, isso atrasava e atrapalhava a tomada de decisões a um grau que poderia ter se mostrado fatal.[16]

Consultar Alexandre e Frederico Guilherme implicava ouvir as opiniões de seus conselheiros militares. No caso de Alexandre, isso significava, acima de tudo, Barclay de Tolly, Diebitsch e Toll. Sempre inclinado a confiar em "professores militares" estrangeiros, Alexandre agora encontrava um substituto parcial para Pfühl no major-general Antoine-Henri de Jomini, um dos escritores militares mais respeitados da época, que havia desertado do exército de Napoleão durante o armistício. Alexandre depositava ainda mais confiança no general Moreau, velho rival de Napoleão, que havia derrotado os austríacos em Hohenlinden em 1800 e que ele havia convidado para sair do exílio americano e fazer parte de sua comitiva. Para Schwarzenberg e seus oficiais do Estado-Maior austríaco, era ruim o bastante ter de ouvir os monarcas aliados e seus generais russos e prussianos. Ter de se submeter também a Moreau e Jomini era a gota d'água. O comandante-em-chefe escreveu à sua esposa sobre as frustrações de estar "cercado por fracos, almofadinhas de todo tipo, criadores de planos excêntricos, intrigantes, idiotas, tagarelas e criadores de caso". Mikhailóvski-Danilévski comentou em seu diário que a tomada de decisões aliada era por vezes semelhante às deliberações de uma assembleia popular, muito ao contrário do sistema claro de comando que havia – em sua lembrança um tanto idealizada – no quartel-general de Kutuzov em 1812.[17]

Se o poder de Schwarzenberg sobre o exército principal – o chamado Exército da Boêmia – era condicional, ele era quase inexistente no que se refere aos dois outros exércitos aliados. O Exército do Norte era comandado por Bernadotte e foi posicionado ao redor de Berlim. Como soberano *de facto* de um grande país independente, Bernadotte tinha de receber o comando de um dos exércitos e seria alguém muito difícil para qualquer comandante-em-chefe controlar. Como ninguém no quartel-general do exército principal poderia influenciar as ações de Bernadotte, era a Alexandre a quem o príncipe herdeiro da Suécia, em certa medida, se submetia. De qualquer forma, toda a área entre os exércitos de Schwarzenberg e de Bernadotte era mantida por Napoleão, por isso, mensageiros entre as duas bases geralmente faziam um desvio enorme para o leste e levavam muitos dias para ir e voltar. Mesmo as tentativas de Schwarzenberg para controlar o general Blücher, comandante do Exército da Silésia, deram poucos frutos. Utilizando-se de atrasos e apelos para Alexandre e Frederico Guilherme, o general prussiano resistiu com sucesso a todos os (muitos) esforços do comandante-em-chefe para mover o Exército da Silésia para a Boêmia, a fim de cobrir o flanco direito do exército principal. Pelo menos no Exército da Boêmia Schwarzenberg poderia dar ordens diretas aos 120 mil homens que formavam seu contingente austríaco. No Exército da Silésia e no Exército do Norte, no entanto, não havia tropas austríacas.

Em princípio, a movimentação aliada deveria seguir o plano acordado em Trachenberg entre 10 e 12 de julho por russos, prussianos e suecos. O plano grandiosamente declarava que "todos os exércitos aliados agirão ofensivamente: o campo inimigo será o ponto em que eles irão se unir". Se Napoleão avançasse contra qualquer um dos exércitos aliados, os outros dois atacariam sua retaguarda. Somente o Exército da Silésia foi explicitamente instruído a evitar uma batalha com Napoleão, acima de tudo porque, no início de julho, os planejadores aliados acreditavam que teriam uma força de apenas 50 mil homens. O principal arquiteto do plano Trachenberg foi Toll: embora a ainda neutra Áustria não pudesse participar da conferência de planejamento de guerra em Trachenberg, ele viajou até o quartel-general austríaco para longas discussões com Schwarzenberg e Radetski, que concordaram com os princípios do plano de Trachenberg. A cautela austríaca viria a fazer o plano ser modificado em um aspecto: todos os exércitos aliados estariam agora intimados a evitar a batalha contra o próprio Napoleão, a menos que os outros exércitos aliados fossem capazes de participar.[18]

De muitas formas o plano Trachenberg fazia sentido. Napoleão estava na Alemanha, e a única maneira de removê-lo era por uma ofensiva coordenada de todos os exércitos aliados. Evitar uma batalha entre qualquer exército aliado e as forças principais de Napoleão sob o seu comando pessoal também era sensato. Se isso era viável era outra questão. Um exército que invadisse a Saxônia e, em seguida, recuasse perante um contra movimento de Napoleão estaria fazendo muitas marchas exaustivas. Evitar uma batalha com Napoleão em sua retaguarda era, de qualquer maneira, algo mais fácil de dizer do que de fazer. O Exército russo provavelmente teria a habilidade em ações de retaguarda e a resistência para sustentar essa estratégia. Se o Exército austríaco ou a *Landwehr* prussiana poderiam fazê-lo era um ponto discutível. De todo modo, na ausência de rádios ou telefones, era impossível coordenar os movimentos concêntricos de três exércitos em algo além dos mais simples esboços. Alguns exércitos seriam obrigados a se mover mais rapidamente do que outros. Com a aproximação dos aliados, as chances de Napoleão usar sua posição central para atacar um dos exércitos e manter os outros afastados por alguns dias cruciais iriam melhorar. As personalidades dos três comandantes aliados contribuíam para essa probabilidade. Blücher era ousado, agressivo e muito inclinado a assumir riscos. Ele não tinha medo de Napoleão. Schwarzenberg e Bernadotte eram exatamente o oposto em todos os aspectos.

No início da campanha, Alexandre parece ter tido grandes esperanças de que Bernadotte montaria uma ofensiva vigorosa. Talvez ele tenha sido seduzido por seu respeito aos generais estrangeiros e, acima de tudo, napoleônicos. Em uma carta a Bernadotte de 21 de agosto, por exemplo, ele acenou com a perspectiva de que, com Napoleão aparentemente se movimentando para o leste, o príncipe herdeiro da Suécia poderia atacar sua retaguarda, tomando Dresden e Leipzig, ocupando os desfiladeiros na Boêmia e até mesmo enviando forças leves para o oeste para incentivar os príncipes da Confederação do Reno a abandonar sua aliança com Napoleão. Na verdade, porém, não havia nada no passado de Bernadotte para sugerir que ele tivesse disposição ou capacidade para realizar essas grandiosas operações ofensivas. Ao longo dos anos, ele se mostrara um excelente administrador e um político hábil, mas nada mais do que um general competente, porém cauteloso.[19]

Bernadotte também estava atuando sob severas limitações, algumas delas políticas. As elites suecas que lhe ofereceram sua coroa o fizeram na expectativa de que isso iria melhorar as relações com Napoleão e talvez ajudar em sua planejada vingança contra a Rússia. Em vez disso, Bernadotte havia levado a Suécia a uma aliança com Alexandre, abandonando o que parecia uma oportunidade de ouro para recuperar a Finlândia no processo. Para justificar essa política, Bernadotte teria de cumprir sua promessa de tirar a Noruega do rei dinamarquês como compensação. Em certo sentido, isso o amarrava aos aliados, porque Napoleão não concordaria em roubar seu aliado dinamarquês. A vitória aliada era uma condição necessária, mas longe de suficiente, no que diz respeito a tomar a Noruega para a Suécia. Além do mais, essa era uma questão menor para as grandes potências aliadas. Eles seriam muito lentos em comprometer suas próprias tropas contra a Dinamarca. Bernadotte também seria bem aconselhado a manter a Noruega firmemente em suas mãos antes que começassem as barganhas de uma eventual conferência de paz pós-guerra. Tudo isso ajuda a explicar por que o príncipe herdeiro estava tão determinado a manter seu Corpo sueco intacto durante a campanha de outono. Havia também uma razão mais simples: de todas as tropas aliadas, as suecas eram provavelmente as piores. Se sua infantaria entrasse em sério combate com os franceses, havia grandes chances de ela sair derrotada. O resultado mais provável era de que Bernadotte voltaria para a Suécia sem a Noruega e sem metade do exército. Nesse caso, suas chances de conseguir o trono após a morte do rei seriam provavelmente mínimas.[20]

O Exército do Norte também enfrentava um dilema estratégico. Se Napoleão avançasse contra Blücher ou Schwarzenberg no início da campanha, ambos teriam espaço para recuar. Schwarzenberg poderia, por exemplo, voltar para suas bases de abastecimento, fortalezas e boas posições defensivas nas regiões central e sul da Boêmia. Com os outros dois exércitos aliados e uma horda de cavalaria ligeira se movendo em sua retaguarda, havia limites estritos para quanto tempo Napoleão poderia perseguir Blücher ou Schwarzenberg. O exército de Bernadotte, por outro lado, estava posicionado em frente a Berlim. Ele mesmo poderia querer recuar em direção às suas próprias bases suecas na costa do Báltico, mas, se ele abandonasse Berlim sem lutar, iria enfrentar a revolta de seus generais prussianos, cujas tropas constituíam o maior contingente de seu exército. Bernadotte sabia disso e, portanto, planejava repelir qualquer ataque francês a Berlim. Seu nervosismo aumentou com sua convicção de que cercar a capital da Prússia seria a prioridade imediata de Napoleão. Ele não deixava de ter razão: Napoleão estava obcecado por Berlim e dirigiu duas ofensivas contra ela, lideradas pelos marechais Oudinot e Ney, no primeiro mês da guerra. Se as batalhas iniciais com os Exércitos da Boêmia e da Silésia tivessem sido bem-sucedidas, o passo seguinte de Napoleão seria mover-se em direção ao norte, contra Bernadotte, com suas Guardas e o grosso de suas outras reservas.[21]

Os exércitos da Silésia e da Boêmia estavam em uma posição mais segura do que Bernadotte, desde que permanecessem na defensiva. Entretanto, se quisessem expulsar Napoleão da Alemanha, eles não podiam fazer isso por muito tempo. Uma vez que invadissem a base de Napoleão no centro da Saxônia, eles também estariam vulneráveis. No caso de Schwarzenberg, suas tropas teriam de atravessar os Erzgebirge, a cordilheira que corria ao longo de toda a extensão da fronteira da Saxônia com a Boêmia. As duas únicas estradas decentes da Boêmia que cruzavam os Erzgebirge eram as vias principais para Dresden e Leipzig. Quando cruzavam a cordilheira, estavam separadas por 100 km de distância uma da outra. Se Schwarzenberg espalhasse suas colunas avançando em ambas as estradas e caminhos de montanha entre elas, havia uma chance de Napoleão atacar um de seus flancos antes de o resto do exército poder vir em seu auxílio. Um movimento lateral rápido através dos vales íngremes e ao longo dos caminhos das montanhas tortuosas dos Erzgebirge era difícil até mesmo para mensageiros, quanto mais para grandes Corpos de tropa. Por outro lado, se Schwarzenberg tentasse concentrar a maior parte de seu exército em apenas uma estrada, os problemas logísticos se acumulariam e suas colunas se movimentariam muito lentamente. Isso aumentaria a possibilidade de Napoleão dar o bote nas divisões principais do exército aliado enquanto o resto do exército de Schwarzenberg estivesse rastejando adiante em uma longa fila entre as montanhas.[22]

Se o exército de Blücher fosse invadir o centro da Saxônia, ele teria de atravessar o rio Elba. Todas as travessias fortificadas estavam nas mãos de Napoleão, o que significava que só ele podia movimentar suas tropas através do rio com rapidez e em total segurança. A única maneira de Blücher fazer a travessia era com a construção de pontilhões. Para isso, ele dependia de suas companhias de pontilhões russas, que fizeram um excelente trabalho ao fazer o Exército da Silésia atravessar primeiro o Elba e depois o Reno. Suas pontes eram reconhecidamente precárias. Um oficial superior russo de Estado-Maior no exército de Blücher lembrou que "estas pontes, que estavam a poucos pés acima da superfície da água, tinham de ser cruzadas com muito cuidado. Elas se moviam para cima e para baixo o tempo todo, os cavalos tinham de ser conduzidos, e qualquer dano na lona de uma das balsas poderia afundá-la imediatamente". Uma vez que o exército havia atravessado o rio, ou ele desmantelava a ponte e abandonava suas comunicações ou tinha de construir fortificações de campo para proteger as cabeças de ponte. Estas nunca poderiam ser tão fortes quanto as fortalezas permanentes e, portanto, precisavam de guarnições muito maiores. Um exército atravessava tais pontes com muito mais lentidão do que o faria através de uma estrutura permanente. Havia, portanto, uma chance maior de ser apanhado pelo inimigo enquanto ele se movimentava através de um rio. O pesadelo para qualquer comandante era ser forçado a atravessar apressadamente uma ponte dessas com Napoleão no seu encalço. O verdadeiro desastre ocorreria se o clima se voltasse contra eles, danificando os pontilhões ou tornando a ponte impossível de atravessar.[23]

Inevitavelmente, ver as coisas apenas do ponto de vista aliado é esquecer que Napoleão também enfrentava sérios problemas. Ao ficar na defensiva na Saxônia com um grande exército, ele condenava seus homens, e sobretudo seus cavalos, à fome. As marchas e contramarchas impostas pela estratégia aliada definida em Trachenberg esgotava os jovens recrutas de Napoleão. A hostilidade da população local e, especialmente, sua grande inferioridade na cavalaria leve dificultavam a obtenção de informações. Sua base principal em Dresden, da qual o suprimento de munição, alimentos e forragem do seu exército dependia muito, era inadequadamente fortificada e ficava a apenas um dia de marcha da fronteira austríaca. Odeleben, ainda no quartel-general de Napoleão, relata estes e outros problemas, e recorda que o grande objetivo e a esperança de Napoleão na campanha de outono eram se lançar sobre os erros dos aliados. Essa esperança era realista, considerando o teatro de operações, os problemas de guerra da coalizão e as deficiências dos comandantes aliados.[24]

Contar a história das primeiras semanas da campanha de outono de 1813 na Alemanha é complicado, pelo fato de o combate ter ocorrido em três frentes distintas. O exército principal, sob o comando de Schwarzenberg, no sul, o

Exército da Silésia de Blücher, no leste, e o Exército do Norte de Bernadotte, na frente de Berlim, operavam de forma independente, e é necessário acompanhar cada uma de suas campanhas por vez em nome da clareza. Somente após a primeira metade da campanha de outono ter sido concluída, e os três exércitos aliados terem avançado para dentro da Saxônia rumo a Leipzig, é possível contar a história da campanha como uma narrativa única e integrada.

Como esperado, dos três comandantes do exército aliado, Blücher foi quem partiu primeiro para a ação, após o fim do armistício. Na verdade, trovejando que "é hora de acabar com a palhaçada diplomática", ele entrou em ação antes mesmo do prazo em que as hostilidades deveriam começar.[25] Incentivado por Barclay, ele tomou como desculpa infrações francesas menores aos termos do armistício e invadiu a zona neutra entre os exércitos adversários na Silésia em 13 de agosto. Esse movimento fazia sentido. Em uma província esgotada pela presença de dois grandes exércitos em junho e julho de 1813, a zona neutra em torno de Breslau se destacava porque sua colheita mal tinha sido aproveitada ainda. Esse era um prêmio que valia a pena monopolizar para si e negar ao inimigo.

Mais importante, o movimento de Blücher tomou a iniciativa e obrigou Napoleão a responder aos movimentos aliados ao invés de ele mesmo ditar os eventos. O avanço do Exército da Silésia, por exemplo, desviou a atenção de Napoleão das colunas de tropas russas e prussianas de Barclay, que nesse momento estavam marchando para o sudoeste para se unir ao exército de Schwarzenberg na Boêmia. Se os franceses tivessem atacado essas colunas enquanto elas estavam debilitadas pela marcha, as consequências poderiam ter sido graves. Além disso, ao tomar a iniciativa, Blücher pegou as forças francesas que se opunham a ele de surpresa e as empurrou de volta para fora da zona neutra e por todo o caminho sobre o rio Bober. Blücher avançou com o Corpo de Exército de Sacken, composto de 18 mil soldados russos à sua direita, 38 mil prussianos de Yorck no centro e os 40 mil russos de Langeron à sua esquerda.

O conde Alexandre de Langeron, o mais importante oficial russo no exército de Blücher, era um dos muitos emigrados franceses no serviço russo. Sua primeira experiência de batalha havia sido na Guerra da Independência dos Estados Unidos. Ele se juntara ao Exército russo no cerco à fortaleza otomana de Izmail em 1790, em parte por um senso de aventura, mas também, especulava-se, para escapar das consequências de um duelo com um bispo. Langeron ganhou o respeito dos russos pela coragem e pela iniciativa que mostrou durante o cerco e permaneceu no serviço russo pelo resto de sua vida. A primeira vez que Langeron retornou a Paris em muitos anos foi quando suas tropas tomaram as colinas de Montmartre, do lado de fora dos portões da cidade, em março de 1814. Ele subiu na hierarquia do exército lutando principalmente contra os turcos, mas antes, em Austerlitz, seu desempenho menos que brilhante despertou a raiva de Alexandre e quase lhe custou a carreira. Posteriormente, Langeron recuperou o favor do imperador com seu desempenho contra os turcos, mas poucas pessoas duvidavam de que o conde era um general competente, e não brilhante.[26]

Langeron era uma figura meio estranha no exército russo-prussiano de Blücher. Ele parecia muito o francês do sul, de tez escura, com olhos e cabelos negros. Tinha o charme, a inteligência e a conversa dos salões parisienses do Antigo Regime. Ele escrevia tragédias e músicas. Extremamente distraído, amava jogos de palavras, quebra-cabeças e charadas. Às vezes, ele andava para cima e para baixo, de cabeça baixa, mãos atrás das costas, perdido em seus pensamentos e enigmas. No campo de batalha, porém, era calmo e imponente e tinha um bom olho para o terreno. Ele tinha aprendido a falar russo fluente e eloquentemente, mas com um estranho sotaque que, muitas vezes, era incompreensível para os seus soldados. No entanto, era muito querido por eles, e a admiração era mútua. Uma de suas características mais cativantes era a sua enorme admiração pela coragem, decência e pelo autossacrifício dos soldados russos comuns, a quem – como sempre dizia – ele tinha a grande honra de comandar. Talvez houvesse nisso um toque do oficial colonial, que preferia de longe o valente campesinato nativo à vulgar e intrometida burguesia de casa. Mas Langeron também era generoso, até mesmo cavalheiresco com seus oficiais, rápido para elogiar os outros e, muitas vezes, crítico sobre si mesmo.

Como o mais importante oficial russo no exército de Blücher, no entanto, Langeron tinha responsabilidades em manter boas relações entre as tropas russas e prussianas e os seus comandantes. Isso acarretou problemas. Langeron não falava alemão, e Blücher não sabia uma palavra de francês ou russo. As comunicações passavam pelo chefe do Estado-Maior de Blücher, Gneisenau, na língua francesa. Como a maioria dos franceses de sua época, Langeron achava que os alemães eram uma piada, tendo comentado certa vez que "o peso, a formalidade rígida, a imaginação lenta desta nação e sua grosseria não os tornam agradáveis para outras pessoas". Gneisenau odiava os franceses ainda mais do que Langeron aos alemães. Além disso, o chefe do Estado-Maior de Blücher era uma espécie de radical, que sonhava em despertar o povo alemão para o mesmo nível de frenesi nacionalista que tinha se apoderado da França revolucionária. Um francês com inclinações semelhantes, ele odiava, mas entendia; já um emigrado lutando contra sua própria nação era uma questão totalmente diferente.[27]

A estrutura de comando do Exército da Silésia tinha, de fato, o potencial para o desastre. Sacken e Blücher podiam, pelo menos, comunicar-se em alemão. Com o tempo, eles passaram a admirar as qualidades um do outro. No entanto, suas boas relações foram uma bênção inesperada porque Sacken era um homem mau-humorado e de língua afiada, com uma má reputação como subordinado. Mesmo assim, quando comparado com Yorck, ele era um anjo. O comandante do corpo prussiano achava que Blücher era um idiota, e o muito jovem Gneisenau, um simples teórico de guerra, além de um radical perigoso. O fato de ele ser subordinado a essa dupla era uma óbvia desonra ao mérito e ao senso comum. Foi com esses comandantes que o Exército da Silésia acordou em 21 de agosto para o fato de que agora enfrentava o próprio Napoleão, suas Guardas e o núcleo de suas reservas, que tinham corrido para apoiar o corpo em retirada perante as forças de Blücher.

Blücher reagiu de acordo com o plano de Trachenberg. Seu corpo recuou e se recusou a travar uma grande batalha. Como já era de se esperar, os russos fizeram isso com frio profissionalismo. Na ala direita, nos arredores de Bunzlau, Sacken esperou calmamente durante as cinco horas que os Corpos de Ney, Marmont e Sebastiani levaram para ser posicionados contra ele. Só então permitiu que a infantaria de Lieven e os cavaleiros de Ilarion Vasilchikov, em sua habilidade disciplinada, montassem uma ação de retaguarda que frustrou os comandantes inimigos e manteve os franceses a uma distância respeitosa. Apenas no Regimento Belostok, dez soldados ganharam medalhas militares por sua calma, coragem e habilidade na ação de retaguarda em Bunzlau em 21 de agosto. A infantaria foi ajudada enormemente pelo fato de que Vasilchikov era um dos comandantes de cavalaria leve mais capazes da Europa, e seus regimentos eram muito superiores, em todos os sentidos, aos cavaleiros do 2º Corpo de Cavalaria francês do general Sebastiani.[28]

Na outra ala do exército de Blücher, a retaguarda de Langeron também teve um bom desempenho sob forte pressão. Sua cavalaria foi habilmente comandada pelo general Georgi Emmanuel, o filho de um colono sérvio no sul da Rússia. O comandante geral da retaguarda foi Aleksandr Rudzevich, um tártaro da Crimeia, que havia sido batizado na Igreja Ortodoxa aos 12 anos. Em princípio, Rudzevich, um treinado oficial de Estado-Maior, era chefe do Estado-Maior de Langeron. Na verdade, Langeron usava seu quartel-mestre-geral, o coronel Paul Neidhardt, nesse papel, e Rudzevich cumpria a função de *solucionador de problemas* quando as coisas fossem mais complexas. Ele escreveu em suas memórias que Rudzevich, único em sua combinação de treinamento de Estado-Maior e longa experiência de combate no Cáucaso, era de longe o general mais capaz em seu corpo de exército. Pelo menos por uma vez, Blücher e Gneisenau concordavam plenamente com a opinião de Langeron. Gneisenau escreveu ao chanceler prussiano, Hardenberg, que em 21 de agosto a retaguarda de Rudzevich corria o risco de ser rompida por forças inimigas muito superiores. Muitos generais teriam perdido o equilíbrio e a capacidade de julgamento em uma posição tão perigosa, mas Rudzevich reagiu com calma, inteligência e coragem, empurrando os franceses de volta e fazendo os seus homens cruzarem o rio Bober sob seus narizes.[29]

De que modo as tropas prussianas e, acima de tudo, as *landwehr* iriam lidar com a montagem de uma ação de retaguarda contra Napoleão, isso era mais incerto. Na verdade, os prussianos lutaram com coragem e disciplina na retirada de quatro dias do rio Bober para trás do rio Katzbach, onde o avanço de Blücher tinha começado apenas oito dias antes. No entanto, as marchas e contramarchas do Exército da Silésia tinham esgotado as tropas, em particular a milícia prussiana. O 6º Regimento de *Landwehr* silesiano, por exemplo, tinha uma força de 2 mil homens quando o avanço de Blücher começou; oito dias depois, havia sido reduzido a apenas 700 homens. Isso se deveu, sobretudo, à velocidade do avanço do exército e à posterior retirada. Além disso, o Estado-Maior de Blücher demorou a acertar o passo: o Exército da Silésia, afinal, só havia se reunido bem na véspera da campanha. Na retirada do Bober para Katzbach, as colunas às vezes cruzavam ou ficavam emaranhadas nos comboios de carga. Marchas noturnas eram uma fonte de exaustão especial para o Corpo de Yorck.

Considerando as personalidades envolvidas, era inevitável que os ânimos explodissem. Depois de uma discussão furiosa com Blücher, Yorck enviou sua renúncia a Frederico Guilherme III, observando que "pode ser que minhas habilidades limitadas não me permitam compreender as concepções brilhantes pelas quais o general Blücher é guiado".[30]

Os piores problemas de Blücher foram com Langeron. Embora as personalidades tenham tido seu papel nas disputas, a principal causa foi uma questão mais básica. Quando o plano Trachenberg foi originalmente concebido, dos três grupos aliados o único explicitamente instado à cautela foi o Exército da Silésia. Isso aconteceu porque, naquele momento, parecia que esse exército teria apenas 50 mil soldados. Até o início da campanha, seu número tinha na realidade duplicado, mas as instruções que Blücher recebeu dos monarcas ainda insistiam para que ele evitasse grandes batalhas. Blücher prontamente respondeu que, se essas eram as suas ordens, então os aliados precisavam encontrar outro comandante mais adaptado à cautela. Barclay e Diebitsch responderam, sem dúvida em nome dos monarcas, que certamente ninguém poderia impedir o comandante de 100 mil homens de aproveitar todas as oportunidades que se apresentassem. Com essa garantia, Blücher aceitou o comando.[31]

Langeron foi informado das instruções iniciais de Blücher, mas não da maneira pela qual elas haviam sido alteradas por Barclay e Diebitsch. É possível que isso tenha sido um lapso, no meio dos frenéticos preparativos de última hora para movimentar as forças de Barclay para a Boêmia. Também é possível que usar Langeron para testar Blücher tenha sido uma manobra deliberada de Alexandre. Não há dúvida de que o imperador permanecia muito nervoso pensando aonde a natureza agressiva de Blücher os conduziria. Depois de receber a notícia do avanço inicial do Exército da Silésia ao Bober, por exemplo, ele escreveu a Blücher que "suas batalhas recentes que têm sido tão gloriosas não devem levá-lo a envolver-se em um engajamento em larga escala".[32]

Deliberado ou acidental, o tratamento de Langeron foi profundamente injusto, tanto com ele quanto com Blücher. Langeron tinha alguma razão ao acreditar que estava agindo de acordo com as instruções de Blücher e os desejos do próprio Alexandre. Ele também tinha excelentes razões para temer que, se fossem concedidos a Napoleão apenas mais alguns dias para perseguir Blücher, este último ficaria e lutaria, quaisquer que fossem as probabilidades. O comandante-em-chefe pode realmente não ter tido nenhuma escolha na questão, já que havia um limite do quanto mais a retirada dos regimentos *landwehr* poderia percorrer antes que eles se desintegrassem. Na verdade, o próprio Blücher escreveu a Alexandre que, se necessário, ele ficaria e lutaria contra Napoleão, mesmo que em séria desvantagem numérica, desde que ele pudesse encontrar uma forte posição defensiva onde conseguisse usar sua artilharia de modo vantajoso. Inevitavelmente, Blücher ficou furioso em relação às muitas ocasiões, durante as duas primeiras semanas da campanha, em que Langeron desobedeceu às suas ordens em nome da cautela. Em 25 de agosto, ele e Gneisenau tinham perdido toda a paciência e estavam determinados a fazer com que Alexandre removesse o general russo.[33]

Felizmente para o Exército da Silésia, o plano Trachenberg funcionou como esperado. Em 23 de agosto, ficou claro para Napoleão que ele não podia gastar mais tempo perseguindo Blücher. O exército de Schwarzenberg estava invadindo a Saxônia e ameaçando a base fundamental de suprimentos de Dresden. Ao voltar para enfrentar esse perigo com as Guardas e os corpos de Marmont e Victor, Napoleão deixou o marechal MacDonald para lidar com Blücher. Sob seu comando estaria o 2º Corpo de Cavalaria de Sebastiani e os 3º, 5º e 11º Corpos de Infantaria. Embora Napoleão deixasse o 3º Corpo para MacDonald, ele ordenou ao seu comandante, o marechal Ney, que entregasse o comando ao general

Souham e ele mesmo assumisse o controle do exército que enfrentava Bernadotte diante de Berlim.

Antes de partir para Dresden, Napoleão mandou MacDonald avançar sobre o rio Katzbach e expulsar Blücher para além de Jauer. Depois disso, o trabalho dele era manter o inimigo preso no leste da Silésia, longe do crucial teatro de operações na Saxônia, no oeste do Elba. MacDonald ordenou aos seus homens que avançassem sobre o Katzbach em 26 de agosto. Enquanto isso, Blücher foi imediatamente informado da partida de Napoleão e de grande parte do exército inimigo. Ele ordenou, portanto, que o Exército da Silésia retomasse as operações ofensivas, começando com um avanço sobre o Katzbach, também previsto para 26 de agosto. O cenário estava pronto para a batalha crucial que ocorreu naquele dia. Nenhum comandante esperava que o outro fosse avançar. Quando os dois exércitos em avanço colidiram, a confusão resultante foi ainda maior porque a chuva pesada reduzia muito a visibilidade.

O exército de MacDonald avançou em uma frente ampla. Duas de suas divisões, sob o comando dos generais Ledru e Puthod, foram posicionadas bem ao sul, perto de Schönau e Hirschberg. A tarefa delas era combater o pequeno 8º Corpo russo comandado pelo conde Emmanuel de Saint-Priest, outro monarquista emigrado e ex-chefe do Estado-Maior de Petr Bagration, e ameaçar Jauer a partir do sudeste. Esse movimento flanquearia o exército de Blücher e colocaria em perigo as suas comunicações e sua bagagem, que estavam concentradas na cidade de Jauer e em suas cercanias. Enquanto isso, no outro extremo da linha de MacDonald, o 3º Corpo, posicionado perto de Legnica, recebeu a ordem de atravessar o Katzbach naquela cidade e, em seguida, descer a estrada de Legnica para Jauer, atrás do flanco direito aliado. O restante do exército de MacDonald, composto por seu próprio 11º Corpo e o 5º Corpo de Lauriston, avançaria diretamente sobre o Katzbach em direção a Jauer. Tendo destacado Ledru e Puthod, esses dois corpos somavam apenas quatro divisões de infantaria, mas eles seriam apoiados pela cavalaria de Sebastiani.

Havia perigos em dispersar o Exército francês por uma área tão ampla. MacDonald parece ter previsto que Blücher estaria estático ou em retirada. Esse era um pressuposto muito perigoso quando se enfrentava um inimigo tão agressivo. Um oficial superior do Estado-Maior russo posteriormente escreveu que a incapacidade de reconhecer a posição aliada foi a chave para a derrota francesa no Katzbach. Por isso, não apenas MacDonald mas também o clima atroz e a má qualidade da cavalaria francesa podem ser culpados.[34]

O terreno sobre o qual MacDonald estava avançando e no qual a batalha foi travada se somava aos perigos do mau reconhecimento. Grosseiramente falando, antes da batalha, os dois exércitos estavam divididos pelo rio Katzbach, que flui ao sudoeste de Legnica. Os franceses estavam na margem norte e os aliados, na sul. As tropas de MacDonald atravessaram o rio, e a batalha teve lugar na margem sul, entre o Katzbach e Jauer. O campo de batalha foi dividido em duas metades distintas pelo rio Wütender Neisse, que flui de Jauer e se junta ao Katzbach, formando quase um ângulo reto.

A metade norte do campo de batalha – em outras palavras, a área ao norte do Wütender Neisse – era um planalto sem árvores que caía abruptamente para os vales do Katzbach ao noroeste e do Wütender Neisse ao sudoeste. O planalto nunca tem mais do que 75 metros acima dos rios, mas suas encostas íngremes e de florestas densas tornam impossível para qualquer um do lado francês dos rios ver o que está acontecendo lá, mesmo em um dia claro. As estradas em todo o Katzbach subiam até o planalto por desfiladeiros íngremes e estreitos, especialmente aquela próxima a Weinberg, na qual a maioria das tropas francesas avançou. Ainda hoje, essa estrada é problemática para cruzar de carro em um dia de pista molhada ou com gelo. Receber milhares de homens, cavalos e canhões ali em agosto de 1813, em meio à lama e chuva, era muito pior. Havia também um considerável perigo de ser surpreendido por aquilo que se poderia encontrar no planalto.

Em 26 de agosto de 1813, os franceses encontraram cerca de 60% do exército de Blücher sobre o planalto, em outras palavras, a totalidade dos corpos de exército de Yorck e Sacken. Sacken estava à direita, com seu flanco aberto ancorado na vila de Eichholz, onde as 8ª e 39ª Divisões *Jaeger* de Johann von Lieven haviam sido posicionadas. Além de Eichholz, ao norte, estavam os cossacos do major-general Kretov. À esquerda (ou seja, ao sul) da cidade, Sacken posicionou sua infantaria, com a 27ª Divisão de Neveróvski na linha de frente e o restante da 10ª Divisão de Lieven atrás, na reserva. Regimentos de hussardos e dragões de Ilarion Vasilchikov estavam posicionados atrás e logo à direita de Eichholz. Entre o Corpo de Exército de Sacken e o Wütender Neisse ficaram os prussianos de Yorck. As tropas de Langeron foram colocadas na metade sul do campo de batalha, ou seja, ao sul do Wütender Neisse. O terreno ali é muito diferente do planalto ao norte do rio. É dominado por duas cristas que se estendem das margens do Wütender Neisse até as colinas arborizadas que marcam a fronteira sudoeste do campo de batalha. Essas cristas garantiam vistas elevadas e posições de artilharia. Além disso, as duas aldeias de Hennersdorff e Hermannsdorf podiam ser transformadas em pontos fortes para a infantaria de Langeron.

Os planos de MacDonald começaram a dar errado desde o início em 26 de agosto. Por causa de ordens mal interpretadas, o 3º Corpo tinha marchado para longe de Legnica no dia anterior. Quando ele voltou para a área, o general

Souham decidiu que era tarde demais para executar a ordem de MacDonald para atravessar o Katzbach em Legnica e marchar de lá para Jauer. A principal razão dada pelo 3º Corpo para desobedecer às ordens de MacDonald foi de que os vaus em Legnica já não eram utilizáveis por causa da chuva pesada. Isso parece duvidoso, porque os russos de Sacken cruzaram aquele local em 28 de agosto, após dois dias de chuva contínua. Seja qual for o motivo, em 26 de agosto, Souham decidiu descer com seus soldados a margem norte do Katzbach, unindo-se assim ao corpo principal de MacDonald e apoiando o seu ataque através do rio.[35]

Em princípio, essa concentração do Exército francês soa sensata. Na prática, porém, as rotas estreitas na margem norte do Katzbach não poderiam sustentar a passagem de tantos homens. Entre as aldeias de Kroitsch e Crayn Nieder criou-se um enorme engarrafamento, que incluiu a cavalaria de Sebastiani, sua artilharia e as bagagens. Para dentro desse amontoado seguiram as quatro divisões do 3º Corpo. Apenas uma delas, a 8ª Divisão do general Brayer, conseguiu abrir caminho através desse engarrafamento e passar para o planalto do outro lado da ponte, indo até o desfiladeiro de Weinberg. Mesmo Brayer foi forçado a deixar toda sua artilharia para trás. MacDonald ordenou que as outras três divisões do 3º Corpo retrocedessem e tentassem atravessar o rio em direção a Legnica. Duas dessas divisões finalmente atravessaram o Katzbach perto da aldeia de Schmogwitz, mas, quando se aproximaram do planalto, a batalha estava encerrada. No final, as únicas unidades francesas a desempenhar algum papel na luta no planalto foram os homens de Brayer, as tropas da 36ª Divisão do general Charpentier do Corpo de MacDonald e a cavalaria de Sebastiani. Como a artilharia de Brayer estava presa em Kroitsch, no lado errado do Katzbach, essa força não possuía sequer sua carga completa de armas. Como os franceses enfrentaram os Corpos de Exército de Yorck e Sacken completos, em outras palavras, 60% do exército de Blücher, não causa surpresa que eles tenham perdido essa batalha.

Tendo dado suas próprias ordens para avançar através do Katzbach, Blücher ficou surpreso ao ser informado, por volta das onze horas do dia 26 de agosto, que os franceses também estavam avançando sobre o rio contra Langeron e Yorck. Como o quadro fornecido pelos postos avançados prussianos em retirada era muito confuso, o coronel barão von Müffling, quartel-mestre-geral, avançou por conta própria para espionar a quantidade de franceses e a direção na qual estavam indo. Müffling lembrou que "estava montado em um cavalo cor de rato, e tinha um manto cinza, de modo que na chuva torrencial eu não era visível a cem passos". Ele descobriu homens da cavalaria e artilharia francesas posicionados no planalto entre Nieder Weinberg e Janowitz, sendo que a infantaria movia-se por trás deles no vale perto de Nieder Weinberg. Informado dessa situação, Blücher ordenou que Yorck atacasse os franceses e Sacken dispusesse artilharia na colina Taubenberg, logo a sudoeste de Eichholz. A artilharia russa atrairia a atenção dos franceses para o norte, para longe do avanço de Yorck, além de ajudar a infantaria prussiana quando esta fizesse o seu ataque. Enquanto isso, a infantaria de Sacken iria manter sua posição em Eichholz e ficar atenta a possíveis novas colunas francesas entrando no planalto a partir de sua direita, ao norte de Janowitz.[36]

Na melhor das hipóteses, seria necessária uma hora de marcha para a infantaria de Yorck alcançar os franceses. Porém, enquanto isso, muito antes das ordens de Blücher chegarem, Sacken havia colocado a 13ª Bateria Pesada russa do coronel Brahms em Taubenberg e começado a bombardear os franceses. A colina Taubenberg é na verdade uma elevação muito sutil, mas que se ergue sobre todo o planalto ao noroeste do Katzbach e ao sudoeste do Wütender Neisse. Tendo inspecionado a posição designada às suas tropas, Sacken era um general bom demais para não ver as vantagens de Taubenberg e agiu imediatamente por iniciativa própria. Em pouco tempo, outras baterias russas e prussianas se uniram a Brahms.

Neste intervalo, Yorck e Müffling haviam entrado em uma discussão a respeito de como as tropas prussianas deveriam avançar. Yorck as queria em linha, enquanto Müffling argumentava que não havia espaço suficiente para isso no planalto e que a manobra iria, em qualquer caso, desperdiçar um tempo precioso. Quando Blücher apoiou Müffling, Yorck obedeceu amuadamente e enviou duas de suas brigadas para avançarem em coluna. Inevitavelmente perdeu-se tempo, mas por volta das três horas da tarde os homens de Yorck estavam em ação contra a infantaria francesa na borda do planalto, perto do desfiladeiro que desce para o vale do rio por Ober Weinberg. Na chuva forte, poucos mosquetes dispararam, mas, depois de um breve combate corpo a corpo, a infantaria francesa, em desvantagem numérica, fugiu desfiladeiro abaixo na direção do vau do rio. Neste ponto, parte da cavalaria de Sebastiani atacou os prussianos, a fim de resgatar sua infantaria e permitir que eles saíssem da luta e se reorganizassem. Com seus mosquetes inúteis na chuva, a infantaria de Yorck era muito vulnerável à cavalaria, e o coronel Jurgas, comandando a brigada reserva de cavalaria prussiana, tentou ir em seu socorro. Para a ira de Yorck, no entanto, o ataque da cavalaria prussiana foi mal coordenado e falhou. De acordo com Müffling, que estava com Yorck todo esse tempo, seguiu-se então uma estranha lacuna, que durou talvez quinze minutos, na qual a infantaria de Yorck e cerca de quatro mil membros da cavalaria francesa se encararam sem que ninguém fosse ousado o bastante para atacar. Então, de repente, para grande surpresa de Müffling, a cavalaria francesa fez meia-volta e fugiu pelos desfiladeiros abaixo até o vale do rio.

A razão para sua fuga foi que os homens de Sebastiani tinham sido atacados pela cavalaria russa de Vasilchikov. De onde Sacken e Vasilchikov estavam, perto de Eichholz, a posição assumida por Sebastiani e pela infantaria de Brayer parecia a resposta às preces de um soldado de cavalaria. O planalto era um terreno perfeito para a cavalaria, sem valas, muros, árvores ou outros obstáculos. Além disso, o flanco esquerdo de Sebastiani estava instável, aberto ao ataque. Parece que o comandante da cavalaria francesa esperava que as três divisões desaparecidas do Corpo de Souham logo estivessem avançando através de Janowitz para ajudá-lo. Seja qual for a razão, oferecer um flanco aberto para um general do calibre de Vasilchikov era pedir para ter problemas. Vasilchikov enviou observadores para garantir que as aldeias ao norte da linha de Sebastiani não estivessem ocupadas por tropas de infantaria e que seus homens não fossem emboscados durante o avanço. Tendo descoberto que elas estavam vazias, ele avançou e atacou os franceses a partir de três direções simultaneamente.

Os regimentos hussardos de Alexandria e Mariupol atacaram a frente inimiga e foram apoiados por uma brigada de dragões. Enquanto isso, os regimentos hussardos Akhtyrka e Bielorrússia saíram por trás da aldeia de Klein Tinz e atacaram o flanco de Sebastiani. Entre Klein Tinz e Janowitz, os cossacos de Vasilchikov invadiram a retaguarda da cavalaria francesa. O conde de Venançon, um piemontês emigrado que servia como quartel-mestre-geral de Sacken, escreveu a Petr Volkonski: "não estou exagerando quando digo que nunca existiu uma manobra executada com mais precisão e inteligência, e ela foi coroada com sucesso total, porque o flanco esquerdo inimigo inteiro foi tomado a partir da retaguarda e esmagado". A cavalaria de Sebastiani fugiu pelos desfiladeiros abaixo até o Katzbach, carregando com eles a infantaria de Brayer e abandonando todas as armas que os franceses tinham conseguido levar planalto acima. De acordo com relatos franceses, a infantaria de Brayer recuou em boas condições e ainda cobriu a fuga de cavalaria do Sebastiani. A desordem só se estabeleceu quando os soldados da infantaria foram obrigados a cruzar o Katzbach na escuridão crescente, sob fogo inimigo e em meio ao caos das estradas bloqueadas por carroças, armas e cavalaria.[37]

Somente bem depois da debandada do resto das forças francesas, as duas divisões remanescentes do Corpo de Souham começaram a se aproximar do campo de batalha pelo vau em Schmogwitz. De acordo com relatos russos, o avanço delas foi lento e hesitante. Quando os franceses se destacaram para o sul pelo vau em Schmogwitz, na direção da vila de Schweinitz, eles encontraram escaramuçadores enviados pela 27ª Divisão Neveróvski para retardá-los. As escaramuças começaram por volta das sete horas da noite. A maior parte das divisões de Neveróvski e Lieven então avançou, apoiada por muitas baterias de artilharia aliada. Em inferioridade numérica e informado sobre o desastre que se abatera sobre o resto do exército, o general Ricard ordenou aos seus homens que recuassem pelo vau em Schmogwitz. Com essa retirada, encerrou-se a luta na metade norte do campo de batalha.[38]

Enquanto isso, uma batalha muito diferente havia sido travada na metade sul do campo de batalha, ao sul do Wütender Neisse. Langeron tinha destacado o 8º Corpo de Saint-Priest para proteger as rotas de aproximação a Jauer a partir de Hirshberg e, em sua ausência, as forças rivais estavam quase igualadas. Langeron tinha uma cavalaria maior e melhor, mas enfrentava números superiores de infantaria nas três divisões francesas posicionadas contra ele. Considerando o terreno, ele deveria ter sido capaz de resistir aos ataques de MacDonald, que liderava as forças francesas pessoalmente, se todas as outras coisas se mantivessem iguais.

Porém, elas eram tudo menos iguais, já que Langeron parece ter encenado uma retirada com luta, em vez de disputar uma batalha. Obcecado com a ameaça a seu flanco esquerdo e a Jauer, Langeron concentrou-se em proteger a linha de retirada. Temeroso de que a Divisão de Maison estivesse tentando atravessar sua esquerda, Langeron despachou o 10º Corpo de Kaptsevich de volta a Peterwitz para proteger a linha de retirada para Jauer. Isso o deixou com apenas dois pequenos corpos, o 9º de Olsufiev e o 6º do príncipe Scherbátov, além do destacamento de Rudzevich, para repelir MacDonald. Mas, em suas memórias, Scherbátov escreve que seu corpo foi mantido na reserva até o fim da tarde e só participou da luta depois das quatro horas. Além disso, quase todas as baterias pesadas de Langeron tinham sido despachadas para a retaguarda para não bloquear qualquer recuo através das estradas estreitas e lamacentas. Claro que, somando-se todos esses destacamentos, os franceses detinham a superioridade esmagadora no campo de batalha, tanto em números quanto em poder de fogo. No final da tarde, eles haviam empurrado Langeron para longe dos montes entre Hennersdorf e Schlaupe, que dominavam toda a metade sul do campo de batalha. As tropas russas lutaram duro, mas não tinham qualquer chance de manter sua posição contra números tão superiores.[39]

Neste ponto, Müffling chegou do quartel-general de Blücher, onde a notícia de que Langeron fora expulso de sua forte posição foi recebida com escárnio. Em suas memórias, Müffling relata que encontrou Langeron na colina atrás de Schlaupe, na companhia de Rudzevich, Olsufev e Scherbátov. Müffling contou a eles sobre a vitória no norte do Wütender Neisse, entoou louvores a Sacken e os incentivou a contra-atacar e recuperar os Montes Hennersdorf imediatamente. Os outros generais russos concordaram com entusiasmo, mas Langeron respondeu: "Coronel, você está certo de que o comandante-em-chefe não está colocando meus soldados para cobrir a sua retirada?". Müffling acrescentou: "Esta era a ideia fixa e firmemente enraizada do conde Langeron, a qual o levara a tomar suas atitudes enganosas". Se Langeron tinha alguma dúvida sobre a verdade da mensagem de Müffling, no entanto, ela foi dissipada pela evidência de seus próprios olhos. O capitão Radojitski, cuja bateria estava colocada na colina, lembrou que através da chuva de repente foi possível ver tropas prussianas em plena perseguição a batalhões franceses em fuga na outra margem do Wütender Neisse. Ele ouviu Langeron, que não estava muito longe, exclamar: "Meu Deus, eles estão correndo".[40]

Tudo isso foi suficiente para convencer Langeron a ordenar um imediato contra-ataque para retomar a posição de Hennersdorf. Rudzevich atacou à esquerda, Olsufev no centro e, pela primeira vez, o Corpo de Scherbátov entrou em ação à direita. A dinâmica e a imprevisibilidade do ataque levaram os franceses a descerem de volta dos montes sem muita luta, de acordo com fontes russas. Deste modo, o Regimento de Pskov, que fazia parte do Corpo de Scherbátov, tinha esperado na reserva durante todo o dia até que recebeu a ordem de avançar depois das quatro da tarde para o contra-ataque. O regimento avançou em ritmo acelerado, como ditava a cartilha: atacou em colunas de batalhões com escaramuçadores na frente e artilharia avançando nos intervalos entre as colunas. De acordo com a história regimental, os escaramuçadores russos empurraram a barreira da infantaria leve francesa de volta e começaram a abater os soldados nas últimas fileiras dos batalhões. Neste momento, vendo as colunas russas avançando para invadir sua posição, a infantaria francesa fugiu em alta velocidade. Segundo o bom costume patriótico, a história do regimento se esquece de mencionar que o ataque de Scherbátov na direção de Schlaupe foi bastante ajudado por tropas prussianas que vadeavam o Wütender Neisse para pegar os franceses na retaguarda. Mas a história oficial russa da campanha faz menção a isso, e presta homenagem à coragem das tropas prussianas.[41]

Para os franceses, a batalha do Katzbach foi uma derrota, mas não um desastre. O que a transformou em catástrofe foi a perseguição que se seguiu à batalha. Essa foi, de longe, a mais bem-sucedida perseguição a um inimigo derrotado em 1813. Em 26 de agosto, Langeron não tinha, para usar um eufemismo, se destacado. O mal-entendido sobre as intenções de Blücher e sua desobediência às ordens poderiam ter tido consequências desastrosas. Os heróis do momento eram a infantaria de Yorck, Vasilchikov e sua cavalaria, e Fabian von der Osten-Sacken. Durante a perseguição, no entanto, foram os soldados de Langeron que alcançaram a maioria dos resultados mais espetaculares. Isso não é percebido no relato de Blücher e Gneisenau sobre a batalha. Levaria tempo, é claro, para que Blücher esquecesse a insubordinação de Langeron. Além disso, os líderes prussianos tinham bons motivos para tentar elevar o respeito próprio e o moral da *landwehr* por meio de relatos brilhantes de seus méritos. Em um relatório secreto, contudo, o governo militar prussiano da Silésia não tinha necessidade de fazer propaganda. Regozijando-se pela libertação de sua província e pela destruição do exército de MacDonald, seu relato sobre a perseguição do inimigo derrotado atribuía a catástrofe que se abatera sobre os franceses apenas a Langeron.[42]

Isso já era um certo exagero, pois Yorck e Sacken também contribuíram para a derrocada francesa. Na noite da batalha, Blücher ordenou que os dois homens atravessassem o Katzbach imediatamente e acelerassem a fuga do inimigo. Isso era impossível. As tropas aliadas estavam muito cansadas, o Katzbach estava em plena cheia e a noite estava escura como breu. No dia seguinte, Yorck só conseguiu atravessar a ponte e vadear perto de Weinberg, mas imediatamente teve dificuldades contra uma bem organizada retaguarda francesa. Não havia nada de surpreendente nisso, já que três quartos dos corpos de Souham mal tinham entrado em ação no dia anterior.

Enquanto isso, as tentativas de Sacken para atravessar os vaus entre Schmogwitz e Legnica foram frustradas pelas margens alagadas do rio e pela profundidade e correnteza do rio Katzbach, que a constante chuva pesada tinha transformado em uma torrente. Os russos perderam um dia por ter de marchar todo o caminho até Legnica e cruzar o Katzbach lá. Tudo isso fez com que os franceses tivessem tempo para montar uma retirada com relativa ordem, embora perigosamente rápida. Muitos retardatários e bagagens foram perdidos, mas nenhuma grande unidade foi isolada ou destruída. Ainda assim, as baixas foram significantes. Em 29 de agosto, com a retirada longe de terminar, a chamada do 3º Corpo revelou que 930 homens estavam mortos, 2.722 feridos e 4.009 desaparecidos. Em 3 de setembro, Sacken relatou a Petr Volkonski que seu corpo de exército havia capturado dois generais, 63 oficiais, 4.916 soldados e 50 canhões desde 25 de agosto. A essa altura, os franceses haviam recuado, saindo da Silésia e indo além da fronteira com a Saxônia.[43]

Os homens de Langeron partiram em perseguição aos franceses antes do amanhecer em 27 de agosto. Seu comandante, sem dúvida, sentia a necessidade de se redimir do mau desempenho no dia anterior. Mais uma vez, Rudzevich comandou a guarda avançada, embora ele agora estivesse reforçado por regimentos do Corpo de Cavalaria do Barão Korff e por toda o 10º Corpo do tenente-general Petr Kaptsevich. Quase nenhum dos homens de Korff e Kaptsevich

Soldado do Regimento
das Guardas Preobrajenski

Soldado do Regimento
das Guardas Finlândia

Soldado do Regimento
de Infantaria de Riazan

Tenente da Brigada de Artilharia
de Campo – bateria pesada

Soldado do Regimento Couraceiro Ekaterinoslav — Tenente do Regimento de Dragões

Soldado do Regimento Hussardo Sumi

Soldado do Regimento Lanceiro Lituânia

Napoleão concede a *Légion d'honneur* ao granadeiro Lazarev, em Tilsit

Borodino: o Reduto Raévski após a batalha

Primavera de 1813: cossacos em Hamburgo

Fère-Champenoise: o Regimento de Guardas Cossacos ataca a infantaria francesa

lutara em 26 de agosto e eles estavam, portanto, cheios de energia. Por outro lado, as tropas francesas estavam exaustas depois de duas semanas de marchas incessantes, chuva torrencial, pouca comida e uma batalha de um dia na qual a vitória inicial se transformou de repente em derrota e uma exaustiva retirada noturna. O chefe do Estado-Maior do Corpo de Cavalaria de Korff escreveu em suas memórias que "é incrível a que ponto uma batalha perdida e alguns dias de tempo muito ruim deprimiram o moral das tropas francesas". Isso é duro. Mesmo a infantaria de Wellington poderia ter se desmanchado em pedaços se fosse abandonada por seus comissariado e cavalaria, e forçada a montar ações de retaguarda com mosquetes inutilizáveis por causa da chuva contra uma massa de cavalaria inimiga bem disciplinada, apoiada por artilharia a cavalo e milhares de novos inimigos na infantaria. Mas é verdade que os dias anteriores excepcionalmente cansativos intensificaram os pontos fortes dos soldados russos e as fraquezas dos jovens recrutas de Napoleão. Também é fato que, embora o entusiasmo francês fosse inigualável quando as coisas estavam indo bem, em tempos de adversidade, faltava muitas vezes às tropas francesas a calma e a solidez disciplinadas da infantaria russa.[44]

Em 27 de agosto, quando os russos alcançaram as retaguardas francesas, muitas unidades entraram em colapso. Perto de Pilgramsdorf, os Regimentos dos Dragões de Kharkov e Kiev, sob o comando do general Emmanuel, cavalgaram sobre parte da retaguarda francesa e capturaram 1.200 homens. Outra retaguarda, sob o comando do coronel Morand, foi surpreendida pelo Regimento dos Dragões de Tver e pelos *Jaegers* montados de Seversk e Chernigov, comandados por Ivan Panchulidzev, um veterano general de cavalaria de origem georgiana. Morand lutou bravamente, mas, com seus mosquetes inutilizáveis, os quadrados de sua infantaria cederam a um assalto simultâneo da cavalaria russa por três lados. Com as retaguardas da infantaria sucumbindo e nenhum sinal da cavalaria francesa, as comportas ameaçaram se abrir. Cossacos se reuniram aos montes ao redor dos franceses em retirada. Langeron informou: "o nível de perdas e a desordem nas fileiras do inimigo me lembrou da fuga desastrosa deles de Moscou para o Vístula".[45]

MacDonald e seus comandantes de corpo decidiram que seria fatal tentar reunir seus homens ou enfrentar os russos. Sua única chance era ultrapassá-los e, posteriormente, encontrar um local seguro onde se reagrupar e reconstruir o moral despedaçado dos homens. Essa era provavelmente uma atitude realista, mas garantia que um grande número de retardatários iria desertar ou ser pego pela cavalaria russa e pelos cossacos. Também equivalia a abandonar as divisões destacadas de Ledru e Puthod à própria sorte. Ledru escapou, mas Puthod decidiu tentar se unir aos soldados de MacDonald em fuga. Marchando para o noroeste de Hirschberg, Puthod foi seguido por todo o caminho pela cavalaria do major-general Iusefovich. Os russos interceptaram o relatório de Puthod para MacDonald, que delineava seus planos e sua linha de marcha. Em 29 de agosto, eles cercaram e prenderam sua divisão perto de Löwenberg, de costas para o rio Bober, que a chuva tinha tornado impossível vadear. O general Rudzevich esperou até que a 6º Corpo do príncipe Scherbátov tivesse chegado para lançar seu ataque. Contra probabilidades tão esmagadoras, resistir era inútil, e Puthod se rendeu com mais de quatro mil homens e dezesseis canhões. Sua divisão havia começado a campanha de outono apenas duas semanas antes, com mais de oito mil homens em suas fileiras. Poucos deles escaparam para servir a Napoleão novamente.[46]

Apenas na primeira semana de setembro os aliados fizeram uma pausa na perseguição. A essa altura, o exército de MacDonald tinha sido empurrado de volta para a Saxônia e perdido 35 mil homens, mesmo de acordo com fontes francesas. O Exército da Silésia também tivera perdas pesadas, mas muitos de seus homens desaparecidos eram milicianos prussianos exaustos que retornariam às fileiras com o tempo. O mesmo não podia ser dito em relação aos franceses feridos e desaparecidos, que haviam sido ultrapassadoss pelo avanço aliado. Napoleão não podia suportar tais perdas. Nem podia permitir-se ter Blücher estabelecido a uma curta distância de Dresden, dos cruzamentos do Elba e dos demais exércitos aliados. O desastre que se abatera sobre o exército de MacDonald fez com que se tornasse muito improvável que o imperador fosse capaz de executar seu plano de levar suas Guardas e reservas para o norte para negociar com Bernadotte.

A vitória elevou enormemente o moral e a confiança do exército de Blücher e resolveu muitas das tensões que existiam entre seus comandantes. A desobediência de Langeron foi perdoada. O relatório de Blücher para Alexandre sobre a batalha do Katzbach garantiu a Sacken uma promoção ao último posto do generalato e a Ordem de São George, de segunda classe. No dia seguinte à batalha, Blücher disse a todos os prussianos ao redor que a vitória devia-se em grande parte à condução de sua cavalaria e artilharia feita por Sacken. Na vez seguinte em que Sacken passou montado pelos soldados de Yorck, ele foi saudado com salvas de aplausos das tropas prussianas. Tudo isso era um bálsamo para a alma de um homem que, durante muitos anos, tinha visto a si mesmo como vítima de injustiça e azar. A batalha do Katzbach foi o ponto de virada na sorte de Sacken. Ele morreria muitos anos depois da guerra como príncipe e marechal de campo, e uma das figuras mais respeitadas na Rússia.[47]

Por maiores que fossem as vitórias de Blücher, no final o destino da campanha dependeria, principalmente, da atuação do principal exército aliado, ou seja, do Exército da Boêmia de Schwarzenberg. Ele continha muito mais tropas do que os exércitos de Blücher e Bernadotte juntos. Apenas o Exército da Boêmia poderia ter esperanças de enfrentar e derrotar o próprio Napoleão. Além disso, apenas o Exército da Boêmia tinha um grande contingente de tropas austríacas. Potencialmente, a Áustria continuava a ser o elo fraco na coalizão. Se o exército principal fosse destruído ou seriamente enfraquecido e a Boêmia fosse invadida, então havia uma chance real de que a Áustria iria retomar negociações com Napoleão ou mesmo desistir da guerra.

Em junho e julho, Schwarzenberg e Radétski haviam deduzido que, se os austríacos se unissem à guerra, Napoleão os atacaria primeiro na Boêmia. Os aliados tendiam a compartilhar essa visão e, em todo o caso, estavam ansiosos para acalmar os temores austríacos. Portanto, desde o início, em reuniões militares conjuntas, foi planejado enviar Wittgenstein e 25 mil homens à Boêmia para reforçar os austríacos. Como quantidades inesperadas de reservas e homens voltando dos hospitais fluíram para os regimentos aliados, os planos tornaram-se mais ambiciosos. Quando o conde Latour, representante de Schwarzenberg, chegou ao quartel-general aliado em 22 de julho para levar adiante o planejamento conjunto, ele ficou surpreso ao descobrir que os aliados tinham aumentado imensamente o tamanho da força que pretendiam enviar à Boêmia para ajudar os austríacos. Além de todo o Corpo de Exército de Wittgenstein, eles também reservaram tropas do Corpo de Exército Prussiano do Tenente-General von Kleist e do Corpo do Exército Reserva do Grão-Duque Constantino, que incluíam as Guardas russas e prussianas, um corpo de granadeiros russos e três divisões de couraceiros russos. No total, 115 mil russos e prussianos marchariam agora da Silésia até a Boêmia assim que a guerra reiniciasse.

Os austríacos tinham sentimentos um pouco contraditórios sobre isso. Por um lado, esse reforço enorme, que incluía as melhores tropas dos exércitos aliados, era uma grande contribuição para a defesa da Boêmia. Por outro, enormes esforços de última hora eram necessários para alimentar todos esses homens. Pior de tudo, de forma alguma Frederico Guilherme, e menos ainda Alexandre, renunciaria a todo o controle sobre seus regimentos de elite e sobre o que agora era inequivocamente o principal exército aliado e o centro de seu esforço de guerra. Com as divisões russas e prussianas vieram os dois monarcas, convidados claramente indesejáveis no quartel-general de Schwarzenberg.[48]

Schwarzenberg não era, de forma alguma, um comandante que iria tomar a iniciativa e impor sua vontade sobre Napoleão. Mas, em agosto de 1813, sua única opção, em princípio, era esperar a chegada dos reforços russo-prussianos e tomar precauções contra qualquer tentativa de Napoleão atacá-los em marcha ou invadir a Boêmia. Radétski, por sua vez, torcia para que Napoleão invadisse, o que daria aos aliados a possibilidade de apanhar suas tropas enquanto elas tentavam sair dos estreitos desfiladeiros dos Erzgebirge, ao invés de arriscar o contrário. O quartel-mestre-geral austríaco também tinha receios justificáveis sobre o quão rápida e eficientemente os comandantes das várias colunas aliadas coordenariam suas operações se fosse lançada uma ofensiva através das montanhas e Saxônia adentro. Mesmo deixando de lado problemas de terreno e cooperação entre os aliados, o Exército austríaco em si tinha uma estrutura de comando muito centralizada e incômoda. Em 1809, os austríacos tinham adotado o sistema francês de separar os Corpos de acordo com as armas. A lição que eles tiraram da guerra foi a de que não podiam confiar em seus generais e Estados-Maiores para fazer esse sistema funcionar. Portanto, entre os quatro exércitos principais em 1813, somente eles haviam revertido parcialmente a um alto-comando de exército centralizado, que lidava diretamente com divisões e comandantes de colunas destacadas. Radétski tinha bons motivos para temer que esse arranjo se mostrasse ineficiente.[49]

Se ele tivesse entendido a organização interna das forças russas, seu pessimismo teria aumentado. Os russos tinham ido à guerra em 1812 com uma estrutura de comando enxuta e racional dos corpos, divisões e brigadas. No outono de 1813, no entanto, ocorreram muitas promoções para as patentes de major-general e tenente-general. Havia agora, por exemplo, muito mais tenentes-generais do que corpos, e os tenentes-generais russos achavam que estava abaixo de seu *status* comandar simples divisões. O resultado foi o surgimento de muitos corpos que, na realidade, eram pouco maiores do que as antigas divisões. Esses "corpos" eram subordinados às sete unidades maiores nas quais o exército de campo estava dividido na campanha de outono. Embora essas sete unidades também fossem erroneamente chamadas de corpos, para evitar confusão, serão chamadas aqui de Corpos de Exército. Dois desses Corpos de Exército (os do grão-duque Constantino e de Wittgenstein) estavam no Exército da Boêmia; dois no Exército da Silésia (Langeron e Sacken); dois no Exército da Polônia (Dokhturov e Petr Tolstói); e um no Exército do Norte (Wintzingerode). Em grande medida, a criação daqueles mini corpos era apenas uma concessão estética à vaidade dos generais, mas ela tornava a estrutura de comando russo muito pesada e isso complicava as relações com os prussianos. Um corpo russo comandado por um tenente-general poderia conter menos homens do que uma brigada prussiana, que por vezes poderia ser comandada por um simples coronel.

Uma vez que tanto os oficiais russos quanto os prussianos eram vivamente conscientes de seu *status* e de sua superioridade hierárquica, "mal-entendidos" eram inevitáveis.[50]

Uma outra causa de ineficiência era a posição de Mikhail Barclay de Tolly. Depois de um excelente desempenho durante o armistício como comandante-em-chefe, Barclay agora se encontrava de fato afastado do comando supremo e subordinado a Schwarzenberg. Aparentemente, Alexandre levou alguns dias para reunir coragem de dizer isso a Barclay. Para preservar seu orgulho – talvez até seu cargo –, Barclay manteve sua posição oficial como comandante-em-chefe das forças russas. Em princípio, os corpos russos nos exércitos da Silésia e do Norte eram, em termos operacionais, subordinados a Bernadotte e Blücher; mas em questões de administração e pessoal, a Barclay. Considerando a grande dispersão dessas forças, esse era um arranjo inviável que causava frustração em todos os lados.

O poder de Barclay sobre as forças russas e prussianas no Exército da Boêmia era mais real sem ser mais racional. Teria sido mais eficiente se as ordens fossem passadas diretamente de Schwarzenberg aos comandantes dos Corpos de Exército (Constantino, Wittgenstein e Kleist), ao invés de serem atrasadas e distorcidas por terem de passar por Barclay. Mesmo a posição de Wittgenstein era problemática na primeira metade da campanha de outono. Em princípio, ele comandava o 2º Corpo de Eugen de Württemberg e o 1º Corpo do príncipe Andrei Gorchakov, o irmão do ministro da Guerra. Na prática, no entanto, o Corpo de Eugen foi destacado do corpo principal em agosto de 1813 e Wittgenstein só controlava efetivamente os homens de Gorchakov. Como resultado, Wittgenstein podia se tornar um tanto redundante de vez em quando: em agosto, ele e Gorchakov só frustraram um ao outro várias vezes ao tentarem fazer o mesmo trabalho.[51]

Quando os principais generais aliados se reuniram no conselho de guerra em Melnik, em 17 de agosto, não havia sinal de qualquer avanço francês na Boêmia: quase todos eles agora acreditavam que Napoleão provavelmente atacaria Bernadotte e tentaria tomar Berlim. Radétski e Diebitsch, os dois oficiais de Estado-Maior mais hábeis presentes, compartilhavam essa visão. Neste caso, era impossível para o exército principal ficar parado atrás das montanhas e deixar Bernadotte à própria sorte. Se Napoleão estava indo para o norte, os aliados poderiam seguramente cruzar as montanhas em uma frente ampla, com a sua principal linha de avanço movendo-se através de Leipzig até a retaguarda do inimigo. O conselho decidiu, portanto, invadir a Saxônia no momento em que os reforços russos e prussianos chegassem. Wittgenstein iria avançar à direita pela estrada Teplitz, desde Peterswalde, via Pirna, até Dresden. No centro, os prussianos de Kleist marchariam de Brux, através de Saida, para Freiberg. Atrás deles viriam as reservas de Constantino. Enquanto isso, o corpo principal austríaco iria avançar ao longo da estrada que saía de Kommotau, via Marienberg, até Chemnitz e, finalmente, a Leipzig. Forças austríacas menores usariam as trilhas em ambos os lados da estrada, com a coluna de Klenau na extrema esquerda austríaca.

As colunas aliadas cruzaram a fronteira da Saxônia no início da manhã de sábado, 22 de agosto. Mesmo antes que eles o fizessem, no entanto, as informações que chegavam aos quartéis-generais sugeriam cada vez mais que Napoleão não tinha se dirigido ao norte contra Bernadotte no final das contas, mas estava, ao contrário, na Saxônia oriental, enfrentando Blücher. Se fosse verdade, isso indicava que um avanço em direção a Leipzig era inútil e que, enquanto isso, Napoleão poderia destruir Blücher. Ele poderia também marchar para o oeste e esmagar Wittgenstein ou usar seu controle sobre o cruzamento do Elba em Königstein para atacar a retaguarda aliada na Boêmia, a sudoeste. Essas preocupações não eram imaginárias. Uma vez que os aliados estivessem nas profundezas dos Erzgebirge, levaria quatro dias para concentrar todo o exército no flanco de Wittgenstein caso ele fosse atacado por Napoleão. Embora os comandantes aliados não tivessem como saber isso, Napoleão de fato escrevera a seu comandante em Dresden, o marechal Saint-Cyr, que ele não se importava se os aliados marchassem para a Saxônia ocidental ou cortassem suas comunicações com a França. O que o preocupava era que eles não deveriam cercar os cruzamentos do Elba e, acima de tudo, a enorme base de fornecimento que ele tinha construído para a campanha de outono em Dresden. Além disso, Napoleão estava mesmo contemplando a ideia de atacar a retaguarda aliada via Königstein.[52]

Se os arranjos aliados fossem suficientemente flexíveis, eles teriam mudado seus planos antes de seu avanço começar e deslocariam seu peso no sentido leste, em direção a Dresden. No entanto, mudanças de última hora nos movimentos desse vasto exército com sua pesada estrutura de comando eram difíceis ao extremo. Assim, Schwarzenberg informou sua esposa na noite de 20 de agosto: "queremos cruzar a fronteira em 22 de agosto e, em seguida, rapidamente virar em direção ao Elba". Esse plano não era problema para os russos, já que não alterava a planejada linha de marcha de Wittgenstein ou do grão-duque Constantino. Mesmo os prussianos de Kleist não tinham de marchar muito para chegar à nova zona de concentração na área de Dippoldiswalde e Dresden. Para os austríacos, no entanto, a situação era bem diferente. Eles tinham a maior distância a percorrer e teriam de se movimentar por terríveis trilhas nas montanhas, que serpenteavam para cima e para baixo dos íngremes vales de um córrego após o outro. Já em 23 de agosto, o general Wilson encontrou os austríacos de Klenau "encharcados até os ossos; a maioria deles sem sapatos, muitos sem sobretudo". Wilson percebeu que o moral dos homens de Klenau, muitos deles novos recrutas, parecia bom, mas era discutível se permaneceria assim com a chuva despencando, estômagos já vazios, as carroças do comissariado austríaco seguindo sua trilha bem na retaguarda e os caminhos se dissolvendo em lama. Os homens de Klenau levaram dezesseis horas para atravessar os últimos 32 quilômetros através dos campos até a região de Freiberg. Para chegar a Dresden, eles tinham de enfrentar um caminho ainda pior através da floresta Tharandt.[53]

O deslocamento inicial dos aliados para o leste deveu-se muito mais para proteger Wittgenstein e a Boêmia do que para aproveitar a oportunidade de capturar a base de Napoleão em Dresden. Em 23 de agosto, no entanto, a inteligência revelou que Napoleão estava, na verdade, na Silésia, ainda mais ao leste do que os aliados tinham imaginado. Na noite de 23 de agosto, Schwarzenberg escreveu à sua mulher que o quartel-general aliado estaria em Dippoldiswalde no dia seguinte e que o exército atacaria Dresden na tarde de 25 de agosto, se pudesse concentrar forças suficientes ali a tempo. Ele então contribuiu bastante para garantir que isso não ocorresse, dando à maior parte do exército austríaco um dia de descanso em 24 de agosto.[54]

A convicção por trás desse movimento era de que havia menos urgência do que se temia previamente, porque Wittgenstein e a Boêmia não estavam em perigo imediato. Sem dúvida também o gentil comandante-em-chefe ouviu os lamentos de seus generais austríacos sobre a condição miserável de seus homens. Na dúvida se seria possível tomar Dresden em 25 de agosto, Schwarzenberg oscilou entre descrever o ataque planejado como um *coup de main** ou simplesmente um reconhecimento em força. Se Schwarzenberg fosse Blücher, Dresden teria sido atacada em 25 de agosto, mesmo que metade das tropas austríacas tivesse caído de exaustão ao longo da linha de marcha. A partir deste momento, os austríacos ganharam a fama de serem os mais lentos marchadores de todos os exércitos aliados. George Cathcart, oficial britânico e filho do embaixador na Rússia, escreveu educadamente sobre o "atraso comparativo de seus movimentos". Alexandre de Langeron coloca as coisas de modo mais franco: "Os austríacos estão sempre atrasados e é sua lentidão incurável que constantemente os leva à derrota".[55]

---

* Um *coup de main*, ou *golpe de mão*, é um ataque oportunista, baseado na rapidez e na surpresa, que alcança seu objetivo em um único golpe, geralmente aproveitando-se do despreparo do adversário. (N.T.)

A história oficial austríaca afirma que, quando chegou o momento previsto para o ataque na tarde de 25 de agosto, não apenas suas próprias tropas, mas também os prussianos de Kleist ainda não tinham chegado. Foi tomada a decisão de adiar o ataque até o dia seguinte. Mas, em 26 de agosto, discussões ferozes foram travadas entre os líderes aliados para saber se um ataque a Dresden era viável. Frederico Guilherme III estava comprometido com um ataque, assim como Schwarzenberg, embora este último, com menor fervor, se e quando tropas suficientes chegassem. Alexandre esteve sempre em dúvida e, na tarde de 26 de agosto, foi contrário à ideia. Ele seguia os conselhos de Moreau e Toll, que achavam que qualquer ataque fracassaria.

Assim também, mesmo até 25 de agosto, pensava o comandante de Dresden, Saint-Cyr. Às nove horas da manhã de 25 de agosto, ele relatou a Napoleão que as colunas aliadas se aproximavam da cidade e, aparentemente, planejavam um assalto: "Esse ataque me parece um pouco tardio, considerando a proximidade de Sua Majestade". Ele acrescentou que, uma vez que Murat já havia se mostrado nas linhas de frente e as fogueiras dos corpos de Napoleão deviam estar visíveis aos aliados, eles não podiam ter quaisquer dúvidas sobre a iminente chegada do imperador. Dresden poderia ter sido tomada em 26 de agosto? Não há unanimidade a respeito. As defesas da cidade haviam sido restauradas e melhoradas por Napoleão durante o armistício: como ele mesmo tinha descoberto no ano anterior em Smolensk, mesmo muros antiquados e fortificações improvisadas podiam desacelerar muito uma força de ataque. Além disso, em 26 de agosto, os reforços de Napoleão já estavam fluindo para dentro da cidade.[56]

Considerando a velocidade com que suas próprias tropas se movimentavam, não é de surpreender que Schwarzenberg estivesse perplexo pela proeza de Napoleão em fazer seus três corpos marcharem os 120 quilômetros de Löwenberg, na Silésia, até a região de Dresden em apenas três dias. Embora isso tenha frustrado os planos aliados para tomar Dresden, em certa medida satisfez os propósitos do plano Trachenberg. Avançando na retaguarda de Napoleão e ameaçando a sua base fundamental em Dresden, o Exército da Boêmia o impediu de perseguir e esmagar Blücher. Em retrospecto, também, os aliados poderiam agradecer por Napoleão ter ficado satisfeito em marchar para o resgate de Dresden, em vez de realizar seu plano inicial e muito mais ousado de destruir o Exército de Schwarzenberg.

Quando ouviu pela primeira vez, em 22 de agosto, que o exército aliado estava se deslocando em direção a Dresden com o provável objetivo de atacar a cidade, Napoleão começou a planejar um contra-ataque devastador. Desde que Saint-Cyr pudesse se manter por alguns dias, Napoleão pretendia marchar com suas Guardas e os Corpos de Marmont, Victor e Vandamme através do Elba em Königstein até a retaguarda dos aliados e destruir o exército inimigo antes que ele pudesse concentrar-se contra ele ou, pelo menos, devastar as bases em sua retaguarda. Se Napoleão tivesse levado adiante esse plano, é bem possível que encerrasse a campanha dentro de duas semanas com uma vitória na escala de Austerlitz ou Jena. Ele teria atravessado a linha aliada de retirada e seria capaz de prender o Exército de Schwarzenberg dentro dos Erzgebirge. Além disso, a velocidade e a ousadia de seu movimento teriam paralisado e desorientado totalmente a lenta e dividida liderança aliada. Contudo, quando chegou a Stolpen, em 25 de agosto, Napoleão mudou de ideia, porque tanto seu confiável ajudante de campo, o general Gourgaud, quanto o marechal Murat relataram a partir de Dresden que a cidade não poderia resistir aos aliados a não ser que fosse reforçada imediatamente pelo imperador e as tropas que ele havia trazido da Silésia. Assim, Napoleão voltou seus soldados na direção da capital saxônica e deixou o movimento através do Elba em Königstein a cargo apenas do general Vandamme.[57]

Mesmo sem o grande ataque planejado de Napoleão, o cenário era sombrio para os aliados em 27 de agosto. Eles finalmente haviam feito sua tentativa de invadir Dresden no final da tarde de 26 de agosto e falhado. A essa altura, Napoleão havia reforçado a guarnição de Saint-Cyr. As defesas da cidade se mostraram tão resistentes quanto Alexandre, Moreau e Toll temiam. Os líderes aliados, no entanto, decidiram tentar novamente no dia seguinte, alegando que, em 26 de agosto, menos da metade do seu exército havia participado da luta. Essa decisão não estava de acordo com o plano Trachenberg, como modificado por Schwarzenberg e Radétski. E, mais importante, era uma tolice. Com três corpos de Napoleão vindos da Silésia agora dentro de Dresden, não havia chance de tomar a cidade. A menos que eles tomassem Dresden, os aliados não poderiam permanecer na frente dela por muito tempo, já que não podiam se alimentar com os recursos da região dos Erzgebirge e seus comboios de suprimentos enfrentavam terríveis dificuldades, lutando para avançar pelos caminhos nas montanhas. Ainda mais importante, a posição que eles tinham assumido do lado de fora da cidade os tornava muito vulneráveis a um contra-ataque de Napoleão.

Um dos principais problemas era que, fora de Dresden, os aliados estavam espalhados ao longo de uma linha de quase dez quilômetros. Seguras por trás de suas fortificações, as tropas de Napoleão ocupavam uma linha com metade desse comprimento. Os muros e fortificações da cidade permitiam que os defensores resistissem aos ataques feitos pelos aliados numericamente superiores. Ao mesmo tempo, Napoleão poderia concentrar tropas para contra-atacar e explorar os pontos fracos de seu inimigo muito estendido. Na extrema direita, Wittgenstein estava tentando manter uma posição fraca, de quatro quilômetros de comprimento, com apenas 15 mil homens. Seus soldados também estavam sob o fogo das baterias francesas posicionadas no outro lado do Rio Elba. Sob forte pressão, em 27 de agosto, suas tropas foram empurradas de volta para o centro aliado, perdendo o domínio sobre a rodovia Teplitz, que era a principal chance de uma retirada segura para a Boêmia. Quando Barclay recebeu a ordem de contra-atacar para recuperar o terreno perdido, ele se recusou, argumentando que, no meio da lama e da chuva que desabava, ele nunca seria capaz de trazer sua artilharia de volta até a posição elevada que então ocupava, uma vez que a tivesse feito avançar para apoiar o contra-ataque de sua infantaria. George Cathcart estava presente no quartel-general aliado naquele dia. Em sua opinião, os temores de Barclay eram plenamente justificados. Mesmo a história oficial austríaca, muitas vezes crítica a Barclay, afirma que nessa ocasião ele provavelmente agiu com sabedoria.[58]

Na época, no entanto, havia confusão demais no quartel-general aliado nos Montes Racknitz para alguém levar o assunto a Barclay. Cathcart lembrou que, logo após as duas horas da tarde, "um tiro de canhão atingiu Moreau (que no momento deveria estar a uma distância de meio cavalo do imperador) na perna direita, atravessou seu cavalo e despedaçou seu joelho esquerdo". Moreau morreu uma semana depois. Se a bala tivesse atingido o imperador, as consequências teriam sido dramáticas. O grão-duque Constantino nunca poderia ter substituído seu irmão como o elemento decisivo da coalizão. Ele carecia totalmente do carisma de Alexandre ou de suas habilidades diplomáticas, e não compartilhava nem o compromisso de seu irmão em derrotar Napoleão, nem sua capacidade de gerar lealdade entre os principais generais russos, que, em alguns casos, tinham dúvidas se a guerra na Alemanha realmente servia aos interesses russos. Considerando as mudanças extremas de humor de Constantino e suas próprias explosões frequentes contra a continuação da guerra, a Europa poderia ter testemunhado mudanças dramáticas na política russa, que lembrariam aquelas no tempo de seu pai e seu avô.[59]

Enquanto isso, um desastre havia acontecido ao setor esquerdo aliado, cujas tropas eram todas austríacas. Um problema era que a esquerda aliada estava isolada do resto do exército pela íngreme ravina Plauen. Era impossível, caso houvesse uma emergência, reforçar as tropas além da ravina a partir do centro aliado. O general Mesko, que comandava as tropas austríacas na extrema esquerda, deveria ser apoiado pelos 21 mil homens de Klenau, mas estes estavam tão atrasados na estrada que cruzava a floresta Tharandt, que nunca chegaram ao campo de batalha. Até certo ponto, Schwarzenberg foi vítima do fato de que seu exército havia crescido a um tamanho que era impossível controlar com a tecnologia disponível na época. Quando a notícia chegou ao comandante-em-chefe, vinda dos flancos do exército, era tarde demais para reagir.

Ainda assim, Schwarzenberg lidou com um problema difícil de forma incompetente. Não fazia sentido amontoar tanta cavalaria aliada no centro, onde grande parte dela era inútil, e deixar a infantaria de Mesko com tão pouca proteção. Além disso, apesar das dificuldades para percorrer a estrada através da floresta Tharandt, supõe-se que alguém como Blücher, farejando a batalha iminente, teria feito mais para estimular seus subordinados a superar os obstáculos. Ele certamente não teria seguido o exemplo de Schwarzenberg, permitindo inicialmente aos homens de Klenau um dia de descanso em 26 de agosto, quando passavam pela floresta. No dia seguinte, com as tropas de Klenau ainda saindo da floresta e a horas do campo de batalha, o destacamento de Mesko foi destruído. Em 27 de agosto, os franceses fizeram 15 mil prisioneiros austríacos. Os infelizes homens de Mesko não apenas foram superados por números esmagadores da cavalaria e infantaria francesas, como seus mosquetes foram inúteis na chuva. Ainda assim, a maioria deles teria escapado se tivessem tido uma melhor liderança de seu general e seus oficiais de Estado-Maior.[60]

Na tarde de 27 de agosto, mesmo antes de saber do desastre que acontecera a Mesko, Schwarzenberg estava determinado a voltar para a Boêmia. Os ataques aliados à direita e no centro haviam fracassado e ficou claro que agora seria impossível capturar Dresden. Sendo assim, era inútil expor as tropas à fome, ao frio e às doenças acampando do lado de fora da cidade, enquanto os homens de Napoleão estavam em sua maioria aquartelados confortavelmente dentro de Dresden. O clima estava atroz. Sir Robert Wilson anotou em seu diário: "Chuva pesada e vento forte. O pior dia de um dezembro inglês nunca foi mais sombrio ou encharcado". Além disso, estava chegando a alarmante notícia de que Vandamme tinha atravessado o rio Elba em Königstein e agora representava uma ameaça ao flanco direito aliado e às comunicações de Schwarzenberg com a Boêmia.[61]

Quando Wittgenstein marchou pela estrada Teplitz para Dresden, ele destacou Eugen de Württemberg para vigiar a travessia em Königstein. Eugen recebeu a maior parte de seu próprio 2º Corpo, e a 14ª Divisão do general Gothard von Helfreich, do 1º Corpo. No total, isso representava 13 mil homens e 26 canhões. Eugen tinha apenas quatro esquadrões de cavalaria regular e um pequeno regimento de cossacos, mas seu comando incluía quase metade da infantaria de Wittgenstein. No entanto, isso era muito pouco para a tarefa que Eugen agora enfrentava. A força de Vandamme incluía não apenas seu próprio 1º Corpo de três fortes divisões, mas também três grandes brigadas de infantaria e uma divisão de cavalaria extraída de outros corpos franceses. Por volta das seis horas da manhã de 26 de agosto, os piquetes[†] de Eugen o informaram que os franceses estavam começando a atravessar o rio Elba em Königstein e que os prisioneiros que eles haviam feito afirmavam que Vandamme tinha cerca de 50 mil homens sob seu comando.

Eugen apelou a Barclay e Wittgenstein por ajuda urgente, mas isso iria inevitavelmente levar tempo para chegar. Para o momento, o único reforço que ele recebeu foi o empréstimo temporário de um regimento de couraceiros do grão-duque Constantino, cujo corpo do exército estava marchando pela estrada Teplitz na manhã de 26 de agosto, a fim de participar do assalto a Dresden. Com o Regimento Couraceiro da imperatriz veio o comandante de sua brigada, o príncipe Leopoldo de Saxe-Coburg, de 23 anos. Uma das irmãs de Leopoldo havia se casado com o grão-duque Constantino, outra era a esposa do duque Alexander de Württemberg, tio de Eugen, que estava naquele momento comandando as tropas russas no cerco a Danzig. Assim como Eugen, Leopoldo se tornara um major-general russo ainda criança. Embora tivesse servido na Prússia Oriental em 1807, Leopoldo posteriormente se aposentara do serviço militar, voltando ao exército apenas durante o armistício de 1813. Nas semanas seguintes, o jovem príncipe mostraria que era um comandante de cavalaria capaz e corajoso e, assim, daria seus primeiros passos para a fama. Muitos anos depois da guerra, ele se tornou famoso em toda a Europa como o primeiro rei dos belgas e tio da rainha Vitória.

Na manhã de 26 de agosto, diante de uma situação muito perigosa, o príncipe Eugen permaneceu calmo e mostrou habilidade e discernimento excelentes. Considerando a esmagadora superioridade numérica de Vandamme, tudo que Eugen poderia esperar era atrasar seu avanço e ganhar tempo para que reforços chegassem. Ele decidiu que sua única chance de fazer isso seria impedir os franceses de se posicionarem fora da floresta que cerca Königstein pelo maior tempo possível. Uma série de fatores o favorecia. Vandamme movia-se devagar e não conseguiu colocar sua artilharia em ação até que a batalha já estivesse em andamento. Desse modo, a artilharia russa foi capaz de interromper os esforços iniciais franceses para formar-se em colunas de ataque em frente à floresta. Além disso, mesmo quando os franceses forçaram seu avanço da floresta, Eugen ocupava uma posição forte, protegida na frente por uma vala e ancorada nas aldeias

---

[†] Pequenos destacamentos, geralmente de cavalaria, mantidos à frente de uma determinada linha para informar sobre os movimentos do inimigo. (N.T.)

de Krietzschwitz e Struppen. Os russos lutaram com habilidade e coragem, escaramuçando de forma eficaz. Eles sofreram mais de 1.500 baixas e infligiram mais. Todas as reservas tiveram de ser comprometidas, incluindo até mesmo os couraceiros de Leopoldo, apesar do fato daquele ser um terreno muito ruim para a cavalaria pesada. Eugen estava se segurando, mas ficou claro que ele não teria nenhuma chance de manter sua posição no dia seguinte contra efetivos arrasadores, cujos comandantes poderiam sufocar os russos com fogo de artilharia e cercar seus flancos.[62]

Na noite de 26 de agosto, tendo atrasado os franceses por um dia, Eugen sabia que tinha de recuar. A pergunta era em que direção. Ele não podia cobrir simultaneamente o flanco direito do exército aliado diante de Dresden e a linha aliada de retirada pela estrada até a Boêmia. Fazer o primeiro exigia uma retirada para o norte, enquanto proteger a rota para a Boêmia significava se mover ao sul, descendo a estrada Teplitz. Com a batalha em Dresden em pleno andamento e os aliados pretendendo invadir a cidade, Eugen decidiu que a prioridade máxima era deter a marcha de Vandamme para o norte para destruir o flanco direito aliado. Essa foi uma escolha totalmente razoável no momento em que foi feita e com as informações disponíveis para Eugen, mas quando Schwarzenberg decidiu por uma retirada geral no dia seguinte, isso significou que Vandamme estava em posição de bloquear o movimento de Eugen ou quaisquer outras forças aliadas na estrada Teplitz de volta à Boêmia.

As ordens de Schwarzenberg para a retirada até a Boêmia foram emitidas às seis horas da tarde de 27 de agosto. Elas foram elaboradas por Radétski e Toll. O exército recuaria em três grupos. Cerca de metade das tropas austríacas, incluindo o destacamento de Klenau e os remanescentes da ala esquerda, marchariam a oeste até Freiberg e de lá virariam para o sudoeste e voltariam à estrada Chemnitz, em Marienberg. Isso os levaria de volta para Commotau. O resto das forças austríacas, incluindo os homens de Colloredo, iriam recuar para Dippoldiswalde. De lá, metade marcharia via Frauenstein e a outra metade via Altenberg de volta para Dux, na Boêmia. Enquanto isso, todos os russos e prussianos sob o comando de Barclay e Kleist – em outras palavras, metade de todo o exército – iriam recuar ao sudeste através de Dohna para a estrada Teplitz antes do desfiladeiro em Berggieshübel. De lá, eles se retirariam pela estrada para Teplitz via Peterswalde.[63]

Essas ordens foram "modificadas" por alguns dos generais a quem foram enviadas. Em parte, isso aconteceu porque elas não eram realistas e haviam sido atropeladas pelos acontecimentos. Dos três grupos, o único a marchar mais ou menos de acordo com o plano foi a coluna central austríaca, que partiu logo no início da noite de 27 de agosto e fugiu, exausta, mas ilesa, para Dippoldiswalde.

Na esquerda aliada, no entanto, foi impossível para os homens de Klenau seguirem o planejado recuo para o oeste via Freiberg, uma vez que a estrada Freiberg já estava ocupada por Murat. Os comandantes austríacos também se recusaram terminantemente a tomar a estrada paralela seguinte ao sul, uma vez que esta conduzia por dentro da floresta Tharandt e tinha causado dificuldades terríveis a eles em seu avanço para Dresden. Eles, portanto, partiram para o sudoeste via Pretschendorf. De lá, alguns dos soldados austríacos marcharam para Dux, enquanto outros voltaram à estrada Chemnitz, em Marienberg, e ali viraram à esquerda para marchar de volta para Commotau. Embora os estágios iniciais deste retiro fossem exaustivos, perigosos e caóticos, na noite de 28 de agosto, as tropas austríacas já não estavam em perigo de serem isoladas. Elas tinham sido imensamente ajudadas pela perseguição desanimada de Murat. A maioria da cavalaria de Murat, de qualquer forma, tinha ido longe demais para o oeste e perdido o contato com o grosso das tropas austríacas.

A situação mais perigosa, sem dúvida, ocorreu na ala direita aliada, em que Barclay e Kleist decidiram ignorar as rotas de marcha propostas para as forças russas e prussianas. Como comandante-geral da ala direita aliada, Barclay assumiu a responsabilidade por esta decisão, embora ele possa muito bem ter agido de acordo com Toll.[64] Em vez de se movimentar a sudeste para a estrada Teplitz, os russos e os prussianos foram para o sul, sobre os Erzgebirge. Barclay tinha boas razões para esse desvio das ordens de Schwarzenberg: relatórios do príncipe Eugen mostravam que Vandamme e 50 mil homens estavam em posição de bloquear qualquer marcha pela estrada Teplitz para a Boêmia. A estrada atravessava desfiladeiros que poderiam ser controlados por metade desse número de homens contra uma multidão. Enquanto isso, havia todas as razões para acreditar que, se Barclay e Kleist se dirigissem à estrada Teplitz, eles seriam perseguidos por grande parte do exército de Napoleão. Havia um grande perigo de os homens de Barclay e Kleist ficarem presos na estrada Teplitz entre Napoleão e Vandamme, sem meios de escapar.

Barclay, portanto, preferiu o risco de recuar através dos Erzgebirge. Os russos marcharam na estrada para Dippoldiswalde e Altenberg. Os prussianos fizeram seu caminho descendo a "Estrada Velha de Teplitz", que ia de Maxen, via Glashütte e Barenstein, antes de chegar ao vale Teplitz, através do desfiladeiro perto de Graupen. Ambas as estradas eram inadequadas para dezenas de milhares de soldados, sem mencionar suas bagagens e artilharia. A Estrada Velha de Teplitz era a pior das duas, especialmente em sua parte final, quando descia para o vale. Por outro lado, os homens de Kleist correspondiam à metade dos russos de Barclay e ele tinha a Estrada Velha de Teplitz mais ou menos para si. Os russos, pelo contrário, estavam tentando abrir caminho pela estrada Dippoldiswalde-Altenberg, na sequência de uma grande coluna de austríacos em retirada. Pior ainda, quando a retirada começou, uma boa parte da bagagem austríaca ainda estava tentando chegar até a estrada em direção a Dresden. Um enorme engarrafamento foi inevitável, especialmente perto de Altenberg e Dippoldiswalde, onde uma série de estradinhas vicinais se uniam à estrada principal.

O marechal Saint-Cyr descreveu a estrada Dippoldiswalde-Altenberg como "nada além de um desfiladeiro contínuo". O general Wilson escreveu que as tropas russas em retirada tinham de se espremer "através das estradas mais difíceis, dos campos mais desesperadores, das florestas mais impraticáveis que a Europa apresenta". A estrada só se tornava verdadeiramente íngreme em sua última parte, quando desembocava no vale Teplitz. Nesse ponto, os cavalos que carregavam as armas e carroças tinham muita dificuldade em frear e muitos perdiam suas ferraduras. Na maior parte da viagem, a estrada serpenteava para cima e para baixo pelas colinas que atravessava desde que saía de Dippoldiswalde até além de Altenberg. O pior problema era que o caminho era muito estreito ao longo de toda sua rota. Apenas um canhão, carroça ou carreta de munição podia passar de cada vez. Os barrancos de cada lado da estrada tinham de quatro a seis metros de altura. As densas florestas de pinheiros iam até os barrancos dos dois lados da estrada. A infantaria que marchasse para fora da estrada a fim de deixar espaço para armas e carroças só poderia passar em fila única ao longo do topo dos barrancos. Qualquer carroça que quebrasse, e muitas a fizeram na superfície dura pedregosa, tinha de ser levada para fora da estrada e para cima do barranco com as mãos.[65]

Em 28 de agosto, a chuva caía incessantemente sobre as tropas russas, as quais estavam todas com frio e famintas, e alguns dos soldados tinham suas botas sugadas pela lama. Entre estes últimos estava o cabo Pamfil Nazarov, em sua primeira campanha e marchando nas fileiras da Guarda Finlândia. Seu regimento começara a recuar ao anoitecer de 27 de agosto e havia marchado a noite toda. Às oito horas da manhã seguinte, eles pararam para cozinhar seu mingau, mas, antes que ele estivesse pronto, os franceses chegaram e eles foram obrigados a fugir. Em um momento do dia, os homens da Guarda, exaustos e descalços, emergiram da floresta em um campo aberto e passaram por Alexandre e Barclay. Pamfil recorda que, ao ver o triste estado das suas Guardas: "o imperador começou a chorar amargamente e, tirando um lenço branco do bolso, começou a limpar seu rosto. Vendo isso, eu também comecei a chorar".[66]

Felizmente para os russos, suas retaguardas atuaram com sua habitual calma disciplina na adversidade. Assim também fizeram as tropas prussianas e austríacas designadas para executar essa tarefa. O terreno no geral favorecia as retaguardas e impedia uma perseguição rápida pela cavalaria. Tendo atuado brilhantemente ao marchar desde a Silésia e derrotar os aliados, as tropas francesas e os seus comandantes tinham todo o direito de estar exaustos. Talvez o ponto mais importante, no entanto, era que Napoleão havia tirado seus olhos da perseguição e se encaminhado para Dresden, onde a maior parte de sua atenção estava direcionada para as más notícias que vinham não apenas de MacDonald na Silésia, mas também do marechal Oudinot, cujo avanço sobre Berlim havia sido derrotado em Gross Beeren. O imperador parece não ter tido noção de sua oportunidade para destruir o exército de Schwarzenberg. Talvez isso se devesse, em parte, ao fato de que ele não conhecia bem o terreno dos Erzgebirge e, em especial, os desfiladeiros do lado austríaco da fronteira. Na ausência de Napoleão, a perseguição perdeu muito da energia e da coordenação.

Para os aliados, o maior perigo não eram as forças que os perseguiam desde Dresden, mas o destacamento de Vandamme. Quando a retirada começou, em 27 de agosto, não apenas a força de Vandamme era muito mais numerosa do que a de Eugen, como também estava posicionada ao sul desta. Ele poderia ter empurrado Eugen de lado e marchado sem resistência pela estrada depois de Peterswalde e até o vale Teplitz, alcançando os desfiladeiros que saíam dos Erzgebirge bem antes que a maioria das unidades russas e prussianas pudesse escapar das montanhas. Não eram necessárias muitas tropas para bloquear os principais desfiladeiros em Teplitz e Graupen para os quais Barclay e Kleist se dirigiam. Se isso tivesse sido combinado a uma perseguição enérgica e coordenada por Napoleão, então o exército aliado poderia ter sido isolado nas montanhas e forçado a se render. Na verdade, Napoleão optou por um objetivo menor, mandando Vandamme apenas marchar para o vale Teplitz e tomar a enorme quantidade de bagagem e de artilharia que não seria capaz de escapar. Uma vez no vale Teplitz, Vandamme poderia ter usado sua iniciativa, bloqueado os desfiladeiros e impressionado Napoleão pela extensão do dano provocado por ele nos exércitos aliados. Mesmo que ele tivesse se limitado a obedecer às ordens de Napoleão, a perda de sua artilharia e dos comboios de abastecimento teria sido um duro golpe para os aliados. Reconstruir o Exército da Boêmia na hora de renovar a campanha no outono de 1813 teria sido muito difícil. A discórdia entre os aliados, que já crescia com rapidez por causa da derrota em Dresden, poderia facilmente ter destruído a coalizão.[67]

Havia muito em jogo, portanto, na luta entre Vandamme e o príncipe Eugen na estrada de Teplitz. Em 26 e 27 de agosto, Eugen recebeu dois reforços, um bem-vindo e o outro, muito pelo contrário. Os reforços bem recebidos foram os 6.700 homens da 1ª Divisão de Infantaria das Guardas do major-general barão Gregor von Rosen. Os regimentos das Guardas Preobrajenski, Semenóvski, Izmailóvski e *Jaeger*, que compunham essa divisão, eram a melhor infantaria do Exército russo, por isso esse acréscimo à força de Eugen era muito mais valioso do que meros números possam sugerir. Eles estavam acompanhados por um pequeno destacamento de Guardas da Marinha, usado principalmente para construir pontes, e por Aleksei Ermolov, agora o comandante do Corpo de Guardas.

O reforço indesejado era o general conde Aleksandr Ostermann-Tolstói, que chegou do quartel-general em 26 de agosto com instruções para assumir o comando de todas as forças na direita aliada próximas de Königstein. Talvez exista alguma desculpa para nomear um experiente general para cumprir esse papel. Eugen tinha apenas 25 anos e nunca havia comandado um destacamento independente. No entanto, Ostermann-Tolstói era o homem errado para o trabalho. Parece que Alexandre estava simplesmente tentando se livrar de um incômodo que infestava seu quartel-general e constantemente cercava o imperador com pedidos para ter algo o que fazer. Quando, em 25 de agosto, Alexandre disse a Ostermann para assumir o comando geral do outro lado de Königstein, ele não tinha ideia de que este estava prestes a se tornar um posto vital. Ainda assim, a nomeação de Ostermann por Alexandre foi mais um exemplo de como se permitiu que a sensibilidade aos sentimentos dos generais mais antigos prejudicasse a estrutura de comando do exército.

Mesmo em suas melhores horas, faltava a Ostermann o temperamento ou a habilidade tática para comandar um destacamento independente. Infelizmente também, agosto de 1813 estava longe de ser um bom período, pois não era segredo que Ostermann-Tolstói havia retornado de licença médica na primavera de 1813 em um quadro psicológico extremamente excitável, até mesmo desequilibrado. Nos três dias seguintes à sua chegada ao quartel-general de Eugen, ele seria um enorme estorvo. A fonte imediata de histeria para Ostermann foi seu medo do que as preciosas Guardas de Alexandre poderiam vir a sofrer enquanto estivessem sob seu comando.[68]

O que tornava essa obsessão particularmente perigosa eram as ordens que Ostermann recebeu quando o exército começou sua retirada na noite de 27 de agosto. Essas ordens o autorizavam a abandonar a estrada de Teplitz e recuar sobre os Erzgebirge se ele acreditasse que a tentativa de marcha pela estrada seria muito perigosa. Inevitavelmente, o muito nervoso Ostermann acreditou nisso e mandou que toda a força recuasse para fora da estrada e para as montanhas. Se essas ordens tivessem sido levadas adiante, a consequência seria um desastre. Seus homens teriam se somado ao congestionamento na estrada Dippoldiswalde e

Vandamme teria conseguido marchar livremente até o vale Teplitz. O que salvou a causa aliada foi a nítida recusa de Eugen em obedecer às ordens de Ostermann. Eugen tinha uma compreensão muito clara da necessidade de impedir Vandamme de entrar no vale e bloquear as rotas de escape do exército aliado nos Erzgebirge. Ele era apoiado por Ermolov, que possuía um excelente mapa da área e tinha estudado o terreno local, entendendo suas implicações para as operações militares. A voz decisiva, no entanto, foi a de Eugen. Como príncipe real e primo em primeiro grau do imperador, ele não se submetia facilmente. Quando Eugen se ofereceu para assumir total responsabilidade por todas as consequências, Ostermann cedeu, e foram feitos planos para retirada pela estrada Teplitz em 28 de agosto.[69]

Essa era uma tarefa difícil e perigosa. Felizmente para os aliados, Vandamme não tinha feito nada para bloquear a estrada em 27 de agosto. Isso permitiu aos russos enviar grande parte de sua bagagem de volta para a Boêmia em segurança. No entanto, a maioria de suas forças estava posicionada ao sul da posição aliada em Zehista. Ele ainda poderia ocupar a estrada à frente deles em 28 de agosto. Para alcançar uma relativa segurança no Peterswalde, perto da fronteira austríaca, os aliados tinham de fazer uma marcha de flanco de 18 quilômetros debaixo do nariz de um inimigo que tinha o dobro de seus efetivos. O risco de serem atacados enquanto marchavam era grande. A estrada em si era muito melhor do que as estradas ao longo dos Erzgebirge, mas estava longe de ser perfeita. Os aliados teriam de puxar seus canhões e suas carretas de munição para cima e para baixo na chuva e em uma estrada de pedra com 15 graus de inclinação, coberta de folhas e espinhos caídos de pinheiros, que às vezes eram tão escorregadia como gelo. O maior perigo de todos viria no desfiladeiro estreito perto de Gisgiubel e Hennersdorff, que poderia ser bloqueado por forças inimigas relativamente pequenas, mas toda a marcha seria cheia de riscos.[70]

Eugen decidiu que a melhor chance dos aliados seria que seu 2º Corpo e a Divisão de Helfreich fizessem um ataque diversionista em Krieschwitz e nos montes Kohlberg, ou seja, no sentido de Königstein. Ele esperava que isso fosse chamar a atenção de Vandamme e de suas reservas ao norte, permitindo que as Guardas se retirassem com segurança através dos desfiladeiros Gisgiubel e Hennersdorf. As Guardas deixariam retaguardas nesses dois pontos de perigo para cobrir a retirada dos homens de Eugen e, se necessário, livrá-los das garras dos franceses que os perseguissem. O plano correu melhor do que qualquer um poderia esperar. O próprio Eugen liderou o ataque a Krieschwitz, enquanto Ermolov atacou os montes Kohlberg com uma força que incluía alguns dos regimentos de linha de Eugen e as guardas *Jaeger*. Os russos atacaram com grande determinação. Os montes Kohlberg, por exemplo, mudaram de mãos três vezes antes de finalmente serem tomados pelas guardas *Jaeger*. A 14ª Divisão de Helfreich primeiro perdeu e depois recuperou Cotta. Os franceses lançaram reservas ao norte, mas não fizeram nada para reforçar os pequenos destacamentos enviados para emboscar os russos nos desfiladeiros Gisgiubel e Hennersdorf. As Preobrajenski avançaram sem muita dificuldade em Gisgiubel e as Semeonóvski expulsaram os homens de Vandamme da estrada em Hennersdorff.

Libertar o 2º Corpo e os homens de Helfreich da batalha no norte e colocá-los para descer a estrada estava fadado a ser muito difícil, mas no geral os russos foram bem-sucedidos mesmo nisso, embora a um custo bastante alto. O Regimento Estônia, parte da Divisão Helfreich, perdeu seis oficiais e 260 soldados – um terço de toda a sua força – nas batalhas no Kohlberg e no desfiladeiro Gisgiubel. Helfreich retornou com seus homens através de Gisgiubel com segurança, mas foi preciso um contra-ataque liderado pelo próprio Eugen para livrar uma das brigadas do príncipe Shakhovskói dos franceses que a perseguiam. Quatro dos regimentos de infantaria de Eugen, comandados pelo major-general Pishnitski, tinham lutado intensamente em Krieschwitz, no extremo norte da linha de Eugen, e estavam na verdade isolados na estrada, mas conseguiram pegar uma pista lateral, fugir dos franceses e se reunir com o 2º Corpo na noite de 29 de agosto, a tempo para o segundo dia da batalha de Kulm.[71]

Na noite de 28 de agosto, toda a força de Eugen e Ermolov, com exceção dos regimentos de Pishnitski, tinha alcançado Peterswalde. Esta era uma vila enorme que se estendia por três quilômetros, talvez mais, ao longo da estrada principal. Os homens de Eugen tomaram a vila e formaram a retaguarda do exército, enquanto as Guardas marcharam de volta para o vale Teplitz e assumiram uma posição defensiva em Nollendorf, para a qual os homens de Eugen poderiam recuar em segurança no dia seguinte. Esse plano quase foi arruinado no início da manhã de 29 de agosto. Ordens de Ostermann-Tolstói parecem ter convencido a retaguarda do príncipe Shakhovskói a se manter na frente de Peterswalde por muito mais do que Eugen pretendia. Quando finalmente começou a recuar pela aldeia, na madrugada de 29 de agosto, ela foi alcançada por unidades francesas que atacavam não apenas ao longo da rodovia, mas também se infiltravam em Peterswalde descendo por pistas laterais. Em meio à densa névoa do início da manhã, seguiu-se um pânico nas ruas da vila entre alguns dos regimentos de Shakhovskói. Felizmente, uma quantidade suficiente da infantaria russa se manteve firme para começar uma luta em Peterswalde e atrasar a perseguição francesa. Quando as numerosas, mas desorganizadas unidades francesas começaram a avançar para fora de Peterswalde em direção ao vale Teplitz, elas foram atacadas pela cavalaria de Eugen, encabeçada pelos couraceiros de Leopoldo de Saxe-Coburg. Isso deu a Eugen tempo suficiente para restaurar a ordem, reorganizar uma retaguarda e partir para um recuo uniforme para Nollendorf e para a cobertura fornecida pelas Guardas.[72]

Em Nollendorf, Eugen encontrou não apenas dois regimentos da Guarda, mas também quatro regimentos da Divisão de Shakhovskói, que tinham deixado Peterswalde por estradas laterais e aberto seu próprio caminho de volta para as linhas aliadas. Em suas memórias, Eugen escreveu que as guardas *jaeger* escaramuçaram com muita habilidade e seguraram a perseguição francesa tempo suficiente para que ele assumisse uma posição, reorganizasse seus homens e enviasse os dois regimentos das Guardas e a maioria de suas próprias unidades de volta para Ermolov. Eugen, em seguida, ficou em Nollendorf por cerca de noventa minutos com dois dos regimentos de Shakhovskói e os lanceiros tártaros como retaguarda. Ele próprio, em seguida, retirou-se passando pela pequena cidade de Kulm, que emprestou seu nome à batalha de dois dias que se seguiria. Ao meio-dia, Eugen e sua retaguarda tinham alcançado a posição de Ermolov na vila de Priesten, dois quilômetros além de Kulm. Lá ele encontrou Ostermann-Tolstói, Ermolov e toda a força posicionada para uma grande batalha contra Vandamme.[73]

Ostermann-Tolstói não tinha inicialmente a intenção de manter uma resistência. No final da noite de 28 de agosto, ele havia escrito a Francisco II, alertando-o para deixar Teplitz, já que o inimigo estava indo naquela direção em número muito superior e Ostermann não era capaz de detê-lo. O monarca austríaco fugiu, mas, antes de fazê-lo, advertiu Frederico Guilherme, que acabara de chegar à cidade, sobre a mensagem de Ostermann. O rei prussiano imediatamente entendeu as consequências potencialmente catastróficas de se permitir a Vandamme que assumisse o controle das passagens cruciais para fora dos Erzgebirge perto de Teplitz, para as quais tanto suas próprias forças quando as russas estavam se dirigindo. Mesmo o próprio Alexandre estava em risco, já que ele ainda estava preso nas montanhas, em algum ponto da estrada de Altenberg. Frederico imediatamente mandou primeiro seu ajudante-de-campo, o coronel von Natzmer, e em seguida seu principal conselheiro militar, o general von dem Knesebeck, para avisar Ostermann que ele deveria bloquear o avanço francês sobre Teplitz a todo custo. Com a segurança de seu próprio imperador em jogo, não havia forma alguma de recusar o apelo do rei prussiano para manter a posição. Ostermann e Ermolov, portanto, escolheram a única posição defensiva possível em Priesten, a cerca de sete quilômetros de Teplitz. As Guardas já estavam dispostas nessa posição às oito horas. Cerca de duas horas depois, Frederico Guilherme chegou para uma longa discussão com Ostermann e Ermolov. A essa altura, o sol havia raiado e as tropas russas estavam desfrutando de seu primeiro dia quente e claro em uma semana.

A posição russa estava ancorada em três vilas: Straden no norte, Priesten no centro e Karwitz no sul. Se essas fossem vilas saxônicas, com fazendas de pedra e igrejas, seus celeiros maciços e seus muros divisórios robustos, as três vilas teriam sido muito úteis para seus defensores. Porém, na Boêmia dessa época, quase todas as construções eram de madeira, com telhados de palha ou telha. Longe de oferecer abrigo para os defensores, as construções queimavam com rapidez e poderiam facilmente se tornar armadilhas mortais. A Eggenmühle, uma serraria por trás da esquerda russa, e uma capela nas proximidades – a chamada Capela de Couro – eram as únicas construções minimamente utilizáveis para os defensores. Entretanto, mesmo a serraria pegou fogo no decorrer da batalha, matando os feridos que haviam se abrigado lá.

Quanto ao terreno em que Ostermann tinha sido mais ou menos forçado a lutar, este também não era de grande utilidade. Sua principal vantagem era que o flanco esquerdo russo estava firmemente escorado nos sopés íngremes dos Erzgebirge e não podia ser facilmente cercado. Na direita russa, o campo que se estendia para o sul de Priesten a Karwitz era delimitado a leste por um córrego, o que ajudou a cavalaria russa a manter os franceses à distância. Mas toda a luta séria, em 29 de agosto, esteve limitada ao centro e ao norte da linha russa, que se estendia desde Priesten até Straden. Esse era um terreno aberto, salpicado de arbustos, matagais e valas, que eram os limites naturais entre os pequenos jardins dos moradores da vila. A estrada Teplitz, que corria ao sul de Priesten, era ligeiramente elevada acima das terras ao redor e oferecia alguma cobertura da artilharia francesa ao leste para homens que estivessem dentro ou bem atrás da vila.[74]

Na extrema esquerda da linha aliada, Straden era mantida pelas Guardas *Jaegers* e pelo Regimento Murom. No centro, Priesten era ocupada pelos escaramuçadores do regimento Reval e do 4º *Jaeger*, com o restante de ambos os regimentos apoiando logo atrás da vila. Eugen esperava que esses homens atrasassem o ataque francês, não que o derrotassem. Eles receberam ordens de retroceder para a direita e esquerda da vila. A infantaria francesa, avançando para fora de Priesten, iria enfrentar o fogo de duas das baterias de Eugen, colocadas algumas centenas de metros atrás da vila. Logo atrás das baterias estava a infantaria de Shakhovskói. À sua esquerda, estavam os batalhões de Helfreich. Os primeiros estavam com pouca munição, os últimos tinham quase nenhuma. Eles seriam forçados a confiar principalmente em suas baionetas.

À esquerda de Helfreich estavam os três regimentos das Guardas, as Semenóvski e Izmailóvski na primeira linha, com as Preobrajemski atrás e as duas baterias de artilharia das Guardas posicionadas bem na frente das colunas de infantaria. Inicialmente, a única cavalaria no centro e à direita russa eram as Guardas

Hussardas, que Ermolov colocou atrás de sua infantaria. Quando a batalha começou, os russos tinham apenas partes de quatro cavalarias regulares e um regimento cossaco para manter seu flanco direito entre Priesten e Karwitz, mas isso não importava, já que a cavalaria francesa pouco se esforçou para desafiá-los e Vandamme concentrou toda a sua infantaria em Straden e Priesten com o objetivo de romper através da rota mais rápida para Teplitz. Montados na estrada estavam doze canhões da 1ª Bateria de Artilharia a cavalo das Guardas do tenente-coronel Bistrom. Quando a batalha começou, os russos tinham cerca de 14.700 homens disponíveis.

Vandamme subestimara seu inimigo. Ele era um homem arrogante e também estava com pressa. A perspectiva de um bastão de marechal lhe fora sugerida caso seu avanço à Boêmia fosse bem-sucedido. Na noite anterior, ele relatara ao marechal Berthier: "o inimigo tem lutado em vão contra nossas tropas corajosas: ele foi derrotado em todas as ocasiões e está em um estado de derrota completa". No momento em que a sua guarda avançada, a brigada do príncipe Reuss, estava pronta, Vandamme ordenou que ela atacasse a esquerda russa em Straden. As Guardas *Jaeger* e o Regimento Murom resistiram bravamente e, quando as Semenóvski surgiram para ajudar, os homens de Reuss foram forçados a se retirar. Porém, o ataque renovou-se rapidamente quando três regimentos da Divisão de Mouton-Duvernet chegaram ao local e avançaram para o espaço entre Straden e Priesten. Os batalhões de Helfreich se movimentaram para encontrá-los, apoiados pelos regimentos de Tobolsk e Chernigov da Divisão de Shakhovskói. A pressão aumentou ainda mais após as duas horas, quando quatro regimentos da Divisão do general Philippon chegaram ao campo de batalha. Um se dirigiu a Straden e os outros três atacaram Priesten.

Straden, agora em chamas, foi abandonada pelos russos, que retrocederam à serraria (Eggenmühle) e à "Capela de Couro". Em torno desses dois pontos, uma feroz batalha corpo a corpo se desenvolveu. Ermolov enviou dois batalhões das Preobrajenski para apoiar os homens das Semenóvski, que estavam lutando lá, ao lado dos homens de Helfreich e Shakhovskói. Enquanto isso, regimentos de Philippon irromperam em Priesten, mas foram atingidos pelo fogo de metralhas quando tentaram sair da aldeia. Quando os homens de Philippon recuaram, Eugen levou duas de suas baterias para a esquerda de Priesten e dirigiu seu fogo para o flanco e a retaguarda das tropas francesas que estavam lutando perto da capela e da serraria. Isso forçou mais um ataque francês sobre a vila para silenciar as baterias.

Os exaustos batalhões de Eugen estavam agora todos empenhados e ele apelou a Ermolov para liberar a Guarda Izmailóvski a fim de repelir os franceses.

Ermolov recusou, e uma discussão feroz se seguiu. De acordo com o ajudante-de-campo de Eugen, Ermolov gritou: "o príncipe é um alemão e não dá a mínima se as Guardas Russas sobreviverem ou não, mas meu dever é salvar pelo menos uma parte das suas Guardas para o imperador". Neste momento, algumas das tensões ocultas no alto-comando russo foram reveladas, mas a recusa de Ermolov de modo algum era simplesmente xenófoba e irracional: as Izmailóvski compreendiam dois dos únicos três batalhões que ele ainda mantinha em reserva. No entanto, Eugen apelou para Ostermann-Tolstói, e as Izmailóvski foram liberadas. Os dois batalhões avançaram atacando e expulsaram os franceses, mas eles próprios sofreram baixas muito pesadas.[75]

A história do Estado-Maior Geral prussiano não pode ser suspeita de parcialidade, já que não havia tropas prussianas presentes em 29 de agosto. Ela comenta que a luta em Priesten esteve entre as mais ferozes de todas as guerras napoleônicas. Sir Robert Wilson, presente no campo de batalha naquele dia, escreveu que "o inimigo não poderia ganhar um centímetro de chão... Nunca houve uma ação mais gloriosamente lutada pelos russos – nunca o sucesso foi tão importante". Charles Stewart, também na batalha de Kulm, escreveu posteriormente sobre a "bravura temerária" e "conduta destemida das Guardas de Sua Majestade Imperial". Logo após o contra-ataque das Izmailóvski, Ostermann-Tolstói foi atingido por uma bala de canhão que arrancou parte de seu braço. Levado para a retaguarda, ele disse ao grupo que carregava a padiola: "Estou satisfeito. Este é o preço que paguei pela honra de comandar as Guardas".[76]

Não muito tempo depois disso, a segunda brigada da Divisão Philippon chegou ao campo de batalha e foi feita uma tentativa final de invadir Priesten. Ambas as brigadas de Philippon atacaram a vila em duas grandes colunas. As baterias russas foram forçadas a se retirar de Priesten e a vila foi invadida. A essa altura, os russos tinham apenas duas companhias das Preobrajenski na reserva e a situação parecia desesperadora. As duas companhias contra-atacaram e se uniram a alguns dos batalhões Shakhovskói, embora estes últimos estivessem esgotados em razão de dias de combates contínuos e quase sem munição sobrando. A salvação veio, no entanto, da cavalaria das Guardas. Durante a batalha, os Dragões das Guardas e os Lanceiros das Guardas haviam chegado do desfiladeiro em Graupen e tinham sido posicionados atrás da infantaria das Guardas. No momento de crise, Diebitsch também veio da parte de Barclay para anunciar que grandes quantidades de infantaria descansada chegariam em breve ao campo de batalha. Após uma rápida discussão com Eugen, ele foi até os Dragões das Guardas e os conduziu adiante contra a infantaria francesa que estava afluindo ao redor de Priesten.

Nikolai Kovalski era um jovem oficial dos Dragões das Guardas em 1813. Ele lembra que o regimento foi conduzido por caminhos estreitos e às vezes escarpados das montanhas para o vale Teplitz por oficiais de Estado-Maior e por dois pastores locais que atuaram como guias. Aparentemente, quando Diebitsch cavalgou até os Dragões das Guardas e inicialmente ordenou que eles atacassem, ninguém se mexeu, porque ninguém sabia quem ele era. Foi só quando abriu seu casaco e exibiu suas ordens e medalhas que ele obteve uma resposta. Primeiro um dragão, então mais alguns e, finalmente, todo o regimento seguiu em frente. Ermolov tentou parar esse ataque desordenado o qual ele não tinha autorizado, mas já era tarde demais. Kovalski lembra que a cavalaria francesa entrou em pânico e fugiu com sua aproximação, e a infantaria fez o mesmo depois de apenas um voleio.[‡] A fraca resposta francesa sem dúvida deveu-se muito ao fato de que, enquanto os Dragões das Guardas estavam ameaçando sua frente, os Lanceiros das Guardas estavam golpeando profundamente seu flanco direito e sua retaguarda. Quase certamente foram os lanceiros quem travaram o combate mais violento, porque enquanto as perdas dos dragões foram relativamente modestas, os lanceiros perderam um terço de seus oficiais e soldados durante a batalha.[77]

O ataque da cavalaria das Guardas foi um sucesso triunfante. Por sua própria estimativa, as perdas francesas foram muito pesadas e o ataque de Philippon foi despedaçado. Sir Robert Wilson escreveu que "os lanceiros e dragões da guarda investiram pelo terreno ajardinado e pelas ravinas sobre a coluna da direita, que jogou suas armas e fugiu muito apressadamente, mas muitas centenas de soldados foram mortos e várias centenas foram feitos prisioneiros. A outra coluna se retirou com mais ordem, mas não menos velocidade". Embora em menor escala, o episódio faz lembrar o ataque da cavalaria britânica pesada sobre a infantaria d'Erlon na primeira fase da batalha de Waterloo. Na ocasião, também, a infantaria francesa avançava em coluna, convencida de que a vitória estava em suas mãos quando foi atingida de forma inesperada por uma massa de cavalaria inimiga. A cavalaria russa, no entanto, era muito mais disciplinada do que sua equivalente britânica. Com a brigada de cavalaria de Gobrecht posicionada na retaguarda da coluna francesa, ela precisava ser. O contra-ataque russo não foi seguido, em estilo inglês, por uma perseguição louca que o levaria direto às forças reservas do inimigo. A ordem do dia do general comandante da cavalaria das Guardas não apenas elogiou a coragem e a sincronia do ataque, mas também a

---

[‡] No original *"after just one volley"*. A expressão faz referência a uma tática da infantaria da época, na qual soldados em linha, a comando, atiram todos de uma vez. (N.T.)

"perfeita obediência e atenção às palavras de comando e aos toques do clarim" mostrada pelas tropas, e o fato de que eles permaneceram "sempre prontos para retomar a excelente formação para enfrentar e derrotar o inimigo".[78]

A debandada da Divisão de Philippon encerrou o combate do dia. Para os russos, esse tinha sido um genuíno dia de glória. Cerca de 14.700 soldados russos haviam resistido a cerca de 30 mil franceses. Mas a glória tinha custado muito caro. Nada menos que seis mil russos foram mortos ou feridos. Até o último estágio da batalha, toda a luta tinha sido travada pela infantaria: de seus 12 mil homens, houve 5.200 baixas, 2.800 das quais entre os membros das Guardas e o resto nos regimentos de Eugen. Entre os feridos estava Aleksandr Chicherin. Amarrando um lenço na ponta de sua espada para que seus homens pudessem vê-lo, Chicherin foi atingido na omoplata ao tentar conduzir adiante seu pelotão das Semenóvski. Os médicos foram incapazes de remover a bala e ele morreu em agonia algumas semanas depois, no hospital militar russo em Praga. Em seu leito de morte, ele convenceu um parente rico a dar 500 rublos para ajudar os soldados de seu regimento que haviam sido feridos durante a batalha em Kulm.[79]

Naquela noite, os líderes aliados no Teplitz decidiram contra-atacar no dia seguinte a fim de afastar Vandamme dos desfiladeiros na saída dos Erzgebirges antes que ele fosse reforçado por Napoleão, como todos os generais aliados esperavam que ocorresse. O ambiente em Teplitz não era nada triunfante. A campanha de Dresden fora um desastre e custara um grande número de homens, especialmente nos regimentos austríacos. Agora, as Guardas de Alexandre também tinham sofrido terrivelmente. Durante a batalha de Dresden, a liderança e a coordenação do alto-comando aliado haviam sido lamentáveis. As tensões estavam agora elevadas entre os russos e os prussianos de um lado e os austríacos do outro. Os austríacos eram acusados de terem marchado lentamente, o que era verdade, e lutado mal, o que era bastante injusto. O caso é que os novos recrutas da Boêmia, que completaram as fileiras dos regimentos de Mesko e Klenau, estavam mal vestidos e mal treinados, e não estavam preparados para os rigores da campanha. Por outro lado, Schwarzenberg se aproximou de Francisco II solicitando permissão para renunciar, justificadamente exausto e indignado com a frequente desobediência russo-prussiana às suas ordens. Enquanto isso, numerosas tropas russas e prussianas ainda estavam presas nos Erzgebirge e precisavam ser retiradas e ganhar tempo para se recuperarem.

Um dos maiores desses contingentes era o do Corpo do Exército prussiano do tenente-general von Kleist, que tinha recuado de Dresden principalmente pela Estrada Velha de Teplitz através de Glashütte e Fürstenwalde. Embora Saint--Cyr estivesse supostamente perseguindo os prussianos, na verdade perdeu contato depois que eles deixaram Glashütte. Os homens de Kleist começaram a chegar a Fürstenwalde às quatro horas da tarde de 29 de agosto. Pouco antes disso, o ajudante-de-campo de Frederico Guilherme, o conde von Schweinitz, chegou com ordens do rei para Kleist atravessar os desfiladeiros no vale Teplitz e ir ajudar Ostermann-Tolstói. Como Kleist disse a Schweinitz, já era tarde demais para fazer isso naquele dia e, de qualquer forma, suas tropas exaustas tinham de descansar antes de serem requisitadas para novos esforços. Schweinitz informou a Kleist que os desfiladeiros que saíam dos Erzgebirge em Teplitz e Graupen estavam completamente obstruídos com as tropas e as bagagens russas. Isso significava que era impossível Kleist entrar no vale de Teplitz a partir de Fürstenwalde marchando para o sul ou sudoeste.

Naquela noite, outro enviado, o coronel von Schöler, chegou a mando dos monarcas com ordens para Kleist marchar rumo sudeste, através de Nollendorf, para dentro da retaguarda de Vandamme. Na verdade, porém, no momento em que Schöler chegou, Kleist já tinha explorado a estrada para Nollendorf e decidido por este movimento por conta própria. Uma figura fundamental nessa decisão foi o chefe do Estado-Maior de Kleist, o tenente-coronel Karl von Grolmann, que tinha estudado as campanhas de Frederico, o Grande, na região e conhecia bem o terreno. A decisão de Kleist foi extremamente corajosa. Marchando para a estrada de Teplitz em Nollendorf ele estaria entre as tropas de Vandamme e os reforços que Kleist, o próprio Vandamme e, na verdade, quase todos os outros generais nas proximidades acreditavam que Napoleão estava enviando estrada abaixo para apoiar a incursão à Boêmia. Kleist e Grolmann conheciam e calcularam os riscos e, ainda assim, comprometeram-se a marchar através de Nollendorf na primeira luz do dia. A vitória aliada na batalha de Kulm em 30 de agosto deve muito à sorte e ao acaso, mas, ao contrário de alguns relatos, não houve nada de acidental na aparição de Kleist na retaguarda de Vandamme.[80]

O coronel von Schöler voltou para o quartel-general aliado às três horas da manhã de 30 de agosto, acordou Diebitsch e o informou sobre as intenções de Kleist. Pela primeira vez, a equipe no quartel-general começou a ver a possibilidade de uma retumbante vitória sobre Vandamme. Assim que amanheceu, Diebitsch e Toll partiram para fazer um reconhecimento do campo de batalha e planejar o ataque aliado. Pelos padrões normais do alto-comando russo — ou talvez da natureza humana —, Toll e Diebitsch deveriam ter sido inimigos. Eles eram os mais competentes oficiais do Estado-Maior russo de sua época. Até a morte de Kutuzov, Toll fora a principal influência no quartel-general em termos de estratégia e ganhara a confiança de Alexandre. Quando Wittgenstein assumiu o comando, Toll foi afastado e Diebitsch tornou-se o principal assessor sobre estratégia, tanto para o comandante-em-chefe quanto para o Imperador. Ele preservou essa posição sob o comando de Barclay de Tolly. Houve inicialmente alguma tensão entre Toll e Diebitsch. A maioria dos homens teria tido muito ciúmes do sucesso deste último, principalmente porque Diebitsch era oito anos mais jovem do que Toll. Ambos os homens, e especialmente Toll, eram famosos por terem temperamento impetuoso, grande energia e serem muito voluntariosos. Isso poderia facilmente ter piorado as coisas entre eles. Em pouco tempo, no entanto, o respeito mútuo prevaleceu. Para grande crédito dos dois homens, eles entendiam a inteligência, a resolução e o compromisso absoluto com a vitória e o bem-estar do exército um do outro. Na época da campanha de outono, eles já haviam se tornado aliados firmes e amigos próximos, o que permaneceram sendo até a morte de Diebitsch, em 1831.[81]

Os dois generais voltaram para o quartel-general de Barclay convencidos de que os russos tinham de prender a direita e o centro de Vandamme entre Straden e Priesten, enquanto as divisões austríacas de Colloredo e Bianchi, apoiadas pela cavalaria russa, abriam caminho através e ao redor do flanco esquerdo francês no sul. Eles tinham notado a fraqueza da esquerda de Vandamme, sua vulnerabilidade a um movimento de flanqueamento e o fato de que a aproximação austríaca poderia, em grande medida, ser escondida por trás dos montes Strisowitz. Se, como agora era esperado, Kleist atingisse a retaguarda de Vandamme ao mesmo tempo que os austríacos estivessem contornando seu flanco, a possibilidade de uma vitória decisiva era clara. Sem Kleist, os aliados superavam numericamente Vandamme, talvez em uma proporção de cinco para quatro. No entanto, se os prussianos se juntassem à batalha, a superioridade aliada seria então maciça. Barclay, que comandava as forças aliadas no campo de batalha, aceitou as sugestões de Diebitsch e Toll e o contra-ataque foi lançado na manhã de 30 de agosto.[82]

Pela primeira vez em agosto de 1813, as coisas correram mais ou menos como os comandantes aliados haviam planejado. Foi na verdade Vandamme quem reiniciou o combate às sete horas, ao tentar novamente lutar para abrir caminho através da posição russa em Straden. Durante a noite, a 1ª Divisão das Guardas havia se retirado para a reserva, para ser substituída pela 2ª Divisão das Guardas e pela 1ª Divisão de Granadeiros. Os regimentos de Pishnitski, isolados em 28 de agosto, tinham voltado ao Corpo de Eugen. Os russos pararam o ataque de Vandamme sem muita dificuldade. Colloredo entrou em ação por volta das 9h30. Ele rapidamente percebeu que seria possível flanquear as tropas francesas que o enfrentavam. Barclay concordou com a proposta de Colloredo para se deslocar para sua direita e a Divisão de Bianchi moveu-se para preencher a lacuna. A ameaça do sul pegou os franceses de surpresa e eles foram incapazes de parar o avanço da infantaria austríaca, que continuava ameaçando flanqueá-los em sua esquerda. Dentro de uma hora, a infantaria austríaca estava sobre os montes Strisowitz e avançava profundamente no flanco esquerdo de Vandamme em direção a Kulm e Auschine. Os austríacos estavam bem apoiados pela cavalaria russa, que dominou completamente uma grande bateria francesa e manteve a infantaria francesa em um constante estado de alarme. As artilharias austríaca e russa foram postas sobre todos os montes ao sul da posição de Vandamme e infligiram pesadas baixas na infantaria francesa quando ela tentou se defender em Kulm e Auschine.

A essa altura, o Corpo de Kleist, com 25 mil soldados de infantaria e 104 canhões, entrou na refrega. Em meio à confusão da batalha não ficou claro de início, tanto para os franceses quanto para os comandantes aliados, se esses novos soldados eram os prussianos ou os reforços de Napoleão. Colloredo, por exemplo, parou seu avanço até que a situação foi esclarecida. Assim que a artilharia de Kleist abriu fogo, no entanto, todas as dúvidas desapareceram. A situação de Vandamme era agora desesperadora, mas ele respondeu calma e corajosamente. Ele aceitou a necessidade de sacrificar a sua artilharia e planejou encenar uma retirada em combate contra os russos ao oeste e contra os austríacos ao sul, enquanto avançava ao leste contra as forças prussianas na estrada de Teplitz. Seu plano, em parte, foi bem-sucedido, já que grande parte de sua cavalaria realmente atravessou os corpos de Kleist e conseguiu escapar para a estrada. Isso aconteceu, principalmente, porque a maioria das unidades de Kleist eram batalhões *landwehr* cheios de milicianos exaustos, muitos dos quais estavam entrando em ação pela primeira vez. Uma infantaria treinada teria se posicionado por toda a estrada e impedido o avanço da cavalaria, mas os batalhões *landwehr* entraram em pânico e se espalharam para dentro da floresta ao redor. As tropas de Kleist, no entanto, reuniram-se a tempo de bloquear a infantaria francesa que tentava recuar no rastro da cavalaria.

Às duas horas da tarde, a batalha acabou. O próprio Vandamme foi capturado pelos cossacos e entregue aos monarcas aliados. O oficial russo que o resgatou desses cossacos lembra que, acreditando erroneamente que ele era um general, Vandamme entregou-lhe sua espada. O gesto foi acompanhado por um discurso bastante teatral: "Entrego a você a minha espada, que me serviu por muitos anos para a glória do meu país". Quando o discurso foi feito pela terceira vez, no momento em que Vandamme e sua espada foram finalmente entregues a Alexandre, ele havia perdido um pouco de sua vivacidade. Os monarcas o trataram polidamente, mas a população civil alemã foi menos generosa, já que ele era famoso em toda a Alemanha por sua crueldade e extorsão. Em todos os lugares em que apareceu, ele foi recebido com deboches, insultos e, às vezes, pedras: gritos de "tigre", "crocodilo" e "cobra venenosa" eram intercalados com os bons votos para sua viagem à Sibéria. Na verdade, quando chegou a Moscou, Vandamme foi bem tratado pela nobreza local, até que um indignado Alexandre lembrou ao governador geral da cidade que o comportamento cruel e avarento de Vandamme tinha feito com que ele fosse detestado mesmo entre suas próprias tropas. O imperador ordenou que Vandamme fosse transferido para Viatka. Isso não era bem a Sibéria, mas era a coisa mais próxima a ela na Rússia europeia.[83]

Os aliados também tomaram 82 canhões e mais de oito mil prisioneiros, incluindo o chefe do Estado-Maior de Vandamme. Pelo menos a mesma quantidade de franceses foi morta e ferida, e isso veio após as pesadas baixas dos dias anteriores. O 1º Corpo de Vandamme essencialmente deixou de existir. Mesmo assim, em termos de números absolutos, os aliados perderam mais homens na campanha de Dresden como um todo do que Napoleão. No entanto, não só eles poderiam se permitir fazê-lo, como suas maiores perdas — os ainda crus recrutas de Mesko — poderiam ser rapidamente substituídas, porque a mobilização do potencial humano austríaco estava finalmente operando em velocidade máxima. Em todo caso, nem eram os números a questão principal. A vitória em Kulm fez uma enorme diferença para o moral e a unidade aliada. As grandes tensões criadas entre os aliados pela derrota em Dresden foram bastante reduzidas, até pelo fato de que Kulm foi uma vitória aliada no pleno sentido do termo. Se os russos foram os heróis em 29 de agosto, os austríacos de Colloredo e os prussianos de Kleist tinham dado a maior contribuição para a vitória no dia seguinte.

Um oficial na comitiva de Alexandre lembrou que, quando o Imperador cavalgou pelo campo de batalha de Kulm, após a rendição de Vandamme, "a alegria brilhava em seu rosto, porque esta era a primeira derrota total do inimigo da qual ele havia participado pessoalmente". Por toda sua vida ele sonhara com a glória militar. Até agora, seus sonhos tinham sido ridicularizados. Em Austerlitz, seu exército fora derrotado, e ele mesmo, humilhado. Em 1812, seus conselheiros mais próximos haviam conspirado para removê-lo do exército como um incômodo, e o Imperador era inteligente e perspicaz o suficiente para enxergar isso através de seus argumentos. Todos os seus enormes esforços até 1813 tinham levado à derrota em Lützen, Bautzen e Dresden. Agora, finalmente havia uma vitória espetacular e uma que era devida acima de tudo às suas Guardas, a menina de seus olhos.

Já transbordando de alegria, logo após Vandamme ter sido despachado para Teplitz, o imperador recebeu a notícia da vitória de Blücher no rio Katzbach. Mesmo sua comitiva normalmente contida explodiu em uma comemoração retumbante. Cavalgando de volta para Teplitz, Alexandre passou por carroças que transportavam os feridos russos. "O imperador cavalgou até eles, agradeceu-lhes, perguntou como poderia ajudá-los e os chamou de seus camaradas de armas." Para lhe fazer justiça, apesar de nunca ter compartilhado a fome de seus homens ou seus acampamentos, ele frequentemente arriscava sua vida no campo de batalha e carregava uma carga mental que poucos deles poderiam imaginar. Até o dia de sua morte, Alexandre falou com frequência sobre os dois dias de batalha perto de Kulm. Com o tempo, ele testemunharia outras vitórias e triunfos, "mas a batalha de Kulm se manteve sempre como sua memória favorita".[84]

Choveram recompensas sobre os generais e até mesmo sobre os soldados, com a exceção parcial dos bravos homens das divisões de Eugen e Helfreich, cujos enormes serviços e sacrifícios foram obscurecidos pela atenção dada às Guardas. Barclay de Tolly foi condecorado com a Grã-Cruz de São Jorge, a máxima homenagem a um soldado, concedida a apenas treze líderes militares em toda a história do Império Russo.[85] Barclay merecia totalmente esse prêmio por tudo que havia feito pelo Exército, tanto como ministro da Guerra quanto como comandante-em-chefe. Mas nunca ele a mereceu menos do que em agosto de 1813, quando seu desempenho foi, muitas vezes, medíocre. Quanto a isso, a atuação de Barclay foi bastante típica da liderança dos aliados durante a campanha de Dresden.

Sem dúvida, os aliados foram extremamente sortudos. Poucas devem ter sido as vitórias conquistadas na história por uma estrutura de comando tão caótica e ineficiente. A campanha não apenas poderia ter terminado em desastre, como, pela lógica, isso deveria ter acontecido quando a retirada de Dresden começou. Os aliados deviam muito à sorte, embora também à coragem e à resistência de suas tropas, especialmente dos russos no primeiro dia da batalha de Kulm. Alguns dos generais aliados tiveram um bom desempenho. Kleist mostrara muita coragem ao avançar na retaguarda de Vandamme. Ermolov exibiu uma liderança inspiradora no primeiro dia em Kulm, e Colloredo foi bem no segundo. Eugen de Württemberg, em especial, destaca-se como o general aliado que mais contribuiu para tornar a vitória possível.

Mas Napoleão e seus generais também tinham dado uma grande contribuição. No caso de Vandamme, isso tinha menos a ver com seu desempenho em Kulm do que nos três dias anteriores à batalha, quando ele permitira que os russos mantivessem seu Corpo muito maior à distância e escapulissem de volta para a Boêmia. Saint-Cyr também foi culpado por perder o contato com os homens de Kleist e, assim, permitir que eles interviessem na batalha de Kulm. Acima de tudo, no entanto, o desastre foi culpa de Napoleão. Ele havia explicitamente ordenado que

Vandamme avançasse para a Boêmia e de forma igualmente explícita ordenou à Jovem Guarda que permanecesse na estrada de Teplitz, logo atrás de Pirna. Esses dois comandos foram as principais razões para a destruição de Vandamme. Mais importante do que a perda de um único Corpo, foi o fato de que, nos três dias após a batalha de Dresden, Napoleão teve em seu poder a chance de destruir o principal exército aliado e acabar com a guerra. Ele não apenas desperdiçou essa oportunidade, mas também fez uma grande contribuição para transformar a possível vitória total em uma derrota muito séria.

Como de costume, Napoleão se manteve calmo diante da derrota. Kulm não foi o único golpe. Ao mesmo tempo veio a notícia da derrota de MacDonald no rio Katzbach, em 26 de agosto, e do malogro do avanço do marechal Oudinot sobre Berlim em Gross Beeren, pelo Exército do Norte de Bernadotte em 23 de agosto.

O exército de Bernadotte era composto por três contingentes "nacionais": suecos, russos e prussianos. Desses, os suecos eram o menor, e os prussianos, o maior. No meio, estavam os russos do Exército de Wintzingerode, com 32 mil soldados e 120 canhões. As histórias da campanha de 1813 do Exército do Norte são sempre dominadas pela perspectiva prussiana. Os prussianos, além de terem o maior contingente, também desempenharam, em grande parte, o papel mais importante nas duas batalhas que frustraram as tentativas de Napoleão para tomar Berlim: em Gross Beeren em 23 de agosto, e em Dennewitz em 6 de setembro. O comandante da infantaria de Wintzingerode era o Conde Mikhail Vorontsov, um general notável que se distinguiu em várias ocasiões entre 1812 e 1814. No entanto, a única vez em que ele e suas tropas não tiveram chance de mostrar suas qualidades foi durante a campanha de outono de 1813. Por outro lado, o papel das forças prussianas nas batalhas para defender sua capital compreensivelmente se tornou parte da mitologia prussiano-alemã.

O mesmo aconteceu com os ferozes conflitos entre Bernadotte e seus subordinados prussianos. O principal oficial prussiano no exército de Bernadotte era Friedrich Wilhelm von Bülow.

Bülow era um subordinado mais fácil de lidar do que Yorck, mas isso não queria dizer muito. Ele era um homem inteligente, honesto, bem-educado e um general muito competente: também era duro, franco, autoconfiante e dotado de um temperamento violento. Bülow tinha pouco tempo para os franceses e nenhum para o volúvel traidor gascão§ [Bernadotte] que havia de alguma forma

---

§ Originário da Gasconha, região do sudoeste da França, onde estão localizadas as cidades de Auch, Bayonne e Bordeaux. (N.T.)

ascendido até o trono sueco e que, na visão de Bülow, parecia determinado a liquidar os suecos, os aliados e qualquer outra pessoa que entrasse no caminho de sua ambição. Não ajudava no relacionamento o fato de que, após a derrota em Jena-Auerstadt, em 1806, o destacamento de Bülow havia na verdade se rendido às tropas de Bernadotte. De acordo com um historiador neutro, o general prussiano nunca esqueceu essa humilhação.[86]

Bülow e Bernadotte tinham opiniões diferentes sobre a melhor forma de lutar na guerra. Se dependesse dele, Bernadotte teria planejado uma retirada em combate para suas bases na costa do Báltico no caso de um avanço de Napoleão, o que ele estava convencido de que logo iria se materializar. Ele era cauteloso, nervoso e muito intimidado com a genialidade de Napoleão. Bülow, muito mais confiante e agressivo, não estava apenas determinado a defender Berlim; ele queria atacar as forças francesas que ameaçavam a cidade e mantê-las o mais longe possível da capital. Como muitas vezes acontecia nos exércitos aliados de 1812 a 1814, diferenças de opinião sobre a estratégia foram rapidamente interpretadas em termos políticos e vistas como traição à causa comum. Os eventos em Hamburgo, na primavera, haviam confirmado as suspeitas prussianas de que Bernadotte não estava comprometido com a libertação da Alemanha e poderia até estar constrangido por seus próprios sonhos de substituir Napoleão no trono da França. A cautela do comandante-em-chefe na campanha de outono foi logo interpretada sob essa ótica.[87]

Alguns russos compartilhavam dessa opinião negativa sobre Bernadotte. Em 3 de setembro, o representante de Alexandre no quartel-general de Blücher escreveu a Petr Volkonski para protestar contra a inatividade de Bernadotte. Como sempre, essas cartas a Volkonski tinham como objetivo real chamar a atenção de Alexandre: Volkonski era apenas um filtro. O barão Thuyl escreveu que "o príncipe herdeiro da Suécia não avançou um passo sequer em nove dias, ou seja, desde 23 de agosto, embora de acordo com o plano geral de operações este seja o momento de empreender uma ofensiva vigorosa".[88]

O principal representante do Imperador no quartel-general de Bernadotte era Charles-André Pozzo di Borgo. As instruções de Alexandre a Pozzo foram para se assegurar de que Bernadotte usasse seu exército para servir à causa comum e não puramente aos interesses suecos, muito menos para qualquer esperança que Bernadotte nutrisse a respeito de seu futuro papel na política francesa. Enquanto estes últimos fossem simplesmente felizes devaneios de Bernadotte, eles podiam ser tolerados, como também deveria ser o direito legítimo da Suécia em exigir a Noruega após a guerra. Mas Pozzo foi advertido a ser muito cuidadoso em relação a Bernadotte e aliar-se a sir Charles

Stewart, o representante britânico no quartel-general do príncipe herdeiro. Alexandre disse a Pozzo que, neste caso, os interesses russos e britânicos eram idênticos: garantir que Bernadotte usasse todas as tropas confiadas a ele na causa comum e não paralisasse ou fizesse mau uso delas para operações puramente suecas e secundárias. Pozzo era o homem perfeito para essa missão. Em 1812, Alexandre havia reunido em sua comitiva um grupo considerável do que se poderia descrever como estrangeiros categoricamente antibonapartistas. O Barão von Stein foi o mais famoso destes homens e Wintzingerode era também um membro original do grupo. As credenciais antibonapartistas de Pozzo di Borgo eram as mais sólidas possíveis: de ascendência corsa, ele tinha sido um inimigo de Napoleão na política francesa e córsica desde 1793. Pozzo era simplesmente o espião certo para lidar com aquele veterano da política revolucionária francesa, o ex-republicano Jean-Baptiste Bernadotte. Sem surpresa alguma, tanto sir Charles Stewart quanto o barão von Stein eram grandes admiradores de Pozzo.[89]

Já as tropas russas no exército de Bernadotte parecem, pelo contrário, ter gostado do príncipe herdeiro, e o sentimento era mútuo. Com excelente tato, Bernadotte era muito inclinado a dizer aos prussianos e suecos que eles deveriam tomar como modelo seus esplêndidos camaradas de armas russos. Seu quartel-general foi sempre guardado por tropas russas, a quem ele tratava com tolerância, certificando-se de que eles fossem bem alimentados e tivessem sua vodca. Ele se esforçou bastante para garantir que todos os seus soldados fossem aquartelados em casas sempre que possível, fazendo com que acampassem apenas quando estritamente necessário. Os soldados russos apreciavam a sua atenção e simpatizavam bastante com a extravagância e excentricidade gascãs de Bernadotte. Ele também era polido e popular entre seus oficiais superiores russos. O Barão Löwenstern escreveu, em suas memórias, que Bernadotte realizou uma campanha modelo no outono de 1813, apesar das dificuldades de sua posição na frente de Berlim. Quanto a Aleksandr Chernishev, que comandou os "destacamentos volantes" russos, e Mikhail Vorontsov, eles parecem ter reservado seu amargor para Wintzingerode, a quem viam corretamente como um general de terceira categoria, muito inferior a eles mesmos.[90]

O próprio Wintzingerode relatou a Alexandre que os oficiais do quartel-general de Bernadotte eram lerdos. Como praticamente todos os observadores, ele se queixou de que o príncipe herdeiro "agiu com muita cautela" depois da batalha de Gross Beeren e falhou em explorar a vitória aliada. No geral, entretanto, Wintzingerode parece ter tido boas relações com Bernadotte. Assim como seu comandante-em-chefe, Wintzingerode não estava tão ansioso para avançar audaciosamente ao covil de Napoleão. Além disso, ele tinha suas próprias reclamações no que se refere aos prussianos, acima de tudo por causa do fracasso deles em suprir adequadamente suas tropas, como deveriam fazer de acordo com a convenção russo-prussiana. As reclamações de Wintzingerode sobre isso tiveram início em julho e continuaram durante toda a campanha. Em uma de suas primeiras cartas, por exemplo, ele se queixou de que não apenas o seu próprio Corpo, mas até mesmo as baterias russas emprestadas aos prussianos para compensar sua falta de artilharia estavam ficando sem comida.[91]

Frente à falha dos prussianos em abastecer adequadamente suas tropas, os russos recorreram ao seu artifício habitual de pressionar os poloneses. Na primeira semana de agosto, Barclay de Tolly ordenou outra grande requisição na Polônia, planejada para aproveitar a safra corrente e, sobretudo, para alimentar as tropas russas no Exército da Silésia. A cobrança incluía grandes quantidades de farinha para os soldados, aveia para os cavalos russos e 295 mil litros de vodca. O governo prussiano apelou para que Barclay usasse um pouco desses alimentos para reduzir os encargos sobre a região de Berlim na alimentação das tropas de Wintzingerode e seus cavalos. Uma semana depois de Barclay emitir suas ordens para a nova requisição, parte do arrecadado foi desviada para Wintzingerode. Isso incluiu mais de 500 toneladas de cereais para o mingau dos homens, 87 mil litros de vodca e 524 toneladas de carne.[92]

Imediatamente após o armistício terminar, em 10 de agosto, Wintzingerode ordenou que os grupos de incursão e exploração se movimentassem em torno do flanco oeste do exército de Oudinot e em sua retaguarda. Rumores de que o próprio Napoleão estava indo em direção ao quartel-general de Oudinot chegaram a persuadir o comandante russo de que ele poderia capturar o imperador francês. Löwenstern recebeu um destacamento de cossacos e a tarefa de apanhar Napoleão. Movendo-se para o sul antes de virar para a retaguarda de Oudinot, os cossacos de Löwenstern prontamente saquearam uma suculenta mansão que encontraram no caminho. Löwenstern recorda que deu cem chibatadas em cada um dos homens e rebaixou um suboficial, mas não conseguiu recuperar a maior parte da pilhagem porque seus cossacos eram muito experientes em escondê-la. Os observadores de Löwenstern logo descobriram que Napoleão estava longe, na Silésia. Muito mais próximo estava o fragilmente protegido tesouro de Oudinot, ao qual Löwenstern lançou-se com satisfação. O coronel russo era um tanto pirata por natureza. Em São Petersburgo, antes da guerra, ele ganhava e, mais frequentemente, perdia vastas somas nas cartas. Durante a guerra, ele combinou uma grande coragem e ousadia em ação com a sedução de mulheres por todo o caminho de Vilna a Paris. Mesmo assim ele era, ao seu modo, um pirata bastante honrado. Embora registre que os prisioneiros de guerra eram um grande incômodo para um grupo de incursão, ele sempre os levou consigo e desprezou Figner por assassinar seus franceses capturados.

O tesouro de Oudinot continha o equivalente a 2,4 milhões de rublos em papel moeda. Löwenstern insiste em suas memórias que por convenção militar russa o tesouro era seu, já que ele o capturara com sua espada na mão. Levá-lo para casa em segurança era um grande desafio. A julgar pelas memórias de Löwenstern, fugir dos franceses foi um problema menor do que se livrar de "aliados" ansiosos para compartilhar os seus espólios. A primeira ameaça foram seus próprios cossacos. A convenção militar russa pode (ou não) fazer de Löwenstern o legítimo proprietário de seu espólio, mas a convenção dos cossacos era mais democrática. Os cossacos eram os descendentes de saqueadores permanentes, que tradicionalmente dividiam seu espólio igualmente, com um bônus especial para seu comandante. Ninguém tinha se dedicado muito a codificar como esta tradição poderia ser modificada quando a serviço do imperador. Para evitar mal-entendidos, Löwenstern deu a cada cossaco 100 francos de prata e prometeu-lhes o mesmo quando eles levassem o espólio de volta para Berlim. Seu sucesso seguinte foi despistar e fugir do grupo de incursão de cossacos, sob o comando do coronel Prendel, que estava nas proximidades e sentiu uma necessidade urgente em ajudar a proteger a pilhagem de Löwenstern da terrível possibilidade de recaptura pelos franceses.

Tendo voltado para Berlim, Löwenstern então enfrentou o inimigo mais perigoso de todos na pessoa do feroz governador militar da cidade, o general L'Estocq. Em uma época em que a Prússia estava desesperada por dinheiro, L'Estocq não via nenhuma razão para permitir que a pirataria fosse bem-sucedida e não tributada debaixo de seu nariz. Seguiu-se um estranho esconde-esconde em Berlim quando o governador tentou descobrir o paradeiro das carroças de Löwenstern e seu conteúdo. Quando ele os encontrou, Löwenstern tinha seu saque escondido com segurança. Ele então subornou uma série de possíveis ameaças ao seu trajeto. Em suas memórias, ele acrescenta que velhos conhecidos apareceram de todos os lados e "[para ele] era uma verdadeira alegria ser útil aos [seus] amigos". O príncipe Serge Volkonski, ajudante geral de Wintzingerode, era um velho grande amigo. Ele registra que a circulação da moeda estrangeira de Löwenstern foi tão grande que reduziu a taxa de câmbio do táler¶ prussiano na região de Berlim inteira. A

¶ Denominação de várias moedas grandes de prata usadas em alguns Estados alemães desde o século XV até o final do século XIX, quando houve a unificação da Alemanha. (N.R.)

julgar pelas memórias de Löwenstern, os negócios também aumentaram dramaticamente entre os melhores prostíbulos e vendedores de champanhe da capital prussiana.[93]

Enquanto isso, Napoleão estava fazendo a primeira de suas duas tentativas de tomar Berlim, conduzida neste caso pelo marechal Oudinot. A obsessão de Napoleão pela captura de Berlim foi uma sorte para os aliados. Se tivesse simplesmente enganado o Exército de Bernadotte, ele poderia ter transferido forças substanciais para outros lugares. Seria muito improvável que Bernadotte partisse para uma ofensiva arrojada. Ele teria, ao invés disso, decidido cercar Wittenberg, já que estava determinado a obter um cruzamento fortificado sobre o Elba, antes de atravessar o rio e se expor a um súbito contra-ataque de seu antigo chefe. Não apenas Napoleão ordenou primeiro a Oudinot e depois a Ney que marchassem sobre Berlim, mas ele também lhes deu muito poucos soldados e de qualidade muito baixa para realizar a tarefa atribuída. Ele fez isso, em parte, porque menosprezou a infantaria prussiana e não considerou o seu potencial no campo de batalha.

Oudinot fracassou em seu avanço e foi derrotado em Gross Beeren, em 23 de agosto, pelo Corpo de Blücher. Em 27 de agosto, o dia em que a retirada aliada de Dresden começou, uma forte divisão sob o comando do general Girard, avançando a mando de Wittenberg para ajudar Oudinot, foi aniquilada em Hagelberg. Os russos não estavam envolvidos em Gross Beeren, com a importante exceção das baterias russas permanentemente anexadas ao Corpo de Blücher para compensar a escassez da artilharia dos próprios prussianos. O Corpo de Wintzingerode ficava à direita da linha aliada cobrindo Berlim, enquanto Oudinot tentava atravessar do lado esquerdo. A batalha terminou antes que os russos tivessem tempo de intervir. O comandante francês avançou de uma maneira que suas colunas ficaram muito separadas e incapazes de apoiar umas às outras. Portanto, os dois corpos prussianos de Blücher e Tauenzien foram mais do que suficientes para derrotá-lo sem a ajuda russa. Em Hagelberg, no entanto, Chernishev lançou o inimigo à confusão ao atacar com seus cossacos inesperadamente na retaguarda deles no meio da batalha, e deu uma grande ajuda para a sua desintegração.[94]

O segundo avanço francês em Berlim foi liderado pelo marechal Ney, e foi derrotado na batalha de Dennewitz em 6 de setembro. Mais uma vez, os franceses avançaram contra a esquerda aliada, que era ocupada pelos prussianos de Blücher e Tauenzien. Nesta ocasião, como em Gross Beeren, as tropas de Wintzingerode foram posicionadas na direita aliada. Apenas parte de sua cavalaria e artilharia participou da batalha, e mesmo elas se envolveram apenas nos estágios finais. Ninguém poderia culpar os russos por isso. Seu posicionamento e seus movimentos estavam sujeitos às ordens de Bernadotte. Mas as ações do príncipe herdeiro têm sido desde então objeto de severas críticas, especialmente, claro, de historiadores de tendência nacionalista prussiano-alemã. Por outro lado, Bernadotte também teve numerosos defensores, incluindo, provavelmente, o melhor historiador da campanha, o coronel do Estado-Maior Geral prussiano e historiador militar, Rudolph von Friederich.[95]

Os inimigos de Bernadotte argumentam que ele se movimentou devagar demais para ajudar os prussianos, deixou o trabalho sujo para eles, e depois assumiu o crédito para si mesmo, os suecos e os russos. Seus defensores afirmam, pelo contrário, que ele não tinha alternativa senão a de posicionar as tropas em uma frente ampla para abranger as várias linhas possíveis de avanço em Berlim e que, uma vez que descobriu que Ney estava se movimentando contra Bülow, correu para ajudar os prussianos com toda a velocidade possível. Eles salientam a grande contribuição feita pela cavalaria e artilharia russas na fase final da batalha e também argumentam que, mesmo se Bülow tivesse sido forçado a recuar na época, a essa altura o exausto exército inimigo teria apenas avançado até as garras dos russos e dos suecos.

Ninguém nega que as tropas prussianas lutaram com grande coragem e por muitas horas. O próprio Bülow dirigiu seus homens com habilidade, calma e boa sincronia. Os regimentos *landwehr* atuaram muito melhor do que as unidades de milícia do Corpo de Kleist, na batalha de Kulm uma semana antes. Também é indiscutível o fato de que se a coragem e a persistência prussianas em grande medida venceram a batalha de Dennewitz, os comandantes franceses fizeram muito para perdê-la. Embora, em princípio, os prussianos devessem estar em número muito menor, na prática Ney nunca conseguiu reunir todos os seus três corpos em ação no campo de batalha. A história era um tanto familiar. Ney estava presente na metade norte do campo de batalha. Ele ficou totalmente absorvido na luta que acontecia em torno dele e perdeu o senso da situação global, convocando todo o Corpo de Oudinot para sua própria assistência e expondo o Corpo saxão de Reynier, em sua ala sul, à derrota. Oudinot, profundamente insultado por ter sido removido do comando geral, ficou feliz em contribuir para a derrota de seu sucessor, com uma obediência burra às ordens estúpidas. Blücher aproveitou a marcha de Oudinot rumo ao norte para lançar um contra-ataque sobre os saxões de Reynier. Pouco depois, a cavalaria e a artilharia a cavalo russas se dirigiram ao flanco aberto na esquerda de Reynier, transformando a derrota em debandada. Ivan Liprandi escreveu que o fogo concentrado que eles despejaram sobre os vacilantes saxões foi o desempenho mais profissional da artilharia russa que ele testemunhou no decorrer de toda a guerra.[96]

O historiador do Regimento dos Dragões de São Petersburgo, uma das unidades da cavalaria russa que golpearam a esquerda francesa no final da batalha, escreveu que a cavalaria russa teve um papel decisivo no resgate da exausta infantaria prussiana, dispersando a artilharia francesa, apavorando a infantaria inimiga que fugia e, então, devastando algumas de suas retaguardas. O general Kamenski, que escreveu essa história, queixou-se de que os estrangeiros nunca reconheceram a contribuição russa, embora na verdade sua análise da batalha não seja muito diferente da de Rudolph von Friederich. Serge Volkonski foi um nacionalista tão tendencioso quanto qualquer historiador prussiano da batalha de Dennewitz. Ele escreveu (absurdamente) em suas memórias que "toda a honra" da vitória pertenceu "às disposições de Bernadotte, à ousadia das artilharias russa e sueca e ao ataque da cavalaria russa". Em uma intensidade bem menor, a disputa tem algo em comum com a discussão posterior sobre o papel prussiano em Waterloo, e era um aspecto quase inevitável da guerra de coalizão. É preciso dizer, entretanto, que o exército prussiano realizou combates muito mais duros em Waterloo do que os russos em Dennewitz, como de fato a história oficial russa deixou claro. O único ponto em que todas as fontes prussianas e russas concordaram foi que Bernadotte não conseguiu perseguir o exército fugitivo de Ney com determinação suficiente, em um momento em que uma perseguição vigorosa poderia muito bem tê-lo destruído.[97]

Mesmo sem isso, o exército de Ney havia sofrido bastante. Os russos calcularam que ele teria perdido até 18 mil homens, incluindo mais de 13 mil prisioneiros. Considerando que estes últimos foram em sua maioria pegos durante a perseguição da cavalaria aos franceses que fugiam, seu número diz muito sobre a contribuição russa para a vitória. No geral, no primeiro mês da guerra Napoleão perdera 100 mil homens e mais de 200 canhões. Os aliados mal haviam perdido 50 canhões e não mais de 85 mil soldados. Reforços fluíam para preencher as fileiras aliadas. Quando o avanço em Leipzig começou, no início de outubro, Schwarzenberg tinha substituído todos os austríacos perdidos em Dresden, e os novos recrutas eram, em geral, mais bem treinados do que os homens de Mesko haviam sido em agosto. As fileiras russas foram reabastecidas por mais reservas que chegavam e homens voltando de hospitais. Acima de tudo, elas foram aumentadas pelos cerca de 60 mil homens do Exército da Polônia de Bennigsen. É verdade que quase metade da infantaria de Bennigsen era a milícia do conde Petr Tolstói, realmente utilizável apenas para cercos, mas o resto de sua infantaria e toda a sua cavalaria e artilharia eram compostas por bons soldados.[98]

12

A Batalha de Leipzig

A batalha de Dennewitz encerrou a primeira fase da campanha de outono. O resto de setembro foi um hiato. A segunda e decisiva fase da campanha começou no início de outubro, culminando na batalha de Leipzig. Napoleão gostaria de ter rompido o impasse em setembro e imposto sua vontade sobre o inimigo, como sempre fazia; no entanto, sua situação estratégica e, acima de tudo, suas perdas tornaram isso impossível. No início da campanha de outono, Napoleão tinha esperanças de liquidar os aliados com um só golpe ao levar suas Guardas e reservas para o norte em um ataque contra Berlim. Tal movimento era agora impensável: os homens não poderiam ser dispensados dos exércitos que vigiavam Blücher e Schwarzenberg. Napoleão restaurou o exército de MacDonald a certo grau de ordem e tentou um avanço sobre Blücher, mas este último apenas recuou e desafiou Napoleão a persegui-lo por todo o leste da Saxônia e Silésia, abandonando assim Dresden para Schwarzenberg.

Na metade de setembro, Napoleão foi para o sul, descendo a estrada Teplitz e entrando nos Erzgebirge, com o objetivo de derrotar o principal exército aliado. Perseguir o poderoso exército de Schwarzenberg e tentar lutar nas profundezas da Boêmia, no entanto, dificilmente daria certo. Schwarzenberg poderia encontrar inúmeras posições defensivas fortes. Enquanto isso, as comunicações de Napoleão estariam vulneráveis às incursões da cavalaria aliada e Blücher – talvez até mesmo Bernadotte – estaria às portas de Dresden e devastando sua base na Saxônia. A essa altura, a menos que decidisse abandonar a Alemanha central, a única opção verdadeira de Napoleão era esperar os aliados invadirem a Saxônia e, em seguida, tentar explorar os erros deles.

A iniciativa estava nas mãos dos aliados. Entretanto, não era possível invadir a Saxônia, a menos que o Exército da Boêmia voltasse a avançar através dos

Erzgebirge. Schwarzenberg ainda não estava disposto a tentar de novo. Em parte, ele precisava de tempo para receber e treinar as tropas austríacas que deveriam preencher as lacunas deixadas pela batalha de Dresden. Durante a retirada caótica através das montanhas no final de agosto, muitas carroças, além de suprimentos e munição, haviam se perdido. Estes também precisavam ser repostos antes que pudesse existir qualquer pensamento sobre mais uma ofensiva. Muitos cavalos tinham perdido suas ferraduras na lama e nas pedras das estradas da montanha e, principalmente, durante a descida íngreme para o vale Teplitz. Em setembro de 1813, ferraduras eram muito escassas na Boêmia e tinham de ser despachadas de outro lugar.

Em geral, abastecer os exércitos aliados no norte da Boêmia era difícil e resultava em muita discórdia entre as tropas austríacas, russas e prussianas. Os austríacos acusavam os russos de saqueadores. Os russos respondiam que suas tropas eram obrigadas a buscar comida, porque os austríacos estavam deixando de alimentá-los, como eram obrigados a fazer pelo acordo entre os dois governos, que incluía a manutenção das tropas russas enquanto elas estivessem posicionadas em território austríaco. Kankrin posteriormente afirmou que, em princípio, não havia nada errado com o acordo austro-russo: a única alternativa, muito mais cara, teria sido a utilização de fornecedores privados. Mas os austríacos tinham falhado em implementar os termos do acordo de modo eficiente. No final das contas, uma solução parcial para os problemas de abastecimento foi mover grande parte da cavalaria para o centro da Boêmia, onde a forragem era abundante, até que os aliados estivessem prontos para retomar a ofensiva.[1]

Considerações estratégicas também atrasavam as operações aliadas. O desastre evitado no final de agosto confirmara os temores existentes entre os austríacos sobre os perigos de avançar pelas estradas através dos Erzgebirge. Isso também tinha fornecido uma ampla justificativa para a preocupação de que Napoleão usaria o avanço deles até os Erzgebirge para atacar em sua direita e retaguarda na Boêmia. Schwarzenberg não avançaria novamente para a Saxônia, a menos que estivesse confiante de que estava bem protegido contra qualquer ameaça desse tipo. O problema foi definido muito bem em um memorando de Jomini de 3 de setembro. Para invadir a Saxônia, o exército principal precisaria de pelo menos 170 mil homens, dos quais 20 mil deveriam ser deixados para vigiar Dresden. Ele não poderia, simultaneamente, destacar tropas suficientes para proteger a linha do Elba ao sul de Dresden contra o tipo de ataque imaginado por Napoleão e realmente tentado por Vandamme em agosto. A solução de Jomini foi a preferida por Schwarzenberg e aprovada pelos monarcas: o Exército de Blücher tinha de marchar para dentro da Boêmia para proteger o flanco direito do exército principal enquanto este avançasse através dos Erzgebirge. Caso nenhuma ameaça de Napoleão se materializasse, o Exército da Silésia poderia então se unir à invasão da Saxônia, marchando até a estrada Teplitz para Dresden e adiante.[2]

A vitória de Dennewitz e a chegada de reforços para o Exército da Boêmia mudaram alguns dos números de Jomini sem alterar o básico da questão estratégica. De forma bastante compreensível, Blücher estava muito relutante em perder sua independência e se tornar um simples complemento do pesado exército de Schwarzenberg. Ele escreveu para Knesebeck da seguinte forma: para a "causa do bem comum, me poupe de uma união com o exército principal. O que pode uma massa enorme de homens alcançar em terrenos desse tipo?" Outra carta de Blücher, elaborada por Gneisenau e datada de 11 de setembro, seguiu diretamente para Alexandre e destacou o impacto sobre Bernadotte se Blücher se afastasse dele e fosse para a Boêmia: "A batalha de 6 de setembro (ou seja, Dennewitz) certamente mudou a posição militar no teatro de operações, mas é provável que o príncipe herdeiro da Suécia, imediatamente e com bons motivos, caísse na inatividade se percebesse que o Exército da Silésia estava se movendo para muito longe dele".[3]

Cautela era necessária ao escrever sobre temas tão delicados. Junto à carta, Blücher também mandou seu excelente oficial de Estado-Maior, major Rühle von Lilienberg, para transmitir suas opiniões verbalmente a Alexandre e Frederico Guilherme. Rühle ressaltou a opinião de Blücher e Gneisenau de que "enquanto o príncipe herdeiro estiver alocado sozinho em seu próprio teatro de guerra, não podemos esperar qualquer atividade dele por causa de sua posição política". A combinação de apelos escrito e oral convenceu os monarcas e teve uma influência decisiva sobre o futuro da campanha. Blücher foi autorizado a permanecer independente e também a planejar sua travessia do rio Elba e se unir a Bernadotte. Nesselrode escreveu a Pozzo para manter o príncipe herdeiro na linha durante a operação militar que se aproximava. Enquanto isso, o Exército da Polônia de Bennigsen seria desviado de sua marcha através da Silésia e trazido no sentido sul, até a Boêmia, para proteger a direita e a retaguarda de Schwarzenberg.[4]

Em 13 de setembro, Alexandre escreveu para Blücher dizendo que o general von dem Knesebeck estava indo até ele com instruções que dariam a Blücher ampla liberdade para planejar suas operações futuras. No mesmo dia, ele escreveu para Bennigsen ordenando que este marchasse para a Boêmia. O imperador simplesmente disse a Bennigsen: "eu acho que seria difícil desviá-lo (Blücher) da direção que ele tomou" e deu ao comandante do Exército da Polônia a rota de marcha que ele deveria seguir até a Boêmia. Ele enfatizou a urgência do movimento e que Bennigsen deveria se reportar diariamente. Bennigsen recebeu as ordens de Alexandre em Hainau, em 17 de setembro. Ele imediatamente despertou seus comandantes de corpo, concedendo à milícia do conde Tolstói apenas um dia de descanso em Legnica e dizendo ao seu general para deixar para trás todas as unidades incapazes para combate. Os homens de Bennigsen levariam, no entanto, pelo menos duas semanas para alcançar a Boêmia percorrendo estradas ruins, em áreas cuja comida já fora consumida pelas tropas que passaram e em um clima terrível. Bennigsen passou a relatar diariamente a Alexandre todos esses problemas, mas também acrescentou que o comissariado austríaco, nesta ocasião, tinha feito um bom trabalho em manter seu exército alimentado.[5]

Enquanto os homens de Bennigsen estavam em marcha, a maior parte das tropas aliadas descansava. As operações militares estavam amplamente restritas às tropas leves, que a essa altura atuavam em bando na retaguarda de Napoleão, provocando um grande estrago em seu abastecimento. Tanto no leste quanto no oeste de Leipzig as cavalarias leves russa, prussiana e austríaca e os cossacos forçavam Napoleão a desviar escoltas cada vez maiores para os comboios de abastecimento. Mesmo isso não garantia a segurança. Em 11 de setembro, um comboio de abastecimento no leste de Leipzig, com uma escolta de quatro mil soldados de infantaria e 1.500 de cavalaria, foi esmagado por uma força aliada. Alexandre ordenou a Blücher que liberasse seis regimentos cossacos, para que ele pudesse posicionar atrás das linhas inimigas, no oeste da Saxônia. Por meio de Petr Volkonski, ele pediu a Platov para conduzi-los, escrevendo-lhe uma carta de requintada polidez, digna dos dias em que o *ataman* dos cossacos do Don era verdadeiramente um potentado autônomo. Platov assumiu o cargo e justificou a confiança de Alexandre. Perto de Pennig em 28 de setembro, juntamente com outras unidades de cavalaria leve aliadas, ele derrotou a 2ª Divisão de Cavalaria das Guardas do general Lefebvre-Desnouetttes, que Napoleão tinha enviado de volta à retaguarda para lidar com os partidários aliados.[6]

Ainda mais espetaculares foram as operações das forças leves russas do Exército do Norte, comandado por Aleksandr Chernishev. Este escreve que convenceu Bernadotte a lhe conceder dez dias, nos quais ele poderia atuar por trás das linhas inimigas a oeste do Elba de acordo com seus próprios planos e iniciativa. Sua força consistia em cinco regimentos cossacos, seis fracos esquadrões de cavalaria regular e quatro canhões. Cruzando o rio Elba na noite de 14 de setembro, Chernishev decidiu ir para o oeste até Kassel, a capital do cambaleante reino fantoche de Vestfália, de Jérôme Bonaparte. Seu diário atesta que, em parte, ele preferiu esse objetivo, em vez de Leipzig, porque as forças francesas eram muito numerosas e bem organizadas em torno desta última. Chernishev argumentou que um ataque bem-sucedido em Kassel poderia desencadear uma revolta em toda a região.

Ele se moveu rápida e secretamente, percorrendo 85 km em um só dia, e atacou Kassel no início da manhã de 29 de setembro. Uma combinação de coragem, surpresa, blefe e consciência francesa sobre sua profunda impopularidade entre a população local levou à fuga do rei Jérôme, à rendição de sua capital e à captura de extensos estoques e um baú de guerra de 79 mil táleres. Chernishev não era um pirata: ele distribuiu 15 mil táleres entre seus homens e enviou o resto para Wintzingerode antes de evacuar a cidade. Seu diário afirma que, se tivesse encontrado armas suficientes na cidade, ele teria voluntários civis armados e tentaria manter Kassel até ser socorrido. Seu ataque tinha sido espetacular e sua ousadia e liderança estavam mais uma vez em evidência. Por outro lado, ao contrário de ocasiões anteriores, em que suas incursões algumas vezes tiveram importante valor estratégico, não é óbvio qual foi a contribuição da captura temporária de Kassel para a causa aliada no outono de 1813. O que realmente contou, em termos de enfraquecer a posição de Napoleão no oeste da Alemanha, foram as negociações secretas que Metternich conduziu com os Estados da Confederação do Reno, que agora estavam à beira de trazer a Baviera para o campo aliado. Acima de tudo, o que importava era a enorme batalha que estava prestes a acontecer em Leipzig, que decidiria o destino da Alemanha e talvez da Europa. Ao contrário de Platov e de outros comandantes *partisans* na Saxônia, Chernishev não enfraqueceu o exército principal de Napoleão desviando suas tropas ou interrompendo seu abastecimento. Nessa ocasião, ele era a estrela de uma brilhante, mas em grande parte irrelevante, atividade secundária.[7]

Enquanto isso, o Exército de Bennigsen estava se dirigindo à Boêmia. Em suas fileiras, marchava um jovem oficial da milícia chamado Andrei Raévski. Como miliciano, a perspectiva de Raévski era um pouco diferente da dos oficiais regulares. Suas memórias celebram o autossacrifício de nobres que se voluntariaram a abandonar o lar e a família apesar de, em muitos casos, terem ganhado uma aposentadoria tranquila depois de anos de serviço ao seu país. Cheio de orgulho pela nata da comunidade local estar se oferecendo em um sacrifício patriótico, ele não diz uma palavra sobre os milicianos camponeses que ela comandava. A esse respeito há um forte contraste entre as memórias de Raévski e o diário de Aleksandr Chicherin, com suas observações sensíveis e humanas sobre os homens nas fileiras da Guarda Semenóvski.

Em muitos aspectos, no entanto, as memórias de Raévski são típicas dos textos de oficiais russos que fizeram a longa marcha através da Polônia e Silésia até a Boêmia. Ele contrastou o desleixo e a pobreza polonesa com a riqueza e o asseio da Silésia. Quando chegou à Boêmia, ele observou que os habitantes locais eram companheiros eslavos e acrescentou o quanto eram menos agradáveis do que os alemães da Silésia. Eles não só eram muito mais pobres e menos limpos, como também muito mais mesquinhos e menos acolhedores do que os alemães em relação à chegada do Exército russo. Como muitos de seus pares, Raévski era elevado por um sentimento russo de poder, prestígio e generosidade. Ele se sentia orgulhoso pelos russos estarem não apenas derrotando Napoleão, mas também libertando a Europa de sua opressão. Suas memórias são também, em parte, um romântico relato de viagem. Em Leutmeritz, por exemplo, ele lembra que a milícia russa encontrou o comboio do exército principal: "uma longa fila de carroças, incontáveis cavalos, em todos os lugares a fumaça de fogueiras com os basquires e calmuques que lotavam seu entorno lembrando uma das tribos selvagens nômades que vagueiam nas estepes dos Urais e nas margens do tempestuoso (rio) Enisei".[8]

Em Leutmeritz, Bennigsen recebeu ordens de Alexandre para a campanha seguinte. Sua principal tarefa era defender as bases e comunicações do exército principal na Boêmia. Se Napoleão invadisse a província, então Bennigsen deveria retornar para a forte posição defensiva por trás do rio Eger. Se, pelo contrário, os franceses se movimentassem contra o exército principal, então Bennigsen avançaria até a estrada Teplitz, na retaguarda deles. Em 30 de setembro, os homens do general Dokhturov chegaram ao vale Teplitz e começaram a ocupar os antigos acampamentos do Exército da Boêmia. A campanha de Leipzig estava prestes a começar.[9]

A guarda avançada de Schwarzenberg começou a se mover para o norte em 27 de setembro. Na ocasião, o Exército da Boêmia usaria apenas uma das duas estradas que cruzavam os Erzgebirge, ou seja, a estrada de Kommotau através de Chemnitz para Leipzig. Inevitavelmente, isso reduziu a velocidade de sua movimentação. Tanto Schwarzenberg quanto Barclay estavam plenamente conscientes da vulnerabilidade do exército a um ataque súbito de Napoleão quando emergisse das montanhas. Com grande parte da cavalaria leve empregada em grupos incursores ao redor de Leipzig, o reconhecimento era um problema. Wittgenstein e Kleinau comandavam os principais corpos aliados: o primeiro não tinha cossacos e o último, apenas 1.200 soldados de cavalaria leve. Apesar das preocupações de Barclay sobre o abastecimento, a área entre Chemnitz e Altenburg nunca foi disputada, e comida e forragem se revelaram relativamente abundantes. Schwarzenberg avançou para fora dos Erzgebirge com 160 mil homens. Contra ele estavam apenas 40 mil homens sob o comando de Joachim Murat. Mas os movimentos aliados eram tão lentos e descoordenados que Murat foi facilmente capaz de atrasá-los e até mesmo conseguir uma série de pequenas vitórias em escaramuças. A pressão sobre as tropas dele foi tão fraca que Murat acreditou estar enfrentando apenas uma parte do Exército da Boêmia, com Schwarzenberg e o Corpo principal provavelmente ainda em Dresden, preparados para seguir. Assim, os relatórios de Murat enganaram Napoleão, mas o principal resultado da cautela de Schwarzenberg foi que Napoleão estava livre para se voltar contra Blücher e Bernadotte com a grande maioria do seu exército.[10]

O exército de Blücher começou sua marcha para o norte para se unir a Bernadotte em 29 de setembro. Em 3 de outubro, suas companhias russas de pontilhões atravessaram os prussianos de Blücher sobre o rio Elba em Wartenburg. Embora em menor número, as forças francesas em Wartenburg mantinham posições muito fortes, que a infantaria de Yorck tomou com grande coragem. Enquanto isso, Bernadotte manteve sua promessa de atravessar o Elba para se juntar ao Exército da Silésia: todos os seus três corpos atravessaram o rio em 4 de outubro, em Rosslau e Aken. Wintzingerode tinha ordens de Bernadotte para atacar a retaguarda de Ney se os franceses avançassem contra Blücher. O Exército da Silésia se dirigiu ao sudoeste em direção a Duben com Yorck na liderança, seguido por Langeron, com o Corpo de Sacken fechando a retaguarda. Tendo abandonado suas bases ao leste do Elba, os homens de Langeron já estavam tendo que roubar comida da zona rural local e alguns deles começavam a passar fome. O capitão Radojitski reclamava que marchar na esteira dos prussianos era sempre desagradável, porque eles arrancavam tudo do país, tratando a população saxônica muito pior do que os russos se comportaram com os poloneses, quando marcharam através do ducado de Varsóvia, no início do ano.[11]

Para sua própria segurança e para garantir que a campanha fosse bem-sucedida, os Exércitos da Silésia e do Norte tinham de agir em concordância. Na prática, nem Bernadotte nem Blücher poderiam dar ordens ao comandante do outro exército: eles tinham de concordar na estratégia. Considerando a ousadia de Blücher e a cautela de Bernadotte, era inevitável que isso fosse difícil. O objetivo de Blücher era se aliar a Schwarzenberg perto de Leipzig, puxando Bernadotte com ele, e, assim, unir os três exércitos aliados para uma batalha decisiva contra Napoleão. Em princípio, Bernadotte não se opôs a essa estratégia. Se Napoleão avançasse sobre Leipzig para batalhar com Schwarzenberg, então Bernadotte estava totalmente disposto a avançar em sua retaguarda, como o plano Trachenberg exigia. De modo bastante razoável, no entanto, Bernadotte temia que, se ele e Blücher marchassem sobre Leipzig antes do Exército da Boêmia chegar às proximidades, eles se exporiam a um ataque das forças completas de Napoleão. No mínimo, eles precisavam saber claramente o paradeiro de Schwarzenberg, e os movimentos de Napoleão, antes de empreender um movimento tão arriscado. Além disso, Bernadotte acreditava que Napoleão poderia muito bem contar com a lentidão de Schwarzenberg e marchar ele mesmo para o norte para destruir os outros dois exércitos aliados antes que o Exército da Boêmia pudesse intervir. Nessa previsão Bernadotte estava totalmente correto, e sua cautela era plenamente justificada.

Quando a campanha de Leipzig começou, Napoleão estava em Dresden. Inicialmente, ele achou difícil ter uma ideia dos movimentos aliados, em parte por causa da sua falta de boa cavalaria, mas também porque não conseguia acreditar que Blücher seria ousado o suficiente para atravessar o Elba com todo o seu exército, avançando sobre o covil de Napoleão e abandonando suas bases e seus suprimentos na Silésia. O imperador só marchou para fora de Dresden em 7 de setembro, indo para Meissen e Würzen, onde chegou no dia seguinte. Essa era a rota lógica tanto se ele fosse se dirigir a Leipzig contra Schwarzenberg quanto se quisesse atacar ao norte contra Blücher. Só quando chegasse a Würzen ele teria de mostrar sua opção continuando a oeste para Leipzig ou marchando para o nordeste, descendo a margem leste do rio Mühlde em direção a Düben.

Ao mesmo tempo, no entanto, Napoleão tinha feito o que foi provavelmente seu maior erro da campanha. No início, ele havia ordenado a Saint-Cyr que abandonasse Dresden e se juntasse ao exército principal com seu Corpo. Saint-Cyr já havia retirado seus postos avançados nos Erzgebirge quando o imperador mudou de ideia e disse a ele para permanecer em Dresden para defender a cidade. A essa altura, os suprimentos de Dresden já tinham sido consumidos e sua utilidade como base estava quase esgotada. Como a cidade não era devidamente fortificada, era também muito menos valiosa do que outros pontos de travessia do Elba em Torgau, Wittenberg e Magdeburg. Em todo caso, a invasão aliada ao oeste da Saxônia dava a Napoleão sua última e melhor chance de vencer a campanha de 1813 e salvar sua posição na Alemanha. Ele precisava concentrar todas as suas forças para a batalha decisiva. Quando precisou, Bennigsen foi capaz de usar o Corpo de milícia do conde Tolstói, quase inútil em um campo de batalha, para bloquear Saint-Cyr em Dresden, enquanto levava a grande maioria de suas tropas regulares para se unir ao exército aliado a tempo para a batalha de Leipzig. Em novembro de 1813, a faminta guarnição de Saint-Cyr em Dresden, totalmente isolada depois da derrota de Napoleão em Leipzig, se renderia: 35 mil homens que poderiam muito bem ter virado a batalha de Leipzig a favor de Napoleão foram feitos prisioneiros, depois de não terem feito quase nenhuma contribuição para a sua causa no crucial mês de outubro.[12]

Em 9 de setembro, Blücher e Langeron estavam em Düben, com os soldados de Langeron aquartelados dentro e em torno da aldeia aproveitando um descanso. No início da tarde, o alarme soou. Napoleão estava se movendo sobre Düben, vindo de Würzen, em grande força, com a sua guarda avançada já perigosamente perto. Em suas memórias, Langeron escreveu que ele e Blücher poderiam facilmente ter sido capturados. Claramente, o reconhecimento de sua cavalaria cometera um grave erro. Isso devia-se, em parte, ao destacamento de regimentos cossacos do Exército de Blücher para se unir aos grupos incursores de Platov perto de Leipzig. Também era verdade que as florestas nos arredores impediam a coleta de informações. No entanto, essas não eram boas desculpas para um fracasso nesta escala. Embora tanto Langeron quanto Blücher tivessem grande respeito pelos generais Rudzevich e Emmanuel, que geralmente comandavam a guarda avançada russa, a opinião deles sobre os outros comandantes de cavalaria do Corpo de Exército de Langeron era ruim. Langeron escreveu: "durante toda a campanha, minha cavalaria ficou paralisada por negligência, preguiça e falta de resolução dos seus líderes", pelo que ele se referia, acima de tudo, ao comandante-geral dos Corpos de cavalaria, o tenente-general barão Korff, um homem a essa altura muito habituado a fazer campanha em um estilo cavalheiresco e confortável.[13]

Graças à calma do general Kaptsevich e à habilidosa ação de retaguarda montada por seu 10º Corpo, Langeron tirou todas as suas tropas de Düben em segurança e recuou para o noroeste, atravessando o rio Mühlde em Jessnitz: mas o avanço de Napoleão isolou o Corpo de Exército de Sacken do resto do Exército da Silésia. Em seu relatório subsequente a Barclay de Tolly, Sacken contou que suas tropas tinham atravessado o Elba em 4 de outubro. Durante os dias seguintes, sua cavalaria, incluindo um regimento calmuque, realizou uma série de escaramuças bem-sucedidas contra os franceses. Repentinamente, em 9 de novembro, "o corpo se viu na situação mais perigosa que encontrou no curso de toda esta guerra". Sua guarda avançada, sob o comando do major-general Lanskói, encontrou seu caminho bloqueado por forças inimigas "em grande potência". Ao mesmo tempo, a retaguarda do major-general Iuzefovich era fortemente pressionada por toda a cavalaria de Sebastiani, seis mil soldados de infantaria e dezoito canhões vindos da direção de Torgau. As tropas francesas pareciam estar em todos os lados.

Felizmente, Sacken nunca foi do tipo que entra em pânico e seus comandantes de cavalaria, liderados por Ilarion Vasilchikov, eram muito competentes. Eles resistiram aos franceses por tempo suficiente para que Sacken colocasse sua infantaria em marcha seguindo por caminhos rurais, cruzando as florestas em direção ao norte das forças francesas em seu caminho. Chegando à vila de Presl à meia-noite, após uma marcha de dez horas, Sacken encontrou parte de sua cavalaria lá e Sebastiani não muito longe. No entanto, o comandante da cavalaria francesa se deixou ser enganado pelo fato de que "nosso comboio de bagagem foi despachado para Elster no rio Elba: ele deduziu que nosso corpo iria marchar na mesma direção". Na verdade, Sacken enviou suas tropas em direção oposta – em outras palavras, para o noroeste, no rastro do resto do exército. Sebastiani acabou perdendo a maior parte da bagagem e todas as tropas de Sacken. Para Sacken, o trecho seguinte de sua marcha – "onde as estradas principais levam de Düben a Wittenberg" – era o momento mais perigoso. Seus homens passaram nessa estrada durante a noite. "Nós posicionamos nossos *jaegers* em ambos os lados da estrada, e passamos entre eles com acampamentos do inimigo à vista, mas o adversário não percebeu o nosso movimento".[14]

Em suas memórias, Langeron comenta:

> Um general menos ousado do que Sacken teria se retirado apressadamente via Smiedeberg até a cabeça de ponte de Wartenburg, mas Sacken estava absolutamente determinado a não ficar separado de nós e era um general audacioso, muito hábil em marchas: ele passou a uma milha de Napoleão durante a noite, flanqueou-o, cortou entre seu exército e suas guardas avançadas e se juntou a nós por marchas forçadas através de Raguhn, onde cruzou o Mühlde. Ele nunca entrou em ação e não perdeu um soldado sequer de seu comboio de bagagem. É difícil encontrar uma manobra mais ousada ou mais bem executada.[15]

A façanha de Sacken evitou o desastre imediato, mas a situação ainda era perigosa. Blücher e Bernadotte haviam concordado que tanto o Exército do Norte quanto o da Silésia marchariam para o oeste e assumiriam uma posição do outro lado (isto é, oeste) do rio Saale. Unidos, e com o rio entre eles e Napoleão, eles poderiam esperar em segurança enquanto descobriam o paradeiro de Schwarzenberg e as intenções de Napoleão. Se, como Blücher previa, o imperador se dirigisse a Leipzig para lutar contra o Exército da Boêmia, então ele e Bernadotte poderiam marchar com segurança até a margem oeste do Saale e atacar Leipzig a partir do norte. Se, como temia Bernadotte, Napoleão tentasse recuar através do Saale ou para Magdeburg, onde se encontrava o marechal

Davout, então os exércitos unidos estariam bem posicionados para bloqueá-lo. Eles também estavam a uma curta distância dos cruzamentos do Elba em Rosslau e Aken, caso Napoleão tentasse um ataque a Berlim ou sobre as comunicações do exército russo-prussiano.

A essa altura, no entanto, Blücher e todos os generais prussianos estavam profundamente desconfiados de Bernadotte e mais convencidos do que nunca de que ele era um traidor em potencial da causa aliada. Acreditando que o príncipe herdeiro havia prometido construir uma ponte flutuante para o Corpo de Yorck atravessar o Saale em Wettin, quando os prussianos chegaram lá em 11 de outubro e não encontraram nenhuma ponte, eles interpretaram isso como um truque para forçá-los a recuar para o norte ao longo do Saale em direção aos cruzamentos do Elba — em outras palavras, para atender às prioridades de Bernadotte. Em vez disso, Blücher marchou em direção ao sul, para o próximo cruzamento rio acima em Halle. Felizmente para o comandante prussiano, o reconhecimento da cavalaria de Napoleão era ruim e sua atenção estava voltada para o norte no sentido do rio Elba, na direção em que ele estava convencido de que Sacken, e grande parte do resto do exército aliado, estava se retirando. Se ele tivesse virado seu olhar para o oeste em direção ao Saale, suas chances de pegar o isolado Corpo de Yorck, prendê-lo contra o rio e destruí-lo teriam sido excelentes.

Até 12 de outubro, tanto o Exército da Silésia quanto o Exército do Norte ficaram posicionados na margem oeste do Saale, com seus comandantes tentando entender informações confusas e contraditórias. Inevitavelmente, Blücher e Bernadotte interpretaram as evidências da forma que mais se adequasse às suas opiniões preconcebidas. Até certo ponto, a confusão deles não é surpreendente, já que naquele exato momento Napoleão estava sentado em Düben, incapaz de decidir entre se concentrar em Leipzig contra Schwarzenberg ou atacar pelo oeste através do Saale ou pelo norte em direção ao Elba. De certa forma, foi o comandante supremo aliado que decidiu por Napoleão. Se Schwarzenberg tivesse utilizado sua vantagem de quatro por um para fazer Murat recuar, este último teria sido forçado a abandonar Leipzig e voltar para o norte até Napoleão. Nesse ponto, a única opção realista do imperador teria sido seguir a previsão de Bernadotte e forçar um caminho ao longo dos Saale ou se movimentar mais para o norte, em direção a Magdeburg. Em vez disso, a falta de velocidade ou resolução de Schwarzenberg persuadiu Napoleão, no final da tarde de 12 de outubro, que sua melhor chance seria se concentrar em Leipzig e esmagar o Exército da Boêmia, antes que Blücher e Bernadotte pudessem intervir. Antes de tomar essa decisão, no entanto, em 11 de outubro, Napoleão tinha enviado dois Corpos em um ataque na direção de Dessau e Wittenberg no Elba.

Na atmosfera de elevada tensão e incerteza que prevalecia nesse momento, não apenas Bernadotte mas também o Tenente-General von Tauenzien, o comandante prussiano ao norte do Elba, interpretaram esse ataque como uma prova de que Napoleão tinha o objetivo de atacar em direção a Berlim. O relato de Tauenzien para Bernadotte de que o próprio Napoleão e quatro Corpos completos estavam se movimentando rumo ao norte para cruzar o Elba aumentou a determinação do príncipe herdeiro para atravessar de volta o rio ele mesmo, para proteger suas comunicações e a capital prussiana. Felizmente para a causa aliada, a aproximação das tropas de Napoleão tinha convencido os comandantes aliados em Aken e Rosslau a desmantelar as pontes flutuantes sobre as quais Bernadotte esperava marchar.

O exército de Bernadotte ficou preso, portanto, ao sul do rio Elba tempo suficiente para que novas informações chegassem de Blücher sugerindo fortemente que Napoleão estava indo para Leipzig. Sob forte pressão, não apenas dos prussianos mas também dos enviados russo e britânico (Pozzo di Borgo e Charles Stewart) em seu quartel-general, Bernadotte virou para o sul outra vez. Mesmo então, ele o fez de forma muito hesitante, não se dirigindo diretamente a Leipzig, mas sim para a retaguarda de Blücher em Halle. Esse movimento ainda sofreu uma pausa em 15 de outubro, quando um Bernadotte cada vez mais confuso reagiu exageradamente aos relatos de colunas francesas avançando a partir do leste e posicionou suas colunas contra esta nova, mas imaginária, ameaça. O resultado de toda essa confusão foi que o Exército do Norte estava muito longe de Leipzig para participar do primeiro dia da batalha em 16 de outubro.

O campo de batalha em Leipzig pode ser compreendido melhor como tendo três setores distintos. No norte, onde Blücher e os homens de Bernadotte estavam posicionados, o rio Parthe corria de leste a oeste entre os aliados e os exércitos de Napoleão. Perto de suas margens estavam as vilas de Möckern, Eutritzsch e Schönefeld, que presenciaram lutas ferozes. O mesmo aconteceu na área ao redor da *Porte de Hall*,* ao norte de Leipzig, onde o rio Parthe corre para o rio Pleisse. Todos esses lugares têm sido absorvidos pela expansão da cidade de Leipzig nos últimos 200 anos e praticamente nada resta do campo de batalha.

O mesmo é verdade, por razões um pouco diferentes, em relação ao segundo setor, a oeste de Leipzig. Essa área é dominada pelos rios Elster e Pleisse, que fluem em paralelo e próximos um do outro antes de se unirem perto de Leipzig. Em 1813, toda essa área era um labirinto de canais, grandes e pequenos. A maior

---

* Pequeno castelo construído em 1635 e destruído por guerras, foi posteriormente reconstruído e é a única porta medieval ainda existente na Bélgica. (N.T.)

parte das terras entre os canais era pantanosa, e isso era particularmente verdade em outubro, depois de semanas de chuva. As poucas vilas e pouquíssimas estradas nesse setor eram quase ilhas em meio aos pântanos e cursos d'água. Hoje em dia, toda essa área foi arrumada, drenada e aterrada. A não ser por uma extensão muito limitada em Dölitz, é impossível obter qualquer noção a partir do terreno de hoje sobre as enormes dificuldades enfrentadas por qualquer general que tentasse colocar um grande número de tropas nessa área em 1813.

O terceiro setor, sul e leste de Leipzig, é bem diferente. Até recentemente, ele também estava muito melhor preservado.[16] No crucial primeiro dia, a batalha travada nesse setor esteve confinada à área sul de Leipzig, ao longo da linha que se estendia desde Markkleeberg, no rio Pleisse, para Liebertwollkwitz e adiante, até a vila de Seifertshain. A principal característica dessa área é a serra que segue todo o caminho, desde as margens do Pleisse até Liebertwollkwitz, uma distância de cerca de cinco quilômetros e meio.

George Cathcart, presente na batalha, escreve que Liebertwollkwitz ficava

> no topo de uma colina que formava um declive regular para ela. Uma serra acompanhava todo o caminho, desde as encostas da saliência de Liebertwollkwitz até o rio Pleisse, passando pelos fundos de Wachau e formando um mirante. Essa posição não poderia deixar de se apresentar aos olhos de um oficial experiente como a única que essa região desinteressante oferecia ao propósito de proteger Leipzig em direção ao sul.[17]

A serra de Liebertwollkwitz dava a Napoleão muitas vantagens. Ela proporcionava excelentes vistas sobre a maior parte do terreno para o sul e leste. Oferecia uma linha de tiro perfeita para uma concentração massiva de artilharia. Tropas poderiam ser trazidas para a parte de trás de sua encosta, fora da visão do inimigo. Para um inimigo que buscava atacar o cume, o uso da palavra "talude" por Cathcart para descrever o terreno foi extremamente preciso. Em especial, a inclinação a partir de Gossa no sul até a crista entre Liebertwollkwitz e Wachau é um campo de tiro aberto e nu, sem cobertura alguma.

Como um dos melhores historiadores da batalha observa, "o terreno favorecia muito os objetivos de Napoleão". No sul, ele tinha uma posição defensiva esplêndida, que também possuía um bom potencial como trampolim para uma contraofensiva que poderia irromper inesperadamente por trás da serra em Liebertwollkwitz e atacar as forças aliadas que ficassem presas pelo fogo massivo de artilharia vindo dos montes acima delas. O terreno oeste da cidade, além do Pleisse, tornava qualquer ataque vindo daquela direção muito difícil. Uma força defensora relativamente pequena poderia bloquear os poucos e estreitos acessos à cidade e conter números imensamente superiores de tropas inimigas por um período quase indefinido. Além disso, toda a área ao leste do Pleisse era pontilhada com vilas, cujas casas eram geralmente de tamanho considerável, construídas em pedra e cercadas por fortes muros de jardim. À medida que a cidade se aproximava, as casas se tornavam mais aglomeradas e de construção mais robusta, com os velhos portões e muros de Leipzig e seus subúrbios ainda oferecendo a seus defensores uma proteção bem-vinda.

Contra isso, a desvantagem da posição de Napoleão era que a área ao leste do Pleisse não permitia que um enorme exército fosse plenamente utilizado. Se os aliados tivessem a oportunidade de trazer toda a sua superioridade numérica e poder de fogo para apoiá-los, então o imperador teria dificuldades para mantê-los afastados. Se forçado a se retirar, todo o seu exército teria de recuar pelas ruas estreitas de Leipzig, cruzar a única ponte da cidade sobre o rio Elster e descer a longa estrada que conduzia para o oeste com segurança através de Lindenau e, finalmente, ao Reno. Se os aliados tomassem Lindenau, seria a ameaça de uma catástrofe, mas a vila e seus acessos eram tão facilmente defensáveis, que apenas uma negligência grave permitiria que isso acontecesse. Mesmo sem isso, porém, recolher um enorme exército, seus feridos e suas bagagens através de Leipzig e Lindenau estava fadado a ser complicado, especialmente depois de uma batalha perdida.[18]

O plano operacional do Príncipe Schwarzenberg para a batalha parecia ter sido elaborado, no entanto, para assegurar que Napoleão não precisasse se preocupar com a derrota. O comandante-em-chefe não poderia ser responsabilizado pelo fato de que nem Bernadotte nem Bennigsen chegariam ao campo de batalha em 16 de outubro. As hesitações de Bernadotte já foram explicadas e o Exército da Polônia de Bennigsen estava avançando a partir de Dresden o mais rápido possível. Schwarzenberg seria culpado, no entanto, por planejar posicionar as tropas de Blücher e a maior parte do Exército da Boêmia a oeste de Leipzig, onde o terreno assegurava que a maioria deles nunca chegaria a enfrentar o inimigo. O núcleo do Exército austríaco deveria supostamente avançar sobre o Pleisse em Connewitz e Dölitz. Posteriormente, ele iria cercar o flanco direito da linha de Napoleão a leste do rio e cortar sua retirada para Leipzig. Isso não fazia sentido. Atravessar o Pleisse seria, na melhor das hipóteses, muito custoso e demorado. Mesmo se no final os números absolutos prevalecessem e algumas unidades austríacas cruzassem o rio, elas estariam avançando muito perto das reservas de Napoleão e não teriam nenhuma chance de explorar seu sucesso inicial.

Verdadeiramente bizarro, no entanto, era o plano de Schwarzenberg para utilizar o Corpo reserva do grão-duque Constantino, que continham as Guardas russas e prussianas, na margem oeste do Elster para apoiar o ataque austríaco. Mais do que isso, ele pretendia usar tanto o exército de Blücher quanto os "Corpos" do general austríaco Gyulai para atacar Lindenau, em um terreno que tornava inconcebível o posicionamento de dezenas de milhares de soldados. Se o plano inicial de Schwarzenberg tivesse sido executado, 54 mil soldados teriam sido canalizados para o ataque em Connewitz, 75 mil teriam tentado chegar a Lindenau e apenas 72 mil teriam sobrado para enfrentar a maior parte do exército de Napoleão a leste do rio.[19]

Esse plano era tão obviamente equivocado, que todos os principais conselheiros de Alexandre protestaram e o próprio imperador foi mobilizado para se encarregar de Schwarzenberg. Alexandre geralmente tinha muito tato com o comandante-em-chefe e Schwarzenberg era um modelo de educada deferência em relação ao monarca. Nessa ocasião, no entanto, o austríaco defendeu seu plano obstinadamente e houve uma discussão. O desfecho foi que a linha de avanço de Blücher foi direcionada de volta para a margem leste do Elster: ele deveria marchar sobre Leipzig pela estrada principal de Halle. O Corpo reserva do grão-duque Constantino também foi levado de volta para a margem leste, embora as Guardas tenham sido movidas apenas para Rotha, junto a uma ponte sobre o Pleisse e ainda dez quilômetros atrás das divisões da linha de frente russa. Mas não haveria argumentos suficientes para fazer Schwarzenberg mudar de sua ideia básica de usar o exército austríaco na margem oeste do Elster.[20]

Sobre esse assunto, o comandante-em-chefe atendia ao seu chefe do Estado-Maior, o general von Langenau, um oficial saxão que tinha se transferido para o serviço austríaco apenas em 1813. Fontes austríacas admitem que se dava muito crédito ao conhecimento superior de Langenau sobre o terreno local, por ele ser um nativo da região. Ainda mais indevidamente, elas sugerem que apenas as fortes chuvas recentes haviam tornado o solo a oeste do Elster intransitável de fato. Elas também alegam que a cavalaria francesa tinha impedido Schwarzenberg de realizar um reconhecimento pessoal minucioso da área. Um autor recente chegou a sugerir que Langenau pudesse ter sido um traidor da causa aliada, embora não exista qualquer evidência disso. Talvez a explicação mais provável seja que Langenau era melhor em planejamento de batalhas a partir de mapas do que de qualquer visão do terreno real. Em um mapa, seu plano para atravessar o Elster sobre o flanco e a retaguarda de Napoleão tinha certa plausibilidade. Se bem-sucedido, ele daria a principal glória da vitória para as forças austríacas em geral e para Langenau em particular. Talvez não seja preciso procurar por mais explicações para a bizarra disposição das forças aliadas em Leipzig.[21]

Uma razão pela qual Schwarzenberg gostou do plano foi porque ele nunca teve a intenção inicial de provocar uma grande batalha em Leipzig. Seu objetivo durante toda a campanha de outubro fora bloquear a retirada de Napoleão para o oeste e forçar o imperador a atacar as forças aliadas que estavam em seu caminho. Embora não totalmente implausível como um conceito estratégico, seus esforços para traduzir essa ideia em posicionamentos táticos ao redor de Leipzig foram um desastre. Havia, em todo caso, um problema essencial com o plano austríaco. Napoleão não havia concentrado suas forças em Leipzig para recuar para o oeste. Ele tinha a intenção de destruir o Exército da Boêmia e vencer a campanha.

Napoleão tinha como certo que o grosso do exército inimigo seria colocado no único local sensato, isto é, a leste dos rios Elster e Pleisse. Seu plano era contornar o flanco direito dos aliados a leste de Liebertwollkwitz, romper através de seu centro e empurrar o exército de Schwarzenberg para o Pleisse. Ainda que estivessem sem Bernadotte e Bennigsen, os aliados tinham 205 mil soldados disponíveis em 16 de outubro, contra 190 mil de Napoleão. Mas o plano de Schwarzenberg, mesmo após as modificações para satisfazer Alexandre, significava que, no crucial *front* sul, 138 mil soldados franceses iriam enfrentar 100 mil aliados, dos quais 24 mil, os reservas de Constantino, não conseguiriam chegar ao campo de batalha antes de algumas horas. É claro que os aliados seriam mais numerosos que Napoleão em outros setores, mas o terreno impossibilitaria o uso dessa superioridade. No primeiro dia em Leipzig, Schwarzenberg, portanto, deu a Napoleão uma chance completamente desnecessária para arrebatar a vitória, contrariando as probabilidades e o fluxo anterior da campanha de outono.[22]

Em 16 de outubro, o exército de Blücher avançou sobre Leipzig vindo do norte. Langeron tomou a vila de Euteritzsch, e o Corpo de Yorck finalmente conquistou Möckern, depois de uma luta feroz que durou até a noite. A questão principal, porém, foi que Blücher conseguira prender dois grandes Corpos franceses no norte, incluindo os homens de Marmont, de quem Napoleão dependia para seu ataque a Schwarzenberg. A façanha de Blücher em Leipzig foi semelhante ao seu impacto na batalha de Waterloo. Ao chegar ao campo de batalha muito mais cedo do que Napoleão havia previsto, ele desviou uma parte essencial da reserva estratégica com a qual o Imperador estava contando para decidir a batalha em seu *front* principal.

No oeste de Leipzig, o avanço das tropas austríacas de Gyulai sobre Lindenau forçou Napoleão a enviar todo o 4º Corpo de Bertrand para o outro lado dos rios, para proteger a vila e, com isso, sua linha de retirada para o oeste. Mais ao sul, todas as tentativas austríacas de cruzar o rio Pleisse perto de Connewitz e Dölitz não chegaram a lugar algum, para crescente frustração de Schwarzenberg. No final da manhã, ele estava preparado para aceitar os argumentos de Alexandre e concordar que o plano de Langenau tinha falhado. Ele ordenou, assim, que as reservas austríacas cruzassem o Pleisse para ajudar a repelir o ataque de Napoleão. A essa altura, a situação aliada no leste do Pleisse estava cada vez mais calamitosa. A questão essencial era se as reservas austríacas iriam chegar a tempo para reforçar a linha aliada.

O 2º Corpo Russo de Eugen de Württemberg estava posicionado perto do centro da linha aliada, no leste do Pleisse, em frente à vila de Gossa. Em suas memórias, Eugen escreveu que, de Gossa, em 15 de outubro, Napoleão podia ser visto nos montes perto de Wachau inspecionando suas tropas e distribuindo medalhas. Eugen e seus oficiais esperavam ser atacados no dia seguinte, mas, disse ele, "não conseguíamos entender por que Schwarzenberg decidiu por um ataque geral no dia 16, quando no dia seguinte teríamos sido reforçados por 130 mil homens do Exército do Norte, do Exército da Polônia e das tropas do conde Colloredo". Parece que o alto comando aliado queria reter Napoleão e temia que ele, de outra forma, atacasse Blücher e Bernadotte, e talvez até escapasse para o norte.[23]

Para evitar isso, as forças aliadas no leste do Pleisse receberam ordens para atacar em quatro colunas no início da manhã de 16 de outubro. Na esquerda, o Corpo prussiano de Kleist e a 14ª Divisão russa de Helfreich avançariam sobre Markkleeberg. À direita de Kleist, o 2º Corpo de Eugen atacaria Wachau, apoiada pela Brigada prussiana de Klux. A terceira coluna era comandada pelo tenente-general príncipe Andrei Gorchakov. Ela era composta pelo 1º Corpo de Gorchakov e pela Brigada prussiana de Pirch. Gorchakov atacaria Liebertwollkwitz do sudoeste, enquanto a quarta coluna, formada pelos austríacos do general Klenau, avançaria sobre a vila a partir do sudeste.

A noite de 3 para 4 de outubro estava fria e ventava muito. Árvores foram arrancadas e telhados danificados. Na manhã seguinte, as tropas de Klenau chegaram atrasadas para o assalto. Gorchakov teve de esperar por eles com seus regimentos já posicionados para o ataque e sob fogo de artilharia. Kleist e Eugen avançaram em tempo, no entanto, movimentando-se à frente nessa tempestuosa manhã de outubro, antes dela estar totalmente clara. Às 9h30, Kleist tomava Markkleeberg, e Eugen movia-se para Wachau. A resposta inicial francesa foi leve, em parte porque eles não esperavam que os aliados fossem atacar. No entanto, as coisas logo mudaram: a infantaria francesa contra-atacou tanto em Wachau quanto em Markkleeberg, e um feroz fogo de artilharia começou a despencar das baterias concentradas na crista do morro sobre as tropas russas e prussianas. Estas últimas, no entanto, avançaram seus ataques com grande coragem. O coronel de artilharia francesa, Jean-Nicolas Noel, que estava posicionado em Wachau, lembra: "[russos e prussianos] atacaram com uma determinação que eu nunca tinha visto antes em nossos adversários".[24]

As baixas se amontoavam com rapidez em ambos os lados, mas especialmente entre os russos de Eugen, nas nuas encostas no leste de Wachau. Já às onze horas, a maior parte da artilharia de Eugen tinha sido liquidada. Não havia lugar para encontrar abrigo e a cavalaria francesa, colocada no leste de Wachau, era uma ameaça adicional para qualquer infantaria que quebrasse a formação. Rudolph von Friederich, o historiador do Estado-Maior Geral prussiano, comenta que "foram necessários toda a tenacidade e o desprezo pela morte dos soldados russos e toda a coragem heroica do duque Eugen para se manterem naquela posição". Até o final do dia, as baixas somavam dois terços dos homens de Eugen. Todos os seus comandantes de regimento estavam mortos ou feridos. Eugen escreveu em suas memórias que suas tropas haviam sido igualmente sufocadas em fogo de artilharia durante certo tempo em Borodino, mas no primeiro dia em Leipzig sua provação "durou muito mais".[25]

O heroísmo da infantaria de Eugen foi ainda mais impressionante porque seus regimentos tinham sofrido muitas baixas em Kulm, apenas algumas semanas antes. Os Regimentos Murom e Reval, por exemplo, perderam muitos homens, primeiro em 1812, e depois, tanto em Kulm quanto em Leipzig, como parte da 3ª Divisão de Infantaria do príncipe Ivan Shakhovskói. Após Kulm, foi necessário destacar oficiais e suboficiais vindos de outras unidades para preencher as lacunas deixadas pelos veteranos mortos e feridos nestes regimentos. No entanto, muitos veteranos regimentais permaneceram nas fileiras durante a batalha de Leipzig, incluindo a maior parte dos sargentos-majores do Regimento Reval. Um número incomum de sargentos analfabetos, mas experientes, tinham de fato sido promovidos a sargentos-majores no Regimento Reval em 1813. Isso incluía os sargentos-majores Aleksei Fedorov, Mikhail Lashbin e Mina Afanasev, que entre eles somavam setenta anos de serviço no regimento. Lashbin era um camponês do Estado vindo de Tobolsk, na Sibéria, e Afanasev era um servo de Smolensk, mas Fedorov era realmente um *chuvash*, um dos pequenos povos pagãos da região do Volga, embora sua família tivesse se tornado cristã. Todos os três homens possuíam medalhas militares, assim como sete dos dez sargentos-majores. Nenhum outro regimento, cujos registros eu tenha visto, conseguiu igualar isso.[26]

Entre os oficiais do Regimento Murom que lutaram em Leipzig estavam os tenentes Ilia Chatov e Ivan Dmitrev. Ambos tinham entrado no Regimento Murom como cabos mais de vinte anos antes, haviam ascendido até sargento-major e então sido promovidos ao oficialato em 1812. Os dois lutaram com o regimento na Prússia Oriental em 1807, e Chatov até mesmo servira em suas fileiras na Suíça, em 1799. O mais antigo oficial do Regimento Murom a sobreviver à batalha de Leipzig foi Petr Kladishchev, oriundo de uma família nobre mediana da província de Riazan e que se tornou coronel com apenas 29 anos de idade. Kladishchev havia se unido ao Regimento Murom aos 16 anos e nunca o deixou. Ele foi condecorado por sua coragem na Prússia Oriental em 1807, bem como em Vitebsk em 1812 e Bautzen em 1813, e foi um dos muitos jovens oficiais cujo registro de coragem e liderança trouxe rápida promoção no período de guerra. Esses homens recebiam muito menos destaque do que os casos espetaculares, como os generais Chernishev e Diebitsch. No entanto, eles contribuíram crucialmente para o desempenho do Exército.[27]

Durante toda a manhã e o início da tarde de 16 de outubro, os regimentos de Eugen se mantiveram firmes e preservaram a linha aliada debaixo do bombardeio francês. Os comandantes da artilharia francesa posteriormente prestaram homenagem à coragem inabalável da infantaria russa, que cerrou suas fileiras e manteve suas posições diante das aterrorizantes perdas. No final da manhã, a batalha havia se transformado em uma corrida. Se Napoleão pudesse concentrar suas forças e atacar antes das reservas aliadas chegarem, os reduzidos batalhões de Eugen e Kleist não seriam capazes de impedi-lo de romper a linha dos aliados e esmagar o Exército da Boêmia contra as margens do Pleisse.

Alexandre, Barclay e Diebitsch estavam bastante cientes desse perigo. No momento em que chegou ao campo de batalha e pôde ver a posição dos dois exércitos em meio à escuridão de outubro, Alexandre enviou ordens às Guardas para avançarem velozmente de Rötha. A partir do momento em que recebessem suas ordens, elas levariam três horas para chegar ao campo de batalha. O Corpo de Granadeiros de Nikolai Raévski estava mais perto, mas suas duas divisões sozinhas nunca seriam suficientes para assegurar toda a linha aliada. Enquanto isso, mesmo depois de terem sido liberadas por Schwarzenberg, pouco antes do meio-dia, as reservas austríacas tinham de marchar para o sul até a margem oeste do Pleisse para os vaus perto de Crobern, atravessar o rio cheio e depois virar ao norte para ir ao auxílio do Corpo de Kleist em Markkleeberg. Para a infantaria austríaca, essa era uma marcha de quatro horas. Foi muita sorte que a insistência de Alexandre em trazer suas Guardas até a margem leste do Pleisse tenha garantido que, nesse momento de crise suprema, elas não estivessem competindo com os austríacos pelas travessias de rios.[28]

Também felizmente para os aliados, Napoleão levou mais tempo do que esperava para organizar e lançar seu contra-ataque. Ele estava esperando por

Marmont, mas este foi forçado a parar enquanto marchava para o sul e correr de volta para bloquear Blücher em Möckern. Acima de tudo, Napoleão não se moveria até que todo o Corpo do marechal MacDonald tivesse surgido à sua esquerda e avançado contra os austríacos em direção a Seifertshain. Somente quando a ameaça de MacDonald no leste tivesse se desenvolvido, o imperador jogaria suas forças principais contra Kleist e Eugen. Era quase meio-dia quando MacDonald estava em posição e pronto para atacar. Embora ele então tenha empurrado os austríacos de Klenau de volta por todo o caminho até Seifertshain, a essa altura, a resistência austríaca se fortaleceu e o ataque de MacDonald foi paralisado. A chegada repentina a leste dele de milhares de cossacos comandados por Matvei Platov distraiu a atenção de MacDonald e também contribuiu para retardar seu avanço. Platov expulsou a cavalaria de Sebastiani, que estava atuando no flanco leste de MacDonald, e sem Sebastiani MacDonald não tinha meios de flanquear Klenau ou efetivos para destruir a posição austríaca em Seifertshain.

No início da tarde, a atenção de Napoleão havia sido deslocada para oeste, em direção aos minguantes batalhões de Kleist e Eugen. Contra eles, ele lançou sua Guarda, a maioria de sua cavalaria, a artilharia reserva de Drouot e toda a infantaria que restava à sua disposição.

Às três horas da tarde, as brigadas de Kleist estavam lutando desesperadamente para manter Markkleeberg e haviam sido forçadas a sair de Auenhain, com a cavalaria francesa em sua perseguição. A 2ª Divisão Granadeira russa surgiu por trás de Auenhain, mas não conseguiu parar o avanço francês. Felizmente para os aliados, os seis excelentes regimentos de couraceiros do conde Nostitz chegaram em cima da hora, dispersaram a cavalaria francesa e recuperaram a situação. Os regimentos de Nostitz foram os primeiros das reservas austríacas a chegar, vindos da margem oeste do Pleisse, mas foram seguidos por mais cavalaria e depois pelas divisões de infantaria de Bianchi e Weissenwolf. Os batalhões de granadeiros do conde Weissenwolf estavam entre os melhores na infantaria do Exército austríaco. Uma vez que eles estavam em cena, as chances de Napoleão invadir a posição de Kleist haviam desaparecido. Ao contrário, quando a noite se aproximou e a batalha cessou, os Granadeiros de Weissenwolf tinham recapturado Auenhain e era Napoleão que estava tendo de comprometer até mesmo parte de sua Velha Guarda para barrar os austríacos, que avançavam de Markkleeberg.[29]

Enquanto os prussianos e russos de Kleist estavam lutando por suas vidas em Markkleeberg e Auenhain durante a tarde de 16 de outubro, uma batalha ainda mais feroz se desenrolava à sua direita em torno da vila de Gossa. Esse era o centro da linha aliada ao leste do rio Pleisse e era atrás de Gossa que os monarcas aliados e seus Estados-Maiores estavam posicionados sobre uma pequena colina. A infantaria que liderava o avanço francês vinha do 5º Corpo de Lauriston e da Jovem Guarda do marechal Oudinot. Descendo a colina em seu apoio veio grande parte da reserva de artilharia francesa, incluindo toda a artilharia das Guardas, comandada pelo general Drouot, que tinha a boa fama de ser o melhor comandante de artilharia na Europa.

Esta era a tática clássica de Napoleão. Tendo atacado os flancos do inimigo, o imperador estava agora empregando um enorme poder de fogo móvel para destruir seu centro enfraquecido. A única infantaria visível em frente a Gossa eram os despedaçados batalhões de Eugen, cujas fileiras haviam se tornado ainda mais ralas, depois que o príncipe tinha sido obrigado a reposicionar uma de suas brigadas de segunda linha à esquerda, para conter a crescente ameaça vinda da direção de Auenhain. O relato do general Diebitsch sobre a batalha fala de "uma tempestade de fogo de artilharia concentrada nunca antes encontrada na guerra" agora caindo sobre os batalhões de Eugen. Percebendo a fraqueza da infantaria aliada, Murat lançou sua cavalaria para varrer o centro aliado e assaltar a artilharia que defendia a vila de Gossa e os acessos à colina, a partir da qual os monarcas aliados, agora acompanhados por Schwarzenberg, estavam dirigindo a batalha. O resultado disso foi talvez o mais importante e, certamente, o mais famoso episódio do primeiro dia de Leipzig.[30]

Classificar o que aconteceu em um ataque de cavalaria é ainda mais difícil do que impor algum tipo de ordem às batalhas em geral. Em meio à empolgação, poeira e velocidade em que se desenrolam os acontecimentos, os participantes raramente são testemunhas confiáveis. Como o ataque da cavalaria de Murat em 16 de outubro foi, de muitas maneiras, o ponto alto do dia, colocando os soberanos aliados e o próprio centro da posição aliada em risco, ele também despertou uma competição sobre quem foi o responsável pelo rechaço dos cavaleiros de Murat. O melhor relato, em qualquer idioma, de uma testemunha ocular da ação é fornecido por George Cathcart. Ele era um oficial de cavalaria profissional e, estando perto dos monarcas na colina atrás de Gossa, tinha uma excelente visão dos acontecimentos, sem estar envolvido na refrega. Igualmente importante, Cathcart era relativamente neutro, já que não havia tropas britânicas envolvidas.

Cathcart lembrou que cerca de cinco mil soldados da cavalaria francesa estavam empenhados no ataque. Enquanto assumiam sua formação para o assalto nas encostas da serra de Liebertwollkwitz, eles eram visíveis a partir do quartel-general aliado na colina atrás de Gossa. Além da infantaria de Eugen, a única força aliada visível no caminho deles eram os regimentos de Dragões das Guardas russas e de Lanceiros das Guardas. Para seu grande crédito, a maioria dos batalhões da reduzida infantaria de Eugen formou as chamadas "massas" contra a cavalaria e, com os soldados em formação militar, retirou-se em boa ordem, com sua ala direita recuando para a própria vila de Gossa. A cavalaria leve das Guardas Russas foi pega antes de estar posicionada, possivelmente porque seu comandante, o general Shevich, foi morto por uma bala de canhão, quando a ação estava prestes a começar. De qualquer forma, dois regimentos nunca poderiam ter retido o equivalente a todo um corpo de cavalaria. Os lanceiros foram empurrados de lado para sudoeste, os dragões diretamente para o sul. A cavalaria francesa dominou parte da artilharia aliada, avançou passando por Gossa e chegou a pouquíssimas centenas de metros do monte no qual os monarcas aliados estavam assistindo aos eventos.

A essa altura, os cavaleiros foram levados a uma parada pelo que Cathcart descreve como:

> um pequeno riacho ou fosso (que) saía de Gossa em direção ao Pleisse [...] suas margens passavam a ser pantanosas e só poderiam ser passadas com dificuldade, e por um salto através de uma larga vala, a não ser por passagens feitas em dois ou três lugares pelos fazendeiros, para fins agrícolas. Esse obstáculo foi apenas parcial, e a algumas centenas de metros à direita, mais perto de Gossa, deixou de ser um impedimento [...] Mas o inimigo [...] foi inesperadamente colocado à prova por esse obstáculo imprevisto; sua aglomeração e confusão aumentaram; e naquele momento o regimento russo de hussardos da guarda, que Wittgenstein tinha enviado [...] apareceu em sua retaguarda. Isso causou pânico. A massa pesada se tornou barulhenta e tentou se retirar; a cavalaria leve russa instantaneamente os seguiu. O imperador Alexandre, que estava colina acima, aproveitou a oportunidade para enviar sua própria escolta de cossacos da guarda, somando vários esquadrões, sob o comando do conde Orlov Denisov, que passou o córrego em um ponto favorável perto de Gossa e pegou a massa que se retirava no flanco. Isso completou o pânico, que depois se tornou uma fuga, e os fugitivos não largaram suas rédeas até que tivessem recuperado a proteção de sua infantaria.[31]

Cathcart não menciona a intervenção de dois regimentos de cavalaria prussianos, a quem a maioria das fontes de língua alemã atribui um papel na derrota do ataque francês. Embora ele elogie a cavalaria das Guardas russas, o principal ponto de sua narrativa é a incompetência com que o ataque foi montado. A cavalaria francesa parecia avançar estreitamente amontoada em colunas e "certamente em um só corpo, isto é, com nenhum tipo de segunda linha ou reserva". Disciplina e liderança inadequadas permitiram que ela fosse lançada à confusão "por um obstáculo insignificante" e depois fosse "tomada pelo pânico" e "fugisse perante uma força de cavalaria leve, que no total não poderia ter somado dois mil homens". O fato de a maioria dos cavaleiros franceses ser da cavalaria pesada tornou sua derrota pelos cossacos, lanceiros e hussardos ainda mais notável. Acima de tudo, Cathcart atribuiu a derrota à "falta de uma segunda linha na qual se reunir, e a partir da qual lançar uma nova partida – uma precaução sem a qual nenhum ataque de cavalaria deve jamais ser feito".[32]

Um verdadeiro "patriota da cavalaria", em um aspecto Cathcart é claramente um pouco tendencioso em seu relato, sobre o que ele chama de "este caso notável de cavalaria": ele se esquece da contribuição da artilharia russa. À medida que a cavalaria francesa se aproximava de sua colina, Alexandre virou-se para o comandante de sua artilharia, o major-general Ivan Sukhozanet, e disse: "Veja: qualquer lado que trouxer suas forças para cá primeiro vai ganhar. Sua artilharia de reserva está longe?". Com apenas 25 anos, Sukhozanet foi outro bom exemplo de como a promoção por mérito durante as guerras de 1805 a 1813 levou uma série de excelentes jovens oficiais a posições de destaque. Filho de um oficial polonês, e ele mesmo sem riqueza ou conexões, Sukhozanet tinha atuado bem entre 1806 e 1807 e, assim, conquistou a atenção dos seus superiores e a transferência para a artilharia das Guardas. Por sua atuação sob o comando de Wittgenstein em 1812, e depois em Bautzen em 1813, ele ganhou a Cruz de São Jorge e duas promoções. A elevação de Wittgenstein a comandante-em-chefe beneficiou oficiais próximos a ele. No caso de Sukhozanet, isso resultou em uma nomeação como adjunto do príncipe Iashvili, o novo comandante de artilharia do exército. Quando Iashvili adoeceu durante a campanha de outono, Sukhozanet o substituiu e Leipzig lhe deu a oportunidade de distinguir-se sob os olhos do imperador.[33]

Sukhozanet aproveitou a oportunidade e justificou a confiança de Alexandre. À pergunta do imperador sobre o paradeiro da artilharia reserva, ele respondeu: "ela estará aqui dentro de dois minutos". Sukhozanet foi ainda melhor do que sua palavra. Duas baterias de artilharia a cavalo chegaram imediatamente: uma apoiou diretamente o ataque dos cossacos das Guardas em direção ao leste do riacho atrás de Gossa. Sukhozanet relatou que "isso pegou as colunas do inimigo de surpresa e, abrindo um fogo devastador, provocou uma parada". Enquanto isso, a outra bateria avançou para o oeste do riacho e assumiu uma posição de flanco, de onde atingiu as amontoadas fileiras da cavalaria francesa com grande eficácia. Mas, para Sukhozanet e a artilharia russa, o grande teste ainda estava por vir. Enquanto a cavalaria francesa afluía de volta para Liebertwollkwitz, sua infantaria se dirigia a Gossa, apoiada pela massiva artilharia de Drouot. Ao contrário de Borodino, no entanto, nesta ocasião, a artilharia reserva russa era bem comandada. Sukhozanet trouxe 80 canhões da reserva e, somando-os às baterias já no local, formou uma linha de mais de 100 canhões por trás de Gossa. Esta concentração massiva de poder de fogo enfrentou as baterias de Drouot e finalmente forçou a artilharia francesa a recuar. O general Miloradovich havia estado em Borodino, mas recordava que a batalha de artilharia perto de Gossa em 16 de outubro foi a mais ensurdecedora que ele já ouvira na sua vida.[34]

Enquanto isso, o terreno tinha aplicado um truque a favor dos russos. De onde Napoleão estava nos montes a oeste de Liebertwollkwitz, era impossível ver o que estava acontecendo por trás da colina sobre a qual os monarcas aliados estavam. Na verdade, enquanto a infantaria francesa estava se aproximando de Gossa, as infantarias russa e prussiana estavam chegando por trás do centro aliado. Seu comandante, Aleksei Ermolov, tinha cavalgado com seu ajudante-de-campo, Matvei Muromtsev, para explorar o terreno em torno de Gossa e quase foi pego pelo ataque da cavalaria francesa. Felizmente, os cavalos russos eram mais rápidos que os dos cavaleiros franceses que os perseguiam, mas havia sido por muito pouco. Algum tempo antes, Muromtsev perdera uma aposta para Ermolov. Seu castigo era que a qualquer momento em que Ermolov começasse a assobiar os primeiros compassos de uma ária, Muromtsev seria obrigado a irromper na música e completar a peça. Tendo recuperado as linhas russas, Ermolov começou a assobiar e Muromtsev se lançou à famosa ária do *Leporello* de *Don Giovanni*. Muromtsev relata: "[Ermolov] neste momento, mal tendo se salvado da morte ou do cativeiro... preservou completamente a compostura, mas me lembro muito bem que minha resposta não foi expressa com nada, que sequer lembrasse a mesma calma".[35]

Ermolov era uma figura carismática e inspiradora em todos os momentos. Em ação, ele era sobre-humano, e suas façanhas no campo de batalha e tiradas espirituosas circulavam pelo Exército russo. Assim também, em um sentido muito diferente, o fez o comportamento de Aleksei Arakcheev. Quando as Semenóvski surgiram atrás da colina em que Alexandre estava, Arakcheev desceu para falar com um velho conhecido, o coronel Pavel Pushchin. Nesse momento, as baterias francesas começaram a se alinhar às Semenóvski e uma granada estourou a apenas 50 metros de onde Pushchin e Arakcheev estavam conversando. O conde era um administrador, não um comandante de campo de batalha; Pushchin comentou que isso foi o mais próximo que Arakcheev tinha chegado da artilharia francesa durante as guerras napoleônicas. Profundamente alarmado pela explosão e sendo informado por Pushchin de que aquilo era uma granada, a face de Arakcheev "mudou de cor, ele virou seu cavalo e partiu a galope do local de perigo".

Oficiais russos viam a covardia como o maior dos defeitos. A maioria dos oficiais das Guardas detestava Arakcheev de qualquer maneira, mas sua falta de coragem física foi a mancha final e imperdoável em sua reputação.[36]

A infantaria francesa que tentou invadir Gossa incluía a divisão de Maison do 5º Corpo de Lauriston. Tanto fontes russas quanto o General Griois, que comandava algumas das baterias de Drouot bem atrás de Gossa, dizem que duas divisões da Jovem Guarda de Oudinot também participaram da batalha na vila. A primeira "guarnição" aliada de Gossa era composta por alguns dos batalhões de Eugen e três batalhões da brigada prussiana de Pirch: ambos tinham estado duramente empenhados por horas e estavam muito enfraquecidos. Os regimentos São Petersburgo e Granadeiro Tauride se uniram à defesa da vila, assim como as Guardas *Jaeger*. Ataques e contra-ataques se seguiram em uma luta por Gossa que durou três horas. De acordo com os russos, a cada vez que os franceses eram expulsos, uma nova onda de infantaria inimiga tornava a forçar caminho para a aldeia. No final, a questão foi decidida pela 2ª Divisão de Infantaria das Guardas russas, que invadiu a vila a partir do sudoeste em colunas de batalhão sem disparar um tiro. Lutando literalmente sob os olhos do Imperador, as Guardas combateram com coragem excepcional. Mais da metade dos oficiais do Regimento da Guarda Finlândia foi morta ou ferida. O comandante do regimento, Major--General Maksim Kryjanóvski, foi ferido quatro vezes, antes de permitir que o retirassem do campo de batalha.[37]

Pela primeira vez, no entanto, não foi um oficial, mas um soldado quem ganhou mais fama na batalha por Gossa. Leonti Korennoi era um granadeiro no 3º Batalhão da Guarda Finlândia. Como a maioria dos granadeiros da Guarda, ele era alto e tinha ombros largos. Ele era um veterano, que tinha estado na Finlândia desde a sua formação, tendo anteriormente servido no Regimento de Guarnição Kronstadt. Casado, era conhecido como "tio" na Guarda Finlândia. Em Borodino, ganhara uma medalha militar por sua coragem na linha de escaramuça. Agora, ele se superava. Gossa era uma vila de casas de pedra, muros robustos e muitas vielas. Em meio ao fluxo e refluxo da ação, o comandante do 3º Batalhão da Guarda Finlândia, coronel Gervais, e alguns de seus oficiais ficaram isolados por um repentino contra-ataque francês. Primeiro com um punhado de companheiros e depois sozinho, Korennoi manteve os franceses à distância, enquanto os oficiais escaparam escalando os muros de volta para o resto do batalhão.

Aqui cabe um elogio à honra dos franceses: eles não só levaram Korennoi prisioneiro, mas o apresentaram a Napoleão, que elogiou sua coragem e assegurou que ele fosse bem cuidado. Considerando que o próprio Exército francês não tinha poucos heróis, a façanha de Korennoi deve ter sido notável para lhe render tal tratamento. Ele voltou ao seu regimento ao final da batalha, onde seus companheiros o viram como uma figura praticamente ressuscitada dos mortos. O busto de Korennoi ocuparia lugar de honra no quartel da Guarda Finlândia até 1917, e a canção do regimento ("Nos lembramos de tio Korennoi") foi composta em sua homenagem.[38]

Enquanto Leonti Korennoi estava ganhando fama, Pamfil Nazarov lutava sua primeira batalha real com a Guarda Finlândia. Ele lembra que o grão-duque Constantino cavalgou entre as fileiras do regimento antes que este avançasse sobre Gossa, dizendo aos guardas para carregar seus mosquetes e ordenando que avançassem. Como muitos de seus colegas, Pamfil foi ferido no ataque antes mesmo de chegar à vila, em seu caso, na perna direita acima do joelho. Ele lembra também que seu sobretudo foi retalhado por balas. Pamfil desmaiou e perdeu muito sangue. Ele recorda como seu sangue lhe pareceu quente. De alguma forma, arrastou-se por dois quilômetros de volta até o posto médico, desmaiando mais uma vez no caminho e sendo constantemente ameaçado por balas de canhão, que continuavam a passar assobiando. Quando chegou ao posto de vítimas, encontrou munição, bandeiras, músicos e o médico regimental. Depois de ser enfaixado, cambaleou até uma fogueira para passar aquela noite fria e chuvosa. Um companheiro do regimento deu a ele dois pepinos salgados, uma grande bênção.

Depois de muito sangramento durante a noite, Pamfil se enfaixou novamente e partiu para a retaguarda, carregando sua mochila e usando o mosquete como muleta. Sua perna inchou por causa dos dias de caminhada e ele acabou tendo que encontrar uma carroça para levá-lo a um hospital. Finalmente, chegou a um hospital de campo em Plauen, em 28 de outubro, onde havia tantos feridos que ele teve de ser colocado em uma capela. Por outro lado, havia também muitos médicos e assistentes alemães presentes. Fazia agora doze dias que a ferida de Pamfil tinha sido enfaixada e ela estava infectada. Seguiram-se dias de agonia enquanto ataduras eram trocadas e pomada era injetada diretamente na ferida duas vezes por dia em gaze presa a uma agulha enorme. Ele só voltou ao seu regimento no início de 1814.[39]

Ainda assim, os sacrifícios de Pamfil e de seus companheiros alcançaram seu objetivo. Gossa foi mantida e o grande contra-ataque de Napoleão, parado. Naquela noite, os jovens oficiais do Estado-Maior de Ermolov realizaram uma apresentação improvisada da *Phèdre* de Racine nas ruínas de Gossa. Em termos táticos, o primeiro dia de Leipzig foi um empate. Exceto pela captura das vilas ao norte de Leipzig por Blücher, os dois exércitos ocupavam quase exatamente as mesmas posições em que estavam quando o dia começou. Na realidade, porém, um empate significava uma vitória aliada. Se Napoleão quisesse manter a Alemanha, ele tinha de derrotar os aliados decisivamente no primeiro dia da batalha. Caso contrário, com mais de 100 mil novos soldados ao alcance das mãos, a força aliada seria esmagadora. Isso devia estar claro para Napoleão ao anoitecer de 16 de outubro, embora como sempre a clareza seja bem mais fácil em retrospecto do que na noite de uma batalha. A melhor política teria sido a de fazer uma retirada organizada de imediato, levando embora sua bagagem o mais rápido possível e construindo travessias adicionais sobre o rio Elster para evitar a perigosíssima dependência de uma única ponte. Na verdade, foi somente na noite de 17 de outubro que ele fez alguns preparativos para uma retirada e, mesmo assim, nada foi feito para facilitar a saída do exército de Leipzig e a passagem sobre o Elster. Em vez disso, ele perdeu tempo conversando com o capturado general Meerveldt, que, em seguida, enviou de volta a Francisco II, aparentemente na esperança ingênua de que os aliados pudessem negociar e permitir que ele escapasse.

Muito pouca ação ocorreu no domingo, 17 de outubro. Nem Bernadotte nem Bennigsen estavam ainda no campo de batalha e, já que Napoleão não demonstrou qualquer sinal de partida, os monarcas aliados ficaram satisfeitos em deixar seus homens descansarem e aguardar a chegada de reforços. A única luta significativa que ocorreu naquele dia foi um ataque brilhante da divisão dos hussardos de Ilarion Vasilchikov, que encantou Blücher, ele próprio um velho hussardo, e resultou nos franceses, não apenas perdendo muitos homens e armas, mas também recuando rumo noroeste, para os subúrbios em frente ao Portão de Halle. A partir dali, qualquer recuo adicional era impensável: se os russos irrompessem através do Portão de Halle em Leipzig, a linha de retirada do próprio Napoleão e todo o exército seria cortada. No entanto, quando recebeu a notícia de que o Exército da Boêmia não atacaria naquele dia, Blücher foi forçado a adiar a tentativa de Sacken invadir Leipzig a partir do norte, até 18 de outubro.[40]

Os dois últimos dias da batalha de Leipzig – 18 e 19 de outubro – foram em certo sentido um anticlímax. Não houve movimentos ousados ou exemplos inspiradores de liderança militar. Foram muitas vezes os franceses, lutando com habilidade e coragem em muitas construções robustas e perto de Leipzig, que combateram melhor, pelo menos no curto prazo. Quando milhares de homens estão perdendo suas vidas, é errado dizer que uma batalha está sendo "chata", mas para o estudioso militar, quando comparada a uma Austerlitz ou Canas, Leipzig foi realmente uma batalha "chata". O ponto básico, no entanto, é que batalhas "chatas" eram exatamente o que os aliados precisavam travar. Considerando o tamanho incontrolável de seu exército, sua composição multinacional e sua estrutura de comando caótica, qualquer tentativa de fazer algo inteligente ou complicado estava fadada a acabar em desastre. O necessário era prender Napoleão em um local onde seu exército pudesse ser submetido a todo o peso da superioridade aliada em homens e armas – e foi isso que os aliados alcançaram nos últimos dois dias da batalha de Leipzig. Na tarde de 18 de outubro, eles tinham concentrado todas as suas tropas e 1.360 canhões no campo de batalha.

A manhã de 18 de outubro estava clara e ensolarada. Naquele dia, os aliados formaram um enorme semicírculo envolvendo Leipzig a leste, norte e sul. Eles atacaram Napoleão ao longo de toda essa linha. Provavelmente, o evento mais conhecido em 18 de outubro foi a deserção de alguns regimentos saxões aos aliados, mas a deserção de alguns poucos milhares de homens era realmente de pouca importância em uma batalha travada por meio milhão de soldados. Mais importante, foi o fato de que o Exército do Norte de Bernadotte, com uma força de quase 60 mil homens, só chegou ao campo de batalha no meio da tarde. Isso, por sua vez, obrigou Bennigsen a espalhar mais seu exército e reduziu a possibilidade de ele flanquear a vila de Probstheida pelo leste, forçando assim seu abandono. Probstheida era um ponto fortificado essencial para a posição de Napoleão ao sul de Leipzig e ele se agarrou firmemente a ela o dia todo, graças à força de suas construções e ao heroísmo de seus defensores franceses, aos quais relatos aliados prestam homenagens. Do lado aliado, foram o prussianos que suportaram o peso das custosas tentativas de tomar a vila, mas até mesmo o que restou dos Corpos de Eugen foi obrigado a participar, apesar de suas perdas terríveis no dia anterior. Enquanto isso, três regimentos da 1ª Divisão das Guardas russas, e toda a Guarda prussiana, ficaram inativos a menos de um quilômetro de distância, sem ter disparado um tiro no primeiro dia da batalha.

Até certo ponto, estes eram os monarcas mais uma vez protegendo suas Guardas, mas também era simplesmente a lógica da guerra na Era Napoleônica para tentar preservar unidades de elite como reservas até que o momento de crise surgisse em uma campanha ou batalha. Sacken não tinha Guardas, mas, de fato, ele conduziu suas tentativas de ataque através do subúrbio de Halle de maneira similar. Ele empenhou a 27ª Divisão Neveróvski e os dois regimentos *jaeger* de Lieven, mas os três regimentos veteranos de infantaria da 10ª Divisão foram mantidos na reserva durante a batalha, apesar das tremendas baixas do resto das tropas de Sacken, enquanto estas tentavam abrir caminho através dos subúrbios do norte de Leipzig.

Mesmo sem as fortificações de campo construídas pelos franceses, os subúrbios ao redor do Portão de Halle eram um obstáculo formidável. Bem na frente deles corria o rio Pleisse, enquanto a aldeia de Pfaffendorf, com as suas sólidas construções, formava um forte ponto de avanço para neutralizar qualquer tentativa de invadir a cidade. Os acessos ao Portão de Halle eram estreitos e a infantaria russa era vulnerável ao fogo de flanco, não apenas de Pfaffendorf, mas também dos muros do parque de Rosenthal, a oeste dela. A história oficial austríaca, de forma alguma dotada de simpatia russófila, comentou que "os soldados russos atuaram com maravilhosa bravura e seus oficiais também fizeram todo o possível".[41]

O Coronel Petr Rakhmanov, o corajoso e excepcionalmente inteligente editor do *Voennyi zhurnal* e comandante de uma das brigadas de Neveróvski, foi morto ali, assim como o coronel Huene, comandante de artilharia da 27ª Divisão. A última vez que encontramos Dmitri Dushenkevich foi como um alferes de 15 anos de idade, durante sua primeira batalha, em Krasnyi, em agosto de 1812. Em outubro de 1813, ele era ajudante-de-campo de Dmitri Neveróvski. Ele se lembra de que, em 18 de outubro, Neveróvski estava como de costume no meio da ação, com prédios em chamas por todos os lados, e ataques e contra-ataques se seguindo, em ferozes combates casa à casa. Neveróvski estava encorajando as tropas de Rakhmanov enquanto elas tentavam abrir caminho à força em direção ao Portão de Halle, quando foi atingido na perna esquerda por uma bala. Ele foi retirado da batalha por sua escolta cossaca e morreu alguns dias depois. Como parte das comemorações do centenário em 1912, seu corpo foi levado de volta para a Rússia e enterrado perto da posição defendida por sua divisão em Borodino.[42]

Ao final de 18 de outubro, os russos haviam sofrido baixas severas, mas estavam um pouco mais perto do Portão de Halle do que haviam estado pela manhã. No entanto, ao contrário de algumas versões, seu sacrifício não foi de forma alguma em vão. A divisão polonesa de Dombrowski era a defensora inicial do subúrbio de Halle e, como muitas vezes acontecia quando poloneses encontravam russos, a luta foi particularmente amarga. Mas, à medida que a pressão russa crescia, mais e mais reforços franceses foram empenhados para defender esta área vital. Esses reforços incluíam a 8ª Divisão de Brayer, bem como doze batalhões e três baterias da Jovem Guarda. Como Langeron observou, o ataque de Sacken impediu todos esses homens de reforçar os defensores de Schönefeld contra suas tentativas de capturar esta vila crucial.[43]

Schönefeld era a chave para a posição de Napoleão no norte, assim como Probstheida era no sul. Ela também era composta principalmente de casas de dois andares solidamente construídas em pedra e seus jardins, com toda a vila cercada por uma robusta muralha. Para complicar ainda mais o problema dos russos, logo ao sul da vila ficava um cemitério murado que dava excelente cobertura para os defensores. Também era difícil flanquear Schönefeld a partir do norte, já que a vila ficava muito perto das margens pantanosas do rio Parthe. Além disso, o ataque a Schönefeld encarou os problemas normais a qualquer exército que tentasse conquistar essas vilas saxônicas. Tendo um número suficiente de homens e coragem, a infantaria atacante invadiria a aldeia, ainda que à custa de pesadas baixas. Mas ela estaria, então, sujeita a contra-ataques por novas tropas inimigas concentradas longe do fogo, por trás da vila, e apoiadas por uma artilharia massiva. Trazer os canhões dos próprios atacantes através ou ao redor da vila em número suficiente para se equiparar a essas baterias inimigas era extremamente difícil. O capitão Radojitski tentou fazer exatamente isso em Schönefeld e viu suas baterias sufocadas pelo fogo devastador das metralhas de curta distância. Os dois primeiros grandes ataques de Langeron tomaram Schönefeld e depois a perderam novamente. Só depois de Bernadotte posicionar toda sua artilharia e esmagar a vila vindo do sul, foi que Schönefeld finalmente caiu, às seis horas da tarde. Mesmo assim, os homens de Langeron tiveram de mantê-la contra ferozes contra-ataques franceses que aconteceram noite adentro.[44]

A queda de Schönefeld representou o risco de que os aliados fossem avançar para o interior da retaguarda das tropas de Napoleão, ao sul de Leipzig, e interromper sua retirada. Na verdade, porém, ainda na manhã de 18 de outubro, Napoleão já havia decidido abandonar Leipzig. O único problema era se ele conseguiria levar embora a maior parte de seu exército e de sua bagagem sãos e salvos. Já desde 17 de outubro o Corpo de Bertrand tinha recebido a ordem de seguir pela estrada por trás de Lindenau, para assegurar a retirada de Weissenfels e Napoleão para o oeste. Seu Corpo foi substituído em Lindenau por tropas enviadas pelo marechal Ney. O comboio de bagagem do exército começou a recuar através de Leipzig também. Reduzindo seu perímetro e usando as robustas construções saxônicas como pontos fortes, Napoleão impediu os aliados de invadir sua retaguarda ou interromper sua retirada em 18 de outubro.

O grande teste viria em 19 de outubro, quando sua retaguarda precisou controlar os aliados por tempo suficiente para Napoleão espremer a maioria de seus soldados, armas e sua ainda considerável bagagem pelas ruas de Leipzig e sobre a ponte, que era o único caminho para a segurança. Inevitavelmente, muitas das baterias de Napoleão tiveram de permanecer no campo de batalha o maior tempo possível para proteger a retaguarda da superioridade esmagadora dos aliados na artilharia. De modo igualmente inevitável, isso agravaria demais o congestionamento em Leipzig em 19 de outubro. Acima de tudo, Napoleão tinha desnecessariamente piorado a situação ao não construir pontes extras para cruzar o Elster. A história oficial russa colocou a culpa da falha de Napoleão na "desordem habitual da administração militar francesa daquela época".[45]

As colunas aliadas começaram seu avanço sobre Leipzig às sete da manhã em 19 de outubro. Enquanto isso, Napoleão tinha confiado a tarefa de formar uma retaguarda ao Corpo polonês de Poniatóvski e ao Corpo de divisões francesas, italianas e alemãs de MacDonald. É provavelmente realista notar que, se Napoleão se retirasse para trás do Reno, muitas destas tropas não francesas abandonariam a causa de qualquer maneira. No entanto, a retaguarda lutou com eficiência fora dos muros de Leipzig, usando as muitas construções e outros obstáculos para retardar o avanço aliado. Mesmo assim, por volta das onze horas da manhã, os aliados estavam começando a atravessar as quatro portas da cidade. Ao meio-dia, embora a luta provocada pela retaguarda tenha permitido que a maioria das tropas de Napoleão escapasse sobre o Elster, muitos milhares de homens e uma grande quantidade de artilharia ainda estavam tentando abrir caminho através das ruas de Leipzig. Nessas circunstâncias, não é surpreendente que uma catástrofe tenha ocorrido.

Na extrema direita da linha aliada, ao norte de Leipzig, o Portão de Halle que dava acesso à cidade foi finalmente invadido pelo 39º *Jaegers* da 10ª Divisão de Lieven. Essa era uma unidade formidável, montada a partir do Regimento de Infantaria Briansk em 1810. A maioria de seus oficiais, e cada um de seus suboficiais, serviu toda a carreira no regimento. O 39º *Jaegers* lutara contra os otomanos entre 1809 e 1812 e depois teve um bom desempenho sob o comando de Sacken em 1812 e no primeiro semestre de 1813. Usado para combater resistentes fortalezas otomanas, o regimento tinha esmagado os defensores da cidade-fortaleza polonesa de Czenstochowa em algum momento de março de 1813 com sua pontaria precisa, conquistando claríns de prata cerimoniais para si e a promoção a tenente-general para Johann von Lieven. Em Leipzig, o regimento foi comandado por Mikhail Akhlestishev, um excelente oficial que ficou gravemente ferido no assalto final ao Portão de Halle.[46]

Enquanto isso, a infantaria de Alexandre de Langeron estava se movimentando para ajudar Sacken. Dois de seus regimentos *jaeger* – o 29º e o 45º – avançaram para o oeste pelo jardim Rosenthal e ao redor da muralha norte da cidade, atravessando uma ponte sem defesa ao longo de um pequeno braço do Elster e avançando para a cidade, passando pelo Hospital Jakob. Tanto o 29º quanto o 45º *Jaegers* tinham lutado em todas as principais ações da recente guerra contra os otomanos, desde o cerco de Khotin em 1806, passando pela tentativa de invadir Brailov e Jurja, e concluindo com a aniquilação do principal exército otomano por Kutuzov no inverno de 1811-1812. Em 1812 e na primavera de 1813, eles tinham servido no Corpo de Sacken, ganhando muita aclamação, mas sem sofrer nada parecido com as baixas dos regimentos que haviam lutado em Borodino ou perseguido Napoleão de Tarutino a Vilna. Quando chegaram a Leipzig, ambos os regimentos ainda estavam lotados de veteranos, que tinham anos de experiência em grupos de atiradores de elite, luta de rua e grupos incursores.[47]

O avanço dos 29º e 45º *Jaegers* pelo Hospital Jakob os levou, pouco depois do meio-dia, a uma curta distância da única ponte sobre o leito principal do Elster, através da qual o exército de Napoleão estava se retirando. Cargas explosivas tinham sido colocadas debaixo da ponte. Em meio ao caos da retirada, o oficial encarregado tinha abandonado seu cargo para obter esclarecimentos quanto ao momento de detonar as cargas, deixando um simples cabo no comando durante a sua ausência. Sob o fogo preciso dos mosquetes dos 29º e 45º *Jaegers* e armado com instruções para destruir a ponte quando o inimigo se aproximasse, o cabo muito compreensivelmente detonou as cargas. Não apenas Napoleão mas também uma série de outros memorialistas posteriormente culparam o cabo pela perda de milhares de homens e centenas de armas que a destruição da ponte encalhou em Leipzig. Mas, obviamente, quando se permite que o destino de um grande exército dependa de uma única ponte e um cabo solitário, a responsabilidade está mais acima na hierarquia militar.[48]

Os aliados perderam 52 mil homens na batalha de Leipzig, dos quais a maior parte – 22 mil – era russa. Diz muito sobre a disciplina dos exércitos aliados o fato de que, apesar de três dias de combates e desse nível de baixas, aconteceram muito poucos saques ou desordem quando eles invadiram Leipzig. As perdas francesas foram certamente maiores. Talvez fossem apenas 60 mil, como afirmam relatos franceses: por outro lado, no momento em que o exército chegou a Erfurt, tinha apenas 70 mil homens com armas e 30 mil retardatários desarmados, ou seja, as baixas durante ou imediatamente após a batalha devem ter chegado perto dos 100 mil no total. Trezentos canhões e 900 carroças de munição também foram deixados para trás em Leipzig. A vitória aliada foi, portanto, inequívoca e levou Napoleão à perda de toda a Alemanha ao leste do Reno.[49]

Considerando sua superioridade numérica, essa era uma batalha que os aliados tinham de ter ganhado. O fato de eles terem chegado perto de perdê-la no primeiro dia foi, acima de tudo, culpa de Schwarzenberg. A batalha de Leipzig era a última chance de Napoleão manter a Alemanha e ele estava certo em aproveitar a oportunidade que os erros de Schwarzenberg lhe deram no primeiro dia da batalha. Sua incapacidade de vencer decisivamente em 16 de outubro deveu-se muito mais à coragem e à tenacidade das tropas aliadas do que aos erros cometidos por Napoleão. No entanto, uma vez que a chance de vitória no primeiro dia estava perdida, as probabilidades ficaram desesperadamente contra Napoleão e ele adiou sua retirada por muito tempo, não se preparando de forma adequada para ela.

Entre os líderes aliados, o principal herói foi Blücher. Sem ele, os três exércitos aliados não teriam convergido em Leipzig de forma alguma. Realmente, ele havia assumido alguns grandes riscos e a sorte estivera ao seu lado. Blücher também foi o responsável por afastar o Corpo de Marmont do ataque de Napoleão ao Exército da Boêmia em 16 de outubro, e por finalmente arrastar Bernadotte ao campo de batalha dois dias depois. No entanto, um grande crédito também cabe a Alexandre. Apenas sua intervenção poderia ter forçado Schwarzenberg a mudar a posição inicial dos aliados para a batalha. Sem sua insistência, as reservas russas nunca teriam chegado a tempo atrás de Gossa em 16 de outubro. Sua persistência também contribuiu para que Schwarzenberg liberasse as reservas austríacas em tempo hábil. É justo concluir que, sem Alexandre, a batalha de Leipzig provavelmente teria sido perdida. O imperador tinha finalmente compensado no campo de batalha o desastre de Austerlitz.

A retirada de Napoleão de Leipzig teve alguma semelhança com sua retirada de Moscou. O Exército francês se moveu em grande velocidade, ao preço de muitos retardatários e muita indisciplina. Os cossacos russos e a cavalaria leve assolavam as colunas que recuavam, recolhendo milhares de prisioneiros. Schwarzenberg não perseguiu Napoleão com mais rapidez do que Kutuzov o fizera. Mesmo Blücher foi deixado bem para trás pelos franceses e, em seguida, foi longe demais para o norte porque calculou mal a linha de retirada deles. O papel de Chichagov foi desempenhado pelo Exército bávaro-austríaco sob o comando do marechal Wrede, que tentou interromper a marcha de Napoleão em Haynau e foi derrotado. Uma vez que os bávaros tinham acabado de mudar de lado, os franceses tiveram um prazer especial nessa vitória sobre os "traidores". Como no Berezina, o exército de Napoleão mostrou grande coragem e resistência quando encurralado e com sua própria sobrevivência ameaçada. Ainda assim, Napoleão não podia arcar com as quase 15 mil baixas adicionais que sofreu em Haynau. Em 2 de novembro, ele cruzou o Reno de volta para a França.

Sem dúvida, a retirada de Leipzig não teve muitos dos horrores da marcha de Moscou para a fronteira russa exatamente um ano antes. Houve pouca neve, menos camponeses vingativos e nenhuma história de canibalismo. Existiu, no entanto, uma abundância de tifo: Napoleão voltou ao Reno com talvez 85 mil homens, mas milhares sucumbiram à doença dentro de poucos dias. Enquanto isso, os exércitos aliados ocuparam Frankfurt, a velha "capital" do Sacro Império Romano-Germânico, e movimentaram-se para o Reno. A Alemanha, a leste do rio, era deles. Os fundamentos do equilíbrio de poder europeu tinham sido restaurados. Os objetivos da aliança russo-prussiana-austríaca tinham sido, portanto, amplamente alcançados. A campanha de 1813 havia terminado.

13
A invasão da França

Na campanha de 1814 as operações militares estavam enredadas com a diplomacia e com a política interna francesa. Esse foi o resultado inevitável do sucesso aliado em 1813. Os tratados de aliança assinados em Teplitz em setembro de 1813 haviam comprometido os russos, os prussianos e os austríacos a levar Napoleão novamente ao outro lado do Reno e restaurar a independência alemã. Em novembro de 1813, essa meta foi alcançada. Agora, os aliados tinham de decidir se queriam manter seus primeiros e limitados objetivos de guerra ou ampliá-los. Se escolhessem a última opção, teriam de chegar a um acordo sobre novas metas. Independentemente da decisão, precisavam de um governo francês que negociasse um acordo de paz e depois o fizesse valer. O desgaste da guerra poderia convencer os franceses a acolher a paz em curto prazo, mas após 22 anos de guerra os aliados ansiavam por uma paz duradoura, e não apenas um cessar-fogo temporário. Traçar um acordo que garantisse a paz e estabilidade europeia, a satisfação dos interesses das potências aliadas e também fosse aceitável para os franceses estava fadado a ser difícil.[1]

Os aliados deveriam oferecer à França suas chamadas "fronteiras naturais" – em outras palavras, as fronteiras marcadas pelo Reno, pelos Alpes e Pirineus e previstas nos tratados de Teplitz? Ou deveriam procurar reduzir a França às suas fronteiras "históricas", ou seja, ao território governado pelo rei francês em 1792? Isso não era o mesmo que perguntar se os aliados deveriam negociar com Napoleão ou tentar derrubá-lo, mas as questões estavam ligadas. Era possível que Napoleão tolerasse uma paz fundamentada nas "fronteiras naturais", mas apenas um grande otimista poderia acreditar que ele entenderia um acordo ligado às velhas fronteiras reais como outra coisa senão uma trégua temporária. Os aliados sabiam, no entanto, que não estava nem a seu alcance nem em seus interesses impor um regime aos franceses. Seus exércitos não poderiam ocupar a França para sempre. Mais cedo ou mais tarde precisariam de um regime francês com legitimidade suficiente para aceitar um acordo de paz e sobreviver no poder, uma vez que um inicial cansaço da guerra houvesse desaparecido da sociedade francesa. Havia muito espaço entre os aliados para uma legítima divergência sobre o tipo de regime francês que melhor se adequaria a seus interesses. O ponto óbvio, porém, era que, quanto mais um regime fosse visto como imposto pelos aliados, mais difícil seria a tarefa de obter sua aceitação entre os franceses.

Estas eram questões complexas e sem respostas claras. Além disso, desconfianças e desentendimentos no campo dos aliados se tornaram muito piores por conta de conflitos de interesse sobre o acordo final de paz para a Europa como um todo. Direta ou indiretamente, Napoleão havia governado a maior parte da Polônia, Alemanha, Itália e Países Baixos. Agora, o destino de todos esses territórios tinha de ser decidido. Isso teria implicações enormes para o poder, o prestígio e a segurança de todos os Estados aliados. Acima de tudo havia a Polônia, ou mais especificamente o ducado de Varsóvia. Todo território do ducado tinha pertencido à Prússia ou à Áustria. Alexandre o queria para a Rússia. O equilíbrio de poder no centro-leste da Europa, entre os três maiores aliados continentais, era amplamente visto como dependente dessa questão. Desacordos sobre como a Polônia deveria ser dividida haviam rachado a Primeira Coalizão contra a França revolucionária. Também seriam a mais provável fonte de desintegração da coalizão atual. Além disso, a questão polonesa não podia ser mantida separada da questão de como lidar com Napoleão e a França. Diante da solidariedade russo-prussiana, a Áustria enxergava a França como um possível aliado. Se estivessem muito enfraquecidos ou humilhados pela paz, os franceses não poderiam cumprir esse papel. Por outro lado, uma França em dívida com Viena por um acordo de paz moderado e governada pelo genro de Francisco II, Napoleão, poderia ser uma útil restrição ao poder russo.[2]

Apesar de algumas tensões existentes entre todas as potências aliadas, o conflito mais importante era entre a Áustria e a Rússia. Uma área-chave da rivalidade eram os Bálcãs. No período entre 1808 e 1812, os russos pareciam à beira de conquistar toda a atual Romênia e transformar a Sérvia em um Estado satélite, aumentando assim seu prestígio e influência nos Bálcãs. Apenas a ameaça de invasão de Napoleão tinha persuadido São Petersburgo a recuar, mas ninguém em Viena poderia ser ingênuo a ponto de acreditar que esse era o fim da história. Em termos gerais, os austríacos temiam o crescente poder da Rússia; o ano de 1812 havia sido uma advertência. Sua quase invulnerabilidade geográfica, a qualidade de seu exército e a escala de seus recursos faziam da Rússia um Império a ser temido.

No entanto, não se deve exagerar: em 1814 a Áustria não tinha um poder tão inferior ao da Rússia. Ainda estamos longe de 1914, época em que a Rússia foi fortalecida pelo enorme crescimento da população e o Exército austríaco enfraquecido pelos conflitos entre as diversas nacionalidades do Império Habsburgo. Mesmo sozinhos em 1814, os austríacos podiam dispor de uma forte defesa contra a Rússia. Aliados à Prússia, eles tinham todas as chances de derrotá-la. Em muitos aspectos, o principal problema para Metternich em 1814 era a solidariedade russo-prussiana, o que aumentava a confiança da Rússia e dava a ela um acesso seguro para a Europa central. A aliança russo-prussiana ameaçava isolar a Áustria e se opor ao desejo de Metternich de formar um bloco germânico, que em grande parte excluiria a influência francesa ou russa da Europa central. Dentro desse bloco, os recursos austríacos e a trajetória do Império Habsburgo dariam a Viena um destaque natural. Enquanto isso, Metternich previa que a paz e a estabilidade em toda Europa seriam protegidas por um equilíbrio de poder entre a França e a Rússia.[3]

As perspectivas austríacas tinham algum apoio dentro do governo prussiano. Quando o tratado de Kalicz foi negociado entre a Rússia e a Prússia em fevereiro de 1813, houve muita tensão sobre o destino dos antigos territórios da Prússia no ducado de Varsóvia. O conselheiro militar mais próximo do rei prussiano, o major-general Karl von dem Knesebeck, compartilhava os temores do alto-comando austríaco sobre a tentativa de marcha sobre Paris e a derrubada de Napoleão.[4]

Contra Knesebeck estavam Blücher, Gneisenau e o Exército da Silésia. Suas opiniões são às vezes menosprezadas, como nada além de desejo de vingança e glória militar. Isso é injusto. O barão Müffling, quartel-mestre geral do Exército da Silésia, era um racional oficial de Estado-Maior, pessoalmente muito mais próximo de Knesebeck do que de Gneisenau ou Blücher, mas compartilhava a opinião deles de que uma paz duradoura requeria a derrubada de Napoleão. Ele acreditava que se o imperador permanecesse no poder, após um breve período para descansar e reagrupar seus recursos, ele certamente tentaria derrubar qualquer acordo de paz. Todos os seus veteranos de guerra atualmente presos pelos aliados ou em hospitais estariam prontos para apoiá-lo. Por outro lado, Müffling concluía que, enquanto Napoleão estivesse avançando sobre o Reno, o Exército russo estaria a mil quilômetros de distância e incapaz de chegar para ajudar a Prússia.[5]

No final, a política prussiana dependia de Frederico Guilherme III. O rei compartilhava as considerações de Müffling e estava satisfeito com o acordo firmado em Kalicz. Uma vez que Frederico Guilherme passara pela agonia de tomar a grande decisão de apoiar a Rússia em fevereiro de 1813, ele não se sentia inclinado a mudar de opinião. De qualquer maneira, ele admirava e confiava em Alexandre. O Rei também estava grato pelo fato de o czar ter se recusado a abandonar a Prússia em Tilsit e por ter resgatado seu reino de Napoleão em 1813. Muito em breve a aliança russo-prussiana se tornaria ainda mais estreita por conta do casamento da filha mais velha do rei com o irmão mais novo de Alexandre, e seu eventual herdeiro, o grão-duque Nicholas.[6]

Em meio às rivalidades dos aliados continentais, a Grã-Bretanha ficou um tanto distante. Seu papel na aliança que libertou a Alemanha em 1813 se limitou principalmente a subsidiar os exércitos de seus aliados. No inverno de 1813-1814, no entanto, as coisas tinham mudado. Com a Alemanha livre e a paz final se aproximando, a Grã-Bretanha se moveu para o centro do cenário. Os aliados continentais sabiam por amarga experiência que, se a Grã-Bretanha e a França continuassem em guerra, eles acabariam por serem arrastados para o conflito. Desmobilizar seus exércitos, restaurar suas finanças e reconstruir o comércio internacional seria difícil. A Grã-Bretanha, portanto, tinha de ser trazida para o acordo de paz e seus aliados continentais esperavam que ela ajudasse a apaziguar os franceses, restabelecendo muitas das colônias além-mar conquistadas entre 1793 e 1814.

Em 1813, os representantes diplomáticos da Grã-Bretanha nas três cortes aliadas não haviam sido notáveis. Lorde Cathcart e Sir Charles Stewart eram generais, mais ansiosos para participar da campanha do que para conduzir negociações. Por sua vez, Lorde Aberdeen, o embaixador de 28 anos de idade enviado à Áustria, não conseguia sequer falar direito em francês e foi, inevitavelmente, devorado por Metternich. Uma fonte austríaca comentou que "dos três, apenas Aberdeen possuía alguma aptidão para a diplomacia, embora não tivesse experiência. Os outros dois não tinham nem aptidão nem experiência". Os aliados recorreram a Londres para enviar um político influente que pudesse conduzir negociações de paz. Em resposta, chegou ao quartel-general aliado, em janeiro de 1814, o visconde Castlereagh, um dos mais competentes secretários de assuntos estrangeiros que a Grã-Bretanha já possuiu.[7]

O ponto fundamental, no entanto, era a Grã-Bretanha, com uma boa vantagem, ser o mais poderoso dos quatro aliados. Após sua derrota na Guerra da Independência dos Estados Unidos, o Reino Unido enfrentara o desafio das frotas francesa, espanhola e holandesa combinadas. Agora, em 1814, essas frotas haviam sido em grande parte destruídas e a Marinha Real dominava os mares. Eram, sem dúvida, as mais fortes marinha mercante e indústria de construção naval no mundo. Por trás delas ficavam os imensos recursos financeiros e comerciais da

Grã-Bretanha. Escócia e Irlanda, as históricas portas dos fundos da Inglaterra, estavam agora firmemente sob o controle de Londres. A esses elementos fundamentais do poderio britânico somavam-se Wellington e seus soldados, o melhor exército e o melhor general em campo pela Grã-Bretanha nos últimos dois séculos. Em 1814, os monarcas aliados sabiam que o avanço de Wellington adentrando profundamente o sul da França estava mantendo o marechal Soult e mais de 40 mil soldados longe do principal teatro de operações, no norte. Ainda mais importante, a lógica das relações internacionais na Europa trabalhava em favor da Grã-Bretanha. Muitas vezes, os aliados continentais podiam se sentir ofendidos pela riqueza e segurança da Grã-Bretanha, mas seus interesses fundamentais estavam sempre mais ameaçados por seus vizinhos territoriais. Eles, pela própria segurança, partilhavam do empenho da Grã-Bretanha por um equilíbrio de poder no continente. Mas tal equilíbrio significava que a dominação marítima e colonial britânica não poderia ser seriamente desafiada.[8]

Essa realidade foi refletida nas negociações de paz. A Grã-Bretanha insistiu que "os direitos marítimos" – em outras palavras, as leis internacionais do mar – não deveriam estar sujeitas a negociação. Ela conseguiu o que queria, e os russos ficaram descontentes com isso. O cônsul-geral em Londres escreveu que até o final da guerra a Marinha Real ainda apreenderia cargas e navios russos. Às vezes, esses navios realmente tinham documentos falsos, mas, em todo caso, era muito difícil convencer os desconfiados oficiais britânicos do contrário. A embaixada da Rússia nunca era informada de que os navios haviam sido apreendidos, e todos os procedimentos subsequentes eram secretos e lentos. Mesmo que os britânicos acabassem por aceitar que os navios russos estavam em negócios legítimos, os atrasos causavam enormes perdas. Nenhuma desculpa ou compensação jamais foi oferecida, e nunca os oficiais britânicos foram punidos por apreensão equivocada ou mal-intencionada. Entretanto, em 1814, o governo russo tinha outras prioridades além do direito marítimo, e não podia se dar ao luxo de ofender Londres.[9]

Os ganhos territoriais mais importantes do Reino Unido de 1793 a 1814 – impossíveis sem supremacia marítima – foram obtidos por meio de príncipes indianos e não faziam, portanto, parte das negociações de paz. Como também não fazia o informal império comercial britânico que estava ocupando o vazio deixado pelo colapso dos interesses espanhóis na América do Sul. As colônias tiradas da França e de seus aliados estavam sujeitas à negociação, e Londres mostrou sabedoria e moderação ao devolver, por exemplo, os ricos territórios das Índias Orientais aos holandeses. Mas a Grã-Bretanha manteve Malta, Cabo e uma série de ilhas no Oceano Índico, o que fortaleceu seu domínio sobre as rotas marítimas. Alguns dos objetivos de guerra da Grã-Bretanha na Europa já tinham sido atingidos em dezembro de 1813. A Espanha, por exemplo, fora libertada. A única grande prioridade restante era tirar os franceses da Bélgica e garantir que a costa belga estivesse em mãos amigas. Sem isso, escreveu Castlereagh, a Marinha Real teria de permanecer em pé de guerra permanente. Mas nenhuma potência europeia, com exceção da França, opunha-se a este interesse britânico, e no exato momento em que Castlereagh fazia sua declaração, a revolta holandesa contra Napoleão prometia resolver o problema belga de maneira aceitável para Londres. Nessas circunstâncias, a Grã-Bretanha foi capaz de manter o equilíbrio entre os aliados, ajudando a moderar suas disputas e voltando-se contra qualquer uma delas cujo poder ou pretensões parecessem ameaçar os interesses britânicos.[10]

Em 1814 grande parte destas "reviravoltas" ocorreu contra a Rússia, de certo modo por ela ser o mais poderoso dos aliados continentais e em parte porque os objetivos e modos de Alexandre, por vezes, pareciam vagos e até intimidantes aos olhos britânicos. Em uma escala ainda maior do que Metternich, era Alexandre quem dirigia a política externa de seu país. Enquanto Metternich comandava a política austríaca porque seu superior e, de fato, a elite austríaca como um todo compartilhavam sua visão e confiavam nele para defender seus interesses, Alexandre controlava a política russa porque era seu soberano e autocrata. Longe de expressar uma visão consensual entre a elite russa dominante, em algumas questões essenciais o imperador estava em minoria.

Para muitos dos conselheiros de Alexandre, o ponto fundamental era que uma Rússia esgotada estava desperdiçando sua riqueza e seus soldados sobre questões que pareciam muito distantes dos principais interesses do próprio Império. Aleksandr Chernishev não era apenas muito leal, mas também um consumado cortesão. Escreveu ao imperador em novembro de 1813 que: "de todos os poderes da coalizão, a Rússia é o que mais precisa de uma paz rápida. Privada de comércio por muitos anos, ela precisa restaurar a ordem de suas finanças... as mais ricas províncias russas foram devastadas e necessitam de ajuda urgentemente. Apenas o fim da guerra vai curar essas feridas".[11]

Pouquíssimos dos conselheiros de Alexandre teriam discordado. O almirante Shishkov se opôs a cruzar o Neman para a Alemanha. A ideia de cruzar o Reno França adentro quase o levou à histeria. O ministro das Finanças, Dmitri Gurev, emitiu advertências de que mais um ano de guerra ameaçava levar o Estado à falência. Kutuzov estava morto e Rumiantsev marginalizado, mas Jomini reassumiu sua velha vocação, lembrando ao imperador que uma França forte, mantendo a fronteira do Reno e a costa belga, era essencial para os interesses russos, uma vez que somente isso poderia barrar o "formidável poder britânico". Dos principais generais de Alexandre, os comandantes russos no Exército da Silésia seguiam a mesma linha de Blücher. Como um monarquista emigrado, Alexandre de Langeron tinha razões pessoais para querer derrubar Napoleão de seu trono, mas Fabian von der Osten-Sacken horrorizou os dignitários de Nancy reunidos, todos desesperados para não se comprometerem, chamando-os para se juntar a ele em um brinde à "morte e destruição do tirano que tem sido por muito tempo o flagelo da nação francesa e a praga da Europa". Por outro lado, no próprio quartel-general de Alexandre, muitos de seus conselheiros mais próximos eram mais cautelosos e inclinados a um acordo de paz.[12]

Karl Nesselrode rejeitou as preocupações de seu sogro, o ministro das Finanças, em termos que o imperador certamente teria aprovado: "As tropas são alimentadas e mais ou menos vestidas à custa dos países nos quais estão travando guerra. As convenções com a Prússia e a Áustria estão completamente ao nosso favor, as receitas do ducado de Varsóvia se acumulam somente para nós. Então não entendo por que a guerra deve ser tão terrivelmente cara". Por outro lado, o principal assistente de Alexandre para assuntos diplomáticos discordava do imperador em dois assuntos fundamentais, que eram de primordial importância não só para o monarca, mas também para as relações da Rússia com seus aliados: o destino da Polônia e a questão de marchar ou não sobre Paris e tentar derrubar Napoleão. Embora soubesse que seu conselho seria mal recebido, Nesselrode mostrou coragem moral ao continuar defendendo o que ele considerava serem os verdadeiros interesses do Estado.[13]

Nesselrode tinha apresentado seu principal memorando sobre a Polônia a Alexandre já em janeiro de 1813. Nele, argumentava que apaziguar os poloneses estabelecendo um reino polonês autônomo não aumentaria substancialmente a força da Rússia e teria consequências políticas fatais. Isso iria tanto afastar Viena, quanto enfurecer patriotas russos, que acreditavam que o comportamento recente dos poloneses em relação à Rússia os tornava indignos de qualquer concessão. Em longo prazo, seria muito difícil para o autocrático tzar acumular a função de rei constitucional da Polônia. Uma vez que nada afastaria as elites polonesas da esperança de independência, o resultado final da incorporação do ducado de Varsóvia pelo Império poderia ser a perda das províncias polonesas dominadas, que na época faziam parte da fronteira oeste do Império.[14]

As opiniões de Nesselrode não haviam mudado no inverno de 1813. Ao mesmo tempo, ele também submetia a Alexandre conselhos intragáveis sobre as negociações com Napoleão. Nesselrode escreveu que os aliados tinham cumprido seus objetivos de guerra. Agora existia a possibilidade de uma paz que "permitirá que Sua Majestade trabalhe em segurança pelo bem de seus súditos e para curar as profundas feridas causadas pela guerra; enquanto estabelece as fronteiras ocidentais de seu Império a seu favor e é capaz de exercer em outros governos uma benevolente e justa influência, enraizada na memória dos serviços que prestou a eles". Em relação a esta certeza, "é impossível calcular as chances oferecidas por uma guerra prolongada travada por metas excessivas e vagas".[15]

As opiniões de Nesselrode enfraqueceram a confiança de Alexandre nele. A condessa Nesselrode escreveu a seu marido, para o bem dele, que ele estava próximo demais de Metternich, tanto pessoalmente quanto em suas opiniões. As próprias cartas particulares de Nesselrode revelam uma frustração mal disfarçada com o imperador. No início de 1814, essa frustração era compartilhada por muitas figuras-chave no comando aliado. Para elas, Alexandre parecia não apenas arrogante, como também, por vezes, impulsionado por motivos puramente pessoais e mesquinhos. Do quartel-general aliado, em um de seus primeiros relatórios para o primeiro-ministro britânico, lorde Castlereagh escreveu o seguinte: "acho que nosso maior perigo no momento vem do tom quixotesco que o Imperador Alexandre está disposto a imprimir à guerra. Ele tem um sentimento *pessoal* sobre Paris, distinto de todas as combinações políticas ou militares. Ele parece buscar a ocasião de entrar com suas magníficas guardas na capital do inimigo, provavelmente para mostrar, em sua clemência e tolerância, um contraste" com a destruição de Moscou.[16]

O comentário de Castlereagh demonstrava perspicácia. Em 1814, Alexandre de fato deixou-se influenciar por considerações pessoais e até mesmo mesquinhas, que pouco tinham a ver com os interesses russos. Ele enxergava seu papel de vencedor e pacificador como uma apoteose pessoal. Também se lembrava que, em 1812, tinha ficado sozinho contra um inimigo aparentemente invencível, cujo enorme exército incluía fortes contingentes da Áustria e da Prússia. No ano seguinte ele arriscou muito e mostrou grande habilidade e paciência ao arrastar primeiro a Prússia e depois a Áustria para sua coalizão vitoriosa. Em fevereiro de 1814, ele sentia que a recompensa por seus esforços era um grau de desconfiança e críticas desmerecidas por parte não apenas de seus aliados, mas também de muitos de seus assessores. Nunca é fácil lidar com uma combinação de exaltação e mágoas. Para complicar as coisas, as opiniões de Alexandre sobre as relações internacionais nunca eram enraizadas puramente na *realpolitik*. Seu idealismo de longa data sobre a cooperação internacional estava agora sendo influenciado por sua recém-descoberta fé cristã, de uma maneira que os pragmáticos "pés-no-chão" que dirigiam a política externa das outras potências achavam desconcertante.[17]

O ponto principal, no entanto, não é apenas entender as emoções de Alexandre, mas também reconhecer que o núcleo de sua política era geralmente racional e, em muitos casos, mais correto do que seus críticos admitiam. Conciliar as aspirações polonesas com a segurança da Rússia era uma questão extremamente importante para seu Império. A tentativa de Alexandre fazer isso era generosa e criativa. No final falhou, mas o mesmo aconteceu com todos os esforços subsequentes da Rússia para resolver essa equação. Além disso, embora causasse incerteza e desconfiança, a determinação do imperador em não revelar suas cartas e adiar a discussão de assuntos poloneses até depois do fim da guerra era sábia. Qualquer tentativa de fazer o contrário certamente teria acabado com a coalizão.

É claro que Alexandre entendia o argumento de alguns de seus assessores de que o poder francês era essencial para manter as ambições britânicas sob controle. Até certo ponto, isso era parte da lógica por trás da política russa em Tilsit e nos anos seguintes. Rumiantsev desejara usar Napoleão contra a Inglaterra, assim como Metternich esperava usá-lo para equilibrar a Rússia. Mas o ponto básico era que a França era muito poderosa e Napoleão, ambicioso demais para ser utilizado pelos austríacos ou os russos de maneira segura. As tentativas de fazer isso apenas condenaram a Europa a mais anos de conflito e instabilidade. A intuição de Alexandre de que Napoleão nunca honraria qualquer solução aceitável para os aliados, e que uma paz duradoura só poderia ser conseguida em Paris, estava correta. Mais do que qualquer outro indivíduo, ele foi responsável pela derrubada de Napoleão. Se a liderança da coalizão tivesse ficado com Metternich e Schwarzenberg, é bem provável que a campanha de 1814 teria terminado com Napoleão em seu trono, os aliados atrás do Reno, e a Europa condenada a um conflito interminável e ao caos. No dia em que Paris finalmente se rendeu, o meio-irmão de Castlereagh, Sir Charles Stewart, escreveu que "seria injustiça" não reconhecer Alexandre como o homem que levou os aliados à vitória e que, assim, "merecia a denominação de o libertador da humanidade".[18]

No início de novembro de 1813, no entanto, quando os aliados chegaram a Frankfurt e acamparam às margens do Reno, Paris ainda parecia longe. Em Frankfurt, os líderes aliados concordaram em uma estratégia política e militar combinada. Ofereceriam paz a Napoleão em condições muito moderadas. Como até mesmo Metternich admitiu a um de seus subordinados austríacos, era muito provável que o imperador fosse rejeitar esses termos. Mas a oferta de paz esclareceria os objetivos dos aliados e lhes permitiria expor ao povo francês a intransigência de Napoleão. Durante toda a campanha de 1814, uma tática aliada essencial foi ressaltar que eles estavam lutando contra a insaciável ambição de Napoleão, não contra a França e seus interesses e orgulho legítimos. Eles estavam apavorados que Napoleão pudesse ter sucesso em mobilizar a "nação em armas" contra a invasão da França, assim como seus antecessores republicanos tinham feito entre 1792 e 1794. Se, pelo contrário, pudessem separar Napoleão da nação francesa, isso poderia aumentar a pressão sobre ele para construir a paz ou incentivar o surgimento de um regime alternativo francês, com o qual os aliados poderiam negociar.[19]

A maior vantagem dos aliados residia em sua força militar. Tendo visto como Napoleão havia usado o inverno de 1812 e 1813 para se recuperar do desastre na Rússia e criar um novo exército, os aliados estavam determinados a não dar a ele uma segunda oportunidade dessas. Eles comprometeram-se, portanto, com uma invasão à França em grande escala no inverno. Se algum dos líderes aliados tinha dúvidas sobre esse compromisso, elas foram rapidamente dissipadas pela notícia vinda de Paris de que, em 15 de novembro, Napoleão convocara mais 300 mil homens para suas fileiras, além dos 280 mil recrutas cujo recrutamento já havia sido anunciado no outono de 1813. A resposta aliada a isso foi um tocante manifesto direcionado ao povo francês. Ele dizia que:

> o governo francês acaba de ordenar um novo alistamento de 300 mil recrutas. As justificativas demonstradas na nova determinação são uma provocação contra as potências aliadas... As potências aliadas não estão guerreando contra a França... mas contra a dominação que o imperador Napoleão tem, por muito tempo, exercido além das fronteiras de seu Império, para a infelicidade tanto da Europa quanto da França... Os soberanos aliados desejam que a França seja forte, grandiosa e próspera, porque uma França forte e grandiosa é uma das bases fundamentais de toda a ordem mundial (*édifice sociale*)... Mas as potências aliadas querem viver elas próprias em liberdade, felicidade e tranquilidade. Elas querem um estado de paz que, através de uma sábia redistribuição de poder e um equilíbrio justo, irá poupar seus povos, daqui em diante, das inúmeras calamidades que têm pesado sobre a Europa por vinte anos.[20]

Os termos de paz dos aliados foram transmitidos a Napoleão pelo conde de Saint-Aignan, um diplomata francês e cunhado de Caulaincourt, a quem eles haviam capturado durante a perseguição ao Exército francês após a batalha de Leipzig. Em 29 de outubro, Metternich e Alexandre concordaram com esses termos. Agora, em 10 de novembro, Saint-Aignan os escrevia na presença do próprio Metternich, de Nesselrode e de lorde Aberdeen. Foram oferecidas à França suas "fronteiras naturais", em outras palavras, o Reno, os Alpes e os Pireneus. Isso teria protegido seu domínio sobre a Antuérpia e a costa belga, ou seja, precisamente o território que a Grã-Bretanha mais queria negar a ela. A França tinha de renunciar a todos os seus direitos de soberania além dessas fronteiras, embora não houvesse nada explícito quanto à influência exercida por qualquer grande potência sobre vizinhos mais fracos. Ainda que Napoleão devesse deixar de ser o rei da Itália, a oferta dos aliados não excluía totalmente a possibilidade de que o vice-rei da época, Eugène de Beauharnais, pudesse substituí-lo. Também incluía, ainda mais surpreendentemente, a promessa de que a Grã-Bretanha faria grandes sacrifícios em prol da paz, o que implicava a devolução de muitas colônias francesas, e reconheceria o princípio da "liberdade de comércio e navegação". Embora vago por si só, isso sugeria que a conferência de paz iria discutir toda a questão dos "direitos marítimos", o que era abominável para o governo britânico.[21]

Metternich poderia até mesmo ter recuado se Napoleão concordasse de imediato com esses termos, que colocavam fortes restrições sobre a influência austríaca na Itália. Nem a Rússia, nem a Grã-Bretanha realmente teriam assinado um tratado de paz com base nessas condições. Ainda assim, se Alexandre tinha concordado que esses termos fossem oferecidos, isso era em parte porque, sem dúvida, assim como Metternich, ele esperava que Napoleão fosse rejeitá-los. Desde o verão de 1812, Alexandre acreditava profundamente que uma paz estável só poderia ser assinada em Paris e, se possível, com um governante francês que não fosse Napoleão. No entanto, apresentar isso como um objetivo de guerra teria horrorizado seus aliados, e Alexandre foi muito cuidadoso ao guardar suas opiniões para si próprio. Mesmo em novembro de 1813, falar em marchar sobre Paris e derrubar Napoleão era prematuro e perigoso, principalmente ao alcance dos ouvidos de Metternich. Para Alexandre, o essencial era que as operações militares deveriam continuar com todo vigor. Ele sempre acreditou que, no final, seriam os rumos da guerra que deveriam determinar o acordo final de paz. Quanto a Aberdeen, sem dúvida, ele temia discordar sozinho do consenso dos aliados. Além disso, ele também era um novato quando confrontado com diplomatas com o poder e a sutileza de Metternich ou Alexandre.[22]

Os aliados na verdade começaram rapidamente a diluir sua oferta. O manifesto emitido ao povo francês em 1º de dezembro não prometia as fronteiras naturais da França, mas "uma extensão de território maior do que a França jamais havia conhecido sob o comando de seus reis, pois uma nação corajosa não é rebaixada em prestígio simplesmente porque sofreu derrotas em uma guerra obstinada e sangrenta, na qual lutou com sua habitual ousadia". Em parte, essa mudança refletia o horror de Londres em relação ao que Aberdeen havia concordado. Além disso, a crença básica de Alexandre de que os acontecimentos políticos e militares em campo determinariam as condições da paz estava se provando verdadeira.[23]

Quando os exércitos aliados se aproximaram da fronteira holandesa, a revolta eclodiu na Holanda. Os eventos seguiram um padrão muito semelhante ao da insurreição em Hamburgo e no norte da Alemanha, na primavera de 1813. Como os cidadãos de Hamburgo, os holandeses haviam sido arruinados pelas políticas econômicas de Napoleão e ansiavam por libertação. A guarda avançada do Corpo de Exército de Wintzingerode, sob o comando de Alexandre Benckendorff, correu através da Holanda para apoiar a revolta e proteger Amsterdã. Sua infantaria – composta pelo 2º *Jaegers* e o Regimento de Tula – cobriu 60 quilômetros em menos de 36 horas. O destacamento de Benckendorff também incluía um regimento de basquires, exóticos e improváveis libertadores da Holanda burguesa. A minúscula força de Benckendorff, com menos de dois mil homens, comandou então a defesa de Breda contra uma contraofensiva francesa. A história francesa mais antiga sobre a campanha prestou homenagem a Alexander Benckendorff, dizendo que ele mostrou coragem e iniciativa até mesmo em tentar a defesa, e mais ainda ao executá-la.[24]

Diferentemente do ano anterior em Hamburgo, os aliados agora tinham grandes massas de tropas regulares para apoiar seus cossacos e sustentar a revolta. O Corpo prussiano de Bülow entrou na Holanda e em algumas semanas liberou a maior parte dos Países Baixos. Bem além de seu impacto político, a conquista dos Países Baixos teve importantes consequências militares para a invasão da França. Abriu uma possível linha de abastecimento através de um país rico e intocado até a costa que exércitos aliados, atuando na região de Paris, poderiam usar. Também convenceu Napoleão de que a ofensiva aliada no inverno de 1813-1814 viria dos Países Baixos. Como resultado, ele moveu o melhor de suas escassas reservas para o norte.[25]

Enquanto isso, os líderes aliados estavam planejando uma invasão através do Reno, mas bem ao sul. Blücher e Gneisenau defendiam um ataque imediato, enquanto o exército de Napoleão ainda era pequeno e desorganizado. Historiadores prussianos posteriormente apoiaram essa estratégia. Mas os exércitos aliados também estavam exaustos, com fome e reduzidos pela campanha de outono. Eles também precisavam de tempo para descansar e se reorganizar, e para estabelecer estradas militares, entrepostos e hospitais em sua retaguarda. Durante as sete semanas em que descansaram no Reno, os aliados de fato obtiveram mais e melhores reforços do que Napoleão. Quando avançaram no final do ano, o leste da França caiu facilmente e eles ainda tinham forças muito mais numerosas do que as de Napoleão. Se a campanha mais tarde se tornou mais difícil, isso pouco teve a ver com números: foi devido à fraca liderança e à forma pela qual se permitia que considerações políticas sabotassem as operações militares.[26]

Em 9 de novembro, Barclay de Tolly apresentou seu relatório ao imperador sobre as condições do Exército russo no encerramento da campanha de outono. Ele avaliou que, "apesar de todas as nossas grandes vitórias, a presente campanha nos custou... metade de nosso exército". Em algumas unidades, uma proporção muito maior de homens não estava mais nas fileiras. "A cavalaria do conde Wittgenstein não tem sequer um quarto da força com a qual deixou a Silésia" no final de agosto. Dos cinco Corpos de Exército da linha de frente, apenas dois ainda eram plenamente viáveis e "se parecem com tropas regulares". Esses dois eram as Guardas e os Granadeiros do Corpo de Exército Reserva do grão-duque Constantino e o Corpo de Exército de Wintzingerode no Exército do Norte, "que presenciaram menos combates e sofreram menos que os outros". Em muitas unidades dos outros três Corpos do Exército (Wittgenstein, Langeron e Sacken) a "desorganização total" era uma ameaça, a menos que uma atitude fosse tomada rapidamente. "Os soldados estão sofrendo uma grande falta de munições, e uma falta ainda maior de botas, camisas e túnicas". Em alguns regimentos, não mais de cem homens ainda estavam nas fileiras. As baixas entre os oficiais na campanha de outono tinham sido elevadas e "a escassez de oficiais é a razão pela qual até mesmo esses poucos remanescentes não podem ser devidamente restaurados". Muitas outras fontes, incluindo relatos regimentais e relatórios de Blücher a Alexandre, confirmam o cenário retratado por Barclay e ressaltam a necessidade de uma pausa urgente do exército para completar suas fileiras, descansar suas tropas e se reabastecer com alimentos, munições e equipamento.[27]

Durante as sete semanas em que o Exército russo se manteve no Reno, a situação se transformou. Retardatários e homens vindos do hospital voltaram aos seus regimentos. Unidades destacadas na retaguarda, durante a campanha de outono, foram trazidas à frente. O Corpo do príncipe Aleksei Scherbatov, por exemplo, chegou de Berlim para reforçar Sacken. Acima de tudo, no entanto, mais uma onda de reforços chegou do Exército Reserva de Lobanov-Rostóvski. Como resultado, assim como tinha acontecido durante a trégua de verão em 1813, o Exército russo entrou renovado na campanha de 1814 e com força total. Durante as sete semanas no Reno, 25 mil reforços de Lobanov chegaram para Langeron e Sacken, e 19 mil para Wittgenstein e o grão-duque Constantino. Ao todo, 63 esquadrões de reserva reforçaram os regimentos regulares de cavalaria do exército – em outras palavras, mais de 12 mil homens –, e havia mais a caminho. Langeron e Sacken haviam chegado ao Reno com menos de 30 mil homens. Mas no início da campanha de 1814, eles contavam com 60 mil.[28]

Os reforços estavam geralmente em boas condições e eram de alta qualidade. Como de costume, os da cavalaria eram os melhores. O general Nikolai Preradovich inspecionou o esquadrão de reserva que chegou para reforçar as *Chevaliers Gardes* em 18 de novembro e relatou: "o encontrei em perfeita ordem: os homens estão bem arrumados e os cavalos em boa forma". Peter Wittgenstein também informou que as unidades de reserva que chegaram ao seu corpo de exército estavam em excelentes condições. Muito diferente da situação com a primeira onda de reforços de Lobanov na primavera de 1813, desta vez as unidades chegaram com força total, tendo deixado para trás pouquíssimos doentes ou retardatários. Logicamente, havia uma grande diferença entre marchar durante um outono alemão e um inverno bielorrusso, mas o contraste também refletia o fato de que a gestão de Kankrin sobre as estradas, os hospitais e os entrepostos militares na retaguarda do exército estava funcionando bem.[29]

Em certo sentido, a movimentação de reforços quase havia sido bem-sucedida demais. As unidades reserva tinham marchado com apenas três quartos dos homens providos de mosquetes, como na primavera. Como muito poucos homens desistiram, alguns soldados no Exército de Sacken na verdade só receberam seus mosquetes quando grandes suprimentos foram capturados dos franceses, no início de janeiro de 1814. Equipamentos também eram um problema. Alexandre ficou quase histérico quando suas amadas Guardas apareceram com cinturões e bolsas de munição dos regimentos *jaeger*. Todos denunciaram o estado miserável dos uniformes dos recrutas, que a essa altura frequentemente já estavam em farrapos. Em 1814 muitos regimentos de linha apresentavam uma estranha aparência, em alguns casos estando vestidos com roupas tomadas dos franceses. Às vezes novos uniformes eram encomendados para eles na Alemanha, Polônia e Boêmia, mas a velocidade de avanço do exército fazia com que estes seguissem bem atrás, na retaguarda. O plano era que os oficiais que tinham levado as unidades de Lobanov para o exército de campo deveriam retornar à Polônia para continuar o treinamento de novos recrutas. Na verdade, porém, as unidades de linha estavam agora com tão poucos oficiais que alguns do quadro de Lobanov tiveram de ficar para trás no Reno e aderir à campanha de 1814.[30]

Enquanto isso, prussianos e austríacos também estavam descansando e reforçando suas tropas. Quase tão importante, os aliados estavam mobilizando os recursos da Alemanha conquistada para sustentar sua nova campanha contra Napoleão. A responsabilidade sobre isso ficou com a chamada Administração Central, liderada pelo Barão vom Stein e estabelecida ainda em março de 1813 para comandar territórios conquistados pelos aliados. Stein inicialmente viu a Administração Central como uma forma não apenas de mobilizar recursos alemães para a causa aliada, mas também de estabelecer as bases para uma política de pós-guerra unificada para a Alemanha, em que a soberania dos príncipes governantes seria circunscrita por instituições federais e por assembleias eleitas. Esse plano era inaceitável tanto para Metternich, quanto para os monarcas da antiga Confederação do Reno, que se uniram para miná-lo. Historiadores têm se concentrado nesta batalha política, na qual Alexandre não fez nenhuma tentativa de desafiar Metternich.

O preço pago pelos príncipes para preservar sua soberania foi um generoso apoio ao esforço de guerra aliado. Sobre este ponto Metternich foi tão firme quanto Stein. Em seus tratados com os aliados, os príncipes se comprometeram a fornecer tantas tropas de linha quanto haviam fornecido a Napoleão, além de um número equivalente de *landwehr*. Eles também contribuíram com a receita bruta de um ano do Estado, logicamente não de uma vez, nem em dinheiro. No final, os Corpos Bávaro e de Württemberg lutaram no Exército de Schwarzenberg e cinco outros Corpos alemães também foram criados. Alguns desses corpos assumiram a tarefa de bloquear fortalezas francesas e guardar bases e linhas de comunicação aliadas. Isso liberou um grande número de tropas russas e prussianas de linha de frente para marchar para a região de Paris e se unir à luta contra Napoleão em fevereiro e março de 1814. Sem esses reforços, provavelmente a campanha aliada teria fracassado.[31]

Para muitos dos líderes e generais aliados, a ideia de marchar sobre Paris e derrubar Napoleão parecia muito arriscada. Por muitos séculos, a França tinha sido o país mais poderoso da Europa. Nenhum exército estrangeiro tinha tomado Paris desde 1415. Como Kutuzov lembrou em novembro de 1812, um século antes, no final da Guerra da Sucessão Espanhola, a França havia enfrentado a maior parte da Europa, cujos exércitos eram liderados por dois dos maiores generais da história, o príncipe Eugênio di Savoia e o duque de Marlborough. Após seis anos de batalhas perdidas, a derrota total se aproximava, mas ainda assim o país reuniu recursos para derrotar a invasão e manter a Europa à distância. A França fizera o mesmo entre 1792 e 1794, embora o aparentemente caótico regime republicano tivesse enfrentado não apenas toda a Europa, mas também uma guerra civil. Se a invasão aliada inflamasse o nacionalismo francês e a resistência em massa, nenhum exército seria grande o suficiente para conter um país e uma população tão grandes. Além disso, a fronteira oriental da França era protegida por uma série de rios – não apenas o Reno, mas o Mosela, o Mosa e o Marne – e as montanhas Vosges. A essas defesas naturais somava-se a mais densa e cara rede de fortalezas de todo o mundo, concebida para bloquear, desviar ou acossar qualquer invasor que procurasse usar as estradas que levavam das fronteiras do leste ao coração da França. Além de tudo isso, os aliados estavam tentando invadir no inverno.[32]

Uma campanha de inverno era vital para se antecipar a uma mobilização de homens e recursos por Napoleão. Garantia que o imperador ainda não teria homens treinados suficientes para guarnecer suas fortalezas e colocar um grande exército em campo. Por outro lado, ela tinha sérias implicações no que dizia respeito ao abastecimento do exército aliado, seus movimentos e o impacto sobre a população civil. De longe, o mais volumoso item em suprimentos de qualquer exército era a forragem para seus cavalos. Nenhum exército poderia arrastar mais do que uma fração dessa forragem em suas carroças. No inverno não haveria grama nos campos. A maioria da forragem, portanto, teria de ser requisitada em depósitos locais, assim como grande parte da comida dos soldados. Quanto maior fosse o comboio de carga, mais pesados seriam os movimentos do exército, especialmente no inverno, quando muitas estradas auxiliares estariam intransponíveis. Contra Napoleão, a falta de mobilidade podia se mostrar fatal.

Depender do abastecimento local só funcionaria bem, no entanto, se as autoridades locais ajudassem na requisição e a população não resistisse. Enquanto os aliados estivessem em movimento, relativamente dispersos, e a vitória parecesse provável, a cooperação local era possível. Uma vez que os exércitos precisassem se concentrar para lutar, os problemas se multiplicariam – especialmente se permanecessem imóveis e se Napoleão parecesse estar em vantagem. Nada era mais propício a incitar a resistência popular e a ajuda a Napoleão do que um vasto exército inimigo se alimentando da terra, especialmente quando a fome se espalhasse entre suas fileiras e a disciplina decaísse. Neste ponto, os apelos dos líderes aliados por bom comportamento e paciência cristã de seus soldados estavam propensos a serem ignorados. Um círculo vicioso de resistência civil e brutalidade militar poderia facilmente ser o resultado, com destacamentos cada vez maiores forçados a viajar cada vez mais em busca de suprimentos escondidos. Barclay de Tolly previu muitos desses problemas, mas eles eram de fato evidentes para qualquer general razoavelmente instruído.[33]

A fim de minimizar algumas dessas questões, e em particular para flanquear o cinturão francês de fortalezas, os aliados decidiram que seu principal avanço deveria acontecer através da Suíça. De lá, eles atacariam no sentido noroeste, em direção ao planalto de Langres. Uma vez estabelecidos em Langres, iriam decidir se o momento era propício para avançar sobre Paris. Alexandre expôs todas as vantagens desse plano em uma carta a Bernadotte em 10 de novembro. Nessa carta, ele dizia que havia proposto o plano para os austríacos e os prussianos, e que eles tinham aceitado a ideia. Posteriormente, porém, o imperador mudou de opinião e argumentou que os aliados deveriam respeitar a neutralidade suíça. Aparentemente ele fez isso porque ouviu o apelo de Jomini e seu antigo tutor, Cesare de la Harpe, ambos cidadãos suíços. Os austríacos pareciam ter concordado, mas em seguida invadiram a Suíça de qualquer maneira, citando o apoio de líderes militares e políticos suíços à sua ação. Alexandre ficou furioso por ter sido enganado e depois ficou ainda mais irritado quando os austríacos começaram a intervir na política interna suíça, apoiando o lado conservador. Na verdade, era ele quem estava equivocado. Como o governo suíço permitira que a França recrutasse e movimentasse tropas em seu território, sua neutralidade era uma farsa. Como o melhor historiador prussiano da campanha argumenta, talvez o plano aliado fosse inerentemente falho, mas uma vez que ele havia sido acordado, os austríacos tinham todos os motivos para se opor a mudá-lo. Acima de tudo, os assuntos internos suíços não eram importantes para a Rússia, e o imperador estava permitindo que considerações puramente pessoais interferissem na estratégia e prejudicassem a unidade aliada.[34]

No fim das contas não só os austríacos, mas também as Guardas russas cruzaram o Reno na Basileia e marcharam através de parte da Suíça. Sua passagem pelo grande rio foi adiada até 1º de janeiro pelo calendário russo, para que pudesse cair no aniversário de um ano da data em que o Exército russo tinha atravessado o Neman e começado sua campanha para libertar a Europa. Para alguns observadores estrangeiros, este foi mais um exemplo da interferência de Alexandre em operações militares por razões insignificantes e pessoais, embora na verdade o adiamento não tenha provocado nenhum dano.

Outros que assistiram como a um desfile, enquanto as Guardas russas cruzavam o Reno, tinham preocupações mais sérias. Sir Charles Stewart escreveu que

> é impossível por meio de qualquer descrição dar uma ideia exagerada do perfeito estado destas tropas; sua aparência e seus equipamentos eram admiráveis, e quando se considerava o que eles tinham sofrido e se contemplavam os russos, alguns dos quais haviam emergido da Tartária, na fronteira com o Império Chinês, atravessado suas próprias regiões e marchado, em poucos meses, a partir de Moscou até o outro lado do Reno, o indivíduo se perdia maravilhado, e inspirado em uma admiração política àquele poder colossal. A condição em que a cavalaria russa apareceu refletia a mais alta reputação neste ramo; e sua artilharia era admirável.

Mas Stewart misturou admiração com alarme, em uma declaração que diz muito sobre a coalizão aliada. "Eu não pude evitar, ao ver esses guardas russos naquele dia, recorrer às sérias impressões em relação a esse Império agigantado... todo o sistema de política europeia deveria, como princípio de liderança e recurso, manter, como um axioma, a necessidade de estabelecer restrições a esse poder formidável e invasivo."[35]

De Basileia o exército aliado foi para Langres. Lorde Burghersh, representante militar britânico no quartel-general de Schwarzenberg, não ficou impressionado com a liderança do marechal de campo:

> Nada pode marcar mais singularmente a cautela que foi observada na invasão da França do que os movimentos dos exércitos aliados neste momento. O objetivo dos aliados era estabelecer-se em Langres, a uma distância, pela estrada direta, de cinco dias de marcha da Basileia. No final de dezembro, nem um único soldado francês poderia se opor a seu avanço nessa direção; ainda assim, marchas complicadas, mudanças nos flancos das posições, avançando palmo a palmo sobre obstáculos dos rios e cadeias de colinas, todas essas manobras científicas foram utilizadas; de modo que, em vez de estar de posse do lugar no dia 26 ou 27 de dezembro, ele não foi ocupado até 17 de janeiro.[36]

Pavel Pushchin, das Semenóvski, escreveu em seu diário durante a marcha para Langres que as estradas eram terríveis, o clima atroz e os franceses locais, muito pobres. Como a França sempre foi apresentada a eles como o ápice da civilização europeia, muitos outros oficiais russos também ficaram bastante surpresos com a pobreza que encontraram. Seus diários e memórias oferecem um forte contraste entre a pobreza francesa e a prosperidade que tanto haviam admirado na Saxônia e na Silésia. Inicialmente, a população francesa pareceu intimidada e apática, sem demonstrar qualquer entusiasmo para defender Napoleão ou apoiar os Bourbons. Inevitavelmente, o enorme exército invasor causou destruição e pilhagem. Um oficial dos Dragões das Guardas recorda que seus homens tinham um instinto infalível quando se tratava de encontrar os tesouros escondidos do castelo em que estivessem aquartelados. No final, o coronel do regimento conseguiu rastrear a maior parte do saque e devolvê-lo a seus donos. Quando a cavalaria das Guardas dava esse exemplo, era bastante improvável que os cossacos fizessem por menos, e a maioria de seus oficiais tinha menos escrúpulos que um coronel das Guardas. Logo depois de entrar na França, Alexandre escreveu a Platov para se queixar que até mesmo alguns generais e coronéis cossacos estavam saqueando casas e fazendas francesas. Para Alexandre isso não era apenas inerentemente vergonhoso, mas também perigoso, uma vez que arriscava provocar a guerra popular que os aliados queriam desesperadamente evitar.[37]

Enquanto o Grande Exército de Schwarzenberg estava avançando quase sem oposição em Langres, o Exército da Silésia, muito menor, estava embarcando em uma marcha mais perigosa do outro lado do médio Reno, através do cinturão principal de fortalezas e rios franceses. As instruções de Alexandre para

Blücher em 26 de dezembro ordenavam que ele atravessasse o Reno e avançasse para se unir ao exército principal, mas deixavam a cargo dele sua linha precisa de avanço. O único ponto em que o czar insistia era que "a questão fundamental é manter a ligação entre os dois exércitos para que eles sempre estejam em posição de se unir para uma batalha". Blücher foi forçado a deixar quase todo o Corpo de Exército de Langeron para bloquear a grande fortaleza de Mainz e todo o Corpo de Exército de Yorck para vigiar as fortalezas de Metz, Thionville e Luxemburgo. Avançando apenas com o Corpo de Exército de Sacken e um pequeno destacamento liderado pelo tenente-general Zakhar Olsufev, Blücher mal tinha 27 mil homens sob seu comando. O marechal de campo nunca foi avesso ao risco, mas sua situação foi muito facilitada pelo fato de seus cossacos terem apreendido importantes mensagens dos inimigos, e ele estava bem informado sobre os efetivos e o posicionamento dos franceses. Com Napoleão em Paris mobilizando novas tropas e grande parte das reservas de elite do exército de campo francês posicionada em direção aos Países Baixos, Blücher sabia que enfrentaria um inimigo exausto e disperso, cujos efetivos totais disponíveis pouco ultrapassavam os seus e com as forças divididas em destacamentos comandados por nada menos do que três marechais. Isso o encorajou a empurrar os franceses de volta sobre o Mosela, o Mosa e o Aisne antes de se dirigir ao sudoeste para a união com Schwarzenberg.[38]

Ao final de janeiro de 1814, os aliados tinham conquistado uma enorme faixa do leste da França, negando assim seu potencial humano, impostos e suprimento de alimentos a Napoleão. Este foi um grande golpe adicional para a máquina de guerra de Napoleão em um momento em que suas tentativas de mobilizar recursos franceses já estavam enfrentando dificuldades e oposição sem precedentes. O formidável sistema de serviço militar obrigatório, em sua forma mais efetiva no período de 1810 a 1813, finalmente começava a decair perante as demandas insaciáveis de Napoleão. A maioria dos conscritos convocados para os quartéis em novembro de 1813 não apareceu, e não poderia ter sido armada, equipada ou comandada mesmo se tivesse feito isso. Napoleão não esperava que os aliados invadissem no inverno, e a ofensiva deles desandou seus planos de recrutar uma nova *Grande Armée*. Além disso, Alexandre, acertadamente, insistiu que as grandes forças francesas sitiadas em Dresden, Danzig, Modlin e outras fortalezas na Europa Central deveriam se tornar prisioneiras de guerra quando, em seu devido tempo, cada uma dessas cidades se rendeu, no inverno de 1813-1814. Ele se recusou a ratificar os termos da rendição, que teriam permitido que essas forças voltassem à França, onde algumas delas, sem dúvida, acabariam treinando e formando um núcleo para os recrutas de Napoleão. No final de janeiro de 1814, a situação de Napoleão estava parecendo cada vez mais desesperadora. A estratégia de Alexandre de permitir que as operações militares determinassem os limites do acordo final de paz parecia a ponto de alcançar o resultado que ele desejava – em outras palavras, a derrota e queda de Napoleão.[39]

A primeira grande batalha em solo francês ocorreu no final de janeiro. Napoleão tinha deixado Paris em direção a seu quartel-general em Châlons em 25 de janeiro. De lá, marchou para o sudeste, na esperança de capturar e destruir as tropas de Blücher antes que elas pudessem se unir às de Schwarzenberg. Felizmente para Blücher, a cavalaria russa capturou um oficial de Estado-Maior com os planos de Napoleão. Também foi sorte o fato de Peter Pahlen e parte da cavalaria do exército principal estarem nas proximidades. Pahlen atrasou o avanço francês e cobriu a marcha das tropas de Blücher até Brienne, aonde elas chegaram depois do meio-dia em 29 de janeiro.

No final daquela tarde de inverno, a infantaria de Napoleão atacou Brienne em três colunas. O quartel-general de Blücher ficava no *chateau* de Brienne, do qual ele tinha uma excelente visão do avanço inimigo. Ele imediatamente percebeu que a coluna francesa do lado esquerdo era vulnerável a um ataque de cavalaria e ordenou que Ilarion Vasilchikov atacasse o flanco e a retaguarda do inimigo, o que fez com que a infantaria francesa parasse. Mais tarde naquela noite, no entanto, no outro flanco aliado, a infantaria francesa irrompeu em Brienne, na escuridão, passando pelo pequeno Corpo de Olsufev. Blücher e Sacken escaparam por pouco de serem capturados, e um dos principais oficiais do Estado-Maior de Sacken foi morto. Uma vez que a surpresa inicial havia passado, as tropas russas se reuniram, e Blücher recuou para se juntar ao exército principal nas elevações de Trannes, poucos quilômetros ao sul de Brienne. Mas Sacken ficou furioso com Olsufev, a quem ele culpou por todo o episódio.[40]

Napoleão seguiu Blücher e estabeleceu seu quartel-general na aldeia de La Rothière, ao norte das elevações em Trannes. Durante dois dias, os exércitos se observaram, sem se mover. Ao meio-dia de 1º de fevereiro, Napoleão acreditava que os aliados tinham o objetivo de contornar seu flanco a oeste e ordenou que suas reservas se afastassem de La Rothière e os vigiasse. Logo depois, no entanto, ficou claro que Blücher estava prestes a atacar a linha francesa. Napoleão tinha menos de 50 mil homens para cobrir uma frente de 9,5 quilômetros, o que era muito pouco. Seu flanco direito se apoiava no rio Aube, na vila de Dienville. A vila de La Rothière estava no centro de sua linha, que se estendia até La Giberie à sua esquerda. Blücher comandava as tropas de Sacken e Olsufev do Exército da Silésia, que ficavam em seu centro, em frente a La Rothière. À sua esquerda estava o Corpo de Exército austríaco de Gyulai, que ele ordenou que atacasse

Dienville. À direita estava o Corpo de Exército de Württemberg sob o comando de seu príncipe herdeiro, cuja tarefa era a de tomar de assalto La Giberie. Sozinhas, essas tropas eram pouco superiores numericamente aos franceses, mas os aliados tinham mais do que o dobro de seu efetivo disponível dentro dos limites do campo de batalha.

O ataque de Gyulai sobre a forte posição francesa em Dienville falhou. O príncipe herdeiro de Württemberg também teve grande dificuldade para posicionar tropas suficientes nos estreitos desfiladeiros e no terreno pantanoso em torno de La Giberie para forçar o recuo dos defensores franceses. No final, ele foi resgatado pelo Corpo bávaro de Wrede, que surgiu por trás do flanco esquerdo do inimigo e obrigou o marechal Marmont a recuar. Schwarzenberg não havia ordenado que Wrede se unisse à batalha, mas o comandante bávaro tinha marchado ao som dos canhões por sua própria iniciativa.

Os mais ferozes combates, no entanto, foram os ocorridos dentro e ao redor de La Rothière. Três quartos de todas as baixas aliadas aconteceram ali. A infantaria de Sacken atacou La Rothière em duas colunas: Johann Lieven fez um assalto frontal pela estrada, e Aleksei Scherbatov avançou algumas centenas de metros para o leste. Essa era a primeira vez que o Exército da Silésia lutava sob o olhar de Alexandre, e Sacken estava determinado a impressionar. A história oficial prussiana escreve que "a coluna de Lieven atacou a vila com sua banda tocando e seus soldados cantando". Com uma tempestade de neve soprando em suas costas, a infantaria russa invadiu a vila com suas baionetas, sem parar para disparar. O major-general Nikitin, comandante da artilharia de Sacken, não conseguiu arrastar todas as suas armas para apoiar o ataque por causa da pesada lama. Por isso ele deixou 36 canhões para trás e dobrou as parelhas dos restantes. Juntos, Lieven e Scherbatov conquistaram La Rothière após uma amarga luta, só para enfrentarem depois um feroz contra-ataque da Guarda de Napoleão no início da noite. Nesse combate tanto o marechal Oudinot quanto Lieven ficaram feridos. No final, a questão foi decidida pelas reservas russas, neste caso a 2ª Divisão Granadeira, que surgiu para apoiar Sacken e expulsou o inimigo de La Rothière de uma vez por todas. Os franceses perderam 73 canhões e cinco mil homens; os aliados, um pouco menos. Mas o principal elemento da vitória aliada foi moral. Na primeira batalha da campanha, Napoleão tinha sido derrotado em solo francês. O moral de suas tropas despencou. Nos dias seguintes, muitos soldados franceses desertaram e partiram para suas casas.[41]

O relatório de Sacken sobre a batalha terminou com um floreado cortesão: "Neste dia memorável e triunfante, Napoleão deixou de ser o inimigo da humanidade e Alexandre pode declarar: 'vou conceder paz ao mundo'". Uma linguagem como essa era perigosamente prematura. Napoleão não estava morto ainda e o Exército da Silésia seria punido por seu excesso de confiança dali a apenas alguns dias. Para o próprio Sacken, no entanto, a batalha havia sido um triunfo. Por suas vitórias em 1813 ele tinha sido promovido ao último posto do generalato e premiado com uma série de condecorações. Agora, Alexandre lhe concedeu a tão cobiçada Ordem de Santo André e lhe deu 50 mil rublos de presente. Provavelmente mais importante para Sacken, no entanto, foi o comentário que o imperador fez para ele no dia seguinte ao da batalha: "Você venceu não só seus inimigos estrangeiros, mas também os internos". A velha batalha com Bennigsen que remontava a 1807, e que havia amargurado Sacken e ameaçado sua carreira, agora fora julgada em seu favor. Seu grande inimigo terminaria a vida como general e conde. Sacken o superaria, sendo tanto um marechal de campo quanto um príncipe.[42]

No dia seguinte ao da batalha, os líderes aliados realizaram uma conferência no *chateau* de Brienne para decidir a futura estratégia. Quando chegou a hora de começar a reunião, aparentemente Blücher havia sumido e os vários dignitários se espalharam para procurá-lo. Foi Alexandre quem o descobriu, nos fundos da adega, arrancando as melhores garrafas das prateleiras. A conferência decidiu que o exército principal e o Exército da Silésia deveriam se dividir, sob a alegação de que era impossível alimentá-los se permanecessem juntos. Schwarzenberg iria avançar sobre Paris a partir do sul, ao longo do rio Sena. Blücher se aproximaria pelo oeste, ao longo do Marne.[43]

De muitas formas isso era retornar ao modelo de 1813 e enfrentar os mesmos perigos. Napoleão estaria atuando em linhas de retaguarda internas entre os dois exércitos aliados. A essa altura ele estaria bem familiarizado com a cautela e lentidão de Schwarzenberg, e com a ousadia de Blücher e sua disposição para correr riscos. No outono de 1813, Napoleão tinha perdido a chance de explorar essa fraqueza. Agora ela havia retornado de uma maneira ainda mais clara. Diferente do outono, Napoleão não teria de se exaurir marchando grandes distâncias para atacar um ou outro exército aliado. Uma vez que todas as operações militares estavam acontecendo em uma área pequena, ele tinha esperanças de derrotar um exército inimigo e correr de volta para enfrentar o outro em poucos dias. Movimentando-se em seu próprio país, ele poderia mobilizar o conhecimento, o transporte e a mão de obra local para utilizar as estradas secundárias, realizar o abastecimento de alimentos e ser prevenido sobre as ações do inimigo. Ele também controlava a maioria das principais travessias dos rios. Além disso, em fevereiro de 1814, Blücher estava ainda mais inclinado a correr riscos do que antes, já que ele compartilhava a opinião generalizada de que o fim de Napoleão era iminente. Em 7 de fevereiro, ele e Alexandre estavam discutindo como aquartelar as tropas quando chegassem a Paris.[44]

Enquanto isso, Schwarzenberg estava ainda mais cauteloso do que no ano anterior. A grande superioridade numérica dos aliados apenas aumentou suas preocupações sobre as dificuldades de comandar e abastecer um exército tão grande. Ele estava muito preocupado com a segurança de sua longa linha de comunicações, que se estendia desde a Basileia até o outro lado do Reno. Ele superestimava o tamanho do exército de Napoleão e, mais ainda, a força que o marechal Augereau estava tentando formar em Lyon, acreditando que Augereau poderia atacar a retaguarda aliada na Suíça. Nestas circunstâncias, Schwarzenberg era muito contrário a qualquer avanço adicional. Como ele escreveu a sua esposa em 26 de janeiro, "qualquer avanço sobre Paris contraria, no mais alto grau, a ciência militar".[45]

Para fazer justiça ao comandante-em-chefe, entre os generais aliados ele não estava sozinho nesse ponto de vista. Knesebeck argumentou que seria muito difícil abastecer o exército na região em torno de Troyes, através da qual eles teriam de se aproximar de Paris. Os vários Corpos aliados só poderiam subir e descer as principais estradas norte-sul que conduziam à capital, já que as estradas secundárias eram quase intransitáveis naquela época do ano. Portanto, movimentos laterais e apoio mútuo entre os Corpos aliados seriam, no mínimo, lentos. Enquanto isso, Napoleão poderia se abastecer das áreas férteis a oeste de Paris, usar linhas internas e estradas secundárias melhores que ele controlava, para concentrar o ataque contra as colunas aliadas, que se moviam com dificuldade. Se o trono de Napoleão fosse ameaçado, sem dúvida ele iria lutar até a morte. Que evidência existia de que a nação francesa o abandonaria? Em última instância, avançar sobre Paris era apostar na política francesa. Isso não poderia ser tão enganoso quanto a aposta de Napoleão em 1812, de que ocupar Moscou levaria à paz?[46]

As opiniões e os planos de Schwarzenberg eram fortemente influenciados por considerações políticas. Em sua visão, o avanço para Langres tinha sido um meio de exercer influência adicional sobre Napoleão e forçá-lo a fazer a paz em termos aceitáveis para os aliados. Mesmo agora, após todos esses anos, Schwarzenberg ainda não compreendera de fato a mentalidade de Napoleão ou seu modo de guerrear. A influência de Metternich sobre o comandante-em-chefe também foi muito importante. Em uma série de ocasiões, em janeiro de 1814, ele aconselhou Schwarzenberg a atrasar as operações e dar tempo para as negociações de paz. Nomeando Caulaincourt como ministro das Relações Exteriores e, aparentemente, aceitando os termos de paz aliados transmitidos por Saint-Aignan, Napoleão parecia estar aberto a um compromisso. Com uma conferência de paz finalmente prestes a começar em Châtillon em 3 de fevereiro, Schwarzenberg,

Metternich e Francisco II estavam menos dispostos do que nunca a avançar nos dias imediatamente seguintes a La Rothière, ou a permitir que operações militares determinassem a política e definissem o acordo de paz. Como o comandante-em-chefe era austríaco, as perspectivas políticas dos Habsburgo poderiam discretamente fazer descarrilar a estratégia militar aliada.[47]

Ao mesmo tempo, Alexandre fez o possível para minar a estratégia diplomática de Metternich em Châtillon. Quando o congresso começou suas deliberações em 5 de fevereiro, o delegado russo, o conde Razumóvski, anunciou que ainda não havia recebido suas instruções. Ao contrário daquelas de Metternich para Schwarzenberg, no entanto, as manobras russas de atraso não foram disfarçadas, e rapidamente irritaram seus aliados.

A essa altura, os aliados haviam endurecido consideravelmente as condições de paz oferecidas. Em Frankfurt, eles tinham proposto as fronteiras naturais da França; em Châtillon, ofereceram as fronteiras "históricas" de 1792. Metternich encurralou Alexandre apresentando aos aliados um memorando que os forçava a decidir se deveriam ou não fazer a paz com Napoleão, caso ele aceitasse esses termos. Eles também tinham de decidir, caso rejeitassem Napoleão, se deveriam se comprometer com os Bourbon ou decidir sobre alguma maneira pela qual os franceses pudessem escolher um novo governante.[48]

Confrontado com estas questões, Alexandre se viu sem apoio. Ele acreditava que, se Napoleão aceitasse os termos aliados, ele simplesmente consideraria a paz como uma trégua temporária e começaria uma nova guerra na primeira oportunidade que tivesse. Seu talento militar e sua aura acrescentavam dezenas de milhares de soldados invisíveis a qualquer exército que ele comandava. Enquanto ele se sentasse no trono da França, muitos de seus antigos aliados além das fronteiras da França nunca iriam acreditar que o acordo de paz era permanente. Mas tanto os britânicos quanto os prussianos queriam assinar a paz com Napoleão, desde que ele aceitasse as fronteiras históricas de 1792 da França e entregasse de imediato uma série de fortalezas como garantia de seu compromisso. Nenhum dos aliados compartilhava a opinião de Alexandre de que seus exércitos deveriam primeiro tomar Paris e avaliar a opinião francesa sobre a natureza do regime com o qual assinar a paz. Para eles, essa política parecia muito pouco confiável. A última coisa que os aliados queriam era incitar a revolta popular, ou se verem envolvidos em uma guerra civil francesa. Mas se Napoleão realmente caísse, então britânicos, austríacos e prussianos viam como única alternativa o retorno dos Bourbon, na pessoa do chefe legítimo da família, Luís XVIII.[49]

Alexandre não via a restauração dos Bourbon com tão bons olhos. Em parte, isto reflete simplesmente sua opinião negativa sobre Luís XVIII, que viveu em exílio na Rússia durante vários anos e não causara boa impressão ao imperador. Alexandre não era legitimista. No máximo, ele tinha um toque de elegância radical. Sua avó, Catarina II, tentou impressionar Voltaire e Diderot. Alexandre gostava de ganhar os aplausos de Germaine de Staël, cujo candidato preferido para governar a França era o marechal Bernadotte. O próprio Alexandre brevemente jogou com a candidatura de Bernadotte. Isso enfureceu seus aliados e até levou a rumores de que o imperador estava tentando colocar um protegido russo no trono francês.[50]

Na verdade, este não era o objetivo e Alexandre contemplava uma série de possíveis candidatos, dos quais o príncipe herdeiro da Suécia era apenas um. A questão básica era a crença de Alexandre de que uma sociedade tão sofisticada e moderna como a França só poderia ser governada por um regime que respeitasse os direitos civis e permitisse instituições representativas. Esse regime também deveria aceitar parte do legado da Revolução se quisesse sobreviver. O imperador duvidava que os Bourbon fizessem alguma dessas coisas. Como sempre acontecia com Alexandre, ele era mais crível quando dizia às pessoas o que elas não queriam ouvir. Mesmo em 17 de março, ele disse a um emissário monarquista, o barão de Vitrolles, que tinha considerado não apenas Bernadotte, mas também Eugène de Beauharnais e o duque de Orleans como possíveis governantes que, ao contrário de Luís XVIII, não estariam presos a memórias e partidários que exigiam vingança pelo passado. O imperador atordoou Vitrolles, dizendo que até mesmo uma república sabiamente ordenada poderia se adequar melhor à França.[51]

Acima de tudo, Alexandre queria uma França estável, que viveria em paz consigo mesma e com seus vizinhos. O imperador entendia melhor do que ninguém as enormes dificuldades de trazer um exército russo por toda a Europa, e as circunstâncias únicas que tinham tornado isso possível. Talvez nunca mais fosse possível repetir esse esforço. Como ele disse ao lorde Castlereagh, em meio às furiosas discussões dos aliados no início de fevereiro, era precisamente por essa razão que a Rússia exigia um acordo de paz que fosse perdurar, não um mero armistício. E era por isso que ele se opunha a qualquer paz com Napoleão. Mas foi essa mesma ansiedade que o levou a buscar alternativas para os Bourbon. Na verdade, Alexandre subestimou Luís XVIII e, no momento oportuno, acabou aceitando de bom grado a restauração dos Bourbon. Mas seus temores não eram infundados, como a derrubada do inapto Carlos X viria a demonstrar.[52]

No entanto, após discussões ferozes com seus aliados na segunda semana de fevereiro de 1814, Alexandre foi forçado a ceder. O fato de que, no final daquela semana, começaram a chegar notícias da derrota de Blücher para Napoleão só confirmou os perigos do isolamento da Rússia. O imperador teve de concordar que, se uma restauração fosse ocorrer, então a única opção possível era o chefe da casa real, Luís XVIII. O mais significativo para Alexandre: ele teve de aceitar que as negociações em Châtillon continuariam e que os aliados iriam ratificar a paz com Napoleão se ele aceitasse as fronteiras de 1792 e entregasse várias fortalezas. Por outro lado, os aliados também concordaram que, se Napoleão recusasse as condições aliadas, a guerra iria continuar até que a vitória sobre ele fosse alcançada. Frederico Guilherme III, de certa maneira, proporcionou um bálsamo aos sentimentos feridos de Alexandre ao recusar unir-se a Metternich na ameaça de se retirar da guerra, se o monarca russo se recusasse a recuar. O rei insistiu que, enquanto os russos permanecessem no campo, o Exército Real iria lutar ao lado deles.[53]

Enquanto isso, um quase desastre havia acontecido a Blücher. Após a conferência em Brienne, em 2 de fevereiro, ele marchou para o norte com os 18 mil russos de Sacken e Olsufev. Blücher tinha como objetivo se unir aos 16.500 homens do Corpo de Exército de Yorck, que avançavam ao norte do rio Marne para Château Thierry, e aos quase 15 mil prussianos e russos sob o comando dos generais Kleist e Kaptsevich que estavam se aproximando de Châlons, vindos do leste. Um Corpo francês sob o comando do marechal MacDonald estava em retirada na frente de Yorck, e Blücher ordenou a Sacken que avançasse rapidamente para tentar interceptá-lo. Enquanto isso, ele próprio parou com o destacamento de Olsufev em Vertus, à espera da chegada de Kleist e Kaptsevich. MacDonald escapou das garras de Sacken, mas a tentativa de pegá-lo levou as tropas russas por todo o caminho até La Ferté-sous-Jouarre, bem a oeste de Château Thierry, na margem sul do Marne. O Exército de Blücher estava agora disperso por uma distância de mais de 70 quilômetros, o que tornou a comunicação difícil e o apoio mútuo, frequentemente, impossível.

Os detalhes das operações militares que se seguiram foram complicados, mas o princípio era simples. Napoleão avançou para o norte através de Sézanne, no meio do exército de Blücher, e derrotou, um após o outro, vários destacamentos aliados isolados. Como Blücher foi o maior herói prussiano das guerras napoleônicas, alguns memorialistas e historiadores prussianos tinham uma tendência compreensível a proteger sua reputação, e deram uma série de desculpas parciais para sua derrota. Corretamente, argumentaram que, se Schwarzenberg tivesse pressionado a retaguarda de Napoleão, então o Exército da Silésia não teria corrido perigo algum. Em vez disso, não apenas o exército principal se arrastou para a frente, mas seu comandante-em-chefe também retirou o Corpo de Exército de Wittgenstein para o oeste, em vez de deixá-lo como um elo para Blücher. Os defensores do marechal de campo também argumentaram que se o tenente-general Olsufev tivesse destruído a importante ponte sobre o riacho de Petit Morin, no momento em que a ameaça de perigo veio do sul, Napoleão nunca teria conseguido marchar até o meio do Exército de Blücher. Sem dúvida alguma, os aliados tinham mapas ruins e informações incorretas sobre as estradas locais – como tende a ser o caso no combate em solo estrangeiro. Blücher e Sacken, por exemplo, acreditavam que a estrada ao longo da qual Napoleão marchava para o norte de Sézanne era intransitável para um exército. Ainda assim, a questão básica é que, embora em estreita proximidade com o inimigo, Blücher espalhou seu exército a tal ponto que este não conseguiu se concentrar para a batalha e ele não podia exercer o comando efetivo. Ele cometeu esse erro, em parte, porque acreditava que Napoleão estava à beira da derrota final, e Paris, pronta para que ele a arrebatasse.[54]

Em 10 de fevereiro, Napoleão avançou de Sézanne e esmagou o pequeno Corpo de Olsufev em Champeaubert. O imperador tinha acabado de ser reforçado por milhares de experientes soldados de cavalaria que chegavam da Espanha. Olsufev tinha um total de dezessete cavaleiros. Um comandante mais ágil poderia ter recuado em tempo para salvar seus homens, mas Olsufev ainda estava sofrendo com as críticas de Sacken por não ter se mantido firme em Brienne duas semanas antes. Apesar de seus generais auxiliares pedirem a ele que recorresse a Blücher, Olsufev insistiu em se ater às suas ordens para manter sua posição e parece ter acreditado que o próprio Blücher estava avançando a partir do leste para a retaguarda do inimigo. Napoleão alegou posteriormente ter feito seis mil prisioneiros, o que era um feito notável já que o "Corpo" de Olsufev contava com 3.690 integrantes, dos quais quase a metade escapou com suas bandeiras e muitas de suas armas, camuflados pela noite de inverno e pelas florestas próximas. O ponto chave, no entanto, era que Napoleão e 30 mil homens estavam agora no meio do caminho entre os 15 mil soldados de Sacken em La Ferte e os 14 mil de Blücher perto de Vertus, diretamente sobre a estrada que ligava as duas alas do Exército da Silésia.[55]

A opção mais segura teria sido Sacken recuar para o norte do rio Marne e se unir a Yorck em Château Thierry. Yorck pediu isso a Sacken, mas sem efeito. As ordens que Sacken recebera de Blücher eram para marchar de volta descendo a estrada que levava para o leste, através de Champaubert para Étoges, onde ele deveria se reunir com Olsufev e o próprio Blücher. Estas ordens foram emitidas antes de Blücher ter uma clara compreensão dos movimentos de Napoleão e agora estavam ultrapassadas, mas Sacken não sabia disso. Ele partiu na noite de 10 de fevereiro. Tinha conhecimento de que Yorck recebera ordens de Blücher para atravessar o Marne e apoiá-lo, mas não sabia que o general prussiano havia questionado essas ordens e atrasado seu movimento. Quando recebeu suas ordens, Sacken não tinha nenhuma maneira de saber que Napoleão estava sobre a estrada na qual ele esperava marchar.

No final da manhã de 11 de fevereiro, Sacken esbarrou na guarda avançada do inimigo a oeste da vila de Montmirail. Logo depois, ele soube pelos prisioneiros que o próprio Napoleão e seu exército principal estavam presentes. Com a batalha a todo vapor, o comandante russo recebeu então uma mensagem de Yorck dizendo que a estrada ao sul do Marne para Montmirail estava tão ruim que só uma minoria de sua infantaria e nenhum de seus canhões poderiam avançar para socorrer os russos. Mapas aliados mostravam aquela região como sendo uma estrada pavimentada, enquanto na realidade era uma faixa de terra que o degelo recente tinha transformado em lama profunda.

Graças à disciplina e firmeza de sua infantaria, Sacken conseguiu livrar seu Corpo com a maioria de sua bagagem e artilharia, e recuou durante a tarde e a noite na horrível estrada que seguia rumo norte, para o rio Marne em Château Thierry. Fogueiras eram acesas a cada duzentos passos para guiar a infantaria ao longo do caminho. Sob uma forte chuva, com seus mosquetes inúteis, a infantaria russa tinha de marchar em massas compactas para manter a cavalaria inimiga à distância e, de vez em quando, quebrar fileiras a fim de puxar sua artilharia para fora da lama. Embora muito inferior numericamente, Ilarion Vasilchikov e seus esplêndidos regimentos de cavalaria contribuíram bastante para proteger a infantaria e arrastar para longe a maioria dos canhões. Napoleão pressionou bastante os russos em retirada e, no momento em que finalmente conseguiram atravessar o Marne, estes haviam perdido cinco mil homens. As baixas russas teriam sido muito maiores se não fossem as corajosas ações de retaguarda da infantaria prussiana de Yorck. Sacken era um veterano calejado e "político". No dia seguinte à batalha, finalmente localizado por seu nervoso e exausto Estado-Maior, que se perdera durante a retirada, ele estava calmo e autoconfiante como sempre. Na melhor tradição da guerra de coalizão, em seu relatório oficial ele jogou a culpa pela derrota sobre os prussianos e, em particular, no fracasso de Yorck em obedecer às ordens de Blücher e ajudá-lo em tempo útil.[56]

Tendo derrotado Yorck e Sacken, Napoleão estava se preparando para marchar para o sul e bloquear Schwarzenberg, quando soube em 13 de fevereiro que, para sua surpresa, Blücher estava avançando pelo caminho que levava a Montmirail. Blücher tinha interpretado mal a retirada das forças francesas que guardavam a estrada, e acreditou que Napoleão já estava indo para o sul contra o exército principal. Em vez disso, tendo atingido Vauchamps na manhã de 14 de fevereiro, Blücher viu-se confrontado pelo próprio Napoleão e a maior parte de seu exército, que superava enormemente a força aliada. Assim como as tropas de Sacken três dias antes, a infantaria de Blücher foi forçada a recuar de maneira coesa por muitos quilômetros e sob forte pressão. Os soldados de Sacken tiveram ao menos a cavalaria de Vasilchikov e os prussianos de Yorck para ajudá-los. Os 16 mil homens da infantaria de Blücher, pelo contrário, estavam em retirada sozinhos, em plena luz do dia, atravessando um excelente campo para a cavalaria e com muito poucos cavaleiros para ajudá-los. Ao contrário dos veteranos de Sacken, a maioria dos seis mil russos no Corpo do tenente-general Kaptsevich era de novos recrutas, em ação pela primeira vez. Seu uso de mosquetes era, por vezes, mais entusiasmado do que eficaz. Um terço dos homens se transformou em baixas, mas, como observadores franceses reconheceram, foi graças à grande coragem e à disciplina da infantaria russa e prussiana que todo o destacamento de Blücher não foi destruído.[57]

Ao longo dos cinco dias de luta, o Exército de Blücher havia perdido quase um terço de seus homens. Napoleão estava em êxtase. Já na noite de 11 de fevereiro, ele escreveu ao seu irmão Joseph: "este Exército da Silésia era o melhor dos exércitos aliados", o que era verdade. Com menos verdade, ele acrescentou: "O exército inimigo da Silésia não existe mais: eu o destruí totalmente". Mesmo uma semana depois, quando tinha tido tempo para pesar os verdadeiros resultados da batalha, ele afirmou em uma carta a Eugène de Beauharnais ter tomado mais de 30 mil prisioneiros, o que significava que ele teria destruído o Exército da Silésia. A realidade era muito diferente. Em 18 de fevereiro, um dia depois de Napoleão escrever esta carta, oito mil homens do Corpo de Exército de Langeron chegaram para reforçar Blücher e havia muito mais unidades russas e prussianas do Exército da Silésia, agora livres dos bloqueios de fortalezas, em marcha. Centenas de prisioneiros de guerra foram resgatados e muitos homens desaparecidos voltaram para as fileiras no período imediatamente posterior à batalha. Em questão de dias, o Exército de Blücher estava novamente tão forte quanto havia sido em 10 de fevereiro.[58]

Ironicamente, no final, foi o próprio Napoleão quem mais sofreu com suas vitórias contra Blücher. Depois da batalha de La Rothière, Napoleão, muito a contragosto, concedeu poderes plenos a Caulaincourt para aceitar as condições de paz dos aliados. Em 5 de fevereiro, o ministro das Relações Exteriores foi informado: "Sua Majestade lhe dá carta branca para efetuar negociações para um final feliz, para salvar a capital e evitar uma batalha sob a qual as últimas esperanças da nação iriam repousar". Caulaincourt ficou perplexo com essas instruções e solicitou esclarecimentos, indagando se ele deveria ceder a todas as demandas aliadas de imediato, ou se ainda tinha algum tempo para negociação. Antes que houvesse tempo para resposta, Napoleão tinha derrotado Blücher e seu tom havia mudado por completo.[59]

Em 17 de fevereiro, ele revogou os plenos poderes de Caulaincourt e o instruiu a não aceitar nada menos do que as condições do chamado tratado de Frankfurt, em outras palavras, as fronteiras naturais da França. Ele justificou sua posição dizendo que havia se preparado para aceitar os termos aliados para evitar arriscar tudo em uma batalha. Já que ele havia enfrentado esse risco e tomado mais de 30 mil prisioneiros aliados, a situação tinha mudado completamente. Ele tinha esmagado o Exército da Silésia e agora estava marchando para destruir o Exército de Schwarzenberg, antes que este pudesse escapar através da fronteira francesa. Quatro dias depois, ele escreveu uma carta arrogante para Francisco II, afirmando que nunca iria se contentar com nada menos do que as fronteiras naturais da França. Ele acrescentou que, mesmo que os aliados tivessem conseguido impor as fronteiras de 1792, tal paz humilhante nunca poderia ter resistido. A seu irmão Joseph, ele foi ainda mais explícito: "Se eu tivesse aceitado as fronteiras históricas, teria pegado em armas novamente dois anos depois, e teria dito à nação que o que eu tinha assinado não era um acordo de paz, mas uma capitulação forçada". Na verdade, o cheiro inebriante da vitória fazia Napoleão agora aspirar até mais do que as fronteiras naturais da França. Para Eugène de Beauharnais, ele escreveu que a França poderia agora manter a Itália. As palavras e os atos de Napoleão nesses dias jogaram diretamente a favor de Alexandre, e justificaram tudo o que o imperador russo havia dito aos aliados. É verdade que, em certa medida, os monarcas francês e russo estavam seguindo a mesma estratégia de permitir que as operações militares determinassem o acordo de paz. Mas Alexandre era mais realista sobre o verdadeiro equilíbrio de poder militar e o resultado provável da campanha. Acima de tudo, ele tinha algum senso de limites e compromisso, e uma compreensão muito mais sensível das conexões entre diplomacia e guerra.[60]

No entanto, nada disso estava claro para os aliados em meados de fevereiro de 1814, quando sua causa estava em seu ponto mais baixo. Depois de derrotar Blücher, Napoleão correu para o sul para lidar com Schwarzenberg. Este era o famoso Napoleão, cuja velocidade e ousadia deixavam os adversários atordoados, e não aquele comandante que, em 1812 e 1813, havia estado mais disposto a confiar em números absolutos de homens e no peso do poder de fogo concentrado da artilharia. Certamente ele era rápido demais para Schwarzenberg. O exército principal tinha avançado se arrastando ao longo do rio Sena, desfrutando de vários dias de descanso no caminho para se recuperar de seus esforços. Mesmo assim, em 16 de fevereiro o Exército de Schwarzenberg estava a uma distância de três a quatro dias de Paris. Cada uma das linhas de frente de seus quatro Corpos de Exército (os austríacos de Bianchi, os homens de Württemberg, os bávaros e os russos de Wittgenstein) tinha seu próprio caminho. Mas as quatro colunas tinham uns 50 quilômetros de distância entre si, e a combinação de lama, rio Sena e as más condições das estradas secundárias tornava a comunicação lateral muito lenta, como Knesebeck havia previsto. Schwarzenberg acreditava que esta era a única maneira de seu exército se mover ou se abastecer, mas deixava os aliados muito vulneráveis a um ataque inimigo concentrado. As reservas russas e austríacas ainda estavam ao sul do Sena. Para piorar as coisas, Wittgenstein ficou tão impaciente com a lentidão de Schwarzenberg que avançou sozinho e se isolou ainda mais no flanco direito aliado. Em especial, os quatro mil homens de sua guarda avançada, sob o comando de Peter Pahlen, tinham sido enviados todo o caminho à frente, em direção a Mormant, ficando completamente expostos, como Pahlen e o próprio Alexandre alertaram.[61]

Antes que Wittgenstein pudesse reagir, Napoleão atacou na manhã de 17 de fevereiro. Pahlen era um ótimo comandante de retaguarda, mas seus quatro mil homens não tinham chances com uma desigualdade tão avassaladora. Sua cavalaria escapou, mas quase todos de sua infantaria foram mortos ou feitos prisioneiros. Isso incluiu, por exemplo, 338 homens do Regimento Estônia, dos quais apenas três oficiais e 69 homens restavam nas fileiras na noite de 17 de fevereiro. O regimento lutara com grande coragem sob o comando de Wittgenstein em 1812, e depois novamente em Kulm e Leipzig em 1813. Para fazer justiça a Wittgenstein, ele assumiu total responsabilidade pelo fracasso e isentou Pahlen completamente, mas o comportamento cavalheiresco de seu general comandante não foi um grande consolo para os soldados do Regimento Estônia, que mereciam melhor sorte. O avanço de Napoleão então empurrou todo o exército aliado de volta do outro lado do Sena. O único pensamento de Schwarzenberg era recuar a sudoeste, em direção à segurança em Troyes e Bar-sur-Aube. Isso ele conseguiu, ajudado em parte pelo fato de que uma mudança repentina no clima congelou o solo e permitiu que as colunas aliadas saíssem das estradas e atravessassem os campos.[62]

Inevitavelmente, os desastres militares da metade de fevereiro ampliaram as tensões existentes entre os aliados. Alexandre e Frederico Guilherme culparam Schwarzenberg por não ajudar Blücher e acreditavam – com alguma razão – que ele havia avançado vagarosamente por motivos políticos. Circulavam rumores desagradáveis de que os austríacos estavam deliberadamente preservando suas próprias tropas e "sangrando" os russos e os prussianos, para poder estar em uma posição mais forte quando a guerra terminasse e um congresso de paz dividisse o espólio entre os aliados. Isso era certamente injusto, no que diz respeito a Schwarzenberg, um homem honrado demais para agir dessa maneira. A interpretação do próprio Schwarzenberg sobre os eventos era de que Blücher e seus companheiros haviam finalmente tido o que mereciam, simplesmente por correr riscos absurdos e "manobrar como porcos". Ele escreveu a Francisco II, em 20 de fevereiro, que os seis mil homens perdidos pelo exército principal nos últimos poucos dias eram uma prova razoável de que o avanço tinha sido um erro desde o início, como ele havia previsto.[63]

Enquanto isso, as queixas cresciam nas fileiras à medida que regimentos marchavam e contramarchavam ao longo de um terreno cada vez mais exaurido, sabendo no fundo que seus generais não tinham confiança e estavam em guerra uns com os outros. Como sempre, a retirada e a fome crescente minaram o moral e a disciplina. O general Oertel, agora comandante geral da polícia do exército, recebeu ordens para coordenar os esforços de todos os comandantes ao longo das linhas de comunicação para acabar com os saques. Trofim Evdokimov, um soldado da Guarda Izmailóvski, tentou até mesmo matar um dos ajudantes-de-campo do próprio Alexandre quando este interveio para impedi-lo de pilhar.[64]

Foi na segunda semana de fevereiro que os problemas na alimentação dos homens e dos cavalos realmente começaram a se tornar mais difíceis. Como Barclay escreveu em 10 de fevereiro, tais problemas seriam inevitáveis no momento em que o exército interrompesse seu avanço ou se concentrasse para a batalha: "Nenhum país seria capaz de sustentar por muito tempo a enorme massa concentrada das forças aliadas". Unidades roubavam suprimentos designados para os vizinhos ou aliados. Os russos reclamavam duramente, acusando a intendência austríaca de controlar a linha de comunicações que atravessava a Suíça e favorecer suas próprias colunas de suprimento. Como sempre, os cavalos eram o problema mais difícil, e encontrar feno no meio do inverno era um pesadelo crescente para a cavalaria. Expedições de forrageamento viajavam cada vez mais por recompensas cada vez mais escassas. Os Dragões da Curlândia, por exemplo, descobriram que "expedições de forrageamento exigiam o envio dos regimentos de cavalaria praticamente inteiros e o enorme esforço só conseguia coletar quantidades muito insignificantes de alimentos e forragem".[65]

Se isso era uma desagradável lembrança da experiência francesa em torno de Moscou em 1812, também o era a crescente resistência do campesinato francês à requisição e à pilhagem dos aliados. Ainda em 29 de janeiro, Kankrin relatava que "a não ser que seja realmente muito pressionada, a população não oferece nada". Posteriormente, com a sorte de Napoleão melhorando, as autoridades locais francesas muitas vezes se tornavam mais inclinadas a dar atenção às suas ordens para resistir aos aliados. Os camponeses, por vezes, abandonaram suas aldeias em ruínas para se abrigar nas florestas e assaltavam suprimentos aliados em deslocamento pelas estradas. Seções do entreposto móvel de Kankrin que estavam subindo a partir da Suíça foram emboscadas. Vladimir Löwenstern perdeu o equivalente a 80 mil rublos em cavalos e outros bens quando uma patrulha francesa saiu furtivamente do depósito de artilharia nas proximidades e emboscou um comboio de suprimentos russo, que descansava na aldeia de Moins-en-Laonnais, massacrando sua escolta cossaca. O general Wintzingerode quis queimar totalmente a vila em represália, mas foi dissuadido. Mas Barclay de Tolly ordenou que os "criminosos" que haviam atacado as colunas de abastecimento de Kankrin fossem "punidos como um exemplo para aterrorizar os outros", com enforcamentos públicos e cartazes exibidos em toda a região para impedir mais ataques. Kankrin, chefe da intendência do exército, era eficiente, equilibrado e, àquela altura, muito experiente. Se até mesmo ele estava dizendo em 4 de março que os problemas de abastecimento eram piores do que em qualquer momento desde que a guerra tinha começado em 1812, as coisas eram evidentemente muito sérias.[66]

14

A queda de Napoleão

Quatro semanas após entrar na batalha, Napoleão tinha lançado os aliados à desordem e parecia ter detido a invasão que se aproximava. Ele avançara bastante para restaurar a reputação de invencibilidade e gênio militar que havia sido duramente abalada em 1812 e 1813. Na verdade, porém, no momento em que Kankrin se desesperava, a situação começava a virar em favor dos aliados em todas as três áreas cruciais da guerra: abastecimento, diplomacia e operações militares.

Em relação ao abastecimento, um fator importante foi que a maioria dos entrepostos móveis de Kankrin, comandados pelos majores Lisanevich e Kondratev, abriu caminho através da Renânia até o exército, que eles, então, mantiveram abastecido com biscoitos por um mês. Lisanevich e Kondratev foram heróis desconhecidos do esforço de guerra russo, cuja proeza de conduzir uma parte tão significativa dos entrepostos móveis – incluindo a grande maioria das carroças e cavalos originais – por todo o caminho, desde o Danúbio e Bielorrússia, através da Alemanha e da Suíça, até o centro da França foi notável. No percurso, eles superaram acúmulos de neve, inundações, pestes de gado, emboscadas e as infindáveis quebras de suas carroças camponesas sobrecarregadas. Sem dúvida, os biscoitos que carregavam para as tropas, em grande parte assados no outono de 1812 e postos pra secar após ficarem úmidos naquele inverno, podem não ter sido muito apetitosos. Mas eram muito melhor do que nada e, como em 1813, as carroças dos entrepostos, que Kankrin usava para transportar alimentos entre os depósitos ao longo das linhas de comunicação e para evacuar os feridos, eram como uma bênção. Mais importante ainda, ele também enviou todo o entreposto móvel do major Kondratev para Joinville, em Lorena, abrindo dessa forma uma linha de abastecimento completamente nova para uso exclusivo das tropas russas e encerrando assim a dependência da sobrecarregada estrada de volta através da Suíça e dos funcionários do Comissariado Austríaco.[1]

A abertura dessa nova linha de abastecimento dependia da colaboração de David Alopaeus, o governador-geral da Lorena ocupada. Em janeiro de 1814, a Administração Central do barão Stein recebera a responsabilidade pelo comando do território francês conquistado. Funcionários austríacos iriam administrar as províncias entre o Exército de Schwarzenberg e o rio Reno. Os prussianos governariam as províncias do norte da França, ou seja, a área adjacente aos Países Baixos e ao Baixo Reno. A área central, conquistada pelo Exército de Blücher em janeiro, seria administrada pelos russos, e seu governador-geral, Alopaeus, ficaria em Nancy. Em princípio, Alopaeus não foi muito simpático aos apelos de Kankrin, uma vez que já estava suprindo o Exército de Blücher e tinha medo que, ao impor ainda mais exigências, a resistência camponesa se espalhasse além do controle. Embora a Lorena fosse mais rica que as províncias administradas pelos austríacos, ela continha muitas fortalezas francesas, que estavam fracamente bloqueadas, às vezes por forças menores que suas guarnições. Incursões para se unir a bandos de camponeses locais eram uma ameaça constante. Além disso, Alopaeus reclamava que as carroças das quais precisava para o transporte de suprimentos nunca retornavam do exército e que os funcionários do Comissariado russo eram muito menos numerosos e eficientes do que os seus correspondentes prussianos.[2]

Kankrin deve ter rangido os dentes ao ler esta reclamação, pois suas vias de abastecimento percorriam todo o caminho de volta à Rússia e sua escassez, em especial de funcionários que falassem alemão e francês, era inevitavelmente crônica. Como relatou a Barclay, ele tinha sido forçado a se privar até mesmo de seu próprio secretariado a fim de encontrar homens para resolver problemas ao longo das vias de abastecimento.[3] Porém, ele precisava demais da ajuda de Alopaeus para guardar ressentimento. Como escreveu a Barclay, "a nova linha operacional para o abastecimento de alimentos é uma questão de importância crucial". Na verdade, as relações rapidamente se aqueceram, com o governador-geral escrevendo: "como você vê, não falta boa vontade, nem há uma total falta dos suprimentos de que você precisa. Mas sofremos de uma grave falta de transporte e funcionários para fiscalizar isso". Em resposta, Kankrin enviou cada funcionário que conseguiu arranjar, juntamente com as carroças de Kondratev. Enquanto isso, o entreposto móvel do Exército da Silésia também chegou providencialmente a Nancy, proporcionando a Alopaeus e Kankrin uma grande reserva adicional de carroças. Se isso não resolveu por completo os problemas de Kankrin, acabou com a emergência imediata e acenou com a perspectiva de colocar o abastecimento do exército em uma base muito mais estável.[4]

Enquanto isso, graças a Napoleão, as questões estavam muito mais claras para os aliados também na frente diplomática. A intransigência dele minou a estratégia de Metternich e lembrou aos austríacos o quão perigoso seria depender de Napoleão e se isolar de seus aliados. Como era do conhecimento de Metternich, até mesmo o representante militar britânico no quartel-general aliado estava ficando muito impaciente com as manobras protelatórias de Schwarzenberg. Desde a chegada de Castlereagh ao quartel-general, um entendimento político informal se desenvolvera entre ele e Metternich. Mas ambos perceberam que havia limites, além dos quais a Grã-Bretanha não podia ultrapassar em seu desejo de atender Viena. A opinião pública britânica desconfiaria de qualquer paz com Napoleão. Assim também seria com o governo.[5]

Enquanto Castlereagh negociava no quartel-general aliado, o embaixador russo em Londres, Christoph Lieven, vinha conversando com o primeiro-ministro, lorde Liverpool, e o príncipe regente. Ambos se opuseram a assinar a paz com Napoleão. A opinião do príncipe regente refletia precisamente a de Alexandre, como Lieven relatou:

> Seria trair os desejos da Providência... não estabelecer em bases inabaláveis uma paz que já havia custado tanto sangue... nunca o mundo tinha visto meios tão poderosos unidos para conseguir isso. Mas estes meios eram únicos e as forças morais e físicas dos aliados jamais poderiam ser reconstituídas a este nível em qualquer momento futuro. Agora era o momento de assegurar o bem-estar da Europa por séculos – enquanto qualquer acordo de paz feito com Napoleão, por mais vantajosas que fossem suas condições, nunca poderia dar à raça humana nada além de uma trégua mais curta ou mais longa. A história de toda a sua vida oferecia um exemplo após o outro de má fé, atrocidade e ambição; e o sangue de toda a Europa teria fluído apenas para um armistício muito duvidoso se a paz dependesse de tratados assinados com essa fonte eterna de perturbação.[6]

Castlereagh poderia assinar um tratado com Napoleão, contanto que esse documento defendesse a Bélgica e garantisse grandes barreiras contra uma renovada agressão francesa, e apenas porque não parecia existir qualquer outra força disponível na França com a qual promover a paz. Sob nenhuma circunstância, no entanto, ele poderia aceitar da França "fronteiras naturais". A mera sugestão dos austríacos sobre tais termos levariam Castlereagh para os braços de Alexandre. Ao final de fevereiro, portanto, Metternich tinha todos os motivos para buscar um acordo. Bem como o imperador russo. Seu isolamento político dos aliados no início de fevereiro, juntamente com vitórias militares de Napoleão, mostrou os perigos da intransigência. Como resultado, em 1 de março de 1814, as quatro grandes potências aliadas assinaram o Tratado de Chaumont, comprometendo-se a aceitar a paz apenas se suas bases fossem as fronteiras históricas da França, uma Holanda independente e estendida, e uma confederação alemã de Estados soberanos dominados pela Áustria e pela Prússia. O tratado também era importante por ser uma aliança militar entre as quatro potências, projetada para durar vinte anos depois de a paz ser assinada e para defender esta paz pela ação militar conjunta, caso a França tentasse violar seus termos. O Tratado de Chaumont não tinha como determinar se os aliados promoveriam a paz com Napoleão ou com algum regime alternativo francês. Todos os líderes aliados sabiam que isso dependeria principalmente dos próprios franceses. Ainda assim, o tratado foi em termos reais e morais um grande impulso para a unidade dos aliados.[7]

Em última análise, no entanto, eram as operações militares que tinham maior probabilidade de determinar o destino de Napoleão. Apenas a derrota total poderia convencê-lo a aceitar, mesmo que de forma temporária, as fronteiras de 1792. Igualmente, a derrota do Imperador era o mais provável catalisador para uma revolta das elites francesas contra seu governo. Na segunda metade de fevereiro, tal derrota mais uma vez parecia distante. O Exército de Schwarzenberg estava em plena retirada. O plano inicial era convocar Blücher a marchar para o sul para se unir ao exército principal e participar da batalha, mas quando o Exército da Silésia chegou às imediações, em 21 de fevereiro, Schwarzenberg havia mudado de ideia. O comandante-em-chefe insistiu em destacar a maior parte de suas tropas austríacas ao sul, para bloquear o que ele considerava ser uma ameaça crescente para suas comunicações, pelo exército do marechal Augereau em Lyon. Isso deu a ele um excelente motivo – seus críticos usaram a palavra "desculpa" – para continuar sua retirada para o sul e evitar uma batalha. Blücher ficou ultrajado e Alexandre considerou seriamente retirar-se do exército principal, levando consigo os Corpos russos, e unir-se a Blücher.

No final, foi estabelecido um meio-termo em uma conferência dos líderes aliados em Bar-sur-Aube, em 25 de fevereiro. Schwarzenberg continuaria seu recuo até Langres, se necessário, onde se juntaria às recém-chegadas reservas austríacas. Se Napoleão ainda estivesse em sua perseguição, ele faria a volta em Langres e lutaria uma batalha defensiva. Enquanto isso, Blücher marcharia rumo ao norte, esperando atrair Napoleão para longe da retaguarda de Schwarzenberg ao ameaçar Paris. Se, como era esperado, Napoleão se voltasse para perseguir Blücher, Schwarzenberg retomaria a ofensiva. As tropas de Bülow e Wintzingerode, do antigo Exército do Norte de Bernadotte, tinham, nesse meio tempo, marchado das fronteiras da Holanda em direção a Paris e agora estavam se aproximando de Soissons no rio Aisne. Elas ficariam sob o comando de Blücher, assim como o recém-formado Corpo Saxão das forças federais alemãs, cuja função seria a de manter os Países Baixos. Mesmo sem os saxões, o exército combinado de Blücher teria um total de mais de 100 mil homens, o que já era consideravelmente mais do que a totalidade da forças de Napoleão. As instruções de Alexandre para o marechal de campo prussiano refletiam tanto sua consciência de que somente Blücher tinha a confiança e a agressividade necessárias para a vitória, quanto seu grande temor de que uma repetição do descuido anterior de Blücher pudesse arruinar a causa aliada. As ordens terminavam com as palavras: "assim que você tiver coordenado os movimentos de seus vários corpos, desejamos que comece sua ofensiva, que promete os mais felizes resultados desde que seja baseada na prudência".[8]

Blücher partiu para o norte imediatamente. Diferente de sua ofensiva anterior em direção a Paris, nesta ocasião a cavalaria russa foi posicionada para vigiar todas as estradas do sul. Em 2 de março, ficava claro a partir de seus relatórios que Napoleão estava perseguindo o Exército da Silésia com uma grande força. O primeiro objetivo da manobra de Blücher tinha, assim, sido alcançado. A próxima tarefa era unir-se a Wintzingerode e Bülow, que estavam naquele momento cercando Soissons, um local importante devido à passagem segura oferecida por sua ponte sobre o rio Aisne. Vladimir Löwenstern foi enviado à cidade como um emissário dos comandantes aliados. Ele usou todos os seus truques de jogador, tais como blefe, agressividade e charme, para convencer o comandante francês a render Soissons em 2 de março.

Napoleão ficou furioso, ordenou que o comandante fosse fuzilado e afirmou que, se a cidade não tivesse se rendido, ele teria encurralado Blücher com o Aisne às suas costas e destruído seu exército. A maioria dos historiadores prussianos nega isso furiosamente e afirma que o Exército da Silésia poderia ter atravessado o Aisne em outro lugar. Por outro lado, alguns dos partidários do general von Bülow ficaram muito felizes ao argumentar que seu herói tinha resgatado Blücher de uma situação difícil. Inevitavelmente eles deixaram de mencionar que o principal agente desta operação de salvamento não foi um prussiano, mas Löwenstern. Mais ainda do que o de costume, em 1813 e 1814, o papel russo é negligenciado e o que realmente aconteceu é obscurecido em meio a uma cacofonia de nacionalismo e machismo francês e alemão. Provavelmente os historiadores prussianos estão certos e Blücher teria escapado das garras de Napoleão, mas pelo menos parte da força aliada teria de atravessar o rio sobre os pontões russos do Exército da Silésia, nunca uma tarefa simples com Napoleão prestes a chegar e que não era facilitada pelas margens alagadas do Aisne.[9]

Em 5 de março, o Exército francês atravessou o rio Aisne em Berry-au-Bac para o leste de Soissons. Napoleão pretendia avançar sobre Laon; ele tinha a ilusão de que os aliados estavam recuando e que tudo o que encontraria seriam retaguardas sem tanta determinação. Blücher decidiu atacar os franceses quando eles avançassem em direção a Corbeny e Laon. Ele posicionou os 16.300 homens da infantaria de Wintzingerode sob o comando de Mikhail Vorontsov em um platô logo a oeste da estrada de Laon, perto da vila de Craonne. Corretamente, ele acreditava que o imperador nunca poderia prosseguir para Laon com essa tropa em seu flanco e que precisaria se concentrar primeiro em derrotar Vorontsov. O Corpo de Exército de Fabian von der Osten-Sacken foi posicionado alguns quilômetros atrás de Vorontsov no platô, para apoiá-lo em caso de necessidade. Enquanto os russos de Vorontsov estivessem retendo Napoleão e prendendo sua atenção, Blücher pretendia fazer marchar os dez mil integrantes da cavalaria sob o comando de Wintzingerode e todo o Corpo de Exército prussiano do tenente--general von Kleist ao redor do flanco norte francês e penetrar sua retaguarda. Enquanto isso Bülow protegeria Laon e as comunicações de Blücher com os Países Baixos, enquanto parte da força de Alexandre Langeron ficaria para trás para manter Soissons.

Havia problemas com o plano de Blücher. Os homens de Langeron e Bülow não participariam da batalha e seriam, portanto, até certo ponto desperdiçados. O terreno sobre o qual Wintzingerode e Kleist deveriam fazer a sua marcha de flanco não foi devidamente reconhecido e acabou se revelando muito difícil. Rochas, montanhas, rios e terreno acidentado causaram atrasos grandes até mesmo para a cavalaria, quanto mais para os canhões. Um general melhor do que Wintzingerode poderia muito bem ter superado essas dificuldades, mas com ele no comando todo o movimento de flanco foi arrastado e, finalmente, teve de ser abandonado.

Como resultado, na batalha de Craonne em 7 de março Vorontsov lutou sozinho durante a maior parte do dia contra uma proporção cada vez maior do exército de Napoleão. Felizmente, sua posição era muito forte. A elevação mantida pelos russos se tornou famosa na Primeira Guerra Mundial como o *Chemin des Dames*. Ela se estendia por cerca de 17 quilômetros de leste a oeste e era estreita, em alguns casos tendo apenas algumas centenas de metros de largura. Os russos poderiam, portanto, manter sua linha em toda a extensão, enquanto as laterais íngremes do platô tornavam muito difícil para os franceses flanquearem sua posição. Vorontsov posicionou habilmente sua artilharia e colocou o 14º *Jaeger* nas robustas construções agrícolas em Heurtebise na frente de sua linha principal, a fim de enfraquecer e atrasar o ataque francês. Esse era um regimento de primeira, com suas fileiras repletas de atiradores de elite dos antigos batalhões granadeiros combinados do Corpo de Exército de Wintzingerode, que haviam sido dissolvidos pouco antes da campanha começar. Pela primeira vez eram os russos que aproveitavam a vantagem de lutar por detrás de muros robustos e o 14º *Jaeger* apresentou um desempenho formidável em 7 de março.[10]

A batalha começou pouco depois das dez horas da manhã de 7 de março, quando o Corpo do marechal Ney, com uma força de 14 mil homens, avançou contra a esquerda da formação russa. Ney atacou prematuramente, antes de outras divisões de infantaria estarem disponíveis para apoiar seu avanço. Seus jovens recrutas lutaram com grande coragem, mas eles estavam avançando em terreno difícil em frente às muito bem situadas baterias russas. Sem nenhuma surpresa, seus repetidos ataques falharam. Quando chegou ao local a excelente divisão do general Boyer, formada por unidades retiradas da Espanha, Napoleão a lançou à luta imediatamente. Ela abriu caminho passando pela fazenda de Heurtebise e subindo até o platô, permitindo que quatro baterias francesas subissem as encostas e fossem posicionadas em seu apoio. Vorontsov, no entanto, lançou um contra-ataque que fez com que Boyer e Ney recuassem do planalto. Somente no início da tarde, quando a infantaria de Charpentier e uma série de brigadas de cavalaria se juntaram ao ataque, a posição russa esteve em grave perigo.

A essa altura chegaram ordens de Blücher para Vorontsov recuar e para o exército inteiro se retirar para o norte e se concentrar em Laon. As ordens eram sensatas. Uma vez que o ataque de flanco não havia funcionado, não fazia sentido expor Vorontsov e Sacken a uma batalha contra todo o Exército francês. Inevitavelmente, no meio da luta, as coisas não pareciam assim para Vorontsov. Seus homens lutaram com grande coragem para reter Napoleão, e agora seu sacrifício parecia ter sido em vão. Seu orgulho de guerreiro tornava muito difícil para ele se retirar de uma batalha na qual, até agora, a vitória estivera ao seu lado. De qualquer maneira, pelo menos em curto prazo era mais fácil se manter em um local do que recuar de forma ordenada perante um inimigo numericamente superior, que seria encorajado pela visão de seu oponente em retirada.

Somente depois de repetidas ordens de Sacken foi que Vorontsov começou realmente sua retirada. Permaneceu calmo durante todo o processo, assim como seus homens, e a cavalaria francesa não teve sucesso em seus esforços para romper as formações da infantaria russa ou capturar seus canhões. No estreito desfiladeiro perto da vila de Cerny, Vorontsov interrompeu sua retirada para dar tempo que a cavalaria de Ilarion Vasilchikov chegasse. Quando recebeu as ordens de Blücher para recuar, Sacken afastou toda sua infantaria imediatamente, mas mandou Vasilchikov à frente para cobrir os regimentos de Vorontsov enquanto eles percorressem seu caminho através do platô mais aberto a oeste de Cerny. Juntos, Vasilchikov e Vorontsov mantiveram os perseguidores franceses a uma distância respeitável, especialmente depois de terem combinado emboscar um destacamento inimigo que os perseguia muito descuidadamente. Em direção ao extremo oeste o platô mais uma vez se estreitava e os franceses foram forçados a se agrupar em colunas próximas para continuar seu avanço. Nesses pontos, o muito competente comandante da artilharia de Sacken, o major-general Aleksei Nikitin, tinha posicionado diversas baterias e seu fogo concentrado interrompeu a perseguição e infligiu pesadas baixas, antes dos canhões russos escaparem ilesos sob a proteção da cavalaria de Vasilchikov.[11]

Como a Grã-Bretanha não tinha tropas no exército aliado, lorde Burghersh – seu representante militar no quartel-general – era um observador relativamente imparcial. Ele chamou o desempenho russo em Craonne de "o melhor combate durante a campanha". Vorontsov, Vasilchikov e suas tropas haviam certamente mostrado grande habilidade, disciplina e coragem. O desempenho da infantaria de Vorontsov foi particularmente notável porque poucos de seus regimentos tinham presenciado combates sérios desde a primavera de 1813 e, para muitos de seus homens, esta era a primeira experiência de batalha. Os franceses posteriormente reivindicaram a vitória porque o plano de Blücher havia falhado e porque eles mantiveram o campo de batalha no final do dia. Nesse sentido estrito eles foram de fato vitoriosos, assim como haviam sido "vitoriosos" nesses termos em cada ação de retaguarda russa durante seu avanço para Moscou em 1812. Mas os russos deixaram para trás poucos prisioneiros e nenhum canhão. Clausewitz resume a batalha de Craonne dizendo que "os russos se defenderam em Craonne com tanto sucesso que o objetivo principal, chegar intactos a Laon, foi alcançado... isso foi conseguido por soldados excepcionalmente corajosos, um comandante muito seguro de si e uma posição excelente".[12]

Os russos perderam cinco mil homens. Os primeiros relatos completos franceses colocam suas próprias baixas em oito mil, e como eles eram muito pouco inclinados a exagerar suas perdas, este número pode ser preciso. Posteriormente, porém, historiadores franceses apararam os números e Henri Houssaye escreveu que "os russos perderam cinco mil, os franceses 5.400". Um especialista francês contemporâneo ajustou os números ainda mais, afirmando que os aliados perderam 5.500 homens e Napoleão apenas cinco mil. Presumivelmente isso foi para sustentar uma alegação adicional de vitória. No mesmo espírito, foi dito que 29 mil franceses enfrentaram 50 mil aliados, o que pode ser verdade se contarmos todos os soldados no raio de um dia de marcha da batalha, mas distorce completamente o que na realidade aconteceu no campo de batalha, em 7 de março.

Todo esse malabarismo de estatísticas é irrelevante, embora ajude a ilustrar as dificuldades do historiador em chegar à verdade. Mesmo que, de fato, russos e franceses tenham perdido o mesmo número de homens em Craonne, a questão básica era que Napoleão não podia mais arcar com esse tipo de atrito.[13]

Napoleão seguiu Blücher até Laon e em 9 de março atacou as forças russo-prussianas lá. Mais uma vez ele acreditava que provavelmente enfrentaria apenas uma retaguarda e subestimou drasticamente o tamanho do exército aliado. Na verdade Blücher havia concentrado todas as suas tropas perto de Laon, quase 100 mil homens, e superava em número os franceses por mais que o dobro. Além disso, o exército de Napoleão estava dividido em dois, com o imperador avançando pela estrada de Soissons e o marechal Marmont pela estrada de Rheims. A comunicação entre as duas alas era muito difícil por causa da cavalaria leve russa e do terreno pantanoso. Não causa espanto que o ataque de Napoleão em 9 de março tenha fracassado. Depois que a escuridão caiu naquela noite, os próprios prussianos surpreenderam e derrotaram Marmont em um dos mais bem-sucedidos ataques noturnos da guerra. O exército de Napoleão estava agora à mercê dos aliados. Ele foi salvo pelo colapso de Blücher, que paralisou o Exército da Silésia. As imensas pressões dos dois meses anteriores haviam arruinado a saúde do marechal de campo de 72 anos de idade. Após a derrota da Prússia entre 1806 e 1807, Blücher havia sofrido um colapso, do qual um efeito colateral eram alarmantes alucinações sobre o nascimento de um elefante. Agora oficiais do Estado-Maior que iam até ele para receber ordens encontravam-no em outro mundo, incapaz de responder às suas perguntas. Qualquer luz sobre seus olhos causava a ele grande sofrimento.[14]

Os dias seguintes revelaram a fragilidade da estrutura de comando dos exércitos da coalizão e até que ponto o Exército da Silésia dependera da energia, coragem e carisma de Blücher. A princípio, o general mais antigo do exército era Alexandre de Langeron, mas não havia chances de Yorck ou Bülow o obedecerem. O próprio Langeron temia a ideia de ter de assumir o comando e argumentava que Gneisenau deveria fazê-lo, como chefe do Estado-Maior de Blücher e o homem melhor informado sobre as intenções do comandante-em-chefe. No entanto, nem Yorck nem Bülow tinham muito respeito por Gneisenau e, além disso, ele era hierarquicamente inferior a ambos. Yorck escolheu este momento para agir como *prima donna* e renunciar ao seu comando, somente retornando ao dever após Blücher rabiscar um apelo, que teve o apoio de um pedido do príncipe William da Prússia, um dos comandantes de brigada de Yorck e irmão do rei. Privado da força e da inspiração de Blücher, Gneisenau perdeu a confiança e a coragem. Ele foi vítima de um de seus defeitos congênitos: a crença de que a Prússia estava sendo traída por seus aliados. O resultado foi que por mais de uma semana depois da batalha de Laon o Exército da Silésia se dispersou em busca de comida, sem desempenhar qualquer papel útil na guerra.[15]

A inatividade do Exército da Silésia permitiu a Napoleão escapar, descansar e, em seguida, atacar o destacamento de 12 mil homens liderados por Emmanuel de Saint-Priest, chefe do Estado-Maior de Bagration em 1812, que havia tomado Reims em 12 de março. Embora Napoleão tenha sofrido pelo menos seis mil baixas em Laon, reforços chegaram de Paris, fazendo seu exército voltar a ter por volta de 40 mil homens. Isso era mais do que suficiente para derrotar Saint-Priest, especialmente porque Napoleão pegou os aliados de surpresa. Até certo ponto, isso foi culpa de Saint-Priest, por não tomar as devidas precauções, mas era difícil prever que o Exército de Blücher ficaria parado, perderia o rastro de Napoleão por completo e não emitiria qualquer aviso sobre os movimentos dele. Parte da força de Saint-Priest era formada pela *landwehr* prussiana, que tinha se dispersado em busca de comida e ofereceu pouca resistência quando os franceses atacaram em 13 de março. No entanto, os regimentos russos de Saint-Priest, oriundos de seu próprio 8º Corpo, eram mais resistentes e travaram uma luta dura, apesar do fato de seu próprio general estar gravemente ferido e fora de ação desde o início da batalha.

O núcleo de resistência russa era o Regimento Riazan, uma antiga unidade com um ótimo registro de combate, fundado por Pedro, o Grande, em 1703. Na atual guerra, o regimento havia lutado em Borodino, Bautzen e Leipzig, onde 35% de seus oficiais foram mortos ou feridos e 32 de seus homens ganharam medalhas militares. O próprio general Saint-Priest era popular entre suas tropas, de quem cuidava muito bem, usando, por exemplo, um tesouro francês capturado para comprar roupas novas para seus soldados no inverno de 1813-1814. Ele tinha uma relação particularmente forte com o Regimento Riazan, que chamava de "Guardas do 8º Corpo". O inspirador comandante do regimento era o coronel Ivan Skobelev, filho de um camponês do Estado, que serviu doze anos nas fileiras antes de alcançar o oficialato. Em meio ao caos de 13 de março, o 3º Batalhão do Regimento Riazan construiu um anteparo na frente do portão principal de Rheims e repeliu os esforços franceses para invadir a cidade. Enquanto isso, inicialmente a dois quilômetros fora dos muros da cidade, o 1º Batalhão do Regimento formou um quadrado contra a cavalaria francesa e abriu seu caminho de volta para onde seus companheiros do 3º Batalhão estavam resistindo, carregando o ferido Saint-Priest no meio deles. Os dois batalhões do Regimento Riazan formaram em seguida o núcleo da retaguarda russa, comandada por

Skobelev, que resistiu aos franceses por tempo suficiente para que a maioria do 8º Corpo escapasse de Rheims e se reunisse além da cidade. O próprio Regimento Riazan foi isolado, mas escapou através das vielas da cidade com a ajuda de um guia realista local.[16]

Depois de derrotar Saint-Priest, Napoleão deu a suas tropas dois dias de descanso em Rheims antes de se dirigir para o sul para enfrentar Schwarzenberg. Enquanto isso, as três primeiras semanas de março haviam sido um momento de grande tensão no quartel-general aliado, sobretudo para Alexandre. O Imperador não era desprovido de talento militar, mas estava nervoso e faltava-lhe confiança. Sua correspondência de março de 1814 revela um grande temor de que a história estivesse prestes a se repetir. Mais uma vez, Schwarzenberg estava avançando com cautela e lentidão irritantes em um momento em que o Exército de Blücher corria riscos consideráveis. O Imperador tentava constantemente empurrar Schwarzenberg adiante, enquanto questionava, ansioso, a segurança de Blücher e Saint-Priest, e lamentava o fato de as notícias deles não serem frequentes. Em 12 de março aconteceram cenas inflamadas no quartel-general, quando Alexandre interrogou Metternich sobre a existência de ordens secretas austríacas para Schwarzenberg restringir os movimentos do exército principal. Enquanto isso, Frederico Guilherme III gritou que os austríacos estavam traindo a causa aliada e expondo os soldados prussianos e russos do exército de Blücher à destruição. Inevitavelmente, quando chegou a notícia da derrota de Saint-Priest, isso não acalmou em nada os temores de Alexandre. Relembrando os eventos de fevereiro, ele estava apavorado que, mais uma vez, as tropas de Wittgenstein e a guarda avançada de Pahlen estivessem isoladas e vulneráveis a um ataque súbito. Langeron se lembra de que a velocidade e a audácia de Napoleão em fevereiro haviam desequilibrado os comandantes aliados: "Acreditávamos que podíamos vê-lo em todos os lugares". Isso era definitivamente verdadeiro em relação a Alexandre.[17]

No entanto, Alexandre estava correto ao acreditar que a estratégia de Napoleão seria agora atacar no flanco direito e na retaguarda do exército principal, na esperança de isolar e destruir um de seus corpos. Na verdade, a essa altura, se Napoleão quisesse atacar o exército principal, esta era sua única opção. Ele fora forçado a deixar os marechais Marmont e Mortier com 20 mil homens para vigiar os 100 mil de Blücher. O Marechal MacDonald estava protegendo os acessos do sul para Paris com 30 mil homens contra 122 mil de Schwarzenberg. Isso deixou Napoleão com apenas 20 mil homens, quando marchou de Reims para o sul, em 17 de março, na esperança de surpreender Schwarzenberg. Ele podia esperar a incorporação de alguns milhares de reforços a partir de Paris, enquanto em marcha, mas mesmo que ele se juntasse a MacDonald, o exército principal aliado ainda o superaria em mais de dois para um. Em 21 de março, quando o Imperador se viu confrontado com todo o Exército de Schwarzenberg em Arcis-sur-Aube, ele sabia que a ofensiva fracassara e que não tinha opção a não ser recuar.

Foi nesse momento que se justificou plenamente a decisão aliada de invadir a França no inverno e se antecipar aos esforços de Napoleão para criar um novo exército. O imperador não tinha deixado reservas em seus depósitos e dois meses de marchas e batalhas incessantes haviam destroçado seu exército. Depois da retirada de Arcis, Napoleão possuía apenas duas opções disponíveis. Ele poderia recuar para sua capital e concentrar cada soldado da Guarda Nacional que pudesse reunir para a defesa de Paris – sua presença intimidaria todas as forças da oposição na capital. Entrincheirados nas montanhas, jardins e construções ao redor de Paris, mesmo 90 mil homens seriam, sob o comando pessoal de Napoleão, um terrível desafio para os aliados.[18]

A outra opção – a adotada por Napoleão em 22 de março – era um ataque às comunicações dos aliados até o Reno. Durante a campanha, Schwarzenberg tinha se mostrado em geral muito cauteloso e particularmente nervoso sobre quaisquer ameaças à sua retaguarda. Era, portanto, razoável Napoleão acreditar que, se ele próprio atacasse as comunicações de Schwarzenberg com seu exército principal, o comandante-em-chefe aliado recuaria da região de Paris e tentaria proteger suas bases e vias de abastecimento. Nada, no modo como Schwarzenberg havia anteriormente lutado na campanha, sugeria que ele assumiria o risco de virar as costas para Napoleão e marchar sobre Paris. Se, no entanto, os aliados fizessem isso, então Napoleão precisava ser capaz de sacrificar sua capital, como Alexandre sacrificara Moscou. Uma de suas maiores vulnerabilidades em 1814 era que ele sentia, por razões políticas, que não poderia fazer isso. Os eventos provariam que ele estava correto. Exércitos franceses tinham ocupado Moscou, Viena e Berlim sem qualquer oposição interna emergindo contra os monarcas Romanov, Habsburgo e Hohenzollern. Após uma semana da chegada dos aliados a Paris, não apenas Napoleão mas também sua dinastia tinham sido varridos. A crença de Napoleão de que seu próprio trono era mais frágil do que os dos monarcas legítimos que se opunham a ele era justificada. Por outro lado, em 1813 e 1814, ele já havia feito muito para convencer as elites francesas de que estava lutando mais por sua própria glória do que pelos interesses franceses.[19]

Em 22 de março, Schwarzenberg e Alexandre não sabiam em que direção Napoleão estava indo. Petr Volkonski escreveu a Gneisenau, neste mesmo dia, que Napoleão tinha dissimulado seus movimentos, deixando grandes grupos de cavalaria atrás dele. Os aliados pretendiam seguir em seu encalço. Se o inimigo atacasse o Exército da Silésia, o exército principal estaria bem atrás dele e atacaria sua retaguarda. Se ele tomasse qualquer outra direção, os dois exércitos se uniriam e depois avançariam contra ele, buscando a batalha. Naquela mesma noite, Blücher descobriu exatamente para onde o inimigo estava indo, porque seus cossacos tinham capturado um mensageiro francês com uma carta de Napoleão a Marie-Louise dizendo que ele tinha a intenção de atacar as comunicações dos aliados e, assim, atraí-los para bem longe de Paris.[20]

Uma cópia da carta foi imediatamente enviada ao quartel-general do exército principal, onde suas implicações foram discutidas em um conselho de guerra realizado em Pougy, na tarde de 23 de março. Dos conselheiros militares russos mais próximos de Alexandre, só Petr Volkonski estava em Pougy naquele momento, e ele nunca falava publicamente em tais reuniões. O ponto fundamental, porém, era que no momento em que os exércitos aliados pudessem cercá-lo, Napoleão teria dois dias de vantagem sobre eles. Nada poderia impedi-lo de chegar à retaguarda aliada. Qualquer tentativa de regressar para proteger bases aliadas causaria tremendas tensões sobre o moral e a disciplina do exército, até porque as tropas estariam marchando em áreas já devastadas pela guerra, onde seria muito difícil se alimentar. Naquele momento, portanto, os líderes aliados se apegaram ao plano existente para se unir a Blücher e, em seguida, avançar para encontrar o inimigo e forçar a batalha. Enquanto isso, pedidos urgentes foram enviados aos comandantes das cidades e das tropas na retaguarda para colocar sob proteção, ou longe das estradas principais, tantos suprimentos, colunas de transporte e reforços quanto fosse possível. O sempre nervoso comandante do serviço de polícia, general Oertel, já havia sido repreendido por reagir com exagero a ameaças imaginárias às linhas de comunicação russas. Agora, ordens urgentes de Barclay tinham sido enviadas para que ele tomasse medidas de emergência para preservar bases, suprimentos e recursos monetários russos. Oertel se saiu bem nesta ocasião, e relatou seus planos de ação a Barclay, um companheiro báltico, em letão, uma língua que o comandante-em-chefe entendia. Se as ordens fossem interceptadas, seria muito difícil que um francês pudesse decifrá-las.[21]

Na noite de 23 de março, Schwarzenberg, Alexandre, Frederico Guilherme e seus Estados-Maiores partiram de Pougy para Sommepuis, aonde chegaram no início da manhã seguinte. No caminho, eles receberam outros despachos inimigos capturados pela cavalaria russa. Estes contaram sobre o moral baixo das tropas de Napoleão e de seus generais, e também revelaram que os depósitos e arsenais de Paris estavam vazios. Mais importante foi uma carta para

Napoleão, de seu chefe de polícia Savary, que escreveu que não poderia responder pela lealdade da capital caso os exércitos aliados se aproximassem. Naquela mesma noite chegou do sul a notícia de que Bordeaux havia declarado apoio aos Bourbon, e que a cidade tinha sido ocupada por Wellington. No entanto, quando Schwarzenberg e Frederico Guilherme deixaram Sommepuis na manhã de 24 de março, o plano aliado ainda era unir os dois exércitos e depois seguir em busca de Napoleão.

Pouco tempo depois, aproximadamente às dez horas, Alexandre convocou Barclay, Diebitsch e Toll, mostrou a eles as cartas interceptadas e as posições atuais das tropas no mapa, e pediu conselhos sobre o melhor curso de ação. Apresentou duas opções a eles: ou os aliados poderiam perseguir Napoleão ou poderiam marchar sobre Paris. É possível que Alexandre já tivesse conversado com Volkonski, que haveria se manifestado em particular pela movimentação sobre Paris. Barclay, pelo contrário, era um estrategista cauteloso e não muito imaginativo: defendeu continuar com a política atual de se unir a Blücher e depois ir em busca de Napoleão. Diebitsch não discordou abertamente de seu superior, mas argumentou que eles deveriam também enviar um corpo reforçado para tomar Paris ao mesmo tempo. Toll sempre foi uma pessoa menos "política" e delicada do que Diebitsch. Discordar de um chefe era um hábito para ele, que argumentou que um único Corpo destacado jamais poderia tomar Paris. Em vez disso, os dois exércitos deveriam se dirigir à capital, enviando uma "coluna volante", composta em sua maioria por cavalaria, para seguir Napoleão e relatar seus movimentos.[22]

O imperador estava, provavelmente, esperando e torcendo pela opinião de Toll, a qual adotou de imediato. Alexandre mandou um ajudante de campo encontrar Schwarzenberg e Frederico Guilherme e pedir a eles que o esperassem. Ele os alcançou em uma pequena colina perto da vila de Plancy e, no ótimo clima do início da primavera, Toll abriu seu mapa no chão e fizeram uma conferência improvisada ao ar livre. O rei prussiano imediatamente concordou com a proposta de Alexandre e Schwarzenberg também levou pouco tempo para se convencer, apesar das objeções de alguns membros de seu Estado-Maior. A ideia de dar as costas para Napoleão e marchar sobre a capital francesa não foi uma surpresa total para Schwarzenberg. Ela tinha estado no ar por algum tempo, e seu oficial de Estado-Maior mais competente, o tenente-general Radétski, aparentemente argumentara a favor dela, em particular, no dia anterior. No entanto, é de se espantar que o anteriormente tão cauteloso comandante-em-chefe tenha concordado com um movimento tão ousado, sem muita demora ou oposição. Não há qualquer evidência a respeito de por que ele fez isso, mas é possível um palpite plausível e embasado.[23]

Apesar de uma marcha sobre Paris ser ousada, as alternativas também eram arriscadas. Apenas dez dias antes, Schwarzenberg estivera lamentando as dificuldades de arrancar a comida da "empobrecida Champagne, que tem nos suportado há três meses". Movimentar os exércitos aliados combinados por esta região em busca de Napoleão seria muito difícil. Na verdade, uma ameaça a Paris era provavelmente a melhor maneira de atrair Napoleão para fora da retaguarda aliada. A área em torno de Paris era rica e intocada pela guerra. Quando chegassem lá, os aliados teriam muito menos problemas para se alimentar do que se perseguissem Napoleão ou permanecessem imóveis. O exército principal possuía comida mais do que suficiente em suas carroças para se manter até que chegasse a essa área. Em 25 de março, um Corpo russo relatou que ainda havia oito dias de suprimentos em suas carroças regimentais. Quatro dias depois, Kankrin disse a Barclay que as 200 carroças do entreposto móvel de Lisanevich, atualmente com o exército, ainda continham quatro dias de rações de biscoito. Como Kankrin e Francisco II observaram, com o exército principal em direção ao norte, também havia agora uma boa chance de abrir uma nova linha de suprimentos através dos ricos, e em grande parte intocados, Países Baixos.[24]

Barclay de Tolly não era inclinado a elogios fáceis, mas escreveu a Kankrin nesse momento dizendo que "Eu tenho total confiança em seu zelo e suas sensatas providências para o bem do serviço". O elogio era merecido, pois a Intendência aliada respondeu bem ao desafio de, simultaneamente, proteger suas bases de retaguarda e abastecer seu próprio exército que avançava. Se os oficiais do suprimento do exército tornavam um avanço possível, razões políticas e militares faziam-no desejável aos olhos de Schwarzenberg. Com o congresso de Châtillon fechado e as negociações com Napoleão suspensas, ficou claro que vitórias militares eram a única maneira de assegurar a paz. Tomar Paris era o melhor meio de forçar Napoleão a aceitar condições de paz aliadas ou para incentivar as elites francesas a se livrarem dele. Os recentes entreveros no quartel-general devem ter feito Schwarzenberg perceber que a paciência dos russos, dos prussianos, e até dos britânicos, com sua estratégia cautelosa estava se esgotando. Mesmo alguns de seus altos oficiais austríacos já reclamavam sobre o papel inglório desempenhado, até então, por seu exército na campanha. Provavelmente todos esses pensamentos passavam pela mente do comandante-em-chefe quando ele ordenou que seu exército marchasse sobre Paris. Além disso, feliz é o comandante que começa uma operação conhecendo a posição, as fraquezas e as preocupações de seus inimigos.[25]

Ferdinand Wintzingerode foi despachado em busca de Napoleão com oito mil homens de cavalaria. Foi-lhe dito para tentar enganar o imperador, de modo que este acreditasse que todo o exército aliado estava em sua perseguição, e para manter o quartel-general aliado bem informado sobre os movimentos do inimigo. Enquanto isso, os dois exércitos aliados começaram sua marcha em direção a Paris no início da manhã de 25 de março. A maior parte do exército principal marchou pela estrada que ia de Vitry, através de Fère Champenoise, para Sézanne, com a cavalaria de Peter Pahlen e do príncipe Adam de Württemberg como sua guarda avançada. A poucos quilômetros ao sul, Barclay e unidades do exército de reserva marchavam em paralelo pelas estradas secundárias e através dos campos. Ao norte do exército principal, as tropas de Langeron e Sacken avançavam pela estrada de Chalons para Bergères. À frente delas seguiam as divisões de cavalaria do barão Korff e de Vasilchikov Ilarion. O perfume da vitória tinha levado Blücher a uma breve recuperação, e ele viajou com suas tropas em uma carruagem, visível a todos, vestindo um chapéu feminino de seda verde, com abas muito largas para proteger seus olhos. O tempo tinha melhorado e as tropas aliadas finalmente sentiam que estavam avançando sob uma liderança confiante e unida. O moral disparou.

Pouco depois das oito horas da manhã de 25 de março, Pahlen e o príncipe Adam esbarraram no Corpo do marechal Marmont postado ao longo da estrada para Fère Champenoise, próximo à vila de Soude Sainte-Croix. Nas proximidades estava o Corpo do marechal Mortier. Juntos, os dois marechais comandavam 12.300 homens de infantaria, 4.350 de cavalaria e 68 canhões. Ainda que contemos com os cossacos, esses eram numericamente bem superiores aos 5.700 cavaleiros e 36 canhões de Pahlen e do príncipe Adam, mas os marechais franceses podiam ver grandes forças inimigas à distância e começaram a recuar. Mesmo após a chegada de 2.500 couraceiros austríacos, os quadrados de infantaria francesa ainda estavam bem seguros, apesar de sua cavalaria ter sido expulsa e de dois regimentos de infantaria leve terem sido isolados em Soude Sainte-Croix e forçados a se render.

As coisas começaram a parecer ameaçadoras apenas por volta das duas horas da tarde, quando a cavalaria pesada russa entrou em cena. As *Chevaliers Gardes* e as Guardas a cavalo não tinham presenciado uma ação séria desde Borodino e seu general comandante, Nikolai Preradovich, implorou que Barclay permitisse que a 1ª Divisão Couraceira tomasse parte na batalha. Sua aparição mais ou menos coincidiu com o início de uma violenta chuva de granizo, que caiu diretamente no rosto da infantaria francesa enquanto ela estava tentando atravessar a profunda ravina perto de Conantray. Com seus mosquetes inutilizados e sob fogo da artilharia precisa das Guardas a cavalo, dois quadrados franceses desmoronaram e foram atropelados pelos couraceiros russos e pela cavalaria de Württemberg. O pânico tomou conta de grande parte do resto da infantaria francesa, fazendo muitos fugirem. No final, Marmont e Mortier escaparam, mas perderam um terço de seus homens e a maioria de seus canhões para um inimigo que sempre esteve em desvantagem numérica e que não incluía qualquer infantaria.[26]

Parte do motivo de todos escaparem foi que, por volta das cinco da tarde, um pesado tiroteio foi ouvido na retaguarda da cavalaria aliada. Por um tempo houve uma incerteza, em todos os lados, sobre quais tropas estavam à vista e o que o tiroteio significava. Na verdade, eram duas pequenas divisões francesas, compostas em sua maioria de homens da Guarda Nacional, que escoltavam um vasto comboio de artilharia e abastecimento, e eram perseguidas pela cavalaria de Korff e Vasilchikov, vindos do Exército da Silésia. A coluna francesa, comandada pelos generais Pacthod e Amey, tinha aproximadamente cinco mil integrantes. Ela inicialmente encontrou a cavalaria de Korff, por volta das onze horas da manhã, na estrada de Châlons. O barão Korff tinha começado a campanha de 1812 acima do peso; em 1814, ele estava muito gordo e se tornara um tanto preguiçoso. Como não gostava de acampamentos, ele se recolhera na noite anterior para o castelo próximo de Sillery, acompanhado por seus generais subordinados. Enquanto isso, seus cossacos descobriram um depósito com 60 mil garrafas de vinho no qual toda a cavalaria mergulhou com alegria. Sem surpresa alguma, partiram com muita lentidão na manhã seguinte.[27]

Ao meio-dia, no entanto, os franceses estavam em plena retirada na estrada de Châlons para Bergères, que passa perto de Fère Champenoise. A essa altura eles estavam cercados não apenas pelos homens de Korff, mas também pelo muito mais temível Ilarion Vasilchikov. Ao todo, os russos tinham quatro mil soldados de cavalaria e três baterias de artilharia a cavalo. Os generais franceses abandonaram seus comboios de bagagem no meio da tarde, mas isso não os salvou. Já tendo se exaurido e sofrido pesadas baixas contra Korff e Vasilchikov, a posição deles tornou-se insustentável quando sua retirada os levou diretamente para os braços da cavalaria do exército principal e da artilharia a cavalo em Fère Champenoise. No final, toda a coluna foi morta ou feita prisioneira.

A batalha de Fère Champenoise é muitas vezes descrita como um conto de heroísmo francês. Até certo ponto isso é muito justo. Os soldados da Guarda Nacional de Pacthod e Amey mostraram coragem, disciplina e resistência das quais veteranos teriam ficado orgulhosos. No entanto, nem todos os regimentos de Marmont e Mortier foram tão bem. Além disso, a conquista da cavalaria aliada também foi notável. Dezesseis mil cavaleiros, dos quais três quartos eram russos, haviam derrotado 23 mil soldados franceses, a maioria deles de infantaria, matando ou capturando metade deles e também tomando quase todos os seus canhões. A batalha de Fère Champenoise é comparada à luta desesperada de Dmitri Neveróvski contra o marechal Murat em Krasnyi em agosto de 1812, embora as disparidades numéricas contra Neveróvski na ocasião fossem muito maiores. Como os franceses em Fère Champenoise, uma grande proporção dos homens de Neveróvski tinha sido de recrutas que mostraram grande coragem e disciplina durante sua primeira batalha. Os generais russos foram bem-sucedidos em Fère Champenoise, enquanto Murat falhou em Krasnyi, em parte porque, ao contrário dele, colocaram sua artilharia a cavalo no campo de batalha. Eles também coordenaram seus ataques e adaptaram suas táticas ao terreno com muito mais habilidade.[28]

Com Marmont e Mortier em fuga, o caminho para Paris estava aberto. A única chance real de defesa da capital era se Napoleão e seu exército pudessem voltar em tempo. Mesmo que o imperador chegasse sozinho, era possível que ele estimulasse e coordenasse a defesa, intimidando os traidores em potencial na cidade. Somente em 27 de março, no entanto, Napoleão ficou ciente de que tinha sido enganado e os exércitos inimigos estavam avançando sobre Paris. A essa altura, os aliados tinham três dias de marcha de vantagem sobre ele. Após se consultar com Caulaincourt, Bassano e seus marechais, ele decidiu que deveria abandonar seu ataque à retaguarda aliada e correr de volta para salvar sua capital, mas já era tarde demais. Quando ele se aproximou da cidade no final da noite de 30 de março, a batalha de Paris tinha sido perdida e sua capital estava a ponto de se render. Pior ainda: em Paris, os inimigos de Napoleão se agitavam. Por ordens do imperador, sua esposa, filho e governo deixaram Paris na véspera da batalha para não serem capturados. Com todas as figuras-chave do regime bonapartista longe e os aliados a ponto de ocupar Paris, era chegado o momento dos adversários de Napoleão tomarem a iniciativa. Junto a todos os outros altos funcionários Talleyrand recebera ordens para sair de Paris, mas conseguiu esquivar-se dessas ordens, sem desrespeitar abertamente a autoridade de Napoleão.[29]

Do outro lado das linhas, agora a apenas alguns quilômetros de distância, estava Karl Nesselrode, a quem Talleyrand passara tantos conselhos e informações secretas nos anos que antecederam 1812. Quando Napoleão lançou seu ataque contra as comunicações aliadas em 22 de março, quase todos os diplomatas aliados haviam sido separados de seus quartéis-generais e escapado rumo ao sul, em busca de segurança, para a alegria indisfarçável de muitos dos generais, que estavam contentes em se livrar deles. A única exceção foi Nesselrode, que fugiu de Chaumont bem a tempo para encontrar novamente seu lugar ao lado de Alexandre. Em 28 de março, mesmo dia em que foi decidido que a imperatriz, o filho e o governo de Napoleão deveriam deixar a capital, Nesselrode escreveu à sua mulher de uma vila perto de Paris dizendo que desfrutava de "um requintado capão", que a esposa do marechal Ney tinha enviado ao seu marido de Paris, juntamente com algumas garrafas de licor. Os cossacos interceptaram o presente e diplomaticamente o doaram à mesa de seu imperador. Com Francisco II, Metternich, Castlereagh e Hardenberg ausentes, nunca houve qualquer dúvida de que Alexandre iria falar pelos aliados caso seus exércitos chegassem a Paris. No entanto, ter Nesselrode ao seu lado era uma vantagem adicional, especialmente quando se tratava de negociar com Talleyrand. À medida que a vitória se aproximava e as esperanças de Alexandre se realizavam, a tensão que existia entre os dois homens desapareceu.[30]

O Exército russo se aproximou de Paris através de uma rica área rural em meio ao clima de primavera e com o cheiro de vitória no ar. Vladimir Löwenstern comeu pavão pela primeira vez para comemorar. Peter Pahlen contemplava todas as jovens e belas senhoras que encontraria na capital francesa. Ivan Radojitski se lembrava de seus homens dizendo, um ao outro, que, quando chegassem a Paris, o imperador daria a cada um deles um rublo, uma libra de carne e um copo de vodca. Enquanto sua bateria marchava pela estrada, o grito ecoou, "fiquem à direita, fiquem à esquerda", como acontecia quando um general ou o próprio imperador estava passando por dentro de uma coluna em marcha. No meio da estrada avançava Vaska, uma cabra que os soldados tinham adotado como mascote, a urros de "abrir caminho, abrir caminho, Vaska está partindo para Paris".[31]

No início da noite de 29 de março, o Estado-Maior do imperador, incluindo Aleksandr Mikhailóvski-Danilévski, percorreu uma ligeira subida em direção à vila de Clichy. Muitos anos mais tarde, ele lembrou:

> o sol tinha acabado de se pôr, e uma brisa fresca refrescava o ar após o calor do dia; não havia uma nuvem no céu. De repente, na ala direita, tivemos um vislumbre momentâneo de Montmartre e das torres altas da capital. "Paris! Paris!" era o grito geral. Nós apontamos e apertamos nossos olhos para captar a enorme, mas indistinta massa elevando-se acima do horizonte. Por um momento foram esquecidas as fadigas da campanha, feridas, amigos e irmãos caídos: inundados pela alegria estávamos na colina da qual Paris era pouco visível à distância. Desde esse dia, mais de vinte anos se passaram... mas a lembrança daquela cena memorável é ainda tão viva que nos vem com todo o frescor de um evento recente, fazendo o coração inchar com a exaltação triunfante que na época encheu cada peito".[32]

Na maior campanha da história da Europa, em menos de dois anos o Exército russo marchara de Vilna a Moscou e, então, por todo o caminho cruzando a Europa até Paris. Com a capital inimiga finalmente à vista, a velocidade era agora essencial. Paris tinha de ser tomada antes que Napoleão chegasse para estimular e reforçar sua defesa. Os bávaros e o Corpo de Exército de Sacken haviam sido deixados em Meaux para proteger a retaguarda aliada, no caso de Napoleão tentar marchar sobre Paris pela via mais rápida. Mas naquela noite, ordens foram emitidas a todas os outros corpos para um ataque em grande escala a Paris no dia seguinte, 30 de março. À direita aliada, o Exército da Silésia atacaria a capital a partir do norte, em direção a Montmartre e La Chapelle. À esquerda, o Corpo de Württemberg avançaria do leste ao longo da margem norte do Sena, passando o *chateau* de Vincennes. Os austríacos do general Gyulai apoiariam os homens de Württemberger. Peter Wittgenstein havia retornado à Rússia, entregando o comando do seu Corpo de Exército a Nikolai Raévski. Ele comandaria o ataque no centro em direção a Romainville e Pantin. Ao todo, a força de ataque somava mais de 100 mil homens. Atrás de Raévski, para ser usado caso fosse necessário, ficou o Corpo de Exército Reserva do grão-duque Constantino, composto pelas Guardas e pelos Granadeiros.[33]

A posição ocupada pelos franceses era muito forte. As colinas de Montmartre ao norte e de Romainville no centro eram os maiores obstáculos para um exército atacante, em torno dos quais a defesa da capital poderia se refugiar. Como seria de se esperar, nos arredores de uma das maiores cidades da Europa, a área toda também era um labirinto de construções e muros de pedra. Napoleão, no entanto, não fizera nada para fortalecer as defesas naturais da cidade. Além disso, havia apenas 38 mil homens para manter uma longa linha de defesa e, destes, muitos eram da Guarda Nacional, com um mínimo de treinamento e mosquetes não confiáveis. Sob a autoridade do irmão de Napoleão, Joseph, o marechal Mortier era responsável por defender o setor norte contra o Exército da Silésia e o marechal Marmont, o setor leste, contra o exército aliado principal. Todos os três homens sabiam que, a menos que os defensores estivessem dispostos a lutar nas ruas de Paris e se enterrar sob os escombros da cidade, suas chances de sucesso eram pequenas. Se toda a força de assalto aliada tivesse atacado simultaneamente no início da manhã de 30 de março, a cidade provavelmente teria caído na hora do almoço.

Na verdade, os planos aliados deram errado. Ficou claro, já na noite de 30 de março, que os homens de Württemberger e os austríacos estavam ainda tão longe na retaguarda, que não poderiam lançar seu ataque até o início da tarde seguinte. Enquanto isso, o ajudante de campo que levava as ordens de Schwarzenberg para Blücher se perdeu no escuro, o que fez com que a maioria do Exército da Silésia só estivesse pronta para atacar às onze horas, seis horas depois do planejado. Como resultado, o ataque aliado inicial foi realizado somente pelos 16 mil homens do Corpo de Exército de Raévski no centro aliado. Felizmente para os russos, eles encontraram a principal vila de Romainville sem defesas e foram capazes de capturá-la antes que Marmont tivesse tempo de enviar tropas para ocupá-la. Também tomaram a vila de Pantin no início da manhã. Mas eles mal conseguiram manter esses redutos, devido aos contra-ataques franceses na manhã de 30 de março.

Todas as tentativas de prosseguir além das vilas não deram em nada. A infantaria das Guardas prussianas, fora de ação desde a primavera de 1813, avançou para fora de Pantin com grande coragem, mas foi parada no caminho com pesadas baixas. Em meio às construções, muros e jardins, toda a formação se perdeu e a batalha se dissolveu em confusas escaramuças e trocas de tiro. Barclay de Tolly moveu duas divisões granadeiras russas em apoio a Raévski e veio até a linha de frente pessoalmente coordenar as operações. De maneira sensata, conseguiu ordenar novamente a maioria dos regimentos em colunas de batalhão, prontas para uma nova investida, mas ordenou a Raévski que não montasse um novo grande ataque até que os homens de Württemberger estivessem em posição à sua esquerda e o Exército da Silésia estivesse absorvendo toda a atenção de Mortier à sua direita.[34]

Pouco antes das três horas da tarde todos os corpos aliados estavam em posição e prontos para atacar. O príncipe herdeiro de Württemberg avançou além do *chateau* de Vincennes contra uma fraca oposição, ameaçando desmantelar todo o flanco direito francês ao longo do Sena. O avanço do Corpo de Exército de Yorck, a partir do norte sobre sua retaguarda, forçou as tropas francesas, que combatiam perto da vila de Pantin, a recuar. No centro, os homens de Raévski e as divisões granadeiras atacaram com força esmagadora e tomaram todas as principais posições francesas em noventa minutos. Baterias de artilharia russa foram trazidas à frente e agora cercavam Paris pelo leste, a uma curta distância. Na extrema direita da linha aliada, o Corpo de Exército de Langeron tomou a colina de Montmartre. Na verdade, no momento em que os russos tomaram essa colina, o marechal Marmont já estava buscando se entregar, porém os russos ou os franceses em Montmartre ainda não tinham como saber disso.

Os aliados sofreram oito mil baixas, três quartos delas de russos, mas Paris era deles. Uma grande onda de alegria atravessou as fileiras russas. As Guardas começaram a polir seus equipamentos e sair com seus melhores uniformes em preparação para o maior desfile de suas vidas pelas ruas de Paris. Nas colinas de Montmartre as bandas de infantaria explodiam em marchas regimentais. O oficial a quem Langeron enviou a Paris, para organizar uma trégua com as tropas francesas mais próximas, voltou horas mais tarde extasiado, tendo bebido demais em brindes à vitória. Seu comandante-em-chefe o perdoou. Os regimentos de Langeron, do antigo Exército do Danúbio, haviam marchado um longo caminho e lutado diversas batalhas para chegar a este momento.[35]

No entanto, a batalha realmente difícil estava prestes a começar, e seria mais política do que militar. A menos que seus generais cometessem erros estúpidos em grande escala, o peso absoluto dos números e da qualidade superior de seus soldados provavelmente trariam a vitória aliada e a capitulação de Paris em 30 de março. De qualquer maneira, a capital francesa tinha mais importância política do que militar. Muito dependeria de os aliados conseguirem transformar a queda de Paris em seu benefício político. É claro, os líderes aliados em geral, e Alexandre em particular, estavam totalmente cientes disso. Schwarzenberg fez uma declaração enfatizando que os aliados lutaram contra Napoleão e não contra a França, e buscavam a paz e a prosperidade para todos. À medida que seu exército se aproximava de Paris, Alexandre lançou ordens aos seus generais e pedidos aos seus aliados para preservar a mais estrita disciplina e tratar bem a população civil, ressaltando a grande importância de cultivar a opinião pública francesa. O homem enviado a Paris por Alexandre para organizar a capitulação foi o coronel Mikhail Orlov, o mesmo jovem oficial de inteligência que acompanhara Aleksandr Balashev ao quartel-general de Napoleão em Vilna, em junho de 1812. As primeiras palavras de Orlov para o marechal Marmont foram: "Sua Majestade deseja preservar Paris para a França e para o bem de todo o mundo". Tropas aliadas seriam alojadas em casernas parisienses, não em casas particulares, e a Guarda Nacional seria mantida para preservar a calma e a normalidade nas ruas. Nos dias seguintes, Alexandre foi a personificação perfeita de charme, sensibilidade e bajulação em relação aos parisienses. Esse foi um papel no qual ele se sobressaiu.[36]

No dia seguinte, domingo, 31 março de 1814, os exércitos aliados entraram em Paris. O sol brilhou e Paris desfrutou de uma fresca manhã de primavera. Alexandre saiu de seu quartel-general às oito horas, vestindo o uniforme de serviço de general das *Chevaliers Gardes*. Montando seu cinzento "Mars", um presente de Caulaincourt quando este foi embaixador em São Petersburgo, ele partiu com sua comitiva para se juntar a Frederico Guilherme e Schwarzenberg. Saudados por cumprimentos e aplausos estrondosos de suas tropas, os líderes aliados cavalgaram através de Montmartre em direção ao centro da cidade. A escolta era fornecida pelos Guardas Cossacos em suas túnicas vermelhas e calças largas azuis escuras, os mesmo soldados que tinham protegido Alexandre ao longo das campanhas dos últimos dois anos. No *Champs Elysées* os monarcas e Schwarzenberg pararam e inspecionaram seus regimentos, à medida que estes passaram marchando. O desfile incluiu a Guarda Prussiana, uma divisão de granadeiros austríacos e até um regimento de Guardas de Baden. Por consenso universal, no entanto, as Guardas russas eram as tropas de melhor aparência na Europa e foram elas que roubaram o show.[37]

Para as Guardas e, acima de tudo, para Alexandre, este era um momento supremo de orgulho e realização pessoal. Mas ele também tinha um aspecto político: para a multidão parisiense, ver milhares e milhares de integrantes dessas tropas soberbas, em seus uniformes esplêndidos, marchando em perfeita formação, como se estivessem em tempo de paz, foi um lembrete do poder aliado e do vazio das afirmações de Napoleão de que os invasores estavam à beira da exaustão. Mas se os aliados deram uma lição política, eles também receberam uma. Até então os monarcas aliados tinham encontrado poucos sinais de entusiasmo popular em relação aos Bourbon nas áreas que haviam conquistado. Estava longe de ser previsível que as coisas seriam diferentes em Paris, onde viviam tantos beneficiários da Revolução e Napoleão. Na verdade, porém, especialmente quando entraram no centro de Paris, os monarcas foram recebidos por multidões gritando o apoio à causa aliada e à monarquia, e com o laço branco e a bandeira branca dos Bourbon. Dois dias depois, Alexandre admitiria a um político legitimista que o apoio público a uma restauração era muito maior do que ele poderia ter imaginado. Após o desfile, os monarcas e Schwarzenberg cavalgaram para a mansão de Talleyrand nas proximidades da rue Saint-Florentin, onde Alexandre ficaria durante seus cruciais primeiros dias em Paris. De vigia ao redor da mansão de Talleyrand naquela noite ficaram os homens da 1ª Companhia (do próprio imperador) do 1º Batalhão das Preobrajenski. Esse era o batalhão que tinha montado guarda em Tilsit sete anos antes.[38]

Enquanto as tropas entravam em Paris naquela manhã, Nesselrode já estava a caminho da rue Saint-Florentin. No dia anterior, enquanto aguardava na mansão de Marmont para acordar os termos da capitulação da cidade, Mikhail Orlov fora abordado por Talleyrand com o pedido de "transmitir o mais profundo respeito do príncipe de Benevento (ou seja, Talleyrand) à Sua Majestade, o Imperador do Rússia". Orlov era um oficial da inteligência esperto e bem informado e não tinha dúvidas quanto ao significado das palavras de Talleyrand. "Príncipe – respondi baixinho – o senhor pode ter certeza de que vou levar essa oferta a Sua Majestade." O jovem oficial lembrou que "um leve sorriso quase imperceptível passou rapidamente pelo rosto do príncipe". Agora, em 31 de março, Nesselrode recorria a Talleyrand para derrubar Napoleão e substituí-lo por um regime estável legítimo aos olhos franceses e disposto a aprovar o acordo de paz. Como Alexandre deixou claro aos líderes franceses que conheceu naquela noite, essas eram suas únicas prioridades. Embora ele tenha esboçado a eles uma série de cenários possíveis em relação ao futuro governo da França, Alexandre ressaltou que os próprios franceses deveriam escolher entre si.[39]

Para o imperador, Talleyrand era o aliado perfeito, e não apenas por causa de sua habilidade política e de suas conexões. Como Alexandre, ele não era um grande partidário dos Bourbon. Mesmo em 30 de março, ele não estava de forma alguma comprometido com a restauração. Ele estava determinado que, se a monarquia tivesse de voltar, deveria ser limitada por uma constituição e aceitar muito do que havia mudado na França desde 1789. Em seu íntimo, ele provavelmente teria preferido uma regência para o filho infante de Napoleão, com ele mesmo como o poder por trás do trono. Alexandre não era diferente. De qualquer maneira, com Napoleão vivo, livre e ainda cheio de ambição, uma regência como essa tinha perigos óbvios. Na conferência entre os líderes aliados e políticos franceses, que teve lugar no salão de Talleyrand durante a noite de 31 de março, o momento crucial surgiu quando chegou a hora de elaborar a proclamação dos aliados ao povo francês. Ninguém duvidava que eles excluiriam negociar com Napoleão. Quando chegaram à cláusula que também excluía negociações com membros da família Bonaparte, Alexandre "lançou um olhar para o príncipe Schwarzenberg que concordou com um aceno de cabeça, assim como fez o rei da Prússia". Mesmo depois disso, Alexandre não estava totalmente convencido. Ainda em 5 de abril, Caulaincourt acreditava que Alexandre ainda estava aberto à ideia de uma regência e Talleyrand e seus associados temiam profundamente isso. A essa altura, no entanto, teria sido muito difícil para Alexandre reverter o curso e abandonar os franceses que haviam se comprometido com a restauração sob sua proteção e incentivo.[40]

Seguindo o cenário que Alexandre havia delineado em fevereiro, a declaração dos aliados convocava o Senado para se reunir, eleger um governo provisório e elaborar uma nova constituição. Sob a direção de Talleyrand, um grupo remanescente do Senado concordou com isso em 1º de abril, elegendo Talleyrand e seus quatro associados como ministros. No dia seguinte, o Senado destituiu Napoleão e a família Bonaparte e liberou todos os soldados franceses de seu juramento de fidelidade. Com Paris claramente caminhando para a restauração da monarquia, o maior problema era a posição do exército. Se o exército de Napoleão em Fontainebleau continuasse a apoiá-lo, havia uma forte probabilidade de os aliados se verem no meio de uma guerra civil francesa. Eles não temiam apenas o tempo e os custos envolvidos: era também evidente que isso danificaria muito a legitimidade de qualquer regime que eles apoiassem na França. Independentemente das suas dúvidas sobre os Bourbon, esse fator também influenciaria os pensamentos de Alexandre sobre a contínua possibilidade de uma regência para o filho infante de Napoleão. Apenas a deserção do Corpo do marechal Marmont do exército de Napoleão, em 5 de abril, encerrou as dúvidas de Alexandre e fez da restauração da monarquia algo certo.[41]

Nos cruciais primeiros dias em Paris, Alexandre comandou e falou pela coalizão. Durante seu tempo em Paris ele cometeu alguns erros. Embora seu esforço para pressionar a causa da moderação e da constituição senatorial sobre Luís XVIII fosse compreensível, ele era realmente desnecessário, e acabou contribuindo para as relações inicialmente ruins entre a Rússia e a monarquia francesa restaurada. Uma tolice mais grave foi permitir a soberania de Napoleão sobre Elba, o que causou temores aliados e russos na época, mais tarde justificados. Sem dúvida, isso era, em parte, resultado do desejo de Alexandre em ser e ser visto como generoso com um inimigo derrotado. No entanto, não era fácil, nas circunstâncias do momento, encontrar uma solução segura para o problema representado por Napoleão, reconheceu Castlereagh em uma carta ao secretário da guerra britânico que não está incluída em sua correspondência reunida. Castlereagh escreveu que o Governo Francês Provisório tinha apoiado a proposta de Alexandre porque estava com medo da guerra civil e desesperado para conseguir afastar o imperador de seu exército em Fontainebleau. Elba tinha seus perigos, mas não havia alternativas óbvias e melhores. Apesar de Castlereagh não mencionar isso, qualquer restrição à liberdade de Napoleão era impossível, por ter sido descartada pelo acordo com Marmont, quando ele levou seu Corpo para o lado dos aliados. O secretário britânico de relações exteriores, no entanto, escreve que Elba era uma alternativa melhor do que o desejo aparente de Napoleão de viver na Inglaterra, onde certamente não seria bem recebido pelo governo britânico.[42]

No todo, entretanto, o desempenho de Alexandre em Paris foi um grande sucesso. Ele havia encantado os franceses, mantido-se em conformidade com seus aliados e estabelecido um regime em Paris que tinha as melhores chances de manter a legitimidade e aceitar uma paz duradoura. Alexandre fora muito criticado por argumentar que, uma vez que os aliados chegassem a Paris, eles seriam capazes de encontrar e incentivar os adversários franceses de Napoleão, mas os acontecimentos provaram que ele estava certo. Se ele tinha dúvidas sobre os Bourbon, estas eram compartilhadas por muitos franceses e pelos aliados de Alexandre. Como Schwarzenberg escreveu à sua esposa na época, a retirada de Napoleão foi uma bênção para a humanidade, mas ele tinha pouca fé na monarquia restaurada. Para ele, como para Alexandre, e de uma maneira muito frequente na política, os Bourbon eram simplesmente a alternativa menos ruim à disposição dos aliados. Com a monarquia restaurada e a paz com a França assinada, Alexandre deixou Paris em 3 de junho de 1814.[43]

Enquanto Alexandre tinha estava negociando, seu exército experimentara a vida na capital francesa e ao seu redor. Vladimir Löwenstern se estabeleceu com uma cara amante parisiense e uma ótima carruagem, paga em parte por dez mil rublos que ganhou nas cartas. Os oficiais das Guardas receberam um subsídio especial para permitir que desfrutassem e apreciassem Paris. Humildes oficiais da linha não tiveram a mesma sorte. Aleksandr Zaitsev, um inocente jovem alferes do Regimento Kexholm, foi rapidamente separado de seus magros rendimentos quando se atreveu a visitar as casas de jogo e as jovens damas do Palais Royal. Quanto aos soldados, somente os das Guardas estavam aquartelados em Paris, e eram submetidos a uma disciplina rigorosa e constantes desfiles. A notícia de que estavam indo para casa foi recebida com alegria. A primeira a partir foi a cavalaria irregular – cossacos, basquires e calmuques: eles não eram os melhores embaixadores de paz para uma Rússia ansiosa para conciliar a população francesa civil e ser vista como um dos pilares da ordem e da civilização europeias. Logo depois, os regimentos da linha começaram a longa marcha para casa, muitos deles aproveitando as festas nas cidades da Prússia pelas quais passavam, como um sinal de gratidão de Frederico Guilherme III. Como sempre, as Guardas eram diferentes, a maioria deles sendo levada para casa em São Petersburgo pela frota russa que tinha passado os últimos dezoito meses baseada nos portos britânicos.[44]

15

Conclusão

Pouco mais de um ano depois de o Exército russo deixar a França, ele estavam de volta, como resultado dos "Cem Dias", em outras palavras a fuga de Napoleão de Elba e sua tentativa de se sobrepor ao acordo de 1814. Na véspera de Waterloo, um exército russo de 150 mil homens havia acabado de chegar ao Reno e Karl von Toll acabara de chegar à Bélgica para coordenar as operações com Wellington e Blücher. Parte do que havia sido ganho em 1814 precisou ser reconquistado em 1815 ao custo de muitas vidas, mas neste caso não dos russos.

Embora isso possa fazer a campanha de 1814 parecer sem sentido, de fato isso não é verdade. Se os aliados tivessem assinado um acordo de paz com Napoleão em março de 1814, ele estaria em uma posição muito mais forte para desafiar esse acordo, do que era realmente o caso em 1815, após sua fuga de Elba. Ele teria tido mais tempo para planejar sua vingança e teria escolhido o momento mais propício. Sua posição dentro da França também teria sido mais forte. Em 1815, a monarquia restaurada tinha muitos adeptos e até mesmo o principal baluarte de Napoleão, o exército, estava dividido pelas tensões entre aqueles que tinham se comprometido com os Bourbon e o núcleo de leais bonapartistas.

Acima de tudo, a situação internacional teria sido mais favorável. No final de 1814, os aliados puderam se unir com relativa harmonia em torno da restauração da monarquia. Um acordo de paz com Napoleão teria sido muito menos aceitável, sobretudo para Alexandre. Tentar posteriormente chegar a um entendimento entre os aliados sobre um acordo europeu teria sido muito mais difícil. Mesmo sem isso, o Congresso de Viena, em certo ponto, pareceu que iria resultar em uma nova guerra europeia. Com Napoleão preparado em Paris para explorar as discordâncias aliadas, e com seus antigos aliados aguardando seu ressurgimento, os perigos de outras guerras teriam sido enormes. Na verdade, no momento em que Napoleão se restabeleceu em Paris em 1815, os aliados tinham alcançado um consenso sobre o acordo de paz e estavam unidos em sua determinação de não o deixar se desfazer. Isso tornou sua derrota quase certa.

Em junho de 1815, Napoleão teve de arriscar tudo para tentar destruir os Exércitos de Wellington e Blücher antes que os principais exércitos aliados pudessem intervir. Ele sabia que, mesmo que conseguisse fazer isso, ainda enfrentaria a provável derrota nas mãos das maciças forças russas, austríacas e prussianas que já se aproximavam das fronteiras da França.

Os Cem Dias fizeram pouca diferença para os termos do acordo de paz. A França mais ou menos manteve suas fronteiras de 1792. A Rússia ficou com a maior parte, mas não com todo o ducado de Varsóvia. A Prússia foi compensada com parte da Saxônia, e recebeu a Vestfália e a Renânia, a fim de assegurar sua defesa contra o revanchismo francês. A muito vaga Confederação Alemã, que foi criada sob a liderança da Áustria e da Prússia, não satisfez nem de longe as esperanças dos nacionalistas ou liberais alemães, embora esses estivessem em menor número do que alegaram os subsequentes historiadores nacionalistas. Isso foi ainda mais verdadeiro na Itália, que depois de 1815 era composta por uma série de estados não liberais, sob uma hegemonia um tanto benevolente dos Habsburgo.

Para os russos, os principais elementos no acordo foram Polônia e Alemanha. Em relação à primeira, muitas das previsões sombrias de Nesselrode se mostraram corretas. Alexandre considerou seriamente a ideia de uma Rússia federalizada com instituições representativas, na qual o reino polonês constitucional poderia caber mais facilmente do que no império autocrático presente. Compreensivelmente, no entanto, considerando a realidade russa na época, ele recuou dessa ideia. Logo as contradições entre o papel do monarca como czar autocrático e rei constitucional da Polônia se tornaram gritantes. A rebelião polonesa de 1830 encerrou a experiência de governo constitucional na Polônia. Ao mesmo tempo, a revolta dos oficiais russos no chamado movimento dezembrista de 1825, deve muito ao orgulho nacional russo ferido pelo fato de os poloneses estarem recebendo liberdades negadas às elites russas. No século após 1815, os poloneses contribuíram muito para a economia do Império Russo. No entanto, em termos políticos, tanto a população polonesa quanto a população judia do antigo ducado de Varsóvia causaram muitos problemas ao governo russo. E também não era claro que a anexação do ducado tinha reforçado a posição estratégica da Rússia. Pelo contrário, por volta de 1900 isso poderia ser visto como uma armadilha potencial para o Exército russo. A essa altura, o acordo alemão de 1815 também parecia um erro do ponto de vista dos interesses russos. Uma fronteira da França no Reno teria aliviado muitas preocupações russas sobre o desafio do crescente poderio da Alemanha.

É claro, é injusto julgar os esforços de estadistas usando conhecimento retrospectivo. Algumas das dificuldades causadas pela anexação do ducado de Varsóvia poderiam ter sido – e de fato foram – esperadas. Mas do ponto de vista russo, não havia realmente nenhuma resposta fácil para o problema polonês, em uma extensão ainda maior do que acontecia com os britânicos na Irlanda. Nem alguém poderia prever que a fraca Prússia de 1814 seria transformada pela Revolução Industrial e a unificação alemã em uma ameaça para si mesma e para a Europa. No entanto, um conhecimento da subsequente história europeia dá ênfase à questão de saber se os enormes sacrifícios do povo russo em 1812 e 1814 haviam valido a pena.

Esta não é apenas uma questão de quanto à população russa sofreu durante a guerra. Como sempre acontece, a vitória legitimou e consolidou o regime existente, que na Rússia era baseado na autocracia e na servidão. A sensação de que a Rússia saiu vitoriosa e segura tirou o incentivo para uma reforma interna radical. O regime conservador de Nicolau I, que governou de 1825 até 1855, era parcialmente enraizado na suposição do poder e da segurança russos. Esta hipótese só foi enfraquecida pela derrota na Guerra da Crimeia de 1854 a 1856, o que desencadeou uma série de reformas modernizadoras sob o comando do filho de Nicolau, o imperador Alexandre II. Em 1815, no entanto, a Rússia não tinha os meios – o que significava acima de tudo quadros instruídos – para levar a cabo reformas radicais como as realizadas duas gerações mais tarde. É ingênuo acreditar que uma derrota para Napoleão teria desencadeado um programa de liberalização de sucesso na Rússia. Ainda menos verdadeira é a crença de que o conservadorismo de Nicolau foi a causa básica do atraso de crescimento da Rússia entre 1815 e 1860, comparado ao noroeste da Europa. A Revolução Industrial tinha dinâmicas muito além do controle do governo russo daquela época. Ela demandava níveis de educação e densidade populacional que a Rússia não tinha, conjugados com depósitos de carvão e ferro, o que no caso da Rússia só foi possível com a introdução da ferrovia.

Em qualquer caso, questionar se os sacrifícios feitos entre 1812 e 1814 tiveram valor implica que os russos tinham uma escolha. Como sempre até então, os russos comuns, é claro, tinham pouca escolha. Toda a lógica do sistema político era projetada para negar isso. Entre 1807 e 1814, no entanto, o governo russo também teve efetivamente poucas opções. No segundo semestre de 1810 as brilhantemente executadas operações russas de inteligência em Paris deram a Alexandre todos os motivos para esperar o ataque. As extensas informações militares disponíveis em 1811, confirmavam isso. Sem dúvida, se Alexandre tivesse cedido a todas as exigências de Napoleão, a guerra poderia ter sido evitada por um tempo. Em 1810, no entanto, estava claro que o preço da adesão ao Bloqueio Continental de Napoleão seria o enfraquecimento da base financeira do *status* da Rússia como grande potência. A crescente vulnerabilidade da Rússia tornaria mais fácil para Napoleão restaurar uma Polônia maior, o que estava dentro tanto de suas possibilidades quanto de seus interesses. Devolver parte de sua costa do Adriático para a Áustria poderia facilmente conciliar os Habsburgo a esta nova ordem europeia. Compensar o rei da Saxônia destruindo a Prússia teria satisfeito dois interesses franceses ao mesmo tempo. Se um Império Francês em grande escala na Europa era impossível, o mesmo não podia ser dito de uma hegemonia francesa na região – pelo menos por algum tempo. Nenhum governo russo teria permitido que isso acontecesse sem lutar. No caso pouco crível de um monarca russo tentar fazer isso, ele teria sido derrubado. Talvez a história subsequente da Europa tivesse sido mais feliz se a hegemonia francesa perdurasse. Mas ninguém pode esperar que o governo de Alexandre pudesse ter previsto ou aceitado isso.

Como alguns dos conselheiros de Alexandre haviam antecipado, um resultado da destruição de Napoleão foi o grande aumento no poder britânico. Durante um século depois de Waterloo, a Grã-Bretanha desfrutou de preeminência mundial a um preço historicamente pequeno em sangue e recursos financeiros. O orgulho e os interesses russos, ocasionalmente, sofreriam com isso, mais obviamente na Guerra da Crimeia. No longo prazo, o poderio britânico também significou a hegemonia global dos princípios liberal-democráticos, fatais para qualquer versão do Império Russo. Mas isso é olhar para o futuro: em 1815, Wellington e Castlereagh não gostavam da democracia, no mínimo tanto quanto Alexandre I. De forma alguma, a política russa na Era Napoleônica poderia parar a Revolução Industrial da Grã-Bretanha, ou seus efeitos sobre o poderio britânico. Além disso, no século posterior a 1815, a Rússia cresceu em riqueza e população, beneficiando-se enormemente da sua integração à economia capitalista global, cujo principal baluarte era a Grã-Bretanha. No século XIX, como no século XX, a Rússia tinha muito menos a temer da Grã-Bretanha do que das intenções das potências militares continentais em dominar o continente europeu.

Não há um grande enigma sobre por que a Rússia combateu Napoleão. Como ela lutou com ele e por que ganhou são questões muito maiores e mais interessantes. Responder a essas perguntas requer a demolição de mitos bem estabelecidos. Não é de se estranhar que estes mitos dominem o pensamento ocidental sobre o papel da Rússia na derrota de Napoleão. Nenhum pesquisador ou soldado ocidental jamais estudou esses anos a partir de uma perspectiva russa, baseando-se nas evidências russas. Interpretar o esforço de guerra de qualquer país através dos olhos de seus inimigos e parceiros de coalizão está fadado a ser problemático, ainda mais em uma época em que o nacionalismo europeu estava apenas começando sua marcha.

Muito mais interessante e difícil é a tarefa de desafiar mitos nacionais russos. Naturalmente, nem todos esses mitos são falsos. O Exército e o povo russo mostraram grande heroísmo e sofreram enormemente em 1812. O elemento verdadeiramente bizarro e único na mitologia russa sobre a derrota de Napoleão, no entanto, é que ela radicalmente subestima a façanha russa. A principal razão para isso é que a Rússia que derrotou Napoleão era um império aristocrático dinástico e multi-étnico. Pesquisar os eventos da Era Napoleônica apenas por mitos russos etnonacionais, e fazê-lo de modo ingênuo, inevitavelmente deixaria de fora muito sobre o esforço de guerra.

É claro que, de certa maneira, é absurdo chamar Lev Tolstói de o principal vilão nesse mal-entendido. Um romancista não é um historiador. Tolstói escreve sobre mentalidades, valores e experiências individuais durante e antes de 1812. Mas *Guerra e paz* teve mais influência sobre a percepção popular da derrota de Napoleão pela Rússia do que todos os livros de história já escritos. Ao negar qualquer direcionamento racional dos eventos em 1812 por protagonistas humanos, e dando a entender que o profissionalismo militar era uma exclusividade alemã, Tolstói supre muito facilmente as interpretações ocidentais de 1812, que culpam a neve ou o acaso pela derrota francesa. Ao acabar seu romance em Vilna, em dezembro de 1812, ele também contribui para o fato de que tanto os russos, quanto os estrangeiros, em grande parte esquecessem a grande conquista da Rússia entre 1813 e 1814, mesmo que simplesmente em levar seu exército através de toda a Europa até Paris, e mais ainda em derrotar Napoleão pelo caminho. O grande problema com isso é que marginalizar, ou mal-interpretar, um personagem tão crucial quanto a Rússia resulta em erros graves na compreensão de por que e como o Império de Napoleão caiu. Mas acontece também que, para entender o que aconteceu em 1812, é essencial entender que Alexandre e Barclay de Tolly sempre se prepararam para uma guerra longa, que eles esperavam que começasse com uma campanha em solo russo para exaurir Napoleão, mas que acabaria em um avanço russo sobre a Europa e na mobilização de uma nova coalizão de forças anti-napoleônicas.

Uma das principais razões pela qual a Rússia derrotou Napoleão foi que seus líderes foram mais espertos que ele. Em 1812, Napoleão fracassou em entender a sociedade e a política russas, ou em explorar as fraquezas internas da Rússia. No final, ele arruinou sua causa deixando-se demorar em Moscou, na esperança ingênua de que a salvação viria de Alexandre, das elites russas ou mesmo de uma revolta dos cossacos. Por outro lado, Alexandre entendeu bem os pontos fortes e fracos de seu inimigo e usou totalmente esse conhecimento. Antes da invasão, percebeu exatamente o tipo de guerra, que Napoleão queria e precisava. Os russos planejaram e executaram o oposto – uma campanha de retirada defensiva e uma "guerra do povo", que iria jogar a favor de suas forças e contra as fraquezas de Napoleão. No primeiro ano da guerra, a estratégia russa obteve um êxito além de suas expectativas. O exército inteiro de Napoleão foi virtualmente destruído. Isso se deveu muito à sorte e aos erros do imperador. Os eventos certamente não seguiram precisamente os planos de Alexandre. Se o tivessem feito, Napoleão teria sido parado e derrotado no rio Dvina. Mas na guerra os eventos raramente acontecem de maneira precisa, de acordo com o planejado, especialmente em uma campanha defensiva que necessariamente cede a iniciativa ao inimigo. No entanto, o conceito básico de "retirada em profundidade" russa era adequado e funcionou. Ele não teria feito isso sem sorte e erros do inimigo, mas a resolução e coragem moral de Mikhail Barclay de Tolly também foi crucial, como, acima de tudo, foram o heroísmo, a disciplina e a habilidade das retaguardas russas e seus comandantes.

Não deve ser surpresa alguma para ninguém que o Exército russo tenha lutado com mais habilidade entre 1813 e 1814 do que em 1812. Ainda mais porque, mais do que em outras atividades, na guerra há uma grande diferença entre o treinamento e sua realidade. Experiência é um fator crucial. Se alguém analisa os detalhes táticos – como o uso de *jaegers* – ou a competência dos Estados--Maiores, não há dúvida de que o Exército de março de 1814 era muito mais temível do que tinha sido nos dois anos anteriores. Em comparação com o desastre de 1806 e 1807, quando o exército de Bennigsen passou fome na Prússia Oriental, o desempenho de Georg Kankrin na alimentação e no abastecimento das tropas russas, enquanto atravessavam quase toda a Europa, também foi notável. Ninguém que tenha lido relatos de como o exército lutou em Kulm, Leipzig ou Craonne – para citar apenas três exemplos – pode concordar com os velhos mitos sobre como os soldados não tinham a motivação patriótica que sentiram em 1812. Isto não é negar que os oficiais e os homens possam ter lutado com especial desespero em Borodino, depois de semanas de retirada e no interior da Rússia. Como na maioria dos exércitos, no entanto, a chave para o desempenho no campo de batalha era geralmente a lealdade aos companheiros e à própria unidade. No caso russo, isso incluía colegas na artel* mas também o regimento, que para tantos desses soldados foi seu lar pela vida toda.

---

* O termo se refere a uma espécie de cooperativa de crédito informal existente no regimento, que no Brasil é comumente chamada de "caixinha". (N.R.)

O regimento russo era muito mais parte do Antigo Regime do que de um moderno exército nacional. Isso apenas sublinha o fato de que foi o Antigo Regime europeu que derrotou Napoleão. Ele tinha absorvido alguns aspectos da modernidade, como o *landwehr* prussiano, e tinha se aliado ao poderio econômico britânico, que era muito mais moderno de fato do que o Império absolutista de Napoleão. No entanto, a principal causa da derrota de Napoleão foi que as três grandes dinastias lutaram lado a lado pela primeira vez desde 1792 e que o Exército russo esteve em cena desde o início, ao invés de ter de juntar os cacos depois de Napoleão ter derrotado os austríacos ou prussianos. Claro que ajudou enormemente o fato de o exército de Napoleão ter sido destruído em 1812 e de ele ter lutado em 1813 com tropas mais jovens e menos qualificadas. Porém, durante a campanha da primavera de 1813, o Exército russo também estava ainda extremamente enfraquecido por seus esforços no ano anterior e o Exército prussiano era mais inexperiente e lutava para treinar, armar-se e se equipar. O mesmo era verdade tanto para os prussianos quanto para os austríacos, no início da campanha do outono de 1813. Na verdade, até a batalha de Leipzig, a campanha de 1813 foi muito equilibrada e poderia facilmente ter caminhado em favor de Napoleão. Isso contribuiu para o drama da história.

Claro que não é surpreendente que os russos achem mais fácil se identificar com a batalha de Borodino, travada sob o comando de Kutuzov, nos arredores de Moscou, do que com a batalha de Leipzig, travada na Alemanha sob o comando de Barclay de Tolly e Schwarzenberg; em defesa de um conceito de segurança russa baseado no equilíbrio de poder europeu. Tal como aconteceu com os britânicos em 1940, estar sozinho, unido e sem temor é a melhor de todas as memórias de guerra. Mas, mesmo a partir da concepção mais estreita e mais egoísta dos interesses russos ou ingleses, 1940 ou 1812 não foram suficientes. Remover a ameaça do inimigo significava levar a guerra para além das fronteiras do país, e isso requeria aliados. Em 1941, Hitler e Tojo gentilmente cederam aos britânicos esses aliados. Em 1813, Alexandre teve de assumir o grande risco de invadir a Europa Central com seu exército esgotado e enfraquecido para mobilizar seus aliados em potencial, às vezes quase precisando agarrá-los pelo pescoço, a fim de levá-los a servir seus próprios interesses e aos da Europa. A coragem, a habilidade e a inteligência que mostrou, primeiro ao criar a coalizão aliada e depois ao levá-la a Paris, foram notáveis.

Alexandre agiu desta maneira em primeiro lugar por causa de uma visão correta de que era isso que os interesses da Rússia – Império, Estado e Povo – exigiam. Isto não é negar que Nikolai Rumiantsev também estava parcialmente correto ao ver o crescimento da hegemonia econômica britânica em todo o mundo como a realidade subjacente mais importante da época. Isso certamente ajuda a colocar as guerras napoleônicas em uma perspectiva global e a entender sua lógica. Mas, para a Rússia entre 1812 e 1813, a prioridade principal tinha de ser o fim do controle de Napoleão sobre a Alemanha. Enquanto Napoleão controlasse a Alemanha, ele seria muito mais poderoso que Alexandre. Os custos financeiros de manter a segurança da Rússia contra a ameaça que ele representava logo se tornariam insuportáveis. Os vitais interesses econômicos e segurança russos não poderiam, portanto, ser protegidos. No inverno de 1813 e 1814, com a Alemanha liberada, os argumentos a favor e contra a invasão da França e a tentativa de derrubar Napoleão estavam mais equilibrados. Talvez Alexandre acreditasse que assim seria mais fácil satisfazer suas ambições na Polônia, mas os documentos russos mostram claramente que esta não era sua principal motivação. Pelo contrário, o imperador acreditava que, enquanto Napoleão governasse, nem a situação alemã nem a paz europeia estariam asseguradas.

O fundamental era que Alexandre estava convencido de que a segurança russa e a europeia dependiam uma da outra. Hoje, isso ainda é verdade. Mas talvez haja alguma lição a ser retirada de uma história na qual o Exército russo, avançando sobre a Europa entre 1813 e 1814, tenha sido, na maioria dos lugares, visto como um exército de libertação, cujas vitórias significavam não só escapar das extorsões de Napoleão, mas o fim de uma era de guerras constantes e a restauração do comércio e da prosperidade na Europa.

APÊNDICE I
O Exército russo em junho de 1812

1º Exército do Oeste: general M. B. Barclay de Tolly
Chefe do Estado-Maior: tenente-general N. I. Lavrov
Quartel-mestre geral: major-general S. A. Mukhin
Ajudante geral: coronel P. A. Kikin
Chefe de Artilharia: conde A. I. Kutaisov, major-general
Engenheiro-chefe: tenente-general Kh. I. Trusson

1º Corpo de Infantaria: conde P. Kh. von Wittgenstein, tenente-general
5ª Divisão de Infantaria: major-general G. M. Berg
    1ª Brigada: major-general K. F. Kazachkóvski
    Regimento de Infantaria Sevsk; Regimento de Infantaria Kaluga
    2ª Brigada: príncipe A. B. Sibirski, major-general
    Regimento de Infantaria Permanente; Regimento de Infantaria Mogilev
    3ª Brigada: coronel G. N. Frolov
    23º e 24º Regimentos *Jaeger*
    5ª Brigada de Artilharia de Campo: tenente-coronel Muruzi
14ª Divisão de Infantaria: major-general I. T. Sazonov
    1ª Brigada: coronel D. V. Lialin
    Regimento de Infantaria Tenge; Regimento de Infantaria Navagin
    2ª Brigada: major-general B. B. Helfreich
    Regimento de Infantaria Estônia; Regimento de Infantaria Tula
    3ª Brigada: coronel S. V. Denisev
    25º e 26º Regimentos *Jaeger*
    14ª Brigada de Artilharia de Campo: coronel E. E. Staden
    14ª Bateria Pesada e 26ª e 27ª Baterias Leves
    Reserva: dois batalhões granadeiros combinados
Cavalaria: 3ª Brigada da 1ª Divisão de Cavalaria: major-general M. D. Balk
    Regimento Dragão Riga; Regimento Dragão Iamburg
    5ª Brigada da 1ª Divisão de Cavalaria: vaga
    Regimento Hussardo Grodno; três regimentos cossacos do Don
1ª Brigada de Artilharia Reserva: príncipe L. M. Iashvili, major-general
    27ª e 28ª Baterias Pesadas; 1ª e 3ª Baterias de Artilharia Montada; 1ª e 2ª Companhias de Pontão.

2º Corpo de Infantaria: tenente-general K. F. Baggohufvudt
4ª Divisão de Infantaria: príncipe Eugen de Württemberg, major-general
    1ª Brigada: coronel D. I. Pishnitski
    Regimento de Infantaria Kremenchug; Regimento de Infantaria Minsk
    2ª Brigada: major-general I. P. Rossi
    Regimento de Infantaria Tobolsk; Regimento de Infantaria Volínia
    3ª Brigada: coronel E. M. Pillar von Pilchau
    4º e 34º Regimentos *Jaeger*
    4ª Brigada de Artilharia de Campo: coronel A. I. Voeikov
    4ª Bateria Pesada e 7ª e 8ª Baterias Leves
17ª Divisão de Infantaria: tenente-general Z. D. Olsufev
    1ª Brigada: major-general I. S. Alekseev
    Regimento de Infantaria Riazan; Regimento de Infantaria Belo-Ozero
    2ª Brigada: major-general P. A. Tuchkov
    Regimento de Infantaria Willmanstre; Regimento de Infantaria Brest
    3ª Brigada: 30º e 48º Regimentos *Jaeger*
    17ª Brigada de Artilharia de Campo: coronel I. I. Dieterichs
    17ª Bateria Pesada e 32ª e 33ª Baterias Leves
Cavalaria: da 8ª Brigada da 2ª Divisão de Cavalaria
    Regimento Hussardo Elizavetgrad; seis canhões da 4ª Bateria de Artilharia Montada

3º Corpo de Infantaria: tenente-general N. A. Tuchkov
1ª Divisão Granadeira: conde P. A. Stroganov, major-general
    1ª Brigada: coronel P. F. Jeltukhin
    Regimento Granadeiro Pessoal: Regimento Granadeiro do conde Arakcheev
    2ª Brigada: major-general A. I. Tsvilenev
    Regimento Granadeiro Pavlóvski: Regimento Granadeiro de Ekaterinoslav
    3ª Brigada: major-general B. B. Fock
    Regimento Granadeiro São Petersburgo; Regimento Granadeiro Tauride
    1ª Brigada de Artilharia de Campo: coronel V. A. Glukhov
    1ª Bateria Pesada e 1ª e 2ª Baterias Leves
    Reserva: dois batalhões granadeiros combinados
3ª Divisão de Infantaria: tenente-general P. P. Konovnitsin
    1ª Brigada: major-general A. A. Tuchkov
    Regimento de Infantaria Reval; Regimento de Infantaria Murom
    2ª Brigada: tenente-coronel I. M. Ushakov
    Regimento de Infantaria Kopore; Regimento de Infantaria Chernigov
    3ª Brigada: príncipe I. L. Shakhovskói, major-general
    20º e 21º Regimentos *Jaeger*
    3ª Brigada de Artilharia de Campo: tenente-coronel F. E. Tornov
    3ª Bateria Pesada e 5ª e 6ª Baterias Leves
Cavalaria: da 2ª Brigada da Divisão de Cavalaria das Guardas
    Regimento Salva-Vidas Cossaco: 1º Regimento Cossaco Teptiarski; 2ª Bateria de Artilharia Montada

4º Corpo de Infantaria: conde P. A. Shuvalov, tenente-general
11ª Divisão de Infantaria: major-general N. N. Bakhmetev

1ª Brigada: major-general P. N. Choglokov
Regimento de Infantaria Kexholm; Regimento de Infantaria Pernau
2ª Brigada: major-general P. A. Filisov
Regimento de Infantaria Polotsk; Regimento de Infantaria Elets
3ª Brigada: coronel A. I. Bistrom
1º e 33º Regimentos *Jaeger*
11ª Brigada de Artilharia de Campo: tenente-coronel A. Kotliarev
2ª Bateria Pesada e 3ª e 4ª Baterias Leves
23ª Divisão de Infantaria: major-general A. N. Bakhmetev
1ª Brigada: major-general N. M. Okulov
Regimento de Infantaria Rylsk; Regimento de Infantaria Ekaterinburg
2ª Brigada: major-general F. P. Aleksopol
Regimento de Infantaria Selenginsk; 18º Regimento *Jaeger*
2ª Brigada Granadeira Combinada: coronel A. I. Efimovich
Cinco batalhões granadeiros combinados
23ª Brigada de Artilharia de Campo: tenente-coronel L. L. Gulevich
23ª Bateria Pesada e 43ª e 44ª Baterias Leves
Cavalaria: da 8ª Brigada da 2ª Divisão de Cavalaria
Regimento Hussardo Izium e seis canhões da 4ª Bateria de Artilharia Montada

5º Corpo Reserva: grão-duque Constantino
Divisão de Infantaria das Guardas: major-general A. P. Ermolov
   1ª Brigada: barão G. V. von Rosen, major-general
   Regimento das Guardas Preobrajenski; Regimento das Guardas Semenóvski
   2ª Brigada: coronel M. E. Khrapovitski
   Regimento das Guardas Izmailóvski; Regimento das Guardas Lituânia (Litóvski)
   3ª Brigada: coronel K. I. Bistrom
   Regimento das Guardas Finlândia; Regimento das Guardas *Jaeger*; Batalhão das Guardas Marinhas
   Brigada de Artilharia das Guardas: coronel A. Kh. Euler
   1ª e 2ª Baterias Pesadas das Guardas, 1ª e 2ª Baterias Leves das Guardas, destacamento de artilharia das Guardas Marinhas
   1ª Brigada Granadeira Combinada: príncipe G. M. Cantacuzene, coronel
   Quatro batalhões granadeiros combinados
1ª Divisão Couraceira: major-general N. I. Preradovich
   Brigadas Couraceiras das Guardas: major-general I. E. Shevich
   Regimento *Chevaliers Gardes*; Regimento Montado das Guardas
   1ª Brigada Couraceira: major-general N. M. Borozdin
   Regimento Couraceiro Pessoal de Sua Majestade (Imperador); Regimento Couraceiro Pessoal de Sua Majestade (Imperatriz); Regimento Couraceiro Astrakhan
   1ª e 2ª Baterias de Artilharia Montada das Guardas: coronel P. A. Kozen

6º Corpo de Infantaria: general D. S. Dokhturov
7ª Divisão de Infantaria: tenente-general P. M. Kaptsevich
   1ª Brigada: coronel D. P. Liapunov
   Regimento de Infantaria Pskov; Regimento de Infantaria Moscou
   2ª Brigada: coronel A. I. Aigustov
   Regimento de Infantaria Libau; Regimento de Infantaria Sofia

3ª Brigada: major-general A. I. Balla
11º e 36º Regimentos *Jaeger*
7ª Brigada de Artilharia de Campo: tenente-coronel D. F. Devel
7ª Bateria Pesada e 12ª e 13ª Baterias Leves
24ª Divisão de Infantaria: major-general P. G. Likhachev
1ª Brigada: major-general I. D. Tsybul'sky
Regimento de Infantaria Ufa; Regimento de Infantaria Shirvan
2ª Brigada; coronel P. V. Denisev
Regimento de Infantaria Butyrki; Regimento de Infantaria Tomsk
3ª Brigada; 19º e 40º Regimentos *Jaeger*
24ª Brigada de Artilharia de Campo: tenente-coronel I. G. Efremov
24ª Bateria Pesada e 45ª e 46ª Baterias Leves
Cavalaria: da 11ª Brigada da 3ª Divisão de Cavalaria
Regimento Hussardo Sumi; 7ª Bateria de Artilharia Montada

1º Corpo de Cavalaria: general ajudante de campo F. P. Uvarov
1ª Brigada da Divisão de Cavalaria das Guardas: major-general A. S. Chhalikov
Regimento Dragão das Guardas; Regimento Lanceiro das Guardas
2ª Brigada da Divisão de Cavalaria das Guardas: ausente
Regimento Hussardo das Guardas
4ª Brigada da 1ª Divisão de Cavalaria: major-general I. I. Charnysh
Regimento Dragão Kazan; Regimento Dragão Nejin
5ª Bateria de Artilharia Montada

2º Corpo de Cavalaria: barão F. K. von Korff, general ajudante de Campo
6ª Brigada da 2ª Divisão de Cavalaria: coronel N. V. Davydov
Regimento Dragão Pskov; Regimento Dragão Moscou
7ª Brigada da 2ª Divisão de Cavalaria: major-general S. D. Panchulidzev
Regimento Dragão Kargopol; Regimento Dragão Íngria
5ª Brigada da 1ª Divisão de Cavalaria: ausente
Regimento Lanceiro Polonês; 6ª Bateria de Artilharia Montada

3º Corpo de Cavalaria: major-general conde Peter von der Pahlen
9ª Brigada da 3ª Divisão de Cavalaria: major-general S. V. Diatkov
Regimento Dragão Curlândia; Regimento Dragão Orenburgo
10ª Brigada da 3ª Divisão de Cavalaria: major-general A. A. Skalon
Regimento Dragão Sibéria; Regimento Dragão Irkutsk
11ª Brigada da 3ª Divisão de Cavalaria: ausente
Regimento Hussardo Mariupol

Corpo Volante Cossaco: General M. I. Platov
Regimento Ataman de cossacos do Don; sete outros regimentos cossacos do Don
1ª e 2ª Regimentos Cossacos Bug; 1º Regimento basquir
Regimentos Montados Tártaros Simferopol e Pereskop
Regimento Calmuque Stavropol
2ª Brigada de Artilharia de Cossacos do Don

Exército Reserva:
29ª e 30ª Baterias Pesadas

Cinco companhias pioneiras: duas companhias de pontão: quatro companhias móveis veteranas
Seis parques móveis de artilharia

2º Exército do Oeste: príncipe P. I. Bagration, general
Chefe do Estado-Maior: major-general conde E. de Saint-Priest
Quartel-mestre geral: major-general M. S. Vistitski
Ajudante geral: coronel S. N. Marin
Chefe de Artilharia: barão K. F. Lowenstern, major-general
Engenheiro-chefe: major-general E. F. Forster

7º Corpo de Infantaria: tenente-general N. N. Raévski
26ª Divisão de Infantaria: major-general I. F. Paskevich
  1ª Brigada: coronel A. I. Liphardt
  Regimento de Infantaria Ladoga; Regimento de Infantaria Poltava
  2ª Brigada: coronel N. F. Ladijenski
  Regimento de Infantaria Níjni Novgorod; Regimento de Infantaria Orel
  3ª Brigada: coronel F. G. Gogel
  5º e 42º Regimentos *Jaeger*
  26ª Brigada de Artilharia de Campo: tenente-coronel G. M. Schulmann
  26ª Bateria Pesada e 47ª e 48ª Baterias Leves

12ª Divisão de Infantaria: major-general P. M. Koliubakin
  1ª Brigada: coronel M. N. Ryleev
  Regimento de Infantaria Smolensk; Regimento de Infantaria Narva
  2ª Brigada: coronel K. K. Panzerbiter
  Regimento de Infantaria Aleksopol; Regimento de Infantaria Novoingermanle
  3ª Brigada: major-general I. I. Palitsyn
  6º e 41º *Jaegers*
  12ª Brigada de Artilharia de Campo: tenente-coronel Ia. I. Sablin
  12ª Bateria Pesada e 22ª e 23ª Baterias Leves
Cavalaria: da 14ª Brigada da 4ª Divisão de Cavalaria
  Regimento Hussardo Akhtyrka: 8ª Bateria de Artilharia Montada

8º Corpo de Infantaria: tenente-general M. M. Borozdin
2ª Divisão Granadeira: príncipe Karl von Mecklenburg-Schwerin, major-general
  1ª Brigada: coronel I. Ia. Shatilov
  Regimento Granadeiro Kiev; Regimento Granadeiro Moscou
  2ª Brigada: coronel I. F. von Buxhoeweden
  Regimento Granadeiro Astrakhan; Regimento Granadeiro Fanagoria
  3ª Brigada: coronel V. A. Hesse
  Regimento Granadeiro Sibéria; Regimento Granadeiro Pequena Rússia
  2ª Brigada de Artilharia de Campo: coronel A. A. Boguslávski
  11ª Bateria Pesada e 20ª e 21ª Baterias Leves
2ª Divisão Granadeira Combinada: conde M. S. Vorontsov, major-general
  1ª Brigada: quatro batalhões granadeiros combinados
  2ª Brigada: seis batalhões granadeiros combinados
  3ª Brigada de Artilharia Reserva: ausente
  31ª e 32ª Baterias Bateria Pesadas

2ª **Divisão Couraceira:** major-general O. F. von Knorring
    2ª Brigada Couraceira: major-general N. V. Kretov
    Regimento Couraceiro Ekaterinoslav; Regimento Couraceiro Ordem Militar
    3ª Brigada Couraceira: major-general I. M. Duka
    Regimento Couraceiro Glukhov; Regimento Couraceiro Pequena Rússia; Regimento Couraceiro Novgorod

4º **Corpo de Cavalaria:** conde K. K. Sievers, major-general
    12ª Brigada da 4ª Divisão de Cavalaria: major-general I. D. Panchulidzev
    Regimento Dragão Kharkov; Regimento Dragão Chernigov:
    13ª Brigada da 4ª Divisão de Cavalaria: coronel E. A. Emmanuel
    Regimento Dragão Kiev; Regimento Dragão Nova Rússia
    Da 14ª Brigada da 4ª Divisão de Cavalaria
    Regimento Lanceiro Lituânia; 10ª Bateria de Artilharia Montada

Destacamento Cossaco: major-general N. V. Ilovaiski
    Oito Regimentos Cossacos do Don; 3º Regimento Cossaco Bug
    1ª Bateria de Artilharia Montada do Don

Exército Reserva:
    Duas companhias pioneiras e uma mineira, uma companhia pontão; três companhias veteranas móveis: seis parques móveis de artilharia

A caminho do 2º Exército:
27ª **Divisão de Infantaria:** major-general D. P. Neveróvski
    1ª Brigada: coronel M. F. Stavitski
    Regimento de Infantaria Odessa; Regimento de Infantaria Ternopol
    2ª Brigada: coronel A. Ia. Kniajnin
    Regimento de Infantaria Vilna; Regimento de Infantaria Simbirsk
    3ª Brigada: coronel A. V. Voeikov
    49º e 50º Regimentos *Jaeger*
    27ª Brigada de Artilharia de Campo: coronel Arapetov
    49ª Bateria Pesada e 53ª e 54ª Baterias Leves
    Dois batalhões granadeiros combinados

3º **Exército Reserva:** general A. P. Tormasov
Chefe do Estado-Maior: major-general I. N. Inzov
Quartel-mestre geral: coronel R. E. Rennie
Ajudante geral: coronel K. F. Oldekop
Chefe de Artilharia: major-general I. Kh. von Sievers

Corpo do general S. M. Kamenski
18ª **Divisão de Infantaria:** príncipe A. G. Shcherbatov, major-general
    1ª Brigada: major-general P. E. Bernados
    Regimento de Infantaria Vladimir; Regimento de Infantaria Tambov
    2ª Brigada: príncipe N. N. Khovanski, major-general
    Regimento de Infantaria Kostroma; Regimento de Infantaria Dnieper
    3ª Brigada: major-general V. D. Meshcherinov

28º e 32º Regimentos *Jaeger*
18ª Brigada de Artilharia de Campo: tenente-coronel Pashchenko
18ª Bateria Pesada e 34ª e 35ª Baterias Leves
Brigada Granadeira Combinada: tenente-coronel Timashev
Seis batalhões granadeiros combinados
Cavalaria: da 14ª Brigada da 8ª Divisão de Cavalaria
Regimento Hussardo Pavlograd; 11ª Bateria de Artilharia Montada

Corpo do tenente-general E. I. Markov
15ª Divisão de Infantaria: major-general F. V. Nazimov
1ª Brigada: major-general F. F. Padeiski
Regimento de Infantaria Kozlov; Regimento de Infantaria Kolyvan
2ª Brigada: tenente-coronel F. I. Ushakov
Regimento de Infantaria Kurin; Regimento de Infantaria Vitebsk
3ª Brigada: príncipe V. V. Viazemski, major-general
13º e 14º Regimentos *Jaeger*
15ª Brigada de Artilharia de Campo: tenente-coronel A. D. Zasiadko
15ª Bateria Pesada e 28ª e 29ª Baterias Leves
9ª Divisão de Infantaria: major-general E. E. Udom
1ª Brigada: coronel A. M. Seliverstov
Regimento de Infantaria Nasheburg; Regimento de Infantaria Yakutsk
2ª Brigada: coronel A. A. Reichel
Regimento de Infantaria Apsheron; Regimento de Infantaria Riajski
3ª Brigada: coronel I. D. Ivanov
10º e 38º Regimentos *Jaeger*
9ª Brigada de Artilharia de Campo: coronel Liapunov
9ª Bateria Pesada e 16ª e 17ª Baterias Leves
Cavalaria: da 17ª Brigada da 5ª Divisão de Cavalaria
Regimento Hussardo Alexandria; 12ª Bateria de Artilharia Montada

Corpo do barão F. von der Osten-Sacken, tenente-general
18 batalhões reserva (segundos) e 16 esquadras reserva de cavalaria
Regimento Hussardo Lubny
4ª Brigada de Artilharia Reserva; 33ª Bateria Pesada e 13ª Bateria de Artilharia Montada
Corpo de Cavalaria do conde C. de Lambert, major-general
5ª Divisão de Cavalaria: major-general conde C. de Lambert
15ª Brigada: major-general A. N. Berdiaev
Regimento Dragão Starodub; Regimento Dragão Tver
16ª Brigada: major-general I. A. Khrushchev
Regimento Dragão Jitomir; Regimento Dragão Arzamas
17ª Brigada; Regimento Lanceiro Tártaro
8ª Divisão de Cavalaria: major-general E. I. Chaplitz
24ª Brigada: major-general P. K. Musin-Pushkin
Regimento Dragão Vladimir; Regimento Dragão Taganrog
26ª Brigada; Regimento Dragão Sepukhov
4ª Brigada de Artilharia Reserva; 34ª Bateria Pesada e 4ª Companhia de Pontão
Destacamento cossaco:

Cinco regimentos cossacos do Don; dois regimentos calmuques; dois regimentos tártaros; um regimento basquir

Exército do Danúbio: almirante P. V. Chichagov
Chefe do Estado-Maior: tenente-general I. V. Sabaneev
Quartel-mestre geral: major-general B. M. Berg
Ajudante geral: major-general A. E. Ansio
Chefe de Artilharia: major-general V. D. Rezvoi

Corpo do conde A. de Langeron, general
22ª Divisão de Infantaria: major-general S. A. Tuchkov
  1ª Brigada: major-general M. A. Schkapski
  Regimento de Infantaria Viatka; Regimento de Infantaria Staroskol
  2ª Brigada: ausente
  Regimento de Infantaria Vyborg
  3ª Brigada: coronel I. N. Durnovo
  29º e 45º Regimentos *Jaeger*
  22ª Brigada de Artilharia de Campo: coronel Kolotinski
  22ª Bateria Pesada e 41ª e 42ª Baterias Leves
Cavalaria: 16ª Brigada da 6ª Divisão de Cavalaria: conde I. V. Manteuffel, major-general
  Regimento Dragão São Petersburgo; Regimento Dragão Livônia
  Dois regimentos cossacos do Don e um de cossacos do Ural; 14ª Bateria de Artilharia Montada

Corpo do tenente-general P. K. von Essen
8ª Divisão de Infantaria: tenente-general P. K. von Essen
  1ª Brigada: coronel V. N. Shenshin
  Regimento de Infantaria Arcangel; Regimento de Infantaria Ucrânia
  2ª Brigada: major-general G. G. Engelhardt
  Regimento de Infantaria Schlusselberg; Regimento de Infantaria Staroingermanle
  3ª Brigada: 37º Regimento *Jaeger*
  8ª Brigada de Artilharia de Campo: coronel Bastian
  8ª Bateria Pesada e 14ª e 15ª Baterias Leves
Cavalaria: da 19ª Brigada da 6ª Divisão de Cavalaria; Regimento Dragão Seversk
  Da 21ª Brigada da 7ª Divisão de Cavalaria; Regimento Dragão Smolensk
  Um regimento cossaco do Don e um do Ural
  15ª Bateria de Artilharia Montada; uma companhia de pontão

Corpo do tenente-general A. L. Voinov
10ª Divisão de Infantaria: conde J. A. von Lieven, major-general
  1ª Brigada: coronel A. P. Zass
  Regimento de Infantaria Belostok; Regimento de Infantaria Crimea
  2ª Brigada; Regimento de Infantaria Kursk
  3ª Brigada: coronel I. P. Belokopytov
  8º e 39º Regimentos *Jaeger*
  10ª Brigada de Artilharia de Campo: tenente-coronel Verbóvski
Cavalaria: da 19ª Brigada da 6ª Divisão de Cavalaria; Regimento Dragão Kinburn
  Da 20ª Brigada da 6ª Divisão de Cavalaria; Regimento Hussardo Bielorrússia

Um regimento cossaco do Don e dois do Ural
7ª Brigada de Artilharia Reserva; 38ª Bateria Pesada e 50ª Bateria Leve

Corpo do tenente-general A. P. Zass
16ª Divisão de Infantaria: major-general M. L. Bulatov
  1ª Brigada; Regimento de Infantaria Okhotsk
  2ª Brigada: major-general T. I. Zbievski
  Regimento de Infantaria Kamchatka; Regimento de Infantaria Mingrelia
  16ª Brigada de Artilharia de Campo: coronel Pohl
  16ª Bateria Pesada e 31ª Bateria Leve
Cavalaria: 7ª Divisão de Cavalaria: tenente-general A. P. Zass
  21ª Brigada; Regimento Dragão Pereiaslavl
  22ª Brigada: conde Paul von der Pahlen, major-general
  Regimento Dragão Dorpat; Regimento Dragão Tiraspol
  23ª Brigada; Regimento Lanceiro Chuguev; dois regimentos cossacos do Don
  7ª Brigada de Artilharia Reserva: 39ª Bateria Pesada e 50ª Bateria Leve
Exército Reserva: tenente-general I. V. Sabaneev
  Regimento de Infantaria Olonets: Regimento de Infantaria Iaroslavl: 7º Regimento *Jaeger*
  Regimento Hussardo Olviopol; um regimento cossaco do Don
  16ª Bateria de Artilharia Montada; duas companhias pioneiras e uma mineira

Destacamento na Sérvia: major-general N. I. Lüders
16ª Divisão de Infantaria: major-general N. I. Lüders
  1ª Brigada; Regimento de Infantaria Neishlot
  3ª Brigada: major-general S. Ia Repninski
  27º e 43º Regimentos *Jaeger*
  30ª Bateria Leve da 16ª Brigada de Artilharia de Campo
Cavalaria: da 20ª Brigada da 6ª Divisão de Cavalaria
  Regimento Lanceiro Volínia; dois regimentos cossacos do Don
  18ª Bateria de Artilharia Montada

Corpo Riga: tenente-general I. N. von Essen
  24 batalhões reserva (segundos); 18 batalhões de entrepostos de recrutas (quartos)
  Uma companhia pioneira e uma companhia mineira

Corpo Finlândia: tenente-general F. F. von Steinhel
6ª Divisão de Infantaria: major-general V. S. Rakhmanov
  1ª Brigada: major-general E. S. Gorbuntsov
  Regimento de Infantaria Briansk; Regimento de Infantaria Nizov
  3ª Brigada: coronel M. L. Treskin
  Regimento de Infantaria Azov; 3º Regimento *Jaeger*
  6ª Brigada de Artilharia de Campo: tenente-coronel Schulmann
  6ª Bateria Pesada e 11ª Bateria Leve
21ª Divisão de Infantaria: major-general N. I. Demidov
  1ª Brigada: coronel A. T. Maslov
  Regimento de Infantaria Petrovsk; Regimento de Infantaria Podólia
  2ª Brigada: barão F. F. von Rosen, coronel

Regimento de Infantaria Neva; Regimento de Infantaria Lituânia
3ª Brigada: coronel F. E. Knipper
2º e 44º Regimentos *Jaeger*
21ª Brigada de Artilharia de Campo: coronel Hune
21ª Bateria Pesada e 40ª Bateria Leve
25ª **Divisão de Infantaria:** major-general P. Ia. Bashutski
1ª Brigada: coronel A. E. Peucher
1º Regimento Marinho; 2º Regimento Marinho
2ª Brigada: coronel M. F. Naumov
3º Regimento Marinho; Regimento de Infantaria Voronej
3ª Brigada: coronel A. I. Wedermeier
31º e 47º Regimentos *Jaeger*
25ª Brigada de Artilharia de Campo: coronel Argun
Cavalaria: 27ª Brigada de Cavalaria: major-general I. I. Alekseev
Regimento Dragão Finlândia; Regimento Dragão Mitau; três regimentos cossacos do Don

1º **Corpo Reserva:** barão E. I. Müller-Zakomel'sky, tenente-general
27 batalhões reserva (segundos) e 33 esquadrões reserva de cavalaria

2º **Corpo Reserva:** tenente-general F. F. Oertel
18 batalhões reserva (segundos) e seis esquadras reserva; três regimentos cossacos do Don

Destacamento Bobruisk: major-general G. A. Ignatev
12 batalhões reserva (segundos); duas companhias mineiras e uma pioneira

Corpo Reserva Smolensk: barão F. F. von Wintzingerode, major-general
27 batalhões de entrepostos de recrutas (quartos); 12 esquadrões de entrepostos de recrutas
2ª Brigada de Artilharia Reserva: coronel Matsylev
46ª e 51ª Baterias Pesadas, 59ª, 60ª, 61ª e 62ª Baterias Leves e 20ª e 24ª Baterias de Artilharia Montada

Corpo Reserva Kaluga: general M. A. Miloradovich
42 batalhões de entrepostos de recrutas (quartos); 18 esquadrões de entrepostos de recrutas

APÊNDICE 2
Corpos do Exército russo no início da campanha de outono de 1813*

Exército da Boêmia:

Corpo do Exército do conde Peter von Wittgenstein, general: 43 batalhões, 19 esquadrões, quatro regimentos cossacos, 92 canhões: força total = 31.913 homens

1º **Corpo de Infantaria:** príncipe Andrei I. Gorchakov, tenente-general:
5ª **Divisão de Infantaria:** major-general V. P. Mezentsev:
  Brigada: Regimento de Infantaria Permanente; Regimento de Infantaria Mogilev
  Brigada: Regimento de Infantaria Kaluga; Regimento de Infantaria Sevsk; Batalhão da grã-duquesa Catarina
  Brigada: 23º e 24º Regimentos *Jaeger*
14ª **Divisão de Infantaria:** major-general Gothard von Helffreich:
  Brigada: Regimento de Infantaria Tenge; Regimento de Infantaria Estônia
  Brigada: 25º e 26º Regimentos *Jaeger*
  3ª Bateria Pesada e 6ª e 7ª Baterias Leves de Artilharia

2º **Corpo de Infantaria:** príncipe Eugen de Württemberg, tenente-general:
3ª **Divisão de Infantaria:** príncipe I. L. Shakhovskoy, major-general:
  Brigada: Regimento de Infantaria Murom; Regimento de Infantaria Reval
  Brigada: Regimento de Infantaria Chernigov; Regimento de Infantaria Selenginsk
  Brigada: 20º e 21º Regimentos *Jaeger*
4ª **Divisão de Infantaria:** major-general D. I. Pishnitski:
  Brigada: Regimento de Infantaria Tobolsk; Regimento de Infantaria Volínia
  Brigada: Regimento de Infantaria Kremenchug; Regimento de Infantaria Minsk
  Brigada: 4º e 34º Regimentos *Jaeger*
  5ª Bateria Pesada e 13ª e 27ª Baterias Leves
1ª **Divisão Hussarda:** conde Peter von der Pahlen, tenente-general:
  Regimento Hussardos Grodno, Sumi, Olviopol e Lubny
  Quatro Regimentos cossacos do Don
  6ª e 12ª Baterias de Artilharia Montada

---

* Não inclui o Exército Reserva, o Corpo do Exército do duque Alexandre de Württemberg sitiando Gdansk, ou outros destacamentos bloqueando fortalezas inimigas.

Corpo Reserva do Exército do grão-duque Constantino: 47 batalhões, 87 esquadrões, três regimentos cossacos e 182 canhões = 43.498 homens

5º **Corpo de Infantaria (Guardas):** tenente-general A. P. Ermolov:
1ª **Divisão das Guardas:** barão Gregor von Rosen, major-general:
   1ª Brigada: Regimento das Guardas Preobrajenski; Regimento das Guardas Semenóvski
   2ª Brigada: Regimento das Guardas Izmailóvski; Regimento das Guardas *Jaeger*; Batalhão das Guardas Marinhas
2ª **Divisão das Guardas:** major-general I. F. Udom:
   1ª Brigada: Regimento das Guardas Lituânia (Litóvski); Regimento Granadeiro Pessoal das Guardas
   2ª Brigada: Regimento das Guardas Pavlóvski; Regimento das Guardas Finlândia
   2ª Bateria Pesada das Guardas e 1ª e 2ª Baterias Leves das Guardas

3º **Corpo (Granadeiro):** tenente-general N. N. Raévski:
1ª **Divisão Granadeira:** major-general P. N. Choglokov:
   1ª Brigada: Regimento Granadeiro do conde Arakcheev; Regimento Granadeiro Ekaterinoslav
   2ª Brigada: Regimento Granadeiro Tauride; Regimento Granadeiro São Petersburgo
   3ª Brigada: Regimento Granadeiro Kexholm; Regimento Granadeiro Pernau
2ª **Divisão Granadeira:** príncipe Karl de Mecklenburg-Schwerin, tenente-general:
   1ª Brigada: Regimento Granadeiro Kiev; Regimento Granadeiro Moscou
   2ª Brigada: Regimento Granadeiro Astrakhan; Regimento Granadeiro Fanagoria
   3ª Brigada: Regimento Granadeiro Sibéria; Regimento Granadeiro Pequena Rússia
   33ª Bateria Pesada e 14ª Bateria Leve
Cavalaria Reserva: príncipe D. V. Golitsyn, tenente-general:
1ª **Divisão Couraceira:** major-general N. I. Preradovich:
   1ª Brigada: *Chevaliers Gardes*; Guardas Montadas
   2ª Brigada: Couraceiros Pessoais de Sua Majestade (imperador); Couraceiros Pessoais de Sua Majestade (imperatriz)
   1ª e 2ª Baterias de Artilharia Montada das Guardas: coronel Kosen
2ª **Divisão Couraceira:** major-general N. V. Kretov:
   1ª Brigada: Regimento Couraceiro Ekaterinoslav; Regimento Granadeiro Pskov
   2ª Brigada: Regimento Couraceiro Glukhov; Regimento Granadeiro Astrakhan
3ª **Divisão Couraceira:** major-general I. M. Duka:
   1ª Brigada: Regimento Couraceiro Ordem Militar; Regimento Couraceiro Starodub
   2ª Brigada: Regimento Couraceiro Pequena Rússia; Regimento Couraceiro Novgorod
Divisão de Cavalaria Leve das Guardas: major-general I. G. Shevich:
   1ª Brigada: Regimento Dragão das Guardas; Regimento Lanceiro das Guardas
   2ª Brigada: Regimento Hussardo das Guardas; Regimento Cossaco das Guardas
Divisão Lanceira: barão E. I. Müller-Zakomelski, major-general:
   Regimento Lanceiro Chuguev; Regimento Lanceiro Serpukhov; 2º Regimento Lanceiro Tártaro
   Regimento Cossaco Ataman e dois outros regimentos cossacos do Don
   1ª Bateria de Artilharia Montada de cossacos do Don
Artilharia Reserva:
   1ª Bateria Pesada das Guardas; 1ª, 14ª, 29ª, 30ª Baterias Pesadas
   Destacamento da Artilharia Marinha das Guardas: 1ª, 3ª, 10ª, 23ª Baterias de Artilharia Montada

Exército da Silésia:

Corpo do Exército do barão Fabian von der Osten-Sacken, tenente-general: 10 batalhões, 30 esquadrões, 12 Regimentos de Cavalaria Irregular, 60 canhões = 17.689 homens
10ª Divisão de Infantaria: conde Johann von Lieven, tenente-general:
  1ª Brigada: Regimento de Infantaria Iaroslavl
  2ª Brigada: Regimento de Infantaria Crimeia; Regimento de Infantaria Belostok
  3ª Brigada: 8º e 39º Regimentos *Jaeger*
16ª Divisão de Infantaria: major-general S.Ia. Repninski:
  Brigada: Regimento de Infantaria Okhotsk; Regimento de Infantaria Kamchatka
27ª Divisão de Infantaria: tenente-general D. P. Neveróvski:
  1ª Brigada: Regimento de Infantaria Vilna; Regimento de Infantaria Simbirsk
  2ª Brigada: Regimento de Infantaria Ternopol; Regimento de Infantaria Odessa
  3ª Brigada: 49º e 50º Regimentos *Jaeger*
Cavalaria: tenente-general I. V. Vasil'chikov:
  Brigada da 3ª Divisão Dragão
  Regimento Dragão Smolensk; Regimento Dragão Curlândia
2ª Divisão Hussarda: major-general S. N. Lanskói
  Brigada: Regimento Hussardo Bielorrússia; Regimento Hussardo Akhtyrka
  Brigada: Regimento Hussardo Alexandria; Regimento Hussardo Mariupol
  Oito regimentos cossacos do Don; um regimento *kalmyk* e um regimento basquir; dois outros regimentos cossacos
Artilharia: major-general A. P. Nikitin:
  10ª e 13ª Baterias Pesadas, 24ª e 35ª Baterias Leves e 18ª Bateria de Artilharia Montada, uma companhia pioneira

Corpo do Exército do conde A. de Langeron, general: 53 batalhões, 37 esquadrões, 176 canhões = 43.531 homens

6º Corpo de Infantaria: príncipe A. G. Shcherbatov, tenente-general:
7ª Divisão de Infantaria: major-general F. I. Talyzin:
  Brigada: Regimento de Infantaria Pskov; Regimento de Infantaria Moscou
  Brigada: Regimento de Infantaria Libau; Regimento de Infantaria Sofia
  Brigada: 11º e 36º Regimentos *Jaeger*
18ª Divisão de Infantaria: major-general P. E. Benardos:
  Brigada: Regimento de Infantaria Vladimir; Regimento de Infantaria Tambov
  Brigada: Regimento de Infantaria Dnieper; Regimento de Infantaria Kostroma
  Brigada: 28º e 32º Regimentos *Jaeger*

8º Corpo de Infantaria: conde E. de Saint-Priest, tenente-general:
11ª Divisão de Infantaria: príncipe I. S. Gurelov, major-general:
  Brigada: Regimento de Infantaria Ekaterinburg; Regimento de Infantaria Rylsk
  Brigada: Regimento de Infantaria Elets; Regimento de Infantaria Polotsk
  Brigada: 1º e 33º Regimentos *Jaeger*
17ª Divisão de Infantaria: major-general Georg Pilar von Pilchau:
  Brigada: Regimento de Infantaria Riazan; Regimento de Infantaria Belo-Ozero
  Brigada: Regimento de Infantaria Wilmanstre; Regimento de Infantaria Brest
  Brigada: 30º e 48º Regimentos *Jaeger*

9º **Corpo de Infantaria:** tenente-general Z. D. Olsufev:
9ª **Divisão de Infantaria:** major-general E. E. Udom:
   Brigada: Regimento de Infantaria Nasheburg; Regimento de Infantaria Apsheron
   Brigada: Regimento de Infantaria Riajsk; Regimento de Infantaria Iakutsk
   Brigada: 10º e 38º Regimentos *Jaeger*
Destacamento do general A. Ia. Rudzevich: 15ª e 13ª Divisões de Infantaria:
   Brigada (15ª Divisão): Regimento de Infantaria Vitebsk; Regimento de Infantaria Kozlov
   Brigada (15ª Divisão): Regimento de Infantaria Kuriia; Regimento de Infantaria Kolyvan
   Brigada (13ª Divisão): 12º e 22º Regimentos *Jaeger*

10º **Corpo de Infantaria:** tenente-general P. M. Kaptsevich:
8ª **Divisão de Infantaria:** príncipe A. P. Urusov, major-general:
   Brigada: Regimento de Infantaria Arcangel; Regimento de Infantaria Schlusselberg
   Brigada: Regimento de Infantaria Staro-Ingermanle
   Brigada: 7º e 37º Regimentos *Jaeger*
22ª **Divisão de Infantaria:** major-general P. P. Turchaninov:
   Brigada: Regimento de Infantaria Viatka; Regimento de Infantaria Staroskol; Regimento de Infantaria Olonets
   Brigada: 29º e 45º Regimentos *Jaeger*
Corpo de Cavalaria: barão Friedrich von Korff, tenente-general:
3ª **Divisão Dragão:** major-general A. N. Berdaev:
   Regimento Dragão Tver; Regimento Dragão Kinburn
1ª **Divisão Dragão:** major-general N. M. Borozdin:
   Regimentos Dragões Moscou, Kargopol, Mitau e Nova Rússia
4ª **Divisão Dragão:** major-general G. A. Emmanuel:
   Regimento Dragão Kharkov: Regimento Dragão Kiev
1ª **Divisão *Jaeger* Montada:** major-general S. D. Panchulidzev:
   Divisões *Jaeger* Montadas Chernigov, Arzamas e Seversk
2ª **Divisão *Jaeger* Montada:** conde Paul von der Pahlen, major-general:
   Regimentos *Jaeger* Montados Livônia e Dorpat
Cavalaria Irregular:
   Cinco regimentos cossacos do Don, três regimentos cossacos ucranianos e um regimento *kalmyk*

Artilharia do Corpo do Exército de Langeron:
   2ª, 15ª, 18ª, 32ª, 34ª e 39ª Baterias Pesadas; 3ª, 19ª, 28ª, 29ª, 32ª, 33ª e 34ª Baterias Leves; 8ª Bateria de Artilharia Montada e 2ª Bateria de Artilharia Montada cossaca; três companhias pioneiras e três companhias de pontão

Exército do Norte:

Corpo do Exército do barão F. von Wintzingerode, tenente-general: 29 batalhões, 48 esquadrões, 20 regimentos de cavalaria irregular, 96 canhões = 29.639 homens.

Destacamento do conde M. S. Vorontsov, tenente-general:
21ª **Divisão de Infantaria:** major-general V. D. Laptev:
   Brigada: Regimentos de Infantaria Petrovsk, Podólia e Lituânia
   Brigada: Regimento de Infantaria Neva: 44º Regimento *Jaeger*
   31ª Bateria Pesada e 42ª Bateria Leve de Artilharia

24ª Divisão de Infantaria: major-general N. V. Vuich:
  Brigada: Regimentos de Infantaria Shirvan e Ufa
  Brigada: Regimentos de Infantaria Butyrki e Tomsk
  Brigada: 19º e 40º Regimentos *Jaeger*
  46ª Bateria de Artilharia Leve
Cavalaria: conde Gothard von Manteuffel, major-general:
  Regimento Dragão São Petersburgo; Regimento Hussardo Elizavetgrado; Regimento Voluntário de Cavalaria Iakhontov
  Cinco regimentos cossacos do Don, um Bug e um Ural

Destacamento do major-general Harpe:
  Regimentos de Infantaria Navagin, Tula e Sevsk
  2º, 13º, 14º Regimentos *Jaeger*
  Três batalhões granadeiros combinados

Destacamento de Cavalaria do conde Joseph O'Rourke, major-general:
  Regimentos *Jaeger* Montado Nejin, Hussardo Pavlograd, Lanceiro Polonês e Lanceiro Volínia
  Seis regimentos cossacos do Don, um cossaco siberiano e um basquir

Destacamento de Cavalaria do major-general A. I. Chernyshev:
  Regimento Dragão Finlândia; Regimento Dragão Riga; Regimento Hussardo Izium
  Cinco regimentos cossacos do Don; quatro canhões da 8ª Bateria de Artilharia Montada

Artilharia do Corpo do Exército:
  31ª Bateria Pesada, 42ª e 46ª Baterias Leves de Artilharia; oito canhões da 8ª Bateria de Artilharia Montada

Exército da Polônia:

Comandante: general Levin von Bennigsen: 43 batalhões de exército e 27 batalhões de infantaria de milícia: 40 esquadrões de cavalaria regular do exército, 10 regimentos de cavalaria irregular, sete esquadrões de cavalaria de milícia: 198 canhões = 59.033 homens

Guarda Avançada: tenente-general E. I. Markov:
16ª Divisão de Infantaria: major-general M. L. Bulatov:
  Regimento de Infantaria Neishlot; 27º e 43º Regimentos *Jaeger*
13ª Divisão de Infantaria: 2ª Brigada: major-general Ivanov:
  Regimento de Infantaria Saratov: Regimento de Infantaria Penza
Cavalaria: major-general S. V. Diatkov e major-general N. V. Dekhterev:
  Regimentos Lanceiros Orenburg e Vladimir; 1º Regimento Hussardo Combinado; 1º Regimento Lanceiro Combinado
  Quatro regimentos cossacos do Don, um cossaco Ural, quatro regimentos basquires
  Um regimento cossaco de milícia siberiana e um regimento Penza de cavalaria de milícia
Artilharia: 16ª Bateria Pesada, 56ª Bateria Leve e 30ª e 10ª Baterias de Artilharia Montada

Corpo do Exército no Flanco Direito: general D. S. Dokhturov:
12ª Divisão de Infantaria: príncipe N. N. Khovanski, major-general:
  1ª Brigada: Regimento de Infantaria Smolensk; Regimento de Infantaria Narva

2ª Brigada: Regimento de Infantaria Aleksopol; Regimento de Infantaria Nova Íngria
3ª Brigada: 6º e 41º Regimentos *Jaeger*
26ª Divisão de Infantaria: major-general I. F. Paskevich:
1ª Brigada: Regimento de Infantaria Ladoga; Regimento de Infantaria Poltava
2ª Brigada: Regimento de Infantaria Níjni Novgorod; Regimento de Infantaria Orel
3ª Brigada: 5º e 42º Regimentos *Jaeger*
13ª Divisão de Infantaria: Brigada do major-general Axel Lindfors:
Regimento de Infantaria Velikie Luki: Regimento de Infantaria Galits
Destacamento de Cavalaria: tenente-general E. I. Chaplitz:
Regimento Dragão Combinado: 1º e 2º Regimentos *Jaeger* Montados Combinados; 2º
Regimento Lanceiro Combinado; Regimentos Lanceiros Taganrog, Sibéria e Jitomir
Artilharia: 26ª e 45ª Baterias Pesadas, 1ª e 47ª Baterias Leves, 2ª Bateria de Artilharia Montada, uma companhia mineira
Artilharia do Corpo do Exército Reserva: 22ª Bateria Pesada, 18ª, 48ª, 53ª Baterias Leves e 9ª Bateria de Artilharia Montada

Corpo do Exército no Flanco Esquerdo: conde P. A. Tolstói, tenente-general:

Corpo de Milícia do major-general N. S. Muromtsev:
Quatro regimentos de infantaria de milícia de Níjni Novgorod; um regimento de Níjni
Novgorod e um regimento de cavalaria de milícia de Kostroma; um regimento cossaco Ural
52ª Bateria Pesada e 22ª Bateria de Artilharia Montada

Corpo da Milícia do major-general Titov:
Três regimentos de infantaria Penza da milícia; um regimento de infantaria de milícia de
Riazan e um regimento de *jaegers* de milícia de Riazan; um regimento de cavalaria de
milícia de Riazan; dois esquadrões de cavalaria de milícia de Kazan
64ª Bateria de Artilharia Leve

NOTAS

Abreviações

AGM	*Arkhiv Grafov Mordvinovykh*
BB	Biblioteca Britânica
Correspondance de l'Empereur Alexandre	*Correspondance de l'Empereur Alexandre Ier avec sa soeur la Grande Duchesse Cathérine 1805-1818*, ed. Grand Duke / Nicolas, SPB, 1910
Entsiklopediia	V. Bezotosnyi et al. (eds.), *Otechestvennaia voina 1812 goda: Entsiklopediia*, Moscou, 2004
Eugen, *Memoiren*	*Memoiren des Herzogs Eugen von Württemberg*, 3 vols., Frankfurt an der Oder, 1862
IV	*Istoricheskii vestnik*
Kutuzov	L. G. Beskrovnyi (ed.), *M. I. Kutuzov: Sbornik dokumentov*, Moscou, 1954, vols. 4i, 4ii, 5
MVUA	*Materialy voenno-uchenago arkhiva (1812, 1813)*
PSZ	*Pol'noe Sobranie Zakonov Rossisskoi Imperii*
RA	*Russkii arkhiv*
RD	*Relations diplomatiques*
RGVIA	*Rossiisskii gosudarstvennyi voenno-istoricheskii arkhiv*
RS	*Russkaia Starina*
SIM	*Sbornik istoricheskikh materialov izvlechennykh iz arkhiva S.E.I.V. kantseliarii*
SIRIO	*Sbornik imperatorskago russkago istoricheskago obshchestva*
SPB	São Petersburgo
SVM	*Stoletie Voennago ministerstva 1802-1902*
TGIM	*Trudy gosudarstvennogo istoricheskogo muzeia*
VIS	*Voenno-istoricheskii Sbornik*
VPR	*Vneshnaia politika Rossii*
VS	*Voennyi sbornik*

Capítulo 1: Introdução

1 Grande parte desta introdução baseia-se em meu artigo "Russia and the Defeat of Napoleon", *Kritika*, 7/2, 2006, páginas 283-308. Este artigo inclui abrangentes notas de rodapé, e leitores

NOTAS DO CAPÍTULO I

interessados podem consultá-lo em relação a referências sobre a maior parte das fontes secundárias. Este Capítulo introdutório também aborda brevemente muitos tópicos cobertos em detalhe mais adiante no livro, em pontos nos quais farei as citações necessárias para a literatura nas notas.

2 Para as principais obras em inglês sobre ou acerca deste assunto, ver Leituras recomendadas.

3 A única exceção é Christopher Duffy: ver seus *Austerlitz*, Londres, 1999, e *Borodino and the War of 1812*, Londres, 1999: ambos são reedições feitas pela Cassells de livros publicados alguns anos antes. Os dois livros são curtos e foram escritos quando os arquivos russos eram fechados aos estrangeiros. As principais obras de Duffy sobre a Rússia cobrem um período anterior.

4 Com isso quero dizer, é claro, as fontes primárias: há uma vasta e esplêndida literatura secundária francesa sobre a era napoleônica. Ver meu artigo em *Kritika*, nº 14.

5 *Memoiren des Herzogs Eugen von Württemberg*, 3 vols., Frankfurt an der Oder, 1862.

6 Por exemplo, as memórias de Friedrich von Schubert, o chefe do Estado-Maior da cavalaria do barão Korff: *Unter dem Doppeladler*, Stuttgart, 1962.

7 Carl von Clausewitz, *The Campaign of 1812 in Russia*, Londres, 1992.

8 Os julgamentos de Clausewitz sobre as fases posteriores da campanha são mais suaves: talvez tenha ajudado o fato de, àquela altura, ele estar servindo sob o comando de Peter Wittgenstein, em cujo quartel todos os principais oficiais eram alemães.

9 Os três primeiros volumes de Rudolph von Friederich (*Die Befreiungskriege 1813-1815*) cobrem as campanhas de primavera e outono de 1813 e a campanha de 1814: *Der Frühjahrsfeldzug 1813*, Berlim, 1911; *Der Herbstfeldzug 1813*, Berlim, 1912; *Der Feldzug 1814*, Berlim, 1913.

10 Ver os quatro volumes de *Geschichte der Kämpfe Österreichs: Kriege unter der Regierung des Kaiser Franz. Befreiungskrieg 1813 und 1814*, Viena, 1913.

11 Isto é mais verdadeiro no que diz respeito a *A World Restored*, de Henry Kissinger, Londres, 1957.

12 Ver, por exemplo, "War and Ethnicity: The Role of Warfare in the Formation, Self-Images, and Cohesion of Ethnic Communities", *Ethnic and Racial Studies*, 4/4, 1981, páginas 375-97, de Anthony D. Smith.

13 Acima de tudo graças aos dois volumes de Peter Hofschroer: *1815: The Waterloo Campaign*, Londres, 1998 e 1999.

14 O comentário azedo de F. Zatler, feito em 1860, de que a logística é a grande fraqueza da história militar ainda permanece em boa parte verdadeiro: *Zapiski o prodovol'stvii voisk v voennoe vremia*, SPB, 1860, página 95. A melhor fonte publicada sobre logística russa em 1812-1814 continua a ser o relatório apresentado a Alexandre I por Georg Kankrin e Mikhail Barclay de Tolly: *Upravlenie General-Intendanta Kankrina: General'nyi sokrashchennyi otchet po armiiam ...za pokhody protiv Frantsuzov, 1812, 1813 i 1814 godov*, Varsóvia, 1815. Há uma útil dissertação por Serge Gavrilov, *Organizatsiia i snabjeniia russkoi armii nakanune i v khode otechestvennoi voiny 1812 g. i zagranichnykh pokhodov 1813-1815gg: Istoricheskie aspekty*, SPB, 2003. Sobre logística napoleônica, ver Martin van Creveld, *Supplying War: Logistics from Wallenstein to Patton*, Cambridge, 1977, Capítulo 2.

15 Há um interessante trabalho recente sobre o papel do cavalo na guerra, por Louis DiMarco: *War Horse: A History of the Military Horse and Rider*, Yardley, 2008.

16 Sobre Wellington e a história de Waterloo, ver Malcolm Balen, *A Model Victory: Waterloo and the Battle for History*, Londres, 1999, e Peter Hofschroer, *Wellington's Smallest Victory: The Duke, the Model-Maker and the Secret of Waterloo*, Londres, 2004. A obra de Buturlin foi originalmente publicada em francês em 1824: *Histoire de la campagne militaire de Russie en 1812*. A primeira história de campanha publicada de Mikhailóvski-Danilévski foi sobre a campanha de 1814: *Opisanie pokhoda vo Frantsii v 1814 godu*, 2 vols., SPB, 1836. Sua história de 1812 foi publicada em São Petersburgo em 1839 em quatro volumes: *Opisanie otechestvennoi voiny v 1812 Goda*. No ano seguinte, foi publicada sua história em dois volumes da campanha de 1813: *Opisanie voiny 1813g*.

NOTAS DO CAPÍTULO 2   535

17 Sobre historiografia russa das guerras napoleônicas, ver I. A. Shtein, *Voina 1812 goda v otechestvennoi istoriografii*, Moscou, 2002, e o artigo de V. P. Totfalushin em *Entsiklopediia*, páginas 309-13.
18 B. F. Frolov, *"Da byli liudi v nashe vremiia": Otechestvennaia voina 1812 goda i zagranichnye pokhody russkoi armii*, Moscou, 2005.
19 Ver a discussão e bibliografia em D. Lieven, *Empire: The Russian Empire and its Rivals*, Londres, 2001.
20 Há alguns paralelos na historiografia chinesa e turca sobre os Impérios Manchu e Otomano.
21 Qualquer um que se refira a este tema deve muito a John Keegan, *The Face of Battle*, Londres, 1978, páginas 117-206. Há grandes semelhanças e relativamente poucas diferenças entre os valores dos oficiais britânicos que ele discute e os de seus equivalentes russos.
22 Pamfil Nazarov e Ivan Men'shii.
23 J. P. Riley, *Napoleon and the World War of 1813*, Londres, 2000, é um estudo interessante e original de uma guerra mundial em 1813 por um alto oficial britânico. É verdade que a guerra anglo-americana de 1812-1814 esteve diretamente ligada às guerras napoleônicas, embora não fosse parte delas: ver Jon Latimer, *1812: War with America*, Cambridge, Mass., 2007.

Capítulo 2: A Rússia como uma grande potência

1 Ver os Capítulos escritos por Paul Bushkovitch e Hugh Ragsdale em D. Lieven (ed.), *The Cambridge History of Russia*, Cambridge, 2006, vol. 2, páginas 489-529, para levantamentos de política externa russa no século XVIII.
2 Sobre Catarina e seu reinado, a "bíblia" é o livro de Isabel de Madariaga, *Russia in the Age of Catherine the Great*, Londres, 1981. Sobre o "Projeto Grego", ver o esplêndido *Prince of Princes: The Life of Potemkin*, de Simon Sebag Montefiore, Londres, 2000, páginas 219-21, 241-3.
3 O mais completo levantamento recente dos progressos otomanos do século XVIII é *Turkey*, de Suraiya Faroqhi (ed.), vol. 3: *The Later Ottoman Empire 1603-1839*, Cambridge, 2003. Sobre o exército otomano, ver Virginia Aksan, *Ottoman Wars 1700-1870: An Empire Besieged*, Harlow, 2007. Eu experimentei comparações russo-otomanas em D. Lieven, *Empire: The Russian Empire and its Rivals*, Londres, 2001, Capítulo 4, páginas 128 e ss.
4 Há uma vasta literatura sobre o Antigo Regime europeu. Para uma visão de longo prazo da formação do Estado na Europa, ver Charles Tilly, *Coercion, Capital and European States: A.D. 990-1992*, Oxford, 1990. Igualmente instigantes são Perry Anderson, *Lineages of the Absolutist State*, Londres, 1974, e Brian Downing, *The Military Revolution and Political Change*, Princeton, 1992.
5 A melhor pesquisa recente sobre o campesinato russo é de autoria de David Moon, *The Russian Peasantry, 1600-1930*, Londres, 1999. Sobre comparativo de posse de terras pelas elites europeias, ver D. Lieven, *Aristocracy in Europe 1815-1914*, Basingstoke, 1992, Capítulos 1 e 2, páginas 1-73.
6 A conta exata é de 7,3%, e é derivada dos cerca de 500 generais incluídos no *Entsiklopediia*. Sobre educação e Iluminismo nas províncias do Báltico, ver G. von Pistohlkors, *Deutsche Geschichte in Osten Europas: Baltische Länder*, Berlim, 1994, páginas 266-94.
7 A melhor fonte é a história oficial da engenharia militar russa: *Glavnoe injenernoe upravlenie*, SVM, 7/1, SPB, 1902. Sobre médicos ver: A. A. Baranov, *"Meditsinskoe obespechenie armii v 1812 godu"*, em *Epokha 1812 goda: Issledovaniia, istochniki, istoriografiia*, TGIM, vol. 1, Moscou, 2002, páginas 105-24.
8 D. G. Tselerungo, *Ofitsery russkoi armii, uchastniki Borodinskogo srajenia*, Moscou, 2002, página 81. A melhor fonte sobre as origens do quadro de generais é N. Glinoetskii, *"Russkii general'nyi shtab v tsarstvovanie Imperatora Aleksandra I"*, VS, 17/10, 1874, páginas 187-250. Ver também: *Glavnyi shtab*, SVM, 4/1-2, especialmente páginas 169 ss: *"Svita Ego Imperatorskago Velichestva po kvartirmeisterskoi chasti"*.

9 Peço aqui emprestado o termo usado por John Brewer no contexto da Grã-Bretanha do século XVIII.
10 As estatísticas russas são inexatas porque o governo contava apenas o número de indivíduos que deviam serviço militar obrigatório. Isto não incluía mulheres, nobres, sacerdotes, comerciantes ou todas as minorias não russas. Para as estatísticas básicas sobre as populações europeias, ver Bonney (ed.), *Economic Systems and Finance*, Oxford, 1995, páginas 315-19 e 360-76. Para uma análise mais detalhada da população europeia em 1812, ver as estatísticas compiladas pelo major Paldus Josef no apêndice de *Geschichte der Kämpfe Österreichs: Kriege unter der Regierung des Kaisers Franz. Befreiungskrieg 1813 und 1814*, vol. 1: O. Criste, *Österreichs Beitritt zur Koalition*, Viena, 1913. Todas essas estatísticas devem ser observadas cuidadosamente. Por exemplo, os números de Paldus sobre a população russa são muito baixos, embora ele possa muito bem estar usando estimativas de russos étnicos, em vez de todos os súditos do imperador. Bonney cita P. G. M. Dickson para o cálculo Habsburgo (*Finance and Government under Maria Theresa 1740-1780*, 2 vols., Oxford, 1987, vol. 1, página 36), mas Dickson não inclui a população da Holanda ou da Itália dos Habsburgo.
11 Sobre remuneração e rações russas, ver F. P. Shelekhov, *Glavnoe intendantskoe upravlenie: istoricheskii ocherk*, SVM, 5/1, SPB, 1903, páginas 87, 92. Sobre as tropas de Wellington, ver Matthew Morgan, *Wellington's Victories*, Londres, 2004, páginas 33, 74.
12 E. K. Wirtschafter, *From Serf to Russian Soldier*, Princeton, 1990, Capítulo 4, páginas 74-95.
13 Sobre recrutamento russo, ver Janet Hartley, *Russia, 1762-1825: Military Power*, Londres, 2008, Capítulo 2, páginas 25-47. Sobre recrutamento francês, ver Isser Woloch, *The New Regime: Transformations of the French Civil Order, 1789-1820*, Londres, 1994, Capítulo 13, páginas 380-426, e David Hopkin, *Soldier and Peasant in French Popular Culture*, Woodbridge, 2003, páginas 125-214. Sobre a nação em armas, ver MacGregor Knox, "Mass Politics and Nationalism as Military Revolution: The French Revolution and After", em MacGregor Knox e Williamson Murray (eds.), *The Dynamics of Military Revolution. 1300-2050*, Cambridge, 2001, Capítulo 4, páginas 57-73.
14 "*Zapiski I. V. Lopukhina*", RA, 3, 1914, páginas 318-56, na página 345. Sobre a milícia e o debate que cercou sua mobilização, ver *Komplektovanie voysk v tsarstvovanie imperatora Aleksandra I*, SVM, 4/1, páginas 18-40, 69-72.
15 I. Merder, *Istoricheskii ocherk russkogo konevodstva i konnozavodstva*, SPB, 1868: a citação está nas páginas 84-5. V. V. Ermolov e M. M. Ryndin, *Upravlenie general-inspektora kavalerii o remontirovanii kavalerii. Istoricheskii ocherk*, SVM, 3/3.1, SPB, 1906. Esta é uma obra essencial.
16 Marquês de Londonderry, *Narrative of the War in Germany and France in 1813 and 1814*, Londres, 1830, página 31. Sir Robert Wilson, *Campaigns in Poland. 1806 and 1807*, Londres, 1810, página 14.
17 Além de Merder, ver Shelekhov, *Glavnoe intendantskoe upravlenie*, para a compra e manutenção de cavalos: os preços de compra, por exemplo, estão na página 104. Uma útil história moderna da cavalaria russa está em A. Begunova, *Sabli ostry, kony bystry*, Moscou, 1992. Sobre o incidente com os austríacos, ver T. von Bernhardi, *Denkwürdigkeiten aus dem Leben des kaiserlichen russischen Generals der Infanterie Carl Friedrich Grafen von Toll*, 5 vols., Leipzig, 1858, vol. 4, livro 7, páginas 183-4.
18 Há duas dissertações extremamente úteis inéditas de candidatos russos (aproximadamente o equivalente a um Ph.D. britânico) sobre a economia militar: SV Gavrilov, *Organizatsiia i snabjeniia russkoi armii nakanune i v khode otechestvennoi voiny 1812g i zagranichnykh pokhodov 1813-1815gg: Istoricheskie aspekty*, dissertação de candidato, SPB, 2003, e V. N. Speranski, *Voenno-ekonomicheskaia podgotovka Rossii k bor'be s Napoleonom v 1812-1814 godakh*, Gorky, 1967. As estatísticas básicas sobre matérias-primas estão em Gavrilov, páginas 39-42. Speranski é uma mina de informações úteis: seu ponto fraco parece ser que ele negligencia a produção crucial da artilharia de campo no arsenal de São Petersburgo. Ver a nota seguinte para referências a

esta produção. Viktor Bezotosnyi gentilmente confirmou que o arsenal, de fato, produziu principalmente artilharia de campo russa.

19 Para as estatísticas básicas, ver L. Beskrovny, *The Russian Army and Fleet in the Nineteenth Century*, Gulf Breeze, 1996, páginas 196-7. Speranskii, *Voenno-ekonomicheskaia*, páginas 38-58, sobre a produção em Petrozavodsk e outros trabalhos. Sobre o equipamento de artilharia, armas e táticas em 1812-14, ver A. e Iu. Jmodikov, *Tactics of the Russian Army*, 2 vols., West Chester, 2003, vol. 2, Capítulos 10-15. Ver também: Anthony e Paul Dawson e Stephen Summerfield, *Napoleonic Artillery*, Marlborough, 2007, páginas 48-55.

20 Sobre as três fábricas de armas, a melhor introdução são os artigos em *Entsiklopediia*, páginas 296, 654 e 724-5.

21 Speranski, *Voenno-ekonomicheskaia*, Capítulo 2, especialmente páginas 82 e ss., 362 e ss. Em grande parte a fonte primária mais detalhada sobre a fábrica em Tula é um artigo excepcionalmente interessante de P. P. Svinin, *"Tul'skii orujeinyi zavod"*, Syn Otechestva, 19, 1816, páginas 243 e ss. Embora pertença ingenuamente à era soviética em muitos dos seus julgamentos, V. N. Ashurkov, *Izbrannoe: Istoriia Tul'skogo kraia*, Tula, 2003, contém detalhes interessantes.

22 Sobre os testes franceses, ver K. Alder, *Engineering the Revolution: Arms and Enlightenment in France, 1763-1815*, Princeton, 1997, página 339. Sobre as críticas inglesas, ver Philip Haythornthwaite, *Weapons and Equipment of the Napoleonic Wars*, Londres, 1996, página 22. Speranski, *Voenno-ekonomicheskaia*, páginas 458-9, sobre as fontes dos mosquetes distribuídos para o exército em 1812-1813.

23 Mesmo os homens de Wellington não costumavam esperar repelir ataques apenas com mosquetaria. Voleios eram seguidos de contra-ataques ligeiros com baioneta.

24 Dois estudos recentes sobre financiamento e tributação russos são: Peter Waldron, *"State Finances"*, em Lieven (ed.), *Cambridge History of Russia*, vol. 2, páginas 468-88, e Richard Hellie, *"Russia"*, em R. Bonney (ed.), *The Rise of the Fiscal State in Europe c. 1215-1815*, Oxford, 1999, páginas 481-506.

25 Todas estas estatísticas devem ser vistas com certo ceticismo. Os russos devem levantar especial desconfiança devido à incerteza se as somas estão sendo citadas em rublos de prata ou de papel. A maioria dos estatísticos é extraída de Bonney, *Economic Systems*, páginas 360-76. A conta francesa é de Michel Bruguierè, *"Finances publiques"*, em J. Tulard (ed.), *Dictionnaire Napoléon*, Paris, 1987, páginas 733-5. A soma britânica é de J. M. Sherwig, *Guineas and Gunpowder: British Foreign Aid in the Wars with France 1793-1815*, Cambridge, Mass., 1969, página 96.

26 W. M. Pintner, *Russian Economic Policy under Nicholas I*, Ithaca, NY, 1967, Capítulo 5. Existe uma tabela útil na página 186 que mostra o volume de papel moeda emitido anualmente e seu valor perante a moeda de prata. Uma fonte bem-informada afirma que a obrigação dos camponeses alimentarem os soldados por uma compensação muito inadequada por parte do Estado era um costume bem estabelecido: L. Klugin, *"Russkaia soldatskaia artel"* páginas 90, 96-7.

27 A maior parte da discussão subsequente foi baseada em textos básicos, bem como em algumas das minhas próprias ideias: ver em particular Paul W. Schroeder, *The Transformation of European Politics 1763-1848*, Oxford, 1994; H. M. Scott, *The Emergence of the Eastern Powers, 1756-1775*, Cambridge, 2001; H. M. Scott, *The Birth of a Great Power System 1740-1815*, Harlow, 2006; A. N. Sakharov et al. (eds.), *Istoriia vneshnei politiki Rossii: Pervaia polovina XIX veka*, Moscou, 1995.

28 Isabel de Madariaga, *Britain, Russia and the Armed Neutrality of 1780*, Londres, 1962. Há uma boa descrição das realidades por trás dessas disputas sobre direitos marítimos no Capítulo 1 de Ole Feldbaek, *The Battle of Copenhagen 1801*, Barnsley, 2002. O erro de cálculo de Pitt é analisado por Jeremy Black, *"Naval Power, Strategy and Foreign Policy, 1775-1791"*, em Michael Duffy (ed.), *Parameters of British Naval Power 1650-1850*, Exeter, 1998, páginas 93-120.

29 Além das histórias gerais diplomáticas, ver em particular H. Heppner, *"Der Österreichisch-Russische Gegensatz in Sudosteuropa im Zeitalter Napoleons"*, em A. Drabek et al. (eds.), *Russland und Österreich zur Zeit der Napoleonischen Kriege*, Viena, 1989, páginas 85 e ss.

30 Elise Wirtschafter, *"The Groups Between: raznochintsy, Intelligentsia, Professionals"*, em Lieven, *Cambridge History of Russia*, vol. 2, páginas 245-63, é uma boa introdução para a evolução das classes médias russas. Sobre Estado e sociedade na era napoleônica, Nicholas Riasanóvski, *A Parting of Ways: Government and the Educated Public in Russia 1801-1855*, Oxford, 1976, continua de grande valor.

31 Jerzy Lukowski, *The Partitions of Poland*, Harlow, 1999, é uma introdução confiável para este assunto.

32 J. Hartley, *Alexander I*, Londres, 1994, páginas 58-72. A. A. Orlov, *Soiuz Peterburga i Londona*, Moscou, 2005, Capítulo 1, páginas 7 e ss.

33 Os textos chave para isso são as instruções de Alexandre ao seu enviado ao governo britânico, Nikolai Novosil'tsev: VPR, 1ª série, 2, páginas 138-46 e 151-3, 11/23 setembro de 1804. Ver também Patricia Grimsted, *The Foreign Ministers of Alexander I*, Berkeley, 1969, páginas 32-65.

34 Sobre a campanha de 1805, ver sobretudo dois trabalhos recentes: R. Goetz, *1805 Austerlitz: Napoleon and the Destruction of the Third Coalition*, Londres, 2005; Frederick W. Kagan, *Napoleon and Europe 1801-1805: The End of the Old Order*, Cambridge, Mass., 2006.

35 Para uma interessante defesa da política prussiana, ver Brendan Simms, *The Impact of Napoleon: Prussian High Politics, Foreign Policy and the Crisis of the Executive 1797-1806*, Cambridge, 1997. Sobre Czartoryski, ver W. H. Zawadski, *A Man of Honour: Adam Czartoryski as a Statesman of Russia and Poland 1795-1831*, Oxford, 1993, páginas 61-136.

36 A melhor fonte sobre isso é Shelekhov, *Glavnoe intendantskoe upravlenie*, Capítulos VI-XIV; F. Zatler, *Zapiski o prodovol'stvii voisk v voennoe vremia*, SPB, 1860, também é uma excelente fonte e fornece estatísticas sobre densidades populacionais relativas nas páginas 23 e 78-9: ainda em 1860, após décadas de rápido crescimento da população, a densidade na Bielorrússia e na Lituânia era um quarto daquela encontrada na Silésia, Saxônia, Boêmia ou nordeste da França. Gavrilov, *Organizatsiia*, página 59. Sobre salários, ver PSZ, 30, 23542, 17 março de 1809 (OS), páginas 885-6. Em 1809, os salários de todos os oficiais subalternos teve que ser aumentado em 33% para compensar a depreciação da cédula de rublo.

37 Há um bom artigo detalhado sobre isso em Drabek et al. (eds), *Russland und Österreich by Rainer Egger: "Die Operationen der Russischen Armee in Mahren und Österreich ob und unter der Enns im Jahre 1805"*, páginas 55-70.

38 Ver, acima de tudo, E. Weber, *Peasants into Frenchmen*, Stanford, Califórnia, 1976, especialmente Capítulo 6, páginas 67 e ss.

39 Esta estatística é baseada em uma pesquisa que realizei com 1.500 suboficiais, cujos detalhes estão gravados nos registros de pessoal (*formuliarnye spiski*) em RGVIA, Fond 489. Eu incluí todos os suboficiais cujos registros estavam legíveis e que não eram filhos de soldados e clérigos, das seguintes listas regimentais: Guardas Preobrajenski (Ed. Khr. 1); Granadeiros Pequena Rússia (Ed. Khr. 1190); Granadeiros Kherson (Ed. Khr. 1263); regimentos de infantaria Murom (Ed. Khr. 517), Chernigov (Ed. Khr. 1039), Reval (Ed. Khr. 754), Kursk (Ed. Khr. 425); 39º (Ed. Khr. 1802), e 45º (Ed. Khr. 1855) *Jaegers*; Couraceiros Pessoais de Sua Majestade (Imperador) (Ed. Khr. 2114) e os Dragões Mitau (Ed. Khr. 2446), Borisogleb (Ed. Khr. 2337), Narva (Ed. Khr. 2457), Iamburg (Ed. Khr. 2631) e Pskov (Ed. Khr. 212); as 2ª (Ed. Khr. 3798), 5ª (Ed. Khr. 3809) e 10ª (Ed. Khr. 3842) Brigadas de Artilharia.

40 Há muita informação sobre isso em A. Andronikov e V. P. Fedorov, *Prokhojdenie slujby SVM*, vol. 4, livro 1, parte 3, SPB, vol. 4, livro 1, parte 2, apêndices, páginas 41-55.

NOTAS DO CAPÍTULO 2

41 Sobre artel, ver os comentários de William Fuller em *Strategy and Power in Russia, 1600-1914*, New York, 1992, páginas 172-3; também L. Klugin, *"Russkaia soldatskaia artel"*, páginas 79-130; *Prokhojdenie slujby*, páginas 112-14. Sobre formação de novos regimentos, ver A. A. Kersnóvskii, *Istoriia russkoi armii*, 4 vols., Moscou, 1992, vol. 1, página 206.

42 Eugen, *Memoiren* vol. 2, página 49; S. F. Glinka, *Pis'ma russkogo ofitsera*, Moscou, 1987, página 347.

43 Em 1806, por exemplo, uma circular da Chancelaria Militar Pessoal de Alexandre salientou que "a transferência de oficiais de um regimento para outro é totalmente contrária aos desejos do imperador": Andronikov e Fedorov, *Prokhojdenie slujby*, SVM, página 112. E em 1812, o barão Cyprian von Kreutz se tornou chefe do Regimento Lanceiro Siberiano. No ano seguinte seus dois jovens cunhados foram transferidos para o regimento. Dentro de trinta meses um deles tinha sido promovido duas vezes e o outro três vezes: RGVIA, Fond 489, Opis 1, Ed. Khr. 2670, fos. 34-45: *"Spisok o slujbe i dostoinstv Sibirskago ulanskago polka generaliteta"* e *"Spisok o slujbe i dostoinstv Sibirskago ulanskago polka rotmistrov i shtab-rotmistrov"*. Ver, por exemplo, os registros pessoais das Guardas Preobrajenski (KHR Ed. 1), dos Granadeiros Pequena Rússia e Kherson (KHR Ed. 1190 e 1263), dos regimentos Kursk e Briansk (39º *Jaegers*) (KHR Ed. 425 e 1802) e dos dragões Pskov (KHR Ed. Khr. 212).

44 Sobre Karneev, ver RGVIA, Fond 489, Ed. Khr. 1, fo. 506: *"Formuliarnyi spisok leib gvardii Preobrajenskago polka, generalam, shtab i ober ofitseram i drugim chinam"*, com data de 1 de janeiro de 1808 (OS). Sobre os regimentos Briansk, Narva e Granadeiro, ver as seções sobre suboficiais em seus registros pessoais listados na nota 39 acima. Sobre filhos de soldados e suboficiais, ver *Komplektovanie*, SVM, páginas 173-208. Sobre suboficiais russos, ver D. G. Tselerungo, *"Boevoi opyt unter-ofitserov russkoi armii - uchastnikov Borodinskago srajeniia"*, em *Otechestvennaia voina 1812 goda: Istochniki, pamiatniki, problemy. Materialy XII vserossisskoi nauchnoi konferentsii. Borodino, 6-8 sentiabria 2004g*, páginas 21-6.

45 Grande parte da melhor avaliação do desempenho do Exército russo em 1805-1807 está no vol. 1 de Jmodikov, *Tactics*.

46 Eugen, *Memoiren*, vol. 1, página 136.

47 Esta informação vem do esboço biográfico que introduziu os diários do próprio Osten-Sacken quando estes foram publicados pela Russkii Arkhiv em 1900: RA, 1, 1900, páginas 6-25.

48 *"Iz zapisok fel'dmarshala Sakena"*, RA, 1, 1900, páginas 161-80. As memórias de Langeron são uma fonte útil sobre esta disputa, já que ele nutria um respeito saudável tanto em relação a Bennigsen quanto a Sacken. A carta de Langeron a Bennigsen, datada de 10 de dezembro de 1816, está no vol. 1, páginas xxvii-xxix, de *Mémoires du Général Bennigsen*, 3 vols., Paris, n.d. Os comentários em suas próprias memórias estão em *Mémoires de Langeron, Général d'Infanterie dans l'Armée Russe: Campagnes de 1812, 1813, 1814*, Paris, 1902, páginas 15-18.

49 A melhor fonte sobre os pontos de vista tanto de Alexandre quanto de seus assessores são as muitas cartas do príncipe Aleksandr Kurakin para a imperatriz viúva Maria, em RA, 1, 1868. Ver também A. Gielgud (ed.), *Memoirs of Prince Adam Czartoryski*, 2 vols., Londres, 1888, vol. 2, páginas 174-83. V. Sirotkin, *Napoleon i Aleksandr I*, Moscou, 2003, é uma boa introdução à opinião dentro da elite dominante russa sobre a política externa.

50 S. Tatishchess., *Alexandre I et Napoléon*, Paris, 1894, página 121; Alexandre a Lobanov, 4/16 de junho de 1807.

51 D. N. Shilov, *Gosudarstvednnye deiateli Rossiisskoi imperii*, SPB, 2001, páginas 377-9. Grão-duque Nikolai Mikhailovich, *Russkie portrety*, SPB, n.d., vol. 4, parte 1, nº 62.

52 Sobre a carreira de Aleksandr Kurakin, ver S. N. Shipov e Iu. A. Kuz'min, *Chleny gosudarstvennogo soveta Rossiiskoi imperii*, SPB, 2007, páginas 412-16. Os relatórios de Lobanov sobre as negociações iniciais estão em RS, 98, 1899, páginas 594-5, Lobanov a Alexandre, 7/19 de junho de 1807. Ver também RA, 1, 1868, páginas 183-7: Kurakin à imperatriz Maria, 10/22 de junho de 1807.

53 Parece que em seus rascunhos iniciais Tolstói retratava os Kuragin em termos mais simpáticos: K. B. Feuer, *Tolstói and the Genesis of War and Peace*, Ithaca, NY, 1976, página 71. Sobre a ascendência de Lobanov e Kurakin, ver N. Ikonnikov, *La Noblesse de Russie*, 2ª edição, vols. A1-Z2, Paris, 1958-1966: vols. H1, páginas 211-16 e I1, páginas 426-31.

54 Sobre Constantino, ver E. Karnovich, *Tsesarevich Konstantin Pavlovich*, SPB, 1899. Sobre Paulo, ver R. McGrew, *Paul I of Russia*, Oxford, 1992, e H. Ragsdale (ed.), *Paul I: A Reassessment of his Life and Reign*, Pittsburgh, 1979.

55 V. I. Genishta e A. T. Borisovich, *Istoriia 30go Dragunskago Ingermanlandskago polka*, SPB, 1904, páginas 119-21, descreve o papel de Lieven na preparação do exército para a campanha de 1805.

56 O registro pessoal de Lieven está em RGVIA, Fond 489, Opis 1, Delo 7062, fo. 356: como aconteceu com muitos oficiais, ele não mencionou a propriedade de seus pais. Ver sua auto-avaliação em uma carta a sua noiva, Dorothea, que era a afilhada da imperatriz Maria: J. Charmley, *The Princess and the Politicians*, Londres, 2005, página 7.

57 S. W. Jackman (ed.), *Romanov Relations*, Londres, 1969, página 149. Grã-duquesa Ana ao grão-duque Constantino, 2 de abril de 1828.

58 Ver, por exemplo, Tatishcheff, *Alexander*, páginas 140, 183, e A. Vandal, *Napoléon et Alexandre Premier*, 3 vols., Paris, 1891, vol. 1, páginas 61-7. As instruções estão em VPR, 1ª série, 3, nota 414, páginas 754-60.

59 Alexandre realmente desistiu das Ilhas Jônicas e de Cátaro, que a Rússia de qualquer forma nunca poderia defender, já que estava em guerra com os otomanos e a Grã-Bretanha. Ela recebeu em troca o distrito de Belostok, muito mais útil.

60 Os tratados de paz e de aliança estão em VPR, 1ª série, vol. 3, números 257 e 258, páginas 631 e ss.

61 Esses comentários sobre as preferências e percepções de Alexandre são retirados das instruções que ele deu a Kurakin e Lobanov: VPR, 1ª série, vol. 3 nota 414, páginas 754-60.

62 Para uma lista de artesãos regimentais, ver I. Ulianov, *Reguliarnaia pekhota 1801-1855*, vol. 2, Moscou, 1996, página 212. Sobre a Igreja no exército, ver A. V. Mel'nikova, *Armiia I pravoslavnaia tserkov' Rossiiskoi imperii v epokhu Napoleonovskikh voin*, Moscou, 2007, páginas 45-56, 116-37.

63 A obra essencial sobre os registros dos oficiais é Tselerungo, *Ofitsery russkoi armii*.

64 As informações sobre as Preobrajenski vêm de: RGVIA, Fond 489, Opis 1, Ed. Khr. 1, fos. 455-560: "*Formuliarnyi spisok leib gvardii Preobrajenskago polka, generalam, shtab i ober ofitseram i drugim chinam*", datado de 1 de janeiro de 1808. Apenas ocasionalmente nos registros pessoais dos regimentos de linha pode-se notar que os oficiais deixaram de mencionar a posse de servos: ver como exemplo os três irmãos Doljikov nos Dragões Narva que tinham servos da família como assistentes: RGVIA, Fond 489, Opis 1, Ed. Khr.2457, "*Spisok o slujbe...Narvskago dragunskago polka*", fos. 95 e ss. para a lista de servos pessoais e linhas 6 e ss. e 27 e ss. para os registros pessoais dos irmãos. É muito mais fácil detectar omissões entre os oficiais proeminentes das Preobrajenski, sem falar nos registros pessoais em Fond 489, Opis 1, Delo 7602.

65 A citação é de *Zapiski Sergeiia Grigorovicha Volkonskago (dekabrista)*, SPB, 1902, página 70. Ver, por exemplo, L. G. Beskrovnyi (ed.), *Dnevnik Aleksandra Chicherina, 1812-1813*, Moscou, 1966, para excelentes compreensões da mentalidade dos cultos jovens oficiais das Guardas. Dois desses ataques foram nas Semenóvski na véspera de 1812 e na artilharia das Guardas em janeiro de 1814: P. Pototskii, *Istoriia gvardeiskoi artilerii*, SPB, 1896, páginas 285-6; *Dnevnik Pavla Pushchina*, Leningrado, 1987, páginas 49-50.

66 Sobre Lazarev, ver http:www.svoboda.org/programs. Para exemplos de antigos *rankers* sendo censurados por mau comportamento após a guerra, ver, por exemplo, os casos dos tenentes Beliankin e Kirsanov dos 45º *Jaegers* (RGVIA, Fond 489, Opis 1, Delo 1855, fos. 19-20) ou de três

oficiais dos Lanceiros Iamburg (tenente Krestóvski, *Istoriia 14go Ulanskago Iamburgskago E.I.V. velikoi kniaginii Marii Aleksandrovny polka*, SPB, 1873, apêndices). Claro, muitos ex-*rankers* prosperaram.

67 *"Imperator Aleksandr I: Ego kharakteristika po sochineniiu N. K. Shil'dera"*, RS, 99/3, 1899, páginas 98-114, na página 99.

68 O catálogo da excelente exposição realizada no Museu Hermitage sobre Alexandre contém artigos com muitos *insights* sobre sua personalidade: *Aleksandr I: "Sfinks ne razgadannyi do groba"*, SPB, 2005.

69 Citado em N. Shil'der, *Imperator Aleksandr pervyi: Ego jizn'i tsarstvovanie, 4 ols.*, SPB, 1897, vol. 3, página 489, uma carta para Alexandre escrita por um Professor Parrot.

70 D. V. Soloveva (ed.), *Graf Jozef de Maistr': Peterburgskie pis'ma*, SPB, 1995, n° 72, de Maistre a de Rossi, 20 janeiro./1 fevereiro de 1808, página 99.

71 Há uma escassez de trabalhos sobre a sociedade provincial e a administração de Alexandre. O reinado de Catarina II e o período da Emancipação, de 1861 até 1917, são muito mais bem documentados. Para uma boa visão geral da administração local, ver Janet Hartley, *"Provincial and Local Government"*, em Lieven (ed), *Cambridge History of Russia*, vol. 2, páginas 446-67.

72 O livro que melhor expressa os dilemas de Alexandre é S. Mironenko, *Samoderjavie I reformy: Politicheskaia bor'ba v Rossii v nachale XIXv*, Moscou, 1989.

73 Metternich a Hardenberg, 5 de outubro de 1812, em W. Oncken, *Österreich und Preussen in Befreiungskriege*, Berlim, 1878, vol. 1, n° 3, páginas 378-80.

74 RF, 5, n° 520, Caulaincourt a Champagny, 19 de setembro de 1810, páginas 138-40.

Capítulo 3: A aliança franco-russa

1 N. F. Dubrovin, *"Russkaia jizn' v nachale XIXv"*, RS, 29/96, 1898, páginas 481-516.

2 RD, 4, n° 334, Caulaincourt a Champagny, 3 de outubro de 1809, páginas 110-16.

3 Por exemplo, RD, 1, n° 52, Caulaincourt a Champagny, 25 de fevereiro de 1808, páginas 161-74: 2, n° 165, Caulaincourt a Napoleão, 8 de setembro de 1808, páginas 344-6; 3, n° 187, Caulaincourt a Champagny, 15 de janeiro de 1809, páginas 27-32.

4 *Zapiski Sergeia Grigorovicha Volkonskogo (dekabrista)*, SPB, 1902, páginas 60-62.

5 A. Vandal, *Napoléon et Alexandre Premier*, 3 vols., Paris, 1891, vol. 1, páginas 196-7. SIRIO, 89, 1893, n° 15, Tolstói a Rumiantsev, 26 de outubro/7 de novembro de 1807, páginas 183-5; n° 86, Tolstói a Alexandre, dezembro de 1807, páginas 312-12; n° 111, Tolstói a Rumiantsev, 25 de abril/7 de maio de 1808, páginas 519-27.

6 *Correspondance de l'Empereur Alexandre*, n° 12, Catarina a Alexandre, 25 de junho de 1807, páginas 18-19. Sobre os emigrados franceses na Rússia, ver André Ratchinski, *Napoléon et Alexandre Ier*, Paris, 2002.

7 VPR, 4, n° 219, Stroganov a Alexandre, 1/13 de fevereiro de 1809, páginas 490-91.

8 Sobre Mordvinov, ver, por exemplo, AGM, 4, páginas xliv-xlv: ver em especial seu memorando sobre o Bloqueio Continental datado de 25 de setembro de 1811 (OS), páginas 479-86. Para a declaração de Gurev, ver C. F. Adams (ed.), *John Quincy Adams's in Russia*, Nova York, 1970, página 277. Como a política oficial permaneceu aparentemente comprometida com a aliança francesa até o momento em que Napoleão atravessou a fronteira, os diplomatas geralmente ocultavam esse ponto de vista. A principal, mas de forma alguma única exceção foi Petr Tolstói, que já vinha defendendo a aproximação com a Grã-Bretanha desde o verão de 1808. Ver, por exemplo, SIRIO, 89, 1893, n° 111, de Tolstói a Rumiantsev, 25 de abril/7 de maio de 1808, páginas 519-27; n° 176, de Tolstói a Rumiantsev, 26 de julho/7 agosto de 1808, páginas 631-5. Mas ver também, por exemplo, VPR, 4, n° 101, Alopaeus a Rumiantsev, 18/30 de abril de 1808,

páginas 233-5, para apenas um dos muitos exemplos de outros diplomatas russos que expressam pontos de vista muito "tolstoianos".

9   *Mémoires du Général Bennigsen*, 3 vols., Paris, n.d., vol. 1, 4ª carta, páginas 33-52; vol. 3, anexo 53, páginas 377-95.

10 A principal fonte de língua inglesa sobre Speranski permanece sendo o clássico de Marc Raeff, *Mikhail Speransky: Statesman of Imperial Russia*, Haia, 1969, mas no mínimo o leitor de língua inglesa também deve se voltar a John Gooding, *"The Liberalism of Michael Speransky"*, Slavonic and East European Review, 64/3, 1986, páginas 401-24.

11 Para as opiniões de de Maistre, ver D. V. Soloveva (ed.), *Graf Jozef de Maistr': Peterburgskie pis'ma*, SPB, 1995, nº 72, de Maistre a Rossi, 20 de janeiro/1 de fevereiro de 1808, páginas 98-101. Para Caulaincourt, ver RD, 1, nº 18, Caulaincourt a Napoleão, 13 de janeiro de 1808, Páginas 48-51. Conde A. de Nesselrode (ed.), *Lettres et papiers du Chancelier Comte de Nesselrode 1760-1850*, Paris, n.d., vol. 3, Nesselrode a Speranski, 2/14 de abril de 1810, páginas 251-2. Ver também Joanna Woods, *The Commissioner's Daughter: The Story of Elizabeth Proby and Admiral Chichagov*, Witney, 2000.

12 RA, 2, 1876, Prozoróvski a Golitsyn, 23 de julho/4 de agosto de 1807, páginas 157-9. Sob o ponto de vista britânico, ver Brendan Simms, *Three Victories and a Defeat: The Rise and Fall of the First British Empire. 1714-1783*, Londres, 2007.

13 Sobre Irlanda, ver S. J. Connolly, *Religion, Law and Power: The Making of Protestant Ireland 1660-1760*, Oxford, 1992, páginas 249-50.

14 Sobre o contexto global, ver Christopher Bayly, *The Birth of the Modern World 1780-1914*, Oxford, 2004 parte 1, Capítulos 1-3, páginas 27-120; John Darwin, *After Tamerlane: The Global History of Empire*, Londres, 2007, Capítulo 4, "The Eurasian Revolution", páginas 158-217.

15 RD, 5, nº 563, Caulaincourt a Champagny, 14 de dezembro de 1810, páginas 235-43.

16 Adams, *Adams*, página 209.

17 Ibid., páginas 87, 432.

18 O debate sobre as origens da Revolução Industrial raramente se dá o trabalho de sequer mencionar a Rússia como uma potencial candidata. Além das razões expostas no texto, geralmente presume-se que a decolagem industrial necessitava de uma população densamente concentrada. Ver, por exemplo, a interessante discussão em Kenneth Pomeranz, *The Great Divergence: China, Europe and the Making of the Modern World Economy*, Princeton, 2000.

19 RD, 4, nº 334, Caulaincourt a Champagny, 3 de outubro de 1809, páginas 110-16; nº 423, 11 de março de 1810, páginas 325-8.

20 P. Bailleu (ed.), *Briefwechsel König Friedrich Wilhelm III's und der Königin Luise mit Kaiser Alexandre I*, Leipzig, 1900, nº 157, Alexandre a Frederico Guilherme, 2 de novembro de 1807, páginas 167-8.VPR, 4, nº 146, Kurakin a Rumiantsev, 16/28 de agosto de 1808, páginas 320-21, é apenas uma das muitas análises russas sobre os danos causados a qualquer esperança de paz pela derrocada de Napoleão na Espanha. Outra é nº 198, Rumiantsev a Alexandre, 16/28 de dezembro de 1808, página 441.

21 N. Shilder: *"Nakanune Erfurtskago svidaniia 1808 goda"*, RS, 98/2, 1899, páginas 3-24, Maria a Alexandre, 25 de agosto de 1808 (OS), páginas 4-17. A convenção Erfurt está em VPR, 4, nº 161, páginas 359-61.

22 RS, 98/2, 1899, Alexandre a Maria, n.d., mas certamente final de agosto de 1808, páginas 17-24.

23 *Correspondance de l'Empereur Alexandre*, nº 19, Alexandre a Catarina, 26 de setembro de 1808, página 20.

24 Este parágrafo é baseado na leitura de toda a correspondência diplomática russa nesses seis meses e é impossível citar todos os envios relevantes. Os essenciais são: VPR, 4, nº 131, Kurakin a Alexandre, 2/14 de julho de 1808, páginas 291-8; nº 143, Alexandre a Kurakin, 14/26 de agosto

de 1808, páginas 316-17; nº 144, Rumiantsev a Kurakin, 14/26 de agosto de 1808, páginas 317-19; nº 150, Alexandre a Kurakin, 27 de agosto/8 de setembro de 1808, páginas 331-2; nº 174, Rumiantsev a Alexandre, 26 de outubro/7 de novembro de 1808, páginas 387-9; nº 186, Anstedt a Saltykov, 22 de novembro/4 de dezembro de 1808, páginas 410-12; nº 217, Rumiantsev a Alexandre, 30 de janeiro/11 de fevereiro de 1809, páginas 485-7; nº 220, Alexandre a Rumiantsev, 2/14 de fevereiro de 1809; nº 224, Alexandre a Rumiantsev, 10/22 de fevereiro de 1809, páginas 502-4; nº 246, Rumiantsev a Anstedt, 11/23 de março de 1809, páginas 543-5.

25 SIRIO, 89, 1893, nº 94, Rumiantsev a Tolstói, março de 1808, páginas 496-7: nº 112, páginas 525-7, Tolstói a Rumiantsev, 26 de abril/8 de maio de 1808.

26 *Correspondance de l'Empereur Alexandre*, Maria a Catarina, 23 de dezembro de 1809 (OS), páginas 251-7; Catarina a Maria, 26 de dezembro de 1809 (OS), páginas 259-60.

27 Sobre a não ratificação da convenção, ver RD, 4, nº 410, Caulaincourt a Champagny, 26 de fevereiro de 1810, páginas 296-9; o memorando de Barclay é reproduzido em MVUA 1812, 1/2, páginas 1-6.

28 VPR, 4, nº 221, Rumiantsev a Kurakin, 2/14 de fevereiro de 1809, páginas 496-7.

29 As estatísticas são extraídas de A. A. Podmazo, "Kontinental'naia blokada kak ekonomicheskaia prichina voiny 1812g", *Epokha 1812 goda: Issledovania, istochniki, istoriografia*, 137, TGIM, Moscou, 2003, vol. 2, páginas 248-66, e M. F. Zlotnikov, *Kontinental'naia blokada i Rossiia*, Moscou, 1966, Capítulo IX, páginas 335 e ss. Para o comentário de Caulaincourt, ver RD, 2, nº 179, Caulaincourt a Napoleão, 9 de dezembro de 1808, páginas 387-8.

30 Adams, *Adams*, páginas 236-8, 364; J. Hanoteau (ed.), *Mémoires du Général de Caulaincourt, Duc de Vicenze*, 3 vols., Paris, 1933, vol. 1, páginas 282-3.AGM, vol. 4, nº 1050, 25 de setembro de 1811, páginas 479-86 para o memorando de Nikolai Mordvinov sobre o Bloqueio Continental.

31 SIRIO, 121, 1906, Chernishev a Barclay de Tolly, 31 de dezembro de 1811/12 de janeiro de 1812, páginas 196-202. V. M Bezotosnyi, *Razvedka i plany storon v 1812 godu*, Moscou, 2005, páginas 51-5.

32 A citação é de uma carta de Chernishev a Rumiantsev de 6/18 de junho de 1810: SIRIO, 121, 1906, nº 7, páginas 55-8.

33 Nesselrode (ed.), *Nesselrode*, vol.3, 5/17 de julho de 1811, páginas 375-9.

34 O memorando é reproduzido em N. K. Shil'der, *Imperator Aleksandr pervyi: Ego jizn' i tsarstvovanie*, 4 vols., SPB, 1897, vol. 3, páginas 471-83, mas note o comentário em VPR, 5, nota 246, páginas 692-3, que corrige o erro de Shil'der sobre quando esse relatório chegou a Alexandre.

35 Tudo isso foi retirado de relatórios de Chernishev a Alexandre, Barclay de Tolly e Rumiantsev publicados em SIRIO, 121, 1906, partes 2 e 4, páginas 32-108 e 114-204. A citação é do relatório nº 6, a Barclay, datado de novembro de 1811, páginas 178-87.O único erro de Chernishev foi um momento de descuido na partida em 1812, que permitiu que seu agente no Ministério da Guerra fosse pego. Vandal, *Napoléon et Alexandre*, vol. 3, páginas 306-18, 377, 393, discute as atividades de Chernishev. Alguns detalhes são diferentes: por exemplo, ele escreve que o "livro" do Ministério da Guerra era produzido a cada quinzena. Mais importante, ele subestima a dimensão e o impacto do papel de Chernishev, e ainda mais a importância de suas informações e as de Nesselrode combinadas.

36 Bailleu (ed.), *Briefwechsel*, nº 192, Frederico Guilherme a Alexandre, 19/31 de outubro de 1809, páginas 204-5. Nesselrode (ed.), *Nesselrode*, vol. 3, Nesselrode a Speranski, 6/18 de agosto de 1811, páginas 382-5. A descrição mais detalhada das atividades de Chernishev é o Capítulo 2 de General A. Mikhailovskli-Danilevski, *Jizneopisanie kniaz'ia Aleksandra Ivanovicha Chernysheva ot 1801 do 1815 goda*, reimpresso em *Rossiiskii Arkhiv*, 7, Moscou, 1996, páginas 13-40.

37 SIRIO, 121, 1906, nº 12, Chernishev a Barclay, recebida em 3 de março de 1812, páginas 204-10.

38 VPR, 6, Barclay de Tolly a Alexandre, 22 de janeiro/ 3 de fevereiro de 1812, páginas 267-9.
39 De longe a melhor fonte em inglês sobre esses homens e questões é Alexander Martin, *Romantics, Reformers, Reactionaries: Russian Conservative Thought and Politics in the Reign of Alexander I*, DeKalb, Ill., 1997. Há também úteis detalhes biográficos sobre Rostopchin em A. Kondratenko, *Jizn' Rostopchina*, Orel, 2002.
40 Toda esta discussão é retirada da excelente tradução de Richard Pipes e análise da obra de Karamzin: ver R. Pipes, *Karamzin's Memoir on Ancient and Modern Russia: A Translation and Analysis*, Ann Arbor, 2005; a citação está na página 146.
41 Ibid., páginas 147-67.
42 VPR, 6, n° 137, Rumiantsev a Stackelberg, 28 de março/09 de abril de 1812, páginas 341-3, n° 158, Stackelberg a Rumiantsev, 29 de abril/11 de maio de 1812, páginas 393-4.
43 Bailleu (ed.), *Bnriefwechsel*, n° 196, Frederico Guilherme a Alexandre, 30 de abril/12 de maio de 1812, páginas 214-18.
44 W. H. Zawadski, *A. Man of Honour: Adam Czartoryski as a Statesman of Russia and Poland 1795-1831*, Oxford, 1993, páginas 188-205. Ver VPR, 6, página 693, n° 98 para uma demolição detalhada da declaração de Vandal de que a Rússia estava planejando um ataque preventivo em 1811.
45 W. Oncken, *Österreich und Preussen in Befreiungskriege*, 2 vols., Berlim, 1878, vol. 2, apêndices, n° 30, Saint Julien a Metternich, 13 de agosto de 1811, páginas 611-14.
46 Bailleu (ed.), *Briefwechsel*, n° 198, Alexandre a Frederico Guilherme, 14 de maio de 1811, páginas 219-22; n° 208, Frederico Guilherme a Alexandre, 19/31 de março de 1812, páginas 238-9.
47 *Glavnoe injenernoe upravlenie*, SVM, 7/1, SPB, 1902, páginas 733-58. Há um livro novo e interessante sobre a guerra otomana, de autoria de Virginia Aksan: *Ottoman Wars 1700-1870: An Empire Besieged*, Londres, 2007. Se ele tem uma fraqueza é que diz muito pouco sobre a batalha real e táticas.
48 SIRIO, 121, 1906, n° 13, Chernishev a Rumiantsev, 13/25 de julho de 1810, e n° 15, 5/17 de setembro de 1810, páginas 75-80 e 88-95. Para seu relato sobre sua missão na Suécia ver SIRIO, 21, páginas 22-48.
49 A citação é de uma carta de Bernadotte ao conde Löwenhielm, o emissário especial sueco enviado a Alexandre, de 7/19 de março de 1812 e publicada *em La Suède et la Russie: Documents et matériaux 1809-1818*, Uppsala, 1985, páginas 96-8. O texto sobre o tratado russo-sueco de aliança é o n° 66, páginas 105-11.
50 A frase "tropeçava em direção ao Império" foi inventada por Owen Connelly para descrever as campanhas de Napoleão: *Blundering to Glory: Napoleon's Military Campaigns, Wilmington*, 1987.
51 A literatura sobre o Império de Napoleão é tão vasta que qualquer tentativa de uma bibliografia é impossível aqui. A melhor história geral atualizada em minha opinião é Thierry Lentz, *Nouvelle histoire du Premier Empire*, 3 vols., Paris, 2004-7. Em inglês, as melhores obras recentes incluem P. Dwyer (ed.), *Napoleon and Europe*, Harlow, 2001; M. Broers, *Europe under Napoleon*, Londres, 1996; S. Wolff, *Napoleon's Integration of Europe*, Londres, 1991.
52 Ver principalmente Christopher Bayly, *Indian Society and the Making of the British Empire*, Cambridge, 1988, Capítulo 3, e os Capítulos de Michael Duffy, Patrick O'Brien e Rajat Kanta Ray em P. J. Marshall (ed.), *The Oxford History of the British Empire: The Eighteenth Century*, Oxford, 1998.
53 Rajat Kanta Ray, "Indian Society and the Establishment of British Supremacy, 1765-1818", em Marshall (ed.), *British Empire*, páginas 509-29, na página 525. Sobre a mudança de opinião europeia em relação a impérios no exterior, ver especialmente Jennifer Potts, *A Turn to Empire: The Rise of Imperial Liberalism in Britain and France*, Princeton, 2005. Sobre o ponto de vista dos franceses

(e outros) em relação à Europa oriental, ver Larry Wolff, *Inventing Eastern Europe: The Map of Civilization on the Mind of the Enlightenment*, Stanford, Califórnia, 1994.

54 Isto é arriscar me enredar em uma vasta literatura sobre as origens das nações: ver, por exemplo, A. D. Smith, *The Ethnic Origins of Nations*, Londres, 1986. A era napoleônica oferece oportunidades excelentes para testar a força de identidades nacionais e seus elementos constitutivos, não só na Europa, mas em termos comparativos em todo o mundo: R. G. S. Cooper, *The Anglo-Maratha Campaign and the Contest for India*, Cambridge, 2003, ilustra as fraquezas internas de uma política que era o mais difícil inimigo da Grã-Bretanha na Índia. Compare isso a, por exemplo, M. Rowe (ed.), *Collaboration and Resistance in Napoleonic Europe*, Basingstoke, 2003.

55 O modelo perfeito de um conquistador imperial é o imperador chinês Ch'in Shih-Huang, a quem Finer Sam chama de o governante que deixou a maior e mais duradoura marca no governo. Em comparação a ele, as ambições e o impacto de Napoleão parecem insignificantes: S. Finer, *The History of Government*, 3 vols., Oxford, 1997, vol. 1, páginas 472-3. Para um estudo mais completo do Primeiro Imperador, ver D. Bodde, "The State and Empire of Ch'in", em D. Twitchett e M. Loewe (eds.), *The Cambridge History of China, vol. 1: The Ch'in and Han Empires 221 BC-AD 220*, Cambridge, 1986, Capítulo 1. Michael Doyle, *Empires*, Ithaca, NY, 1986, é revelador no que se refere à institucionalização.

56 Sobre este e muitos outros pontos discutidos nesta seção, ver o excelente Lentz, *Nouvelle histoire, vol. 3: La France et l'Europe de Napoleon 1804-1814*, Paris, 2007. Como será evidente a partir do acima, eu concordo com o Professor Lentz sobre a questão da ideologia: ver as páginas 671-5 de seu livro.

57 VPR, 5, nº 142, memorando de F. P. Pahlen, não depois de 14/26 de novembro de 1809, páginas 294-5.

58 Sobre os "projetos indianos" de Napoleão e os temores russos de que eles seriam forçados a servi-los, ver V. Bezotosnyi, "Indiiskie proekty Napoleona i Rossiia v 1812g", em *Epokha 1812 goda: Issledovaniia, istochniki, istoriografiia*, 161, TGIM, Moscou, 2006, vol. 5, páginas 7-22.

Capítulo 4: Preparando-se para a guerra

1 D. V. Soloveva (ed.), *Graf Jozef de Maistr': Peterburgskie pis'ma*, SPB, 1995, nº 72, 20 de janeiro/1 de fevereiro de 1808, páginas 98-9.

2 Sobre Arakcheev, ver E. Davydova, E. Liatina e A. Peskov (eds.), *Rossiia v memuarakh: Arakcheev. Svidetel'stva sovremennikov*, Moscou, 2000, uma coletânea muito útil de memórias de Arakcheev. Ver também o Capítulo 1 de K. M. Iachmenikov, "Aleksei Andreevich Arakcheev", páginas 17-62, em *Russkie konservatory*, Moscou, 1997.

3 Soloveva, *de Maistr*, nº 72, 20 de janeiro/1 de fevereiro de 1808, página 99.

4 Principalmente melhores munições de metralha e melhores miras.

5 P. Pototski, *Istoriia gvardeiskoi artillerii*, SPB, 1896, Capítulos VI e VIII, páginas 99-153, é a melhor fonte sobre o papel do Arakcheev. Há um Capítulo útil também em V. N. Stroev, *Stoletie sobstvennoi Ego Imperatorskogo Velichestva kantseliarii*, SPB, 1912, páginas 98-129. No que diz respeito às memórias, ver, acima de tudo, "Zapiski A. A. Eilera", RA, 11, 1880, páginas 333-99, nas páginas 342-3, 348-50. F. Lange (ed.), *Neithardt von Gneisenau: Schriften von und über Gneisenau*, Berlim, 1954: "Denkschrift Gneisenaus an Kaiser Alexandre I", páginas 119-34, na página 133.

6 Ver, por exemplo, leis e decretos publicados nestes anos: PSZ, 30, 22.756, 17 de janeiro de 1808, página 27 (para todos os relatórios para Alexandre seguirem via Arakcheev); 22.777, 25 de janeiro de 1808, páginas 42-3 (contabilidade); 22.809, 5 de fevereiro de 1808, página 58 (sem cartas

privadas); 23.052, 2 de junho de 1808, página 284 (registros precisos de serviços); 23.205, 5 de agosto de 1808, páginas 486-508 (regras para a aceitação de tecido fornecido).

7   PSZ, 30, 23923, 21 de outubro de 1809, páginas 1223-7, sobre suprimento de tecidos; MVUA 1812, 1/2, nº 8, Arakcheev a Barclay, 26 de janeiro de 1810, páginas 21-3. As histórias regimentais são a melhor fonte para as instruções de Arakcheev sobre a prática de tiro e manutenção de armas: por exemplo, ver V. V. Rantsov, *Istoriia 96go pekhotnago Omskago polka*, SPB, 1902, páginas 114-17.

8   MVUA 1812, 1, nº 116, Barclay ao General Comissário, 4 de junho de 1810, página 53, RD, 4, 332, Caulaincourt a Champagny, 2 de outubro de 1809, páginas 106-8.

9   Sobre uniformes de recrutas, ver, por exemplo, PSZ, 30, 20.036, 23 de maio de 1808, páginas 272-4. Sobre medidas de emergência iniciais relativas ao fornecimento de tecido, 23.121, 26 de junho de 1808, páginas 357-68. S. V. Gavrilov, *Organizatsiia i snabjeniia russkoi armii nakanune i v khode otechestvennoi voiny 1812g i zagranichnykh pokhodov 1813-1815gg: Istoricheskie aspekty*, dissertação de candidato, SPB, 2003, páginas 117-20, 124.

10 O mesmo aconteceu na França: K. Alder, *Engineering the Revolution: Arms and Enlightenment in France, 1763-1815*, Princeton, 1997, página 466 para todas as referências à tentativa fracassada de introduzir peças intercambiáveis.

11 Ver, acima de tudo, o excelente Capítulo sobre a produção de armas de pequeno porte em V. N. Speranski, *Voenno-ekonomicheskaia podgotovka Rossii k bor'be s Napoleonom v 1812-1814 godakh*, Gorky, 1967, páginas 82-135. Sobre o novo mosquete e seu calibre, PSZ, 30, 23580, 13 de abril de 1809, páginas 908-11. Sobre chumbo, 22.827, 16 de fevereiro de 1808, páginas 71-7, e também MVUA 1812, 4, nº11, Kremer a Barclay de Tolly, 25 de julho de 1811, páginas 82-5; nº 12, Barclay a Gurev, rascunho, páginas 85-6. P. Haythornthwaite, *Weapons and Equipment of the Napoleonic Wars*, Londres, 1996, página 21.

12 PSZ, 30, 23297, 10 de outubro de 1808, páginas 603-38.

13 "Dvenadtsatyi god: Pis'ma N. M. Longinova k grafu S. R. Vorontsovu", RA, 4, 1912, páginas 381-547, 13 de outubro de 1812, páginas 534-5. I. P. Liprandi, *Materialy dlia otechestvennoi voiny 1812 goda: Sobranie stat'ei*, SPB, 1867, Capítulo 10, páginas 199-211.

14 Em grande parte a melhor fonte sobre o passado, valores e vida anterior de Barclay é Michael e Diana Josselson, *The Commander: A Life of Barclay de Tolly*, Oxford, 1980.

15 Ver, por exemplo, os comentários de Eugen de Württemberg: Eugen, *Memoiren*, vol. 1, páginas 274-7.

16 Josselson, *Commander*, páginas 81-2.V. P. Totfalushin, *M. V. Barklai de Tolli v otechestvennoi voine 1812 goda*, Saratov, 1991, Capítulo 1.

17 A lei está em PSZ, 31, nº 24.975, 27 de janeiro de 1812 (OS), páginas 43-164. Gavrilov, *Organizatsiia*, páginas 61 e ss, a discute em detalhes.

18 A alteração é PSZ, 31, nº 25.035, 13 de março de 1812, páginas 228-9. Sobre a lei, ver P. A. Geisman, *Svita Ego Imperatorskogo Velichestva po kvartirmeisterskoi chasti v tsarstvovanie Imperatora Aleksandra I*, SVM, 4/2.1, SPB, 1902, páginas 284 e ss.

19 A lei sobre a formação dos 13 novos regimentos é PSZ, 30, nº 24.505, janeiro de 1811, páginas 537-43, a lei de segurança interna é vol. 30, nº 24.704, páginas 783-802. Sobre a qualidade dos novos regimentos, ver, por exemplo, F. G. Popov, *Istoriia 48go pekhotnago Odesskago polka*, 2 vols., Moscou, 1911 vol. 1, páginas 7-52; S. A. Gulevich, *Istoriia 48-go pekhotnago Estliandskago polka*, SPB, 1911, páginas 117-21.

20 Uma coleção de documentos sobre as tropas de segurança interna foi publicada em Moscou em 2002: *Vnutrennaia i konvoinaia straja Rossii: Dokumenty i materialy*. Para os leitores de língua inglesa, John LeDonne fornece um pequeno guia em *Absolutism and Ruling Class*, Oxford, 1991,

páginas 132-9. P. E. Shchegoleva (ed.), *Zapiski grafa E. F. Komarovskogo*, SPB, 1914, páginas 183-7, é muito revelador sobre a formação das tropas de segurança interna e a atitude de Alexandre em relação a elas. Para a opinião de Alexandre sobre Balashov, ver *"Zapiski Iakova Ivanovicha de Sanglena: 1776-1831gg"*, RS, 37, 1883, páginas 1-46, nas páginas 20-25.

21 Ver em especial a carta de Lobanov a Alexandre em 8 de maio de 1814 (OS): RGVIA, Fond 125, Opis 1/188a, Delo 153, fo. 65. Para ser justo, Lobanov escreveu que alguns desses oficiais eram excelentes.

22 Nesse período, todos os regimentos tinham os chamados chefes. Eles podiam ir de coronéis a generais. Eles assumiam a responsabilidade pela formação, finanças e administração de seu regimento. Se não recebessem outra incumbência, então os chefes comandariam de fato o regimento. De qualquer forma, eles exerciam uma forte influência sobre o comportamento de seus oficiais subordinados.

23 Coronel Markov, *Istoriia leib-gvardii kirasirskago Eia Velichestva polka*, SPB, 1884, páginas 199-201; E. K. Wirtschafter, *From Serf to Russian Soldier*, Princeton, 1990, páginas 97-8.

24 M. A. Rossiiski, *Ocherk istorii 3go pekhotnago Narvskago general-fel'dmarshala kniazia Mikhaila Golitsyna polka*, Moscou, 1904, páginas 291-302.

25 P. Voronov e V. Butóvski, *Istoriia leib-gvardii Pavlovskago polka 1790-1890*, SPB, 1890, páginas 46-73; Popov, *Istoriia 48go*, vol. 1, páginas 26-8. Para outro exemplo de como a má liderança contribuiu para a deserção em esquadrões individuais, ver tenente Krestóvski, *Istoriia 14go Ulanskago Iamburgskago E.I.V. velikoi kniaginii Marii Aleksandrovny polka*, SPB, 1873, páginas 327-33.

26 A mais recente obra britânica sobre o 95º Regimento de Wellington torna esses pontos convincentes: ver Mark Urban, *Rifles*, Londres, 2003.

27 Honorável George Cathcart, *Commentaries on the War in Russia and Germany in 1812 and 1813*, Londres, 1850, página 7.

28 Sobre os regulamentos para treinamento de *jaegers* e recrutas, ver A. I. Gippius, *Obrazovanie (Obuchenie) voisk*, SVM, 4/1, livro 2, SPB, 1903, páginas 76-7, 81-2. Sobre a história dos *jaegers*, ver por exemplo, Rantsov, *Istoriia 96go*, páginas 1-36. A história em três volumes da infantaria russa por I. Ulianov, *Reguliarnaia pekhota 1801-1855*, Moscou, 1995-8, é um resumo muito útil de regulamentos, uniformes, armas e táticas e, felizmente, ele inclui os *jaegers*. Lange, *Gneisenau*, páginas 130-31.

29 Os dois regimentos de infantaria leve das Guardas têm histórias excelentes que contam muito sobre os *jaegers* nesta época: *Istoriia leib gvardii egerskago polka za sto let 1796-1896*, SPB, 1896, e S. Gulevich, *Istoriia leib gvardii Finliandskago polka 1806-1906*, SPB, 1906.

30 *Mémoires de Langeron, Général d'Infanterie dans l'Armée Russe: Campagnes de 1812,1813, 1814*, Paris, 1902, páginas 74-5. Sobre o 2º *Jaegers*, ver Rantsov, *Istoriia 96go*, páginas 81-3. Sobre o 10º *Jaegers*, ver N. Nevejin, *112i pekhotnyi Ural'skii polk: Istoriia polka 1797-1897*, Vilna, 1899, páginas 35-8.

31 Digby Smith, *Napoleon against Russia: A Concise History of 1812*, Barnsley, 2004, página 92. M. I. Bogdanovich, *Istoriia otechestvennoi voiny 1812 goda*, 3 vols., SPB, 1859-1860, vol. 2, página 456.

32 Li todas as edições do *Voennyi jurnal* entre 1810-1812. É impossível citar todas elas.

33 As duas obras fundamentais sobre as origens do quadro de generais são Geisman, *Svita*, SVM, e N. Glinoetski, *"Russkii general'nyi shtab v tsarstvovanie Imperatora Aleksandra I"*, VS, 17/10, outubro de 1874, páginas 187-250 e 17/11, novembro de 1874, páginas 5-43.

34 Antigo subordinado de Volkonski, Mikhailóvski-Danilévski o censura veladamente com fracos elogios: A. I. Mikhailóvski-Danilévski, *Memuary 1814-1815*, SPB, 2001, páginas 156-7.

35 Glinoetski, *"Russkii general'nyi shtab"*, VS, 17/11, novembro de 1874, página 11.

36 RGVIA, Fond 489, Opis 1, Ed. Khr. 1, fos. 215 e ss.

37 Todas estas estatísticas são extraídas de S. V. Shvedov, *"Komplektovanie, chislennost' i poteri russkoi armii v 1812 godu"*, em *K 175-letiiu Otechestvennoi voiny 1812g*, Moscou, 1987, páginas 120-39. As estatísticas mais antigas fornecidas em Geisman, *Svita*, SVM, páginas 298, são mais elevadas. Como Adam Czartoryski, comentou: "Eu muitas vezes vi na Rússia 100 mil homens no papel representados por apenas por 65 mil efetivos": A. Gielgud (ed.), *Memoirs of Prince Adam Czartoryski*, 2 vols., Londres, 1888, vol. 2, página 221.

38 As regras básicas sobre a estrutura e implantação de guerra dos regimentos estão em PSZ, 31, nºs 24.400 e 24.526, páginas 420-24 e 553-8.

39 A razão mais provável para isso foi que as companhias de veteranos das Guardas, os regimentos marinhos e muitas outras unidades militares e instituições em São Petersburgo forneceram um quadro mais do que suficiente para retaguarda e por isso não havia necessidade de deixar os segundos batalhões atrás.

40 Para a opinião de Alexandre, ver SIM, 1, nº 56, páginas 46-7: Alexandre a Essen, 3 de agosto de 1812 (OS). Quando chegou a Riga, o general von Steinhel apoiou a opinião de Essen: "As tropas aqui são batalhões de reserva, fracas em números e inferiores na prontidão para combate às unidades de linha de frente": SIM, 13, nº 3, Steinhel a Arakcheev, 7 de setembro de 1812 (OS), páginas 205-7.

41 Para escolher um caminho através das complicadas alterações na política e nomenclatura em matéria de entrepostos de recruta e formação de reserva, a excepcional *Entsiklopediia* sobre 1812 é imensamente útil.

42 O documento chave sobre a distribuição dos quartos batalhões é um memorando anexado a uma carta de Alexandre a Wittgenstein, datado de 3 de agosto de 1812 (OS): SIM, 1, nº 58, páginas 47-9.

43 Sobre o Regimento Nobre, ver M. Gol'mdorf, *Materialy dlia istorii byvshego Dvorianskago polka*, SPB, 1882: as estatísticas são da página 137. Sobre atrair oficiais, ver também 4, parte 1/3, A. N. Andronikov e V. P. Fedorov, *Prokhojdenie slujby*, SVM, SPB, 1903, páginas 2-9, 100-182.

44 N. Shil'der, *Imperator Aleksandr pervyi: Ego jizn' i tsarstvovanie*, 4 vols., SPB, 1897, vol.3, páginas 98-102. Isto será explicado com mais detalhes no Capítulo 7. As instruções a Lobanov para formar doze novos regimentos com base em contribuições voluntárias foram incluídas em uma carta de Barclay de 10 de maio 1812 (OS): RGVIA, Fond 125, Opis 1/188a, Delo 15, fos. 2-10. As estimativas de custos estão em uma carta do governador de Voronej a Balashev de 24 de junho de 1812 (OS): RGVIA, Fond 125, Opis 1/188a, Delo 16, fos. 92-3.

45 MVUA 1812, 1/2, nº 1, páginas 1-6.

46 Para a opinião de Wolzogen, ver seu memorando de 13 de outubro de 1811 (OS) em MVUA 1812, 5, nº 139, Wolzogen a Barclay, páginas 273-9. Para o ponto de vista do próprio ministro de que uma estratégia ofensiva era a melhor opção, por exemplo, ver um memorando dele de janeiro de 1811: MVUA 1812, 7, nº 16 (adicional), páginas 187-9.

47 MVUA 1812, 2, nº 56, Plano de Operações Militares, fevereiro de 1811, páginas 83-93.

48 O útil memorando de Alexander de Württemberg está em MVUA 1812, 10, nº 143, páginas 253-75; para Bagration, ver, por exemplo, MVUA 1812, 12, nº 103, Bagration a Barclay, 12 de junho de 1812 (OS), páginas 107-9; para Volkonski, MVUA 1812, 11, nº 260, 29 de abril de 1812 (OS), páginas 324-33.

49 Há um grande número de documentos sobre as dificuldades de alimentação das tropas, como, por exemplo, um relatório de Barclay para Alexandre de 4 de abril de 1812 (OS), no qual ele afirma que comida e especialmente forragem são um grande problema, as estradas estão intransitáveis, ele não pode fazer requisições já que um estado de guerra ainda não foi anunciado, mas não tem dinheiro para comprar comida, e está mantendo as taxas de

doenças baixas porque as unidades estão bem dispersas; MVUA 1812, 11, n° 41, 4 de abril de 1812 (OS), páginas 54-5.
50 Mais uma vez, há muitos memorandos sobre este tema em MVUA, mas o melhor resumo do problema está em *Glavnoe injenernoe upravlenie*, SVM, 7/1, SPB, 1902.
51 Para a opinião de Wolzogen, ver seu memorando acima (n° 46). Bogdanovich, *Istoriia... 1812 goda*, vol. 1, páginas 407-11, descreve bem o terreno. O relatório de Oppermann para Barclay é datado de 10 de agosto de 1811 (OS): MVUA 1812, 4, n° 56, páginas 207-9.
52 As duas obras fundamentais sobre o plano de Pfühl em especial e o planejamento russo em geral são V. M. Bezotosnyi, *Razvedka i plany storon v 1812 godu*, Moscou, 2005, páginas 85-108, e V. V. Pugachev, *"K voprosu o pervonachal'nom plane voiny 1812 goda"*, em *K stopiatidesiatiletiu otechestvennoi voiny*, Moscou, 1962, páginas 31-46. Devo muito a esses dois trabalhos.
53 *"Analyticheskii proekt voennykh deistvii v 1812 P. A. Chuikevicha"*, em *Rossiiskii Arkhiv*, 7, 1996, páginas 41-57.
54 Josselson, *Commander*, páginas 41-2; *Correspondance de l'Empereur Alexandre*, n° 73, Alexandre a Catarina, 18 de setembro de 1812 (OS), páginas 86-93; Comte de Rochechouart, *Souvenirs de la Révolution, l'Empire et la Restauration*, Paris, 1889, páginas 167-8. A carta de Rostopchin é citada em A. G. Tartakóvski, *Nerazgadennyi Barklai*, Moscou, 1996, página 73.
55 F. von Schubert, *Unter dem Doppeladler*, Stuttgart, 1962, páginas 212-13: "A Rússia estaria irremediavelmente perdida". *Metternich: The Autobiography 1773-1815*, Londres, 2004, página 153. MVUA 1812, 7, *prilojeniia*, n° 21, "Plan voennykh deistvii", Johann Barclay de Tolly, 1811, páginas 217-42, na página 218.
56 É impossível citar toda essa correspondência: ver, por exemplo, uma carta típica do tenente-general Baggohufvudt a Barclay, de 9 de fevereiro de 1812 (OS): MVUA 1812, 9, n° 50, página 128.
57 A maioria dessas retiradas é famosa o bastante para não exigir referências, mas ver C. Esdaile, *The Peninsular War*, Londres, 2002, página 412, para o impacto da retirada de Burgos sobre a disciplina britânica ("muitas unidades se despedaçaram"). A citação vem de Gordon Corrigan, *Wellington: A Military Life*, Londres, 2001, página 227. Para Bagration, ver sua carta a Alexandre de 6 de junho de 1812 (OS): MVUA 1812, 13, n° 57, páginas 48-50.
58 Ver, por exemplo, os comentários do historiador do Regimento Lanceiro Iamburg: tenente Krestóvski, *Istoriia... Iamburgskago... polka*, páginas 102-3. O leitor de inglês vai entender um pouco da "doutrina" de Suvorov a partir de P. Longworth, *The Art of Victory*, Londres, 1965. Christopher Duffy, *Russia's Military Way to the West*, Londres, 1981, é uma introdução muito boa à história do exército russo do século XVIII, incluindo a evolução de sua "doutrina".
59 MVUA 1812, 1/2, n° 60, páginas 87-91: Diebitsch a Barclay, 9 de maio de 1810 (OS); a denúncia anônima não é datada, mas claramente se origina a partir do inverno de 1811-1812: ver MVUA 1812, 8, n° 13, páginas 175-83.
60 C. F. Adams (ed.), *John Quincy Adams in Russia*, Nova York, 1970, página 426. A carta de Longinov a S.R. Vorontsov é datada de 28 julho de 1812 (OS): RA, 4, 1912, páginas 481-547, na página 490.
61 MVUA 1812, 16, n° 2, Alexandre a Barclay, 7 de abril de 1812 (OS), páginas 180-81, sobre a importância da aliança e a impossibilidade no momento de um ataque preventivo; 13, n° 190, páginas 189-94: Arenschildt a Munster, 22 de maio (3 de junho) de 1812.
62 MVUA 1812, 12, n° 260, memorando de Volkonski, 29 de abril de 1812 (OS), páginas 324-33.
63 MVUA 1812, 13, n° 65, Barclay a Bagration, 6 de junho de 1812 (OS), página 56.
64 MVUA 1812, 13, n° 94, páginas 96-7, e n° 103, páginas 107-9: Bagration a Barclay.
65 MVUA 1812, 13, n° 57, Bagration a Alexandre, 6 de junho de 1812 (OS), páginas 48-50.

Capítulo 5: A retirada

1 Estatísticas de S. V. Shvedov, *"Komplektovanie, chislennost' i poteri russkoi armii v 1812 godu"*, em *K 175-letiiu Otechestvennoi voiny 1812g.*, Moscou, 1987, página 125.
2 Ver Apêndice 1. A tabela é extraída de MVUA 1812, 17, páginas 51-4.
3 Ver, por exemplo, a carta de Paulucci a Alexandre de 14 de julho de 1812 (OS) em MVUA 1812, 14, nº 130, páginas 128-9.
4 Para informações biográficas sobre Toll, ver D. N. Shilov, *Gosudarstvennye deiateli Rossisskoi imperii*, SPB, 2001, páginas 671-4. Os comentários são retirados de N. Muravev, *"Zapiski Nikolaia Nikolaievicha Muraveva"*, RA, 3, 1885, páginas 5-84, na página 81.
5 P. Grabbe, *Iz pamiatnikh zapisok: Otechestvennoe voina*, Moscou, 1873, páginas 17-19, 60, 74-7.
6 Muravev, *"Zapiski"*, página 53. P. Pototskii, *Istoriia gvardeiskoi artillerii*, SPB, 1896, páginas 155-6.
7 Ludwig von Wolzogen, *Mémoires d'un Général d'Infanterie au service de la Prusse et de la Russie (1792-1836)*, Paris, 2002, páginas 106,115. V. von Löwenstern, *Mémoires du Général-Major Russe Baron de Löwenstern*, 2 vols., Paris, 1903, vol. 1, páginas 217, 247-8.
8 SIM, 5, nᵒˢ 1 e 2, Ermolov a Alexandre, 1 e 10 de agosto de 1812, páginas 411-17. V. Kharkevich (ed.), *1812 god v dnevnikakh, zapiskakh i vospominaniiakh sovremennikov*, 4 vols., Vilna, 1900-1907, vol. 1, página 183 *("Iz zapisok Vistitskago")*.
9 S. N. Golubeva (ed.), *General Bagration: Sbornik dokumentov i materialov*, Moscou, 1945, nº 102, Ermolov a Bagration, 30 de junho de 1812 (12 de julho NS), páginas 189-90. Há uma vasta literatura sobre os Dezembristas, muita da qual discute Ermolov: ver, por exemplo, M. A. Davydov, *Oppozitsiia ego velichestva*, Moscou, 1994. Para o comentário de Alexandre: *"Zapiski Iakova Ivanovicha de Sanglena: 1776-1831gg"*, RS, 37, 1883, páginas 1-46, página 551.
10 Ver, acima de tudo, R. I. Sementkóvski, *E. F. Kankrin: Ego jizn' i gosudarstvennaia deiatel'nost'*, SPB, 1893.
11 *Correspondance de l'Empereur Alexandre*, nº 73, Alexandre a Catarina, 18 de setembro de 1812 (OS), páginas 86-93. Para a declaração chave de Alexandre sobre a necessidade de cuidado com a opinião pública, ver VS, 471, 1904, nº 19, Alexandre a Barclay, 24 de novembro de 1812 (OS), páginas 231-3.
12 Sobre Wittgenstein, ver MVUA 1812, 13, nº 173, Barclay a Alexandre, 18 de junho de 1812 (OS), páginas 183-4; a carta de Baggohufvudt é citada em I. I. Shelengóvski, *Istoriia 69go Riazanskago polka*, 3 vols., Lublin, 1911, vol. 2, página 143.
13 *Mémoires du Général Bennigsen*, 3 vols., Paris, n.d., vol. 3, página 77; ver *Mémoires de Langeron, Général d'Infanterie dans l'Armée Russe: Campagnes de 1812, 1813, 1814*, Paris, 1902, por exemplo, página 35, para a opinião de que Bennigsen era o melhor estrategista da Rússia.
14 Sobre os frustrantes esforços de Barclay para criar um entreposto móvel, por exemplo, ver V. P. Totfalushin, *M. V. Barklai de Tolli v otechestvennoi voine 1812 goda*, Saratov, 1991, páginas 29-31.
15 Ver diário de Pushchin: V. G. Bortnevski (ed.), *Dnevnik Pavla Pushchina: 1812-1814*, Leningrado, 1987, páginas 46-7. Aleksei Nikitin, por exemplo, observa que a maior parte do Regimento Lanceiro Polonês desertou em Vitebsk: *"Vospominaniia Nikitina"*, em Kharkevich (ed.), *1812 god*, vol. 2, páginas 140-41. Isso pode ser um exagero.
16 M. M. Petrov, *"Rasskazy slujivshego v 1-m egerskom polku polkovnika Mikhaila Petrova o voennoi slujbe i jizni svoei"*, em *1812 god: Vospominaniia voinov russkoi armii*, Moscou, 1991, páginas 112-355, nas páginas 176-7.
17 N. E. Mitarevski, *Rasskazy ob otechestvennoi voine 1812 goda*, Moscou, 1878, páginas 13-23. A história sobre os padres vem das reminiscências de Ivan Liprandi, o intendente geral da Sexta Corporação: Kharkevich, *1812 god*, vol. 2, página 5: *"Zamechaniia I. P. Liprandi"*.

18 MVUA 1812, 13, n° 203, Uvarov a Alexandre, 19 de junho de 1812 (OS), páginas 206-7.
19 Armand de Caulaincourt, *At Napoleon's Side in Russia*, Nova York, 2003, página 43. V. M. Bezotosnyi, *Razvedka i plany storon v 1812 godu*, Moscou, 2005, páginas 58-9, 100-101.
20 Napoleão, *Correspondance*, vol. 24, n° 18925, Napoleão a Clarke, 8 de julho de 1812, páginas 33-4.
21 Sobre a missão de Orlov, por exemplo, ver o diário de Nikolai Durnovo sobre 21 e 22 de junho de 1812 (OS), em A. G. Tartakóvski (ed.), *Voennye dnevniki*, Moscou, 1990, páginas 79-80.
22 Grabbe, *Iz pamiatnikh*, páginas 22-35.
23 MVUA 1812, 13, n° 296, 25 de junho de 1812 (OS), Barclay a Alexandre, páginas 302-3 e n° 323, 27 de junho de 1812 (OS), páginas 331-3.
24 Sobre os engenheiros, ver *Glavnoe injenernoe upravlenie*, SVM, 7/1, páginas 392-5.
25 Ver a discussão em Bezotosnyi, *Razvedka*, páginas 112-13, onde se argumenta que o chamado plano Pfühl era uma esperta jogada de Alexandre para evitar a responsabilidade por uma política de retirada estratégica que ele considerava necessária, mas não queria reconhecer.
26 Löwenstern, *Memoires*, vol. 1, página 208. MVUA 1812, 17, Alexandre a Bagration, 5 de julho de 1812 (OS), páginas 275-6. Shishkov reproduz a carta de Alexandre em suas memórias e discute as conversas entre os três homens: N. Kiselev e I. Iu. Samarin (eds.), *Zapiski, mneniia i perepiska Admirala A. S. Shishkova*, 2 vols., Berlim, 1870, vol. 1, páginas 141-8.
27 Para o "sistema" de Bagration, por exemplo, ver sua ordem do dia para suas tropas de 7 de julho de 1812 e sua carta anterior a Arakcheev: *General Bagration* n°s 95, páginas 179-80, e 103, que é simplesmente datada de junho de 1812 e está nas páginas 190-91. Para seu proposto desvio, ver MVUA 1812, 13, n° 120, Bagration a Alexandre, 26 de junho de 1812, páginas 131-3.
28 I. Radojitski, *Pokhodnyia zapiski artilerista s 1812 po 1816 god*, 3 vols., Moscou, 1835, vol. 1, página 67.
29 Ver, por exemplo, Löwenstern, *Mémoires*, vol. 1, página 209. Em defesa de Ostermann-Tolstói, ver I. I. Lajechnikov, "*Neskol'ko zametok i vospominanii po povodu stati 'materialy dlia biografii A. P. Ermolova'*", Russkii Vestnik, 31/6, 1864, páginas 783-819. Sobre a aparência de Ostermann-Tolstói, ver Serge Glinka, *Pis'ma russkogo ofitsera*, Moscou, 1987, página 316.
30 Sobre os Dragões Ingermanland, ver V. I. Genishta, *Istoriia 3go Dragunskago Ingermanlandskago polka 1704-1904*, SPB, 1904, páginas 172-5, e *prilojenie* 7. Não se pode ter absoluta certeza de que todos os cinco suboficiais promovidos não eram nobres, mas eles certamente não eram *junkers*, ou seja, cadetes oficiais. Ver G. P. Meshetich, "*Istoricheskie zapiski voiny rossiian s frantsuzami i dvadtsat'iu plemenami 1812, 1813, 1814 i 1815 godov*", em *Vospominaniia voinov russkoi armii: Iz Sobraniia otdela pis'mennykh istochnikov gosudarstvennogo istoricheskogo muzeia*, Moscou, 1991, páginas 39-102, nas páginas 42-3.
31 Radojitski, *Pokhodnyia zapiski*, páginas 32-3.
32 Aqui, como em todas as outras partes deste Capítulo minha narrativa deve muito a M. Bogdanovich, *Istoriia otechestvennoi voiny 1812 goda*, 3 vols., SPB, 1859-60, apoiado em todos os momentos de incerteza pela *Entsiklopediia*. Sobre a decisão de efetuar a retirada de Vitebsk, ver, por exemplo, a explicação de Barclay a Alexandre de 22 de julho de 1812 (OS), MVUA 1812, 14, n° 196, páginas 195-6.
33 Ver, por exemplo, a carta de Barclay a Alexandre de 15 de julho de 1812 (OS) em MVUA 1812, 14, n° 136, páginas 136-7. Sobre Peter Pahlen, ver M. Bogdanovich, "*Graf Petr Petrovich fon der Palen i ego vremiia*", VS, 7/8, 1864, páginas 410-25. O general Gourgaud, como de costume, defende Napoleão desses ataques, mas faz isso parcialmente desfocando o momento da decisão russa de se retirar: General Gourgaud, *Napoléon et la Grande Armée en Russie ou Examen critique de l'ouvrage de M. le Comte de Segur*, Paris, 1826, páginas 132-6.
34 Duque de Fezensac, *Souvenirs militaires*, Paris, 1863, páginas 221-2; Philippe de Segur, *History of the Expedition to Russia, 1812*, 2 vols., Stroud, 2005, vol. 1, página 145.

35 *"Zapiski Paskevicha"*, em Kharkevich (ed.), *1812 god*, vol. 1, páginas 82-119, na página 96. *"Jurnal uchastnika voiny 1812 goda"*, VIS, 1/3, 1913, páginas 155-72, nas páginas 152-3.
36 SIM, 5, nº 1, 1 de agosto de 1812 (OS), Ermolov a Alexandre, páginas 411-14.
37 MVUA 1812, 14, nº 257, Alexandre a Barclay, 28 de julho de 1812 (OS), páginas 263-4. N. Dubrovin (ed.), *Otechestvennaia voina v pis'makh sovremennikov*, Moscou, 2006, nº 60, Alexandre a Barclay, 30 de julho de 1812 (OS), páginas 68-9.
38 MVUA 1812, 16, nº 59, Barclay a Alexandre, 9 de agosto de 1812 (OS), páginas 47-8.
39 MVUA 1812, 16, nº 92, Barclay a Alexandre, 16 de agosto de 1812 (OS), páginas 76-7; 17, Barclay a Chichagov, 31 de julho de 1812 (OS), páginas 167-8; Barclay a Kutuzov, 17 de agosto de 1812 (OS), páginas 186-7.
40 Löwenstern, *Mémoires*, vol. 1, página 220. Bogdanovich, *Istoriia... 1812 goda*, vol. 1, páginas 234-5.
41 MVUA 1812, 14, nº 277, Bagration a Barclay, 30 de julho de 1812 (OS), páginas 280-81.
42 Golubeva (ed.), *General Bagration*, nº 129, Bagration a Arakcheev, 29 de julho de 1812 (OS), página 226.
43 Por exemplo, Popov, *Istoriia 48go pekhotnago Odesskago polka*, 2 vols., Moscou, 1911, vol. 1, páginas 7-26. D. V. Dushenkovich, *"Iz moikh vospominanii ot 1812 goda do 1815 goda"*, em *1812 god v vospominaniiakh sovremennikov*, Moscou, 1995, páginas 103-35.
44 Barão Fain, *Manuscrit de Mil Huit Cent Douze*, Paris, 1827, página 359.
45 Dushenkovich, *"Iz moikh vospominanii"*, em *1812 godv vospominaniiakh*, página 111.
46 *"Zapiski Paskevicha"*, em Kharkevich (ed.), *1812 god*, vol. 1, páginas 99-103.
47 Há uma boa discussão sobre estas questões em A. G. Tartakóvski, *Nerazgadennyi Barklai*, Moscou, 1996, páginas 103-8.
48 *"Zamechaniia I. P. Liprandi na 1Opisanie Otechestvennoi voiny 1812 goda" Mikhailovskago-Danilevskago"*, em Kharkevich (ed.), *1812 god*, vol. 2., páginas 1-35, nas páginas 15-16. Dushenkovich, *"Iz moikh vospominanii"*, página 111.
49 P. A. Geisman, *Svita Ego Imperatorskogo Velichestva po kvartirmeisterskoi chasti v tsarstvovanie Imperatora Aleksandra I*, SVM, 4/2.1, SPB, 1902, páginas 313-14. A melhor fonte sobre sobrecarga são as memórias de Nikolai Muravev *"Zapiski"*.
50 As melhores fontes sobre esta ação são Bogdanovich, *Istoriia... 1812*, vol. 1, páginas 285-9, e Eugen, *Memoiren*, vol. 2, livro 2, páginas 18-41.
51 F. von Schubert, *Unter dem Doppeladler*, Stuttgart, 1962, página 97.
52 Kharkevich (ed.), *1812 god*, vol. 1, página 13 (*"Zapiski Shcherbinina"*) e 219-24 (*"Iz vospominanii grafa Orlova-Denisova"*). SIM, 5, nº 2, Ermolov a Alexandre, 10 de agosto de 1812 (OS), páginas 414-17.
53 T. Lentz, *Nouvelle histoire, du Premier Empire*, 3 vols., Paris, 2004-7, vol. 2, página 324.
54 Schubert, *Doppeladler*, páginas 203-4.

Capítulo 6: Borodino e a queda de Moscou

1 A melhor fonte sobre as defesas de Riga é SVM, 7/1, *Glavnoe Injenernoe Upravlenie*, páginas 355-9. Como sempre, MI Bogdanovich, *Istoriia otechestvennoi voiny 1812 goda*, 3 vols., SPB, 1859-60, (aqui, vol. 1, páginas 340-43) e as muitas entradas relevantes em *Entsiklopediia*, também são de valor inestimável. Ver VS, 53/11, 1910, páginas 30-38 para as memórias do general Emme, o comandante da fortaleza de Riga: elas são interessantes, mas talvez um pouco injustas com o general Essen.
2 Extraí todas as informações sobre as tropas de 1812 das entradas relevantes em *Entsiklopediia*, salvo indicação em contrário. Para instruções de Wittgenstein, ver MVUA 1812, 17, Barclay a Wittgenstein, 4 de julho de 1812 (OS), páginas 134-5.

3 Bogdanovich, *Istoriia... 1812*, vol. 1, páginas 351-2, trata da experiência na guerra finlandesa, mas ver também, por exemplo, duas histórias regimentais: Capitão Geniev, *Istoriia Pskovskago pekhotnago general fel'dmarshala kniazia Kutuzova-Smolenskago polca: 1730-1831*, Moscou, 1883, páginas 178-82; S. A. Gulevich, *Istoriia 8go pekhotnago Estliandskago polca*, SPB, 1911, páginas 128-41. Sobre o moral na corporação de Wittgenstein e o impacto da vitória, ver v. Kharkevich (ed.), *1812 god v dnevnikakh, zapiskakh i vospominaniiakh sovremennikov*, 4 vols., Vilna, 1900-1907, *"Zapiski A. I. Antonovskago"*, vol. 3, páginas 72-3.
4 Ver, por exemplo, comentários de Mikhailóvski-Danilévski, em A. G. Tartakóvski (ed.), *Voennye dnevniki*, Moscou, 1990, páginas 333, 345.
5 Sobre d'Auvray, ver, por exemplo, F. van Schubert, *Unter dem Doppeladler*, Stuttgart, 1962, página 58; sobre Sukhozanet, ver, por exemplo, SVM, 3/4, N.M. Zatvornitski, *"Pamiat' o chlenakh voennago soveta"*, páginas 141 e ss.
6 Sobre Diebitsch, ver, por exemplo, os comentários de Aleksandr Chicherin: L. G. Beskrovnyi (ed.), *Dnevnik Aleksandra Chicherina, 1812-1813*, Moscou, 1966, página 135. *Dnevnik Pavla Pushchina*, SPB, 1896, página 111.
7 Napoleão, *Correspondance*, vol. 24, n.º 19100, Napoleão a Berthier, 19 de agosto de 1812, páginas 158-9.
8 Marechal Gouvion Saint-Cyr, *Mémoires pour servir a` l'histoire militaire sous le Directoire, le Consulat et l'Empire*, Paris, 1831, vol. 3, páginas 79-81; MVUA 1812, 17, Wittgenstein a Alexandre, 6 de agosto de 1812 (OS), páginas 284-5.
9 Gulevich, *Istoriia... Estliandskago polca*, páginas 137-41.
10 Saint-Cyr, *Mémoires*, vol. 3, página 87.
11 MVUA 1812, 17, n.º 32, página 295: Wittgenstein a Alexandre: a carta é datada de 25 de agosto (OS), mas parece claro que esses relatórios ao imperador são datados por quando Alexandre os recebeu e não por quando foram escritos. A soma de 14 milhões vem de Bogdanovich, *Istoriia. 1812 goda*, vol. 2, página 72. O valor para o orçamento de 1811 vem de F. P. Shelekhov, *Glavnoe Intendantskoe Upravlenie*, SVM, 5/1, SPB, 1903, página 373. A ligeira imprecisão no que se refere ao número de províncias é causada por complicações na definição da palavra província na Rússia de 1812. Alguns distritos de fronteira e regiões asiáticas não eram chamados de províncias.
12 Ver, por exemplo, os comentários do príncipe Vasili Viazemski, major-general, que comandou uma brigada do exército de Tormasov: Tartakóvski (ed.), *Voennye dnevniki*, páginas 199-215.
13 Langeron chama este exército de "um dos melhores da Europa". Como vice-comandante dessa força seu ponto de vista é um tanto tendencioso, mas ele seria comprovado pelo desempenho do Exército do Danúbio. *Mémoires de Langeron, Général d'Infanterie dans l'Armee Russe: campaignes de 1812, 1813, 1814*, Paris, 1902, página 7.
14 VPR, 6, n.º164, tratado de paz russo-turco, páginas 406-17.
15 As duas cartas fundamentais de Alexandre a Chichagov foram escritas nos dias 6 e 22 de julho (OS): VIS, 2/3 de 1912, páginas 201-6.
16 MVUA 1812, 16, Alexandre a Barclay, 7 de abril de 1812 (OS), páginas 181-2.
17 As instruções estão em VPR, 6, n.º145, 21 de abril de 1812, páginas 363-5.
18 VPR, 6, n.º 197, Rumiantsev a Alexandre, 5/17 de julho de 1812, páginas 486-90.
19 MVUA 1812, 13, n.º 321, Tuyll a Barclay, 26 de julho/8 de junho de 1812, páginas 329-30. VIS, 2/3 de 1912, Alexandre a Chichagov, 13 de junho (OS) de 1812, páginas 196-8. Sobre promessas austríacas, ver em especial a conversa de Francisco II com Stackelberg: VPR, 6, n.º158, Stackelberg a Rumiantsev, 29 de abril/11 de maio de 1812, páginas 393-6.
20 Para rotas e horários de marcha, ver MVUA 1812, páginas 197-8.

21 V. von Löwenstern, *Mémoires du Général-Major Russe Baron de Löwenstern*, 2 vols., Paris, 1903, vol. 1, página 250. VS, 47/1, 1904, nº 19, Alexandre a Barclay, 24 de novembro de 1812 (OS), páginas 231-6.
22 S. Panchulidzev, *Istoriia kavalergardov*, SPB, 1903, vol. 3, página 180.
23 N. M. Konshin, "Zapiski o 1812 gode", IV, 8, 1884, páginas 263-86, nas páginas 281-2. A. M. e A. P. Valkovich Kapitonov (eds.), *Borodino: Dokumental'naia khronika*, Moscou, 2004, nº 27, Kutuzov a Alexandre, 19 de agosto de 1812 (OS), páginas 24-5. *Kutuzov*, vol. 4i, Moscou, 1954, nº 125, Kutuzov a E. I. Kutuzova, 19 de agosto de 1812 (OS), página 108.
24 Langeron, *Mémoires*, páginas 28: muitos feridos foram realmente abandonados em Mojaisk, mas isso foi uma exceção.
25 Carl von Clausewitz, *The Campaign of 1812 in Russia*, Londres, 1992, páginas 175-6.
26 Antoine-Henri de Jomini, *The Art of War*, Londres, 1992, páginas 64-5, 230, 233-8.
27 Eugen, *Memoiren*, vol. 2, páginas 70-72.
28 F. Glinka, *Pis'ma russkogo ofitsera*, Moscou, 1987, página 293.
29 Ver os comentários de Konovnitsyn e do general Kreutz (que comandou parte da cavalaria na retaguarda) em Kharkevich (ed.), *1812 god*, vol. 2, páginas 70-72, 124-5; também reminiscências de Mikhailóvski-Danilévski sobre Konovnitsyn em Tartakóvski (ed.), *Voennye dnevniki*, páginas 313-16. Bogdanovich, *Istoriia... 1812*, vol. 2, páginas 129-36.
30 Ivan Radojitski, *Pokhodnyia zapiski artillerista s 1812 po 1816 god*, 3 vols., Moscou, 1835, vol. 1, páginas 131-2.
31 Para o registro desta comissão, ver Kutuzov, vol. 4i, nº 82, páginas 71-3. Para as questões por trás da escolha, ver A. G. Tartakóvski, *Nerazgadannyi Barklai*, Moscou, 1996, páginas 130-37. A. A. Podmazo, "K voprosu o edinom glavnokomanduishchim v 1812 godu", em *Otechestvennaia voina 1812 goda: Istochniki, pamiatniki, problemy. Materialy X vserossisskoi nauchnoi konferentsii. Borodino, 3-5 sentiabria 2001g*, Moscou, 2002, páginas 140-46.
32 *Dnevnik Pavla Pushchina*, 19 de agosto de 1812 (OS), página 59. *Correspondance de l'Empereur Alexandre*, Alexandre a Catarina, nºˢ 70 e 73, 8 de agosto e 18 de setembro (OS), páginas 81-2, 86-93.
33 A literatura sobre Kutuzov é imensa. Provavelmente, o melhor resumo é de N. A. Troitski, *Fel'dmarshal Kutuzov: Mify i fakty*, Moscou, 2002.
34 Sobre as relações entre os principais generais, ver, acima de tudo, V. Bezotosnyi, "Bor'ba generals'kikh gruppirovok", em *Epokha 1812 goda: Issledovaniia, Istochniki, Istoriografiia*, Moscou, 2002, vol. 1, mas também Lidiia Iychenko, *Borodino: Legenda i deistvitel'nost'*, Moscou, 2002, páginas 6-18.
35 Além das fontes indicadas na nota anterior, ver *Mémoires du Général Bennigsen*, 3 vols., Paris, n.d., vol. 3, páginas 77-84. Sobre uma disputa em relação ao projeto da bateria Raévski, ver I. P. Liprandi, *Materialy dlia otechestvennoi voiny 1812 goda: Sabranie stat'ei*, SPB, 1867, 176-8.
36 Clausewitz, *Campaign*, página 148.
37 A literatura secundária sobre Borodino é vasta: leitores de língua inglesa devem começar com A. Mikaberidze, *The Battle of Borodino*, Bernsley, 2007, que fornece uma interpretação clara e justa, sobretudo do ponto de vista russo. Duffy, *Borodino*, continua a ser uma boa introdução breve. Como quase sempre, o ponto de partida, no caso de obras em língua russa é a entrada na *Entsiklopediia* (neste caso "Borodinskoe srajenie", páginas 80-92), que dá um bom resumo das melhores interpretações russas contemporâneas da batalha. A literatura russa sobre operações militares em 1812 é imensa, detalhada e frequentemente muito boa. Um exemplo disso são os três longos artigos que A. A. Smirnov dedica à batalha em Shevardino em 5 de setembro: eles cobrem a historiografia tzarista, soviética e pós-soviética,

respectivamente. Ver *Epokha 1812 goda: Issledovaniia, istochniki, istoriografiia*, TGIM, Moscou, vol. 3, 2004, páginas 320-51; vol. 4, 2005, páginas 239-71; vol. 5, 2006, páginas 353-68: "*Chto je takoi Shevardinskii redut?*"

38 Há uma boa descrição desta implantação e suas implicações nas memórias de um jovem oficial de quadro da Quinta Corporação, Nikolai Muravev: ver "*Zapiski Nikolaia Nikolaevicha Muraveva*", RA, 3, 1885, páginas 225-62, na página 250. Para uma discussão sobre as baixas causadas por fogo de artilharia, ver: A. A. Smirnov, "*Somnitel'nye vystrely*", em *Problemy izucheniia istorii otechestvennoi voiny 1812 goda*, Saratov, 2002, páginas 150-4.

39 Mark Adkin, *The Waterloo Companion*, Londres, 2001, páginas 120-21, 284-301.

40 As distâncias são de *Entsiklopediia*, páginas 80-83. O relatório de Barclay a Kutuzov está em Valkovich and Kapitonov (eds.), *Borodino: Dokumental'naia khronika*, nº 331, de 26 de setembro de 1812 (OS), páginas 249-51. Em seu excelente livro *Tactics and the Experience of Battle in the Age of Napoleon*, Londres, 1998, Rory Muir afirma na página 15 que os russos tinham 36 mil homens por quilômetro em comparação a 24 mil no exército de Wellington. Estes cálculos são sempre difíceis de fazer, mas suspeito que se alguém olhasse para onde o exército russo realmente lutou e não para onde ele foi inicialmente posicionado o número seria ainda maior.

41 Por exemplo, Barclay, através de Löwenstern, pediu ao comandante da cavalaria das Guardas para tentar manter seus homens, a última reserva de elite do exército, protegidos. O general Shevich respondeu que não havia abrigo disponível. Löwenstern, *Mémoires*, vol. 1, página 264. Grabbe, por exemplo, escreve que Ermolov disse a ele para ordenar que as tropas que cobriam o Reduto Raévski se deitassem, a fim de reduzir o impacto do fogo de artilharia, mas que elas se recusaram a fazer isso: P. Grabbe, *Iz pamiatnikh zapisok: Otechestvennaia voina*, Moscou, 1873, página 77.

42 A melhor descrição do ponto de vista russo é a história oficial do corpo de engenheiros militares da Rússia neste período: *Glavnoe injenernoe upravlenie*, SVM, 7/1, páginas 760-65, cobre Borodino, mas precisa ser lido no contexto de outras seções sobre cercos em 1812 e sobre a estrutura e as tarefas do corpo de engenheiros militares na época. Bogdanovich tem uma descrição sensível das fortificações, que ele classifica como "muito fracas" em *Istoriia... 1812*, vol. 2, páginas 142-3. Inevitavelmente, a literatura secundária de língua Inglesa em geral apenas repete mitos estabelecidos de origem francesa. Assim, *Fighting Techniques of the Napoleonic Age*, Londres, 2008 (editado por Robert Bruce et al), escreve sobre "as defesas assustadoras do... enorme reduto russo": página 113.

43 As memórias de Bogdanov são reproduzidas em *Borodino v vospominaniakh sovremennikov*, SPB, 2001, páginas 169-71.

44 *Glavnoe injenernoe Upravlenie*, SVM, 7/1, SPB, 1902, páginas 762-4. Clausewitz *Campaign*, página 151.

45 Liprandi, *Materialy*, páginas 177-80.

46 Mikaberidze, *Borodino*, páginas 75-6, lida bem com essas questões. Mesmo o jovem (e neste ponto aposentado) tenente Glinka se lembra de ver, das torres de sinos de Borodino, como as tropas de Napoleão se concentraram em direção à esquerda na noite de 6 de setembro e recorda a "opinião geral" dos oficiais russos que encontrou aquele dia de que Napoleão atacaria a esquerda russa: *Pis'ma*, páginas 18, 299.

47 Löwenstern, *Mémoires*, vol. 1, páginas 261-2.

48 Mikaberidze, *Borodino*, páginas 49-53, discute os números e fornece uma tabela demostrando as várias estimativas diferentes de historiadores e contemporâneos.

49 Sobre reforços de Miloradovich, ver seu relatório para Alexandre de 18 de agosto de 1812 (OS), em Valkovich e Kapitonov (eds.), *Borodino: Dokumental'naia khronika*, páginas 21-2.

50 Philippe de Segur, *History of the Expedition to Russia*, 1812, 2 vols., Stroud, 2005, vol. 1, página 255.
51 Napoleon, *Correspondance*, vol. 24, nº 19182, página 207.
52 Segur, *History*, vol. 1, páginas 251-2. Nesta ocasião, general Gourgaud, *Napoléon et la Grande Armée en Russie ou Examen critique de L'ouvrage de M. le Comte de Segur*, Paris, 1826, páginas 213-15, é totalmente correto em sua defesa da decisão de Napoleão.
53 O relatório oficial do comandante do regimento, Karl Bistrom, confunde bastante o leitor com seus detalhes, assim como a história oficial do regimento. Valkovich e Kapitonov (eds.), *Borodino: Dokumental'naia khronika*, nº 293, Bistrom a Lavrov, 31 de agosto de 1812 (OS), páginas 168-70; *Istoriia leib gvardii egerskago polca za sto let 1796-1896*, SPB, 1896, páginas 84-6. Sobre Barclay, ver Grabbe, *Iz pamiatnikh*, página 74. Para rumores, ver, por exemplo, Tartakóvski (ed.), *Voennye dnevniki*, página 107, diário de Ivan Durnovo.
54 Os números de baixas completas para outras patentes são fornecidos em *prilojenie* (Anexo 4), de Valkovich e Kapitonov (eds.), *Borodino: Dokumental'naia khronika*, páginas 332-54. Sobre a Artilharia francesa, ver A. P. Larionov, "*Ispol'zovanie artilerii v Borodinskom srajenii*", em *K stopiatidesiatiletii otechestvennoi voiny*, Moscou, 1962, páginas 116-31 na página 127.
55 Jomini, *Art of War*, páginas 202-3.
56 T. von Bernhardi, *Denkwürdigkeiten aus dem Leben des kaiserlichen russischen Generals der Infanterie Carl Friedrich Grafen von Toll*, 5 vols., Leipzig, 1858, vol. 4, página 74.
57 I. Ul'ianov, *1812: Russkaia pekhota v boiu*, Moscou, 2008, páginas 164-5.
58 Sobre Kutaisov, ver A. A. Smirnov, *General Aleksandr Kutaisov*, Moscou, 2002.
59 Graças ao seu tradutor e editor, Alexandre Mikaberidze, as memórias de Ermolov estão agora disponíveis em inglês: *The Czar's General*, Welwyn Garden City, 2007. Seu relato deste episódio está nas páginas 159-61. O relato de Löwenstern está em *Mémoires*, vol. 1, páginas 257-9.
60 Sobre a implantação da artilharia em Borodino, ver Larionov, "*Izpol'zovanie*", passim. P. Pototskii, *Istoriia gvardeiskoi artillerii*, SPB, 1896, páginas 181-2, explica essas falhas pela morte de Kutaisov. Para as opiniões de Liprandi, ver Kharkevich (ed.), *1812 god*, vol. 2, "*Zamechania I. P. Liprandi*", páginas 28-9.
61 Para o relato de Paskevich, ver I. F. Paskevich, "*Pokhodnyia zapiski*", em *1812 god v vospominaniiakh sovremennikov*, Moscou, 1995, páginas 72-105, nas páginas 102-3.
62 Pototskii, *Istoriia*, página 178, para comentário de Norov. Kharkevich (ed.), *1812 god*, vol.2, páginas 176-84 para as excelentes memórias do tenente-coronel Vasili Timofeev da Izmailóvski. Para o Regimento Finlândia, ver S. Gulevich, *Istoriia leib gvardii Finliandskago polka 1806-1906*, SPB, 1906, páginas 204-20. Para o Regimento Lituânia, ver N. S. Pestreikov, *Istoriia leib gvardii Moskovskago polka*, SPB, 1903, vol. 1, páginas 59-83.
63 Eugen, *Memoiren*, vol. 2, páginas 110-11; Bogdanovich, *Istoriia... 1812 goda*, vol. 2, páginas 219, 226.
64 Juntos, os Preobrajenskis e Semenóvskis perderam menos de 300 homens em 7 de setembro: Valkovich e Kapitonov (eds.), *Borodino: Dokumental'naia khronika*, página 342.
65 D. Chandler, *The Campaigns of Napoleon*, Londres, 1993, página 807, escreve que a decisão de Napoleão foi provavelmente correta.
66 A análise mais recente do segundo ataque contra o reduto é de V.N. Zentsov, "*Borodinskoe srajenie: Padenie 'bol'shogo reduta'*", em *Borodinskoe pole: Istoriia, kul'tura, ekologiia*, Moscou, 2000, páginas 31-55.
67 VIS, 3/2, 1913, "*Jurnal uchastnika voiny 1812 goda*", páginas 163-4.
68 Radojitskii, *Pokhodnya zapiski*, vol. 1, página 168.
69 Valkovich e Kapitonov (eds.), *Borodino: Dokumental'naia khronika*, páginas 332-5. Mikaberidze, *Borodino*, página 209.

70 V. M. Bezotosnyi, *Donskoi generalitet i ataman Platov v 1812 godu*, Moscou, 1999, páginas 33-4, 62-4, 75-83. As memórias de Fedor Akinfov, ajudante de campo de Miloradovich, são muito úteis para esse período: *"Iz vospominanii Akinfova"*, em Kharkevich (ed.), *1812 god*, vol. 2, páginas 205-12.
71 Memórias da condessa Edling em A. Libermann (ed.), *Derjavnyi sfinks*, Moscou, 1999, página 177, para palavras de Kutuzov a Alexandre. Kutuzov, vol. 4i, nº 105, Kutuzov a Rostopchin, 17 de agosto de 1812 (OS), páginas 90-91.
72 Como de costume, o melhor relato resumido do Conselho de Guerra está na *Entsiklopediia*, páginas 666-7. A tradução de Mikaberidze para as memórias de Ermolov enfatiza o jogo disputado entre ele e Kutuzov pela responsabilidade sobre o abandono de Moscou: *The Czar's General*, páginas 168-72. A carta de Bennigsen a Alexandre de 19 de janeiro de 1813 (OS) no VS, 1, 1903, páginas 235-8, expõe seu lado na discussão.
73 S. I. Maevskii, *"Moi vek ili istoriia generala Maevskago, 1779-1848"*, RS, 8, 1873, páginas 135-67, na página 143.
74 *"Iz vospominanii Akinfova"*, em Kharkevich (ed.), *1812 god*, vol. 1, páginas 205-12. Maevskii, *"Moi vek"*, páginas 143-4.
75 As pesquisas mais atualizadas, como de costume, estão em *Entsiklopediia*: ver especialmente as peças sobre Moscou (páginas 476-9) e o incêndio (páginas 482-4). Para a conta da destruição de bens privados, ver Bogdanovich, *Istoriia... goda 1812*, vol. 3, página 28. Para a evacuação dos feridos, ver Mikhailóvski-Danilévski, *Memuary 1814-1815*, SPB, 2001, página 189, para uma conversa posterior com Wylie. Também S. Gavrilov, *Organizatsiia i snabjeniia russkoi armii nakanune i v khode otechestvennoi voiny 1812g i zagranichnykh pokhodov 1813-1815gg: Istoricheskie aspekty*, SPB, 2003, páginas 143-4.
76 Sobre as barcaças, ver os autos do inquérito pós-guerra em Kutuzov, vol. 4ii, *prilojenie* nº 20, páginas 717-8.
77 Como sempre, A.I. Popov, *Velikaia armiia v Rossii:. Pogon'ia za mirajom*, Samara, 2002, páginas 178 e ss, tem uma excelente discussão dessas questões.
78 V. N. Speranskii, *Voenno-ekonomicheskaia podgotovka Rossii k bor'be s Napoleonom v 1812-1814 godakh*, dissertação de candidato, Gorky, 1967, páginas 386-8. Kutuzov, vol. 4i, nº 294, Kutuzov a Voronov, 7 de setembro de 1812 (OS), página 250.

Capítulo 7: O *front* doméstico em 1812

1 *"Analyticheskii proekt"*, página 46. S.N. Golubeva (ed.), *General Bagration: Sbornik dokumentov i materialov*, Moscou, 1945, nº 57, *"Plan kampanii 1812 goda, predstavlennyi P. I. Bagrationom Aleksandru I"*, páginas 130-38. S. N. Janet Hartley oferece uma pesquisa muito útil sobre a resistência da sociedade russa a Napoleão em *"Russia and Napoleon: State, Society and the Nation"*, em Michel Rowe (ed.), *Collaboration and Resistance in Napoleonic Europe*, Basingstoke, 2003, páginas 186-202.
2 N. Shil'der, *Imperator Aleksandr Pervyi: Ego jizn' i tsarstvovanie*, 4 vols., SPB, 1897, vol. 3, páginas 100-103.
3 MVUA 1812, 17, Barclay a Asch, 21 de julho de 1812 (OS), páginas 157-8.
4 L. G. Beskrovnyi (ed.), *Narodnoe opolchenie v otechestvennoi voine 1812 goda: Sbornik dokumentov*, Moscou, 1962, nº 2, 6 de julho de 1812 (OS), páginas 14-15.
5 As estatísticas vêm de Beskrovnyi (ed.), *Narodnoe opolchenie*, nº 205, páginas 218-19: estes são os relatórios finais do tenente-general Tyrtov, comandante da milícia Tver. C. F. Adams (ed.), *John Quincy Adams in Russia*, Nova York, 1970, página 452.

6   O excelente trabalho sobre a resistência popular russa (e de outros) a Napoleão é A.I. Popov, *Velikaia armiia v Rossii: Pogon'ia za mirajom*, Samara, 2002. Popov também contribuiu com muitos artigos excelentes sobre a "Guerra do Povo", distúrbios de camponeses, partidários e temas adjacentes, para *Entsiklopediia*. Há paralelos aqui com a Espanha, onde Charles Esdaile mostra que muitos dos guerrilheiros eram cavaleiros regulares. O caso russo era muito mais definido, no entanto, como seria de esperar. Ao contrário da Espanha, o Estado russo não tinha desmoronado. Ver Charles Esdaile, *Fighting Napoleon: Guerrillas, Bandits and Adventures in Spain 1808-14*, Londres, 2004.
7   Beskrovnyi, *Narodnoe opolchenie*, n° 140, Kutuzov a Alexandre, 23 de outubro de 1812 (OS), páginas 155-6; ver, por exemplo, n° 89, páginas 113-17, e n° 121, página 142, para descrições de ações individuais.
8   Popov, *Velikaia armiia*, páginas 185-229. A. G. Tartakóvski (ed.), *Voennye dnevniki*, Moscou, 1990, diário do príncipe D. M. Volkonski, página 146. Para uma visão mais antiga, mas ainda útil dos distúrbios camponeses, ver V. I. Semevski, *"Vol'neniia krest'ian v 1812 g i sviazanniia s otechestvennoi voinoi"*, em A. K. Djivelegov, S. P. Melgunov e P. I. Pichet (eds.), *Otechestvennaia voina i russkoe obshchestvo*, 7 vols., Moscou, 1911, vol. 5, páginas 74-113.
9   Ver os muitos documentos interessantes em RGVIA, Fond 1, Opis 111, Delo 2584: "O vozmushcheniiakh krest'ian i ob usilenii sredstv k poimke beglykh rekrut, dezertirov i kazakov": fos. 41-2: d'Auvray a Gorchakov, 1 de novembro de 1812 (OS), descreve a derrota dos dragões, e fo. 35: Wittgenstein a Gorchakov, 6 de novembro de 1812 (OS), explica porque as operações militares tem que vir em primeiro lugar.
10 SIM, 2, n° 312, Alexandre a Gorchakov, 9 de novembro de 1812 (OS), páginas 171-2.
11 Há uma imensa literatura sobre Moscou em 1812, com muitos materiais interessantes contidos, por exemplo, na série multivolumes compilada por P. I. Shchukin: *Bumagi otnosiashchiasia do otechestvennoi voiny 1812 goda*, Moscou, 1897-1908. N. Dubrovin (ed.), *Otechestvennaia voina v pis'makh sovremennikov*, Moscou, 2006, contém uma série de cartas de Rostopchin a Balashov: ver em especial n°s 55 e 62, 23 de julho e 30 de julho de 1812 (OS), páginas 60-63, 70-71. Leitores de língua inglesa não devem procurar mais além de um excelente artigo de Alexander Martin, *"The Response of the Population of Moscow to the Napoleonic Occupation of 1812"*, em Eric Lohr e Marshall Poe (eds.), *The Military and Society in Russia, 1450-1917*, Leiden, 2002, páginas 469-89.
12 Dubrovin, *Otechestvennaia voina*, n° 47, 15 July 1812 (OS), páginas 54-6. Shil'der, *Imperator Aleksandr*, vol. 3, página 90. A. V. Mel'nikova, *Armiia i pravoslavnaia tserkov' Rossisskoi imperii v epokhu Napoleonskikh voin*, Moscou, 2007, páginas 57-90, 100-15.
13 PSZ, 22, 16187, 21 de abril de 1785 (OS), página 348.
14 Compare, por exemplo, a linguagem do decreto de Alexandre ao governador Suponev de Vladimir à subsequente referência do próprio Suponev aos "comandos" do imperador: RGVIA, Fond 125, Opis 1, Delo 16, fo. 21, 23-8: Suponev a Lobanov-Rostóvski, 11 de junho de 1812 (OS), e Alexandre a Suponev, 13 de maio de 1812 (OS). Em relação ao serviço na milícia e sua evasão, ver, por exemplo, N. F. Khovanski, *Uchastie Saratovskoi gubernii v otechestvennoi voine 1812g*, Saratov, 1912, páginas 41-64; I. I. Prokhodtsev, *Riazanskaia guberniia v 1812 godu*, Riazan, 1913, páginas 277-528.
15 Ver as memórias da condessa Edling, reimpressas em A. Libermann (ed.), *Derjavnyi sfinks*, Moscou, 1999: "*Grafinia Roksandra Skarlatovna Edling: Zapiski*", páginas 157-236, nas páginas 174-5. Sobre sabotar os impostos do Estado, ver, por exemplo, Prokhodtsev, *Riazanskaia*, páginas 8-21.
16 "*V. V. Viazemskii: Jurnal 1812g*", em *Russkie dnevniki: 1812 god*, Moscou, 1990, páginas 185-225, na página 211.

NOTAS DO CAPÍTULO 7 559

17   Khovanskii, *Uchastie*, páginas 31-3.
18   *Upravlenie General-Intendanta Kankrina: General'nyi sokrashchennyi otchet po armiiam ...za pokhody protiv Frantsuzov, 1812, 1813 i 1814 godov*, Varsóvia, 1815, páginas 11, 44. L. G. Beskrovnyi, *Otechestvennaia voina 1812 goda*, Moscou, 1962, páginas 245-7. S. Gavrilov, *Organizatsiia i snabjeniia russkoi armii nakanune i v khode otechestvennoi voiny 1812g i zagranichnykh pokhodov 1813-1815gg: Istoricheskie aspekty*, SPB, 2003, página 121.
19   V. V. Tivanov, *Finansy russkoi armii*, Moscou, 1993, página 79.
20   PSZ, 32, n°s 24.975 e 25.035, 27 de janeiro e 13 de março de 1812 (OS), páginas 43-164 and 228-9. *Upravlenie General-Intendanta*, página 134. *Kutuzov*, vol. 4i, n° 387, Kutuzov a Kaverin, 13 de setembro de 1812 (OS), página 305: a mesma carta foi enviada aos governadores de Riazan, Orel, Tver e Tula.
21   A estimativa é de Tivanov, *Finansy*, página 66, mas é baseada na discussão em M. I. Bogdanovich, *Istoriia otechestvennoi voiny 1812 goda*, 3 vols., SPB, 1859-60, vol. 2, páginas 31-90.
22   Os principais documentos para a operação de Kleinmichel estão em SIM, 1, n° 3, Alexandre a Gorchakov, 27 de junho de 1812 (OS), páginas 5-11; n° 9, Alexandre a Kleinmichel, 27 de junho de 1812 (OS), páginas 14-15; n° 21, Alexandre a Kleinmichel, 6 de julho de 1812 (OS), páginas 23-4. Há um ótimo livro sobre os marinheiros russos que inclui um extenso relato da era napoleônica: A. Kibóvski e O. Leonov, *300 let Rossiiskoi morskoi pekhoty*, Moscou, 2007.
23   RGVIA, Fond 125, Opis 1/188a, Delo 16, e.g. fos. 18-19, Suponev a Lobanov, 6 de junho de 1812 (OS); 21, Suponev a Lobanov, 11 de junho de 1812 (OS); fos. 23-8, cópias das ordens de Alexandre a Suponev, datadas de 13 de maio de 1812 (OS). Ver Prokhodtsev, *Riazanskaia*, página 168, para uma lista dessas províncias.
24   RGVIA, Fond 125, Opis 1/188a, Delo 16, fos. 2-3, Pasynkov a Lobanov, 18 de junho de 1812 (OS); fos. 90-91, Shter a Lobanov, 6 de julho de 1812 (OS).
25   RGVIA, Fond 125, Opis 188a, Delo 16, fos. 6-7, Pasynkov a Lobanov, 23 de julho de 1812 (OS); fos. 100-101, Shter a Lobanov, 18 de julho de 1812 (OS).
26   RGVIA, Fond 125, Opis 1/188a, Delo 16, fos. 6-7: Pasynkov a Lobanov, 23 de julho de 1812 (OS); fos. 284-5, príncipe Grigori Golitsyn a Lobanov, 9 de julho de 1812 (OS). RA, 6, 1866, páginas 922-7: *"Avtobiograficheskie zametki Grafa Arakcheeva"*.
27   Prokhodtsev, *Riazanskaia*, páginas 174-82, 210-22.
28   RGVIA, Fond 125, Opis 1/188a, Delo 16, fos. 92-3, Shter a Balashov, 24 de junho de 1812 (OS); Delo 19, 77-81, Urusov a Lobanov, 23 de julho de 1812 (OS). Prokhodtsev, *Riazanskaia*, página 188.
29   RGVIA, Fond 125, Opis 1/188a, fos. 29 e 32, Dolgorukov a Lobanov, 6 de agosto e 3 de setembro de 1812 (OS).
30   RGVIA, Fond 125, Opis 1/188a, Delo 19, fos. 2-4: Gorchakov a Lobanov, 20 de agosto de 1812 (OS); fos. 134-40, *"Spisok o vsekh shtab i ober ofitserakh postupivshikh na slujbu"*.
31   *Kutuzov*, vol 4ii, Kutuzov a Alexandre, 9 de outubro de 1812 (OS), páginas 62-3. Prokhodtsev, *Riazanskaia*, páginas 224-7. RGVIA, Fond 125, Opis 1/188a, Delo 16, fos. 100-101: Shter a Lobanov, 18 de julho de 1812 (OS).
32   Beskrovnyi, *Narodnoe opolchenie*, n° 3, 18 de julho de 1812 (OS), páginas 15-16, é o texto desse manifesto.
33   A estatística vem de um artigo de V. I. Babkin, o principal especialista da era soviética sobre milícia: *"Organizatsiia i voennye deistviia narodnago opolcheniia v otechestvennoi voine 1812 goda"*, em *K stopiatidesatiletin, otechestvennoi voiny*, Moscou, 1962, páginas 134-62, na página 145.
34   Beskrovnyi, *Narodnoe opolchenie*, n° 117, páginas 137-9: regulamentos do comitê da milícia Kaluga, 25 de julho de 1812 (OS).

35 Prokhodtsev, *Riazanskaia*, página 228. Alguns destes homens receberam novos uniformes produzidos no exterior: ver Capítulo 10. O ministro acrescentou que nem mesmo em tempo de guerra toda a lã poderia ser destinada a uniformes.
36 Beskrovnyi, *Narodnoe opolchenie*, nº 354, Tolstói a Alexandre, 28 de setembro de 1812 (OS), página 368.
37 Bogdanovich, *Istoriia... 1812 goda*, vol. 2, página 56.
38 Além de Babkin e Bezotosnyi, a mais completa fonte sobre a milícia são os muitos volumes compilados por V. R. Apukhtin para o centenário de 1812: ver, por exemplo, *Narodnaia voennaia sila: Dvorianskiia opolcheniia v otechestvennoi voine*, Moscou, 1912. Apukhtin é tão determinado a cantar a glória dos nobres como Babkin é a minimizar sua contribuição. Prokhodtsev, *Riazanskaia*, páginas 229-621, é um estudo extremamente informativo da milícia Riazan.
39 Speranski, *Voenno-ekonomicheskaia podgotovka*, páginas 381, 392, 407-23. Kutuzov, vol. 4i, nº 18: memorando de Meller-Zakomel'ski, 10 de julho de 1812 (OS), página 20.
40 SIM, 1, nº 81, Alexandre a Kutuzov, 24 de agosto de 1812 (OS), páginas 64-5.
41 A. I. Ulianov, *"Tarutinskii lager': "neudobnye" fakty"*, em *Ot Tarutino do Maloiaroslavtsa: K 190-letiu Maloiaroslavsketskogo srajeniia*, Kaluga, 2002, páginas 23-36.
42 Radojítski, *Pokhodnyia zapiski*, vol. 1, página 172. Viazemskii, *"Jurnal"*, página 215. *Correspondance de l'Empereur Alexandre*, nº[s] 33 e 37, Catarina a Alexandre, 6 de setembro e 23 de setembro de 1812 (OS), páginas 107-8, 119-22.
43 Meshetich, *"Istoricheskie zapiski"*, página 50. L. G. Beskrovnyi (ed.), *Dnevnik Aleksandra Chicherina, 1812-1813*, Moscou, 1966, páginas 14-16.
44 Sobre Tishchenko, ver MVUA 1812, 19, páginas 335-6. *Istoriia leib gvardii egerskago polka za sto let 1796-1896*, SPB, 1896, página 88. V. Kharkevich (ed.), *1812 god v dnevnikakh, zapiskakh i vospominaniiakh sovremennikov*, 4 vols., Vilna, 1900-1907, vol. 2, página 200: *"Opisanie srajenii"*.
45 *Dnevnik Chicherina*, páginas 18-19, 28. *Dnevnik Pavla Pushchina*, Leningrado, 1987, páginas 61-2.
46 *"Grafinia Roksandra Skarlatovna Edling"*, em Libermann (ed.), *Derjavnyi sfinks*, páginas 172-3, aborda este ponto da desconfiança mútua.
47 E. F. Komaróvski, *Zapiski grafa E. F. Komarovskago*, SPB, 1914, página 195. Shil'der, *Imperator Aleksandr*, vol. 3, páginas 88-90.
48 Shil'der, *Imperator Aleksandr*, páginas 90-92. *"Edling"*, páginas 174-5.
49 Sir Robert Wilson, *The French Invasion of Russia*, Bridgnorth, 1996, páginas 115-16.
50 Ibid., páginas 116-17.
51 Ibid.
52 *"Edling"*, páginas 178-9.
53 *Correspondance de l'Empereur Alexandre*, nº[s] 33, 38, 39: Catarina a Alexandre, 6, 23 e 28 de setembro de 1812 (OS), páginas 83-4, 93-6 e 98-9; nº[s] 73 e 74, Alexandre a Catarina, 18 e 24 de setembro de 1812 (OS), páginas 86-93, 96-8.
54 Elizabeth à margravina de Baden, 7 e 9 de setembro de 1812, em Grão-duque Nikolai Mikhailovich, *L'Impératrice Élisabeth*, vol. 2ii, páginas 443-5.
55 Citado em F. Ley, *Alexandre Ier et sa Sainte-Alliance (1811-1825)*, Paris, 1975, páginas 49-55; *"Edling"*, páginas 176-9.
56 Ver o relato de Michaud sobre a conversa em Shil'der, *Imperator Aleksandr*, vol. 3, *prilojeniia*, documento VII, páginas 509-10.

Capítulo 8: O avanço de Moscou

1 *Kutuzov*, vol. 4i, nº 187, Kutuzov a Alexandre, 27 de agosto de 1812 (OS), páginas 154-5; nº 241, Alexandre a Kutuzov, 31 de agosto de 1812 (OS), páginas 194-5.

NOTAS DO CAPÍTULO 8   561

2   Os planos foram definidos na carta de Alexandre de 31 de agosto (OS) e também nos rascunhos de instruções para Chichagov, Tormasov, Wittgenstein e Steinhel que Chernishev trouxe com ele ao quartel de Kutuzov. Para estes últimos ver *prilojeniia* 6,7, 8 e 9 em *Kutuzov*, vol. 4i, páginas 463-70.
3   *Kutuzov*, vol. 4i, nº 322, Chernishev a Alexandre, 10 de setembro de 1812 (OS), páginas 265-8.
4   O relato do próprio Chernishev sobre essas ações está em RGVIA, Fond 846, Opis 16, Delo 3386, fos. 2ii-3ii: *"Jurnal voennykh deistvii General Adiutanta Chernysheva"*. MVUA 1812, 20, nº 1, Wittgenstein a Alexandre, 6 de novembro de 1812 (OS), página 4.
5   Eugen, *Memoiren*, vol. 2, páginas 169, 173. A. Brett-James (ed.), *General Wilson's Journal 1812-1814*, Londres, 1964, página 75.
6   Uma boa tradução das memórias de Davydov foi recentemente publicada em inglês: *In the Service of the Tsar against Napoleon: The Memoirs of Denis Davydov*, trad. príncipe G. Trubetskoy, Londres, 2006.
7   T. J. Binyon, *Pushkin: A Biography*, Londres, 2002, página 130.
8   I. Radojítski, *Pokhodnyia zapiski artillerista s 1812 po 1816 god*, 3 vols., Moscou, 1835, vol. 1, páginas 205-6. Sobre Figner, ver um artigo anônimo intitulado *"Uverennost' v zvezde svoego schastiia"*, *Rodina*, 8, 2002, páginas 47-50.
9   MVUA 1812, 18, nº 124, *Davydov a Konovnitsyn*, 21 de setembro de 1812 (OS), página 101.
10 P. Grabbe, *Iz pamiatnikh Zapisok: Otechestvennoe voina*, Moscou, 1873, páginas 97-8; V. von Löwenstern, *Mémoires du Général-Major Russe Baron de Löwenstern*, 2 vols., Paris, 1903, vol. 1, página 296.
11 S. G. Volkonski, *Zapiski Sergeia Grigorovicha Volkonskogo (dekabrista)*, SPB, 1902, páginas 170-71, 189-94; Löwenstern, *Mémoires*, vol. 2, páginas 7, 182. *Kutuzov*, vol. 4ii, nº 163, Kutuzov a Alexandre, 20 de outubro de 1812 (OS), página 175. Sobre os esforços de Arakcheev para reduzir suas próprias contribuições, ver sua raivosa correspondência com governador Sumarokov, de Novgorod, no verão e no outono de 1812, e seus pedidos de ajuda a Balashev: P. I. Shchukin (ed.), *Bumagi otnosiashchiasia do otechestvennoi voiny 1812 goda*, vol. 4, Moscou, 0000, páginas 118-27.
12 Ver, sobretudo, G. Bibikov, *"Aleksandr Khristoforovich Benkendorf (1781-1844): Istoricheskii ocherk"*, Vestnik MGU, 1, 2007, páginas 36-60. Também uma informativa carta de Johann a Christoph Lieven, datada de 5 de janeiro de 1811 (OS): BB Add. Mss 47410, página 56.
13 *Zapiski Benkendorfa, 1812 god: Otechestvennaia voina. 1813 god. Osvobojdenie Niderlandov*, Moscou, 2001, páginas 70-71.
14 Todas essas estatísticas são extraídas de *Kutuzov*, vol. 4i, nº 439, Kutuzov a Alexandre, 22 de setembro de 1812 (OS), páginas 353-61, e *prilojeniia*.
15 Por exemplo, em 22 de setembro a ordem do dia de Kutuzov alertou que remontas logo estariam chegando de várias fontes e disse a seus regimentos para se preparar para recebê-las. Uma dessas fontes era a província de Tula, cujo governador tinha recebido a ordem de Kutuzov para comprar 500 cavalos e enviar 2 mil cavalos de milícias à cavalaria regular do exército: *Kutuzov*, vol. 4i, nºˢ 287, 296, 320, páginas 246-7, 251, 264: os dois primeiros documentos são cartas de 6 e 7 de setembro (OS) ao governador Bogdanov, o terceiro é uma ordem do dia de 10 de setembro.
16 Babkin, *"Organizatsiia"*, página 145. L. G. Beskrovnyi (ed.), *Narodnoe opolchenie v otechestvennoi voine 1812 goda: Sbornik dokumentov*, Moscou, 1962, nºˢ 452, 453, páginas 473-7. O primeiro documento é um relatório de 23 de julho (OS) para Platov, vindo da região do Don, sobre a mobilização universal. O segundo é o relatório de Platov de outubro para Alexandre I sobre os resultados da mobilização. Ver também V. M. Bezotosnyi, *Donskoi generalitet i ataman Platov v 1812 godu*, Moscou, 1899, páginas 92-6.

17 Conde de Puybusque, *Lettres sur la Guerre de Russie en 1812*, Paris, 1816, páginas 142-4.
18 Para o comentário de Kutuzov, ver A. I. Mikhailóvski-Danilévski, *Opisanie otechestvennoi voiny v 1812 godu*, reimpresso em Moscou, 2008, página 384. *Kutuzov*, vol. 4i, nº 531, Alexandre a Kutuzov, 2 de outubro de 1812 (OS), páginas 431-2.
19 A. P. Ermolov, *The Czar's General*, ed. e trad. A. Mikaberidze, Welwyn Garden City, 2007, páginas 178-80, cobre Tarutino e as opiniões de Ermolov sobre a estrutura de comando na tradução em inglês de suas memórias. O príncipe Aleksandr Golitsyn, ajudante de campo de Kutuzov, descreve sua raiva em VS, 53/12, 1910, páginas 21-35, na página 29: *"Zapiska o voine 1812 goda A. B. Golitsyna"*.
20 A carta de Barclay a Alexandre de 24 de setembro de 1812 (OS) a este respeito está em MVUA 1812, 18, nº 148, páginas 118-22.
21 N. A. Troitskii, *Fel'dmarshal Kutuzov: Mifi i Fakty*, Moscou, 2002, cita Raévski nas páginas 232-3.
22 De longe o mais completo relato recente da batalha é de V. A. Bessonov, *"Tarutinskoe srajenie"*, em *Epokha 1812 goda: Issledovaniia, istochniki, istoriografiia*, TGIM, Moscou, 2006, vol. 5, páginas 101-53.
23 Eugen, *Memoiren*, vol. 2, páginas 175-82, apresenta um relato gráfico, mas justo.
24 A opinião de Bennigsen é melhor exposta em uma carta à sua mulher de 10 de outubro de 1812 (OS): nº 177, páginas 223-5 em N. Dubrovin (ed.), *Otechestvennaia voina v pis'makh sovremennikov*, Moscou, 2006. Os cálculos das baixas são de Bessonov, *"Tarutinskoe"*, páginas 142-3, embora A. I. Ulianov cite números maiores em *Entsiklopediia*, página 694. O relatório de Kutuzov a Alexandre sobre Tarutino está em *Kutuzov*, 4ii, nº 16, Kutuzov a Alexandre, 7 de outubro de 1812 (OS), páginas 16-19.
25 P. de Segur, *History of the Expedition to Russia, 1812*, 2 vols., Stroud, 2005, vol. 2, páginas 75-8, lembra alguns dos pensamentos de Napoleão sobre as várias possibilidades. O próprio Napoleão os manifestou em uma série de cartas e memorandos escritos em Moscou em outubro de 1812: ver Napoleão, *Correspondance*, vol. 24, especialmente nº 19237, notas, não datadas, páginas 235-8, mas também suas cartas a Bèrthier de 5 e 6 de outubro e 16 de outubro nºs 19.250, 19.258, 19.275, páginas 246-7, 252-4, 265-6.
26 Segur, *History*, vol. 2, páginas 82-3; A. de Caulaincourt, *At Napoleon's Side in Russia*, Nova York, 2003, páginas 136-8; Duque de Fezensac, *Souvenirs militaires*, Paris, 1863, página 258. Brett-James, *Wilson's Journal*, página 80. Sobre o nível surpreendente de pilhagem na campanha italiana, ver Martin Boycott-Brown, *The Road to Rivoli*, Londres, 2001, páginas 287-8, 306, 335-6.
27 O principal relatório de Dokhturov para Kutuzov, escrito às 21h30 em 22 de outubro, está em *Kutuzov*, vol. 4ii, nº 59, páginas 75-6.
28 O melhor relato da batalha é de A. Vasilev, *Srajenie pri Maloiaroslavtse 12/24 oktiabria 1812 goda*, Maloiaroslavets, 2002; ver página 27 para a informação sobre o 6º *Jaegers*. Os registros sobre a batalha e o mosteiro em *Entsiklopediia*, páginas 437-9 e 472, são muito úteis também.
29 O relato de Kutuzov está em seu relatório para Alexandre de 16 de outubro de 1812 (OS), que incluía seu diário de operações militares do exército: *Kutuzov*, vol. 4ii, nº 119, páginas 128-34.
30 Sir Robert Wilson, *The French Invasion of Russia*, Bridgnorth, 1996, página 234.
31 O comentário dele sobre a Inglaterra é citado por Troitskii, *Fel'dmarshal Kutuzov*, página 278.
32 Muitas das cartas de Wilson, tanto para o imperador quanto para seus compatriotas, estão publicadas em Dubrovin (ed.), *Otechestvennaia voina*. Elas foram retiradas de arquivos da polícia. A carta de Bennigsen de 8 de outubro (OS) pedindo que Alexandre volte ao quartel está publicada em MVUA 1812, 19, páginas 344-5.

NOTAS DO CAPÍTULO 8

33 N. Shil'der, *Imperator Aleksandr pervyi: Ego jizn' i tsarstvovanie*, 4 vols., SPB, 1897, vol. 3, página 124.
34 Ver, por exemplo, comentários de Alexandre para Wilson em Vilna em dezembro de 1812 ou o aborrecimento da grã-duquesa Catarina sobre a popularidade enorme de Kutuzov e do quanto ele era indigno dela: *Wilson's Journal*, página 95. *Correspondance de l'Empereur Alexandre*, n° 46, Catarina a Alexandre, 25 de novembro de 1812 (OS), páginas 108-9.
35 *Kutuzov*, vol 4ii, n° 192, páginas 195-201, diário de operações militares. MVUA 1812, 19, por exemplo, Ermolov a Kutuzov, 18 de outubro de 1812 (OS), página 73; Platov a Kutuzov, 20 de outubro de 1812 (OS), página 78.
36 P. B. Austen, *1812: Napoleon's Invasion of Russia*, Londres, 2000, página 47.
37 F. Glinka, *Pis'ma russkogo ofitsera*, Moscou, 1987, página 371.
38 S. V. Gavrilov, *Organizatsiia i snabjeniia russkoi armii nakanune i v khode otechestvennoi voiny 1812g i zagranichnykh pokhodov 1813-1815gg: Istoricheskie aspekty*, dissertação de candidato, SPB, 2003, página 109, para as estatísticas mencionadas aqui.
39 *Kutuzov*, vol 4i, n° 536 e anexo, Kutuzov a Lanskoy, 3 de outubro de 1812 (OS), páginas 439-40. Ver também Gavrilov, *Organizatsiia*, páginas 158-9.
40 RGVIA, Fond 103, Opis 210/4, Sv. 1, Delo 1: fos. 1-2, circular de Kutuzov aos doze governadores de 15 de setembro de 1812 (OS); fos. 28-9, relatório de Lanskoy para Kutuzov de 9 de outubro (OS).
41 RGVIA, Fond 103, Opis 210/4, Sv. 1, Delo 1: fos. 38-9: major-general Potulov a Bennigsen, 11 de outubro de 1812 (OS); NB a carta foi recebida em 16 de outubro; fos. 77-8, Lanskoy a Kutuzov, 11 de novembro (OS); fo. 97, Santi a Kutuzov, novembro, mas o dia não é informado; fos. 113-14, Lanskoy a Kutuzov, 11 de dezembro (OS); 126-7, Lanskoy a Kutuzov, 15 de dezembro (OS); fos. 137-8, Lanskoy a Kutuzov, 23 de janeiro de 1813 (OS). Sobre roupas de inverno, ver, por exemplo, *Kutuzov*, vol. IVi, n° 387, Kutuzov a Kaverin, 13 de setembro 1812 (OS), página 305.
42 Ver, por exemplo, as cartas de Kutuzov a Nikolai Bogdanov, o governador de Tula, de 19 e 24 de outubro (OS): *Kutuzov*, vol. 4ii, n°s 159 e 196, páginas 169-70 e 205-6.
43 *Kutuzov*, vol. 4ii, n° 195, páginas 203-4, 24 Oct. 1812 (OS): uma ordem do dia. Mikhailóvski-Danilévski, *Opisanie 1812*, página 457, escreve que o equivalente a 74 milhões de rublos em propriedade foi destruído na província de Smolensk em 1812. Gavrilov, *Organizatsiia*, página 159.
44 Eugen, *Memoiren*, vol. 2, páginas 204-7. *Entsiklopediia*, página 170, *Entsiklopediia*, página 170, afirma que os russos perderam 1.800 homens, o inimigo 7 mil. Radojitskii, *Pokhodnyia zapiski*, vol. 1, páginas 250-51.
45 *Kutuzov*, vol. 4ii, *prilojenie* 21, página 719, tem uma tabela que mostra a temperatura mês a mês em 1812 em vários lugares, com estatísticas que retratam o quanto esta divergiu do normal. Qualquer pessoa que use esta tabela deve se lembrar que os meses estão de acordo com o calendário russo. R. M. Zotov, *Sochinenia*, Moscou, n.d., página 611, sobre como o inverno chegou de repente em 1812. Seria tedioso listar todas as fontes russas que criticam desculpas dos franceses sobre o tempo, mas ver, por exemplo, V. Kharkevich (ed.), *1812 god v dnevnikakh, zapiskakh i vospominaniiakh sovremennikov*, 4 vols., Vilna, 1900-1907, vol. 1, páginas 80-81, para comentários do general Kreutz. Barão Fain, *Manuscrit de Mil Huit Cent Douze*, Paris, 1827, páginas 151-2.
46 Radojitskii, *Pokhodnyia zapiski*, vol. 1, páginas 256-67.
47 Puybusque, *Lettres*, páginas 105-15: 7, 10, 12 Nov. 1812. Fezensac, *Souvenirs*, página 276.
48 T. von Bernhardi, *Denkwürdigkeiten aus dem Leben des kaiserlichen russischen Generals der Infanterie Carl Friedrich Grafen von Toll*, 5 vols., Leipzig, 1858, vol. 4, página 307.

49 Eugen, *Memoiren*, vol. 2, páginas 241-50. Löwenster, *Mémoires*, vol. 1, página 348.
50 Tanto M. I. Bogdanovich, *Istoriia otechestvennoi voiny 1812 goda*, 3 vols., SPB, 1859-60, vol. 3, páginas 101-46, quanto *Entsiklopediia*, páginas 379-80, oferecem relatos justos e precisos. Eugen, *Memoiren*, vol. 2, páginas 268-70 explica a fuga de Ney sob a perspectiva russa.
51 *Dnevnik Pavla Pushchina*, Leningrado, 1987, páginas 71-2.
52 Eugen, *Memoiren*, vol. 2, página 275.
53 Gavrilov, *Organizatsiia*, páginas 154-71. *Upravlenie General-Intendanta Kankrina: Generalnyi sokrashchennyi otchet po armiiam ...za pokhody Frantsuzov, 1812, 1813, 1814 godov*, Varsóvia, 1815, página 79. Sobre as exaustivas marchas das tropas pelas estradas secundárias bloqueadas pela neve, ver *Zapiski o pokhodakh 1812 i 1813 godov ot Tarutinskago srajeniia do Kul'mskago boia*, SPB, 1834, parte 1, página 40. O livro é anônimo porque seu autor, V. S. Norov, havia sido preso após a ascensão dezembrista de 1825 e o escreveu na prisão.
54 Há interessantes informações adicionais sobre isso a partir de discussões de Kutuzov com o capturado Puybusque: *Lettres*, especialmente como registrado em suas cartas de 11 e 18 de dezembro de 1812 (OS), páginas 141 e ss. Considerar também os comentários anteriores de Kutuzov para Wilson e Bennigsen discutidos neste capítulo e suas conversas posteriores com Alexandre e Shishkov que discutirei no Capítulo 9.
55 A carta está em uma nota de rodapé na página 282 de *Kutuzov*, vol. 4ii, nº 295.
56 As duas cartas de Kutuzov a Chichagov estão em *Kutuzov*, vol. 4ii, nº 295, 3 de novembro (OS), páginas 282-3, e nº 363, 10 de novembro de 1812 (OS), páginas 344-5. A carta dele a Wittgenstein de 8-9 de novembro está no mesmo volume, nº 349, páginas 334-5. Seu comentário a Ermolov é citado por V. S. Norov que era um ajudante-de-campo e oficial das Guardas *Jaegers*, um dos regimentos das Guardas atribuídos a Ermolov. Ver *Zapiski*, de Norov, página 75. Ermolov cita a primeira mas não a segunda frase em suas memórias e ele estava em melhor posição para saber exatamente o que disse Kutuzov. Norov pode ter ornamentado sua história. Mas as palavras que ele atribui a Kutuzov realmente se somam a uma atitude que aparece em muitos relatos, inclusive de Ermolov: ver A. P. Ermolov, *Zapiski A. P. Ermolova 1798-1826*, Moscou, 1891, páginas 243-6.
57 Carl von Clausewitz, *The Campaign of 1812 in Russia*, Londres, 1992, páginas 213-14.
58 A narrativa básica aqui vem de Bogdanovich, *Istoriia... 1812*, vol. 2, Capítulo XXXI, páginas 442 e ss. e vol. 3, Capítulo XL, páginas 205 e ss. Ver RGVIA, Fond 846, Opis 16, Delo 3419: "*Iskhodiashchii jurnal Generala Sakena*", fos. 4i-ii, Sacken a Kutuzov, 21 de fevereiro de 1813 para sua queixa de que ele e seus homens haviam se sacrificado para o bem comum sem esperança de reconhecimento pessoal.
59 Bogdanovich, *Istoriia...1812*, vol. 3, páginas 206-35. A. G. Tartakóvski, (ed.), *Voennye dnevniki*, Moscou, 1990, páginas 211-25, cobre o avanço ao Berezina.
60 Bogdanovich, *Istoriia... 1812*, vol. 3, página 236.
61 Ver a carta de Oertel a Chichagov de 3 de novembro de 1812 (OS): MVUA 1812, 21, páginas 115-17; Chichagov a Alexandre, 17 de novembro de 1812 (OS): SIRIO, 6, 1871, páginas 56-8.
62 MVUA 1812, 19, Wittgenstein a Alexandre, 19 de outubro de 1812 (OS), página 265.
63 Marechal Gouvion Saint-Cyr, *Mémoires pour servir à l'histoire militaire sous le Directoire, le Consulat et l'Empire*, Paris, 1831, vol. 3, páginas 201-3.
64 Bogdanovich, *Istoriia... 1812*, vol. 3, páginas 198-204. MVUA 1812, 19, página 268: Wittgenstein a Alexandre, 26 de outubro de 1812 (OS), página 268; Wittgenstein a Alexandre, 31 de outubro de 1812 (OS), páginas 270-72. Gavrilov, *Organizatsiia*, página 163. Ver, por exemplo, a carta de Alexandre a Kutuzov de 30 de outubro de 1812 (OS) em SIM, 2, nº 270, páginas 140-41, e a carta de Kutuzov a Wittgenstein de 3 de novembro (OS) sobre o mesmo perigo em *Kutuzov*, vol. 4ii, nº 293, páginas 280-81.

65 V. Kriuchkov, 95i pekhotnyi Krasnoiarskii polk: 1797-1897, SPB, 1897, página 172. Gavrilov, Organizatsiia, página 161, sobre requisições na província de Mogilev.
66 Ermolov, Zapiski, páginas 244-8.
67 P. Pototskii, Istoriia gvardeiskoi artilerii, SPB, 1896, páginas 207-10. (Norov), Zapiski, páginas 76-7; Istoriia leib gvardii egerskago polka za sto let 1796-1896, SPB, 1896, páginas 88-94.
68 Gulevich, Istoriia leib gvardii Finliandskago polka 1806-1906, SPB, 1906, páginas 256-61. (Norov), Zapiski, páginas 76-7.
69 As cartas de Chichagov a Alexandre constituem sua primeira defesa de suas ações: ver SIRIO, 6, 1871, páginas 51-67: 17 e 18 de novembro de 1812 (OS). Em material de memórias, talvez a melhor defesa venha de um artigo do general Ivan Arnoldi: *"Berezinskaia pereprava"*, VS, 53/9, 1910, páginas 8-20. A principal defesa recente é de I. N. Vasilev, *Neskol'ko gromkikh udarov po khvostu tigra*, Moscou, 2001.
70 Kutuzov, vol. 4ii, nº 363, Kutuzov a Chichagov, 10 de novembro de 1812 (OS), páginas 344-5. Clausewitz, *Campaign*, página 210.
71 Ermolov, *Zapiski*, página 251.
72 Bogdanovich, *Istoriia... 1812*, vol. 3, páginas 255-61. Mikhailóvski-Danilévski, *Opisanie, 1812*, página 519.
73 Arnoldi, *"Berezinskaia pereprava"*, páginas 11-12.
74 As melhores descrições russas são de Bogdanovich, *Istoriia... 1812*, vol. 3, páginas 263-76, e Vasilev, *Neskol'ko gromkikh udarov*, páginas 190-200, 248-68.
75 Bogdanovich, *Istoriia... 1812*, vol. 3, páginas 270-22, 277-84, 297. Vasilev, *Neskol'ko gromkikh udarov*, páginas 235-48, 268-85. Clausewitz, *Campaign*, páginas 204-8.
76 Ermolov, *Zapiski*, páginas 254-5.
77 Tanto Bogdanovich, *Istoriia... 1812*, vol. 3, página 288, quanto Bernhardi, *Denkwürdigkeiten*, vol. 4, página 319, abordam este ponto.
78 Kutuzov, vol. 4ii, nº 563, Kutuzov a Alexandre, 19 de dezembro de 1812, páginas 551-4. N. Muravev, *"Zapiski Muraveva"*, RA, 3, 1885, páginas 389-90. Os números não incluem as corporações de Osten-Sacken.
79 I. I. Shelengóvski, *Istoriia 69go Riazanskago polka*, 3 vols., Lublin, 1911, vol. 2, página 192. *Upravlenie General-Intendanta*, páginas 108-16.
80 *Upravlenie General-Intendanta*, páginas 114-16.
81 Kutuzov, vol. 4ii, nº 516, Kutuzov a Alexandre, 1 de dezembro de 1812 (OS), páginas 494-5.

Capítulo 9: 1813: A campanha de primavera

1 C. F. Adams (ed.), *John Quincy Adams in Russia*, Nova York, 1970, páginas 458-9. VPR, 7, nº 120, Rumiantsev a Alexandre, 27 de junho/9 de julho de 1813, páginas 293-4; nº 158, Rumiantsev a Alexandre, 18/30 de setembro de 1813, páginas 386-9.
2 Condessa Choiseul-Gouffier, *Historical Memoirs of the Emperor Alexander I and the Court of Russia*, Londres, 1904, página 148.
3 S. I. Maevskii, *"Moi vek ili istoriia generala Maevskago"*, RS, 8 1873, página 253.
4 'Grafinia Roksandra Skarlatovna Edling: Zapiski in A. Libermann (ed.), *Derjavnyi sfinks*, Moscou, 1999, página 181.
5 Ver, por exemplo, os comentários de Sir Charles Stewart, mais tarde marquês de Londonderry em seu *Narrative of the War in Germany and France in 1813 and 1814*, Londres, 1830, páginas 33, 242-3.
6 Sobre sedução, ver, por exemplo, V. von Löwenstern, *Mémoires du Général-Major Russe Baron de Löwenstern*, 2 vols, Paris, 1903, e Boris Uxkull, *Arms and the Woman: The Intimate Journal of*

an Amorous Baltic Nobleman in the Napoleonic Wars, Londres, 1966. As memórias dos oficiais das Guardas confirmam o ponto de David Bell sobre as relações entre sexo e guerra na cultura militar aristocrática: David Bell, *The First Total War*, Londres, 2007, páginas 23-4.

7   Para a conversa de Shishkov com Kutuzov, ver N. Kiselev e Iu. Samarin (eds.), *Zapiski Mneniia i perepiska Admirala A. S. Shishkova*, 2 vols., Berlim, 1870, vol. 1, páginas 167-9. Para o memorando de Toll, ver T. von Bernhardi, *Denkwürdigkeiten aus dem Leben des kaiserlichen russischen Generals der Infanterie Carl Friedrich Grafen von Toll*, 5 vols., Leipzig, 1858, vol. 3, livro 5, páginas 469-70.

8   VPR, 7, nº 12, Nesselrode a Alexandre I, início de fevereiro de 1813, páginas 33-4.

9   L. G. Beskrovnyi (ed.), *Pokhod russkoi armii protiv Napoleona v 1813g i osvobojdenie Germanii: Sbornik dokumentov*, Moscou, 1964: nº 24, Chernishev a Kutuzov, 1/13 de janeiro de 1813, página 23.

10 "*Perepiska markviza Paulushi s imperatorom Aleksandrom, prusskim generalom Iorka I drugimi litsami*", em K. Voenskii (ed.), *Akty, dokumenty i materialy dlia istorii 1812 goda*, 2 vols., SPB, 1910-11, vol. 2, páginas 330-443.

11 Ver F. Martens (ed.), *Sobranie traktatov i konventsii zakliuchennykh Rossiei s inostrannymi derjavami*, vol. 7: *Traktaty s Germaniei 1811-1824*, SPB 0000 nº 254, páginas 40-62.

12 Ver F. Reboul, *Campagne de 1813: Les préliminaires*, 2 vols. Paris, 1910, vol. 1, páginas 194-6, sobre os números de Yorck.

13 Ver a carta de Paulucci a Alexandre I de 27 de dezembro de 1812 (OS), em Voenskii, *Akty*, vol. 2, páginas 400-402 e carta irada de Wittgenstein a Chichagov sobre o comportamento idiota de Paulucci: MVUA 1813, vol. 2, nº 24, Wittgenstein a Chichagov, 4 de janeiro de 1813 (OS).

14 Beskrovnyi (ed.), *Pokhod*, nº 16, páginas 14-15.

15 Ibid. nº 7, 6/18 de dezembro de 1812, páginas 6-8, e nº 53, 25 de janeiro/6 de fevereiro de 1813, para dois importantes memorandos de Stein para Kutuzov sobre a alimentação das tropas russas e utilização da administração prussiana.

16 Há diversos documentos nesse sentido, mas ver, por exemplo, o relatório de Wittgenstein para Kutuzov de 31 de dezembro de 1812/12 de janeiro de 1813 (Beskrovnyi (ed.), *Pokhod*, nº 21, páginas 19-20) no qual ele afirma que o comportamento das tropas em Königsberg tinha sido exemplar e a população local as havia saudado como libertadores e estava fornecendo alimentos através de oficiais prussianos locais na maneira prescrita por ordens de Kutuzov.

17 Botzenhart, *Stein*, vol. 4, Stein a Alexandre I, 27 de fevereiro/11 de março de 1813, páginas 234-6.

18 A discussão sobre as atitudes e políticas de Frederico Guilherme nos parágrafos seguintes deve muito a T. Stamm-Kuhlmann, *König in Preussens grosser Zeit*, páginas 365 e ss.

19 W. Oncken, *Österreich und Preussen in Befreiungskriege*, 2 vols., Berlim, 1878: a discussão da missão de Knesebeck está no vol. 1, páginas 137-56, com a citação de Knesebeck na página 166.

20 Beskrovnyi (ed.), *Pokhod*, nº 33, 10/22 de janeiro de 1813, Chernishev a Kutuzov, páginas 31-3.

21 Ibid., nº 48, 22 de janeiro/3 de fevereiro de 1813, Chernishev a Kutuzov, páginas 43-4.

22 Sobre a batalha no Varta, ver o diário de Chernishev: RGVIA, Fond 846, Opis 16, Delo 3386, fos. 6ii-7i, e seu relatório para Wittgenstein de 31 de janeiro/11 de fevereiro de 1813 em RGVIA, Fond 846, Opis 16, Delo 3905, fo. 2ii; sobre Benckendorff, ver Beskrovnyi (ed.), *Pokhod*, nº 80, 15/27 de fevereiro de 1813, Wittgenstein a Kutuzov, páginas 80-81.

23 Ver, por exemplo, Reboul, *Campagne de 1813*, vol. 2, Capítulo 5, e Gouvion Saint-Cyr, *Mémoires pour servir à L'histoire militaire sous le Directoire, le Consulat et L'Empire*, vol. 4, Paris, 1831, Capítulo 1.

24 RGVIA, Fond 846, Opis 16, Delo 3386, fo. 8.

25 Ver, por exemplo, relatórios de Benckendorff para Repnin de 22 de fevereiro (10 de fevereiro OS) e de Chernishev para Wittgenstein no dia anterior: RGVIA, Fond 846, Opis 16, Delo 3905, fo. 8ii; *Pokhod*, nº 86, 20 de fevereiro/4 de março de 1813, Wittgenstein a Kutuzov, página 89.
26 RGVIA, Fond 846, Opis 16, Delo 3416, fos. 1-2.
27 A. G. Tartakóvski (ed.), *Voennye dnevniki*, Moscou, 1990: A. I. Mikhailóvski-Danilévski, páginas 319-20.
28 Sobre o tratado, ver Martens, *Sobranie traktatov*, vol. 7, páginas 62-82. Para a opinião de Stein sobre a Polônia, ver Botzenhart, *Stein*, vol. 4, Stein a Munster, 7/19 de novembro de 1812, páginas 160-2.
29 Oncken, *Österreich*, vol. 1, páginas 359-60; vol. 2, página 287. VPR, nº 50, Nesselrode a Stackelberg, 17/29 de março de 1813, páginas 118-22. Beskrovnyi (ed.), *Pokhod*, nº 131, Kutuzov a Winzengerode, 24 de março/5 de abril de 1813, página 132.
30 As fontes mais completas sobre a política austríaca permanecem sendo os dois volumes de Oncken, *Österreich und Preussen*. Além de obras gerais sobre diplomacia do período já citadas, ver E. K. Kraehe, *Metternich's German Policy*, vol. 1: *The Contest with Napoleon 1799-1814*, Princeton, 1963, e os ensaios em A. Drabek et al. (eds.), *Russland und Österreich zur Zeit der Napoleonischen Kriege*, Viena, 1989.
31 Oncken, *Österreich*, vol. 1, página 423: nº 19, Instruções para Lebzeltern, 8 de fevereiro de 1813; vol. 2, páginas 323-4, conversa com o conde Hardenberg, 30 de maio de 1813. Sobre preparativos militares, ver os dois primeiros volumes de *Geschichte der Kämpfe Österreichs: Kriege unter der Regierung des Kaisers Franz, Befreiungskrieg 1813 und 1814*, vol. 1: O. Criste, *Österreichs Beitritt zur Koalition*, Viena, 1913; vol. 2: W. Wlaschutz, *Österreichs entscheindendes Machtaufgebot*, Viena 1913.
32 Conde A. de Nesselrode (ed.), *Lettres et Papiers du Chancelier Comte de Nesselrode 1760-1850*, Paris, n.d., vol. 5, por exemplo, Gentz a Nesselrode, 16 de janeiro de 1813, páginas 12-21; 28 de janeiro de 1813, páginas 27-31; 10 de março de 1813, páginas 35-44; 12 de março de 1813, páginas 44-7; 17 de março de 1813, páginas 48-51; 18 de março de 1813, páginas 51-5; Nesselrode a Gentz, 14/26 de março de 1813, páginas 58-60; Gentz a Nesselrode, 11 de abril de 1813, páginas 64-70; 16 de abril de 1813, páginas 70-78; 2 de maio de 1813, páginas 83-90; 16 de maio de 1813, páginas 96-101; 13 de junho de 1813, páginas 104-7; 23 de julho de 1813, páginas 122-4. Sobre a posição de Gentz em Viena, ver Helmut Rumpler, *Österreichische Geschichte 1804-1914*, Viena, 1997, páginas 78-80.
33 A maioria das negociações posteriores foi conduzida por Fabian von der Osten-Sacken e os documentos pertinentes estão em seu diário de envio de correspondência: os austríacos passaram informações consideráveis sobre movimentos poloneses. O texto do armistício original está em Martens, *Sobranie traktatov*, vol. 3, nº 67, páginas 70-91. Acordos subsequentes estão em VPR, 7, página 118, e nº 74, páginas 184-5.
34 Kutuzov, vol. 5, nº 320, Ordem do Dia, 16 de fevereiro de 1813 (OS), páginas 282-4. Pestreikov, *Istoriia*, vol. 1, 115-19.
35 N. S. Pestreikov, *Istoriia leib gvardii Moskovskogo polka*, SPB, 1903, vol. 1, página 115; sobre o Regimento Kexholm, ver B. Adamovich, *Sbornik voenno-istoricheskikh materialov leib-gvardii Keksgol'mskago imperatora Avstriiskago polka*, vol. 3, SPB, 1910, página 300.
36 Sobre o Regimento Iaroslavl, ver RGVIA, Fond 489, Opis 1, Delo 1098, fos. 46-71.
37 Beskrovnyi (ed.), *Pokhod*, nº 59, Tettenborn a Alexandre, 31 de janeiro de 1813, páginas 54-6. Para seus relatórios para Wittgenstein, ver RGVIA, Fond 846, Opis 16, Delo 3905: os dois relatórios citados são Tettenborn a Wittgenstein, 9 de março (OS) (fos. 22ii-23i) e 11 de março (OS) (fos. 24ii-25i).
38 Londonderry, *Narrative*, página 63.

39 J. von Pflugk-Harttung, *Das Befreiungsjahr 1813: Aus dem Geheimen Staatsarchivs*, Berlim, 1913, nº 136, conversa de Bernadotte com Pozzo e Suchtelen, junho de 1813, páginas 175-7.
40 R. von Friederich, *Die Befreiungskriege 1813-1815*, vol. 1: *Der Frühjahrsfeldzug 1813*, Berlim, 1911, páginas 196-7; C. Rousset, *La Grande Armée de 1813*, Paris, 1871, páginas 96-7; A. Vallon, *Cours d'hippologie*, 2 vols., Paris, 1863, vol. 2, página 473. Sou grato ao Professor Thierry Lentz por me apresentar o trabalho de Vallon.
41 A. Uffindell, *Napoleon's Immortals*, Stroud, 2007, páginas 76, 88-90.
42 As duas principais fontes aqui são Rousset, *Grande Armée*, Capítulos I-XII; Friederich, *Fruhjarsfeldzug*, páginas 162-80. Friederich afirma que Napoleão retirou cerca de 40 mil veteranos da Espanha: Scott Bowden escreve que "o Exército da Espanha imediatamente forneceu 20 mil veteranos comprovados para a nova *Grande Armée* de Napoleão", então a diferença entre os números pode ser uma questão de o período exato envolvido. S. Bowden, *Napoleon's Grande Armée of 1813*, Chicago, 1990, página 29.
43 *Mémoires de Langeron, Général d'Infanterie dans l'Armée Russe: Campagnes de 1812,1813, 1814*, Paris, 1902, página 190.
44 Beskrovnyi (ed.), *Pokhod*, nº 141, Kutuzov a Golenishchev-Kutuzov, 28 de março/9 de abril de 1813, página 142.
45 Ibid., nº 131, Kutuzov a Winzengerode, 24 de março/5 de abril de 1813, página 132.131, Kutuzov a Winzengerode, 24 de março/5 de abril de 1813, página 132.
46 Tartakóvski, *Voennye dnevniki*, página 329: isso é um trecho do diário de Mikhailóvski-Danilévski de 1813. Beskrovnyi (ed.), *Pokhod*, nº 105, Kutuzov a Wittgenstein, 8/20 de março de 1813, páginas 107-8; nº 123, Kutuzov a Wittgenstein, 17/29 de março de 1813, páginas 125-6; nº 94, Wittgenstein a Kutuzov, 26 de fevereiro/10 de março de 1813, páginas 95-6; nº 150, Volkonski a d'Auvray, 8/20 de abril de 1813, páginas 151-2.
47 Karl von Clausewitz, *Der Feldzug in Russland und die Befreiungskriege von 1813-15*, Berlim, 1906, páginas 196-202.
48 Pflugk-Harttung, *Befreiungsjahr*, nº 82, Blücher a Wittgenstein, c. 20 de abril de 1813, páginas 106-7; nº 45, Scharnhorst a Volkonski, 22 de março de 1813, páginas 62-5.
49 P. Pototski, *Istoriia gvardeiskoi artilerii*, SPB, 1896, páginas 220-21.
50 I. Radojítski, *Pokhodnyia zapiski artilerista s 1812 po 1816 god*, 3 vols., Moscou, 1835, vol. 2, páginas 22-5.
51 S. G. Volkonski, *Zapiski Sergeia Grigorovicha Volkonskogo (dekabrista)*, SPB, 1902, página 232: há muitos comentários semelhantes, por exemplo, de jovens oficiais, como um grupo dos homens mais bem educados no exército.
52 Tartakóvski, *Voennye dnevniki*, páginas 333, 345.
53 Honorável George Cathcart, *Commentaries on the War in Russia and Germany in 1812 and 1813*, Londres, 1850, páginas 122-30. J. P. Riley, *Napoleon and the World War of 1813*, Londres, 2000, páginas 79-89 (a descrição das vilas está na página 80).
54 Clausewitz, *Feldzug*, página 209.
55 Sobre isto, ver Botzenhart, *Stein*, vol. 4, memorandos e correspondência com Scharnhorst, Hardenberg e Nesselrode em abril de 1813, páginas 274-6, 289-90, 293-4, 299-300, 304-6.
56 VPR, nº 102, Alexandre a Bernadotte, 26 de maio/7 de junho de 1813, páginas 238-42; Oncken, *Österreich*, vol. 2, nº 46, Stadion a Metternich, 3 de junho de 1813, páginas 660-63.
57 Oncken, *Österreich*, vol. 2, nºˢ 33 e 34, Metternich a Lebzeltern, 29 de abril de 1813, páginas 630-34.
58 Ibid., vol. 2, nº 38, Instruções para Stadion, 7 de maio de 1813, páginas 640-44.
59 VPR, nº 80, Nesselrode a Alexandre, 1/13 de maio de 1813, páginas 196-7.
60 VPR, nº 101, Nesselrode a Alexandre, 24 de maio/5 de junho de 1813, páginas 236-7.

NOTAS DO CAPÍTULO 10   569

61 Langeron, *Mémoires*, páginas 169-78. Eugen, *Memoiren*, vol. 3, página 39.
62 Além dos textos básicos já citados (Bogdanovich, Friederich, Chandler, Riley e Hofschroer), as memórias do barão Müffling são uma fonte vital sobre isso, mas sua conta de 5 mil para a corporação de Barclay deve ser descontada, já que Langeron, que comandou esta unidade, afirma que 8 mil homens estavam presentes naquele dia: Barão Karl von Müffling, *The Memoirs of Baron von Müffling: A Prussian officer in the Napoleonic Wars*, Londres, 1997, páginas 36-8.
63 Langeron, *Mémoires*, página 189. Barão von Odeleben, *A Circumstantial Narrative of the Campaign in Saxony in the Year 1813*, 2 vols., Londres, 1820, vol. 1, página 95.
64 Odeleben, *Narrative*, vol. 1, página 103.
65 Oncken, *Österreich*, vol. 2, páginas 323-4, e nº 46, Stadion a Metternich, 3 de junho de 1813, páginas 660-63.
66 Para a opinião de Alexandre sobre Schweidnitz, ver RGVIA, Fond 846, Opis 16, Delo 3905, fo. 51ii, Volkonski a Wittgenstein, 11 de maio de 1813 (OS); Müffling, *Memoirs*, páginas 44-9.
67 RGVIA, Fond 103, Opis 4/210, Sv. 17, Delo 34, fo. 18, Kankrin a Barclay de Tolly, 23 de maio de 1813: RGVIA, Fond 103, Opis 4/210, Sv. 17, fos. 158-9, Barclay a Wittgenstein, 26 de junho de 1813. Botzenhart, *Stein*, vol. 4, Kutuzov a Stein, 6/18 de abril de 1813, página 287.
68 RGVIA, Fond 846, Opis 16, Delo 3905, fo. 55ii, Volkonski a d'Auvray, 19 de maio de 1813 (OS); Pflug-Harttung, *Befreiungsjahr*, nº 135, l'Estoq a Hardenburg, 30 de maio de 1813, páginas 171-5; M. I. Bogdanovich, *Istoriia voiny 1813g za nezavisimost' Germanii*, 2 vols., SPB, 1863, vol. 1, páginas 299-301.
69 F. Ley, *Alexandre Ier et sa Sainte-Alliance (1811-1825)*, Paris, 1975, páginas 63-5. Sobre o comportamento de Alexandre, ver, por exemplo, Oncken, *Österreich*, vol. 2, página 330.
70 Langeron, *Mémoires*, página 199.

Capítulo 10: Reconstruindo o Exército

1 RGVIA, Fond 1, Opis 1/2, Delo 2888, fos. 11-13.
2 John Keep, "*The Russian Army in the Seven Years' War*", em E. Lohr e M. Poe (eds), *The Military and Society in Russia, 1450-1917*, Leiden, 2002, páginas 197-221. Para uma visão global da logística nas campanhas da Guerra dos Sete Anos, ver F. Szabo, *The Seven Years War in Europe 1756-1763*, Harlow, 2008.
3 MVUA 1813, 1, páginas 119-20. A regra do exército de janeiro estabelece os programas para as estradas militares: ver PSZ, 32, nº 24975, 27 de janeiro de 1812 (OS), páginas 116-8. *Kutuzov*, vol. 5, no 461, Ordem do Dia, 15 de março (OS), páginas 416-17.
4 PSZ, 32, nº 24975, 27 de janeiro de 1812 (OS), parte 3, páginas 107-58.
5 *Kutuzov*, vol. 5, nº 255, Kutuzov a Stein, 31 de janeiro de 1813, páginas 214-15; L. G. Beskrovnyi (ed.), *Pokhod russkoi armii protiv Napoleona v 1813g i osvobojdenie Germanii: Sbornik dokumenty*, Moscou, 1964, nº 7, memorando de Stein para Alexandre, 6/18 de dezembro de 1812, páginas 6-8, e nº 53, Stein a Kutuzov, 25 de janeiro/6 de fevereiro de 1813, páginas 47-8.
6 F. Martens (ed.), *Sobranie traktatov i konventsii zakliuchennykh Rossiei s inostrannymi derjavami*, vol. 7. *Traktaty s Germaniei 1811-1824*, nº 258, páginas 88-96. Ver também página 123 de *Upravlenie General-Intendanta Kankrina: General'nyi sokrashchennyi otchet po armiiam ...za pokhody protiv Frantsuzov, 1812, 1813 i 1814 godov*, Varsóvia, 1815.
7 No final de 1813, por exemplo, o Ministério da Guerra russo calculou que nos últimos quatro meses havia gasto mais de 3,9 milhões de rublos alimentando unidades do Exército Reserva implantadas dentro do Império, e apenas 1,1 milhão com as forças muito mais numerosas posicionadas no ducado. Mesmo essa quantia deveu-se apenas à ordem de Alexandre para que as porções de carne e bebidas do Exército Reserva fossem pagas pelo tesouro russo, e não

mais pelos poloneses: memorando do Ministério da Guerra para o príncipe Aleksei Gorchakov, 30 de dezembro de 1813 (OS), RGVIA, Fond 846, Opis 16, Delo 3441, fos.100-101.

8   *Kutuzov*, vol. 5, n° 370, Lei sobre o Governo Provisório no ducado de Varsóvia, 1/13 de março de 1813, páginas 329-35; citação na página 332.

9   *Kutuzov*, vol. 5, n° 34, proclamação de Kutuzov ao povo polonês, 27 de dezembro (OS) 1812, página 29, e n° 326, Kutuzov a Alexandre, 18 de fevereiro de 1813 (OS), página 291. MVUA 1813, vol. 2, n° 96, Vorontsov a Chichagov, 1 de fevereiro de 1813 (OS), página 70.

10 Para as instruções de Kankrin, ver RGVIA, Fond 474, Opis 1, Ed. Khr. 1204, fos. 4i-ii. *Kutuzov*, vol. 5, n° 442, Kutuzov à sua mulher, 11 de março de 1813 (OS), página 400. Adamovich, *Sbornik, III*, páginas 302-5, tem estatísticas interessantes sobre o abastecimento do Regimento Kexholm na guarda de avanço em janeiro-abril. Sobre o tratamento de Frederico da Saxônia, ver Szabo, *Seven Years War*, páginas 119-20.

11 RGVIA, Fond 103, Opis 208a, Sv. 28, Delo 31, fos. 161-7. Barclay a Alexandre, 18 de junho de 1813 (OS). Há outra cópia desta carta em Opis 4/210, Sv. 17, Delo 34, fos. 100-6.

12 Existem dois relatos essenciais sobre o entreposto móvel de Chichagov: ver RGVIA, Fond 103, Opis 4/210, Sv. 18, Delo 76, fos. 20-5: relatório de Lisanevich a Kankrin, 5 de dezembro de 1813 (OS); RGVIA, Fond 103, Opis 4/210, Sv. 17, Delo 34, fos. 184-7: relatório do major Alekverv a Kankrin, 25 de junho de 1813 (OS). Ver também Kutuzov, vol. 5, Kutuzov a Chichagov, 31 de janeiro de 1813 (OS), páginas 212-13.

13 Sobre o acordo com Adelsohn e companhia, ver RGVIA, Fond 103, Opis 4/210, Sv. 17, Delo 34, fos. 240-41, 317-18. O primeiro documento é um relatório de um experiente oficial da corte prussiana, conde de Bethusy, datado de 25 de julho. O segundo é um relatório apresentado pelo próprio Adelsohn em 8 de novembro. Sobre o entreposto do exército principal, ver em especial os relatórios de Kankrin para Barclay de 6, 10 e 16 de julho de 1813 (OS): RGVIA, Fond 103, Opis 4/210, Sv. 17, Delo 34, fos. 207-8, 226, 251-3. Sobre os limites operacionais das carroças de camponeses, ver Keep, *"Russian Army"*, página 215.

14 Este era principalmente dinheiro dos chamados escritórios de câmbio criados para remeter de volta à Rússia os rublos de papel que os estrangeiros tinham recebido e que queriam trocar por suas próprias moedas.

15 As ordens de Alexandre a Gurev estão em SIM, 3, n° 136, Alexandre a Gurev, 14 de junho de 1813 (OS), páginas 100-101. Duas das cartas de Gurev a Barclay, datadas de 28 de junho e 1 de julho (OS), são relevantes: ver RGVIA, Fond 103, Opis 208a, Sv. 28, Delo 31, fos. 125 e 219.

16 SIM, 1, seção B, *"Sekretniia ofitsial'niia svedeniia o polojenii nashikh finansov v 1813g i ob izyskanii sredstv k prodoljeniiu voennykh deistvii v chujikh kraiakh"*: n° 1, memorando de Gurev de 24 de abril de 1813 (OS), páginas 47-50 e 54.

17 Ibid., páginas 55-63.

18 VPR, 7, n°s 13 e 14, Alexandre a Lieven, 20 de janeiro/1 de fevereiro de 1813, páginas 36-9.

19 VPR, 7, n° 55, Lieven a Alexandre, 25 de março/6 de abril de 1813, páginas 132-7; n° 84, Gurev a Nesselrode, 5/17 de maio de 1813, páginas 203-206. Botzenhart, *Stein*, Stein a Kochubei, 31 de maio de 1813, páginas 350-51. O maior problema remanescente eram os custos de troca das notas do tesouro britânico no continente.

20 A lista de Kankrin está em RGVIA, Fond 103, Opis 4/210, Sv. 17, Delo 34, fos. 64-5: Kankrin a Barclay, 30 de maio de 1813 (OS); a carta de Barclay a Lanskoy, datada de 31 de maio (OS) está em fo. 66 do mesmo Delo. As ordens de Alexandre a Lanskoy estão em SIM, 3, n° 140, 14 de junho de 1813, páginas 102-3.

21 RGVIA, Fond 103, Opis 4/210, Sv. 17, Delo 34: Lanskoy a Barclay, 22 de junho de 1813 (OS), fos. 167-8; Ordens abertas ao major Vinokurov, 18 de junho de 1813 (OS), fo. 135; Vinokurov a Barclay,

23 de agosto de 1813 (OS), fos. 311-12; tenente-coronel Lekarski a Barclay, 27 de julho de 1813 (OS), fos. 313-14.
22 Beskrovnyi (ed.), *Pokhod*, nº 184, Ordem do Dia, 29 de maio/10 de junho de 1813, páginas 195-6.
23 *Kutuzov*, vol. 5, nº 300, Kutuzov a Barclay, 9 de fevereiro de 1813 (OS), páginas 259-60; nº 258, Kutuzov ao comandante de Königsberg (conde Sievers, major-general), 2 de fevereiro de 1813 (OS), páginas 216-18; nº 441, Kutuzov a Alexandre, 11 de março de 1813 (OS), páginas 398-9.
24 RGVIA, Fond 103, Opis 3/209b, Sv.10, Delo 117, fo. 6: relatório de Kankrin sobre botas e calças. Radojítski, *Pokhodnyia*, vol. 2, páginas 156-9. RGVIA, Fond 103, Opis 209b, Sv. 11, Delo 2, fos. 104-10: relatório do príncipe Gurialov, major-general, a d'Auvray, 13 de julho de 1813 (OS) sobre mosquetes.
25 MVUA 1813, 1, páginas 97-132.
26 Kutuzov, vol. 4ii, páginas 575-77. Alexandre expôs seu plano a Kutuzov em uma carta datada de 29 de novembro de 1812 (OS): SIM, 2, nº 367, páginas 211-13.
27 *Komplektovanie voysk v tsarstvovanie imperatora Aleksandra I*, SVM, 4/1, páginas 55-62. A idade média dos recrutas nos Dragões de Moscou em 1813 era de 28 anos – quatro a mais do que a média dos tempos de paz. Ver RGVIA, Fond 489, Opis 1, Ed. Khr. 2442, fos. 94-119: note que, embora os documentos atestem que os homens se alistaram em 1812, na verdade muitos o fizeram em 1813. Quarenta por cento do Regimento Granadeiro Kherson no final de 1812 e 1813 era casado: ver RGVIA, Fond 489, Opis 1, Ed. Khr. 1263. Os números das folhas são indecifráveis, mas a lista de novos recrutas vem após o *formuliarnyi spisok* de suboficiais em fos. 43 e ss.
28 V. A. Aleksandrov, *Sel'skaia obshchina v Rossii (XVII-nachalo XIXv)*, Moscou, 1976, páginas 244-5.
29 I. I. Prokhodtsov, *Riazanskaia guberniia v 1812 godu*, Riazan, 1913, página 119. RGVIA, Fond 1, Opis 1 / 2, Delo 2636, fo. 11, para a circular do ministro solicitando aos conselhos de recrutamento que checassem os registros submetidos pela administração de camponeses do Estado.
30 V. Lestvitsyn (ed.), *"Zapiski soldata Pamfila Nazarova"*, RS, 98, 1878, páginas 529-43.
31 Esses registros são mantidos na Biblioteca Britânica como Manuscrito Adicional 47.427 da documentação de Lieven.
32 Sobre o Estado, ver Edgar Melton, *"Household Economies and Communal Conflicts on a Russian Serf Estate, 1800-1817"*, Journal of Social History, 263, 1993, páginas 559-86.
33 Sobre Staroust, ver BB Add. MSS. 47424, fos. 47-53. Melton, *"Household Economies"*, página 569, para o caso Leontev, no qual os esforços da administração da propriedade para permitir que a esposa de um alistado fosse arrimo de família e mantivesse suas terras foram rejeitados pela comunidade. Todos os outros casos individuais foram extraídos por mim de Add. MSS. 47427.
34 As instruções de Charlotta para o "imposto de riqueza" estão em BB Add. MSS. 47427: elas e as listas fornecendo as somas a serem levantadas por cada família estão contidas em fos. 122-41. Ver também Melton, *"Household Economies"*, página 569.
35 RGVIA, Fond 1, Opis 1 / 2, Delo 2636, fo. 53.
36 S. E. Charnetskii, *Istoriia 179-go pekhotnago Ust-Dvinskago polka: 1711-1811-1911*, SPB, 1911, página 26.
37 Usei sobretudo registros de serviços (*formuliar'nye spiski*) em RGVIA. Os regimentos cobertos foram: os Kherson (Ed. Khr. 1263) e Pequena Rússia (Ed. Khr. 1190) Granadeiros: os regimentos de infantaria Murom (Ed. Khr. 517), Kursk (Ed. Khr. 425), Chernigov (Ed. Khr. 1039), Reval (Ed. Khr. 754), Selenginsk (Ed. Khr. 831) e Belostok (Ed. Khr. 105); os 29º (Ed. Khr. 1794), 39º

(Ed. Khr. 1802) e 45º (Ed. Khr. 1855) *Jaegers*; Couraceiros Pessoais de Sua Majestade (Imperador) (Ed. Khr. 2114), os regimentos dragões Iamburg (Ed. Khr. 2631), Sibéria (Ed. Khr. 2670), Moscou (Ed. Khr. 2442), Borisogleb (Ed. Khr. 2337) e Pskov (Ed. Khr. 212) e o Lanceiro Volínia (Ed. Khr. 2648). Além disso, os apêndices de três histórias regimentais têm listas de oficiais fornecendo as datas em que eles foram comissionados. Essas são as Guardas *Jaegers* (*Istoriia leib-gvardii egerskago polka za sto let 1796-1896*, SPB, 1896, *prilojeniia*, páginas 56 e ss.); as Guardas Lanceiras (P. Bobróvski, *Istoriia leib-gvardii ulanskago E.I.V. gosudarstvenyi Imperatristsy Aleksandra Fedorovna polka*, SPB, 1903, *prilojeniia*, páginas 140 e ss.); Couraceiros Pessoais de Sua Majestade (Imperatriz) (Colonel Markov, *Istoriia leib-gvardii kirasirskago Eia Velichestva polka*, SPB, 1884, *prilojeniia*, páginas 73 e ss.). Em todas elas havia 341 novos oficiais, dos quais 43 por cento eram antigos subalferes ou *junkers*. Estes não incluem todos os oficiais recém-comissionados nesses regimentos, já que alguns dos registros de serviço são de janeiro ou julho de 1813. Isso também influencia os resultados em relação aos homens que serviram como suboficiais nobres.

38 *Istoriia leib-gvardii egerskago polka, prilojeniia*, páginas 56 e ss., é uma mina de informação.

39 Dos novos oficiais pesquisados, 20 por cento eram anteriormente suboficiais não nobres. Na verdade, um punhado desses homens era nobre, mas ainda não tinha atingido o grau de subalferes ou *junker*. Mas isso era muito menos do que os doze suboficiais não nobres comissionados em outros regimentos, então a estatística de um a cada cinco se mantém. Na realidade a sociedade russa era mais confusa do que as agudas distinções legais entre as propriedades permitiam. Um meio-termo eram os muitos suboficiais nobres poloneses sem importância dos regimentos lanceiros, que receberam comissões nas unidades lanceiras russas que foram criadas em 1813 a partir de alguns regimentos dragões.

40 SIM, 2, nº 249, Alexandre a Wittgenstein, 26 de outubro de 1812 (OS), páginas 119-21.

41 Em minha pesquisa, 8,5 por cento dos oficiais vieram do Regimento Nobre e 7 por cento eram ex-funcionários públicos, mas a tendência em relação à primeira metade da guerra, sem dúvida, subestima a sua importância. Outra fonte de oficiais eram os orfanatos militares, onde os filhos de oficiais mortos eram educados. Sobre o Regimento Nobre, ver M. Gol'mdorf, *Materialy dlia istorii byvshego Dvorianskago polka*, SPB, 1882; as estatísticas são da página 137. Alexandre escreveu em 18 de dezembro de 1812 (OS) ao conde Saltykov que havia funcionários públicos supérfluos e que do que o Estado precisava no momento eram oficiais. Homens que não estivessem dispostos a se transferir para o exército deveriam, portanto, serem demitidos: SIM, 2, nº 417, páginas 253-4. Em 29 de dezembro de 1812 ele ordenou que o Regimento Nobre fosse "reiniciado", o que reflete a realidade de que ele tinha mais ou menos entrado em um hiato em meio à emergência de 1812: SIM, 2, nº 412, Alexandre a Viazmitinov, 17 de dezembro de 1812 (OS), página 250.

42 *Mémoires du Général Bennigsen*, 3 vols., Paris, n.d., páginas 278-9 (carta a Alexandre I de 24 de junho de (OS)). RGVIA, Fond 125, Opis 188a, Delo 70: o relatório de Essen sobre a condição de suas tropas quando partiram de seus campos de treinamento está em fo. 4 e a lista de homens enviados em fo. 5.

43 SIM, 11, nº 13, Lobanov-Rostóvski a Alexandre I, 16 de novembro de 1812 (OS), páginas 109-11.

44 *Kutuzov*, vol. 4ii, páginas 578-80. Isso estava em um relatório do inspetor geral de artilharia, Müller-Zakomelski, datado de 3 de janeiro de 1813 (OS). SIM, 11, nº 12, 14 de novembro de 1812 (OS), é o reconhecimento de Lobanov a Alexandre de que ele tinha recebido sua ordem. V. N. Speranskii, *Voenno-ekonomicheskaia podgotovka Rossii k bor'be s Napoleonom v 1812-1814 godakh*, dissertação de candidato, Gorky, 1967, páginas 385-454 é excelente sobre a produção de armas de pequeno porte em 1812-1814.

NOTAS DO CAPÍTULO 10 573

45 RGVIA, Fond 125, Opis 188a, Delo 163, fos. 31-2: Gorchakov a Lobanov-Rostóvski, 31 de março de 1813 (OS).
46 SIM, 11, Saltykov a Lobanov-Rostóvski, 19 de dezembro de 1812 (OS), página 199.
47 As duas principais fontes sobre o Exército Reserva neste período são os relatórios de Lobanov-Rostóvski para Alexandre I em 7 de janeiro-6 de agosto de 1813 (RGVIA, Fond 125, Opis 188a, Delo 47) e o diário de envio de correspondência do quartel de Lobanov para 1 de janeiro – 1 de abril de 1813 (RGVIA, Fond 125, Opis 188a, Delo 42).
48 As ordens de Alexandre estão em SIM, 3, nº 52, Alexandre a Lobanov-Rostóvski, 5 de fevereiro de 1813 (OS), páginas 39-43. A resposta inicial de Lobanov às ordens de movimento está em RGVIA, Fond 125, Opis 188a, Delo 147, fos. 17-18: carta datada de 15 de fevereiro de 1813 (OS).
49 RGVIA, Fond 846, Opis 16, Delo 3441, fos. 31-2: Lobanov a Alexandre, 17 de fevereiro de 1813 (OS).
50 Para o relatório de Lobanov, ver RGVIA, Fond 125, Opis 188a, Delo 47, fos. 26-9. Para o relatório de Neveróvski ao imperador, ver RGVIA, Fond 125, Opis 188a, Delo 39, fos. 28-9. As estatísticas vêm do mesmo Delo e estão em fos. 31-2. As cartas de Lobanov a Alexandre I de 9 de maio (fos. 62-4) e 18 de julho (fos. 104-5) (OS) de 1813 (em RGVIA, Fond 125, Opis 188a, Delo 47) afirmam que dos nove mil doentes deixados para trás em Belitsa, sete mil já tinham voltado às suas unidades e era esperado que mais o fizessem. As companhias reservas do Regimento das Guardas *Jaeger*, por exemplo, deixaram São Petersburgo com 704 homens e chegaram à Silésia com 481; ver *Istoriia leib-gvardii egerskago polka*, página 113.
51 Até as *Chevaliers Gardes* em Kulm contavam com escaramuceiros: ver S. Panchulidzev, *Istoriia kavalergardov*, SPB, 1903, vol. 3, página 314.
52 O melhor guia resumido sobre a cavalaria russa da época (incluindo úteis ilustrações de mobiliário do cavalo, como segurar as rédeas e usar uma espada, e como implantar escaramuça e ataque etc.) é Alla Begunova, *Sabli ostry, koni bystry*, Moscou, 1992.
53 Ver, por exemplo, a carta de Arakcheev a Kutuzov de 31 de março de 1813 (OS) e a carta de Alexandre ao grão-duque Constantino da mesma data: RGVIA, Fond 103, Opis 4/20, Sv 3, Delo 22, fos. 42 e 43.
54 Kologrivov recebeu 269 ótimos cavalos dos criadouros do Estado em dezembro de 1812, por exemplo: todos eram para as Guardas e ele deu apenas um até mesmo para os Lanceiros das Guardas: MVUA 1812, 20 Kologrivov a Gorchakov, 12 de dezembro de 1812 (OS), página 153.
55 V. V. Ermolov e M. M. Ryndin, *Upravlenie general-inspektora kavalerii o remontirovanii kavalerii*, SVM, 13, páginas 126-7.
56 RGVIA, Fond 846, Opis 16, Delo 3442, é dedicado a esta missão. Ver também as memórias de Komaróvski: *Zapiski Grafa E. F. Komarovskogo*, SPB, 1914, páginas 200 e ss. Ermolov e Ryndin, *Upravlenie*, SVM, páginas 134-6.
57 *Kutuzov*, vol. 4ii, nº 513, memorando, páginas 488-90: não datado, mas provavelmente do final de novembro.
58 A. Grigorovich, *Istoriia 13go dragunskago voennogo ordena general-fel'dmarshala Grafa Minikha polka*, 2 vols., SPB, 1907 e 1912, vol. 2, páginas 32-3. Mesmo no final de outubro (OS) os cinco regimentos couraceiros dessa divisão mal tinham outros mil homens presentes em suas fileiras.
59 N. Durova, *The Cavalry Maiden: Journals of a Female Russian Officer in the Napoleonic Wars*, ed. e trad. por Mary Fleming, Bloomington, ILL, 1989, página 168.
60 V. Godunov, *Istoriia 3go Ulanskago Smolenskogo Imperatora Aleksandra IIIogo polka 1708-1908*, Libava, 1908, páginas 133-4. Em Slonim se uniram a eles oito oficiais e 155 veteranos do antigo esquadrão reserva, o 7º, que havia sido implantado na retaguarda em Olviopol em 1812.

61 O relatório tem o título *"Otnoshenie Generala ot Infanterii kniaz'ia Lobanova-Rostovskogo s otchetami o raspredelenii v rezervy voinikh i loshchadei"*. Junto com uma carta explicativa de Lobanov a Gorchakov datada de 14 de abril de 1815, (OS), ele pode ser encontrado em RGVIA, Fond 1, Opis 1 / 2, Delo 3230. O Corpo de cavalaria do Exército Reserva tinha enviado 543 oficiais e 21.699 outros ranqueados para o exército de campo. Desde a formação do Exército Reserva, 1.749 oficiais, 33.423 veteranos de outras patentes e 38.620 recrutas tinham servido em seu Corpo de cavalaria. O Corpo de infantaria do Exército Reserva havia despachado 635 oficiais e 61.843 ranqueados para o exército de campo; 3.662 oficiais, 116.904 veteranos e 174.148 recrutas tinham servido no Corpo de infantaria durante a existência do Exército Reserva. É importante lembrar que estas estatísticas não incluem a "primeira leva" de reforços despachada por Kologrivov e Lobanov na primavera de 1813, antes do Exército Reserva ter sido criado.
62 A. S. Griboedov, *Sochineniia*, Moscou, 1953: *"O kavaleriskikh rezervakh"*, páginas 363-7.
63 Para as estatísticas, ver Ermolov e Ryndin, *Upravlenie*, página 136. Para comentários de Lobanov sobre treinamento de cavalaria, ver, por exemplo, seu relatório a Alexandre de 4 de fevereiro de 1814 (OS) em RGVIA, Fond 125, Opis 188a, Delo 153, fo. 21. RGVIA, Fond 125, Opis 188a, Delo 47, nº 135: Lobanov a Alexandre I, 29 de novembro de 1813 (OS), sobre os homens de Wittgenstein.
64 A. Brett-James (ed.), *General Wilson's Journal 1812-1814*, Londres, 1964, página 147.
65 Rudolph von Friederich, *Die Befreiungskriege 1813-1815: vol 2: Der Herbstfeldzug 1813*, Berlim, 1912, páginas 18-26.
66 Friedrich von Schubert, *Unter dem Doppeladler*, Stuttgart, 1962, página 311.
67 SIM, 3, nº 131, Alexandre a Bennigsen, 25 de maio de (OS) 1813, páginas 96-8.
68 MVUA 1813, 1: Barclay a Bennigsen, 14 de junho de 1813 (OS), página 123. Sobre força das tropas, ver M. I. Bogdanovich, *Istoriia voiny 1813g za nezavisimost' Germanii*, 2 vols., SPB, 1863, vol. 1, páginas 722-7. Os batalhões de Essen, que deveriam ser dos regimentos de Sacken e Langeron, foram ligados aos regimentos no exército de Bennigsen, em vez de se misturarem a ele, a fim de preservar sua própria identidade regimental: ver, por exemplo, tenente Lakhtionov, *Istoriia 147go Samarskago polka 1798-1898*, SPB, 1898, páginas 66-7.
69 SIM, 3, nº 150, Alexandre a Bennigsen, 10 de julho de 1813 (OS), páginas 107-9. Lobanov repassou essas instruções em uma ordem do dia datada de 16 de julho de 1813 (OS): RGVIA Fond 125, Opis 188a, Delo 149, fo. 35.
70 As estatísticas são do relatório final de Lobanov e contagem do Exército Reserva, com uma nota explicativa dele a Gorchakov datada de 14 de abril de 1815. A soma de 325 mil inclui 45.783 excedentes de outras patentes, em outras palavras homens não atribuídos oficialmente a unidades. Como sempre, números teóricos terão sido consideravelmente maiores que o número de homens realmente presentes nas fileiras. Ver RGVIA, Fond 1, Opis 1/2, Delo 3230 passim.

Capítulo 11: O destino da Europa na balança

1 VPR, nº 101, Nesselrode a Alexandre, 24 de maio/5 de junho de 1813, páginas 236-7. W. Oncken, *Österreich und Preussen in Befreiungskriege*, vol. 2, Berlim, 1878, Metternich a Stadion, 6 de junho de 1813, páginas 663-4; 8 de junho de 1813, páginas 664-5.
2 VPR, nº 104, Nesselrode a Lieven, 2/14 de junho, páginas 246-9; Oncken, *Österreich*, vol. 2, Metternich a Stadion, 30 de julho de 1813, páginas 680-81.
3 VPR, nº 118, instruções de Alexandre a Anstedt, 26 de junho/8 de julho de 1813, páginas 283-92 (citação da página 286).
4 VPR, nº 107, Nesselrode a Metternich, 7/19 de junho de 1813, páginas 257-8.

5 Botzenhart, *Stein*, vol. 4, Stein a Gneisenau, 11 de julho de 1813; a Münster, 17 de julho de 1813; a Alexandre, 18 de julho de 1813, páginas 372-81.
6 Oncken, *Österreich*, vol. 2, páginas 402-5.
7 Ibid., páginas 405-8.
8 R. von Friederich, *Die Befreiungskriege 1813-1815*, vol. 2: *Herbstfeldzug 1813*, Berlim, 1912, páginas 26, 31; M. I. Bogdanovich, *Istoriia voiny 1813g za nezavisimost' Germanii*, 2 vols., SPB, 1863, vol. 1, página 448. A conta fornecida por C. Rousset (*La Grande Armée de 1813*, Paris, 1871, página 180) é de 425 mil soldados prontos para a batalha, dos quais 365 mil estavam nas fileiras dos três exércitos de Oudinot, Ney e Napoleão. Em agosto de 1813 Davout, em Hamburgo, e Girard, em Magdeburg, podiam contribuir com 40 mil homens para o avanço à Berlim.
9 Friederich, *Herbstfeldzug*, páginas 33, 348.
10 N. S. Pestreikov, *Istoriia leib gvardii Moskovskago polka*, SPB, 1903, vol. 1, páginas 129-30. RGVIA, Fond 489, Opis 1, Delo 1098, fo. 220, sobre os homens destacados do Regimento Iaroslavl.
11 F. G. Popov, *Istoriia 48go pekhotnago Odesskago polka*, 2 vols., Moscou, 1911, vol. 1, páginas 119-27.
12 RGVIA, Fond 489, Opis 1, Delo 1098, fos. 177-94 e 271-391 (Regimento Iaroslavl); Delo 105, fos. 194i-195ii (Regimento Belostok); Delo 106, fos. 111-13 (Regimento Kursk).
13 Toda esta informação vem dos registros dos dois regimentos em RGVIA, Fond 489, Opis 1, Dela 105 e 106. No Regimento Belostok, dez dos 29 subtenentes, tenentes e capitães de quadro eram oriundos de classe baixa. Nenhum dos oficiais mais experientes e nenhum dos alferes eram.
14 Oncken, *Österreich*, vol. 2, Bubna a Metternich, 9 de agosto de 1813, páginas 684-6. Eugen, *Memoiren*, vol. 3, páginas 64-8.
15 Karl Fürst Schwarzenberg, *Feldmarschall Fürst Schwarzenberg: Der Sieger von Leipzig*, Viena, 1964, página 233.
16 RGVIA, Fond 846, Opis 16, Delo 3399, Volkonski a Wittgenstein, 9/21 de agosto de 1813, fo. 1i.
17 A. G. Tartakóvski (ed.), *Voennye dnevniki*, Moscou, 1990, página 355; Schwarzenberg, *Schwarzenberg*, página 233.
18 L. G. Beskrovngi (ed.), *Pokhod russkoi armii protiv Napoleona v 1813g i osvobojdenie Germanii: Sbornik dokumentov*, Moscou, 1964, *Trachenberg Conference*, 28-30 de junho/10-12 de julho de 1813, página 462; *Geschichte der Kämpfe Österreichs: Kriege unter der Regierung des Kaisers Franz, Befreiungskrieg 1813 e 1814*, vol. 3: E. Glaise von Horstenau, *Feldzug von Dresden*, Viena, 1913, páginas 3-6.
19 RGVIA, Fond 846, Opis 16, Delo 3399, Alexandre a Bernadotte, 9/21 de agosto de 1813, fos. 2-3.
20 Sobre o exército sueco, ver Marquês de Londonderry, *Narrative of the War in Germany and France in 1813 and 1814*, Londres, 1830, páginas 72-4. Sobre Bernadotte, o livro mais recente é C. Bazin, *Bernadotte*, Paris, 2000.
21 A melhor avaliação da posição de Bernadotte está na história do quadro geral prussiano: Friederich, *Herbstfeldzug*, páginas 146-8. Ver também M. Leggiere, *Napoleon and Berlin*, Stroud, 2002, para um ótimo relato das operações no cenário norte e da mobilização dos recursos prussianos.
22 O melhor ponto de vista sobre isso são os dois volumes da história do quadro austríaco, que discutem o planejamento e a execução do avanço inicial de Schwarzenberg a Dresden em agosto e o subsequente movimento a Leipzig. Ver Horstenau, *Dresden*, páginas 63-106; *Geschichte der Kämpfe Österreichs: Befreiungskrieg 1813 und 1814*, vol. 5: Max von Hoen, *Feldzug von Leipzig*, Viena, 1913, especialmente páginas 127-34.
23 F. von Schubert, *Unter dem Doppeladler*, Stuttgart, 1962, páginas 336-7.

24 Barão von Odeleben, *A Circumstantial Narrative of the Campaign in Saxony in the year 1813*, 2 vols., Londres, 1820, vol. 1, página 140.
25 A citação é de Bogdanovich, *Istoriia... 1813*, vol. 2, página 22.
26 Sobre a emigração francesa na Rússia em geral, ver A. Ratchinski, *Napoléon et Alexandre Ier*, Paris, 2002; sobre Langeron e Richelieu, ver L. de Crousaz-Cretet, *Le Duc de Richelieu en Russie et en France*, Paris, 1897, especialmente páginas 18-20. A carreira e a personalidade de Langeron são resumidas por Emmanuel de Waresquiel em J. Tulard (ed.), *Dictionnaire Napoléon*, Paris, 1999 edn., 2 vols., vol. 2, páginas 144-6.
27 Sobre Langeron, ver principalmente Schubert, *Doppeladler*, páginas 163-7. Para a citação, ver Langeron, *Mémoires de Langeron, Général d'Infanterie dans l'Armée Russe: Campagnes de 1812, 1813, 1814*, Paris, 1902, página 205.
28 Sobre a ação em Bunzlau, ver em especial E. Nikolaev, *Istoriia 50 pekhotnago Belostokskogo, Ego Vysochestva Gertsoga Saksen-Altenburgskogo polka*, SPB, 1907, páginas 71-3. Friederich, *Herbstfeldzug*, página 122, registra a má qualidade dos regimentos de Sebastiani.
29 Langeron, *Mémoires*, página 220; J. von Pflugk-Harttung, *Das Befreiungsjahr 1813: Aus dem Geheimen Staatsarchivs*, Berlim, 1913, nº 196, Gneisenau a Hardenberg, 25 de agosto de 1813, páginas 276-8.
30 A carta de Yorck é citada por Bogdanovich, *Istoriia ...1813*, vol. 2, página 42. Bennigsen também reclamava da estratégia de Blücher: ver sua carta a Alexandre de 14/26 de agosto, escrita em Kalicz: RGVIA, Fond 846, Opis 16, Delo 3385, fos. 191-2.
31 Marechal Gouvion Saint-Cyr, *Mémoires pour servir à l'histoire militaire sous le Directoire, le Consulat et l'Empire*, Paris 1831, vol 4, nº 8, Protocole de la conference de Trachenberg: nº 9, Instructions pour S. Ex. M. de Blücher, páginas 347-53.
32 A carta de Alexandre a Blucher está em RGVIA, Fond 846, Opis 16, Delo 3399, fos. 7ii-8i.
33 A carta de Blücher a Alexandre, não datada, mas recebida em 27 de agosto, está em RGVIA, Fond 846, Opis 16, Delo 3911, fos. 215i-ii.
34 RGVIA, Fond 846, Opis 16, Delo 3911, fo. 247ii: Venançon a Volkonski, 16/28 de agosto de 1813, sobre o fracasso de MacDonald em reconhecer a posição aliada.
35 A melhor fonte sobre os movimentos do 3º Corpo está no diário compilado pelo capitão Koch: *Journal des opérations du IIIe Corps en 1813*, Paris, 1999. A descrição do papel do Corpo em Katzbach está nas páginas 54-60.
36 A descrição da batalha por Müffling aparece em duas seções de suas memórias, que foram escritas e publicadas com anos de diferença porque alguns de seus comentários teriam causado ofensas se publicados anteriormente: ver Barão Karl von Müffling, *The Memoirs of Baron von Müffling: A Prussian Officer in the Napoleonic Wars*, Londres, 1997, páginas 58-75 and 317-24. A citação está na página 60.
37 RGVIA, Fond 846, Opis 16, Delo 3911, fos. 246ii-247i: Venançon a Volkonski, 16/28 de agosto de 1813. O longo relatório de Venançon é de longe o melhor relato da batalha sob o ponto de vista da corporação de Osten-Sacken. Koch é o melhor relato de uma testemunha ocular francesa e Müffling é a melhor fonte prussiana. Bogdanovich oferece uma excelente narrativa detalhada também, que Friederich confirma.
38 Além das obras gerais e de Koch, a história do Regimento Odessa, que era parte da 27ª Divisão de Neveróvski, é útil nesse pouco lembrado último episódio na batalha: Popov, *Istoriia 48go*, páginas 139-41.
39 Príncipe A. G. Shcherbatov, *Moi vospominaniia*, SPB, 2006, página 87.
40 Müffling, *Memoirs*, páginas 67-8. I. Radojitskii, *Pokhodnyia zapiski artilerista s 1812 po 1816 god*, 3 vols., Moscou, 1835, vol. 2, página 202.

41 Capitão Geniev, *Istoriia Pskovskago pekhotnago general-fel'dmarshala kniazia Kutuzova-Smolenskago polka: 1700-1831*, Moscou, 1883, páginas 216-17; Bogdanovich, *Istoriia...1813*, vol. 2, página 65.65.

42 Pflugk-Harttung, *Befreiungsjahr*, nº 219: governo militar silesiano ao governador militar de Berlim, 28 de agosto de 1813, páginas 283-4.

43 Koch, *Journal*, página 64; RGVIA, Fond 846, Opis 16, Delo 3403, fos. 24i-25i: Sacken a Volkonski, 3 de setembro de 1813.

44 Schubert, *Doppeladler*, página 321.

45 Beskrovnyi (ed.), *Pokhod*, nº 216, Diário de Operações Militares, 23 de agosto/4 de setembro de 1813, páginas 245-7. Além de Bogdanovich, há um bom relato da perseguição em N. B. Golitsyn, *Jizneopisanie generala ot kavalerii Emmanuelia*, Moscou, 1844, páginas 97-104.

46 As estatísticas são extraídas de George Nafziger, *Napoleon at Dresden*, Chicago, 1994, páginas 77, 301.

47 Bogdanovich, *Istoriia...1813*, vol. 2, página 78.

48 Horstenau, *Dresden*, páginas 1-11.

49 As principais fontes sobre organização e preparativos austríacos são os três primeiros volumes de *Befreiungskrieg 1813 und 1814* de autoria de O. Criste (*Österreichs Beitritt zur Koalition*, Viena, 1913), Wlaschutz (*Österreichs entscheindendes Machtaufgebot*, Viena, 1913) e Glaise von Horstenau. Ver, por exemplo, o comentário de Horstenau em *Dresden*, página 78. Ver também, no entanto, uma conversa bastante interessante com Radetski registrada no diário de Wilson: A. Brett-James (ed.), *General Wilson's Journal 1812-1814*, Londres, 1964, 20 de agosto de 1813, página 63.

50 Ver, por exemplo, um protesto indignado de Vorontsov a Barclay, ao ouvir que ele estava sendo subordinado a Blücher, que se tornou tenente-general um mês após o próprio Vorontsov. Barclay aceitou o protesto e o subordinou a Winzengerode. RGVIA, Fond 103, Opis 4/210, Dv. 53, Delo 18, fos. 15-16: Vorontsov a Barclay, 9 de julho de 1813.

51 Ver, por exemplo, a carta de Barclay a Sacken de 10 de setembro de 1813 (OS), um dos muitos exemplos do tipo: MVUA 1813, 1, página 202; Eugen, *Memoiren*, vol. 3, páginas 145-6.

52 Saint-Cyr, *Mémoires*, vol. 4, nº 15, Napoleão a Saint-Cyr, 17 de agosto de 1813, páginas 365-8.

53 Horstenau, *Dresden*, páginas 78-117. Brett-James, *Wilson's Journal*, página 165.

54 Horstenau, *Dresden*, páginas 103, 106-7, 123-4.

55 Honorável George Cathcart, *Commentaries on the War in Russia and Germany in 1812 and 1813*, Londres, 1850, página 29. Langeron, *Mémoires*, página 256.

56 Horstenau, *Dresden*, página 159; Friederich, *Herbstfeldzug*, página 69; Bogdanovich, *Istoria...1813*, vol. 2, página 127. Saint-Cyr, *Mémoires*, vol. 4, nº 26, Saint-Cyr a Napoleão, 25 de agosto de 1813, páginas 383-4.

57 Um guia rápido para o plano inicial de Napoleão é transmitido em uma carta para o duque de Bassano, de 24 de agosto: Saint-Cyr, *Mémoires*, vol 4, nº 21, 24 de agosto de 1813, páginas 377-8.

58 Cathcart, *Commentaries*, páginas 231-2. Horstenau, *Dresden*, página 270.

59 Cathcart, *Commentaries*, página 228. Sobre as opiniões de Constantino, ver, por exemplo, RA, 1, 1882, páginas 142-54.

60 Estes pontos são todos levantados por Horstenau, *Dresden*, páginas 257-68, 277-86: como foi o historiador austríaco oficial da campanha, ele não tinha razão para exagerar os fracassos da liderança austríaca, então é possível supor que seus julgamentos sejam justos. Ver também Friederich, *Herbstfeldzug*, páginas 76-8.

61 Brett-James, *Wilson's Journal*, 30 de agosto de 1813, página 169.

62 Todas as histórias gerais da campanha detalham os cruciais eventos de 26-30 de agosto na direita aliada. Além de Friederich e Bogdanovich, há uma descrição completa em *Geschichte der Kämpfe Österreichs: Befreiungskrieg 1813 und 1814*, vol 4: Maximilian Ehnl, *Schlacht bei Kulm*, Viena,

1913. Além das memórias do próprio Eugen, também é importante ler as memórias de seu chefe do Estado-Maior, general von Helldorff: *Zur Geschichte der Schlacht bei Kulm*, Berlim, 1856. Todas as histórias subsequentes baseiam-se nos três volumes escritos entre 1844 e 1852 pelo coronel Aster, do exército da Saxônia, sobre a campanha de outono de 1813. Ainda assim é preciso voltar ao próprio Aster porque suas obras contêm detalhes significativos omitidos em relatos posteriores: sobre os eventos na ala direita, ver H. Aster, *Die Kriegsereignisse zwischen Peterswalde, Pirna, Königstein und Priesten im August 1813 und die Schlacht bei Kulm*, Dresden, 1845. Por razões óbvias é difícil encontrar boa literatura francesa sobre esses eventos: Rousset, *Grande Armée*, por exemplo, fala pouco do colapso, embora cite importante correspondência de Vandamme. Saint-Cyr também publica documentos úteis, mas, como todos os outros franceses participantes, é ansioso por se eximir da culpa. Fezensac coloca a maior parte da culpa em Vandamme, embora ele também seja crítico em relação a Saint-Cyr e Napoleão. É dele a mais bem informada narrativa do lado francês: *Souvenirs militaires*, Paris, 1863, páginas 403-29.

63 A descrição mais clara e detalhada do plano de marchas pretendido está em Horstenau, *Dresden*, páginas 293-6.
64 Há uma útil discussão sobre esta decisão em T. von Bernhardi, *Denkwürdigkeiten aus dem Leben des kaiserliches russischen Generals der Infanterie Carl Friedrich Grafen von Toll*, 5 vols., Leipzig, 1858, vol. 3, livro 6, páginas 175-83.
65 Saint-Cyr, *Mémoires*, vol. 4, nº 30, Saint-Cyr a Berthier, 29 de agosto de 1813, páginas 386-7; Brett-James, *Wilson's Journal*, 30 de agosto de 1813, página 172; a melhor descrição da estrada está em P. Pototskii, *Istoriia gvardeiskoi artilerii*, SPB, 1896, páginas 261-3.
66 P. Nazarov, "*Zapiski soldata Pamfila Nazarova*", RS, 9/8, 1878, página 535.
67 A principal ordem a Vandamme, lançada às 4 da manhã de 28 de agosto por Berthier em nome de Napoleão, está reimpressa como nº 5, página 204, nos apêndices de Ehnl, *Kulm*.
68 As memórias de Eugen e do coronel von Helldorff, que servia em seu quadro, podiam ser tendenciosas contra Ostermann-Tolstói, embora Aleksei Ormolov também observasse que na batalha de Kulm Ostermann-Tolstói era um problema maior que os franceses. Helldorff escreve que o exército inteiro sabia que Ostermann-Tolstói tinha problemas mentais em 1813 após retornar de licença médica, Helldorff, *Kulm*, página 17. Muitas outras memórias confirmam que Ostermann-Tolstói não estava em condições de comandar tropas em agosto de 1813. Em sua defesa, ver I. I. Lajechnikov, "*Neskol'ko zametok i vospomin anii po povodu stat'i 'materialy dlia biografii A. P. Ermolova'*", *Russkii Vestnik*, 31/6, 1864, páginas 783-819.
69 Eugen, *Memoiren*, vol. 3, páginas 131-3; L. von Wolzogen, *Mémoires d'un Général d'Infanterie au service de la Prusse et de la Russie (1792-1836)*, Paris, 2002, página 169; Pototskii, *Istoriia*, página 250. Helldorff diz que Ermolov inicialmente apoiou Ostermann, mas depois recuou por medo de aborrecer Eugen e com isso atrair a ira de Alexandre sobre sua própria pele: *Kulm*, páginas 29-30.
70 A melhor descrição da estrada e do terreno está em *Istoriia leib-gvardii egerskago polka za sto let 1796-1896*, SPB, 1896, páginas 125-30.
71 Além, como sempre, de Bogdanovich, algumas das histórias regimentais oferecem excelentes descrições dos eventos de 28 de agosto. A história das Guardas *Jaegers*, citada na nota anterior, é provavelmente a melhor, ver também, por exemplo, S. A. Gulevich, *Istoriia 8go pekhotnago Estliandskago polka*, SPB, 1911, páginas 178-81.
72 A descrição de Helldorff sobre esses eventos, dos quais ele foi testemunha ocular, está nas páginas 35-8 de *Kulm*.
73 Eugen, *Memoiren*, vol. 3, página 149.

74 Todas as histórias gerais descrevem o terreno bem, mas Bogdanovich, Friederich e Ehnl dão como certo que o leitor saiba que as aldeias da Boêmia eram construídas de madeira e não dizem nada sobre construções. É por fornecer detalhes pequenos, mas cruciais deste tipo que Aster é tão importante: sobre casas, por exemplo, ver Aster: *Kriegsereignisse... Kulm*, páginas 14-15.

75 Helldorff, *Kulm*, página 45.

76 Friederich, *Herbstfeldzug*, página 88; Brett-James, *Wilson's Journal*, página 173; Londonderrry, *Narrative*, página 124. *Istoriia leib gvardii egerskago polka*, página 135.

77 Para o relato de Kovalski, ver *"Iz zapisok pokoinogo general-maiora N. P. Koval'skago", Russkii Vestnik*, 91/1, 1871, páginas 78-117, especialmente página 102; *"Zapiski N. N. Murav'eva-Karskago"*, RA, 24/1, 1886, páginas 5-55, especialmente páginas 22-6; P. Bobróvski, *Istoriia leibgvardii ulanskago E.I.V. gosudarnyi Imperatristry Aleksandra Fedorovna polka*, SPB, 1903, página 231.

78 Sobre perdas francesas, ver a conversa de Muravev com o chefe do Estado-Maior de Vandamme: *"Zapiski"*, página 25; Brett-James, *Wilson's Journal*, página 173; Bobróvskii, *Istoriia leib-gvardii ulanskago...polka*, página. 230.

79 L. G. Beskrovnyi (ed.), *Dnevnik Aleksandra Chicherina, 1812-1813*, Moscou, 1966, páginas 252 e ss.; *"Zapiski N. N. Muraveva"*, 24/1, 1885, página 26.

80 Este ponto está bem documentado por Friederich, *Herbstfeldzug*, páginas 90-92, e Ehnl, *Kulm*, páginas 112-18, então não existe nenhuma razão para que esta fábula ainda exista.

81 Bernhardi, *Denkwürdigkeiten*, página 454.

82 Ehnl, *Kulm*, página 132, escreve que 41 mil da infantaria aliada e 10 mil da cavalaria enfrentaram 39 mil da infantaria francesa e 3 mil da cavalaria. Considerando as baixas de Vandamme em 28 e 29 de agosto, a conta de sua infantaria parece alta demais.

83 P. A. Kolzakov, *"Vziatie v plen marshala Vandama 1813g"*, RS, 1, 1870, páginas 137-44. Bogdanovich, *Istoriia... 1813*, vol. 2, página 704; SIM, nº 254, Alexandre a Rostopchin, 22 de dezembro de 1813, página 164.

84 Tartakóvski, *Voennye dnevniki*: diário de Mikhailóvski-Danilévski para 1813, página 360.

85 Isto não conta os membros da família Romanov ou estrangeiros.

86 Hoen, *Feldzug von Leipzig*, página 274: neutro no sentido de que Hoen era austríaco.

87 Friederich, *Herbstfeldzug*, páginas 144-8; Leggiere, *Napoleon and Berlin*, Capítulo 7 e especialmente páginas 137-41.

88 RGVIA, Fond 846, Opis 16, Delo 3911, fos. 213-4, Thuyl a Volkonski, 21 de agosto/2 de setembro de 1813.

89 VPR, nº 141, instruções de Alexandre a Pozzo, 31 de julho/10 de agosto de 1813, página 345; Botzenhart, Stein, vol. 4, Stein a Munster, 7 e 10 de agosto de 1813, páginas 390-92; Londonderry, *Narrative*, página 179.

90 V. von Löwenstern, *Mémoires du Général-Major Russe Baron de Löwenstern*, 2 vols., Paris, 1903, vol. 2, páginas 136-7, 184-5; S. G. Volkonskii, *Zapiski Sergeiia Grigorovicha Volkonskog (dekabrista)*, SPB, 1902, páginas 264-5, 306-7.

91 RGVIA, Fond 846, Opis 16, Delo 3911, Winzengerode a Alexandre, 7/19 de agosto de 1813, fos. 148-9; 22 de agosto/3 de setembro de 1813, fos. 289-91; RGVIA, Fond 103, Opis 4/210, Sv. 53, Delo 18, fo. 7: Kankrin a Lotthum, 1/19 de julho de1813.

92 RGVIA, Fond 103, Opis 4/120, Sv. 18, Delo 57, fos. 5-6: Barclay a Lanskoy, 28 de julho de 1813 (OS): Sv. 53, Delo 18, fo. 25, Barclay a Kankrin, 8 de agosto de 1813 (OS).

93 Löwenstern, *Mémoires*, vol. 2, páginas 100, 146-78; Volkonskii, *Zapiski*, páginas 258-9; V. M. Bezotosnyi, *Donskoi generalitet i ataman Platov v 1812 godu*, Moscou, 1899, páginas 109-18.

94 Friederich, *Herbstfeldzug*, páginas 139-73, fornece uma excelente análise e descrição.

95 Um relato completo recente em inglês sobre a batalha e algumas das disputas que a cercaram está em Leggiere, *Napoleon and Berlin*, Capítulo 11. Leggiere é mais hostil a Bernadotte do que Friederich, *Herbstfeldzug*, páginas 177-91.
96 V. Kharkevich (ed.), *1812 god v dnevnikakh, zapiskakh i vospominaniiakh sovremennikov*, 4 vols., Vilna, 1900-1907, vol. 2, página 28.
97 Major-General E. S. Kamenskii, *Istoriia 2go dragunskago S-Peterburgskago generalafel'dmarshala kniazia Menshikova polka 1707-1898*, Moscou, 1900, páginas 225-37. Volkonskii, Zapiski, página 266.
98 Bogdanovich, *Istoriia ...1813*, vol 2, páginas 275, 281.

Capítulo 12: A batalha de Leipzig

1 O Tratado está em F. Martens (ed.), *Sobranie traktatov*, vol. 3, nº 71, páginas 126-38. Os comentários de Kankrin estão em *Upravlenie General-Intendanta Kankrina: General'nyi sokrashchennyi otchet po armiiam... za pokhody protiv Frantsuzov, 1812, 1813 i 1814 godov*, Varsóvia, 1815, páginas 72-6.
2 L. G. Beskrovnyi (ed.), *Pokhod russkoi armii protiv Napoleona v 1813g i osvobojdenie Germanii: Sbornik dokymentov*, Moscou, 1964, nº 214, Jomini a Alexandre, 21 de agosto/2 de setembro de 1813, páginas 241-2.
3 A carta a Knesebeck é citada por Rudolph von Friederich, *Die Befreiungskriege 1813-1815*, vol. 2: *Der Herbstfeldzug 1813*, Berlim, 1912, páginas 214-15; a carta a Alexandre está impressa em Beskrovnyi (ed.) *Pokhod*, nº 232, Blücher a Alexandre, 30 de agosto/11 de setembro de 1813, páginas 268-9.
4 As palavras de Rühle são citadas por Friederich em *Herbstfeldzug*, página 215: VPR, nº 162, Nesselrode a Pozzo, 21 de setembro/3 de outubro de 1813, páginas 393-4.
5 RGVIA, Fond 846, Opis 16, Delo 3399, nºˢ 50 e 51, Volkonski a Blücher, Volkonski a Bennigsen, 1/13 de setembro de 1813, fos. 21ii-22ii; Delo 3416, *"Jurnal voennykh deistvii Pol'skoi armii"*, fos. 12i-14i.
6 M. I. Bogdanovich, *Istoriia voiny 1813g za nezavisimost' Germanii*, 2 vols., SPB, 1863, vol. 2, páginas 336-41; RGVIA, Fond 846, Opis 16, Delo 3399, Volkonski a Platov, 4 de setembro de 1813 (OS), fos. 24ii-25i.
7 O diário de Chernishev cobre o assalto em fos. 26-31 de RGVIA, Fond 846, Opis 16, Delo 3386. Bogdanovich, *Istoriia... 1813*, vol. 2, páginas 342-55, oferece uma narrativa, embora minhas conclusões sejam muito diferentes das dele.
8 A. Raévski, *Vospominaniia o pokhodakh 1813 i 1814 godov*, Moscou, 1822, páginas 1-77.
9 RGVIA, Fond 846, Opis 16, Delo 3416, fos. 16i-17ii.
10 A melhor e mais bem detalhada narrativa está em *Geschichte der Kämpfe Österreichs: Kriege unter der Regierung des Kaisers Franz. Befreiungskrieg 1813 und 1814*, vol. 5: M. von Hoen, Feldzug von Leipzig, Viena, 1913; sobre os temores de Schwarzenberg, ver RGVIA, Fond 846, Opis 16, Delo 3399, Volkonski a Oppermann, nº 97, 24 de setembro de 1813 (OS), fos. 38i-39i; sobre abastecimento, ver A. A. Eiler, *"Zapiski A. A. Eilera"*, RS, 1/11, 1880, página 367 e *Pokhod*, nº 254, Barclay a Wittgenstein, 20 de setembro/2 de outubro de 1813, páginas 296-7.
11 RGVIA, Fond 846, Opis 16, Delo 3385, Bernadotte a Winzengerode, 2 de outubro de 1813, fo. 57i; I. Radojitskii, *Pokhodnyia zapiski artilerista s 1812 po 1816 god*, 3 vols., Moscou, 1835, vol. 2, página 246.
12 É verdade que alguns dos 35 mil estavam doentes, mas o ponto básico permanece válido: sobre a implantação das tropas de Bennigsen em Dresden, ver *Feldzug der kaiserlichen Russischen Armee von Polen*, páginas 33-6.

13 *Mémoires de Langeron, Général d'Infanterie dans l'Armée Russe: Campagnes de 1812, 1813, 1814*, Paris, 1902, páginas 222, 298.
14 RGVIA, Fond 846, Opis 16, Delo 3403, fos. 27i-28ii, Sacken a Barclay, 1 de outubro de 1813 (OS).
15 Langeron, *Mémoires*, páginas 299-300.
16 Visitei o campo de batalha em duas ocasiões, antes de começar a grande construção da auto--estrada que vai oferecer um desvio para Leipizig e, no processo, destruir muito do campo de batalha do sul.
17 Honorável George Cathcart, *Commentaries on the War in Russia and Germany in 1812 and 1813*, Londres, 1850, página 298.
18 Friederich, *Herbstfeldzug*, página 294.
19 Ibid., página 295.
20 Bogdanovich cita as palavras de Alexandre: *Istoriia ...1813*, vol. 2, página 439.
21 Hoen, *Feldzug von Leipzig*, páginas 402-10. A possibilidade de traição é levantada por Digby Smith (*1813 - Leipzig, Napoleon and the Battle of the Nations*, Londres, 2001, página 69), mas nenhuma evidência é fornecida. Minha própria explicação é retirada parcialmente de Ludwig von Wolzogen, *Mémoires d'un Général d'Infanterie au service de La Prusse et de la Russie (1792-1836)*, Paris, 2002, páginas 179-82.
22 As estatísticas vem de Friederich, *Herbstfeldzug*, páginas 296-300.
23 Eugen, *Memoiren*, vol. 3, página 230.
24 J. -N. Noel, *With Napoleon's Guns*, Londres, 2005, páginas 180-81.
25 Friederich, *Herbstfeldzug*, página 232; *Mémoires du Général Griois*, Paris, n.d., página 202; Eugen, *Memoiren*, vol. 3, página 232. Smith, *Leipzig*, página 86, argumenta que Eugen deveria ter levado seu Corpo para fora da linha de fogo ou, pelo menos, ordenado que seus integrantes se deitassem. Mas o príncipe não poderia simplesmente fugir e deixar um buraco na linha aliada. Além disso, as tropas russas (ou prussianas e austríacas) não eram treinadas para se deitar ao sinal de canhões inimigos. Mesmo a infantaria de Welington poderia ter hesitado em fazer isso em um declive com um núcleo de cavalaria inimiga por perto.
26 RGVIA, Fond 489, Opis 1, Delo 754, fos. 38 e ss.
27 Toda essa informação vem de registros pessoais (*poslujnye spiski*) do Regimento Murom em RGVIA, Fond 489, Opis 1, Ed. Khr. 517: cada fileira tem seu *poslujnoi spisok* separado, começando em fo. 2.
28 Ver, por exemplo, um relatório de Diebitsch a Barclay com horário de 8 da manhã de 16 de outubro, no qual o primeiro urge que as Guardas sejam avançadas imediatamente: a não ser que isso fosse feito "a distância até Rotha é tão grande que elas nunca chegarão a tempo": Beskrovnyi (ed.), *Pokhod*, nº 283, página 329: Diebitsch a Barclay, 4/16 de outubro de 1813.
29 Como poderia se esperar, a história oficial austríaca dá mais atenção a essa parte da batalha, mas seu relato é amplamente confirmado por Bogdanovich: os austríacos e os russos não gostavam muito uns dos outros mesmo em 1813 e isso tinha piorado na época em que eles pararam para escrever suas histórias oficiais da campanha. Em geral, uma boa regra de ouro é acreditar na história da Rússia quando ela elogia os austríacos e vice-versa. Em caso de dúvida, Friederich é muitas vezes um árbitro extremamente justo e neutro. Hoen, *Feldzug von Leipzig*, páginas 471-82; Bogdanovich, *Istoriia... 1813*, vol. 2, páginas 461-4; Friederich, *Herbstfeldzug*, páginas 308-12.
30 Beskrovnyi (ed.), *Pokhod*, nº 300, relato de Diebitsch sobre a batalha de Leipzig, 1813, páginas 360-81, nas páginas 363-5.
31 Cathcart, *Commentaries*, páginas 306-7.
32 Ibid., páginas 307-8.

33 Ibid., página 308; P. Pototskii, *Istoriia gvardeiskoi artillerii*, SPB, 1896, páginas 271-2; A. Mikaberidze, *The Russian Officer Corps in the Revolutionary and Napoleonic Wars, 1795-1815*, Staplehurst, 2005, página 382.
34 Bogdanovich, *Istoriia... 1813*, página 460; Pototskii, *Istoriia gvardeiskoi artillerii*, páginas 270-73. Beskrovnyi (ed.), *Pokhod*, nº 299, Sukhozanet a Iashvil, 29 de dezembro de 1813/10 de janeiro de 1814, páginas 358-60; nº 300, Relato de Diebitsch sobre Leipzig, 1813, páginas 365-7.
35 "Vospominaniia Matveia Matveevicha Muromtsova", RA, 27/3, 1890, páginas 366-94, na página 378.
36 *Dnevnik Pavla Pushchina*, Leningrado, 1987, página 128.
37 S. Gulevich, *Istoriia leib gvardii Finliandskago polka 1806-1906*, SPB, 1896, páginas 303-13; *Istoriia leib gvardii egerskago polka za sto let 1796-1896*, SPB, 1906, páginas 144-50; Griois, *Mémoires*, páginas 202-3.
38 Gulevich, *Istoriia leib gvardii Finliandskago polka*, páginas 312-15.
39 "Zapiski soldata Pamfila Nazarova", RS, 9/8, 1878, páginas 536-7.
40 Há uma boa descrição do ataque de Vasilchikov em Smith, *Leipzig*, páginas 166-8.
41 Hoen, *Feldzug von Leipzig*, páginas 619-27.
42 D. V. Dushenkevich, "Iz moikh vospominanii ot 1812 goda do 1815 goda", em *1812 god v vospominaniiakh sovremennikov*, Moscou, 1995, páginas 124-6.
43 Langeron, *Mémoires*, página 330.
44 Ibid., páginas 326-34; Radojitskii, *Pokhodnyia zapiski*, vol. 2, páginas 269-74.
45 Bogdanovich, *Istoriia ...1813*, vol. 2, páginas 550-51.
46 Sobre os 39º *Jaegers*, ver RGVIA, Fond 489, Opis 1, Ed. Khr. 1802, passim, mas também os relatórios de Sacken após a queda de Czenstochowa (RGVIA, Fond 846, Opis 16, Delo 3403, fos. 8ii-9i: Sacken a Kutuzov, 25 de março de 1813 (OS)) e a batalha de Leipzig; Beskrovnyi (ed.), *Pokhod*, nº 293, páginas 349-51: Sacken a Barclay, 18/30 de outubro de 1813.
47 Ver RGVIA, Fond 489, Opis 1, Delo 1855, fos. 2 e ss., para os 45º *Jaegers* ("Spisok .. 45go Egerskago polka" datado de 1 de julho de 1813) e Delo 1794, fos. 2 e ss., para os 29º *Jaegers* ("29go egerskago polka ...o slujbe ikh i po prochim", datado de 1 de janeiro de 1814). Beskrovnyi (ed.), *Pokhod*, nº 300, relato de Diebitsch, páginas 379-82; Langeron, *Mémoires*, página 343.
48 Smith, *Leipzig*, página 272, sobre tentativas de transferir responsabilidade.
49 Sobre perdas aliadas, ver, por exemplo, Smith, *Leipzig*, página 298; sobre estatísticas francesas, ver J. Tulard (ed.), *Dictionnaire Napoleon*, Paris, 1987, página 354; sobre canhões perdidos, ver Hoen, *Feldzug von Leipzig*, páginas 652-4.

Capítulo 13: A invasão da França

1 F. Martens (ed.), *Sobranie traktatov*, vol. 3, nº 70, páginas 111-26, e vol. 7, nº 259, páginas 96-112, para os tratados da Rússia com a Áustria e a Prússia. O Tratado austro-prussiano era idêntico.
2 Ver por exemplo, uma carta do conde Münster, o estadista de Hanover, ao príncipe regente (futuro George IV da Grã-Bretanha) sobre as discussões em relação à política militar e diplomática para a França em janeiro: "O principal fator em todas estas divergências é que a Rússia não indicou o quanto ela deseja estender as suas fronteiras na Polônia". A. Fournier, *Der Congress von Chatillon: Die Politik im Kriege von 1814*, Viena, 1900, seção IV, nº 1, Münster ao príncipe regente, 30 de janeiro de 1814, páginas 295-6.
3 Existe uma vasta literatura, mesmo em inglês, sobre Metternich e suas políticas. Os dois grandes pilares desta literatura são Paul W. Schroeder, *The Transformation of European Politics 1763-1848*, Oxford, 1994, e Henry Kissinger, *A World Restored*, Londres, 1957. O livro de Schroeder

em especial é uma esplêndida ilustração de conhecimento. Alan Sked menospreza algumas das mais elevadas interpretações do "sistema" de Metternich em *Metternich and Austria*, Londres, 2008. Em relação ao foco deste livro, em outras palavras o papel de Metternich na derrubada de Napoleão, tenho certa simpatia por seu ceticismo.

4   Sobre as opiniões de Knesebeck, ver R. von Friederich, *Die Befreiungskriege 1813-1815*, vol. 3: *Der Feldzug 1814*, Berlim, 1913, páginas 81-2.
5   Barão Karl von Müffling, *The Memoirs of Baron von Müffling: A Prussian Officer in the Napoleonic Wars*, Londres, 1967, páginas 92-3, 100-101, 418-19.
6   Sobre Frederico Guilherme, ver Capítulo 9, n° 18.
7   Fournier, *Congress*, página 10. Paul Schroeder tenta defender Aberdeen, não inteiramente de modo convincente, em *"An Unnatural 'Natural Alliance': Castlereagh, Metternich, and Aberdeen in 1813"*, *International History Review*, 10/4, de novembro de 1988, páginas 522-40. VPR, 7, n° 191, instruções de Alexandre a Lieven e Pozzo di Borgo, 6 de dezembro de 1813, páginas 492-500.
8   N. A. M. Rodger, *The Command of the Ocean*, Londres, 2004, páginas 572-3, estabelece os elementos do poder britânico.
9   VPR, 7, n° 249, Dubachevski a Rumiantsev, 2 de abril de 1814, páginas 230-37.
10 A declaração de Castlereagh está em uma importante carta a Aberdeen sobre os objetivos de guerra britânicos, datada de 13 de novembro de 1813. Ver Marquês de Londonderry (ed.), *Correspondence, Despatches, and Other Papers of Viscount Castlereagh*, 12 vols., vol. 9, Londres, 1853, páginas 73-6.
11 VPR, 7, n° 180, n. d., mas não depois de 20 de novembro de 1813: Chernishev a Alexandre, páginas 447-51.
12 VPR, 7, n° 171, Gurev a Nesselrode, 3 de novembro de 1813, páginas 429-31; N. Kiselev e I. Iu. Samarin (eds.), *Zapiski, Mneniia i perepiska Admirala A. S. Shishkova*, 2 vols., Berlim, 1870; Jomini, *Precis*, vol. 2, páginas 231-2; Fournier, *Congress*, anexo VI, diário de Hardenberg, 27 de fevereiro de 1814, página 364.
13 VPR, 7, n° 197, Nesselrode a Gurev, 19 de dezembro de 1813, páginas 512-14. Conde A. de Nesselrode (ed.), *Lettres et Papiers du Chancelier Comte de Nesselrode 1760-1850*, Paris, n.d., vol. 6, páginas 152-3: Nesselrode à sua mulher, 16 de janeiro de 1814.
14 SIRIO, 31, 1881, páginas 301-3: *"Memoire présenté par le comte de Nesselrode sur les affaires de Pologne"*.
15 VPR, 7, n° 207, Nesselrode a Alexandre, 9 de janeiro de 1814, páginas 539-41.
16 Nesselrode, vol. 6, páginas 161-3, Nesselrode à sua mulher, 28 de fevereiro de 1814; condessa Nesselrode ao seu marido, 9 de abril de 1814, páginas 188-90. Castlereagh, vol. 9, Castlereagh ao lorde Liverpool, 30 de janeiro de 1814, páginas 212-14.
17 Ver os comentários do barão Hardenberg em registro em seu diário de 27 de fevereiro: Fournier, *Congress*, página 364.
18 Castlereagh, vol. 9, Stewart a Castlereagh, 30 de março de 1814, páginas 412-13.
19 Fournier, *Congress, Metternich a Hudelist*, 9 de novembro de 1813, página 242.
20 O manifesto é reproduzido em Barão Fain, *Manuscrit de Mil Huit Cent Quatorze*, Paris, 1825: n° 5, páginas 60-61.
21 Fournier, *Congress*, página 8, menciona o acordo entre Alexandre e Metternich em Meiningen. Fain, *Manuscrit de Mil Huit Cent Quatorze*, páginas 49-56, n°s 1 e 2, fornece o relatório de Saint-Aignan a Napoleão e seu memorando relatando os termos aliados.
22 Sobre os pensamentos íntimos de Alexandre, ver *"Grafinia Roksandra Skarlatovna Edling: Zapiski"*, em A. Libermann (ed.), *Derjavnyi sfinks*, Moscou, 1999, página 181; SIRIO, 31, 1881: *"Considerations generales sur la politique du Cabinet du Russie a la fin de la Campagne de 1813"*, páginas 343-5. Para o subsequente "conselho" bastante comedido de Castlereagh a Aberdeen, ver *Castlereagh*, vol. 9, Castlereagh a Aberdeen, 30 de novembro de 1813, páginas 73-6.

23 Fain, *Manuscrit de Mil Huit Cent Quatorze*, nº 5, páginas 60-61.
24 O relato do próprio Benckendorff está em *Zapiski Benkendorfa, 1812 god: Otechestvennaia voina. 1813 god. Osvobojdenie Niderlandov*, Moscou, 2001, páginas 205-38. Sobre os *jaegers*, ver V. V. Rantsov, *Istoriia 96go pekhotnago Omskago polka*, SPB, 1902, páginas 187-90. O comentário francês é do capitão Koch em *Mémoires pour servir a l'histoire de la campagne de 1814*, 3 vols., Paris, 1819, vol. 1, página 69.
25 O mais completo estudo recente dos eventos na Holanda é M. V. Leggiere, *The Fall of Napoleon: The Allied Invasion of France 1813-1814*, Cambridge, 2008, páginas 100-104, 145-87. Para o cenário de fundo da revolta, ver Simon Schama, *Patriots and Liberators*, Londres, 2005.
26 Ver, por exemplo, Friederich, *Feldzug*, páginas 6-10.
27 VPR, 7, nº 172, Barclay a Alexandre, 9 de novembro de 1813, páginas 431-3. Para Blücher, ver, por exemplo, seu relatório para Alexandre de 23 de novembro: RGVIA, Fond 846, Opis 16, Delo 3915, fos. 121-2. O historiador do Regimento Riazan escreveu que "o assalto de Schönefeld havia enfraquecido o regimento e a marcha para o Reno quase o destruiu": I. I. Shelengóvski, *Istoriia 69go Riazanskago polka*, 3 vols., Lublin, 1911, vol. 2, página 246.
28 Para a maioria dessas estatísticas, ver M. Bogdanovich, *Istoriia voiny 1814 goda vo Frantsii*, 2 vols., SPB, 1865, vol. 1, páginas 35-40, 48-9. Ele afirma que 45 esquadrões de Lobanov tinham chegado em 27 de dezembro, mas mais 18 estavam a caminho, e na verdade mais ainda chegaram subsequentemente. Ver, por exemplo, o relatório de Lobanov para Alexandre de 15 de novembro de 1813 (OS) em RGVIA, Fond 125, Opis 1, Delo 148, fos. 44-7.
29 S. Panchulidzev, *Istoriia kavalergardov*, SPB, 1903, vol. 3, página 433. Barclay relatou a Alexandre que dos 6.250 homens nas listas das unidades reserva chegando a Wittgenstein, apenas 48 tinham sido deixados para trás em um hospital no caminho: MVUA 1813, 1, Barclay a Alexandre, 22 de dezembro 1813 (OS), página 276.
30 MVUA 1813, 1, Barclay a Alexandre, 30 de novembro, 1 e 22 de dezembro de 1813 (OS), páginas 258-60, 276; 21 de dezembro de 1813 (OS), Barclay ao Corpo do Exército GOCs, página 275. Bogdanovich, *Istoriia... 1814*, vol. 1, página 80. SIM, 4, nº 3, Alexandre a Lobanov, 3 de janeiro de 1814 (OS), página 3. Sobre a aparência geral do exército de linha na campanha de 1814, ver Ilia Ulianov, "I eti nas pobedili", Rodina, 8, 2002, páginas 74-8; Oleg Sheremetev, "*Katat' shineli gospoda*", Rodina, 6, 2006, páginas 53-9.
31 As histórias de Bogdanovich e Friederich da campanha de 1814 falam alguma coisa sobre isso, mas o texto essencial é de Peter Graf von Kielmansegg, *Stein und die Zentralverwaltung 1813/14*, Stuttgart, 1964.
32 Para os comentários de Kutuzov, ver conde de Puybusque, *Lettres sur la Guerre, de Russie en 1812*, Paris, 1816, páginas 153 e ss., 18 de dezembro de 1812. Para as fortalezas, ver um trabalho recente de Paddy Griffith, *The Vauban Fortifications of France*, Oxford, 2006.
33 Ver, por exemplo, o relatório de Barclay para Alexandre de 9 de novembro de 1813 (VPR, 7, nº 172, páginas 431-3), mas também sua carta a Kankrin de 29 de janeiro de 1814 (OS), em RGVIA, Fond 103, Opis 4/210, Sv. 18, Delo 17, fo. 128.
34 Para a visão austríaca sobre isso, ver Karl Fürst Schwarzenberg, *Feldmarschall Fürst Schwarzenberg: Der Sieger von Leipsig*, Viena, 1964, páginas 268-71. A linha de Jomini é inevitavelmente diferente: ver Jomini, *Precis*, vol. 2, páginas 224-5, 228-31. Friederich, *Feldzug*, páginas 9-15, oferece um relato equilibrado, mas argumenta que atravessar a Suíça era provavelmente desnecessário. A carta de Alexandre a Bernadotte está em VPR, 7, nº 174, páginas 434-6. Sua carta indignada a Schwarzenberg de 5 de janeiro de 1814 está em RGVIA, Fond 846, Opis 16, Delo 3399, fo. 108.
35 Marquês de Londonderry, *Narrative of the War in Germany and France in 1813 and 1814*, Londres, 1830, páginas 254-5. Talvez os sentimentos de Stewart na época não fossem tão claros como esta última sentença, escrita em 1830, dá a entender.

36 Lorde Burghersh, *The Operations of the Allied Armies in 1813 and 1814*, Londres, 1822, páginas 72-3.
37 *Dnevnik Pavla Pushchina*, Leningrado, 1987, páginas 142-3. I. Radojitskii, *Pokhodnyia zapiski artilerista s 1812 po 1816 god*, 3 vols., Moscou, 1835, vol. 3, páginas 36-9. "Iz zapisok pokoinogo general--maiora N. P. Koval'skago", *Russkii Vestnik*, 91/1, 1871, páginas 106-7. RGVIA, Fond 846, Opis 16, Delo 3399, fos. 120i-ii, Alexandre a Platov, 24 de janeiro de 1814 (OS).
38 RGVIA, Fond 846, Opis 16, Delo 3399, fos. 99ii-100i, Alexandre a Blücher, 14 de dezembro de 1813 (OS). Por questões de espaço este é um relato abreviado: para um mais completo, ver Leggiere, *Fall of Napoleon*, Capítulos 10-16, e Friederich, *Feldzug*, páginas 60-72.
39 Esses pontos são cobertos por Leggiere, *Fall of Napoleon*, and Friederich, *Feldzug*, mas sobre a queda do alistamento ver Isser Woloch, *The New Regime: Transformations of the French Civil Order, 1789-1820s*, Londres, 1994, Capítulo 13, páginas 380-426.
40 Para relatos da batalha, ver Friederich, *Feldzug*, páginas 89-95; Bogdanovich, *Istoriia ...1814*, vol. 1, páginas 108-13. James Lawford, *Napoleon: The Last Campaigns. 1813-15*, Londres, 1976, páginas 68-101. O relato lacônico do próprio Sacken sobre a batalha está em RGVIA, Fond 846, Opis 16, Delo 3403, fos. 34ii-35ii, Sacken a Barclay, 17 de janeiro de 1814 (OS).
41 Citação de Friederich, *Feldzug*, página 103. Ver a carta de Sacken a Barclay de Tolly de 27 de janeiro de 1814 (OS), em RGVIA, Fond 846, Opis 16, Delo 3403, fo. 37i.
42 RGVIA, Fond 846, Opis 16, Delo 3403, fos. 36i-ii, Sacken a Barclay, 21 de janeiro de 1814 (OS). Bogdanovich, *Istoriia... 1814*, vol. 1, página 128.
43 F. von Schubert, *Unter dem Doppeladler*, Stuttgart, 1962, página 343, sobre Blücher e a adega.
44 Ver carta de Alexandre a Blucher de 26 de janeiro de 1814 (OS) em RGVIA, Fond 846, Opis 16, Delo 3399, fos. 121ii-122i.
45 Schwarzenberg, *Schwarzenberg*, páginas 276-300.
46 Friederich, *Feldzug*, páginas 81-2. Burghersh, *Operations*, páginas 91-103, 250-52.
47 Fournier, *Congress*, páginas 42-4, 58-63; ver sobretudo a resposta de Francisco II (página 277) à carta de Schwarzenberg de 8 de fevereiro (páginas 272-3). Schwarzenberg estava claramente pedindo por instruções para permanecer parado e o imperador as forneceu. Schwarzenberg, *Schwarzenberg*, páginas 276-9, 293-9.
48 Fournier, *Congress*, páginas 105-14. O texto do memorando de Metternich está em SIRIO, 31, 1881, páginas 349-55.
49 A resposta de Alexandre às questões de Metternich está em SIRIO, 31, 1881, páginas 355-60. Um resumo das opiniões britânica, austríaca e prussiana está em Fournier, *Congress*, páginas 285-9.
50 Para a opinião de Madame de Staël sobre Alexandre, ver seu *Ten Years' Exile*, Fontwell, 1968, páginas 377-82. Sobre a opinião de Alexandre em relação a Luís, ver Philip Mansel, *Louis XVIII*, Londres, 2005, página 164. Sobre a candidatura de Bernadotte, ver F. D. Scott, "Bernadotte and the Throne of France 1814", *Journal of Modern History*, 5, 1933, páginas 465-78. Não há nada na correspondência diplomática ou militar russa de 1814 que sugira mais do que um interesse passageiro na candidatura de Bernadotte. Em 1813, Alexandre havia escrito que as esperanças pessoais de Bernadotte para a coroa francesa poderiam ser toleradas, desde que não impedissem sua contribuição para a causa aliada. Em 1814 o imperador pode até ter incentivado as esperanças de Bernadotte como uma forma de atraí-lo de volta de sua campanha contra a Dinamarca.
51 Barão de Vitrolles, *Mémoires et rélations politiques*, Paris, 1884, vol. 1, páginas 115-20.
52 Para a conversa com Castlereagh, ver T. von Bernhardi, *Denkwürdigkeitenaus dem Leben des kaiserlichen russischen Generals der Infanterie Carl Friedrich Grafen von Toll*, 5 vols., Leipzig, 1858, vol. 4ii, página 58.

53 Fournier, *Congress*, páginas 105-37; Friederich, *Feldzug*, páginas 156-64.
54 Ver, por exemplo, Karl von Clausewitz, *Der Feldzug von 1812 em Russland, der Feldzug von 1813 bis zum Waffenstillstand und der Feldzug von 1814* em Frankreich, Berlim, 1862, páginas 361-71. Müffling, *Memoirs*, páginas 115-45. Friederich, *Feldzug*, páginas 117-47, é, como sempre, admiravelmente justo e equilibrado.
55 O major-general Kornilov foi o mais antigo do Corpo Olsufev a escapar: seu relato da batalha está em M. Galkin, *Boevaia slujba 27go pekhotnogo Vitebskago polka 1703-1903*, Moscou, 1908, páginas 223-4. Sobre os prisioneiros de Olsufev, ver Napoleão a Joseph, 10 de fevereiro de 1814, em A. du Casse (ed.), *Mémoires et correspondance politique et militaire du Roi Joseph*, página 85.
56 A narrativa básica é de Friederich, *Feldzug*, páginas 129-34, e Bogdanovich, *Istoriia... 1814*, vol. 1, páginas 186-96. O relatório oficial de Sacken para Barclay, datado de 3 de fevereiro de 1814 (OS), está em RGVIA, Fond 846, Opis 16, Ed. Khr. 3403, fos. 37ii-39i. A descrição de Sacken sobre o dia seguinte da batalha é de Bernhardi, *Denkwürdigkeiten*, vol. 4i, página 393. Há uma boa descrição na história do Regimento de Infantaria Pskov: capitão Geniev, *Istoriia Pskovskogo pekhotnago general-fel'dmarshala kniazia Kutuzova-Smolenskago polka: 1700-1831*, Moscou, 1883, páginas 233-6.
57 Koch, *Mémoires*, vol. 1, páginas 267-8. Há uma boa descrição dessa retirada em Müffling, *Memoirs*, páginas 128-36.
58 Bogdanovich, *Istoriia ...1814*, vol. 1, páginas 206-8. Du Casse, *Memoires ...du Roi Joseph*, Napoleão a Joseph, 11 de fevereiro de 1814, páginas 88 e ss. Napoleão, *Correspondance*, vol. 27, Paris, 1869, nº 21.295, páginas 192-3: Napoleão a Eugène, 18 de fevereiro de 1814.
59 Fain, *Manuscrit de Mil Huit Cent Quatorze*, nºˢ 12 e 13, Bassano a Caulaincourt, 5 de fevereiro e Caulaincourt a Bassano, 6 de fevereiro de 1814, páginas 253-7.
60 Ibid., nº 26, Napoleão a Caulaincourt, 17 de fevereiro de 1814, páginas 284-5. Napoleão, *Correspondence*, vol. 27, nº 21.344, Napoleão a Francisco II, 21 de fevereiro de 1814 páginas 224-7; nº 21.295, Napoleão a Eugène, 18 de fevereiro de 1814, páginas 192-3. Du Casse, *Mémoires...du Roi Joseph*, Napoleão a Joseph, 18 de fevereiro de 1814, páginas 133 e ss.
61 Para o alerta de Alexandre a Wittgenstein, ver RGVIA, Fond 846, Opis 16, Delo 3399, fo. 125ii, Alexandre a Wittgenstein, 4 de fevereiro de 1814 (OS). Sobre Pahlen e Wittgenstein, ver M. Bogdanovich, *"Graf Petr Petrovich fon der Pahlen i ego vremiia"*, VS, 7/8, 1864, páginas 411-26, nas páginas 418-19.
62 Para Wittgenstein, ver a nota anterior. Sobre o Regimento Estland, ver S. A. Gulevich, *Istoriia 8go pekhotnago Estliandskago polka*, SPB, 1911, página 208.
63 Schwarzenberg, *Schwarzenberg*, páginas 281-8, para seus comentários sobre Blücher. Fournier, *Congress*, páginas 277-8, nº 14, para sua carta a Francisco II de 20 de fevereiro e página 277, nº 13, para as instruções de Francisco para permanecer ao sul do Sena até que estivesse claro se as negociações de paz seriam bem sucedidas ou não. A carta do conde Munster ao príncipe regente de 23 de fevereiro descreve a suspeita aliada sobre as táticas de "sangramento" austríacas: Fournier, *Congress*, nº 9, página 302.
64 Sobre a frustração nas fileiras, ver a carta de Sabaneev a P. M. Volkonski de 20 de fevereiro (OS): RGVIA, Fond 846, Opis 16, Delo 4166, fo. 65i, e sobre as ordens a Oertel e o caso Evdokimov suas cartas de 28 de janeiro (OS) ao major-general Oldekop (fo. 40i) e ao grão-duque Constantino de 24 de janeiro (fo. 42i).
65 A volumosa correspondência, acima de tudo entre Barclay e Kankrin, em RGVIA, Fond 103, Opis 4/210, Sv. 18, Delo 17, dá um sentido detalhado dos esforços do exército para se alimentar e dos problemas que ele encontrou: ver em especial fos. 128i-ii, Barclay a Kankrin, 29 de janeiro de 1814 (OS); fos. 153i-ii, Barclay a Kankrin, 9 de fevereiro de 1814 (OS); fos. 160i-ii, Kankrin

NOTAS DO CAPÍTULO 14

a Barclay, 14 de fevereiro de 1814 (OS). M. Dandevil', *Stoletie 5go dragunskago Kurliandskago Imperatora Aleksandra IIIgo polka*, SPB, 1903, página 105.

66 RGVIA, Fond 103, Opis 4/120, Sv. 18, Delo 17, fos. 109-10, Kankrin a Barclay, 17 de janeiro de 1814 (OS); fos. 172-5, Kankrin a Barclay, 20 de fevereiro de 1814 (OS); fo. 218, Barclay a Oertel, 7 de março de 1814 (OS). V. von Löwenstern, *Mémoires du Général-Major Russe Baron de Löwenstern*, 2 vols., Paris, 1903, vol. 2, páginas 315-20.

Capítulo 14: A queda de Napoleão

1 RGVIA, Fond 103, Opis 4/120, Sv. 18, Delo 17, fos. 68-70, Kankrin a Barclay (contendo o relatório do próprio Lisanevich: fos. 70-71), 14 de janeiro de 1814 (OS); fos. 73-5, Barclay a Kankrin, 15 de janeiro 1814 (OS) (sobre como o entreposto móvel deveria ser usado); fo. 127, Kankrin a Barclay, 27 de janeiro de 1814 (OS) (sobre a sobrevivência dos entrepostos quase intactos); fo. 160, Kankrin a Barclay, 15 de fevereiro de 1814 (OS) (sobre como os entrepostos móveis já haviam fornecido rações de biscoito para um mês); fo. 204, Kankrin a Barclay, 27 de fevereiro de 1814 (OS) (sobre o despacho do entreposto de Kondratev para Joinville).

2 RGVIA, Fond 103, Opis 4/210, Sv. 18, Delo 17, fos. 50-52: carta de Stein a Barclay explicando os preparativos para administrar o território ocupado e definir os distritos, datada de 25 de janeiro (NS) de 1814. Para as reações iniciais de Alopaeus, ver: fos. 188-9, Kankrin a Barclay, 22 de fevereiro de 1814 (OS), e fos. 201-3, Alopaeus a Barclay, 23 de fevereiro de 1814 (OS). Ver também Peter Graf von Kielmansegg, *Stein und die Zentralverwaltung 1813/14*, Stuttgart, 1964, parte 4, páginas 98 e ss.

3 RGVIA, Fond 103, Opis 4/210, Sv. 12, Delo 126, fos. 52-3, Kankrin a Barclay, 22 de janeiro de 1814 (OS).

4 RGVIA, Fond 103, Opis 4/210, Sv. 18, Delo 17, fo. 204, Kankrin a Barclay, 27 de fevereiro de 1814 (OS); fos. 205-7, Alopaeus a Kankrin, 25 de fevereiro (OS).

5 A. Fournier, *Der Congress von Chatillon: Die Politik im Kriege von 1814*, Viena, 1900, nº 27, Metternich a Stadion, 9 de março de 1814, páginas 334-5. Lorde Burghersh, *The Operations of the Allied Armies in 1813 and 1814*, Londres, 1822, páginas 177-85, para uma visão restrospectiva "polida".

6 Despacho de Lieven para Nesselrode, 26 de janeiro de 1814, contido em uma carta de Castlereagh a Liverpool, 18 de fevereiro de 1814: Marquês de Londonderry (ed.), *Correspondence, Despatches, and Other Papers of Viscount Castlereagh*, 12 vols., vol. 9, Londres, 1853, páginas 266-73.

7 F. Martens (ed.), *Sobranie*, vol. 3, nº 73, páginas 148-65.

8 RGVIA, Fond 846, Opis 16, Delo 3399, fos. 131ii-132i. SIRIO, 31, 1881, páginas 364-5, tem o protocolo do encontro de 25 de fevereiro. M. Bogdanovich, *Istoriia voiny 1814 goda vo Frantsii*, 2 vols. SPB, 1865, vol. 1, páginas 268-70.

9 Karl von Clausewitz, *Der Feldzug von 1812 in Russland, der Feldzug von 1813 bis zum Waffenstillstand und der Feldzug von 1814 in Frankreich*, Berlim, 1862, páginas 375-7; Barão Karl von Müffling, *The Memoirs of Baron von Müffling: A Prussian Officer in the Napoleonic Wars*, ed. P. Hofschroer, Londres, 1997, páginas 146-71; V. von Löwenstern, *Mémoires du Général-Major Russe Baron de Löwenstern*, 2 vols., Paris, 1903, vol. 2, páginas 325-34. Napoleão, *Correspondance*, vol. 27, nº 21.439, Napoleão a Joseph, 5 de março de 1814, páginas 288-9. Henri Houssaye, *Napoleon and the Campaign of 1814: France*, Uckfield, 2004, páginas 116-41, tende a ser um apologista não crítico à linha bonapartista. Bogdanovich, *Istoriia... 1814*, vol. 1, páginas 299-307.

10 Para a narrativa básica dos lados rivais, ver Bogdanovich, *Istoriia ...1814*, vol. 1, páginas 309-29; Houssaye, *Napoleon*, páginas 142-59. R. von Friederich, *Die Befreiungskriege 1813-1815*, vol. 3: *Der Feldzug 1814*, Berlim, 1913, páginas 214-22, é semi-neutro e preciso. Sobre Heurtebise e a batalha

dos *jaegers* russos, ver S. I. Maevskii, *"Moi vek, ili istoriia generala Maevskogo, 1779-1848"*, RS, 8, 1873, páginas 268-73. Ele comandou o 13º Regimento *Jaeger* durante a batalha.

11 Além das obras citadas na nota anterior, ver especialmente, sobre a retirada russa, Ivan Ortenberg, *"Voennyia vospominaniia starykh vremen"*, Biblioteka dlia chteniia, 24/6, 1857, páginas 18-33, nas páginas 18-19.

12 Burghersh, *Operations*, página 196. Clausewitz, *Feldzug*, 1862, página 379.

13 Bogdanovich, *Istoriia ...1814*, vol. 1, páginas 324-5; Captain Koch, *Mémoires pour Servir à l'histoire de la campagne de 1814*, 3 vols., Paris, 1819, vol. 1, páginas 399-400. Houssaye, *Napoleon*, página 157. Alain Pigeard, *Dictionnaire de la Grande Armée*, Paris, 2002, páginas 648-9. Friederich, *Feldzug*, escreve que 15 mil russos realmente combateram 21 mil franceses no campo de batalha de Craonne.

14 Há uma boa descrição sobre encontrar Blücher nessa época em F. von Schubert, *Unter dem Doppeladler*, Stuttgart, 1962, páginas 345-6.

15 Friederich, *Feldzug*, páginas 243-8; Müffling, *Memoirs*, páginas 167-76.

16 I. I. Shelengóvski, *Istoriia 69go Riazanskago polka*, 3 vols., Lubina, 1911, vol. 2, páginas 251-75. Skobelev era na verdade um odnodvorets, em outras palavras um descendente de colonos camponeses livres que haviam ocupado a fronteira da região sul da Moscóvia* nos séculos XV e XVI. No reinado de Alexandre os encargos e restrições sobre os odnovorets eram basicamente os mesmos daqueles do campesinato do Estado.

17 A correspondência de Alexandre em RGVIA, Fond 846, Opis 16, Delo 3399, contém muitas cartas expressando essas preocupações: ver, por exemplo, fos. 147ii e 151i para cartas de 28 de fevereiro (OS) a Schwarzenberg incitando-o a avançar mais rapidamente, e de 5 de março (OS) a Nikolai Raévski, que havia substituído Wittgenstein, alertando-o para que não ficasse isolado e esperasse um ataque de Napoleão a qualquer momento, Para as cenas em GHQ, ver Karl Fürst Schwarzenberg, *Feldmarschall Fürst Schwarzenberg: Der Sieger von Leipzig*, Vienna, 1964, páginas 306-8, 483-4. *Memoires de Langeron, Général d'Infanterie dens l'Armée Russe Campagnes de 1812, 1813, 1814*, Paris, 1902, página 423.

18 Langeron, *Mémoires*, páginas 434-7, tem uma boa discussão sobre essas duas opções.

19 T. von Bernhardi, *Denkwürdigkeiten aus dem Leben des kaiserlichen russischen Generals der Infanterie Carl Friedrich Grafen von Toll*, 5 vols., Leipzig, 1858, vol. 4ii, páginas 292-4, cita as conversas posteriores do próprio Napoleão sobre esse ponto.

20 RGVIA, Fond 846, Opis 16, Delo 3399, fo. 154ii, Volkonski a Gneisenau, 10 de março de 1814 (OS). A narrativa básica dos eventos é a mesma em Friederich, Feldzug, e em Bogdanovich, *Istoriia... 1814*.

21 Friederich, *Feldzug*, páginas 281-2. Sobre a crítica anterior de Oertel, ver RGVIA, Fond 103, Opis 4/120, Sv. 12, Delo 126, fo. 71: Barclay a Oertel, 16 de fevereiro de 1814 (OS). A. Mikhailóvski-Danilévski, *Opisanie pokhoda vo Frantsii v 1814 godu*, SPB, repr. 1841, páginas 284-5.

22 A única testemunha desta discussão a deixar um relato detalhado é Toll: ver Bernhardi, *Denkwürdigkeiten*, vol. 4ii, páginas 310-14. Bernhardi está certo em desmentir as reivindicações austríacas de autoria do plano, para as quais não há provas e que não fazem sentido nas ações de Schwarzenberg. Não se pode descartar o papel de Volkonski tão facilmente, no entanto. De acordo com Mikhailóvski-Daniliévski, o próprio Alexandre falou a ele sobre o conselho de Volkonski. Se Mikhailóvski tivesse apenas registrado o papel de Volkonski em sua história publicada, alguém poderia facilmente rejeitá-la como um de seus muitos esforços para

---

* A Moscóvia, também chamada de Grande Ducado de Moscou ou Grande Principado de Moscou, foi, na era medieval, uma região que tinha como centro Moscou e representou o Estado predecessor do czarismo da Rússia. (N.T.)

agradar próceres ainda vivos do reinado de Nicolau elogiando o papel deles na guerra. Mas ele diz o mesmo em um manuscrito não destinado à publicação em que, em geral, ele é crítico ao seu antigo chefe: Mikhailóvski-Danilévski, *Memuary 1814-1815*, SPB, 2001, páginas 33-5. Ver também, no entanto, o breve relato de Diebitsch em uma carta a Jomini de 9 de maio de 1817, publicada em Langeron, *Mémoires*, páginas 491-3.

23 Schwarzenberg, *Schwarzenberg*, página 323.
24 Ibid., páginas 308-9. RGVIA, Fond 103, Opis 4/210, Sv. 18, Delo 17, fos. 227-8, 235, 238-9, Kankrin a Barclay: 12, 13, 17 de março de 1814 (OS).
25 Uma interessante carta de 17 de março do conde Latour a Radetski afirma que o exército austríaco tinha perdido prestígio porque era geralmente responsabilizado por duas vezes não fazer nada e deixar o Exército da Silésia ao seu destino: Fournier, *Congress*, nº 17, páginas 281-2. Para o complemento de Barclay a Kankrin, ver sua carta de 10 de março de 1814 (OS), em RGVIA, Fond 103, Opis 210/4, Sv. 17, Delo 17.
26 Para o ponto de vista russo, ver o excelente e detalhado relato de Bogdanovich, *Istoriia ...1814*, vol. 1, páginas 456 e ss. Para a visão francesa – nessa ocasião não muito diferente – ver Houssaye, *Napoleon*, páginas 296-311. Friederich, *Feldzug*, páginas 287-90 é justo e inteligente como sempre. Há uma narrativa recente em inglês de Digby Smith, *Charge: Great Cavalry Charges of the Napoleonic Wars*, páginas 207 e ss., mas como na maioria da literatura de língua inglesa sobre 1813-1814, ele subestima muito o impacto russo, nesse caso seguindo fontes de língua alemã. Este Capítulo, por exemplo, dá a impressão de que a cavalaria de Wurttemberg desempenhou o papel principal em Fère Champenoise, o que está longe de ser verdade.
27 Langeron, *Mémoires*, páginas 446-8.
28 Ver nota 26 acima para as principais fontes. Ver Capítulo 5, página 000, para a batalha de Krasnyi. Mikhailóvski-Danilévski estava presente em Fère Champenoise e dá uma boa descrição dos estágios finais da batalha: *Opisanie 1814*, páginas 294-313. P. Pototskii, *Istoriia gvardeiskoi artilerii*, SPB, 1896, páginas 300-310, tem detalhes interessantes sobre o papel da artilharia montada das Guardas.
29 Para uma interpretação excelente e sucinta das opiniões de Talleyrand e de seu papel em 1814, ver Philip Dwyer, *Talleyrand*, Harlow, 2002, páginas 124-40. Para as ações de Napoleão no Conselho de Regência, Houssaye, *Napoleon*, páginas 317-70.
30 Conde A. de Nesselrode (ed.), *Lettres et papiers du Chancelier Comte du Nesselrode 1760-1850*, Paris, n.d., vol. 5, páginas 183-4, 28 março de 1814.
31 Löwenstern, *Mémoires*, vol. 2, página 376. I. Burskii, *Istoriia 8go Gusarskago Lubenskago polka*, Odessa, 1913, páginas 115-17. I. Radojitskii, *Pokhodniia zapiski artilerista s 1812 po 1816 god*, 3 vols., Moscou, 1835, vol. 3, páginas 109-10.
32 Mikhailóvski-Danilévski, *Opisanie 1814*, vol. página 327.
33 Há uma narrativa detalhada da batalha em Bogdanovich, *Istoriia ...1814*, vol. 1, páginas 506-60, e Friederich, *Feldzug*, páginas 301-10.
34 Bogdanovich, *Istoriia ...1814*, vol. 12, páginas 534-7. Eugen, *Memoiren*, vol. 3, páginas 278-90.
35 Langeron, *Mémoires*, páginas 465-73.
36 Ver, por exemplo, suas ordens a Langeron: RGVIA, Fond 846, Opis 16, Delo 3399, fo. 160ii, 16 de março de 1814 (OS), e seu pedido a Wrede, em Mikhailóvski-Danilévski, *Opisanie 1814*, página 324. M. F. Orlov, *"Kapitiulatsiia Parija 1814g"*, VS, 37/6, 1864, páginas 287-309.
37 Ver, por exemplo, o comentário de Castlereagh ao príncipe regente de que as Guardas Russas eram "as mais esplêndidas que se podia imaginar": *Castlereagh*, vol. 9, 30 de janeiro de 1814, páginas 210-12.
38 Burghersh, *Operations*, páginas 250-52. Barão de Vitrolles, *Mémoires et rélations politiques*, Paris, 1884, vol. 1, página 316.

39 Orlov, *"Kapitiulatsiia"*, página 300. Vitrolles, *Mémoires*, vol. 1, páginas 311-12.
40 Sobre Talleyrand, ver nota 29 acima. J. Hanoteau (ed.), *Mémoires du Général de Caulaincourt, Duc de Vicenze*, 3 vols., Paris, 1933, vol. 3, páginas 207-30. Houssaye, *Napoleon*, páginas 470-99. Para o relato do próprio Talleyrand sobre esses dias, ver *Mémoires du Prince de Talleyrand*, Paris, 1891, páginas 156-67.
41 Todos os principais documentos desses dias estão reproduzidos entre as páginas 403 e 416 de SIRIO, 31, 1881: eles incluem as várias declarações aliadas, resoluções senatoriais, declarações de Marmont e um breve comentário de Nesselrode.
42 Para a carta de Alexandre a Luis XVIII de 17 de abril, ver SIRIO, 31, 1881, páginas 411-12. *Castlereagh*, vol. 9, páginas 450-51, reproduz a carta de Charles Stewart a Bathurst de 7 de abril condenando a oferta de Elba, mas não há menção à carta de seu irmão a Bathurst de 13 de abril: esta está publicada como nº 4, páginas 420-3, em Barão Fain, *Manuscrit de Mil Huit Cent Quatorze*, Paris, 1825. Considerando que não há nada que não seja plausível no conteúdo da carta e nenhuma razão para pensar que Fain a inventou, a mais provável interpretação é que ela não foi incluída na coleção por lorde Londonderry porque ele não achava que ela refletia bem seu irmão. Ele não inclui muitas outras cartas a Bathurst. Em defesa de Castlereagh, ele estava tentando sustentar um fato consumado criado por outros.
43 Schwarzenberg, *Schwarzenberg*, página 337.
44 Löwenstern, *Mémoires*, vol. 2, páginas 342, 419-23. A. Zaitsev, *Vospominaniia o pokhodakh 1812 goda*, Moscou, 1853, páginas 29-9. P. Nazarov, *"Zapiski soldata Pamfila Nazarova"*, RS, 9/8, 1878, páginas 539-40. RGVIA, Fond 846, Opis 16, Delo 3399, fo. 172ii, Volkonski a Barclay, 2 de abril de 1814 (OS), sobre a partida imediata da cavalaria irregular. Radojitskii, *Pokhodnyia zapiski*, vol. 3, páginas 236-7, sobre a tremenda recepção dada na Silésia às tropas russas que estavam voltando, em parte pelo rei, que havia dado três milhões de táleres para festas e jantares em honra delas. *Dnevnik Pavla Pushchina*, Leningrado, 1987, páginas 166-73, sobre a jornada das Guardas para casa.

BIBLIOGRAFIA

Para abreviações, consultar lista na página 533.

Arquivos

1. Rossiiskii gosudarstvennyi voenno-isroricheskii arkhiv:
Fond 1: Chancelaria do Ministério de Guerra
Fond 46: A. S. Kologrivov
Fond 103: M. B. Barclay de Tolly
Fond 125: D. I. Lobanov-Rostovsky / Exército Reserva
Fond 140: M. G. Titov
Fond 474: Otechetvennaia voina 1812g + kampaniia 1813 i 1814 gg. (campanhas de 1812-1814)
Fond 489: Formuliarnye spiski (registros de pessoal)
Fond 846: Arquivo Científico Militar (voenno-uchenyi)
Fond 9194: L. L. Bennigsen / Exército da Polônia

2. British Library
Documentos Lieven: Manuscritos extras 47410, 47424, 47427

Documentos publicados

Akty, dokumenty i materialy dlia istorii 1812 goda, ed. K. Voenskii, 2 vols., SPB, 1910-1911.
'Aperçu des transactions politiques du Cabinet de Russie', *Sbornik imperatorskago russkago istoricheskago obshchestva*, 31, 1881.
Arkhiv grafov Mordvinovykh, ed. V. A. Bilbasov, SPB, 1902, vol. 4.
Das Befreiungsjahr 1813: Aus den Geheimen Staatsarchivs, ed. J. von Pflugk-Harrtung, Berlim, 1913.
Borodino: Dokumental'naia khronika, ed. A. M. Val'kovich an d A. P. Kapitonov, Moscou, 2004.
Briefwechsel König Friedrich Wilhelm III's und der Königin Luise mit Kaiser Alexander I, ed: P. Bailleu, Leipzig, 1900.
'Bumagi A. I. Chernysheva za tsarstvovani Imperatora Aleksandra Igo', *Sbornik imperatorskago russkago istoricbeskago obshchestva*, 121, 1906.
Bumagi otnosiashchiasia do otechestvennoi voiny 1812 goda, ed. P. I. Shchukin, 10 vols., Moscou, 1897-1908.
Chuikevich, P. A., 'Analiticheskii proekt voennykh deistvii v 1812 P. A. Chuikevicha', *Rossiisk ii Arkhiv*, 7, 1996.

Correspondence de l'Empereur Alexandre Ier avec sa sœur la Grande Duchesse Cathérine 1805-1818, ed. Grand Duke Nicolas, SPB, 1910.
Correspondance de Napoleon Ier, 32 vols., Paris, 1858-70.
Correspondence, Despatches and Other Papers of Viscount Castlereagh, ed. Marquess of Londonderry, vol. 9, Londres, 1853.
Fel'dmarshal Kutuzou: Dokumenty, dneuniki, uospominaniia, ed. Iu. N. Gulaev e V. T. Soglaev, 2 vols., Moscou, 1995.
Freiherr vom Stein: Briefwechsel, Denkschriften und Aufzeichnungen, 8 vols., ed. E. Botzenhart, Berlim, 1957-1971.
General Bagration: Sbornik dokumentov i materialov, ed. S. N. Golubeva, Moscou, 1945.
L'lmperatrice Elisabeth, épouse d' Alexandre Ier, ed. Grand Duke Nicolas, 4 vols., SPB, 1908-1909.
'Iz zapisok fel'dmarshala Sakena', RA, 22, 1900.
Karamzin's Memoir on Ancient and Modern Russia, ed. e trad. R. Pipes, Ann Arbor, 2005·
Materialy uoenno-uchenogo arkhiva: Otechestvennaia voina 1812 goda, vols. 1-21, SPB, 1900-1914.
Materialy uoenno-uchenogo arkhiva: Voina 1813 goda, vols. 1-2, SPB, 1915-16.
M. I. Kutuzov: Sbornik dokumentov, ed. L. G. Beskrovnyi, vols. 4i, 4ii, 5, Moscou, 1954-6.
'Nakanune Erfurtskago svidaniia 1808 goda', RS, 98, 1899.
Narodnoe opolchenie v otechestvennoi voine 1812 goda, ed. L. G. Beskrovnyi, Moscou, 1962.
Neithardt von Gneisenau : Schriften von und uber Gneisenau, ed. F. Lange, Berlim, 1954.
Nesselrode, Count A de (ed.), *Lettres et papiers du Chancelier Comte de Nesselrode 1760-1850*, vols. 3, 4, 5, Paris, n.d.
Otechestvennaia voina v pis'mahb sovremennikov, ed. N. Dubrovin, Moscou, 2006.
Pis'ma glavneishikh deiatelei v tsarstvovanie Imperatora Aleksandra I, ed. N. Dubrovin, Moscou, 2006.
Pokhod russkoi armii protiu Napoleona v 1813 g i osuobozhdenie ermanii: Sbornik dokumentou, ed. L. G. Beskrovnyi, Moscou, 1964.
Pol'noe Sobranie zakonov Rossiiskoi Imperii, 1807-14, vols. 30, 31, 32.
'Posol'srvo Grafa P. A. Tolstago v Parizhe v 1807 i 1808 gg.', *Sbornik imperatorskago russkago istoricheskago obshchestva*, 89, 1893.
Les Relations diplomatiques de la Russie et la France 1808-12, ed. Grand Duke Nicolas, 6 vols., SPB, 1905-6.
Sbornik istoricheskikh materialov izvlechennykh iz arkhiva Sobstvennoi Ego lrnperatorskago velichestva kantseliarii, ed. N. Dubrovin, vols. 1-15, SPB, 1876-915.
Shishkov, A. S., *Zapishi, mneniia i perepiska A. S. Shishkova*, ed. N. Kiselev e I. Iu. Samarin, 2 vols., Berlim, 1870.
Sobranie traktatov i konventsii zakliuchennykh Rossiei s inostrannymi derzhauami, SPB, 1876 and 1885, editor: F. F. Martens, vols. III and VII.
La Suède et la Russie: Documents et materiaux 1809-1818, Uppsala, 1985.
Upravlenie General-Intendanta Kankrina: General'nyi sokrashchennyi otchet po armiiam (krome Pol'skoi i Rezervnoi) za pokhody protiu Frantsuzou, 1812, 1813, i 1814 Godov, Varsóvia, 1815.
Vneshnaia politika Rossii XIX i nachala XX veka: Dokumenty Rossiiskogo Ministerstva Inostrannykh Del, rst series, ed. A. L. Narochnitskii, vols. 4, 5, 6, 7, Moscou, 1962-70.
Voennyi zhurnal, SPB, 1808-11.
'1807 god: Pis'ma s dorogi ot kniazia A. B. Kurakina k gosudaryne-imperatritse Marii Feodorovne', RA, 1, 1868.

Memórias, diários e cartas pessoais

Arnol'di, I., 'Berezinskaia pereprava', VS, 53/9, 1910.
Benckendorff, Count A., *Zapiski Benkendorfa*, Moscou, 2001.
Bennigsen, L. L., *Memoires du General Bennigsen*, 3 vols., Paris, n.d.

Bernhardi, T. von, *Denkwürdigkeiten aus dem Leben des kaiserlichen russischen Generals der Infanterie Carl Friedrich Grafen von Toll*, 5 vols., Leipzig, 1858.
Beskrovnyi, L. G. (ed.), *Dnevnik Aleksandra Chicherina, 1812-1813*, Moscou, 1966.
Borodino v vospominaniiakh sovremennikov, SPB, 2001.
Bortnevskii, V. G. (ed.), *Dnevnik Pavla Pusbchina*, Leningrado, 1987.
Choisseul-Gouffier, Countess, *Historical Memoirs of the Emperor Alexander I and the Court of Russia*, Londres, 1904.
Dushenkovich, S. V. 'Iz moikh vospominanii or 1812 goda', in *1812 god v vospominaniiakh sovremennikov*, Moscou, 1995.
Edling, Countess R., 'Grafinia Roksandra Skarlatovna Edling: Zapiski', in A. Libermann (ed.), *Derzhavnyi sfinks*, Moscou, 1999.
Eiler, A. A. 'Zapiski A. A. Eilera', RS, 1/11, 1880.
Ermolov, A. P., *Zapiski A. P. Ermolova 1798-1826*, Moscou, 1991.
Fezensac, Duc de, *Souvenirs militaires*, Paris, 1863.
Gielgud, A. (ed.), *The Memoirs of Prince Adam Czartoryski*, 2 vols., Londres, 1888.
Glinka, S. F. *Pis'ma russkogo ofitsera*, Moscou, 1987.
Golitsyn, Prince A., 'Zapiska o voine 1812 goda A. B. Golitsyna', VS, 53, 1910.
Grabbe, P., *Iz pamiatnykh zapisok: Otechestvennaia voina*, Moscou, 1873.
Griboedov, A. S. *Sochineniia*, Moscou, 1953.
Griois, C.-P.-L., *Mémoires du Général Griois*, Paris, n.d.
Hanoteau, J. (ed.) *Mémoires du Général de Caulaincourt, Duc de Vicenze*, 3 vols., Paris, 1933.
Kharkevich , V. (ed.), *1812 god v dnevnikakh, zapiskakh, i vospominaniiakh sovremennikov*, 4 vols., Vilnius, 1900-1907.
Komarovskii, E. F., *Zapiski grafa E. F. Komarovskogo*, SPB, 1914.
Konshin, N. M., 'Zapiski o 1812 gode', IV, 4, 1884.
Langeron, A de, *Mémoires de Langeron, Général d'Infanterie dans l'Armée Russe: Campagnes de 1812, 1813, 1814*, Paris, 1902.
Lazhechnikov, I.I., 'Neskol'ko zametok i vospominanii po povodu stat'i "materialy dlia biografii A. P. Ermolova"', *Russkii vestnik*, 3l/6, 1864.
Letsrvitsyn, V. (ed.), 'Zapiska soldata Pamfila Nazarova', RS, 9/8, 1878.
Longinov, N. M., 'Dvenadtsatyi god: Pis'ma M. Longinova k grafu S. R. Vorontsovu', RA, 4, 1912.
Löwenstern, V. von, *Mémoires du Général-Major Russe Baron de Löwenstern*, 2 vols., Paris, 1903.
Maevskii, S. I., 'Moi vek ili istoriia generala Maevskago', RS, 8, 1873.
Mitarevskii, N. E., *Raskazy ob otechestvennoi voine 1812 goda*, Moscou, 1878.
Murav'ev, N., 'Zapiski Nikolaia Nikolaevich Muraveva', RA, 22, 23, 24, 25, 26, 28, 1885-91.
Muromtsev, M. M. 'Vospominaniia Matveia Matveevicha Muromtseva', RA, 27/3, 1890.
Norov, A. S., *Voina i mir 1805-1812 istoricheskoi tochki zreniia*, SPB, 1868.
Norov, V. S., Zapiski o pokhodakh 1812 i 1813 *godakh ot Tarutinskago srazheniia do Kul'mskago boia*, SPB, 1834.
Orlov, M. F., 'Kapitulatsiia Parizha 1814 g.', VS, 37/6, 1864.
Ortenberg, I., 'Voennyia vospominaniia starykh vremen', *Biblioteka dlia chteniia*, 24/6, 1857.
Radozhitskii, I., *Pokhodnyia zapiski artilleristas 1812 po 1816 god*, 3 vols., Moscou, 1835.
Raevskii, A., *Vospominaniia o pokhodakh 1813 i 1814 godov*, Moscou, 1822.
Rochechouart, Comte de, *Souvenirs de la Révolution, l'Empire at la Restauration*, Paris, 1889.
Saint-Cyr, Gouvion, *Mémoires pour servir à l'histoire militaire sous Ie Directoire, le Consulat et l'Empire*, vols. 3, 4, Paris, 1831.
Schubert, F. von, *Unter dem Doppeladler*, Stuttgart, 1962.
Shcherbatov, Prince A. G., *Moi vospominaniia*, SPB, 2006.

Simanskii, L., 'Zhurnal uchastnika voiny 1812 goda', *Voenno-istoricheskii sbornik*, 3, 1913.
Solov'eva, D. V. (ed.), *Graf Zhozef de Mestr: Peterburgskie pis'ma*, SPB, 1995.
Tartakovskii, A. G. (ed.), *Voennye dnevniki*, Moscou, 1990.
Vitrolles, Baron de, *Mémoires et relations politiques*, 3 vols., Paris, 1884.
Volkonskii, S. G., *Zapiski Sergeia Grigorovicha Volkonskogo (dekabrista)*, SPB, 1902.
Vospominaniia voinov russkoi armii: Iz sobraniia otdela pis'mennykh istochnikov gosudarstvennogo istoricheskogo muzeia, Moscou, 1991.
Wolzogen, L von, *Mémoires d'un Général d'Infanterie au service de la Prusse et de la Russie (1792-1836)*, Paris, 2002.
Württemberg, Duke Eugen von, *Memoiren des Herzogs Eugen von Württemberg*, 3 vols., Frankfurt an der Oder, 1862.
Zaitsev, A., *Vospominaniia o Pokhodakh 1812 goda*, Moscou, 1853.

Fontes secundárias

Adamovich , B., *Sbornik voenno-istoricheskikh materialov leib-gvardii Keksgol'mskago imperatora Avstriiskago polka*, SPB, 1910.
Aksan, V., *Ottoman Wars 1700-1870: An Empire Besieged*, Harlow, 2007.
Alder, K., *Engineering the Revolution: Arms and Enlightenment in France, 1763-1815*, Princeton, 1997.
Aleksandrov, V. A., *Sel'skaia obshchina v Rossii (XVII-nachalo XIX v.)*, Moscou, 1976.
Anderson, P., *Lineages of the Absolutist State*, Londres, 1974.
Babkin , V. I., 'Organizatsiia i voennye deistvii a narodnogo opolcheniia v otechestvennoi voine 1812 goda', in *K stopiatidesiatiletiiu otechestuennoi voiny*, Moscou, 1962.
Bayly, C., *The Birth of the Modern World 1780-1914*, Oxford, 2004.
Bell, D. A., *The First Total War*, Londres, 2007.
Beskrovnyi, L. *The Russian Army and Fleet in the Nineteenth Century*, Gulf Breeze, 1996.
Bezotosnyi, V. M., 'Bor'ba general'skikh gruppirovok', in *Epokha 1812 goda: Issledovaniia, istochniki, istoriografiia*, TGIM , Moscou, 2002, vol. 1.
_____, *Donskoi generalitet i ataman Platov v 1812 godu*, Moscou, 1999.
_____, *Razvedka i plany storon v 1812 godu*, Moscou, 2005.
Bezotosnyi, V. P. et al (eds.), *Otechestvennaia voina 1812 goda: Entsiklopediia*, Moscou, 2004.
Bobrovskii, P., *Istoriia leib-gvardii ulanskago E.I.V. gosudarnyi Imperatritsy Aleksandry Fedorovny polka*, SPB, 1903.
Bogdanovich, M. I., *Istoriia otechestuennoi voiny 1812 goda*, 3 vols., SPB, 1859-1860.
_____, P., *Istoriia voiny 1813 g. za nezavisimost' Germanii*, 2 vols., SPB, 1863.
_____, *Istoriia voiny 1814 goda vo Frantsii*, 2 vols., SPB, 1865.
Bonney, R. (ed.), *Economic Systems and Finance*, Oxford, 1995.
Bowden , S., *Napoleon's Grande Armee of 1813*, Chicago, 1990.
Burskii , I., *Istoriia 8go gusarskago Lubenskago polka*, Odessa , 1913.
Charnetskii, S. E., *Istoriia 179-go pekhotnago Ust-Dvinskago polka: 1711-1811-1911*, SPB, 1911.
Clausewitz, K. von, *Der Feldzug in Russland und die Befreiungskriege von 1813-1815*, Berlim, 1906.
Creveld, M. van, *Supplying War: Logistics from Wallerstein to Patton*, Cambridge, 1977.
Dandevil', M. *Stoletie 5-go dragunskag o Kurliandskag o Imperatora Aleksandra III-go polka*, SPB, 1903.
Darwin, J., *After Tamerlane: The Global History of Empire*, Londres, 2007.
Dawson, P., and Summerfield, S., *Napoleonic Artillery*, Marlborough, 2007.
DiMarco , L., *War Horse: A History of the Military Horse and Rider*, Yardley, 2008.
Downing B., *The Military Revolution and Political Change*, Princeton, 1992.
Drabek, A. et al.(eds.), *Russland und Österreich zur Zeit der Napoleonischen Kriege*, Vienna, 1989.
Dubrovin, N. F., *Russkaia zhizn' v nachale XIX veka*, SPB, 2007.

BIBLIOGRAFIA 595

Dzhivelegov, A. K., Melgunov, S. P., and Pichet, P. I. (eds.), *Otechestvennaia voina i russkoe obshchestvo*, 7 vols., Moscou, 1911.
Esdaile, C., *Fighting Napoleon: Guerrillas, Bandits and Adventurers in Spain 1808-1814*, Londres, 2004.
Fain, Baron, *Manuscrit de Mil Huit Cent Douze*, Paris, 1827.
_____, *Manuscrit de Mil Huit Cent Quatorze*, Paris, 1825.
Feuer, K. B., *Tolstoy and the Genesis of War and Peace*, Ithaca, Nova York, 1976.
Fournier, A., *Der Congress von Chatillon: Die Politik im Kriege von 1814*, Viena, 1900.
Friederich, R. von, *Die Befreiungskriege 1813-1815*, vol. 1: *Der Fruhjahrsfeldzug 1813*, Berlim, 1911; vol. 2: *Der Herbstfeldzug 1813*, Berlim, 1912; vol. 3: *Der Feldzug 1814*, Berlim, 1913.
Gavrilov, S. V., *Organizatsiia i snabzhenie russkoi armii nakanune i v khode otechestvennoi voiny 1812 g. i zagranichnykh pokhodov 1813-1815 gg: Istoricheskie aspekty*, candidate's dissertation, SPB, 2003.
Geniev, Captain, *Istoriia Pskovskago pekhotnago general-fel'dmarshala kniazia Kutuzova-Smolenskago polka*, Moscou, 1883.
Genishta, V. I., and Borisovich, A. T., *Istoriia 30-go dragunskago Ingermanlandskago polka 1704-1904*, SPB, 1904.
Geschichte der Kämpfe Österreichs: Kriege unter der Regierung des Kaisers Franz. Befreiungskrieg 1813 und 1814, 5 vols.:
  vol. 1: Criste, O., *Österreichs Beitritt zur Koalition*, Viena, 1913.
  vol. 2: Wlaschutz, W., *Österreichs entscheidendes Machtaufgebot*, Viena, 1913.
  vol. 3: Horstenau, E. Glaise von, *Feldzug von Dresden*, Viena, 1913.
  vol , 4: Ehnl, M., *Schlacht bei Kulm*, Viena, 1913.
  vol. 5: Hoen, Max von, *Feldzug von Leipzig*, Viena, 1913.
Glinoetskii, N ., 'Russkii general'nyi shtab v tsarstvovanie Imperatora Aleksandra I', V S, 17/10, 17/11, 1874.
Godunov, V., *Istoriia 3-go ulanskago Smolenskago lmperatora Aleksandra III-go polka*, Libava, 1908.
Gol'mdorf, M., *Materialy dlia istorii byusbego Dvorianskogo polka*, SPB, 1882.
Gooding, J., 'The Liberalism of Michael Speransky', *Slavonic and East European Review*, 64/3, 1986.
Gourgaud, General, *Napoléon et la Grande Armée en Russie ou Examen critique de L'ouvrage de M. le Comte de Ségur*, Paris, 1826.
Grigorovich, A., *Istoriia 13-go dragunskago voennago ordena general-fel'dmarshala Grafa Minikha polka*, 2 vols., SPB, 1907 and 1912.
Gulevich, S., *Istoriia 8-go pekhotnago Estliandskago polka*, SPB, 1911.
Haythornthwaite, P., *Weapons and Equipment of the Napoleonic Wars*, Londres, 1996.
Houssaye, H ., *Napoleon and the Campaign of 1814: France*, Uckfield, 2004.
Istoriia leib-gvardii egerskago polka za sto let 1796-1896, SPB, 1896.
lvchenko, L., *Borodino: Legenda i deistvitel'nost'*, Moscou, 2002.
Kamenskii, E., *lstoriia 2-go dragunskago S-Peterburgska go generala-fel'dmarshala kniazia Menshikova polka 1707-1898*, Moscou, 1900.
Karnovich, E., *Tsesarevich Konstantin Pavlovich*, SPB, 1899.
Keegan, J., *The Face of Battle*, Londres, 1978.
Keep, J., 'The Russian Army in the Seven Years' War', in E. Lohr e M. Poe (eds.), *The Military and Society in Russia, 1450 - 19 17*, Leid en, 2002.
Khovanskii, N. F., *Uchastie Saratovskoi gubernii v otechestvennoi voine 1812 g.*, Sararov, 1912.
Kielmansegg, P. Graf von, *Stein und die Zentralverwaltung 1813/4*, Stuttgart, 1964.
Kissinger, H., *A World Restored*, Londres, 1957.
Klugin, L., 'Russkaia sol'datskaia artel', RS, 20, 1861.
Lieven, D., *Empire: The Russian Empire and its Rivals*, Londres, 2001.
Longworth, P., *The Art of Victory*, Londres, 1965.

McGrew, R., *Paul I of Russia*, Oxford, 1992.
Madariaga, I. de, *Britain, Russia and the Armed Neutrality of 1780*, Londres, 1962.
Markov, Colonel, *Istoriia leib-gvardii kirasirskago Eia Velichestva polka*, SPB, 1884.
Marshall, P. J. (ed.), *The Oxford History of the British Empire: The Eighteenth Century*, Oxford, 1998.
Martin, A., 'The Response of the Population of Moscow to the Napoleonic Occupation of 1812', in E. Lohr and M. Poe, (eds.), *The Military and Society in Russia, 1450-1917*, Leiden, 2002.
Mel'nikova, L. V., *Armiia i pravoslavnaia tserkov' Rossiiskoi imperii v epokhu Napoleonovskikh voin*, Moscou, 2007.
Melton, E., 'Household Economies and Communal Conflicts on a Russian Serf Estate, 1800-1817', *Journal of Social History*, 26/3, 1993.
Mikhailovskii-Danilevskii, A. I., *Opisanie otechestvennoi voiny I 812 g.*, 4 vols., SPB, 1839.
_____, *Opisanie pokhoda vo Frantsii v 1814 godu*, 2 vols., SPB, 1836. Reunido em um volume, 1841.
_____, *Opisanie voiny 1813 g.*, 2 vols., SPB, 1840.
Mironenko, S. V., *Samoderzhavie i reformy: Politicheskaia bor'ba v Rossii v nachale XIX v.*, Moscou, 1989.
Muir, R., *Tactics and the Experience of Battle in the Age of Napoleon*, Londres, 1998.
Nikolaev , E., *Istoriia 50 pekhotnago Belostokskago Ego Vysochestva gertsoga Saksen-Al'tenburgskago polka*, SPB, 1907.
Oncken, W., *Österreich und Preussen in Befreiungskriege*, 2 vols., Berlin, 1878.
Orlov, A. A., *Soiuz Peterburga i Londona*, SPB, 2005.
Panchulidzev, S., *Istoriia kavalergardov*, SPB, 1903, vol. 3.
Pestreikov, N., *Istoriia leib-gvardii Moskovskago polka*, SPB, 1903, vol. 1.
Pitts, J., *A Turn to Empire: The Rise of Imperial Liberalism in Britain and France*, Princeton, 2005.
Podmazo , A. A., 'Kontinental'naia blokada kak ekonomicheskaia prichina voiny 1812 g', in *Epokha 1812 goda: Issledovaniia, istochniki, istoriografiia*, TGIM, 137, Moscou, 2003, vol. 2.
Pomeranz, K., *The Great Divergence: China, Europe and the Making of of the Modern World Economy*, Princeton, 2000.
Popov, A. I., *Velikaia armiia v Rossii: Pogon'ia za mirazhom*, Samara, 2002.
Popov, F. G., *Istoriia 48-go pekhotnago Odesskago polka*, 2 vols., Moscou, 1911.
Pototskii, P., *Istoriia gvardeiskoi artillerii*, SPB, 1896.
Prokhodtsev, I. I., *Riazanskaia guberniia v 1812 godu*, Riazan, 1913.
Pugachev, V. V., 'K voprosu o pervonacha l'no rn plane voiny 1812 goda', in *Kstopiatidesiatiletiiu otechestevennoi voiny*, Moscou, 1962.
Rantsov, V., *Istoriia 96-go pekhotnago Omskago polka*, SPB, 1902.
Ratchinski , A., *Napoléon et Alexandre Ier*, Paris, 2002.
Reboul, F., *Campagne de 1813: Les préliminaires*, 2 vols., Paris, 1910.
Rodger, N. A. M., *The Command of the Ocean*, Londres, 2004.
Rousset, C., *La Grande Armée de 1813*, Paris, 1871.
Rowe, M. (ed.), *Collaboration and Resistance in Napoleonic Europe*, Basingstoke, 2003.
Schwarzenberg, K. Fürst von, *Feldmarschall Fürst Schwarzenberg: Der Sieger von Leipzig*, Viena, 1964.
Scott, H. M., *The Birth of a Great Power System 1740-1815*, Harlow, 2008.
_____, *The Emergence of the Eastern Powers 1756-1775*, Cambridge, 2001.
Shelengovskii, I., *Istoriia 69-go Riazanskago polka*, 3 vols., Lublin, 1911, vol. 2.
Sherwig, J. M., *Guineas and Gunpowd er: British Foreign Aid in the Wars with France 1793-1815*, Cambridge, Mass, 1969.
Shil'der, N., *Imperator Aleksandr pervyi: Ego zhizn' i tsarstvovanie*, 4 vols., SPB, 1897.
Shtein, I. A., *Voina 1812 goda v otechestvennoi istoriografii*, Moscou, 2002.
Shvedov, S. V., 'Komplektovanie, chislenno st' i pote ri russkoi armii v 1812 godu', in *K 175-letiiu Otechestvennoi voiny 1812 g.*, Moscou, 1987.

Simms, B., *The Impact of Napoleon: Prussian High Politics, Foreign Policy and the Crisis of the Executive 1797-1806*, Cambridge, 1997.
_____, *Three Victories and a Defeat: The Rise and Fall of the First British Empire, 1714-1783*, Londres, 2007.
Sked, A., *Metternich and Austria*, Londres, 2008.
Smirnov , A. A., 'Chto zhe takoi Shevardinskii redut?', in *Epokha 1812 goda: Issledovaniia, istochniki, istoriografiia*, TGIM, 3, Moscou, 2004, pp. 320-51; vol. 4, 2005, pp. 239-71; vol. 5, 2006, PP. 353-68.
_____, *General Aleksandr Kutaisov*, Moscou, 2002.
Smith, A. D., 'War and Erhnicity: The Role of Warfare in the Formation, Self-Images and Cohesion of Ethnic Communities', *Ethnic and Racial Studies*, 44, 1981.
Speranskii, V. N., *Voenno-ekonomicheskaia podgotovka Rossii k bor'be s Napoleonom v 1812-1914 godakh*, dissertação de candidato, Gorky, 1967.
Stamm-Kuhlmann, T., *König in Preussens grosser Zeit*, Berlim, 1992.
Stoletie voennago ministerstva (SVM): 13 vols., SPB, 1902-10:
  vol. 2, livros 1 e 2: Kvadri, V. V., *Imperatorskaia glavnaia kvartira*.
  vol. 4, parte 1, livro 1, seção 2: Shchepetil'nikov, V. V., *Glavnyi shtab: Komplektovanie voisk v tsarstvovanie Imp. Aleksandra I*.
  vol. 5, parte 1, livro 2, seção 1, Geisman, P. A., *Glavnyi shtab: Vozkniknovenie i razvitie v Rossii general'nogo shtaba*.
  vol. 4, parte 1, livro 2, seção 3, Gippius, A. I., *Obrazovanie (obuchenie) voisk*.
  vol. 5, Shelekhov, V. V., *Glavnoe intendantskoe upravlenie*.
  vol. 7, Fabritsius, I. G., *Glavnoe inzhenernoe upravlenie*.
  vol. 13, livro 3, Ermolov V. V., e Ryndin, M. M., *Upravlenie General-inspektora kavalerii: O remontirovanii kavalerii*.
Stroev, V. N., *Stoletie sobstevennoi Ego Imperatorskago Velichestva kantseliarii*, SPB, 1912.
Svinin, P. P., 'Tul'skii oruzheinyi zavod', *Syn Otechestva*, 19, 1816.
Tartakovskii, A. G., *1812 god i russkaia memuaristika*, Moscou, 1980.
_____, *Nerazgadannyi Barklai*, Moscou, 1996.
Tatishcheff, S., *Alexandre Ier et Napoléon*, Paris, 1894.
Tilly, C., *Coercion, Capital and European States: A.D. 990-1992*, Oxford, 1990.
Tivanov, V. V., *Finansy russkoi armii*, Moscou, 1993.
Totfalushin, V. P., M. V. *Barklai de Tolli v otechestvennoi voine 1812 goda*, Saratov, 1991.
Troitskii, N. A., *Fel'dmarshal Kutuzov: Mify i fakty*, Moscou, 2002.
_____, *1812 veliki i god Rossii*, Moscou, 2007.
Trudy Gosudarstvennogo lstoricheskogo Muzeia (TGIM), *Epokha 1812 goda: lssledovaniia, istochniki, istoriografiia*, vols. 1-7, Moscou, 2002-2007.
Tselerungo, D. G., *Ofitsery russkoi armii, uchastniki Borodinskogo srazheniia*, Moscou, 2002.
Tulard , J. (ed.) *Dictionnaire Napoléon*, Paris, 1987; reimpressão em 2 vols., Paris, 1999.
Uffindell, A., *Napoleon's Immortals*, Stroud, 2007.
Ulianov, I., *Reguliarnaia pekhota 1801-1855*, 3 vols., Moscou, 1995-1998.
Vandal, A., *Napoléon et Alexandre Premier*, 3 vols., Paris, 1891.
Vasilev, A., *Srazhenie pri Maloiaroslavtse 12/24 oktiabria 1812 goda*, Maloiaroslavets, 2002.
Wolff , L., *Inventing Eastern Europe: The Map of Civilization in the Mind of the Enlightenment*, Stanford, Califórnia, 1994.
Woloch, I., *The New Regime: Transformations of the French Civil Order, 1789-1820s*, Londres, 1994.
Zatler, F., *Zapiski o prodovol'stvii voisk v voennoe vremia*, SPB, 1860.
Zawadski, W. H., *A Man of Honour: Adam Czartoryski as a Statesman of Russia and Poland 1795-1831*, Oxford, 1993.
Zlotnikov, M. F., *Kontinental'naia blokada i Rossiia*, Moscou, 1966.

LEITURAS RECOMENDADAS

Como observado na Introdução, a literatura sobre o esforço de guerra da Rússia é escassa e pouco confiável, principalmente quando derivada de fontes francesas e alemãs. Uma exceção é *The Battle of Borodino*, Barnsley, 2007, de Alexander Mikaberidze. O mesmo autor elaborou um trabalho bastante útil sobre os oficiais dos Corpos russos no período: *The russian officer corps in the revolutionary and napoleonic wars, 1795-1815*, Staplehurst, 2005. Também valioso é *Tactics of the russian army in the napoleonic wars*, 2 vols., West Chester, 2003, de Alexander e Iuri Jmodikov, mas esta é uma edição muito limitada e difícil de se obter. Christopher Duffy deu uma grande contribuição à compreensão dos leitores de língua inglesa sobre o Exército russo, mas suas principais obras abrangem o período anterior às guerras napoleônicas, *Russia's military way to the west*, Londres, 1981, e *Eagles over the Alps: Suvorov in Italy and Switzerland 1799*, Chicago, 1999. Ele também escreveu dois livros curtos sobre as batalhas de Austerlitz e Borodino: *Austerlitz* e *Borodino and the war of 1812*, ambos reimpressos em novas edições pela Cassells, de Londres, em 1999.

Vários pesquisadores ocidentais têm escrito em inglês livros excelentes que apresentam um pano de fundo para a guerra do Império contra Napoleão. Veja em particular o esplêndido *Strategy and power in Russia, 1600-1914*, Nova York, 1992, de William Fuller, e *The foreign ministers of Alexander I*, Berkeley, 1969, de Patricia Grimsted; *Alexander I*, Londres, 1994, e *Russia, 1762-1825: Military power, the state and the people*, Londres, 2008, de Janet Hartley; *Soldiers of the Tsar, 1462-1874*, Oxford, 1985, de John Keep; *The grand strategy of the russian empire, 1650-1831*, Oxford, 2004, de John Le Donne; *Romantics, reformers, reactionaries: russian conservative thought and politics in the reign of Alexander I*, DeKalb, Ill., 1997, de Alexander Martin; *Alexander I: tsar of war and peace*, Londres, 1974, de Alan Palmer; *Karamzin's memoir on ancient and modern Russia: a translation and analysis*, Ann Arbor, 2005, de Richard Pipes; *A parting of ways: government and the educated public in Russia 1801-1855*, Oxford, 1976, de Nicholas Riasanóvski; *Russia in the age of reaction and reform 1801-1881*, Londres, 1992, de David Saunders; *From serf to russian soldier*, Princeton, 1990, de Elise Kimerling Wirtschafter.

Leitores em busca de informações gerais sobre o governo, a sociedade e a cultura russos podem consultar o volume 2 de *The Cambridge history of Russia*, Cambridge, 2006, que eu editei, e que contém ótimas contribuições de especialistas no campo da história imperial russa. Tanto nesse volume quanto nos livros indicados no parágrafo anterior podem ser encontradas bibliografias que levarão o leitor interessado aos poucos artigos acadêmicos em inglês sobre a época de Alexandre I relativos às guerras com Napoleão.

Uma série de memórias escritas originalmente por russos que participaram das guerras foi traduzida para o inglês: *The cavalry maiden: journals of a female russian officer in the napoleonic wars*, Bloomington, Ill., 1989, de Nadejda Durova, ed. e trad. por Mary Fleming; *In the service of the tsar against Napoleon: the memoirs of Denis Davydov*, Londres, 2006, de Denis Davydov, ed. e trad. por

Gregory Troubetzkói; *The czar's general: the memoirs of a russian general in the napoleonic wars*, Londres, 2006, de Aleksei Ermolov, ed. e trad. por Alexander Mikaberidze; *Arms and the woman*, Londres, 1966, de Boris Uxkull.

Algumas memórias e comentários de não russos que atuaram na guerra também estão disponíveis em inglês e são valiosos por jogar luz sobre o esforço de guerra russo. Estes incluem: *John Quincy Adams in Russia*, Nova York, 1970, de C. F. Adams (ed.); *General Wilson's journal 1812–1814*, Londres, 1964, de A. Brett-James (ed); *The operations of the allied armies in 1813 and 1814*, Londres, 1822, de lorde Burghersh; *Commentaries on the war in Russia and Germany in 1812 and 1813*, Londres, 1850, do honorável George Cathcart; *At Napoleon's side in Russia*, Nova York, 2003, de A. de Caulaincourt; *The campaign of 1812 in Russia*, Londres, 1992, de Carl von Clausewitz; *Narrative of the war in Germany and France in 1813 and 1814*, Londres, 1830, do marquês de Londonderry; *The memoirs of baron von Müffling: a prussian officer in the napoleonic wars*, Londres, 1997, do barão Karl von Müffling e ed. por Peter Hofschroer; *A circumstantial narrative of the campaign in Saxony in the year 1813*, 2 vols., Londres, 1820, do barão von Odeleben; *History of the expedition to Russia*, 1812, 2 vols., Stroud, 2005, do conde P. de Segur.

A literatura secundária de língua inglesa sobre as guerras napoleônicas como um todo é muito ampla. Em termos de operações militares, a bíblia é *The campaigns of Napoleon*, Londres, 1993, de David Chandler, e, em relação à diplomacia, *The transformation of european politics, 1763–1848*, Oxford, 1994, de Paul W. Schroeder. *Napoleon wars: an international history 1803-1815*, Londres, 2007, de Charles Esdaile, é um bom livro recente sobre as relações internacionais europeias nesta era. Sobre a campanha de 1812, um excelente trabalho recente é *1812: Napoleon's fatal march on Moscow*, Londres, 2004, de Adam Zamoyski. *1812: Napoleon's invasion of Russia*, Londres, 2000, de Paul Austen, é baseado nas memórias de franceses e aliados e é extremamente agradável e comovente. A campanha de 1813 é menos abordada em inglês, talvez em parte porque o nacionalismo alemão não tenha suscitado muito entusiasmo nos círculos de língua inglesa desde 1914. *Napoleon and the World War of 1813: lessons in Coalition Warfighting*, Londres, 2000, de Jonathan Riley, é instigante. *Napoleon and Berlin*, Stroud, 2002, de M. Leggiere; os três volumes de George Nafziger sobre 1813 (*Napoleon at Lützen and Bautzen; Napoleon at Dresden; Napoleon at Leipzig*, Chicago, 1992, 1994, 1996), e *1813 – Leipzig. Napoleon and the Battle of the Nations*, Londres, 2001, de Digby Smith, também são úteis. No que diz respeito à campanha de 1814, o ponto de partida para o leitor é *Napoleon: The last campaigns, 1813-15*, Londres, 1976, de James Lawford, no mínimo por causa de seus excelentes mapas. De longe, o relato mais completo é *The fall of Napoleon: the Allied invasion of France 1813–1814*, de M. V. Leggiere, cujo primeiro volume foi publicado pela Cambridge em 2008.

ÍNDICE REMISSIVO

A

Aberdeen, conde de
  453
Adams, John Quincy
  67-68, 78, 132, 212, 279
Administração Central (do
  barão von Stein)
  464
Akhlestishev, coronel Mikhail
  457
Alemanha: ver *Confederação do
  Reno* e *Estados individuais*
Alexandre I (1777-1825):
  assuntos internos 54, 56,
    58-59, 121, 132, 147, 167,
    180, 209-10, 217, 121, 510
  e a grã-duquesa Catarina
    73, 85, 229, 233
  e a imperatriz Maria 71-72
  e Arakcheev 99, 100, 105,
    147
  e as Guardas 52-53, 407,
    457, 463
  e Bagration 133, 140, 147
  e Barclay 105, 106, 121, 132,
    138-40, 146-47, 155, 157,
    160-61, 180, 184, 326-29,
    383, 408, 496
  e Bennigsen 42, 44, 140-41,
    184, 253-54, 419-20, 470

e Bernadotte 92-93, 170,
  361, 364, 473-74, nota nº
  50 do Cap. 13
e Blücher 362, 370-71, 419,
  471, 487, 493
e Catarina II 54, 472
e Chichagov 64-65, 177-78
e Frederico Guilherme III
  53, 70, 90-91, 294, 474-75,
  480
e Karamzi 85-86
e Kutuzov 41, 184, 228, 235,
  253-54, 280-82
e Langeron 367, 370-71
e Lobanov 44-45, 341-42
e Metternich 56, 280,
  294-95, 312-13, 351-52,
  457, 460-61, 472-73, 493
e Michaud 233-34, 253
e Napoleão 34, 48-49, 53,
  69, 72-75, 120, 209,
  233-34, 275, 281, 320,
  351-52, 458, 460, 473,
  493-94, 506-507
e o exército russo 26, 41,
  47, 54, 121, 134, 139-41,
  145-48, 184-86, 228,
  233-37, 275, 279, 281,
  306-308, 318-20, 360-62,
  370, 386-87, 393-94, 431,
  435, 449, 466, 480
e Orlov 144, 505
e Osten-Sacken 470

e Pfühl 126-28, 146-47
e Rostopchin 85, 207-208,
  231
e Rumiantsev 70, 89,
  178-79, 232, 279-80
e Schwarzenberg 360-61,
  431, 449, 480, 493, 497
e Speranski 63-64, 88
e Stein 294-95
e Tormasov 140
e Wilson 232, 253
em Austerlitz 35
em Bautzen 314-15
em Erfurt 71
em Kulm 407-408
em Leipzig 431, 436-38, 449
em Moscou (1812) 231, 233
em Paris 504-508
em Tilsit 46-48, 53
em Vilna 133, 139, 279-81
personalidade 54-57, 88,
  127-228, 155, 233-34, 253,
  360, 393-94, 457-58, 463,
  466, 473, 493
religião 233-34, 319-20
planos de guerra (1812)
  90-91, 120-21, 127-29,
  132, 513, nota nº 44 do
  Cap. 3, nota nº 25 do
  Cap. 5
política externa e grande
  estratégia 10-12, 14, 34,
  35, 48-50, 69-74, 89-91,

121, 146-48, 155, 177,
283-85, 294-96, 351-52,
457-61, 472-75, 479,
496-97, 504-508, 512,
515-16
reforços (1813) 333, 337,
341
Alopaeus, David (diplomata
russo) 484
Amey, general barão François
499
Anna, grã-duquesa (1795-
1865) 48, 74-75
Arakcheev, conde Aleksei,
general (1769-1834)
99-106, 147, 157-58, 218,
223, 225, 229, 231, 241,
279, 337, 341, 440-41
aristocracia (russa) 20-21,
45-46, 52-53, 55, 60-61,
68, 79, 87, 105, 132
armistício (1813) 320-21,
349-55
Arnoldi, general Ivan 273
Asch, barão Casimir von,
governador 210
Aspern, Batalha de 156
Augereau, Charles Pierre,
duque de Castiglione,
marechal 356, 471, 486
Áustria:
elites 21, 294-96
exército 35, 74, 176, 179,
264-65, 294-95, 296-97,
311-13, 346, 356-57, 362,
385, 388-89, 391-92, 402,
405-406, 407, 416, 418,
430-31, 433, 436-37, 498,
502-503
finanças 29-31, 295-96
historiadores 4
perspectivas continentais 14
política externa 31-34,
72-74, 80, 89, 167, 284,
288-89, 294-97, 310-14,
317-19, 381, 451-52, 472,
485

população 23
Auvray, Friedrich d', general
(1766-1846) 172, 303-304

B

Baggohufvudt, tenente-
general Karl (1761-1812)
141, 246-47
Bagration, general príncipe
Petr (1769-1812) 7, 35,
113, 116, 124, 132-33,
134, 138-39, 144, 147-50,
152, 154-55, 157-59,
185-87, 196-97, 204, 251,
371
flechas de Bagration 189,
190, 195-96
Baki, Estado de 336-37
Balashev, Aleksandr, ministro
da Polícia, general
(1770-1837) 108, 145, 147,
215, 223, 231, 241
Bálcãs 32, 33, 91-93, 178-79
Barclay de Tolly, príncipe e
marechal de campo
(1757-1818):
como comandante geral do
1º Exército 138, 142;
armistício de 1813
320-41;
batalha por Paris 503
comandante-chefe
317-18;
deixa o exército 246;
e abandono de Moscou
196-206;
e Blücher 366, 370;
e Kankrin 497;
elevação do moral 229;
em Bautzen 214-16;
em Borodino 195, 197,
203-204;
em Dresden 388-90,
391-93;
em Drissa 146-50;

em Kulm 405-408;
em Leipzig 435;
em Smolensk 153-58,
160-62, 163-65;
enfrenta crise logística
318-20, 326;
impopularidade 179-80;
marcha sobre Paris 496;
reorganizando o Exército
durante o armistício
331-32;
requisição na Polônia
329-30;
retoma o serviço 290;
sobre o estado do
exército depois da
campanha de 1813
162-63;
sobre os problemas ao
invadir a França 466,
481-82;
substituído como
comandante-chefe 185,
189, 193;
substituído por
Schwarzenberg 383;
como ministro da Guerra
76, 80, 86-84, 102,
104-105, 113, 115-16;
e planos de guerra
121-23, 126-29, 512
personalidade 104-106,
160-61, 163-64, 185,
205-206, 320-21
Basquires 144, 215, 323, 461,
508
Bautzen, batalha de 15, 313-17
Baviária 356, 421, 449, 464;
exército 173, 268, 449,
439, 479, 502
Beauharnais, Eugène de,
vice-rei da Itália
(1781-1824) 197, 199-200,
250, 257, 260, 291-92,
301-302, 460, 474, 479

ÍNDICE REMISSIVO

Benckendorff, general conde Alexandre von (1781-1844) 7, 241, 291-92, 461
Bennigsen, general conde Levin von (1745-1826) 36, 42-45, 62-63, 95-96, 123, 125, 140-41, 156, 165-66, 186, 190, 205-206, 237, 247-48, 347, 419-20, 422, 424-25, 430, 443-44, 470
Berezina (rio) 237, 263, 266-67, 270-74
Berlim 292-9, 364, 413
Bernadotte, Jean-Baptiste, príncipe da coroa e rei da Suécia (1766-1844) 92-94, 170-71, 210, 298-300, 310-11, 361-66, 409-10, 423-28, 443-44, 446, 473-74
Berthier, marechal Louis, príncipe de Neuchâtel (1753-1815) 46, 400
Bianchi, Vincenz, marechal de campo (1768-1855) 405-406, 479
Bloqueio Continental 49-50, 68, 70, 76-78, 97-98, 167, 328, 512
Blücher, marechal de campo príncipe Gebhard von (1742-1819) 9, 21, 304-305, 315-16, 363, 365-71, 418-20, 423-28, 432-33, 436, 443, 448-49, 452, 462, 467-71, 475-79, 486-92, 504, 509
Bobruisk (fortaleza) 119, 125
Boêmia 364, 381, 417, 418, 422
Bogdanov, Dementi, alferes 190
Bonaparte, Jérôme, rei da Vestfália (1784-1860) 148-49, 351, 420-21

Bonaparte, Joseph, rei da Espanha (1768-1844) 92-93, 479, 503
Borodino, batalha de 1, 187-204, 254-55
Borozdin, Mikhail, tenente-general (1767-1837) 192, 196
Brayer, barão Michel, general 372-74, 375, 445
Brienne, batalha de 468-69
Bubna, conde Ferdinand, tenente marechal de campo 310-11, 359
Bukharin, Iakov, governador 223
Burghersh, lorde; general 467
Buxhoeweden, Friederich von, general (1750-1811) 42

C

Calmuques 144, 237, 323, 508
camponeses (russos) 18-19, 54, 56, 58, 131-32, 167, 211-15, 238-42, 333
Cantacuzene, príncipe Gregori, major-general 200
Castlereagh, visconde Robert Stewart, (1769-1822) 4, 453, 457-58, 474, 485, 501, 506-508
Catarina II (1729-96) 17, 20, 32, 41, 54, 65, 216-17, 473
Catarina, grã-duquesa (1788-1818) 59-60, 74-75, 85-86, 229
Cathcart, George, general honorável 112, 308-309, 385, 388, 429, 437-38
Cathcart, conde William Shaw, general (1755-1843) 233, 453
Caulaincourt, marquês de Armand, (1773-1827) 56,
58-59, 64-65, 68-69, 75, 77, 102, 144, 250, 354, 460, 472, 478-79, 500
Cédula Federal 329-30
Champagny, Jean-Baptiste, duque de Cadore (1756-1834) 80-81
Chaplitz, Efim, tenente-general (1768-1825) 272
Carlos XII, rei da Suécia 121, 129
Charles, arquiduque (1771-1847) 156
Chashniki, batalha de 268
Châtillon, Congresso de 472-74, 497
Chaumont, tratado de 485-86
Chernishev, príncipe Aleksandr, general de campo (1785-1857) xviii, 6-7, 78-83, 123, 168, 213, 235-38, 264, 290-93, 298-99, 320, 411, 420-21, 455, nota nº 35 do Cap. 3
Chichagov, Pavel, almirante (1767-1849) 64-65, 156, 176-79, 235-38, 262-67, 270-73, 290
Chicherin, Aleksandr, tenente (1793-1813) 229-30, 280, 401-402, 421-22
China 68
Chuikevich, Petr, major-general (1783-1831) 123, 128-29, 209, 244
Clausewitz, Karl von, major general (1780-1831) 2-4, 181-82, 186-87, 263, 303-305, 309-310, 490, nota nº 8 do Cap. 1
clérigo (russo) 51, 143, 211, 215-16
Clima em 1812: 133, 142, 145, 182-83, 188, 258, 264, 270, 275

em 1813: 292, 272-74,
278-80, 385, 388-89,
392-94, 396-99, 429
em 1814: 465, 477, 479-80,
488, 498, 501, 505
Colloredo, conde
Hieronymus, general
(1775-1822) 391, 405-406,
433
Confederação do Reno 23,
284-85, 294-95, 351, 421,
464
Conselho de Estado 104
Constantino, grão-duque
(1799-1831) 17, 46-47, 59,
135, 160-61, 305-306, 335,
381, 384, 388, 390, 431,
441, 462, 502
contribuições voluntárias
(1812) 175, 215-16, 219-28
Corpo de cadetes (russos) 52,
120-21, 339
cossacos 2, 20, 25, 34, 143-44,
149, 153, 168, 191, 228,
238, 240, 244, 247, 254,
269, 291-93, 375, 379,
412-13, 420, 422, 425,
436, 449, 4667-68, 482,
495, 501, 508
Craonne, Batalha de 11,
488-91, nota n⁰ 13 do
Cap. 14
Czartoryski, príncipe Adam
(1770-1861) 80, 294-95

D

Davout, Louis, marechal
(1770-1823) 149, 192, 194-
95, 200, 257, 260, 298-99
Davydov, Denis, tenente-
general (1784-1839)
239-40
Dennewitz, Batalha de 414-15,
419
Depósitos de Reserva Militar
(1811-12) 103-104,
119-20, 221

desfiladeiro de Zembin 271-73
Dezembrista, revolta (1825) 7,
52-53, 139, 510, nota n⁰
53 do Cap. 8
Diebitsch, conde Johann von,
marechal de campo
(1785-1831) 6, 9, 115,
172-73, 286, 307-308, 383,
401, 404-405, 436-37, 496
Dinamarca 93-94, 363, nota n⁰
50 do Cap. 13
direitos neutros (marítimos)
32, 34, 64, 323, 454, 460,
466
Dokhturov, Dmitri, general
(1759-1816) 143, 161-62,
204, 250-51, 331, 422
Dolgorukov, príncipe Aleksei,
governador 224-25
Dorokhov, Ivan, tenente-
general (1762-1815) 142
Dresden 306-607, 366, 384-89,
391, 423-25, 467-68
Drissa (acampamento
fortificado) 126-28, 140,
144, 146-47, 175
Drouot, conde Philippe,
general (1774-1847)
436-37, 438-39
Dünaburg, fortaleza 119, 125,
170
Durova, Nadejda, tenente
(1783-1866) 344-45
Dushenkovich, Dmitri,
capitão (n. 1797) 157-59,
445

E

educação (russa) 9, 21-22, 52,
100-101, 114-115
Elba (ilha) 506-508
Elba (rio) 309-11, 365, 384,
423, 424, 428
Elizabeth, imperatriz, esposa
de Alexandre I (1779-
1826) 99, 233

Emmanuel, Georgi, general
(1775-1837) 369, 379, 425
Enghien, duque d' 34
Erfurt, encontro de (1808) 59,
71
Ermolov, Aleksei, general
(1772-1861) 136-39, 152,
154-55, 164-66, 185-86,
198, 206, 245-46, 254,
263, 269-70, 307-308,
394-96, 397-98, 401,
438-42, nota n⁰ 72 do
Cap. 6
Erzgebirge (serra) 364-65, 384,
387, 391-94, 417-18, 422
Espanha 61, 70, 72-73, 82-83,
300-302, 356, 454-55
Espionagem (russa) 78-83
Essen, conde Peter von,
general (1772-1844) 340
Essen, Magnus von, tenente-
general (1758-1813)
119-19, 170
Estados Unidos 66-68
estradas militares 322-23, 463
Exército russo:
1807-1812 99-120
em 1805 37-42
em 1807 43-44
em março de 1813 296-99
em setembro de 1812
229-30, 243-44
na campanha do início do
outono de 1813 331-32,
346-47
no final da campanha de
1812 276-78
no final da campanha de
1813 462-63
pessoal:
doutrina 131
homens 13, 23-24, 37-39,
51, 105-106, 117, 143,
156, 160-62, 180-82,
277-78, 305-307, 334-35,
346, 357-59, 411, 435
moral e disciplina 37-40,
130-31, 160-62, 180-81,
182, 228-29, 259, 282,

ÍNDICE REMISSIVO

287, 326, 346, 467-68, 477-78, 481-82, 514-15, nota nº 25 do Cap. 4
oficiais 13, 9, 39, 51-53, 101, 109-10, 114-16, 120-21, 142, 152, 156, 223-26, 277-78, 282, 305-307, 338-39, 345, 359, 435, 464, nota nº 21 do Cap. 1, nota nº 43 do Cap. 2, nota nº 6 do Cap. 9, notas nºs 37 e 41 do Cap. 10
recrutamento 23-25, 38, 333-38
suboficiais 38, 40, 111, 120, 152, 214, 224, 338-39, 345, 358-59, 434-35, nota nº 30 do Cap. 5, nota nº 39 do Cap. 10
treinamento 41, 101, 103-104, 109-114, 225, 342, 346-47
ramos do serviço militar:
alto comando 41-42, 47, 115-16, 117, 136-39, 184, 186, 204, 235-36, 245-46, 306-308, 381-83, 391-93, 408, 514
Artilharia 27, 52, 100-101, 137, 143, 198-201, 243, 269, 307-308, 373-74, 391, 414-15, 437-39, nota nº 4 do Cap. 4
Batalhões de reserva 118-19, 170-71, nota nº 39 do Cap. 4
Cavalaria 6, 25, 41, 81, 117-18, 128, 135, 142-44, 149, 243, 290-91, 342-46, 369, 415, 420, 425, 437-38, 449, 463, 438-69
Cavalaria leve 111-14, 142-43, 195, 197, 266, 317-17, 346, 426, 447-48

Couraceiros 25-26, 118, 134, 247, 269, 343, 381, 391, 397-398, 499
Engenheiros 22, 124, 146, 190-91
Granadeiros 135, 164-65, 193, 200, 339, 436, 462, 503-504
Guardas 51-53, 109, 117-18, 135, 144, 153, 193, 200-201, 247, 282, 304-305, 338, 358, 394-402, 431, 438-42, 457, 462-63, 467, 504-505, 507-508
Inteligência 12, 78-82, 141, 144-46, 156-57, 212, 239, 250, 292, 304-305, 425, 467-68, 487, 495, 498
pioneiros 190
Estado-Maior 22, 114-16, 136-39, 162-63, 186, 191, 306-308
tropas de pontão 365, 4232, 487-88
suprimentos e equipamento:
cavalos 5-6, 25-26, 135, 144, 244, 258, 327, 342-46, 418, 465, 481-82
comida 23-24, 31, 36, 99, 102, 107, 175, 219-20, 255-57, 262, 297-98, 318-320, 323-27, 412, 418, 465-66, 481-82, 483-84, 497, nota nº 49 do Cap. 4
serviços médicos 22, 107, 262, 176-78, 280, 323, 342, 441, 463
uniformes 24, 101-103, 225, 268, 276, 331-32, 340, 462-64; armas 27-29, 88, 100-103, 206-207, 227-28, 297-98, 332, 340, 463

táticas 29, 41, 109-110, 151, 182-84, 189-90, 243, 309-310, 316-17, 445-46, 500, 514
Eylau, Batalha de 36, 43, 156

F

Fain, barão Agathon (1778-1836) 157-59
Fère-Champenoise, Batalha de 498-500, nota nº 26 do Cap. 14
Fezensac, duque Raymond de (1784-1867) 153, 250
Figner, capitão Alexander (1787-1813) 239-40, 412
Fili, conselho de guerra 205-206
finanças (russas) 29-31, 76-78, 107, 121, 175, 219, 324, 326, 329-30, 456, nota nº 11 do Cap. 6, nota nº 7 do Cap. 10
Finlândia 70, 93-94, 170-71
forças de segurança interna russas 107-108, 337-38
fortaleza de Zamosc 347-48
fortalezas:
francesas situadas no centro-leste da Europa (1813) 290, 347, 468-69
na França 465-66, 473
russas 121-26, 169-70
Fouché, Joseph, ministro de segurança (1759-1820) 80
França:
administração aliada 484
Exército:
1805-12 41-42, 81-82, 112
campanha de Katzbach 371-80
contra Berlim 413-16
em Bautzen 314-17
em Borodino 188-203
em Dresden e Kulm 386-90, 393-409

em Leipzig 424-30, 432-49
em Lutzen 308-309
em Moscou 206-208, 243-44
em Smolensk 157-66
em Tarutino 246-48
em Vitebsk 151-53
Exército em 1814 468-70, 475-78, 479-80, 487-94, 498-500, 502-504
fraqueza em junho de 1813 320
Grande Armée de 1812 135, 144-46, 148-49
Grande Armée de 1813 268, 288, 299-302, 356-57
moral e disciplina 165-66, 249-50, 252, 254, 258-59, 274, 379, 448, 499-500, 509
ramos do serviço militar:
  Artilharia 41, 188-89, 195-96, 198-99. 356-57, 436-37. 438-39, 448
  Cavalaria 81, 144, 149, 194, 201, 203, 238, 291-92, 316-17, 320, 356, 369, 420, 427, 436-29
  Guardas 193, 200-202, 259-60, 274, 300-301, 356, 394-402, 445, 502
  Infantaria leve 112
  Inteligência 80, 144, 365
retirada de Moscou 246-78
suprimentos e equipamento:
  armas 27, 29
  cavalos 135, 144-45, 168, 238, 243, 249-50, 254, 299-300, 365
  comida 135, 144-45, 168-69, 238, 248-50, 254, 365, 378, 386, 393-94, 448, 499-500, 509
finanças 29, 31, 73
historiografia 2-3
invasão de 1814: defesas 464-65

política externa 31-34, 49-50, 69-71, 73, 77-78, 80-81, 93-98, 165-68, 320, 354-55, 460-61, 478-79, 484-86, 509-510, 512
política interna 168, 262, 450, 459, 466, 467-68, 472-74, 481-82
população 23
recrutamento 24, 300-302, 459-60, 468-69, 494
Francisco I, imperador da Áustria (1768-1835) 89, 230, 294-95, 313-14, 350, 353-54, 398-99, 472, 479, 497, 501, nota nº 63 do Cap. 13
Frederico Augusto, rei da Saxônia (1750-1827) 309-311, 354
Frederico Guilherme III, rei da Prússia (1770-1840) 6, 53, 69, 82, 89-91, 230, 280, 287-89, 293-94, 304-306, 370, 381, 386, 398-99, 403, 419, 452-53, 475, 480, 493, 497, 508
Frederico II, rei da Prússia 3, 17, 37, 325
Friederich, Rudolph von, coronel 4, 300-301, 346, 414-15, 434, nota nº 29 do Cap. 12
Friedland, Batalha de 43, 59

G

Gdansk 286, 290, 347-48, 468-69
Gentz, Friedrich von 295-97
George IV, príncipe regente (mais tarde rei) (1762-1830) 485
germano-bálticos 21, 47-48, 105-106, 138
Glinka, Serge 84
Gneisenau, conde Neidhard von, marechal de campo (1760-1813) 21, 368-69, 371, 377, 419, 452, 462, 491-92
Golenishchev-Kutuzov, Login, almirante 302-303
Golitsyn, príncipe Serge, general (1749-1810) 66
Golovshchina, Batalha de 171
Gorchakov, príncipe Aleksei, ministro interino de guerra, general (1769-1817) 215, 340-41
Gorchakov, príncipe Andrei, general (1779-1855) 44, 161-62, 383
Gorgaud, Gaspard, general (1783-1852) 387
governadores (provincianos) 175, 210, 217, 220-25, 256, 276, 334, 337-38, 344
Grã-Bretanha:
  Bennigsen e 62-63
  Exército:
    Cavalaria 402
    comida 23-24
    Infantaria leve 112-13
    moral e disciplina 379, nota nº 57 do Cap. 4
    oficiais nota nº 21 do Cap. 1
    reputação 88, 454
    tática 29, nota nº 23 do Cap. 2
  finanças 31, 329-30
  historiografia 1-2
  Kutuzov e 252
  mosquetes 28-29, 228
  opinião da elite de São Petersburgo sobre 61-62
  política externa e geopolítica 31-34, 50, 61-63, 65-67, 88, 354-55, 453-55, 460-61, 467, 473, 485
  população 23
  Rumiantsev e 68
  subsídios 44, 329-30
Grabbe, conde Paul, general (1789-1875) 137, 145

ÍNDICE REMISSIVO

Griboedov, Aleksandr
 (1795-1829) 345
Grolmann, Karl von, general
 (1777-1843) 404
Gross Beeren, Batalha de 414
Guerra da Crimeia 29, 501
guerra do povo 219, 238-43
Guerra dos Sete Anos
 (1756-63) 14, 17, 25, 29,
 322, 325
guerrilheiros 212-13, 237-43,
 250, 291-93, 412-13,
 420-21
Gurev, Dmitri, ministro das
 finanças (1751-1825) 61,
 79, 326, 328-30, 456
Gyulai von Maros-Nemeth,
 conde Ignaz, general
 (1763-1831) 469, 502

H

Hamburgo 298-99, 461
Hanover, casa real de 66, 294
Hardenberg, príncipe Karl
 August von, chanceler
 prusso e ministro das
 relações exteriores
 (1750-1822) 287, 369, 501
Haynau, Batalha de 448
Helfreich, Gothard von,
 tenente-general
 (1776-1843) 174, 389, 395-
 97, 399-400, 408, 433
Hess, major-general 223
Holanda 30, 461-62

I

Iashvili, príncipe Lev, general
 (1772-1836) 137, 172, 307-
 308
Império Otomano 18, 21, 30,
 32, 69, 90-93, 115, 176-77
Império, ideia de 9-10, 14-15,
 93-98, 355

Índia 23, 34, 62, 68, 94-95,
 95-96, 454
Irlanda 66, 454
Itália, reino da 23, 460, 479,
 510
 Exército italiano 197, 199,
 202, 250-51
Iuzefovich, Dmitri, major-
 general (1777-1821) 379,
 425
Izmailov, Lev, tenente-general
 (1764-1834) 223

J

Jena, Batalha de 36
Jomini, tenente-general barão
 Antoine de (1779-1869)
 114, 181-82, 361, 418-19,
 456, 466
Junot, Andoche, duque
 d'Abrantes, general
 (1784-1860) 164-65,
 165-66

K

Kakuviachino, Batalha de 152
Kalicz, Tratado de 294-95, 452
Kaluga, província de 124, 208,
 220, 230, 248-49, 250-51
Kamensky, Mikhail, marechal
 de campo (1738-1809) 42
Kankrin, Georg, intendente
 geral e ministro das
 Finanças (1774-1845) 139,
 219, 256, 276-77, 319-20,
 327, 418, 463, 481-82,
 483-84, 497
Kaptsevich, Petr, general
 (1772-1840) 378, 425, 475,
 478
Karamzin, Nikolai,
 historiador (1766-1826)
 84-87
Katzbach, Batalha de 371-77,
 nota nº 38 do Cap. 11

Kaverin, Pavel, governador
 (1763-1853) 221
Kiev 119, 122, 124
Kladishev, Petr, tenente-
 coronel (1772-1840) 435
Kleinmichel, Andreas,
 tenente-general
 (1757-1815) 221, 225, 229,
 339, 340
Kleist, conde Friedrich von,
 marechal de campo
 (1762-1863) 315-16, 381,
 384, 386, 391-92, 403-404,
 406-407, 433-34, 436-37,
 475, 488
Klenau, conde Johann,
 general (1758-1819)
 388-89, 391, 391-92, 422,
 433, 436
Kliastitsy, Batalha de 171
Knesebeck, Karl von dem,
 marechal de campo
 (1768-1848) 288-89,
 398-99, 419, 452
Knorring, Otto von,
 tenente-general
 (1759-1812) 42
Kobrin, Batalha de 176
Kologrivov, Andrei, general
 (1774-1825) 342-46
Komaróvski, conde Evgraf,
 general, Oficial de
 Comando Geral das
 Tropas de Segurança
 Interna (1769-1843) 108,
 231, 344
Konovnitsyn, general Petr
 (1764-1822) 152, 182-84,
 196, 204, 252, 281
Korennoi, Leonti, granadeiro
 441
Korff, barão Friedrich von,
 tenente-general
 (1773-1823) 135, 168, 260,
 378-79, 425, 498
Kostroma, província de
 222-23, 336-37
Kozlóvski, Mikhail, major-
 general 53

Krasnyi, Primeira Batalha de
157-69, 500
Krasnyi, Segunda Batalha de
260-61
Kulm, Batalha de 11, 397-407,
notas nºˢ 62 e 68 do Cap.
11
Kurakin, príncipe Aleksandr
(1752-1818) 9, 45-46, 49,
78-79
Kutuzov, príncipe Mikhail,
marechal de campo
(1747-1813)
abandona Moscou 205-206,
228
descansando as tropas
229-30, 243-44, 276-77,
281, 296-98
e a grande estratégia e
política externa russas
14, 185, 252-53, 262,
281-82, 287
e Alexandre 41, 183-85,
235-36, 253-54, 277-78,
280-83
e Barclay 161, 206
e Benningsen 186, 248,
253-54
e Chichagov 262-63
e Ermolov 186, 206, 246,
263
e Toll 140, 259
em Austerlitz 35, 41, 185
em Borodino 194-204
em Kalicz 304-306
em Krasnyi 259-61
em Maloiaroslavets 250-52
escreve o manual da
cavalaria leve 112
estratégia da campanha da
primavera de 1813
290-91, 301-304
estratégia da campanha do
outono de 1812 244-45,
252-53, 260
marcha de Tarutino
207-208
morre 306-307

na batalha de Tarutino
245-48
no Berezina 263-64, 269
nomeado comandante-
chefe 183-84
personalidade 183-85, 244,
263-64
regime de abastecimento
255-57, 262, 269, 276,
296-98
relacionamento com as
tropas 180-81, 183-85,
228-30, 248
Tolstói e mito 7-9, 183-85

L

L'Estocq, Anton, general
(1738-1815) 319-20, 413
La Rothière, batalha de 469-70
Lambert, conde Charles de,
general (1772-1843)
265-66, 270
Langenau, tenente-general
431-32
Langeron, conde Alexandre
de, general (1763-1831) 9,
181, 272, 313-17, 320-21,
367-71, 375-80, 385,
425-26, 432, 445-46, 456,
452-53, 467-68, 491, 498,
504
Lanskói, Serge, tenente-
general (1774-1814) 425
Lanskói, Vasili, intendente
geral (1754-1831) 256,
325, 329-30
Laon, Batalha de 491
Lauriston, conde Jacques de,
general (1768-1828) 145,
244, 314-16, 436-37, 441
Lavrov, Nikolai, tenente-
general (1761-1813)
135-36
Lazarev, Aleksei, granadeiro
53

Lebzeltern, barão Ludwig,
diplomata austríaco
310-11
Ledru, barão François,
general (1770-1844) 372,
379
Lefebvre-Desnouettes,
Charles, general
(1773-1822) 420
legislação de guerra (1812)
106-107, 220, 322-23
Leipzig 307-308, 320, 364,
428-29, 446-48
Batalha de 1, 11, 428-49
Leopoldo, príncipe de
Saxe-Coburg (mais tarde
rei Leopoldo I da
Bélgica) (1790-1865)
390-91
Lieven, príncipe Christoph
von, general (1774-1838)
47-48, 78, 99, 242, 329-30,
350, 485
Lieven, princesa Charlotta
von (1743-1828) 48,
336-37
Lieven, princesa Dorothea
(nascida Benckendorff)
von (1785-1857) 242
Lieven, príncipe Johann von,
tenente-general
(1775-1848) 42, 297-98,
368, 372-73, 444, 469-70
Liprandi, Ivan, major-general
(1790-1880) 160-61, 191,
199, 415
Lobanov-Rostóvski, príncipe
Dmitri, general
(1758-1838) 44-46, 49, 59,
108, 118-19, 221, 222-25,
226, 228, 339-42, 345-48,
463-64
Loewis af Mlynar (Leviz),
Friedrich von, tenente-
general (1767-1824) 290
logística (russa):
campanha da primavera de
1813 e armistício 297-98,
317-20, 323-33

campanha de 1814 461-62,
  464-65,481-82, 483-84,
  497
campanha do inverno de
  1812 255-57, 258-59, 262,
  287
campanha do outono de
  1813 411-12, 418, 452-53,
  nota nº 7 do Cap. 10
campanha do verão de 1812
  132, 135, 142, 206-209,
  219-21, nota nº 49 do
  Cap. 4, nota nº 11 do
  Cap. 6
  historiografia 5-6, nota nº
  14 do Cap. 1
  nas fronteiras russas 36, 37,
  126, 168, nota nº 36 do
  Cap. 2
  ver também França
  (Exército); Kankrin
Longinov, Nikolai 131
Lopukhin, príncipe Ivan 25
Löwenstern, barão Vladimir
  von, major-general
  (1777-1858) 138, 147, 151,
  157, 198. 260, 401,
  411-13,481-82, 487,
  507-508
Lubino, Batalha de 161-62,
  163-64, 164-65
Lüders, Nikolai, major-
  general (1752-1823) 263,
  264
Luís XVIII, rei da França
  (1755-1824) 60, 471-74,
  506-507
Lutzen, batalha de 306-310

M

MacDonald, marechal
  Étienne, duque de
  Tarente (1765-1840)
  169-71, 174, 286, 371-74,
  375, 378-80, 393-94, 436,
  446

Maévski, Serge, tenente-
  general (1779-1845) 281
Maison, Nicolas, general
  (1771-1840) 441
Maistre, Joseph de,
  embaixador e pensador
  político (1753-1821) 55,
  59, 64, 99, 100
Malet, Claude, brigadeiro
  (1754-1812) 262
Maloiaroslavets, Batalha de
  250-51
marechais da nobreza 19, 217,
  222-25, 256, 338
Maret, Hugues, duque de
  Bassano (1763-1839) 500
Marie-Louise, imperatriz da
  França (1791-1847) 75,
  78, 495
Marie, imperatriz (nascida
  princesa de
  Württemberg) (1759-
  1828) 48, 71-72, 99,
  163-64, 241-42
Marinha russa 171, 508
Marmont, Auguste, duque de
  Raguse, marechal
  (1774-1848) 308, 368, 436,
  491, 498-500, 503-505,
  506-508
Meerveldt, conde Maximiliam
  von, general (1770-1815)
  443
Menshikov, príncipe
  Aleksandr, almirante
  (1787-1869) 152
mercadores (russos) 33,
  215-16, 219, 222, 223
Meshetich, Gavril, tenente
  151, 229
Metternich, príncipe Clemens
  (1771-1859) 4, 56, 280,
  285, 302, 296, 310-14,
  350-54, 421, 452, 455,
  458, 460-61, 472, 485,
  493, 501

Michaud de Beauretour,
  Alexandre, general
  (1771-1841) 233-34
Mikhailóvski-Danilévski,
  Aleksandr, tenente-
  general (1790-1848) 6,
  302-303, 307-308, 361,
  407, 502
milícia (russa) 24-25, 44,
  211-12, 217, 225-27, 228,
  240, 337, 339, 341, 420,
  422
Miloradovich, conde Mikhail,
  general (1771-1825) 120,
  193, 205-207, 245-47, 255,
  257, 260, 269, 306-307,
  309-10, 438-39
Mir, Batalha de 149
Mitarévski, Dmitri, tenente
  143
Modlin 347
Moldávia 69, 89, 90-91
Molevo-Bolota, Batalha de
  157
monarquistas (franceses) 34,
  60, 467-68, 473-74, 493,
  496, 505-508
Montmirail, Batalha de 476-77
Morand, barão Joseph,
  general (1757-1813) 199
Mordvinov, Nikolai, almirante
  (1754-1845) 61-62
Moreau, Jean, general
  (1763-1813) 361, 386, 388
Mortier, Adolphe, duque de
  Treviso, marechal
  (1768-1835) 498-500,
  503-504
Moscou 88, 124, 125, 168, 179,
  205-208, 219, 215, 219,
  225, 231, 237, 241
  incêndio 206-208
Müffling, barão Karl von,
  general (1775-1851)
  373-74, 376, 452
Mukhin, Semen, tenente-
  general (1771-1828) 135

Münnich, Gotthard von, general de campo 43
Murat, Joachim, marechal (1767-1815) 157-60, 182, 206-207, 245, 247-48, 250, 286, 386-87, 423, 427
Muromstev, Matvei, capitão 438-41

N

Napoleão I (1769-1821):
  campanha de 1812:
    até Vilna 144-45
    em Borodino 189-203
    em Maloiaroslavets 250-52
    em Moscou 243-45
    em Smolensk 157-158, 159-61, 165-66
    em Smolensk e Krasnyi 259-60
    no Berezina 272-74
    opções de agosto de 1812 165-68
    opções de retirada 248-50
    planos 123-25
  campanha de 1813:
    armistício 320-21, 354-55
    campanha de Leipzig 384, 417, 424-25, 427-28
    dilemas de agosto de 1813 365
    em Bautzen 313-17
    em Leipzig 429-30, 442-43, 446, 448
    em Lutzen 308
    guarnições de fortalezas 290
    na batalha de Dresden 386-88
    perseguição após Dresden 393-95, 408-409
    reconstruindo o exército 299-302
  campanha de 1814:
    Brienne e La Rothière 468-70
    Champaubert e Vauchamps 476-78
    derrubada 506-508
    opções de março de 1814 494-95
    os "Cem Dias" 509-510
    queda de Paris 500-501
    Soissons, Craonne, Laon 486-491
  como supremo comandante 41, 156, 359, 479
  descrito por Chichagov 266-67
  e casamento 74-75
  e Dresden 384, 424-25
  e o Bloqueio Continental 77-78
  e Oudinot 173
  e poloneses 74, 75-76, 80-81, 167
  e servos russos 213=14
  e Winzengerode 241
  em Erfurt 71
  em Tilsit 48-50, 53
  grande estratégia e política externa 11-12, 14-15, 34, 48-50, 73-74, 75-76, 80-81, 93-98, 165-67, 209, 283, 354-55, 450, 478-79, 484-85
  historiografia 2, 3, 8
Naryshkin, Lev, tenente-general (1785-1846) 238
Natzmer, coronel 398-99
Nazarov, Pamfil, granadeiro 333-35, 392-94, 441-42
negociações de Tilsit 45-46, 48-50, 76, 86, nota nº 59 do Cap. 2
Neidhardt, Paul, major-general (1779-1850) 369
Nesselrode, conde Karl von, chanceler e ministro das Relações Exteriores (1780-1862) 6, 79-83, 279, 283-85, 295-96, 296, 311-13, 350-53, 419, 456-57, 460, 501
Neveróvski, Dmitri, tenente-general (1771-1813) 110-11, 157-60, 317-18, 357-58, 444-45, 500
Ney, Michel, príncipe de la Moscowa, marechal (1769-1815) 15, 43, 60, 162-64, 200, 257, 261, 276, 308-309, 314-16, 364, 368, 371, 414-15, 489, 501
Nicolau I, imperador (1796-1855) 7, 463, 511
Nikitin, conde Aleksei, general (1777-1858) 470, 489
nobreza (russa) 18-21, 45-46, 51-53, 55, 60-61, 64, 68, 79, 87, 132, 183, 211, 216-18, 221-22, 225-26, 256
Norov, Avram, ministro da Educação (1795-1869) 200
Novosiltev, Nikolai (1762-1838) 325

O

objetivos de guerra (aliados, 1813-14) 450-61, 472-75, 485
Odeleben, barão Ernest von, coronel (1777-1833) 315-16, 316-17, 366
Oertel, Friedrich, tenente-general (1768-1825) 113, 241, 264, 267, 276, 481-82, 495-96
Olsufev, Zakhar, tenente-general (1773-1835) 373-77, 467-68, 475-76
Oppermann, Karl, general de engenheiros (1766-1831) 118-19, 125, 190

Orléans, Luis Felipe, duque d'
 (1773-1850), rei da França
 (1830-48) 474
Orlov-Desinov, conde Vasili,
 general (1780-1843)
 164-65, 246-47, 437-38
Orlov, Mikhail, dezembrista,
 coronel (1788-1842) 7,
 145, 505-506
Osten-Sacken, príncipe Fabian
 von der, marechal de
 campo (1752-1837) 9,
 42-43, 114, 265, 297-98,
 317-18, 367-68, 371-78,
 380, 425-26, 444-45, 456,
 452-53, 469-70, 476-77,
 489-90, 498, 502
Ostermann-Tolstói, conde
 Aleksandr, general
 (1771-1857) 140, 150-52,
 246, 394-95, 397-98,
 400-401
Ostrovno, Batalha de 150-52
Oudinot, Nicholas, duque de
 Reggio, marechal
 (1767-1847) 171, 173, 236,
 259, 268, 364, 393-94,
 412-15, 436-37, 441, 470

P

Pacthod, conde Michel,
 general (1764-1830) 499
Pahlen, conde Theodor von
 der, diplomata (1780-
 1863) 96-98
Pahlen, conde Paul von der,
 general (1775-1834)
 270-71
Pahlen, conde Peter von der,
 general (1745-1826) 21
Pahlen, conde Peter von der,
 general (1777-1864) xix,
 132, 153, 317-18, 468-69,
 480, 498

paióis móveis (russos) 142,
 255-57, 326-28, 481-82,
 483-84, 497
paiol de Minsk 266, 271
Panchulidzev, Aleksei,
 governador 219
Paris (1814) 464, 471-73, 494,
 496-98, 502-508
Paskevich, príncipe Ivan,
 marechal de campo
 (1782-1856) 154, 158-60,
 198. 199
Pasynkov, Nikolai, governador
 222-23
Paulo I, imperador (1754-
 1801) 20-21, 34, 46, 54-55,
 59, 65, 85, 100, 112, 241,
 282
Paulucci, marquês Philippe,
 general (1779-1849) 136,
 285-86
Pedro I, imperador (1672-
 1725) 17, 18, 65
Pedro III, imperador
 (1728-1762) 55
Petrov, Mikhail, coronel
 142-43
Pfühl, Karl von, general
 (1757-1826) 123, 126-28,
 146
Pirch, Georg von, tenente-
 general (1764-1842) 441
Pitt, William, o Novo 32
planejamento para a guerra,
 1812 (russo) 121-33
Platov, conde Matvei,
 comandante Don
 Cossaco, general
 (1753-1818) 143-44, 149,
 157, 191, 199, 204, 244,
 254, 420, 436, 467-68
Podólia, província de 344
Polônia 17-18, 32, 44, 62, 66,
 69, 74-76, 80-81, 86, 90,
 97-98, 123, 129-30, 142,
 165-68, 283, 284, 293-94,
 319-20, 324-26, 330-31,

347, 354, 412, 451,
 456-57, 510-11, 516
Polotsk
 Primeira Batalha de 173-74
 Segunda Batalha de 267-68
Poniatowski, príncipe
 Joseph, marechal
 (1763-1813) 194, 196-97,
 251, 257, 267-68, 446
população (europeia) 23, nota
 nº 10 do Cap. 2
Potemkin, príncipe Grigori,
 estadista e marido de
 Catarina II 17, 65, 112
Preradovich, Nikolai, general
 (1753-1818) 153-54, 463,
 499
província de Nijni Novgorod
 322, 341
província de Riazan 222-24,
 333
Prozoróvski, príncipe
 Aleksandr, marechal de
 campo (1732-1809) 65-66
Prússia do Leste 36, 286-87
Prússia:
 administração 19, 323-24,
 327, 411
 Exército:
 1806-7 35-37
 1812 169
 1814: 461-62, 464, 467-68,
 475-78, 483, 487-88,
 491-92, 503-504, 505
 armistício de 1813 348,
 355-57, 362
 convenção de Tauroggen
 285-86
 Exército da Boêmia
 403-404, 406, 407
 Exército da Silésia 369,
 373-77, 380, 384, 391-93
 Exército do Norte 414-16
 Leipzig 423, 432-33, 434,
 436-37, 437-38, 444
 primavera de 1813 290,
 308-309, 316-17, 319-20

finanças 30-31
historiografia 3-4
mobilização (1813) 287,
　289, 317-20
política externa e segurança
　31-34, 35-37, 49, 69,
　89-91, 284, 287-89,
　293-94, 358-9, 452-53,
　473, 510, 512
população 23
Pskov, província de 171,
　174-85, 221
Pugachev, Emelian (c.
　1742-1775) 20, 33, 132
Pushchin, Pavel, coronel 142,
　183, 261, 441, 467
Puthod, conde Jacques,
　general (1769-1837) 372,
　379-80
Puybusque, visconde de 245
Pyshnitsky, Dmitri, tenente-
　general (1764-1844)
　396-97

R

Radetski von Radetz, conde
　Johann, marechal de
　campo (1766-1858)
　312-13, 362, 381-82, 497
Radojítski, Ivan, capitão 150,
　152, 183-84, 229, 258,
　332, 376, 383, 387, 446,
　501
Raévski, Andrei, tenente
　421-22
Raévski, Nikolai, general
　(1771-1829) 161-62, 192,
　196, 246, 436, 502-504
Rakhmanov, Pavel, coronel
　444
Razumóvski, Andrei,
　príncipe, diplomata
　(1752-1836) 472
reforços 1813 (russos) 288,
　297-98, 317-18, 322,
　332-48, 357, 463-64, notas
　n°s 50 e 68 do Cap. 10

Regimento Nobre 120, 339,
　nota n° 41 do Cap. 10
regimentos de guarnição
　107-108, 157-158, 359
Reichembach, Tratado de 362
Reims, Batalha de 492
relações russo-austríacas
　32-33, 72-74, 89-91,
　131-33, 177-79, 294-97,
　303-304, 310-14, 349-55,
　418, 451-52, 460, 471-74,
　484-85, nota n° 29 do
　Cap. 12
relações russo-britânicas
　31-32, 50, 61-63, 65-67,
　68-69, 88-89, 329-30,
　454-56, 458, 471-74,
　484-85, 512
relações russo-otomanas 17,
　32, 50, 69, 73, 83, 89,
　90-93, 176-77, 280, 447-48
relações russo-prussianas 35,
　37, 49, 69, 81, 86, 89-91,
　283-95, 316-18, 323-24,
　350-53, 382-83, 452-53,
　471-74, 484-85
relações russo-suecas 17, 70,
　76, 92-94, 170-71, 298-300
religião ortodoxa 19, 51, 58,
　143, 160-61, 194, 203,
　210, 215-16, 229, 306-307,
　334-35, nota n° 51 do
　Cap. 9
Repnin-Volkonski, príncipe
　Nikolai, general
　(1778-1845) 292, 306-307
Repnin, príncipe, marechal de
　campo 116
Reserva Militar (1813-14) 324,
　342, 346-48, 356, 464,
　notas n0s 7 e 61 do Cap.
　10
Revolução Industrial 68, 511,
　512
Reynier, conde, general
　(1771-1814) 175-76, 296
Richelieu, Armand duque de,
　governador geral da
　Nova Rússia e primeiro-

ministro da França
　(1766-1822) 59
Riga 118-19, 125, 169-71
rio Reno, travessia (1814)
　466-68
Rosen, barão Gregor von,
　general (1781-1841) 388
Rostopchin, conde Fedor
　(1763-1826) 86-7, 88, 207,
　215, 231
Rousset, Camille, historiadora
　francesa 300-301
rublo (moeda russa) 30, 31,
　36, 76-77, 328-29
Rudzevich, Aleksandr, general
　(1776-1829) 369, 380, 425
Rühle von Lilienberg, major
　419
Rumiantsev, conde Nikolai,
　chanceler e ministro das
　Relações Exteriores
　(1754-1826) 9, 14, 58-59,
　63, 67-70, 78, 89,
　90-91,178-79, 252, 279-80,
　516
Rumiantsev, conde Petr,
　marechal de campo
　(1725-1796) 65
Rusanov, major-general 225

S

Sabaneev, Ivan, general
　(1770-1829) 105
Saint-Aignan, conde Nicholas
　de, diplomata francês
　(1770-1850) 460, 472
Saint-Cyr, Laurent Gouvion,
　marechal (1764-1834)
　173-75, 236, 259, 263,
　268, 384, 386, 392-93,
　403, 408, 424
Saint-Julien, conde de,
　diplomata austríaco
　90-91
Saint-Priest, conde Emmanuel
　de, tenente-general

(1776-1814) 138, 196, 371, 375, 492-93
Saltanovka, Batalha de 149
Saltykov, príncipe Nicholas, marechal de campo, chefe do Conselho de Estado e do Comitê de Ministros (1736-1816) 341
São Petersburgo 55, 105, 124, 132, 171, 174, 206-207, 232-33
Saratov, província de 219
Saxônia 69, 81, 113, 294, 304-307, 318-20, 365, 510, 512
  Exército 175-76, 265, 443-44
Scharnhorst, Gerhard von, tenente-general (1755-1813) 21, 301-302
Schönefeld, Batalha de 445-46
Schubert, Friedrich von, general (1789-1865) 164-65, 347, 378-79
Schwarzenberg, príncipe Karl von, marechal de campo (1771-1820) 176, 179, 265, 296, 360-65, 381-82, 385-89, 403, 416, 417-19, 422-23, 427-28, 430-42, 436-37, 448, 458, 471-74, 479-81, 486, 493-97, 504, 507-508
Sebastiani, Horace, marechal (1772-1851) 157, 368, 374-75, 406, 436
Ségur, conde Louis-Philippe de (1753-1830) 153, 250
Semenovskoe, vila de 188, 189, 200-201
Sérvia 33, 451
servidão (russa) 13, 19, 56, 87, 131-32, 211-14, 511
Shakhovskoi, príncipe Ivan, general (1777-1860) 197, 396-98, 399-400
Shakhovskoi, príncipe Petr, governador 175, 268

Shcherbatov, príncipe Aleksei, general (1776-1848) 373-77, 380, 463, 470
Shevardino 187
Shishkov, Aleksandr, almirante (1754-1841) 84, 88, 147, 211, 282, 455
Shuvalov, conde Pavel, tenente-general (1776-1823) 140
Silésia 69, 304-305, 317-20, 422
Simansky, Luka, tenente 154, 203
Skobelev, Ivan, coronel 492-93
Smith, Adam 61
Smolensk 122, 125, 153-55, 159-63, 170, 225, 236, 248, 259-60
Smolensk, Batalha de 159-61
Smolensk, ícone da Mãe de Deus 194, 203
Soissons 487-88
Speranski, conde Mikhail (1772-1839) 63-64, 78, 87-88
Stadion, conde Philipp zu (1763-1824) 311-13, 350
Staël von Holstein, Germaine (1766-1817) 473
Stalin, Joseph 217
Stein, barão Heinrich von (1757-1831) 284, 286-87, 294-95, 352-53, 411, 464
Steinhel, conde Fabian von, general (1762-1831) 171, 235-36, 267
Stewart, Sir Charles, marquês de Derry, general (1778-1854) 26, 401, 410, 428-29, 453, 458-59, 467
Stourdja, Roksandra, dama de companhia da imperatriz Elizabeth 233
Stroganov, barão Grigori 61
Studenka 271-74
Suchet, Louis, marechal (1770-1826) 356
Suíça 466-67, 471

Sukhojanet, Ivan, general (1788-1861) 137, 172, 437-39
Suvorov, príncipe Aleksandr, marechal de campo (1730-1800) 65

T

Talleyrand-Périgord, príncipe Charles-Maurice de (1754-1838) 80, 501, 505-506
tártaros da Crimeia 144, 369
Tarutino, acampamento de 207-208, 225, 228, 229-30
Tarutino, Batalha de 245-48
Tauenzien, conde Friedrich von, general (1760-1824) 414
Tauroggen, Convenção de 286
Tettenborn, barão Ferdinand von, coronel 291, 298-99
Thorn (Torun) 290, 306-307
tifo 276, 448
Toll, conde Karl von, general (1777-1842) 9, 115, 136-37, 186, 190, 192, 206, 247-48, 252, 259-60, 283, 361, 386, 404-405, 496, 509
Tolstói, conde Leo (1828-1910) 8, 35, 46, 48, 63, 183, 239, 513
Tolstói, conde Petr, general (1769-1844) 59-60, 226-27, 416, 420, 425
Tormasov, conde Aleksandr, general (1752-1819) 116-17, 133, 134, 155, 175-76, 235, 306-307
Trachenberg, plano de 362-63, 365, 368, 371, 387
Traversay, marquês Jean-Baptiste de, ministro

russo da Marinha,
   almirante 60
Tuchkov, Pavel, major-general
   (1775-1858) irmão de
   Nikolai 161-62, 164-65
Tuchkov, Nikolai, tenente-
   general (1765-1812)
   161-62, 162-63, 196-97
Tula, fábrica de armas de
   28-29, 101, 103, 207-208,
   227-28, 248-49
Tuyll van Serooskerken,
   Theodor, coronel 179,
   410

U

Ucrânia 17, 111, 124
Ulrikhin, Karl, coronel 174
Unidades, exército russo:
   cavalaria leve montada:
      Seversk 379
      Chernigov 379
   cavalaria leve:
      10 142
      40 399-400
      50 269
      60 251
      80 372-73
      140 489
      280 314
      290 447-48
      320 314
      390 372-73, 447
      450 447-48
   Corpos (1812):
      10 (Wittgenstein) 119,
         140, 171-75, 214-15,
         235-36, 267-69, 273-74,
         276, 339
      20 (Baggohufvudt) 140,
         162-63, 191-93, 195
      30 (Tuchkov) 162-63,
         192, 196
      40 (Ostermann-Tolstoy)
         142, 150-52, 162-63,
         191-93, 195, 199, 202

50 (Constantino) 135,
   193
60 (Dokhturov) 143,
   161-62, 191, 198. 250
70 (Raévski) 192, 195
80 (Borozdin) 192, 195
Corpos (1813):
   10 (Gorchakov) 383, 389,
      433-34
   20 (Eugen) 383, 389-92,
      393-402, 433-38
   60 (Shcherbatov) 373-77,
      463
   80 (Saint-Priest) 372,
      492-93
   90 (Olsufev) 373-77
   100 (Kaptsevich) 378, 425
divisões:
   1a Guarda de Infantaria
      394, 396-403, 405, 444
   10 Couraceiro 499-500
   10 Granadeiro
      Combinado 118
   2a Guarda de Infantaria
      441-43
   20 Couraceiro 344
   20 Granadeiro 436, 470
   3a Infantaria
      (Konovnitsyn) 152, 196,
      434
   10a Infantaria (Lieven)
      297-98, 357-58, 372-73,
      444-45, 447
   14a Infantaria (Helfreich)
      389, 396-97, 399-400,
      433
   24a Infantaria
      (Likhachev) 202
   26a Infantaria
      (Paskevich) 198. 199,
      202
   27a Infantaria
      (Neveróvski) 157-59,
      357-58, 372-73, 444-45
Exércitos:
   Exército da Boêmia
      (1813) 361, 364-65,
      380-409, 419, 422-23,
      427-28

Exército da Polônia
   (1813) 347, 356, 416,
   419-20, nota nº 68 do
   Cap. 10
Exército da Silésia (1813)
   9, 362, 366-80, 418,
   423-28, 432-33, 452,
   467-71, 475-79, 486-88,
   491-92, 504-505
Exército do Danúbio
   (Chichagov) 114, 118,
   176-79, 235-37, 264,
   276, 327, 339, 358, 513,
   nota nº 13 do Cap. 6
Exército do Norte (1813)
   362, 364, 409-16,
   423-28, 486-87
   10 (Oeste) (1812) 116-18,
      132-34, 134-66, 179-208,
      246
   20 (Oeste) (1812) 116-18,
      132-35, 142, 147-50,
      152, 154, 159-60,
      161-62, 163-65, 179-208,
      246
   30 (Reserva) (1812) 116,
      117, 119, 133-34, 148,
      235, 264
Infantaria de linha:
   Beloozero 163-64
   Belostok 358-59, 368
   Briansk 39, 372-73, 447
   Estônia 174, 396-97, 480
   Iaroslavl 297-98, 358
   Kursk 39, 358-58
   Murom 399-400, 434-35
   Narva 109-110
   Odessa 157-158, 357-58
   Reval 434-35
   Riazan 492-93, nota nº 27
      do Cap. 13
   Tobolsk 163-64
   Tula 461
   Ufa 198
   Wilmanstrand 163-64
Regimento de Lanceiros
   Polonês nota nº 15 do
   Cap. 5

ÍNDICE REMISSIVO

Regimentos: cavalaria de
  linha:
  Dragões:
    Courland 481-82
    Ingermanland 151-52
    Kharkov 379
    Kiev 379
    São Petersburgo 415
    Smolensk 345
    Tver 379
  Hussardos:
    Akhtyrka 375
    Alexandria 375
    Bielorrússia 375
    Mariupol 375
Regimentos: Guardas:
  cavalaria:
    Chevaliers Gardes xx,
      26, 59, 78, 135, 203,
      306-307, 499-500, 505
    Cossacos Salva-vidas
      xx, 240, 437-38, 505
    Guardas a Cavalo 28,
      135, 203, 499-500
    Guardas Dragões
      401-402, 437-38, 467-68
    Guardas Hussardos
      437-38
    Guardas Lanceiros
      401-402, 437-38
  Granadeiros:
    Kexholm 109, 297-98,
      507-508
    Pavlóvski 110-11
    São Petersburgo 441
    Tauride 441
  Infantaria:
    Finlândia 200-201, 270,
      335, 392-94, 441-43
    Guardas da Cavalaria
      Leve 195, 270, 338,
      394-97, 399-400, nota nº
      50 do Cap. 10
    Izmailóvski 154,
      200-201, 203, 358, 394,
      400
    Lituânia (Litóvski) xix,
      200-201, 297-98

Preobrajenski xix,
  39-40, 48 51-53, 202,
  394, 396-97, 401, 506
Semenóvski xviii, 48
  142, 172-73, 183, 202,
  261, 394, 396-97, 400
Uvarov, Fedor, general
  (1773-1824) 59, 135, 199

V

Valáquia 69, 89, 90-91
Vandamme, conde
  Dominique, general
  (1770-1830) 387, 390-92,
  393-408, 418
Vasilchikov, príncipe Ilarion,
  general (1776-1847) 149,
  368-69, 372-73, 374-75,
  443, 469, 490, 498-99
Vauchamps, Batalha de 477-78
Vestfália 358, 420-21
  exército 148-50
Viazemski, príncipe Vasili,
  major-general (1775-
  1812) 218-19, 229, 265-66
Viazma, Batalha de 257
Victor, Claude, duque de
  Bellune, marechal
  (1764-1841) 236, 245, 259,
  263, 265, 268-69, 274
Viena, Congresso de 509-511
Vilna 81, 134-35, 144-45, 276,
  280
Vitebsk 147, 150, 152-53, 157,
  170, 214
Vitrolles, barão Eugène de
  (1774-1854) 474
Volhynia, província de 148,
  176, 344
Volkonski, príncipe Serge,
  major-general (1788-
  1865), dezembrista 7, 59,
  306-307, 413, 416
Volkonski, príncipe Petr,
  marechal de campo
  (1776-1852) xviii, 6-7, 48,
  99, 115-16, 124, 132, 137,

  172, 236, 279, 281,
  302-304, 306-307, 319-20,
  378, 420, 495
Volkonski, príncipe Dmitri,
  tenente-general
  (1770-1835) 214
Voronov, major-general,
  comandante da fábrica
  de armas de Tula 207
Vorontsov, príncipe Mikhail,
  marechal de campo
  (1782-1856) 6, 52, 61,
  109-110, 196, 320, 409,
  411, 488-90

W

Wartenburg, batalha de 423
Waterloo, Batalha de 156, 188,
  192, 200, 402, 432
Wellesley, marquês Richard
  94-95
Wellington, Arthur, marechal
  de campo (1769-1852) 6,
  7, 29, 83, 88-89, 111, 128,
  156, 185, 188, 192, 356,
  454, 496, 510, nota nº 16
  do Cap. 1
William, príncipe da Prússia,
  general (1783-1851) 492
Wilson, Sir Robert, general
  (1777-1849) 26, 232, 238,
  250, 346, 389, 392-93,
  401, 402
Winzengerode, barão
  Ferdinand, general
  (1770-1818) 238, 240-41,
  302-303, 409, 411-12,
  461-62, 482, 498
Wittgenstein (Sayn-
  Wittgenstein-Berleburg),
  príncipe Peter, marechal
  de campo (1771-1833) 9,
  119-20, 155, 171-75,
  214-15, 227, 235-36, 238,
  259, 263, 267-69, 273-74,
  286, 290, 298-99, 301-304,
  306-308, 361, 381, 383-85,

380-90, 404, 422, 437-38, 452-53, 475, 479-80, 502
Wolzogen, barão Ludwig von, general (serviço prussiano) (1774-1845) 123, 125-26, 138, 146
Wrede, príncipe Karl von, marechal de campo 267, 448, 469
Württemberg 464
  Exército 469, 479, 502-504
Württemberg, Adam, príncipe de 498
Württemberg, Alexander, duque de (1771-1833) 124, 390
Württemberg, Eugen, príncipe de (1788-1857) 3, 39, 162-64, 182, 201, 238, 247, 261, 309-10, 316-17, 359-60, 383, 389-92, 393-402, 408, 433-38, 441
Württemberg, príncipe da Coroa, William de (1781-1864) (mais tarde rei William I) 469, 504
Wylie, Sir James (1768-1854), médico de Alexandre I e chefe do serviço médico militar russo 206-207

Y

Yorck, conde Hans von, marechal de campo (1759-1830) 285-86, 290, 368-69, 372-74, 423, 427, 432, 467-68, 475-77, 491-92, 504

Z

Zhirkovich, capitão 305-306

Este livro foi composto em
Dante MT Std no corpo 11/14
e impresso em papel Pólen Soft 80 g/m²
pela RR Donnelley, em Barueri - SP.